Krugman

Microeconomics

(Fourth Edition)

“十三五”国家重点出版物出版规划项目
经济科学译丛

微观经济学（第四版）

保罗·克鲁格曼（Paul Krugman）
罗宾·韦尔斯（Robin Wells） 著
赵英军 译

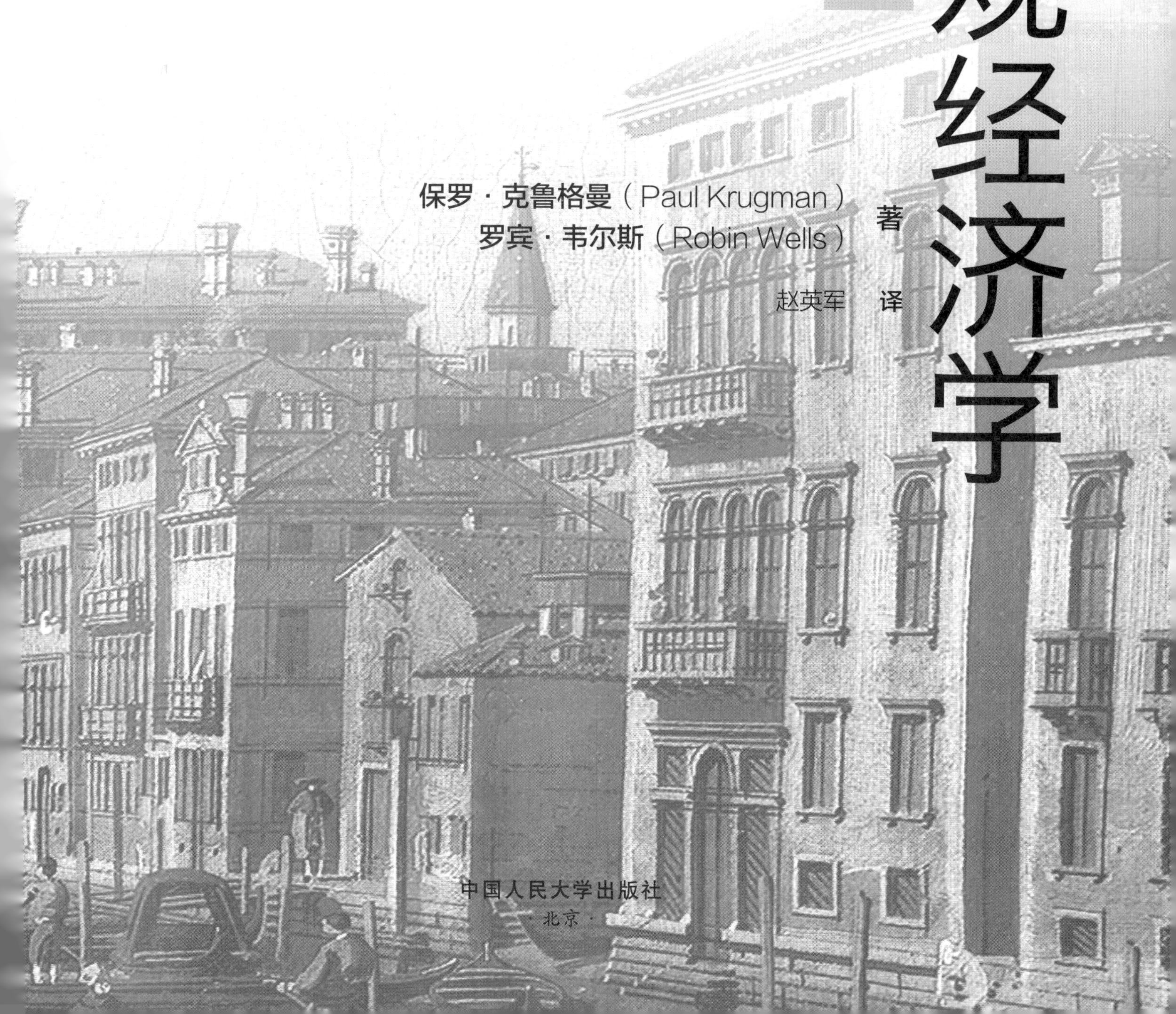

中国人民大学出版社
·北京·

《经济科学译丛》总序

中国是一个文明古国，有着几千年的辉煌历史。鸦片战争后，中国由盛而衰，一度成为世界上最贫穷、落后的国家之一。中国共产党领导的革命把中国从饥饿、贫困、被欺侮、被奴役的境地中解放出来，1949 年中华人民共和国成立，中国人民从此当家做主。1978 年以来的改革开放，使中国真正走上了通向繁荣富强的道路。

中国改革开放的目标是建立一个有效的社会主义市场经济体制，加速发展经济，提高人民生活水平。但是，要完成这一历史使命绝非易事，我们不仅需要从自己的实践中总结教训，也要从别人的实践中获取经验，还要用理论来指导我们的改革。市场经济虽然对我们这个共和国来说是全新的，但市场经济的运行在发达国家已有几百年的历史，市场经济的理论亦在不断发展完善，并形成了一个现代经济学理论体系。虽然许多经济学名著出自西方学者之手，研究的是西方国家的经济问题，但他们归纳出来的许多经济学理论反映的是人类社会的普遍行为，这些理论是全人类的共同财富。要想迅速稳定地改革和发展我国的经济，我们必须学习和借鉴世界各国包括西方国家在内的先进经济学的理论与知识。

本着这一目的，我们组织翻译了这套经济学教科书系列。这套译丛的特点是：第一，全面系统。除了经济学、宏观经济学、微观经济学等基本原理之外，这套译丛还包括了产业组织理论、国际经济学、发展经济学、货币金融学、财政学、劳动经济学、计量经济学等重要领域。第二，简明通俗。与经济学的经典名著不同，这套丛书都是国外大学通用的经济学教科书，大部分都已发行了几版或十几版。作者尽可能地用简明通俗的语言来阐述深奥的经济学原理，并附有案例与习题，对于初学者来说，更容易理解与掌握。

经济学是一门社会科学，许多基本原理的应用受各种不同的社会、政治或经济体制的影响，许多经济学理论是建立在一定的假设条件上的，假设条件不同，结论也就不一定成立。因此，正确理解掌握经济分析的方法而不是生搬硬套某些不同条件下产生的结论，才是我们学习当代经济学的正确方法。

本套译丛于 1995 年春由中国人民大学出版社发起筹备并成立了由许多经济学专家学者组成的编辑委员会。中国留美经济学会的许多学者参与了原著的推荐工作。中国人民大学出版社向所有原著的出版社购买了翻译版权。北京大学、中国人民大学、复旦大学以及中国社会科学院的许多专家教授参与了翻译工作。前任策划编辑梁晶女士为本套译丛的出版做出了重要贡献，在此表示衷心的感谢。在中国经济体制转轨的历史时期，我们把这套译丛献给读者，希望为中国经济的深入改革与发展做出贡献。

《经济科学译丛》编辑委员会

前　言

不论是听、是读、是写，还是只是想象，故事对我们都大有裨益。但是，我们读的故事对我们特别有益处。事实上，我相信这才是必不可少的。

弗兰克·史密斯（Frank Smith），《阅读：常见问题解答》(*Reading*：*FAQ*)

叙事方法的重要性

十几年前，当罗宾和我开始写作本书的第一版时，我们有许多小的想法：特别是那些我们相信的经济学的特别之处，它们并未在现有的经济学教科书中被恰当地表达。我们也有一个宏大的想法，那就是经济学教科书能够也应该围绕叙事性来建构，教科书永远不能罔顾经济学到头来是关于人们的一系列行为的集合的事实。

经济学家告诉我们的许多故事都采取模型的方式，不管它们采取什么方式，经济学模型都是关于世界如何运转的故事。但是我们认为，如果模型尽可能地对真实世界的故事进行呈现，既解释经济概念，又与我们作为个体生活在一个由经济力量主宰的世界中的所思所想有关，那么学生们将会理解并欣赏这些模型。

这些故事被整合在了包括本版在内的每一版书中。在每一章的“开篇案例”和每一个专栏——例如“真实世界中的经济学”“追根究底”“国际比较”“企业案例”等——中，你会读到这些以一系列丰富的方式呈现的故事。这种讲故事的方法所收到的效果我们比较满意，在《微观经济学（第四版）》中，我们继续扩展这一特性，写进了许多话题更为广泛的新故事或当前事件，对其他故事进行了更新或改写。确切地说，有6篇新的“开篇案例”、15篇新的“真实世界中的经济学”和7篇新的“企业案例”。我们一如既往地对许多方面进行了完善和更新。

我们非常感谢本书的评论者帮助我们做了大量的工作——尤其是那些我们并不了解的内容——使得本书能够持续改进。我们也感谢那些对我们提出了建议、告诉了我们事实真相的使用者。

尽管在新版书中做了许多改变，但我们努力体现同样的风格。这是一本关于研究人们做什么、怎样相互影响的经济学著作，也是为了解真实世界提供了大量信息的经济学教科书。

《微观经济学（第四版）》新增内容

我们非常感谢前三版书的成功热销，这也是畅销的经济学教科书中的一本。当然，我们也意识到了成功所带来的风险。因为有大量使用者，所以在新版书中或许作者只需做一些小的修订即可。事实上，这也可能是完全合理的做法。然而，我们认为在新版书中，我们并没有固守于此。

□ 许多新的事例和故事特别强调环境问题、新技术和政策辩论

走进校园，看到到处是“反压裂”的标语，我们对学生确实想积极参与到当前宏大经济问题中的行为印象很深。当然，我们也注意到，现在的学生中有太多人依赖于耗能设备，从智能手机、平板电脑、个人计算机到宿舍中的电冰箱。因此，在本版书中，我们既肯定学生的理想主义，但同时也提醒他们了解资源的稀缺性以及需要做出选择的现实。

为达到这一目的，我们已经将压裂技术以及该项技术对天然气市场的影响作为第 3 章讨论供给和需求的一个开篇案例。然而，我们也特别注意，不再对压裂技术的争论站队，特别指出该项技术的应用导致了天然气之类的能源的价格大幅下跌，我们在第 16 章讨论外部性时，也提醒学生关注环境问题。

这仅仅是第四版中新引进的事例和故事中的两个，其目的是想使内容尽可能贴近当前的现实。我们特别关注技术变革怎样导致经济学的“地形地貌”发生变迁，例如，我们讨论优步的兴起以解释市场均衡，利用智能电网（Smart Grid）技术来展示测量成本的重要性，以及说明“展示厅”（showrooming）和购物应用程序的出现如何导致消费品市场成为一个接近完全竞争的市场。我们也选择了接近今天学生生活主题的事例和故事，例如在第 5 章对价格管制和配额的讨论中，我们设置了一个“真实世界中的经济学”专栏“无薪实习的兴衰”。

我们也引入了解释重要政策争论的话题，如美国《平价医疗法案》（Affordable Care Act）、亚马逊公司和阿歇特图书公司的争执引出的监管问题，以及燃煤发电厂与天然气发电厂在环境方面的权衡取舍。我们一直高度重视教材的国际视野，除了“国际比较”专栏外，在“真实世界中的经济学”“追根究底”“企业案例”等专栏中也包含了面向全球的应用和故事。

□ 第 16 章“外部性”中的重要修订

我们相信，环境问题是当代所面临的最紧迫的问题之一，也是激发学生对经济学的学习兴趣的好途径。

我们在第 3 章“供给和需求”中开始关注压裂技术对经济和环境的影响。在第 16 章“外部性”中，我们新增了一个开篇案例来解释负外部性的概念，其内容是使用压裂技术是否会带来地下水污染这一环境话题。按照同样的思路，为了进一步加深学生对环境方面的权衡取舍的理解，我们增加了新的“真实世界中的经济学”专栏，标题是“真正的用电成本为多少?”，其中比较了不同类型发电厂的社会成本。

“外部性”一章教学内容的改变还包括了对环境污染成本与收益讨论的改进，并对科斯定理进行了简单讨论。该章对网络外部性进行了全面修订，并增加了新的企业案例，讨论了 Facebook 的兴起和 MySpace 的衰落，从而证明了网络外部性的作用。

□ 第 18 章“福利国家经济学”中增加了《平价医疗法案》的相关内容，并进行了其他更新

该章是本书的一大特色，自第二版首次推出后变得越来越重要。《平价医疗法案》（又称“奥巴马医改”）的主要条款在 2014 年初生效；这是自 20 世纪 60 年代创建医疗保险计划以来美国福利国家最大的一次扩展。我们研究该法案背后的经济学，并讨论该法案早期相对有利的回报。

同时，大衰退及其后果一直对福利国家计划舒缓美国人困难的能力形成了重大考验。我们讨论了关于食品券和其他计划在控制贫困加剧方面的作用的最新研究。

此外，该章继续全面介绍美国福利国家的状况和其形成的哲学起源，也对美国与其他国家的这些计划进行了详细比较。

尽管有许多变化和更新，我们的目标仍然相同：激发学生更深入地思考经济方面的权衡取舍、社会福利和政治进程。

本书的特色

我们编写本书的基本方法仍然如第一版：

1. 本书各个章节通过实际事例讨论帮助学生建立经济学直觉。在每一章，我们都使用来自实际生活中的事例、故事、理论应用和案例研究来解释概念并激励学生学习。我们相信，介绍概念并加强学生对概念的理解的最好方法是结合现实生活中的事例，因为学生们容易建立起现实生活与概念之间的联系。

2. 本书通过符合教学规律的特色栏目设计来强化学习过程。我们精心设置了能对学生真正提供帮助的许多特色栏目。在下一节的“学习工具”中，我们将描述这些特色栏目。

3. 本书章节编排易读且吸引人。我们使用了流畅和友好的写作风格，使得概念容易被接受。在尽可能的情况下，我们总是使用学生们所熟悉的事例。

4. 在容易理解的基础上，本书为学生未来的课程学习打下了基础。教师选择教科书时经常面临两难选择：教科书“易于讲授”，但给学生们的理解留下了一个较大的缺口；教科书“难以讲授”，但为学生未来的课程学习打下了良好的基础。我们努力写出能在两者之间达成最佳结合的教科书。

学习工具

我们使用同样的特色栏目来安排各章内容。如下的特色栏目设计既有助于吸引学生，又会使之学得更好。

□ 本章将学习

为便于读者学习，对每一章将要学习的关键内容进行概述。

□ 开篇案例

在每章我们都从一个引人入胜的案例开始，而且这个案例会贯穿全章。本版书增加了许多新的案例。

□ 真实世界中的经济学

大部分章节都有这类案例。这种广受欢迎的特色可以让读者马上将学到的概念应用于实际生活中。

□ 及时复习

在每一节的最后，我们都对一些重要概念做了归纳，以帮助读者理解。

□ 小测验

小测验中的问题可以帮助读者及时检查对所学内容的理解。

□ 追根究底

在这些专栏中，当使用经济学概念以意想不到有时甚至是出乎意料的方式来分析现实世界中的事件时，读者就会认识到经济学的作用和应用范围。这些专栏有助于读者理解本书的目标、将直觉建立在真实世界的事例之上。

□ 国际比较

该专栏使用几个国家的真实数据和图表来解释为什么不同国家会有不同的经济后果。这个专栏帮助读者从国际视角进一步理解经济学。

□ 疑难解答

该专栏对初次学习经济学的读者易产生误解的概念进行清晰的讲解。

□ 小结性图表

这些图表为读者提供帮助，给出的许多清晰的图形有助于读者把握重要的经济学概念。

□ 企业案例

在每章最后，我们都使用本章的关键概念对美国和其他国家和地区的真实公司进行分析。每个案例都附有一些重要的思考题。

□ 小结、关键词、练习题

每章最后都会对关键概念进行总结、列出关键词，并给出一系列综合性的、高质量的章后练习题。

□ 在线回答问题*

每章（除第 1 章外）最后都有一道“在线回答问题”，旨在向学生提供在线指导，请在 LaunchPad 上在线使用这一工具来获得详细的解题步骤。

本书章节结构：核心章节和选修章节

核心章节	选修章节
1. 基本原理	导言：生活中的寻常商务活动
2. 经济模型：权衡取舍和贸易	第 2 章附录：经济学中的图形
3. 供给和需求	
4. 消费者剩余和生产者剩余	
5. 价格管制和配额：干预市场	
6. 弹性	
7. 税收	
	8. 国际贸易
9. 个人和企业决策	第 9 章附录：如何做出与时间有关的决策：理解现值
10. 理性消费者	第 10 章附录：消费者偏好和消费者选择
11. 供给曲线的背后：投入与成本	
12. 完全竞争与供给曲线	
13. 垄断	
14. 寡头垄断	
15. 垄断竞争和产品差异化	
16. 外部性	

* 若想了解解答这些问题的具体步骤，请访问 LaunchPad，具体网址为 launchpadworks. com。中国人民大学出版社未获得本网络资源的版权，请感兴趣的读者自行访问获取。——编辑注

续前表

核心章节	选修章节
17. 公共产品和公共资源	
	18. 福利国家经济学
	19. 要素市场和收入分配 第 19 章附录：劳动供给的无差异曲线分析
	20. 不确定性、风险和私有信息

目　录

导 言

生活中的寻常商务活动

☞ 开篇案例

寻常周日扫描

这是2014年春季一个周日的下午，新泽西州中心的第一大道非常繁忙。成千上万的人涌进从特伦顿到新不伦瑞克沿线20英里的购物中心。大部分购物者兴高采烈，为什么不呢？这些购物中心的商店陈列的商品琳琅满目，应有尽有，购物者可以选择从最新式平板电脑、流行服饰到有机胡萝卜等多种商品。

沿着公路大约有100 000家具有不同特色的店铺。其中大部分商品并非只有富人能买得起的奢侈品，而是众多普通美国人日常购买的商品。

这个春日第一大道沿线的景象太普通了，在同一个下午，在美国境内其他道路上可以见到数以百万计的此类景象。经济学原理主要关注的就是这类平常现象。就像19世纪的经济学家阿尔弗雷德·马歇尔（Alfred Marshall）所指出的那样，经济学是“一门研究人类生活中的寻常商务活动的学问”。

对于这种寻常商务活动，经济学如何解释呢？当然有许多说法。在本书中，我们要说的是，即使是这种经济生活中熟悉的场景也浸透着一些非常重要的问题——一些经济学有助于回答的问题。其中包含的问题有：

- 我们的经济体系如何发挥作用？也就是说，它如何管理并生产产品？
- 什么时间以及为什么我们的经济体系会出偏差并由此导致人们出现一些反生产性行为？
- 经济为什么会起起落落？也就是说，为什么经济有时候会有坏年景？
- 最后，为什么从长期来看经济呈现的是上升而非下降的趋势？也就是说，为什么美国和其他发达国家会随着时间的推移变得越来越富？

我们先了解一下这些问题，并对你在本书中所学的内容做一个简短的介绍。

看不见的手

在殖民地时代的美国人——比如帮助乔治·华盛顿（George Washington）赢得1776年的特伦顿之战的爱国人士之一——看来，新泽西州中心的日常场景非同寻常。当时的特伦顿是一个小村庄，看不到任何购物小店，最终变成第一大道的不过是当时农场的一条羊肠小道。

设想我们能从北美殖民地时代一直来到我们所处的时代。（听上去像电影场景？确实有几分像。）时间旅行者能发现哪些令人激动的场景？

毫无疑问，最令人激动的是现在美国经济的繁荣：从普通家庭能买得起的产品和服务的范围就可以看出来。看到这么多财富，殖民地时代的旅行者将会感到疑惑："我们怎样才能得到其中的一部分呢？"或者他会问自己："我所在的社会怎样才能得到这些呢？"

获得这种繁荣的答案是：我们需要一个功能良好的经济体制来协调生产活动，因为生产活动将会创造出人们所需要的产品和服务，满足那些需要这些产品和服务的人的需要。这种经济体制就是我们谈论**经济**（economy）一词时所指的意思，**经济学**（economics）是研究产品和服务的生产、分配与消费的社会科学。

> **经济**是一种协调社会生产活动的体制。
>
> **经济学**是研究产品和服务的生产、分配与消费的社会科学。

从字面意义上来看，经济成功在某种意义上表现为所提供产品数量的多少。从18世纪——甚至从1950年——开始的时间旅行者将会对现代美国经济提供如此多的产品和服务感到惊奇，也会惊奇会有这么多的人买得起这些产品。与过去任何一个经济体和当代除了少数几个国家之外的所有国家相比，美国人的生活水平高得令人难以置信。

所以，我们的经济体一定做对了什么事，时间旅行者很可能想知道谁对此负责。但你猜怎么着？实际上并没有人对此负责。美国是**市场经济**（market economy）国家，其中的生产和消费是众多企业和个人分散决策的结果，并没有一个中央权力机构告诉人们生产什么或到哪里销售。每个个人生产者都将根据他或她认为最赚钱的事情来做出决策，每个消费者都购买他或她自己选择的产品。

> **市场经济**是指这样一个经济，其中的生产和消费是由众多个人生产者和消费者分散做出决策的。

市场经济之外是指令性经济（command economy），在这种经济体制中，中央当局做出关于生产和消费的一切决策。其中的生产者发现，一些时候由于无法获得关键的原材料，他们并不能组织日常的生产，或者即使能组织生产，也没人需要他们的产品。消费者经常发现无法找到他们需要的产品——指令性经济的一个特色是商店前面排着长长的队伍。

然而，市场经济就不同了。它能够协调复杂的经济活动，确实为消费者提供他们所需要的产品和服务。市场经济体系下的人们对他们的生活非常胸有成竹。如果没有计划而只是按照常理来行动的成千上万的商人没有将食物源源不断地运进大城市，那么这些城市的居民将不得不忍饥挨饿。令人惊奇的是，市场经济中的无计划"噪声"所表现出的理性远比计划经济的计划性有序得多。

一个著名的苏格兰经济学家亚当·斯密（Adam Smith）在1776年出版了《国富论》一书，对追求个人利益的各个个体如何最终增进了社会整体的利益进行了论述。对于为什么追求利润的商人也使国家变得更加富强，亚当·斯密写道："[他] 仅仅追求的是个人利益，在这种场合，像在其他许多场合一样，他受一只看不见的手的指导，去尽力达到一个并非他本意想要达到的目的。"从此以后，经济学家就使用**"看不见的手"**（invisible hand）一词来形容市场经济管理和驾驭追求个人利益的力量来实现社会良好目的的方式。

> **"看不见的手"**指的是追求个人利益导致实现对整个社会而言的良好后果的方式。

研究个人如何决策以及这些决策如何相互影响是**微观经济学**（microeconomics）的内容。微观经济学的核心命题之一是亚当·斯密提出的如下正确的远见：对个人利益的追求经常增进社会的整体利益。

> **微观经济学**是经济学的一个分支，研究的是个人如何决策以及这些决策如何相互作用。

所以，对于时间旅行者提出的一个问题"我所在的社会如何能实现你们已经习以为常的繁荣"，部分答案是：他所在的社会应该学会正确评价市场经济的优点和"看不见的手"的作用。

但是，"看不见的手"也并非总是这么友好，所以明白什么时候并且为什么人们追求个人利益会导致反生产性行为也很重要。

我得益，你受损

对于第一大道，时间旅行者并不会羡慕现代生活中的一件事情，那就是交通拥堵。事实上，随着时间的推移，尽管在美国绝大多数事情正变得越来越好，但交通却变得越来越糟糕。

当发生交通拥堵的时候，每一个司机都对在同一条道路上行驶的其他司机附加了成本——他们实际上挡了别人的路（他们走到了别人开车走的路上），这种成本可能很高昂。在主要的大城市，每个自己驾车上班的人相对于乘公共交通工具上班或在家办公的人，都对其他的自驾车者附加了不少于 15 美元的潜在成本。当然当决定是否自己驾车出行时，开车人并不会把附加给其他人的成本考虑在内。

交通拥堵是众多问题中人们较为熟悉的一个事例：有时候，个人追求自我利益不是促进了社会整体利益，而是实际上会使社会利益受到损害。发生这种情形时就出现了所谓的**市场失灵**（market failure）。市场失灵的其他典型事例有：对空气和水造成的污染、对鱼和森林等自然资源的过度开发等。

> **市场失灵**是指个人追求自我利益导致整个社会利益受损。

值得庆幸的是，在你使用本书学习了微观经济学之后，你将了解到：经济分析可以用来对市场失灵进行诊断。而且人们经常会发现，经济分析也可以用来找到解决问题的方法。

顺境和逆境

2014 年春季第一大道处在熙攘喧闹之中。但是，如果你 2008 年到此购物中心购物，所看到的景象并不令人鼓舞。因为在 2008 年，新泽西州的经济和整个美国的经济都令人感到压抑。在 2007 年早期，企业开始大规模解雇工人，到了 2009 年夏季，就业状况仍然没有得到好转。

经历这种艰难时段是现代经济的特征之一。典型的情况是经济运行并不总是很平稳：经济会经历波动，也就是一系列的扩张和收缩。对于一名中年美国人而言，他已经经历过 3～4 次这样的经济下行，也就是所谓的**衰退**（recession）（美国在 1973 年、1981 年、1990 年、2001 年和 2007 年经历了严重的经济衰退）。在严重的经济衰退期间，数以百万计的美国人被解雇。

> **衰退**就是经济产出的下降。

像市场失灵一样，经济衰退是生活的一部分，也像市场失灵一样，它们是经济分析能提供解决办法的问题。经济衰退是经济学的一个分支**宏观经济学**（macroeconomics）关注的主要问题之一。宏观经济学关注经济整体的扩张和收缩。如果学习了宏观经济学，读者将会了解经济学家怎样解释经济衰退以及政府如何通过经济政策来尽可能地减少经济波动带来的危害。

> **宏观经济学**是经济学的一个分支，关注的主要问题是经济整体活动的上升和下降。

尽管经济衰退间歇性出现，但是在美国漫长的经济发展历史中，经济多次起起落落，长期趋势是我们关注的最后一个问题的主题。

前进和提高

20 世纪开始的时候，大多数美国人生活在极端贫困之中。只有 10%的家庭拥有抽水马桶，8%的家庭集中供暖，2%的家庭使用电器，几乎无人拥有轿车，更不用说洗衣机和空调了。

这样的对比可以让我们清楚地理解经济增长怎样改变了我们的生活。所谓**经济增长**（economic growth），就是一个经济体生产产品和服务的能力的增长。为什么经济会随着时间的推移获得增长呢？为什么经济在有些时间和有些地方

> **经济增长**就是一个经济体生产产品和服务的能力的增长。

比其他时间和其他地方增长得要快一些呢？这是经济学的核心问题，因为经济增长是好事情，对此第一大道的经商者可以证明，我们中的大多数人想要更多的经济增长。

发现之擎

我们希望读者已经理解生活中的寻常商务活动实际上非常博大精深（如果你没有这样想），这可以引导我们提出一些非常有趣和重要的问题。

在本书中，我们将描述经济学家如何回答这些问题。但是像经济学是一个总体一样，本书并不只是列出答案：它将像我们提出问题那样提出一种原理、一种方法。或者像阿尔弗雷德·马歇尔所指出的那样："经济学……并不仅仅是具体事实的描述，而是发现具体事实的引擎。"

让我们转动钥匙，开始旅程。

关键词

经济　经济学　市场经济　"看不见的手"　微观经济学　市场失灵　衰退
宏观经济学　经济增长

第 1 章

基本原理

本章将学习

- 一套理解个人如何做出选择的经济学原理。
- 一套理解经济如何通过个人选择的相互作用而运转的经济学原理。
- 一套理解整个经济层面的相互作用的经济学原理。

开篇案例

共同的基础

美国经济学会的年会吸引着数千名经济学家参会，老的、少的、著名学者和无名人士济济一堂。这也是书商、企业等进行商务会晤的场合，而且其中夹杂着一些工作职位的面试活动。最主要的是经济学家聚在一起讨论和聆听报告，在会议最繁忙的时候，大约有60场报告同时进行，讨论的问题从金融市场危机到夫妻二人都上班的家庭谁下厨房等，应有尽有。

这些人之间有共同点吗？金融市场方面的专家大概对于家务劳动方面的经济学知之甚少，相反，研究后者的人对前面的主题也了解不多。一名经济学家随意走进一个专业并不对口的讨论组并听完一些并不熟悉的主题报告与聆听自己熟悉的专题差别并不大。原因是：所有经济分析都是采用一套应用于不同话题的共同原理。

其中一些原理与个人选择有关——对经济学来说最重要的是关于个人如何做出选择的内容。你为了省钱而乘坐公交车还是买私家车？你是继续用旧的智能手机还是购买新的手机？这些决策都牵涉到在有限的选项中做出抉择。说有限是因为人们不能拥有他所希望拥有的一切。在经济学中每一个问题从最基础的意义上来看，都涉及个人选择。

想了解一个经济体如何运转，你就需要更多地了解个人如何做出选择。我们中没有一个人是鲁滨逊·克鲁索，可以单独在岛上生活，我们必须在一个受到他人决策影响的环境中做出选择。确实在现代经济中一些非常简单的选择——如早餐吃什么——也受到成千上万人的选择的影响，这些人涵盖了从哥斯达黎加的香蕉种植者（他们决定着你所吃的水果的种植）到艾奥瓦州的农场主（他们提供了你所吃的玉米片中的玉米）。

因为我们每个人在市场经济中都要依赖许多人——当然他们反过来也依赖我们——因而我们的选择相互作用。所以，尽管所有的经济学在基础上都是关于个人选择的，但为了理解市场经济如何运转，我们必须理解经济的相互作用——我的决策如何影响你的决策以及你的决策如何影响我的决策。

许多重要的经济的相互作用可以通过观察单个产品（如玉米）的市场来理解。但对整个经济的上下波动，我们既要理解整个经济层面的相互作用，也要理解单个市场间有限的相互作用。

通过经济学学习，我们将讨论与个人选择和相互作用有关的经济学基本原理。在第一节我将定义经济学中的关键术语。然后我们将介绍经济学的12个基本原理：4个原理与个人选择有关，5个原理与个人选择的相互作用有关，3个原理涉及整个经济层面的相互作用。

1.1 与个人选择相关的基本原理：经济学之核

从最基本的意义上来看，每一个经济学话题都与**个人选择**（individual choice）有关，也就是对于做什么和不做什么由个人做出抉择。事实上，也可以说，如果没有选择，也就没有了经济学。

> **个人选择**是指一个个体必须做出的做什么和不做什么的决策。

当步入沃尔玛（Wal-Mart）和塔吉特（Target）这样的大型商店时，可供选购的商品有成千上万种，你或者其他人不可能买得起自己想要的一切商品。而且，你的宿舍或公寓的空间有限。你想再购买一个书架或一个迷你冰箱吗？假定你的预算支出和生活空间有限，你必须在购买哪种商品而不购哪种商品上做出选择。

事实上，那些货架上的商品此前已经涉及选择：商店管理者选择把它们放在那里，制造商选择生产了它们。所有的经济活动都涉及个人选择。

下述四个经济学原理与个人选择有关，如表1-1所示。下面我们将对这些原理中的每一个进行详细解释。

表1-1 个人选择的几个原理

1. 因为资源稀缺，人们必须做出选择。
2. 一种物品的机会成本是为得到该种物品必须放弃的东西，这是其真实成本。
3. 关于“多少”的决策要求在边际上进行权衡取舍：对任一活动做出是增加一点还是减少一点的决策，取决于对改变的成本和收益的比较。
4. 人们通常会对激励做出反应，寻找机会来改善自己的境况。

1.1.1 原理#1：因为资源稀缺，人们必须做出选择

人们并不能事事如愿。每个人都喜欢在黄金地段拥有一幢漂亮的住房（而且有清洁工打扫房子）和两三辆高级轿车，并在度假时住在星级酒店。但即使是像美国这样富裕的国家，能支付得起所有这些的家庭也并不多。所以，他们必须做出选择：今年是到迪士尼去度假还是买一辆更好一点的车，是在一个有小庭院的房子中得过且过，还是选一个地价便宜但需要花费更长通勤时间的地方居住。

收入有限并非唯一让人们不能完全如愿的原因。可用时间也是有限的：每天只有24小时。因为时间有限，所以我们在一种活动中花费了时间就意味着我们没有时间去做其他事情，比方说你花时间温习功课应付考试就必须放弃晚上花时间去看电影。其实许多人每日的时间都非常有限，所以他们愿意花钱来换取时间。例如，便利店商品的价格一般要高于超级市场，但对于满足时间紧迫的消费者的需要来讲，便利店发挥了重要作用，因为他们更愿意多花一些钱，而不是花费更长的时间走更远的路去超级市场。

这就引出了个人选择的**第一个原理**：

因为资源稀缺，人们必须做出选择。

所谓**资源**（resource）是指可用于生产其他物品的一切东西。经济中的资源通常应包括：土地、劳动（工人可提供的劳动时间）、资本（机器设备、厂房和其他人造的生产性设备）和人力资本（工人所受的教育和所掌握的劳动技能）。当资源的数量不能最大限度地满足社会的所有需要时，资源就是**稀缺的**（scarce）。

> 所谓**资源**是指可用于生产其他物品的一切东西。
> 当资源的数量不能最大限度地满足社会的所有需要时，资源是**稀缺的**。

稀缺资源有多种，其中包括自然资源，这是来自物质环境中的资源，如矿

物资源、森林资源和原油。劳动、技能和智力等人力资本的数量也是有限的。在一个人口迅速增加、经济增长的世界中，甚至干净的水和空气也是稀缺资源。

像个人必须做出选择一样，稀缺资源意味着社会整体也必须做出选择。社会做出选择的一种简单方式是：尊重许多个人选择的结果，这通常发生在市场经济体制中。例如，美国人作为一个群体，每星期的时间都是有限的，他们会花多少时间去超市以获得更低的价格，而不是通过在便利店购物来节省时间？答案是看个人决策的加总：在一个经济体中，数以百万计的人自己做出决策到哪里去购物，总体的选择就是把这些个体决策加总起来。

但是出于各种原因，一些决策由一个社会做出而不是由个人做出才是最好的。例如，本书作者所居住的区域直到最近都主要是农田，但是现在许多建筑物正拔地而起。大多数当地居民感到，如果不对土地进行开发，社区居住环境将更为舒适。但是，没有一户人家愿意让土地闲置，而不卖给开发商。所以，在整个美国的多个社区，已经出现了一种趋势：当地政府购买未开发的土地留作闲置用地。

在后续章节中，我们将会知道，如何使用闲置资源由个人做出决策是最佳的，但有时应该在更高的社区水平上做出决策。

□ 1.1.2 原理#2：得到某物的真实成本是机会成本

假定这是你毕业前的最后一学期，教学计划只允许你选修一门课程。但有两门课程你比较喜欢，比方说计算机图形学和爵士乐史。

一种物品的**机会成本**是为得到该种物品必须放弃的东西，这是其真实成本。

假定你选修了爵士乐史，那么你做决策的成本是什么呢？你实际上不能够选修另一门喜欢的计算机图形学课程。经济学家称这种成本——为得到你想要的东西必须做出的放弃——为**机会成本**（opportunity cost）。这就引出了个人选择的**第二个原理**：

一种物品的机会成本是为得到该种物品必须放弃的东西，这是其真实成本。

机会成本概念对理解个人选择非常关键，因为最终所有的成本都是机会成本。这是因为人们做出的每一个选择都意味着放弃了其他选择。

有时有人批评说，经济学家关心的仅仅是那些能够用货币衡量的成本和收益。这并非事实。正像我们的选修课程例子中选修一门课程无须多交学费一样，许多经济分析并不直接涉及货币成本。尽管如此，你做出的选择还是有机会成本的，因为你的时间有限，只能选择一门课程，不得不放弃其他想选修的课程。更具体地来说，一种选择的机会成本是没有选择次优机会而放弃的东西。

你可能认为机会成本是一个附加量，也就是说，货币成本之上的附加量。假设选修一门新课程增加的学费为750美元，这是你选修爵士乐史这门课程的货币成本。那么选修该门课程的机会成本是与货币成本分开的部分吗？

我们来看两种情形。第一种情形，假设选修计算机图形学的成本也是750美元。在这种情况下，不管选修什么课程，你都须付出750美元。因此，你选修爵士乐史课程放弃的是计算机图形学课程，在这一时间区段，不管选择什么课程，你都须花750美元。第二种情形，假定选修计算机图形学课程是免费的。在这种情况下，选修爵士乐史课程所放弃的是计算机图形学课程加上你花费750美元购买到的任何东西。

不管在哪种情况下，选修自己喜欢的课程的真实成本都是为选修该门课程所放弃的一切。当我们扩展每种选择可能时——是否选修课程、是否完成这一学期的学习、是否放弃选修课程——你都应该认识到，所有成本最终都是机会成本。

有时候，必须为某种物品支付的货币成了机会成本的良好标示。但在多数情况下不是这样。说明机会成本不能利用货币成本来表示的一个非常突出的事例是上大学的成本。对大部分学生来讲，学费和租房成本是主要的货币支出，但是，即使这些都是免费的，上大学的花费也非常大。因为对大部分大学生来讲，如果他们不上大学，将会就业。也就是说，由于上大学，学生们放弃了参加工作所获得的收入。这就意味着，上大学的机会成本除了所支付的学费和房租外，还要加上没有就业所放弃的收入。

所以，我们容易看出，上大学的机会成本对于在大学读书的几年中可以获得很高收入的人来说是非常昂贵的。这就是像勒布朗·詹姆斯（LeBron James）这样的体育明星和马克·扎克伯格（Mark Zuckerberg）这样的企业家不上大学或者不完成大学学业的原因。

□ 1.1.3 原理#3：关于"多少"的决策在边际上做出

一些重要的决策涉及"非此即彼"的选择。例如，你要决定要么上大学，要么去工作；你要决定是学习经济学，还是学习其他课程。其他的一些重要决定则牵涉到"多少"的选择。假设你在这个学期选修了经济学和化学，你就必须决定在每门课上花费多少时间。当涉及理解关于"多少"的决策时，经济学提供了一个重要的"见解"：关于"多少"的决策是在边际上做出的。

假设你选修经济学和化学，又假设你是医学院的预科生，所以你的化学成绩比经济学成绩重要得多。这是否意味着你应该花费所有的学习时间来学习化学而在经济学考试中即兴发挥？实际上并非如此，即使你认为你的化学成绩非常重要，你也应该花一些时间来学习经济学。

花费越多的时间来学习化学涉及收益（benefit）（期望在该课程中得到好的成绩）和成本（你可以把时间花在其他事情上，如可以用来学习经济学以得到好的成绩）的比较。也就是说，你的决策涉及**权衡取舍**（trade-off）——比较成本和收益。

> 当你比较做某种事情的成本和收益时，就是在做**权衡取舍**。

你如何在这类关于"多少"的问题上做出决策呢？典型的回答是：你每次只做出关于一小部分时间的决策，也就是决定下一个小时怎么过。比如说两门课程在同一天考试，头一天晚上你正在复习两门课程的笔记。在晚上6:30，你决定对每门课程各花至少1小时的时间是一个不错的主意；到了晚上8:00，你决定在每门课程上再各花费1小时；到晚上10:00，你有些累了，估计在休息以前自己大概还有1小时的学习时间，是学习化学还是学习经济学？如果你是医学院的预科生，你很可能学习化学；如果准备攻读MBA，你很可能学习经济学。

请注意，你是这样做出关于时间分配的决策的：在每一时间点上，要考虑是否在一门课程上多花费1小时。当考虑是否在化学的学习上多花费1小时的时候，你要做成本（放弃学习1小时的经济学或牺牲1小时的睡眠）和收益（很可能提高你的化学成绩）比较。只要多花1小时的收益大于成本，你就应该将多余的1小时用于学习化学。

"你下一小时做什么""你用下一单位支出做什么"之类的决策就是**边际决策**（marginal decision）。它们涉及在边际上进行权衡取舍：比较增加或减少一小部分某种行为的成本和收益。这就引出了个人选择的**第三个原理**：

> 对任一活动做出是否增加或减少一点的决策是**边际决策**。对这种决策的研究就是所谓的**边际分析**。

关于"多少"的决策要求在边际上进行权衡取舍：对任一活动做出是增加一点还是减少一点的决策，取决于对改变的成本和收益的比较。

这类决策就是所谓的**边际分析**（marginal analysis）。在经济学中——其实实际生活中也是这样——我们在面临许多问题时都要采用边际分析：我的商店应该雇用多少工人？我的车开多少英里应该加一次油？一种新药品可接受的副作用有多大？边际分析在经济分析中发挥着核心作用，因为它是决定一种行为的"多少"的关键。

□ 1.1.4 原理#4：人们通常会对激励做出反应，寻找机会来改善自己的境况

某一天，本书作者在早间财经新闻中听到了一则介绍在曼哈顿地区如何停车更便宜的小窍门。在华尔街地区的停车场，收费标准大约为每天30美元。但是，根据这则新闻报道，有人发现了更好的办法：不是把车停在停车场，而是如果你在曼哈顿地区一个名为吉菲·卢伯（Jiffy Lube）的商店一次花费19.95美元更换机油，该商店允许你把车停放在那里一天。

这个故事很精巧，但最后证明这并不为真。因为在曼哈顿地区没有这样一个商店。但如果真有这样一个商店，可以肯定人们将在那里多次换机油。为什么呢？因为若人们有更好的机会可以使自己的境况变得更好，他们通常会利用之，也就是说，如果人们能发现停车一天的费用是19.95美元，而不是30美元，他们将利用这个机会。

在这个例子中，经济学家认为，人们会对**激励**（incentive）——一个可以使自己变得更好的机会——做出反应。现在我们可以陈述个人选择的**第四个原理**：

> **激励**是指对人们改变行为提供回报的一切东西。

人们通常会对激励做出反应，寻找机会来改善自己的境况。

当我们试图预测一个人在经济环境中如何行动时，我们有理由认为，人们将对激励做出反应，也就是说，他们将寻找使自己变得更好的机会。而且，人们对机会的寻找会一直延续到所有的机会都被充分利用为止。如果在曼哈顿地区真有吉菲·卢伯这样的商店，更换机油也确实是一个更便宜地停车的办法，我们可以肯定地预测，要求更换机油的预约单在几个星期甚至几个月前就已经非常长了。

事实上，人们寻找机会改善自己福利的原则是经济学家预测个人所有行为的基础。如果获得MBA学位后的收入猛增，而获得法学学位后的收入下降，我们可以预期，将有更多的学生申请商学院，而法学院的申请人数会减少。如果汽油价格上升并且在很长的时间内保持在高位，我们可以预期人们将会购买小排量、低油耗的车，在油价高企的背景下，驾驶燃油效率更高的车会使人们的境况变得更好。

最后一点：对于不改变对人们的激励，却试图改变人们行为的做法，经济学家都表示怀疑。例如，一项号召制造商自动减少污染的计划大概不会起作用；一项能够提供融资激励来减少污染的做法则多半会成功，因为它改变了对制造商的激励。

▶ **追根究底**

学校可以使用金钱进行奖励吗？

对学习的真实回报当然是学习自身。然而，许多学生努力学习与否与对他们的激励有关。如何帮助那些家庭出身不好、经常逃学、辍学率高且标准化成绩低的同学，教师和政策制定者面临特别的挑战。

2009年哈佛大学经济学家小罗兰·弗雷尔（Roland Fryer Jr.）和2011年芝加哥大学经济学家史蒂夫·列维特（Steve Levitt）及其他合作者所进行的两项研究证明，货币激励（进行金钱奖励）可改善经济不发达地区学校中学生的成绩。然而，现金激励有效果既让人感到意外也符合预测。

弗雷尔的研究是在4个不同地区的学校采用不同的激励措施和对成绩采用不同的衡量方法来进行的。在纽约，根据学生在标准考试中所得的分数进行奖励；在芝加哥，根据学生的成绩进行奖励；在华盛顿，根据学生的到课率、在校行为和所获得的成绩进行奖励；在达拉斯，二年级的学生每读一本书就可获得奖励。

弗雷尔评估比较了参加研究项目的学生的成绩与同一学校中没有参加研究项目的学生的成绩。

在纽约，该项目对标准考试的分数没有明显的影响；在芝加哥，参加该项目的学生的成绩有了改善，到课率提高；在华盛顿，该项目对那些通常最不愿意上学、有严重行为问题的学生有显著影响，他们的考试成绩提高的数量相当于多在学校学习了5个月。

在达拉斯，效果最为明显，学生的阅读理解考试成绩明显提升。即使在现金奖励结束后的1年，效果也持续显现。

怎样解释这种不同的结果？

弗雷尔发现，为了用金钱来激励学生，必须让学生相信，他们可以对成绩指标产生显著的影响。因此，在芝加哥、华盛顿和达拉斯，因为学生可以控制学习效果，如分数、到课率、在学校的表现和所读书籍的数量，因此项目产生了显著的效果。

但是在纽约，学生无从控制标准考试的分数，获得奖励的预期对他们的行为几乎没有影响。此外，奖励的时机也很重要。在取得成绩后不久奖励1美元比在此后拖延一段时间奖励1美元的效果要好。

列维特的研究涉及芝加哥地区 7 000 多名学生，证明了如下结论：货币激励导致的标准考试成绩提高相当于对考试准备了 5~6 个月的时间。此外，列维特的调研发现，奖励金额大（20 美元）比金额小（10 美元）带来的分数提高更显著。

与弗雷尔相同，列维特和他的共同研究者发现，将奖励推迟到考试成绩发布一个月后兑现，奖励不再产生影响。

这两项实验表明了如何采用激励政策来刺激行为人的关键问题，如何设计激励非常重要：努力和结果之间的相关性以及奖励是否及时都很重要。而且，激励设计也与试图激励的对象的特质有重要关系：对家庭富裕学生的激励与对家庭出身不好的学生的激励并不相同。

弗雷尔的发现为教师和政策制定者如何帮助那些家庭出身不好的学生在学校取得成功提供了非常重要的新方法。

我们已经做好学习经济学的准备了吗？还没有，因为经济中发生的大部分有趣的事情并不仅仅是个人选择的结果，而是个人选择之间的相互作用所致。

及时复习

- 所有的经济活动都与个人选择有关。
- 因为资源稀缺，所以人们必须做出选择。
- 得到某些东西的真实成本是机会成本，也就是为得到某种东西必须放弃的东西。所以，一切成本都是机会成本。有时候货币成本可以很好地表示机会成本，但并不总是这样。
- 许多选择不是回答“是与否”的问题，而是回答“多少”的问题。关于“多少”的选择是在边际上做出权衡取舍。对边际决策的研究就是所谓的边际分析。
- 因为人们通常会利用机会来使自己的境况变得更好，所以激励可以改变人们的行为。

小测验 1-1

1. 解释如下情形，各自怎样说明个人选择的四个原理中的一个：

a. 这是你第三次到一家名为“能吃你就吃”的甜点自助餐店用餐，你感到已经饱了，尽管不需要你再支出，你还是放弃了一块椰奶派，而享用了一块巧克力蛋糕。

b. 即使世界上还有很多资源，稀缺也仍将存在。

c. 几名不同的教师助理担任几个班“经济学 101”课程的教学辅导任务，那些声誉好的教师助理的辅导课很快就注册满员，而那些声誉不好的教师助理的辅导课还有空位。

d. 为确定每周要花多长时间来做运动，你比较了多进行 1 小时的锻炼给健康带来的好处与减少 1 小时学习对成绩造成的影响。

2. 你目前在惠兹·基茨咨询公司（Whiz Kids Consultants）工作，每年收入为 45 000 美元，你正在考虑布雷尼克斯公司（Brainiacs Inc.）的工作邀请，该公司的薪水为每年 50 000 美元，下列因素中哪些应该是你考虑新工作职位时的机会成本？

a. 到新的工作单位需在路上花费更多的通勤时间。

b. 原有工作提供的 45 000 美元的薪水。

c. 新工作职位有更大的办公室空间。

1.2 相互作用：经济如何运转

就像我们在导言中学习的那样，经济是一种用来协调许多人的生产性活动的体制。我们现在生活的市场经济体制，就是一种没有协调者的协调机制：每一个个人都做出他自己的选择。

这些选择无疑是相互独立的，每个人的机会以及所做的选择都在很大程度上依赖于他人所做的选择。所以，想了解市场经济如何运转，我们就不得不讨论这种**相互作用**（interaction），因为我的选择将影响你的选择，反过来你的选择也会影响我的选择。

> 选择的**相互作用**——我的选择影响你的选择，你的选择也影响我的选择——是大多数经济问题的特征。这种相互作用的结果与每个人想要达到的目的经常完全不同。

当研究经济的相互作用时，我们很快就会知道，个人选择的最终结果与他们个人想实现的目的可能南辕北辙。例如，在过去一个世纪，美国的农场主非常热衷于采用新的耕种技术和选用新的农作物品种，这些做法有助于降低成本、增加产量。显然，从每个农场主的个人利益角度来考虑，他们应该使用最新的耕种技术。

但是，每个农场主都努力增加个人收入的最终结果是把许多农场主挤出了这一行业。因为美国的农场主在大规模生产方面非常成功，所以农产品价格一直在下跌。价格下跌导致许多农场主收入减少，结果愿意从事这一行业的人越来越少。也就是说，种植更好谷物品种的单个农场主的收入提高了；但是，当许多农场主都采用这种优良谷物品种时，结果却是整个农场主群体的利益受到损害。

一个农场主如果采用了新型、高产的谷物品种，不一定会种植更多的谷物。这样的一个农场主通过增加产量也会影响到整个谷物市场，结果是其他农场主和消费者以及其他人都将感受到这种结果。

就像在个人选择中有四个经济学原理一样，相互作用的经济学有五个原理。这五个原理如表 1-2 所示，下面我们就对这些原理进行详细讨论。

表 1-2　个人选择相互作用的几个原理

5. 贸易带来增益。
6. 因为人们对激励做出反应，所以市场会走向均衡。
7. 为了实现社会目标，应尽可能有效利用资源。
8. 因为人们通常会挖掘贸易增益，市场通常会达至有效状态。
9. 当市场无法达至有效状态时，政府干预能改善社会的福利。

□ 1.2.1　原理 #5：贸易带来增益

为什么我做的选择与你做的选择相互影响？一个家庭可以试图满足自己的所有需要——自己动手以丰衣足食、自娱自乐甚至自己写经济学教科书等。但是，如果试图这样生活，会非常艰难。

对每个人来说，如果想显著提高生活水平，秘诀是进行**贸易**（trade，也称交易）。其中每个人都有不同的任务分工，每个人都提供他人所需要的产品和服务来换取他或她所需要的其他产品和服务。

> 在市场经济中，人们参与**贸易**，他们向其他人提供产品和服务，也从其他人那里获得产品和服务。
>
> **贸易增益**：相对于自给自足，人们通过贸易得到的更多。产出的增长源于**专业化**：每个人都专注于自己擅长的工作。

我们有一个经济体，而不是许多人自给自足，原因就是贸易可以带来**贸易增益**（gains from trade）：通过任务分工和贸易，两个人（或者说 60 亿人）中的每个人所得到的都比各自自给自足时所得到的要多。这引出了我们的**第五个原理**：

> 贸易带来增益。

贸易增益来自任务分工，经济学家称之为**专业化**（specialization），这是指不同的人，每个人承担不同工作任务的情形，人们专注于那些各自擅长的工作。专业化带来好处与贸易带来增益是亚当·斯密 1776 年的巨著《国富论》的出发点，该书也被许多人看作是经济学作为一门学科的开始。

斯密的著作是从描述 18 世纪的一家别针工厂开始的，在这家工厂中，10 个工人并非完成制针从开始到最后的全过程，每个工人都只完成其中的一道工序：

> 一个人抽铁线，一个人拉直，一个人切截，一个人削尖线的一端，一个人磨另一端，以便装上圆头。要做圆头，就需要有两三种不同的操作。装圆头，涂白色，乃至包装，都是专门的操作。这样，别针的制造分为 18 种操作……这 10 个工人每日就可制成别针 48 000 枚，即一人一日可制成别针 4 800 枚。

如果他们各自独立工作，不专习一种特殊操作，那么，他们不论是谁，都绝对不可能一日制成 20 枚别针，说不定一天连 1 枚别针都制造不出来。

在一个经济体中，从人们之间如何分配工作任务和进行贸易上，也可以看到同样的原理。当每个人专门从事一种工作任务且相互之间进行贸易时，经济作为一个整体就可以生产得更多。

专业化利益也是一个人选择一种职业的主要原因。成为一名医生要经过多年的学习和实践，成为一名商业飞行员也要经过多年的学习和实践。许多医生可能有潜力成为非常出色的飞行员，许多飞行员也可能有潜力成为非常出色的医生。但是，在起初决定开始从事某一专门职业时，任何人都不可能做到同时从事两种职业会像从事一种职业那样优秀。所以，当每个人选择自己从事的专业领域的时候，每个人就获得了自己的优势。

市场使得医生和飞行员各自从事自己的专业成为可能。因为存在医生和商业飞行员服务的市场，所以医生知道他能够得到飞行服务，而飞行员也知道自己能找到医生。只要知道能够在市场中找到他们需要的产品和服务，人们就愿意放弃自给自足并愿意从事专业工作。是什么使人们相信他们的愿望可以得到满足？对这个问题的回答引出了个人选择相互作用的第二个原理。

□ 1.2.2 原理 #6：市场会走向均衡

在一家超市繁忙的下午，收银台前排起了长长的队伍，这时一个此前没有使用的收银台开始使用，将会发生什么呢？第一件发生的事情，当然是顾客赶快挤到新的收银台前。几分钟后，队伍会平静下来。顾客做了重新调整，新的收银台前的队伍与原来收银台前的队伍一样长。

我们怎么知道会这样？我们的依据是个人选择的第四个原理，人们将寻找机会改善自己的境况。这可以解释人们为什么会涌向新的收银台，目的是节省时间。当购物者不能通过调整队伍改善目前的境况时，情况就稳定下来了。当仍然有机会改善自己的境况时，人们会一直寻找下去。

超市收银台前的排队问题似乎与个人选择的相互作用并无联系，但实际上它证明了一个重要的原理。当人们不能通过做其他事情使自己的境况变得更好时，就实现了经济学家所说的**均衡**（equilibrium），如在所有收银台前排的队伍一样长那样。当人们做其他的事情不能使自己的境况变得更好时，经济就达到了均衡状态。

> 当没有人能通过做其他的事情使自己的境况变得更好时，经济就达到了**均衡**状态。

回想一下神秘的吉菲·卢伯的故事，也就是通过更换机油停车比在停车场停车更便宜时发生的情形。如果这样的机会确实存在，而人们仍然付出 30 美元在停车场停车，这种状态就不是均衡。这其实也暴露了这个故事并不为真。实际上，人们会找到便宜停车的所有机会，就像人们在收银台前为了省时间而抓住机会一样。在这样做的时候，他们其实已经把机会填补了。既可能是预定一个更换机油的机会非常难，也可能是更换机油的价格已上涨到没有任何吸引力的水平（除非你真的需要更换机油），这引出了**第六个原理：**

> 因为人们对激励做出反应，所以市场会走向均衡。

正如我们将看到的那样，通过价格的变化市场通常会实现均衡，在人们可以改善自己福利的机会消失之前，价格一直会升升降降。

均衡的概念对理解经济的相互作用是非常有帮助的。因为有的时候它为厘清相互作用的复杂局面提供了一个思路。想了解超市启用一个新的收银台的时候会发生什么，我们不必担心是否能准确预测顾客会做出怎样的调整，谁将先行一步站到新排队伍的前面，等等。我们需要知道的是，每次这种变化发生之后，总会达到一种均衡状态。

市场能达到均衡状态的事实，也是我们能够据此做出预测的基础。事实上，我们可以相信市场能够提供给我们最基本的生活用品。例如，生活在大城市的人们都知道超市的货架上总是货物殷实。为什么呢？因为如果有从事食品经营的商人无法把货物及时运到超市，就为其他的商人提供了一个大好的获利机会，就像人们纷纷拥向新的收银台前一样，食品供应商也会马上涌来。

所以，市场总能保证城市居民永远可以得到食品供应。回到我们的第五个原理，这使得城市居民可以成为城市居民——只是专注于城里的工作，而不是住在农场并种植他们自己的食物。

正像我们已经知道的那样，市场经济也使得人们通过贸易而得益。但是，我们又怎么知道经济运行得怎么样呢？下一个原理为我们评估经济绩效提供了一个标准。

▶ 追根究底

选择哪边？

美国人开车为什么要靠右行？当然，这是法律要求。但是，在这一要求成为法律之前很长时间，它已经是一种均衡了。

在正式的交通法规推出之前，就有非正式的“道路通行规则”，在实践中，每个人都期望其他人能遵从之。这些规则包含了对人们通常会靠道路哪边行走的理解。像英国这样一些国家，道路通行的规则是靠左行；而其他一些国家，如法国，则是靠右行。

为什么一些国家会选择靠右行，而其他国家选择靠左行呢？关于这一点还没有完全弄清楚，它可能取决于所使用的主要交通工具。骑马并在左胯佩刀剑的男性偏爱靠左行（想想上马和下马你就明白为什么了）；而惯用右手的人在步行和骑马的时候则喜欢靠右行。

无论如何，道路的交通规则一旦建立，每个人都有强烈的动机按照道路通行的交通规则行路：因为人们不愿意在行路时相互碰撞。

因此，道路的交通规则一旦建立，它会自我运行，也就是说它会达到一种均衡。当然，现代社会中人们驾车应该靠哪边行走是由法律决定的，一些国家甚至进行了改变。2009 年，岛国萨摩亚为了与其他南部非洲国家靠左行一致起来，将靠右行改为靠左行。

但是行人应该靠哪边呢？没有法律，但有非正式的规则。在美国，城市的行人通常靠右行。但是，如果你有机会去其他国家，请留意：若人们开车靠左行，行人一般也靠左边行走。因此要入乡随俗。当然你如果靠右行，没有人会找你麻烦，但是相对于靠左行的均衡来讲，你的境况将变差。

□ 1.2.3 原理 #7：为了实现社会目标，应尽可能有效利用资源

假定你选修的一门课程教室过小，许多学生被迫站立或坐在地板上，但旁边的大教室却空着。你会说，这个学校管理不得法。经济学家称这种情形是对资源的非效率利用。但是，如果资源的非效率利用是人们所不愿意看到的，那么有效（率）利用是什么意思呢？

你可能认为资源的有效利用与金钱有关，也许可以用圆角分的货币形式来衡量。但在经济学上，就像在生活中一样，金钱仅仅是一种实现目的的手段。经济学家真正关心的度量方法不是金钱，而是人们的福利或幸福。经济学家指出：当一个经济体达到能使得所有社会成员的境况都变好的一切机会都被利用了时，其资源就实现了**有效**（efficient）利用。

> 当一个经济体的一切机会都被利用、不损害一部分人的福利就无法改善另一部分人的福利的时候，就达到了**有效**状态。

在我们前面提到的教室事例中，很显然有一个可以改善所有人福利的方法——转移到那个较大的教室上课，这不会对该所大学中的其他任何人造成伤害，但改善了上课班级中学员的境况。把课程排到较小的教室是对大学资源的非效率利用，而把课程排到较大的教室则是对大学资源的一种有效利用。

当经济体达到有效状态的时候，在给定可利用资源数量的情况下，贸易增益也可能是最大的。为什么呢？因为再也没有其他方法能够通过重新配置资源在不损害其他人福利的情况下使其中一人的境况变好。当经济体达到有效状态时，重新配置资源使一个人境况变好只有在其他人境况变差的情况下才能实现。

在我们前面提到的教室事例中，如果所有的大教室都已经被使用，大学运行就处在有效率的状态。上课班级移到大教室获得的状态改善只有在损害他人即把其他同学移到小一些的教室才能实现。

这样就可得出**第七个原理**：

为了实现社会目标，应尽可能有效利用资源。

经济政策制定者是否总是努力达至经济有效呢？不一定如此。因为效率仅是达至社会目标的一种途径。有时效率与社会认为值得实现的其他目标之间会产生冲突。例如，在大部分社会中，人们也关心平等或**公平**（equity）的议题。所以，公平和效率之间存在着权衡取舍的问题。促进公平的政策通常以牺牲经济效率为代价，反之亦然。

公平意味着每个人都得到他或她应得的公正份额。因为对什么是公正，不同的人有不同的看法，所以“公正”和“公平”概念并没有像“效率”那样有良好的定义。

为了看清楚这一点，考虑一下在公共停车场中为残疾人预留停车位的问题。许多人由于年老或身体残障而行走困难，因此，为他们具体指定近一些的停车位仅仅是出于公平的考虑。然而，你可能已经注意到，这中间有相当数量的非效率成分。为了总能确保适当的停车位供残疾人使用，一般预留的停车位数量要多于残疾人需要的量。结果，人们想要的停车位供应不足。（而且这对想去使用残疾人停车位的正常人诱惑非常大，他们往往是因为怕吃罚单才作罢。）

因此，在没有停车场工作人员分配车位时，公平和效率之间的冲突就出现了。公平是指残疾人得到公平待遇，效率是指确保能够改善人们福利的机会被挖掘殆尽，不能让停车场留有空位。

在促进公平时，政策制定者应该具体将公平置于效率之前多远是一个难以回答的问题，同时也是政治程序的核心难题。同样地，这也不是经济学家能回答的一个疑问。对经济学家来说最重要的是：在追求社会目标的前提下总是寻求尽可能有效利用经济中的资源的方法，无论那些目标是什么。

□ 1.2.4　原理 #8：市场通常会达至有效状态

没有一个美国政府部门能被相信可以确保我们的市场经济实现一般意义上的经济效率，如我们周围没有人能确切知道：脑外科医生是否会犁地，明尼苏达州的农民是否会尝试种植橙子。因为在大部分情形下，“看不见的手”已经发挥作用，所以政府不必试图去推动资源的有效利用。

市场经济内嵌的激励机制通常能确保资源被有效利用，能改善人们福利的机会不会被浪费。假定一所大学为人所知的情形是小教室人满为患，大教室空而不用，那么我们很快就会发现，报考人数下降，学校管理人员的饭碗就难保了。大学招生“市场”会在一定程度上引导管理人员有效率地经营一所大学。

想详细解释为什么市场通常能确保资源被非常有效地利用，必须等到我们学习了市场实际上是如何运行的内容之后。但是最基本的理由是，在市场经济中，选择消费什么和生产什么，每个个体都有完全的自由，人们也通常会抓住能使多方增益的机会，也就是通过贸易活动增益。

如果有一些方法能使部分人的境况改善，人们通常会利用这样的机会。而且，这也正是效率的本义：能使一些人境况得到改善而没有损害其他人福利的所有机会已经被利用殆尽。这就引出了我们的**第八个原理**：

因为人们通常会挖掘贸易增益，市场通常会达至有效状态。

然而，一般意义上的市场有效仍然存在例外情形。当出现市场失灵时，市场中的人们追求个人利益会造成整个社会的福利恶化，也就是说，市场结果是非效率的。正如我们在下一个原理中将看到的那样，政府干预有助于改善这种市场失灵。但是，在缺乏市场失灵例证的情况下，一般的规则认为市场是组织经济活动的一种非常好的方法。

□ 1.2.5　原理 #9：当市场无法达至有效状态时，政府干预能改善社会的福利

我们来讨论一下由交通拥堵导致的市场失灵的本质，一个开车去工作单位的通勤者，不会想到在交通拥堵时，由于他或她的行动加剧了拥堵而带给他人的成本。

对这种状况有几种可能的解决办法，例如征收道路通行费、对公共交通进行补贴、对出售给个人驾车者的汽油征税。所有这些办法都将会激励那些想开车上班的人改用其他的交通工具。但是，这些办法也有一个共同的特征：每种办法都依赖政府的干预。这就引出了**第九个原理**：

当市场无法达至有效状态时，政府干预能改善社会的福利。

这就是说，当市场出现问题时，一种设计恰当的政府政策通过改变社会资源的利用，有时会推动社会更进一步靠近有效状态。

经济学的一个非常重要的分支就是研究市场为什么会失灵和为改善社会福利应采用什么样的政策。我们将在后面的章节中进一步研究这些问题和解决办法，在这里我们先对市场为什么会失灵给出一个简短的介绍。出现市场失灵有三个主要理由：

■ 个人的行动有副作用，市场并不会以合适的方法将这些副作用考虑在内。一个事例就是带来污染的行为。

■ 一个集团为了占有更大的资源份额会去阻止一种对多方都有利的交易发生。一个事例是制药公司的药品价格高于生产成本，这使得能从中受益的部分人无力购买。

■ 某些物品本质上并不适合通过市场来实现有效率的管理，如空中交通管制等。

读者所接受的经济学教育的一个重要部分是：不仅学会识别市场什么时候发挥作用，而且知道市场什么时候不能发挥作用，从而判断在每种情形下的政府政策是否合适。

▶ **真实世界中的经济学**

高速公路上的均衡恢复

1994 年，洛杉矶地区发生了一次威力巨大的地震，一些高速公路上的桥梁坍塌，对于几十万驾车者来说，正常的交通被完全打乱。之后出现的一系列事件为相互影响的决策提供了一个特别典型的事例，因为当时的情况是：上班的人要决定如何赶到工作单位。

地震带来的迫切问题是交通问题，因为开车的人将要涌向其他的道路或者借助于城市道路绕过不能通车的地方。政府官员和新闻媒体警告说，开车上班的人的通勤时间可能会大大延长，并且告诉他们不要做无谓的绕行，重新安排他们上班前后的日程，或换乘公共交通工具。

这些警告的有效性出人意料。事实上，许多人注意到，在地震之后的几天中，对于那些一直按惯常路线出行的人来说，花费的通勤时间比以前还要少。

当然，这一种情形没有持续多久。当道路损害实际上没有那么严重的消息传来时，人们纷纷放弃了并不便利的通勤方式，又恢复到原来的开车上班方式，交通又回到一贯的糟糕状态。在地震之后的几个星期之内，出现了严重的交通拥堵。再过几个星期之后，情形稳定下来：比日常交通拥堵还要糟糕的现实足以吓怕驾车者，也防止了极端严重的全面交通瘫痪噩梦成为现实。洛杉矶交通在短时间内形成了一种新的均衡，每个通勤者在假定其他人做出选择时都做出自己能做的最好选择。

顺便说一下，故事到此尚未结束：由于害怕交通会使城市严重“窒息”，地方政府以创纪录的速度修复了道路。在地震之后仅仅 18 个月内，所有的高速公路都恢复了常态，为下一次冲击做好了准备。

及时复习

● 大多数经济状况必然涉及个人选择的相互作用，作用的结果有时并非最初的预料。在市场经济中，个人之间的相互作用采取的是贸易的方式。

● 个人间进行贸易是因为双方都可因此获得增益，增益源于专业化。因为人们会挖掘贸易增益，所以市场通常会达至均衡状态。

● 为了实现社会目标，应该尽可能有效利用资源。但是效率与公平都是社会所希望达到的，所以在公平和效率之间存在着权衡取舍。

● 除了某些特定的例外情形，市场通常是有效率的。当市场未能达至有效状态时，政府干预可改进社会福利状况。

小测验 1-2

1. 下列每一种情形各自解释了相互作用的五个原理中的哪一个？

a. 利用 eBay 网站，任何一位想以 30 美元出售一本二手教科书的学生都至少能够以 30 美元的价格将该书卖给另外一位愿意支付这一价格的学生。

b. 在一个大学的辅导互助中心，有这样的安排：擅长某学科（如经济学）的学生可以辅导别的同学，而自己弱的学科（如哲学）可以得到别人的辅导。

c. 某一地方政府颁布了一条法律，要求接近居民区的酒吧和夜总会把它们的噪声水平保持在规定的范围之内。

d. 为了给低收入病人提供更好的照料，当地政府决定关闭一些未被充分使用的临近诊所，而把资金转投向大一点的医院。

e. 在 eBay 网站上，某类磨损程度相近的书籍出售的价格相同。

2. 下列各项当中哪一项描述的是均衡情形？哪一项描述的不是均衡情形？对你的答案给出解释。

a. 大学餐厅对面的餐馆供应的饭菜不仅可口而且比大学餐厅便宜，但大多数学生仍然在大学餐厅用餐。

b. 你现在乘坐地铁去工作单位。虽然搭乘公共汽车比较便宜，但时间比较长，因此你愿意多花点钱乘坐地铁以节省时间。

1.3 整个经济层面的相互作用

如导言所述，整个经济有起有落。例如，美国的购物中心在 2008 年生意惨淡，因为经济处于衰退中。2009 年经济虽然已开始复苏，但经济衰退的影响仍然可以感受得到，直到 2014 年 5 月，美国的就业人数才恢复到经济衰退前的水平。

为了理解衰退和复苏，我们需要了解整个经济的相互作用，而理解经济全景至少需要三个经济学原理，请见表 1－3 的小结。

表 1－3　　整个经济层面相互作用的经济学原理

10. 一个人的支出是另一个人的收入。
11. 总支出有时与经济体的生产能力步调不一致。
12. 政府政策能够改变支出。

□ 1.3.1 原理＃10：一个人的支出是另一个人的收入

从 2005 年到 2011 年，住房建设在美国暴跌逾 60％，因为建筑商发现销售变得越来越难。起初，损害主要限于建筑行业。但随着时间的推移，低迷几乎蔓延到经济的各个方面，消费者支出下降传染到不同的行业。

但是，为什么住房建设下降意味着购物中心也开始关店？毕竟，购物中心是家庭而非建设者购物的场所。

答案是，建筑行业投入减少导致整个经济收入降低；一些人曾直接受雇于建筑行业，或受雇于生产建设者需要的产品和服务（如墙板）的行业，或受雇于生产新屋业主需要的产品和服务（如新家具）的行业，他们要么失去了工作，要么被迫接受减薪。而随着收入的下降，消费支出相应减少。这个例子引出了我们的**第十个原理**：

> 一个人的支出是另一个人的收入。

在市场经济中，人们通过出让包括他们的劳动在内的东西给其他人来谋生。如果经济体中的某些人群决定，无论出于何种原因，他们都将扩大支出，其他群体的收入就会上升。如果某些人群决定减少支出，其他群体的收入就会下降。

因为一个人的支出是另一个人的收入，支出行为变化的连锁反应往往会通过回波传播到整个经济体中。

例如，削减企业投资支出（如在2008年发生的事情）会导致家庭收入减少，家庭消费支出也随之减少，这将导致新一轮的收入减少，如此循环往复。这些回波对理解经济衰退和复苏具有重要的作用。

□ 1.3.2 原理#11：总支出有时与经济体的生产能力步调不一致

在20世纪30年代，宏观经济学成为经济学的一个独立的分支，当时消费者和企业的支出崩溃，银行业危机和其他因素导致整体支出暴跌。这种支出暴跌反过来导致在一段时间内形成了非常高的失业率，即出现了所谓的大萧条。

经济学家从20世纪30年代出现的问题中总结出的教训是，整体支出即消费者和企业对产品和服务的需要量有时与经济能够生产的产品和服务量并不匹配。在20世纪30年代，支出远低于能使工人保持就业须维持的水平，结果导致出现严重的经济衰退。事实上，支出不足虽非全部但却是大多数经济衰退的原因所在。

也有可能整体支出过多。在这种情况下，经济将经历通货膨胀，整个经济的价格水平上涨。这种价格水平上涨之所以会出现，是因为当人们想要购买的量超过供应量时，生产商就可以提高价格，并找到愿意购买的消费者。消费不足和消费过度两种情形引出了**第十一个原理**：

> 总支出有时与经济体的生产能力步调不一致。

□ 1.3.3 原理#12：政府政策能够改变支出

总支出有时会与经济体的生产能力步调不一致。但如之奈何？这样就引出了**第十二个原理**，也是最后一个原理：

> 政府政策能够改变支出。

事实上，政府政策会对支出产生重要影响。

一方面，政府自身会对从军事到教育的一切开支进行把控，可以选择多投入或者少投入。另一方面，政府还可以改变其从社会公众那里征收的公共税收，这反过来又影响留给消费者和企业可用于支出的收入水平。政府控制着流通中的货币数量，因此，政府又多了一个影响总支出的有力工具。政府支出、税收和货币量控制是宏观经济政策的工具。

为了管理整个支出，现代政府会有效利用这些宏观经济政策工具，目的是控制经济衰退和通货膨胀的发生。这些努力并不总能成功，衰退依然会发生，通货膨胀也会间歇出现。但普遍认为，在2008年和2009年，政府积极地努力维持支出，有效防止了2008年金融危机演变成一场彻底的萧条。

▶ 真实世界中的经济学

临时保姆历险记

为军人家庭提供咨询服务的网站myarmyonesource.com，建议家长加入临时保姆合作社，这种组织在许多阶层的生活中普遍存在。在临时保姆合作社中，许多家长交换照料小孩服务，而不是雇人照看小孩。但这些组织如何确保所有成员公平分担他们的工作呢？

正如myarmyonesource.com所解释的那样，“大部分合作社交换的是一种内部票单或点数，而不是金钱。当你需要一个临时保姆时，你可以打电话给列表中的好友，你向他们支付票单。你也可以通过照料其他人家的小孩赚取票单”。换句话说，一个临时保姆合作社是一个微型经济体，在其中人们购买和出售临时保姆服务。它正好是一种可能面临宏观经济问题的经济体类型。

一篇题为《货币理论和大国会山临时保姆合作社危机》的著名文章描述了临时保姆合作社由于发行票单过少而引起的烦恼。请记住，平均而言，人们在临时保姆合作社中希望储备一些票单，以备他们不时需要外出几次但又没有时间提供更多的临时保姆服务来补充他们的票单。

在这种情况下，因为一开始就没有那么多票单，大多数家长都急于通过提供临时保姆服务增加储备，但并不愿外出而用完这些票单。有家长决定外出就为他人带来了充当临时保姆的机会，因此，赚取票单非常困难。认识到这一点后，家长变得更不愿意使用他们的储备，除非在特殊场合。

过了不久，合作社的运行便陷入衰退中。在更大的没有临时保姆的经济中，衰退更为复杂，但国会山的保姆合作社的表现表明了整个经济层面相互作用的三个原理中的两个。一个人的支出是另一个人的收入：照料小孩机会的出现取决于其他人外出的次数。

一个经济体也会因为支出过少而出现问题：当没有足够的人愿意外出时，因为缺乏充当临时保姆的机会，每个人都感到沮丧。

政府政策又会怎么改变支出呢？实际上，国会山的合作社也是这样做的。最终，合作社通过发放更多的票单解决了这一问题，随着储备的增加，人们都愿意更多地外出了。

及时复习

- 在市场经济中，一个人的支出是另一个人的收入。因此，支出行为改变的回波会传播到整个经济中。
- 总支出有时与经济生产产品和服务的能力步调不一致。当支出过少时，会出现衰退。当花费太多时，又会出现通货膨胀。
- 现代政府使用宏观经济政策工具影响支出的整体水平，努力引导经济在不发生衰退和通货膨胀之间平稳运行。

小测验 1－3

1. 解释下面每个例子各自说明的是整个经济层面的相互作用的三个原理中的哪一个。

a. 在 2009 年初，白宫敦促国会通过一揽子增加临时开支和减税的政策，当时出现了就业人数暴跌、失业率飙升现象。

b. 石油公司正在加大对从加拿大油砂中提取石油的项目的投资。在艾伯塔省的埃德蒙顿附近，餐馆和其他消费企业快速增长。

c. 在 21 世纪头 10 年中期，西班牙经历了房地产市场的大繁荣，欧洲也经历了很高的通货膨胀率。

▶ **企业案例**

网络公司 Priceline.com 怎样颠覆旅游业

2001—2002 年，旅游业深陷困境。2001 年 9 月 11 日恐怖袭击事件后，许多人干脆停止飞行。由于经济深陷低谷，飞机空停在停机坪上，航空公司损失了数十亿美元。当几大航空公司苦苦挣扎濒临破产时，国会通过了 150 亿美元的一揽子援助计划，这成了稳定航空业的关键。

这也是提供在线旅游服务的 Priceline.com 的一个特别困难的时期。成立短短 4 年以来，Priceline.com 一直如履薄冰。该公司命运的变化非常具有戏剧性。

Priceline.com 成立一年后的 1999 年，投资者对旅游业带来的革命性潜力印象深刻，他们对该公司的估值达到 90 亿美元。但到了 2002 年，投资者则对该公司明确看淡，对其的估值降低了 95%，仅为 4.25 亿美元。

更糟糕的是，Priceline.com 每年都亏损几百万美元。然而，该公司努力生存并茁壮成长；2014 年投资者对其的估值超过 630 亿美元。

那么，究竟 Priceline.com 怎样为旅游业带来这种戏剧性的变化？在面对严峻的经济环境时，公司靠什么得以生存和走向繁荣？

Priceline.com 的成功在于它有能力为其本身和其客户发现可利用的机会。该公司知道，飞机起飞后的空座位或酒店的空床都意味着成本。如果座位或床得到填补，收入将增加。虽然有些旅客喜欢提前预订航班和酒店以求安心，并愿意为此付出一定的代价，但也有人乐意等到最后 1 分钟，冒着无法赶上他们想要的航班或入住的酒店的风险，但可以享受更低的价格。

客户提出他们愿意支付的具体旅行价格或酒店入住价格，然后 Priceline.com 向他们提供愿意接受这些价格的航空公司或酒店名单，越临近出行日期，价格就越低。

通过将拥有未售出的空位的航空公司和酒店与愿意牺牲一些自己的喜好以获得较低的价格的旅客联系起来，Priceline. com 使得各方（当然也包括它自身）都获得改善，因为它为每笔交易提供便利后会收取少量佣金。

在看到自己的业务受到后来者 Expedia 和 Orbitz 的挑战后，Priceline. com 迅速做出反应，提供更多的酒店预订，并向欧洲延伸，因为欧洲在线旅游行业的业务量还相当小。该公司的网络在欧洲酒店市场尤为珍贵，因为与美国市场相比，欧洲还有许多小旅馆，它们占据全国连锁店的主流。通过不断努力，到 2003 年，Priceline. com 首次出现盈利。

Priceline. com 现在运营的酒店网络包括 295 000 多家酒店，遍布 190 多个国家。截至 2013 年，其收入在过去五年每年的增长都超过 20%。在 2008 年经济衰退时甚至增长了 34%。

显然，旅游业将永远不会再回到从前。

思考题

1. 请解释此案例怎样说明了经济学的 12 个原理。

小结

1. 所有的经济分析都是以我们所列出的适用于三个层面的经济活动的基本原理为基础的：第一，我们学习了个体如何做出选择；第二，我们学习了这些选择如何互相作用；第三，我们学习了经济总体如何运行。

2. 每个人都必须对做什么和不做什么做出选择。个人选择是经济学的基础——如果不涉及选择，就不是经济学了。

3. 必须做出选择是因为资源是稀缺的。所谓资源是指能够用来生产其他物品的任何东西。时间和金钱对个人选择来讲是有限的。对经济体来说，人力资源和自然资源的供应都是有限的。

4. 因为我们必须在有限的选择中做出选择，所以得到任何东西的真实成本都是你必须放弃的东西，也就是说，所有成本都是机会成本。

5. 许多经济决策涉及的并不仅仅是“是否”的问题，还有“多少”的问题，诸如对某些产品支出多少、生产多少等。做出这种决策必须在边际上进行权衡取舍，也就是比较增加或减少很小一个量所涉及的成本和收益。这种类型的决策被称为边际决策，对此的研究被称为边际分析。这种分析在经济学中发挥着核心作用。

6. 研究人们应该怎样做出决策也是理解人们真实行为的一种好方法。人们通常会对激励做出反应，即会利用各种机会来改善自己的福利。

7. 经济分析的下一层面是相互作用——我的选择依赖于你的选择，你的选择同样也依赖于我的选择。当个体相互作用时，所得到的结果与人们预想的可能完全不同。

8. 个体相互作用的原因是存在贸易增益：通过相互间的产品和服务贸易，一个经济体中成员的福利可以获得极大的改善。贸易增益来自专业化——每个人都专注于自己所擅长的工作。

9. 因为个体通常会对激励做出反应，市场通常会走向均衡，这是一种没有哪个人能通过采取不同的行为使自己的福利获得改善的状态。

10. 在一个经济体中，如果所有使某些人福利获得改善但不损害其他人福利的机会被利用殆尽，那么该经济体就处在有效状态。为了达至社会目标，要尽可能地有效利用资源。但是效率并非评估经济体制的唯一方法，公平也是社会所需要的，所以在公平和效率之间存在着权衡取舍。

11. 除了某些特定的例外情形，市场通常会达至有效状态。

12. 当市场未达至有效状态时，政府干预能够改善社会的福利。

13. 因为在市场经济中，人们通过销售包括自己的劳动在内的东西来获得收入，所以一个人的支出是其他人的收入。因此，支出行为的改变可扩散到整个经济体中。

14. 一个经济体的总支出与其生产能力并非步调一致。支出低于生产能力会导致衰退，而支出超过生产能力会导致通货膨胀。

15. 政府有能力对总支出产生很大的影响，它们运用这种能力努力引导经济在不发生衰退和通货膨胀之间平稳运行。

关键词

个人选择	资源	稀缺的	机会成本	权衡取舍	边际决策	边际分析	激励
相互作用	贸易	贸易增益	专业化	均衡	有效	公平	

练习题

1. 下列情形中，每种情形分别对应 12 个原理中的哪一个？

a. 你购物时选择到当地的折扣店而不是到为同样的商品需付出更高价格的当地的百货商店。

b. 在春假旅行中，你的预算被限制为每天 35 美元。

c. 学生会建立了一个网站，以便那些将要毕业离校的学生能销售书籍、用具和家具，而不是在他们正式离开时留给室友。

d. 一场飓风之后，圣克里斯平岛上的房屋受到了严重损害，房主需要购买的建筑材料和雇用的工人数量都超过了岛上可提供的水平。结果导致整个岛上产品和服务的价格大幅上升。

e. 你从室友那里购买了一本二手教材，而室友用这笔钱从 iTunes 上购买了一些歌曲。

f. 考试前一天晚上，当决定喝多少杯咖啡时，你考虑的是多喝一杯咖啡可以多做多少工作，以及由此带来的心神不安。

g. 化学 101 课程要求完成的项目所使用的实验室空间有限，实验室管理人员根据每个学生能够做实验的时间来安排时间表。

h. 你清楚地知道，如果放弃到国外学习一学期，你就能提前一学期毕业。

i. 学生会有一块公告牌，学生可在上面对想要出售的东西如自行车做广告。当不考虑自行车的质量差异时，所有自行车卖出的价格是一样的。

j. 你擅长做试验，你的同伴擅长写试验报告。所以你们两人决定所有的试验由你来完成，所有的试验报告由他来写。

k. 州政府发布指令：不通过驾驶资格考试，驾驶汽车就是违法的。

l. 因为国会通过了税收减免法，你父母的税后收入提高了，因此他们也增加给你的钱，你将它们用于春假。

2. 当你做出如下决策的时候，决策的机会成本包括哪些东西？

a. 上大学而非就业。

b. 看一场电影而非为应付一门考试去学习。

c. 乘公共汽车而非驾驶你自己的轿车。

3. 莉莎需要为下一门经济学课程购买一本教科书。学校书店的价格是 65 美元，网上书店中有一家的价格是 55 美元，还有一家的价格为 57 美元，所有价格都包含销售税。下表列出了在线订购教科书典型的邮寄方式和收费。

a. 在线订购的机会成本是多少？

b. 请看下表中的几种选择。什么决定着这位同学最终的选择？

邮寄方式	交货时间	费用（美元）
常规邮寄	3～7 个工作日	3.99
航空两日到	2 个工作日	8.98
航空次日到	1 个工作日	13.98

4. 使用机会成本的概念解释如下命题。

a. 当劳动市场就业机会不多时，更多的人选择去攻读研究生学位。

b. 当经济出现衰退时，小时工资下降，许多人更愿意自己修理家中的东西。

c. 近郊区的停车位多于城区。

d. 便利店的价格高于超市，但满足了工作忙碌的人群的需要。

e. 在上午 10:00 之前，报名注册的学生很少。

5. 在下列例子中，说明你如何使用边际分析原理做出决定。

a. 决定隔多长时间将衣服送到洗衣店一次。

b. 在完成学期论文写作之前，决定在图书馆做多少研究工作。

c. 决定吃几包薯片。

d. 决定跳过多少章讲课笔记。

6. 今天早晨你做了下列选择：在当地的自助餐厅买了一个面包圈和一杯咖啡；在交通高峰时段你驾驶自己的轿车到单位上班；你替你的室友打字输入学期论文，因为你是打字快手，为此她为你洗一个月的衣服。在这些选择中，描述一下你的决策如何与他人的决策相互作用。在每种情形下，其他人感到境况变好还是变差了？

7. 在 Hatatoochie 河的东边住着哈特菲尔德（Hatfield）一家，与此同时麦考依（McCoy）一家生活在这条河的西岸。每个家庭的饮食都有炸鸡和玉米饼。每个家庭都可以自给自足，自己养鸡和自己种玉米。请解释如下情形成立的条件。

a. 当哈特菲尔德一家专门养鸡，麦考依一家专门种玉米，且两家进行交换时，两家的境况都获得改善。

b. 当麦考依一家专门养鸡，哈特菲尔德一家专门种玉米，且两家进行交换时，两家的境况都获得改善。

8. 下列情形哪一个描述的是均衡？哪一个描述的不是均衡？如果描述的情形不是均衡，则均衡会是什么样的？

a. 许多人经常往返于市郊与普莱森特维尔市中心上下班。由于交通拥堵，走公路需用时 30 分钟；如果走旁边的街道，花 15 分钟就可到达。

b. 在商业街和百老汇大街的交叉口有两个加油站：一个加油站每加仑汽油的价格为 3.00 美元，另一个加油站的价格为 2.85 美元，顾客在第一个加油站马上就可以加到油，而在另一个加油站则要排很长时间的队。

c. 选修经济学 101 的每位学生一定要参加每周的辅导课。今年有两个辅导班 A 和 B：两个辅导班同时上课，地点在临近的教室，辅导老师的能力也没有差别，辅导班 A 的教室人满为患，许多人坐在地上，经常连黑板都看不清，而辅导班 B 的教室则有许多空位。

9. 你认为下述每种情形是否为有效状态，请给出你的理由。如果是非效率状态，请解释为什么，采取什么行动可以使之达至有效状态。

a. 电费被包含在你所租住宿舍的租金之中，一些租户即使不在房间也让房间的灯亮着，其电脑和其他电器也是处于开机状态。

b. 尽管花费同样的时间去准备，但你所在宿舍楼的自助餐厅对用餐者不喜欢的一些饭菜如砂锅豆腐准备过多，而对他们喜欢的饭菜如烤火鸡腿则准备过少。

c. 某些课程的选修人数超过教室的容纳范围。一些必须修完该门课程才能完成学业的学生无法修到该门课程，而一些只是将其作为选修课程的同学则得到了该机会。

10. 讨论如下政策各自意味着怎样的效率和公平含义。在这些领域中，为了在两者间寻求平衡，你将如何做？

a. 不管学生上大学学习什么专业，政府都全额支付学费。

b. 当人们失业的时候，政府将提供失业救济金直到他们找到新的工作。

11. 为了鼓励公民的积极行为，政府时常采用一定的政策，在如下政策中，指出激励机制是什么，什么行为是政府想要鼓励的。在下述每种情形下，你为什么认为政府想要改变人们的行为而非让人们根据自己的选择独自行事？

a. 对每包香烟强制征税 5 美元。

b. 在孩子接种麻疹疫苗后，政府支付给这些孩子的父母 100 美元。

c. 政府付费让大学生辅导低收入家庭的孩子。

d. 政府根据企业排放的空气污染数量征税。

12. 在下述情形中，解释政府干预如何通过改变对人们的激励改善了社会的福利。在什么情况下市场会出错？

a. 汽车排放尾气所产生的污染已经达到不健康的水平。

b. 在伍德维尔市，如果安装了路灯，每个人的境况都会得到改善。但是，没有一个居民乐意为装置在自家门前的路灯付钱，因为向那些得到便利的居民收费来补偿成本是不可能的。

13. 在 2010 年，蒂姆·盖特纳（Tim Geithner）时任美国财政部长。他发表了一篇文章，为政府的管理政策辩护。他说："始于 2007 年下半年的衰退非常严重。但我们采取了最大规模的行动来刺激经济，防止经济陷入更深的衰退，并推动经济走上复苏之路。"在这一陈述中，整个经济层面的相互作用的三个原理中的哪两个发挥了作用？

14. 2007 年 8 月，美国房地产市场大幅下滑，导致住房建筑行业中许多人的收入减少。《华尔街日报》的一位新闻记者报道说，沃尔玛的电汇业务受到冲击，因为许多建筑工人是拉美裔，他们通常会将部分收入通过沃尔玛汇给国内的亲属。根据这个信息，利用整个经济层面的相互作用的经济学原理之一来解释美国家庭购房支出的减少怎样影响墨西哥经济的表现。

15. 2012 年，飓风桑迪对美国东北部地区造成了巨大的破坏。数以万计的人失去了家园和财产。甚至那些没有直接受到影响的人也遭受了打击。因为企业破产或者萎缩，工作机会几乎干涸。使用整个经济层面的相互作用的原理之一解释为什么政府干预在这种情形下是有利的。

16. 在大萧条时期，食物被弃留在地里并最终腐烂，或原来的丰产地转入休耕状态。使用整个经济层面的相互作用的原理解释这种情况是如何发生的。

第 2 章

经济模型：权衡取舍和贸易

本章将学习

➢ 为什么模型作为现实的简化呈示在经济学中扮演着重要的角色。

➢ 介绍两个简单但重要的模型：生产可能性曲线、比较优势。

➢ 循环流向图是对经济体进行的概况呈示。

➢ 实证经济学与规范经济学的不同在于，前者试图描述经济实际并对经济变化做出预测，后者试图提出经济政策建议。

➢ 经济学家什么时候以及为什么有共同的观点和不同的看法。

☞ 开篇案例

从凯蒂·霍克到梦之翼

2009 年 12 月，波音公司进行了新型客机 787 梦之翼首次 3 个小时的试飞。这是一个历史性的时刻，梦之翼是航空动力学革命的结果，超级有效的飞机设计缩减了航空成本，并首次使用了超轻型复合材料。

为了确保梦之翼足够轻巧和具有足够的空气动力，它经历了超过 15 000 小时的风洞试验测试，这些测试带来了改善性能的微妙的设计变更，与现有客机相比，它的燃油效率提高了 20%，污染物排放减少了 20%。

梦之翼的首航是自 1903 年在北卡罗来纳州的凯蒂·霍克（Kitty Hawk）莱特飞行器（第一个成功的动力飞机）首飞以来的一个重大进步。然而，波音公司的工程师和所有航空工程师应该好好感谢莱特飞行器的发明人威尔伯·莱特（Wilbur Wright）和奥维尔·莱特（Orville Wright）。

莱特兄弟真正有远见的发明是他们的风洞。借助于风洞，他们可以尝试许多不同的机翼和控制面的设计。在一个集装箱尺寸大小的风洞内，可以用小型飞机做实验，这给了莱特兄弟使重于空气的东西飞行成为可能的知识。

实际飞行的飞机既非包装箱中的小型飞机，也非波音公司最新型超风速风洞中的梦之翼的微缩模型。但是，飞机模型非常有用，模型是对可用来回答一些关键问题的实际对象的简化呈示，这些问题包括一定的风速会把某种形状的机翼抬多高等。

毫无疑问，在风洞中测试一种飞机的设计比建造一个完整并有望能飞行的飞机要省钱和安全。一般来说，模型几乎在所有科学研究中都发挥着关键性的作用——经济学自然包括在其中。

事实上，我们可以认为经济理论主要是一些模型、一系列经济现实的简化呈示的集合，这有助于我们弄清楚各种各样的经济问题。

在本章，我们将看到两种经济学模型，它们从其本身来看是非常重要的模型，同时也向我们展示了这些模型多么有用。最后我们将看到经济学家实际上是如何在他们的工作中使用这些模型的。

2.1 经济学模型：几个重要的事例

模型（model）是对现实的简化呈示，用以更好地理解现实生活中出现的情形。但是我们如何对现实经济情形构建出一种简单化的呈示呢？

模型是对现实的简化呈示，用以更好地理解现实生活中出现的情形。

一种可能是经济学家建立自己的“风洞”，建立或者找到一种符合实际但简化了的经济体。例如，对货币在经济中发挥的作用感兴趣的经济学家研究了在第二次世界大战俘虏营中的交换体系，在其中香烟扮演了一般支付媒介的角色，即使对于不抽烟的俘虏也是如此。

另一种可能是通过计算机模拟经济体系的运行。例如，当修订税法的提案提出后，政府官员就可用税收模型——一种大型的计算机程序——来估算这种提案对不同的人如何产生影响。

模型的重要性在于它可以使经济学家简化分析，每次只集中讨论一种变量的作用效果。也就是说，它可以使我们在保持其他因素不变的情况下来研究一种因素的变化如何影响整体经济。所以，在我们建模时，**其他条件不变**（other things equal assumption）是一个重要的假定，也就是说，我们假定其他相关因素保持不变。

其他条件不变的意思是其他相关因素保持不变。

▶ **追根究底**

吞噬经济的模型

模型只是一个模型，对吧？它能造成多大的伤害呢？2008—2009 年的金融危机前后，经济学家很可能会给出截然不同的回答。金融危机带来的震荡今天仍在持续，这证明了为什么经济模型如此重要。事实证明，一个经济模型——一个糟糕的经济模型——对危机的发生发挥着重要作用。

“吞噬经济的模型”起源于金融理论，这是寻求理解股票和债券之类的资产的价值如何的一个经济学分支。金融学家往往被雇用（薪水当然非常高）来设计复杂的数学模型，以帮助投资公司决定购买和出售什么资产以及以什么价格购买和出售。

问题开始于一种被称为 MBS 的资产，这是一种短期的抵押贷款支持证券。MBS 的持有人所获得的盈利是以成千上万人支付的住房贷款为基础的。但是，MBS 存在的潜在问题是：那些房主可以停止支付他们的抵押贷款，由此给 MBS 的投资者带来损失。因此，投资者应该知道 MBS 有多么危险，也就是说，赔钱的可能性有多大。

2000 年，一名华尔街金融学家宣布，他通过一个巨大的数学上的简化解决了这一问题。基于此，他设计了一个简单模型用于估计 MBS 的风险。金融公司喜欢这一模型，因为通过将抵押贷款支持证券出售给投资者，它为这类公司开辟了一个获利非常丰厚的巨大市场。利用该模型，金融公司能够包装并出售数十亿美元的抵押贷款支持证券，为它们自己带来数十亿美元的利润。

同时，投资者也认为他们已经计算了 MBS 赔钱的风险。一些金融专家，特别是斯坦福大学金融学教授达雷尔·达菲（Darrell Duffie）从局外人的角度警告说，这个简单模型计算出的风险是完全错误的。他和其他批评者认为，为寻求简化，该模型严重低估了 MBS 赔钱的风险。

市场对这些警告置若罔闻，无疑这是因为金融机构赚了许多钱。数十亿美元的 MBS 被出售给美国以外的投资者。2008—2009 年，批评者警告的问题以灾难性的爆炸方式发生了。

在过去的十几年中，美国房价大幅上升，抵押贷款已经扩展发放给很多无力支付的人群。随着房价下降，数以百万计的房主无力支付他们的抵押贷款。随着 MBS 投资者亏损的加剧，情形愈渐明了，该模型确实低估了风险。

当世界各地的投资者和金融机构认识到他们的亏损程度时，世界经济突然停滞不前。

人们失去家园，公司走向破产，失业激增。在过去六年中，复苏一直在以难如人意的速度进行着，直到 2014 年就业数量才恢复到危机前的水平。

我们并非总能找到或建立一个针对整个经济的小型模型，计算机程序只有在数据处理得当时才能得出好的结果。（程序员们常说：输入错误的数据，得到错误的结果。）出于多重目的，在经济学建模中最有效的形式是按照“思想实验”（thought experiments）的方式来构建对现实生活情形加以简化的假想模式。

在第 1 章，我们用超市新增收银台时顾客重新排队的事例解释了均衡的概念。尽管我们没有说，但这就是一个简单模型的事例——一个假想的超市，忽略了许多细节（不再关心顾客购买了什么）。该模型可以回答“如果……怎么样……”的问题：如果增开一个收银台，会怎么样?

正如收银台事例所示，有用的经济学模型可以用日常语言来描述和分析。可是，因为经济学牵涉到许多变量变化，如产品价格变化、生产的产品数量变化、生产中雇用的工人人数变化，所以，经济学家有时会用数学来更清晰地阐明话题。特别是，一个数字事例、一个方程或者一幅图都可以在理解经济学概念中起到关键作用。

不管采取什么形式，一个好的经济学模型对于理解经济现实有莫大的帮助。理解这一点的最好的方法是想一想一些简单但非常重要的经济学模型能告诉我们什么。

- 首先，我们看生产可能性曲线模型。该模型有助于理解经济学家提出的每种经济都会面临权衡取舍的思想。
- 之后我们再转向比较优势模型，这个模型对发生在两个个人和两个国家之间的贸易带来增益的原则做了清晰的解释。
- 最后，我们还将讨论循环流向模型，这个模型有助于经济学家把经济作为一个整体看待时分析货币如何流动。

在讨论这些模型时，我们使用了大量图形来表现数理关系。在本书中，这些图形发挥着重要作用。如果你已经熟悉如何运用这些图形，那么下面的内容不会成什么问题。如果你不熟悉，请花一些时间学习本章附录，那里对如何在经济学中使用图形作了简短介绍。

□ 2.1.1 权衡取舍：生产可能性曲线

第 1 章介绍的经济学基本原理说资源是稀缺的，而且任何经济体制——无论是有几十个人的狩猎部落，还是由 60 亿人构成的 21 世纪全球经济——都面临权衡取舍难题。不论波音公司的梦之翼多么轻盈，不论波音公司的装配线多么有效，生产梦之翼所使用的资源都不能同时用于生产其他物品。

考虑到任何经济体都面临权衡取舍难题，经济学家经常使用著名的**生产可能性曲线**（production possibility frontier）模型。这一模型背后的思想可帮助我们在考虑一个仅仅只有两种产品的简单经济时更好地理解权衡取舍的概念。这种简化使得我们可以用图形来解释权衡取舍的概念。

> **生产可能性曲线**表现的是一个只生产两种产品的经济体所面临的权衡取舍。它表现的是当其中一种产品的产量给定时，另一种产品的最大产量。

假设当前的美国是一个只有一个企业的经济体，波音公司是唯一的雇主，飞机是唯一的产品。这仍然存在着生产哪种类型飞机的问题。比如说是梦之翼还是小型客机。图 2-1 显示了假想的生产可能性曲线，代表了一个企业经济所面临的权衡取舍。边界——图中的曲线——表示给定波音公司每年所生产的梦之翼的产量后，所能生产的小型客机的数量，反之亦然。也就是说，要回答的问题是：“如果波音公司每年生产 9 架（或 15 架或 30 架）梦之翼，它还能最多生产多少架小型客机?”

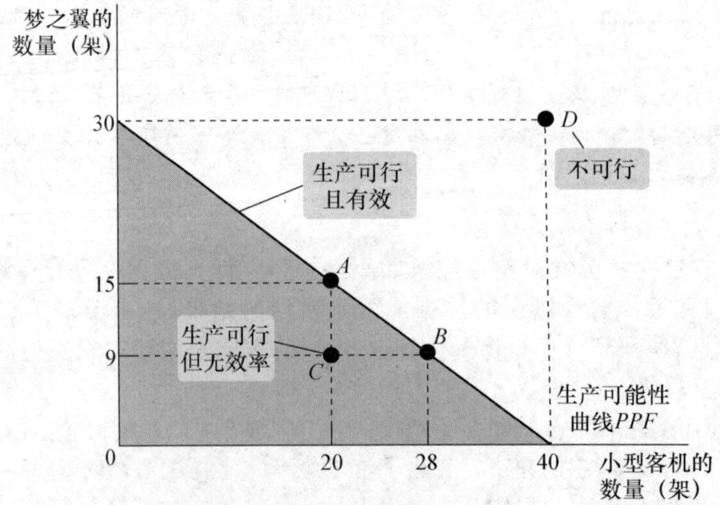

图 2-1　生产可能性曲线

生产可能性曲线表现了波音公司生产梦之翼与小型客机的权衡取舍。该曲线表示的是当一种产品的产量给定时另外一种产品的最大产量。如图所示，波音公司所能生产的梦之翼的数量依赖于所生产的小型客机的数量，反之亦然。波音公司可行的生产区域位于曲线内或曲线上。*C* 点处在可行的生产区域内，但是个非效率点。*A* 点和 *B* 点可行且有效，*D* 点位于不可行区域。

在曲线上的点、曲线内的点和曲线外的点有着根本的区别。如果一个产量点在曲线内或曲线上，如 *C* 点，表示波音公司一年生产了 20 架小型客机和 9 架梦之翼，这是可以实现的产量。根据曲线我们知道，如果波音公司生产 20 架小型客机，在一年中它最高还可以再生产 15 架梦之翼，因此，可以肯定的是能生产 9 架梦之翼。

然而，位于曲线之外的一个产量点——比如在这个假想的生产可能性曲线之外的 *D* 点，波音公司生产 40 架小型客机和 30 架梦之翼——就不可能实现。波音公司可以生产 40 架小型客机但不生产梦之翼，或者它可以生产 30 架梦之翼但不生产小型客机，该公司不能两者兼得。

在图 2-1 中，生产可能性曲线在横轴上的截距为 40 架小型客机，这意味着，如果波音公司将其所有产能用于生产小型客机，一年能生产 40 架小型客机，但不生产梦之翼。生产可能性曲线在纵轴上的截距为 30 架梦之翼，这意味着如果波音公司将其所有产能用于生产梦之翼，一年能生产 30 架梦之翼，但不生产小型客机。

该图也标出了非极端的权衡取舍。例如，如果波音公司决定，今年生产 20 架小型客机，它最多还能再生产 15 架梦之翼，这就是生产可能性曲线上的 *A* 点；如果波音公司决定生产 28 架小型客机，它最多还能再生产 9 架梦之翼，如 *B* 点所示。

使用生产可能性曲线对复杂的现实进行简化。现实经济生产数以百万计的不同物品。甚至波音公司也生产不同类型的飞机。但是，我们应认识到，即使非常简化，这个精简的模型也能为我们提供关于现实世界的重要启示。

在对现实进行简化的过程中，生产可能性曲线模型可帮助我们比没有模型时更好地理解现实经济的一些特性：效率、机会成本和经济增长。

效率　首先，生产可能性曲线是用图形表示经济学中一般意义上的效率（或有效）概念的好方法。我们在第 1 章讲过，如果没有错失任何机会，那么这个经济体就处于有效状态，也就是说，如果不损害其他人的福利，就没有办法使一部分人的福利得到改善。

达至有效状态的关键因素是不能损失生产中的任何机会，也就是说，如果不减少其他物品的生产，就没有办法再增加某一种产品的产量。只要波音公司处在生产可能性曲线上，其生产就是有效率的。在 *A* 点处，在给定波音已经决定生产 20 架小型客机的前提下，该公司能生产的梦之翼数量最多为 15 架；在 *B* 点处，在给定生产 28 架小型客机的前提下，最多能生产 9 架梦之翼；等等。

假设由于某种原因，波音公司的生产在 *C* 点——20 架小型客机和 9 架梦之翼的组合。这种情形表示并没有有效运行，因此处在无效（率）（inefficient）状态，因为它可以生产更多的两种产品。

尽管我们使用的是一个企业、两种产品的生产选择的例子来解释有效和无效的概念，但是这些概念可以延伸到适用于包括多个企业、生产多种产品的实体经济。如果一个经济体从总体上在不减少其他产品的生产的同时不可能多生产任何一种产品，也就是说，它位于生产可能性曲线上，那么我们就称这一经济体达至了生产有效（efficient in production）状态。

然而，如果该经济体在不减少其他产品的生产的同时可以多生产另外的产品，这意味着它可以多生产任何东西，那么该经济体未达至生产有效状态。例如，一个大量工人处于非自愿失业状态的经济体很显然处于生产无效率状态。这是糟糕的事情，因为这一经济体可以生产更多的产品和服务。

尽管生产可能性曲线有助于阐明一个经济体达至生产有效的含义，但仍应该清楚，生产有效仅仅是一个经济体达至整体有效状态的一个组成部分。整体有效还要求一个经济体分配的资源应尽可能使消费者的福利最大。如果实现了这一点，我们就说该经济体达至了配置有效（efficient in allocation）状态。

为了理解为什么配置有效与生产有效一样重要，请看图 2-1 中的 A 点和 B 点所代表的经济达至生产有效状态的情形，两者都表明不减少一种产品的生产就无法增加另外一种产品的产量。然而，从社会的角度来看，两种情形并非相同的理想情形。假定社会希望得到比 A 点更多的小型客机和更少的梦之翼，比如说希望得到 28 架小型客机和 9 架梦之翼，也就是 B 点的组合。在这种情况下，从经济整体的观点来看，A 点的配置并非有效的配置，因为社会希望生产在 B 点，而非 A 点。

这个例子表明，经济的整体有效要求生产有效和配置有效：为达至有效状态，一个经济体必须在给定其他产品产量的前提下使每种产品的生产都达到最大，同时还必须生产人们希望的产品组合。而且，这些产品必须被正确分配给需要的人。如一个经济体将小型客机分配给国际航线，而将梦之翼分配给小型的乡村机场用于通勤飞行，也是无效的。

在真实世界中，像苏联这样的指令性经济就是无效配置方面的典型代表。例如，经常看到的情形是，消费者发现商店中充斥的是很少人需要的商品，而香皂和卫生纸这样的基本商品则无处寻觅。

机会成本 生产可能性曲线也有助于我们理解如下基本要点：任何产品的真实成本都不仅仅是为其支出的货币数量，还包括为了得到这种产品必须放弃的除了货币之外的一切，这就是机会成本的概念。例如，如果波音公司决定将生产组合点从 A 点改到 B 点，它将多生产 8 架小型客机，而少生产 6 架梦之翼。也就是说，放弃 6 架梦之翼的机会成本是 8 架小型客机。这意味着每架小型客机的机会成本为 6/8=3/4 架梦之翼。

那么，不论小型客机和梦之翼目前的产量为多少，多生产 1 架小型客机的机会成本用梦之翼表示总是相同的吗？在图 2-1 的事例中，答案是这样的。如果波音公司将小型客机的产量从 28 架提高到 40 架。梦之翼的生产数量将从 9 架减少到 0 架。因此，每增加 1 架小型客机，波音公司的机会成本为：9/12=3/4 架梦之翼。当波音公司生产的小型客机从 20 架增加到 28 架时，结论相同。

而且，正如我们已经想到的那样，直线型生产可能性曲线的斜率的绝对值就等于机会成本，具体来说就是，横轴产品的机会成本用纵轴产品来表示。如图 2-1 所示，生产可能性曲线的斜率恒为 $-3/4$，这意味着波音公司增加 1 架小型客机的机会成本一直等于 3/4 架梦之翼。（在本章附录中我们将复习怎样计算一条直线的斜率。）这是最简单的情形，但是生产可能性曲线模型也用于讨论机会成本随着产品组合的变化而变化的情形。

图 2-2 表示的是不同假定下的情形，此时波音公司面对的是递增的机会成本。也就是说，生产的小型客机越多，为多生产 1 架小型客机必须放弃的梦之翼的产量就越多。反过来同样如此，生产的梦之翼越多，为多生产 1 架梦之翼必须放弃的小型客机的产量就越多。例如，当小型客机的产量从 0 架增加到 20 架时，波音公司必须放弃的梦之翼的产量为 5 架。也就是说，20 架小型客机的机会成本为 5 架梦之翼。但是，当小型客机的产量增加到 40 架，也就是说，多生产 20 架小型客机时，波音公司必须放弃生产 25 架梦之翼，机会成本是递增的，如图 2-2 所示。机会成本递增而非恒定不变时，生产可能性曲线外凸而非直线。

尽管生产可能性曲线为直线的简单假定通常很有用，但经济学家认为递增的机会成本更为真实和典型。当一种产品的产量很小时，生产这种产品的机会成本相对较低，因为经济体只是使用特别适合这种产品的资源就能生产。

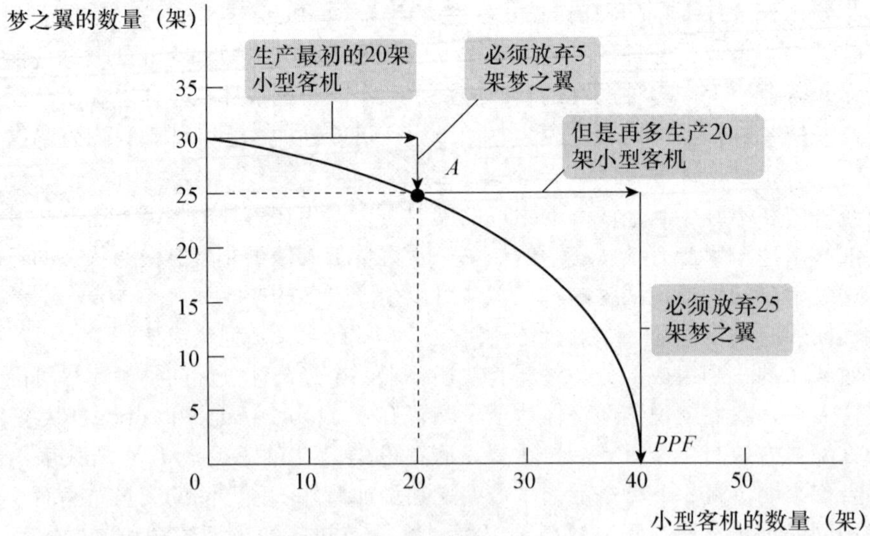

图 2-2　递增的机会成本

外凸型生产可能性曲线反映的是递增的机会成本。在这一事例中，波音公司最初生产 20 架小型客机，只需放弃 5 架梦之翼。但如果再多生产 20 架小型客机，波音公司就必须放弃 25 架梦之翼。

例如，当一个经济体只种植很少的玉米时，一定选择土壤和气候适于种植玉米而不是其他作物（如小麦）的地方。所以，为种植玉米而放弃的可能种植的小麦数量很小。如果该经济体种植的玉米越来越多，那些适于种植小麦的土地就不得不用于种植玉米。结果，为多得到 1 单位玉米必须放弃的小麦的产量越来越大。换言之，随着一种产品的数量的增加，其机会成本会显著增大，因为当适合的投入资源被用尽之后，并不太适合的要素也必须被投入使用。

经济增长　最后一点，生产可能性曲线还有助于我们理解经济增长的含义。在导言中我们引入了经济增长的概念，经济增长是指一种经济体生产产品和服务的能力的增长。正像我们已看到的，经济增长是实体经济最基本的特征之一。但是，我们怎么能确切证明经济已经增长了呢？毕竟，与一个世纪前相比，尽管在美国经济中许多东西都大大丰富了，但有些东西却减少了，如马车。换言之，许多产品的生产实际上下降了。所以，我们怎么能说，经济总体上已经增长了呢？

我们可以用图 2-3 来作答。我们画出假想的一个经济体的两条生产可能性曲线。在此我们再次假定，经

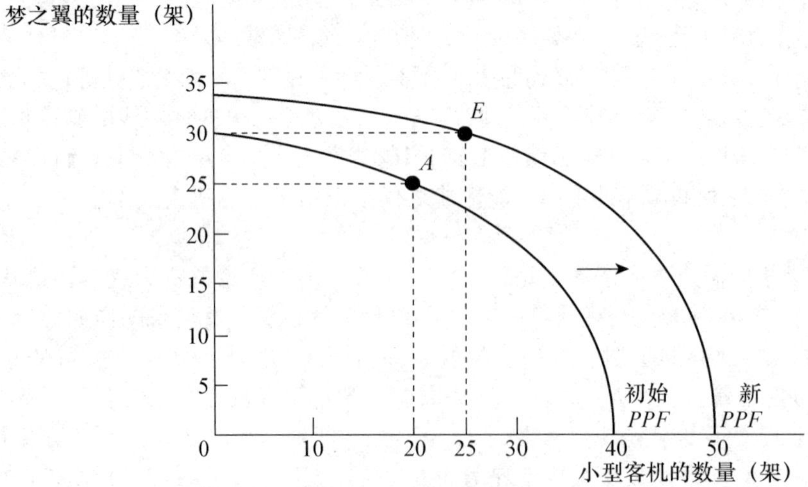

图 2-3　经济增长

经济增长导致了生产可能性曲线向外移动，因为生产能力扩大了。经济体现在生产的所有产品都增加了。例如，如果初始的生产点在 A 点（25 架梦之翼，20 架小型客机），经济增长意味着该经济体移向 E 点（30 架梦之翼，25 架小型客机）。

济体中的每一个人都为波音公司工作，而且经济体只生产两种产品——梦之翼和小型客机。请注意画的两条曲线，一条标示为初始 PPF 的曲线完全处在另一条标示为新 PPF 的曲线的内部。通过观察图形我们可以理解所谓的经济增长是什么意思：经济增长意味着经济体的生产可能性向外扩展，即一种经济体可以生产更多的所有东西。

例如，如果经济体的生产最初在 A 点（25 架梦之翼，20 架小型客机），经济增长意味着经济向外移动到 E 点（30 架梦之翼，25 架小型客机）。E 点位于初始的曲线之外；所以，在生产可能性曲线模型中，经济增长表现为生产可能性曲线的外移。

生产要素是生产产品和服务的资源。

什么会导致生产可能性曲线外移呢？经济增长有两个基本源泉。一个源泉是经济体的**生产要素**（factors of production）增加，这些资源被用于生产产品和服务。经济学家通常使用生产要素来概括在生产中没有被用尽的资源。例如，传统飞机制造业中的工人在制造飞机的机身时使用铆接机连接金属板；工人和铆接机是生产要素，但铆钉和金属板都不是。一旦一个机身制成，工人和铆接机可用于制造另一个机身，但金属板和铆钉被用来制造一个机身后就不能再用于制造另一个机身。

从广义上说，主要的生产要素是土地、劳动、物质资本和人力资本。土地是大自然提供的资源；劳动是经济体的劳动者总量；物质资本是指所创造的如机器和建筑物之类的资源；而人力资本是指劳动力获得的教育和技能，能提高生产率。当然，这些生产要素中的每一种都是一个类别，而非一个单一的要素：北达科他州的土地与佛罗里达州的土地就有很大的不同。

要了解经济体投入生产中的生产要素增加怎样推动经济增长，我们来看如下事例，假设波音公司建成了另一个组装机库，这样可增加一年中所生产的飞机产量（小型客机或梦之翼或两者）。新建机库是一种生产要素，波音公司可以使用这种资源来提高其年产量。我们无法知道波音公司对每种机型将会生产多少；在其他条件不变的情况下这种管理决策取决于客户的需求。但是，我们可以说，波音公司的生产可能性曲线已向外移动，因为它现在在不减少梦之翼产量的情况下，可以生产更多的小型客机，或者它可以在不减少小型客机产量的情况下生产更多的梦之翼。

技术是生产产品和服务的技术手段。

经济增长的另一个源泉是**技术**（technology）进步，技术是生产产品和服务的技术手段。波音公司的梦之翼被开发出来之前，复合材料已被用于飞机的某些零件。但波音公司的工程师意识到，制造一架全用复合材料的飞机会有大量的额外好处。该飞机将更轻、更强，在空气动力学方面也会比用传统方法制造的飞机更好。因此，飞机将具有更长的航行距离，能够承载更多的乘客，除了能够保持更好的机舱压力，也会使用更少的燃料。因此，波音公司真正意义上的创新——整架飞机使用复合材料制造——是在给定资源量的情况下生产更多产量的一种方法。这也推动了生产可能性曲线的外移。

由于得到改善的飞机技术推动了生产可能性曲线外移，它使得经济体可以更多地生产一切，而不仅仅是飞机和空中旅行。近 30 年来，最大的技术进步发生在信息技术方面，而不是建筑或食品服务方面。然而，美国人选择购买更大的房子，吃的东西也比过去更加多样化，因为经济的增长使之成为可能。

生产可能性曲线是一个经济体非常简化的模型。然而，它告诉了我们关于现实经济体的重要的经验教训。它给了我们关于经济效率是由什么构成的第一感觉，它说明了机会成本的概念，解释清楚了经济增长是什么意思。

□ 2.1.2 比较优势和贸易增益

第 1 章所归纳出的 12 个原理之一是贸易带来增益原理，即个人分别专业化地生产不同的产品，然后相互进行贸易，将会使各方都得益。我们要图示的第 2 个经济模型对理解贸易带来增益非常有帮助，即贸易基于比较优势而发生。

经济理论中非常有创见的重要原理之一是所有经济体都会从贸易中获得增益，也就是说，人们只是生产自己擅长的产品然后去交换自己不擅长生产的产品是有意义的，即使你自己可以生产所有产品和服务，也仍然如此：一个优秀的脑外科专家可以修理自家滴水的龙头，但她打电话给专业管道修理工才是更好的主意。

如何对贸易带来增益建模呢？我们继续以制造飞机为例，并再次假定美国是由一个企业构成的经济体，所有人都为波音公司生产飞机。现在我们假设美国与另一个由一个企业构成的经济体巴西进行贸易，后者中的每个人都为巴西的飞机公司巴西航空工业公司工作。在现实世界中，巴西航空工业公司是小型支线飞机（commuter jet）的成功制造者。（如果你从一个美国大城市飞到另一个大城市，你乘坐的飞机可能是一架波音飞机，但是如果你飞到一个小城市，有很大的可能性你乘坐的飞机是由巴西航空工业公司制造的。）

在我们的例子中，只有两种产品，即大型飞机和小型飞机。这两个国家都能生产这两种飞机。但是，正如我们稍后会看到的，两国可以通过生产不同的产品并互相贸易而获益。为了理解这个例子的目的，我们再回到直线型生产可能性曲线这种简单情形。美国的生产可能性由图 2－4（a）中的生产可能性曲线表示，该图类似于图 2－1 中的生产可能性曲线。根据该图，美国如果不生产大型飞机，可以生产 40 架小型飞机，如果不生产小型飞机，可以生产 30 架大型飞机。如前所述，这意味着美国的生产可能性曲线的斜率是－3/4：1 架小型飞机的机会成本是 3/4 架大飞机。

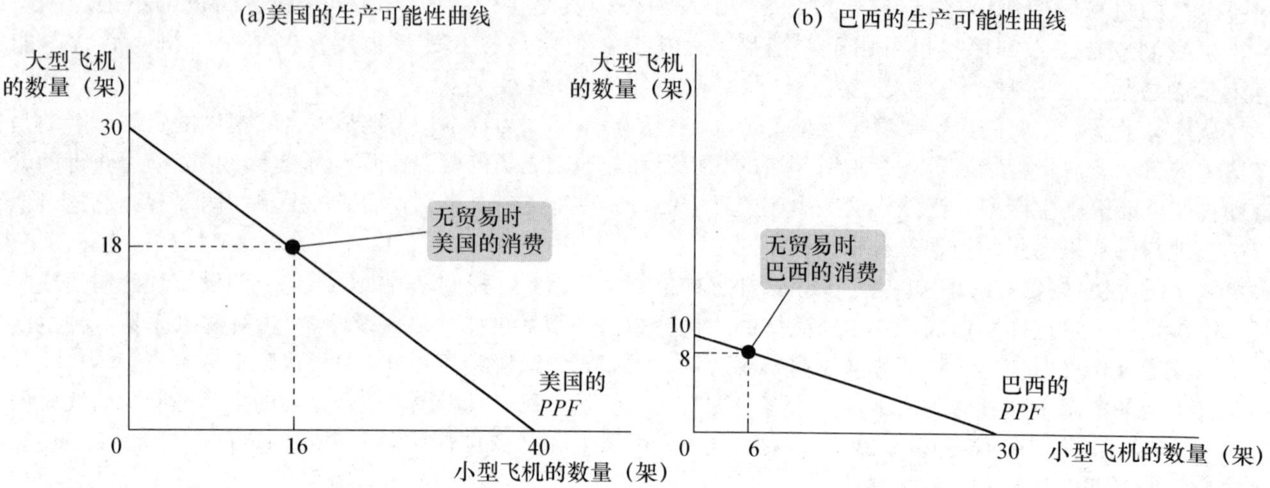

图 2－4　两国的生产可能性曲线

在本例中，两国生产小型飞机的机会成本是固定不变的，生产可能性曲线是直线。对于美国而言，每架小型飞机的机会成本为 3/4 架大型飞机。对巴西而言，每架小型飞机的机会成本是 1/3 架大型飞机。

图 2－4（b）所示为巴西的生产可能性。像美国一样，巴西的生产可能性曲线也是一条直线，这意味着巴西生产 1 架小型飞机的机会成本用大型飞机表示时是恒定不变的。巴西的生产可能性曲线的斜率恒定为－1/3。巴西的最大生产能力不及美国：最多可生产 30 架小型飞机或 10 架大型飞机。但巴西生产小型飞机的能力相对强于美国；美国每生产 1 架小型飞机需牺牲 3/4 架大型飞机的生产，而巴西生产 1 架小型飞机的机会成本仅仅为 1/3 架大型飞机。表 2－1 总结了两国生产小型飞机和大型飞机的机会成本。

表 2－1　美国和巴西生产小型飞机和生产大型飞机的机会成本

	美国的机会成本		巴西的机会成本
1 架小型飞机	3/4 架大型飞机	＞	1/3 架大型飞机
1 架大型飞机	4/3 架小型飞机	＜	3 架小型飞机

现在，美国和巴西各自选择生产大型飞机和小型飞机，不进行任何飞机贸易，各国只是在国内“消费”各自生产的飞机。（一个国家“消费”飞机是指飞机只是被各国境内居民所拥有。）我们假设两个国家开始时是这种模式，如图 2－4 所示的消费选择情形：没有贸易时，美国每年生产与消费 16 架小型飞机和 18 架大型飞机，而巴西每年生产与消费 6 架小型飞机和 8 架大型飞机。

但是，这是两个国家可以做得最好的情形吗？不，显然不是！给定这两名生产者（也就是两个国家）有不同的机会成本，美国和巴西能够进行贸易将使两者变得更好。

表 2－2 表明了这种贸易如何进行：美国专注于生产大型飞机，这样每年可以生产 30 架大型飞机，卖给巴西 10 架，与此同时，巴西专注于生产小型飞机，每年可以生产 30 架，卖给美国 20 架。结果如图 2－5 所

示。与以前相比，美国现在可以消费更多的两种产品，贸易前美国消费16架小型飞机和18架大型飞机，现在是20架小型飞机和20架大型飞机；巴西的消费数量也增加了，从消费6架小型飞机和8架大型飞机增加到10架小型飞机和10架大型飞机。从表2-2可以看出，贸易使美国和巴西都从中受益，两国消费的两种类型的飞机都增加了。

表2-2　美国和巴西如何从贸易中获益　　单位：架

	没有贸易		开展贸易		贸易增益
	生产	消费	生产	消费	
美国	18	18	30	20	+2
	16	16	0	20	+4
巴西	8	8	0	10	+2
	6	6	30	10	+4

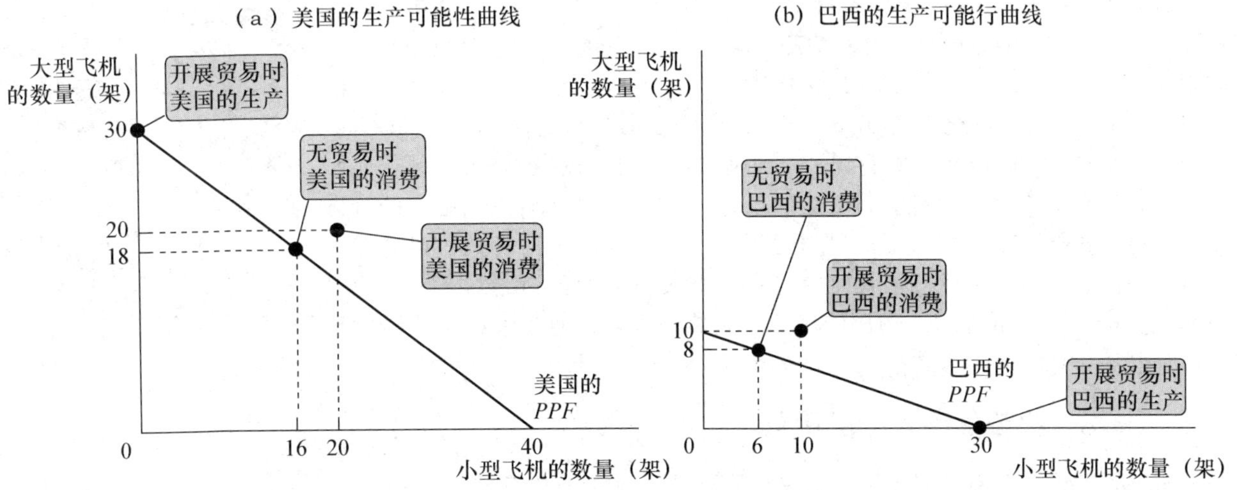

图2-5　比较优势和贸易增益

通过专业化生产和贸易，美国和巴西可以生产与消费更多的两种飞机。美国专业化生产大型飞机，这也是其比较优势所在；巴西虽然在两种产品上都具有绝对劣势，但在小型飞机方面具有比较优势。结果，两国开展贸易后比没有交易时都可以消费更多的两种产品。

当每个国家各自生产自己擅长的产品然后进行贸易时，两个国家的境况都得到改善。因为美国生产大型飞机的机会成本低于巴西，即4/3<3，美国生产大型飞机是不错的选择。相应地，巴西应该专门生产小型飞机，因为该国生产小型飞机的机会成本低于美国，即1/3<3/4。

在这种情形下，我们说美国在生产大型飞机方面具有比较优势，而巴西在生产小型飞机方面具有比较优势。如果一个国家生产某种产品的机会成本比其他国家低，那么我们就说该国在生产这种产品方面具有**比较优势**（comparative advantage）。这一概念也适用于企业和个人：如果某人或某企业生产某种产品的机会成本比其他人或企业低，那么我们就说这个人或企业在生产这种产品方面具有比较优势。

> 如果一个国家生产某种产品的机会成本比其他国家低，那么我们就说该国在生产这种产品方面具有**比较优势**。同理，如果某人或某企业生产某种产品的机会成本比其他人或企业低，那么我们就说这个人或企业在生产这种产品方面具有比较优势。

在继续学习之前，我们还要明确一点。读者可能疑惑为什么美国会用10架大型飞机去交换巴西的20架小型飞机。为什么不是其他交换，如10架大型飞机交换12架小型飞机。答案包括两部分：第一，这个条件可能是巴西与美国商定的；第二，有些贸易可以肯定会被排除，如10架大型飞机交换10架小型飞机。

为了理解为什么，请再看表2-1。先看美国，如果没有与巴西贸易，生产小型飞机在美国的机会成本是3/4架大型飞机。很显然，美国将不会接受任何比3/4架多的大型飞机来换取1架小型飞机的贸易。如果是以10架大型飞机换取12架小型飞机，美国为1架小型飞机支付的机会成本为10/12=5/6架大型飞机。由于 5/6>3/4，美国将拒绝接受这样的协议。同样，巴西不会接受以 1 架小型飞机换取少于 1/3 架大型飞机的贸易。

关键是，美国和巴西只有在每一个国家为得到产品所付出的“价格”低于国内自我生产的机会成本时，才愿意进行贸易。此外，这一结论只有在双方——国家、企业或个人——自愿贸易时才成立。

虽然我们的说法是对现实的简化，但它告诉了我们一些应用于实体经济非常重要的经验教训：

首先，这个模型对贸易增益提供了非常清晰的解释，通过专业化分工并相互贸易，与它们自给自足相比，两国的福利都获得了改善。

其次，该模型表明了一个十分重要但经常在实际生活中被忽略的观点：每个国家在生产某种物品上都一定有比较优势。这个原理也适用于企业和个人：每个人都有生产某些东西的比较优势，也具有生产某些东西的比较劣势。

至关重要的是，在我们的例子中，正如在现实生活中，如下情形并不重要：美国工人在生产小型飞机上与巴西工人一样好，甚至比巴西工人更好。假设美国实际上比巴西在各种飞机的生产上都好。在这种情况下，我们会说，美国在大型飞机和小型飞机的生产方面都有**绝对优势**（absolute advantage）。这是指，在单位时间内，一名美国工人比一名巴西工人可以生产出更多的大型飞机和小型飞机。你也许会认为，在这种情况下，美国与生产率低的巴西进行贸易将无利可获。

如果一个国家每名工人生产的某种产品或服务都多于他国，则该国在生产这种产品或服务方面具有**绝对优势**。同理，如果某人或某企业生产某种产品或服务强于其他人或企业，那么我们就说这个人或企业在生产这种产品或服务方面具有绝对优势。具有绝对优势并不同于具有比较优势。

但是，从刚才的例子中我们看到，美国确实从与巴西的贸易中得到了好处，因为是比较优势而不是绝对优势是双方得益的基础。巴西比美国花更多的资源来生产小型飞机并不重要，重要的是对于巴西而言，生产小型飞机的机会成本相对低于美国。所以，尽管巴西甚至在生产小型飞机方面具有绝对劣势，但是它仍然在生产小型飞机方面具有比较优势。对美国而言，通过生产大型飞机可以更好地利用资源，而在生产小型飞机方面则具有比较劣势。

□ 2.1.3 比较优势和国际贸易

一方面，关注一下在美国销售的制成品的标签，我们将会发现，这些产品是由其他国家生产的，如日本、加拿大。另一方面，许多美国的工业品也销往海外（特别是农产品、高技术产品和娱乐产品）。

对这样进行的产品和服务的国际交换是应该庆祝还是应该担心？政客和公众经常对国际贸易的理想状态提出质疑，他们认为本国应该自己生产产品而不是从国外进口。世界范围内的产业界都要求在与国外的竞争中获得保护：日本农民要求将美国的大米拒之门外，美国钢铁业工人要求不进口欧洲的钢铁。这种要求经常会获得舆论的支持。

▶ 疑难解答

对比较优势的误解

无论是学生、专家还是政客都一直在犯这样的错误：他们混淆了比较优势和绝对优势的概念。例如，在 20 世纪 80 年代，美国的经济似乎正步向落后于日本的局面。我们时常听到一些评论员提出的警告：除非改进我们的生产率，要不然我们将失去在所有产品上的比较优势。

评论员的意思是：我们将失去在所有产品上的绝对优势，也就是说，将会出现日本在所有方面都比美国强的情形（并没有出现这种结果，不过那是另一个故事）。他们的想法是，如果出现那种情形，我们在与日本的贸易中将不会得到任何好处。

这就像我们例子中的巴西会从与美国的贸易中受益一样（美国也从中受益），尽管美国在生产大型飞机和小型飞机上都做得比巴西好，但两国实际上都能从贸易中获益，即使巴西与贸易伙伴相比，在所有的行业上生产率都更低。

然而，经济学家对国际贸易持非常积极的态度。为什么？因为他们根据比较优势来看待这一问题。正如在我们前面的例子中所学到的，美国生产大型飞机，巴西生产小型飞机，两国都通过贸易获益。与不进行贸易仍然自给自足相比，进行贸易后每个国家都消费得更多。而且，这些双方都获益的情形与每个国家是否比另一个国家在生产某种产品方面做得更好无关。即使一个国家在两个行业中工人的产出水平都比另一个国家高，也就是说，一个国家在两个行业上都有绝对优势，也仍然有贸易增益。下面的"国际比较"专栏解释了国际上纺织业的生产模式，就证明了这一观点。

▶ 国际比较

睡衣国家

2013 年 4 月，一场可怕的产业灾难占据了世界媒体的头条：孟加拉国一幢有 5 家服装厂的建筑物倒塌，困在里面的 1 000 多名制衣工人死亡。人们的关注点很快就集中于这些工厂不合格的工作条件，以及它们违反了许多建筑法规和安全程序——包括那些孟加拉国法律所要求的，这些法规和程序就是为防止此类悲剧所设置的。

虽然事故激起了正当的抗议，但也清晰地表明了孟加拉国服装业的崛起。该国已成为世界市场的主要参与者，服装总出口位居世界第二，这是这个非常贫穷的国家解决就业和收入问题的主要途径。

这并非说孟加拉国在服装生产方面的生产率特别高。除给定该国在服装制造方面具有比较优势外，它在其他行业的生产率甚至更低。这是贫穷国家的典型特征，它们在经济发展的早期阶段往往严重依赖服装出口。此类国家的一名官员曾经开玩笑说，"我们不是香蕉共和国，我们是一个睡衣共和国"。

下图给出的是这样几个"睡衣共和国"的人均收入（该国的总收入除以总人口数量）与服装出口占总出口的份额。为了表明这些国家是多么可怜，人均收入以占美国 GDP 的比重来衡量。正如我们所能看到的，它们都非常穷，越穷就越依赖服装出口。

需要指出的是，尽管孟加拉国服装厂发生了灾难性悲剧，但依赖服装出口不一定是坏事。孟加拉国虽然还是一贫如洗，但与 20 多年前相比，人均收入是当时的两倍多，当时服装出口开始大幅增加（请见稍后"真实世界中的经济学"专栏对孟加拉国的介绍）。

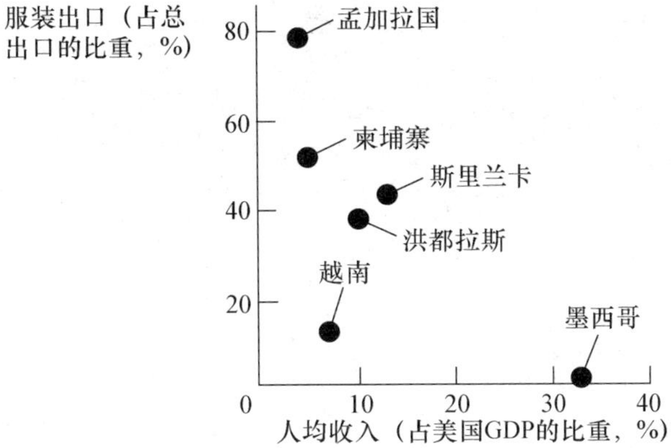

□ 2.1.4 交易：循环流向模型

到目前为止我们学习的模型中的经济体只有一个企业，显然过于简单。我们也对美国和巴西之间的贸易做了极大的简化，假定两国从事最简单的经济交易，即**物物交换**（barter），即一部分人群直接用他们拥有的产品和服务去交换他们需要的其他产品和服务。在现代经济中，简单的物物交换很稀有。通常的情

贸易采取**物物交换**的形式是指：人们直接用他们拥有的产品和服务去交换他们需要的产品和服务。

况是，人们出让产品或服务得到货币—— 这种货币通常是一张彩色的纸，本身并无价值——然后用这张纸购买他们需要的其他产品或服务。也就是说，他们出售产品或服务和买进其他产品或服务。

双方销售和购买许多不同的物品。美国经济是一个复杂庞大的经济体，数以百万计的企业雇用着1亿以上的工人，生产着几百万种产品和服务。尽管如此，从图2-6所示的简单模型**循环流向图**（circular-flow diagram）中，我们还是可以引出有关经济的一些重要原理。该图通过两种流量的循环表现经济中两种类型的交易活动：一种是物品、服务、劳动和原材料等实物的循环，另一种是用于支付这些实物的货币沿着相反方向的循环。我们用粗线表示实物循环，用细线表示货币循环。

循环流向图是一个通过循环流动来表现经济中的交易的模型。

一个经济体最简单的循环流向模型仅仅包括两类居住者，**家户**（household）和**企业**（firm）。家户既可以指个人，也可以指分享同一笔收入的一群人（通常指一个家庭，但不完全是）。一个企业是一个组织（通常指一家公司，但不完全是），为销售而生产产品和服务并且雇用一定数量的家户。

家户既可以指个人，也可以指分享同一笔收入的一群人。

企业是为销售而生产产品和服务的一个组织。

正像你在图2-6中所看到的那样，在这个简单的经济体中只有两种类型的市场，一种（位于左边）是**产品和服务市场**（market for good and service），在其中家户从企业那里购买他们所需要的产品和服务，所形成的流动是产品和服务流向家户，货币流向企业。

另一种（位于右边）是**要素市场**（factor market）。企业购买生产产品和服务所需要的资源。由前面所学的内容我们知道，生产要素主要包括劳动、土地、物质资本和人力资本。

企业在**产品和服务市场**中把它们生产的产品和服务销售给家户。

企业在**要素市场**中购买它们需要的资源（生产要素）。

我们最熟悉的要素市场是劳动市场，在其中劳动者“销售”他们的服务。除了劳动之外，我们认为，家户也是其他生产要素的所有者，由家户向企业提供生产要素。例如，当企业购买机器之类的物质资本时，所支付的货款最终会流到拥有机器制造公司的家户手中。在这种情况下，交易是在资本市场中进行的，资本市场也就是进行资本买卖的市场。我们稍后将详细解释，要素市场最终决定着一个经济体的**收入分配**（income distribution），即一个经济体所创造的总收入如何在低技能工人、高技能工人与资本和土地的所有者之间进行分配。

一个经济体的**收入分配**是总收入如何在不同要素所有者之间进行分配的方式。

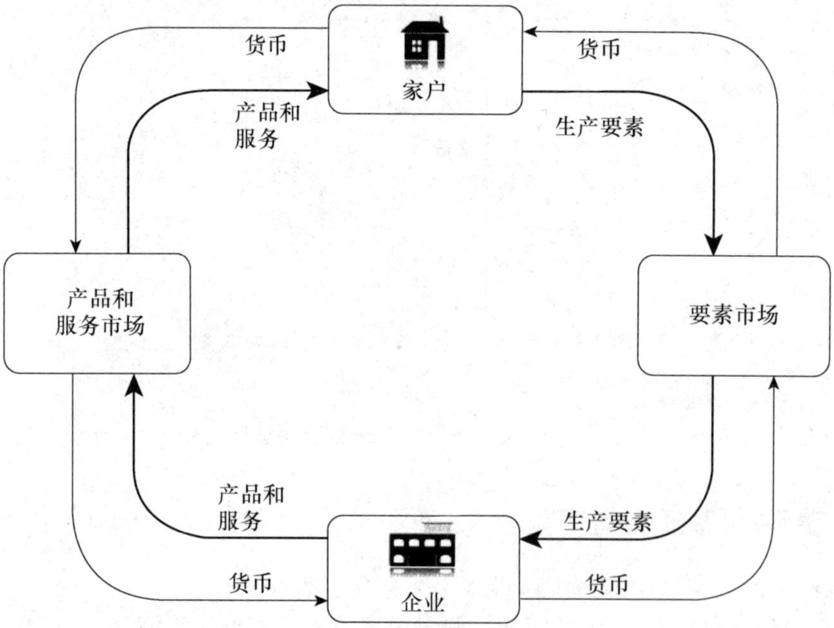

图2-6　循环流向图

该图表现的是经济中货币与产品和服务的流动。在产品和服务市场中，家户从企业那里购买产品和服务，因此货币流向企业，产品和服务流向家户。当企业在要素市场中从家户那里购买生产要素时，货币流回到家户手中。

为了简化，循环流向图忽略了许多现实世界的复杂性，试举几例：

● 在现实世界中，家户和企业的界限并不总是这么清晰。如一个小型的由家庭经营的企业：一个农场、一家小商店、一家小旅馆，这是家户还是企业？一个更为复杂的循环流向图应该包括一个独立的家庭企业单元。

● 企业销售的许多产品并不是卖给家户，而是卖给其他企业。例如，钢铁企业将产品主要销售给汽车制造商之类的其他公司，而不是家户。所以，一个更加完整的模型应该包括行业内产品、服务和货币的流动。

● 该图并没有包括政府。在现实经济中，政府会以税收的形式从循环流向中分离走大量货币，当然它也通过政府支出注入许多货币。

换言之，图 2－6 既没有包括现实经济中所有类型的居住者，也没有包括发生于这些居住者之间的所有的产品、服务和货币交易。

尽管简单，但循环流向图仍然像其他的经济模型一样，对我们思考经济运行非常有帮助。

▶ **真实世界中的经济学**

富国和穷国

脱下你的衣服（当然是在合适的时间和合适的地点），看一下里边的标签标明是由哪里制造的。我敢打赌，在多数情况或者大多数情况下，你的衣服是由一个比美国穷得多的国家制造的，比如萨尔瓦多、斯里兰卡或孟加拉国。

为什么这些国家比美国穷得多？即刻想到的理由是它们的生产率比较低——与美国或者其他富裕国家的企业相比，这些国家的企业在使用同样数量资源的情况下能得到的产出要少得多。国家间的生产率差异如此之大是一个难以解释的问题——也是困扰经济学家的问题之一。但是，无论如何，生产率的差异都是事实。

然而，如果这些国家的生产率比美国逊色，为何美国人穿的如此多的衣服是由它们制造的？为什么美国不自己制造？

答案就是“比较优势”。孟加拉国所有行业的生产率都比美国的相应行业低。但是富国和穷国的生产率差异在不同产品间有很大的不同。像飞机这类高技术产品的生产，差异巨大，而在服装生产方面的差异就没有那么大。所以，在服装生产方面的情形就像巴西航空工业公司在生产小型飞机方面所面临的情形。它没有波音公司那么出色，但是巴西航空工业公司却有比较优势。

与美国相比，尽管孟加拉国几乎在所有方面都处于比较劣势的境地，但是在生产服装方面具有比较优势。这意味着，当两者专业化生产不同的产品时，两国都能消费更多的不同产品，孟加拉国提供给美国服装，它也享受更多的高技术产品。

及时复习

● 大部分经济学模型是“思想实验”或者是对现实的简化呈示，但要依赖其他条件不变的假设。

● 生产可能性曲线是一个重要的经济学模型，可以形象地解释效率、机会成本和经济增长的概念。

● 每个人和每个国家在某种产品的生产上都有比较优势，所以也就会有贸易增益。人们常常会混淆比较优势与绝对优势。

● 在最简化的经济中，人们采取物物交换方式进行交易，而非像在现代经济中以货币为媒介进行交易。循环流向模型展示了一个经济体中家户和企业之间的产品和服务流动、生产要素流动以及货币流动。这些交易发生于产品和服务市场与要素市场之间。

小测验 2－1

1. 判定对错，并解释你的答案。

a. 波音公司用于生产梦之翼和小型客机的资源增加了，但该公司的生产可能性曲线没有变化。

b. 由于科学技术进步，波音公司在给定梦之翼产量时可以生产更多的小型客机，由此导致了生产可能性曲线的变化。

c. 生产可能性曲线非常有用，因为它解释了经济为多得 1 单位的一种产品而必须放弃多少单位的其他产品，不管资源是否得到有效率的使用。

2. 在意大利，生产 1 辆汽车需要 8 名工人工作一天，而生产 1 台洗衣机则需要 3 名工人工作一天。在美国，生产 1 辆汽车需要 6 名工人工作一天，而生产 1 台洗衣机则需要 2 名工人工作一天。

a. 哪个国家在汽车生产上有绝对优势？哪个国家在洗衣机生产上有绝对优势？

b. 哪个国家在洗衣机生产上有比较优势？哪个国家在汽车生产上有比较优势？

c. 采用什么样的专业化分工能使贸易双方都得到最大的贸易增益？

3. 使用表 2-1 的数据解释为什么美国和巴西愿意用 10 架大型飞机与 15 架小型飞机进行贸易。

4. 使用循环流向图解释为什么增加家户的货币开支会导致经济中的工作职位数量增加。用文字描述循环流向模型能做出什么预测。

2.2 模型应用

我们已经知道，经济学主要是基于一组基本原理建立模型，但是要加上一些具体的假定以便使建模者可以把这些基本原理应用于某些具体情形。但是经济学家实际上运用他们的模型具体做什么呢？

□ 2.2.1 实证经济学与规范经济学

假设你是所居住州州长的经济顾问，州长会问你哪些问题？

这里有三个可能的问题：

1. 明年本州公路收费站的收入将为多少？

2. 如果收费从 1 美元提高到 1.5 美元，收入将增加多少？

3. 是否应该提高收费标准？记住：公路收费提高将减少公路上的行车数量、减少空气污染，但是也会增加正常通行者的开支压力。

前面两个问题与第三个问题有很大的不同。前面两个问题是关于事实的。你对明年征收的过路费的预测在实际数据出来后能被证明是正确的还是错误的。你对收费改变的影响的估计也不难得到验证——收入也要受到除过路费之外的因素的影响，想把这些因素分解开来可能比较困难。尽管如此，总体上只有一个正确答案。

但是，政府是否应该提高过路费的问题不可能只有一个正确答案——两个人认同了提高过路费的影响，但还是无法回答提高收费标准是不是一个好主意。例如，某人住在公路收费站附近，但是不开车上班，他更多关心的是噪声和空气污染，而不是交通成本；而另一个不住在公路收费站附近的通勤族就会有相反的看法。

这个例子聚焦了两种经济分析的关键区别：如果经济分析试图回答的问题是关于世界的运转方式的，有确定的正确和错误答案，那么就是所谓的**实证经济学**（positive economics）。相反，如果经济分析试图回答的问题是关于世界应该如何运转的，那么就是**规范经济学**（normative economics）。换成其他的说法则是：实证经济学是描述病情，规范经济学是开药方。

> **实证经济学**是经济分析的一个分支，描述现实世界真实的运转方式。
> **规范经济学**对现实经济应该如何运转提出建议。

经济学从业者把绝大部分时间和精力花在实证经济分析方面。在几乎所有实证经济分析中，模型扮演着关键角色。我们前面已经提及，美国政府利用计算机模型来评估国家税收政策改变的影响，许多州政府也采用同样的模型评估它们自己的税收政策的影响。

值得注意的是，我们假设的州长所问的三个问题中，前两个问题和第三个问题有微小但重要的区别。问题一是关于来年的收益的预估——一种**预测**

> **预测**是对未来进行的简单预估。

(forecast)。问题二是关于“如果……怎样”的问题，也就是诸如如果税法改变，收益将如何变化之类的问题。经济学家经常被要求回答这两种类型的问题。当回答“如果……怎样”的问题时，经济模型非常有用。

对这类问题的回答经常被作为制定政策的参考依据，它们经常是描述病情，而非开出药方。也就是说，它们能告诉我们，如果政策改变，将会发生什么，但它们没有告诉我们结果是好还是坏。假设你的经济模型预测的结果是，州长提出的提高公路收费的建议将会使公路附近社区的房产的价值增加，但会损害那些必须经过收费站开车上下班者的利益，那么这种提高过路费的建议是一个好的建议还是一个糟糕的建议呢？这要看由谁来回答。就像我们已经看到的，如果某人非常关心公路附近的社区，他将支持提高收费，而那些关心开车上下班者福利的人的感觉会完全不同。这涉及价值判断，并非经济分析要回答的问题。

尽管如此，经济学家仍然经常进行规范分析，给出政策建议。当没有“正确答案”时他们是怎么做的呢？

一种解释是经济学家也是公民，他们也有自己的看法。但是，经济分析经常被用来说明某种政策明显好于其他政策，而不管其他人的看法如何。

假设对所有人来说，A 政策要比 B 政策好，至少使某些人的境况改善而没有损害其他人的福利。那么，很显然 A 政策比 B 政策有效率。这并不是价值判断，我们所讨论的是如何以最好的方法实现目标，而不是讨论目标本身。

例如，有两种不同的政策用于帮助低收入家庭获得住房：一种是租金管制，也就是限制房东收取的租金的水平；另一种是房租补贴，为符合条件的家庭提供额外的货币用于房租的支付。几乎所有的经济学家都认为补贴政策是更有效率的政策。所以，对绝大部分经济学家来说，不管他们个人的政治立场如何，相对于租金管制他们都更赞成房租补贴。

当经济政策能这样被清晰地排序时，经济学家一般会取得一致意见。但是，经济学家有时也有不同的意见。为什么会这样呢？

□ 2.2.2　经济学家的意见不一致：何时？为何？

经济学喜欢相互争吵的名声在外，这种声誉来自哪里？是否属实？

一个重要的原因是媒体往往会放大经济学家之间观点的分歧。如果所有经济学家对某个话题已达成共识，例如，他们认为租金管制会导致住房短缺，那么记者和编辑就可能得出结论，认为这没有报道价值，所以，一个行业认同的事情一般不会被报道。但是，当著名经济学家对某话题——比如说马上减税是否有助于经济运行——持反对态度时，该话题就真正有了新闻价值。你所听到的经济学家之间没有达成一致意见的领域要大大多于实际上已取得共识的领域。

但是，我们也不应该忘记，经济学不可避免地经常与政治联系在一起。就许多议题而言，有影响的利益集团知道它们应该听到什么声音，所以，它们寻找并支持那些发表这些观点的经济学家，并助推该类经济学家在同类中的声望，使其引人注目。

尽管经济学家之间在表象上的分歧比实际分歧要大，但是对许多重要的问题，经济学家还是经常难以达成一致意见。例如，一些非常受人尊敬的经济学家强烈建议美国政府应该用增值税（一种属于国税形式的销售税，是许多欧洲国家重要的政府收入来源）取代所得税，但是，另外一些同样受人尊敬的经济学家则有不同的看法。为什么他们会有不同的观点呢？

产生分歧的重要原因在于价值判断不同：就像在由个人组成的集团中有分歧一样，理性的人也会有不同的看法。相对于所得税，增值税更多地落到了处于中等收入阶层的人身上。所以，认为社会和收入应该更加公平的经济学家一般会反对增值税。而持不同价值判断的经济学家则可能不会反对增值税。

第二个重要的分歧来自经济模型，因为经济学家根据模型——这是对现实的简化呈示——所得的结论来做出判断，经济学家对如何简化是合理的见仁见智，所以也就会得出不同的结论。

假定美国政府正考虑采用增值税制度。对于经济学家 A 来说，他采用的模型集中于分析税收制度的管理成本，也就是监管成本、票据处理成本、征收成本等。这位经济学家可能指出，增值税的管理成本会高得惊人，所以他反对这种改革。经济学家 B 采用的方法正好忽略了管理成本，集中讨论税法改革如何影响人们的储蓄行为。这位经济学家可能指出，研究表明增值税制度有利于促进消费者增加储蓄，这显然是一个人们想看到的结果。

▶ 追根究底

什么时候经济学家们意见一致

“即使把世界上所有的经济学家首脚相连排在一起，他们也无法得到一个结论。”这是一个广为流传的关于经济学家的笑话。经济学家们的分歧真有这么大吗？

依据芝加哥大学布斯商学院正在进行的调查，结果并非如此。布斯商学院组建了一个由41名经济学家组成的小组，成员都在业界声誉卓著，他们代表了不同的地区、学校和政治背景，该小组的正式名称为“芝加哥布斯关于全球市场倡议的经济专家小组”（Economic Experts Panel of Chicago Booth's Initiative on Global Markets）。其中四名经济学家是：麻省理工学院的埃米·芬克尔斯坦（Amy Finkelstein），加州大学伯克利分校的希拉里·霍恩斯（Hilary Hoynes）和伊曼纽尔·赛斯（Emmanuel Saez），普林斯顿大学的阿比吉特·班纳吉（Abhjit Banerjee）。

大约每两周一次，这些经济学家调查与目前的政策或政治利益相关的问题，它们往往是政治家或一般公众有较大分歧的一些问题。

我们从调查中学到了什么呢？经济学家们认同的观点比人们传说中的要多得多，甚至对一些假想的有争议的话题也是如此。例如，80%的小组成员一致认同2009年的《美国复苏与再投资法案》，即所谓的奥巴马经济刺激方案，推动了经济增长和就业水平的提高，尽管他们对于计划是否值得进行有不同看法。

认为租金控制并不会提高可负担得起的房子的供给质量的经济学家也有大致相同的比例——82%左右。

顺便说一下，在第一种情形下，经济学家小组压倒性地同意的是人们普遍认为的美国政治上自由主义的立场，而在第二种情形下，他们认同的是普遍被认为是政治上保守主义的观点。

是否存在经济学家具有较大分歧的领域呢？存在，但往往是那些未经检验的经济政策领域。例如，关于新的刺激经济的美联储政策是否有效就存在分歧。

或许，比起经济学家们相对缺乏分歧，更让人感到意外的是，当经济学家们观点相左时，他们缺乏相对清晰的意识形态模式。已知自由派经济学家的不同意见总体上要少于那些已知的保守派，但不像一般公众间的差异那么大。

经济学家们之间争论的陈腔滥调是臆想出来的吗？不完全是。在许多话题上，经济学家们还有很多不同意见，特别是在宏观经济学中。当然他们之间也有许多共同看法。

因为经济学家采用了不同的模型——也就做出了不同的简化假定——所以得出了不同的结论。两位经济学家可能会发现他们讨论的是同一问题的不同方面。

通过搜集证据，检验经济学家提出的各种不同模型中哪种更符合事实，这种争论最后会得以解决。然而，像任何科学领域一样，在经济学中，人们需要通过很长时间的研究才能对一些重要的争论找到解决的办法——有时候长达几十年。因为现实经济一直处在变化中，原有模型会失去价值，新的政策问题会不断涌现，所以，在经济学家中总是有一些无法达成一致意见的话题。政策制定者必须决定相信那派经济学家的观点。

重要的一点是：经济分析是一种方法而不是一套结论。

▶ 真实世界中的经济学

象牙塔之外的经济学家

许多经济学家主要从事教学和科研活动，但也有少部分经济学家直接介入现实事件。

就像前面描述的那样（参见“追根究底”专栏“吞噬经济的模型”），经济学的一个具体分支如金融理论，尽管在华尔街的金融公司中发挥着重要作用，但并非总是有效。然而，经济学家在商业世界的资产定价中发挥着重要作用。企业需要预测消费者对它们产品的未来需求，预测未来的原材料价格，评估未来的融资需要，等等，对这一切，经济分析都发挥着非常关键的作用。

一些企业雇用的经济学家直接为一些需要他们作为投入要素的机构工作。顶级的金融公司，如高盛和摩根士丹利，特别是一些一直保持高质量的经济学团队，对因素和事件的分析可能会影响到金融市场。其他经济学家则被诸如宏观顾问（Macro Advisers）等咨询公司所雇用，这类公司为许多企业有偿提供广泛的分析与建议。

最后也非常重要的是为政府服务的经济学家。根据劳工统计局的数据，政府机关雇用了大约一半的美国经济学家。这没有什么可大惊小怪的，政府最重要的功能之一是制定经济政策，而且几乎政府做出每项政策决策时都要考虑经济政策的效果。因此，世界各国的政府会雇用扮演各种角色的经济学家。

在美国政府中，总统经济顾问委员会（Council of Economic Advisers）发挥着关键作用，设立这一机构的目的是向白宫提供经济事务方面的建议。与其他政府部门不同，在总统经济顾问委员会工作的经济学家的工作时间并不长，主要由一些暂时离校 1～2 年的大学教授来担任。国内最负盛名的经济学家在他们职业生涯中的某个时段会担当此任。

在美国政府的许多部门，从商务部到劳工部，经济学家都发挥着重要作用。美联储的雇员大部分是经济学家，美联储作为政府的一个部门，控制着经济中的货币供应并对银行进行监管。在总部设在华盛顿特区的两个国际组织中，经济学家也扮演着非常重要的角色：国际货币基金组织（International Monetary Fund），对经济出现困难的国家提供建议和贷款支持；世界银行（World Bank），对促进长期经济发展提供建议和贷款支持。

过去，梳理所有这些经济学家对实际事务的影响并不容易。然而目前，对于经济前景和政策有许多非常活跃的在线讨论。例如，国际货币基金组织网站（www. imf. org），为企业提供指导的网站economy. com，经济学家的微博如 Mark Thoma（economistsview. typepad. com），当然还有我们自己的微博 krugman. blogs. nytimes. com（位列 Technorati 最受欢迎的前 100 个微博）。

及时复习

- 经济学家进行的大部分研究是实证经济学研究，分析的是现实世界如何运作，其中当然有正确的和错误的答案，而且涉及进行预测。然而，规范经济学涉及提出应该怎样做的建议，通常没有正确的和错误的答案，仅仅是价值判断不同。
- 经济学家之间存在许多分歧——尽管没有传说中的那么多——主要原因有二：第一，在建立模型时，对于如何对模型进行简化存在分歧；第二，像普通人一样，经济学家的价值判断也并不完全相同。

小测验 2-2

1. 下述命题中，哪一个是实证命题？哪一个是规范命题？

a. 社会应该采取措施阻止人们参与对个人来说危险的行为。

b. 个人从事有危险的行为会因为提高医疗成本而增加社会成本。

2. 判断对错，并解释你的答案。

a. 为达到同样的社会目标可以选择政策 A 和政策 B。然而，相对于选择政策 B 而言，选择政策 A 将会导致社会资源使用效率降低。

b. 当两位经济学家对政策的合意性有不同意见的时候，典型的原因是其中一位犯了严重错误。

c. 政策制定者总是使用经济学规划出一个社会应该实现的目标。

▶ **企业案例**

效率、机会成本和精益生产的逻辑

2010 年夏秋之际，在波音公司位于华盛顿州埃弗里特的总装厂里，为准备波音 767 的生产，工人们对“工具”（furniture）进行了重新安排。这是一个困难且耗时的过程，因为如果这些“工具”——波音公司的装配设备——被称重，每个大约有200吨。这是建立"精益制造"生产系统必要的组成部分，这也被称为"准时制"(just-in-time）生产方式。

精益制造，由日本丰田汽车公司首创，具体做法是零部件正好在被需要时抵达工厂车间。这不仅会减少波音公司零部件的存货量，而且会减少工厂生产所需的车间空间，在本案例中，制造波音767需要的空间减少了40%。

1999年，波音公司在制造最流行的商用飞机737机型时采用了精益制造。到2005年，经过不断的细化，波音公司已经实现生产一架飞机减少50%的用时、减少60%的零部件库存。这种生产方式的一个重要特征是连续转动的生产线会将零部件从一个装配组以稳定的速度传送到下一个工序，这就避免了工人在工厂间为寻找工具和零部件而转来转去。

丰田的精益生产技术已经获得广泛应用，对全球制造业产生了革命性影响。简单来说，精益生产聚焦于组织和沟通。对工人和零部件进行精益组织，以确保生产平稳持续地进行，最大限度地减少人工和物质投入。精益生产的设计也能快速地对变化做出反应，达到理想的产出组合——根据消费者需求的变化，快速生产更多的轿车，减少小型货车的生产。

丰田的精益生产方式是如此成功，它们改变了全球汽车工业，对曾经居于主导地位的美国汽车制造商构成了严重的威胁。直到20世纪80年代，"三巨头"——克莱斯勒、福特和通用汽车——都在美国汽车业中居于主导地位，几乎没有外国制造的汽车在美国销售。但是，在20世纪80年代，丰田汽车由于其高品质和相对低廉的价格而日益在美国流行。由于过于流行，最终通过美国政府限制日本汽车在美国的销售，三巨头才占据了上风。丰田对此的回应是，在美国建立装配厂，并带来了精益生产技术，此后该项技术在美国制造业中逐渐被采用。

思考题

1. 与工人在工厂间为寻找工具和零部件而转来转去相关的机会成本是什么？
2. 解释精益制造如何改善了经济的分配效率。
3. 在精益制造创新之前，日本主要销往美国的是消费类电子产品。精益制造创新是如何改变日本相对于美国的比较优势的？
4. 预测丰田公司的生产地点从日本转到美国如何改变了两国汽车制造的比较优势模式。

小结

1. 几乎所有的经济学都是基于模型即思想实验或对现实的简化而进行分析的，像图形之类的数学工具运用得很多。经济模型的一个重要假定是其他条件不变，通过假定其他条件不变就可以分析一种因素变化的效应。

2. 一个重要的经济模型是生产可能性曲线，它生动地解释了机会成本（表现为如果一种产品生产得更多，需要减少多少单位的另一种产品的生产）、效率（如果一种经济处在生产可能性曲线上，那么它的生产就是有效率的；如果生产的产品组合是人们需要的，那么就达到了分配有效）以及经济增长（生产可能性曲线向外扩展）。经济增长有两种重要源泉：生产要素——土地、劳动、资本、人力资本以及其他不会在生产中耗尽的投入品——的增加；技术进步。

3. 另一个重要的模型是比较优势，该模型解释了个人和国家之间贸易增益的来源。每个人都有自己在某件事情上的比较优势——相对于其他人来说，生产某种产品或服务的机会成本比较低。但是，人们经常将这一概念与绝对优势相混淆，后者是指生产某种产品或服务的能力比其他所有人都强。这种混淆得出的错误结论是个人和国家之间没有贸易增益。

4. 在最简化的经济中，人与人之间进行的是物物交换（用产品和服务交换其他人的产品和服务），而不是像在现代经济中通过货币进行交易。循环流向图是一个模型，用来表现一个经济中家户和企业之间产品、服务和货币的流动。这种交易发生在产品和服务市场、要素市场中，后者是指像土地、劳动、物质资本、人力资本等生产要素进行交易的市场。这个模型对理解支出、生产、就业、收入和增长在经济中的相互联系非常有用。最后，要素市场决定经济中的收入分配，也就是经济的总收入如何在生产要素所有者之间进行分配。

5. 经济学家使用的经济模型可以用于两种经济分析：实证经济学分析和规范经济学分析。实证经济学讨论的是经济怎样运转，规范经济学讨论的是经济应该如何运转。实证经济学经常涉及如何进行预测。经济学家对于实证问题要给出正确答案，对于规范问题不需要这样做，因为这涉及价值判断。例外的情形是：当设计政策时，对有些政策可以根据效率进行排序。

6. 经济学家之间意见相左有两个重要原因：一是他们对在建模时如何进行简化有不同的观点；二是经济学家就像其他人一样也有不同的价值判断。

关键词

模型	其他条件不变	生产可能性曲线	生产要素	技术	比较优势
绝对优势	物物交换	循环流向图	家户	企业	产品和服务市场
要素市场	收入分配	实证经济学	规范经济学	预测	

练习题

1. 在百慕大群岛，两个重要的行业是渔业和旅游业。根据联合国粮农组织和百慕大统计局的数据，2009 年 306 名在百慕大注册的渔民捕获了 387 公吨的海洋鱼类。而受雇于酒店的 2 719 人提供了554 400 单位酒店住宿服务（通过入境旅客数测算）。假设这一生产点的生产组合是有效率的生产组合。也即假设额外的 1 吨鱼的机会成本等于 2 000 单位酒店住宿，而且这一机会成本不变（机会成本不改变）。

a. 如果所有 306 名注册渔民都被酒店聘用（早已在酒店工作的 2 719 人除外），百慕大会提供多少单位酒店住宿？

b. 如果所有的 2 719 名酒店员工都成为渔民（306 名已经捕鱼的渔民除外），百慕大可以生产多少吨鱼？

c. 画出百慕大的生产可能性曲线，将鱼标示在横轴上，将酒店住宿标示在纵轴上，标出 2009 年百慕大的真实生产点。

2. 根据美国农业部国家农业统计署的数据，美国有 1.24 亿英亩的土地在最近一年用于种植小麦或玉米。在 1.24 亿英亩中，农场主用 5 000 万英亩的土地种植了 21.58 亿蒲式耳小麦，用 7 400 万英亩的土地种植了 118.07 亿蒲式耳玉米。假设美国的小麦和玉米生产是有效的。在当前的生产点，额外生产 1 蒲式耳小麦的机会成本是减少 1.7 蒲式耳玉米的生产。但是，由于机会成本递增，农场主额外生产 1 蒲式耳小麦的机会成本大于 1.7 蒲式耳玉米。对于以下每个生产点，决定该生产点是否：

(i) 可行且有效，(ii) 可行但并非有效，(iii) 不可行，(iv) 不清楚是否可行。

a. 农场主用 4 000 万英亩的土地种植 18 亿蒲式耳小麦，用 6 000 万英亩的土地种植 90 亿蒲式耳玉米。余下的2 400 万英亩土地被闲置。

b. 从原来的产量出发，农场主将原来种植玉米的 4 000 万英亩土地转向种植小麦。现在的产量为 31.58 亿蒲式耳小麦和 101.07 亿蒲式耳玉米。

c. 农场主减少 20 亿蒲式耳小麦产量，增加 120.44 亿蒲式耳玉米产量。沿着生产可能性曲线，玉米从 118.07 亿蒲式耳增加到 120.44 亿蒲式耳的机会成本为：每蒲式耳玉米的机会成本为 0.666 蒲式耳小麦。

3. 古罗马时代的一个国家只生产两种产品——意大利面条和肉团。古罗马帝国有两个部族——蒂沃利（Tivoli）和费沃利（Frivoli）。若独自组织生产，蒂沃利族如果不生产肉团，每个月能生产 30 磅意大利面条，如果不生产意大利面条，每个月能生产 50 磅肉团，或每个月生产两种产品的任何其他组合。对于费沃利族来说，如果不生产肉团，每个月能生产 40 磅意大利面条，如果不生产意大利面条，每个月能生产 30 磅肉团，或每个月生产两种产品的任何其他组合。

a. 假定所有的生产可能性曲线都是直线。在一幅图中画出蒂沃利族的月度生产可能性曲线，在另一幅图中画出费沃利族的月度生产可能性曲线，并说明你是如何计算的。

b. 哪一个部族在意大利面条的生产上有比较优势？哪一个部族在肉团的生产上有比较优势？

在公元 100 年，费沃利族发现了一种制造肉团的新技术，每个月的产量可以加倍。

c. 画出费沃利族新的月度生产可能性曲线。

d. 创新之后，哪一个部族现在在肉团生产方面有绝对优势？哪一个部族现在在意大利面条生产方面有绝对优势？哪一个在肉团生产方面有比较优势？哪一个在意大利面条生产方面有比较优势？

4. A 国销售给 B 国的飞机的价值为 10 亿美元，而从 B 国购入的飞机部件的价值仅仅为 19 000 美元。A 国从 B 国购买了价值 8 300 万美元的男士西裤、休闲裤以及牛仔裤，而卖给 B 国的同类产品的价值仅仅为 8 000 美元。根据你所学习的比较优势决定贸易的原理，回答下列问题。

a. 哪个国家在生产飞机方面具有比较优势？哪个国家在生产男士西裤、休闲裤以及牛仔裤方面具有比较优势？

b. 你能够判断哪个国家在生产飞机方面具有绝对优势吗？哪个国家在生产男士西裤、休闲裤以及牛仔裤方面具有绝对优势？

5. 皮特·庞蒂特（Peter Pundit）是一位经济记者，他指出欧盟在所有行业上的生产率都提高得非常迅速。他声称，这种生产率的提高是如此迅速，以至欧盟在这些行业的产出水平很快就会超过美国，到时候，美国不会从与欧盟的贸易中获得任何好处。

a. 你认为庞蒂特的观点正确吗？如果不正确，你认为他错误的根源是什么？

b. 如果欧盟和美国继续进行贸易，你认为欧盟输出到美国的产品和美国输出到欧盟的产品各有什么特征？

6. 你肩负把你所住居民楼的居民分为棒球队队员和篮球队队员的重任。还剩最后 4 个人。2 个人必须被分配给棒球队，2 个人必须被分配给篮球队，下表是每个人平均的击球命中率和罚球命中率。

名称	平均击球命中率	平均罚球命中率
凯利	70%	60%
杰基	50%	50%
柯特	10%	30%
格里	80%	70%

a. 请解释你将如何使用比较优势的概念来分配这几个人。请从用棒球的击球命中率表示篮球的罚球命中率的机会成本开始。

b. 为什么其他的篮球队队员可能对这种安排不满意，而其他的棒球队队员则感到满意？尽管如此，为什么经济学家认为这是一种有效率地分配居民到各个球队的方法。

7. 一个假想的经济体亚特兰蒂斯的居民将贝壳作为货币来进行交换。画出家户和企业之间的循环流向图。企业种植马铃薯和捕鱼，家户购买马铃薯和鱼，家户提供土地和劳动给企业。请标明在下述每种情形下，哪种是贝壳（货币）的流动，哪种是实物的流动？描述这如何在循环中产生影响。

a. 一场毁灭性的飓风暴雨冲毁了许多马铃薯种植地。

b. 在一个多产的捕捞季节，企业捕到了许多鱼。

c. 亚特兰蒂斯的居民发现了 Shakira 舞曲，在跳舞的季节每个月都要花几天的时间来跳舞。

8. 一名经济学家认为，高等院校生产教育，教师和学生是投入品。根据这种思维，教育是由家户来消费的。仿照本章的做法，构建一个循环流向图来表示高等院校教育这一经济部门：大学或学院代表企业，家户既消费教育，又为大学提供教师和学生。这一模型中的相关市场是什么？买卖的方向各是什么？如果政府决定对学生补助 50% 的学费，模型又会怎样变化？

9. 你的室友在大多数时间里都大声播放音乐，而你是一个喜欢平和、安静的环境的人。你建议她买一副耳机。她回答说，尽管她喜欢用耳机，但眼下她还有更重要的事情要用钱。你与一个学经济学的朋友讨论这件事情，谈话如下：

朋友：买一副耳机要花多少钱？

你：15 美元。

朋友：这个学期你对保持一个平和、安静的环境的评价是多少？

你：30 美元。

朋友：你买耳机并送给你的室友是一种有效率的行为。你的所得要大于所失，收益大于成本，你应该这样做。

你：我买耳机，这不公平，并不是我发出了噪声。

a. 在上述说法中，哪部分是实证命题？哪部分是规范命题？

b. 罗列证据支持你的观点：你的室友应该改变自己的行为。同样，站在你的室友的角度罗列证据，你应该买耳机。如果你所住宿舍楼的条例赋予居住者播放音乐的无限权利，谁的观点将最终胜出？如果条例规定若有室友抱怨，就得停止播放音乐，谁的观点将可能胜出？

10. 一位美国服装业代表人物最近做出如下声明：一些国家的工人经常在简陋的工作环境中做工，但一个小时还赚不了几便士。美国工人的生产率很高，所挣的工资也高。为了保持美国工作场所的尊严，政府应该通过法律禁止从低工资的国家进口服装。

a. 在上述引言中，哪部分是实证命题？哪部分是规范命题？

b. 后面提出的政策建议与前面关于美国和这些国家工人工资及生产率的说法一致吗？

c. 这样的政策会改善部分美国工人的福利状况而不会使任何人的状况变坏吗？也就是说，这种政策从全体美国人的角度来说是有效率的吗？

d. 低工资国家的工人会从这一政策中受损还是受益？

11. 判断下列表述的正误，并解释原因。

a. "当人们必须为薪水支付更高的税时，这将减少人们工作的积极性"是一个实证命题。

b. "我们应该降低税收以鼓励人们更多地劳动"是一个实证命题。

c. 经济学不能总是习惯于对社会应该做什么做出完全的决策。

d. "这个国家的公立教育体系给社会带来的好处要大于这一体系运转的成本"是一个规范命题。

e. 所有关于经济学家之间分歧的说法都是媒体炒作出来的。

12. 评估如下说法："建立一个确切反映已经发生过的事件的经济学模型要比建立一个预测未来事件的模型容易。"你认为这种说法正确还是错误？为什么？这对构建一个良好的经济学模型意味着什么困难？

13. 为政府工作的经济学家经常被征询政策建议。你为什么认为对公众来说在这些建议中区分清楚规范命题和实证命题非常重要？

14. 戈撒姆城的市长非常担心一种致命的病毒性感冒在今冬流行，他向经济学家提出了如下一连串问题。请确定这些问题需要经济顾问做出实证命题回答还是规范命题回答。

a. 到 11 月底，本市该储备多少支疫苗？

b. 如果我们对药品公司提供疫苗每支多支付 10%，它们会增加疫苗数量吗？

c. 如果本市疫苗供应不足，我们应该先给谁注射，是老人还是小孩（假设每种人群中的人死于感冒的可能性与其他人群中的人相同）？

d. 如果每注射一次，收费 25 美元，有多少人愿意付钱？

e. 如果每支疫苗收费 25 美元，则每支将获利 10 美元，这笔钱可用于为穷人接种。本市是否应该进行这一项目呢？

15. 评判如下说法："如果经济学家有足够多的数据，他们可以解决实现社会目标最大化的所有政策问题。这样政治上的争论就没有必要，如政府是否应该提供免费的医疗。"

在线回答问题

16. 亚特兰蒂斯是大西洋南部一个与大陆隔离的小岛。那里的人们以种植马铃薯和捕鱼为生。下表所示为每年种植的马铃薯和捕鱼的最大产量组合。很显然，在给定资源和可用技术的条件下，当他们生产马铃薯使用的资源多时，能够用于捕鱼的资源就少了。

每年的最大产量组合	马铃薯的产量（磅）	鱼的数量（磅）
A	1 000	0
B	800	300
C	600	500
D	400	600
E	200	650
F	0	675

a. 在一个横轴表示马铃薯的产量、纵轴表示鱼的数量的坐标系中，画一条生产可能性曲线来表明 A 点～F 点。

b. 亚特兰蒂斯能生产 500 磅鱼和 800 磅马铃薯吗？请解释原因。该产量组合点会处在生产可能性曲线的哪个位置？

c. 当把每年生产的马铃薯从 600 磅增加到 800 磅时，机会成本是多少？

d. 当把每年生产的马铃薯从 200 磅增加到 400 磅时，机会成本又是多少？

e. 你能解释为什么第 c 问和第 d 问的答案不一样吗？这对生产可能性曲线的斜率意味着什么？

附录　经济学中的图形

□ 2A.1　看懂图形

不管是阅读《华尔街日报》中的经济学文章，还是阅读经济学教科书，读者都会看到许多图形。生动形象的图形有助于读者更好地理解文字描述、数据信息和原理。在经济学中，生动形象的图形有助于加深读者对问题的理解。为了完全理解所讨论的原理和信息，读者需要熟悉如何解释这些生动的辅助手段的含义。本附录解释了图形的构建以及图形如何被应用于经济学。

□ 2A.2　图形、变量和经济学模型

上大学的原因之一是学生的学士学位为获得高薪提供了机会。进一步深造的学位，如 MBA 和法律学位，会使收入增加得更多。如果你阅读的文章讨论的是受教育程度与收入的关系，你大概会看到一幅表现工人收入水平与不同教育水平之间关系的图。而且这幅图会表明一般意义上的经济思想：受教育程度越高，收入就越高。

像经济学中使用的大多数图形一样，该图描述了两个经济变量之间的关系。**变量**（variable）是一种可以取多个值的量，类似一个受教育的年份、一瓶碳酸饮料的价格和一个家庭的收入。

就像我们在本章已学过的那样，经济分析主要依赖模型即对现实情形的简化描述来分析问题。许多经济模型描述的是两个变量之间的关系，而假定可能影响这一关系的其他变量不变。

> **变量**是一种可以取多个值的量。

例如，一个描述一种碳酸饮料的价格和消费者购买听数之间关系的模型，就假定其他影响消费者对碳酸饮料的购买的因素都不变。这种类型的模型可利用数学和文字进行描述，但表现这种关系的图形更容易让人理解。下面我们将介绍经济学模型中的图形如何构建和发挥作用。

□ 2A.3　图形如何发挥作用

经济学中的大部分图形使用两条垂直相交的直线表示两个变量，并组成坐标图来帮助我们形象化地画出两个变量之间的关系。所以，明白这种图形的用途的第一步是看其如何发挥作用。

2A.3.1　两变量图

图 2A-1 所示为典型的两变量图。它表现的是在一个赛季中，棒球场饮料销售商预期的碳酸饮料销售量和场外气温的数据。第 1 列表示场外气温（第 1 个变量），第 2 列表示碳酸饮料的销售量（第 2 个变量），第 3 列从 A 到 E 的 5 个点是五组或五对两个变量的组合。

现在我们可以根据这个表的数据画出图形。在任何一个两变量图中，一个变量被称为 x 变量，表示场外气温，另一个变量被称为 y 变量，表示碳酸饮料销售量。图中横向的实线被称为**横轴**（horizontal axis）或 ***x* 轴**（x-axis），标出的是 x 的值，也就是场外气温。同样，纵向的实线被称为**纵轴**（vertical axis）或 ***y* 轴**（y-axis），标示出的是 y 的值，也就是碳酸饮料销售量。

> 表示 x 变量的值的轴被称为**横轴**或 ***x* 轴**，表示 y 变量的值的轴被称为**纵轴**或 ***y* 轴**。两个变量轴交点处的点被称为**原点**。

在**原点**（origin），也就是两个轴的交点，每个变量都等于零。当沿着 x 轴从原点向右移动时，x 变量为正值，并呈增加趋势。同样，当沿着 y 轴从原点向上移动时，y 变量为正值，并呈增加趋势。

我们可以画出从 A 点到 E 点 5 组数据的点——每个点都对应 x 轴和 y 轴上的值。例如图 2A-1 中的 C 点，x 变量的取值为 40，y 变量的取值为 30。你可以从 x 轴上值为 40 的点向上画一条线、从 y 轴上值为 30 的点横向画一条线得出 C 点。我们把 C 点表示为（40，30），把原点表示为（0，0）。请观察图 2A-1 中的 A 点、B 点，你可以发现当一个变量的值为 0 时，该点将位于其中一个轴上。如果 x 的值为 0，该点将位于纵轴上，就像 A 点。如果 y 的值为 0，该点就位于横轴上，就像 B 点。

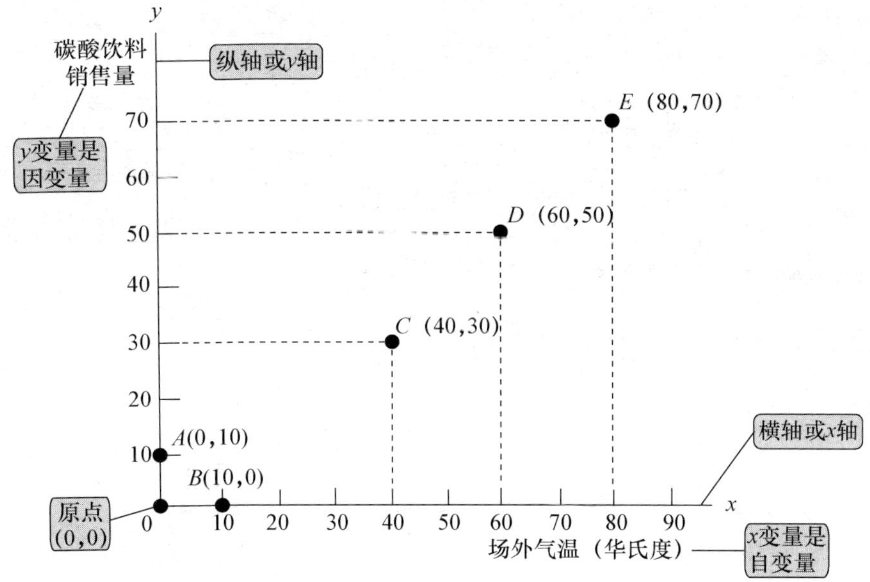

x 变量：场外气温（°F）	y 变量：碳酸饮料销售量	点
0	10	A
10	0	B
40	30	C
60	50	D
80	70	E

图 2A－1　画出两变量图的点

表中的数据被描绘在图中，场外气温（自变量）被标示在横轴上，碳酸饮料销售量（因变量）被标示在纵轴上。5 个场外气温和碳酸饮料销售量的组合点为 A、B、C、D 和 E。图中的每个点表示的都是两个变量的值。例如，C 点（40，30）表示的是场外气温为 40°F时（x 变量的值）碳酸饮料销售量为 30（y 变量的值）。

表现两个经济学变量相互关系的图，大多数描述的是**因果关系**（causal relationship），也就是一个变量的取值直接影响或决定另一个变量的取值。在因果关系中，起决定作用的变量被称为**自变量**（independent variable），被决定的变量被称为**因变量**（dependent variable）。在我们所举的饮料的例子中，场外气温是自变量，它直接影响碳酸饮料销售量，碳酸饮料销售量这时就是因变量。

> 当一个变量的取值直接影响或决定另一个变量的取值时，这两个变量之间就存在**因果关系**。在因果关系中，起决定作用的变量被称为**自变量**，被决定的变量被称为**因变量**。

按照惯例，我们把自变量置于横轴上，而把因变量置于纵轴上。图 2A－1 就是按照这种惯例来做的，自变量（场外气温）被标示在横轴上，因变量（碳酸饮料销售量）被标示在纵轴上。

这种惯例有一个非常著名的例外，那就是在表现产品价格和产品数量之间的经济关系时，尽管价格一般被认为是自变量，决定着产量，但价格总是被标示在纵轴上。

2A. 3. 2　图形中的曲线

图 2A－2（a）包含的信息与图 2A－1 中连接 B 点、C 点、D 点和 E 点的直线包含的信息一样。在图形上这被称为**曲线**（curve），不管它是一条直线还是一条弯曲的线。如果曲线表示的两个变量之间的关系是一条直线，或线性的，变量之间的关系就是**线性关系**（linear relationship）。当曲线不是一条直线，或是非线性的时候，变量之间的关系就是**非线性关系**（nonlinear relationship）。

> **曲线**是图形中描述两个变量之间关系的线，可以是直线，也可以是弯曲的线。如果曲线表示的两个变量之间的关系是一条直线，变量之间的关系就是**线性关系**。当曲线不是一条直线时，变量之间的关系就是**非线性关系**。

曲线上的点表示的是：当 x 变量取一个具体的值时，y 变量有一个值与之对应。举例来说，D 点表示的是在气温为 60°F的时候，饮料销售商预期能卖出 50 单位碳酸饮料。曲线的形状和变化方向可以表现出两个变量之间一般意义上的本质关系。图 2A－2 中向上倾斜的曲线表明饮料销售商预期在场外气温较高时可以卖出更多的碳酸饮料。

当变量以这样的方式建立关系时，也就是说，当一个变量的增加伴随的是另一个变量的增加时，这两个变量就被认为存在**正相关关系**（positive relationship），可以用一条曲线从左下向右上倾斜来表示。因为场外气温和碳酸饮料销售量之间

> 当一个变量的增加伴随的是另一个变量的增加时，这两个变量之间就被认为存在**正相关关系**，可以用一条曲线从左下向右上倾斜来表示。当一个变量的增加伴随的是另一个变量的减少时，这两个变量之间就被认为存在**负相关关系**，可以用一条曲线从左上向右下倾斜来表示。

呈线性关系，所以图 2A－2（a）中的曲线所表示的关系就是正相关线性关系。

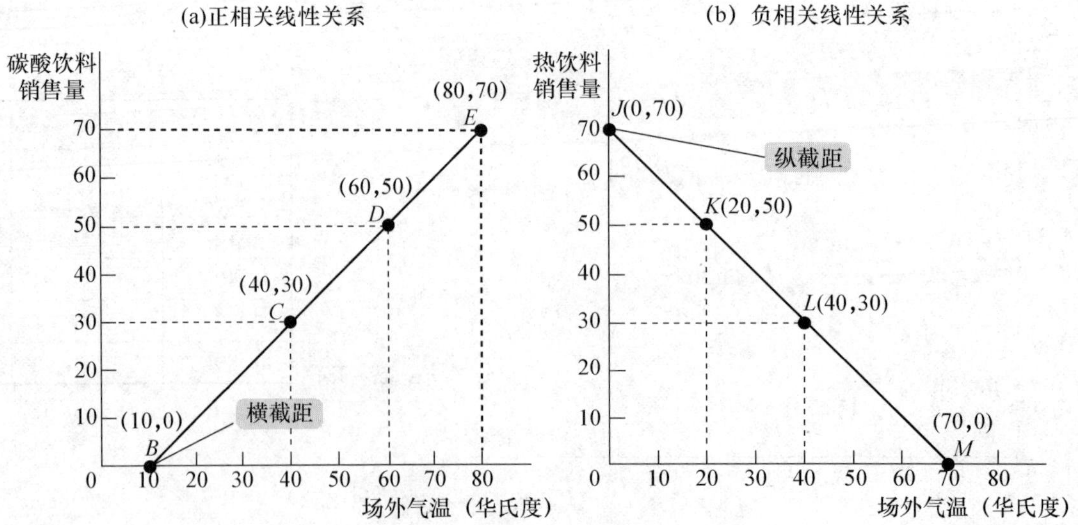

图 2A－2　画出曲线

图（a）中的曲线表现的是场外气温和碳酸饮料销售量两个变量之间的关系。两个变量之间呈正相关线性关系：正相关是因为曲线向上倾斜，线性是因为它是一条直线。这意味着：x 增加（场外气温升高）会导致 y 增加（碳酸饮料销售量增加）。图（b）中的曲线也是直线，但向下倾斜。场外气温和热饮料销售量两个变量之间是负相关的，即：x 增加（场外气温升高）会导致 y 减少（热饮料销售量减少）。图（a）中的曲线与横轴相交于 B 点，所以有横截距；图（b）中的曲线与纵轴相交于 J 点，所以有纵截距，与横轴相交于 M 点，所以有横截距。

当一个变量的增加伴随的是另一个变量的减少时，这两个变量之间就被认为存在**负相关关系**（negative relationship），可以用一条曲线从左上向右下倾斜来表示，就像图 2A－2（b）中的曲线。因为这条曲线也是线性的，它描述的是负相关线性关系。呈现这种关系的两个变量可能的情形是，饮料销售商预期的在棒球馆出售的热饮料销售量和场外气温之间的关系。

> 曲线的**横截距**是曲线与横轴的交点，表示的是当 y 变量的值为零时 x 变量的取值。
> 曲线的**纵截距**是曲线与纵轴的交点，表示的是当 x 变量的值为零时 y 变量的取值。

我们先回到图 2A－2（a）中所示的曲线，我们可以看到曲线与横轴交于 B 点。这一点就是所谓的**横截距**（horizontal intercept），也就是当 y 变量的值为零时 x 变量的取值。在图 2A－2（b）中，曲线与纵轴的交点为 J 点。这一点就是所谓的**纵截距**（vertical intercept），也就是当 x 变量的值为零时 y 变量的取值。

□ 2A.4　一个关键概念：曲线的斜率

一条曲线的**斜率**（slope）衡量的是该曲线的倾斜程度，表示的是 y 变量对 x 变量变化的敏感程度。在我们关于场外气温和饮料销售商预期的碳酸饮料销售量的事例中，斜率表示的是当场外气温升高 1 度时，饮料销售商预期可以增加销售的碳酸饮料的听数。这样的解释就给出了斜率所包含的意义。即使 x 和 y 没有被赋予数字，通过观察曲线上各点的斜率，也可以对两个变量之间的关系得出结论。

> 一条曲线的**斜率**衡量的是该曲线的倾斜程度，表示的是 y 变量对 x 变量变化的敏感程度。一条曲线的斜率可以用“横向移动中的上升”（rise over run）来计算，也就是两点之间 y 变量的变化值除以相同两点之间 x 变量的变化值。

2A.4.1　线性曲线的斜率

线性曲线的斜率或倾斜程度是通过下述方法来衡量的：曲线上两点之间“上升”的距离（rise）除以两点之间“横向移动”的距离（run），上升的距离是 y 的变化量，横向移动的距离是 x 的变化量。所以公式为：

$$\frac{y\text{ 的变化量}}{x\text{ 的变化量}}=\frac{\Delta y}{\Delta x}=\text{斜率}$$

式中，Δ（希腊大写字母“德尔塔”）表示的是变化。当一个变量增加时，变化值是正的，但是当一个变量减少时，变化值是负的。

当上升的距离（y 变量的变化值）与横向移动的距离（x 变量的变化值）符号相同时，曲线的斜率为正。这是因为：当两个数值的符号相同时，这两个数值的比率就是正值。在图 2A－2（a）中曲线的斜率为正，因为当沿着曲线变化时，两个变量 y 和 x 都是增加的。当上升的距离（y 变量的变化值）与横向移动的距离（x 变量的变化值）符号相反时，曲线的斜率为负。这是因为当两个数值的符号相反时，两个数值的比率就是负值。在图 2A－2（b）中曲线的斜率为负，因为当沿着曲线变化时，x 增加，y 在减少。

图 2A－3 直观地图示了如何计算线性曲线的斜率。我们只以图 2A－3（a）为例加以说明。从 A 点到 B 点，y 的值从 25 变化到 20，x 的值从 10 变化到 20。因此，这两点之间的线段的斜率是：

$$\frac{y\text{ 的变化量}}{x\text{ 的变化量}}=\frac{\Delta y}{\Delta x}=\frac{-5}{10}=-\frac{1}{2}=-0.5$$

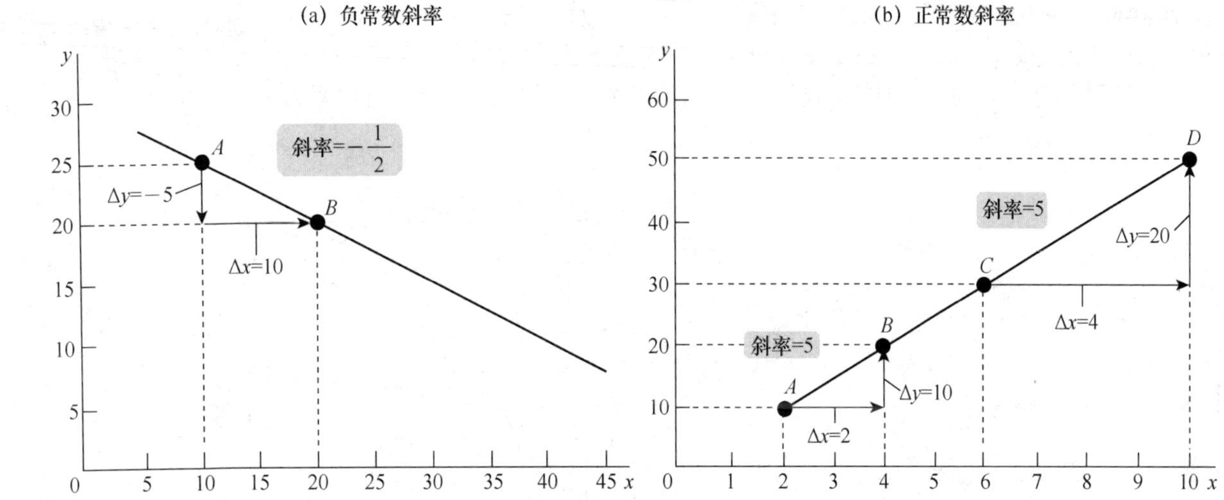

图 2A－3　计算斜率

图（a）和图（b）表现的是两条曲线。在图（a）中，在曲线上的两点 A 和 B 之间，y 的变化值（上升的距离）为－5，x 的变化值（横向移动的距离）为 10，所以从 A 点到 B 点的斜率为 $\Delta y/\Delta x=-5/10=-1/2=-0.5$，负号表示的是曲线向下倾斜。在图（b）中，$A$ 点和 B 点之间的斜率为 $\Delta y/\Delta x=10/2=5$。C 点和 D 点之间的斜率为 $\Delta y/\Delta x=20/4=5$。斜率为正，表示的是曲线向上倾斜。而且，A 点和 B 点之间的斜率与 C 点和 D 点之间的斜率是相同的，因为这是线性曲线。线性曲线的斜率是不变的：不管沿着曲线的哪个部分计算，斜率都是相同的。

因为对于直线来说，所有点的倾斜程度都是相同的，所以直线的斜率在所有点上都是相同的。换句话说，直线的斜率不变。你可以计算图 2A－3（b）中线性曲线上 A 点和 B 点或者 C 点和 D 点之间的斜率来进行检验。

A 点和 B 点之间的斜率为：$\frac{\Delta y}{\Delta x}=\frac{10}{2}=5$。

C 点和 D 点之间的斜率为：$\frac{\Delta y}{\Delta x}=\frac{20}{4}=5$。

2A.4.2　平行于横轴和纵轴的曲线及它们的斜率

当一条曲线平行于横轴时，y 的值不发生变化即保持常数。沿着曲线上的任意一点，y 的变化值都为零。零除以任何数仍然为零，所以不管 x 的取值如何变化，平行于横轴的曲线的斜率总为零。

当一条曲线平行于纵轴时，x 的值不发生变化即保持常数。沿着曲线上的任意一点，x 的变化值都为零。这就意味着平行于纵轴的曲线的斜率把零放在分母上。一个以分母为零的比率等于无穷大——一个无限大的数。所以平行于纵轴的曲线的斜率为无穷大。

平行于横轴或者平行于纵轴的曲线有特殊的含义：意味着 x 变量和 y 变量是不相关的。当一个变量的变化（自变量）不影响另一个变量（因变量）时，这两个变量是不相关的。或者换一种说法，不管自变量的值如何变化，因变量始终保持常数，那么两个变量就是不相关的。按照通常的做法，如果 y 变量是因变量，曲线平行于横轴；如果 x 变量是因变量，曲线平行于纵轴。

2A.4.3　非线性曲线的斜率

非线性曲线（nonlinear curve）是指当我们沿着曲线移动的时候，斜率也随之变化的曲线。图 2A－4（a）、图 2A－4（b）、图 2A－4（c）和图 2A－4（d）表现了各种类型的非线性曲线。图 2A－4（a）和图 2A－4（b）表现的是当沿着曲线移动时，非线性曲线的

非线性曲线是指任意两点之间斜率总是在变化的曲线。

斜率总是保持正值的情形。尽管两条曲线都向上倾斜，但是相对于图 2A－4（b）而言，图 2A－4（a）在从左向右变化的过程中越来越陡峭，而图 2A－4（b）中的曲线越来越平缓。

一条曲线向上倾斜而且越来越陡峭，如图 2A－4（a）所示，被称为斜率正向递增（positive increasing）。一条曲线向上倾斜而且越来越平缓，如图 2A－4（b）所示，被称为斜率正向递减（positive decreasing）。

我们发现，当计算非线性曲线的斜率时，曲线上不同点的斜率值是不同的。沿着曲线，斜率的变化决定着曲线的形状。例如，在图 2A－4（a）中，曲线的斜率为正值，而且从左到右移动时斜率是递增的，但在图 2A－4（b）中，斜率尽管也是正值，但是递减的。

在图 2A－4（c）和图 2A－4（d）中曲线的斜率为负数。经济学家经常喜欢把负数表示成它的**绝对值**（absolute value）形式，也就是该负数没有负号。我们通常是用两条平行竖线放在一个数字的两边来表示绝对值，例如－4 的绝对值被写为 $|-4|=4$。

> 一个负数的**绝对值**是该负数不加负号的数值。

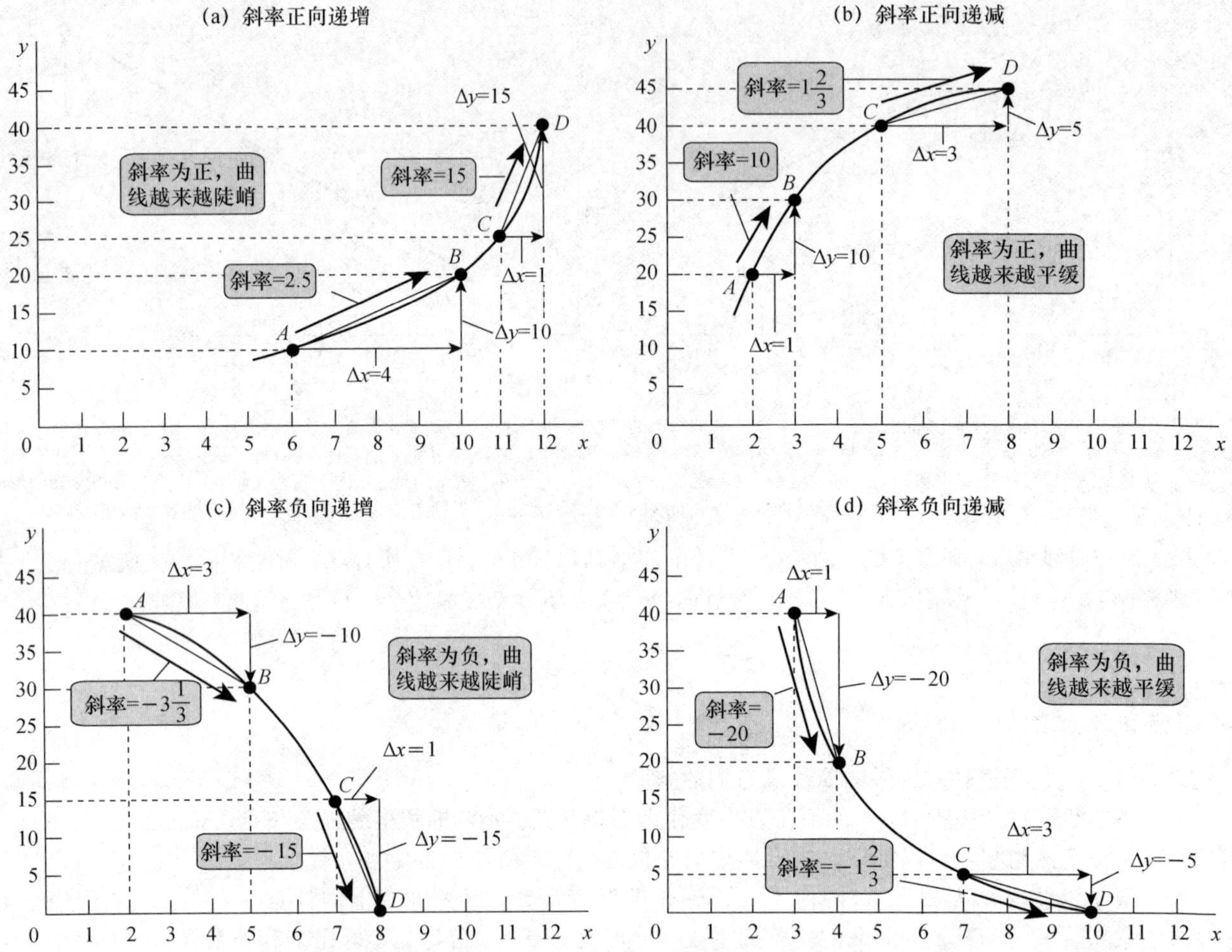

图 2A－4　非线性曲线

在图（a）中，从 A 点到 B 点曲线的斜率为 $\Delta y/\Delta x=10/4=2.5$，从 C 点到 D 点曲线的斜率为 $\Delta y/\Delta x=15/1=15$。斜率正向递增，当你沿着曲线向右移动时，曲线越来越陡峭。在图（b）中，从 A 点到 B 点曲线的斜率为 $\Delta y/\Delta x=10/1=10$，从 C 点到 D 点曲线的斜率为 $\Delta y/\Delta x=5/3=1\frac{2}{3}$。斜率正向递减，当你沿着曲线向右移动时，曲线越来越平缓。在图（c）中，从 A 点到 B 点曲线的斜率为 $\Delta y/\Delta x=-10/3=-3\frac{1}{3}$，从 C 点到 D 点曲线的斜率为 $\Delta y/\Delta x=-15/1=-15$。斜率负向递增，当你沿着曲线向右移动时，曲线越来越陡峭。在图（d）中，从 A 点到 B 点曲线的斜率为 $\Delta y/\Delta x=-20/1=-20$，从 C 点到 D 点曲线的斜率为 $\Delta y/\Delta x=-5/3=-1\frac{2}{3}$。斜率负向递减，当你沿着曲线向右移动时，曲线越来越平缓。每种情形下的斜率计算都采用了弧方法，也就是说，画一条直线连接曲线上的两点，两点之间斜率的平均值等于连接两点的直线的斜率。

在图 2A－4(c）中，当你沿着曲线从左到右移动时，曲线斜率的绝对值一直呈递增态势，所以该曲线的斜率负向递增；在图 2A－4(d) 中，当你沿着曲线从左到右移动时，曲线斜率的绝对值一直递减，所以该曲线的斜率负向递减。

2A.4.4 计算非线性曲线的斜率

我们刚刚提到，在一条非线性曲线上，斜率的值要看处在曲线的什么位置。所以，如何计算非线性曲线的斜率呢？我们集中讨论两种方法：弧方法和点方法。

计算斜率的弧方法 一条曲线的弧是该曲线的一段或一部分。例如，在图 2A－4 (a) 中，一段弧是该曲线处在 A 点和 B 点之间的部分。为了用弧方法计算非线性曲线的斜率，我们可以在该弧的两个端点之间画一条直线。该直线的斜率衡量的就是这两点之间曲线的平均斜率。

我们可以从图 2A－4 (a) 中看出，连接 A、B 两点的直线在 x 轴上的变化为从 6 到 10（即 $\Delta x=4$），而在 y 轴上的变化为从 10 到 20（即 $\Delta y=10$），所以，连接 A 点和 B 点的直线的斜率为：

$$\frac{\Delta y}{\Delta x}=\frac{10}{4}=2.5$$

这就意味着 A 点和 B 点之间曲线的平均斜率为 2.5。

现在我们来考虑同一曲线上 C 点和 D 点之间的弧。连接两点的直线在 x 轴上的取值从 11 变化到 12（即 $\Delta x=1$），而在 y 轴上的取值从 25 变化到 40（即 $\Delta y=15$），所以 C、D 两点之间的平均斜率为：

$$\frac{\Delta y}{\Delta x}=\frac{15}{1}=15$$

因此，C 点和 D 点之间的平均斜率大于 A 点和 B 点之间的平均斜率。这一计算证明了我们上面的观察：当我们从左向右移动的时候，曲线是向上倾斜的，斜率正向递增。

计算斜率的点方法 点方法是指计算非线性曲线上一个具体的点的斜率的方法。利用图 2A－5 我们解释计算曲线上 B 点的斜率的方法。首先，我们过 B 点做一条正好接触到该曲线的直线，这条线被称为**切线**（tangent line），其意义是：刚好在 B 点与曲线相切而不与该曲线上的任何其他点相切，那么我们说该条直线与曲线相切于 B 点。这条切线的斜率等于该非线性曲线在 B 点的斜率。

> **切线**是在某点正好接触到或切到非线性曲线的一条直线。切线的斜率等于该非线性曲线在该点的斜率。

我们可以从图 2A－5 中看出如何计算切线的斜率：从 A 点到 C 点，y 改变了 15 单位，x 改变了 5 单位，所以斜率为：

$$\frac{\Delta y}{\Delta x}=\frac{15}{5}=3$$

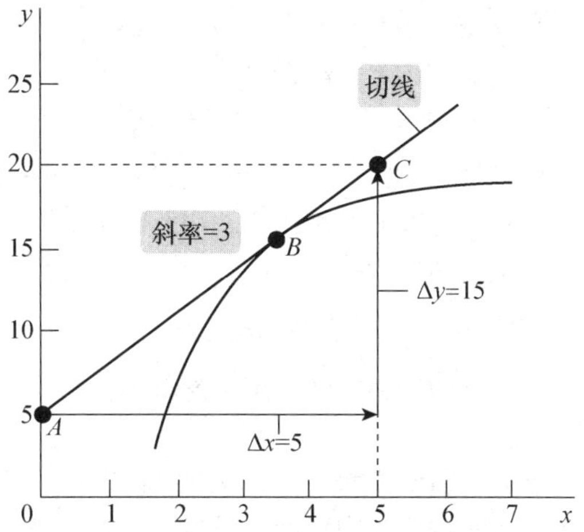

图 2A－5 采用点方法来计算斜率

图中已经画出了一条切线，该线刚好切曲线于 B 点。这条切线的斜率等于该曲线在 B 点的斜率。切线的斜率计算的是从 A 点到 C 点的斜率，等于：$\Delta y/\Delta x=15/5=3$。

利用点方法计算出，曲线在 B 点的斜率等于 3。

到此，有一个问题自然会被问道：在计算非线性曲线的斜率时，如何决定是使用弧方法还是点方法。这要根据曲线的情况和构建曲线所使用的数据来定。

当我们没有足够的数据画出一条平滑的曲线的时候，我们使用弧方法。例如，在图 2A-4（a）中，当你只有 A 点、C 点、D 点的数据，而没有 B 点或曲线上任何其他点的数据的时候，很显然，你就不能用点方法来计算 B 点的斜率。你就不得不用弧方法，通过利用连接 A 点和 C 点的直线来对这一区间的曲线的斜率进行近似计算。

但是，如果你有足够多的数据，在图 2A-4（a）中画出一条平滑的曲线，那么你就能够用点方法来计算 B 点的斜率，以及该曲线上其他点的斜率。

非线性曲线可能有**最大值**点，也就是曲线上的最高点。在最大值点上，曲线的斜率由正值变为负值。非线性曲线可能有**最小值**点，也就是曲线上的最低点。在最小值点上，曲线的斜率由负值变为正值。

2A.4.5 最大值点和最小值点

非线性曲线的斜率可能从正值变为负值，也可能从负值变为正值。当曲线的斜率从正值变为负值时，我们就可以得到曲线上被称为**最大值**（maximum）的点。而当曲线的斜率从负值变为正值时，我们就可以得到曲线上被称为**最小值**（minimum）的点。

图 2A-6（a）中的曲线表示的就是当我们从左向右变动时，斜率从正值变为负值的情形。当 x 在 0 到 50 之间变化时，曲线的斜率为正值。当 x 等于 50 时，该曲线达到其最高点——曲线上 y 达到最大值，该点就是曲线的最大值点。当 x 大于 50 时，斜率变为负值，曲线转为向下倾斜。在经济学中许多重要的曲线都呈现这种形状，如随着产量的增加，企业的利润曲线就呈现这种形状。

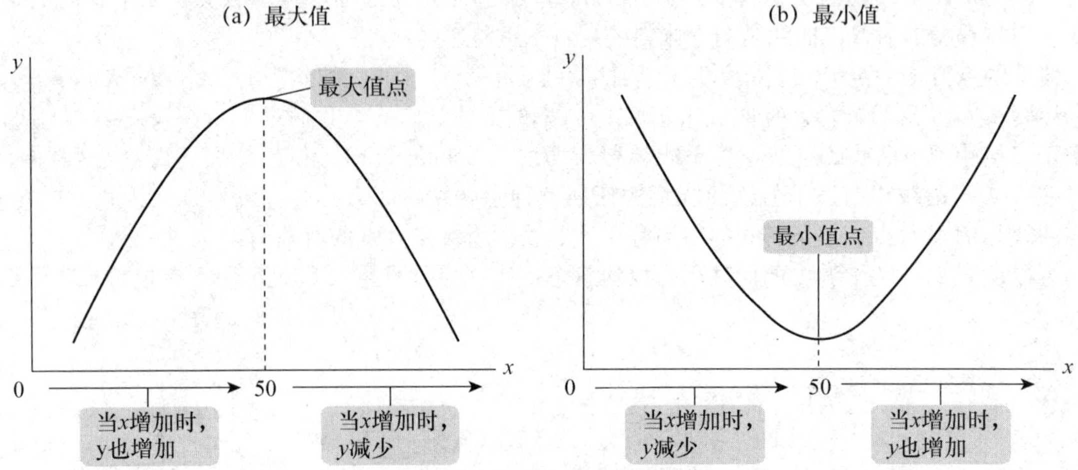

图 2A-6 最大值点和最小值点

图（a）表示的是有最大值点的曲线，在该点处斜率由正变负。图（b）表示的是有最小值点的曲线，在该点处斜率由负变正。

与此相反，在图 2A-6（b）中，曲线呈现 U 形，斜率从负值变为正值。当 x 等于 50 时，曲线达到其最低点——曲线上 y 达到最小值，该点就是曲线的最小值点。在经济学中许多重要的曲线都呈现这种形状，如随着产量的增加，企业的成本曲线就呈现这种形状。

□ 2A.5 计算曲线下方区域或上方区域的面积

有时候计算曲线下方区域和上方区域的面积非常有用。为简单起见，我们只计算线性曲线下方区域和上方区域的面积。

图 2A-7（a）中线性曲线下方的阴影区域的面积为多少？首先请注意这个区域的形状为直角三角形。直角三角形是有两个边相交为直角的三角形。我们把一条边作为三角形的高，把另一条边作为三角形的底。根据我们的目标，哪条边为底、哪条边为高并不重要。

计算直角三角形的面积很简单：三角形的底乘以高除以 2。图 2A-7（a）中三角形的高为 10－4＝6，三角形的底为 3－0＝3。因此，三角形的面积为：

$$\frac{6\times3}{2}=9$$

图 2A－7（b）中线性曲线上方阴影区域的面积为多少？我们可以使用同样的公式来计算直角三角形的面积。三角形的高为 8－2＝6，三角形的底为 4－0＝4，三角形的面积为：

$$\frac{6\times4}{2}=12$$

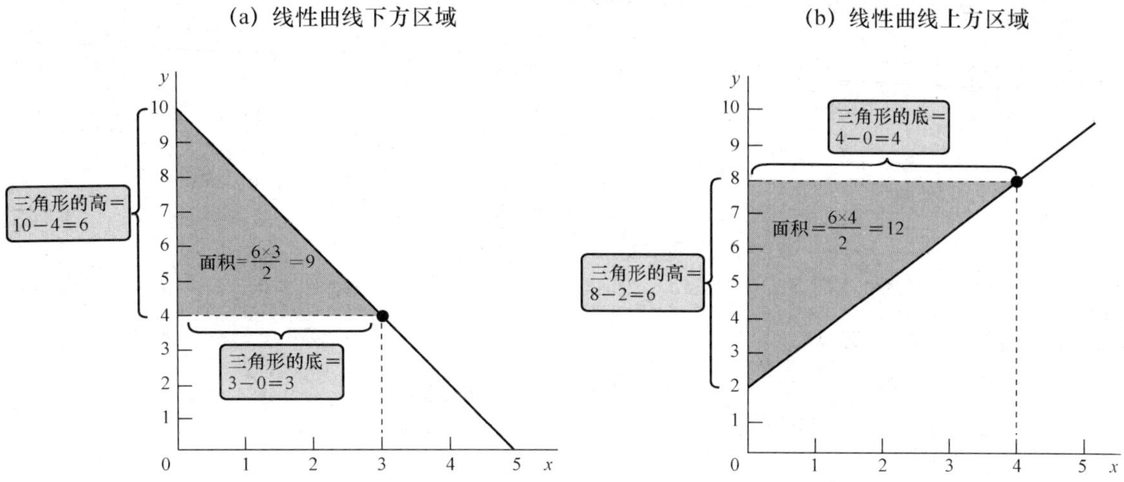

图 2A－7　计算曲线上方区域和下方区域的面积

线性曲线上方或下方的区域组成一个三角形。三角形的面积通过将三角形的底乘以高除以 2 得到，在图（a）中，阴影三角形区域的面积为（6×3)/2＝9，在图（b）中，阴影三角形区域的面积为（6×4)/2＝12。

□ 2A.6　描述数据信息的图形

图形也被视为概括和表现没有因果关系的数据间的关系的一种便利的方法。只是简单表现数据信息的图形也被称为数据图。这里我们分析四种数据图：时间序列图、散点图、饼状图和柱状图。这些图形在表现各种经济变量的实际数据、经验数据中广为使用，因为它们可以帮助经济学家和政策制定者认识经济发展的趋势和模式。但是正像我们将要看到的，我们也必须当心误读这些数据图并从中得出不可靠的结论。也就是说，我们必须注意数据图的有用性和局限性。

2A.6.1　数据图的类型

读者可能从报纸杂志中看到过经济变量如何随着时间的推移而变化，如失业率和股价指数。**时间序列图**（time-series graph）的横轴表示连续的时间，纵轴表示随时间变化的变量的值。

> **时间序列图**的横轴表示连续的时间，纵轴表示随时间变化的变量的值。

例如，图 2A－8 表示的就是 1947—2013 年间美国人均实际国内生产总值（GDP，一种粗略表现一个国家生活水平的指标）的变化。将每年的人均实际 GDP 对应的点连成线就对这些年生活水平变化的总体趋势给出了一个清晰的概念。

图 2A－9 是另一种数据图的事例。该图展现了表示 181 个国家的生活水平（以人均 GDP 为衡量指标）与人均碳排放量（用来度量环境污染水平）之间关系的数据。每个点表示的是每个国家居民平均的生活水平与他或她的年碳排放量。

图 2A－9 中右上方区域内的点表示的是高生活水平与高碳排放水平的组合，一般是指像美国这样的经济发达国家（图中碳排放水平最高的国家为卡塔尔），图中左下方区域内的点表示的是低生活水平与低碳排放水平的组合，一般是指经济不发达国家（如阿富汗和塞拉利昂）。

这些点的排列方式表明，人均生活水平与人均碳排放水平之间存在正相关关系。总体来看，生活水平越高的国家，制造的污染越多。

1947—2013年间美国的生活水平

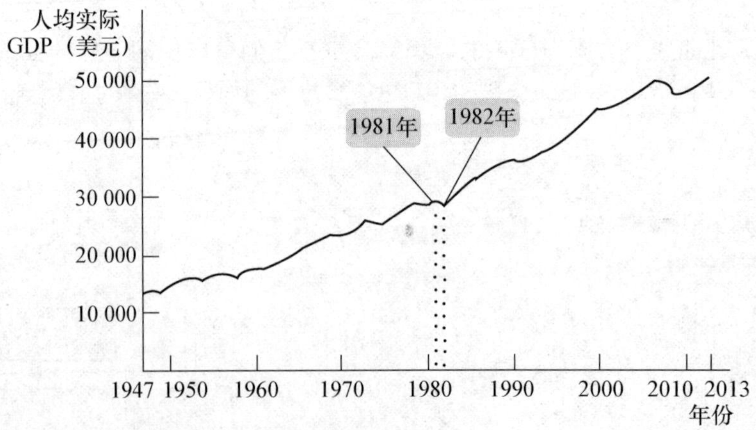

图 2A-8　时间序列图

时间序列图在 x 轴上表示连续的时间，在 y 轴上表示变量的值。该图表示的是美国在 1947—2013 年间生活水平（用人均实际 GDP 来表示）的变化。

资料来源：Bureau of Economic Analysis.

2010年的生活水平和碳排放量

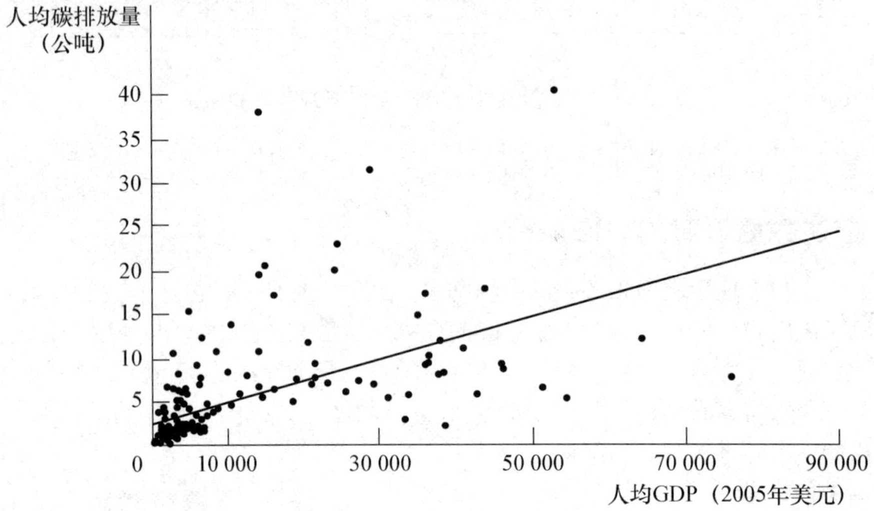

图 2A-9　散点图

在散点图上，每一个点都对应一组观测到的 x 值和 y 值。该图中，每个点表示的是 2010 年 181 个国家样本中每个国家的人均 GDP 与人均碳排放量。向上倾斜的拟合线是对两个变量之间的关系从总体上进行的最好拟合。

资料来源：World Bank.

这种图形被称为**散点图**（scatter diagram）。图中每一个点都对应一组实际观测到的 x 值和 y 值。在散点图中，一定有一条与这些散点相对应的典型的拟合线，也就是说，可以画出一条尽可能反映变量总体关系的曲线。正像我们所看到的，在图 2A-9 中，这条拟合线是向上倾斜的，表明两个变量之间存在正相关关系。散点图经常被用来表现从一组数据中推演出的一般关系。

散点图中的点表示的是与 x 变量和 y 变量相对应的实际观测到的值。通常可以画出一条关于这些散点的拟合线。

饼状图（pie chart）表现的是在总量中各个组成部分的比例份额，一般用百分比来表示。例如，图2A-10的饼状图表示的是受教育水平不同的工人在 2012 年被支付联邦最低工资或低于这一水平的工资的情况。我们可以看出，获得最低工资或低于这一水平的工资的人大多数没有受过高等教育。拥有学士学位或更高学位的人中只有 8%被支付最低工资或低于这一水平的工资。

饼状图表现的是在总量中各个组成部分的比例份额，一般用百分比来表示。

受教育水平不同的工人在2012年被支付最低工资或低于这一水平的工资的情形

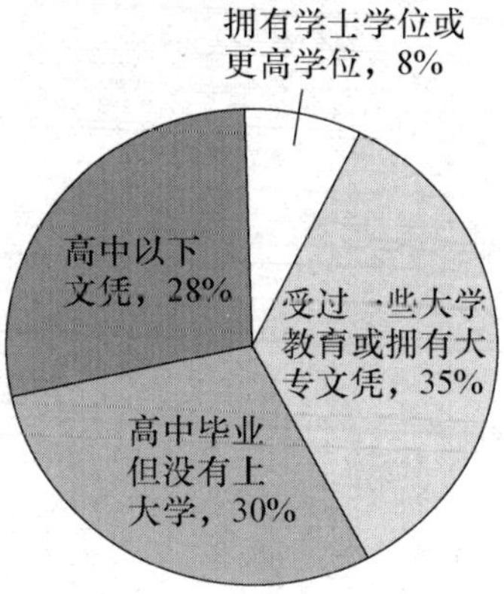

图2A-10　饼状图

饼状图表示的是总量中各个组成部分所占的百分比。该图表示的是受教育水平不同的工人在2012年被支付联邦最低工资或低于这一水平的工资的情形。

资料来源：Bureau of Labor Statistics.

柱状图用柱状条的高度或长度表示一个变量的不同观察值的相对大小。

柱状图（bar graph）是用柱状条的高度或长度来表明变量的值的图形。图2A-11的柱状图表现的是美国2009—2010年失业工人人数的百分比变化，并分为白种人、黑种人或非洲裔美国人、亚洲裔三类。在这种图形中，变量的具体值一般被标在柱状条的终端，如图2A-11所示。例如，在2009—2010年期间黑种人或非洲裔美国人的失业人数增加了9.4%。即使不标出具体值，通过比较柱状条的高度或长度也能从不同变量值的相对大小中得到一些有价值的启示。

2009—2010年不同人种失业人数的变化

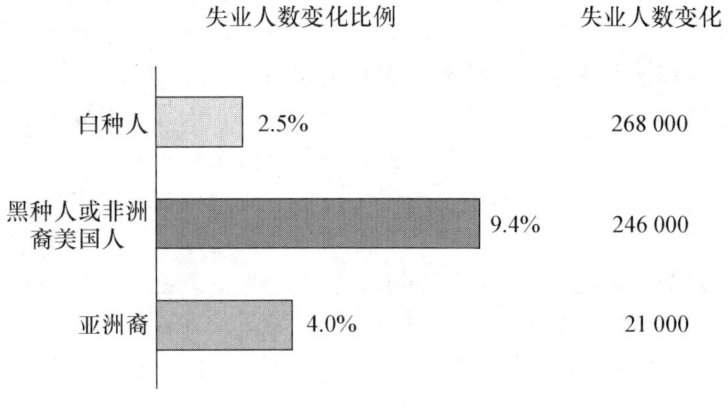

图2A-11　柱状图

柱状图是用柱状条的高度或长度表示变量的值的图形。该柱状图表现的是美国2009—2010年失业工人人数的百分比变化，具体分为：白种人、黑种人或非洲裔美国人、亚洲裔。

资料来源：Bureau of Labor Statistics.

2A.6.2　解释数字化图形时面临的问题

尽管我们在本附录开始时强调图形生动形象可以帮助我们更好地理解一些经济学理念或信息，但是图形也会构建错误（有意或无意），从而导致一些并不正确的结论。

建模的特征　在对数字化图形得出结论前，我们应该对横轴上变量的刻度的大小予以特别注意。对某些变量来说，小的刻度可能夸大了某些变量的变化，而大的刻度则可能会明显减弱这种夸张的程度。所以在画图时，采用的刻度可能会以一种不确定的方式影响你对变化的意义的解释。

就以图2A-12为例，图中所示为美国人均实际GDP从1981年到1982年的变化，刻度为500美元。我们可以看出，人均实际GDP从28 936美元下降到27 839美元。下降了，确实如此！但纵轴上的刻度选择看上去是否非常大呢?

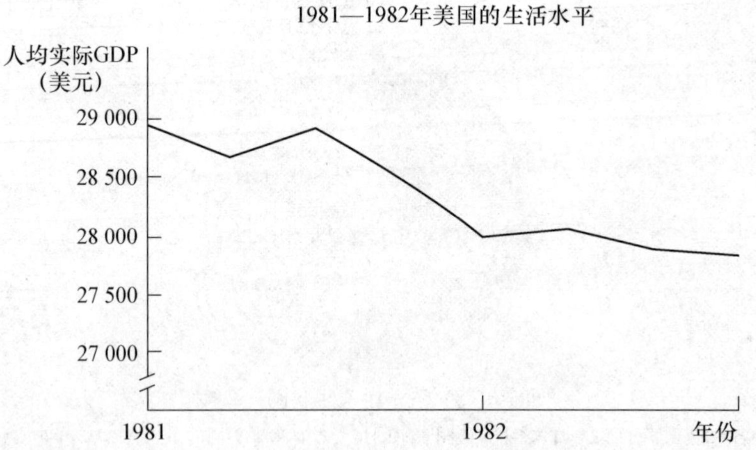

图 2A-12　图形解释：刻度的影响

图 2A-8 所使用的 1981—1982 年的数据与本图的数据相同，只不过这里使用的刻度是 500 美元而非 10 000 美元。作为刻度变化的结果，与图 2A-8 相比，这里显示出的生活水平变化更大。

资料来源：Bureau of Economic Analysis.

如果回头重新审视图 2A-8——图中所示为 1947—2013 年间美国的人均实际 GDP——你将会看到图 2A-8包含了图2A-12中所示的数据，但其刻度为 10 000 美元而非 500 美元。从这幅图中你可以看出，从 1981 年到 1982 年，人均实际 GDP 的下降相对来说并不大。

事实上，作为衡量生活水平的一个指标，美国的人均实际 GDP 一直起起落落。从这种对比中可以看出，如果我们不注意解释图形时刻度的选择，可能会得出完全不同甚至错误的结论。

当为了节省空间把轴上的一些变量值省略时，就在轴上用**截切**来表示。

在作图时，与刻度选择相关的是**截切**（truncation）符号的应用。一部分区间的数据被省略，就表现为在轴上的截切，用靠近原点的地方的两条斜线（//）表示。读者在图 2A-12 的纵轴上可见到截切——其中 0～27 000 美元的值被省略了，一个//出现在纵轴上。截切省去了图形占用的空间，允许在截切时使用较大的刻度。结果，在描述变量变化的图形中使用截切，与不使用截切并且采用大的刻度的图形相比变量的变化显得要大一些。

我们还必须对图形到底确切表现了什么予以特别的注意，例如，在图 2A-11 中，我们应认识到图中所示为失业工人人数的百分比变化，而非失业人数的变化。黑种人或非洲裔美国人失业率提高的百分比最大，这里是 9.4%。如果你混淆了数字变化和百分比变化，你将会错误地得出在新增失业工人中，人数最多的为黑种人或非洲裔美国人。

事实上，对图 2A-11 的确切解释是，在新增失业工人中，人数最多的是白种人，总的失业人数增加了 268 000 人，这要远远大于黑种人或非洲裔美国人的失业人数。尽管黑种人或非洲裔美国人失业人数增加的百分比较高，但在 2009 年，黑种人或非洲裔美国人失业的数量要小于白种人失业的数量，所以在新增失业工人中，黑种人或非洲裔美国人也比白种人少。

一个**遗漏变量**是一个未被观察到的但影响其他变量并通过这种影响制造出这些变量间存在直接因果关系假象的变量。

遗漏变量　从散点图上两个变量的变化要么是正相关的、要么是负相关的，容易得出其中存在因果关系的结论。但是，两个变量之间的关系并不总是因果关系。相当可能的是所观察到的两个变量之间的关系是未观察到的第三个变量作用于两个变量的结果。

一个未被观察到的但影响其他变量并制造出其他变量间存在直接因果关系假象的变量被称为**遗漏变量**（omitted variable）。例如，在新英格兰，某一星期下了一场大雪后，人们对铁铲的需求大增，人们也会购买大量的除雪剂。但是，如果我们忽略了下雪这一影响因素，只是简单地把铁铲的数量和除雪剂的数量用图形绘出，那么我们得到的散点图将会显示点的变化趋势是向上倾斜的，这并不能说明两者之间存在正相关关系。

如果得出这两个变量之间存在因果关系的结论，就是被误导了。铁铲增加并不会引起除雪剂的销售量增加，反之亦然。之所以两个变量之间看似存在因果联系，是因为两者都受到第三个决定变量——周降雪量，也就是一个遗漏变量——的影响。

所以，在做出散点图的变化模式含有因果关系这个假设之前，考虑这种模式是不是一种遗漏变量导致的结果就非常重要。或者简单处理：相关关系并非因果关系。

当把两个变量真实的因果关系搞反时就是犯了**反因为果**的错误。

反因为果　即使你能确信没有遗漏变量，而且数据图形中的两个变量之间存在因果关系，我们也必须当心犯**反因为果**（reverse causality）的错误，即把两个变量中哪个是因变量哪个是自变量的真实因果关系搞反而得出错误的结论。例如，在一幅散点图中，你所在班级20名同学的平均绩点（GPA）被表示在一个轴上，每个人所花费的学习时间被表示在另一个轴上。这些点的一条拟合线的斜率为正，说明学习时间和GPA之间存在正相关关系。我们可能的想法是，所花费的学习时间是自变量而GPA是因变量。但是，你也可能犯反因为果的错误：你可能推演出的结论是，GPA高推动学生把更多的时间花在学习上，而GPA低导致学生花在学习上的时间变少。

正如我们刚刚所分析的那样，明白图形可能造成误导或被错误解释的重要性并非仅仅对纯粹的学术研究有意义。政策决策、商务决策、政治争论经常是基于某种我们刚刚讨论的数字图形的解释。建模时的误导问题、遗漏变量问题可能导致非常严重和意想不到的结果。

练习题

1. 研究如下四种图形。考虑如下陈述对应哪种图形。横轴上是什么变量？纵轴上是什么变量？在如下情形下，哪种情形的斜率为正、负、零和无穷大？

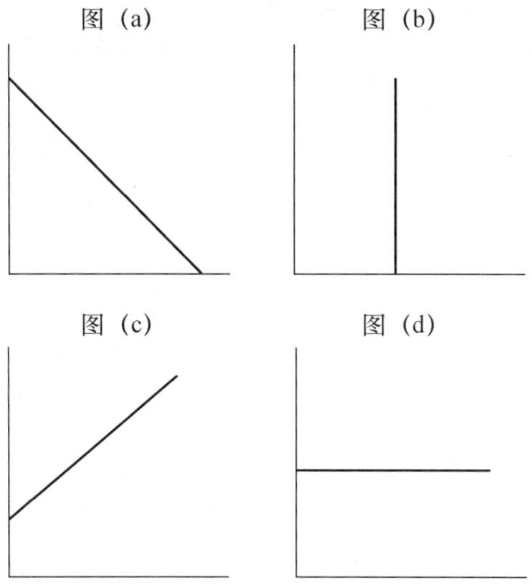

a. 如果电影院提高票价，将会有很少的消费者去看电影。

b. 富有经验的工人比缺乏经验的工人收入要高。

c. 不管室外气温有多高，美国消费者每天都消费同样数量的热狗。

d. 当冰激凌的价格上升时，消费者购买更多的酸奶。

e. 研究发现，减肥书籍的销售量与普通减肥者每天减少的体重没有相关关系。

f. 不管食盐的价格如何，美国人购买的食盐数量都一样。

2. 在里根执政期间，经济学家亚瑟·拉弗（Arthur Laffer）提出：为了增加税收收入，必须降低所得税税率。像大多数经济学家一样，他相信高于某一个水平的税率将导致税收收入下降，因为高税收会打击一些人的工作积极性，如果在支付所得税之后人们没有收入，人们将放弃工作。税率和税收收入之间的这种关系用图形加以总结就是广为人知的拉弗曲线。在画出该曲线时假定其形状并非线性曲线。如下问题将有助于读者画出该曲线。

a. 哪一个是自变量？哪一个是因变量？在哪个轴上标示所得税税率？在哪个轴上标示所得税收入？

b. 在所得税税率为 0 时，税收收入为多少？

c. 所得税税率最高可能为 100%。当所得税税率为 100%时，税收收入为多少？

d. 现在的估计表明，在拉弗曲线上最高的税率（大约）为 80%。当税率低于 80%时，你如何描述税率和税收收入之间的关系？这种关系如何反映在斜率上？当税率高于 80%时，你如何描述税率和税收收入之间的关系？这种关系又如何反映在斜率上？

3. 在下图中，轴上的一些数据丢失了。你所知道的是：在纵轴上标示的单位与横轴相同。

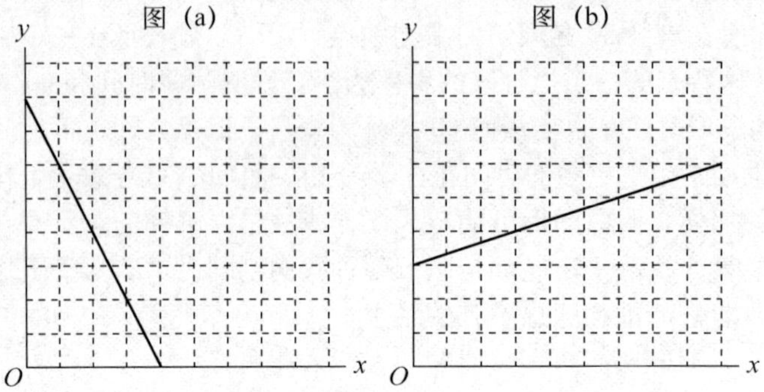

在图（a）中，曲线的斜率是什么？请说明斜率固定不变。

在图（b）中，曲线的斜率是什么？请说明斜率固定不变。

4. 通过画图回答下列问题。

a. 沿着横轴向右，通过 3 个点来衡量一条曲线的斜率，曲线的斜率值从 −0.3 变化到 −0.8，再变化到 −2.5，利用点方法来计算。画出这条曲线的示意图。你如何描述该图所表现出的关系？

b. 沿着横轴向右，通过 5 个点来衡量一条曲线的斜率，曲线的斜率值从 1.5 变化到 0.5、0、−0.5，再变化到 −1.5，利用点方法来计算。画出这条曲线的示意图。该曲线有最大值和最小值吗？

5. 计算下列每个图形中阴影直角三角形的面积。

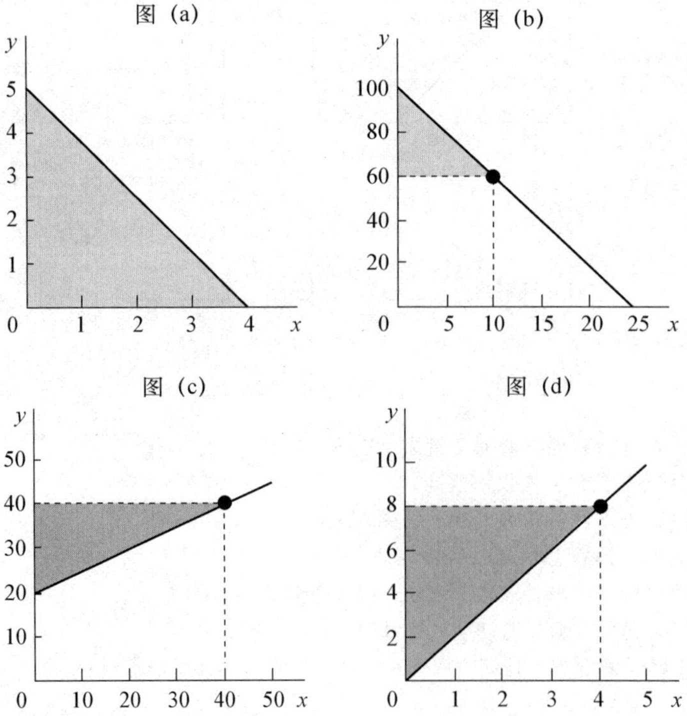

6. 一个直角三角形的底为 10，面积为 20，该直角三角形的高为多少？

7. 下表表现的是工人的劳动时间和他们每小时的工资之间的关系。除了每小时得到的工资以及他们的工作时间不同外，5 名工人的其他情况完全相同。

姓名	劳动数量（小时/周）	工资（美元/小时）
阿西娜	30	15
鲍里斯	35	30
柯特	37	45
迪高	36	60
艾米莉	32	75

a. 哪个是自变量？哪个是因变量？

b. 画出散点图来表现这种关系。画出连接这些点的（非线性）曲线。将每小时的工资标示在纵轴上。

c. 当工资从 15 美元上升到 30 美元时，根据这里描述的关系，劳动时间会做出什么反应？从阿西娜的数据点到鲍里斯的数据点的平均斜率为多少？

d. 当工资从 60 美元上升到 75 美元时，根据这里描述的关系，劳动时间会做出什么反应？从迪高的数据点到艾米莉的数据点的平均斜率为多少？

8. 保险公司发现火灾中财产损失的程度与到场的消防员人数有关。

a. 画图描述这一发现，将消防员人数标示在横轴上，将财产损失数量标示在纵轴上。从这幅图中能得到什么观点？现在把两个轴互换，得到的结果又如何？

b. 为了减少对投保人的支付数额，保险公司是否应该要求这个城市对任何火灾都减少消防员人数？

9. 下表列出了 5 个人的年薪和应缴所得税。除了 5 个人的年薪和应缴所得税不同外，其他完全相同。

姓名	年薪（美元）	应缴所得税（美元）
苏珊	22 000	3 304
比尔	63 000	14 317
约翰	3 000	454
玛莉	94 000	23 927
皮特	37 000	7 020

a. 如果你想在图形上画出这些点，运用弧方法计算出的比尔与玛莉的年薪和应缴所得税这两点之间非线性曲线的平均斜率为多少？你如何解释这一斜率值？

b. 运用弧方法计算出的约翰与苏珊的年薪和应缴所得税这两点之间非线性曲线的平均斜率为多少？你如何解释这一斜率值？

c. 当年薪增加时，斜率如何变化？这种相关关系表明所得税水平如何影响一个人赚取高薪的积极性？

在线回答问题

10. 研究表明，一个国家每年的经济增长率和每年的空气污染增长率之间存在相关关系。一般认为，经济增长率越高，人们拥有的小轿车就越多，人们用车就越多，也就排放出越多的空气污染物。

a. 哪个是自变量？哪个是因变量？

b. 假设 Sudland 国的年经济增长率从 3.0%下降到 1.5%，而年度空气污染增长率从 6%下降到 5%，运用弧方法计算这两点之间非线性曲线的平均斜率为多少。

c. 假设年经济增长率从 3.0%上升到 4.5%，而年度空气污染增长率从 5.5%上升到 7.5%，运用弧方法计算这两点之间非线性曲线的平均斜率为多少。

d. 你如何描述这里的两个变量间的关系？

第 3 章

供给和需求

本章将学习

- 什么是竞争性市场，以及如何通过供给和需求模型来描述这个市场。
- 什么是需求曲线和供给曲线。
- 沿着曲线的移动和曲线的移动之间有什么区别。
- 供给曲线和需求曲线如何决定市场均衡价格和均衡产量。
- 在发生短缺或者过剩的情况下，价格如何使市场恢复均衡。

开篇案例

天然气景气

2013 年 8 月 23 日，当奥巴马总统巡视纽约州北部时，美国言论自由得到生动的证明。超过 500 人的支持者和反对者对总统进行了迎接。为什么会出现骚动？因为纽约州北部是一个采用一项相对较新的能源生产方法的关键地区。采用水力压裂或压裂技术从地下几千英尺的页岩层中开采储存在其中的天然气（以及相对少量的石油）是一种新方法，即利用强大压力向页岩层中注入含有化学物质的水来释放天然气。美国拥有包含丰富天然气储量的大量页岩层，人们已经知晓了这一信息将近一个世纪，但因开采难度太大，所以一直没有开发。

直到最近，开发工作才开始进行。几十年以前，新的钻井技术被开发出来，深采这些蕴藏天然气的页岩层成为可能。但是，最终推动能源企业投资并采用这些新的开采技术的是过去 10 年中天然气价格居高不下，从 2002 年到 2006 年，天然气价格翻了两番。有两个主要因素可以解释天然气的高价格：一个是天然气需求，另一个是天然气供给。

首先，从需求侧来看，在 2002 年，美国经济正陷入衰退；随着经济活动的减少，失业率提高，人们和企业都削减他们的能源消费。例如，为了省钱，房东调低了冬季恒温器的温度，也调高了夏天的温度。到了 2006 年，随着美国经济的复苏，天然气消费量开始增加。其次，从供给侧来看，2005 年，卡特里娜飓风重创了美国墨西哥湾海岸，这是当时美国大部分天然气田所在地。因此，到了 2006 年，尽管天然气的需求大幅上升，但天然气的供给已经大幅度减少。由此导致的结果是，2006 年天然气价格达到高峰，约为每千立方英尺 14 美元，2002 年时只有大约 2 美元。

快进到 2013 年，天然气价格再次下滑至每千立方英尺 2 美元。但是，这次的主因并非经济放缓，而是新技术的广泛采用。“景气”“供给冲击”“游戏改变者”是能源专家描述这些技术对石油和天然气产量与价格的冲击时所惯用的术语。作为证据，我们看到，在2012年，美国从页岩层中开采并生产了8.13万亿立方英尺的天然气，自2010年以来几乎翻了一番。2013年，美国的天然气产量增加到9.35万亿立方英尺，这使得美国成为世界上最大的石油和天然气生产国，超过了俄罗斯和沙特阿拉伯。

天然气价格水平降低，带来的好处不仅表现为减少了美国消费者的供热成本，美国产业界也大大受益，特别是降低了美国的发电业和运输业的成本水平。发电厂从烧煤改为烧天然气，轨道运输车辆从用汽油改为用天然气。(读者甚至可以购买一个便宜的转换装置，将你的车从用汽油改为用天然气)。这也对欧洲的许多制造商产生了很大的影响，因为它们支付的天然气价格是美国同行的4倍，已被迫将工厂转移到美国。此外，美国天然气产业的复兴直接创造了成千上万的新的就业机会。

当然，天然气在带来好处的同时，也引起了关于压裂技术对环境的影响的激烈争论。产业转向消费天然气，带来的环境好处显而易见（天然气燃烧的洁净程度要好于石油和煤等造成严重污染的其他矿物燃料)，压裂技术也引起了其他一系列对环境的担忧。一个担忧是，压裂使用的化学物质会造成当地地下水污染。另一个担忧是，廉价的天然气对于采用太阳能和风能这样昂贵的新能源形成打击，更进一步加深了我们对矿物能源的依赖。

因此，在奥巴马总统巡视之日就形成了利益集团——支持压裂技术和反对压裂技术——的对峙。本书作者并不表明支持哪一边（我们相信，现代科学和经济学应该为支持哪种意见提供指引)，我们将使用美国天然气产业近期发展的历史来说明供给、需求、价格效应、企业成本、国际贸易等这些重要的经济学概念。我们将在后续章节讨论所有这些话题。我们还会讨论关于压裂技术的争论，特别是在第16章讨论能源和环境经济学时。

就本章而言，我们仅讨论供给和需求话题。十几年前高水平的天然气价格转换成当前的天然气汽车（以天然气为燃料提供动力的汽车）到底是怎样发生的？简单回答就是供给和需求问题。许多人把“供给”和“需求”当作“市场运行法则”的标签来使用。但是，对于经济学家而言，“供给”和“需求”模型有着确切的含义：它是关于市场运行的模型，对于理解许多（而非所有）市场极为有用。

本章我们将一一展示供给和需求模型的组成部分，然后把它们组合起来，并且说明怎样用这个模型理解许多市场的运行。

3.1 供给和需求：竞争性市场的模型

天然气的供应者与购买者组成了一个市场，也就是大量生产者和消费者通过支付买卖产品和服务。在本章，我们集中讨论一种特定类型的市场，即所谓的竞争性市场。粗略地讲，**竞争性市场**（competitive market）是这样一种市场：对于某种产品或服务有大量卖者和买者。更精确地讲，竞争性市场的关键特征是，任何个人的行动都不可能对该种产品或服务的价格产生显著的影响。重要的是要明白，这并非对每一个市场的确切描述。

竞争性市场是对同一种产品或服务有着很多卖者和买者的市场，其中任一个体都不会对产品或服务价格产生影响。

例如，这并非对可乐饮料市场的确切描述。原因是，在这一市场中，可口可乐和百事可乐占据了总销售量的很大比重，两者能影响可乐饮料买卖的价格。但这是对天然气市场的确切描述。全球天然气市场如此庞大，即使美国最大的天然气供应商——埃克森美孚公司——也只是占了其中很小的比例，无力影响天然气买卖价格。

除非我们能够知道竞争性市场是如何运行的，否则要解释为什么竞争性市场不同于其他类型的市场有点儿困难，我们在本章最后讨论这个问题。现在我们知道，用模型来描述竞争性市场比描述其他市场更加容易。当我们考试的时候，先做容易的题目总是一个好的策略。在本书中，我们将采用同样的做法。所以我们就从介绍竞争性市场开始。

用**供给和需求模型**（supply and demand model）可以对竞争性市场的运行进行较好的描述。由于许多市场都是竞争性的，所以供给和需求模型实际上很有用。

供给和需求模型是一种描述竞争性市场运行的模型。

这个模型有5个关键组成部分：

- 需求曲线
- 供给曲线
- 导致需求曲线移动的一系列因素和导致供给曲线移动的一系列因素
- 均衡价格
- 当供给或需求曲线移动时，均衡价格改变的方式

3.2 需求曲线

在某一给定年份，美国消费者愿意购买多少天然气呢？你首先可能想到的答案是：我们将美国每一个家庭和企业在一年中消费的数量加总起来。但这不足以回答该问题。因为美国人购买多少天然气要受到天然气价格的影响。

当天然气价格下降时，就如同从2006年到2013年，消费者一般会随着价格水平的下降，使用更多的天然气，比如在冬天调高供暖设施温控器的温度或者转向天然气汽车。总之，消费的天然气数量或者其他任何商品的数量都取决于价格。价格越高，愿意购买的人就越少；价格越低，愿意购买的人就越多。

所以，"消费者将愿意购买多少单位的天然气"这一问题的答案取决于天然气的价格。如果你还不知道价格，你可以先画一个表，列出不同价格上人们愿意购买的天然气数量。这样的表被称为"需求表"。根据这个表可以画出一条需求曲线——供给和需求模型的关键组成部分之一。

□ 3.2.1 需求表和需求曲线

需求表（demand schedule）表示的是在不同价格水平上消费者对某种产品或服务愿意购买的数量。图3-1的右边部分是假设的天然气的需求表。它采用的是英热单位（BTU，英国热量单位）——通常用来表示天然气数量的量度单位。这是一个假设的需求表，并非美国人对天然气的需求的实际数据。

> **需求表**表示的是在不同价格上消费者对某种产品或服务愿意购买的数量。

根据该表，如果1英热单位天然气的价格为3美元，全世界的消费者一年中愿意购买的天然气数量为10万亿英热单位；如果价格为每英热单位3.25美元，人们愿意购买的数量为8.9万亿英热单位；如果价格为每英热单位2.75美元，人们愿意购买的数量为11.5万亿英热单位。价格越高，消费者想购买的天然气就越少。因此，随着价格的上升，天然气的**需求量**（quantity demanded）将下降，也就是在某一具体价格水平上，消费者愿意购买的天然气数量将下降。

> **需求量**是在某个特定价格上消费者实际愿意购买的数量。
>
> **需求曲线**是对需求表的形象呈示。它表示消费者对某种产品或服务在任一给定价格上愿意购买的数量。

图3-1中的曲线形象地展示了需求表里的信息（如果你想复习关于经济学中的曲线的讨论，见第2章的附录）。纵轴表示每英热单位天然气的价格，横轴表示天然气的数量。曲线上的每个点都对应着表里的一个条目。把这些点连接起来的曲线就是一条**需求曲线**（demand curve）。需求曲线就是需求表的图形表达形式，也就是另一种表示在任一给定价格上消费者愿意购买的产品或服务的数量的方式。

请注意，图3-1中需求曲线是向下倾斜的。这表明需求量和价格之间呈反向关系：价格提高，导致需求量减少；价格下降，导致需求量增加。我们可以从图3-1的需求曲线上看出这一点。随着价格水平的下降，我们沿着需求曲线下移，需求量增加；而随着价格水平的提高，我们沿着需求曲线上移，需求量减少。

在真实世界中，需求曲线并非总是向下倾斜。（出于实践目的，例外情形非常罕见，我们可以忽略。）总之，在其他条件相同的情况下，产品的价格越高导致需求量越少这个命题是如此可靠，以至经济学家更愿意将其称为一种"法则"——**需求法则**（law of demand）。

> **需求法则**告诉我们某种产品的价格越高，在其他条件相同的情况下，人们对这种产品的需求量就越少。

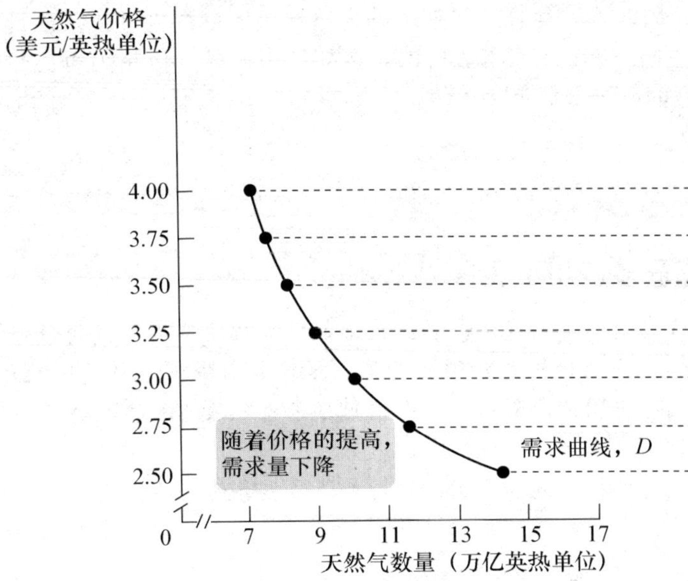

天然气的需求表

天然气价格（美元/英热单位）	天然气数量（万亿英热单位）
4.00	7.1
3.75	7.5
3.50	8.1
3.25	8.9
3.00	10.0
2.75	11.5
2.50	14.2

图 3-1　需求表和需求曲线

根据天然气需求表中的条目可以画出相应的需求曲线，后者表示一种产品的消费者在任一给定价格上愿意购买的数量。需求曲线和需求表都反映了需求法则：价格上升，导致需求量下降。类似地，价格下降，导致需求量上升。因此需求曲线向下倾斜。

□ 3.2.2　需求曲线的移动

尽管 2006 年天然气的价格高于 2002 年，但美国消费的天然气数量还是增加了。这又如何与需求法则相一致，即在其他条件不变的情况下，价格水平提高导致需求量减少？

答案就在于关键的“其他条件不变”。就目前的情形而言，其他条件并非不变。从 2002 年到 2006 年，美国经济已经发生变化，在每一价格上天然气需求量都增加了。请注意一点，美国经济在 2006 年比在 2002 年强劲得多。图 3-2 运用天然气需求表和需求曲线解释了这一现象（与此前一样，图 3-2 的数字也是假设的），图 3-2 给出了两个需求表。第一个表是 2002 年的需求表，与图 3-1 相同。第二个表是 2006 年的需求表，

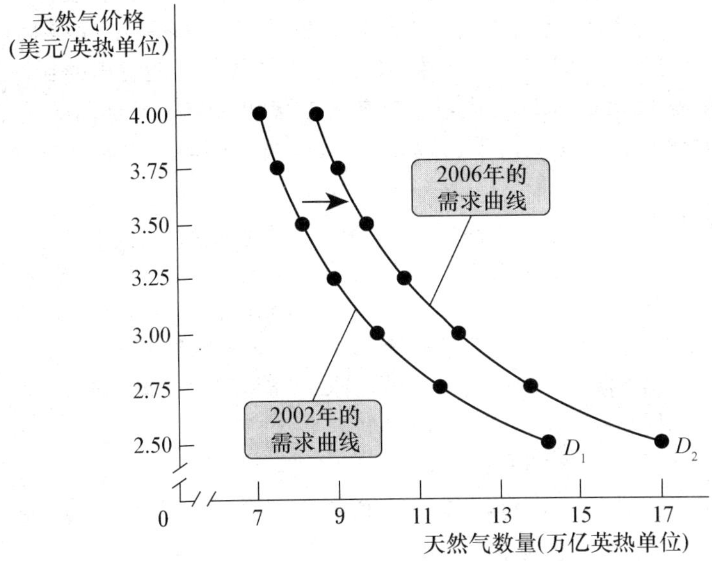

天然气的需求表

天然气价格（美元/英热单位）	天然气数量（万亿英热单位）	
	2002 年	2006 年
4.00	7.1	8.5
3.75	7.5	9.0
3.50	8.1	9.7
3.25	8.9	10.7
3.00	10.0	12.0
2.75	11.5	13.8
2.50	14.2	17.0

图 3-2　需求增加

经济强劲增长是使天然气需求增加的一个重要因素，这导致任一价格上的需求量都增加。这可以用两个需求表——一个需求表表示 2002 年的需求，另一个需求表表示 2006 年的需求——和相应的需求曲线来表示。需求增加导致需求曲线右移。

与2002年的表不同，因为美国经济更加强大，所以2006年任一价格上的天然气需求量都增加了。因此，在每一价格水平上，2006年需求表中的数据都要大于2002年需求表中的。例如，当天然气价格为每英热单位3美元时，每年的需求量从10万亿英热单位增加到12万亿英热单位；当价格为3.25美元时，每年的需求量从8.9万亿英热单位增加到10.7万亿英热单位。

▶ **国际比较**

花费多，用量少

要寻找真实世界中对需求法则的证明，可考虑消费者的汽油消费数量如何根据汽油价格改变的情形。由于高税，大部分欧洲国家和许多亚洲国家汽油和柴油的价格是美国的两倍。根据需求法则，与美国人相比，欧洲人购买的汽油数量较少——确实如此。我们从下图可以看出，从人均角度来看，欧洲人的燃料消费数量比美国人少一多半，这主要是由于他们驾驶小排量汽车。

价格不是影响燃料消费的唯一因素，但应该是解释欧洲和美国人均燃料消费差异的主要因素。

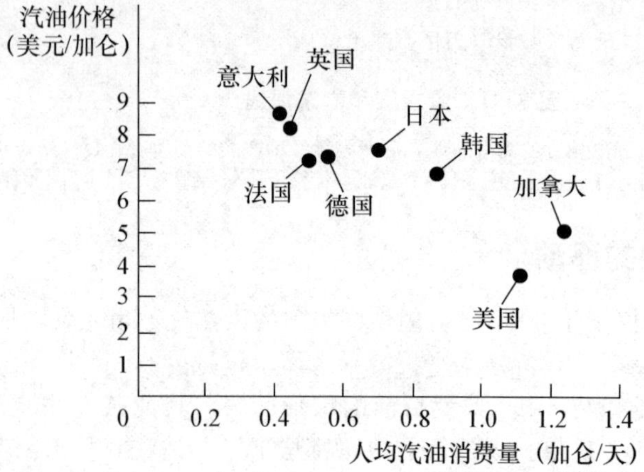

资料来源：World Development Indicators and U. S. Energy Information Administration，2013.

这一事例清楚地表明，从2002年到2006年发生的变化形成了新的需求表，在每一价格水平上的需求量都要大于最初的需求表中的需求量，图3-2所示的两条曲线表明了同样的信息。正如我们所能看出的那样，2006年对应的是新的需求曲线 D_2，位于2002年需求曲线 D_1 的右边，**需求曲线的移动**（shift of the demand curve）表明在任一价格水平上需求量都增加了，表示为最初的需求曲线 D_1 改变位置，移动到了 D_2 的新位置上。

区分需求曲线的移动和**沿着需求曲线的移动**（movement along the demand curve）是一个重要的问题，后者是指由产品价格变化导致的需求量的变化。图3-3展示了二者的区别。

> **需求曲线的移动**是在任一给定价格上需求量的变化，表现为最初的需求曲线移动到一个新的位置。
>
> **沿着需求曲线的移动**是由产品价格变化导致的需求量的变化。

沿着 D_1 从 A 点向下移动到 B 点是沿着需求曲线的移动，需求量的增加由价格下降所致。天然气价格从每英热单位3.50美元下降到3.00美元导致需求量从8.1万亿英热单位上升到10万亿英热单位。但是，如果发生需求增加，即使价格不变化，需求量也可能上升——这表现为需求曲线向右移动。图3-3中需求曲线从 D_1 移动到 D_2 表示的就是这种变化。例如，价格仍然维持在每英热单位3.50美元不变，需求量从 D_1 上 A 点的8.1万亿英热单位上升至 D_2 上 C 点的9.7万亿英热单位。

当经济学家说"对 X 的需求增加"或者"对 Y 的需求减少"时，他们的意思是 X 或 Y 的需求曲线的移动，而不是由价格变化导致的需求量的上升或下降。

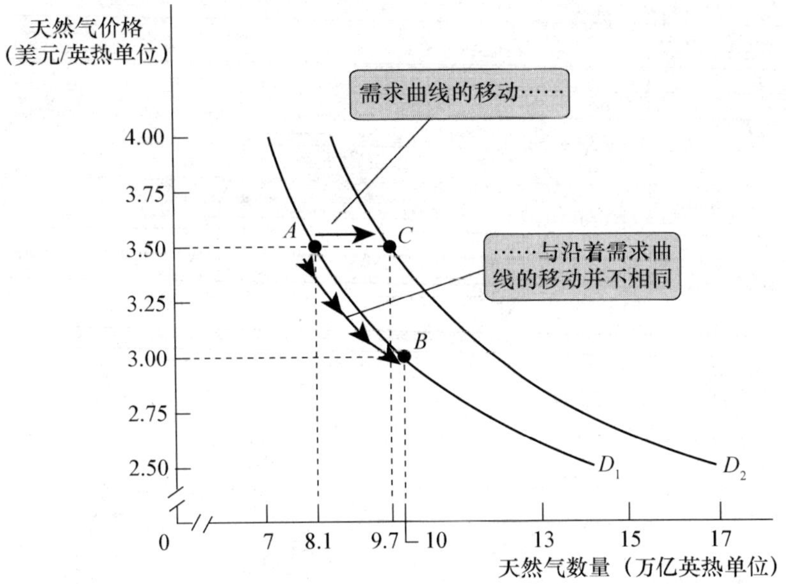

图 3-3　沿着需求曲线的移动与需求曲线的移动

从 A 点到 B 点的移动所导致的需求量的增加反映的是沿着需求曲线的移动。而从 A 点到 C 点的移动反映的是需求曲线的移动，它是在任一给定价格上需求量增加的结果。

▶ **疑难解答**

需求和需求量

如果经济学家说“需求增加”，他们的意思是需求曲线向右移动；如果说“需求减少”，他们的意思是需求曲线向左移动。也就是说，他们用词非常小心。在现实交流中，大部分人，包括职业经济学家，使用“需求”一词时比较随意。例如，一名经济学家可能说“部分因为航空运费的调整，在过去 15 年航空需求翻了一倍”，他的真实意思是需求量翻倍了。

在日常会话中，这样用错并不要紧。但在进行经济分析时，区分需求量变动的原因就很重要了，因为这涉及是由沿着需求曲线的移动引起，还是由需求曲线的移动引起（参见图 3-3 所做的解释）。有时候，学生会写出如下的句子：“如果需求增加，价格将上升，但这会导致需求减少，从而推动价格下降……”，这形成了循环论证。如果你能清晰区分需求的变动（意为需求曲线的移动）与需求量的变动（沿着需求曲线的移动），就可以避免这种误解。

□ 3.2.3　理解需求曲线的移动

图 3-4 显示了需求曲线移动的两种基本方式。如果经济学家说“需求增加”，他们的意思是需求曲线向右移动：在任一给定的价格水平上，消费者对产品的需求量都比原来要大。这表现在图 3-4 中就是需求曲线从最初的 D_1 向右移动到 D_2。如果经济学家说“需求减少”，他们的意思是需求曲线向左移动：在任一给定的价格水平上，消费者对产品的需求量都比原来要小。这表现在图 3-4 中就是需求曲线从最初的 D_1 向左移动到 D_3。

但是，究竟是什么原因导致天然气需求曲线发生移动呢？如前所述，原因是与 2002 年相比，2006 年的美国经济变得更加强大了。如果仔细考虑一下，你会发现还有其他一些原因可能导致天然气需求曲线发生移动。例如，在冬天，假设取暖油的价格上升，这可能会导致部分消费者在他们的家中或企业中从原来使用取暖油取暖转向使用天然气取暖，这就增加了对天然气的需求。

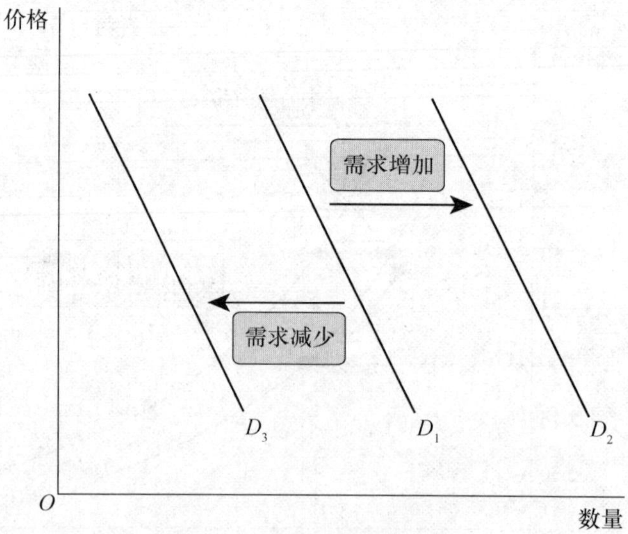

图 3－4　需求曲线的移动

任何增加需求的事件都会使需求曲线向右移动，即任一给定价格上的需求量都上升。任何减少需求的事件都会使需求曲线向左移动，即任一给定价格上的需求量都减少。

经济学家确信有 5 个主要因素会使某种产品或服务的需求曲线发生移动：

- 相关产品或服务价格的变化
- 收入的变化
- 品味的变化
- 预期的变化
- 消费者人数的变化

如果一种产品价格的下降导致消费者购买另一种产品的意愿下降，那么这两种产品就互为**替代品**。如果一种产品价格的下降导致消费者更愿意购买另一种产品，那么这两种产品就是**互补品**。

虽然这里并没有列出所有可能引起需求曲线移动的因素，但是这 5 个是其中最重要的因素。我们之前说在其他条件不变的情况下产品的价格上升使其需求量下降，“其他条件不变”实际上就是指这些使需求曲线发生移动的因素保持不变。现在我们来详细分析这些因素怎样导致需求曲线发生移动。

相关产品或服务价格的变化　取暖油被经济学家称为天然气的**替代品**（substitute）。如果一组产品中一种产品（如取暖油）的价格提高，消费者很可能购买更多的另外一种产品（天然气），那么这两种产品就互为替代品。替代品之间通常在某些方面具有相似的功用：咖啡和茶、松饼和油炸圈饼、火车和飞机。只要替代品的价格上涨，有些消费者就会转向购买原有产品，从而推动原有产品的需求曲线向右移动。

但是有些时候，一种产品价格的上涨会促使消费者愿意减少对另一种产品的购买。这样的一组产品就是所谓的**互补品**（complement）。互补品通常在某种意义上是需要被一起消费的产品，如计算机硬件和软件、卡布奇诺咖啡和饼干、轿车和汽油等。消费者喜欢一起消费一种产品及其互补品。其中一种产品价格的变化会引起互补品需求的变化。特别地，当一种产品的价格上涨时，对其互补品的需求会减少，导致其互补品的需求曲线向左移动。因此，当汽油价格从 2009 年每加仑 3 美元上涨到 2011 年每加仑近 4 美元时，那些油耗大的轿车的需求出现了下降。

收入的变化　与 2002 年经济疲软时天然气的需求相比，为什么 2006 年经济强劲增长导致天然气的需求增加？这是因为，当经济繁荣时，美国人的收入增加，他们在每一价格水平上购买的产品和服务数量都会增加。例如，收入提高后，你很可能会在冬天将房间温度调得比在收入较低时高一些。

对天然气的需求主要来自发电厂，这是发电用的主要燃料，这一需求也与其他产品和服务有关。例如，为了向家户提供产品和服务，企业必须消费电力。当经济强劲增长时，居民的收入水平提高了，企业使用更多的电力，间接导致天然气的需求增加。

为什么我们说人们可能购买更多的“大多数”产品而非“全部”产品呢？大多数产品是**正常物品**（normal good）——当消费者的收入上升时，对这些产品的需求会上升。但是对部分产品，当收入上升时需求却会下降——与低收入人群相比，高收入人群乘坐公共汽车的可能性更低。当收入上升时需求减少的产品就是所谓的**低档物品**（inferior good）。通常情况下，低档物品的受欢迎程度要低于更昂贵的物品，如乘公共汽车与乘出租车相比。当人们能够支付得起的时候，人们将停止对低档物品的购买而转向更加喜欢、价格更高的物品。因此，当一种产品是低档物品时，收入上升会导致需求曲线向左移动。同理，收入下降会导致需求曲线向右移动。

在商业新闻界引起了广泛关注的正常物品与低档物品之间的区别的事例就是苹果蜂（Applebee）或橄榄园（Olive Garden）等所谓的休闲餐厅与麦当劳和肯德基等快餐连锁店的区别。当人们的收入增加时，美国人往往会在休闲餐厅吃饭。然而，其中一些增加的就餐费用是以减少快餐支出为代价的——在一定程度上，当能负担得起去更好一些的餐厅用餐时，人们会减少去麦当劳。所以，休闲用餐是一种正常物品，而快餐消费似乎是一种低档物品。

> 当收入增加导致对某种产品的需求增加时（通常会是这样），这样的产品叫作**正常物品**。
> 当收入增加导致对某种产品的需求下降时，这样的产品叫作**低档物品**。

品味的变化　为什么人们想得到想要的东西？所幸我们并不需要回答这个问题，我们只需要承认人们的确具有某种偏好，或者说品味，这决定了他们的消费选择，而品味不是一成不变的。在经济学家眼中，时尚、信仰、文化等方面的变化都被视作品味的变化。

例如，曾经有一段时间，男人时兴戴帽子。直到二战前后，一个有身份的男人如果没有戴上一顶同其衣服相配的庄重的帽子，就算不上衣着得体。但是，从战场上回来的美国陆军士兵也许是由于经历过严酷的战争，着装比较随意。而且曾经担任盟军总指挥的艾森豪威尔总统通常也不戴帽子。二战后，很显然帽子的需求曲线左移，表明帽子的需求减少了。

经济学家对什么因素引起品味变化知之甚少（当然，市场营销人士和广告人士对此有许多说法）。然而，品味的变化对需求有预测性影响。当品味朝着有利于某种产品的需求的方向变化时，意味着在任一给定的价格水平上有更多的人愿意购买这种产品，所以其需求曲线向右移动。当品味的变化朝着不利于某种产品的需求的方向变化时，意味着在任一给定的价格水平上愿意购买这种产品的人减少，所以其需求曲线向左移动。

预期的变化　当消费者可以做出买卖决策时，对产品当前的需求经常受到对未来价格预期的影响。例如，精明的购物者通常要等到打折时才出手，即在假期后市场降价时购买下一年的节日礼物。也就是说，预期某种产品未来价格下降会导致现在对这种产品的需求减少。反过来，预期某种产品价格将上涨会导致现在对这种产品的需求增加。

例如，近年来，天然气价格下降到每英热单位 2 美元左右已经刺激了更多的消费者从使用其他燃料转向使用天然气，这比 2002 年天然气价格下降到每英热单位 2 美元时还要显著。为什么消费者现在更愿意转向使用天然气呢？因为在 2002 年，消费者预期天然气价格并没有降到底，消费者的预期是对的。

2002 年天然气价格下降是因为经济不景气。2006 年这种情况发生了变化，因为经济开始复苏，天然气价格显著上升。消费者逐渐认识到，天然气价格在近来的下降并非暂时性的，而是基于永久的变化：获取更多天然气储量的能力提高了。

对未来收入变化的预期也能导致需求变化：如果你预期你的收入在未来将上升，你一般会现在借钱消费，从而增加对某些产品的需求；反之，如果你预期你的收入在未来将下降，你现在可能会多存一些钱，减少对某些产品的需求。

消费者人数的变化　另一个可以引起需求变化的因素是一种产品或服务的消费者人数的变化。例如，美国人口增长最终会导致对天然气的需求增加，因为越来越多的家庭和企业在冬季供暖和夏季防暑降温时需要更多的天然气。

下面引入新概念。**个体需求曲线**（individual demand curve）是表现单个消费者的需求量和价格之间关系的曲线。例如，假设冈萨雷斯一家是天然气消费者，其购买的天然气用于家庭的供暖和防暑降温。图 3－5（a）表示的是在每一价格水平上冈萨雷斯一家每年将购买多少英热单位天然气。冈萨雷斯一家的个体需求曲线是 $D_{冈萨雷斯}$。

> **个体需求曲线**是表现单个消费者的需求量和价格之间关系的曲线。

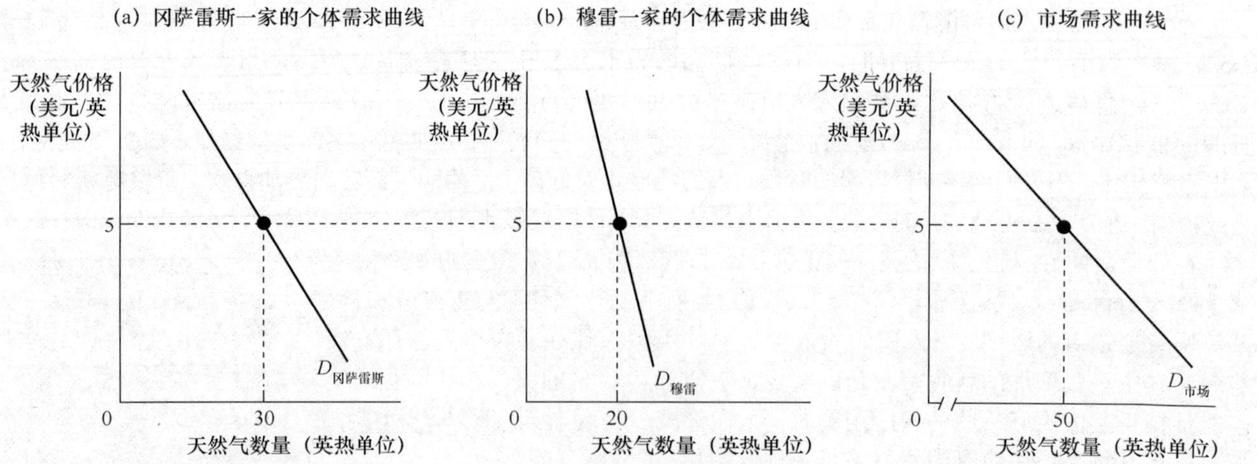

图 3-5　个体需求曲线与市场需求曲线

冈萨雷斯一家和穆雷一家是仅有的两个天然气消费者。图（a）中是在每一价格水平上冈萨雷斯一家的个体需求曲线，表示在每一价格水平上，其每年将购买多少英热单位天然气。图（b）中是在每一价格水平上穆雷一家的个体需求曲线。给定冈萨雷斯一家和穆雷一家是仅有的两个天然气消费者，市场需求曲线表示在每一价格水平上所有消费者的需求量，如图（c）所示。市场需求曲线是对市场中所有消费者个体需求曲线的水平加总。就该事例而言，在任一价格水平上，市场的需求量是冈萨雷斯一家和穆雷一家需求量的加总。

市场需求曲线表现的是所有消费者在每一产品的市场价格水平上对产品的需求量的加总（当经济学家使用需求曲线时，大部分时间指的是市场需求曲线）。市场需求曲线是对市场中所有消费者个体需求曲线的水平加总。下面来看我们所说的水平加总是什么意思。假设目前天然气只有两名消费者——冈萨雷斯一家和穆雷一家。穆雷一家将天然气作为天然气汽车的燃料。穆雷一家的个体需求曲线 $D_{穆雷}$ 如图 3-5（b）所示。图 3-5（c）所示为市场需求曲线。在任一给定的价格水平上，市场需求量是冈萨雷斯一家和穆雷一家需求量的加总。例如，当价格为每英热单位 5 美元时，冈萨雷斯一家的天然气需求量为每年 30 英热单位，穆雷一家的需求量为每年 20 英热单位。所以，市场需求量为每年 50 英热单位，市场需求曲线如 $D_{市场}$ 所示。

显然，在任一给定的价格上，市场需求量在穆雷一家进入市场后比冈萨雷斯一家是唯一消费者时大了许多。如果我们添加第三个消费者、第四个消费者，等等，在任一给定的价格水平上，市场需求量将更大。因此，增加消费者人数将导致需求增加。

对于引起需求变动的因素的小结，请参见表 3-1。

表 3-1　　引起需求变动的因素

当下述变化发生时	需求增加		当下述变化发生时	需求减少	
当替代品的价格上升时	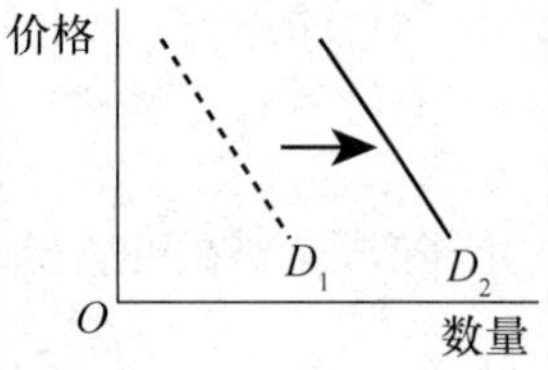	对原有产品的需求将增加	当替代品的价格下降时	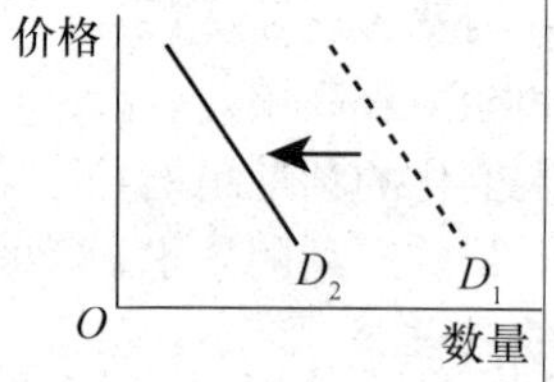	对原有产品的需求将减少
当互补品的价格下降时	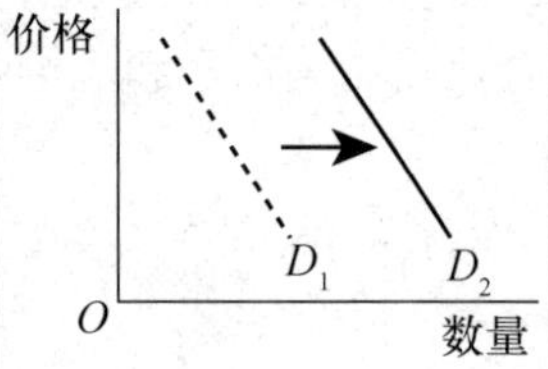	对原有产品的需求将增加	当互补品的价格上升时	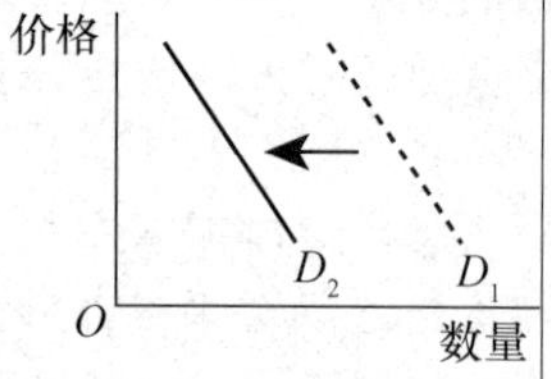	对原有产品的需求将减少

续前表

当下述变化发生时	需求增加		当下述变化发生时	需求增减少	
当收入增加时	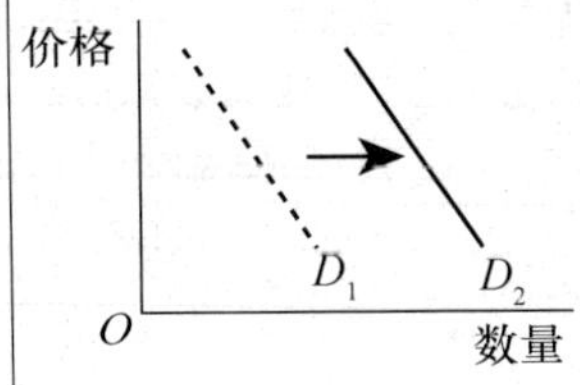	对正常物品的需求将增加	当收入下降时	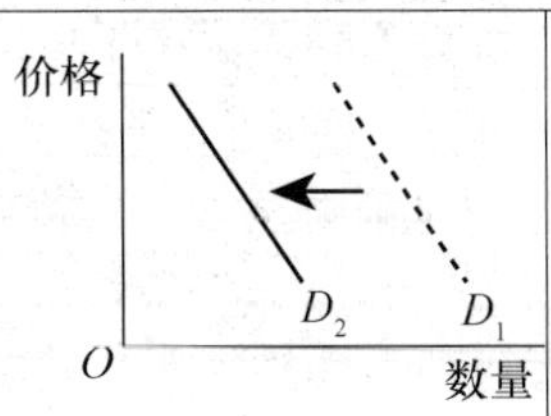	对正常物品的需求将减少
当收入下降时	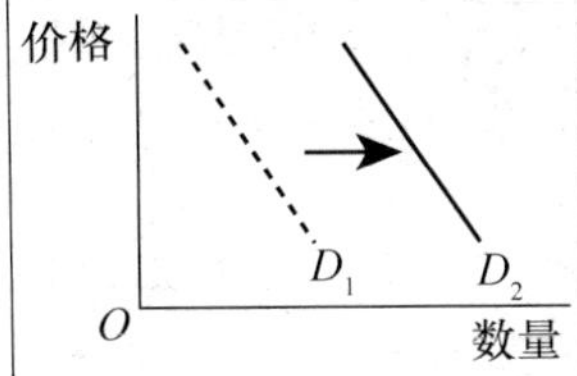	对低档物品的需求将增加	当收入增加时	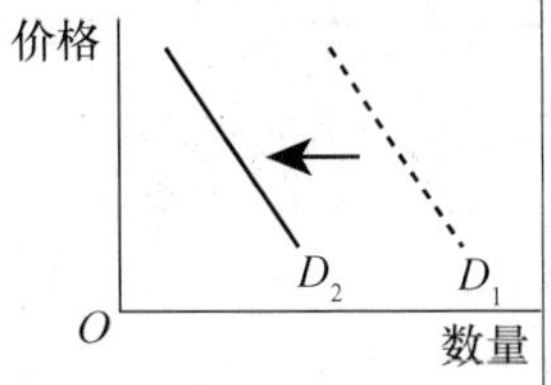	对低档物品的需求将减少
当对产品变得越来越喜欢时	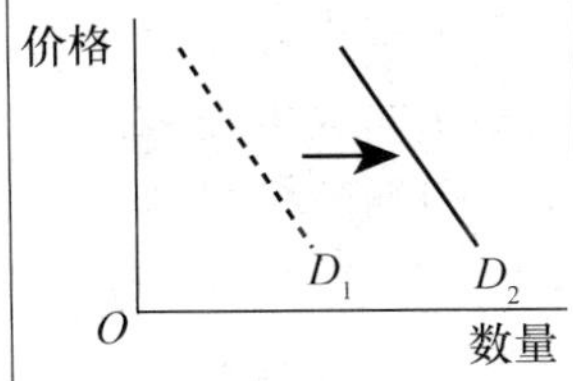	对产品的需求将增加	当对产品变得越来越不喜欢时	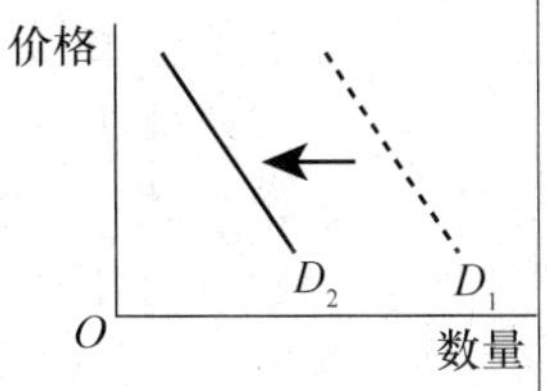	对产品的需求将减少
当预期未来价格上升时	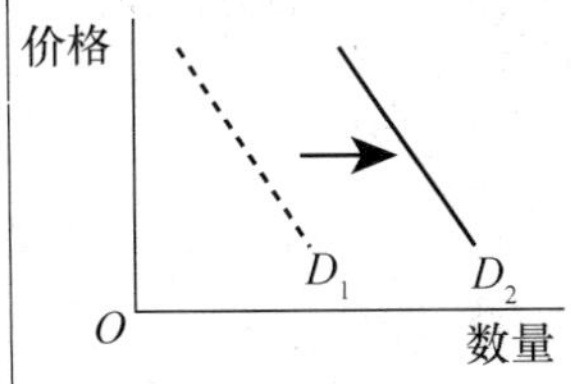	当下对产品的需求将增加	当预期未来价格下降时	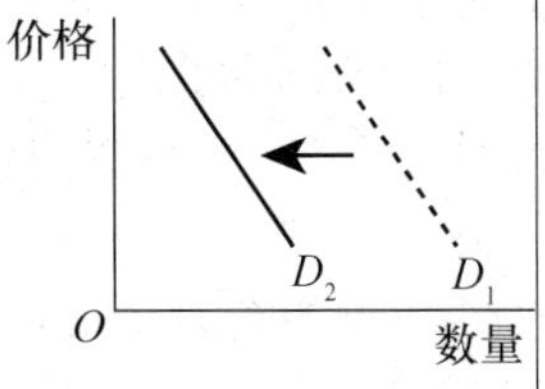	当下对产品的需求将减少
当消费者人数增加时	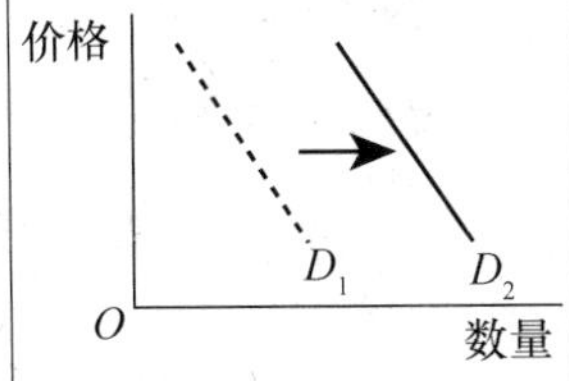	对产品的市场需求将增加	当消费者人数减少时	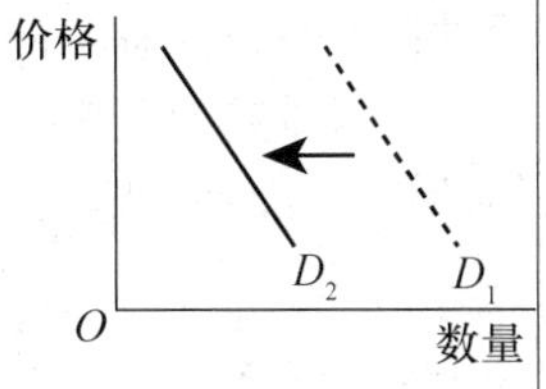	对产品的市场需求将减少

▶ **真实世界中的经济学**

“打败”交通拥堵

所有的大城市都存在交通拥堵问题，许多地方政府都试图限制人们在拥堵的市中心开车。如果我们把开车到市中心看成是人们对一种产品的消费行为，我们就可以用需求经济学来分析应对交通拥堵问题的对策。

地方政府通常采取的一种办法是降低替代品的价格。许多大城市对公共汽车和有轨交通给予补贴以鼓励人们放弃开车出行。另一种措施是提高互补品的价格：美国的几个城市对收费车库征收重税、限制停车的时间，这样既能提高政府收入，又能减少开车进城的人数。

包括新加坡、伦敦、奥斯陆、斯德哥尔摩和米兰等在内的几个主要城市一直愿意采取直接的但在政治上有争议的做法——提高开车的代价来减少交通拥堵。根据“拥堵定价”制度（或英国的“拥堵收费”制度），在工作日上班时段进入市中心将被收费。驾车人须购买通行证，当他们驾驶到监控站附近时，通行证会被电子设备扣除。装有自动照相机的监控设备会对车牌进行合规性对比。

莫斯科被认为是交通拥堵最糟糕的大城市，2012 年，莫斯科通过对某些区域的停车场适度收费来减少拥堵。大约收取了 1.60 美元费用后，该市的官员估计，莫斯科交通流量减少了 4%。

目前在伦敦每天开车的费用为 9～12 英镑（合 14～19 美元）。司机拒交将被罚款 120 英镑（约 192 美元）。

毫不奇怪，研究表明，在征收拥堵费后，交通拥堵确实得到了缓解。在 20 世纪 90 年代，伦敦是欧洲交通拥堵最严重的城市。在 2003 年推出拥堵费后，城市中心的交通流量减少了约 15%，2002—2006 年间，总体流量下降了 21%。公共交通、自行车、摩托车和拼车等替代品增加了。从 2001 年到 2011 年，伦敦的自行车出行增加了 79%，而公共汽车的使用增加了 30%。

在美国，交通部已实施试点方案来研究征收交通拥堵费。例如，在 2012 年，洛杉矶县对洛杉矶市中心 11 英里长的公路征收拥堵费。驾车人需支付高达每英里 1.40 美元的费用，支付金额视交通拥堵情况而定，收费机制保证了开车的平均时速永远不会降低到每小时 45 英里。对于收费，一些驾车人感到莫名恼火，但其他人则理性得多。一名驾车人认为，收费站合理收费就避免了经常需要爬行 45 分钟的车程，他说："这值得！如果你想立刻赶回家，你就得付出代价。如果不想，就在路上堵着。"

及时复习

- 供给和需求模型是竞争性市场的模型，也就是同一种产品或服务有大量买者和卖者的市场。
- 需求表表示的是当价格变化时需求量如何变化。这一关系可以用需求曲线来表示。
- 需求法则说明，价格越高，需求量就越少。因此，需求曲线通常是向下倾斜的。
- 需求增加导致需求曲线向右移动：在任一给定价格上需求量增加。需求减少导致需求曲线向左移动：在任一给定价格上需求量减少。价格变化会导致沿着需求曲线的移动和需求量的变化。
- 导致需求曲线移动的 5 个主要因素是：（1）相关产品或服务（如替代品或互补品）价格的变化；（2）收入的变化；（3）品味的变化；（4）预期的变化；（5）消费者人数的变化。
- 市场需求曲线是市场中所有消费者个体需求曲线的水平加总。

小测验 3-1

1. 说明下列每个事件代表的是需求曲线的移动还是沿着需求曲线的移动。

a. 一个店主发现顾客在雨天愿意花更高的价格购买雨伞。

b. 当马戏团的邮轮在夏季提供降价游船服务时，它们的订单量大幅增长。

c. 人们在情人节买更多的玫瑰，即使那天的价格比一年中其他任何时候的价格都高。

d. 汽油价格的迅速上升导致许多人为了减少购买汽油的开支而拼车。

3.3 供给曲线

一些地层储藏的天然气比其他地层相对容易采掘。在广泛使用水力压裂技术之前，采掘公司的天然气井的位置仅限于容易钻探的地层所在的区域。现有采掘公司采掘多少数量的天然气以及投入多少来寻找新的气田和钻探新井，取决于它们对天然气价格的预期。它们预计的价格越高，就越愿意挖掘现有气井以及钻探新井。

因此，正如消费者想购买的天然气数量取决于他们必须付出的价格一样，天然气或者任何产品或服务的生产者愿意生产和销售的数量——**供给量**（quantity supplied）——取决于他们得到的价格。

> **供给量**是在某个特定的价格上人们愿意出售的某种产品或服务的数量。

□ 3.3.1 供给表和供给曲线

图 3-6 显示了天然气的供给量如何随着价格的变化而变化，也就是一个假想的天然气的**供给表**（supply schedule）。

> **供给表**表示在不同的价格上某种产品或服务的供给量。

供给表与图 3-1 所示的需求表相似，在这个例子中，供给表表示的是在不同的价格上生产者愿意出售的天然气的英热单位量。当价格为每英热单位 2.50 美元时，生产者每年愿意出售的天然气仅仅为 8 万亿英热单位。当价格为每英热单位 2.75 美元时，它们愿意出售的天然气为 9.1 万亿英热单位。当价格为每英热单位 3 美元时，它们愿意出售的天然气为 10 万亿英热单位。依此类推。

就像需求表能够用需求曲线表示一样，供给表也能用**供给曲线**（supply curve）表示，如图 3－6 所示。曲线上的每一点都代表表里的一个数据。

供给曲线是表示供给量与供给价格之间关系的曲线。

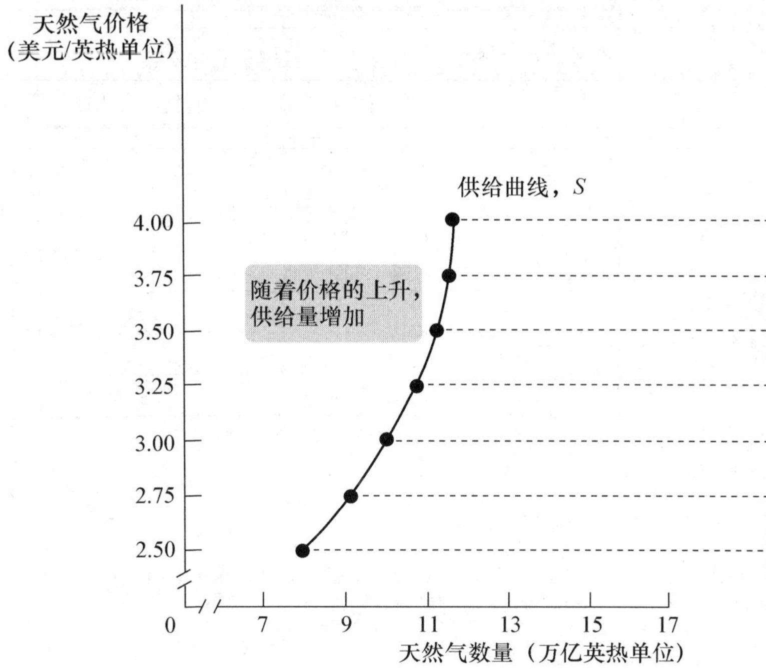

天然气的供给表

天然气价格（美元/英热单位）	天然气数量（万亿英热单位）
4.00	11.6
3.75	11.5
3.50	11.2
3.25	10.7
3.00	10.0
2.75	9.1
2.50	8.0

图 3－6　供给表和供给曲线

根据天然气的供给表可以画出相应的供给曲线，后者表示在任一给定价格上生产者愿意出售的天然气的数量。供给曲线和供给表反映了供给曲线通常是向上倾斜的：价格上升导致供给量增加。

假设天然气价格从每英热单位 3 美元提高到 3.25 美元，我们知道，天然气生产者愿意销售的天然气数量从 10 万亿英热单位增加到了 10.7 万亿英热单位。这是供给曲线通常的情况，它表明较高的价格会导致更多的供给量。所以，供给曲线通常是向上倾斜的：价格越高，生产者愿意提供的产品或服务就会越多。

□ 3.3.2　供给曲线的移动

正如我们在开篇案例中所描述的，近年来随着天然气钻探技术的创新，美国天然气的产量大幅增加，从 2005 年到 2014 年，日产量增幅为 30%。图 3－7 表现了这些事件对天然气供给表和供给曲线的影响。图3－7 中的表给出了两个供给表。钻探技术改进之前的结果与图 3－6 中的一样。第二个表表示的是采用新技术后的天然气供给。

如需求表的变化导致需求曲线移动一样，供给表的变化也导致**供给曲线的移动**（shift of the supply curve），即在任一给定的价格水平上供给量发生变化。可用图 3－7 来解释这种变化，采用新的天然气钻探技术之前的供给曲线为 S_1，采用后供给曲线移动到新的位置 S_2。请注意，S_2 位于 S_1 的右边，这反映了在任一给定的价格水平上供给量增加。

供给曲线的移动是在任一给定价格上某种产品或服务的供给量的变化。它表现为最初的供给曲线移动到一个新的位置。

沿着供给曲线的移动是由产品价格变化导致的供给量的变化。

与需求分析相同，关键是要区别供给曲线的移动和**沿着供给曲线的移动**（movemcnt along the supply curve）——价格变化引起了供给量变化。我们可以在图 3－8 中看到这种差异。从 A 点移动到 B 点就是沿着供给曲线的移动，由于价格上涨，沿着 S_1 供给量增加了。具体到目前的情形，价格从 3 美元上涨至 3.50 美元引起天然气的供给量从 10 万亿英热单位上升到 11.2 万亿英热单位。但是，当价格不变时，供给量也会增加——供给曲线向右移动。这表现为供给曲线从 S_1 移动到 S_2。假定价格维持在 3 美元，则供给量从 S_1 上 A 点的 10 万亿英热单位移动到 S_2 上 C 点的 12 万亿英热单位。

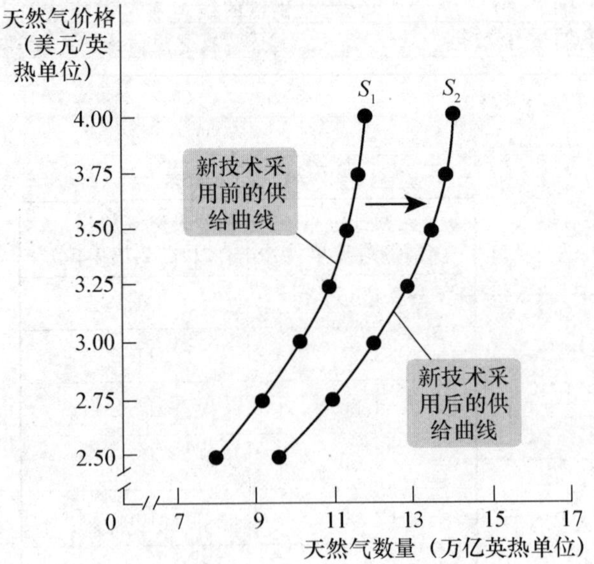

天然气的供给表

天然气价格（美元/英热单位）	天然气数量（万亿英热单位）	
	新技术采用前	新技术采用后
4.00	11.6	13.9
3.75	11.5	13.8
3.50	11.2	13.4
3.25	10.7	12.8
3.00	10.0	12.0
2.75	9.1	10.9
2.50	8.0	9.6

图 3-7　供给增加

随着新的天然气钻探技术的采用，供给增加——在任一给定的价格上供给量的增加。这个事件可以用两条供给曲线来表示，一条是新技术采用前的供给曲线，另一条是新技术采用后的供给曲线。供给增加导致供给曲线向右移动。

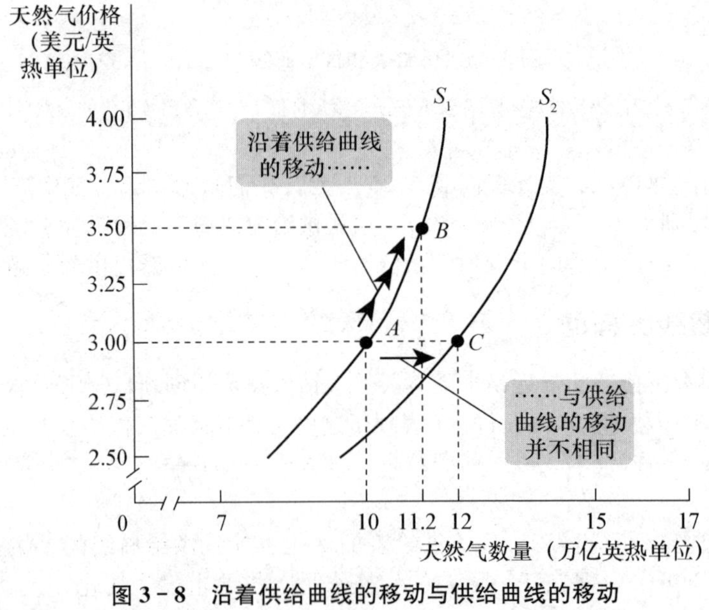

图 3-8　沿着供给曲线的移动与供给曲线的移动

从 A 点到 B 点的供给量增加反映了沿着供给曲线的移动：它是产品价格上涨的结果。从 A 点到 C 点的供给量增加反映了供给曲线的移动：它是在任一给定价格上供给量增加的结果。

□ 3.3.3　理解供给曲线的移动

图 3-9 显示了供给曲线移动的两种基本方式。如果经济学家说“供给增加”，他们的意思是供给曲线向右移动：在任一给定的价格水平上，生产者对产品的供给量都比原来要大。这表现在图 3-9 中就是供给曲线从最初的 S_1 向右移动到 S_2。如果经济学家说“供给减少”，他们的意思是供给曲线向左移动：在任一给定的价格水平上，生产者对产品的供给量都比原来要小。这表现在图 3-9 中就是供给曲线从最初的 S_1 向左移

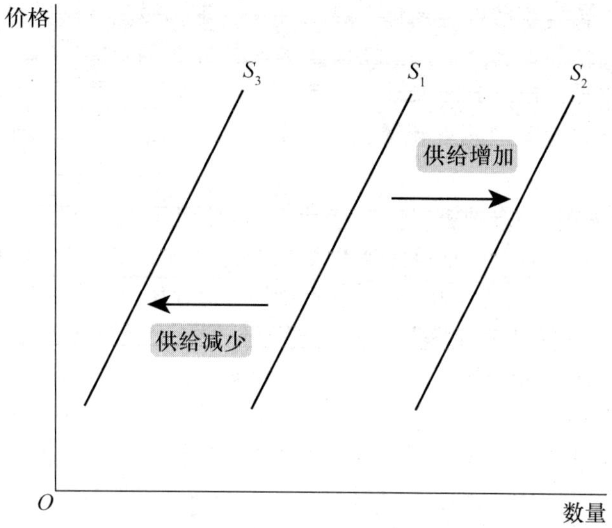

图 3-9 供给曲线的移动

任何增加供给的事件都会使供给曲线向右移动，即在任一给定价格上的供给量都增加。任何减少供给的事件都会使供给曲线向左移动，即在任一给定价格上的供给量都减少。

动到 S_3。

经济学家相信，产品或服务的供给曲线的移动主要是 5 个因素作用的结果（当然，就像需求曲线一样，可能还有其他因素）：

- 投入品价格的变化
- 相关产品或服务价格的变化
- 技术的变化
- 预期的变化
- 生产者数量的变化

投入品价格的变化 为了进行生产，你必须有投入品。例如，为了制作香草冰激凌，你必须买香草豆、奶油、糖等。**投入品**（input）就是用来生产另一种产品的产品。投入品价格的上升会导致生产和销售的最终产品的成本提高。所以产品生产者在任一给定价格上供应此种产品的意愿就降低了，导致供给曲线向左移动，供给减少。例如，燃料是航空公司最主要的成本。当石油价格在 2007—2008 年飙升时，航空公司开始削减航班，有些甚至退出航空行业。

投入品就是用来生产另一种产品的产品。

与此类似，投入品价格的下降会导致生产和销售的最终产品的成本下降。产品生产者在任一给定价格上供应此种产品的意愿增强，供给曲线右移，供给增加。

相关产品或服务价格的变化 单个生产者经常生产一组产品，而不是单一产品。例如，炼油厂用原油生产汽油，但也用原油生产取暖油以及其他使用同样的原料生产的产品。当生产者销售几种产品时，任何一种产品在给定价格水平上的意愿供给量都要受到其他共生产品价格的影响。

这种影响可以是同向的，也可以是反向的。当取暖油价格上升时，炼油厂将减少任一价格水平上的汽油数量，推动汽油供给曲线向左移动。当取暖油价格下降时，炼油厂将增加任一价格水平上的汽油数量，推动汽油供给曲线向右移动。这意味着汽油和其他共生的石油产品是炼油厂的生产替代品（substitutes in production）。

与此相反，由于生产过程的特性，有些产品也可以是生产互补品（complements in production）。例如，天然气的生产商通常发现在天然气采掘中也生产出伴生品石油。采掘公司在石油卖出好价钱的同时会采掘更多的天然气，增加在任一价格水平上的天然气供给量。换言之，石油价格上升，导致在任一价格水平上的天然气供给量增加，因为石油和天然气是被同时采掘的。因此，石油就是天然气的生产互补品。反过来说也成立，天然气是石油的生产互补品。

技术的变化　正如本章开篇案例所说的那样，技术变革会影响供给曲线。技术进步使得生产者减少投入品（就当前的事例而言，就是钻井设备、劳动、所购买的土地等）仍然能得到同样的产量。当更好的技术出现时，生产成本降低，供给增加，供给曲线右移。

技术改进后的天然气生产者在不到两年的时间内产量翻了一番多。尽管需求增长，但天然气仍然相对便宜的主要原因就是技术进步。

预期的变化　正如预期的变化会导致需求曲线移动一样，预期的变化也会导致供给曲线移动。当供给者能够选择用来销售的产品的产量时，预期产品未来价格的变化会导致供给者在当前增加或减少产品供给。

例如，汽油和其他石油产品在卖给消费者之前会在炼油厂被保存相当长的时间。事实上，存储通常是制造商商业战略的一部分。我们知道，夏季是汽油需求高峰期，炼油厂通常会储存一些春季产的汽油用于夏季销售。同样，我们知道取暖油在冬季会出现需求高峰，炼油厂在石油炼化中通常也会储存部分秋季产的取暖油用于冬季。

在每一种情况下，生产者都需就产品现在销售还是储存起来以备日后销售做出决策。生产者的选择依赖于当前价格和预期的未来价格的比较。这个事例表明了预期改变怎样影响供给：预期产品或服务价格在未来上升将导致当前供给减少，供给曲线左移。预期未来价格下降将导致当前供给增加，供给曲线右移。

生产者数量的变化　正如消费者人数的变化会影响需求曲线一样，生产者数量的变化会影响供给曲线。我们先看图 3－10（a）所示的**个体供给曲线**（individual supply curve），它表示的是单个生产者的供给量和价格之间的关系。例如，假设路易斯安那钻探公司是天然气生产商，图 3－10（a）显示的是每年在每一价格水平上路易斯安那钻探公司愿意提供的天然气英热单位。因此，$S_{路易斯安那}$是其个体供给曲线。

个体供给曲线表示单个生产者的供给量和价格之间的关系。

市场供给曲线表示的是市场中所有个体生产者根据市场价格所提供的产品数量总和。与市场需求曲线是所有消费者个体需求曲线的水平加总一样，市场供给曲线是所有生产者个体供给曲线的水平加总。假设在某一个时刻，只有两个天然气生产者——路易斯安那钻探公司和阿勒格尼天然气公司。阿勒格尼天然气公司的个体供给曲线如图 3－10（b）所示。图 3－10（c）所示为市场供给曲线。在任一给定的价格水平上，提供给市场的数量是路易斯安那钻探公司和阿勒格尼天然气公司所提供的数量之和。例如，当价格为每英热单位 2 美元时，路易斯安那钻探公司每年的天然气供给量为 300 000 英热单位，阿勒格尼天然气公司每年的供给量为 200 000 英热单位。所以，市场每年的供给量为 500 000 英热单位。

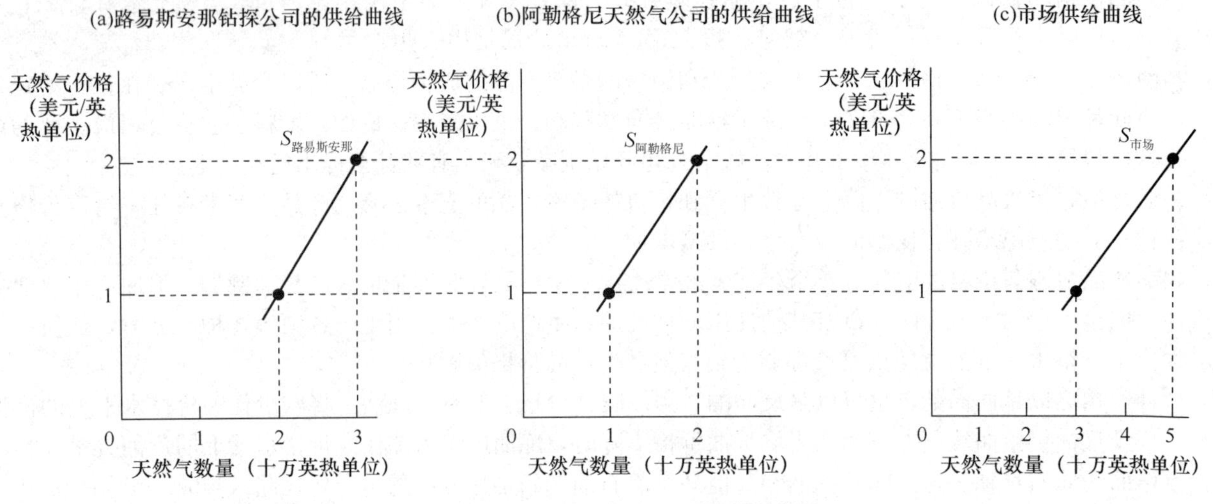

图 3－10　个体供给曲线与市场供给曲线

图（a）中是在每一价格水平上路易斯安那钻探公司的个体供给曲线，表示在每一价格水平上该公司每年将提供多少英热单位的天然气。图（b）中是在每一价格水平上阿勒格尼天然气公司的个体供给曲线。市场供给曲线表示在每一价格水平上所有生产者的天然气供给量，如图（c）所示。市场供给曲线是所有生产者个体供给曲线的水平加总。

显然，在任一给定的价格上，市场供给量在阿勒格尼天然气公司进入市场后比路易斯安那钻探公司作为唯一生产者时大了许多。如果我们添加第三个、第四个生产者，等等，在任一给定的价格水平上，市场供给量将更大。因此，增加生产者数量将导致供给增加。

对于引起供给变动的因素的小结，请参见表 3－2。

表 3－2　　引起供给变动的因素

当下述变化发生时	供给增加		当下述变化发生时	供给减少	
当投入品的价格下降时	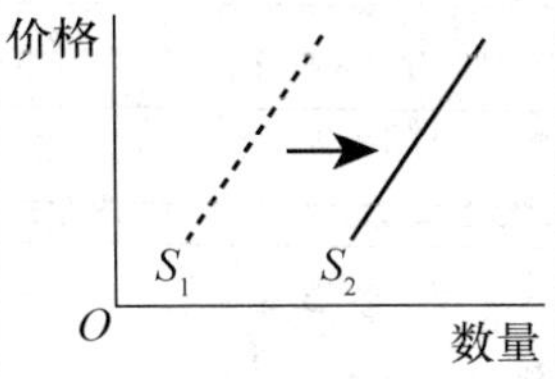	对产品的供给将增加	当投入品的价格上涨时	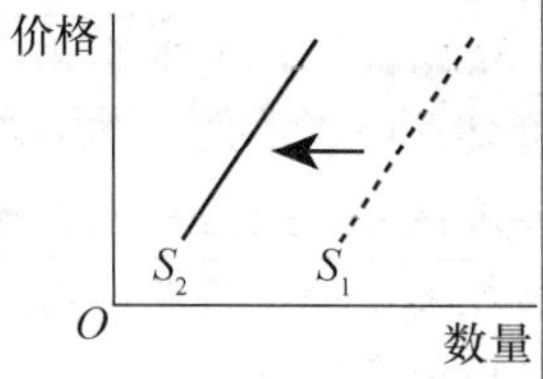	对产品的供给将减少
当生产替代品的价格下降时	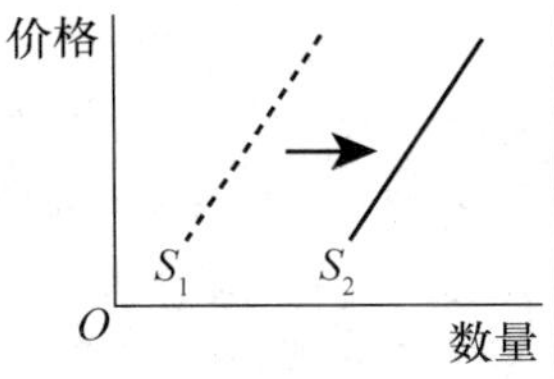	对原有产品的供给将增加	当生产替代品的价格上涨时	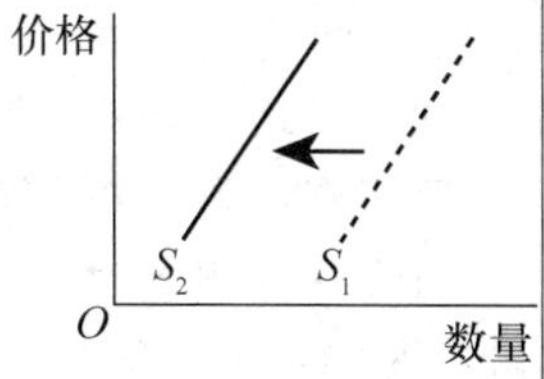	对原有产品的供给将减少
当生产互补品的价格上涨时	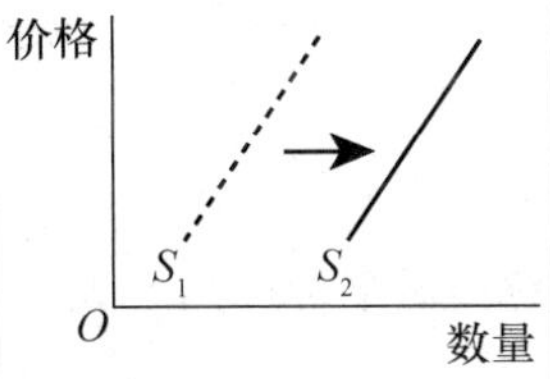	对原有产品的供给将增加	当生产互补品的价格下降时	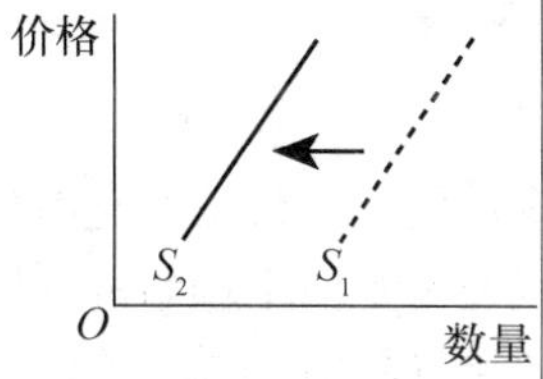	对原有产品的供给将减少
当生产产品的技术进步时	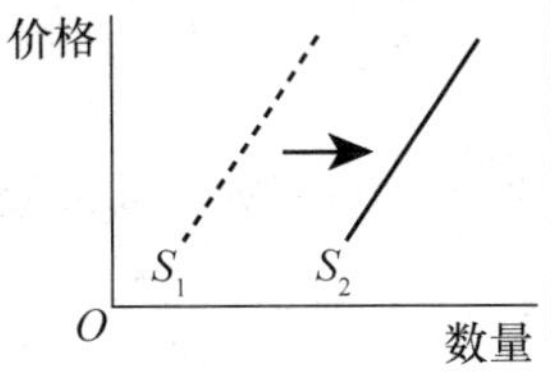	对产品的供给将增加	当生产产品的最佳技术无法获得时	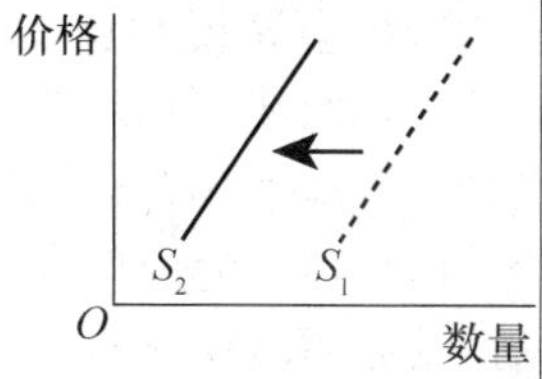	对产品的供给将减少
当预期未来价格将下降时	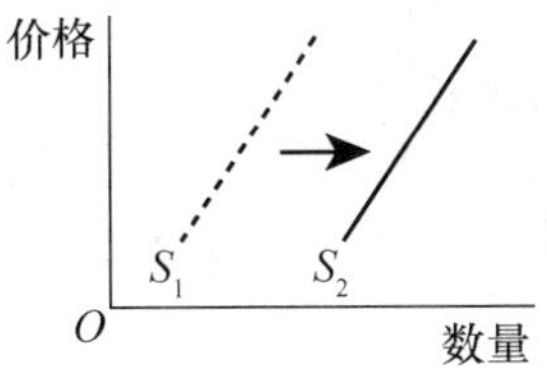	当前对产品的供给将增加	当预期未来价格将上涨时	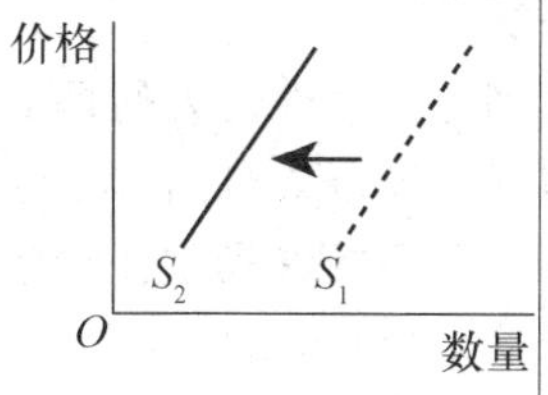	当前对产品的供给将减少
当生产者数量增加时	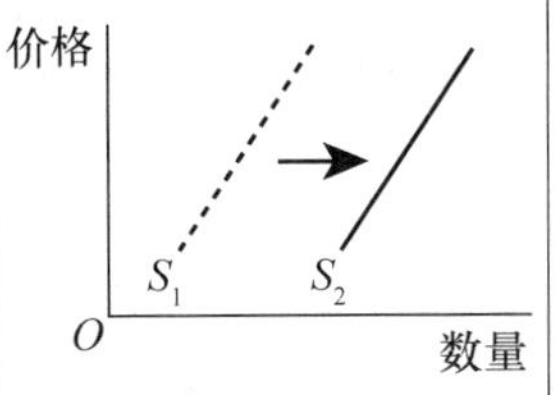	对产品的市场供给将增加	当生产者数量减少时	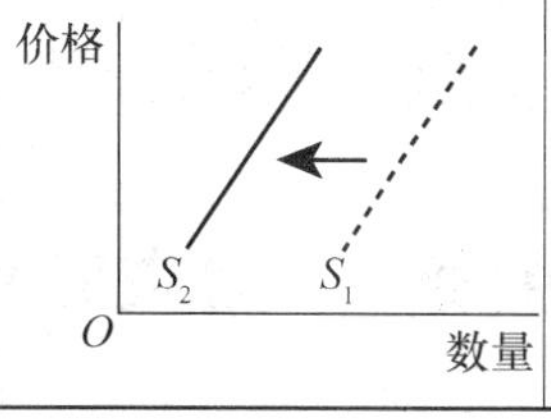	对产品的市场供给将减少

▶ **真实世界中的经济学**

仅服务于小而贵的动物

回到 20 世纪 70 年代，英国电视台播放了一档受欢迎的节目，名为《所有生物大小同诊》。该节目记录了 20 世纪 30 年代的英国乡村兽医杰姆斯·赫里奥特（James Herriot）的真实生活。在英格兰农村艰苦的条件下，赫里奥特的诊疗对象有牛、猪、羊、马和家庭宠物。节目影像表明，当地兽医是当时一个重要的农业社区成员，可拯救珍贵的农场牲畜，帮助农民度过经济上的艰难期。同样很明确的是，赫里奥特先生认为他一生都会有事情做。

但此一时彼一时。根据《纽约时报》的一篇文章，过去25年美国的农场兽医数量大幅下降。问题来源于竞争。随着家庭宠物数量的增加、宠物饲养人收入的增加，对宠物兽医的需求急剧增加。结果，越来越多的兽医从照顾农场牲畜转向照顾有利可图的宠物。正如一个兽医所说，她开始从事的工作是照顾农场的牲畜，但促成她改变的是："对奶牛做一次剖腹产手术只有50美元，但如果对吉娃娃做一次剖腹产手术，你将得到300美元。这是钱！我并不喜欢这样说。"

我们怎样用供求曲线对此进行解释？农场兽医服务和宠物兽医服务就像汽油和燃油：它们是生产替代品的相关产品。兽医提供的是这种或其他特殊类型的专业服务，这一决定往往取决于对服务的支付价格。美国不断增长的宠物数量，加上宠物所有者对宠物的照料意愿增强，带动了宠物兽医服务价格的上涨。由此导致为农场服务的兽医越来越少。因此，农场兽医供给曲线向左移动，即在任一给定的价格水平上，提供农场服务的兽医越来越少。

最后，农场主明白，这一切其实都是金钱问题。因为不愿意付出更多，他们得到的兽医服务越来越少。正像一位最近由于找不到兽医而损失了一头昂贵的耕牛的农场主所说的那样："事实上，你别无他法，现在你只能将其作为一种企业费用。你过去可能并不习惯这么看。但如果你有牲畜，你迟早都得为它们收尸。"（我们应该注意到，这位农场主原本可以选择向会救活他的耕牛的兽医多支付一些。）

及时复习

- 供给表表示的是当价格变化时供给量如何变化。这一关系也可以用供给曲线表示。
- 供给曲线通常是向上倾斜的，即随着价格的提高，人们会更愿意提供某种产品或服务。
- 价格变化会导致沿着供给曲线的移动和供给量的变化。
- 供给增加或减少会导致供给曲线移动。供给增加导致供给曲线向右移动：在任一给定价格上供给量增加。供给减少导致供给曲线向左移动：在任一给定价格上供给量减少。
- 导致供给曲线移动的5个主要因素是：（1）投入品价格的变化，（2）相关产品或服务价格的变化，（3）技术的变化，（4）预期的变化，（5）生产者数量的变化。
- 市场供给曲线是市场中所有生产者个体供给曲线的水平加总。

小测验 3-2

1. 说明下列每个事件代表的是供给曲线的移动还是沿着供给曲线的移动。

a. 在房地产市场繁荣时期，有更多的房主将自己的房子挂牌出售。

b. 许多种植草莓的农场主在收获季节会在路边设立一些临时摊点，即使那个时候草莓价格通常较低。

c. 每当新学年开始的时候，快餐连锁店一定会通过提高工资来招聘员工。

d. 许多建筑工人会因为更高的工资而暂时迁移到遭受飓风袭击的地区。

e. 由于采用新技术，建造大型客轮成为可能，加勒比的邮轮公司以更低的价格提供了更多的客舱。

3.4 供给、需求和均衡

到目前为止，我们已经揭示了供给和需求模型中的三个关键要素：供给曲线、需求曲线以及使这两种曲线移动的各种因素。下一步是将这些要素组合在一起来看如何使用它们来预测销售或者购买某种产品的实际价格以及实际交易数量。

到底是什么决定了产品的销售或者购买价格？在第1章中，我们学习了一般性原则：市场会达至均衡，而所谓均衡就是这样一种状态——没有人能够通过采取别的行为来增进自己的福利。在竞争性市场中，我们可以说得更明确一些：竞争性市场的均衡就是价格已经达到了一个使产品的需求量等于其供给量的水平。

在这个价格水平上，没有哪个单一卖者能够通过减少或增加产品的供给量而使自己的境况得到改善，也没有哪个买者能够通过减少或增加产品的需求量而使自己的境况得到改善。

使供给量等于需求量的价格就是**均衡价格**（equilibrium price），在这个价格水平上购买或出售的产品数量就是**均衡数量**（equilibrium quantity）。均衡价格也叫**市场出清价格**（market-clearing price）：这个价格"使市场出清了"，此时每个愿意以此价购买产品的人都能找到愿意按照同样的价格出售产品的人，反之亦然。那么，我们如何找到均衡价格和均衡数量呢？

当价格变动到产品或服务的需求量等于其供给量的水平时，竞争性市场就达至均衡状态。此时的价格就是**均衡价格**，也叫**市场出清价格**，此时产品或服务买卖的数量就是**均衡数量**。

▶ 疑难解答

买还是卖？

我们在谈及产品或服务买或卖的价格时，二者似乎是一回事。那么，难道我们不该对这两个价格有所区分吗？原则上应该区分，但是，到目前为止，为了简便起见，我们不得不稍做简化，假定二者没有区别。在现实中，买者与卖者是通过中间商走到一起的。中间商从供应商处购入产品，然后加价一定幅度将产品卖给消费者。例如，中间商从钻探公司购入天然气，然后卖给天然气公司，天然气公司将其配送给居民用户和企业。钻探公司的每英热单位得到的价格一般会低于天然气公司。这一点也不神秘：中间的差价就是中间商的利润。

但是，在很多市场上买入价和卖出价之间的差额很小。因此，大致可以认为，购买者支付的价格与销售者得到的价格是相同的。因此，在本章我们做出这样的假设。

□ 3.4.1 寻找均衡价格和均衡数量

决定市场上的均衡价格和均衡数量的最简单易行的方法是将需求曲线和供给曲线放在同一个坐标图中。由于供给曲线表示的是在不同价格水平上的供给量，而需求曲线表示的是在不同价格水平上的需求量，所以两条曲线的交点处的价格就是均衡价格：使供给量等于需求量的价格。

图 3－11 把图 3－1 中的需求曲线和图 3－6 中的供给曲线放在一起。两条曲线在 E 点相交，E 点为市场均衡点；换言之，3 美元就是均衡价格，10 万亿英热单位就是均衡数量。

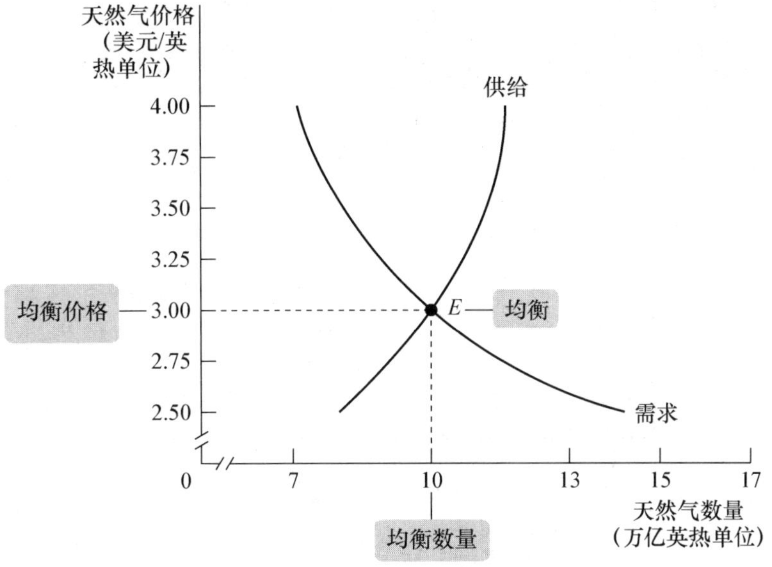

图 3－11　市场均衡

市场在供给曲线和需求曲线的交点 E 点达至均衡。在均衡状态下，需求量等于供给量。在这个市场上均衡价格是 3 美元，均衡数量是 10 万亿英热单位。

我们来验证 E 点符合我们所定义的均衡。在每英热单位 3 美元这一价格水平上，天然气生产者每年愿意卖出的数量为 10 万亿英热单位，天然气用户每年愿意购买的数量为 10 万亿英热单位。所以，在每英热单位 3 美元这个价格水平上，天然气供给量等于其需求量。注意，在任何其他价格水平上，市场都不会出清：不是每个愿意购买的人都能找到卖方，或者不是每个愿意卖出的人都能找到买方。换句话说，如果价格高于 3 美元，供给量将超过需求量；而如果价格低于 3 美元，需求量会超过供给量。

因此，供给和需求模型预测的结果是，给定图 3－11 中的供给曲线和需求曲线，在每英热单位 3 美元的价格水平上有 10 万亿英热单位天然气将被成功转手。但是，我们怎样才能确信市场会达至均衡价格呢？我们从回答下面这三个简单的问题开始：

1. 为什么一个市场上所有的买和卖都会在同一个价格水平上进行？
2. 为什么市场价格超过了均衡价格时就会下降？
3. 为什么市场价格低于均衡价格时就会上升？

□ 3.4.2 为什么一个市场上所有的买和卖都会在同一个价格水平上进行？

有些市场上同一种产品会以许多个不同的价格出售，这取决于谁在卖或者谁在买。例如，在旅途中，你有没有刚在一家店里买了一个纪念品，转身在隔壁的店里就看到同样的东西但价格更低？因为游客不知道哪家商店的开价最低，也没有时间来货比三家，所以旅游景点的商店能够对同样的产品收取不同的价格。

但是在买方和卖方都有充分搜寻时间的市场上，买和卖趋向于在一个大体一致的价格上互相靠近，所以我们才能有把握地说“市场价格”。原因容易理解。假设一个卖主给一个潜在买主的开价明显地比该买主所知道的其他人支付的价格高，该买主只要到别的卖主那里去购买，自己的境况就会改善，除非该卖主决定降价。

相反，一个卖主也不会以比他所知的多数买主愿意支付的价格低的价格出售自己的产品。所以，在任何一个正常运行的市场上，所有的买主和卖主都支付和收取几乎相同的价格。这个价格就是我们所说的市场价格。

□ 3.4.3 为什么市场价格超过了均衡价格时就会下降？

假设供给曲线和需求曲线如图 3－11 所示，但是市场价格高于 3 美元的均衡水平，例如是 3.50 美元，如图 3－12 所示。为什么这个价格无法维持呢？

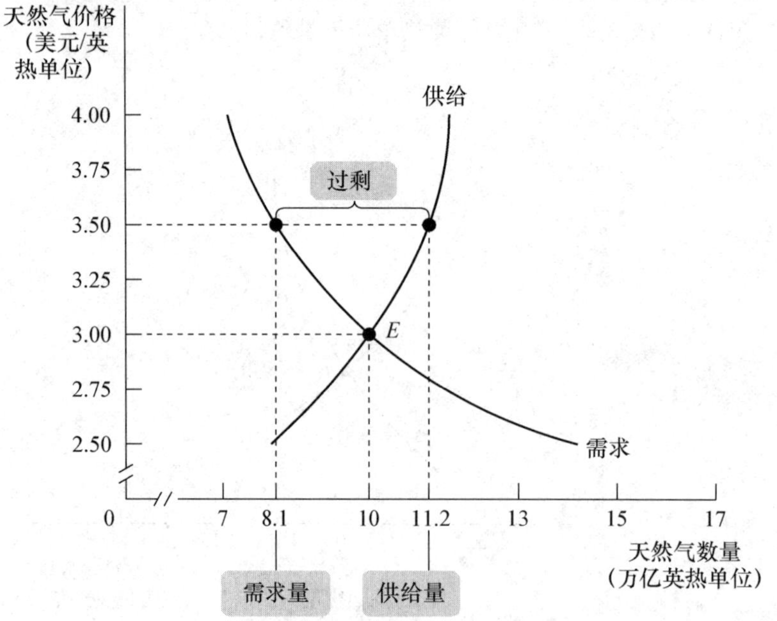

图 3－12 价格高于均衡水平将造成过剩

市场价格 3.50 美元高于 3 美元的均衡价格。这导致过剩出现：在 3.50 美元的价格水平上，生产者愿意提供的数量为 11.2 万亿英热单位，消费者愿意购买的数量为 8.1 万亿英热单位。两者相差 3.1 万亿英热单位。这一过剩将推动价格下降，直到达到均衡价格为止。

如图 3－12 所示，在 3.50 美元这个价格上，天然气的供给量超过了消费者愿意购买的数量：前者是 11.2 万亿英热单位，后者是 8.1 万亿英热单位。两者相差的 3.1 万亿英热单位就是 3.50 美元这个价格水平上出现的**过剩**（surplus），也被称为在 3.50 美元这个价格水平上存在过度供给（excess supply）。

当某种产品的供给量超过需求量时，就出现了**过剩**。当价格高于均衡价格时就会出现过剩。

过剩意味着一些天然气生产商会受挫：它们没法找到愿意购买它们天然气的人。过剩的存在促使那些可能的卖主为了从其他卖主那里争取到更多的客户而降低价格。降价将推动现行价格下降，直到达到均衡价格为止。于是只要存在过剩，也就是市场价格高于均衡价格，一种产品的价格就会下降。

□ 3.4.4 为什么市场价格低于均衡价格时就会上升？

当某种产品的需求量超过供给量时，就出现了**短缺**。当价格低于均衡价格时就会出现短缺。

现在假设价格低于均衡水平，例如为每英热单位 2.75 美元，如图 3－13 所示。在这种情况下，需求量 11.5 万亿英热单位超过了供给量 9.1 万亿英热单位，这意味着有部分消费者得不到天然气，出现了**短缺**（shortage）——也被称为存在过度需求（excess demand）——数量为 2.4 万亿英热单位。

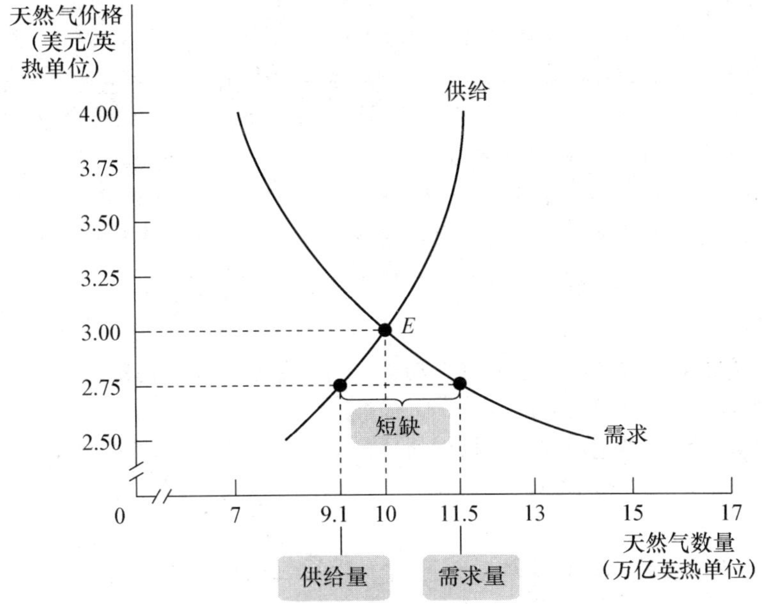

图 3－13 价格低于均衡水平将造成短缺

市场价格 2.75 美元低于 3 美元的均衡价格。这导致短缺出现：此时消费者愿意购买的数量为 11.5 万亿英热单位，而生产者愿意提供的数量为 9.1 万亿英热单位，两者相差 2.4 万亿英热单位。这一短缺将推动价格上涨，直到达到均衡价格为止。

当存在短缺的时候，有部分购买者比较沮丧，就是那些想买天然气但无法按现行价格买到的购买者。在这种情况下，要么购买者开出比现行价格更高的价格，要么销售者意识到可以收取更高的价格。不论是哪一种方式，结果都是推高现行价格。只要价格低于均衡水平，短缺就会导致购买者和销售者采取行动，推动价格升高。所以，只要低于均衡价格，市场价格就会上升。

□ 3.4.5 用均衡来描绘市场

我们现在已经看到市场倾向于形成一种单一的价格：均衡价格。如果市场价格高于均衡价格，过剩会引起买卖双方采取行动，导致价格下降。如果市场价格低于均衡价格，短缺也会引起买卖双方采取行动，导致价格上涨。所以，市场价格总是朝着均衡价格移动，在均衡时既没有过剩也没有短缺。

▶ 真实世界中的经济学

门票价格

从理论上来说，市场均衡是相当平等的。因为均衡价格适用于每个人。也就是说，所有买家支付相同的价格，所有卖家收到相同的价格，即均衡价格。但现实如此吗？

演唱会门票市场就是一个与理论似乎矛盾的例子。售票处标出一个价格，但还有另外一个价格（通常会高一些），即由已经持有门票的人在网上——如 StubHub. com 或易趣上——转售同一场演出门票的价格。例如，比较在佛罗里达州迈阿密举办的德雷克（Drake）音乐会售票处的价格与 StubHub. com 上同一个座位的价格，前者为 88. 50 美元，后者为 155 美元。

这听起来似乎令人费解。但如果我们考虑到机会成本和偏好，就不存在矛盾。就重要演出而言，从售票处买票意味着要排很长的队等候。利用网络在线购买二手票的人认为，他们排队等候的机会成本太高。对于重要演出，售票处在网上按面值出售时，门票经常在几分钟内就销售一空。在这种情况下，那些特别想去看演出却错过了买到便宜线上门票的人就愿意支付较高的价格购买二手门票。

不仅如此，在 StubHub. com 上，你可以看到市场真正走向均衡。你会发现，座位邻近的不同卖家的报价也很接近，如不同的卖家报出的德雷克演唱会主层座位的价格非常接近：184. 99 美元与 185 美元。竞争性市场模型预测，相同产品单位最终会卖出同样的价格。价格会随着需求和供给发生变化。

根据《纽约时报》的一篇文章，如果演出没有吸引力，StubHub. com 上的门票价格还会低于面值，但那些需求非常旺盛的演出，价格会上涨到非常高的水平。（该篇文章引述的麦当娜演唱会的门票价格高达 3 530 美元。）甚至 StubHub. com 的首席执行官也说，他的网站是“供给与需求经济学的现实范例”。

因此，竞争性市场理论并不仅仅是推断。如果你想亲身体验，试着去买音乐会的门票。

及时复习

● 竞争性市场上的价格会朝着均衡价格或者市场出清价格移动，在均衡价格上供给量等于需求量，该数量就是均衡数量。

● 市场上的所有买方和卖方都接受同一价格。如果价格高于均衡水平，过剩出现，将推动价格下跌。如果价格低于均衡水平，短缺出现，会推动价格上升。

小测验 3 - 3

1. 假设市场初始处于均衡状态。在下列每个事件发生后，在初始的均衡价格上会出现过剩还是短缺？均衡价格会发生什么变化？

a. 2013 年对于加利福尼亚州种植酿酒用葡萄的农场主来说是个好年头，因为这一年他们获得了大丰收。

b. 飓风之后，佛罗里达州的旅馆经营者经常会发现许多人取消了他们的假期，导致旅馆房间空置。

c. 一场大雪过后，许多人都想在附近的工具商店里购买二手吹雪机。

3.5 供给和需求的变化

从 2006 年到 2013 年天然气价格大幅下降，从每英热单位 14 美元下降到 2 美元，可能令许多人感到不解，但供应商一点儿也不感到意外。供应商知道，钻探技术的进步已经打开了过去高开采成本无力企及的巨大的天然气储藏量。可以预计，供给增加将压低均衡价格。

钻探新技术的采用是一个移动一种产品的供给曲线而不影响其需求曲线的事件，这样的事件还有许多。同时有些事情只能推动需求曲线移动，不会引起供给曲线移动。例如，根据一项医学报告，巧克力有利于健康，对巧克力的需求会增加，但不会影响供给。大多数事件要么使供给曲线移动，要么使需求曲线移动，但不能同时使二者都发生移动。因此，有必要分别讨论在它们各自移动时都发生了什么。

我们已经知道，当曲线移动时，均衡价格和均衡数量会改变。现在我们来重点关注一下曲线的移动究竟如何改变均衡价格和均衡数量。

□ 3.5.1 当需求曲线移动时会发生什么?

取暖油和天然气互为替代品，如果取暖油的价格上升，那么对天然气的需求会增加，而如果取暖油的价格下降，对天然气的需求会减少。但是取暖油的价格是怎样影响天然气的市场均衡的呢?

图 3-14 展示了取暖油的价格上升对天然气市场的影响。取暖油的价格上升导致对天然气的需求增加。E_1 点表示与最初的需求曲线相对应的均衡点，P_1 是均衡价格，Q_1 是均衡数量。

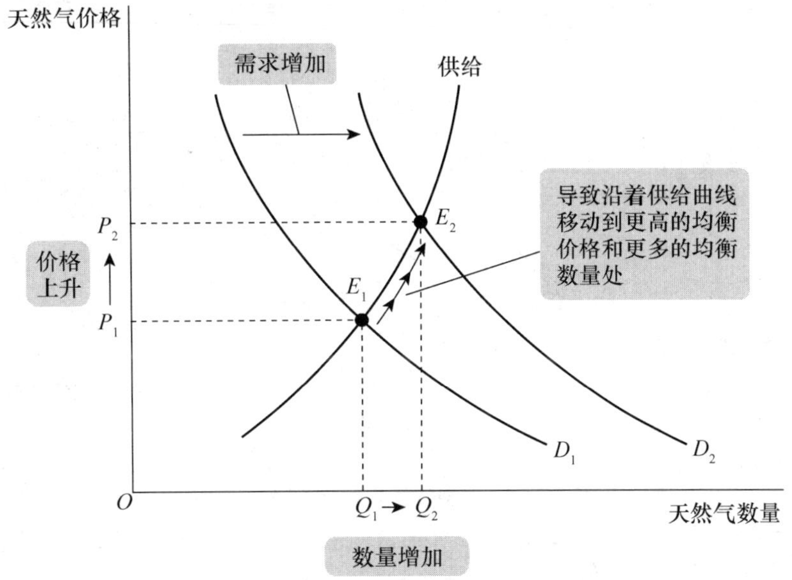

图 3-14 市场均衡和需求曲线的移动

天然气市场上初始的均衡点为 E_1 点，即供给曲线和初始的需求曲线 D_1 的交点。取暖油是天然气的一种替代品，取暖油价格的上升使需求曲线向右移动到 D_2。在初始价格 P_1 处将出现短缺，所以价格和供给量都会上升，表现为沿着供给曲线的移动。在 E_2 点达到新的均衡，此时的均衡价格更高，为 P_2，均衡数量也更大，为 Q_2。当一种产品或服务的需求增加时，均衡价格和均衡数量都会上升。

需求增加通过需求曲线 D_1 向右移动到 D_2 来表示。在初始的市场价格 P_1 下，市场不再处于均衡状态，而是出现短缺，因为需求量超过了供给量。所以，天然气价格会上升，引起供给量随之增加，出现沿着供给曲线的移动。新的均衡在 E_2 点达到，此时的均衡价格为 P_2（高于 P_1），均衡数量为 Q_2（大于 Q_1）。这些事件的结果反映出一个基本原理：当某种产品或服务的需求增加时，产品或服务的均衡价格和均衡数量都会上升。

那么，如果发生相反的变化，即取暖油的价格下降，又会发生什么呢? 取暖油的价格下降会减少对天然气的需求，天然气需求曲线向左移动。在初始价格上将出现过剩，因为供给量超过了需求量。天然气价格将下降，导致供给量减少，结果是均衡价格降低、均衡数量减少。这体现了另一个基本原理：当某种产品或服务的需求减少时，这种产品或服务的均衡价格和均衡数量都会下降。

我们就市场如何对需求变化做出反应总结如下：需求增加导致均衡价格和均衡数量都上升，而需求减少则导致均衡价格和均衡数量都下降。

□ 3.5.2 当供给曲线移动时会发生什么?

对大部分产品和服务来说，预测供给变化比预测需求变化要容易一些。获得类似于天气或者投入品的可得性这样一些影响供给的实实在在的因素，要比捕捉影响需求的那些变幻无常的“偏好”容易许多。尽管如此，我们还是得弄清楚供给曲线的移动到底会有哪些影响。

正如我们的开篇案例所提到的那样，钻探技术进步大大改善了 2006 年之后天然气的供给。图 3-15 展示了这种变化如何影响市场均衡。最初的均衡位于 E_1 点，即最初的供给曲线 S_1 和需求曲线的交点，均衡价

格是 P_1，均衡数量是 Q_1。由于技术进步的作用，供给增加，S_1 向右移动到 S_2。在初始价格 P_1 上，天然气市场出现过剩，市场不再处于均衡状态。过剩导致天然气价格下降，需求数量随之增加，从而发生了沿着需求曲线向下的移动。新的均衡位于 E_2 点，均衡价格是 P_2，均衡数量是 Q_2。在这个新的均衡点上，价格比原来的 P_1 要低，而均衡数量比原来的 Q_1 要大。这可以概括为一个基本原理：某种产品或服务的供给增加会导致这种产品或服务的均衡价格下降和均衡数量上升。

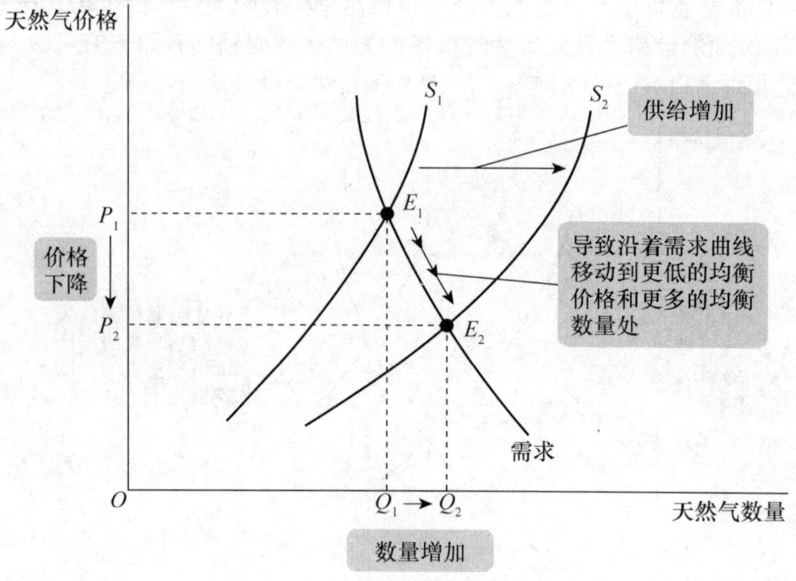

图 3-15　市场均衡和供给曲线的移动

天然气市场上初始的均衡点为 E_1 点，技术进步引起天然气供给曲线从初始的供给曲线 S_1 右移到 S_2。在 E_2 点达到新的均衡，此时的均衡价格更低，为 P_2，均衡数量更大，为 Q_2。

我们就市场如何对供给变化做出反应总结如下：供给增加导致均衡价格下降、均衡数量上升，而供给减少则导致均衡价格上升、均衡数量下降。

▶ **疑难解答**

到底是哪条曲线？

当某种产品或服务的价格发生变化时，总的来说，我们可以说它反映了供给或者需求的变化。但是容易引起误解的是，到底是供给的变化还是需求的变化？一个有用的线索是数量变化的方向。如果数量和价格变化的方向相同，这说明是需求曲线发生了移动。如果价格和数量变化的方向相反，则可能的原因是供给曲线发生了移动。

□ 3.5.3　供给曲线和需求曲线同时移动

最后，有时有些事件既能引起需求曲线移动，也能引起供给曲线移动。这并不鲜见。在实际生活中，许多产品或服务会经常变化，因为经济环境处在持续变化中。图 3-16 展示了两个同时移动的例子。在两幅分图中，供给都增加了，表现为供给曲线从 S_1 右移到 S_2，可能是因为采用了先进的钻探技术。注意图 3-16（a）中供给曲线的移动幅度要比图 3-16（b）中供给曲线的移动幅度小。我们可以认为，图 3-16（a）反映了小幅度、累计性的技术进步，图 3-16（b）则反映了革命性的重大技术变革。两幅分图都展示了需求的减少，即需求曲线向左移动，从 D_1 移动到 D_2。也请注意，图 3-16（a）中的需求曲线向左移动的幅度比图3-16（b）中的大。我们也可以认为，图 3-16（a）反映了整个经济出现深度衰退对需求的影响，而图 3-16（a）则反映了温和的衰退对需求的影响。

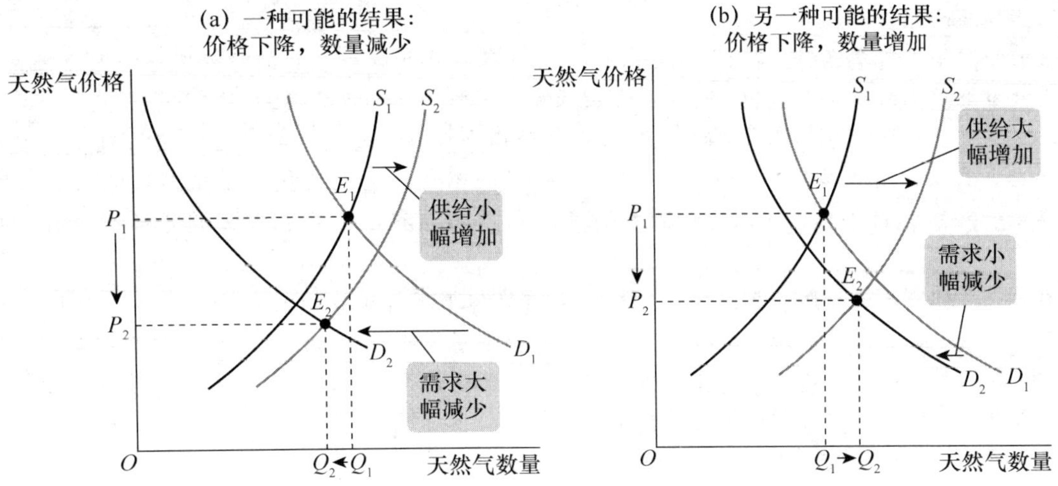

图 3-16　需求曲线和供给曲线同时移动

在图（a）中，需求曲线向左移动而供给曲线向右移动。这里需求的减少相对于供给的增加而言较大，所以均衡价格下降、均衡数量减少。

在图（b）中，同样也是需求曲线向左移动而供给曲线向右移动。但是，这里供给的增加相对于需求的减少而言较大，所以均衡价格下降而均衡数量增加。

在这两种情况下，随着均衡点从 E_1 移动到 E_2，均衡价格都下降了，从 P_1 降到 P_2。但是均衡数量怎么变化呢？在图 3-16（a）中，需求减少的幅度比供给增加的幅度大，因此均衡数量减少。而在图 3-16（b）中，供给增加的幅度比需求减少的幅度大，因此均衡数量增加。也就是说，当需求减少而供给增加时，买卖的数量既可能增加也可能减少，这取决于需求曲线和供给曲线移动的相对幅度。

总的来说，当供给和需求朝着相反的方向移动时，我们并不能断定这些变化对均衡数量的最终影响。我们所知道的是，当一条曲线的移动幅度大于另一条曲线的移动幅度时，前者对均衡数量的影响会更大。也就是说，当供给曲线和需求曲线沿着相反的方向变化时，我们可以得出如下的预测结论：

- 当需求减少而供给增加时，均衡价格会下降，但是均衡数量的变化不确定。
- 当需求增加而供给减少时，均衡价格会上升，但是均衡数量的变化不确定。

然后，假设需求曲线和供给曲线移动的方向相同。这正是美国近年来出现的情况，随着经济从 2008 年衰退中逐渐复苏，需求和供给同时都增加了。我们能够有把握地预测价格和数量的变化吗？在这种情况下，买卖数量的变化是可以预测的，而价格的变化则不确定。供给曲线和需求曲线移动的方向相同时，存在以下两种可能的结果（你应该自己检查是否如此）：

- 当需求和供给都增加时，均衡数量会上升，但是均衡价格的变化不确定。
- 当需求和供给都减少时，均衡数量会下降，但是均衡价格的变化不确定。

▶ 追根究底

T 台磨难

你可能对时装模特的努力和磨难不怎么操心。他们中的大多数人并没有过着令人着迷的生活。事实上，除了少数幸运者外，现在时装模特的生活其实很艰难，也不是很赚钱。所有这一切都是因为供给与需求。

我们来看比安卡·戈麦斯（Bianca Gomez）的情况，一位来自洛杉矶的 18 岁苗条女孩，拥有绿色双眸、蜂蜜色头发和无瑕的皮肤。《华尔街日报》的一篇文章详细介绍了她的经历。从高中开始，比安卡开始涉足模特行业。在高三时，她的模特费收入有约 30 000 美元。她引起了纽约一些顶级设计师的关注。高中毕业后，她搬到纽约，希望能够在顶级时装公司和大牌时尚杂志社觅得一份职业。

一来到纽约，比安卡就进入了时装模特的全球市场。情况远非想象的那样。由于以电子方式传送照片非常方便，且国际旅行成本相对低廉，如纽约、意大利米兰这样的顶级时尚中心每年都会有世界各地的数以千计的年轻漂亮女孩儿涌入，她们急切地希望成为模特。来自俄罗斯、东欧和巴西的人特别多，也有很多来自哈萨克斯坦和莫桑比克的人。

回到我们的供给和需求模型。（不那么迷人喽！）来自世界各地怀揣梦想的时装模特的大量涌入，可以被看成时装模特市场供给曲线向右移动，这往往会成为压低模特价格的重要因素。

而且，这还并非市场变化的唯一因素。对比安卡和其他类似的女孩不利的是，模特雇主的偏好也在变化。时尚杂志更喜欢使用碧昂丝（Beyoncé）这样的明星而不是一些无名模特来做封面人物，因为他们认为读者更喜欢一些熟悉的面孔。这又会导致模特需求曲线向左移动，这也会压低支付给模特的均衡价格水平。

比安卡的经历证实了这一切。在支付了房租、交通费和所有与模特相关的开销，再将其收入的20%交给模特经纪公司（联系潜在客户并安排工作）之后，比安卡勉强收支相抵。有时候，她甚至不得不动用一些高中时候的积蓄。为了省钱，她会吃意大利面条和热狗。她去试镜时，经常一天四五次乘坐地铁。正如《华尔街日报》的报道所说的，比安卡正考虑辞去模特工作。

▶ **真实世界中的经济学**

2011年棉花价格的狂涨和崩溃

当担心未来价格上涨会损害足够多的消费者时，它可以成为一个自我实现的预言。很多棉纺织厂的所有者感到困惑和无奈，这正是2011年初发生的事情。在原棉价格大幅飙升见顶后，出现了同样壮观的跌落。在类似这样的情形下，消费者成为自己最可怕的敌人，参加了所谓的“抢购”：赶快购买很多东西，因为它们的价格已经上涨，这又会促使价格进一步上涨和进一步抢购。那么，在2011年棉花买家是怎么发现自己处于这种困境中的？最后又是如何逃脱的？

事实上，这一过程开始于之前几年已经出现的真实事件。到2010年，对棉花的需求从2006—2007年全球金融危机时的低点开始大幅反弹。另外，像中国这样的国家的中产阶级对棉衣制品的需求快速增长，额外加大了对棉花的需求。这推动了棉花需求曲线向右移动。

与此同时，世界棉花市场的供给却大幅减少。印度是世界上第二大棉花出口国（出口是产品的销售者将其卖给外国的购买者），为了支持自己国家的棉花纺织行业，已经限制向其他国家出售棉花。巴基斯坦、中国和澳大利亚也大量种植棉花，由于遭受洪灾，棉花产量大幅减少。印度的出口限制和棉花产区的洪灾导致棉花供给曲线向左移动。

因此，如图3-17所示，从2000年到2010年，棉花的价格在每磅0.35美元至0.60美元之间。到了2011年初，棉花的价格飙升至每磅2.40美元以上，一年的涨幅超过了200%。价格高企引发了对棉花的抢购，需求曲线进一步向右移动，进一步激发了抢购狂潮。

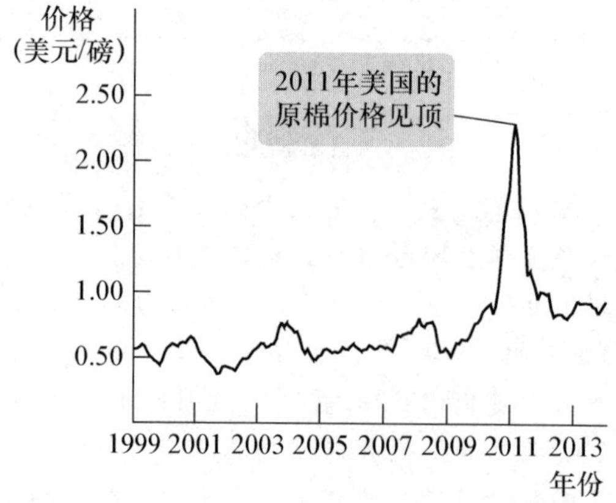

图3-17　1999—2013年美国的棉花价格

资料来源：USDA.

然而，到了 2011 年底，棉花价格暴跌至每磅 0.86 美元。发生了什么？有许多事情说明了供给和需求力量的变化。首先，服装生产企业需求下滑，它们不愿意把价格大幅上涨转嫁给消费者，而是转向使用更便宜的化纤聚酯面料。其次，供给增加，因为农民希望抓住高价时机，扩大棉花的种植面积。由于供给和需求的影响越来越明显，棉花购买者停止恐慌购买，棉花价格也就最终回落。

及时复习

- 某个市场上均衡价格和均衡数量的变化是由供给曲线的移动、需求曲线的移动或者供给曲线和需求曲线的同时移动引起的。
- 需求增加推动均衡价格和均衡数量都上升。需求减少推动均衡价格和均衡数量都下降。
- 供给增加推动均衡价格下降，但是使均衡数量增加。供给减少推动均衡价格上升，但是使均衡数量减少。
- 市场价格的起伏通常既与供给曲线的移动有关，也与需求曲线的移动有关。当两者移动方向相同时，均衡数量的变化可预测，但均衡价格的变化不确定。当两者移动方向相反时，均衡价格的变化可预测，而均衡数量的变化不确定。当两种曲线同时移动时，移动幅度大的曲线对均衡价格和均衡数量的影响也较大。

小测验 3-4

1. 对下列每个例子，判断：(i) 相关的市场是什么？(ii) 是否发生了需求曲线或供给曲线的移动？移动方向是什么？引起移动的原因是什么？(iii) 移动怎样影响均衡价格和均衡数量？

a. 随着 20 世纪 90 年代汽油价格的下跌，更多的美国人买了大型轿车。

b. 由于技术创新降低了废纸再利用的成本，再生纸的使用变得更加频繁了。

c. 由于本地电信公司提供了更便宜的电影点播服务，电影院的空位变得更多了。

2. 在引入一种新的运行更快的芯片后，对使用旧品种芯片的计算机的需求随之减少，因为消费者会因为等待使用新的芯片的计算机上市而推迟购买。与此同时，计算机制造商为了清除旧的芯片存货，会增加使用旧品种芯片的计算机的生产。

画出使用旧品种芯片的计算机市场的两幅图，要求：

a. 在一幅图中展示由于这些事件的影响，均衡数量减少。

b. 在另一幅图中展示由于这些事件的影响，均衡数量增加。

c. 表明每幅图中均衡价格发生了什么变化。

3.6 竞争性市场及其他

在本章的前面部分，我们界定了竞争性市场，并且说明了供给和需求框架就是描述竞争性市场的模型。但是，对于为什么只有竞争性市场才适用这个模型并没有给出说明。现在我们已经阐释了供给和需求模型的原理，那么就这个问题我们能够给予一定的回答了。

为了理解为什么竞争性市场有别于其他市场，需要比较两类人所面临的问题：农场主需要决定是否要增加小麦的种植量，一家巨型制铝公司（例如美国铝业公司）的总裁必须决定是否生产更多的铝。

对于农场主而言，问题仅仅是多生产的小麦能否以足以弥补多花费的成本的一个价格出售。他不需要担心自己的生产是否会影响小麦的市场价格。这是因为小麦市场是竞争性的。有成千上万个农场主，没有哪一个农场主的决定会对市场产生多大的影响。

而对于美国铝业公司的总裁来说，事情就没那么简单了，因为铝业市场并非竞争性的。市场上只有几个包括美国铝业公司在内的大生产商，每个企业都清楚地知道自己的行动会对市场价格产生不可忽略的影响。这就大幅提高了决策的复杂程度。美国铝业公司的决策不仅是新增产出能否以弥补新增成本的价格出售，它还必须考虑生产更多的铝是否会压低市场价格从而减少利润。

当市场是竞争性的时候，个人做出决策要考虑的因素比在非竞争性市场情况下简单。反过来，这意味着经济学家构建一个竞争性市场的模型要比构建一个非竞争性市场的模型容易很多。

不要想当然地认为经济学分析对于非竞争性市场无能为力。相反，经济学家对于这些市场如何运行也提供了一些非常重要的洞见，但这些洞见需要使用其他模型。在之后各章，我们将会学到。

▶ 企业案例

以“优步”方式出行

在一个如纽约市般人口稠密的城市，在大多数时间，找一辆出租车相对比较容易。站在一个街道的角落，伸出你的手臂，通常经过不长的时间，就会有一辆出租车停下来接你。甚至在你坐上车之前，你已经知道到达你的目的地将花费多少钱，因为出租车的计价费率由城市监管机构设置，并告知乘客。

但有时在雨天、高峰时段和拥挤的地段，当许多人同时在等出租车时，找到一辆出租车并不容易。在这样的时刻，你也许得等待很长的时间才能找到可用的出租车。当你等待时，你可能会发现空的出租车急驶而过——工作了一天的司机已经收工，正在赶回家或赶回车库。或许有司机会停下来，但随后司机并不会搭载你，因为他们发现你的目的地并不顺路。此外，有时不可能拦到一辆出租车，例如，在暴风雪天或除夕，对出租车的需求远远超过供给。

2009 年，2 名年轻的企业家加勒特·坎普（Garrett Camp）和崔维斯·卡兰尼克（Travis Kalanick）成立了优步公司（Uber），他们认为，该公司能够提供一个更好的出行方式。使用智能手机应用程序（App），优步作为“清算所”连接想乘坐汽车的人与在优步公司注册的司机。使用优步的 App 确认你的位置后，App 上会显示你附近可用的车。点击“用车”后，你将收到一条信息，告诉你你的车在附近，车型通常是一部铮亮的林肯城市车。在你的旅程结束时，票价加小费都会自动从你的信用卡中扣除。2014 年，全世界 70 个城市中有优步运营，2013 年预订量为 10 亿次用车。

鉴于优步公司提供个性化的服务和质量更好的车，其票价略高于正常工作时段运营的普通出租车，但客户似乎对此乐于接受。在正常运营时段这样的要求很重要，因为在其他时间优步的收费会有波动。当很多人在找车时，比如在暴风雪天或者除夕，优步使用所谓的浪涌定价（surge pricing）方法，设置高的收费价格，直到每个想要用车的人都可以按这一价格叫到一辆车。所以，在最近的一次纽约暴风雪天，乘车成本是标准价格的 8.25 倍。一些优步的用户指责其哄抬价格。

但是根据卡兰尼克的说法，优步使用算法来确定浪涌价格以使无车可叫的人尽可能地少。他们尽最大的可能让客户满意。他解释道：“我们没有汽车，我们也不雇用司机。只有提高价格，司机才会出车，并且使得在最繁忙的时段路上还有车。”这个解释得到了一名优步司机的确认，“如果我没有什么可做，看到收费暴涨，我就会出车。”

思考题

1. 在优步出现之前，纽约市的出租运营市场如何定价？这是一个竞争激烈的市场吗？

2. 在天气良好时，典型的情况是每个需求者都有足够的出租车，但在暴风雪天出租车的数量通常不能满足需要，你如何对此做出解释？

3. 优步公司的浪涌定价如何解决了前面所描述的问题？评估卡兰尼克所说的确定一个使无车可叫的人尽可能少的价格。

小结

1. 供给和需求模型解释了竞争性市场——具有很多卖主和买主，其中任何一个都无力影响市场价格——是如何运行的。

2. 需求表表示在每个价格上的需求量，它可以通过需求曲线这种图示方式来表示。需求法则意味着需求曲线向下倾斜，也就是说，产品或服务的价格水平越高，在其他条件不变的情况下，人们的需求量就越少。

3. 当价格变化导致需求量变化时，发生的是沿着需求曲线的移动。当经济学家说到需求增加或减少时，他们指的是需求曲线的移动——在任一给定的价格上需求量发生变化。需求增加导致需求曲线右移，需求减少导致需求曲线左移。

4. 有 5 个主要因素会推动需求曲线移动：

- 相关产品（如互补品或替代品）价格的变化
- 收入的变化：当收入增加时，正常物品的需求增加，低档物品的需求减少
- 品味的变化
- 预期的变化
- 消费者人数的变化

5. 产品或服务的市场需求曲线是市场中所有消费者个体需求曲线的水平加总。

6. 供给表表示在每个价格上的供给量，它可以通过供给曲线这种图示方式来表达。供给曲线通常向上倾斜。

7. 当价格变化导致供给量变化时，发生的是沿着供给曲线的移动。当经济学家说到供给增加或减少时，他们指的是供给曲线的移动——在任一给定的价格上供给量发生变化。供给增加导致供给曲线右移，供给减少导致供给曲线左移。

8. 有 5 个主要因素会推动供给曲线移动：

- 投入品价格的变化
- 相关产品或服务价格的变化
- 技术的变化
- 预期的变化
- 生产者数量的变化

9. 产品或服务的市场供给曲线是市场中所有生产者个体供给曲线的水平加总。

10. 供给和需求模型的基本原理是市场价格会朝着均衡价格（或者市场出清价格）变动，在该价格上供给量等于需求量。此数量就是均衡数量。当价格高于市场出清水平时，出现过剩，推动价格下降；反之，出现短缺，推动价格上升。

11. 需求增加会使均衡价格和均衡数量都上升；需求减少会产生相反的效果。供给增加会使均衡价格下降、均衡数量增加；供给减少会产生相反的效果。

12. 需求曲线和供给曲线的移动可能同时发生。当它们移动的方向相反时，均衡价格的变化可以预测，但是均衡数量的变化不确定。当它们移动的方向相同时，均衡数量的变化可以预测，但是均衡价格的变化不确定。一般来说，移动幅度较大的曲线对均衡价格和均衡数量的影响也较大。

关键词

竞争性市场	供给和需求模型	需求表	需求量	需求曲线
需求法则	需求曲线的移动	沿着需求曲线的移动	替代品	互补品
正常物品	低档物品	个体需求曲线	供给量	供给表
供给曲线	供给曲线的移动	沿着供给曲线的移动	投入品	个体供给曲线
均衡价格	均衡数量	市场出清价格	过剩	短缺

练习题

1. 一项调查表明，巧克力冰激凌是美国人最喜欢的冰激凌。请指出下列事件对巧克力冰激凌的需求和供给以及均衡价格和均衡数量的影响。

a. 中西部地区发生严重干旱，导致奶牛农场主的奶牛数量减少了三分之一。这些奶牛农场主为巧克力冰激凌的生产商提供奶油。

b. 美国医疗协会发布的一份最新研究报告指出，巧克力的确显著有益于健康。

c. 发现更廉价的合成香草醛降低了香草冰激凌的价格。

d. 新的冰激凌搅拌和冷冻技术降低了巧克力冰激凌的生产成本。

2. 在需求和供给图中，以下事件怎样影响你家乡的汉堡需求曲线的移动？指出在每种情况下，均衡价格和均衡数量会受到怎样的影响。

a. 脆饼的价格上升。

b. 所有卖汉堡的老板都提高了油炸薯条的价格。

c. 镇上人们的收入下降。假设汉堡对大多数人而言是正常物品。

d. 镇上人们的收入下降。假设汉堡对大多数人而言是低档物品。

e. 热狗摊儿削减了热狗的价格。

3. 许多产品的市场会随着一年中时令的变化（例如假日、生产的季节性变化等）而发生可预见的变化。利用供给和需求模型，解释下列每种情形下价格的变化。注意供给曲线和需求曲线可能同时发生移动。

a. 相对于其他季节，虽然在夏季人们更喜欢吃龙虾，但是在夏季丰收季节，龙虾的价格通常还是会下降。

b. 圣诞树的价格在圣诞节过后要比圣诞节前低，而且节后用以出售的圣诞树很少。

c. 在 9 月份学校假期结束后，法国航空公司飞往巴黎的往返机票减价 200 多美元。由于天气的恶化提高了航班的运营成本，法国航空公司因此减少了在任一价格上飞往巴黎的航班数量。

4. 在坐标图上表示下列事件对需求曲线、供给曲线、均衡价格和均衡数量的影响。

a. 你所在城市的报纸市场。

情形 1：记者的薪水增加。

情形 2：你的家乡发生了一件重大新闻事件，并且被报纸报道。

b. 圣路易斯公羊队的棉 T 恤市场。

情形 1：圣路易斯公羊队赢得了全国冠军。

情形 2：棉花的价格上涨。

c. 百吉饼市场。

情形 1：人们认识到百吉饼容易使人发胖。

情形 2：人们亲自动手做早餐的时间变得更少了。

d. 克鲁格曼、韦尔斯编写的《经济学》教科书市场。

情形 1：你的教授要求将该书作为他/她教的所有学生的必读教材。

情形 2：因为使用合成纸，教材的印刷成本降低了。

5. 假设每个美国人在软饮料（减肥饮料）价格为每加仑 2 美元时消费 37 加仑，美国人口为 2.94 亿。当价格为每加仑 1.50 美元时，每个消费者的需求量为 50 加仑。根据上述个人需求表信息，计算价格为每加仑 1.50 美元、2 美元时的市场需求表。

6. 假设缅因州的龙虾的供给表如下表所示：

龙虾的价格（美元/磅）	龙虾的供给量（磅）
25	800
20	700
15	600
10	500
5	400

假设缅因州的龙虾只能在美国销售。美国市场对缅因州的龙虾的需求表如下表所示：

龙虾的价格（美元/磅）	龙虾的需求量（磅）
25	200
20	400
15	600
10	800
5	1 000

a. 画出缅因州龙虾的需求曲线和供给曲线，并指出龙虾的均衡价格和均衡数量分别为多少。

现在假设缅因州的龙虾可以在法国出售。法国对缅因州的龙虾的需求表如下表所示：

龙虾的价格（美元/磅）	龙虾的需求量（磅）
25	100
20	300
15	500
10	700
5	900

b. 在法国消费者也能购买的情况下，缅因州龙虾的需求表会怎样变化？利用供给曲线和需求曲线找出新的均衡价格和均衡数量。美国消费者支付的价格会发生什么变化？美国消费者消费的龙虾数量又会怎样变化？

7. 请指出下列表述存在的缺陷，特别注意区分供给曲线的移动、需求曲线的移动和沿着供给曲线的移动、沿着需求曲线的移动。画图说明在每种情形下发生的变化。

a. “一项降低产品生产成本的技术创新刚开始会导致消费者需要支付的产品价格降低。但是价格降低会增加对该产品的需求，更多的需求将推高价格。所以，一项技术创新最后是否真的能降低价格是不确定的。”

b. “一项研究表明，每天吃一瓣大蒜有助于预防心脏病，这导致许多消费者购买更多的大蒜。需求增加导致大蒜的价格上升。消费者看到价格上升后又会减少对大蒜的需求。这使大蒜的需求减少，从而大蒜的价格下降。因此这项研究对大蒜价格的最终影响是不确定的。”

8. 下表所示的是某种正常物品需求曲线上的一些点：

价格（美元）	需求量
23	70
21	90
19	110
17	130

a. 你认为当价格下降（从 21 美元到 19 美元）时，需求量的上升（从 90 到 110）是消费者收入的上升引起的吗？请解释。

b. 现在假设这种产品是低档物品。对于低档物品，上述需求表成立吗？

c. 最后，假设你不知道该产品是正常物品还是低档物品。请设计一个实验，使自己弄明白该产品到底是哪种类型的产品。请解释。

9. 近些年，中国生产的汽车数量快速增加。事实上，中国拥有的汽车品牌已经多于美国。此外，汽车销售每年都创新高，汽车制造商的产量也快速增长，由此导致激烈竞争和汽车价格下降。与此同时，中国消费者的收入也在逐步提高。假设汽车是正常物品。请画出中国汽车的供给曲线和需求曲线图，并解释在中国汽车市场上发生着什么事情。

10. 艾伦・汉克（Aaron Hank）是贝城棒球队的一名主攻手。在某个赛季，他的成绩已经很接近美国职业棒球大联盟的全垒打纪录了，人们普遍预计在下一季比赛中，他将打破这个纪录。因此，下一季比赛的门票炙手可热。但是，今天球队突然宣布，由于艾伦的膝盖受伤，他没办法参加下一赛季的比赛了。假设季票持有者能够将自己手头的门票按照自己的意愿出售。利用供给和需求曲线图解释下列情形。

a. 消息宣布后均衡价格和均衡数量都降低了。

b. 消息宣布后均衡价格降低了而均衡数量上升了。

c. 什么原因导致情形 a 出现？什么原因导致情形 b 出现？

d. 假如有一个“黄牛”在消息宣布之前就得知艾伦不会参加下一季的比赛，你认为他会采取什么行动？

11. 摇滚明星的粉丝都哀叹音乐会门票价格太高。一位摇滚明星认为，花数百美元甚至上千美元来看他和他的乐队的演出并不值得。假定这位明星曾以每张门票 75 美元的价格在全国举行大型巡演。

a. 对票价过高这种观点，你如何评价？

b. 假设由于这位明星的抵制，票价降到了 50 美元。在何种意义上这个新的票价过低了？利用供给曲线和需求曲线来支持你的观点。

c. 假设该摇滚乐队真的想降低票价。鉴于明星和乐队自身控制着这项“服务”的供给，你建议他们应该怎样做？利用供给曲线和需求曲线加以解释。

d. 假设该乐队的下一张唱片很失败。你认为他们将仍需担心票价过高吗？为什么？利用供给曲线和需求曲线来支持你的观点。

e. 假设该乐队宣布他们的下一轮巡回演出将是最后一次。这可能对音乐会门票的需求和价格产生什么影响？利用供给曲线和需求曲线加以解释。

12. 在几年不景气之后，手工吉他市场迎来了复苏。这种吉他通常是在一些小作坊里由技艺高超的工匠们制作出来的。评价下列各事件对手工吉他市场的均衡价格和均衡数量的影响，并指出哪一条曲线将移动以及移动的方向。

a. 环保主义者推动美国政府下令禁止使用巴西红木，使得工匠们不得不寻找其他更昂贵的木材来作为替代材料。

b. 国外生产者改进了这种吉他的生产工艺，其产品大量涌入美国市场。

c. 由于人们厌倦了重金属音乐和其他摇滚乐，用手工吉他弹奏的音乐重新获得了青睐。

d. 国家经济深陷于衰退之中，美国普通人的收入大幅下降。

13. 需求的绕口令：请对下列各陈述中的需求关系加以大致描述。

a. 我永远不会买麦莉·赛勒斯（Miley Cyrus）的新唱片！哪怕你送我一张，我也不要。

b. 当咖啡价格下降时，我通常会多买一些。但是一旦价格降到 2 美元一磅，我会把超市里所有的咖啡都买光。

c. 即使橙汁的价格上涨，我也要花更多的钱来买。（难道我违背了需求法则吗？）

d. 由于学费上涨，大多数大学生发现自己的可支配收入减少了。他们中几乎所有人在学校餐厅吃饭的次数都增加了，在餐馆吃饭的次数都减少了，即使学校餐厅也提高了价格。（本问要求画出对学校餐厅饮食的需求曲线和供给曲线。）

14. 莎士比亚（Shakespeare）是 16 世纪在伦敦苦苦挣扎的一位剧作家。由于自己剧本的稿酬增加，他愿意写更多的剧本。画图说明莎士比亚在剧本这个市场上的均衡价格和均衡数量怎样受到下列事件的影响。

a. 莎士比亚的主要竞争对手、剧作家克里斯托弗·马洛（Christopher Marlowe）在一场酒吧争吵中被杀。

b. 一种致命的传染性疾病——黑死病在伦敦爆发。

c. 为了庆祝打败西班牙舰队，伊丽莎白女王宣布欢庆周，其间要求上演新的戏剧。

15. 密都灵小城的出生率突然翻了一倍。三年后，出生率恢复到正常水平。画图说明这一事件对以下各个市场的影响。

a. 今年密都灵小城照看婴儿的小时工市场。

b. 未来 14 年里照看婴儿的小时工市场，届时现在出生的孩子已经可以充当照看婴儿的小时工。

c. 未来 30 年里照看婴儿的小时工市场，届时现在出生的孩子可能已经有了自己的孩子。

16. 画图说明下列每一事件如何影响比萨饼的均衡价格和均衡数量。

a. 意大利干酪的价格上升。

b. 汉堡对健康的威胁正变得广为人知。

c. 番茄汁的价格下跌。

d. 消费者的收入上升，而比萨饼是低档物品。

e. 消费者预期下周比萨饼的价格将下降。

17. 尽管巴伯罗·毕加索（Pablo Picasso）是一位多产的艺术家，但即使是在“蓝色时期”，他也仅仅创作了 1 000 幅油画。现在他已经作古，他所有的“蓝色时期”的作品目前都在欧洲和美国的博物馆与私人展馆展出。

a. 画出毕加索“蓝色时期”作品的供给曲线。为什么这条供给曲线与众不同？

b. 给定第 a 问中的供给曲线，毕加索“蓝色时期”的作品的价格将完全取决于什么因素？画图说明这样一幅作品的均衡价格的决定。

c. 假设富有的收藏家们认定获得毕加索“蓝色时期”的作品是很有必要的。指出这对毕加索“蓝色时期”作品市场的影响。

18. 画出下列每种情况下相应的曲线。它们和目前为止你所见过的曲线有区别吗？请解释。

a. 假定政府为每一位病人支付所有的费用，对心脏搭桥手术的需求。

b. 假定病人自己支付所有的费用，对整容手术的需求。

c. 伦勃朗画作的供给。

d. 伦勃朗画作仿制品的供给。

在线回答问题

19. 下表是美国市场上敞篷小货车的需求表和供给表。

敞篷小货车的价格（美元）	敞篷小货车的需求量（百万辆）	敞篷小货车的供给量（百万辆）
20 000	20	14
25 000	18	15
30 000	16	16
35 000	14	17
40 000	12	18

a. 根据该表画出需求曲线和供给曲线，并在图上指出均衡价格和均衡数量。

b. 假设敞篷小货车的轮子被发现是有问题的，你认为敞篷小货车市场会发生什么变化？请在图上指出来。

c. 假设美国交通部对敞篷小货车的生产商实行了管制政策，导致后者在任一给定价格上都将供给减少了三分之一。计算并画出新的供给曲线，并在图中指出新的均衡价格和均衡数量。

第 4 章

消费者剩余和生产者剩余

本章将学习

- 消费者剩余的含义及其同需求曲线的关系。
- 生产者剩余的含义及其同供给曲线的关系。
- 总剩余的含义及其重要性，怎样用它来衡量交易所产生的利益和市场的效率。
- 为什么产权和作为经济信号的价格对平稳市场的作用非常关键。
- 尽管市场有时会出现失灵，但市场一般会达至有效的结果。

开篇案例

以书获益

大学里有一个很活跃的二手书市场。每个学期末，一些修完课程的学生会把自己用过的教材卖掉换点钱，这比自己保存更划算。有些学生下个学期要选修同样的课程，所以愿意购买这些虽有磨损但便宜的二手教材，而不是按全价买新书。

教材的出版商和作者并不希望看到这样的交易，因为这样新书销量就会减少。但是，不论对于出卖二手书的学生还是对于购买二手书的学生，二手书交易市场的存在对双方都有好处。这解释了为什么许多大学的书店愿意创造这一市场，一面买入二手书，一面把二手书和新书一起放在货架上出售；以及为什么几个网站如 Amazon. com、Half. com 专门从事二手教材的买卖。

然而，我们是否能够用数字来说明二手书的卖方和买方从这种交易中获得的好处呢？或者我们是否能够回答如下问题：二手书的买卖双方从二手书交易中到底获得了“多少”好处？

是的，我们可以。在本章中我们将看到如何来衡量买方因为购买产品而获得的收益——消费者剩余。我们还将看到对于卖方来讲也有一个相应的概念——生产者剩余，它衡量卖方因为销售产品而获得的收益。

消费者剩余和生产者剩余这一对概念对于分析许多经济问题极为有用。它们使我们能够计算出生产者和消费者从市场交易中获得的好处。它们还使我们可以计算出因为市场的变化，消费者和生产者的福利受到了多大的影响。这些计算对评价很多经济政策都很关键。

那么，为了计算消费者剩余和生产者剩余我们需要哪些信息呢？答案可能有些令人意外：我们所需要的只是产品的需求曲线和供给曲线。也就是说，供给和需求模型不仅是描述竞争性市场如何运转的模型，而且也是描述消费者和生产者如何从参与市场活动中获得增益的模型。

所以，我们的第一步是如何从需求曲线和供给曲线中得出消费者剩余和生产者剩余。然后，我们再来看这两个概念如何被运用到现实的经济问题中。

4.1 消费者剩余和需求曲线

用金额来衡量，每年几十亿美元的二手书市场也是大买卖。对于我们来说更重要的是，这是我们阐述消费者剩余和生产者剩余这两个概念的一个方便的起点。我们将使用消费者剩余和生产者剩余概念来准确理解买方和卖方如何从竞争性市场中获益以及这些好处有多大。此外，当竞争性市场无法良好运行或者市场遇到干预时，这些概念对于分析会发生什么非常重要。

我们先从买方的角度来看二手书市场。我们马上就将看到，关键的一点是需求曲线是从消费者的品味或者说偏好推导得出的，而正是偏好决定了消费者能从购买二手书的机会中获益多少。

4.1.1 支付意愿和需求曲线

二手书比不上新书，二手书可能已经磨损或者有污渍，也可能有他人画的记号，内容也有些过时。你对这些方面的在意程度取决于自己的偏好。有些人只要二手书稍比新书便宜就愿意买二手书，而另一些人只有在二手书比新书便宜很多的时候才愿意买二手书。

我们把潜在购买者对某种产品——在我们的例子中是二手书——的**支付意愿**（willingness to pay）定义为他或她愿意为之支付的最高价格。如果购买产品的花费高于一个人愿意支付的水平，那么他或她并不会购买，反之则会购买。如果二手书的价格正好等于某个人的支付意愿水平，那么买与不买都无所谓。为简化起见，我们将假定在这种情形下消费者会购买。

消费者对某种产品的**支付意愿**是他或她为之所愿意支付的最高价格。

图 4 - 1 中的表列出了 5 个二手书的潜在购买者，新书的价格为 100 美元。表格按照 5 人的支付意愿的高低进行了排序。支付意愿最高的是艾丽莎，即使二手书的价格高达 59 美元，她也愿意买二手书。布拉德紧随

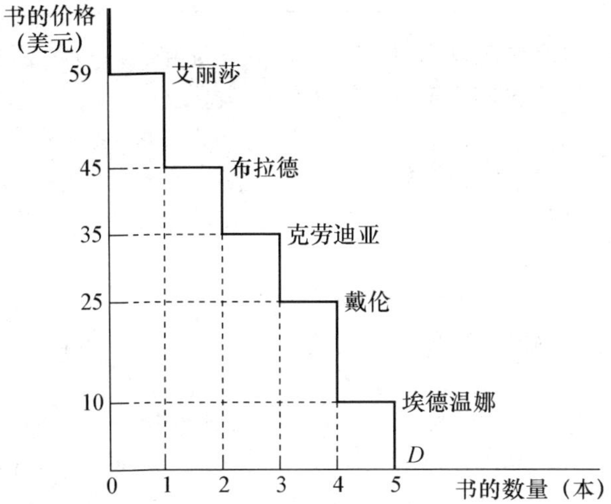

潜在购买者	支付意愿（美元/本）
艾丽莎	59
布拉德	45
克劳迪亚	35
戴伦	25
埃德温娜	10

图 4 - 1　二手书的需求曲线

由于二手书市场上只有 5 个潜在购买者，所以需求曲线呈阶梯状。每一级阶梯都代表着一个消费者，阶梯的高度就是该消费者的支付意愿，即他或她愿意为二手书支付的最高价格（见图中的表格）。艾丽莎的支付意愿最高，为 59 美元；布拉德其次，为 45 美元；等等；最低的是埃德温娜，只有 10 美元。当二手书的价格为 59 美元时，二手书的需求数量是 1（艾丽莎购买）；当价格是 45 美元时，需求数量是 2（艾丽莎和布拉德购买）；等等；直到价格降到 10 美元时，5 个学生才会都买二手书。

其后，当价格不高于45美元时，他才愿意买二手书。克劳迪亚的支付意愿又比布拉德低，是35美元，戴伦的支付意愿则只有25美元。而不喜欢用二手书的埃德温娜的支付意愿最低，只有10美元。

这5个学生实际上将购买多少本二手书？这取决于二手书的价格。如果二手书的价格是55美元，那么只有艾丽莎会买1本；如果价格是40美元，艾丽莎和布拉德都会买1本；依此类推。所以从该表的支付意愿实际上可以推出对二手书的需求表。

正如我们在第3章中已经看到的，我们可以根据需求表画出图4-1中的需求曲线。因为我们仅仅只考虑了有限的几个消费者，所以这条曲线不像前面章节中的需求曲线（涉及成百上千的消费者）那样平滑。这条需求曲线是阶梯状的。每一段横线（每一级阶梯）对应于一个潜在购买者的支付意愿。

但是，我们很快将看到，不管需求曲线是阶梯状的，还是涉及很多消费者从而呈平滑状，并不影响对消费者剩余的分析。

□ 4.1.2 支付意愿和消费者剩余

假定校园书店把二手教材的价钱定为30美元。在这种情况下，艾丽莎、布拉德和克劳迪亚会购买。那么，他们从购买行为中获益了吗？如果答案是肯定的，那么获益为多少？

答案如表4-1所示。每个购买了二手书的学生都获得了增益，但增益的数量各不相同。

艾丽莎愿意支付59美元，所以她的增益是：59美元－30美元＝29美元。布拉德愿意支付45美元，所以他的增益是：45美元－30美元＝15美元。克劳迪亚愿意支付35美元，所以她的增益就是：35美元－30美元＝5美元。而戴伦和埃德温娜在30美元的价格上是不愿购买的，所以他们没有收益也没有损失。

表4-1　　二手书价格为30美元时的消费者剩余

潜在购买者	支付意愿（美元）	支付价格（美元）	个体消费者剩余＝支付意愿－支付价格（美元）
艾丽莎	59	30	29
布拉德	45	30	15
克劳迪亚	35	30	5
戴伦	25	—	—
埃德温娜	10	—	—
所有购买者			总消费者剩余＝49美元

购买者从购买产品中获得的增益被称为买方的**个体消费者剩余**（individual consumer surplus）。我们从这个例子中知道，每当购买者支付的价格低于其支付意愿时，购买者将获得一些个体消费者剩余。

个体消费者剩余是单个购买者从购买某种产品中获得的增益。它等于购买者的支付意愿和实际支付的价格之差。

所有购买者的个体消费者剩余之和就是所谓的**总消费者剩余**（total consumer surplus）。在表4-1中，总消费者剩余是艾丽莎、布拉德和克劳迪亚的个体消费者剩余之和：29美元＋15美元＋5美元＝49美元。

经济学家通常既用**消费者剩余**（consumer surplus）来指代个体消费者剩余，也用它来指代总消费者剩余。在后面，我们将延续这种习惯。当我们用消费者剩余来指代个体或者总消费者剩余时，上下文的意思总是很清楚。

总消费者剩余是某种产品的所有购买者的个体消费者剩余之和。

消费者剩余这一名称通常既可用来指代个体消费者剩余，也可用来指代总消费者剩余。

总消费者剩余可以借用图形来表示。图4-2中的需求曲线和图4-1中的需求曲线完全相同。需求曲线的每一级阶梯的宽度都是1本书，代表了一个消费者。例如，艾丽莎所在的那一级阶梯的高度是59美元，等于她的支付意愿。59美元所对应的横线构成了矩形的顶。而30美元——她实际支付的价格所对应的横线构成了矩形的底。艾丽莎对应的矩形区域的面积（59美元－30美元）×1＝29美元就是她因为以30美元的价格购买一本二手书所获得的消费者剩余。所以艾丽莎获得的消费者剩余就是图4-2中深灰色区域的面积。

除了艾丽莎之外，在书价为 30 美元时，布拉德和克劳迪亚也会购买二手书。和艾丽莎一样，他们同样从购买二手书中获得了增益，但是没有艾丽莎的那么多，因为他们的支付意愿较低。图 4－2 也显示了布拉德和克劳迪亚获得的消费者剩余；同样地，他们的消费者剩余也可以用相应的矩形的面积来衡量。而戴伦和埃德温娜因为不会在价格为 30 美元时买二手书，所以他们没有任何消费者剩余。

从这个市场上获得的总消费者剩余就是艾丽莎、布拉德和克劳迪亚的个体消费者剩余之和。所以总消费者剩余就等于三个矩形面积之和——图 4－2 中整个阴影区域的面积，或者换种说法：价格线以上、需求曲线以下区域的面积。

图 4－2 说明了如下的一般性原理：在一定的价格水平上，购买某种产品所得到的总消费者剩余等于需求曲线以下、价格线以上区域的面积。不论消费者人数有多少，这个原理都适用。

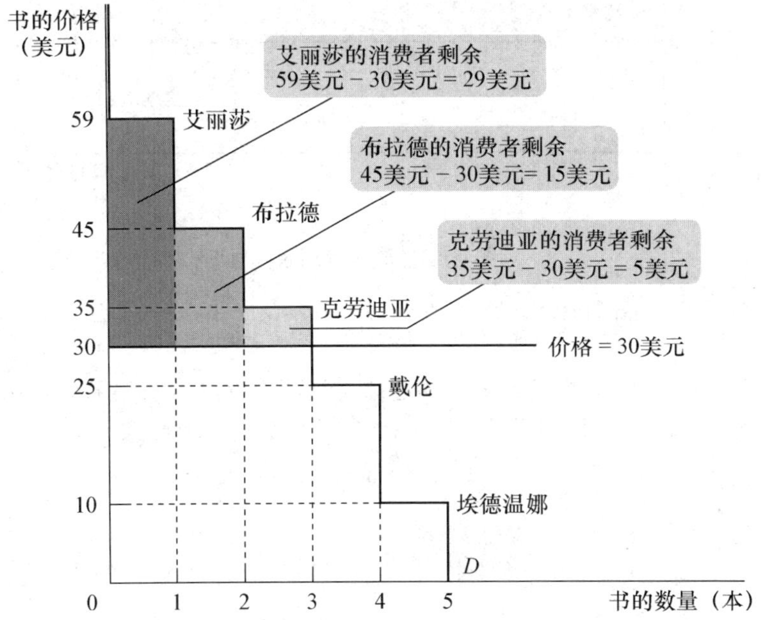

图 4－2　二手书市场上的消费者剩余

当价格为 30 美元时，艾丽莎、布拉德和克劳迪亚每人各买一本，而戴伦和埃德温娜不买。艾丽莎、布拉德和克劳迪亚都获得了等于支付意愿和实际价格之差的个体消费者剩余，即矩形的阴影面积。戴伦和埃德温娜的支付意愿少于 30 美元，所以他们不会买书，他们的消费者剩余为 0 美元。总消费者剩余就是整个阴影部分的面积即个体消费者剩余之和：29 美元＋15 美元＋5 美元＝49 美元。

当我们考虑更大一些的市场时，这种图形表示法变得极为有用。以拥有几百万潜在购买者的 iPad 市场为例。每个潜在购买者都有自己愿意支付的最高价格。因为有如此多的潜在购买者，需求曲线将呈平滑状，如图 4－3 所示。

假定价格为 500 美元时，iPad 的销量为 100 万台。消费者从购买的 100 万台 iPad 中获得了多少增益呢？要回答这个问题，我们可以计算每个消费者的个体消费者剩余，然后对它们进行加总得出总和。但是，观察图 4－3，根据总消费者剩余等于阴影区域的面积来计算就简单得多。如我们最初的例子一样，总消费者剩余等于需求曲线以下、价格线以上区域的面积（如何计算该直角三角形的面积，请参阅第 2 章的附录）。

□ 4.1.3　价格变化如何影响消费者剩余

弄清楚价格变化时消费者剩余怎样变化通常是一个重要问题。例如，我们也许想知道，巴基斯坦棉花产区的水灾促使棉花价格上升会使消费者受到多大“伤害”，或者水产养殖使鱼排变得便宜会使消费者获益多少。我们用以计算消费者剩余的方法同样可以回答价格变化如何影响消费者的问题。

让我们转向二手书市场这个例子。假如书店决定以 20 美元而不是 30 美元的价格出售二手书。消费者剩余将增加多少？

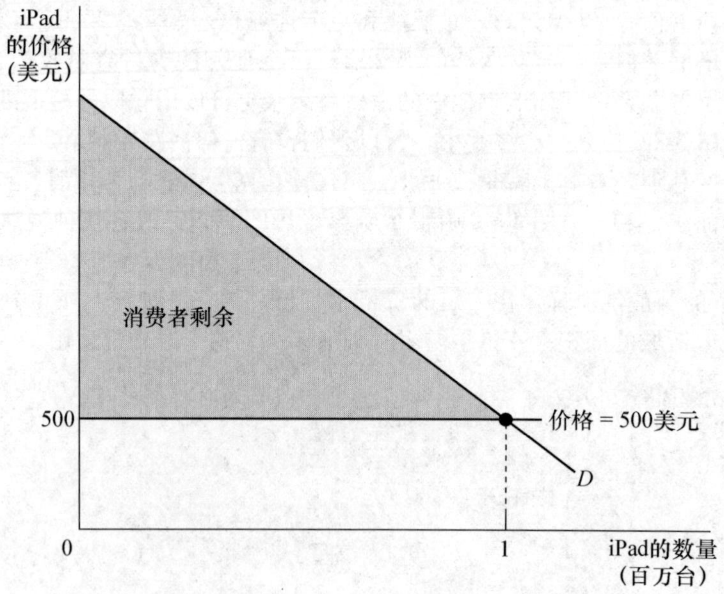

图 4-3　消费者剩余

由于拥有许多潜在的购买者，iPad 的需求曲线呈平滑状。在价格为 500 美元时，iPad 的需求量是 100 万台。这个价格水平上的消费者剩余等于阴影区域的面积。这是当价格为 500 美元时消费者因为购买了 iPad 而获得的总增益。

图 4-4 给出了答案。如图所示，消费者剩余的增加包括两个部分：第一部分是深灰色区域，是那些在价格为 30 美元时也愿意买书的人所得的增益。每个在 30 美元的价格上愿意购买二手书的学生——艾丽莎、

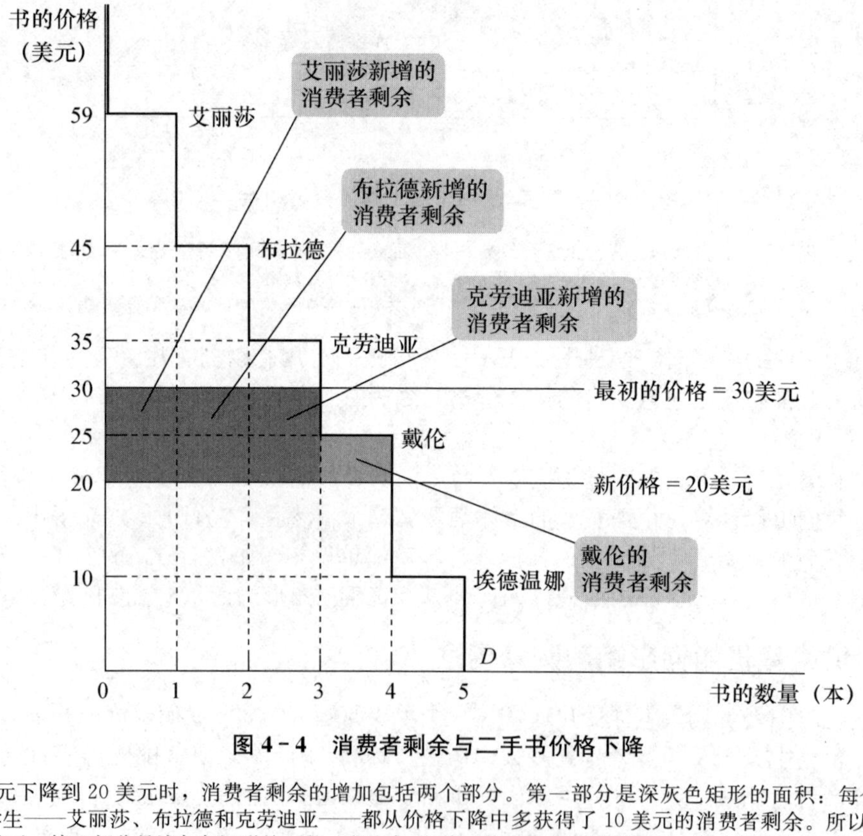

图 4-4　消费者剩余与二手书价格下降

当价格从 30 美元下降到 20 美元时，消费者剩余的增加包括两个部分。第一部分是深灰色矩形的面积：每个在 30 美元的价格上愿意购买二手书的学生——艾丽莎、布拉德和克劳迪亚——都从价格下降中多获得了 10 美元的消费者剩余。所以深灰色矩形的面积等于 3×10 美元＝30 美元。第二部分是浅灰色矩形的面积：那些在 30 美元的价格上不愿意购买，但在价格为 20 美元时愿意购买的人（即戴伦）的消费者剩余。戴伦的支付意愿是 25 美元，所以他获得了 5 美元的消费者剩余。消费者剩余总共增加了 3×10 美元＋5 美元＝35 美元，等于阴影区域的面积。同样地，如果价格从 20 美元上升到 30 美元，消费者剩余的减少也等于阴影区域的面积。

布拉德和克劳迪亚——现在少付了 10 美元，因此，当价格降低到 20 美元时，每个人都从价格下降中多获得了 10 美元的消费者剩余。所以深灰色区域代表了这三个学生新增加的消费者剩余，即 10 美元×3＝30 美元。

第二部分是浅灰色区域，是那些在 30 美元的价格上不愿意购买，但在价格为 20 美元时愿意购买的人——在我们的例子中就是戴伦——所获得的收益。他获得 5 美元的消费者剩余，也就是他的支付意愿 25 美元和新的价格水平 20 美元之间的差额。所以浅灰色区域意味着消费者剩余又增加了 5 美元。

总消费者剩余共增加了 35 美元，等于阴影区域的总面积。同样地，如果价格从 20 美元上升到 30 美元，消费者剩余的减少也等于阴影区域的总面积。

图 4－4 显示了当某种商品的价格下跌时需求曲线以下、价格线以上区域的面积——我们已经知道它就等于总消费者剩余——变大了。图 4－5 显示，同样的结果也适用于 iPad 的平滑需求曲线的情况。这时我们假设 iPad 的价格从 2 000 美元下降到 500 美元，导致需求量从 20 万台增加到 100 万台。

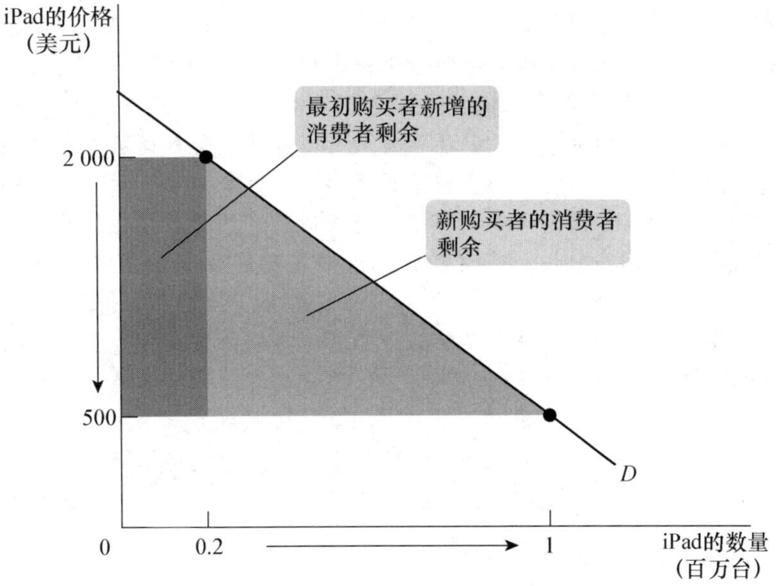

图 4－5　价格下降使消费者剩余增加

iPad 的价格从 2 000 美元下降到 500 美元，导致需求量和消费者剩余增加。总消费者剩余的变化等于阴影区域的面积之和：需求曲线以下、原有价格和新价格之间的区域的面积。此处，深灰色区域代表了在 2 000 美元的价格上愿意购买 iPad 的原有 20 万个购买者消费者剩余的增加，他们中的每个人都多获得了 1 500 美元的消费者剩余。浅灰色区域代表了愿意在 500 美元到 2 000 美元的价格区间购买 iPad 的人的消费者剩余的增加。与此类似，iPad 的价格从 500 美元上涨到 2 000 美元时，消费者剩余的减少也等于这两个阴影区域的面积之和。

正如二手书的例子一样，我们把新增消费者剩余分成两个部分。图 4－5 中的深灰色矩形与图 4－4 中的深灰色区域相对应：它是在 2 000 美元这一较高价格水平上愿意购买 iPad 的人所获得的增益。价格下降后他们每个人都多获得了 1 500 美元的消费者剩余。图 4－5 中的浅灰色三角形和图 4－4 中的浅灰色区域相对应：它是在价格高时不愿意购买但是在 500 美元这一价格上愿意购买的人所获得的增益。例如，浅灰色三角形包括了当价格降为 500 美元时，在 1 000 美元的价格上愿意购买 iPad 的人所获得的增益，如果他能以 500 美元的价格买到 iPad，他的消费者剩余为 500 美元。

与前述相同，总消费者剩余增加的部分等于阴影区域的面积之和，即需求曲线之下、价格线之上增加的区域的面积。

如果商品的价格不是下降而是上升，又会发生什么呢？我们只需要把方向调过来就行了，分析方法相同。例如，假设由于某种原因，iPad 的价格从 500 美元上升到 2 000 美元，这将导致消费者剩余下降，下降的数额等于图 4－5 中阴影区域的面积。这一损失包括两个部分。深灰色矩形代表了即使价格是 2 000 美元仍然会购买的消费者的损失。浅灰色三角形代表了在这个较高价格上不会购买 iPad 的消费者的损失。

▶ 追根究底

生死攸关的问题

2013 年，有超过 6 500 名美国人因为缺少移植器官而死亡。截至 2014 年，等待器官移植的人超过 122 000 人。你可以从下图中看出每年持续增长的可用器官数量和器官捐赠数量之间的差距。（从死去患者身上进行的器官移植可以解释你看到的活体捐助者数量和实际移植者数量之间的差额。）

因为需要进行器官移植的人远远超过可用器官数量，因此分配可用器官最好的方法是什么呢？靠市场不可行。出于可以理解的原因，在美国进行人体器官交易是非法的。所以，针对这一情形，建立一套协议程序的任务就落到非营利组织“器官共享联合网络”（UNOS）身上。

肾移植是最常见的器官移植，所以，当器官共享联合网络决定调整分配器官给移植接受者的协议程序时，肾移植是关注的焦点。此前的准则是，一个捐赠的肾脏将会被分配给等待最久的人。根据这套制度，一个可用的肾脏会被分配给一个已经等待了 2 年、年纪为 75 岁的人，而不是一位 25 岁、等待时间为 6 个月的人，尽管后者可能会活得更久，移植器官带来的好处也更久远。

为了解决这个问题，2013 年器官共享联合网络基于“净生存受益”理念采用了一套新的指导准则。根据肾脏可能会持续多久对其排名，同样，对于移植接受者也根据其接受移植后生存时间长短进行排序。根据这种新的指导准则，肾脏将被分配给预计可使移植肾脏存活时间最长的人。换言之，预计将会持续几十年的肾脏将被分配给一个相对年轻的人，因为年长的移植接受者所获得的肾脏只会持续不长的年份。

通过匹配肾脏的预期存活时间与移植接受者的预期寿命，器官共享联合网络的新准则试图避免如下情况：（1）移植接受者的寿命长于移植的肾脏的寿命，因此需要另一次移植，导致提供给他人的肾脏数量减少；（2）肾脏的寿命明显长于接受者的寿命，从而浪费了肾脏可能使他人多受益几年的功能。

那么，这与消费者剩余有关吗？你可能已经想到了，器官共享联合网络的“净生存受益”理念很像个体消费者剩余——个人从得到一个新肾脏上获得的消费者剩余。从本质上讲，器官共享联合网络设计的肾脏分配制度是根据谁得到的消费者剩余最大来分配的。器官共享联合网络采用这种方式制定指导准则，是试图使可用的肾脏总量实现总消费者剩余最大化。从结果来看，器官共享联合网确定的指导准则很像一个竞争激烈的市场得到的结果。

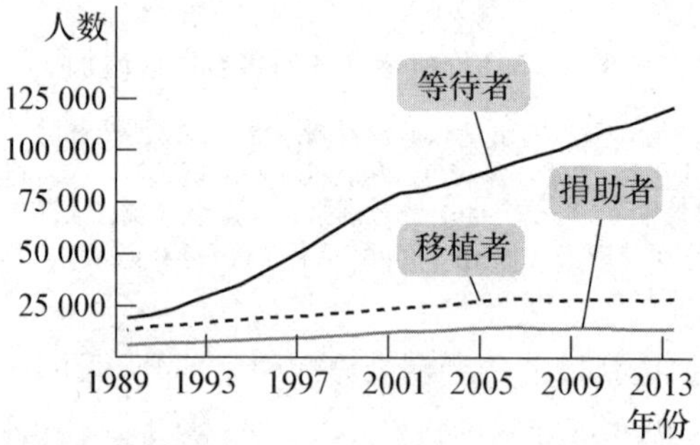

资料来源：基于 OPTN data as of January 3，2014。

▶ 真实世界中的经济学

为什么仅有钱是不够的

消费者剩余概念中关键的一点是购买会使消费者获得一个净收益，因为消费者购买商品支付的价格比他或她愿意支付的价格低。换言之，按照市场价格购买商品的权利本身就是有价值的。

大多数时候，我们不会去考虑与购买商品的权利相关联的价值。在市场经济中，我们把我们只要愿意支付相应的价格就可以买到想买的东西视为想当然的事情。

但是并非总是如此。例如，在第二次世界大战期间，为了战时生产需要，以战前价格销售商品就造成了消费品短缺。除了不允许价格上涨外，许多国家的政府还实行配给制。为了买到糖、鸡蛋、黄油或者汽油以及其他许多商品，你不仅要付钱，而且还要出示政府发放给每个家庭的票证。这些代表着按照市场价格购买商品的权利的纸片很快就成了有价值的商品。

结果，肉票、汽油票的非法交易市场出现了。而且不法分子开始偷这些票证，甚至伪造票证。

有趣的是，即使你在黑市上买到了一张汽油票，你仍然要支付汽油的常规价格。所以，你在黑市上买到的不是商品本身而是按政府管制价格购买商品的权利。也就是说，人们在黑市上买到的票证是为获得消费者剩余这一权利而支付的代价。

及时复习

- 某种产品的需求曲线由每个潜在消费者的支付意愿决定。
- 个体消费者剩余就是单个消费者从购买某种产品中获得的增益。
- 某个市场上的总消费者剩余等于需求曲线以下、价格线以上区域的面积。
- 一种产品的价格下降会通过两个渠道增加消费者剩余：一是在初始价格水平上愿意购买产品的消费者的增益增加，二是在价格降低后愿意购买产品的消费者的增益增加。产品价格上升会以类似的方式使消费者剩余减少。

小测验 4-1

1. 以奶酪墨椒这种菜肴的市场为例。有两个消费者——凯西和乔西，她们对这种菜肴的支付意愿如下表所示：

数量	凯西的支付意愿（美元）	乔西的支付意愿（美元）
第一份	0.90	0.80
第二份	0.70	0.60
第三份	0.50	0.40
第四份	0.30	0.30

a. 根据上表编制价格为 0.00 美元、0.10 美元一直到 0.90 美元时的需求表。

b. 计算价格为 0.40 美元时的总消费者剩余。

4.2 生产者剩余和供给曲线

就像产品的一些购买者愿意为产品支付比实际价格水平更高的价格一样，产品的一些销售者也愿意以低于实际价格水平的价格出售产品。因此，我们几乎完全可以用分析消费者剩余和需求曲线的方法来分析生产者剩余和供给曲线。

4.2.1 成本和生产者剩余

假如有一群学生是二手教材的潜在销售者。因为他们的偏好各不相同，所以他们各自愿意以不同的价格出售自己的二手书。图 4-6 列出了几个学生愿意售出二手书的不同价格。安德鲁只要能拿到 5 美元就愿意售出二手书，贝蒂只有在价格至少为 15 美元时才愿意售出二手书，卡洛斯愿意接受的最低价是 25 美元，唐娜是 35 美元，英格伯是 45 美元。

一个潜在销售者愿意接受的最低价格在经济学上有一个特定的名称：卖方**成本**（cost）。所以安德鲁的成本是 5 美元，贝蒂的成本是 15 美元，依此类推。

一个销售者的**成本**是他或她愿意接受的最低出售价格。

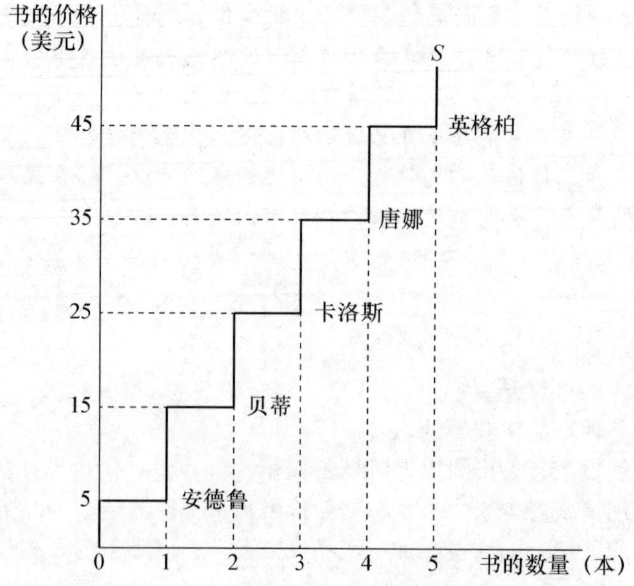

潜在销售者	成本（美元）
安德鲁	5
贝蒂	15
卡洛斯	25
唐娜	35
英格伯	45

图 4-6　二手书的供给曲线

供给曲线表现了销售者的成本，即潜在销售者愿意接受的最低价格，以及在这个价格上的供给数量。如图中的表格所示，这 5 个学生每人都有 1 本二手书，而且每个人的成本不同。在价格为 5 美元时，供给数量是 1（安德鲁），在价格为 15 美元时，供给数量是 2（安德鲁和贝蒂），一直等到价格上升至 45 美元时，5 个学生都愿意卖出二手书。

说到“成本”，人们通常会把它和生产某种产品的货币成本联系起来，所以当我们说二手书销售者的成本时，你可能会觉得有些奇怪。学生并没有“生产”书，所以他们应该没有花费任何成本，事实是这样吗？

不！书被卖出后，学生将不再拥有它。所以，销售书是存在机会成本的，即使书的所有者已经修完了相应的课程。记住，经济学的一个基本原理是：真正度量做一件事情的成本的应该是机会成本。也就是说，某种东西的真实成本是你为了得到它而必须放弃的东西。

所以，经济学所说的销售者销售一件产品时愿意接受的最低价格就是产品的销售“成本”，即使销售者对所销售的产品没有花费任何金钱。当然，在真实世界的大多数市场中，销售者通常也是生产产品的人，所以的确为所出售的产品花费了金钱。在这种情况下，销售产品的成本就应该包括货币成本，但是也包括其他的机会成本。

回到我们所讨论的例子上来，假定安德鲁以 30 美元的价格售出他的书。很明显，他可以从这笔交易中获得增益：他本来在 5 美元的价格上就愿意把书卖出，现在他多得了 25 美元。这笔增益，即他实际获得的价格和他的成本——他卖出时愿意接受的最低价格——之间的差额，就是所谓的**个体生产者剩余**（individual surplus）。

个体生产者剩余是单个销售者从销售某种产品中获得的增益。它等于销售者实际获得的价格和销售者的成本之差。

就像我们能从不同消费者的支付意愿推导出需求曲线一样，我们也可以从不同生产者的成本推导出供给曲线。图 4-6 中的阶梯形曲线就是从图中的成本表推导出的供给曲线。当价格低于 5 美元时，没有学生愿意卖书。当价格位于 5 美元和 15 美元之间时，只有安德鲁愿意卖书，依此类推。

与消费者剩余的情况相同，我们能够把个体生产者剩余加总得到**总生产者剩余**（total producer surplus），即市场上所有销售者的总增益。经济学家既用**生产者剩余**（producer surplus）这个术语指代总生产者剩余，也用它来指代个体生产者剩余。表4-2 显示了当价格为 30 美元时，每个愿意卖出二手书的学生的增益：安德鲁 25 美元，贝蒂 15 美元，卡洛斯 5 美元，等等。总生产者剩余等于 25 美元＋15 美元＋5 美元＝45 美元。

总生产者剩余是市场中所有销售者个体生产者剩余之和。
经济学家既用**生产者剩余**这个术语来指代总生产者剩余，也用它来指代个体生产者剩余。

与消费者剩余相同，销售二手书的学生所得到的生产者剩余也能用图形来表示。图 4-7 中的曲线重现了图 4-6 中的供给曲线。这条曲线上的每一级阶梯的宽度都是 1 本书，代表一个销售者。安德鲁所在的那一级阶梯的高度是 5 美元，即他的成本。5 美元所对应的横线构成了矩形的底，他实际收到的价格 30 美元所对应的横线构成了矩形的顶。这个矩形的面积（30 美元－5 美元）×1＝25 美元就是他的生产者剩余。所以安德鲁从销售书中获得的增益就是图中深灰色矩形的面积。

表 4－2　　二手书价格为 30 美元时的生产者剩余

潜在销售者	成本（美元）	卖出价格（美元）	个体生产者剩余＝卖出价格－成本（美元）
安德鲁	5	30	25
贝蒂	15	30	15
卡洛斯	25	30	5
唐娜	35	—	—
英格伯	45	—	—
所有销售者			总生产者剩余＝45 美元

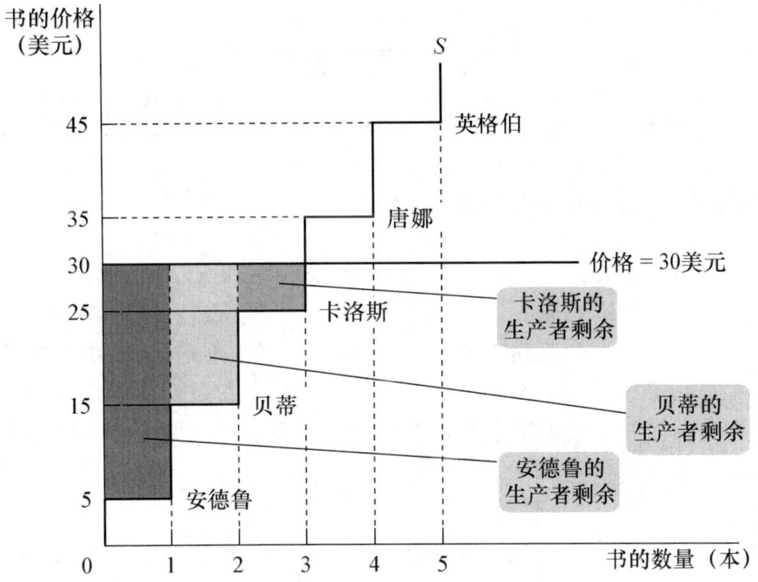

图 4－7　二手书市场上的生产者剩余

当书价为 30 美元时，安德鲁、贝蒂和卡洛斯都把书卖掉了，但是唐娜和英格伯没有卖。安德鲁、贝蒂和卡洛斯都获得了数额等于价格和成本之差的个体生产者剩余，即图中矩形阴影区域的面积。唐娜和英格伯的成本都高于 30 美元，所以不愿意卖出，他们的生产者剩余为 0 美元。总生产者剩余等于整个阴影区域的面积，等于安德鲁、贝蒂和卡洛斯的个体生产者剩余之和，即 25 美元＋15 美元＋5 美元＝45 美元。

假设校园书店愿意以每本 30 美元的价格买下学生们愿意卖出的二手书。那么，除了安德鲁之外，贝蒂和卡洛斯也愿意卖掉二手书。后面两人也会从中获益，但是他们获益的数量不如安德鲁多，因为他们的成本更高。正如我们所看到的，安德鲁获得了 25 美元的增益。贝蒂由于成本是 15 美元，所以只获得了 15 美元的增益。卡洛斯获得的增益就更少，只有 5 美元。

还是与消费者剩余一样，计算销售一种产品的总生产者剩余的一般性原理是：在一定的价格水平上，销售某种产品所得到的总生产者剩余等于供给曲线以上、价格线以下区域的面积。

这一原理既适用于图 4－7 中的例子，即只有有限的几个生产者，供给曲线呈阶梯状，也适用于更加接近现实的情形，即有很多生产者，供给曲线接近于平滑状。

我们来看小麦供给的例子。图 4－8 显示了生产者剩余如何受到小麦价格变化的影响。假定如图 4－8 所示，当价格为每蒲式耳 5 美元时，农场主供给 100 万蒲式耳。那么，农场主以这一价格卖出获得的收益是多少？农场主的生产者剩余等于图中阴影区域的面积——供给曲线以上、5 美元价格线以下区域的面积。

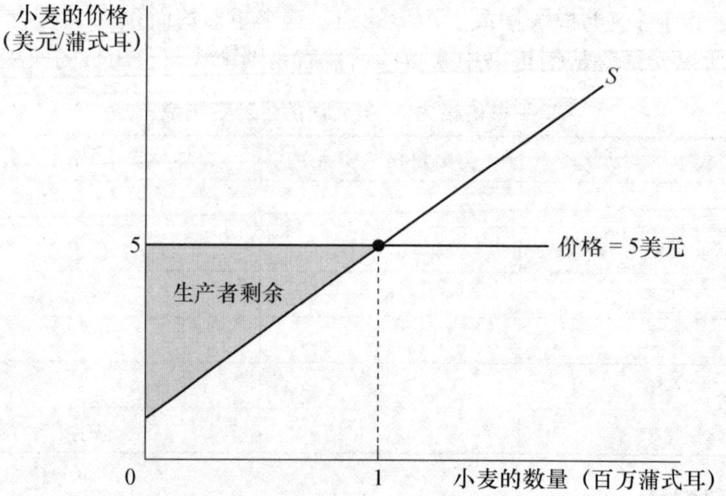

图 4-8　生产者剩余

图中所示为小麦的供给曲线。当市场价格为每蒲式耳 5 美元时，农场主供给 100 万蒲式耳小麦。这一价格水平上的生产者剩余等于阴影区域的面积：供给曲线以上、价格线以下区域的面积。它是生产者——农场主——在价格为 5 美元时供应产品而获得的总增益。

□ 4.2.2　价格变化如何影响生产者剩余

与消费者剩余类似，价格变化也会改变生产者剩余，但两者的变化方向正好相反。价格下降后，消费者剩余增加，但生产者剩余减少。价格上涨后，消费者剩余减少，但生产者剩余增加。

为了理解这一点，我们考虑一种产品价格上涨的情形。价格上涨后，产品生产者的生产者剩余将会增加，当然并非所有生产者都获得相同的增加量。有些生产者即使是在最初的价格水平上也愿意供给产品，他们供给的每单位产品都将获得等于全部价格上升幅度的增益。其他生产者因为价格上升才进入这个市场，只会获得相当于新价格和成本之差的增益。

图 4-9 显示了与图 4-5 正好相反的情形，即当小麦价格从每蒲式耳 5 美元涨到 7 美元后，生产者剩余所受到的影响。生产者剩余的增加幅度等于整个阴影区域的面积，它由两部分组成。第一部分是一个深灰色

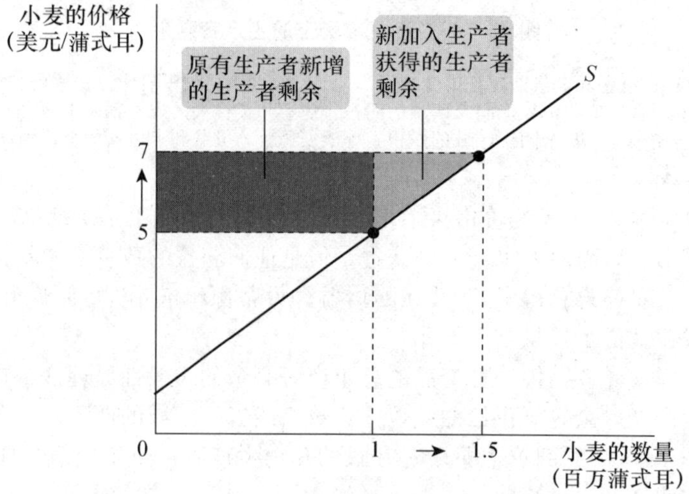

图 4-9　价格上升导致生产者剩余增加

小麦价格从 5 美元上升到 7 美元会导致供给数量上升和生产者剩余增加。总生产者剩余改变的数量由阴影区域的面积给出，即供给曲线以上新旧价格水平之间区域的面积。深灰色矩形区域代表在最初 5 美元的价格水平上也愿意提供小麦的农场主的增益，他们每人从生产的每蒲式耳小麦中获得了 2 美元的生产者剩余。浅灰色三角形区域代表的是随着价格上涨才供给小麦（50 万蒲式耳）的农场主的生产者剩余。类似地，如果小麦价格从 5 美元下降到 7 美元，生产者剩余的减少数量也等于阴影区域的面积。

矩形，它代表那些在 5 美元的价格上也愿意供应小麦的农场主的增益，第二部分是一个浅灰色三角形，它代表价格上升后才进入这个市场的生产者的增益。

如果价格从 7 美元降到 5 美元，情形正好颠倒过来。阴影区域的面积将代表生产者剩余的减少。生产者剩余的这一损失同样由两部分组成，在 5 美元的价格上愿意供应小麦的农场主的损失（深灰色矩形）和那些因为价格下降而不再种植小麦的农场主的损失（浅灰色三角形）。

▶ **真实世界中的经济学**

农场狂欢

2013 年，艾奥瓦州农田每英亩的平均价格触及 8 716 美元的历史新高，比上年增长了 5%。这是继三年价格连续上涨 15%之后的继续上涨。如图 4－10 所示，艾奥瓦州的农田价格从 2009 年至 2013 年出现了爆发式增长。这没有什么神秘之处，因为玉米、小麦和大豆的价格在上涨。从 2009 年到 2013 年，玉米的价格已经跃升了 75%，大豆的价格上涨了 45%，小麦的价格上涨了 40%。

为什么艾奥瓦州农产品会出现如此高的价格？主要有三个方面的原因：乙醇需求增加；发展中国家的收入水平提高；澳大利亚和乌克兰其他粮食生产国遭受恶劣天气。

乙醇需求增加：乙醇，由玉米酿制，与啤酒等酒精饮料中的酒精属相同种类的产品，但也可以用作汽车燃料。而且，近年来，联邦和州两级政府推出政策，鼓励使用包含一定比例乙醇的汽油。该项政策的推出有多种利益考虑，其中包括：可以减少空气污染，希望通过使用乙醇来减少美国对进口石油的依赖。因为乙醇由玉米酿制，乙醇转为燃料将增加对玉米的需求。

但是，艾奥瓦州的农场主也从全球经济中获益匪浅。世界粮食市场中的需求变化和供给变化推动了美国玉米、小麦和大豆价格的上涨。发展中国家的收入水平提高后对食品的消费增加，也就增加了对这些食品的需求。同时，澳大利亚等粮食生产国遭遇非常糟糕的天气导致供给下降。可以预见，需求增加叠加供给减少，导致了粮食作物价格飙升，艾奥瓦州农场主有了意外收获。

这与土地价格有什么关系呢？在艾奥瓦州购买了农场的人就得到了由农场所产产品带来的生产者剩余。玉米、大豆和小麦的价格水平上升提高了艾奥瓦州农场主的生产者剩余，因此该州的农田就更有价值。艾奥瓦州立大学的调查显示，该州农田一英亩的平均价格在 10 年内已飙升了 383%。

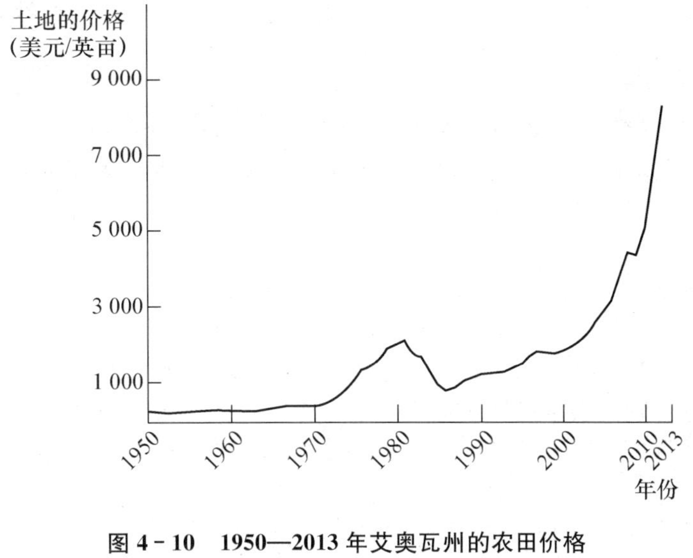

图 4－10　1950—2013 年艾奥瓦州的农田价格

资料来源：Iowa State University Iowa Land Value Survey.

及时复习

- 一种产品的供给曲线由每个潜在销售者的成本决定。
- 价格和成本之间的差额就是销售者的个体生产者剩余。
- 总生产者剩余等于供给曲线以上、价格线以下区域的面积。
- 当产品价格上升时，生产者剩余的增加有两个渠道：一是在初始价格水平上愿意供给该产品的人的增益增加，二是在价格上升后才供给产品的人的增益增加。产品价格下降会以类似的方式导致生产者剩余减少。

小测验 4-2

1. 以奶酪墨椒这种菜肴的市场为例。有两个生产者——卡拉和杰米，他们制作每份菜肴的成本如下表所示：

数量	卡拉的成本（美元）	杰米的成本（美元）
第一份	0.10	0.30
第二份	0.10	0.50
第三份	0.40	0.70
第四份	0.60	0.90

a. 根据上表编制价格为 0.00 美元、0.10 美元一直到 0.90 美元时的供给表。

b. 计算价格为 0.70 美元时的总生产者剩余。

4.3 消费者剩余、生产者剩余和贸易增益

我们在第 1 章中介绍过经济学最核心的 12 个原理，其中之一为市场是一种非常有效的组织经济活动的方式：它们通常能在给定资源的条件下，使社会福利达到最大。消费者剩余和生产者剩余概念能够帮助我们加深对这个原理的理解。

□ 4.3.1 贸易增益

我们回到二手书市场，但是现在我们来考察一个大得多的市场，比如一个大型的州立大学，这所大学里有很多潜在的二手书购买者和销售者。我们先根据潜在购买者支付意愿的高低对购买者排序。支付意愿最高的学生排第一，支付意愿次高的学生排第二，依此类推。这样我们可以根据他们的支付意愿推导出如图 4-11 所示的需求曲线。

类似地，我们再根据潜在销售者成本的高低来对他们进行排序。成本最低的学生排第一，成本次低的学生排第二，依此类推，可以推导出如图 4-11 所示的供给曲线。

如图 4-11 所示，市场在每本 30 美元的价格上达到均衡，均衡数量是 1 000 本。图中两个阴影三角形分别代表市场产生的消费者剩余（深灰色三角形）和生产者剩余（浅灰色三角形）。消费者剩余和生产者剩余之和就是市场产生的**总剩余**（total surplus）。

> 市场产生的**总剩余**是消费者和生产者从市场交易中得到的总增益。它等于消费者剩余和生产者剩余之和。

令人惊讶的是消费者和生产者都有增益，也就是说，因为存在这种产品市场，消费者和生产者的状况都变得更好了。但是，这其实也不奇怪，它说明了经济学的另一个核心原理：贸易会带来增益。正是由于存在贸易增益，所以参与市场经济的每个人的福利状况都比自给自足情况下要好。

但是，我们是否达至福利最大化了呢？这就涉及市场效率问题。

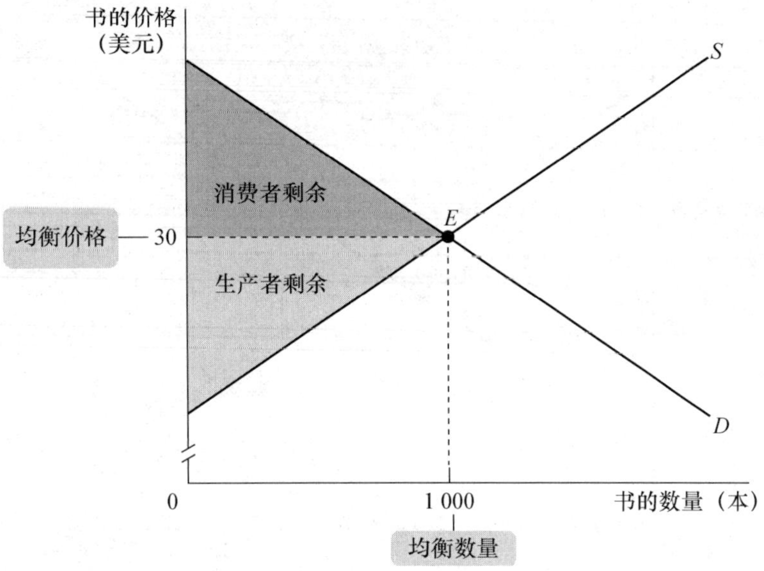

图 4-11　总剩余

在二手书市场上，均衡价格是 30 美元，均衡数量是 1 000 本。消费者剩余由深灰色区域给出，即需求曲线以下、价格线以上的区域。生产者剩余由浅灰色区域给出，即供给曲线以上、价格线以下的区域。深灰色区域和浅灰色区域的总面积就是总剩余，即整个社会从某种产品的生产和消费中获得的总增益。

□ 4.3.2　市场效率

市场会因为贸易而增进福利，但是在第 1 章中我们曾经提出过一个更加大胆的命题：市场通常是有效（率）的。换言之，我们认为，一旦市场由于贸易而增进了福利，那么通常没有别的办法能够改进某些人的福利状况而又不损害其他任何人的福利（除非在一些特定的条件下）。

消费者剩余和生产者剩余的分析有助于我们理解为什么市场通常是有效的。为了获得更多的直觉知道为什么会如此，请考虑市场均衡只是一种确定谁消费产品、谁销售产品的方法。也存在其他可能的方法来做出这样的决策。

例如可以考虑在本章前面所讨论的肾脏移植的情形，其中必须进行的决策是谁将获得可移植的肾。在这种情形下，不可能由市场来做出决定，因为这涉及人体器官。在过去，肾脏分配是根据被移植者等待时间的长短，这是非常无效率的一种方法。后来这种方法被器官共享联合网络制定的新制度所取代，这种新制度的依据是非常类似于消费者剩余的“净生存收益”理念，尽管没有依靠市场体制，但是成功复制出了有效率的结果。

为了进一步理解为什么市场通常会运行良好，我们可以设想由一个委员会负责改进谁得到二手书、谁放弃二手书的市场均衡结果。该委员会的终极目标是超越市场分配的结果而设计出其他方法，凭此可以获得更高的总剩余。

我们考察该委员会可努力增加总剩余的三种方法：

1. 在消费者之间重新配置消费。
2. 在销售者之间重新配置销售。
3. 改变交易的数量。

在消费者之间重新配置消费　委员会可以通过将二手书销售给不同的消费者来增加总剩余。图 4-12 显示了为什么在消费者之间重新配置消费会减少剩余。这里我们使用的是平滑的需求曲线和供给曲线，因为有很多购买者和销售者。A 点和 B 点显示了二手书的两个潜在购买者安娜和鲍勃在需求曲线上所处的位置。如图所示，安娜愿意为每本书支付 35 美元，但是鲍勃只愿意支付 25 美元。由于均衡价格是 30 美元，根据市场结果，安娜买到了一本书，而鲍勃没有。

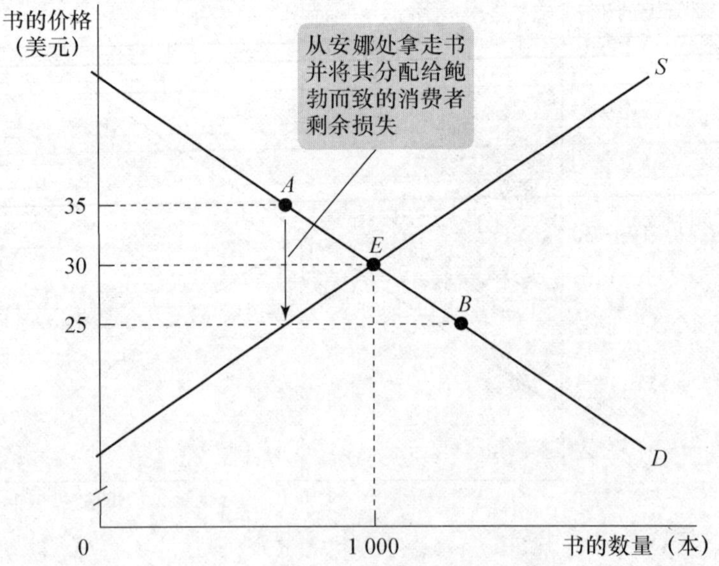

图 4-12　消费的重新配置使消费者剩余减少

安娜（A 点）的支付意愿是 35 美元。鲍勃（B 点）的支付意愿只有 25 美元。在 30 美元的市场均衡价格上，安娜会购买一本书，而鲍勃不会。如果我们重新分配，从安娜处拿走书并将其分配给鲍勃，消费者剩余会减少 10 美元，因而总剩余减少 10 美元。

现在假设由委员会重新分配消费，这将意味着，从安娜那里拿走书并将其分配给鲍勃。因为对安娜而言该书的价值为 35 美元，而对鲍勃来说该书仅仅值 25 美元，这一举动会使消费者剩余减少 35 美元－25 美元＝10 美元。而且，这一结果并不取决于我们选择的是哪两个学生。每个在均衡价格上买书的学生的支付意愿都比 30 美元高，而每个不愿在均衡价格上买书的学生的支付意愿都比 30 美元低。

所以，在消费者之间重新配置产品总是意味着从一个更加看重二手书的学生那里拿走二手书，把它配置给一个不太看重此书的人，而这必然会减少消费者剩余。

在销售者之间重新配置销售　委员会也可以尝试通过改变由谁销售书来增加总剩余，不允许那些在市场均衡价格上愿意出售书的人出售，而强迫那些在同样价格上不愿出售书的人销售书。

图 4-13 显示了为什么这样做也会导致剩余减少。X 点和 Y 点显示了两个销售者泽维尔和伊冯在供给曲线上的位置。泽维尔的成本是 25 美元，伊冯的成本是 35 美元。在 30 美元的市场均衡价格上，泽维尔将卖出自己的书，而伊冯不愿意。如果委员会重新配置销售，阻止泽维尔售书，而强迫伊冯售书，总生产者剩余将减少 35 美元－25 美元＝10 美元。

同样，这一结果也不取决于我们选择哪些学生。任何在均衡价格上售书的学生的成本都比不愿意售书的学生的成本低。所以，在销售者之间重新配置销售的行为必然会提高总成本并且减少生产者剩余。

改变交易的数量　委员会也可以通过强迫学生们交易比市场均衡数量多或者少的书来增加总剩余。

图 4-14 显示，这样做也会导致剩余减少。有 4 个学生参与交易，可能的购买者为安娜和鲍勃，可能的销售者为泽维尔和伊冯。为了减少销售，委员会必须阻止在市场均衡处发生的交易，如阻止泽维尔卖给安娜这样的交易。因为安娜愿意支付 35 美元，但泽维尔的成本只有 25 美元。所以，阻止这样的交易将使总剩余减少 35 美元－25 美元＝10 美元。

我们再次声明，结果仍然不取决于我们选择哪两个学生。任何在均衡价格上愿意出售二手书的学生的成本都不会高于 30 美元，而任何在均衡价格上买书的学生都愿意支付不低于 30 美元的价格。所以，阻止任何本来会在均衡价格上发生的贸易都会减少总剩余。

最后，委员会也可以尝试按如下方式扩大销售量，即强迫像伊冯这样不愿在均衡价格上卖出二手书的人把书卖给像鲍勃这样不愿在均衡价格上买书的人。因为伊冯的成本是 35 美元，但是鲍勃只愿意支付 25 美元，交易使总剩余减少了 10 美元。当然结果还是不取决于我们挑选了哪两个学生——任何不愿在均衡价格上买书的人的支付意愿都小于 30 美元，而任何不愿卖书的人的成本都高于 30 美元。

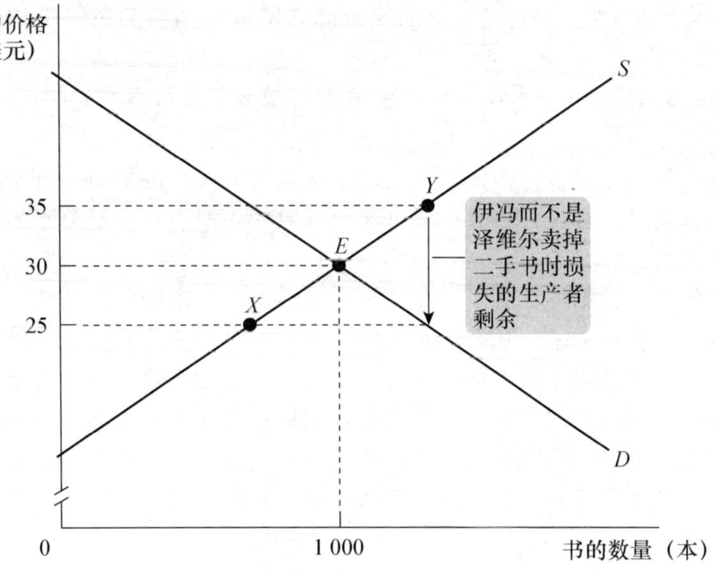

图 4-13　重新配置销售使生产者剩余减少

伊冯（*Y* 点）的成本是 35 美元，比泽维尔（*X* 点）的成本高出 10 美元。在 30 美元的市场均衡价格上，泽维尔将书售出，而伊冯则持有。如果我们改变出售的情形，阻止泽维尔卖掉自己的书，而强迫伊冯卖书，则生产者剩余将减少 10 美元，因此总剩余会减少 10 美元。

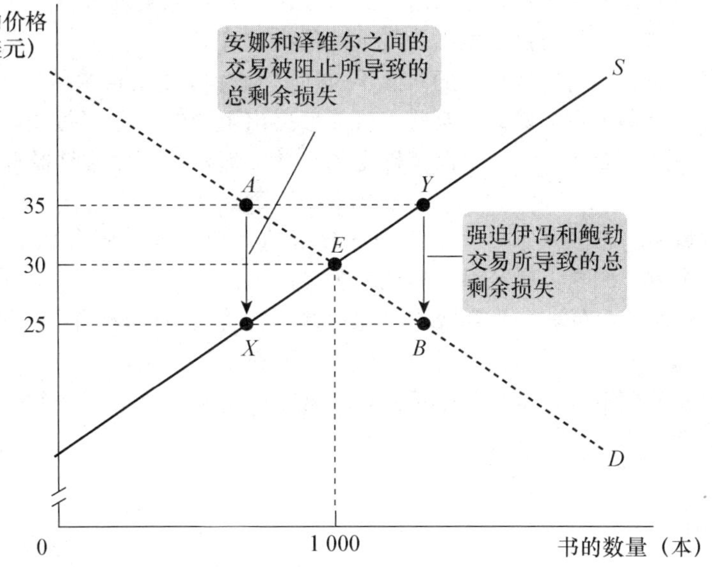

图 4-14　改变销售数量会降低总剩余

如果阻止泽维尔（*X* 点）把自己的书卖给像安娜（*A* 点）这样的人，总剩余会减少 10 美元，即安娜的支付意愿（35 美元）和泽维尔的成本（25 美元）之间的差额。这意味着只要交易数量少于 1 000 本，总剩余就会减少。同样地，如果强迫伊冯（*Y* 点）把书卖给像鲍勃（*B* 点）这样的人，总剩余也会减少 10 美元，即伊冯的成本（35 美元）和鲍勃的支付意愿（25 美元）之间的差额。这意味着只要书的交易数量多于 1 000 本，总剩余就会减少。这两个例子说明，在市场均衡状态下，所有对双方有益的交易——而且只有对双方有益的交易——才会发生。

请记住的关键点是，一旦市场达至均衡，就无法再增加贸易增益了。其他的结果都会降低总剩余。（这就是为什么器官共享联合网络基于“净生存收益”理念来制定新的指导准则，用来复制如果由竞争性市场来分配所捐献的肾脏所得到的结果。）我们可进行一下小结，得出有效市场能发挥的四个重要功能：

1. 它把消费配置给对该产品评价最高的购买者，因为他们愿意为该产品支付最高价格。
2. 它把一种产品的销售配置给最看重销售该商品的权利的销售者，因为他们的成本最低。

3. 它确保购买产品的每一个消费者对产品的评价都高于进行销售的每一个销售者的评价，因此，交易可使双方受益。

4. 它确保每一个没有购买的可能购买者对产品的评价都低于未售出产品的销售者对产品的评价，所以，无法使双方获益的交易不会发生。

四个功能所导致的结果一定是：任何偏离市场均衡结果的分配产品的方法都会导致总剩余减少！

有三个注意事项需要提及。首先，尽管市场可能是有效的，但不一定是公平的。事实上，公平或平等经常与效率冲突。下面我们将进行讨论。

其次，市场有时会失灵。如第1章所说，在一些特定条件下，市场无法达至有效。如果出现失灵，市场将无法实现总剩余最大化。在本章末，我们将对市场失灵做简单介绍，后续章节将会进行详细分析。

最后，即使市场均衡会使总剩余最大化，这也并不意味着它对于每一单个消费者和单个生产者来说都是最好的结果。在其他条件相同的情况下，每个购买者都想要价格更低些，而每个销售者都想要价格再高些。所以，如果政府干预市场，即将价格定在低于市场均衡价格的水平，消费者会感到高兴，而将价格定在高于市场均衡价格的水平，生产者会感到高兴。这样的结果也不再是有效的。尽管部分人的福利状况会更好，但总剩余将会减少。

□ 4.3.3　公平与效率

对于许多需要进行肾移植的患者来说，前述的器官共享联合网络的新的指导准则并非什么好消息。不出所料，当那些为移植已经等待了几年的人发现新准则对年轻病人优先时，他们会认为……嗯……这不公平。指导准则引出了关于公平的其他问题：为什么潜在的移植接受者只限美国人？为什么不包括患其他慢性疾病的年轻病人？为什么不优先给那些对社会做出公认贡献的人？等等。

这里的关键是效率是关于如何实现目标的，而不是哪些目标应该实现。例如，器官共享联合网络决定，其目标是最大限度地延长肾移植者的寿命。有些人可能会提出不同的目标，而效率无法解决哪个目标是最好的这一问题。效率所能做的是如何实现一个已经确定的目标，这种情形也就是器官共享联合网络所用的“净生存受益”理念。

如下想法容易出现偏差：市场永远是对的，经济政策的干预对效率而言总是糟糕的事情。这将产生误导，因为还需考虑另一个重要因素：社会对平等或者公平的关注。

正如我们在第1章中所讨论的，公平和效率之间通常存在着权衡取舍。促进公平的政策通常要付出效率降低的代价；促进效率的政策经常导致公平受损。所以，要充分认识到，一个社会为了平等而牺牲一些效率的选择是正当的。也要充分理解，公平与效率不同，非常难以定义。公平是一个怀有善意的人们通常有不同理解的概念。

▶ **真实世界中的经济学**

请拿好钥匙

“爱彼迎（Airbnb）实际上是因一道数学题而诞生的”，该公司联合创始人乔·杰比亚（Joe Gebbia）如是说，“我们辞职创业，但房东提高的房租超出了我们的支付能力。所以，我们要解一道数学题。碰巧周末即将来临，一个设计方面的会议将在旧金山举行，但该市的酒店已经满员。我们联系了一些接待点。我们的公寓有多余的空间。所以，爱彼迎的模式（air bed-and-breakfast）就诞生了。”

在无奈、绝望之时别出心裁创立的公司，现在已经可以链接192个国家、34 000多个城市，为超过50万人提供短租服务。爱彼迎是当前通常被称为“共享经济”的最有名和成功的平台公司，这些公司为人们分享使用产品提供了平台。其他还有许多，例如：Relay-Rides and Getaround使得你可向车主租车，Boatbound提供帆船租赁，Desktime提供办公室租赁，ParkAtMyHouse提供停车空间服务，SnapGoods为邻里或社交网络成员相互借用电动工具之类的消费品提供服务，等等。

是什么激励了所有这种共享呢？当然不是利他主义的大爆发，纯粹是金钱。如果周围有未使用的资源，为什么不租给他人来赚钱呢？正如耶鲁大学管理经济学家朱迪思·谢瓦利埃（Judith Chevalier）所说的那样，“这些公司将闲置的资源的价值一点一点地挤出来……”而且，使你的财产产生再多一些的剩余会更有效地利用这些资源。为什么是现在？很显然，网上匹配便利了人们这样做。纽约大学斯特恩商学院的阿伦·桑达拉拉詹（Arun Sundararajan）教授说，其结果是“可能会使得人们重新思考消费方式”。

及时复习

● 总剩余度量的是市场交易带来的增益。

● 除了一些特定情形外，市场会达至有效。我们可以这样来证明：以市场均衡为初始状态，如果我们重新配置消费、重新安排销售或者改变交易数量，所得到的总剩余总是低于市场均衡时的总剩余，这意味着市场均衡是有效率的。

● 因为社会关注公平，政府为公平而干预市场致使效率减损就是合理的。

小测验 4-3

1. 利用小测验 4-1 和 4-2 中的表找出奶酪墨椒市场上的均衡价格和均衡数量。当市场处于均衡状态时，总剩余是多少？谁获得了这些剩余？

2. 说明以下三种行为如何使总剩余降低：

a. 与均衡时相比，让乔西少买一份，而让凯西多买一份。

b. 与均衡时相比，让卡拉少生产一份，而让杰米多生产一份。

c. 与均衡时相比，让乔西少买一份，而让卡拉少生产一份。

3. 假设器官共享联合网络决定进一步修改所捐助肾脏的分配准则，不再单独依赖“净生存受益”，而是有小孩的病人优先。如果这种情形下的总剩余被界定为接受肾脏移植者的寿命，这种新的指导准则会增加总剩余吗？会减少总剩余吗？还是总剩余保持不变？你认为，这种新的指导准则合理吗？

4.4 市场经济

如我们此前所学，在市场经济中，生产和消费的决策依据市场做出。事实上，一个经济总体上是由许多相互连接的市场组成的。截至目前，为了理解市场如何运行，我们已经检视了单个市场，如二手书市场。但在现实中，消费者和生产者并非孤立地在一个市场中做出决策。例如，一个学生在二手书市场中的决策可能会影响到他为学生贷款所支付的利息；也就是说，二手书市场的决策受到了货币市场状况的影响。

我们知道，有效市场均衡会最大化总增益，也就是买方和卖方在市场中获得的增益。因为一个经济体中包括了太多的单个市场，经济作为整体是否存在可比较的结果呢？答案是肯定的，但需要做一些限制。

当一个经济体中的每一个市场都实现了总剩余最大化时，那么经济作为总体就是有效的。这是一个非常重要的结论，就如同在单个市场中不可能在不损害其他人利益的情况下使另一些人的境况变得更好一样，当经济体中的每一个市场都如此时，经济就是有效的。然而，要充分认识到，这只是一个理论结果，实际生活中不可能找到一个经济体其中的每一个市场都是有效的。

就目前而言，我们要检视为什么市场和市场经济一般会运行良好。理解了这一点之后，我们随后将简要介绍为什么市场有时也会出现一些问题。

4.4.1 为什么市场一般会运行良好

> **产权**是有价之物（不论是资源还是产品）的所有者根据自己的意志随意处理该有价之物的权利。

经济学家们就市场是组织经济最有效的方式所出版的著作汗牛充栋。总之，良好运行的市场凭借两个有效特质实现了有效：产权与价格的经济信号指向。就**产权**（property right）而言，我们的意思是指一种制度，在一个经济体制中，有价之物都有具体所有者，他们可以根据自己的意志随意处理有价之物。在产权清晰的制度下，你购买产品后，就获得了所有权，也就是你认为合适的使用和处置这些产品的权利。产权使得在二手书市场或其他市场进行使双方受益的交易成为可能。

为了理解产权为什么重要，我们设想，学生们并不完全拥有对他们的教材的所有权，学期末将书再卖出也受到限制。这样受限制的产权将阻碍许多使双方受益的交易。一些学生将不得不继续保留他们再也不会读的教材，而如果他们能换取一些金钱，则会更好。而其他学生将不得不付全价购买新教材，对这部分学生而言如果能以较低的价格购买有些污损的书，则更划算。

经济信号是指有助于人们或企业做出更好经济决策的任何信息。

一旦一个产权界定清晰的体制建立，良好运行的市场的第二个必要特质——价格的经济信号指向就可以发挥作用了。**经济信号**（economic signal）是指有助于人们或企业做出更好经济决策的任何信息。例如，企业预测人员认为，纸板箱的销售情况是产业部门生产变化的一个良好的早期指标，也就是说，如果企业购买了大量纸板箱，我们可以确定它们不久将增加产量。

但在市场经济中，价格则是一个包含丰富内容的最重要的信号，因为其中包含了其他人关于成本和购买意愿的最核心的信息。如果二手书的市场均衡价格为 30 美元，这实际上是告诉每一个人，有买家愿意支付的价格不低于 30 美元，有卖家的成本不高于 30 美元。市场价格给出的信号确切地告诉人们，不论是买家、卖家还是无关者，总剩余已经最大化。

每一位成本不高于 30 美元的潜在卖家从市场价格中都会知晓卖出她的书是不错的主意；而如果她的成本更高一些，继续保留是不错的选择。与此类似，每一位愿意以不低于 30 美元的价格购书的买家都知道，买书是不错的选择；如果支付意愿没有达到 30 美元，不买是更好的选择。

这个例子表明，市场价格发出了“信号”，支付意愿等于或高于市场价格的消费者应该购买产品；类似地，成本等于或低于市场价格的生产者应该出售产品。因为在均衡实现时，需求数量等于供给数量，所有愿意购买的买家都找到了愿意出售的卖家。

价格作为经济信号，有时候也会失灵。价格有时并不能够确切表明购买产品的意愿水平。当产品质量存在不确定性时，仅仅是价格自身尚不能准确反映产品的价值。例如，我们无法通过一辆二手车的价格来推断它是一辆好车还是一辆“次品”车（柠檬车）。事实上，经济学中一个著名的问题就是“柠檬市场”，因为在其中价格作为经济信号出现失灵。

□ 4.4.2 几句忠告

正像我们已经知道的，市场是组织经济活动非常有效的方法。但是，我们也提到，市场有时会出现失灵。我们首先提及该点是在第 1 章关于相互作用的第 5 个原理中：当市场无法达至有效状态时，政府干预能改善社会的福利。

当市场**非有效**（inefficient）时，一些机会——对生产或消费进行重新配置，可使得某些人的福利得到改善而不必损害他人利益的机会——会丧失。换言之，贸易增益也就是增加总剩余的机会无法实现。当一个市场或多个市场非有效时，其所依存的经济体也是非有效的。

一个市场或一个经济体如果失去如下机会，就将是**非有效**的，即：一些人的境况可以变得更好而没有损害其他人的福利。

当市场不能达至有效状态时就会出现**市场失灵**。

非有效市场可由多个原因引起，最重要的两个原因是：产权缺失与作为经济信号的价格指向失灵。当市场非有效时，我们称之为**市场失灵**（market failure）。在后续章节，我们将检视各种类型的市场失灵。在此，我们先评述一下市场有时无法达至有效状态的三个主要原因：

1. 当交易中的一方试图获得更多的剩余从而阻止互利交易进行时，市场会出现失灵。当市场上只有单一的产品卖家（所谓垄断者）时就会出现这种情形。在这种情形下，我们在供给和需求分析中所依赖的假设——没有哪个买家或者卖家能对市场产生显著的影响——不再成立。垄断者能够决定自己产品的价格，而且正如我们将在第 13 章中所学的那样，为了增加自己的利润，垄断者能操纵市场价格，阻碍对双方有利的交易发生，这就产生了非效率。

2. 个人的行动有时候会对其他个体产生“副作用”，对此市场并不会予以考虑。在经济学中，这种“副作用”被称为外部性（externality），最著名的例子是污染。我们可以将污染问题看成是产权不完整的问题，例如，现有产权无法确保清洁空气的所有权。我们将在第16章对污染和其他外部性引起的非有效问题进行讨论。

3. 有些产品就其自身的性质而言，不适合以市场方式进行有效管理。在第20章我们将分析归入这一类的产品。因为私人信息的缘故，关于一种产品的信息，有些人掌握，有些人不掌握。例如，“次品”二手车的卖家所掌握的信息就不为潜在买家所知晓。

在第17章我们将讨论不适合采用市场方式进行有效管理的其他类别的商品：公共产品、公共资源和人为制造的稀缺产品。因为限制人们获得和消费这些产品存在问题，市场提供这些产品将出现失灵；大海中的鱼和亚马孙热带雨林中的森林就是典型的例子。在这种情形下，市场失灵一般是由于产权不完全而引起的。

尽管存在这些缺陷，市场在最大化贸易增益方面还是值得大加赞扬的。

及时复习

- 在市场经济中，各市场之间相互影响。当经济中的每一个市场都达至有效状态时，总体经济也达至有效状态。但在真实世界中，可以确定市场经济中的部分市场无法达至有效状态。
- 完备的产权制度和价格的经济信号指向的充分作用是保证市场达至有效状态的两个关键因素。但是在一定情况下，产权缺失与价格信号不能够充分显示会导致市场失灵。
- 在某些情形下，市场会出现失灵和非有效，也就是贸易增益无法完全实现。市场失灵最主要的原因有三：交易中的一方为了获得更多的剩余而阻止互利交易、市场未能考虑到的副作用和产品自身的性质问题。

小测验 4-4

1. 在部分富藏石油等自然资源的州，在法律上地面土地的使用权与地下钻探权（也被称为“矿产权”）是分离的，同时拥有两种权利的人可以将二者分开出让。请解释这种产权分离与两种权利必须合在一起出让哪种有助于增进效率。

2. 假设在二手书市场中均衡价格为30美元，但是错误地宣布均衡价格为300美元。这将怎样影响市场效率？请具体说明。

3. 请评论如下说法：“市场总是组织经济活动最有效的方式，任何干预市场的政策都会导致社会福利减损。”

▶ **企业案例**

StubHub给Boss乐队带来的尴尬

回到1965年，在Ticketmaster、StubHub和TicketsNow出现之前，传奇摇滚乐推广人比尔·格雷厄姆（Bill Graham）注意到，每当地方摇滚乐队演出时，就会出现群众性团体暴增的现象。格雷厄姆意识到，除了关注音乐记录外，歌迷也看重演唱会的举办历史。他继续创新摇滚演唱促进业务——对摇滚乐队多城市的巡回演出和门票预售进行管理。这些门票会被仔细分配，单一购买者获许购买的数量是有限的。流行乐队的歌迷们不得不在售票处排队，有时会在开售前露营漏夜排队。

为了保持20世纪60年代的氛围，使得摇滚演唱会更贴近所有的歌迷，许多顶级乐队选择使门票价格低于其市场均衡水平。例如，2012年，布鲁斯·斯普林斯汀（Bruce Springsteen）在新泽西州（他出生在该州，该州也是他最忠实粉丝的家乡）举办的演唱会，门票价格为每张68美元至98美元。斯普林斯汀演唱会门票的价格可能会卖到更高：经济学家艾伦·克鲁格（Alan Krueger）和玛丽·康诺利（Marie Connolly）分析了2002年斯普林斯汀演唱会（当时门票每张75美元），并得出结论认为，Boss乐队因为没有按市场价格即每张280美元定价，因此少收入400万美元。到了2012年，剩余减少得更多，通过各种网络转售的票价飙升到超过6 000美元！

那么，Boss乐队在想什么呢？廉价票可以确保演唱会门票售罄，为乐队和观众提供更好的体验。要充分认识到，其他因素也在起作用，廉价门票是乐队以看上去更“真实”而非商业化形式回馈忠实歌迷的方式。如布鲁斯·斯普林斯汀曾表示的那样，“按照流行的说法，我帮助人们坚守自己的人性——如果我自己做得正确的话”。

但是，互联网的兴起使得问题复杂化了。现在已经不是在售票处外排队购票。歌迷直接从 Ticketmaster（该网站直接从演唱会组织者那里拿票）在线购票，或者通过 StubHub 和 TicketsNow 在网上买二手票。经销商（或称为黄牛）可以通过按售票处价格购买大量门票然后按市场价格转售赚取高额利润。StubHub 目前主导的门票转售市场达到 50 亿美元。

这种做法激怒了歌迷和乐队。但经销商提出的问题是，一个人可以按照自己的意志处置自己的门票。由于门票转售属于各州法律管辖的范围，双方一直在努力游说，争取得到法律的支持。截至 2014 年，各州对于转售的法律规定五花八门。许多州，如阿拉斯加州对任何转售不加限制。与此相反，密歇根州规定，如果没有得到赞助商的允许，则禁止转售。一般情况下，只要消费者得到充分的防欺诈保护，各州的趋势是允许门票转售。

思考题

1. 使用消费者剩余和生产者剩余的概念来分析 Boss 乐队和歌迷之间的交易，请画图说明。

2. 解释互联网的兴起如何破坏了这种交易。

3. 绘制图表来说明经销商对演唱会门票市场上消费者剩余和生产者剩余的分配的影响。互联网交易对这一切意味着什么？

小结

1. 每个消费者的支付意愿决定了需求曲线。当价格低于或等于支付意愿时，潜在消费者会购买产品。价格和支付意愿之间的差额就是消费者的增益——个体消费者剩余。

2. 某个市场上的总消费者剩余——所有个体消费者剩余之和——等于需求曲线以下、价格线以上区域的面积。消费者剩余这个名词通常既可用来指代个体消费者剩余，也可用来指代总消费者剩余。

3. 每个潜在生产者的成本——他或她愿意接受的最低价格——决定了供给曲线。如果产品价格高于某个生产者的成本，则销售此产品会为这个生产者带来增益，即所谓的个体生产者剩余。

4. 一个市场的总生产者剩余——所有个体生产者剩余之和——等于供给曲线以上、价格线以下区域的面积。产品价格上升会增加生产者剩余；价格下降会减少生产者剩余。生产者剩余这个名词通常既可用来指代个体生产者剩余，也可用来指代总生产者剩余。

5. 总剩余——全社会从某种产品的生产和消费中获得的总增益——就是消费者剩余和生产者剩余之和。

6. 市场通常是有效率的，能够达至总剩余最大化。任何对消费或销售的重新配置或者交易数量的改变，都会减少总剩余。然而，社会也关注公平。在某些条件下，政府干预市场降低了效率但增进了公平，对社会来说也是一个合理的选择。

7. 一个由有效市场组成的经济体也是有效的，尽管在现实中不可能达到。市场经济达至有效状态的关键是产权明晰和作为经济信号的价格指向明确。在一定条件下市场会出现失灵，导致市场不再有效。市场失灵的三个主要原因是：试图获得更多剩余造成了非效率、某些交易产生了副作用以及产品自身的性质问题。

关键词

支付意愿	个体消费者剩余	总消费者剩余	消费者剩余	成本	个体生产者剩余
总生产者剩余	生产者剩余	总剩余	产权	经济信号	非有效
市场失灵					

练习题

1. 计算下列每种情况下产生的消费者剩余。

a. 莱昂到商店去买一件新 T 恤，他愿意为之支付不超过 10 美元的价格。他挑了一件自己喜欢的款式，价签上的标价正好是 10 美元。在付款台前，他被告知这件 T 恤按价签价格的一半销售。

b. 阿尔伯托去音乐商店，希望能找到一张涅槃乐队（Nirvana）的名为《别介意》（*Nevermind*）的老唱片并以不超过 30 美元的价格购买。商店正好有一张标价 30 美元的该唱片，于是他买了。

c. 足球队训练结束之后，斯泰西想花 2 美元买一瓶矿泉水。7-11 店里的矿泉水每瓶卖 2.25 美元，所以他没有买。

2. 计算下列每种情况下产生的生产者剩余。

a. 戈登在 eBay 上把自己的旧莱昂内尔电动火车挂牌出售。他将自己愿意接受的最低价格——保留价——定为 75 美元。在 5 天的竞价后，最高出价正好等于 75 美元。

b. 熙在报纸上登广告卖自己的旧车，标价 2 000 美元，但是只要价格高于 1 500 美元她就愿意卖。她获得的最高出价是 1 200 美元。

c. 桑杰伊很喜欢自己的工作，哪怕没有工资也愿意干。但是他的年薪是 8 万美元。

3. 某款电脑游戏有 6 个潜在消费者。消费者 1 愿意为该电脑游戏支付 40 美元，消费者 2 愿意支付 35 美元，消费者 3 愿意支付 30 美元，消费者 4 愿意支付 25 美元，消费者 5 愿意支付 20 美元，消费者 6 愿意支付 15 美元。

a. 假如市场价格是 29 美元，总消费者剩余是多少？

b. 如果市场价格下降到 19 美元，现在的总消费者剩余又是多少？

c. 当价格从 29 美元下降到 19 美元时，每个消费者的个体消费者剩余如何变化？总消费者剩余变化多少？

4. a. 在一次拍卖会上，潜在买家提交了不错的竞价。西北大学的社会心理学家亚当·加林斯基（Adam Galinsky）对比了 eBay 上拍卖的同一产品的成交价。他发现，平均而言，投标人数越多，销售价格越高。例如，在相同的 iPod 的两次拍卖中，其中的一次投标人数多，售价也高。据加林斯基研究，这就解释了为什么在 eBay 上，明智的卖家会设置非常荒谬的低开拍价（卖方将接受的最低价格）。诸如新的 iPod 开拍 1 美分。使用消费者剩余和生产者剩余概念解释加林斯基的推理。

b. 你正在考虑出售 1969 年的复古型的敞篷大众甲壳虫汽车。如果汽车保养良好，价钱不菲；如果保养较差，它只能被当作废铁。假设你的汽车保养得非常好，但潜在买家需花费 500 美元来测定车况。使用你的所学解释你是否应该支付检测费并与所有感兴趣的买者分享检测结果。

5. 假定由于需求增加，国内航线平均票价从 2013 年第四季度的 319.85 美元，上涨到 2014 年第一季度的 328.12 美元，增加了 8.27 美元，2013 年第四季度，乘飞机的人数达到了 1.514 亿。在同一个时期，航空公司的成本几乎保持不变，这两个季度的飞机燃油成本都为每加仑 2 美元，飞机乘务人员的平均薪水大体保持不变，大约为每人每年 117 060 美元（2013 年）。

你能确切算出票价增加 8.27 美元所带来的生产者剩余吗？如果不能，你能确定生产者剩余增加或减少的一个具体数额吗？

6. 下表所示为本书第三版二手书的供给表和需求表，供给表来源于亚马逊网站的数据，需求表是假想的：

书价（美元）	需求量（本）	供给量（本）
55	50	0
60	35	1
65	25	3
70	17	3
75	14	6
80	12	9

续前表

书价（美元）	需求量	供给量
85	10	10
90	8	18
95	6	22
100	4	31
105	2	37
110	0	42

a. 请计算在市场均衡时的消费者剩余和生产者剩余。

b. 现在本书第四版已经出版。因此，每个潜在买家对第三版二手书的出价都下降了 20 美元。根据表格，画出新的需求表，并计算在新的均衡时消费者剩余和生产者剩余是多少。

7. 星期四晚上，当地一家餐馆会推出一道意大利面条作为主菜。阿里喜欢这家餐馆的意大利面条，他对每份意大利面条的支付意愿如下表所示。

意大利面条的份数	对每份意大利面条的支付意愿（美元）
1	10
2	8
3	6
4	4
5	2
6	0

a. 如果一份意大利面条的价钱是 4 美元，阿里愿意买几份？他获得的消费者剩余是多少？

b. 下周阿里又来到这家餐馆，但是现在一份意大利面条的价钱是 6 美元。和上周相比，他的消费者剩余下降了多少？

c. 一周以后，他再次来到这家餐馆，发现这家餐馆推出了价格为 25 美元的特价自助餐活动。那么阿里这次会吃多少份意大利面条呢？他这次获得了多少消费者剩余？

d. 假如你是这家餐馆的老板，而阿里是一个“典型”顾客，那么你对自助餐所能收取的最高价格是多少（要保证仍然能够吸引顾客）？

8. 假设你是一个小型游乐园“趣味世界”的经理。下图所示为趣味世界一个典型的消费者的需求曲线。

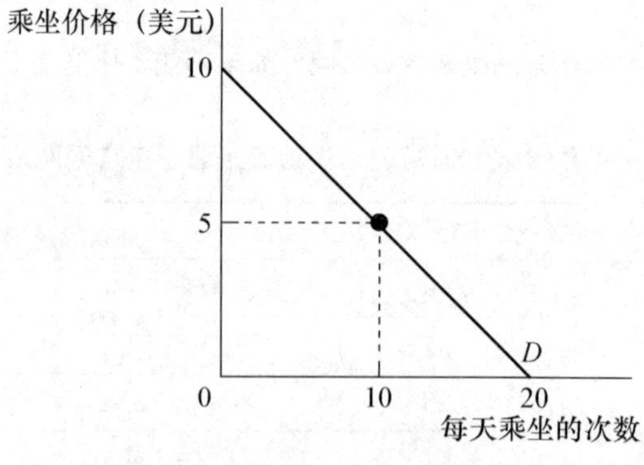

a. 假设每次乘坐游乐设施的价格是 5 美元。在这个价格上，消费者会获得多少消费者剩余？

b. 假设趣味世界考虑收取门票，同时把乘坐游乐设施的价钱维持在每次 5 美元。它能收取的最高门票价格是多少？（假设所有的潜在消费者都支付得起门票。）

c. 假设趣味世界把每次乘坐的价格降低到 0 美元。每个消费者会获得多少消费者剩余？趣味世界这次能收取的最高门票价格是多少？

9. 下图所示为某个出租车司机的个体供给曲线（假设每次载客都行驶相同的距离）。

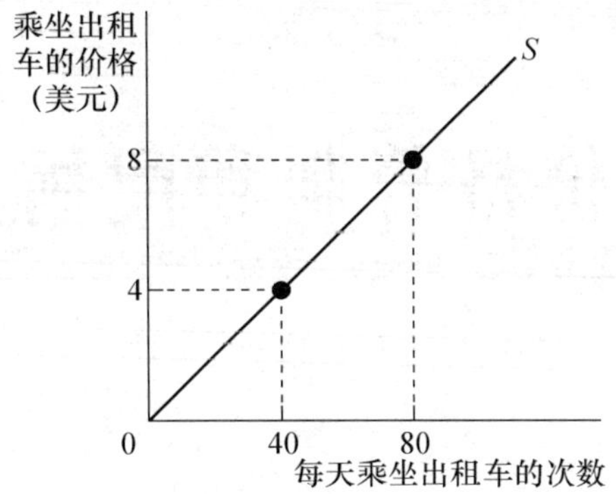

a. 假设市政府规定每次乘坐的价格为 4 美元。在这一价格水平上，出租车司机可按自己的意愿来选择出车时间的长短。该司机的生产者剩余是多少？（注：三角形的面积是底乘以高除以 2。）

b. 现在假设市政府将每次乘坐的价格仍然规定为 4 美元，但是决定向出租车司机收取“许可证费”。政府能够从这个司机身上收取的最高许可证费为多少？

c. 假设政府允许价格涨到每次 8 美元。现在这个出租车司机能获得多少生产者剩余？政府能够从这个司机身上收取的最高许可证费又是多少？

10. 2010 年，纽约地区法官裁定，流行音乐的文件共享网站 LimeWire 侵犯版权，而 13 个提起诉讼的唱片公司胜诉。这些公司包括索尼、维珍（Virgin）和华纳兄弟，它们声称，文件共享服务鼓励用户非法复制受版权保护的作品。互联网用户免费获取音乐，限制了唱片公司处置它们的音乐作品的权利，特别是限制了它们向那些已经付费获得音乐的人放送音乐的权利。换言之，它限制了唱片公司的产权。

a. 如果每个人都能从如 LimeWire 一样的网站免费获得音乐和视频，而不是从唱片公司购买，唱片公司从销售音乐产品中会获得什么样的生产者剩余？这对激励唱片公司未来生产音乐产品会有什么样的影响？

b. 如果唱片公司败诉，人们可从网络上自由下载音乐作品，你认为这会对未来的互利交易（制作和购买音乐作品）产生什么样的影响？

在线回答问题

11. 好莱坞的剧作家和制片人达成了一项新的协议，该协议规定，作家将从他们写作的电影的出租收入中获得 10%。他们在点播电视播放电影方面没有这样的协议。

a. 当这项新协议生效时，影像出租市场会发生什么变化，即供给曲线和需求曲线会发生移动吗？怎么移动？影像出租市场上的消费者剩余会因此发生什么变化？请画图说明。你认为影像出租市场上的消费者会欢迎这项协议吗？

b. 消费者认为，租影像和通过点播看电影在一定程度上是可以相互替代的。当这项新协议生效时，点播市场会发生什么变化，即供给曲线和需求曲线会发生移动吗？怎么移动？点播市场上的生产者剩余会因此发生什么变化？请画图说明。你认为对于提供电影点播服务的有线电视公司来说，这项协议受欢迎吗？

第5章

价格管制和配额：干预市场

本章将学习

- 政府干预市场的两种手段——价格管制和数量管制的含义。
- 价格管制和数量管制是如何造成问题并导致市场非效率的。
- 无谓损失是什么。
- 为什么干预市场的副作用会导致经济学家对此持怀疑态度。
- 市场干预中谁收益、谁受损。尽管市场干预存在问题是有目共睹的，但仍然被使用。

开篇案例

大城市和并不聪明的主意

纽约是一个你可以找到几乎任何东西——除了你需要时的一辆出租车和你租得起的一套像样的公寓之外的任何东西——的地方。你也许会想，忍受纽约紧俏的出租车和公寓是生活在大城市所必须付出的代价。但实际上，它们在很大程度上是政府政策尤其是那些试图以不同方式挑战市场供给力量和需求力量的政府政策的结果。

在第3章，我们知道了市场有朝着均衡状态变动的规律——市场价格会朝着使产品供给等于产品需求的方向变动。

但有时政府试图挑战这个规律。当政府试图设定不同于均衡水平的市场价格和市场数量时，市场便会以一种可以预见的方式进行还击。当政府拂逆市场供给和市场需求时，我们的预见能力其实显示的正是供给和需求分析自身的力量。

纽约的公寓和出租车的短缺是能够显示当市场规律受到"挑衅"时市场如何进行还击的两个事例。

纽约住房的紧俏是租金管制（rent control）的结果，纽约的法律禁止房东提高租金，除非得到特别批准。租金管制是第二次世界大战期间被引入的，目的是保护租户的利益，这一制度一直延续至今。美国的许多其他城市也曾经或早或晚地实行过租金管制，但是除了纽约和旧金山之外，其他城市都已经废止了这个制度。

同样地，纽约限制出租车投入数量也是20世纪30年代引入的一项许可制度的结果。纽约出租车的许可证也就是所谓的"出租车牌照"（medallion），只有拥有这种牌照的车才能载客。虽然这一制度的初衷是保护司机和乘客的利益，却造成了这个城市的出租车短缺。在2004年之前的60多年中，出租车牌照的数量几乎没有大的变动，2004年之后有了少量增加。

在本章，我们来检视当政府试图管制竞争性市场的价格时——使价格保持在低于均衡价格的水平（最高限价，如租金管制）或者高于均衡价格的水平（价格下限，如许多国家实行的最低工资制度）——将会发生什么。然后，我们对出租车牌照之类的控制产品买卖数量的措施进行探讨。

5.1 政府为什么要管制价格

第3章说明市场会朝着均衡状态变动，即市场价格会朝着一个使供给量等于需求量的水平变动。但是这个均衡价格不一定会使买方或者卖方满意。

毕竟买方总是喜欢尽可能地少付钱，有时他们会把要求降价的呼吁变成一种强烈的道德或者政治要求。例如，如果某个大城市在供给和需求的作用下达到的均衡租金水平超过了普通工薪阶层的承受能力，会发生什么？在这种情况下，政府有可能因为面临压力而不得不出手限制房东收取的租金。

对卖方而言，他们却总是喜欢尽可能地收取高价，有时他们也能把要求提价的诉求变成道德或者政治要求。以劳动力市场为例，看看工资率，也就是工人工作一个小时所能获得的收入。假设在供给和需求的作用下，非熟练工人的工资率所形成的收入水平低于贫困线。在这种情况下，政府同样可能迫于压力而不得不要求雇主支付不低于某个最低工资水平的工资率。

换言之，总是存在强大的政治力量推动政府对市场进行干预。强大的利益集团能使得对它们有利的市场干预具有很强的说服力。当政府管制价格时，我们称之为**价格管制**（price control）。其典型的方式有两种，一种是规定**最高限价**（price ceiling），另一种是规定**最低限价**（price floor）。

> **价格管制**是对市场价格水平施加的法律限制，可以有两种形式：**最高限价**，即卖方能够向买方收取的最高价格；**最低限价**，即买方须向卖方支付的最低价格。

遗憾的是，想要“驯服”市场绝非易事。正如我们将看到的，当政府试图通过立法管制价格时——不论是立法规定最高限价还是最低限价，都会产生一些可预见的、令人不愉快的副作用。

在本章我们做出一个重要的假定，所讨论的市场在价格管制实施之前是有效的市场。但是市场有时候也会存在非效率——例如垄断市场，也就是单一卖家对于市场价格有很强的控制势力。当市场存在非效率时，价格管制并不一定会导致同样的问题，而是会潜在地推动市场向有效靠拢。

但是在现实中，政府通常是在有效市场上施加价格管制，就像纽约的公寓出租市场那样。所以本章的分析适用于现实世界中的许多市场。

5.2 最高限价

除了租金管制外，现在的美国很少有其他的最高限价管制措施了。但是在历史上最高限价曾经很普遍。通常在某种危机期间政府会实施最高限价，例如在战争、粮食歉收或者自然灾害期间，因为这些事件通常会导致价格的陡然上涨，从而损害许多人的利益而使少数幸运者获得巨额利益。

美国政府在二战期间对很多产品实行了最高限价，因为战争大幅提高了对钢铁和铝等原材料的需求，价格管制阻止了那些可以弄到这些原材料的人牟取暴利。1973年，由于阿拉伯地区的石油出口国实施石油禁运措施，美国的石油公司有可能获得巨额利润，但美国政府对石油价格实施了管制。2012年，由于受到桑迪飓风的影响，纽约州和新泽西州天然气出现短缺，导致价格欺诈猖獗，因此两地政府实施了价格管制。

纽约的租金管制是二战遗留物。战时生产带来的经济繁荣导致对公寓的需求增加，而当时本可以用来造房子的劳动和原材料都被用于应付战争的需要。虽然大多数的价格管制在战争结束后都被取消了，但是纽约的租金管制被保留了下来，而且渐渐向其他种类的建筑延伸，这的确是一个奇怪的现象。

在曼哈顿你可以较快地租到一套带一间卧室的公寓，只要你能够且愿意每月支付几千美元，同时对居住地段不太挑剔。但是，有些人可能只花了很少的钱就租到了条件差不多的公寓，还有一些人可能花了差不多的钱租到了地段更好的、更大的公寓。

除了创造出房屋出租市场上数量可观的交易之外，纽约的租金管制制度还产生了哪些广泛的影响呢？为了回答这个问题，我们要利用第 3 章学到的供给和需求模型。

□ 5.2.1 最高限价模型

为了弄清政府在一个竞争性市场上施加最高限价管制时会出现什么问题，我们来看图 5－1，该图是纽约公寓出租市场的一个简化模型。为了简单起见，我们假设所有的公寓都是相同的，因此在一个没有受到管制的市场上，所有公寓都应该以相同的价格出租。

图 5－1 中的表表示的是公寓的供给表和需求表，图中左边就是相应的供给曲线和需求曲线。横轴表示公寓数量，纵轴表示每套公寓的月租金。可以看出，在一个没有管制的市场上，均衡点是 E，在该点上，有 200 万套公寓，每套的月租金为 1 000 美元。

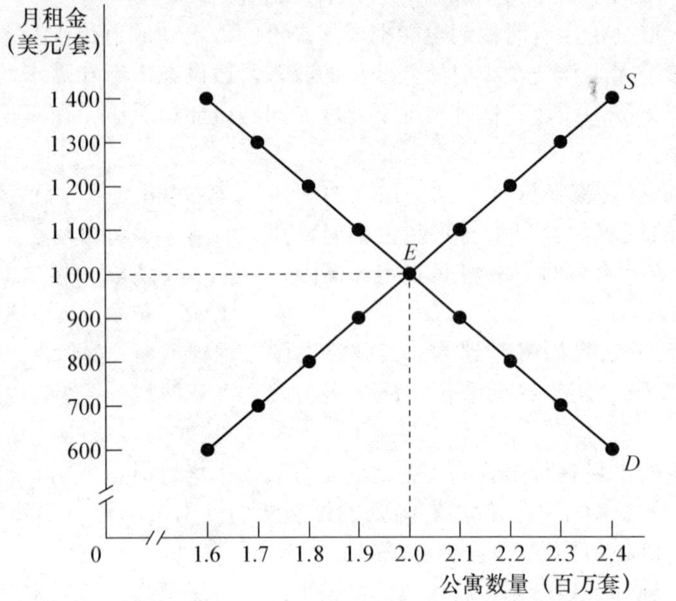

月租金（美元/套）	公寓数量（百万套）	
	需求量	供给量
1 400	1.6	2.4
1 300	1.7	2.3
1 200	1.8	2.2
1 100	1.9	2.1
1 000	2.0	2.0
900	2.1	1.9
800	2.2	1.8
700	2.3	1.7
600	2.4	1.6

图 5－1 没有价格管制的公寓出租市场

由于没有政府干预，公寓出租市场的均衡点是 E，在该点处有 200 万套公寓，每套的月租金为 1 000 美元。

现在假设政府规定了租金上限，将租金限定在低于均衡价格的水平，比如政府规定租金不得超过 800 美元。

图 5－2 表示的是在租金为 800 美元的情况下最高限价的影响。当租金为 800 美元时，房东出租公寓的动机并不强烈，也就是说，他们不愿意提供像租金为 1 000 美元时那么多的公寓数量。他们会选择供给曲线上的 A 点，仅仅提供 180 万套出租公寓，比没有政府干预时少 20 万套。

与此同时，租金为 800 美元时人们愿意租住的公寓数量要多于租金为 1 000 美元时，如需求曲线上的 B 点所示。当价格为 800 美元时，公寓的需求量增加到了 220 万套，比均衡数量多出了 20 万套，比此时的实际供给多出了 40 万套。所以，公寓出租市场上出现了持续的短缺现象，在这个价格上，有 40 万人想租但租不到公寓。

最高限价难道总是导致短缺吗？不一定。如果最高限价高于均衡价格，它将没有任何影响。假设公寓出租市场上的均衡价格是每个月 1 000 美元，而政府规定的租金上限是 1 200 美元，那么谁还会在意这个最高限价呢？在这种情况下，最高限价就没有约束作用了，它将不再会限制市场行为，也就不会再有任何效果。

□ 5.2.2 最高限价为什么会导致非效率？

图 5－2 中的住房短缺绝不仅仅是令人恼火，就像所有的价格管制所引起的短缺一样，它还可能非常有害，

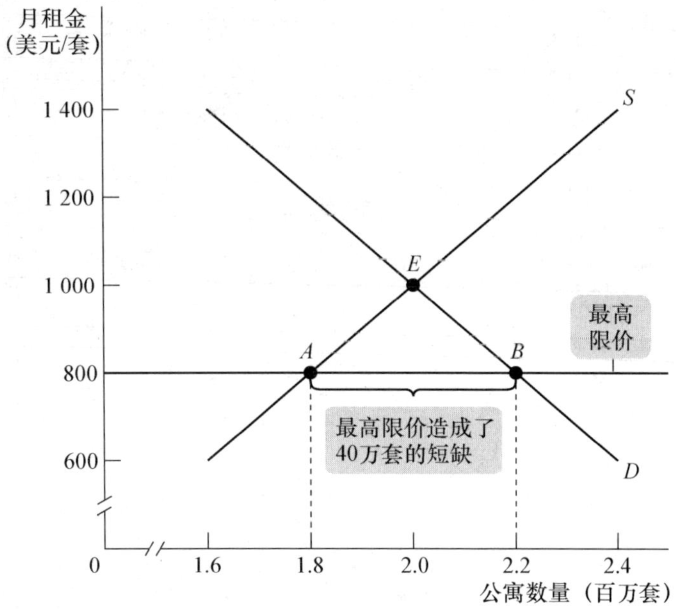

图 5－2　最高限价的效果

坐标图中加粗的水平线代表政府对租金实施的最高限价——每月 800 美元。最高限价导致公寓的供给量减少到了 180 万套，即 *A* 点，而需求量则增加到了 220 万套，即 *B* 点。这产生了一个持续的 40 万套的缺口：有 40 万人想以法定的 800 美元租金租房子却租不到。

因为它会导致非效率。换言之，有贸易增益未能实现。

和所有的最高限价一样，租金管制至少会在四个不同的方面导致非效率：

1. 它会导致可租用公寓数量低于有效水平。
2. 它通常会导致公寓在有意向的承租者之间非效率地配置。
3. 它会导致人们在搜寻公寓中浪费时间和精力。
4. 它会导致房东不对公寓进行有效维护或保持公寓的良好状况。

除了导致非效率外，最高限价还会诱使人们规避最高限价管制（这是非法行为）。我们将逐一考察最高限价所导致的这些非效率现象。

数量不足的非效率　通过第 4 章的学习我们知道，有效市场会达至产品或服务买卖的“最佳”数量，也就是使得生产者剩余和消费者剩余之和最大的数量。由于租金管制会导致公寓供应减少，因而它会导致可供租用的公寓数量不足。

图 5－3 表现了对总剩余的影响。我们知道，总剩余等于供给曲线以上、需求曲线以下区域的面积。如果租金管制的仅有影响是减少了可供租用公寓的数量，由此引致的剩余损失等于图中阴影三角形的面积。

在经济学中，这一三角形的面积有一个特定名称，即**无谓损失**（deadweight loss）：由于市场干预，交易不再进行所造成的剩余损失。例如，由于最高限价，可供租用的公寓不再被提供所造成的损失就是无谓损失。该损失由失望的房东和沮丧的承租者共同承担。经济学家经常称类似于图 5－3 的三角形为无谓损失三角形。

> **无谓损失**是一项行动或政策导致交易数量低于有效市场均衡数量所造成的总剩余损失。

无谓损失是经济学的核心概念之一，每当我们讨论一项行动或政策导致的交易数量低于有效市场均衡数量时都会遇到。认识到无谓损失是社会损失非常重要——它导致了总剩余减少，而且这种剩余损失没有任何人获得。这与一个人的剩余损失被其他人获得完全不同，后一种情形被经济学家称为从一个人到另一个人的剩余转移。例如，最高限价既会造成无谓损失，也会造成承租者和房东之间的剩余转移，请参见下面的“追根究底”专栏。

无谓损失并非最高限价导致的唯一形式的效率损失。租金管制除了导致公寓数量减少的非效率损失外，其他的非效率形式——消费者之间的非效率配置、资源浪费、低质量的非效率——导致的剩余损失要超过无谓损失。

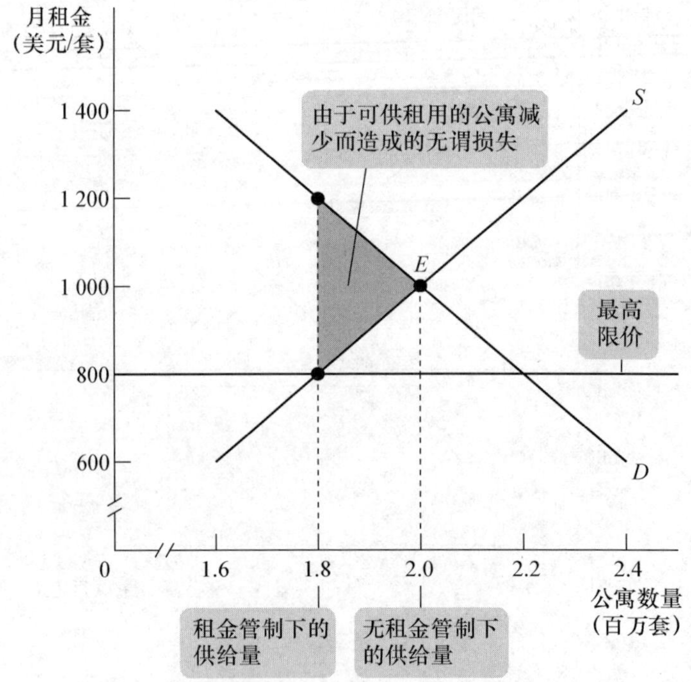

图 5-3　最高限价导致数量不足的非效率

最高限价导致供给量低于市场均衡数量，造成无谓损失。图中阴影三角形的面积代表了由于非效率的低交易数量而引起的总剩余损失。

▶ **追根究底**

租金管制的得益者和受损者

在租金管制下，有得益者，也有受损者。有人会因为该项政策受益，但其他人则会蒙受损失。

在纽约市，租金管制的最大得益者包括一些富裕的租户（tenant），他们已经在公寓中住了几十年，而这些公寓本来需支付高额租金。这些得益者包括像演员阿尔·帕西诺（Al Pacino）和歌手及歌曲作者辛迪·劳博尔（Cyndi Lauper）这样的名人。同样，在 2014 年，有新闻报道援引的例子称，租金管制制度下的租户拥有像在棕榈滩或日内瓦这样的地方的数百万美元的房产。具有讽刺意味的是，在这样的情况下，受损者是那些工薪阶层承租者（renter），而他们也是这一制度旨在帮助的对象。

我们可以利用消费者剩余和生产者剩余来形象化地评估租金管制的得益者和受损者的情况。图 5-4（a）所示为无管制公寓出租市场（租金管制前）均衡时的消费者剩余和生产者剩余。我们知道，消费者剩余由需求曲线以下、价格线以上区域的面积代表，这是消费者在市场均衡时所得到的总增益。同样，生产者剩余由供给曲线以上、价格线以下区域的面积代表，这是生产者在市场均衡时所得到的总增益。

图 5-4（b）所示为施加 800 美元最高限价后市场中的消费者剩余和生产者剩余。正如我们所看到的，对于那些在租金管制制度下能承租公寓的消费者来说，消费者剩余有所增加。这些承租者显然是得益者：他们以 800 美元获租一套公寓，比在无管制市场中少支付 200 美元。这部分人以低租金的形式直接从房东那里得到剩余的转移。但并非所有承租者都是得益者：与市场一直保持不受管制相比，现在可供租用的公寓数量减少了，对于那些需要寻找公寓居住的人来说——如果不是不可能找到——租到房比以前更难了。

总体上尚不清楚承租者作为一个整体的状况是变好了还是变差了，因为很难直接计算剩余的得与失。我们只能说，从承租者总体来看，承租者受损的可能性越大，无谓损失就越大。

然而，我们可以明确地说，房东的状况变差了：生产者剩余明显减少。如果房东不减少供给市场的公寓数量，继续出租的公寓一个月将少拿 200 美元的租金。无谓损失三角形如图 5-4（b）中白色区域所示，代表了由租金管制导致的可供租用的公寓实际减少所造成的承租者和房东的价值损失。

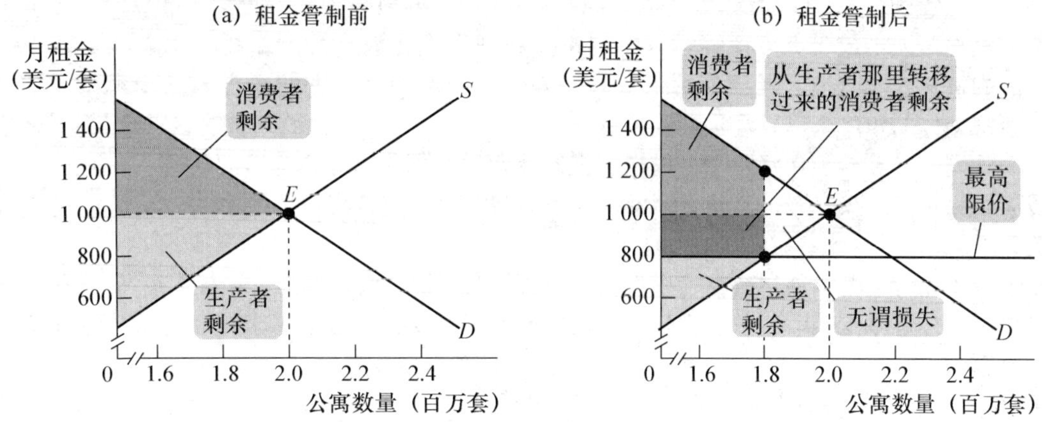

图 5-4　租金管制的得益者和受损者

消费者之间的非效率配置　租金管制除了导致公寓数量供应不足之外，也导致可供租用公寓的错配：特别需要寻找住房的人无法找到可供租用的公寓，而有些公寓则被不那么需要者占据。

在如图 5-2 所示的例子中，有 220 万人愿意以每月 800 美元的价格租房，但是只有 180 万套公寓出租。在这 220 万人当中，有一部分人特别想租到公寓，愿意支付更高的价格。而其他一些人则可能因为有别的解决居住问题的选择，因而租房的意愿不那么强烈，他们只愿意支付较低的价格。

公寓的有效配置将会反映出这种差别：真正想租到公寓的人将如愿以偿，而租房意愿不强烈的人则租不到公寓。而公寓的非效率配置则导致出现相反的情况：有些不那么急于租房的人租到了房子，而一些非常想租到房子的人却不能如愿。

另外，在租金管制下，人们通常得凭借运气或者个人关系才能租到房子，所以对于消费者而言，租金管制通常会导致**消费者之间的非效率配置**（inefficient allocation to consumers）。

> 最高限价通常会导致**消费者之间的非效率配置**：很想得到某种产品的人愿意支付高价却仍然买不到，而那些并不是很想得到此种产品的人只愿意支付较低的价格，却买到了此种产品。

为了进一步说明配置的非效率，我们来看李面临的困境。李有小孩，没有住房，他愿意每月出 1 500 美元租一套公寓，却租不到。而退休的乔治每年大部分时间都住在佛罗里达，但是 40 年前就在纽约租了一套公寓。乔治每月为这套公寓支付 800 美元，但是如果租金稍微上涨，比如上涨到 850 美元，他就不会再租这套公寓，以后再到纽约来时，他就住在他的子女家里。

公寓的配置——乔治租到了一套公寓而李租不到——就是一种“机会错失”。实际上，有一个办法使李和乔治的状况都得到改善而不需要任何额外的成本。李会很乐意以每月 1 200 美元的价格从乔治那里把公寓转租过来，而乔治也会对这个价格感到满意，因为对他而言这套公寓的价值不会超过每月 849 美元。乔治愿意从李那里拿到这笔钱而且继续保留承租这套公寓；李愿意用这笔钱租用公寓而不是保留这笔钱。通过这样的交易，双方的状况都改善了，而且没有人受损。

通常真正想租房的人能从那些并不是很想租房的人那里转租到房子，不论是租到房子的人还是转租后获得租金的人的福利都得到增进。但是，在租金管制下，转租是非法的，因为转租的价格高于最高限价。

虽然转租是非法的，但这并不意味着转租不会发生。事实上，追查非法转租是纽约私人调查人员的主要工作。《纽约时报》的一篇文章报道了私人调查人员怎样使用隐藏相机和其他手段来证明，租金管制公寓的合法租户实际上居住在其他地方，而将他们的公寓以高于管制租金 2～3 倍的水平转租出去。

转租是一种非法行为，我们在下面会对其进行讨论。就目前而言，请注意房东和立法机构实际上不鼓励这种行为。因此，公寓非效率配置问题一直存在。

资源浪费 最高限价导致非效率的另一个原因是它会造成**资源浪费**（wasted resource）：人们花费钱财、时间和精力来应对由最高限价导致的短缺。1979 年，价格管制造成汽油短缺，成千上万的美国人每周都要花费数个小时在加油站排队。排队时间的机会成本——因此损失的工资和闲暇——无论从消费者的角度来讲还是从经济整体的角度来讲，都是资源浪费。

最高限价导致的非效率的最典型形式是**资源浪费**：人们花费钱财、时间和精力来应对由最高限价导致的短缺。

由于租金管制，李不得不在好几个月里把所有的业余时间都用于寻找合适的公寓，而他本可以用这些时间来工作或者在家休息。换言之，李花更多的时间来寻找公寓，这是有机会成本的，不是牺牲了闲暇就是放弃了工作收入。

如果市场自由运行，李能够很快在均衡租金水平 1 000 美元处租到公寓，这样李就能把因此节约下来的时间用于赚取收入或者享受闲暇——没有使其他任何人的福利受损而增进了李的福利。这再次说明在租金管制下存在“机会错失”。

低质量的非效率 最高限价导致非效率的另一个原因是它导致产品**低质量的非效率**（inefficiently low quality）。低质量的非效率是指卖主以较低的价格水平提供质量较次的产品，即使买主愿意以更高的价格买到质量更好的产品。

最高限价经常会导致**低质量的非效率**：卖主以较低的价格水平提供质量较次的产品，即使买主愿意以更高的价格买到质量更好的产品。

还是以租金管制为例。房东没有动力提供居住条件更好的公寓，因为他们无法通过提高租金来弥补维修费用，而且他们能够轻而易举地把公寓租出去。在很多情况下，租户都愿意为改进居住条件（例如对不能带动空调或者电脑的陈旧电路进行改造）而额外付钱。但是这笔钱会被视作提高的租金，从而被政府禁止。

事实上，在租金管制制度下，出租公寓的条件往往很差：很少粉刷，电线或者水管经常出问题，有时甚至还会有危险。一个原来在曼哈顿的一些大厦当过管理员的人这样描述他的工作：“租金不受管制的公寓，我们按租户的要求打理大部分事情。但是，那些受管制的公寓，我们绝对只做法律要求我们做的事……我们想让这些租户感到不快。”

这就是“机会错失”描述的整个情形——有些租户乐意出钱改进居住条件，房东也愿意用这些钱来维修公寓。但是这种交易只有在市场能够自由运行的情况下才会发生。

▶ **追根究底**

孟买租金管制造就出百万富翁

租金管制究竟会给房东带来多大的代价？在印度孟买，代价高得离谱。数千个租金管制的租户通过腾空公寓成了百万富翁。

随着印度高收入人群大量且快速地向孟买集中，从 2009 年至 2013 年的 4 年中，楼价上涨了近 70%。根据房地产开发商普吉特·阿加瓦尔（Pujit Agarwal）的说法，孟买南部的理想区域——面朝阿拉伯海——大约有 500 幢严重破败不堪的石头建筑，一旦重建，可值 400 亿美元。但房东和房地产开发商必须面对的是那些由租金管制的租户居住的破旧建筑。

以 78 岁的米亚·卡德瓦尼（Mea Kadwani）为例，他从蹒跚学步时起就一直生活在一套 2 600 平方英尺的公寓中。在那里，他每月只需支付 20 美元的租金，而在同一地区租金最高为每月 2 000 美元。他住的公寓如此破败不堪，屋顶已经坍塌。然而，他却继续驻留，后来的事实证明这是一个十分有利可图的决定。经过 3 年与房东的谈判，他获得了 250 万美元来腾空公寓。正如阿加瓦尔所说，“一代又一代居住在此的大多数租户，仅仅能勉强糊口，维持生计。现在，随着拆迁重建，这些租户一夜间成了百万富翁，因为他们居住的物业的资本价值大幅飙升。”据他介绍，对房东来说这仍然是一个不错的协议，因为新建造的有五间卧室的公寓能卖 1 250 万美元。

但并不是所有租金管制的租户都同意搬离。一个很有名的故事是，一幢租金管制的四层公寓楼倒塌造成了 3 人死亡。尽管城市发展需要腾出毁坏的建筑物，但 58 个租户仍然露营在那里不肯离去，即使他们的公寓被锁，并且成为警察突击检查的对象。

孟买从1947年开始实行租金管制，目的是解决印度教教徒和穆斯林之间的冲突导致难民大量涌入所造成的住房短缺这一严重问题。显然孟买当时打算将其作为一项临时措施，但它在政治上如此受欢迎，其规模已经扩展了20倍，现在城市中心约60%的建筑物都适用这一做法。租户可将公寓传给继承人或出售租住的权利。房东所收租金常常不足以支付所缴纳的税收和维护费用，当遭遇财务困难时，房东有时干脆放弃物业的所有权。

尽管相距万里之遥，但孟买租金管制的机制与纽约类似。在纽约，许多租金管制的租户会从房东急于重建他们的物业中榨取数万美元的钱（当然孟买的情况更加极端）。

因此，纽约和其他城市常见的情形如同电影《法律和秩序》（*Law and Order*）中的一个情节，其中的房东正被调查，因为一个租金管制的租户因阻碍获利丰厚的住房出售而被谋杀。幸运的是，我们无法找到证据表明这个情节是基于真实故事写成的。

黑市 除了上述四种形式外，最高限价的最后一种非效率形式是：最高限价为非法活动特别是**黑市**（black market）交易提供了激励。我们已经描述了一种黑市交易活动——租户的非法转租。但是事情并非到此为止。很明显，房东会向一位潜在的租户说："当然，你每月另外给我几百美元现金，你就能住在这里。"只要这位租户是愿意为这套公寓支付高于管制租金的价格的人，他就很可能会同意。

> **黑市**是这样一种市场，在这个市场上产品或者服务被非法地进行买卖，要么是因为这种产品或者服务的买卖完全是非法的，要么是因为这个市场上的交易价格违反了最高限价的规定。

黑市有什么不好吗？总的来说，违法是不好的事情，因为总体上这鼓励了人们不尊重法律。而且在我们的例子中，违法恶化了那些诚实的人的状况。如果李小心翼翼地不愿违反租金管制法律，但是其他人——那些不像李那样迫切需要租到公寓的人——向房东支付了额外的钱，那么李就可能永远也租不到房子。

□ 5.2.3 为什么还存在最高限价？

我们已经看到了最高限价的三个结果：

- 商品持续短缺。
- 持续短缺导致非效率现象出现：数量不足的非效率（无谓损失）、产品在消费者之间的非效率配置、资源浪费和低质量的非效率。
- 非法的黑市交易出现。

既然有这样令人不快的结果，为什么政府有的时候仍然要实施最高限价，就像在纽约为什么租金管制始终存在？

一个答案是，虽然最高限价有一些负面影响，但是它的确使一部分人受益。实际上，纽约的租金管制法令（它比我们这里描述的简单模型要复杂）损害了大多数居民的利益，但是它使一小部分承租者以比市场均衡价格更低的价格租到了房子。这些从中获益的人通常组织得较好，而且比那些利益受损的人更具有影响力。

另外，如果最高限价实施了很长时间，买主可能不会意识到若没有最高限价会是怎样的情形。在我们前面的例子当中，不受管制的市场（图5-1）的租金只比受管制的市场的租金（图5-2）高出25%，前者是1 000美元，后者是800美元。但是承租者又怎么会知道这些呢？他们的确可能听说黑市上的价格更高——李或者其他人给了乔治1 200美元或者更多，但是他们不会意识到，这个黑市价格比自由市场上的价格要高得多。

最后一个答案是，政府官员通常并不懂得供给和需求分析！如果认为现实世界中的经济政策总是合理的或充分传递的，你就大错特错了。

▶ **真实世界中的经济学**

委内瑞拉的价格管制:“有什么，买什么”

从各方面来看，委内瑞拉都是一个富裕的国家，因为在能源价格高企的时代，该国是世界顶级石油生产国之一。但在2013年底，基本生活用品——如卫生纸、大米、咖啡、玉米、面粉、牛奶、肉类——的长期缺乏还是让人伤心。“货架空空，没有人能解释为什么一个富有的国家会没有食物。真是让人难以接受。”一个90岁的农民吉泽斯·洛佩斯（Jesús López）说。

委内瑞拉的食品短缺问题的起源可以追溯到委内瑞拉前总统雨果·查韦斯（Hugo Chávez）和他的继任者尼古拉斯·马杜罗（Nicolás Maduro）所采取的政策。查韦斯1998年参加竞选时提出的政策纲领是谴责该国的经济精英，并承诺推行有利于贫穷人群和工人阶级的政策，其中包括对基本食品的价格管制。这一政策导致了始于2003年的食品短缺，到2006年短缺变得非常严重。价格设置得如此之低，以致农民减少了粮食产量。例如，直到2009年委内瑞拉都是一个咖啡出口国，之后被迫大量进口咖啡来弥补国内产量的暴跌。现在委内瑞拉70%以上的食品需要进口。

此外，政府针对穷人和工人阶级的慷慨项目导致需求大增。价格管制和需求大增的共同作用，导致价格不受管制的或进入黑市的食品的价格大幅上涨。结果进一步导致价格受管制的食品的需求大幅增加。

更糟糕的是，委内瑞拉货币价值的急剧下降使得进口品更加昂贵。这刺激了走私品增加：以政府规定的价格买到产品后，委内瑞拉人跨境转手，在哥伦比亚边境卖出，一瓶牛奶可增值七八倍。毫不奇怪，在委内瑞拉市场上很少见到新鲜的牛奶和奶油。

委内瑞拉人在国营商店购买产品时经常会排队几个小时，但往往空手而返。或者正如一位购物者凯瑟琳·胡噶（Katherine Huga）所说：“不管什么，买到就好。它们有什么你就买什么。”当产品以非常高的价格出现在黑市中时，查韦斯的价格管制政策极大地伤害了他想帮助的低收入和中等收入人群。一位在低收入地区排队等了几个小时的顾客说：“一袋大米浪费了我自由的一天，这让我感到愤怒。到头来我在转卖者那里以更高的价格买到了。总之，所有这些价格管制都被证明毫无用处。”

及时复习

- 价格管制的形式有法定最高价格——最高限价和法定最低价格——价格下限。
- 低于市场均衡价格的最高限价在使一部分买者受益的同时会产生四种形式的负面影响：无谓损失、消费者之间的非效率配置、资源浪费和低质量的非效率。
- 无谓损失是指一项政策或行动导致交易数量低于有效市场均衡水平所造成的总剩余损失。
- 最高限价还会导致黑市交易，因为买卖双方试图规避价格管制。

小测验 5-1

1. 在比赛日，米德尔顿大学体育馆附近的房主过去常把自己车道上的停车位以11美元的价格租给来看比赛的人。现在镇上颁布了一个新的法令，规定停车费最高为7美元。用下面的供给和需求曲线图，根据最高限价的概念来解释下列现象：

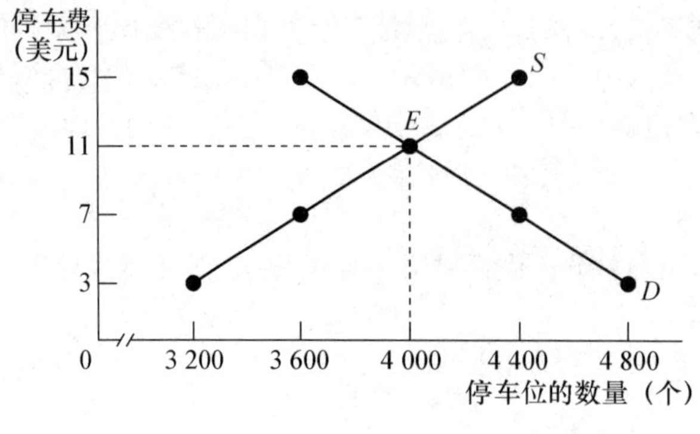

a. 一些房主认为现在把车位租出去不值得。

b. 有些原来拼车来看比赛的人现在自己开车来了。

c. 有些来看比赛的人因找不到停车位而没看比赛就回去了。

解释由最高限价导致的下列现象：

d. 有些来看比赛的人提前几个小时来找停车位。

e. 房主的朋友们经常来看比赛，即使他们并非铁杆球迷。但是真正热心的球迷们却因为找不到停车位而放弃。

f. 有些房主以高于 7 美元的价格出租停车位，但是假装租车位的人是自己的朋友或亲人。

2. 判断正误并加以解释。与有效市场的结果相比，低于均衡价格的最高限价会：

a. 增大供给的数量。

b. 使有些希望购买此种产品的人的状况恶化。

c. 使所有生产者的状况都恶化。

3. 如下哪些情形会导致无谓损失？哪些情形会导致剩余从一个人手中转移到其他人手中？请对你的答案做出解释。

a. 在房东发现你养蟒蛇宠物后，你被迫从租金受管制的公寓中搬出。公寓很快以同样的租金被租给其他人，你和新的承租者对公寓的支付意愿不一定相同。

b. 在一次竞赛中你赢得了一张爵士音乐会的门票。因为要参加考试，你无法去听音乐会。根据竞赛要求，你不能将门票转卖给或者赠予其他人。如果你不能转卖但可以将门票赠予其他人，这个问题的答案会有不同吗？

c. 你所在学校的校长是低脂肪食物的拥护者，他规定校园中不得提供冰激凌。

d. 你的冰激凌蛋筒掉到地上后被你的狗吃掉。(可以设想你的狗是一名社会成员，并假定如果它愿意，它可以向你支付与你的冰激凌蛋筒购买价格相等的金额。)

5.3 最低限价

有时政府会干预市场，以推动价格上升而非下降。立法制定小麦、牛奶等农产品的最低限价是很普遍的确保农场主收入的措施。历史上，对于货车运输、航空运输等服务行业也实施过法定的最低限价，虽然美国在 20 世纪 70 年代就取消了这些规定。

如果你曾经在快餐店工作过，你就可能碰到过最低限价：美国和其他许多国家都制定了劳动者每小时工资的下限，即劳动的最低限价——**最低工资**(minimum wage)。

> **最低工资**是法律规定的工资下限，是劳动力市场的最低限价。

就像最高限价一样，政府制定最低限价是为了帮助一部分人，但也会产生人们不希望看到的负面影响。图 5-5 显示了黄油的供给曲线和需求曲线。如果任其自由运行，市场会运动到均衡点 E，均衡价格为每磅 1 美元，均衡数量为 1 000 万磅。

现在假设政府为了帮助奶牛农场主，规定黄油的最低限价为每磅 1.20 美元。这一政策的效果见图 5-6，1.20 美元处的这条水平线代表最低限价。在这个价格水平上，生产者愿意供应 1 200 万磅黄油（供给曲线上的 B 点），但是消费者只愿意购买 900 万磅（需求曲线上的 A 点）。因此黄油生产出现了 300 万磅的持续过剩。

最低限价总是会导致过剩吗？不。就像最高限价的情况一样，这个下限可能是没有实际约束作用的，或者说是不起作用的。如果黄油的均衡价格是每磅 1 美元，而最低限价是每磅 0.80 美元，这样的最低限价就是没有任何影响的。

但是假设最低限价是有约束作用的，那么人们该拿这些过剩怎么办呢？答案取决于政府政策。就农产品最低限价而言，政府会买入这些过剩的产品。因此，美国政府的仓库里有时会堆满了上千吨的黄油、奶酪和其他农产品。（欧盟委员会同样实施了农产品最低限价政策，结果拥有了所谓的“黄油山”，据说这座“山”的重量相当于奥地利全部人口的体重之和。）政府就这样找到了处理过剩产品的办法。

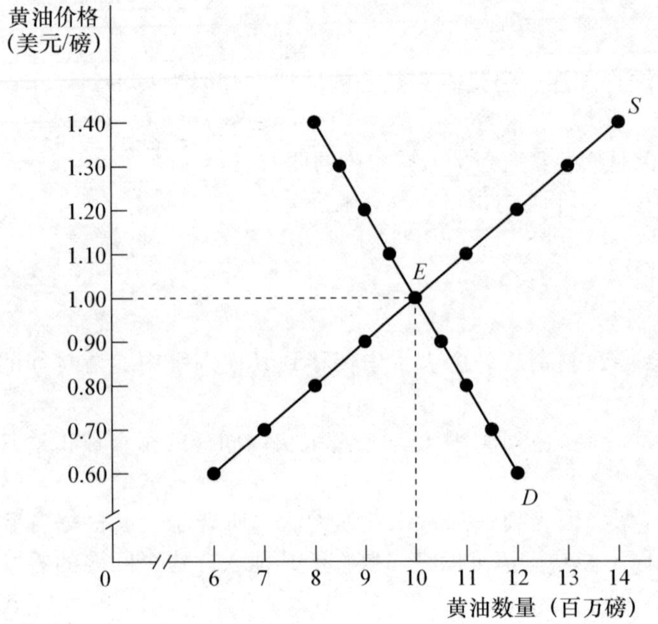

黄油价格（美元/磅）	黄油数量（百万磅）	
	需求量	供给量
1.40	8.0	14.0
1.30	8.5	13.0
1.20	9.0	12.0
1.10	9.5	11.0
1.00	10.0	10.0
0.90	10.5	9.0
0.80	11.0	8.0
0.70	11.5	7.0
0.60	12.0	6.0

图 5－5　没有政府管制情况下的黄油市场

没有政府干预时，黄油市场的均衡价格为每磅 1 美元，均衡数量为 1 000 万磅。

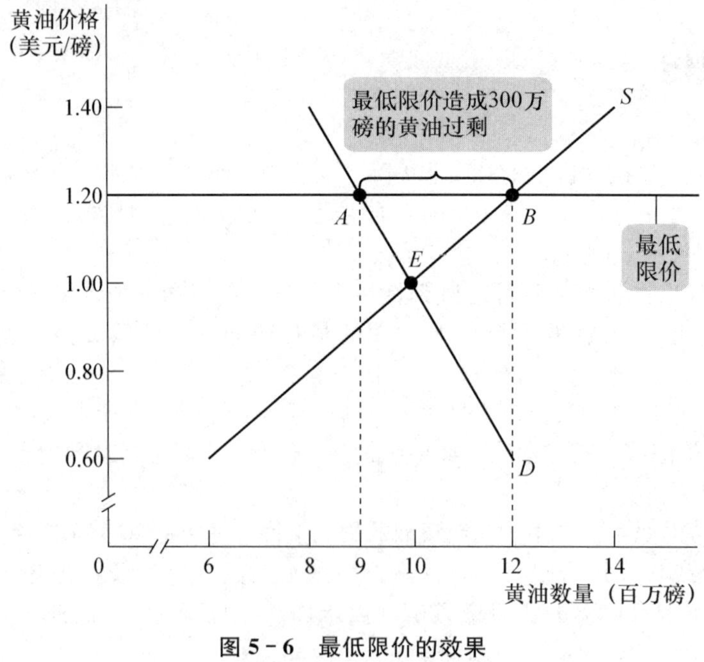

图 5－6　最低限价的效果

水平实线代表政府施加的每磅 1.20 美元的最低限价。黄油的需求量下降到 900 万磅，而供给量上升到 1 200 万磅，从而出现了 300 万磅的持续过剩。

有些国家对出口商在海外市场销售产品遭受的损失提供补贴，这是欧盟的典型做法。美国会把过剩食品发放给需要者或者学校，用于提供学校的午餐。有时政府还会销毁过剩产品。

当政府不打算买入过剩产品时，最低限价意味着生产者找不到买主。每小时最低工资制度就会产生这样的结果：当最低工资比均衡工资高的时候，有些人愿意工作——出卖劳动，却找不到买主——但雇主不愿意为他们提供工作机会。

□ 5.3.1 最低限价为什么会导致非效率？

最低限价导致的持续过剩也会造成“机会错失”——非效率，这和最高限价造成产品短缺带来的非效率相似。与最高限价类似，最低限价也会造成四种形式的非效率：

1. 它会导致交易数量低于有效水平而造成无谓损失。
2. 它通常会导致卖者之间的非效率配置。
3. 它会导致资源浪费。
4. 它会导致卖者提供高质量的非效率产品。

除了非效率外，与最高限价类似，最低限价也会导致出现人们不遵守法律而以低于法定价格的价格进行违法销售的行为。

数量不足的非效率 因为最低限价提高了对于消费者的产品价格，因此它导致产品需求量减少；因为卖者的销售数量多于买者愿意购买的数量，最低限价使得产品买卖的数量低于市场均衡数量，从而导致无谓损失。请注意，这一影响与最高限价相同。你可能认为最低限价和最高限价的效果是相反的，但是在减少产品买卖数量方面，两者的效果是相同的（请参见后面的“疑难解答”专栏“最高限价、最低限价和交易数量”）。

因为有效市场均衡可最大化消费者剩余和生产者剩余之和，因而最低限价造成需求量低于均衡数量会导致总剩余减少。图 5－7 对黄油的最高限价导致总剩余减少进行了解释。总剩余等于供给曲线以上、需求曲线以下区域的面积之和。最低限价减少了黄油的销售数量，所导致的无谓损失等于图 5－7 中阴影三角形的面积。与最高限价类似，无谓损失仅仅是价格管制所导致的非效率形式之一。

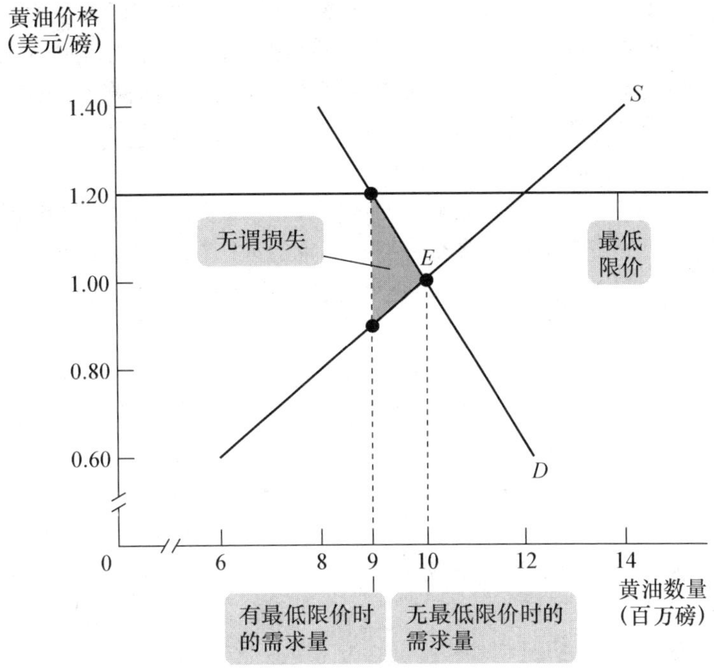

图 5－7 最低限价导致数量不足的非效率

最低限价导致需求量低于市场均衡数量，引起无谓损失。

▶ 疑难解答

最高限价、最低限价和交易数量

最高限价压低产品价格，最低限价抬高产品价格。人们容易认为，最高限价的影响正好与最低限价相反。具体说来，如果最高限价导致产品买卖数量减少，那么最低限价是否导致产品买卖数量增加呢？

并非如此。事实上，最高限价和最低限价都会导致产品买卖数量减少。为什么呢？当产品的供给量不等于需求量时，实际的销售数量取决于市场的“短边”，也就是数量少的一边。如果卖者不能按照买者愿意购买的数量提供产品，卖者就决定着实际销售数量，因为买者不能强迫不愿意的卖者卖出产品。如果买者不能购买卖者意愿卖出的数量，买者就决定着实际的交易数量，因为卖者不能强迫不愿意的买者来购买。

最低限价会导致**卖者之间的非效率配置**，即：卖者愿意在最低价格水平上销售产品却并不能如愿，而那些只愿意在更高水平上销售的卖者则可如愿以偿。

卖者之间的非效率配置 和最高限价一样，最低限价会导致非效率配置，不过在最低限价的情况下，是**卖者之间的非效率配置**（inefficient allocation of sales among sellers）：愿意以最低价格水平销售产品的卖者并不能如愿，而那些只愿意在更高水平上销售产品的卖者则可如愿以偿。

我们来看由最低限价造成的销售机会的非效率配置的一个例证——许多欧洲国家特别是法国、西班牙、意大利和希腊存在非法用工市场和失业问题。在这些国家，较高的最低工资标准已经导致了两层用工制度：一部分幸运者在正规劳动力市场中获得良好的就业机会，至少挣得最低工资，其余的人则被锁定在没有任何前途找到更好工作的境地。在非法用工市场中，不论失业还是就业都处在一个死胡同中，其中年轻人（从 18 岁到 30 岁）的比例又非常高。虽然劳动者渴望在正规部门谋得一份好工作并愿意接受低于最低工资标准的工资——愿意以较低的价格出售他们的劳动——但雇主支付的工资低于最低工资标准就是非法的。失业和就业不足的非效率在年轻一代中混合存在，他们无法得到充分的就业培训、职业发展规划和为他们的未来储备力量。这些年轻人也很可能去从事犯罪活动。这些国家很多最好和最聪明的年轻人陆续移居国外，导致这些国家未来的经济绩效永久性变差。

资源浪费 还是和最高限价一样，最低限价会因为资源浪费而造成非效率。这方面最生动的例子包括为农产品制定最低限价而由政府来收购过剩产品。过剩的产品有时候会被销毁，这纯粹就是浪费；有时政府会婉转地说仓库里的过剩产品“保存得不好”，必须处理掉。

最低限价也会浪费时间和精力。考虑最低工资的情况。希望工作的人花费很多时间寻找工作，或者排队等待工作机会，他们和最高限价情况下那些寻找公寓的倒霉的人一样浪费了时间和精力。

最低限价通常会导致**高质量的非效率**：卖方通常会在较高的价格水平上提供高质量的产品，即使买方宁愿以较低的价格购买质量稍差的产品。

高质量的非效率 还是和最高限价一样，最低限价会导致产品高质量的非效率。

我们看到当存在最高限价时，生产者提供的产品会存在低质量的非效率：买方想买到高质量的产品而且愿意为之付费，但是卖方拒绝改进自己的产品的质量，因为最高限价使他们这样做得不偿失。在最低限价的情况下逻辑与此相似，但正好反过来：卖方提供的产品出现了**高质量的非效率**（inefficiently high quality）。

为什么这样说呢？难道产品质量高不是好事吗？是好事，但条件是它能够和成本相称。假设供给方花了很多成本生产出了质量很高的产品，但是对于消费者而言这种高质量并不值这么多钱，所以他们只愿意支付一个较低的价格。这也代表了一种“机会错失”：供给方和买方本可以进行一笔对双方都有利的交易，其中买方能够以一个低得多的价格买到质量相对低一些的产品。

下面来看一个很典型的高质量的非效率的例子。跨大西洋的飞机票价曾经被国际协定人为地定得很高。由于禁止航空公司之间通过降低票价来争夺顾客，它们转而通过提供昂贵的服务来吸引顾客——例如过分丰富的、大部分人都吃不完的飞机用餐。为了限制这种做法，政府管制部门曾经制定过最高服务标准，例如每次提供的机上用餐不能超过一个三明治。有一家航空公司引入了所谓的“斯堪的纳维亚式三明治”，这件事迫使航空公司聚在一起专门开会来界定什么是“三明治”。所有的这些都是浪费，尤其是考虑到消费者真正需要的并不是这么多的食物，而是更低的票价。

自20世纪70年代美国放松了对航空业的管制以来，美国的乘客感受到了机票价格的大幅下降和随之而来的飞机上各种服务质量的下降——座椅变小了、食物的质量下降了等。每个乘客都抱怨服务变差了，但是拜票价下降所赐，美国航空运输量从放松管制时的1 300亿乘客英里（passenger mile）增长到2014年的近9 000亿乘客英里。

违法活动 除了上述四种非效率形式之外，与最高限价一样，最低限价会刺激违法活动。例如，在最低工资远远高于均衡工资水平的国家，急于找到工作的人有时候会为雇主“打黑工”，这些雇主要么向政府部门隐瞒这些雇员的存在，要么向政府派来的检查人员行贿。“打黑工”现象在西班牙和意大利这些南欧国家尤为普遍。

▶ **国际比较**

用我们的低工资结账！

从下图中可以看出，与其他富裕国家相比，美国的最低工资率实际上要低得多。因为最低工资以本国货币设定，如英国以英镑设定、法国以欧元设定，等等，因此这一比较是根据某一给定日期的汇率折算的。截至2013年，澳大利亚的最低工资水平相当于美国工资率的两倍，法国、爱尔兰和加拿大紧跟在澳大利亚后面。我们可以从超市购物的结账队伍看出差别。在美国，通常有人帮助你对所购货物打包——工作人员通常获得最低工资或比最低工资稍高一点的工资，而在欧洲雇人打包的费用要高得多，你几乎总会希望自己打包。

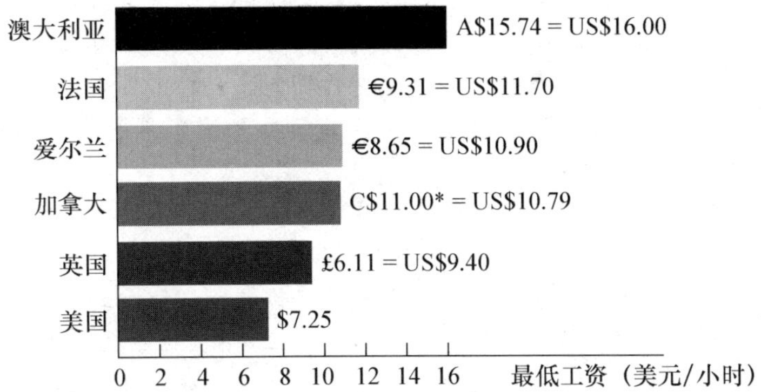

* 加拿大各省的最低工资不同，每小时在9.95～11.00加拿大元之间。

资料来源：Organization for Economic Cooperation and Development (OECD).

□ 5.3.2 那么为什么还存在最低限价？

总结一下，最低限价会产生以下几种负面影响：

- 产品持续过剩。
- 持续过剩导致非效率现象出现：数量不足的非效率（无谓损失）、卖者之间的非效率配置、资源浪费和高质量的非效率。
- 鼓励人们从事违法活动，特别是对政府官员的贿赂。

既然最低限价有这么多负面影响，那么为什么政府有的时候仍然要实施最低限价呢？和实施最高限价的原因一样。政府官员通常会无视最低限价的种种不利影响，有时是因为他们认为相关市场不能用供给和需求模型来描述，然而更多的时候是因为他们不理解这个模型。最重要的是，就像最高限价的实施通常是为了维护一些有影响力的买方的利益，最低限价的实施通常也是因为它们使得一些有影响力的卖方获益。

▶ 真实世界中的经济学

无薪实习的兴衰

最低限价的一个最有名的例子就是最低工资标准。然而，大多数经济学家认为，最低工资对美国整体就业市场的相对影响并不大，主要是因为标准设置得如此之低。1964 年，美国的最低工资标准相当于蓝领生产工人平均工资的 53%；到 2013 年，这一比例下降到 37%左右。美国就业市场的一个领域也适用于最低工资法，即实习生市场。

实习岗位通常是为仍在大学就读或刚毕业的学生等年轻工人保留的临时工作职位。近年来低迷的美国经济令 20～24 岁生产工人的就业前景堪忧。这一年龄组的失业率在 2014 年初达到近 12%。由此导致的一个结果是实习岗位增多，预示着充满热情的年轻工人无法找到高薪的长期工作的可能性越来越大。

实习生分为两大类：带薪实习生和无薪实习生，前者被正式聘用为临时工，并且必须对其按最低工资标准支付薪水；后者承担工作任务，但并非法定意义上的雇员，不适用最低工资法。由于实习提供了宝贵的工作经验和资历，对后来的求职有非常重要的价值，所以年轻人往往愿意接受低工资甚至没有工资待遇的实习。根据咨询公司实习桥（Intern Bridge）高管罗伯特·辛德尔（Robert Shindell）的说法，每年有超过 100 万美国学生做实习生；其中 55%的职位无薪水且不提供实习学分。

不足为奇的是，一些公司使用无薪实习生从事一些实际上有很少或没有教育价值而只是对公司有利的工作。

为了引导这方面的工作，美国劳工部（DOL）——监督最低工资法执行的联邦政府机构——在 2010 年颁布了几项标准，帮助企业确定它们的无薪实习生是否可以不受最低工资要求的约束。其中包括：(1) 实习经验是否主要有利于实习生，而不是雇主？(2) 实习单位是否提供了与教育部门相当的培训环境？(3) 是否正式员工的工作职位没有被实习生取代？如果对这些问题的回答是肯定的，那么劳工部就认为实习是一种教育形式，不受最低工资法约束。然而，如果对这些问题中的任何一个的回答是否定的，那么劳工部就可以认定无薪实习违反最低工资法。在这种情况下，该工作职位必须要么被转换成带薪实习，至少支付最低工资，要么被取消。

2012 年和 2013 年，接连发生此前未被支付薪水的实习生声称他们的工资被骗的诉讼引起了公众的关注。在 2013 年，电影公司福克斯探照灯影业公司被判违反联邦最低工资法，因为对两名实习生支付零工资。在这些诉讼中一个共同的诉求是，实习人员被分派做没有教育价值的“繁重的工作”，如去追踪丢失的手机。在其他的案例中，无薪实习生抱怨说，他们做的是全薪雇员的工作。

因此，许多公司劳动法方面的法律顾问已经建议企业，要么遵守对实习生支付最低工资的法律，要么回绝实习。有些公司已经完全砍掉它们的实习职位，还有一些公司例如福克斯探照灯影业和 NBC 新闻已经将无薪实习职位转换为带薪实习职位。一些观察家担心，无薪实习工作的消失意味着有价值的培训也将消失。但是，正如一位律师所评论的，“根据法律规定，当你工作时，你必须得到报酬（至少是最低工资）。”

及时复习

- 人们最熟悉的最低限价是最低工资。最低限价通常对农产品实施。
- 高于均衡价格的最低限价使一部分卖方获益，却会产生一些负面影响。例如持续的过剩，而过剩又会导致四种形式的非效率：数量不足的非效率、卖者之间的非效率配置、资源浪费以及高质量的非效率。
- 最低限价还会鼓励违法活动的产生，例如隐瞒真实雇佣情况和政府官员的腐败。

小测验 5-2

1. 州立法机关将汽油的最低限价规定为每加仑 P_F。评价下列说法，并且利用下图来解释你的答案。

a. 支持者声称，此项法律将提高加油站老板的收入。反对者声称此项法律将损害加油站老板的利益，因为他们会失去一部分顾客。

b. 支持者声称消费者的福利会改善，因为加油站将提供更好的服务。反对者声称消费者的福利总的来说会恶化，因为他们更愿以更低的价格购买汽油。

c. 支持者声称这项法律将在不损害其他任何人利益的情况下帮助加油站的老板。反对者声称消费者的利益将受损，而且最终的局面将会是消费者到邻近的州或者到黑市上去买汽油。

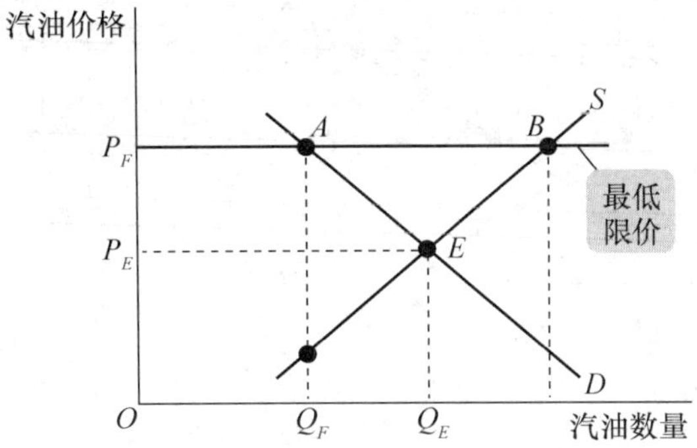

5.4 数量管制

20 世纪 30 年代，纽约市建立了为出租车发放牌照的制度：只有那些获得了“出租车牌照”的出租车才能载客。因为这个制度的目的是保障服务质量，所以有牌照的车主被要求保证达到包括安全和清洁在内的某种标准。当时总共发放了 11 787 张牌照，出租车车主为每张牌照支付 10 美元。

在 1995 年，作为世界金融和资本中心的纽约，每天都有数十万人需要乘坐出租车，但是有牌照的出租车仍然只有 11 787 辆。1995 年增发了 400 张牌照，之后又增发了几轮牌照，到目前有 15 000 张。这一限制导致的结果是，纽约市出租车牌照变得非常昂贵：如果你想在纽约开出租车，从别人那里租借或者购买一个牌照的当前价格超过 100 万美元。

纽约出租车的故事并非独一无二，其他在 20 世纪 30 年代引入了类似制度的城市和纽约一样，自那个时候起只增发过很少的牌照。旧金山、波士顿都和纽约一样，出租车牌照的价格都达到了六位数。

出租车牌照制度就是一种**数量管制**（quantity control）或者说**配额**（quota）。在这种制度下，政府规定某种产品的买卖数量而不是交易价格。这是除了最高限价、最低限价之外政府干预市场的另一种方式。在数量管制下可交易的总数量就是所谓的**配额限制**（quota limit）。通常政府通过发放**许可证**（license）来限制某个市场上的交易数量；只有持有许可证的人才能合法地提供某种产品。

出租车牌照就是一种许可证。纽约市政府通过限制出租车的数量限制了人们能乘坐的出租车的数量。现实中还有很多其他的数量管制，从限制人们购买外汇（例如英镑或者墨西哥比索）的数量到新泽西州限制允许捕捞的渔船的数量。

在现实世界中，数量管制是对一种产品的可交易数量设置最高限额。有一些控制数量的做法从经济方面看理由充足，但是也有一些经不起推敲。正如我们将讨论的，在许多时候，为了应付临时问题而制定的数量管制在事后会很难被取消，因为受益者会极力维护这种政策，即使最初导致数量管制出台的原因已不复存在。但是无论实行数量管制的原因是什么，它们都有一些可以预见的而且通常是人们不想看到的经济后果。

> **数量管制**或者**配额**是对某种产品的买卖数量规定上限。产品能够合法地进行交易的总数就是**配额限制**。**许可证**使其持有者有权供应某种产品。

5.4.1 对数量管制的分析

为了理解纽约市出租车牌照为什么值这么多钱，我们考虑出租车乘坐这个市场的一种简化的情形，如图 5-8 所示。就像在租金管制中我们假设所有公寓都是相同的一样，我们在这里也假设所有出租车乘次是相同的，从而忽略真实世界中的种种复杂情况（有些乘次距离较长从而更昂贵）。

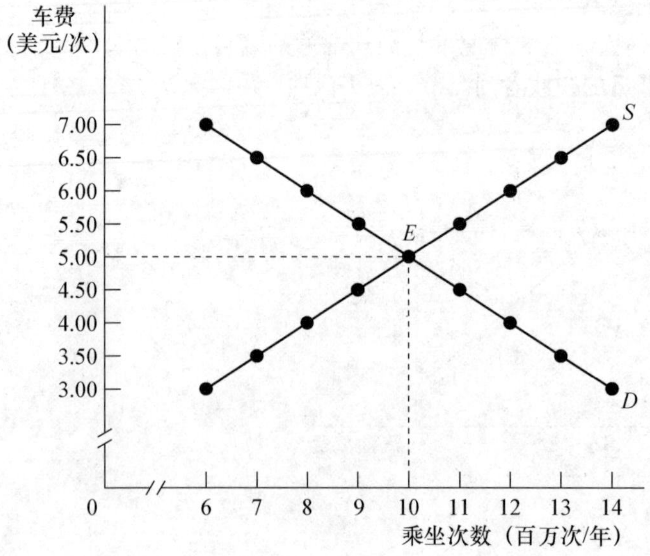

车费（美元/次）	乘坐次数（百万次/年）	
	需求量	供给量
7.00	6	14
6.50	7	13
6.00	8	12
5.50	9	11
5.00	10	10
4.50	11	9
4.00	12	8
3.50	13	7
3.00	14	6

图 5-8　没有政府管制下的出租车乘坐市场

在没有政府干预的情况下，市场均衡是价格为 5 美元/次，乘坐 1 000 万次。

图 5-8 中的表给出了需求表和供给表。市场均衡是图中的 E 点和表中带有阴影的那一行，即每乘次 5 美元，每年乘坐 1 000 万次（你马上就会明白为什么我们要这样来表示市场均衡）。

纽约的出租车牌照制度限制了出租车的数量，但是每个出租车司机能够按照自己的意愿来提供载客次数。（现在你该明白为什么纽约的出租车司机会这么拼抢！）然而，为了使我们的分析简单化，我们假设这个制度可以把合法载客的次数限制在每年 800 万次。

某个给定数量的**需求价格**是消费者愿意购买一定数量产品时对应的价格。

到目前为止，我们已经通过回答以下问题得出了需求曲线："如果价格是每次 5 美元，那么乘客愿意乘坐多少次出租车?"但是我们也可以把这个问题倒过来："在什么价格上消费者愿意每年乘坐 1 000 万次出租车?"在某一价格上消费者愿意购买给定数量的某种产品——在这个例子中，在 5 美元的价格上乘坐 1 000 万次——这个价格就是这个数量所对应的**需求价格**（demand price）。你可以从图 5-8 中看到 600 万乘次的需求价格是 7 美元，700 万乘次的需求价格是 6.50 美元，等等。

某个给定数量的**供给价格**是生产者愿意提供一定数量产品时对应的价格。

类似地，通过回答下述形式的问题可以得出供给曲线："在 5 美元的价格上出租车司机愿意搭载多少次客人?"但是我们也可以把问题颠倒过来："在什么价格上出租车司机每年愿意搭载 1 000 万次客人?"在某一价格上供给者愿意提供一个给定的数量——在这个例子中，在 5 美元的价格上乘坐 1 000 万次——这个价格就是该数量所对应的**供给价格**（supply price）。我们从图 5-8 中的供给曲线上可以看出 600 万乘次的供给价格是 3 美元，700 万乘次的供给价格是 3.50 美元，等等。

现在我们可以分析配额了。我们已经假设市政府把出租车乘坐次数限制在每年 800 万次。每一个出租车牌照赋予其持有者每年搭载一定次数客人的权利，假设出租车牌照能够以保证每年所有的出租车搭载客人的总次数为 800 万次的方式发放。牌照持有者既可以自己亲自开出租车，也可以以一定的费用把牌照租给他人。

图 5-9 表现了出租车乘坐市场的情况，每年 800 万乘次这条垂直线代表了配额限制。因为乘坐次数被限制为 800 万，所以消费者面临的是需求曲线上的 A 点，对应着需求表中涂上阴影的一项：800 万乘次的需求价格为 6 美元。同时，出租车司机面临的是供给曲线上的 B 点，对应着供给表中涂上阴影的一项：800 万乘次的供给价格为 4 美元。

但是，为什么出租车乘客愿意支付 6 美元而出租车司机收取的是 4 美元呢？答案是，除了乘坐出租车这个市场之外，还有一个牌照市场。牌照持有者可能并不总是亲自开出租车：他们可能会生病或者会去度假。

那些不想自己亲自开出租车的人将把使用牌照的权利转卖给其他人。

所以，在这里我们必须考虑两套交易和两个价格：(1) 出租车乘坐市场上的交易及其价格；(2) 牌照市场上的交易及其价格。既然我们考虑的是两个市场，那么4美元和6美元这两个价格就都没有问题了。

为了便于说明，让我们虚构两个纽约的出租车司机：桑尼尔（Sunil）和哈利特（Harriet）。桑尼尔有一张牌照，但是他的腕关节严重扭伤，还没有恢复，所以他试图把牌照租给别人。哈利特没有牌照，但是想租一张。而且在任何时点上都有很多像哈利特这样的想租一张牌照的人和很多像桑尼尔这样的想把自己的牌照租出去的人。假设桑尼尔同意把牌照租给哈利特。简单起见，假设每个出租车司机每天都只能搭载一次客人，而且桑尼尔把自己的牌照租给哈利特一天。那么他们会达成一个什么样的出租价格呢？

为了回答这个问题，我们需要同时从这两个司机的角度出发来看待这笔交易。哈利特知道一旦自己租到牌照，就能每天挣6美元——配额所对应的需求价格。只要每天能至少挣4美元——配额所对应的供给价格，他就愿意租牌照。所以，桑尼尔不能要求牌照租金超过2美元——6美元和4美元之差。而且如果哈利特付给桑尼尔的租金低于2美元，比如说是1.50美元，那么就会有其他的司机愿意向桑尼尔租牌照，一直到牌照租金涨到2美元为止。因此为了得到牌照，哈利特必须至少付给桑尼尔2美元。既然租金不能比2美元高，也不能比2美元低，那么它就应该正好等于2美元。

> 数量管制或者配额使某种产品的需求价格和供给价格之间出现了**楔差**：最终买方付出的价格比卖方得到的价格高。
>
> 这个楔差被称作**配额租金**，它是许可证或者牌照持有者因为拥有出售此种产品的权利而获得的收入。它等于许可证或者牌照被买卖时许可证或牌照的市场价格。

2美元正好等于800万次的需求价格和供给价格之差，这并不是巧合。只要某种产品的供给受到法律的限制，在交易数量对应的需求价格和供给价格之间就会出现**楔差**（wedge）。这种楔差在图5-9中是用一个上下箭头来表示的，它有一个特别的名称：**配额租金**（quota rent）。它是牌照持有者从牌照所有权中获得的收入。就桑尼尔和哈利特而言，2美元的配额租金归桑尼尔所有，因为他拥有牌照，6美元中剩下的4美元归哈利特所有。

所以，图5-9也显示了在纽约乘坐出租车的配额租金。配额将每年的乘坐次数限制为800万次，在这个数量上6美元的需求价格超过了4美元的供给价格。二者之间的差额2美元就是对出租车乘坐市场实施数量管制而产生的配额租金。

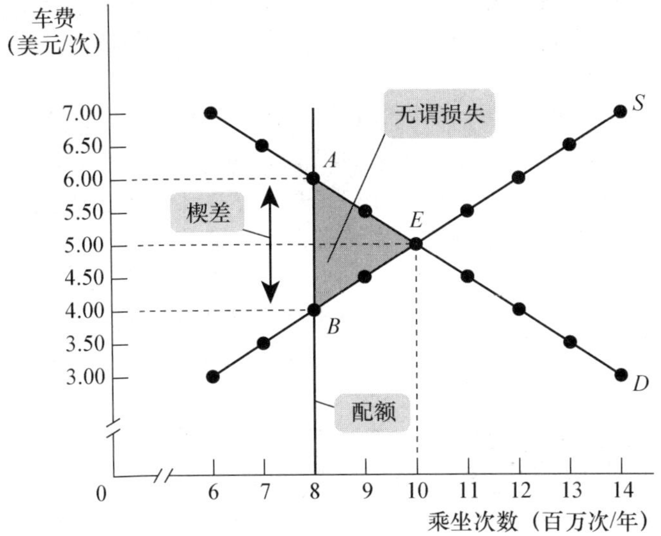

车费（美元/次）	乘坐次数（百万次/年）	
	需求量	供给量
7.00	6	14
6.50	7	13
6.00	8	12
5.50	9	11
5.00	10	10
4.50	11	9
4.00	12	8
3.50	13	7
3.00	14	6

图5-9　出租车乘坐市场上配额的影响

图中的表展示了与需求价格和供给价格对应的每个数量：在每一价格水平上的需求量和供给量。市政府通过出售牌照的方式实施了800万次的配额限制，用图上的垂直线表示。消费者支付的价格上升到了6美元，即800万次的需求价格，如A点所示。800万次的供给价格只有4美元，如B点所示。这两个价格之差就是牌照持有者所获得的每次乘坐的配额租金。正是配额租金使得需求价格和供给价格之间出现了差别。

但是等一下。如果桑尼尔不能将自己的牌照租出去又会怎样呢？如果他自己开出租车呢？难道这不意味着他得到了6美元的价格吗？不，并非如此。即使桑尼尔不把自己的牌照租出去，他实际上也是可以这样做的，这意味着他的牌照有一个2美元的机会成本：如果桑尼尔决定自己开出租车而不是把牌照租给哈利特，2美元就是他不把牌照租出去的机会成本。换言之，2美元的配额租金现在就是他自己开出租车所放弃的租金收入。

事实上，桑尼尔从事了两项生意，一项是开出租车，另一项是出租牌照。他从开出租车当中获得每次4美元的收入，从出租牌照中获得每次2美元的收入。这和他把牌照出租给自己并无二致！

所以，不论牌照所有者是自己使用牌照，还是租给他人使用，牌照都是一项有价值的资产。这在纽约的出租车牌照的价格上得到了体现：2013年，纽约出租车牌照的价格为100万～120万美元。据纽约出租车牌照经纪人西蒙·格林鲍姆（Simon Greenbaum）所说，出租车牌照拥有者出租牌照每月预计可获得约2 500美元，即3%的收益率，与其他投资收益率相比还是很有吸引力的。

注意，配额就像最高限价和最低限价一样，并不总是能够真正产生效果。如果配额被设置为1 200万乘次——高于没有管制的市场上的均衡数量——那么它就不会产生实际效果，因为它没有任何约束力。

□ 5.4.2 数量管制的成本

就像价格管制一样，数量管制也会产生一些可预见的人们不愿看到的负面影响。第一种是已经熟悉的由于“机会错失”而产生的非效率：数量管制阻止了买卖双方的互利交易而导致无谓损失。再来看图5-9，我们看到从800万乘次开始，增加100万乘次到900万乘次，纽约人每次坐出租车愿意支付的费用至少为5.50美元，而出租车司机只要每次至少能获得4.50美元的收入就愿意载客。如果没有配额限制，这些交易本来是会发生的。

如果再增加100万乘次，情况仍然如此：当配额从900万乘次增加到1 000万乘次时，纽约人每次坐出租车就愿意支付至少5美元，而出租车司机只要每次至少能获得5美元的收入就愿意载客。同样，如果没有配额限制，这些交易本来也是会发生的。

只有当达到自由市场的均衡数量1 000万乘次时，才不会有“机会错失”——800万乘次的配额导致了200万个“错失的乘坐机会”。

总的说来，只要某一给定数量的需求价格超过其供给价格，就存在无谓损失。买方愿意以一个卖方可以接受的价格购买产品，但是由于配额的限制，这样的交易不会发生。200万个错失的乘坐机会导致的无谓损失用图5-9中的阴影区域表示。

而且，因为在数量管制下人们愿意交易但是不被允许，所以人们会想方设法规避数量管制甚至违反法律规定。纽约的出租车行业再次为我们提供了很好的例子。出租车管制只适用于那些在街头载客的出租车，而那些事先约好提供服务的轿车不需要牌照。因此，后面这种车提供了许多本来应该由出租车提供的服务，其他城市也如此。另外，还有很多没有领到牌照的出租车干脆无视法律的规定，私自载客。由于这些车是违法的，它们完全不受管制，纽约的相当一部分交通事故都与此有关。

事实上，纽约出租车数量管制所造成的问题促使市政主管部门于2004年批准增加了900张出租车牌照。2013在，拍卖了2 000张牌照，使得牌照总数达到15 000张。这一举动着实让纽约乘坐出租车的市民欢欣鼓舞。

但是已经拥有牌照的人就没这么高兴了，他们明白，增加新出租车将缓解或者消除出租车短缺现象。因此，出租车司机可能会发现他们的收入下降了，因为他们可能无法总是轻松地找到顾客。相应地，牌照的价格将下降。于是为了安抚现有的牌照持有者，2004年市政府官员同意将出租车费提高25%，2006年再小幅提高，2012年又提高了约17%。尽管现在找出租车容易了，但提高车费使纽约的出租车乘客多少有些扫兴。

总而言之，数量管制通常会带来以下负面影响：

- 因为互利交易没有发生而导致无谓损失。
- 刺激了违法活动出现。

▶ **真实世界中的经济学**

捕蟹、配额和阿拉斯加的休渔

阿拉斯加帝王蟹和雪蟹被认为是世界范围内的美味佳肴。螃蟹捕捞是阿拉斯加经济中最重要的产业之一。由于过度捕捞，1983 年螃蟹产量下降 90%后，这一问题引起了许多人的关注。对此，海洋生物学家设置了一个总捕捞配额制度，限制每年可捕捞的蟹量，目的是使螃蟹数量恢复到一个健康的、可持续的水平。

请注意，顺便说一句，阿拉斯加蟹配额是一个基于广泛的经济和环境考量后实施的合理配额的例子，与纽约出租车配额完全不同，因为后者早已失去了任何存在的经济理由。与纽约出租车配额制度的另一个重要区别是，阿拉斯加捕蟹船的所有者没有购买或出售个人配额的能力。因此，尽管濒临灭绝的螃蟹最终因总捕捞配额制度而得以恢复，但这一制度还有一个意想不到的且致命的后果。

阿拉斯加捕蟹季节相当短，大致从每年 10 月到次年 1 月，并且可能会因恶劣天气而进一步缩短。到了 20 世纪 90 年代，由著名的探索频道制作的《致命捕捞》节目披露，阿拉斯加捕蟹的渔民参与的是“捕捞比赛”。在捕蟹季节开始后，为了保持配额限制，捕蟹船船员会到危险、冰冷且未开发的水域捕蟹，经过几天紧张的捕捞后可有价值数十万美元的收获。这样一来，船经常超载和倾覆。船员太投入，许多船员因为体温过低或者溺水而死亡。

据联邦政府统计，阿拉斯加捕蟹曾经是最危险的工作，每年的平均死亡率为 7.3，约为普通工人死亡率的 80 倍。而短暂丰收又会导致螃蟹市场供给过多，压低渔民收到的价格。

2006 年渔业监管部门制定了另一种被称为配额股份（quota share）的制度，旨在保护捕蟹渔民和阿拉斯加的螃蟹。对渔民分配配额，每艘获得配额的船可在三个月的捕蟹季节使用。此外，个人配额可以出售或租赁。这些变化促成了该行业的转变，更大的船的业主向小船的业主购买配额，捕蟹船的数量大幅减少，从前几年的 250 艘减少到 2012 年的 60 艘左右。大船倾覆的可能性降低，提高了船员的安全程度。

此外，通过延长捕蟹季节，配额股份制度提振了螃蟹数量和螃蟹的价格。2004 年，在旧的制度下，配额在短短 3 天就能达到，而在 2010 年要花 20 天才能达到。因为有更多的时间去捕捞，这就确保了渔民会将小蟹和雌蟹放归大海而非捞起。随着捕蟹季节的延长，投放市场也更加平稳，避免了供给冲击市场造成价格大幅下挫。在 2011 年，雪蟹的价格为每磅 7 美元，而 2005 年时为每磅 3 美元。

可以预见的是，与总捕捞配额制度相比，阿拉斯加捕蟹渔民的收入在配额股份制度下提高了。正如一位观察家在 2012 年时所说的：“我们关于捕蟹收入的信息是传闻，但是我们所调查的船员们说，他们每年能赚 100 000 美元，增长了一倍。这比前几年多了不少。”

及时复习

- 数量管制或者配额是政府对某种产品的购买数量或者销售数量施加的限制。允许买卖的数量就叫配额限制。由政府来发放许可证——在配额制度下出售一定数量的某种产品的权利。
- 当配额比没有管制的市场上的交易数量小的时候，需求价格就会比供给价格高——在配额这个数量水平上这两种价格之间出现了楔差。
- 这种楔差就是配额租金，它是许可证或者牌照持有者因为拥有出售产品的权利而获得的收入——要么是自己提供此种产品，要么是将许可证出租给他人使用。一张许可证或者牌照的市场价格等于配额租金。
- 和价格管制类似，数量管制会产生非效率，并且会刺激违法活动。

小测验 5-3

1. 假设图 5-8 给出了出租车乘坐的供给和需求，但是配额是 600 万乘次而不是 800 万乘次。回答下列各个问题，并且在图上表示出来。

a. 乘坐一次的价格。

b. 配额租金。

c. 假定配额增加到900万乘次。配额租金会发生什么变化?

2. 假设配额是800万乘次。如果需求由于旅游旺季的过去而下降，需求曲线至少要向左平移多少才会使配额不再对市场有任何作用?请在图上表示出来。

▶ 企业案例

牌照金融公司：巡航顺利

早在1937年，在纽约市冻结出租车牌照数量之前，安德鲁·慕斯汀（Andrew Murstein）的祖父（系移民）花10美元购买了他的第一张牌照。随着时间的推移，他的祖父累积了500张牌照，将其出租给其他司机。这500张出租车牌照成为牌照金融公司（Medallion Financial）的基础：该公司最终被传给现任总裁安德鲁。

2013年末，牌照金融公司的市场价值为3.85亿美元，公司也将主要业务从出租牌照转向为购买新牌照提供融资，即借钱给那些想购买一张牌照但又没有那么多资金的人。慕斯汀相信，他在帮助那些像他的波兰移民祖父那样想买一张美国梦牌照的人。

安德鲁·慕斯汀仔细观察纽约市的出租车牌照的价值：价格越高，从牌照金融公司贷款的需求就越强烈，公司获得的贷款利息也就越多。从牌照金融公司贷款需要用牌照价值来担保。如果借款人无法偿还贷款，牌照金融公司将获得借款人的出租车牌照，将其转售来弥补贷款违约所造成的损失。截至2013年，牌照价值的上升速度快于股票、石油和黄金等产品。过去20年里，牌照的价值上涨了720%，而股价指数上涨了500%。

但牌照价格大幅波动，危及利润。在经济强劲增长的时期，如在1999年和2001年，纽约出租车牌照的价格下跌了，因为司机在其他行业找到了工作。当纽约经济在“9·11”之后遭受重挫时，出租车牌照的价格也跌至180 000美元，是12年来的最低。2004年，当纽约市出租车和轿车委员会（New York City Taxi and Limousine Commission）推出新增900张牌照的措施时，牌照拥有人有些担心。例如，一名纽约出租车司机彼得·埃尔南德斯（Peter Hernandez）——他用牌照做抵押从牌照金融公司融资——当时就不无担忧地说：“如果他们在这个行业中增加出租车，不仅我的牌照会贬值，我每天的收入也会贬值。”

然而，慕斯汀对牌照会保持其价值一直抱乐观态度。他认为，25%的车费上涨将会抵消新增牌照对原有持照人所持牌照的价值造成的潜在损失。此外，更多牌照意味着他的公司会放出更多的贷款。

在2013年，慕斯汀的乐观被证实。因为2007—2009年的金融危机，许多纽约的公司削减了它们通常提供给自己员工的豪华轿车服务，迫使他们坐出租车来代替。其结果是，牌照的价格从2008年到2013年几乎翻了一番，从550 000美元上涨到超过100万美元。投资人已经注意到牌照金融公司业务领域的价值：从2010年11月至2013年11月，牌照金融公司的股价上涨了120%。

思考题

1. 牌照金融公司如何从纽约限制出租车牌照数量中获益?

2. 如果纽约的多家公司为它们的员工恢复提供豪华轿车服务，将会对牌照金融公司产生什么影响?这些公司为其员工提供这种额外补贴的经济动机是什么?（请注意：在纽约市个人拥有一辆汽车不仅非常困难，而且代价高昂。）

3. 如果纽约市取消出租车的数量限制（也就是说取消配额），请预测这对牌照金融公司的业务会产生什么影响。

小结

1. 即使市场是有效的，政府经常也会为了实现更高程度的公平或者取悦有势力的利益集团而对市场进行干预。干预所采取的形式是价格管制和数量管制，两者都会产生一些人们不愿看到的负面效果，如各种形式的非效率和违法活动。

2. 在最高限价下，规定的最高市场价格低于市场均衡价格，能够买到产品的消费者会因此受益，但是会造成持续的短缺。因为价格被压低到均衡价格水平之下，所以相对于均衡数量而言需求量会增加，供给量会减少。这预计会导致如下问题：数量不足所造成的无谓损失导致的非效率、消费者之间的非效率配置、资源浪费和低质量的非效率。因为人们会转向黑市来获得产品，最高限价还会刺激违法活动的产生。由于存在这些问题，最高限价已经不再是一种普遍采用的政策。但是有些政府仍然实施最高限价，这要么是因为它们不理解最高限价的影响，要么是因为最高限价使一些有影响力的集团获益。

3. 在最低限价下，政府规定的最低市场价格高于市场均衡价格。它使得能够卖出产品的销售者受益，但是会造成持续的产品过剩。因为价格被抬高到均衡价格之上，所以相对于均衡数量而言需求量下降，供给量上升。这预计会导致如下问题：数量不足所造成的无谓损失导致的非效率、卖者之间的非效率配置、资源浪费和高质量的非效率。最低限价还会刺激违法活动和黑市的产生。最广为人知的最低限价是最低工资，最低限价通常还应用于农产品。

4. 数量管制或者配额是对某种产品的交易数量进行限制。政府向个人发放许可证或牌照——销售一定量的某种产品的权利。许可证持有者能够获得配额租金——因为拥有销售此种产品的权利而获得的收入。配额租金的大小等于配额所对应的需求价格（消费者为这一数量愿意支付的价格）和供给价格（供给者在这一数量上愿意接受的价格）之差。经济学家认为，配额使需求价格和供给价格之间出现了楔差；这个楔差的大小就等于配额租金。数量管制会造成无谓损失并刺激违法活动。

关键词

价格管制	最高限价	最低限价	无谓损失	消费者之间的非效率配置
资源浪费	低质量的非效率	黑市	最低工资	卖者之间的非效率配置
高质量的非效率	数量管制	配额	配额限制	许可证
需求价格	供给价格	楔差	配额租金	

练习题

1. 为了给自己拉选票，高顿市的市长决定降低出租车车费。为了简单起见，假设所有的出租车乘次都开行同样的距离，从而每个乘次的成本都相同。下表为乘坐出租车的需求表和供给表。

车费（美元/次）	乘坐次数（百万次/年）	
	需求量	供给量
7.00	10	12
6.50	11	11
6.00	12	10
5.50	13	9
5.00	14	8
4.50	15	7

a. 假设没有对出租车乘坐次数的限制（即没有出租车牌照制度）。请指出均衡价格和均衡数量。

b. 假设市长规定最低限价为 5.50 美元，会出现多大的短缺？请用图形说明谁从此政策中受益、谁受损。

c. 假设股票市场崩盘了，因此高顿市的市民变得比原来贫困了。这导致对出租车的乘坐需求在任何价格水平上每年都减少了 600 万次。市长的这一新政策现在会产生什么效果？请用图形表示。

d. 假设股票市场出现繁荣，对出租车的乘坐需求恢复到了正常水平（即回到了上表中给出的水平）。现在市长决定拉拢出租车司机。他宣布现有司机都将获得一张营运许可证；由于发放数量有限，许可证被限制在每年总共只能提供1 000 万次载客服务。解释这一政策对市场、出租车价格和交易数量的影响以及每次乘坐的配额租金的大小。

2. 在 18 世纪晚期，纽约的面包价格受政府管制，政府规定的价格比市场价格高。

a. 画图解释该政策的影响。这个政策是最高限价还是最低限价？

b. 当管制价格高于市场价格时，可能产生何种非效率？请详细解释。

在这一时期，有一年小麦歉收，推动面包供给曲线向左移动，市场价格随之上升。纽约的面包师发现纽约的面包管制价格低于市场价格。

c. 画图解释这一年价格管制对面包市场产生的影响。价格管制是最高限价还是最低限价？

d. 你认为这一年里会出现哪些类型的非效率？请详细解释。

3. 美国农业部规定黄油的最低价格，根据 2008 年的《农场法案》，价格为每磅 1.05 美元。根据美国农业部的数据，在这一价格水平上，2010 年的黄油供给量为 17 亿磅，需求量为 16 亿磅。为了支持黄油的最低限价，美国农业部不得不购买余下的全部 1 亿磅黄油。下图所示为黄油市场的供给曲线和需求曲线。

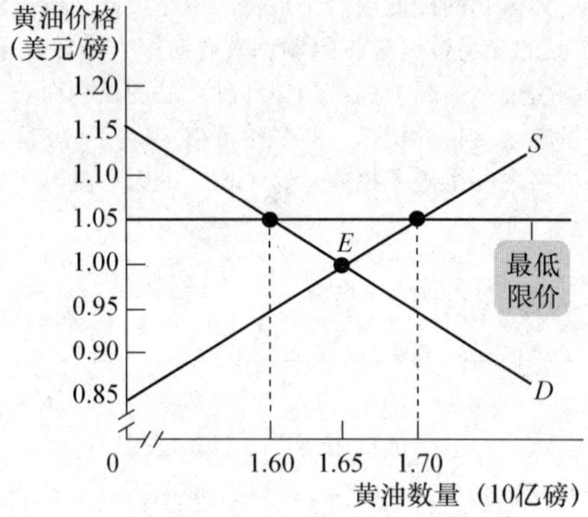

a. 在没有最低限价时，消费者剩余为多少？生产者剩余为多少？总剩余为多少？

b. 当黄油的最低限价为每磅 1.05 美元时，消费者购买的数量为 16 亿磅。消费者剩余现在为多少？

c. 当黄油的最低限价为每磅 1.05 美元时，生产者提供的数量为 17 亿磅。生产者剩余现在为多少？

d. 美国农业部购买过剩的黄油将支付多少资金？

e. 为支持美国农业部购买过剩的黄油需要多征税。由此导致总剩余（生产者剩余加上消费者剩余）的减少量等于美国农业部购买过剩黄油的支出。根据你对第 b～d 问的回答，实施最低限价时总剩余为多少？与第 a 问没有最低限价时相比，有哪些不同？

4. 下表是每年牛奶的需求表和供给表。美国政府认为奶牛农场主的收入应该维持在一个使传统的家庭奶牛场能生存下去的水平上。因此，政府决定以每品脱 1 美元的价格收购过剩牛奶，直到市场价格达到每品脱 1 美元为止。

牛奶价格 （美元/品脱）	牛奶数量（百万品脱/年）	
	需求量	供给量
1.20	550	850
1.10	600	800
1.00	650	750
0.90	700	700
0.80	750	650

a. 在图中标明买卖数量不足的非效率造成的无谓损失。

b. 此项政策会导致多少牛奶过剩？

c. 此项政策给政府造成的成本是多少？

d. 由于牛奶是蛋白质和钙的重要来源，政府决定以每品脱 0.60 美元的价格把收购来的过剩牛奶出售给各所小学。假设这些学校将以该价格购买任何数量的牛奶。但是由于家长知道自己的孩子在学校里可以喝到牛奶，所以现在每年在任何价格上都会少购买 5 000 万品脱牛奶。在这种情况下，政府政策为此支付的成本又是多少？

e. 请解释该项政策所造成的卖者之间的非效率配置和资源浪费是什么。

5. 欧洲国家的政府往往比美国政府更喜欢使用价格管制手段。例如，法国政府为完成高中毕业会考的新雇员制定了工作第一年的最低工资。对完成了高中毕业会考的雇员的需求表和这类求职者的供给表如下表所示。这里的价格就是年薪，以欧元为单位。

工资（欧元/年）	需求量（每年提供的新职位）	供给量（每年新的求职者）
45 000	200 000	325 000
40 000	220 000	320 000
35 000	250 000	310 000
30 000	290 000	290 000
25 000	370 000	200 000

a. 在没有政府干预的情况下，均衡工资和每年毕业生的均衡雇佣量是多少？请画图说明。是否有人在均衡工资水平上想找工作却找不到，即是否存在非自愿失业？

b. 假如法国政府规定最低工资为每年 35 000 欧元。在这个工资水平上是否存在非自愿失业？如果有，有多少非自愿失业者？请画图说明。如果最低工资为 40 000 欧元呢？

c. 根据你对第 b 问的回答和表里的信息，你认为非自愿失业水平和最低工资水平之间的关系是什么？谁从这个政策中获得了好处？谁受损？这里“机会错失”是指什么？

6. 许多欧洲国家采用过高的最低工资水平导致失业和就业不足居高不下，并造成两层用工制度。在正规劳动力市场中，工人们能找到好的工作，雇主至少支付最低工资水平。在非正规劳动力市场中，工作不好的工人所获得的薪水低于最低工资水平。

a. 请画出需求和供给图来解释实施最低工资对整个劳动力市场的影响，将工资标在纵轴上，将劳动时间标在横轴上。你的供给曲线表现的是工人们根据工资水平所愿意提供的工作时间，需求曲线表现的是根据工资水平雇主对劳动时间的需求。在你的图中，请标明实施最低工资所造成的无谓损失。所造成的短缺的类型是什么？请在图中标明短缺的大小。

b. 假定实施过高的最低工资造成了经济萎缩，由此造成正规劳动部门生产规模缩小或对劳动的需求减少。请画图说明这对总劳动力市场所造成的影响。无谓损失的大小会发生什么变化？短缺会发生什么变化？请画图说明。

c. 假定无法获得支付最低工资水平工作职位的工人转向了无法支付最低工资水平的非正规劳动力市场。经济萎缩对非正规劳动力市场会产生什么影响？非正规劳动力市场的均衡工资水平会发生什么变化？请用非正规劳动力市场的供给和需求模型加以说明。

7. 在过去的 80 年中，美国政府利用价格支持政策来保障农场主的收入。有时政府使用最低限价，并且承诺购买过剩的农产品。有时政府使用目标价格，即政府向农场主发放相当于市场价格和目标价格之间差额的补贴。考虑下图所描述的玉米市场。

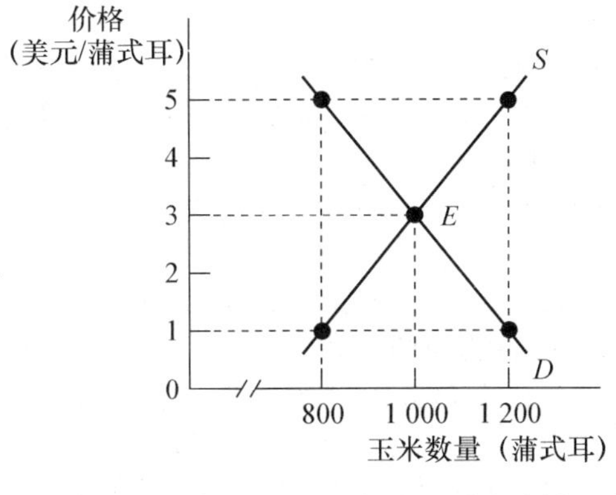

a. 如果政府规定最低限价为每蒲式耳 5 美元，那么有多少蒲式耳玉米会被生产出来？消费者将购买多少蒲式耳玉米？政府又将购买多少？政府须为这一政策花费多少？种植玉米的农场主的收入是多少？

b. 假设政府把目标价格定为每蒲式耳 5 美元，对应的供给量为 1 000 蒲式耳。消费者将在何种价格水平上购买多少蒲式耳玉米？政府将购买多少？政府为这一政策支付的费用是多少？种植玉米的农场主的收入是多少？

c. 上述两种政策中的哪一种会让消费者支出更多？哪一种政府须支出更多？请解释。

d. 以上每种政策所导致的非效率分别是什么？

8. 北大西洋海岸附近的海域曾经鱼满为患。现在由于过度的商业捕捞，那里的鱼类资源几乎枯竭。1991 年美国国家海洋渔业服务署为了恢复这一海区的鱼类资源，制定了捕捞配额，将美国所有渔船每年所能捕捞的旗鱼的总量限制在 700 万磅。一旦配额用完，该年度任何船只都不得再行捕捞。下表给出了每年对捕自美国的旗鱼的需求表和供给表。

旗鱼的价格（美元/磅）	旗鱼的数量（百万磅/年）	
	需求量	供给量
20	6	15
18	7	13
16	8	11
14	9	9
12	10	7

a. 请用图形说明配额对 1991 年的旗鱼市场的影响。在图中标明由数量不足的非效率导致的无谓损失。

b. 你认为渔民将如何应对这项政策？

9. 缅因州规定，要从事商业性的龙虾捕捞必须获得政府发放的许可证。这些许可证每年发放一次。缅因州此举是为了阻止本州海岸附近龙虾供给的继续减少。缅因州的渔政部门规定，每年在缅因州的海域中捕捞的龙虾配额为 80 000 磅，并且每年的许可证都只发放给在上一年持有许可证的人。下图显示了缅因州的龙虾的需求曲线和供给曲线。

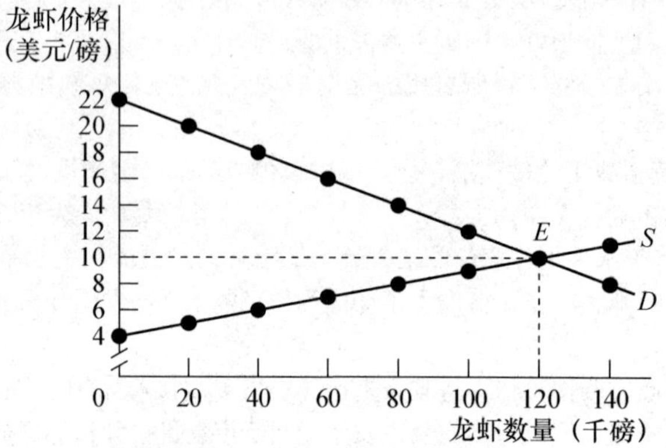

a. 在没有政府限制的情况下，均衡价格和均衡数量是多少？

b. 消费者愿意购买 80 000 磅龙虾时的需求价格是多少？

c. 供给者愿意供应 80 000 磅龙虾时的供给价格是多少？

d. 当龙虾的销量是 80 000 磅时，每磅龙虾的配额租金是多少？请在图上标明配额租金和无谓损失。

e. 请解释配额如何阻止了对买卖双方都有利的交易。

10. 委内瑞拉政府对烤咖啡豆的零售价格实施最高限价。下图所示为咖啡豆市场。没有价格管制时均衡位于 E 点，均衡价格为 P_E，均衡数量为 Q_E。

a. 请说明没有最高限价时消费者剩余为多少、生产者剩余为多少。

实施最高限价后，价格下降到 P_C，买卖数量下降到 Q_C。

b. 实施最高限价后消费者剩余为多少？（假定消费者按最高购买意愿购买能提供的咖啡豆，也就是说，假定消费者之间不存在非效率配置。）

c. 实施最高限价后生产者剩余为多少？（假定生产者按最低成本提供咖啡豆，也就是说，假定生产者之间不存在非效率配置。）

d. 根据图形说明，在实施最高限价后，实施前的生产者剩余有多少转移给了消费者。

e. 根据图形说明，在实施最高限价后，实施前的总剩余损失了多少。也就是说，无谓损失有多大？

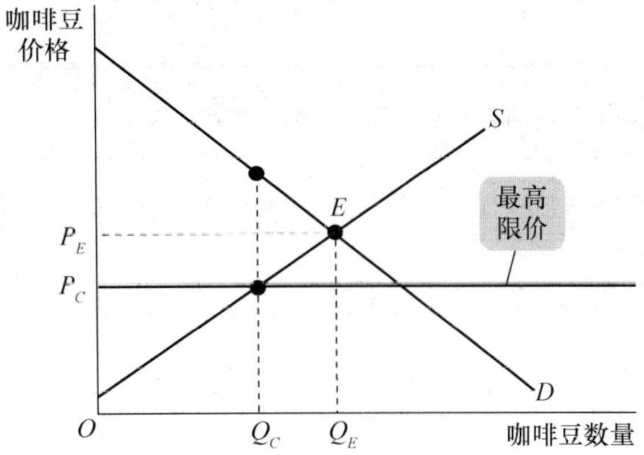

11. 下图中的数据来自美国劳工统计局，显示了 1975—1985 年间美国航空票价的平均价格水平变化，已经根据通货膨胀率（所有产品的价格在这一段时间内的总上升幅度）做了调整。1978 年美国放松了航空管制，取消了机票的最高限价，容许航空公司灵活开辟新的航线。

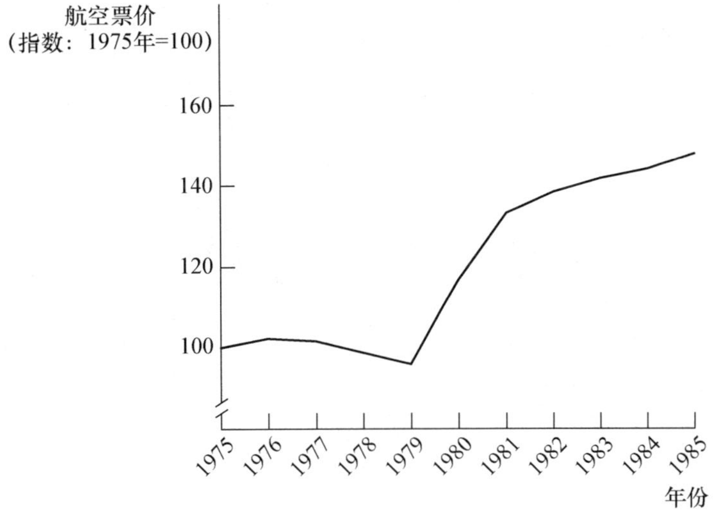

资料来源：U. S. Bureau of Labor Statistics.

a. 根据图中所给的航空票价数据，你认为 1978 年之前的最高限价有约束力还是没有约束力？你认为所确定的票价水平高于还是低于均衡价格？画出供给和需求图来表现 1978 年之前所存在的最高限价与均衡价格之间的关系。

b. 许多经济学家认为，《航空放松管制法》的推行实际上导致了平均票价水平的下降。你如何将这种观点与从图中观察到的协调起来？

12. 许多高校学生在毕业前试图寻找实习经历来充实个人简历，以获得所选职业领域的经历或者找到可能的职业。所有准实习生都希望能找到比一般暑期工（如餐厅服务生或烙牛肉饼）支付更高薪水的实习机会。

a. 在工资率为纵轴、工作时间为横轴的图中，画出实习市场的供给和需求曲线图，假设最低工资法对市场均衡不具约束力。

b. 假设市场低迷导致雇主减少了对实习生的需求。然而，许多学生愿意并渴望找到无薪实习工作。这样一来，新的市场均衡工资等于零。绘制另一幅供给和需求曲线图表明这种新的市场均衡，如图 5－7 所示，包括最低工资所导致的用阴影标明的无谓损失三角形。运用该图解释你的发现。

在线回答问题

13. 假设纽约的租金管制被废除，现在由市场来决定租金价格。如果所有用于出租的公寓都是相同的并以同样的租金出租。为了解决支付不起市场租金的居民的困难，政府将向低收入家庭发放补贴，其金额相当于过去管制下的租金和现在的市场租金的差额。

a. 用图形说明废除租金管制对公寓出租市场的影响。市场上公寓的供给数量和质量将发生什么变化?

b. 用图形说明补贴政策对市场上公寓的租金水平和供给数量将产生什么影响。

c. 这些政策会使租户的福利状况改善还是恶化? 房东的福利状况又将怎样变化?

d. 从政治的角度来看，为什么你认为政府为了帮助低收入者解决住房问题，更有可能使用租金管制政策而不是收入补贴政策?

第 6 章

弹　性

本章将学习

➢ 为什么经济学家使用弹性来度量人们对于价格或收入变化的反应。

➢ 在度量消费者对于价格和收入变化的反应行为时，为什么需求价格弹性、需求收入弹性、需求交叉价格弹性是重要指标。

➢ 为什么供给价格弹性是度量生产者对于价格变化的反应行为的重要指标。

➢ 哪些因素影响着各种弹性的大小。

☞ 开篇案例

冤大头

如果遇到真正的紧急情况，你可能不会挑剔救护车将你送到最近的急诊室的价格。但是，如果是非紧急情况，会如何呢？以基拉·米利亚斯（Kira Millas）的遭遇为例，在她被游泳池的侧面碰掉三颗牙齿后，她甚至不知道谁打电话叫了救护车。尽管疑惑不定，她还是接受了被救护车送到当地的医院，共 15 分钟车程。在一个星期后收到1 772.42 美元的账单时，她惊呆了。她说："我们只开了 9 英里的车，这也并非一个危及生命的伤害。我并不需要紧急治疗。"

基拉的经历绝非例外。虽然救护车往往是由一个旁观者或 911 调度员呼叫的，但付账单的是患者。毫无疑问，在真正的医疗急救情况下，患者感到幸运的是救护车及时到达。但在非紧急情况下，如基拉的情形，一旦救护车到达，很多患者常感到有义务用车。如基拉一样，他们不了解乘救护车前往医院的有关费用。(运气好的话，他们收到账单时人已经痊愈！）虽然很多人有健康保险，这类保险会支付部分或所有救护车的费用，但患者会最终负责剩余部分。

据估计，美国每年有 4 000 万次救护车出车，费用高达 140 亿美元，由非营利机构（如当地消防部门）和在美国的一些以营利为目的的公司提供这种服务。嗅到谋利机会后，近年来以营利为目的的公司已显著扩大它们的经营，往往是从非营利公司那里接管这种服务。大投资者押注救护车服务将产生显著的利润：两家私人救护车服务商近日分别被投资者以 30 亿美元、4.38 亿美元买下。

全国各地对救护车出车的收费各不相同，从数百美元到数万美元不等。价格除了取决于患者的医疗需要外，还可能取决于许多因素，如救护车小组的技能水平、行驶距离以及在某些情况下是否有朋友或家人同行(可增加数百美元的费用)。知道美国人为救护车服务、医疗保险、由联邦政府管理的65 岁以上美国人的医疗保险计划总共支出了多少是不可能的，但我们知道在救护车服务方面的支出暴涨，从2002年的每年20亿美元上涨到2013年的60亿美元。

如何解释救护车服务费用暴涨呢？不管患者是否真正需要救护车服务，都要收取数千美元费用吗？或者患者是否只是腿部骨折，但动用的是配备了心脏复苏医疗设备的救护车并按此收费？对这些问题的回答是，患者对价格不敏感——在危急时刻，许多消费者，特别是那些面临真正紧急情况的消费者，对救护车服务的价格不敏感。救护车运营商会正确判断，大部分患者在上车前是不会问“把我送到急诊室要花费多少钱?”这类问题的。换句话说，尽管叫救护车的费用大幅度增加，但相当数量的消费者的需求量相对变化不大。

我们考虑一个完全不同的场景。假设某品牌早餐麦片的生产商决定按原价的10倍制定新的价格，找到愿意支付如此高价格的消费者——如果不是不可能——是非常困难的事情。也就是说，早餐麦片的消费者与救护车出车的消费者相比对价格变化敏感得多。

但是，我们如何定义敏感性呢？经济学家度量消费者对价格的反应程度有特定的名称，即需求价格弹性。在本章中，我们将介绍如何计算需求价格弹性以及为什么它是度量需求量对价格变化的反应的最好指标。之后我们将看到，需求价格弹性只是一组相关概念中的一个，这些概念包括需求收入弹性、需求交叉价格弹性、供给价格弹性。

6.1 弹性的定义和度量

投资者想知道在经营救护车业务时能否获得可观的利润，他们需要了解救护车出车的需求价格弹性。根据这一信息，投资者可以精确地预测出，大幅提高救护车出车价格是否会带来总收入的增长。

□ 6.1.1 需求价格弹性的计算

图6-1所示为一条假想的救护车出车的需求曲线，当价格为200美元/次时，消费者的需求量为1 000万次/年（A点），当价格为210美元/次时，需求量为990万次/年（B点）。

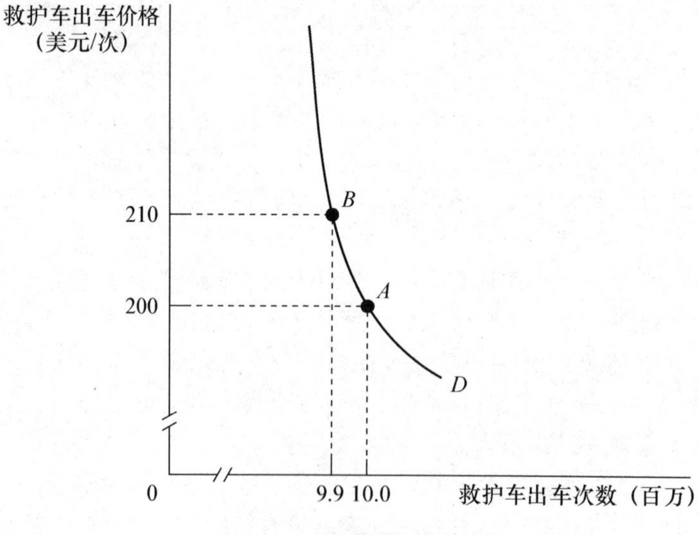

图6-1 救护车出车需求

当救护车出车价格为每次200美元时，救护车出车的需求量为每年1 000万次（A点）。当价格上升到每次210美元时，需求量下降到990万次（B点）。

图6-1表明了价格的具体变化所导致的需求量变化。我们如何将此转化为对价格变化的反应程度的度量指标呢？答案就是计算需求价格弹性。

需求价格弹性（price elasticity of demand，简称需求弹性）是指当沿着需求曲线移动时，需求量变化的百分率除以价格变化的百分率所得到的比率。我们将在本章稍后看到，经济学家使用变化的百分率（也称百分率变化）是为了得到一种不会受到产品度量单位（比如一次救护车出车或者十英里的救护车车程）影响的指标。在讨论这些内容前，先来看弹性如何计算。

需求价格弹性是指当沿着需求曲线移动时，需求量变化的百分率除以价格变化的百分率所得到的比率。

为了计算需求价格弹性，我们首先需要计算沿着需求曲线移动时，需求量变化的百分率以及相对应的价格变化的百分率。两者的定义如下：

$$需求量变化的百分率=\frac{需求量的变化量}{初始需求量}\times 100\% \tag{6-1}$$

与

$$价格变化的百分率=\frac{价格水平的变化量}{初始价格水平}\times 100\% \tag{6-2}$$

在图 6-1 中，我们看到当价格水平从 200 美元变化到 210 美元时，需求量从 1 000 万次降低到 990 万次，需求量的变化为 10 万次。因此需求量变化的百分率为：

$$需求量变化的百分率=\frac{-10\ 万次}{1\ 000\ 万次}\times 100\%=-1\%$$

初始价格水平为 200 美元，价格水平变化了 10 美元，价格变化的百分率为：

$$价格变化的百分率=\frac{10\ 美元}{200\ 美元}\times 100\%=5\%$$

为了计算需求价格弹性，我们来计算需求量变化的百分率与价格变化的百分率的比率：

$$需求价格弹性=\frac{需求量变化的百分率}{价格变化的百分率} \tag{6-3}$$

因此，图 6-1 中的需求价格弹性为：

$$需求价格弹性=\frac{1\%}{5\%}=0.2$$

请注意，在计算需求量变化的百分率时出现的“负号”在最后计算需求价格弹性时被拿掉了。为什么这样做呢？根据需求法则，需求曲线向右下方倾斜，所以，价格和需求量总是呈反方向变化。换言之，价格变化的百分率为正值（价格水平上升）会导致需求量变化的百分率为负值；价格变化的百分率为负值（价格水平下降）会导致需求量变化的百分率为正值。这意味着，按照严格的数学定义，需求价格弹性为负值。

然而，重复写负号会带来许多不便。因此当使用需求价格弹性时，经济学家通常会将负号拿掉，只使用需求价格弹性的绝对值。例如，就当前事例而言，经济学家通常会说“需求价格弹性为 0.2”，你理所当然地明白，他们的意思是−0.2，在此我们遵循这种传统做法。

需求价格弹性越大，需求量对价格就越敏感。需求价格弹性较大，也就是相对于价格变化的百分率，消费者需求量变化的百分率更大，经济学家称这种情形为需求富有弹性。

我们稍后即将看到，需求价格弹性为 0.2 表明，需求量对价格变化的反应很小。也就是说，当价格水平上升时，需求量的下降相对较小。经济学家称这种情形为需求缺乏弹性。需求缺乏弹性正是救护车运营商通过提高救护车出车价格来增加其总收入的原因所在。

□ 6.1.2 计算弹性的另一种方法：中点值法

需求价格弹性等于需求量变化的百分率除以价格变化的百分率。当稍后我们看到其他弹性时，我们会理解为什么集中于百分率变化非常重要。在此，我们先讨论计算变量的百分率变化所引出的一些技术问题。

理解这些话题最好的方式是用事例来说明。假设你正在尝试通过比较不同国家的汽油价格和汽油消费量来计算汽油的需求价格弹性。欧洲由于税收较高，每加仑汽油价格大约为美国价格的 3 倍。那么，美国和欧洲汽油价格之差以百分率表示为多少？

这取决于你计算的方法。欧洲的汽油价格大约为美国汽油价格的 3 倍，也就是比美国高 200%。美国的汽油价格相当于欧洲汽油价格的 1/3，也就是比欧洲低 66.7%。

这样计算非常不便，我们希望找到一种价格差的百分率指标，它不会因计算方法不同而不同。为了避免价格上涨和下降的计算得出不同的结果，我们使用中点值法。

中点值法（midpoint method）对变量 X 变化的百分率的通常定义做了稍许改变，给出如下不同的定义：

中点值法是一种计算百分率变化的技术。根据这种方法，我们计算一种变量的变化是用起点和终点的平均值或者说中点值。

$$X\text{变化的百分率}=\frac{X\text{的变化量}}{X\text{的平均值}}\times 100\% \tag{6-4}$$

X 的平均值定义如下：

$$X\text{的平均值}=\frac{X\text{的初始值}+X\text{的终值}}{2}$$

当使用中点值法来计算需求价格弹性时，价格变化的百分率与需求量变化的百分率都要使用这种方法来计算。下面来看具体的计算，我们假设对某种产品得到下表中的数据：

	价格（美元）	需求量
情形 A	0.90	1 100
情形 B	1.10	900

为了计算从情形 A 到情形 B 数量变化的百分率，我们需要比较需求量的变化量（下降了 200 单位）与两种情形下需求量的平均值。计算如下：

$$\text{需求量变化的百分率}=\frac{-200}{\frac{1\,100+900}{2}}\times 100\%=\frac{-200}{1\,000}\times 100\%=-20\%$$

同理我们可以得出：

$$\text{价格变化的百分率}=\frac{0.20\text{ 美元}}{\frac{0.90\text{ 美元}+1.10\text{ 美元}}{2}}\times 100\%=\frac{0.20\text{ 美元}}{100\text{ 美元}}=20\%$$

因此，我们计算出的需求价格弹性为：

$$\text{需求价格弹性}=\frac{\text{需求量变化的百分率}}{\text{价格变化的百分率}}=\frac{20\%}{20\%}=1$$

重要的一点是，不论沿着需求曲线从情形 A 上行到情形 B，还是沿着需求曲线从情形 B 下行到情形 A，结果都是相同的。

为了获得需求价格弹性更一般性的公式，假设我们获得了需求曲线上两个点的数据。点 1 的需求量和需求价格为（Q_1，P_1），点 2 的需求量和需求价格为（Q_2，P_2）。那么计算需求价格弹性的公式为：

$$\text{需求价格弹性}=\frac{\frac{Q_2-Q_1}{(Q_1+Q_2)/2}}{\frac{P_2-P_1}{(P_1+P_2)/2}} \tag{6-5}$$

与前面相同，当使用中点值法来计算需求价格弹性时，我们也将负号拿掉而用绝对值。

▶ **真实世界中的经济学**

估计弹性

你可能认为在真实世界中估计需求价格弹性相对比较容易，只需要计算出价格变化的百分率与需求量变化的百分率即可。遗憾的是，并非这么简单，因为价格变化并非影响需求量变化的唯一因素，其他一些因素，如收入水平、偏好和其他产品价格的变化，都会导致需求曲线移动，影响在给定价格水平上需求量的变动。

为了估计需求价格弹性，经济学家必须通过细致的统计分析，在保持其他因素不变的情况下，分离出价格变化的影响。

经济学家已经估算出许多产品或服务的需求价格弹性。表6－1给出了部分结果，可以看出需求价格弹性差异很大。有些产品，比如汽油，需求量对价格变化几乎没有反应。而有些产品，如休闲航空旅行，或者可口可乐和百事可乐，需求量对价格变化极为敏感。

请注意表6－1将弹性分为两类：需求缺乏弹性和需求富有弹性。在下一节我们将解释这种分类的意义。

表6－1　部分产品的需求价格弹性

产品	需求价格弹性
需求缺乏弹性	
汽油（短期）	0.09
汽油（长期）	0.24
航空旅行（商务）	0.80
苏打水	0.80
大学教育（支付州内学费）	0.87
需求富有弹性	
住房	1.2
大学教育（支付州外学费）	1.2
航空旅行（休闲）	1.5
可口可乐/百事可乐	3.3

及时复习

- 需求价格弹性等于沿着需求曲线变动时需求量变化的百分率除以价格变化的百分率，将负号拿掉。
- 在实践中，百分率变化基于中点值来计算，这样计算的百分率变化是使用初始值和终值的平均值得出的。

小测验6－1

1. 草莓的价格从1.50美元/盒降至1.00美元/盒，需求量从10万盒上升到20万盒，用中点值法计算需求价格弹性。

2. 在当前的消费水平上，当票价为每张5美元时，可卖出电影票4 000张，电影票的需求价格弹性等于1。电影院老板想通过降价销售5 000张电影票，使用中点值法计算需要降价的比率。

3. 冰激凌三明治的需求价格弹性为1.2，当前的价格为每个三明治0.50美元，当前的消费水平为10万个。当价格上升0.05美元时，请计算需求量的变化。利用式（6－1）、式（6－2）计算变化的百分率，利用式（6－3）计算用变化的百分率得出的需求价格弹性。

6.2　需求价格弹性释义

当面临紧急情形时，病人不可能质疑救护车将病人送到医院的价格。甚至在非紧急情形如基拉的牙齿被碰掉的情形下，病人经常也不可能因救护车出车价格上升而减少需求，因为他们不可能意识到成本的大小。因此，投资于私人救护车公司的投资者看到了救护车服务中的获利机会，因为需求价格弹性非常小。这是什么意思呢？需求价格弹性小到什么程度我们可将之归入缺乏弹性呢？需求价格弹性大到什么程度我们可以将其归入富有弹性呢？需求价格弹性的大和小是由什么来决定的呢？

为了回答这些问题，我们需要更深入地解释需求价格弹性的意义。

□ 6.2.1 什么样的弹性是富有弹性？

为了对需求价格弹性进行归类，我们首先来看几个极端的情形。

首先考虑对人们完全不在乎其价格的产品的需求，如抗蛇毒血清。假设消费者每年不计价格将购买1 000 支抗蛇毒血清。在这种情况下，抗蛇毒血清的需求曲线的形状就如图 6－2（a）所示：在 1 000 支上的一条垂直线。因为需求量对任何价格变化的反应都为零，因此需求价格弹性等于零。需求价格弹性为零的情形被称为**需求完全无弹性**（perfect inelastic demand）。

> 当需求量不对任何价格变化做出反应时，这时的**需求完全无弹性**。当需求完全无弹性时，需求曲线是一条垂直线。

（a）完全无弹性的需求：需求价格弹性=0　　（b）具有完全弹性的需求：需求价格弹性=∞

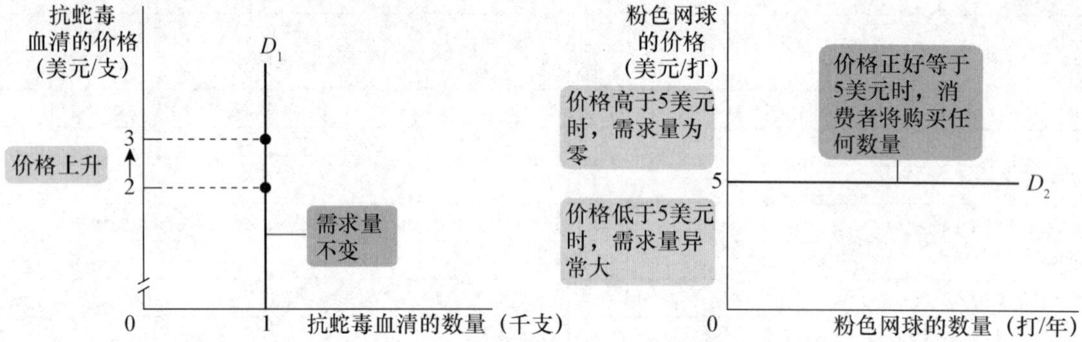

图 6－2　需求价格弹性的两种极端情形

图（a）所示为完全无弹性的需求，需求曲线为一条垂直线。不管价格为多少，抗蛇毒血清的需求量都为 1 000 支。因此，需求价格弹性为零，也就是说，需求量不受价格影响。图（b）所示为具有完全弹性的需求，需求曲线为一条水平线。在价格为 5 美元时，消费者将购买任何数量的粉色网球。如果价格高于 5 美元，消费者将不购买任何粉色网球。如果价格低于 5 美元，消费者将购买极多数量的粉色网球，不会购买其他任何颜色的网球。

另一种极端情形是，当价格有微小上升时，需求量下降为零，而当价格有微小下降时，需求量就变得极端大。

图 6－2（b）是对粉色网球的需求。我们假定，打网球的人并不关心网球的颜色，其他颜色的网球如淡绿色或鲜红色的网球都能以 5 美元/打买到。就目前的情形而言，如果粉色网球的价格超过 5 美元/打，消费者将不购买粉色网球，如果其价格低于 5 美元，则消费者只购买粉色网球。所以当每打粉色网球的价格为 5 美元时，需求曲线为一条水平线。当我们沿着该曲线左右移动时，需求量会发生变化，但价格不变。简言之，用一个数据除以零，得到的只是无穷大，用∞来表示。所以，水平的需求曲线表示需求价格弹性无穷大。当需求价格弹性无穷大时，经济学家称这种**需求具有完全弹性**（perfect elastic demand）。

> 任何价格上升都会导致需求量降为零，这种**需求具有完全弹性**。当需求具有完全弹性时，需求曲线是一条水平线。

绝大多数产品的需求价格弹性处于两个极端情形之间。经济学家对这种中间情形进行分类所依据的主要标准是，它们的需求价格弹性大于 1 还是小于 1。当需求价格弹性大于 1 时，经济学家称这种**需求富有弹性**（elastic demand）。当需求价格弹性小于 1 时，他们称这种**需求缺乏弹性**（inelastic demand），两者之间的分界线是**需求具有单位弹性**（unit-elastic demand），也就是需求价格弹性正好等于 1。（有些神奇！）

> 当需求价格弹性大于 1 时，这种**需求富有弹性**。当需求价格弹性小于 1 时，这种**需求缺乏弹性**。当需求价格弹性正好等于 1 时，这种**需求具有单位弹性**。

为了理解为什么需求价格弹性等于 1 是一条非常有用的分界线，我们考虑一个假想的例子。州高速公路管理局设立了一个过桥收费站。在其他条件不变的情况下，通过桥梁的车辆数与过桥通行费的高低相关，通行费就是高速公路部门对车辆通过桥梁所收取的价格：通行费越高，通过桥梁的车辆数就越少。

在图 6－3 给出的三条假想的需求曲线中，一条的需求具有单位弹性，一条的需求缺乏弹性，还有一条的需求富有弹性。对每条曲线而言，*A* 点代表的是每次通行费为 0.90 美元时的需求量，*B* 点代表的是每次通行费为 1.10 美元时的需求量。费用从 0.90 美元上升到 1.10 美元，如果我们使用中点值法来计算百分率变化，即价格上涨了 20%。

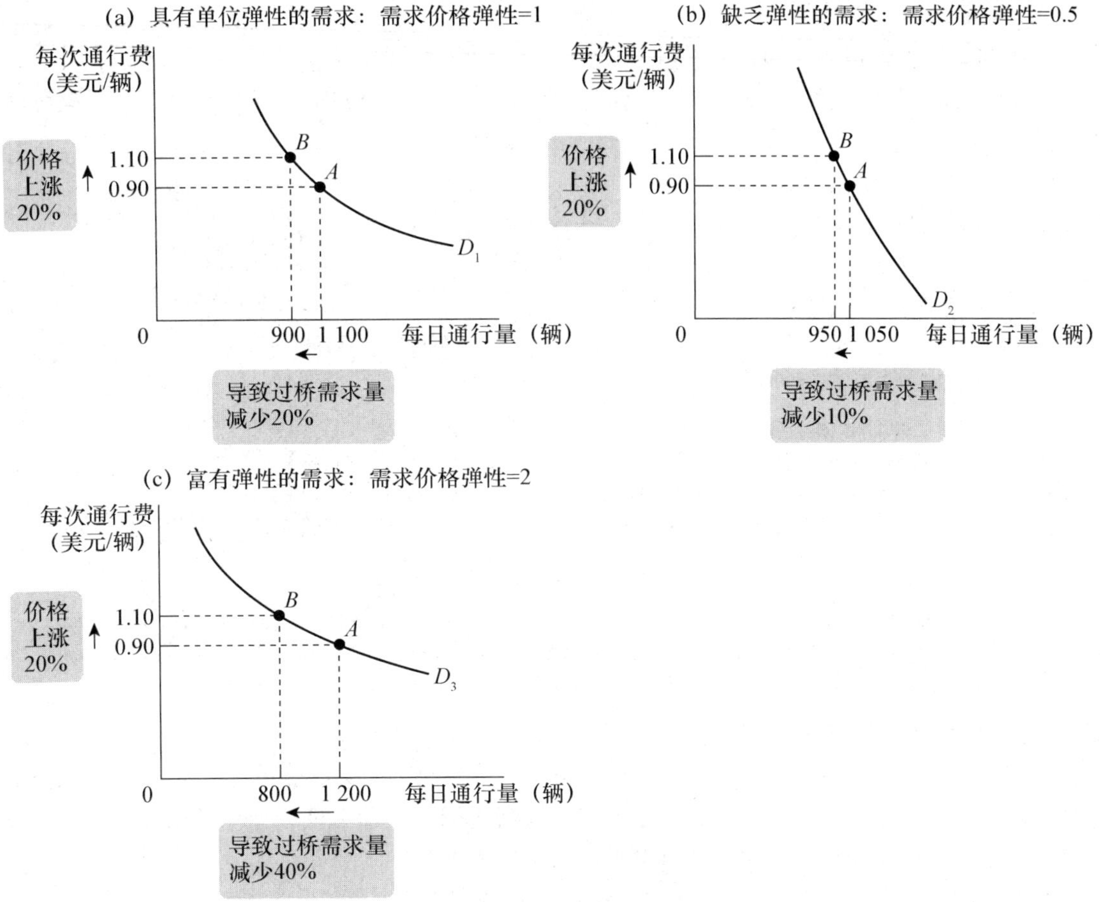

图 6－3　具有单位弹性的需求、缺乏弹性的需求和富有弹性的需求

图（a）所示为具有单位弹性的需求，价格上涨 20%，导致过桥需求量减少 20%，因此需求价格弹性等于 1；图（b）所示为缺乏弹性的需求，价格上涨 20%，导致过桥需求量减少 10%，因此需求价格弹性等于 0.5；图（c）所示为富有弹性的需求，价格上涨 20%，导致过桥需求量减少 40%，因此需求价格弹性等于 2。所有百分率都是通过中点值法计算出的。

图 6－3（a）表示的是当通行费从 0.90 美元上升到 1.10 美元时具有单位弹性的需求曲线会发生的情况。价格上升 20%导致过桥需求量从每天 1 100 辆下降到 900 辆，下降了 20%（同样依据中点值法计算得出）。所以需求价格弹性等于 20%/20%＝1。

图 6－3（b）表示的是当通行费从 0.90 美元上升到 1.10 美元时缺乏弹性的需求曲线会发生的情况。价格上升 20%导致过桥需求量从每天 1 050 辆下降到 950 辆，只下降了 10%。这种情形下的需求价格弹性为 10%/20%＝0.5。

图 6－3（c）表示的是当通行费从 0.90 美元上升到 1.10 美元时富有弹性的需求曲线会发生的情况。价格上升 20%导致过桥需求量从每天 1 200 辆下降到 800 辆，下降了 40%。这种情形下的需求价格弹性为 40%/20%＝2。

为什么需求是具有单位弹性、缺乏弹性还是富有弹性这么重要？因为这种分类可以预测价格水平变化如何影响生产者销售这种产品所得到的**总收益**（total revenue，也称总收入）。在实际生活中，知道价格变化怎样影响总收益非常关键。总收益是销售产品或服务所得到的总价值，等于价格乘以销售量，即：

总收益是销售产品或服务所得到的总价值，等于价格乘以销售量。

总收益=价格×销售量　　(6-6)

当我们讨论价格上升会导致总收益提高还是下降时，用图形变化来表示总收益变化有助于我们理解为什么知道需求价格弹性是关键步骤。图6-4（a）与图6-3（a）中的需求曲线相同。我们看到，如果通行费下降到0.90美元，将有1 100辆车通过桥梁。这一价格水平上的总收益等于0.90美元×1 000=990美元。这一价值水平等于图中阴影矩形的面积，这个矩形分别以（0，0）和（1 100，0.90）为左右对角点。从一般意义上讲，在任何给定价格水平上的总收益都等于以价格为一边、以与价格对应的需求量为另一边的矩形的面积。

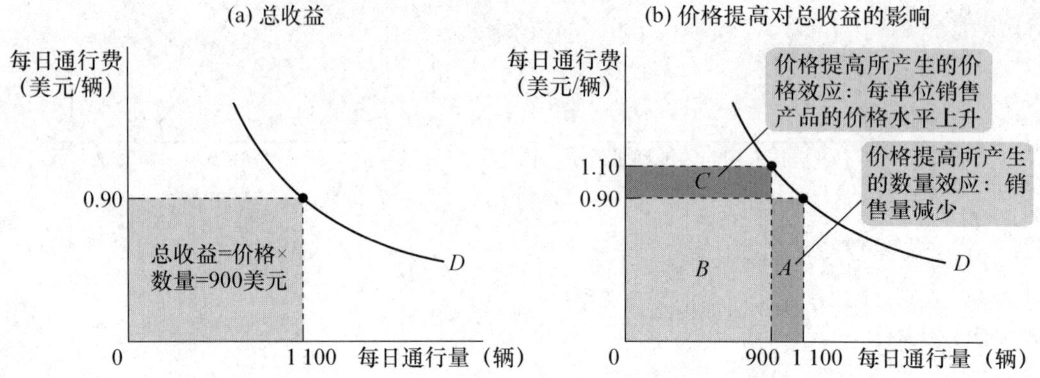

图6-4　总收益

图（a）中阴影矩形的面积表示的是通行费为0.90美元时总共有1 100辆车通过所带来的总收益；图（b）中阴影矩形的面积表示的是通行费从0.90美元上升到1.10美元对总收益的影响。由于数量效应，总收益减少了相当于区域A的面积。由于价格效应，总收益增加了相当于区域C的面积。就一般情形而言，总效应的变化方向依赖于具体的需求价格弹性。

为了理解总收益为什么重要，考虑如下场景。假设目前的通行费为0.90美元，高速公路部门为了维护道路必须额外筹钱。提高通行费是其中的一种方法。但是这种做法可能会产生相反的效果，因为通行费上涨会导致过桥车辆减少。如果过桥车辆减少数量足够多，提高通行费实际上就会导致总收益减少而不是增加。因此，高速公路部门了解开车的人如何对通行费做出反应非常重要。

提高通行费对总通行费收入的影响可通过观察图6-4（b）中的图形变化来理解。当通行费为0.90美元时，总收益等于区域A与区域B的面积之和。当通行费提高到1.10美元时，总收益等于区域B与区域C的面积之和。因此，当通行费提高时，失去了相当于区域A面积的收入，但得到了相当于区域C面积的收入。

这两块面积有重要的含义。区域C代表的是增加0.20美元的通行费后继续通过桥梁的车辆所带来的总收益。也就是说，900辆车继续通过桥梁，每天带来的总收益的增加量为0.20美元×900=180美元，用区域C来表示。但是，在通行费为0.90美元时过桥的200辆车不再使用桥梁，每天由此造成的收入损失为0.90美元×200=180美元。[这是个特殊事例，因为需求具有单位弹性，与图6-3（a）的情形相同，提高通行费对总收益没有影响。区域A和区域C的面积相同。]

除了具有完全弹性和完全无弹性两种罕见的情形外，卖方提高产品价格会带来两种相互抵消的效应：

- 价格效应：产品价格提高后，每单位销售产品以更高价格销售所带来的收入增加。
- 数量效应：产品价格提高后，产品销售量减少所导致的收入降低。

但是你可能会问：最终对总收益产生的净效应如何呢？总收益是增加还是减少？答案是都有可能，也就是价格提高后总收益可能增加也可能减少。如果在两种效应中，价格效应（往往会提高收入）更大，总收益增加；如果数量效应（往往会导致数量下降）更大，总收益减少。如果两种效应的影响正好相互抵消，就如同上述通行费的例子，新增的 180 美元与减少的 180 美元相互抵消，总收益不受价格提高的影响。

需求价格弹性可以告诉我们当价格变化时总收益怎样变化：依赖于哪种效应（价格效应和数量效应）更大。具体来说：

● 如果一种产品的需求具有单位弹性（需求价格弹性等于 1），价格上升不影响总收益。在这种情况下，数量效应和价格效应正好相互抵消。

● 如果一种产品的需求缺乏弹性（需求价格弹性小于 1），价格上升会导致总收益增加。在这种情况下数量效应小于价格效应。

● 如果一种产品的需求富有弹性（需求价格弹性大于 1），价格上升会导致总收益减少。在这种情况下数量效应大于价格效应。

表 6－2 使用与图 6－3 相同的数据，对价格上升后需求价格弹性怎样影响总收益进行了小结。当价格从 0.90 美元上涨到 1.10 美元，需求具有单位弹性时，总收益保持 990 美元不变。当需求缺乏弹性时，价格效应大于数量效应，同样的价格上升幅度导致总收益从 945 美元上涨到 1 045 美元。当需求富有弹性时，数量效应大于价格效应，价格上升导致总收益从 1 080 美元下降到 880 美元。

表 6－2　　需求价格弹性和总收益

	通行费＝0.90 美元	通行费＝1.10 美元
需求具有单位弹性（需求价格弹性等于 1）		
需求量	1 100	900
总收益	990 美元	990 美元
需求缺乏弹性（需求价格弹性等于 0.5）		
需求量	1 050	950
总收益	945 美元	1 045 美元
需求富有弹性（需求价格弹性等于 2）		
需求量	1 200	800
总收益	1 080 美元	880 美元

需求价格弹性也有助于预测价格下降对总收益的影响。价格下降也会产生两种相互抵消的效应，但与价格上升时所得到的结果方向相反。每单位销售产品售价下降所带来的价格效应会导致总收益减少。这与销售量增加带来的数量效应相反，数量效应会导致总收益增加。哪种效应占优取决于需求价格弹性。小结如下：

● 当需求具有单位弹性时，两种效应正好相互抵消；因此价格下降对总收益没有影响。

● 当需求缺乏弹性时，数量效应小于价格效应，因此价格下降导致总收益减少。

● 当需求富有弹性时，数量效应大于价格效应，因此价格下降导致总收益增加。

□ 6.2.2　沿着需求曲线的需求价格弹性

当一名经济学家说“咖啡的需求价格弹性等于 0.25”时，他的意思是在当前价格水平上需求弹性为 0.25。在此前讨论的桥梁通行费事例中，我们实际讨论的是当通行费为 0.90 美元时的弹性。为什么要做这样的限定？因为对绝大多数需求曲线来说，曲线上某一点的需求价格弹性与同一条曲线上其他点的需求价格弹性是不同的。

为了理解为什么，请看图 6－5 中假设的需求表。最后一列给出的是与每种价格和需求量组合对应的总收益。在图 6－5 中，图形上半部分给出了对应的需求曲线，下半部分给出了总收益：每个需求量上柱形的高度（对应一个具体的价格水平）表示的是与每一价格所对应的总收益水平。

从图 6－5 中我们可以看出，当价格处在低水平时，提高价格将导致总收益增加：从价格等于 1 美元开始，提高到 2 美元，总收益将从 9 美元增加到 16 美元。这意味着，当价格处在低水平时，需求缺乏弹性。而且，我们可以看出，价格在 0 美元到 5 美元之间的需求曲线区域是缺乏弹性的。

当价格处在高水平时，提高价格将导致总收益减少：从价格等于 8 美元开始，提高到 9 美元，总收益将从 16 美元降低到 9 美元。这意味着，当价格处在高水平时，需求富有弹性。而且，我们可以看出，价格在 5 美元到 10 美元之间的需求曲线区域都是富有弹性的。

对绝大多数产品而言，当需求曲线变动时，需求价格弹性也会变动。因此，当我们度量一种产品的需求价格弹性时，我们实际上是度量该产品需求曲线上的一个具体的点或者区域的需求价格弹性。

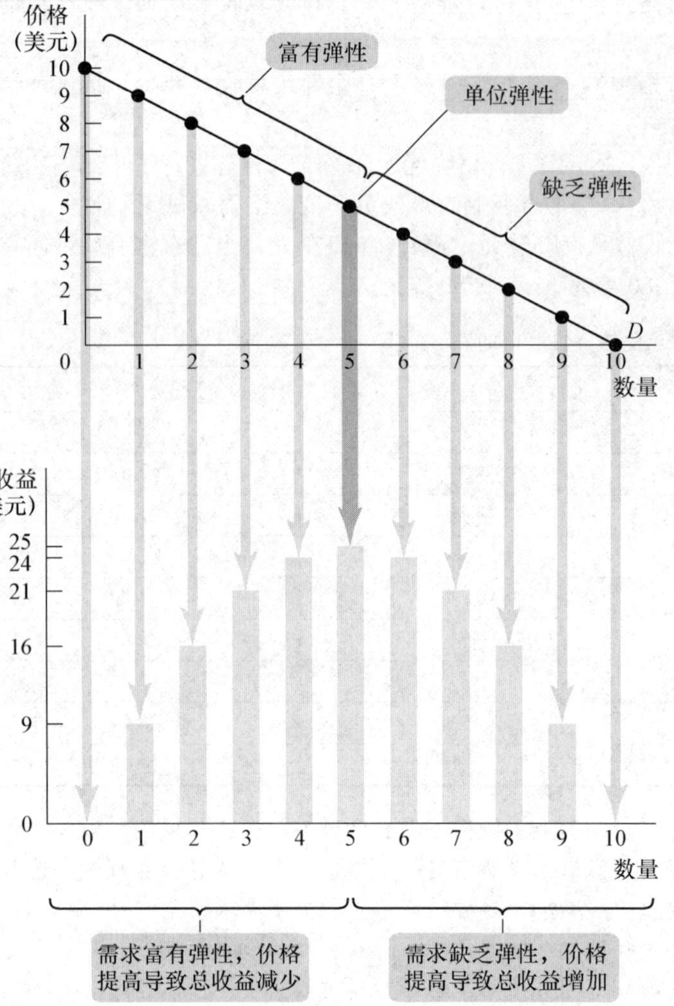

线性需求曲线的需求表和总收益

价格（美元）	需求量	总收益（美元）
0	10	0
1	9	9
2	8	16
3	7	21
4	6	24
5	5	25
6	4	24
7	3	21
8	2	16
9	1	9
10	0	0

图 6－5　沿着需求曲线的需求价格弹性的变化

该图的上半部分是与需求表对应的需求曲线，下半部分给出了随着需求曲线变化的总收益的变动：每个需求量上柱形的高度（对应一个具体的价格水平）表示的是与每一价格对应的总收益水平。我们可以看出，当价格处在低水平时，提高价格将导致总收益增加；当价格处在高水平时，提高价格将导致总收益减少。

□ 6.2.3　需求价格弹性的决定因素

私人救护车公司的投资者相信，救护车出车的需求价格弹性很小，原因有二：第一，在许多情形下，叫救护车是治疗所必需的；第二，急诊时救护车能提供的救护标准实际上没有替代品。即使是救护行业自身，一般也没有替代品，因为在一个具体的地理区域内，通常只有一家单位提供救护车服务（除非是人口密集区，即使是在这样的区域内，救护车的调度员也不可能为你提供一张价格不同的救护车提供者名单）。

总体来看，有四种主要因素决定着弹性的大小：必需品还是奢侈品；有无近似的替代品；产品支出占收入的比例；价格变化后的调整时间。下面我们对每种因素作简略讨论：

必需品还是奢侈品　正如本章开篇案例所述，如果一种产品是必需品，需求价格弹性往往比较低，如救护生命的救护车送医。如果一种产品是奢侈品，需求价格弹性往往比较高，因为它在生活中并不是必需的。例如，大部分人会认为，110英寸的高清电视是奢侈品，有则更好，但并非生活所必需。因此，这类产品的需求价格弹性要比救护生命的救护车送医高得多。

有无近似的替代品 正如我们刚刚提及的，没有替代品或者很难获得替代品的产品的需求价格弹性往往比较小。相反，如果对某种产品，消费者认为可以得到其他类似的现成产品并可进行消费替代，那么这种产品的需求价格弹性往往比较大。例如，大部分消费者相信，他们所喜欢的早餐麦片是有一些大致相近的替代品的。因此，如果某个品牌的早餐麦片大幅提高价格，其大半（如果不是全部）的市场很可能会被价格没有提高的其他品牌麦片所代替。

产品支出占收入的比例 以一种某些人经常消费的产品如汽油为例，因为每天工作要开长距离的车，对这部分消费者来说，用于汽油的支出在收入中占有较大的比重。在汽油价格上升后，这些消费者很可能对价格变化非常敏感，汽油的需求价格弹性就较大。为什么？因为当一种产品的支出在消费者的收入中占有比较大的份额时，在该产品的价格上升后，消费者愿意花时间和精力来寻找其他减少需求的途径，比如拼车而不是单独驾车。相反，对并不经常使用汽油的人如那些经常步行或者乘公交车的人来说，汽油支出在收入中所占的份额比较小，需求价格弹性也较小。

价格变化后的调整时间 一般说来，需求价格弹性会随着消费者调整时间的延长而变大。这意味着，长期需求价格弹性经常大于短期需求价格弹性。

对于这种情形，一个有说服力的例子是为应对汽油价格提高美国人在过去十几年中行为方式的变化。1998年，一加仑汽油的价格大约为1美元。过去几年，汽油价格持续升高，截至2014年，美国人为每加仑汽油支付的费用为3.50～4.00美元。随着时间的推移，人们也在改变着自己的生活习惯和选择，逐渐减少对汽油的消费。在最近一次调查中，53%的被调研者说，为了应对高油价，他们的生活有了较大的改变，比如减少开车、选择燃油效率更高的车、乘公共汽车和骑自行车出行。有些人为节省汽油甚至搬到了出行更方便的地段。这些变化也反映在美国人对汽油的消费数据上：大约在2003年之前，汽油消费趋势线呈波动状，之后出现直线下降。到了2013年，美国人每天购买的汽油为3 000万加仑，比2003年的6 400万加仑少了一半多。这证明汽油的长期需求价格弹性要大于短期需求价格弹性。

▶ **真实世界中的经济学**

对学费上涨的反应

上大学的成本越来越高，并非仅仅因为通货膨胀。最近几年，学费上涨快于生活费上涨。但是，学费上涨阻止了人们上大学吗？两项研究发现，不同类型的大学有不同的答案。两项研究估计了上大学的决策怎样受到学费变化的影响。

1988年的一项研究表明，学费上涨3%，会导致四年制大学的学生入学人数下降大约2%，即需求价格弹性为0.67（=2%/3%）；对于两年制大学，研究表明反应相对更大一些，学费上涨3%，将导致学生入学人数下降2.7%，即需求价格弹性为0.9。换言之，两年制大学的学生的入学决策比四年制大学的学生的入学决策对价格更为敏感。这一研究结论表明，与四年制大学的学生相比，两年制大学的学生会因为学费支出而放弃攻读学位的可能性更大。

1999年的研究证明了这一结论。该研究发现，与四年制大学相比，两年制大学的入学率对获得的州财政资助金额的变化更为敏感（财政资助金额下降会导致入学率下降），可预知的结果表明，这些学生对学费的变化比较敏感。另一项研究证据也证明，两年制大学的学生很可能是自己支付学费并在上学和工作之间权衡：研究发现，两年制大学的入学率对失业率变化的反应（失业率提高会导致入学人数增多）要比四年制大学更大。那么，在美国，学费是获得大学学位的一种壁垒吗？是的。而且与四年制大学的学生相比，两年制大学的学生更是如此。

为应对州拨付资金的减少，许多公立大学为了增加学费收入已经尝试改变它们的学费缴纳标准。2012年的一项研究表明，州内的大学新生比州外新生对学费的高低更为敏感。州内新生的需求价格弹性为1.8。而州外新生的需求价格弹性不具有统计意义上的显著性（实际上为零）。州外申请人对学费的低敏感性可能源于他们相对较高的收入。

毫不奇怪的是，许多公立大学也发现，提高对州外学生的学费可较大幅度地增加收入。

及时复习

● 如果需求对价格变化没有任何反应，那么需求完全无弹性；如果需求对价格变化的反应无穷大，那么需求具有完全弹性。

● 如果需求价格弹性大于1，则称需求富有弹性；如果需求价格弹性小于1，则称需求缺乏弹性；如果需求价格弹性等于1，则称需求具有单位弹性。

● 当需求富有弹性时，价格提高的数量效应大于价格效应，总收益减少。当需求缺乏弹性时，价格提高的数量效应小于价格效应，总收益增加。

● 因为需求曲线上不同的点会有不同的需求价格弹性，所以当经济学家说需求价格弹性时，指的是需求曲线上某一具体的点的需求价格弹性。

● 价格变化后，一种产品的近似替代品越多，调整时间越长，需求弹性就越大。必需品的需求缺乏弹性，奢侈品的需求富有弹性。在消费者的收入中占据份额越小的产品，需求就越缺乏弹性，占据份额越大的产品，需求就越富有弹性。

小测验 6-2

1. 对如下情形，确定需求弹性的类型为以下哪种：富有弹性、缺乏弹性和具有单位弹性。

a. 价格上升后总收益减少。

b. 销售量增加所导致的收入增加正好被每单位产品价格下降所导致的收入减少抵消。

c. 产出增加后总收益减少。

d. 某行业的生产者发现，通过协调减少行业产品的产量，可以增加他们的总收益。

2. 下述产品的需求价格弹性如何？请解释。需求曲线呈何种形状？

a. 事故中受伤者对输血的需求。

b. 学生对绿色橡皮擦的需求。

6.3 其他类型的需求方面的弹性

影响产品需求量的不仅有产品价格，还有其他因素，特别是会导致需求曲线移动的相关产品的价格和消费者收入的变化。如何度量其他影响因素也很重要，最好的度量指标是弹性。具体说来，度量一种产品的需求如何受到其他产品价格的影响的最好指标被称为需求交叉价格弹性，度量收入变化对产品需求量的影响的最好指标是需求收入弹性。

□ 6.3.1 需求交叉价格弹性

在第3章我们已经学习了，一种产品的需求经常会受到其他相关产品（替代品或互补品）价格变化的影响。我们已经知道，相关产品价格的变化会导致所讨论产品需求曲线的移动，反映的是在给定价格水平上需求量的变化。需求交叉影响的“强度”可以通过**需求交叉价格弹性**（cross-price elasticity of demand）来度量，也就是一种产品需求量变化的百分率除以相关产品价格变化的百分率所得到的比率。

两种产品之间的**需求交叉价格弹性**度量的是一种产品的需求怎样受到其他相关产品价格的影响。它等于一种产品需求量变化的百分率除以相关产品价格变化的百分率所得到的比率。

$$\text{产品 A 与 B 的需求交叉价格弹性} = \frac{\text{产品 A 需求量变化的百分率}}{\text{产品 B 价格变化的百分率}} \qquad (6-7)$$

当两种产品互为替代品时，如热狗与汉堡，需求交叉价格弹性为正值，热狗的价格上升将导致汉堡的需求增加，也就是引起汉堡需求曲线向右移动。如果两种产品互为近似替代品，需求交叉价格弹性为正值且相对较大。如果并非互为近似替代品，需求交叉价格弹性为正值但相对较小。因此，当需求交叉价格弹性为正值时，该弹性值的大小所衡量的就是两种产品之间的替代程度，数值越大表明近似替代性越强。

当两种产品为互补品时，如热狗和热狗面包，需求交叉价格弹性为负值。热狗的价格上升会导致对热狗面包的需求减少，也就是导致热狗面包的需求曲线向左移动。与替代品一样，两种互补品的需求交叉价格弹性的大小度量的是两者之间的互补程度。如果需求交叉价格弹性只是稍微小于零，它们之间的互补性比较弱；负值越小，两者之间的互补性就越强。

请注意，需求交叉价格弹性的符号（正或负）非常重要，可以表明两种产品互为互补品还是互为替代品。所以，我们不能够像求需求价格弹性时那样将负号拿掉。

我们讨论需求交叉价格弹性时，前面讨论过的一点很有用：弹性没有单位，也就是弹性的大小不随着所度量产品的单位的变化而变化。

为了理解其中潜在的问题，假设有人对你说“如果热狗面包的价格上升 0.30 美元，今年美国人将减少购买 1 000 个热狗。”如果你曾经购买过热狗面包，你马上就会问：是每个热狗面包价格上升了 0.30 美元，还是每包热狗面包价格上升了 0.30 美元？热狗面包通常是按 8 个一包来卖。所以，我们所说的单位区别很大。然而，如果有人说，热狗面包和热狗之间的需求交叉价格弹性为－0.3，那么热狗面包是单个还是一包就关系不大。因为弹性是百分率变化的比率，所以这是一种避免因单位混淆而产生歧义的方法。

□ 6.3.2 需求收入弹性

需求收入弹性（income elasticity of demand）度量对一种产品的需求如何受到消费者收入变化的影响。根据这一指标，我们可以来判定一种产品是正常物品还是低档物品，并能够判断一种产品的需求怎样受到收入变化的影响。

> **需求收入弹性**是一种产品受收入变化影响的需求量变化的百分率与收入变化的百分率的比率。

$$需求收入弹性=\frac{需求量变化的百分率}{收入变化的百分率} \qquad (6-8)$$

与两种产品之间的需求交叉价格弹性因受到两种产品互为替代品或互补品的影响而可能为正值或负值一样，一种产品的需求收入弹性可以为正值，也可以为负值。在第 3 章中我们已经知道，一种产品如果为正常物品，随着收入的增加，对其的需求也增加；如果为低档物品，随着收入的增加，对其的需求则会减少。这些定义直接与需求收入弹性的符号相关：

- 当需求收入弹性为正值时，这种产品是正常物品。在这种情形下，当产品价格不变时，收入增加，对产品的需求量也增加。
- 当需求收入弹性为负值时，这种产品是低档物品。在这种情形下，当产品价格不变时，收入增加，对产品的需求量将减少。

经济学家们经常使用需求收入弹性的估计值来预测随着消费者收入的增长，哪个行业将会增长得最快。在这样做时，进一步对正常物品进行区分也很重要，可将其区分为强收入弹性产品和弱收入弹性产品。

如果一种产品的需求收入弹性大于1，对这种产品的需求就具有**强收入弹性**（income-elastic）。当收入增加时，对强收入弹性产品的需求的增长要快于收入的增长。如第二套住房、出国旅游之类的奢侈品，就属于强收入弹性产品。如果一种产品的需求收入弹性小于1，对这种产品的需求就具有**弱收入弹性**（income-inelastic）。当收入增加时，对弱收入弹性产品的需求的增长要慢于收入的增长。如食品和衣服之类的必需品就属于弱收入弹性产品。

> 如果一种产品的需求收入弹性大于 1，对这种产品的需求就具有**强收入弹性**。如果一种产品的需求收入弹性小于 1，对这种产品的需求就具有**弱收入弹性**。

▶ 追根究底

发展中国家将拯救美国农业吗？

在美国成立初期，绝大多数美国人生活在农场。就在最近的 20 世纪 40 年代，美国人每 6 名中就有 1

名或约17%的人口仍然如此。但是，最近美国农业部在2012年进行普查后发现，美国农场居民数量占总人口的比重约为0.67%。为什么现在美国只有这么少的人在农场生活和工作？主要有两个原因，都与弹性有关。

首先，食物的需求收入弹性远小于1。随着消费者越来越富有，在其他条件不变的情况下，食物支出增加的比例低于收入增长的比例。其结果是，随着美国经济的增长，收入中食物支出的比例——以及农场主收入占美国人总收入的比例——在下降。

其次，食物需求也缺乏价格弹性。这非常重要，因为随着时间的推移，美国的农业技术进步推动了农产品产量的持续增加，由此导致在过去一个半世纪中农产品价格维持长期的低价格趋势。需求缺乏价格弹性和价格持续下降的共同作用，导致农场主的收入持续下降。农业技术进步对美国消费者有利，但对美国农场主则有害，这并不奇怪。

这些效应合在一起可解释为什么美国农场呈长期萎缩趋势。食物的低需求收入弹性使得农场主的收入增长慢于整个经济的增长。农业技术进步加快与食物需求缺乏价格弹性进一步强化了这一效应，更进一步减少了农业收入。

这一趋势持续至今。从21世纪头10年的中期开始，由于发展中国家对食物的需求快速增加，世界范围内的农产品价格开始上涨。美国农场主从中受益，从2009年到2013年美国的农业收入上升了近90%。最后，虽然农业部门的技术创新不断，但随着发展中国家的经济增长逐渐放缓，农业部门很可能回到下跌趋势之中。但就现在和可预见的未来而言，美国农场主正享受着行业的复苏。

▶ **国际比较**

食物支出占部分国家预算支出的比例

如果食物的需求收入弹性小于1，我们可以预计，与富裕国家相比，贫穷国家食物支出占其收入的比例会相对更高。已有数据正好证明了这一点。在下图中，我们比较了人均收入水平（一个国家的总收入除以其总人口）与食物支出占总收入的比例。（为了使图形在刻度上更可比，其他国家的人均收入被换算成占美国人均收入的比例。）

在巴基斯坦这样非常贫穷的国家，人们将其收入的大部分用于食物。在以色列和墨西哥这样的中等收入国家，食物支出的比重就大幅下降。而像美国这样的富裕国家，食物支出的比重更低。

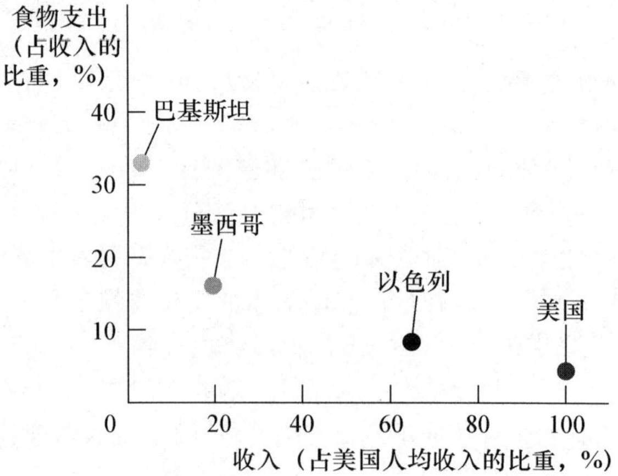

资料来源：U. S. Department of Agriculture and IMF *World Economic Outlook*.

▶ 真实世界中的经济学

食物支出

美国劳工统计局会对美国家庭如何分配他们的收入进行细致的调查。这并非为了满足知识分子的好奇心。许多政府的福利项目都会涉及生活成本变化的调整。政府必须知道人们如何花钱。此外，根据这些调查的数据，可以获得不同产品的需求收入弹性。

从这些研究中可以得出什么结论呢？一个典型的结论是，“在家吃饭”的需求收入弹性显著小于1：随着家庭收入水平的提高，在家食用食物的支出占收入的比重会下降。与此相适应，家庭收入水平越低，在家食用食物的支出占收入的比重就越高。

在许多贫穷国家，许多家庭会将收入的一半用于在家食用的食物。就美国而言，在家食用食物的需求收入弹性估计值低于0.5，在外食用食物（餐馆食物）的需求收入弹性估计值要高得多，接近1。

收入水平越高的家庭，在外就餐和光顾高档餐厅的次数就越多。1950年，美国收入的19%用于购买在家食用食物，到了2012年，这一比例下降到6.1%。在同一时期，在外食用食物的支出一直保持在5%。事实上，发展中国家收入水平提高的一个确切迹象是快餐店的设立，因为这些快餐店受到新近富裕人群的欢迎。例如，在河内、雅加达和孟买都可见到麦当劳餐馆。

在调查中，有一个突出的低档物品事例：租房。随着收入水平的提高，真正用于租金的支出低于低收入时的该项支出，因为高收入家庭更愿意拥有自己的住房。调查分类中的“其他住房”——其实就是指第二套住房——具有高收入弹性。只有高收入人群才可以承受度假用住房这样的奢侈品的支出，所以，“其他住房”的需求收入弹性明显大于1。

及时复习

- 当需求交叉价格弹性为正值时，产品互为替代品。当需求交叉价格弹性为负值时，产品互为互补品。
- 低档物品的需求收入弹性为负值。大部分产品是正常物品，需求收入弹性为正值。
- 正常物品的需求收入弹性可分为强收入弹性和弱收入弹性，前者是指产品的需求收入弹性大于1，后者是指产品的需求收入弹性为正值但小于1。

小测验 6-3

1. 当切尔西的年收入从12 000美元提高到18 000美元时，他购买的下载音乐专辑从每年10套增加到40套。使用中点值法计算切尔西对下载音乐专辑的需求收入弹性。

2. 对包括桑杰在内的大部分人来说，到高档餐厅就餐是强收入弹性产品。假定当年收入下降了10%，你能够预测桑杰到高档餐厅就餐会变化多少吗？

3. 随着人造奶油的价格上升20%，一家烘焙店对黄油的需求量增加了5%。请计算人造奶油和黄油的需求交叉价格弹性。人造奶油和黄油互为互补品还是互为替代品？

6.4 供给价格弹性

不管居住在什么地方，救护车服务的一个基本特质都是供给有限。如果附近有许多的救护车服务提供商，15分钟送医车程向基拉收取1 772.42美元费用的现象就很难发生，价格一定会低得多。然而，有很充足的经济理由相信，并不会如此。对于那些真的遇到紧急医疗救助的人而言，他们会相信低价救护车的治疗水平和安全性吗？当患者需要支付高质量医疗服务的费用而供应商又不能够索取高价来收回成本时，谁还会成为这样的服务供应商？因此并不奇怪，在大部分地方，就像我们已经看到的那样，只有一家救护车服务提供商。

总之，提供救护车服务索取高价的关键点是供给有限：对于救护车服务索取更高的价格，产品供给量的反应能力很低。为了度量救护车服务提供商对价格变化的反应能力，我们需要度量与需求价格弹性类似的指标，即**供给价格弹性**（price elasticity of supply，简称供给弹性），下面我们将进行这一分析。

供给价格弹性是度量产品供给量对价格变化的反应程度的指标。它等于我们沿着供给曲线移动时供给量变化的百分率与价格变化的百分率的比率。

□ 6.4.1 供给价格弹性的计算

供给价格弹性的定义方法与需求价格弹性的定义方法相同（当然这里没有负号需要去掉）。

$$供给价格弹性=\frac{供给量变化的百分率}{价格变化的百分率} \qquad (6-9)$$

唯一的不同之处在于，我们现在考虑的是沿着供给曲线的变化，不再是沿着需求曲线的变化。

假设西红柿的价格上涨了10%。如果西红柿的数量随之增加了10%，西红柿的供给价格弹性为1（=10%/10%），供给具有单位弹性。如果供给量增加了5%，供给价格弹性为0.5，供给缺乏弹性；如果供给量增加了20%，供给价格弹性为2，供给富有弹性。

与需求的情况类似，供给价格弹性的极端情形的图形较为简单。图6-6（a）所示为手机频率——用于发送和接收手机信号的无线电波段——的供给。政府有权将这部分无线电波段销售给手机运营商以供其在境内使用。但政府不能增加或减少它们必须提供的手机频率的数量，因为技术原因，适用于手机的频率的数量是固定的。

因此，手机频率的供给曲线是一条垂直线，这里我们假定的频率数量为100。当我们沿着曲线上下移动时，无论价格怎样变化，由政府提供的数量的变化都为零。所以，图6-6（a）所示的情况为供给价格弹性为零的情形。这种情形被称为**供给完全无弹性**（perfectly inelastic supply）。

供给完全无弹性指供给价格弹性为零的情形，价格变化对产品供给量无任何影响。完全无弹性的供给曲线是一条垂直线。

图6-6（b）所示为比萨饼的供给曲线。我们假设制作比萨饼的成本为12美元，其中包括所有机会成本。在价格低于12美元时，所有提供商都无利可图，美国的所有比萨饼店都会歇业。另外，如果有利可图，将会有很多的生产商经营比萨饼店。比萨饼的配料——面粉、西红柿、奶酪——供应丰富。如果有必要，可以种植更多的西红柿、养殖更多的奶牛、生产更多的奶酪，等等。因此，当价格高于12美元时，会导致比萨饼供给量的大幅度增加。因此，供给曲线为12美元处的一条水平线。

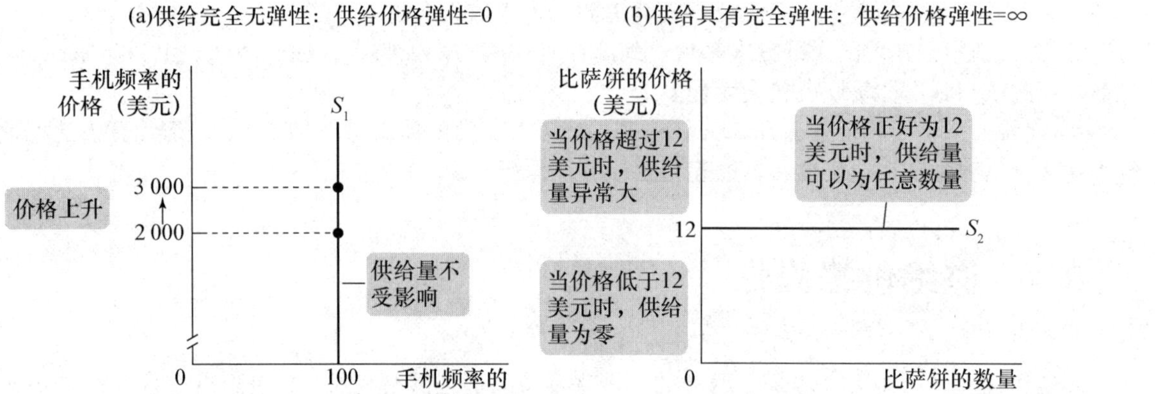

图6-6 供给价格弹性的两种极端情形

图（a）所示为一条完全无弹性的供给曲线，它是一条垂直线。供给价格弹性为零：无论价格如何，供给量始终相同。图（b）所示为一条具有完全弹性的供给曲线，它是一条水平线。当价格为12美元时，生产者可提供任何数量，但当价格低于12美元时，供给量为零。如果价格上涨到超过12美元，生产者将提供异常多的数量。

因为即使价格稍有提高，也将导致供给量的大幅度增加，供给价格弹性无穷大，这就是**供给具有完全弹性**（perfectly elastic supply）的情形。

如手机频率和比萨饼的例子所表明的那样，在现实中供给完全无弹性和供给具有完全弹性的实例容易找到，这与需求不同。

供给具有完全弹性指即使价格稍有提高，也将导致供给量的大幅度增加，供给价格弹性无穷大。具有完全弹性的供给曲线是一条水平线。

□ 6.4.2 供给价格弹性的决定因素

前述事例已经告诉我们供给价格弹性的主要决定因素是投入品的可获得性。此外，与需求价格弹性相同，调整时间也是影响供给价格弹性的重要因素。下面我们简要分析一下这两种因素。

投入品的可获得性 当投入品容易获得，并且以较低的成本投入产品生产时，供给价格弹性较大。当投入品难以获得，投入并转化为产品的成本相对较高时，供给价格弹性较小。从救护车服务来看，提供高质量的救护车服务的高成本是保持供给弹性非常小的关键要素。

调整时间 当生产者有更多的时间对价格变化做出反应时，供给价格弹性往往比较大。这意味着，长期供给价格弹性通常大于短期供给价格弹性。

比萨饼的供给价格弹性非常大，因为该行业扩张所需要的投入品非常容易获得。但手机频率的供给价格弹性为零，因为最关键的投入要素——无线电波段不可能增加。

许多行业像比萨饼的生产一样，供给价格弹性很大，它们的扩张容易，因为并不需要一些特殊的或独一无二的资源。与此相反，许多行业的供给价格弹性小于完全弹性，因为自然资源的供应是有限的，如黄金、铜、在特定类型耕地上种植的咖啡等农产品、海鱼等可再生资源，只能在不破坏资源平衡的限度下开发利用。

如果有足够的时间，在价格改变后，生产者经常能够对产量做出较大的调整，即使生产涉及一些有限的自然资源或者获取成本较高。农产品市场提供了一个很好的例证。当美国农场主从某种大宗商品如小麦上获得高收入时（因为另一个小麦生产大国澳大利亚遭受了旱灾），在种植季节，他们很可能会将种植其他作物的土地改种小麦。

正因为如此，经济学家经常会区分短期供给弹性和长期供给弹性，前者通常是指几周或几个月，后者通常是指几年。在大部分行业中，长期供给弹性要大于短期供给弹性。

▶ 真实世界中的经济学

欧洲的农产品过剩

我们在第5章分析了实施最低限价的情形，这通常是不能再低的价格。我们知道，政府实施最低限价是为了保障农场主的收入水平，但会造成大量的农产品过剩。最具戏剧性的事例是，欧盟对农产品设置的最低限价造成了“黄油山”“红酒湖”等结果。

难道欧盟的政治家不知道他们的最低限价政策会造成大量产品过剩吗？他们知道会造成过剩，但低估了农产品的供给价格弹性。当支持价格政策推出时，许多观察家认为，这一政策不会导致农产品供给的大幅增加。毕竟欧洲国家人口密度大，很少有新的可供开垦的土地。

然而，观察家没有认识到，农业生产可通过增加其他资源投入特别是农药和化肥（可随时增加）来扩张。所以，尽管最低限价政策不会增加欧洲的耕地面积，但农产品仍然会大量增加。

及时复习

- 供给价格弹性等于供给量变化的百分率除以价格变化的百分率。
- 供给完全无弹性是指供给量完全不受价格变化影响，供给曲线是一条垂直线。供给具有完全弹性是指供给曲线是一条在某一价格水平上的水平线。如果价格低于这一水平，供给量为零；如果价格高于这一水平，供给量异常大。
- 影响供给价格弹性的因素有：投入品的可获得性，价格变化后调整时间的长短。

小测验 6-4

1. 使用中点值法计算网页设计服务的供给价格弹性，当每小时价格从 100 美元上涨到 150 美元时，交易的小时数从 30 万增长到 50 万，供给富有弹性、缺乏弹性还是具有单位弹性?

2. 判断正误：在对牛奶的需求增加之后，从长期来看，供给富有弹性而非缺乏弹性对牛奶饮用者更有利。

3. 判断正误：长期供给价格弹性通常大于短期供给价格弹性。因此，短期供给曲线比长期供给曲线平坦。

4. 判断正误：当供给具有完全弹性时，需求改变不影响价格。

6.5 弹性小结

我们刚刚讨论了几种不同的弹性。不混淆并非易事。所以表 6-3 对我们所讨论的所有弹性及其含义进行了小结。

表 6-3　弹性小结

需求价格弹性 $=\frac{\text{需求量变化的百分率}}{\text{价格变化的百分率}}$（负号拿掉）	
0	完全无弹性：需求量不受价格变化影响（供给曲线为垂直线）
大于 0，小于 1	缺乏弹性：价格提高导致总收益增加
正好等于 1	具有单位弹性：价格变化对总收益没有影响
大于 1，小于∞	富有弹性：价格提高导致总收益减少
∞	具有完全弹性：价格的任何提高都将导致需求量下降到零；价格的任何下降都会带来无限大的需求量（需求曲线为水平线）
需求交叉价格弹性 $=\frac{\text{一种产品需求量变化的百分率}}{\text{另一种产品价格变化的百分率}}$	
负值	互补品：在另一种产品的价格上升后，一种产品的需求量将下降
正值	替代品：在另一种产品的价格上升后，一种产品的需求量将上升
需求收入弹性 $=\frac{\text{需求量变化的百分率}}{\text{收入变化的百分率}}$	
负值	低档物品：随着收入的增加，需求量下降
正值，小于 1	正常物品，弱收入弹性：随着收入的增加，需求量会增加但慢于收入的增加
正值，大于 1	正常物品，强收入弹性：随着收入的增加，需求量会增加且快于收入的增加
供给价格弹性 $=\frac{\text{供给量变化的百分率}}{\text{价格变化的百分率}}$	
0	完全无弹性：供给量不受价格变化影响（供给曲线为垂直线）
大于 1，小于∞	正常的向上倾斜的供给曲线
∞	具有完全弹性：价格的任何下降都将导致供给量下降到零；价格的任何上涨都会带来无限大的供给量（供给曲线为水平线）

▶ **企业案例**

航空业：少飞，提价

2014 年，航空业预计将获得近 200 亿美元利润，与 2013 年的 120 亿美元相比大幅增长。但在 2008 年整个行业徘徊在崩溃边缘。根据国际航空运输协会的数据，那一年整个行业亏损了 110 亿美元。然而到了 2009 年，尽管整个经济仍然非常脆弱，航空运输也低于正常年景，但利润开始反弹。到了 2010 年，尽管经济持续疲软，但航空业的复苏不容置疑，该年航空业获得了89亿美元利润。

航空业是怎样获得如此巨大的转折的呢？方法比较简单：少飞，提价。2011年，票价比上一年提高了8%，比2009年提高了17%。与过去10年相比，机舱内更为拥挤，国内航班的空座很少超过1/5，这种趋势一直延续至今。

除了减少飞行班次——特别是一些不赚钱的航班，航空公司还根据乘客购买机票时不同的出发时间确定不同的票价。例如，星期三票价最低，而周五和周日的票价则是最贵的。每天最早一班航班（一般需早晨4点起床）要比最晚一班航班便宜。机票最便宜的时间是周二下午3点（美国东部标准时间），购买包括周末在内的机票最贵。

还不仅仅如此。正像每位深陷其中的旅行者所知道的那样，航空公司推出了各种各样新的收费项目，也对原有的项目进行收费，如对食品、毛毯、行李收费，甚至对提前登机或选位也收费。有些航空公司在增加收费项目时，变得非常有创造性，而旅客事先很难知道，如征收"假日附加费"，同时声称票价没有因为节日而提高。2007年，航空公司的收费可忽略不计，但到2009年已经上升到38亿美元。到了2013年，这一数字暴增至270亿美元，自2009年以来增长了611%。

但业内分析师质疑航空公司是否能勉强维持自己目前的高盈利水平。在过去，随着旅游需求的回升，航空公司会由于增加运力——增加席位——过快而导致票价下降。"不确定因素始终是运力的约束，"一位航空业研究员如是说，"所需要的是一家运营商开始大举增加运力，然后我们跟进，最后所做的所有有益的工作都会前功尽弃。"

思考题

1. 根据这一案例所给出的信息，你怎样判断航空飞行的需求价格弹性？请解释。

2. 使用弹性概念来解释航空公司为什么根据购票时间、出发时间制定如此多的票价。假定有些人愿意为购物调整时间，也愿意在不方便的时间飞行，但有人不愿意这样做。

3. 使用弹性概念来解释航空公司为什么对于托运行李这样的事情要收费。为什么它们要努力掩盖这样的收费？

4. 使用弹性概念来解释在什么样的情况下航空公司在未来能保持高盈利。

小结

1. 许多经济问题取决于消费者或生产者对价格或其他变量变化做出的反应。弹性是用来回答这类问题的反应程度的一个普遍性度量指标。

2. 需求价格弹性是度量需求量对价格变化的反应的一个指标，即需求量变化的百分率除以价格变化的百分率的比率（负号拿掉）。在实际计算时，最好的方法是使用中点值法，计算价格和数量变化的百分率时根据初始值和终值的平均值来计算。

3. 需求量对价格变化的反应程度的范围在需求完全无弹性到需求具有完全弹性之间，前者是指需求量不受价格变化影响，后者是指在某一价格水平上消费者愿意尽可能多或尽可能少地购买所提供的产品。当需求完全无弹性时，需求曲线是一条垂直线；当需求具有完全弹性时，需求曲线是一条水平线。

4. 需求价格弹性根据是否大于1进行分类。如果大于1，需求富有弹性；如果小于1，需求缺乏弹性；如果等于1，需求具有单位弹性。这种分类决定着总收益也就是总销售额怎样随着价格的变化而变化。如果需求富有弹性，价格提高，总收益减少；价格下降，总收益增加。如果需求缺乏弹性，价格提高，总收益增加；价格下降，总收益减少。如果需求具有单位弹性，价格变化不影响总收益。

5. 决定需求价格弹性大小的因素有：是否存在所讨论产品的近似替代品；是必需品还是奢侈品；产品支出占收入的比例；价格变化后调整时间的长短。

6. 需求交叉价格弹性度量的是一种产品价格变化对其他产品需求量的影响。当产品互为替代品时，需求交叉价格弹性为正值；当产品互为互补品时，需求交叉价格弹性为负值。

7. 需求收入弹性是用收入变化引起的需求量变化的百分率除以收入变化的百分率。需求收入弹性表现的是一种产品的需求对收入变化做出的反应。如果产品为低档物品，需求收入弹性为负值。正常物品的需求收入弹性为正值，如果弹性大于 1，为强收入弹性产品；如果弹性小于 1，为弱收入弹性产品。

8. 供给价格弹性是供给量变化的百分率除以价格变化的百分率。如果价格改变后，供给量不变，则供给完全无弹性，供给曲线为一条垂直线。如果低于某一价格，供给量为零，高于该价格，供给量无限大，那么，供给具有完全弹性，供给曲线为一条水平线。

9. 决定供给价格弹性大小的因素有生产扩张所依赖的资源的可获得性和调整时间的长短。当投入品可以低成本获得且价格变化后调整的时间足够长时，供给价格弹性就相对较大。

关键词

需求价格弹性　中点值法　需求完全无弹性　需求具有完全弹性　需求富有弹性
需求缺乏弹性　需求具有单位弹性　总收益　需求交叉价格弹性　需求收入弹性
强收入弹性　弱收入弹性　供给价格弹性　供给完全无弹性　供给具有完全弹性

练习题

1. 当下述情形发生时，福特 SUV 的销售量是增加、减少还是保持不变？请解释。

a. 其他制造商如通用汽车公司决定制造并销售 SUV。

b. 外国生产的 SUV 禁止在美国出售。

c. 通过广告宣传，美国人相信 SUV 比普通乘用车安全。

d. 你度量弹性的时间段延长。在延长的时间段内，出现了新的四轮驱动车型。

2. 2013 年是美国种植小麦的糟糕年景。随着小麦供给的减少，小麦价格大幅上升，导致需求量减少（沿着需求曲线移动）。下表所示为价格的变化和小麦需求量的变化。

	2012 年	2013 年
需求量（蒲式耳）	22 亿	20 亿
价格（美元/蒲式耳）	3.42	4.26

a. 使用中点值法计算小麦的需求价格弹性。

b. 美国小麦农场主在 2012 年和 2013 年的总收益为多少？

c. 糟糕的收成导致美国小麦农场主的总收益增加还是减少？从第 a 问的答案中你怎样对此做出预测？

3. 下表给出了美国个人计算机的部分供给表。

计算机价格（美元）	计算机供给量（台）
1 100	12 000
900	8 000

a. 使用中点值法计算价格从 900 美元上涨到 1 100 美元时的供给价格弹性，是富有弹性，缺乏弹性还是具有单位弹性？

b. 假设由于技术进步，在任一价格水平上，企业都可以多生产 1 000 台计算机。当价格从 900 美元上涨到 1 100 美元时，供给价格弹性大于 1、小于 1 还是等于 1？

c. 假设考量的时间段延长，在任一价格水平上的供给量都比表中多了 20%。当价格从 900 美元上涨到 1 100 美元时，供给价格弹性大于 1、小于 1 还是等于 1？

4. 下表所示为部分产品的需求交叉价格弹性，数量变化的百分率对应的是每个产品组合中的第一种产品，价格变化的百分率对应的是每个产品组合中的第二种产品。

产品	需求交叉价格弹性
空调与千瓦时电	−0.34
可口可乐与百事可乐	+0.63
高油耗 SUV 与汽油	−0.28
麦当劳汉堡与汉堡王汉堡	+0.82
黄油与人造奶油	+1.54

a. 请解释需求交叉价格弹性符号的意义。每种符号意味着所讨论的两种产品之间是什么关系？

b. 比较需求交叉价格弹性绝对值的大小并解释大小的意义。例如，为什么麦当劳汉堡和汉堡王汉堡的需求交叉价格弹性小于黄油与人造奶油的需求交叉价格弹性？

c. 根据表中所给的信息，计算百事可乐价格上升 5%对可口可乐的影响。

d. 根据表中所给的信息，计算汽油价格下降 5%对 SUV 需求量的影响。

5. 从下述关于需求价格弹性的说法中，你能得出什么结论？

a. 比萨饼递送业务在本市竞争激烈。如果我提价 10%，就会失去一半的客户。

b. 我拥有两幅杰里·加西亚（Jerry Garcia）亲笔签名的版画。其中一幅我在 eBay 上以高价卖出。但是，当我卖第二幅时，价格下降了 80%。

c. 我的经济学教授这个学期选择了克鲁格曼/韦尔斯的教材，我别无选择，只有买这本书了。

d. 我每个星期都要花费 10 美元买咖啡。

6. 假设一条线性需求曲线如图 6－5 所示，需求曲线上标明了富有弹性区域和缺乏弹性区域。在如下情形下，供给曲线发生移动。请指明，为了产生如下所述的情形，供给曲线沿着需求曲线的哪部分区域在移动？请标明每种情形下的数量效应和价格效应。

a. 最近，哥伦比亚的军队切断了非法毒品流入美国的渠道，这实际上对毒品贩子有利。

b. 足球场新安装了许多座位，由此导致售票处的收入大幅增加。

c. 投入品价格的下降导致保时捷的产量增加。但保时捷公司的总收益下降了。

7. 下表所示为克里斯特尔莱克镇旅游纪念品 T 恤衫的价格和年销售量以及旅游者的平均收入。

T 恤衫的价格（美元）	旅游者的平均收入为 20 000 美元时的 T 恤衫需求量	旅游者的平均收入为 30 000 美元时的 T 恤衫需求量
4	3 000	5 000
5	2 400	4 200
6	1 600	3 000
7	800	1 800

a. 使用中点值法计算 T 恤衫价格从每件 5 美元上升到 6 美元、旅游者的平均收入分别为 2 万美元和 3 万美元时的需求价格弹性。

b. 使用中点值法计算 T 恤衫价格从每件 4 美元上升到 6 美元、旅游者的平均收入从 2 万美元增加到 3 万美元时的需求收入弹性。如果价格变为 7 美元，情况又如何？

8. 对大众公司甲壳虫车的弹性的最新研究结果如下：

需求价格弹性＝2

需求收入弹性＝1.5

甲壳虫车的供给富有弹性。根据上述信息，判断下述说法的真伪，并解释你的理由。

a. 甲壳虫车价格上涨 10%将导致需求量下降 20%。

b. 消费者收入的增加将导致甲壳虫车价量齐升。

9. 请判断在下述各情形下，供给价格弹性为以下哪种类型：（i）完全弹性，（ii）完全无弹性，（iii）富有弹性但并非完全弹性，（iv）缺乏弹性但并非完全无弹性。请画图解释。

a. 这个夏天对豪华游轮的需求增加，导致玛丽皇后二号每个客舱的售价都大幅上升。

b. 不论是在电量需求高的时段还是在电量需求低的时段，每千瓦时电的价格都相同。

c. 与其他月份相比，2 月乘坐飞机的人数减少。这导致在这个月飞行航班数量减少了 10%，价格下降了 20%。

d. 在夏季，缅因州度假住宅的房东会将房屋租出。今年经济疲软，出租价格下降了 30%，因此有超过一半的房东选择了自住。

10. 使用弹性概念解释如下现象。

a. 在经济繁荣时期，健身房、日光浴沙龙等新开张的个人保健类企业在比例上要大于杂货店等这类新开张的企业。

b. 在墨西哥，水泥是主要建筑材料。采用新技术使水泥的生产更便宜，墨西哥水泥行业的供给曲线变得相对平坦。

c. 一些产品曾经被认为是奢侈品，如电话，现在则被认为实际上是必需品。结果是电话服务的需求曲线已经随着时间的推移变得更陡峭。

d. 与发达国家如加拿大相比，在危地马拉这样的欠发达国家的消费者会将收入中的较大部分用于购置在家里生产东西的设备如缝纫机。

11. 中国台湾地区是世界半导体芯片主要供应商的所在地。最近，台湾生产芯片的公司的设施因为地震而受到严重破坏，它们可以生产的芯片数量锐减。

a. 假设因为这次变故，一家非台湾的芯片制造商的总收益增加了。从弹性方面考虑，这样的结果在什么情况下才会出现？用图形说明总收益的变化，标明台湾的地震对该公司的总收益产生的价格效应和数量效应。

b. 假设因为这次变故，一家非台湾的芯片制造商的总收益减少了。从弹性方面考虑，这样的结果在什么情况下才会出现？用图形说明总收益的变化，标明台湾的地震对该公司的总收益产生的价格效应和数量效应。

12. 这是一个关于是否应该在城市经常吸毒的人群中免费发放无菌注射针头的争论。支持者认为，这样做将减少如 HIV/艾滋病等疾病的传播，因为这些疾病往往通过吸毒者共用针具进行传播。反对者认为，这样做会降低感染风险，从而会鼓励更多的吸毒行为。作为一名经济学家，你被要求评估这一政策，你必须知道以下内容：(i) 像 HIV/艾滋病等疾病的传播对无菌注射针头价格的敏感程度如何；(ii) 吸毒者对无菌注射针头价格变化的反应程度如何。假设你知道这两点，运用无菌注射针头需求价格弹性的概念和吸毒与无菌注射针头的需求交叉价格弹性的概念回答下面的问题。

a. 在什么情况下，你认为这是一个良好的政策？

b. 在什么情况下，你认为这是一个不好的政策？

13. 从世界范围来看，在过去几年中咖啡种植者的平均种植面积增加了。其结果是，咖啡种植者所种植的咖啡比 10～20 年前显著增多。然而，遗憾的是，这一时期也是咖啡种植者总收益大幅缩水的时期。用弹性来解释如果这一事件为真，在什么情况下会发生。请用图解释这一事件所引起的数量效应和价格效应。

14. 最近一份由美国疾病控制与预防中心（CDC）撰写的报告发表于该中心的《发病率和死亡率周报》上，该报告研究了啤酒价格上升对青壮年性传播疾病新发病例的影响。特别要指出的是，研究人员分析了淋病病例对税收引致的啤酒价格上升所做出的反应。该报告得出的结论是：“分析表明，对 6 听装啤酒所征的税增加 0.20 美元将导致淋病发病率降低 8.9%。”假定 6 听装啤酒涨价前的价格为 5.90 美元。使用中点值法计算 6 听装啤酒的价格上升幅度，然后计算啤酒与淋病发病率之间的需求交叉价格弹性。根据你估计的需求交叉价格弹性，啤酒和淋病是互补关系还是替代关系？

15. 美国政府正在考虑降低允许企业生产排放的二氧化碳数量，方法是发行数量有限的可交易排放许可证。2007 年 4 月 25 日，美国国会预算办公室发布的报告认为，“限制二氧化碳排放的成本，将主要落在消费者身上，他们将持续面临电力、汽油等产品的高价格……与富裕家庭相比，贫困家庭会承受相对于他们的收入的更多负担”。贫困家庭受到更大影响与我们在本章所学的弹性概念的哪个假定有关？

16. 根据美国能源部的数据，燃油效率更高的丰田混合动力车普锐斯从 2008 年的 158 574 辆下跌到了 2009 年的 139 682 辆。同一时期，美国能源情报署给出的数据表明，普通汽油的平均价格从每加仑 3.27 美元跌至 2.35 美元。使用中点值法，计算丰田普锐斯和普通汽油的需求交叉价格弹性。根据你得出的需求交叉价格弹性估计值，两种产品是互补关系还是替代关系？你的回答有意义吗？

在线回答问题

17. 在线书店 Nile.com 希望增加总收益。一种策略是对销售的每一本书打 9 折。书店根据顾客对打折的反应将他们分为两组。下表列出了两组人群的反应情况。

	A组（每周销售量）	B组（每周销售量）
打9折前的销售量	155万	150万
打9折后的销售量	165万	170万

a. 利用中点值法计算两组人的需求价格弹性。

b. 解释打折怎样影响两组人群的销售收入。

c. 假设该书店知道每个顾客属于哪一组并可选择是否提供打9折的优惠。如果书店想增加总收益，应该向A组人群还是向B组人群或者同时向两组人群提供打折优惠？

第7章 税收

本章将学习

- 税收怎样影响供给和需求。
- 谁实际承担税收是由什么来决定的。
- 税收的成本和收益，以及为什么税收引起的成本会大于税收带来的收入。
- 累进税和累退税的区别，以及税收公平与税收效率之间的权衡取舍。
- 美国的税收制度。

开篇案例

建国税

在1794年，长期积怨爆发了，愤怒的农民联合起来进行了大规模的反抗。官员做出了强硬回应：在政府军队最终占上风之前，开枪导致了几人死亡。

如果你误以为这是来自法国大革命的一个插曲，那么不足为奇。但实际上，这发生在宾夕法尼亚州西部，一件严重震惊了早期美国和其第一任总统乔治·华盛顿（George Washington）的事件。虽然威士忌暴乱（Whiskey Rebellion）最终被压了下来，但它永久改变了美国的政治制度。

那么，纷争究竟因何而起？税收！独立战争后，面对巨额债务和再难对进口货物征收更高关税的窘境，华盛顿政府在财政部长亚历山大·汉密尔顿（Alexander Hamilton）的建议下，于1791年颁布法令对威士忌蒸馏酒征税。威士忌是当时流行的饮品，所以对此征税可获得不少收入。同时，该种税收将鼓励这个年轻国家部分喝酒成瘾（hard-drinking）的公民更多地践行"正直行为"。

然而，这种征税方式被认为很不公平。酿酒商既可以缴纳固定金额的税也可以按每加仑缴税。大型酿酒商有能力按固定金额来缴纳税收，但小型酿酒商只能按每加仑支付税收。由此导致的结果是，小型酿酒商——主要是农民，他们通过酿酒来获得收入以补充家用——缴纳的税款占其收入的比例要高于大型酿酒商。

此外，在宾夕法尼亚州西部边境，现金一般很难获得，威士忌经常被作为交易的支付手段使用。税收打击了小型酿酒商生产威士忌的积极性，也因为使得收入减少、买卖缺少媒介而拖累了当地经济。

虽然威士忌暴乱最终被平息，但是支持该税收方案的政党——亚历山大·汉密尔顿的联邦党再也没有恢复其受欢迎程度。威士忌暴乱为其他新政党的出现铺平了道路，如托马斯·杰斐逊（Thomas Jefferson）的共和党，该党在1800年最终废除了该项税收。

这个事件有两个教训。第一，税收是必要的：所有的政府都需要钱来发挥作用。没有税收，政府就无法提供我们想要的从国防到公立公园的服务。但税收是有成本的，通常超过实际支付给政府的金额。因为税收扭曲了互利交易的激励机制。

第二个教训：制定税收政策并不容易。事实上，如果你是一名政治家，这对你的职业生涯有很大威胁。但这个事件还明了了税收政策制定上的一些关键问题，经济学模型有助于澄清这些问题。

指导税收政策的一个原则是效率，所设计的税收对激励造成的扭曲越少越好。但效率并非制定税收政策时关注的唯一标准。正如华盛顿当局从威士忌暴乱中所学到的，税收的公平性也很重要。税收政策总是在追求效率和公平之间寻求平衡。

在本章中，我们将在讨论税收作为政府收入的同时，也讨论其怎样影响效率与公平。

7.1 税收经济学初步

为了理解税收经济学，我们先看一种简单的税种：**消费税**（excise tax）——对销售的每单位产品或服务所征收的税。美国的大部分税收来源于其他税种，我们将在本章稍后部分进行介绍。但是，消费税非常普遍。例如，汽车、香烟和进口卡车都会被征收消费税，许多地方政府也对宾馆房间租赁等服务征收消费税。我们从研究消费税中所得到的知识同样适用于其他更为复杂的税种。

> **消费税**是对销售的产品或服务所征的税收。

□ 7.1.1 消费税对数量和价格的影响

假设波特维尔市宾馆房间的需求曲线和供给曲线如图 7－1 所示。为简化起见，我们假定所有宾馆房间完全相同。在没有税收的情况下，房间的均衡价格为每晚 80 美元，可住房间的均衡数量为每晚10 000 间。

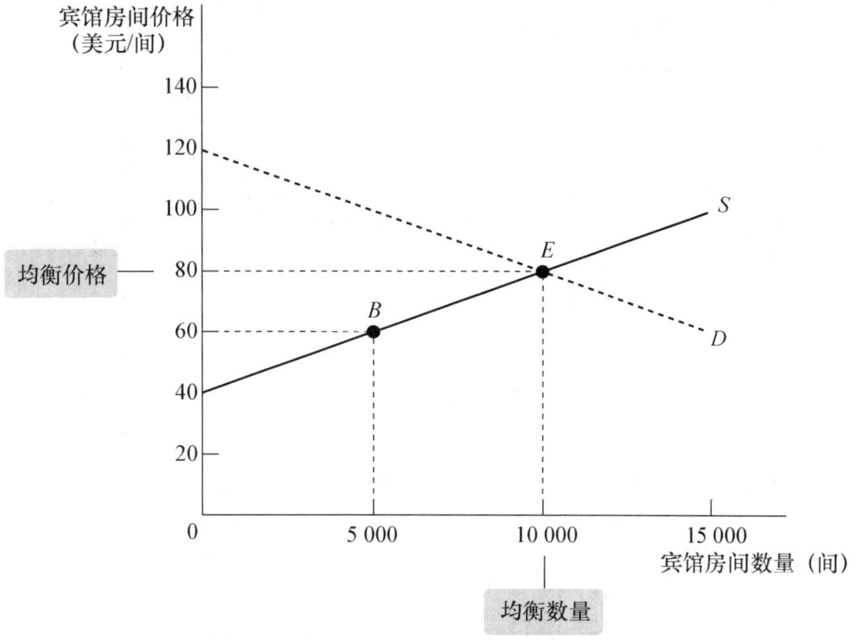

图 7－1　波特维尔市宾馆房间的供给与需求

征税之前，宾馆房间的均衡价格为每晚 80 美元，可供租用的房间数量为 10 000 间，如图中的 E 点所示。供给曲线 S 表示的是税前任一价格上的供给数量。当价格为每晚 60 美元时，宾馆所有者愿意提供的数量为 5 000 间，如 B 点所示。征税之后，只有当价格为 100 美元时，宾馆所有者才愿意提供同样数量的房间，60 美元归自己，40 美元作为税收上交政府。

现在假设波特维尔市政府征收消费税——宾馆的每间房每晚 40 美元，也就是说，每次租出一间房，每晚就要向市政府支付 40 美元。例如，一名房客支付 80 美元，40 美元为税收，留给宾馆所有者的仅仅为 40 美元。因此，在任一给定价格水平上，宾馆所有者只愿意少提供房间。

这对波特维尔市的宾馆房间的供给曲线有什么影响呢？要回答这一问题，我们需要比较征税前和征税后对宾馆所有者的激励的变化。

从图 7－1 中我们知道，征税之前，宾馆所有者在价格为每间 60 美元时，每晚愿意提供 5 000 间房。但对每间房征税 40 美元后，只有对每间房收费 100 美元，宾馆所有者才愿意提供同样的 5 000 间房，其中 40 美元作为税收上交市政府，60 美元留给自己。换言之，征税后，为了使宾馆所有者提供与征税前同样数量的宾馆房间，他们每间必须额外获得 40 美元房费，等于所缴纳的税额。

这意味着税后供给曲线等于税前供给曲线向上平移等于税额的距离。所提供的每一数量，其供给价格（生产给定数量时生产者必须获得的价格）都提高了 40 美元。

所以，消费税使得供给曲线向上移动，如图 7－2 所示，其中 S_1 是征税之前的供给曲线，S_2 是征税之后的供给曲线。正如我们所见，征税后的市场均衡从 E 点（均衡价格为 80 美元，均衡数量为 10 000 间）变动到 A 点（均衡价格变为 100 美元，均衡数量变为 5 000 间）。当然 A 点既位于需求曲线 D 上，也位于新供给曲线 S_2 上。

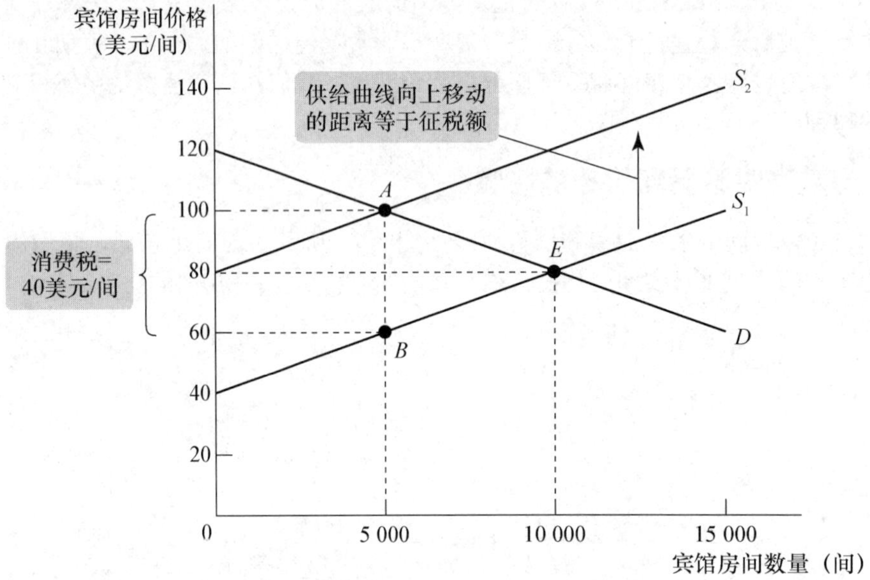

图 7－2　对宾馆房间征收消费税的影响

对宾馆房间征税 40 美元后，供给曲线从 S_1 向上移动 40 美元的距离到 S_2。宾馆房间的均衡价格从每晚 80 美元上涨到 100 美元。可供租用的房间数量从 10 000 间下降到 5 000 间。尽管宾馆所有者缴纳了税收，但实际上他们只承担了税收负担的一半，他们得到的价格减去 20 美元税收后，从 80 美元变为 60 美元。住店客人承担了税收负担的另一半，他们支付的价格提高了 20 美元，从 80 美元上涨到 100 美元。

尽管需求为 5 000 间房时的价格为 100 美元，但宾馆所有者只获得了其中的 60 美元，因为他们必须缴纳 40 美元的税收，从宾馆所有者的角度来看，好像他们仍然处在初始供给曲线的 B 点上。

我们再看一遍。我们怎么知道在价格为 100 美元时，供给量为 5 000 间房？这是因为，减税之后的价格为 60 美元，根据初始供给曲线，当价格为 60 美元时，供给量为 5 000 间，如图 7－2 中的 B 点所示。

所有这些看上去都很熟悉吗？是的。在第 5 章，我们已经描述过配额对销售的影响，配额在消费者支付的价格和生产者得到的价格之间加入了一个楔差。消费税的影响与此类似。价格楔差导致的结果是，消费者支付的更高，生产者得到的更少。

在我们的例子中，住店消费者最终每晚支付 100 美元，比税前多支付 20 美元。与此同时，生产者——宾馆所有者减去税收后净获得 60 美元，比税前少 20 美元。此外，征税也造成了机会错失：5 000 名宾馆房间的潜在消费者——愿意支付 80 美元而非 100 美元——未能如愿入住。同样，有 5 000 间房没有被提供，宾馆所有者在定价为 80 美元时愿意提供，在定价为 60 美元则放弃提供。和配额一样，税收造成互利的交易机会错失，激励扭曲引起非效率。

在上述叙述中，我们要意识到，波特维尔市的消费税是对宾馆所有者而非客人征收的，也就是说这是对生产者而非消费者征收的税。但是，生产者收到的价格减去税收后，只下降了 20 美元，即征税额的一半，而消费者支付的价格上升了 20 美元。事实上，一半的税是由消费者缴纳的。

如果是向消费者而非生产者征税，情况又会怎样呢？假设不是向宾馆所有者就每晚出租的每间房征收 40 美元税，而是市政府要求每位入住宾馆的客人每晚须缴纳 40 美元。答案如图 7－3 所示。如果入住宾馆的客人每晚必须缴纳 40 美元的税，为了保持宾馆房间的需求量与征税之前相同，宾馆所有者必须对入住宾馆的客人减价 40 美元。因此，需求曲线须向下移动，从 D_1 移动到 D_2，距离相当于征税额。

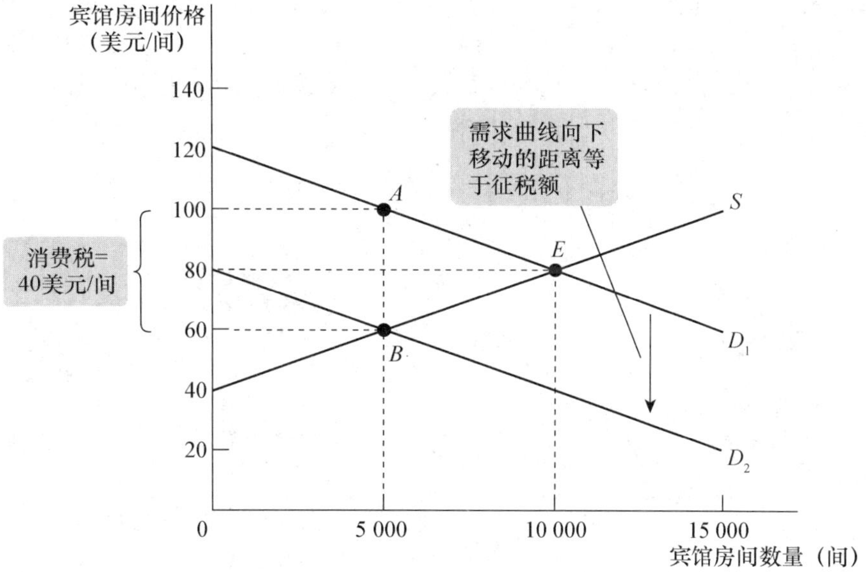

图 7－3　对宾馆房间征收消费税的影响

向宾馆的客人征税 40 美元后，需求曲线从 D_1 向下移动 40 美元的距离到 D_2。宾馆房间的均衡价格从每晚 80 美元下降到 60 美元。可供租用的房间数量从 10 000 间下降到 5 000 间。尽管在目前情形下，税收由消费者支付，而图 7－2 中的税由生产者支付，但结果是相同的。征税后，宾馆所有者只得到了客人所支付的 100 美元中的 60 美元。这说明了一个一般性原理：消费税的税收归宿并不取决于是向消费者征税还是向生产者征税。

在每一需求量上，需求价格——给定需求量，消费者愿意支付的价格——已经减少了 40 美元。均衡从 E 点移动到 B 点，此时宾馆房间的市场价格为 60 美元，买卖数量为 5 000 间。实际上，宾馆客人支付的 100 美元是含税的。所以，从客人的角度来看，他们似乎仍处在初始需求曲线的 A 点上。

如果我们比照图 7－2 与图 7－3，我们马上能够注意到，结果是相同的。在这两种情形下，消费者支付 100 美元，生产者得到 60 美元，买卖数量为 5 000 间宾馆房间。事实上，无论谁按规定支付税收，结果是相同的。

这一发现揭示了税收经济学的一个一般性原理：税收**归宿**（incidence）——实际承担税负者——并不是一个通过询问谁向政府签发支票就能回答的问题。就目前的事例而言，在对每间房征收 40 美元消费税的情况下，在消费者方面反映为价格提高 20 美元，在生产者方面反映为少收到 20 美元。因此，不管是向生产者征税还是向消费者征税，税收最终都是由双方分担的。

> 税收**归宿**是一个度量由谁来承担税负的指标。

□ 7.1.2　价格弹性与税收归宿

从刚才学习的内容中我们知道，税收归宿不受由谁来缴纳税收的影响。在图 7－1 到图 7－3 所示的事例中，不论是向谁征税，对宾馆房间征收的税都由消费者和生产者平等承担。

但是还要注意，生产者和消费者之间平等承担税收仅仅是我们这个事例的假设所导致的结果。在实际中，消费者和生产者承担的税收并不相等，一方承担的多，则另一方承担的就会少。

在消费者和生产者之间消费税的分担是由什么决定的呢？这是由供给曲线和需求曲线的形状所决定的。更具体地说，税收归宿取决于供给价格弹性和需求价格弹性。下面我们通过两个事例来说明两种情形：消费者承担大部分消费税和生产者承担大部分消费税。

消费税主要由消费者承担 图 7-4 所示为消费者承担大部分消费税的情形，具体为汽油消费税，我们假定税收为每加仑 1 美元（事实上，美国联邦政府确实对汽油征收消费税，每加仑只有 0.18 美元。此外，各州也会对每加仑汽油征收 0.17～0.53 美元的消费税）。根据图 7-4，在不征收消费税的情况下，每加仑的汽油价格为 2.00 美元。

图 7-4 中供给曲线和需求曲线的形状反映了两个关键假设。首先，汽油的需求价格弹性被设定为非常小，因此需求曲线相对陡峭。我们知道，需求价格弹性小意味着价格改变后需求量的改变相对较小，表现为需求曲线很陡峭。其次，供给价格弹性被设定为非常大，所以供给曲线相对平缓。供给价格弹性大意味着，价格改变后，供给量的反应比较大，表现为供给曲线相对平缓。

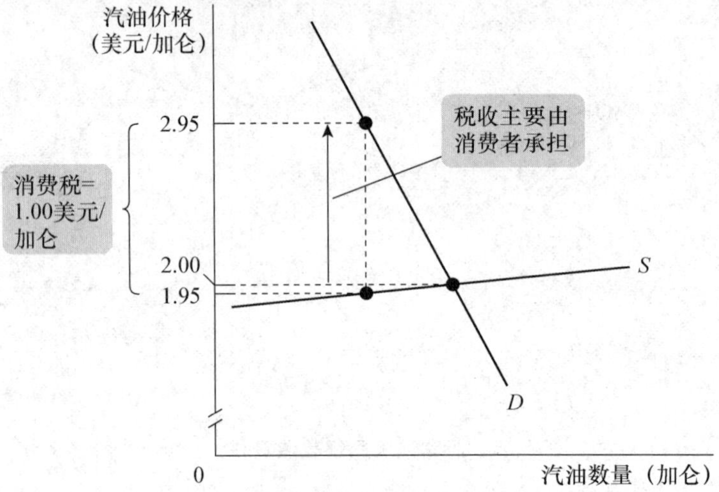

图 7-4 消费税主要由消费者承担

相对陡峭的需求曲线反映了汽油较小的需求价格弹性。相对平缓的供给曲线反映了较大的供给价格弹性。征税之前的价格为 2.00 美元/加仑。每加仑汽油被征收 1.00 美元消费税。消费者支付的价格为 2.95 美元，上涨了 0.95 美元，说明税收的大部分由消费者承担。生产者只承担了其中很小的部分，收到的价格下降到 1.95 美元，即仅仅承担了 0.05 美元。

我们已经知道，消费税是在消费者支付的价格和生产者得到的价格之间加入了一个大小等于税额的楔差。这个楔差抬高了消费者支付的价格，压低了生产者得到的价格。但是正如我们从图 7-4 中可以看出的那样，两种效应在规模上相差较大。生产者所得到的价格仅仅从 2.00 美元下降到 1.95 美元，但是消费者支付的价格从 2.00 美元大幅上涨到 2.95 美元。在这种情况下，消费者承担了大部分税额。

这个例子说明了与税收有关的另一个基本原理：当需求价格弹性相对较小而供给价格弹性相对较大时，消费税主要由消费者承担。为什么？需求价格弹性相对较小，意味着消费者可选择的替代品少，除了购买涨价后的汽油几乎没有其他选择。相反，供给价格弹性相对较大，意味着生产者可以生产很多的汽油替代品（也就是说，除了提炼汽油外，原油还有其他用途）。

这给了生产者很大的灵活性，而不是去接受汽油的低价格。这也就不奇怪了，灵活性小的一方——在这里是消费者——将支付大部分税收。这个例子是对当今美国最具影响力的几种消费税（如香烟和酒）怎样在生产者和消费者间进行分配的有力说明。

消费税主要由生产者承担 图 7-5 所示为消费税主要由生产者承担的事例，即对在一座小城市市中心停车每天征收 5 美元的税。不征收消费税时，每天停车的均衡价格为 6 美元。

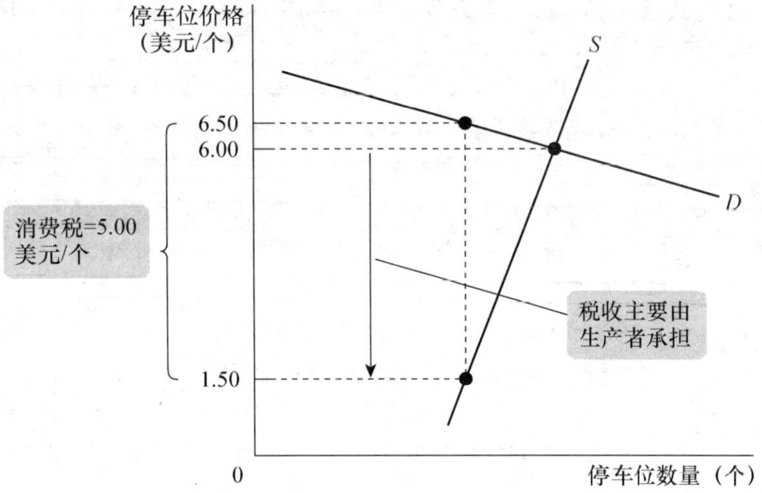

图 7－5 消费税主要由生产者承担

相对平缓的需求曲线反映了停车位的高需求价格弹性，相对陡峭的供给曲线反映了停车位的低供给价格弹性。征税之前每个停车位每日的价格为 6.00 美元。对每个停车位征收 5.00 美元的消费税。生产者收到的价格下降到 1.50 美元，说明税收主要由生产者承担。消费者支付的价格上升到 6.50 美元，只上升了 0.50 美元，消费者承担了消费税的非常小的部分。

我们假定在这个事例中，供给价格弹性非常小，因为停车位很少有其他用途。这使得停车位的供给曲线相对较为陡峭。然而需求价格弹性假定较大，因为供消费者选择的其他替代品容易获得，消费者从市中心停车场转到其他停车场，再步行到市中心只有几分钟，而其他停车场无须缴税。这时的需求曲线相对较为平缓。

税收在消费者支付的价格和生产者得到的价格之间也加入了一个楔差。在这个例子中，税收导致消费者支付的价格上升不大，从 6.00 美元上涨到 6.50 美元，但会引起生产者得到的价格大幅下降，从 6.00 美元下降到 1.50 美元。最终消费者只承担了 5 美元税收中的 0.50 美元，而生产者承担了余下的 4.50 美元。

这个例子也说明了与税收相关的另一个基本原理：当需求价格弹性相对较大而供给价格弹性相对较小时，消费税主要由生产者承担。现实生活中的例子是二手房买卖中的契税。在房地产市场自 2007 年开始崩溃之前，美国许多大小城市的房价大幅上升，因为一些富有的外来者搬到了一些理想的地段，从并不富有的原居住者那里购买了房子。

部分城市对房屋买卖征税的目的是从新来者手中弄钱。这种做法忽略了一个具体城镇的住房的需求价格弹性通常很大这一事实，因为潜在买家可以转向其他城镇。而且，大多数卖家因为工作调动或者筹措退休金又必须卖出住房，因此供给价格弹性通常较小。因此，房屋买卖的契税实际上主要由并不富裕的卖家来承担，而非像城市官员所想象的那样由更富有的买家来支付。

小结 我们已经知道，当供给价格弹性相对较大、需求价格弹性相对较小时，消费税主要由消费者承担，而当供给价格弹性相对较小、需求价格弹性相对较大时，消费税主要由生产者承担。这样我们就得出了一个一般性结论：当需求价格弹性大于供给价格弹性时，消费税主要由生产者承担。当供给价格弹性大于需求价格弹性时，消费税主要由消费者承担。

因此，弹性——而非由谁缴税——决定着消费税的归宿。

▶ **真实世界中的经济学**

谁来支付薪资税?

每个为雇主工作的人都会收到一张工资单，上面不仅列出了他拿到手的钱，而且还列出了因为缴税而扣掉的钱。大多数人的工资单上最大的一项扣除是 FICA，即薪资税。FICA 代表《联邦保险捐助条例》（Federal Insurance Contributions Act），用来支持社会保障和医疗保险体系——为退休和身患残疾的美国人提供收入与医疗保险的联邦社会保险项目。

2014年，大多数美国工人支付的FICA占其工资收入的比例是7.65%。但是这仅仅是全部FICA的一半，因为雇主也要缴纳同等数额的FICA。

我们如何看待FICA？它真的是由雇员和雇主双方平等分担的吗？我们可使用前面的分析来回答这一问题，因为FICA有点像消费税——对劳动的买卖征收的税。这项税收的一半由卖方即劳动者缴纳，另一半由买方即雇主缴纳。

但是，我们已经知道税收归宿并不由谁来缴纳税收决定。事实上，几乎所有的经济学家都相信，FICA就是由工人而非雇主所承担的一种税。得出这一结论的原因是比较家户的劳动供给价格弹性与企业的劳动需求价格弹性。

有证据表明，劳动的需求价格弹性相当大，至少等于3。也就是说，平均工资上涨1%，雇主对劳动小时的需求将下降至少3%。劳动经济学家们认为，劳动的供给价格弹性非常小。原因在于，工资率下降，会激励人们减少更多的工作时间，但也会使人们的收入下降，从而使他们无力负担闲暇时间。

第二种效应的大小有数据支持，在小时工资率下降后，人们愿意减少的工作小时数下降很少（如果有的话）。

我们得出的关于税收归宿的一般性原则是，当需求价格弹性大大高于供给价格弹性时，消费税主要由供给者承担。所以，FICA主要落在供给者头上，即工人头上，尽管雇主表面上支付了一半的FICA。换言之，FICA主要由工人以较低工资形式承担，而不是由雇主以较低利润形式承担。

这个结论告诉我们关于美国税收制度的一些重要信息：FICA，而不是饱受诟病的所得税，主要由大多数家庭负担。对大多数工人来说，每年工薪不超过117 000美元的人，FICA占所有工资的15.3%（注意7.65%+7.65%=15.3%）。也就是说，美国绝大多数工人支付的FICA占其工资的15.3%。只有少数美国家庭缴纳超过其收入的15%的所得税。事实上，根据国会预算办公室的估计，对超过70%的家庭而言，FICA是山姆大叔从他们收入中拿走的主要部分。

及时复习

● 消费税在消费者支付的价格和生产者得到的价格之间加入了一个楔差，会导致交易数量减少。由于扭曲激励和造成机会错失，消费税也会造成非效率。

● 消费税的归宿并不取决于形式上由谁缴税，而是取决于供给价格弹性和需求价格弹性。

● 当供给价格弹性相对较大、需求价格弹性相对较小时，消费税主要由消费者承担。而当供给价格弹性相对较小、需求价格弹性相对较大时，消费税主要由生产者承担。

小测验 7-1

1. 以下图所示的奶油市场为例。政府对每磅奶油征收0.305美元的消费税，征税前消费者支付的价格为多少？征税后又为多少？奶油的交易数量为多少？消费者和生产者之间的税收如何分担？在图上表示出来。

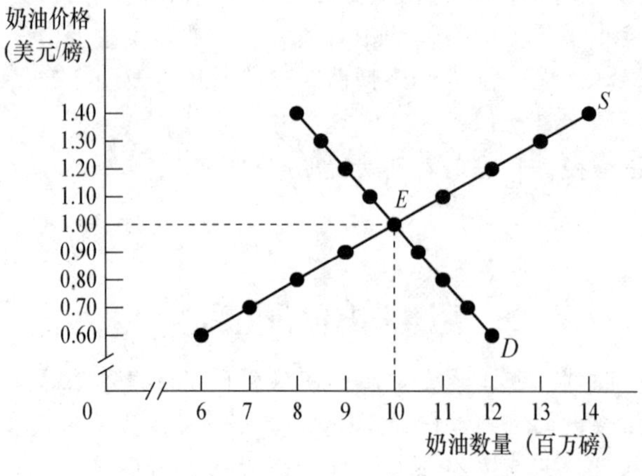

2. 经济学教科书的需求非常缺乏弹性，而供给富有弹性。这对于消费税的归宿意味着什么？画图说明。

3. 判断正误。对消费者而言，一种产品的替代品容易获得，而产品生产者进行数量调整则很难，所以，消费税主要由生产者承担。

4. 瓶装矿泉水的供给非常缺乏弹性，但需求富有弹性。这对于消费税的归宿意味着什么？画图说明。

5. 判断正误。当其他条件相同时，对于征收消费税，消费者更喜欢供给曲线缺乏弹性的产品或服务。

7.2 税收的收益与成本

当政府考虑是否征税或如何设计税收制度时，必须权衡税收的收益与成本。我们通常不会视税收为带来好处的东西，但政府需要金钱为人们提供需要的东西，例如国防和医疗保健。税收的好处是政府获得收入来支付它们所提供的服务。遗憾的是，这种收益是有代价的——这种代价通常会大于消费者和生产者支付的成本。我们先来看什么决定着获得多少税收收入，然后来看税收的征收成本。

□ 7.2.1 消费税收入

政府开征消费税后，能获得多少收入呢？在前述对宾馆征收消费税的例子中，税收收入等于图 7-6 中阴影矩形的面积。

为了理解对宾馆房间征收 40 美元税收后所能获得的收入，可用矩形的面积来表示该收入，请注意矩形的高为 40 美元，也就是对每个房间所征收的税收金额。我们也可以看出，这是供给价格（生产者得到的价格）和需求价格（消费者支付的价格）之间的一个楔差。矩形的宽为 5 000 间房，等于给定 40 元税收金额后房间的均衡数量。根据上述信息，我们可以做出如下计算。

税收收入为：

税收收入＝40 美元/间×5 000 间＝200 000 美元

阴影矩形的面积为：

面积＝长×宽＝40 美元/间×5 000 间＝200 000 美元

因此

税收收入＝矩形的面积

由此得出的一般性原理为：征收消费税所获得的税收收入等于如下矩形的面积，即矩形的高等于供给曲线和需求曲线之间的税楔，宽等于征税后的交易数量。

□ 7.2.2 税率和税收收入

> **税率**是指人们对每单位的课税对象所支付的税收额。

在图 7-6 中，对每间房所征收的 40 美元是对宾馆房间征税的税率。**税率**(tax rate) 是对每单位的课税对象所征收的税收额。有时税率按照每单位产品或服务的应缴纳货币数量来度量。例如，每销售一包香烟征收 2.46 美元的税。有时税率也可以被定义为价格的一定比率，例如，当一个人的年收入达到117 000 美元时，所支付的薪资税为 15.3%。

税率和税收收入之间明显相关，但这种关系并非简单的一对一的倍数关系。一般说来，对某种产品或服务的消费税税率提高一倍并不会导致所获得的税收收入翻倍，因为税率提高会导致产品或服务交易数量减少。税率水平与税收收入数额之间的关系甚至不一定是正相关，有时提高税率实际上会导致政府所获得的税收收入减少。

我们可以使用前面的宾馆房间的事例来说明。图 7-6 表示的是对每间房征收 40 美元消费税后政府所获得的收入。图 7-7 所示为征收其他两种税率——对每间房征收 20 美元税与征收 60 美元税——所获得的税

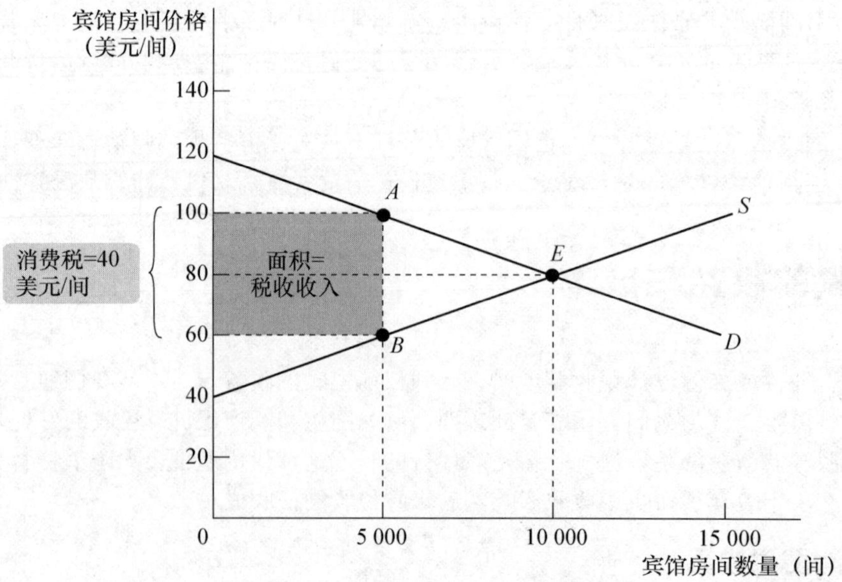

图 7-6　来自消费税的税收收入

对宾馆房间征收 40 美元税收后，所获得的收入为 200 000 美元，等于税率 40 美元（供给价格和需求价格之间的税楔）乘以可供租用的 5 000 间房。结果等于阴影矩形的面积。

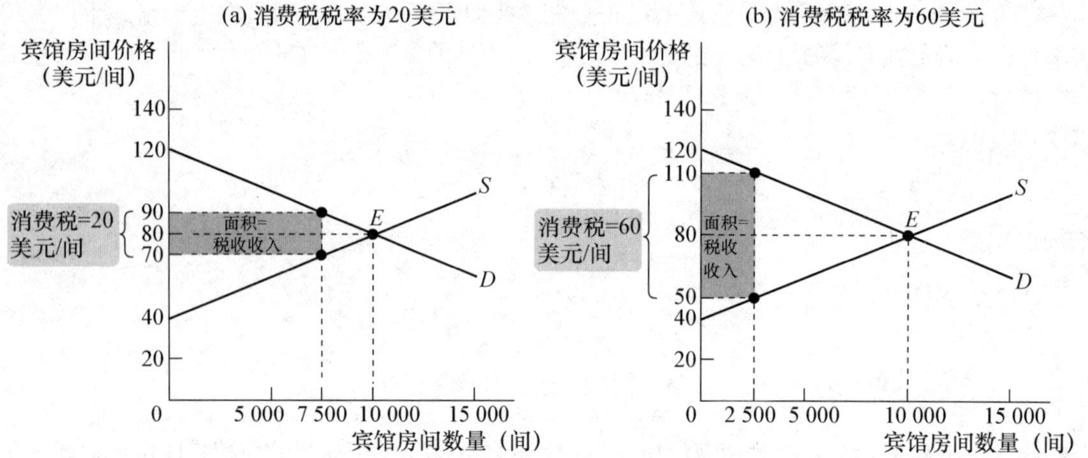

图 7-7　税率和税收收入

一般说来，对某种产品或服务的消费税税率提高一倍并不会导致所获得的税收收入翻倍，因为税率提高会导致产品或服务交易数量减少。税率水平与税收收入数额之间的关系甚至不一定是正相关。图（a）显示了对每间房征收 20 美元税时所得到的税收收入，税率只有图 7-6 中的一半。所得到的税收收入等于阴影矩形的面积，为 150 000 美元。这是税率为 40 美元时所得到的 200 000 美元税收收入的 75%。图（b）显示了税率为 60 美元时所得到的税收收入，也为 150 000 美元。因此税率从 40 美元提高到 60 美元实际上减少了税收收入。

收收入。

图 7-7（a）所示为对每间房征收 20 美元税时的情形，税率等于图 7-6 所示情形的一半。在这一低税率情况下，可供租用的房间将为 7 500 间，所得到的税收收入为：

税收收入＝20 美元/间×7 500 间＝150 000 美元

前述对每间房征收 40 美元税时，税收收入为 200 000 美元。在此，对每间房征收 20 美元税时，税收收入为150 000 美元，即当税率提高 1 倍时，收入只下降到相当于高税率时的 75%（＝150 000/200 000×100%）。换言之，每间房的税率从 20 美元上涨到 40 美元时，收入只增长 1/3，即 33.3%，从 150 000 美元上涨到 200 000 美元，即（200 000－150 000）/150 000×100%＝33.3%。

图 7-7（b）所示为对每间房所征的税从 40 美元提高到 60 美元时的情形，可供租用的房间从 5 000 间下降到2 500 间。税率为 60 美元时的税收收入为：

税收收入＝60 美元/间×2 500 间＝150 000 美元

这一金额也少于对每间房征 40 美元税时的税收收入。因此，税率从 40 美元提高到 60 美元实际上导致税收收入减少了。具体来看，在这种情况下，税率提高了 50％［＝(60 美元－40 美元)/40 美元×100％］，导致税收收入下降了 25％［＝(150 000－200 000)/200 000×100％］。为什么会这样？因为税率提高后，由可供租用的房间数量减少导致的收入减少要大于税率提高所带来的收入增加。换言之，由于税率过高，交易数量下降，这很可能会带来税收收入的减少。

考虑消费税税率提高对税收收入的影响的一种方法是考察税率提高影响税收收入的两个方面：一方面，税率提高意味着政府从销售的每单位产品中获得了更高的收入，在其他条件不变的情况下，税收收入将增加；另一方面，税率提高导致销售量减少，在其他条件不变的情况下，这将导致税收收入减少。最终的结果要取决于供给价格弹性和需求价格弹性以及最初的税率水平。

如果供给价格弹性和需求价格弹性都相对较小，税率提高不会导致销售量减少很多，因此税收收入肯定会增加。如果价格弹性很大，结果将不确定。如果弹性足够大，提高税率将导致销售量减少，也足以导致税收收入下降。当然，如果初始税率水平较低，销售量减少不会使政府获得的收入下降很多，那么提高税率也将带来税收收入增加。如果初始税率水平很高，结果也将不确定。税率提高对税收收入的增减影响不大的情形只有在价格弹性很大、税率也很高的情况下才会出现。

高税率导致税收收入减少的可能性意味着降低税率也能增加税收收入，这是税收政策制定者确定税率时所考虑的一个基本原理。也就是说，当试图通过征税来提高收入时（或者相反，当试图通过征税来阻止某些不良行为时，即当征收所谓的“罪恶税”时），理智的政策制定者不会将税率定得如此之高，以至减税能增加税收收入。

在现实世界中政策制定者并不总是这样理智，当然他们也并不愚蠢。这也是难以找到提高税率减少收入或者降低税率增加收入的事例的原因。尽管如此，降低税率增加税收收入的理论可能性在美国政治家的民间传说中还是扮演着重要的角色。如在下面的“追根究底”专栏中，我们将会解释，一名经济学家在一张餐巾纸上画了一幅图来说明减税可增加税收收入的原理对美国在 20 世纪 80 年代采用的经济政策产生了重大影响。

▶ 追根究底

法国的税率和拉弗曲线

在 1974 年的一个下午，美国经济学家阿瑟·拉弗（Arthur Laffer）在一张餐巾纸上画了一幅被称为“拉弗曲线”的图。根据此图，提高税率初期会增加税收收入，但是税率超过一定水平后继续上升将导致税收收入下降，因为人们将不再进行经济活动。相应地，从那个门槛降低税率，更多的人将愿意进行经济交易，由此导致经济活动增加。

虽然并非什么新想法，但拉弗的图抓住了美国当时政治辩论的焦点。1981 年，新当选的里根总统颁布减税法案，认为将来会有回报，即减税会增加经济活动，而且联邦政府的收入也不会下降。

现在只有极少数的经济学家认为里根的减税政策能实际上增加政府的收入，因为从总体上看，美国的税率并没有高到损害经济活动的程度。然而，从理论上讲，高税率时存在拉弗曲线所说的情况。法国提高税率的情况似乎给出了一个真实世界的例子。

1997 年，法国修订的税法显著提高了富裕法国公民应缴纳的税收。此外，与美国不同，法国人能相对容易地移民到对富人实行低税的邻近国家，如比利时或瑞士。根据一项估计，该项制度实施的结果是，截至 2013 年，那些逃避法国高税率的人已经将 2 000 亿～2 500 亿欧元（约为 2 750 亿～3 500 亿美元）的资产带出法国。

当法国总统弗朗索瓦·奥朗德（Francois Hollande）宣布对高收入的法国人征收 75％的税率来弥补法国

巨大的政府赤字时，总统奥朗德和法国最著名的演员德帕迪约（Depardieu）之间的争吵引起了公众的关注。奥朗德最终被迫让步，但在此之前，德帕迪约已经移民到距离法国边境仅几英里的比利时。

□ 7.2.3 税收的成本

税收的成本是什么呢？你可能会回答就是纳税者向政府缴纳的税金。换言之，你可能认为税收的成本就是政府收到的收入。但是假设政府用这些收入向纳税人提供了他们想要的服务，或者政府只是把这些税收收入返还给纳税人。我们能否说，在这些情况下，税收实际上没有任何成本？

并非如此。与配额一样，税收也阻碍了互利交易的发生。再来看图 7－6。当对宾馆房间征收 40 美元消费税时，房客为每间房支付了 100 美元而宾馆所有者只得到了 60 美元。因为税收造成的楔差，一些没有税收时发生的交易无法进行了。

例如，根据供给曲线和需求曲线，我们知道有一些人愿意每晚最高出 90 美元，而宾馆所有者如果每晚至少能够收到 70 美元，将愿意提供房间。如果允许这两部分人在无税情况下进行交易，互利交易就可以实现，宾馆的房间可以租出。

但是，这样的交易将是违法的，因为没有缴纳 40 美元的税收。在我们的例子中，没有消费税时，5 000 间潜在的宾馆房间会被出租，宾馆所有者和住店客人都将获利，但因为存在消费税，这样的交易并未出现。

因此，消费税的成本是在税收收入之上造成的非效率，因为征税阻碍了互利交易的实现。我们从第 5 章的学习中知道，对社会而言，这种类型的非效率，即由于互利交易未能实现而放弃的价值，被称为无谓损失。现实世界中所有税收都或多或少会带来无谓损失，一些设计糟糕的税种所带来的无谓损失相对更大。

为了度量税收所带来的无谓损失，我们用生产者剩余和消费者剩余的概念来进行解释。图 7－8 所示为消费税对消费者剩余和生产者剩余的影响。在没有税收的情况下，均衡点为 E，均衡价格和均衡数量分别是 P_E 和 Q_E。消费税使消费者支付的价格和生产者收到的价格之间出现了一个大小等于税收的楔差，并且减少了交易数量。当税收为每单位 T 美元时，交易数量下降至 Q_T。消费者支付的价格上升到 P_C，这是需求量下降到 Q_T 时所对应的需求价格，生产者收到的价格则下降到 P_P，即 Q_T 所对应的供给价格。$P_C - P_P$ 就等于消费税 T。

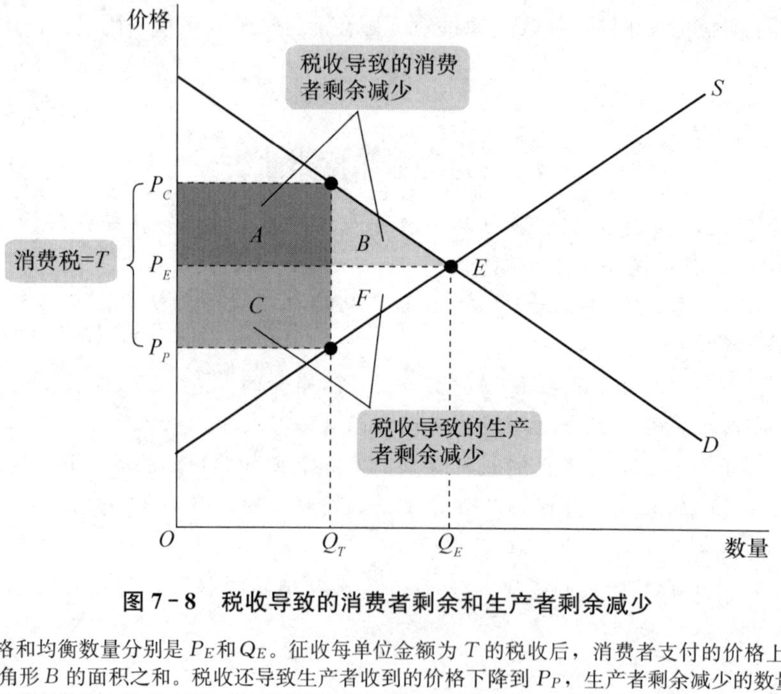

图 7－8　税收导致的消费者剩余和生产者剩余减少

在征税之前，均衡价格和均衡数量分别是 P_E 和 Q_E。征收每单位金额为 T 的税收后，消费者支付的价格上升到 P_C，消费者剩余减少的数量等于矩形 A 和三角形 B 的面积之和。税收还导致生产者收到的价格下降到 P_P，生产者剩余减少的数量等于矩形 C 和三角形 F 的面积之和。政府从征税中获得的收入为 $Q_T \times T$，等于区域 A 和区域 C 的面积之和。区域 B 和区域 F 代表着没有转化为政府收入的消费者剩余和生产者剩余损失。

使用消费者剩余和生产者剩余概念，我们能精确说明税收造成的消费者剩余和生产者剩余损失为多少。我们从图 5-4 中已经知道，产品价格下降会使消费者剩余增加，规模等于一个矩形和一个三角形的面积之和。与此类似，产品价格上涨会使消费者剩余减少，规模也等于一个矩形和一个三角形的面积之和。因此，在征收消费税的情况下，消费者支付的价格上升所导致的消费者剩余的减少等于一个矩形和一个三角形的面积之和，即图 7-8 中阴影矩形 *A* 和阴影三角形 *B* 的面积之和。

同时，生产者收到的价格下降导致生产者剩余减少，减少的数量同样等于一个矩形和一个三角形的面积之和。生产者剩余的减少等于图 7-8 中阴影矩形 *C* 和阴影三角形 *F* 的面积之和。

当然，虽然消费者和生产者因为税收而遭受了损失，但是政府获得了收入。政府的收入等于每单位产品的税收 *T* 乘以销售量 Q_T。这笔收入等于宽为 Q_T、长为 *T* 的矩形的面积。我们在图上可以找到这个矩形，即矩形 *A* 和矩形 *C* 之和。所以，消费者和生产者因为税收而遭受的损失部分地转化为了政府的收入。

但是，税收导致的消费者和生产者损失中还有一个部分——三角形 *B* 和三角形 *F*——并没有被政府收入所弥补。税收导致的无谓损失就等于这两个三角形的面积之和。它代表了由税收导致的社会的总剩余损失，即由于税收而没有发生的交易所能产生的剩余。

图 7-9 与图 7-8 相同，只不过图 7-9 略去了图 7-8 中的阴影矩形 *A*（表示从消费者那里转移给政府的剩余）和矩形 *C*（表示从生产者那里转移给政府的剩余），仅显示了无谓损失，如图中阴影三角形所示。这个三角形的底为 *T*，等于税楔，高为征税所导致的交易数量的减少，即 Q_E-Q_T。很显然，税楔越大，导致的交易数量减少就越多，税收引起的非效率就越大。

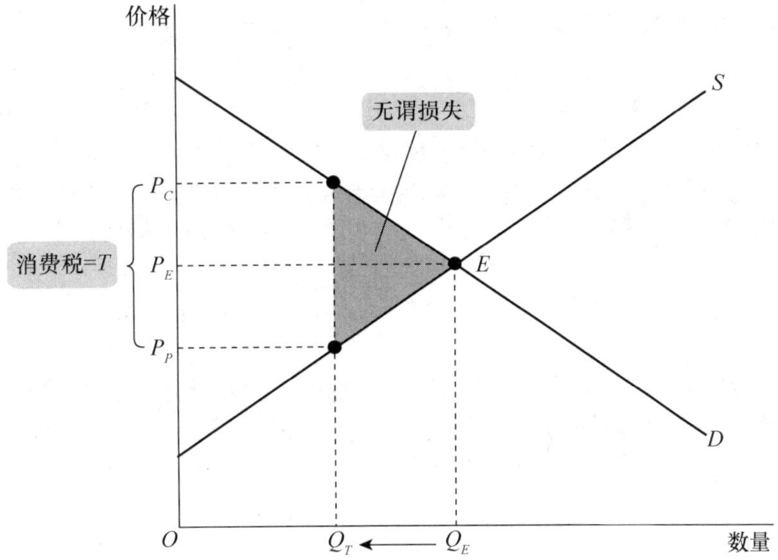

图 7-9　税收导致的无谓损失

税收会导致无谓损失，因为它产生了非效率：它阻止了对交易双方都有利的交易，也就是使交易数量从 Q_E 减少到 Q_T。阴影区域代表了无谓损失的大小，它是 Q_E-Q_T 这一数量的交易所能产生的总剩余。如果税收没有导致交易减少——交易数量仍然是 Q_E——那么就不会发生无谓损失。

但是也请注意一个有重要意义的对照点，如果消费税并没有降低买卖的产品数量——如果征税后 Q_T 仍然等于 Q_E，那么这个阴影三角形将不存在，税收造成的无谓损失将会降为零。这个结论只是前面章节所发现的如下原理的另一种表述：消费税因为阻止了买卖双方的互利交易而造成了非效率。因此，如果税收并没有阻碍这样的交易，不论供给或需求哪个完全无弹性，都不会引起无谓损失。在这样的情况下，税收只是将剩余从生产者和消费者那里转移到政府那里。

很多经济学的实际应用都会用这个三角形的面积来衡量无谓损失的大小。例如，这个三角形不仅能度量消费税的无谓损失，而且能度量其他类型税收所引起的无谓损失。它也被用来度量其他的一些市场扭曲例如垄断导致的无谓损失。除了税收政策外，无谓损失三角形也经常被用来评估其他政策的成本和收益，比如是否应该严格执行生产的安全标准。

> 税收**管理费用**指用于征收税收、选择计征方式和防止逃税的费用。

在考虑税收所造成的非效率的总规模时，我们还必须考虑图 7-9 中没有考虑到的方面：政府为征税实际投入的资源，这也是由纳税人支付的超过应纳税额的部分。这部分资源损失被称为税收**管理费用**（administrative cost）。在美国税制中，最为人熟悉的管理费用是个人填报所得税税表所花费的时间，或者他们向布洛克税务公司（H&R Block）和其他类似公司支付的报税事务服务费（从社会角度看，后者被认为是无效率的表现形式之一，因为用于报税的资源可被用于其他与税收无关的方面）。

纳税人所承担的管理费用还包括用于非法或合法避税的资源。作为联邦政府征收联邦所得税的机构，美国国税局的运营成本相对于纳税人所承担的管理费用通常要小得多。

因此，税收所造成的非效率是无谓损失和管理费用之和。经济政策的一般原则是，在其他条件不变的情况下，税制应该被设计成对社会造成的非有效总量最小。在实践中，尽管也会考虑其他因素，但这一原则具有非常有价值的指导意义。管理费用通常为人们所知，但是费用的大小在一定程度上受到当前税收征收技术（例如，纸质申报对电子申报）的影响。那么我们怎样预测与一种既定的税收相关的无谓损失呢？毫不奇怪，在税收归宿分析中，供给价格弹性和需求价格弹性在这一预测中扮演着重要角色。

□ 7.2.4 弹性和税收的无谓损失

我们知道，消费税之所以会导致无谓损失，是因为它阻止了对双方都有利的交易发生。具体而言就是，由于错失交易而导致的消费者剩余和生产者剩余减少等于无谓损失。这意味着税收阻止的交易越多，无谓损失就越大。

这为我们理解需求价格弹性和供给价格弹性的大小以及税收导致的无谓损失的大小提供了重要线索。我们曾经说过，当需求或供给富有弹性的时候，需求量或者供给量对价格的变化是相对敏感的。所以，如果被征税的产品的需求或供给富有弹性，那么产品交易数量的减少就相对较多，从而无谓损失就大。当需求或供给缺乏弹性的时候，需求量或供给量对价格变化相对不太敏感。因此当产品的需求或供给缺乏弹性的时候，产品交易数量的减少就相对较少，从而无谓损失就小。

当应税产品的需求或供给缺乏弹性，或者两者都缺乏弹性时，征税所导致的数量下降相对较小，因此无谓损失也相对较小。

图 7-10 中的四幅分图显示了随着需求或供给价格弹性的增大无谓损失递增的情形。在每幅分图中，无谓损失的大小都等于阴影三角形的面积。在图 7-10（a）中，因为需求富有弹性，无谓损失三角形较大，税收导致大量的交易未能发生。在图 7-10（b）中，供给曲线和图 7-10（a）中的一样，但是需求相对缺乏弹性，因此这个三角形的面积较小，只有一小部分交易被放弃。类似地，图 7-10（c）和图 7-10（d）中的需求曲线相同，但是供给曲线不同。在图 7-10（c）中供给富有弹性，导致无谓损失三角形的面积较大，而图 7-10（d）中供给相对缺乏弹性，无谓损失三角形的面积也就较小。

这一结果的意义很清楚：如果你希望税收导致的效率损失最小，应该对需求或供给相对缺乏弹性或两者都缺乏弹性的产品征税。对这类产品征税对行为人的影响很小，因为行为人对价格变动的反应相对迟钝。在极端的情况下，如果需求完全无弹性（需求曲线垂直），需求量不会因为征税而改变。因此，征税不会导致无谓损失。同样，如果供给完全无弹性（供给曲线垂直），供给量不会因为征税而改变，从而也就没有无谓损失。

如果选择应税对象的目标是无谓损失最小化，应该选择那些最缺乏弹性的产品和服务来征税，也就是说，应该选择那些消费者或生产者对征税最不敏感的产品和服务（当然，会引起社会动荡的除外）。这就引出了另一种说法：可以使用税收来有目的地减少一些有害的活动，如阻止未成年人饮酒，当这些活动的需求价格弹性或供给价格弹性较大时，可达到最佳效果。

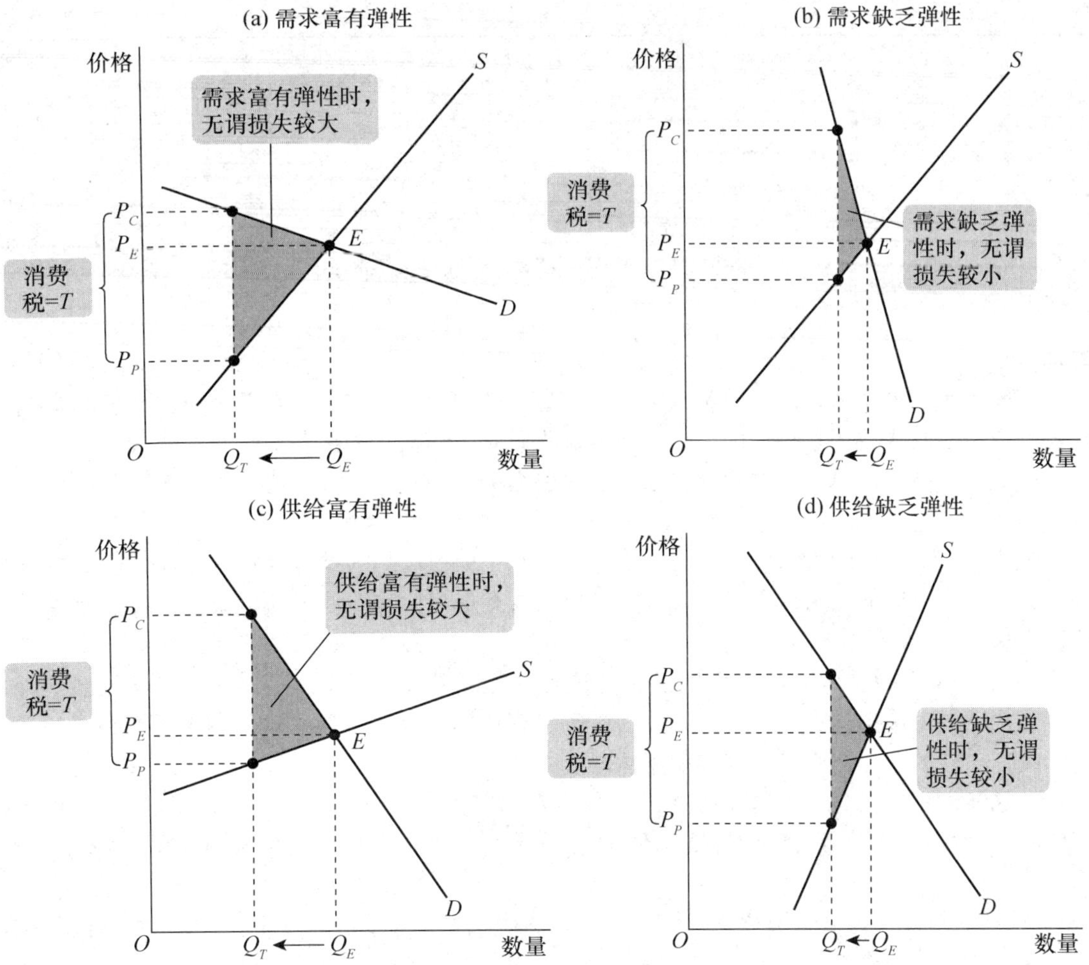

图 7-10　无谓损失和弹性

图（a）中需求富有弹性，而图（b）中需求缺乏弹性，但是供给曲线相同。图（c）中供给富有弹性，而图（d）中供给缺乏弹性，但是需求曲线相同。图（a）和图（c）中的无谓损失比图（b）和图（d）中的无谓损失大。因为当需求或供给富有弹性时，交易数量减少得多；相反，当需求和供给缺乏弹性时，交易数量减少得少，从而无谓损失较小。

▶ **真实世界中的经济学**

向烟民征税

香烟税是美国最重要的消费税之一。联邦政府对每包香烟征收 1.01 美元的税，部分州政府征收的税收如下：密苏里州对每包香烟征收 0.17 美元，纽约州对每包香烟征收 4.35 美元。许多城市还在进一步征税。总的来看，香烟税会随着时间的推移而递增，因为越来越多的政府不仅将其视为一种收入来源，而且将其视为不鼓励吸烟的一种手段。但是，香烟税的提高并非逐步进行。通常的情形是，一旦某一州政府决定提高香烟税，通常会大幅提高，这为经济学家分析大幅提高税收会引起什么后果提供了有用的数据。

表 7-1 所示为一些香烟税大幅提高的结果。在每种情形下，销售量都会减少，与预测相符。尽管在理论上，大幅提高香烟税会导致税收收入减少，但实际上每种情形都导致了税收收入增加，这是因为香烟具有低需求价格弹性。

表 7-1　　**香烟税提高所导致的结果**

州名	年份	增税幅度（美元/包）	新的州税（美元/包）	交易量变化（%）	税收变化（%）
密苏里州	2009	0.50	0.68	−22.8	188.3

续前表

州名	年份	增税幅度（美元/包）	新的州税（美元/包）	交易量变化（%）	税收变化（%）
夏威夷州	2009	0.60	2.60	−11.3	14.5
新墨西哥州	2010	0.75	1.66	−7.8	67.5
佛罗里达州	2010	1.00	2.00	−27.8	193.2
华盛顿州	2010	1.00	3.03	−20.5	17.0

资料来源：Orzechowski & Walker，Tax Burden on Tobacco. U. S. Alcohol and Tobacco Tax and Trade Bureau.

及时复习

- 消费税收入等于税率乘以产品或服务的交易数量。消费税会导致消费者剩余和生产者剩余减少。
- 政府的所得税收入小于总剩余的损失，因为税收阻止了一些互利交易，引起了非效率。
- 消费税收入和减少的总剩余之间的差额是税收引起的无谓损失。税收造成的非效率总量等于无谓损失加税收管理费用。
- 税收阻止的交易数量越大，无谓损失就越大。因此，应税产品的供给价格弹性或需求价格弹性越大或者两者都越大，税收造成的无谓损失就越大。如果税收没有造成交易数量减少，那么就没有无谓损失。

小测验 7-2

1. 下表给出了 5 名消费者对每罐减肥苏打水的支付意愿以及 5 名生产者销售 1 罐减肥苏打水的成本。每名消费者最多购买 1 罐苏打水；每名生产者也最多出售 1 罐苏打水。政府就对每罐苏打水征收 0.40 美元消费税的影响征求你的意见，假定征税不存在管理费用。

a. 如果不征收消费税，苏打水的均衡价格和均衡数量为多少？

b. 征收消费税后，消费者支付的价格上升到 0.60 美元，生产者得到的价格为 0.20 美元。征税后交易数量为多少？

c. 如果不征收消费税，每名消费者获得的个体消费者剩余为多少？征税后变为多少？征税导致的消费者剩余损失为多少？

d. 如果不征收消费税，每名生产者获得的个体生产者剩余为多少？征税后变为多少？征税导致的生产者剩余损失为多少？

e. 政府获得多少消费税收入？

f. 消费税造成的无谓损失为多少？

消费者	支付意愿（美元）	生产者	成本（美元）
安娜	0.70	张	0.10
伯尼斯	0.60	伊夫	0.20
千鹤子	0.50	泽维尔	0.30
达格玛	0.40	沃尔特	0.40
埃拉	0.30	维恩	0.50

2. 在下列每种情形下，只关注需求价格弹性，并用图来说明征税引起的无谓损失的大小。解释你的理由。

a. 汽油。

b. 牛奶巧克力棒。

7.3 税收公平和税收效率

我们刚刚知道了如何使用经济分析来确定税收导致的非效率。很清楚的是，在其他条件相同时，政策制定者应该选择会造成较少非效率的税种。但这个原则仍然留给政策制定者选择什么样的税收以及由谁来承担税负很大的空间。他们该怎样来选择呢?

一种答案是政策制定者应该选择公平的税收制度。但是，公平的确切含义是什么？而且，你怎样定义公平呢？政策制定者应该怎样考虑公平和效率之间的平衡呢?

□ 7.3.1 税收公平的两个原则

公平像美一样，往往是仁者见仁、智者见智。当涉及税收时，关于公平的辩论集中于税收公平的两个原则：得益原则和支付能力原则。

根据税收公平的**得益原则**（benefits principle），谁从公共支出中获益，谁就应承担支付这些支出的税收负担。例如，谁从道路中获益，谁就应支付相应道路的维护费用，谁从飞机飞行中得益，谁就应支付空中交通管制的费用，等等，依此类推。得益原则是美国税收制度的某些部分的基础。例如，从汽油中征收的联邦税收是专门为联邦公路的维护和改进所保留的，当然包括州际公路系统。因此，从公路系统中受益的开车人应支付相关费用。

> 根据税收公平的**得益原则**，谁从公共支出中获益，谁就应承担支付这些支出的税收负担。

从经济角度来看，得益原则很有吸引力，因为它与公共产品理论（将在第17章进行讨论）的主要主张非常吻合。这一理论解释了为什么有时需要政府采取行动提供依靠市场不能提供的产品，如国防。如果这是政府所扮演的角色，很自然地政府应该按他或她从这些产品中获得的好处的一定比例收取费用。

然而，从实际出发来考虑，整个税制不可能全部基于得益原则建立。按政府提供的每个项目来设置具体的税收太过烦琐。此外，得益原则往往与税收公平的其他重要原则相冲突，如**支付能力原则**（ability-to-pay principle），根据该原则，那些有较大的税收支付能力者应多缴纳税收。

> 根据税收公平的**支付能力原则**，有较大的税收支付能力者应多缴纳税收。

支付能力原则通常的解释是高收入者应该比低收入者缴纳更多的税收。通常情况下，人们关于支付能力原则的主张不仅仅是高收入者要缴纳更多的税，而且，他们支付的税收占收入的比例也应该更高。我们稍后将讨论税收占收入的比例如何随收入而改变。

本章开头所述的威士忌暴乱就是对这一原则最基本的违背，政府设置威士忌酒税时未能考虑支付能力原则。事实上，酒税使得小型酿酒商（主要是维持基本生计的农民）支付的税收占他们收入的比例要高于相对富裕的酿酒商。这就不奇怪为什么农民被激怒，因为这种新开征的税收完全违背了支付能力原则。

□ 7.3.2 公平与效率

在威士忌酒税事例中，大型酿酒商支付一定数额的税（与此相反，小型酿酒商按每加仑支付酒税）是**总量税**（lump-sum tax）的例子，这是一种税额相同而不考虑人们采取什么样的行为的税。在这种情况下，不管大型酿酒商的产量如何，它们都支付同样的税收。人们普遍认为，总量税与按交易数额的一定比例来征收的税相比更显得不公平。在威士忌暴乱中情况就是如此，尽管小型酿酒商并不愿意支付比例税，但这仍然比应缴纳的总量税数额要小，如果是总量税，则小型酿酒商就被施加了更不公平的负担。

> **总量税**是一种税额相同而不考虑人们采取什么样的行为的税。

然而，按每加仑威士忌来征税却扭曲了进行互利交易的激励机制，造成了无谓损失。开征这种酒税后，部分农民减少了他们的威士忌产量，有人甚至完全停业。征税导致威士忌产量减少，农民的收入减少。

与此相反，总量税没有扭曲激励机制。因为根据总量税，不管产量为多少，人们都缴纳同样数额的税收。征税没有引起人们的行为改变，因此没有带来无谓损失。总量税尽管不公平，但在促进经济效率方面要好于其他税。

一种税制如果遵循得益原则或者支付能力原则，将会变得更公平一些。但这样做是有代价的，因为现在根据人们的行为征收更多的税，导致了无谓损失规模扩大。这一结论反映了我们在第1章所学的一个基本原理，即公平和效率之间经常存在权衡取舍。除非税制设计得特别不合理，可以通过牺牲效率增进公平。

相反，也可以通过减少公平来增进效率。这意味着，在设计税制时，存在着通常所说的**公平和效率之间的权衡取舍**（trade off between equity and efficiency）问题。

良好的税制体现了**公平和效率之间的权衡取舍**：可以通过减少公平来增进效率，反之亦然。

重要的是要理解，经济分析无法回答一种税制应该赋予公平多少权重、赋予效率多少权重的问题。这种选择是一种通过政治过程来做出的价值判断。

▶ **真实世界中的经济学**

联邦税制的逻辑

联邦税收制度的基本原则是什么？（联邦税是指由联邦政府征收的税款，而非由州和地方政府征收的税款。）答案是，这取决于税种。

最著名的联邦税是所得税，约占联邦政府收入的一半。所得税的结构反映了支付能力原则：低收入家庭很少缴纳或不缴纳所得税。事实上，一些家庭支付负的所得税，一项名为所得税抵免（Earned Income Tax Credit）的计划"弥补"（top up）了或者增加了低收入家庭的收入。同时，那些高收入人群不仅要缴纳大量的所得税，而且支付的所得税占其收入的比例也必须高于一般家庭。

排在第二位的联邦税是 FICA，也被称为薪资税，该税的设置有很大的不同。它最初于 1935 年初被引入，用于支付社会保障资金，这是一项向符合条件的退休的美国老年人提供收入、向残疾工人提供福利补贴和向家庭成员死亡的家庭提供抚恤金的计划。[薪资税的一部分现在也用来支付医疗保险（Medicare）——一项为年长的美国人支付大部分医疗费用的计划。] 社会保障体系的建立与私人保险计划类似：人们在工作期间向该体系支付保费，然后根据他们支付的多少来获得补贴。这部分税收或多或少反映了得益原则：因为社会保障补贴主要是为了帮助中低收入者，不会因为是富人税收就增加很多。社会保障税只对最高不超过 117 000 美元（2014 年）的收入部分征收（薪资税中的医疗保险部分没有上限）。因此，高收入家庭并未比一个中等收入家庭多支付薪资税。

表 7－2 说明了两税的区别，使用的数据来自美国国会预算办公室的研究结果。该研究将美国家庭分为五档：最低的五分之一档是最贫困的 20％的家庭，次低的五分之一档是收入稍高的下一档 20％，依此类推。第二列给出了每个五分之一档家庭的收入占美国税前总收入的比例。第三列给出了每个五分之一档家庭支付的税收占总联邦所得税收入的比例。

正如我们所看到的，低收入家庭通过所得税抵免计划实际上支付的是负所得税。即便是中等收入家庭，与他们的收入占总收入的比例相比，他们支付的所得税占总所得税的比例也相对较低。相比之下，第五档或最高的五分之一档家庭，他们所支付的所得税占总所得税的比例与他们的收入占总收入的比例相比要高得多。第四列给出了每个五分之一档家庭所支付的薪资税占总薪资税的比例，结果有很大的不同：最高的五分之一档家庭支付的薪资税占总薪资税的比例远小于他们的收入在总收入中所占的比例。

表 7－2　按 2010 年五档分类得出的税前收入、缴纳的联邦所得税和薪资税比例

收入档	占税前总收入的比例（％）	占总联邦所得税的比例（％）	占总薪资税的比例（％）
最低的五分之一档	5.1	−6.2	5.6
次低的五分之一档	9.6	−2.9	9.8
中间的五分之一档	14.2	2.9	15.4
次高的五分之一档	20.4	13.3	23.9
最高的五分之一档	51.9	92.9	45.1

资料来源：Congressional Budget Office.

及时复习

- 在其他条件不变的情况下，政府的税收政策应以税收效率为目标。然而也应努力实现税收公平或税收平等。

● 税收公平的两个重要原则是得益原则和支付能力原则。

● 总量税可达至有效，因为它没有扭曲激励，但一般认为其欠公平。在一个设计完善的税收制度中，公平和效率之间存在权衡取舍。但税制如何具体化公平和效率的权重是一个价值判断问题，要通过政治过程决定。

小测验 7-3

1. 根据得益原则和支付能力原则，评估以下每种税。如果有的话，什么行动会被税收扭曲？为简单起见，假设每种情况下该产品的税收都由购买者 100%负担。

a. 对每辆新出售的小轿车征收 500 美元联邦税，用于资助公路安全计划。

b. 地方政府对宾馆房间征收 20%的税，用于资助地方政府支出。

c. 按照房屋资产评估价值的 1%征收地方税，用于资助当地学校。

d. 对食品征收 1%的销售税，用于支付政府的食品安全监管和检查。

7.4 税收制度初步

消费税最易分析，这使之成为理解税收分析一般性原理的良好工具。然而，在当今美国，消费税实际上是政府收入来源中一个很小的部分，在本节，我们将介绍一个理解更为一般的税收形式的框架，并了解美国的一些主要税种。

7.4.1 税基和税收结构

每一种税都包括两个部分：税基和税收结构。**税基**（tax base）是决定个人或企业缴纳多少税收的依据或价值基础，如收入水平或财产价值。**税收结构**（tax structure）具体规定税收如何根据税基来征收。它通常表示为百分率的方式，例如，某些地区的房屋所有人要按照房屋价值的 2%来缴纳税收。

一些重要的税种和税基如下：

● **所得税**（income tax）：取决于个人或家庭的工资和投资收益的一种税。

● **薪资税**（payroll tax）：取决于雇主对雇员支付的薪水的一种税。

● **销售税**（sales tax）：取决于所销售商品的价值的一种税（也就是通常所说的消费税）。

● **利润税**（profits tax）：取决于企业的利润的一种税。

● **财产税**（或不动产税）（property tax）：取决于财产的价值（如房屋的价值）的一种税。

● **财富税**（wealth tax）：取决于个人的财富的一种税。

一旦税基确定，接下来的问题就是如何依据税基来征税。最简单的税制结构是**比例税**（proportional tax），有时也称统一税（flat tax），即基于税基征收相同的百分比，并不考虑纳税人的收入或财富的差异。例如，财产税被设置为财产价值的 2%，而不管财产是 10 000 美元还是 10 000 000 美元，这是一种比例税。然而，许多税并非按比例征收。相反，不同的人缴纳不同比例的税，通常是因为税法试图考虑得益原则和支付能力原则。

由于税收最终由收入支付，经济学家根据收入怎样随着个人收入而变化对税收进行了分类。纳税比例随收入增加而上升，即高收入纳税人支付的税收与收入之比高于低收入纳税人支付的税收与收入之比，这种税被称为**累进税**（progressive tax）。纳税比例随收入增加而下降，即高收入纳税人支付的税收与收入

> **税基**是决定个人或企业支付多少税的一个指标或价值。
>
> **税收结构**具体规定税收如何根据税基来征收。
>
> **所得税**是一种对个人或家庭的收入所征收的税。
>
> **薪资税**是一种对雇主支付给雇员的薪水所征收的税。
>
> **销售税**是一种对所销售商品的价值所征收的税。
>
> **利润税**是一种对企业的利润所征收的税。
>
> **财产税**是一种对财产的价值（如房屋的价值）所征收的税。
>
> **财富税**是一种对个人的财富所征收的税。
>
> **比例税**指基于税基征收相同的百分比，并不考虑纳税人的收入或财富的差异。
>
> **累进税**指高收入纳税人支付的税收与收入之比高于低收入纳税人支付的税收与收入之比。

之比小于低收入纳税人支付的税收与收入之比，这种税被称为**累退税**（regressive tax）。比例税既非累进的，也非累退的。

累退税指高收入纳税人支付的税收与收入之比小于低收入纳税人支付的税收与收入之比。

美国税收制度中既包含累进税也包含累退税，总体上累进税的比重高一些。

□ 7.4.2 公平、效率和累进税

并非所有但在大多数情况下，人们认为累进税制比累退税制更加公平。原因在于支付能力原则：高收入家庭以其收入的35%纳税后留下的收入仍然高于低收入家庭以其收入的15%纳税后留下的收入。但是，试图使税收更为累进将遭遇公平与效率的权衡取舍难题。

要知道为什么，来看一个假设的例子，如表7-3所示。我们假设一个名为塔斯马尼亚的国家有两种人：一半人口的年收入为40 000美元，另一半人口的年收入为80 000美元，因此该国的平均收入为每年60 000美元。我们还假设，塔斯马尼亚政府需要征收占收入四分之一的税——每年每人15 000美元。

获得这笔收入的一种方式是采用比例税率，每个人收入的四分之一用来纳税。这种比例税率的结果如表7-3中的第二列所示，纳税后，低收入的塔斯马尼亚人每年留下30 000美元收入，高收入的塔斯马尼亚人每年留下60 000美元收入。

表7-3　　塔斯马尼亚的比例税和累进税

税前收入（美元）	采用比例税率的税后收入（美元）	采用累进税率的税后收入（美元）
40 000	30 000	40 000
80 000	60 000	50 000

这样的制度可能会对激励造成一定的负面影响。举个例子，假定大学毕业可改善塔斯马尼亚人得到更高收入工作的机会。有些人愿意投入时间和精力将他们的收入从40 000美元提高到80 000美元，获40 000美元增益，但如果低收入人群与高收入人群的税后差异只有30 000美元，激励将会受到影响。

但激进的累进税制可以造成更大的激励问题。假设塔斯马尼亚政府决定，对人口中低收入的那一半免征一切税收，但政府仍想获得同样的税收收入。要做到这一点，就必须对高收入人群中每一个人的80 000美元年收入征收30 000美元的税。如表7-3的第三列所示，赚取80 000美元收入的人群纳税后只留下50 000美元，只比另一半人的税后收入多10 000美元。这将大大降低人们投入时间和精力以提高他们收入的激励。

这里的关键是，任何所得税制度都是从个人扩大的收入规模中拿走一部分，降低人们赚取更多收入的动力。但是，累进税拿走的增益份额大于比例税拿走的增益份额，对激励机制造成的不利影响更大。在比较税收制度的激励效应时，经济学家们通常关注的是**边际税率**（marginal tax rate）：收入增加额中纳税额所占的百分比。在这个例子中，在比例税下收入超过40 000美元的部分的边际税率为25%，但在累进税下则变为75%。

边际税率是收入增加量中纳税额所占的百分比。

我们假设的例子比现代美国现实的累进税制更极端——但是正像稍后的“真实世界中的经济学”专栏所解释的，在过去几年中，高收入者所缴纳的边际税率是相当高的。然而，对极端累进税的严重的激励效应问题的担忧随着时间的推移有逐渐放缓的趋势。总之，支付能力原则推动政府实行更积极的累进所得税制度，但效率考虑又会推动它们考虑其他方面。

□ 7.4.3 美国税制

表7-4所示为美国在2013年主要的税收收入。其中一些税收由美国联邦政府征收，其他归州或地方政府征收。

这里列出了前面提及的6种税基中的5种，也就是所得税、利润税、薪资税、销售税和财产税，这些税种在整个税收体制中扮演着重要角色。唯一没有给出的是财富税。事实上，美国也有财富税，即遗产税（estate tax），也就是根据某人去世后遗留的不动产价值而计征的税。但本书写作时，现行法律拟在几年中逐步淘汰遗产税；而且，总的来看，与表中其他税收相比，遗产税征收数额并不大。

除了表中所示的税收外，州政府和地方政府也从其他途径获得大量收入，如驾驶证费、污水排放费等。这些费用是税收负担的一种重要组成部分，但又很难进行总结和分析。

表 7-4 所述的税收是累进的还是累退的？这要看是什么税收。个人所得税是典型的累进税。薪资税，除了医疗保险费外，只对 117 000 美元以下的收入部分征收，所以具有累退特点。销售税一般是累退税，因为高收入家庭储蓄多，与低收入家庭相比，他们购买应税产品的份额相对较小。此外，州政府和地方政府所征收的其他税种累退特征明显，不管你的收入水平如何，新的驾驶证费是相同的。

表 7-4　　2013 年美国主要税种　　单位：10 亿美元

联邦税		州和地方税	
所得税	1 312.1	所得税	334.3
薪资税	1 103.0	销售税	498.1
利润税	338.9	利润税	91.7
		财产税	444.6

资料来源：Bureau of Economic Analysis.

总之，联邦政府所征收的税是典型的累进税。表 7-5 第二列给出了 2013 年不同收入水平家庭的平均联邦所得税税率的估计值。这些估计值不只是考虑到家庭直接支付的税金，也试图估计出由企业直接支付的税收，如对公司利润征收的税，这些税最终会落到个人股东身上。从表中可以看出，联邦税收制度确实是累进的，低收入家庭支付的联邦税只占他们收入的很小份额，而高收入家庭支付的联邦税占其收入的份额则比较大。

2000 年之后，联邦政府已经削减了大部分家庭的所得税。不管是纳税额占收入的份额还是纳税额占联邦税收收入的份额，削减幅度最大的都是高收入家庭。因此，（本书写作时）联邦税制的累进性与 2000 年相比有所降低，因为高收入家庭支付的税收占收入的份额与中低收入家庭相比有所降低。随着 2000 年后一些推迟实施的减税方案的生效，未来几年联邦税制的累进性还会有所降低。然而，即使在这些变化发生之后，联邦税制仍然会是累进的。

如表 7-5 第三列所示，州政府和地方政府的税收一般是累退的。这是因为，销售税是大部分州最重要的税收来源，该税种具有累退性，而且其他一些项目，如机动车驾驶证费具有非常典型的累退性质。

总之，美国的税制具有累进特征，收入最高的 1/5 人口支付的税收占收入的份额比收入中等以及最低的 1/5 人口支付的税收占收入的份额要高。

然而在美国税制内部不同税种间存在着较大差异，联邦所得税比薪资税累进程度更高。联邦税比州和地方税也更为累进。

表 7-5　　2013 年联邦税、州和地方税占不同收入人群的比例（%）

收入组	联邦税	州和地方税	总占比
最低的 20%	6.4	12.4	18.8
次低的 20%	10.9	11.6	22.5
中间的 20%	15.4	11.2	26.6
第四个 20%	18.8	11.0	29.8
接下来的 10%	20.4	11.0	31.4
接下来的 5%	21.4	10.6	32.0
接下来的 4%	22.0	10.2	32.2
最高的 1%	24.3	8.7	33.0
平均	19.7	10.5	30.1

资料来源：Bureau of Economic Analysis.

▶ 国际比较

你认为你支付的税高吗?

对于纳税，无论在何地人们都会抱怨。但是，与其他富裕国家的公民相比，美国的公民实际上抱怨得并不多。

为了评估总的纳税水平，经济学家们通常会计算税收占国内生产总值（一个国家生产的产品和服务的总价值）的比重。根据这一指标，我们从下图中可以看出，2013 年美国的这一数字是最低的。甚至美国的邻居加拿大，也显著高于美国。欧洲的税率比美国高出 50%到 100%，因为欧洲国家的政府需要大量收入来支付医疗保险和慷慨的失业保险所需的巨额开支。

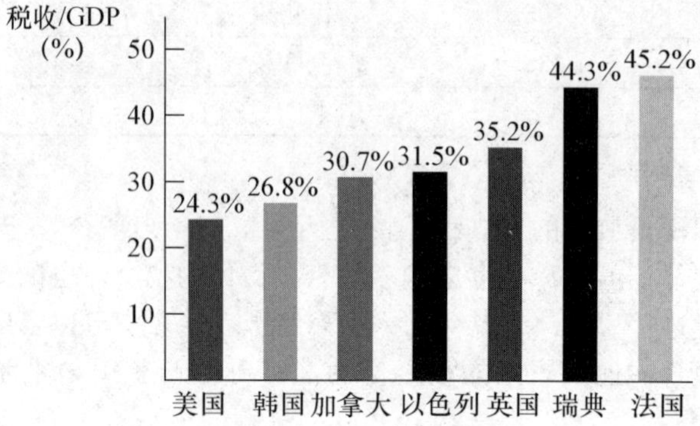

资料来源：OECD.

□ 7.4.4 不同的税收，不同的原则

为什么有些税是累进的但有些税是累退的？政府就不能决定吗？

美国税制中累进税和累退税同时存在主要有两个原因：政府层级差异和不同税种基于不同的原则。

州政府和地方政府一般并不会努力来推行支付能力原则，这主要是因为它们面临税收竞争的压力：一个州政府或一个地方政府，如果对本州或本地的居民课以重税，这些人可能会迁移到税收低的地区。在国家层面不必担心这个问题，尽管有少数非常富有的人为避免向美国政府纳税而放弃美国国籍。

尽管与州政府和地方政府相比，联邦政府在推行公平原则方面更具优势，但仍然对不同的税收适用不同的原则。我们在之前的“真实世界中的经济学”专栏中看到过一个实例。联邦所得税是最重要的税种，具有很强的累进特征，适用的就是支付能力原则。联邦薪资税或 FICA 是第二重要的税收，就有一些累退性质，因为该税种大部分与特定的计划有关，如社会保障计划和医疗保险计划，适用的是得益原则，其征收或多或少与从这些计划中获得的利益有关。

▶ 追根究底

对收入征税与对消费征税

美国政府征税主要是针对人们赚的钱，而非人们消费所花的钱。大部分税收专家认为，这样的政策严重扭曲了对人们的激励。人们获得收入，然后用收入投资从而在未来获得新的收入，这样会被课税两次：一次是最初获得的收入，另一次是他们投资获得的收入。

因此，对收入课税而非对消费课税，将鼓励人们将收入及时花掉而非鼓励人们储蓄和投资。而鼓励储蓄和投资是重要的政策目标，原因有二：第一，实证数据表明，美国人对于退休与后半生的医疗支出储蓄太少；第二，储蓄和投资可以促进经济增长。

从一种对收入征税的体制转向对消费征税的体制可以解决这一问题。许多国家的政府通过征收增值税（VAT）能获得大部分收入，这种税更像是在全国层面上征收的销售税。一些国家的增值税税率很高，如瑞典高达25%。

美国没有采用增值税有两个原因：第一，使消费税具有累进性质有难度（尽管并非不可能）；第二，增值税的管理费用太高。

▶ 真实世界中的经济学

最高边际所得税税率

美国人缴纳的联邦所得税所适用的税率依据不同收入档次而不断升高。例如，在2013年，个人应税收入（即扣除免税收入和扣除项目后的剩余部分）不超过8 925美元的部分按10%计征；收入中的8 925～36 250美元的部分，按15%计征；依此类推，如果收入超过400 000美元，超过400 000美元的部分按最高税率39.6%计征。很少有人（小于纳税人的1%）的收入会高到足以支付最高边际税率。事实上，75%以上的美国人不缴纳所得税，或落入10%或15%的档次内。但最高边际所得税税率通常被看作累进税收制度的一个有用指标，因为它表示美国政府对非常富裕的人群的课税态度。

图7-11表示的是从1913年至2013年的最高边际所得税税率，1913年美国政府开始征收所得税。第一次世界大战期间（1914年）最高边际税率第一次大幅提高，战争结束后（1918年）后进行回调。自此之后，这个数字有两次大的变化：一次是富兰克林·罗斯福执政期间（1933—1945年），最高边际税率大幅提高；另一次是罗纳德·里根执政期间（1981—1989年），最高边际税率大幅降低。相比之下，最近的变化已经非常小了。

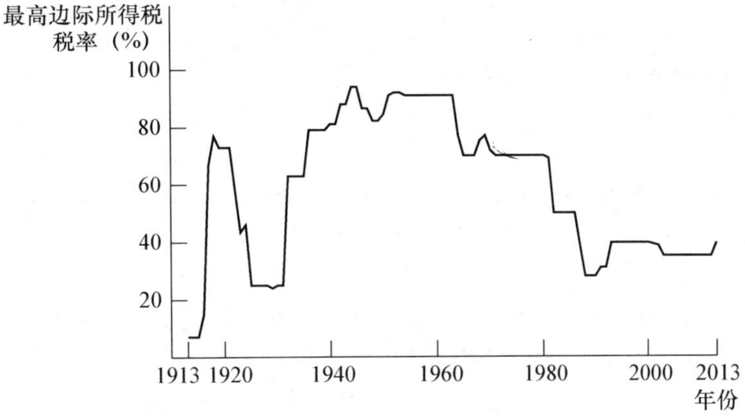

图7-11　最高边际所得税税率

资料来源：The Internal Revenue Service.

及时复习

- 每种税制都包括税基和税收结构。
- 税种有所得税、薪资税、销售税、利润税、财产税和财富税。
- 税制可分为累进税、累退税和比例税。
- 累进税往往被认为适用支付能力原则。但激进的累进税会导致边际税率过高，引起激励问题。
- 美国既拥有累进税，也拥有累退税。然而，整个税收结构是累进的。

小测验7-4

1. 收入中不超过10 000美元的部分，按1%征收所得税，超过10 000美元的部分按2%征收所得税。

a. 一个年收入为5 000美元的人，适用的边际税率为多少？他将支付多少所得税？所缴税收占其收入的比例为多少？

b. 一个年收入为 20 000 美元的人，适用的边际税率为多少？他将支付多少所得税？所缴税收占其收入的比例为多少？

c. 这种所得税是比例税、累进税还是累退税？

2. 当比较不同收入水平的家庭时，经济学家发现，消费支出比收入增长得慢。假设收入增长 50%，从 10 000 美元增长到 15 000 美元，消费会增长 25%，从 8 000 美元增长到 10 000 美元。比较一个收入为 15 000 美元的家庭支付的税收占收入的百分比与一个收入为 10 000 美元的家庭支付的税收占收入的百分比，假定对消费购买按 1%征税。这种税是比例税、累进税还是累退税？

3. 判断真伪并解释你的答案。

a. 薪资税不会影响一个人参加工作的积极性，因为它是由雇主来支付的。

b. 总量税是一种比例税，因为每个人支付的税收数量相同。

▶ 企业案例

亚马逊与巴诺公司

2014 年，大约一半的美国消费者比较后发现，在亚马逊上的书的最终价格比其竞争对手 BarnesandNoble.com 上的便宜。为什么？只是税收差别。或者说得更为具体一点，BarnesandNoble.com 须按所在州的规定在收到客户订单后支付州销售税，而亚马逊公司则不必。这种差异是州际税法差异所导致的。美国有 45 个州对非必需产品和服务的交易征收销售税，税额平均大约为购买价格的 8%。

根据法律，在线零售商因为没有在给定州设立实体店，可以销售产品但不必缴纳销售税。（客户应该报告这项交易，并支付销售税，他们——这并不奇怪——做不到。）为了利用这一优势，历史上亚马逊只在 5 个州设立了实体店。因此，只有这 5 个州的客户被征收销售税，其中包括公司总部所在地华盛顿州。亚马逊采取了极端措施以避免在其他州缴纳销售税，例如禁止员工在这些州工作甚至发送电子邮件。2011 年，该公司终止了与加利福尼亚州的 25 000 家关联卖家的联合广告项目，以避免该州强硬的销售税征收法规。

相比之下，实体店图书零售商巴诺公司，即 BarnesandNoble.com 的母公司，在每一个州都有实体书店。因此，BarnesandNoble.com 必须为其所有的在线订单缴纳销售税。亚马逊优势显著，如下例所示。马歇尔·杰文斯（Marshall Jevons）的《夺命曲线》（*A Deadly Indifference*）寄到加利福尼亚州的最终价格，从亚马逊上购买为 20.69 美元，从 BarnesandNoble.com 上购买为 22.14 美元。其中 1.45 美元的差异来自 BarnesandNoble.com 在加利福尼亚州出售书籍应缴纳的 7.5%的销售税（见表 7-6）。

表 7-6　马歇尔·杰文斯的《夺命曲线》的购物比较　　单位：美元

	亚马逊	BranesandNoble.com
书的单价	20.69	20.69
加利福尼亚州的销售税（7.6%）	0	1.45
运费	3.99	3.99
最终价格	20.69	22.14

正如《华尔街日报》所报道的，采访和公司文件都显示，亚马逊认为规避销售税在其成功成为美国占主导地位的图书零售商中发挥着关键作用。据估计，如果被迫缴纳销售税，亚马逊公司在 2011 年将损失高达 6.53 亿美元的销售额，或其年收入的 1.4%。

自 2012 年之后，迫于相关州当局的强大压力，亚马逊公司的避税能力受到了极大限制。截至 2014 年，对其征收销售税的州从 5 个上升到 19 个。亚马逊的新战略是，在缴纳销售税的州建立仓库，意图在缴纳销售税后以更快的交付来保持客户的忠诚度。然而，这也就不难理解，从 BarnesandNoble.com 的角度认为，为什么被迫征收销售税后，亚马逊的业务并未受到深度伤害。

思考题

1. 在征收消费税的州，亚马逊的销售与 BarnesandNoble.com 的销售所受到的影响有什么不同？

2. 假设所有在线销售书籍都将缴纳销售税。在这种情况下，税收会在销售者和购买者之间分摊吗？这对于书籍零售商的书籍供给价格弹性意味着什么？（提示：请比较书籍的税前价格。）

3. 亚马逊的税收政策扭曲了企业行为吗？可采取什么措施消除这种扭曲？

小结

1. 消费税——对产品的购买或出售征收的税——会导致消费者支付的价格水平提高，而生产者得到的价格下降，在两者之间形成楔差。税收归宿——指税收在消费者和生产者之间如何分担——并不取决于官方规定由谁支付税款。

2. 消费税的归宿受到供给价格弹性和需求价格弹性的影响。如果需求价格弹性大于供给价格弹性，税收主要由生产者承担；如果供给价格弹性大于需求价格弹性，税收主要由消费者承担。

3. 税收收入决定于税率和应税对象的交易数量。消费税因为会阻止一些互利交易发生，所以会导致以无谓损失形式表现的非效率。税收征收还涉及管理费用：用来征税、纳税（超过应付税额）和避税的资源投入。

4. 消费税为政府带来收入，但降低了总剩余。总剩余的损失超过税收收入，会给社会带来无谓损失。这种无谓损失可通过一个三角形来表示，该三角形的面积等于征税所阻止的交易的价值。需求价格弹性或供给价格弹性较大，或两种弹性都较大时，税收所导致的无谓损失也较大。如果需求或供给完全无弹性，税收不会造成无谓损失。

5. 有效税收可最小化由于税收扭曲激励而造成的无谓损失和税收管理费用两者之和。然而，税收公平或税收平等也是税收政策的目标。

6. 税收公平的两大原则是得益原则和支付能力原则。最有效的税是总量税，不会扭曲激励，但在公平性方面表现欠佳。从支付能力原则看，最公平的税收扭曲激励最甚，从效率角度看表现也很差。因此，一个设计良好的税收制度必须在公平和效率之间进行权衡取舍。

7. 每种税制都包括税基和税收结构，前者定义对什么征税，后者是指如何根据税基来征税。根据税基的不同而设置的税种有：所得税，薪资税，销售税，利润税，财产税，以及财富税。比例税对所有纳税人的税基设置相同比例的税率。

8. 如果高收入人群的纳税额与收入之比高于低收入人群的纳税额与收入之比，则这种税是累进的，如果高收入人群的纳税额与收入之比低于低收入人群的纳税额与收入之比，则这种税是累退的。累进税适用的原则是支付能力原则。然而，因为激进的累进税会导致较高的边际税率，即高收入者增加的收入所缴纳的税收也递增，所以高累进税制会显著扭曲激励机制。美国的税收制度整体上是累进的，当然也包含累退税。

关键词

消费税	税收归宿	税率	管理费用	得益原则	支付能力原则	总量税
公平和效率之间的权衡取舍		税基	税收结构	所得税	薪资税	销售税
利润税	财产税	财富税	比例税	累进税	累退税	边际税率

练习题

1. 美国对国内机票的销售征收消费税。假设在 2013 年，总消费税为每张机票 6.10 美元（含 3.60 美元航段税加上 2.50 美元“9・11”附加费）。根据交通统计局的数据，2013 年国内航空旅行量为 643 百万人次，平均价格为每趟 380 美元。下表为航空旅行供需表。平均票价为 380 美元时的需求量是真实数据；其他为假设数据。

票价（美元）	航空旅行需求量（百万人次）	航空旅行供给量（百万人次）
380.02	642	699
380.00	643	698
378.00	693	693
373.90	793	643
373.82	913	642

a. 2013 年，政府从消费税上获得的税收收入为多少？

b. 2014 年 1 月 1 日，总消费税提高到每张机票 6.20 美元。现在机票交易数量为多少？现在平均票价为多少？2014 年政府税收收入为多少？

c. 消费税提高是增加还是减少了政府的税收收入？

2. 美国政府愿意帮助美国汽车业与在美国出售卡车的外国汽车公司展开竞争。为此美国政府对在美国销售的每一辆外国卡车征收消费税。假设进口卡车的税前需求表和供给表如下表所示。

进口卡车的价格（美元）	进口卡车的数量（千辆）	
	需求量	供给量
32 000	100	400
31 000	200	350
30 000	300	300
29 000	400	250
28 000	500	200
27 000	600	150

a. 在没有政府干预时，进口卡车的均衡价格为多少？均衡数量为多少？请画图说明。

b. 假设政府对每辆进口卡车征收 3 000 美元的消费税。用图说明消费税对第 a 问的影响。现在购买多少辆进口卡车？在什么价格上购买？外国汽车制造商每辆卡车得到的价格为多少？

c. 计算政府在第 b 问中得到的消费税收入。请画图说明。

d. 对进口卡车征收消费税怎样有利于美国汽车制造商？谁将受到伤害？政府政策导致了怎样的非效率？

3. 1990 年，美国开始对豪华车征收销售税。为简便起见，假设对每辆车征收 6 000 美元的消费税。下图所示为假想的豪华车的需求曲线和供给曲线。

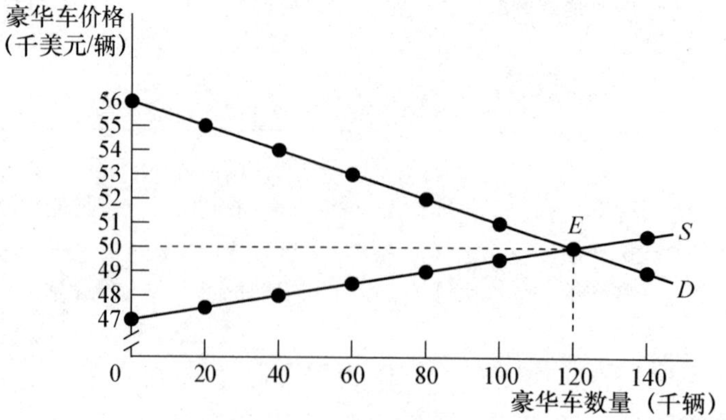

a. 征税后，消费者支付的价格为多少？生产者收到的价格为多少？政府得到多少消费税收入？

实行一段时间后，豪华车税逐渐被淘汰（在 2002 年完全被废除）。假设消费税从每辆 6 000 美元降到每辆 4 500 美元。

b. 在消费税从每辆 6 000 美元降到每辆 4 500 美元之后，消费者支付的价格为多少？生产者收到的价格为多少？政府得到多少消费税收入？

c. 比较在第 a 问和第 b 问中所得到的税收收入。怎样解释由消费税降低带来的税收收入变化？

4. 美国所有州都对汽油征收消费税。据美国联邦高速公路管理局的数据，加利福尼亚州对每加仑汽油征收 0.40 美元消费税。2013 年，加利福尼亚州的汽油总销售量为 184 亿加仑。加利福尼亚州政府从汽油消费税中获得的税收收入为多少？如果加利福尼亚州将消费税提高 1 倍，税收收入会翻倍吗？为什么？

5. 在美国，每个州政府都可以对香烟销售强制征收各自的消费税。假设在北特克萨卡纳，政府对在该地销售的每包香烟征收 2.00 美元的销售税。相反，邻近的南特克萨卡纳则不对香烟征收消费税。假设这两个地方一包香烟的税前价格都为 1.00 美元。假设北特克萨卡纳居民从南特克萨卡纳走私一包香烟的总成本为 1.85 美元。（这包括为此付出的时间、汽油费用等。）假设香烟供给曲线既不具有完全弹性也非完全无弹性。

a. 画图说明北特克萨卡纳香烟的供给曲线和需求曲线，并说明从南特克萨卡纳向北特克萨卡纳走私香烟在经济意义上是合理的这种情形。解释图形的意义。

b. 画图说明从南特克萨卡纳向北特克萨卡纳走私香烟在经济意义上是不合理的这种情形。解释图形的意义。

c. 假设北特克萨卡纳对香烟的需求完全无弹性。当走私一包香烟的成本为多高时，向北特克萨卡纳走私香烟不再有利可图？

d. 假设北特克萨卡纳对香烟的需求完全无弹性，该地的所有烟民以每包 1.85 美元的成本走私香烟，不用支付其他税收。在这种情况下，存在非效率吗？如果存在，每包为多少？假设芯片植入香烟包装使得走私香烟无法跨越州界。在这种情况下，存在非效率吗？如果存在，每包为多少？

6. 如下每种情形都涉及税收问题，请解释：（1）税收归宿中消费者承担的多还是生产者承担的多；（2）为什么政府税收收入提高并非税收成本的一个良好指向指标；（3）征税带来的无谓损失如何。

a. 政府对出售的所有大学教科书征收消费税。征税之前，每年销售 100 万册教科书，价格为 50 美元。征税后，每年销售的教科书为 60 万册，学生们为每册教科书支付 55 美元，出版商得到 30 美元。

b. 政府对所有机票征收消费税。征税之前，每年销售 300 万张飞机票，价格为 500 美元。征税后，每年销售的机票为 150 万张，乘机人为每张机票支付 550 美元，航空公司得到 450 美元。

c. 政府对出售的所有牙刷征收消费税。征税之前，每年销售 200 万把牙刷，价格为 1.50 美元。征税后，每年销售的牙刷为 80 万把，消费者为每把牙刷支付的价格为 2 美元，生产者收到的价格为 1.25 美元。

7. 下图所示为香烟市场。目前香烟的均衡价格为每包 4 美元，每天销售 4 000 包。为了弥补一些与吸烟相关的医疗费用，政府对每包香烟征税 2 美元。这将使均衡价格提高到每包 5 美元，使均衡数量减少到 3 000 万包。

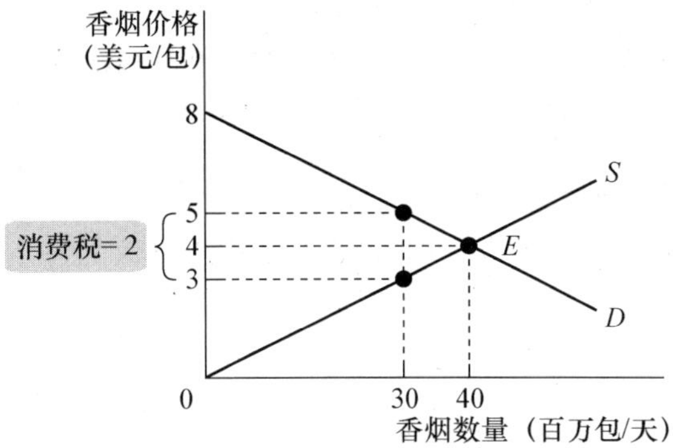

烟草公司雇用的经济学家在游说时声称，征税使吸烟者每天的消费者剩余减少 4 000 万美元。因为 4 000 万包香烟的成本为每包 1 美元。而为二手烟受害者工作的经济学家在游说时指出，这大大高估了消费者剩余的损失，他们估计每天减少的消费者剩余为 3 000 万美元，因为征税后每天只销售了 3 000 万包香烟，每包的成本为 1 美元。他们双方都错了吗？为什么？

8. 在大学城，初始的比萨饼市场如下表所示。大学城的官员决定对每个比萨饼征收 4 美元的消费税。

比萨饼价格（美元）	比萨饼需求量	比萨饼供给量
10	0	6
9	1	5

续前表

比萨饼价格（美元）	比萨饼需求量	比萨饼供给量
8	2	4
7	3	3
6	4	2
5	5	1
4	6	0
3	7	0
2	8	0
1	9	0

a. 征税后，比萨饼的买卖数量为多少？消费者支付的价格为多少？生产者收到的价格为多少？

b. 计算征税后的消费者剩余和生产者剩余。征税减少了多少生产者剩余？征税减少了多少消费者剩余？

c. 大学城政府获得了多少税收收入？

d. 税收造成的无谓损失为多少？

9. 州政府需要筹集资金，州长正考虑对两种以前的免税产品中的一种征收同样数额的消费税：餐馆用餐与汽油。餐馆用餐的供给和需求比汽油的供给和需求都更富有弹性。如果州长希望减少因征税造成的无谓损失，那么该对哪种产品征税？对两者中的任何一种产品，请画图说明征税造成的无谓损失。

10. 假设对汽油的需求缺乏弹性，而对汽油的供给相对富有弹性。政府对汽油征收销售税。税收收入用于资助用清洁燃料替代汽油的研究，这将改进我们呼吸的空气的质量。

a. 消费者或生产者谁将承担更多的税收负担？画图说明谁承担的更多。

b. 该种税的征收原则是得益原则还是支付能力原则？请说明。

11. 请依据得益原则和支付能力原则来评估如下四种税收政策：

a. 征收汽油税用于州内道路养护。

b. 对客运航班上每人购买的进口产品价值超过 800 美元的部分征收 8%的税。

c. 对飞机征收起降费，用于支持空中交通管制。

d. 根据家庭抚养子女的数量减征所得税。

12. 对如何支付国防费用，你正在向政府提出建议。有关国防费用，从税收制度角度来考虑，有两种建议。两种建议的税基都是个人收入。根据建议 A，所有的公民支付完全一样的总量税，无论收入为多少。根据建议 B，收入较高者缴纳的税收占其收入的比例更大一些。

a. 建议 A 是累进税、累退税还是比例税？建议 B 呢？

b. 建议 A 所依据的原则是支付能力原则还是得益原则？建议 B 呢？

c. 从效率角度考虑，哪种建议更好一些？请解释。

13. 下列每种税收建议所依赖的税基都是收入。计算每种情况下每种收入的边际税率。然后计算不同收入水平的人——税前收入为 5 000 美元的人和税前收入为 40 000 美元的人——所缴纳的税收与收入之比。将税收划分为比例税、累进税和累退税。（提示：你可以计算出每增加一美元收入所缴纳的税收，即边际税率。）

a. 所有的收入都按 20%的税率征税。

b. 对 10 000 美元以下的所有收入免税。对超过 10 000 美元的所有收入按 20%的固定税率征税。

c. 对 0～10 000 美元之间的所有收入按 10%的税率征税。对 10 000～20 000 美元之间的所有收入按 20%的税率征税。对超过 20 000 美元的所有收入按 30%的税率征税。

d. 每个赚取的收入超过 10 000 美元的人支付 10 000 美元的总量税。如果一个人的收入低于 10 000 美元，那么这个人支付数额刚好等于他或她的收入的税收。

e. 四种税收政策中的哪一种很可能会导致最严重的激励问题？请说明。

14. 特兰西瓦尼亚（Transylvania）的基本所得税制度相当简单。对每年首先获得的 40 000 单位 sylver（特兰西瓦尼亚的官方货币）都免征所得税。对超过这一数额的收入部分都按 25%的税率征税。此外，每个人都必须支付社会保障税，计算方法如下：年收入为 80 000 sylver 的，按 20%纳税，年收入超过 80 000 sylver 的，不需要缴纳社会保障税。

a. 计算特兰西瓦尼亚在如下收入水平上的边际税率（包括所得税和社会保障税）：20 000 sylver，40 000 sylver，80 000 sylver。（提示：可以通过计算增加的 1 sylver 收入中用于纳税的百分比得出边际税率。）

b. 特兰西瓦尼亚的所得税是累进税、累退税还是比例税？社会保障税是累进税、累退税还是比例税？

c. 综合所得税和社会保障税后，哪个收入群体所面临的激励受到的影响最不利？

在线回答问题

15. 你在总统经济顾问委员会工作，要向白宫提出经济建议。总统希望彻底改革所得税制度，并询问你的意见。假定当前的所得税制度为：对所有收入按 10%的比例税率征税。并且该国有一个人赚了 1.1 亿美元；其他人的收入都不足 1 亿美元。总统提议，对非常富有者减税。新的税收制度为：对所有不多于 1 亿美元的收入，按 10%征税；超过 1 亿美元的收入，税率为 0（不征税）。你被要求评估该项税改建议。

a. 对于不多于 1 亿美元的收入，该项建议的税制是累进税制、累退税制还是比例税制？对于超过 1 亿美元的收入呢？请解释。

b. 在其他条件不变时，这一新的税收制度会增加还是减少税收收入？新的税收制度与原有制度相比效率更高还是更低？请解释。

第 8 章

国际贸易

本章将学习

➢ 比较优势怎样导致互利的国际贸易。

➢ 国际比较优势的源泉。

➢ 谁在国际贸易中受益，谁又蒙受了损失，为何所得大于所失。

➢ 关税和进口配额怎样造成非效率并降低总剩余。

➢ 为什么政府经常实施贸易保护以庇护国内产业免受进口冲击，国际贸易协定又是如何应对这种保护的。

☞ 开篇案例

无处不在的手机

“当我 19 岁时，我们相恋，现在我们却凝视着屏幕。”这个歌词引自拱廊之火（Arcade Fire）乐队 2013 年的主打歌《反射》（*Reflektor*），描述了一个每个人似乎都盯着智能手机屏幕的时代。苹果公司于 2007 年推出了其第一代 iPhone，从那时起，iPhone 和它的竞争对手已经无处不在。

它们无处不在，但智能手机又来自哪里？因为苹果是一家美国公司，所以你回答来自“美国”，这就错了。苹果公司开发了产品，但几乎将这些产品的制造全部外包给其他公司，主要是海外公司。

在对 iPhone 4 进行研究后，可以获知每部手机的工厂成本估计为 229 美元。价值中很大一部分流向了韩国厂商，它们提供了显示器和内存芯片。此外，还有大量的支出为原料支出，来源遍布世界各地。价格中最大的部分——超过一半——是留给苹果公司的，这主要是对研发和设计的回报。

那么，你的 iPhone 从何而来？很多地方。并非只是 iPhone 如此，你开的车，你穿的衣服，甚至你吃的食物，通常都是遍布全球的复杂“供应链”的终端产品。

总是如此吗？是，也不是。大规模国际贸易并非新鲜事物。20 世纪初，伦敦的中产阶级居民已经吃过来自加拿大的小麦和阿根廷潘帕斯草原的牛肉饼，穿过由澳大利亚羊毛和埃及棉编织而成的衣服。近几十年来，运输和通信的新技术与支持贸易政策的相互作用，开启了一个超级全球化时代，通过像摆在我们面前的 iPhone 的生产那样复杂的生产链，大大促进了国际贸易。因此，和以往任何时候相比，现在我们只有更了解国际贸易的全貌，才能了解一个国家的经济是怎样运行的。

本章讨论国际贸易的经济学原理。我们从第 2 章介绍的比较优势模型入手，解释为什么国际贸易会带来增益。我们将在这里简要回顾一下这个模型，然后详细检视全球化的原因和后果。

8.1 比较优势和国际贸易

> 从其他国家购买产品和服务是**进口**，将产品和服务销售给其他国家就是**出口**。

美国从其他国家购买许多产品和服务，同时，美国也向其他国家出售许多产品和服务。从国外购买产品和服务是**进口**（import），将产品和服务卖到国外就是**出口**（export）。

本章开篇案例说明，进口和出口已在美国经济中发挥越来越重要的作用。在过去的 50 年中，美国的进口和出口增长都快于美国的经济增长。图 8-1（a）表现了美国进口和出口占 GDP 的比重如何变动。图 8-1（b）则显示了国际贸易对于其他国家比对于美国更为重要（日本除外）。

> **全球化**是国家间经济活动联系越来越紧密的现象。**超级全球化**是国际化水平达到特别高的现象。

国际贸易并非国家间经济交往的唯一方式。在现代世界中，一个国家的投资者往往到其他国家进行投资。许多公司是跨国公司，在多个国家运营其子公司；越来越多的人并不在他们出生的国家工作，而是在一个不同的国家工作。国家间所有这些经济联系形式的进步通常被称为**全球化**（globalization）。正如我们在开篇案例中所见，一个经济体中的有些部门具有极其显著的国际贸易特征。**超级全球化**（hyperglobalization）往往是生产供应链遍布全球的结果，生产的各个阶段在不同的国家完成，通信和运输技术的进步使得一切成为可能。

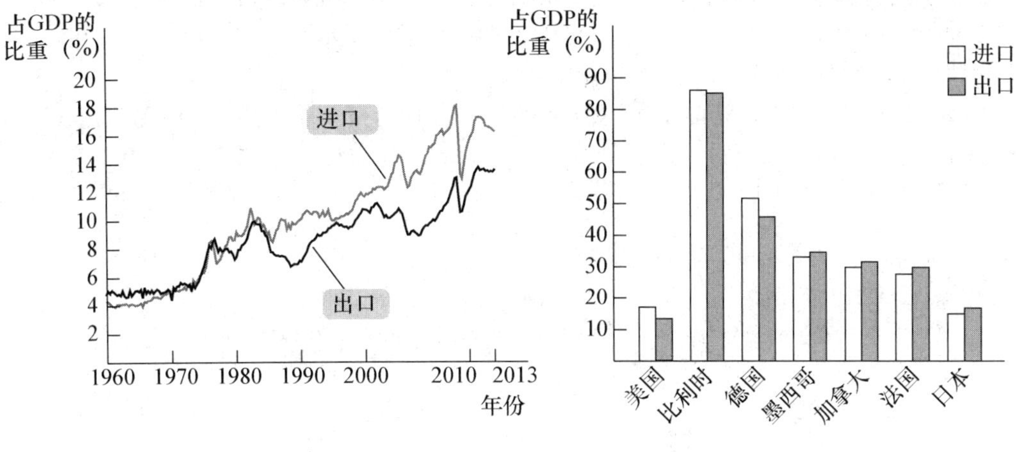

图 8-1 国际贸易的重要性日益提高

图（a）显示，在过去的 50 年中，美国向世界其他国家的出口占 GDP 的比重稳步上升，同时，进口占 GDP 的比重也迅速上升。图（b）显示，国际贸易对于其他国家（日本除外）比对于美国更为重要。

资料来源：Bureau of Economic Analysis [panel (a)] and World Development Indicators [panel (b)].

在本章，我们将集中讨论国际贸易。为了理解国际贸易为什么会发生以及为什么经济学家认为国际贸易对经济有利，我们将首先复习比较优势的概念。

8.1.1 再论生产可能性与比较优势

为了生产智能手机，任何一个国家都需要使用劳动力、能源、资金等资源，这些资源也可以用于生产其他产品。一国生产一部智能手机而必须放弃的其他潜在产品就是智能手机的机会成本。

在某些情况下，很容易看出为什么生产某种产品的机会成本在某个国家特别低。举个例子，如海虾，现在大部分来自越南和泰国的海产养殖场。与美国相比，在越南养殖海虾更容易，那里的气候非常适合，还有长长的适合养殖甲壳类动物的海岸线。

相反，其他有些产品的生产在越南则没有在美国那样容易。例如，美国有成为许多高科技产品生产基地所依赖的熟练工人和技术诀窍，越南没有。这样一吨海虾的机会成本，用其他产品如飞机来表示，在越南远低于美国。

还有些情况，问题则有点不太明显。比如智能手机的生产在A国和在B国都一样容易，而B国电子行业中的工人比他们的A国同行效率要低一些。但是，B国工人在其他一些领域比A国工人的生产力低得更多一些。这意味着，B国工人因生产智能手机而减少的其他产品要少于A国工人因生产智能手机而减少的其他产品。也就是说，在B国生产智能手机的机会成本小于在A国生产智能手机的机会成本。

我们说B国有生产智能手机的比较优势。我们来重复第2章对比较优势的定义：如果一个国家生产某种产品或服务的机会成本比其他国家低，则这个国家拥有生产该种产品或服务的比较优势。

图8-2提供了国际贸易中一个带有数字的假设的比较优势的例子。我们假设只生产和消费两种产品即智能手机和卡车，并且世界上只有A国和B国两个国家。图中分别表示的是A国和B国假定的生产可能性曲线。

国际贸易的李嘉图模型分析了在机会成本不变假定下的国际贸易。

在第2章，为了简化模型，我们假定生产可能性曲线是一条直线，如图2-1所示，而不是如图2-2所示的更接近于现实的弯曲形状。直线形状意味着两国每部智能手机相对于卡车的机会成本是不变的，这并不受各国生产的两种产品的数量的影响。在机会成本不变及由此导致的生产可能性曲线为直线的假定下，对国际贸易的分析就是著名的**国际贸易的李嘉图模型**（Ricardian model of international trade），该模型是以英国经济学家李嘉图的名字命名的，他在19世纪初引入了这一分析方法。

在图8-2中，我们假定A国若不生产智能手机就能生产100 000辆卡车，若不生产卡车就能生产1亿部智能手机。那么在图8-2（a）中，A国的生产可能性曲线的斜率就是－1 000（＝－100 000/100）：为多生产100万部智能手机，A国必须放弃生产1 000辆卡车。

同样，我们假定B国若不生产智能手机就能生产50 000辆卡车，若不生产卡车就能生产2亿部智能手机。那么B国的生产可能性曲线的斜率就是－250（＝－50 000/200）：为多生产100万部智能手机，B国必须放弃生产250辆卡车。

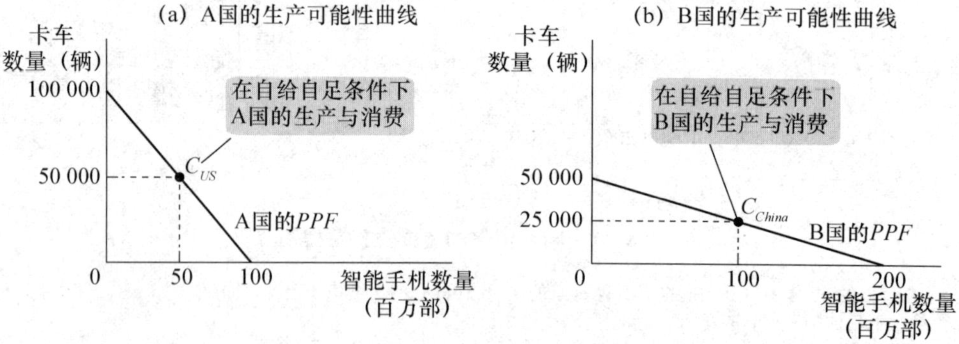

图8-2　比较优势和生产可能性曲线

在A国，100万部智能手机的机会成本为1 000辆卡车：增加100万部智能手机的生产必须放弃生产1 000辆卡车。在B国，100万部智能手机的机会成本是250辆卡车：增加100万部智能手机的生产需放弃生产250辆卡车。因此，A国生产卡车有比较优势，B国生产智能手机有比较优势。在自给自足条件下，每个国家都只能消费自己所生产的产品：A国为5万辆卡车和5 000万部智能手机，B国为25 000辆卡车和1亿部智能手机。

自给自足是指一国不与其他国家开展贸易的情形。

经济学家用**“自给自足”**（autarky）一词来描述一国不与其他国家开展贸易的情形。我们假定A国在自给自足条件下将生产并消费5 000万部智能手机及

50 000 辆卡车。同样，我们假定 B 国在自给自足条件下将生产并消费 1 亿部智能手机及 25 000 辆卡车。

在不进行贸易的情况下，两国面临的权衡取舍如表 8-1 所示。我们可以看出，A 国在生产卡车上拥有比较优势，因为 A 国卡车用智能手机表示的机会成本低于 B 国：A 国生产 1 辆卡车的机会成本为 1 000 部智能手机，而 B 国为 4 000 部。相应地，B 国在生产智能手机方面具有比较优势，100 万部智能手机的机会成本为 250 辆卡车，而 A 国为 1 000 辆卡车。

表 8-1　A 国与 B 国智能手机和卡车的机会成本

	A 国的机会成本	B 国的机会成本
100 万部智能手机	1 000 辆卡车	250 辆卡车
1 辆卡车	1 000 部智能手机	4 000 部智能手机

正如我们在第 2 章中所学到的，开展贸易与不开展贸易相比，各国都会变得更好。每个国家通过专业化生产其具有比较优势的产品并出口，同时进口没有比较优势的产品，就可以实现这一目的。

下面我们来看如何做到这一点。

□ 8.1.2　国际贸易带来的增益

图 8-3 说明了两国如何从专业化分工和开展贸易中获得增益。图中重新安排了各国假定的生产和消费，使得各国可以消费更多的两种产品。图 8-3（a）表示 A 国，图 8-3（b）表示 B 国。在每幅图中我们也标出了图 8-2 中在自给自足条件下生产和消费的情形。

如果国家间开展贸易，一切都会发生变化。国际贸易使各国在具有比较优势的产品生产上进行专业化的分工：在 A 国是卡车，在 B 国是智能手机。因为从世界整体来看，两种产品的产量要高于在自给自足条件下的产量，贸易使得各国消费更多的两种产品。

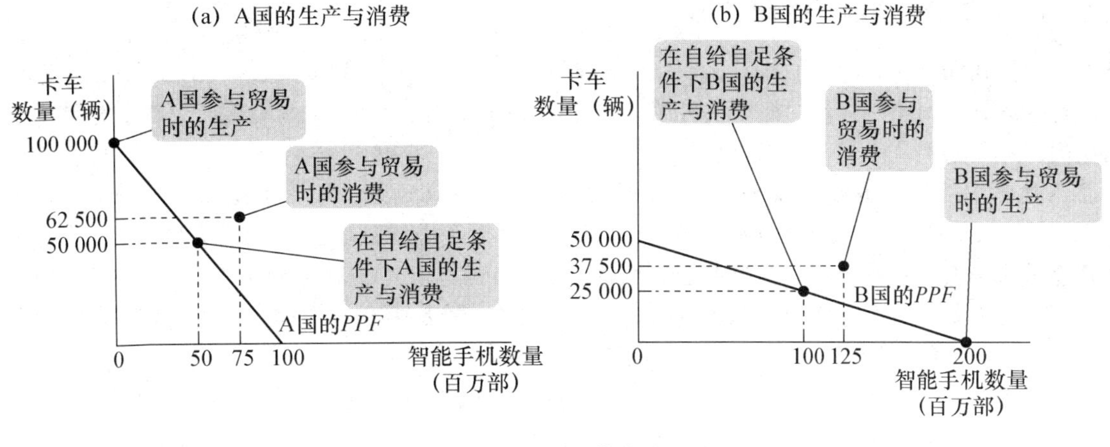

图 8-3　国际贸易带来的增益

贸易增加了全世界两种产品的总产出，并允许两个国家均消费更多的产品。贸易的结果是每个国家都开展专业化的生产：A 国专门生产卡车，B 国专门生产智能手机。两种产品的世界总产量提高了，这意味着两国可能消费更多的两种产品。

表 8-2 总结了贸易带来的变化，并解释了为什么两国会从贸易中获得增益。表的左侧给出了开展贸易之前自给自足的情形，每个国家都只能消费自己所生产的产品，右侧给出了开展贸易之后的变化。在开展贸易之后，A 国专业化生产卡车，产量为 10 万辆，不生产智能手机；B 国专业化生产智能手机，产量为 2 亿部，不生产卡车。

开展贸易导致世界对两种产品的生产都增加了。我们从表 8-2 开展贸易后的消费列可以看出，A 国现在可以消费比之前多的卡车和智能手机，尽管 A 国已不再生产智能手机，但它能从 B 国进口智能手机。B 国也能消费更多的两种产品，B 国不再生产卡车，而是从 A 国进口。

表 8-2　　A 国与 B 国怎样从贸易中获得增益

		自给自足		贸易		
		生产	消费	生产	消费	贸易增益
A 国	智能手机（百万部）	50	50	0	75	+25
	卡车（辆）	50 000	50 000	100 000	62 500	+12 500
B 国	智能手机（百万部）	100	100	200	125	+25
	卡车（辆）	25 000	25 000	0	37 500	+12 500

双方获得增益的关键是贸易使得两国从自给自足中解脱出来，也就是从必须生产它们所消费的同样的产品组合状态中解脱出来。因为每个国家都可以集中生产具有比较优势的产品，世界总产量上升了，这两个国家人民的生活水平有可能随之提高。

在这个例子中，我们简单假定了贸易后两国的消费组合。事实上，就像个人消费选择的例子一样，国家的消费选择也反映出其居民的偏好，以及在国际市场上一种产品相对于另一种产品的相对价格。虽然我们没有明确给出卡车相对于智能手机的价格，但这一价格隐含在我们的例子中：B 国卖出 7 500 万部智能手机给 A 国，作为回报，A 国卖给 B 国 37 500 辆卡车，因此 100 万部智能手机换取 500 辆卡车。这告诉我们，在世界市场上，1 辆卡车的价格必须等于 2 000 部智能手机。

相对价格必须满足的一个要求是：没有一个国家支付的相对价格会大于自给自足时获得产品的机会成本。也就是说，A 国不会为从 B 国进口 100 万部智能手机支付超过 1 000 辆卡车的价格，B 国也不会为来自 A 国的每辆卡车支付超过 4 000 部智能手机的价格。一旦这一要求被满足，国际贸易的实际相对价格就是由供给和需求来决定了。我们将在下一节讨论国际贸易的供给和需求。在此之前，我们先来更深入地了解贸易增益的性质。

□ 8.1.3　比较优势与绝对优势

越南和泰国在海虾的养殖方面具有比较优势，这很容易理解：两国地处热带，比美国（甚至墨西哥湾沿岸）更适合养海虾，两国有大量的海岸线可用。因此，美国从越南和泰国进口海虾。但在其他情况下，为什么一国从国外进口某些产品似乎难以理解。

上面 A 国从 B 国进口智能手机就是一个很好的例子。在 A 国生产智能手机比在 B 国会少几个小时的劳动。那么，为什么 A 国会购买 B 国生产的智能手机呢？因为贸易增益取决于比较优势，而非绝对优势。A 国生产智能手机确实比 B 国使用更少的劳动。也就是说，B 国电子行业工人的生产率低于 A 国同行。但是，决定比较优势的不是生产产品使用资源数量的多少，而是生产产品的机会成本，也就是生产一部智能手机而必须放弃的其他产品的数量。B 国生产智能手机的机会成本比 A 国低。

下面是其中的原理：在电子行业中，B 国工人的生产率低于 A 国同行。但在其他一些行业，与 A 国工人相比，B 国工人的生产率可能还要低一些。由于 B 国其他一些行业的劳动生产率相对电子行业更低，因此 B 国生产智能手机尽管也需要大量的劳动力，但不需要放弃其他一些产品的大批量生产。

A 国的情况恰恰相反：其他一些行业（如汽车）的生产率很高，这意味着在 A 国生产电子产品，尽管并不需要太多的劳动投入，但需要牺牲很多的其他一些产品。因此，这就导致电子产品的机会成本在 B 国比在 A 国少。尽管 B 国一些行业的劳动生产率相对较低，但 B 国在生产电子产品方面有比较优势，虽然 A 国具有绝对优势。

在全球市场中，一国在某一领域的比较优势来源于该国工人的工资。这是因为，一个国家的工资水平一般来说是其劳动生产率的体现。当一个国家许多行业的劳动力都具有高生产率时，雇主就愿意支付高工资来吸引工人，所以雇主间的竞争会导致整体工资提高。而在劳动生产率较低的国家，对工人的竞争没有那么激烈，工资就相对较低。

下面的“国际比较”专栏显示，世界各地的生产率和工资水平整体上的确有很强的相关关系。

▶ **国际比较**

世界范围内的生产率和工资

贫民劳动谬论和血汗工厂劳动谬论都是错误的吗？是的。贫困国家低工资的原因是生产率低。

下图所示为 2012 年一些国家的生产率和工资。生产率用每名工人创造的产出水平（GDP）来度量，工资用每名工人平均每小时的薪资来度量。生产率和工资都被表示成占美国生产率和工资的百分比。例如，日本的生产率和工资分别为美国的 70%和 101%。我们可以看出，生产率和工资之间存在着很强的正相关关系。但也不完全如此。例如，挪威的工资就高于我们预期的生产率。简单地比较工资容易对贫困国家的劳动成本形成误导，即它们的低工资优势全部被低生产率所抵消。

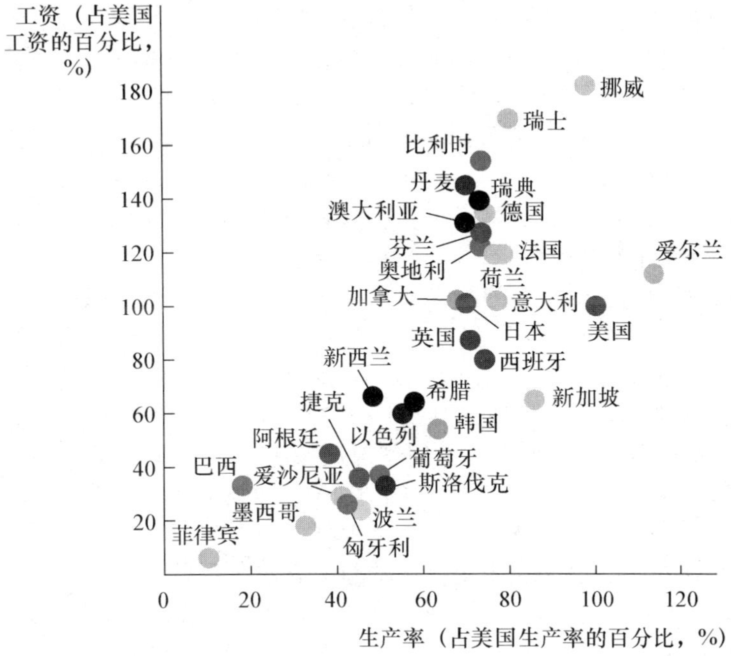

资料来源：The Conference Board；Penn World Table 8.0.

低工资、低生产率的经济体与高工资、高生产率的经济体之间发生的贸易会引起两种常见的误解。第一，贫民劳动谬论认为，当高工资国家进口低工资国家工人生产的产品时，一定会伤害进口国工人的生活水平。第二，血汗工厂劳动谬论认为，贸易一定会损害贫困出口国的工人，因为这些工人用发达国家的标准来看被支付了非常低的工资。

这两个谬论错误理解了贸易增益的本质，而贸易增益的本质是：如果相对贫困的、低工资的国家出口具有比较优势的产品，即使这些产品的成本优势的形成依赖于低工资，贸易仍然有利于两个国家。也就是说，这两个国家都能够通过贸易达到更高的生活水平。

依赖于低工资出口的国际贸易仍然可以提高出口国人民的生活水平。对工资非常低的国家尤其如此。例如，孟加拉国以及类似国家相当贫穷，如果它们不能够根据它们的低工资出口产品（如服装），它们的居民甚至可能会食不果腹。

□ 8.1.4 比较优势的源泉

国际贸易是由比较优势推动的，但比较优势从何而来？研究国际贸易的经济学家已经发现了比较优势的三个主要源泉：气候差异、要素禀赋差异以及技术差异。

气候差异 越南和泰国养殖海虾比美国的机会成本低的原因之一是养殖海虾需要温暖水域——越南有大片水域，而美国没有。一般而言，气候差异是国际贸易的重要原因。热带国家出口如咖啡、糖和香蕉这样的热带产品，温带国家出口如小麦、玉米这样的农作物。有些南北半球间的贸易甚至就是被季节差异推动的：冬季在美国和欧洲的超市里随处可见智利的葡萄和新西兰的苹果。

要素禀赋差异 加拿大是向美国出口森林类产品如木材以及纸浆和纸张等以木材为原料的产品的主要国家。这些出口并非反映加拿大的伐木工人有什么特殊技能。加拿大在森林类产品上具有比较优势，是因为其森林面积与劳动力规模的比率比美国要高得多。

像劳动和资本一样，森林土地也是一种生产要素（生产要素包括土地、劳动、物质资本和人力资本），用于生产产品和服务。由于历史和地理的原因，可获得的生产要素的组合在不同的国家里并不相同，这是比较优势的重要来源。一个具有深远影响的国际贸易模型，即赫克歇尔-俄林模型（由两位瑞典经济学家在20世纪前半叶提出），发现了比较优势和要素可获得性之间的关系。

该模型中的两个重要概念就是要素丰裕度和**要素密集度**（factor intensity）。要素丰裕度是指相对于其他生产要素而言，一个国家对某种生产要素的供给规模的大小。要素密集度是指当生产不同产品时使用的不同生产要素的组合比率。例如，炼油厂为每名工人配备的资本比服装制造厂多得多。经济学家使用要素密集度来描述这些产品的差异：石油炼化是资本密集型产业，因为其资本与劳动的比率较高；但手机制造是劳动密集型产业，因为其劳动与资本的比率较高。

> 一种产品生产的**要素密集度**衡量了在生产中哪种要素比其他要素的相对使用量更大。

根据**赫克歇尔-俄林模型**（Heckscher-Ohlin model），一个拥有丰裕要素的国家在密集使用其丰裕要素的产品上具有比较优势。所以，一个资本丰裕的国家将在如石油炼化这样的资本密集型产业上具有比较优势，而一个劳动丰裕的国家将在手机制造这样的劳动密集型产业上具有比较优势。

该结论背后的理论基础很简单，那就是机会成本的差异。一国在某种要素上资源充足，则该种要素的机会成本（即该要素用作他用所能产生的价值）就比较低。例如，相对于美国而言，一些国家具有丰裕的低劳动技能的劳动力。因此，这些国家生产低劳动技能的劳动密集型产品的机会成本要低于美国。

> 根据**赫克歇尔-俄林模型**，一个拥有丰裕要素的国家在密集使用其丰裕要素的产品上具有比较优势。

验证赫克歇尔-俄林模型正确性的最生动的例子就是世界服装贸易。服装生产是一项劳动密集型活动：它不需要许多物质资本，也不需要大量以受过高等教育工人的形式存在的人力资本。因而你可以预料到，像孟加拉国这样劳动丰裕的国家会在服装生产上具有比较优势，事实也确实如此。

许多国际贸易是由要素禀赋差异导致的，这有助于解释另一个事实：国际生产的专业分工往往是不完全的。也就是说，对于进口的产品，一个国家还常常维持一些国内的生产。一个很好的例子就是美国和石油。沙特阿拉伯出口石油给美国，因为相对于其他生产要素，沙特阿拉伯有丰富的石油供给；美国出口医疗器械给沙特阿拉伯，因为相对于其他生产要素，美国有丰富的医疗专业技术支持。但是美国同时也在国内生产部分石油，因为国内位于得克萨斯州和阿拉斯加州的石油储备（目前页岩油的储量在其他地区也在增加）规模使得其进行国内生产具有经济上的可行性。

在下一节的供给与需求分析中，我们将考虑一国不完全专业分工的标准模型。然而，我们必须强调，通常各国不完全专业分工的事实并没有使贸易增益的结论发生任何改变。

技术差异 在20世纪七八十年代，日本成为当时世界上最大的汽车出口国，在美国和世界其他国家销售了大量汽车。日本在汽车产业上的比较优势并不是气候的结果，也不能简单归因于要素禀赋差异：除了土地的稀缺性，日本可用生产要素的组合与其他发达国家十分相似。日本在汽车产业上的比较优势来自该国制造商开发出的先进生产技术，这种生产技术使得日本可以在劳动和资本数量给定的条件下，比美国或欧洲同行生产出更多的汽车。

日本在汽车产业上的比较优势是由技术（生产中使用的技术）差异形成比较优势的一个事例。

技术差异形成的原因有些神秘。有时候似乎是由经验形成的知识积累，例如瑞士在钟表行业的比较优势反映出悠久的钟表工艺传统。有时候它是一系列发明创新的结果，由于某种原因，发明创新发生在一个特定国家而不是其他国家。技术优势常常是短暂的。通过采用精益生产工艺，美国汽车工业已经缩小了与其竞争对手日本之间的差距。此外，欧洲的飞机制造业也缩短了与美国飞机制造业的差距。然而，在任何给定的时间内，技术差异是产生比较优势的主要根源。

▶ 追根究底

规模收益递增与国际贸易

大多数的国际贸易分析集中于国家间的差异——气候差异、要素禀赋差异、技术差异——如何形成国家的比较优势。然而，经济学家也指出了国际贸易产生的另一个原因：规模收益递增（increase return to scale）的作用。

一种产品的生产具有规模收益递增特征，表现为劳动生产率和其他资源的生产率将随着产出量的增加而上升。举个例子，在一个规模收益递增的行业中，增加10%的产出也许只要求增加8%的劳动和9%的原材料。规模收益递增（有时也称规模经济）会加强垄断，因为它使大企业形成了小企业所不具备的优势。

但是规模收益递增也能促进国际贸易。其逻辑如下：如果一种产品的生产具有规模收益递增特征，生产仅集中在少数几个区位就是合理的，这样每个地方都有高水平的产出。这也意味着这种产品在少数几个国家生产，这些国家再将产品出口给其他国家。一个被普遍引用的例子就是北美汽车产业：虽然美国和加拿大都能生产汽车及其零部件，但每一个特殊的车型和零部件都倾向于只在两个国家中的其中之一生产，并出口给另一个国家。规模收益递增对于发达国家间的制造品贸易起到了重大作用，而这类贸易大约占世界贸易总价值的25%。

▶ 真实世界中的经济学

中国香港的“衬衣”是怎样消失的？

中国香港的崛起是20世纪最引人注目的成功经济故事之一。今天中国香港已发展成一个繁荣的城市，人均产出与美国相当。

在崛起的大部分时间里，支撑中国香港的首推服装产业。1980年，中国香港服装和纺织部门的就业人数有近45万，接近总就业人数的20%，绝大多数工人在制作衬衫、裤子、连衣裙等。这些服装主要用于出口，特别是对美国出口。

然而，从那以后，中国香港的服装产业规模急剧下滑——实际上，它几乎已经消失了。中国香港的服装出口也大抵如此。图8-4显示了1989年之后美国服装进口中中国香港的市场份额与该行业的一个新进入者孟加拉国的市场份额的变化情形。正如我们所看到的，中国香港已经几乎从图8-4中消失，而孟加拉国的市场份额在近几年已经显著上升。

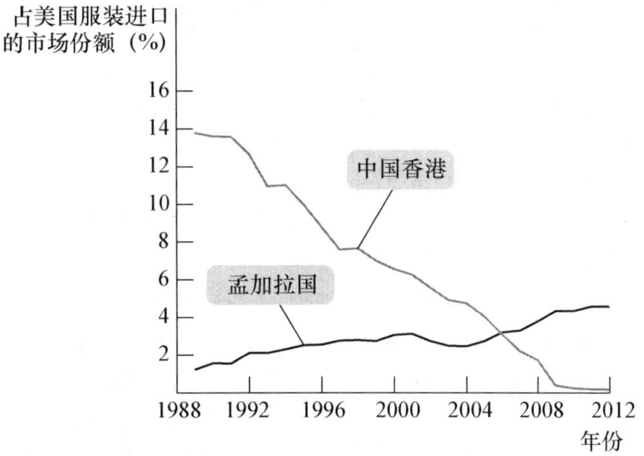

图8-4 占美国服装进口的市场份额的变化

资料来源：U. S. International Trade Administration.

为什么中国香港失去了其在衬衣、裤子等产品上的比较优势呢？这并非因为这个城市的服装工人已经不再那么高效。相反，这是因为这个城市在各方面都变得更好了。服装生产是一个劳动密集型的、技术含量相对较低的产业；该产业的比较优势在历史上总是由劳动充裕的经济体所拥有。中国香港不再适合这样的条件；但孟加拉国正合适。中国香港的服装产业是城市成功的一个证明。

及时复习

- 进口和出口在美国经济和其他许多国家经济中的作用越来越重要。
- 国际贸易和其他国际联系的增多被称为全球化，非常高水平的国际贸易被称为超级全球化。
- 国际贸易由比较优势推动。国际贸易的李嘉图模型说明，两国间的贸易能使两国都比自给自足时的境况有所改善，也就是说，存在贸易增益。
- 比较优势的主要来源是国家间的气候差异、要素禀赋差异和技术差异。
- 赫克歇尔-俄林模型揭示了比较优势如何从要素禀赋差异中产生：产品的要素密集度不同，国家倾向于出口那些密集使用其丰裕要素的产品。

小测验 8-1

1. 在A国，1吨玉米的机会成本是50辆自行车。在B国，1辆自行车的机会成本是0.01吨玉米。

a. 确定比较优势的模式。

b. 在自给自足时，A国如果不生产玉米便可生产200 000辆自行车，B国如果不生产自行车便可生产3 000吨玉米。假定机会成本不变，画出两国的生产可能性曲线，纵轴表示玉米吨数，横轴表示自行车数量。

c. 在开展贸易的情况下，两国都进行专业分工。A国消费1 000吨玉米和200 000辆自行车。B国消费3 000吨玉米和100 000辆自行车。在你的图中指出生产点和消费点，并且用它们解释贸易增益。

2. 运用赫克歇尔-俄林模型解释以下贸易模式：

a. 法国向美国出口葡萄酒，美国向法国出口电影。

b. 巴西向美国出口鞋子，美国向巴西出口制造鞋子的机器。

8.2 供给、需求和国际贸易

简单的比较优势模型对于理解国际贸易的基本动因是有帮助的。然而，为了分析国际贸易在更详细层面上产生的影响，以及为了理解贸易政策，我们需要回到供给和需求模型上。首先我们将考察进口对国内生产者和消费者的影响，然后再考察出口的影响。

□ 8.2.1 进口效应

图8-5所示为暂时忽略国际贸易时美国的智能手机市场。这里引入几个新概念：国内需求曲线、国内供给曲线以及国内或在自给自足条件下的价格。

国内需求曲线（domestic demand curve）表示的是一国居民根据产品价格决定需要多少数量的该产品。为什么是“国内”？因为其他国家的居民或许对该产品也有需求。一旦引入国际贸易，我们就需要区分产品是被国内消费者购买还是被国外消费者购买。所以国内需求曲线只是反映本国居民的需求。

类似地，**国内供给曲线**（domestic supply curve）表示的是一国生产者根据产品价格决定供给多少数量的产品。一旦我们引入国际贸易，我们就需要区分产品是由国内生产者供给，还是由国外生产者供给，即来自海外的产品供给。

> **国内需求曲线**表示一个国家的居民根据产品的价格决定需要多少数量的该产品。
>
> **国内供给曲线**表示一个国家的生产者根据产品的价格决定供给多少数量的该产品。

在自给自足条件下，智能手机没有国际贸易，该市场的均衡由国内需求曲线与国内供给曲线的交点决定，即A点。在均衡时智能手机的价格是P_A，智能手机的均衡生产量和消费量为Q_A。通常，消费者和生产者均能从既有的国内市场获益。消费者剩余就是图8-5中位于上方的深灰色阴影三角形的面积。生产者剩余就是图 8-5 中位于下方的浅灰色阴影三角形的面积。总剩余等于两个阴影三角形的面积之和。

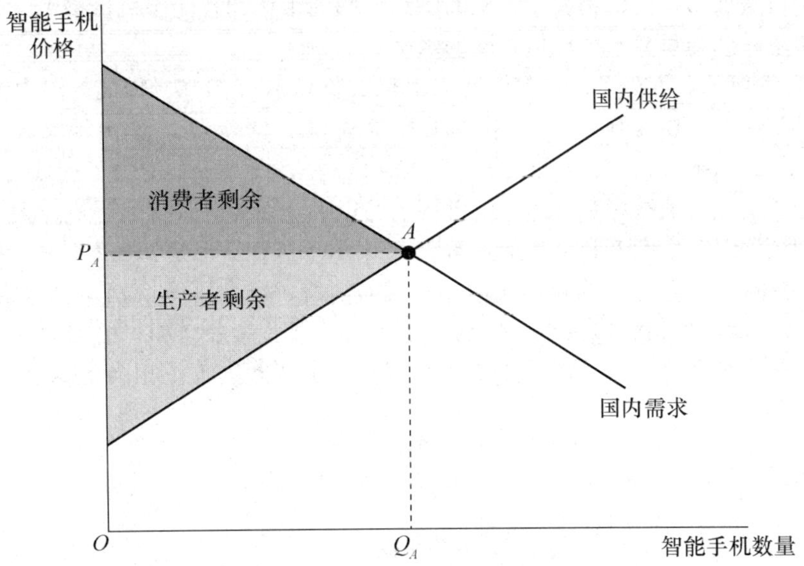

图 8-5　在自给自足条件下的消费者剩余与生产者剩余

在没有国际贸易的情况下，本国智能手机的价格是 P_A，该价格是在自给自足条件下，由国内需求曲线与国内供给曲线相交决定的均衡价格。本国的生产与消费数量为 Q_A。消费者剩余由图中深灰色阴影区域表示，生产者剩余由图中浅灰色阴影区域表示。

> 产品的**世界市场价格**是指产品在海外自由买卖时的价格。

现在我们设想这个市场对外开放，允许进口。为此，我们必须做出一些有关进口产品供给的假设。这里我们将采用最简单的假设：国外将以一个固定的价格即智能手机的**"世界市场价格"**（world price）向本国提供无数量限制的智能手机。图8-6 显示了智能手机的世界市场价格 P_W 低于自给自足时的国内市场价格 P_A。

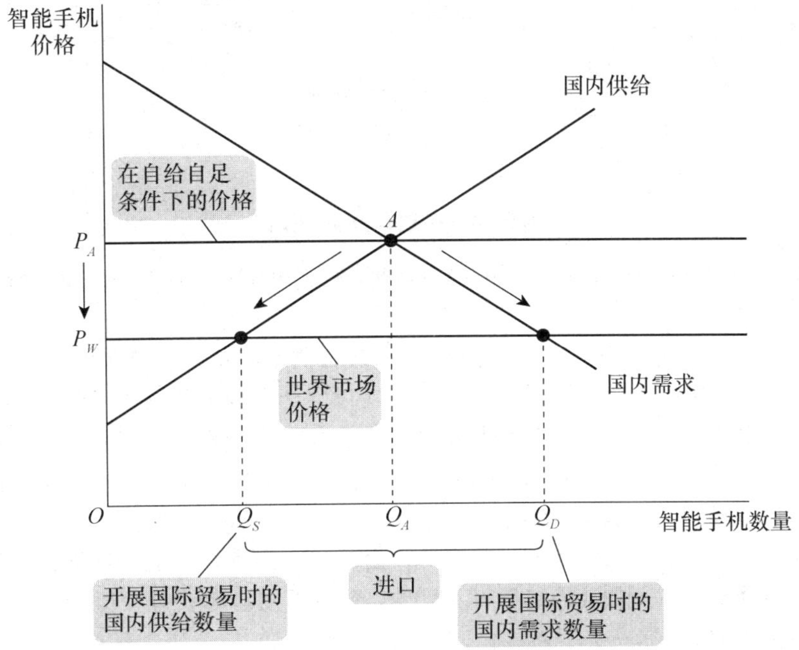

图 8-6　存在进口时的国内市场

智能手机的世界市场价格 P_W 低于本国在自给自足条件下的价格 P_A。在本国市场开放贸易后，由于进口产品进入本国市场，智能手机的国内价格从 P_A 下降到 P_W。在价格下降后，国内需求数量从 Q_A 增加到 Q_D，国内供给数量从 Q_A 下降到 Q_S。国内需求数量与国内供给数量的缺口 Q_D-Q_S 由进口产品填补。

假定智能手机的世界市场价格低于国内价格，这对于进口商从海外购买智能手机再转卖到国内是有利可图的。智能手机的进口增加了国内市场智能手机的供给，国内市场的智能手机价格下降。智能手机会被继续进口，直到国内价格下跌到与世界市场价格相同的水平。

这一结果如图 8－6 所示。因为进口，国内智能手机的价格从 P_A 下跌到 P_W。国内消费者对智能手机的需求数量从 Q_A 升到了 Q_D，同时由国内生产者供给的数量从 Q_A 下降至 Q_S。国内需求数量与国内供给数量的缺口 Q_D-Q_S 由进口产品填补。

现在让我们来分析进口对消费者剩余和生产者剩余的影响。因为进口智能手机导致了国内智能手机价格下跌，所以消费者剩余增加，生产者剩余减少。图 8－7 表示了这种情形是如何发生的。我们用 W、X、Y 和 Z 来表示四个区域。我们把与图 8－5 自给自足时相对应的消费者剩余用 W 表示，在自给自足条件下生产者剩余等于 X 和 Y 之和。国内价格下跌至世界市场价格导致消费者剩余增加；增加额为 X 和 Z 的面积之和，所以，现在的消费者剩余是 W、X 和 Z 的面积之和。同时，生产者失去了相当于 X 的面积的剩余，所以现在生产者剩余只等于 Y 的面积。

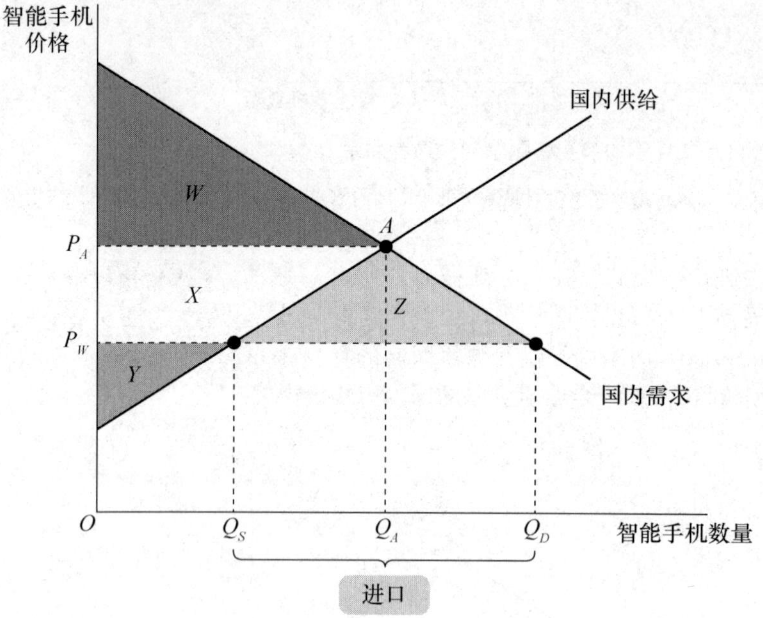

	剩余变化	
	增加	减少
消费者剩余	$X+Z$	
生产者剩余		$-X$
总剩余	$+Z$	

图 8－7　进口对剩余的影响

开展国际贸易导致智能手机的国内价格下跌至 P_W，消费者剩余增加 $X+Z$ 的面积，生产者剩余减少 X 的面积。因为消费者的增益超过了生产者的损失，所以总体经济的总剩余增加 Z 的面积。

图 8－7 的附表总结了在智能手机市场开放进口后消费者剩余和生产者剩余的变化。新增的消费者剩余等于 $X+Z$ 的面积。失去的生产者剩余等于 X 的面积。所以生产者剩余和消费者剩余之和——智能手机市场的总剩余——增加了 Z 的面积。开展贸易的结果是消费者获益，生产者受损，但是消费者所获增益超过生产者的损失。这是一个非常重要的结论。我们刚刚解释了开放市场进口产品会带来总剩余的净增加，根据国际贸易带来增益的原理可以预想到会有这种结果。

但是，我们也注意到，虽然国家总体上是获益的，但有一些群体——在这个例子中是国内智能手机生产者——因国际贸易而遭受损失。正如我们稍后将看到的，国际贸易会有获益者和受损者。这对于理解带有政治性的贸易政策是至关重要的。

我们接下来将讨论一个国家出口的情形。

□ 8.2.2　出口效应

图 8－8 所示为一个国家出口产品时所产生的效应，这里的产品是卡车。例如，我们假定在给定的

世界市场价格 P_W 上，卡车可以无限量销售到海外，世界市场价格高于自给自足时国内通行的价格水平 P_A。

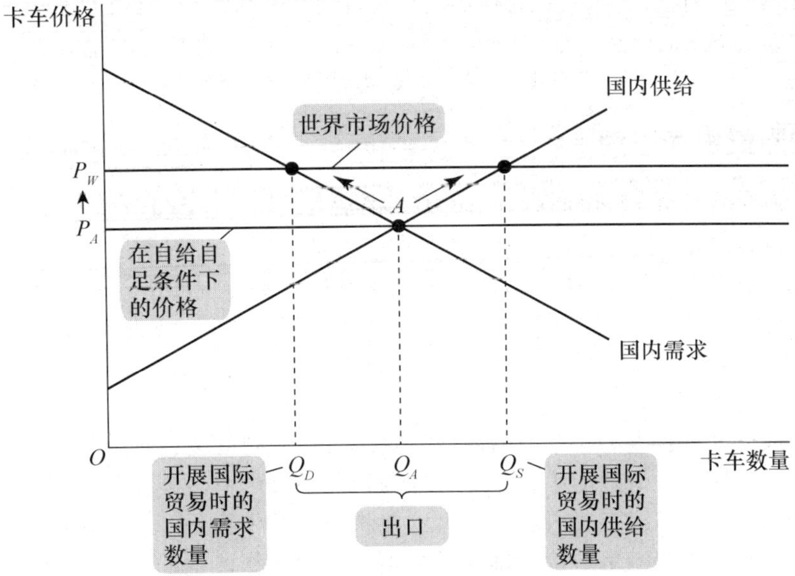

图 8-8　出口对本国市场的影响

世界市场价格 P_W 高于本国在自给自足条件下的价格 P_A，当本国参与国际贸易时，本国的部分产品供给开始出口，本国价格从在自给自足条件下的价格 P_A 上升到世界市场价格 P_W。在价格上升后，国内需求数量从 Q_A 下降为 Q_D，国内供给数量从 Q_A 上升为 Q_S，本国的超额供给部分 Q_S-Q_D 用于出口。

因为世界市场价格高于国内价格，出口商在国内购买卡车转卖到海外将有利可图。购买国内卡车会推动其国内价格上升，直至等于世界市场价格。结果，国内消费者的需求量从 Q_A 下降至 Q_D，国内生产商的供给量从 Q_A 上升至 Q_S。国内生产量和消费量的差额 Q_S-Q_D 为出口量。

与进口类似，出口也可以导致出口国总剩余增加。但同时也会产生获益者和受损者。图 8-9 所示为卡车出口对生产者剩余和消费者剩余的影响。在没有贸易的情况下，卡车价格为 P_A。消费者剩余在没有贸易

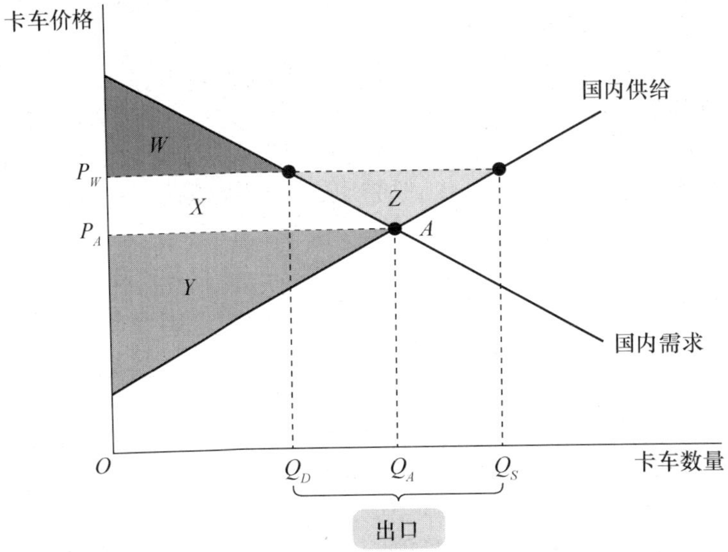

	剩余变化	
	增加	减少
消费者剩余		$-X$
生产者剩余	$X+Z$	
总剩余	$+Z$	

图 8-9　出口对剩余的影响

贸易的结果是本国价格升至 P_W，生产者剩余增加 $X+Z$ 的面积，但消费者剩余损失 X 的面积，由于生产者的增益超过了消费者的损失，所以总体经济的总剩余增加 Z 的面积。

的情况下是 W 和 X 的面积之和，生产者剩余是 Y 的面积。开展贸易后价格从 P_A 上升至 P_W，消费者剩余下降为 W 的面积，生产者剩余上升为 $Y+X+Z$ 的面积。所以生产者剩余增加了 $X+Z$ 的面积，消费者剩余损失了 X 的面积，如图 8－9 中的表所示，就总体经济而言，总剩余增加了 Z 的面积。

我们已经知道，进口特定的产品会损害国内生产者但有益于国内消费者，而出口特定的产品会损害国内消费者而有益于国内生产者。在以上两个案例中，增益都大于损失。

□ 8.2.3 国际贸易和工资

至此我们关注的是国际贸易在特定产业对生产者和消费者的影响。出于很多研究目的，这都是很有益的方法。但是，生产者和消费者并非社会中受国际贸易影响的唯一部分，还有生产要素的所有者。特别是生产出口产品或者与进口产品相竞争的产品所使用的劳动、土地和资本的所有者深受影响。

而且贸易影响并不局限于出口产业或者与进口产品相竞争的产业的要素所有者，因为生产要素会在产业间流动。因此，我们要讨论国际贸易对收入分配的长期影响——一个国家的总收入如何在各种生产要素之间分配。

我们从如下问题进行分析：玛利娅是一名西海岸手机生产公司的会计师，考虑一下她的处境会发生什么变化。如果美国开放市场，进口智能手机，那么国内智能手机产业会萎缩，将只雇用少量的会计师。但是在很多产业，会计师都有受雇机会，玛利娅很可能在汽车行业中找到一份更好的工作，因为汽车行业因国际贸易而扩张。因此，不能想当然地认为她为手机生产公司工作，她的利益就会因进口智能手机的竞争而受到损害。我们应该考虑的是手机进口对她的影响仅仅限于整个经济中的会计师的工资在多大程度上受到了影响。

会计师的工资是生产要素的价格——雇主必须对一种生产要素的服务支付的价格。关于国际贸易的一个关键问题是，贸易主要影响要素价格，这种要素并不仅仅是像会计师之类的狭义的生产要素，而是像资本、非熟练劳动力和受过大学教育的劳动力等广义的生产要素。

在本章前面部分我们描述了国际贸易的赫克歇尔-俄林模型，这一模型阐明了比较优势是由国家的要素禀赋决定的。这一模型也说明了国际贸易如何影响一国的要素价格：与自给自足经济相比，国际贸易会提高丰裕要素的价格，降低稀缺要素的价格。

因为这个理念非常简单直观，我们不再对此展开详细论述。生产要素的价格，像产品或服务的价格一样，是由供给和需求决定的。如果国际贸易增加了对生产要素的需求，生产要素的价格将上升；如果国际贸易减少了对生产要素的需求，生产要素的价格将下降。

> **出口产业**是生产的产品和服务在海外销售的产业。
> **进口竞争产业**是生产也从国外进口的产品和服务的产业。

假定一个国家的产业由两部分组成：**出口产业**（exporting industry）——生产的产品和服务在海外销售的产业，以及**进口竞争产业**（import-competing industry）——生产也从国外进口的产品和服务的产业。与自给自足经济相比，国际贸易导致出口产业的产品价格升高，但会导致进口竞争产业的产品价格降低。这间接增加了出口产业所使用要素的需求量，而减少了进口竞争产业所使用要素的需求量。

此外，赫克歇尔-俄林模型认为，国家一般会出口那些密集使用丰裕要素的产品，进口稀缺要素密集型产品。所以，国际贸易通常会增加本国相对于他国丰裕的生产要素的需求量，减少本国相对于他国稀缺要素的需求量。由此所致结果为：丰裕要素的价格趋于上升，稀缺要素的价格趋于下降。

换言之，国际贸易通常会导致本国丰裕要素的收入增加，而稀缺要素的收入减少。

这一影响真的很重要吗？在一些历史时期，国际贸易对要素价格的影响非常大。就像我们要在"真实世界中的经济学"专栏里解释的那样，在 19 世纪晚期，大西洋贸易的开放对欧洲地租产生了巨大的负面影响，损害了土地所有者的利益但有利于工人和资本家的利益。

最近几年，贸易对美国工资的影响引发了广泛的争论。研究这一领域的一些经济学家认同，增加从新兴工业化经济体进口的劳动密集型产品的数量，并以出口高技术产品作为回报，将会引起受教育程度高低不同的工人间的工资差距扩大。当然，大多数经济学家也认为，其他因素也对解释这一现象有意义。

▶ 真实世界中的经济学

19世纪的贸易、工资和土地价格

大约从1870年开始，基于蒸汽机的广泛应用，农产品的国际贸易出现了爆炸式增长。蒸汽动力船能比帆船更快、更安全地穿越大洋。一直到大约1860年，蒸汽动力船的费用还高于帆船，但之后两者的费用比率迅速下降。同时，借助蒸汽动力铁路运输，谷物和其他大批量货物廉价地从内陆运到港口成为可能。这样，土地丰富的国家——美国、加拿大、阿根廷、澳大利亚——开始通过船运把大量农产品运到人口稠密、土地稀缺的欧洲国家。

国际贸易的开放推动了出口国农产品价格的上升（如小麦）、进口国农产品价格的下降。值得注意的是，美国中西部和英国受进口影响地区的小麦价格有着显著差异。

随着要素价格的调整，农产品价格的变化造就了大西洋两岸出现了获益者和受损者的对比。在英国，土地价格与平均工资相比下降了一半；土地所有者发现他们的购买力迅速下降，但工人从廉价产品中获益。在美国，产生了相反的影响，土地价格与工资相比翻了一倍，土地所有者受益，但工人发现他们的工资购买力因食物价格的上涨而下降了。

及时复习

- 国内需求曲线和国内供给曲线的交点决定了产品在自给自足条件下的价格。当开放市场进行国际贸易时，国内价格会趋同于世界市场价格。
- 如果世界市场价格低于国内价格，贸易会引发进口，且国内价格会跌到世界市场价格。因为消费者剩余的增加要大于生产者剩余的损失，所以总体上收益增加。
- 如果世界市场价格高于国内价格，贸易会引发出口，且国内价格会上涨至世界市场价格。因为生产者剩余的增加大于消费者剩余的损失，所以总体上收益增加。
- 贸易推动了出口产业的扩张，增加了一国对丰裕要素的需求，导致进口竞争产业萎缩，减少了对稀缺要素的需求。

小测验 8-2

1. 由于汽车工人的罢工，美国和墨西哥的食品贸易量下降了一半。在自给自足条件下，墨西哥葡萄的价格低于美国的价格。利用美国葡萄的国内需求曲线和国内供给曲线解释罢工对下列各项的影响。

a. 美国葡萄消费者的消费者剩余。

b. 美国葡萄种植商的生产者剩余。

c. 美国的总剩余。

2. 你认为上述问题会对墨西哥葡萄种植商、墨西哥葡萄采摘者、墨西哥葡萄消费者及美国葡萄采摘者产生什么样的影响？

8.3 贸易保护的影响

自从大卫·李嘉图在19世纪初期提出比较优势的基本原理后，很多经济学家就倡导**自由贸易**（free trade）。他们认为国家政策不应试图减少或增加出口和进口，而应由供给和需求自然地引发进口和出口。

> 当政府不再试图减少或增加出口或进口而是让其根据供给和需求自然地调整时，这个经济体在从事**自由贸易**。
>
> 限制进口的政策就是众所周知的**贸易保护**或简称为**保护政策**。

虽然经济学家认同自由贸易，但是很多政府仍使用税收和其他方法来限制进口。政府很少提供补贴来鼓励出口；出于保护国内进口竞争产业的生产者免受国外竞争的影响的目的，政府经常推行限制进口的政策，也就是众所周知的**贸易保护**（trade protection）或简称为**保护政策**（protection）。

我们来看两种最普遍使用的保护政策——关税和进口配额，然后再分析政府采用这些政策的原因。

□ 8.3.1 关税的影响

关税（tariff）是销售税的一种，即向进口产品征收的税。举个例子，美国政府宣布凡从外国带入手机，每部必须缴纳 100 美元关税。在过去相当长的一段时间内，关税是政府收入的重要来源，因为关税的征收相对容易。但在当今世界，除了作为政府收入的来源外，关税经常被用于阻止进口，以保护国内进口竞争产业的生产者。

关税是对进口产品征收的一种税收。

关税不仅提高了国内生产者的出售价格，也提高了国内消费者支付的价格。假定美国进口手机，并且每部手机的世界市场价格是 200 美元。正如我们在前面所看到的，在自由贸易的情况下，国内价格也将会是 200 美元。但如果对每部手机征收 100 美元的关税，国内价格将会涨至 300 美元，因为关税会使进口手机无利可图，除非国内价格高到足以弥补进口者支付的关税费用。

图 8-10 说明了关税对进口手机的影响。我们假定 P_W 是手机的世界市场价格。在征收关税前，进口会推动国内价格降到 P_W，因而征收关税前的国内生产量是 Q_S，征收关税前的国内消费量是 Q_D，征收关税前的进口量为 Q_D-Q_S。

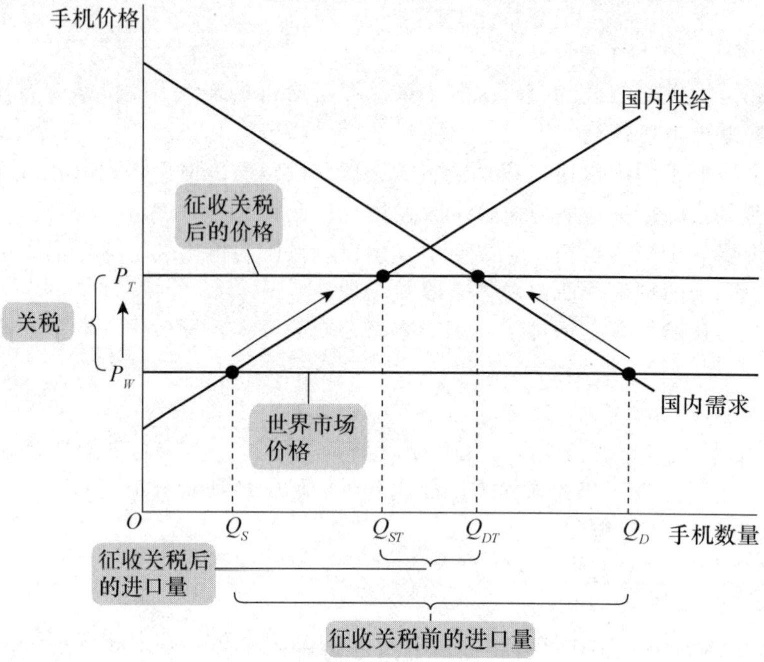

图 8-10 关税效应

征收关税使手机价格从 P_W 升高到 P_T，国内需求量从 Q_D 下降到 Q_{DT}，国内供给量从 Q_S 增加到 Q_{ST}。因此，进口量从征收关税前的 Q_D-Q_S 降低到征收关税后的 $Q_{DT}-Q_{ST}$。

现在假定政府对每一部进口手机征收关税。这一政策推行的结果是进口手机对于进口者将不再有利可图，除非国内价格高于或等于世界市场价格加关税。因此，国内价格升至 P_T，等于世界市场价格 P_W 加上关税。国内生产量升至 Q_{ST}，国内消费量跌至 Q_{DT}，进口量跌至 $Q_{DT}-Q_{ST}$。

因此，与自由贸易时相比，关税提高了国内价格，导致国内生产量增加、国内消费量减少。图 8-11 显示了关税对剩余的影响，可分为三个方面：

（1）提高的国内价格使生产者剩余增加，增加额等于 A 的面积。

（2）国内价格提高减少了消费者剩余，减少额等于 A、B、C、D 的面积之和。

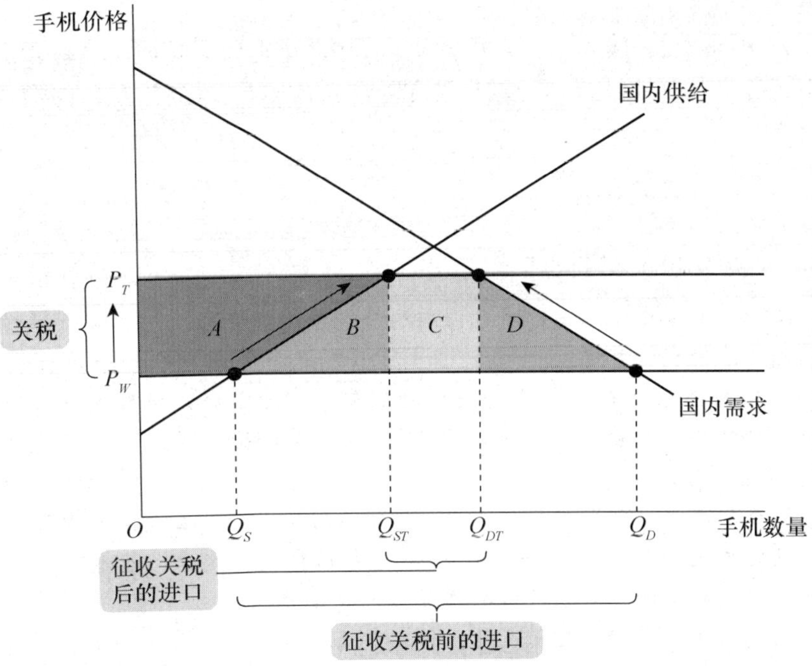

	剩余变化	
	增加	减少
消费者剩余		$-(A+B+C+D)$
生产者剩余	A	
政府收入	C	
总剩余		$-(B+D)$

图 8－11　关税减少了总剩余

关税推动国内价格上升，生产者剩余净增加 A 的面积，政府税收增加 C 的面积，消费者剩余损失 $A+B+C+D$ 的面积，由于消费者剩余损失大于生产者和政府的增益之和，所以总体经济的总剩余损失 $B+D$ 的面积。

（3）关税增加了政府收入。这能带来多少收入呢？政府对进口手机征收的关税等于进口量 $Q_{DT}-Q_{ST}$ 所对应的每单位的价格 P_T 与 P_W 之差的总和。所以总收入是 $(P_T-P_W)\times(Q_{DT}-Q_{ST})$。这等于 C 的面积。

关税对福利的影响总结在图 8－11 的附表中。生产者获益，消费者受损，政府获益。但消费者剩余损失大于生产者和政府的增益之和，导致总剩余净减少 $B+D$ 的面积。

销售税会导致非效率或无谓损失，因为它阻碍了互利贸易的发生。这同样适用于关税，对社会造成的无谓损失等于用 $B+D$ 的面积来表示的总剩余损失。

关税造成的无谓损失主要由两方面的非效率导致：

第一，一些互利贸易无法进行。一些消费者即使愿意支付高于世界市场价格 P_W 的价格，也无法购买到产品，尽管 P_W 是经济中生产每单位产品的真实成本。这种非效率的成本用图 8－11 中 D 的面积表示。

第二，经济资源被浪费在非效率的生产上。一些生产者花费超过 P_W 的费用来生产产品，即使额外单位的产品可以在海外以 P_W 的价格买到。这一非效率的成本在图 8－11 中由 B 的面积代表。

□ 8.3.2　进口配额的影响

进口配额是一种合法限制进口产品数量的政策。

进口配额（import quota）是另一种形式的贸易保护，一种合法限制进口产品数量的政策。进口配额常常通过配额许可证来管理：政府颁发一定数量的配额许可证，每份配额许可证给予其持有者每年进口一定数量限制产品的权利。

对销售设定配额与征收销售税的效应大致相同，不同的一点是：在销售税制度下以税收形式成为政府收入的资金，在配额形式下以配额租金的形式成了配额许可证持有人的收入。类似地，进口配额与关税的效应大致相同，不同的一点是：那些作为政府收入的资金变成配额租金流到了配额许可证持有人手中。再看图 8－11，在进口配额限制下的进口量为 $Q_{DT}-Q_{ST}$，这会提高手机的国内价格，这与我们前面对关税进行分析得到的结果一样，即它会使国内价格从 P_W 上升到 P_T，但这里 C 的面积代表配额租金而不是政府收入。

谁会得到进口配额许可证？谁获得配额租金？对于美国的进口保护，回答也许会让你吃惊：最重要的进口配额许可证——主要是服装，其次是糖——被授予给了外国政府。

因为大多数美国进口配额的配额租金给了外国人，国家实施配额的成本大于利用类似的关税（导致相同进口水平的关税）的成本。在图 8－11 中，美国因进口配额产生的无谓损失等于 $B+C+D$ 的面积，即消费者剩余损失和生产者剩余增加的差额。

▶ **真实世界中的经济学**

美国的贸易保护

当今美国总体上执行自由贸易政策，至少与其他国家和美国自己以前的政策相比是这样。大部分制造业产品或不受关税影响或只受低关税影响。然而有什么例外吗？

受保护的产品中农产品占大多数。排在最前面的是乙醇，美国主要用玉米来生产乙醇并用作发动机燃料。大多数进口乙醇被征收相当高的关税，但部分国家被允许可在美国以高价格销售一定数量的乙醇，无须支付关税。乳制品也受到关税和严格的进口配额的保护。

直到几年前，为应对进口竞争，服装和纺织品也受到严格保护。政府为此应用了一个精心设计的进口配额制度。但是，作为十几年前达成的贸易协定中的一部分，这一制度在 2005 年后被逐步淘汰。有些服装进口仍然受到相对较高的关税保护，但对服装行业的保护是曾经的保护政策的一个影子。

了解当前美国的贸易保护政策，最重要的是了解它确实作用有限，而且对经济造成的影响也不大。每隔两年，作为政府机构的美国国际贸易委员会（U. S. International Trade Commission）会对"显著的贸易限制"怎样影响美国福利进行评估。图 8－12 所示为 20 年中平均关税水平和贸易限制所付出的代价占 GDP 的比重，起初并不高，并出现大幅下滑。

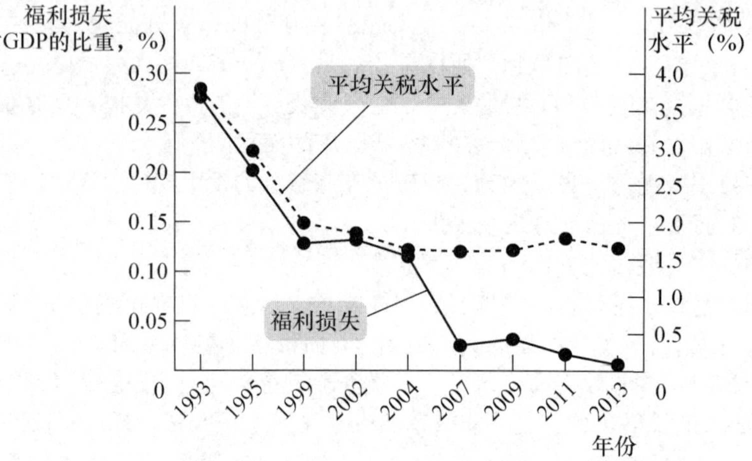

图 8－12　1993—2013 年平均关税水平和福利损失

资料来源：U. S. International Trade Commission (2013), Federal Reserve Bank of St. Louis; and World Development Indicators.

及时复习

• 大部分经济学家都倡导自由贸易，但很多国家的政府却致力于对进口竞争产业实施贸易保护。两种最普遍采用的保护政策是关税和进口配额。政府补贴出口产业的例子比较少见。

• 关税是对进口产品征收的一种赋税。它使国内价格高于世界市场价格，导致贸易量和总消费量下降、国内生产量增加。国内生产者和政府都从中获益，但消费者的损失高于这些增益，致使出现了无谓损失。

• 进口配额是合法限制进口数量的政策。它的作用很像关税，但是它创造的收入——配额租金——给了配额许可证持有人，而不是政府。

小测验 8－3

1. 假定世界黄油价格为每磅 0.5 美元，在自给自足时国内价格为每磅 1 美元。利用类似于图 8－10 的图来解释如下内容：

a. 如果是自由贸易，国内黄油生产者希望政府对黄油征收不低于每磅 0.5 美元的关税。请与每磅 0.25 美元的关税进行比较。

b. 如果征收高于每磅 0.5 美元的关税，会发生什么？

2. 假定政府对黄油实施进口配额而不是征收关税，要设置多少配额限制才会产生与征收每磅 0.5 美元关税时相同的进口数量？

8.4 贸易保护的政治经济学

我们已经知道，国际贸易会使参与国各方都从中获益。我们也分析了关税和进口配额，虽然其中有得益者也有受损者，但会导致总剩余减少。然而，许多国家仍在继续征收关税和实施进口配额，并通过其他方式进行着贸易保护。

为了解为何贸易保护会发生，我们首先来看一看一些常见的保护理由。然后我们再来看贸易保护的政治学。最后，我们将看到当今世界贸易保护的重要特征：关税和进口配额是国际谈判的主题和国际组织制定政策的依据。

□ 8.4.1 贸易保护的理由

支持关税和进口配额有许多理由。提到的最为普遍的理由是：国家安全、创造就业和保护幼稚产业。

国家安全的理由认为，来自海外的产品货源比较脆弱，易于受到国际冲突的阻断，因而国家应保护国内重要产品的供应商，以自给自足作为这些产品的目标。在 20 世纪 60 年代，美国——已经着手把进口石油作为国内石油储备减少的缓冲——对石油实施进口配额，正是基于国家安全的考虑。一些人认为，美国应该再次制定不鼓励石油进口的政策，特别是对来自中东的石油。

创造就业的理由认为，对进口竞争产业进行贸易保护将创造新的就业机会。经济学家认为，这些就业机会的产生会抵消其他产业的失业，如那些使用进口投入品的产业现在要面对更高的投入成本。但经济学家并不总是能找到支持这一观点的有说服力的证据。

最后，保护幼稚产业常常在新兴工业化国家被提起，它们认为新兴产业需要一段短暂的贸易保护时期才能成长起来。例如，在 20 世纪 50 年代，许多拉丁美洲国家对制造业产品征收关税和实施进口配额，为的是从传统原材料出口者的角色向工业化国家的新角色转变。

从理论上说，保护幼稚产业的观点让人信服，特别是当所保护的产业为提升一个国家总体技术水平的高科技行业时。然而从现实来看，情况比较复杂，大多数行业正是在政治影响力之下才获得保护。此外，政府通常无法预计什么是最好的新技术。到最后，当一个产业已经成熟到可以自己立足时，政府的保护政策还没有退出。

□ 8.4.2 贸易保护的政治学

在现实中，大部分贸易保护很少是基于刚才描述的理由。相反，它反映的是进口替代产业生产者的政治影响力。

我们已经看到，关税或进口配额会导致进口替代产品的生产者受益而消费者受损。生产者往往在贸易政策的决策上拥有更大的影响力。与特定产品的进口者竞争的往往是那些比较弱小、与产品消费者相比更具凝聚力的生产者。

以美国对食糖的贸易保护为例。美国对食糖实施进口配额，从而导致国内平均价格是世界市场价格的两倍。这个配额并无经济上的合理性而言。然而，消费者很少抱怨这种配额，因为他们察觉不到它的存在：因为没有单个的消费者会购买数量巨大的食糖，配额的成本仅仅是每家每年多花费几美元而已，不足以引起注意。但在美国只有几千家糖作物种植商。它们非常关心它们从配额中获得的利益，并且需要确保它们在国会中的代表也关心它们在此事上的利益。

这些政治事实可能会产生令人吃惊的与自由贸易相同的效果。例如在美国，征收低关税、设置进口配额也主要限定在服装和少数农产品上。我们可以说，贸易保护的主要理由并不多，经济学家已经说服政府相信自由贸易的好处。然而，另一更重要的原因是国际贸易协定的作用。

□ 8.4.3 国际贸易协定和世界贸易组织

当一个国家实施了贸易保护时，它也就损害了两个群体的利益。我们着重强调了对国内消费者的不利影响，但保护也同样会使国外出口产业蒙受损失。这意味着，各国关心彼此的贸易政策。例如，加拿大木材产业非常关注美国保持对森林产品进口实行低关税的政策。

因为各国关心彼此的贸易政策，所以它们要签订**国际贸易协定**（international trade agreement）：协定中规定，一国要承诺对另一个国家的出口产品实施较少的贸易保护限制，并以另一个国家对其出口做出相同的承诺作为回报。许多世界贸易就受这样的协定支配。

一些国际贸易协定仅有两个或少数国家参加。美国、加拿大、墨西哥之间签署了**《北美自由贸易协定》**（North American Free Trade Agreement，NAFTA）。该协定于1993年签署，到了2008年，三国间所有的贸易壁垒已经移除。

在欧洲，28个国家签署了内容更加丰富的协定，形成**欧洲联盟**（European Union），或称**欧盟**（EU）。根据《北美自由贸易协定》，成员国对来自其他非成员国的进口产品各自设置关税。然而欧盟，也是一个关税同盟，对来自欧盟外国家的产品，各成员国征收同样的关税税率。

国际贸易协定是一国承诺对其他国家出口到本国的产品减少贸易保护，换取对方也对自己的出口采取同样做法的一系列协定。

《北美自由贸易协定》是美国、加拿大和墨西哥签订的贸易协定。

欧洲联盟（欧盟）是欧洲28个国家建立的关税同盟。

世界贸易组织监督国际贸易协定，对违反这些协定的贸易争端进行裁定。

当然也有全球性的贸易协定，它们覆盖了世界上的大部分国家和地区。**世界贸易组织**（World Trade Organization，WTO）监督着这些全球性的协定，它扮演着两个角色。第一，它为许多复杂的牵涉国际贸易协定的谈判提供了框架（最后的主要协定于1994年通过，全文共长24 000页）。第二，WTO解决成员之间的争端。这些争端一般是因为一个国家声称另一个国家的政策违反先前的协定。目前，WTO有160个成员，占据了世界贸易的绝大部分。

这里有两个例子来说明WTO的作用。第一个例子是，1992年欧盟和美国就香蕉进口限制爆发了贸易争端，欧盟给予欧盟之前的殖民地的香蕉种植者比给予中美洲生产者更优厚的条件。1999年，WTO裁定欧盟就香蕉实行的进口限制违反了国际贸易规则。因为美国支持中美洲国家，这一争端成为欧盟和美国之间冲突的主要来源，这就是著名的“香蕉战”。2012年，在这一争端爆发20年之后，欧盟最终改变了对进口的管制，从而符合WTO的裁定。

第二个关于贸易争端的例子新近发生于美国和巴西之间，争端指向美国对粮农所进行的补贴。这些补贴总额一年在30亿～40亿美元之间，违反了WTO规则。巴西认为，这样做人为降低了美国棉花在世界市场上的价格，伤害了巴西的棉农。2005年WTO裁定美国违反规定，支持巴西。为此美国减少了对棉花出口的部分补贴。然而，2007年WTO裁定，美国没有完全遵守之前的裁定，比如并未取消对棉农的政府贷款。在巴西威胁说将对进口的美国制造业产品征收进口关税后，两国同意对解决棉花争端达成框架协议。

越南和泰国都是WTO的成员，但是为什么美国仍然对从这些国家进口的虾或多或少征收关税？原因是，WTO可能会同意在一定条件下的贸易保护。其中的一个条件是根据某些技术标准判断其他国家进行了“不公平”竞争。当进口量突然增大，可能威胁国内产业的成长时，临时性的贸易保护也是被允许的。

WTO的作用有时候会被夸大，被描述成世界政府。事实上，它没有军队，没有警察，没有直接的强制执行力。对其真实的描述是当一个国家加入WTO时，就应同意服从WTO的裁决——这些裁决不仅适用于关税和进口配额，而且适用于根据该组织的规定在另一个名称的掩饰下却有贸易保护作用的国内政策。所以一旦加入WTO，国家也就要放弃一部分主权。

□ 8.4.4 全球化挑战

全球化在过去一个世纪的前进步伐被普遍认为是政治和经济上的一种重大成功。经济学家和政策制定者尤其将日益扩大的世界贸易看成一件好事。但是，如果我们没有认识到很多人对全球化有不同的想法，也是一种过失。在很大程度上，这些不同的想法反映了一些经济学家共同关注的两个问题：担忧全球化对收入分配的影响；担心出现的新发展现象——特别是离岸外包的增长——会使一国的某些工作面临意外的竞争。

全球化与收入分配 我们已经提到国际贸易对生产要素价格的影响，比如工资：一国出口技术密集型产品，而进口劳动密集型产品，预计受教育程度高低不同的国内工人之间的工资差距会有所拉开。

外包 外包（outsourcing）是指一个公司雇用另一个公司的人来完成一些任务，比如运行公司的计算机系统，是一种长期的经营合作。然而，直到最近，外包通常都是在本地完成的，公司聘请的另一个公司在同一个城市或同一个国家。

离岸外包指企业聘请另一个国家的人员执行各种任务的做法。

如今，现代通信技术使得进行**离岸外包**（offshore outsourcing）越来越多地成为可能，也就是企业雇用的人在另一个国家，工作任务也五花八门。典型的例子是呼叫中心，当你打通一个公司的 1-800 帮助热线时，接听电话的人很可能在印度，该国在吸引离岸外包的国家中处于领先地位。离岸外包也蔓延到了其他领域，如软件设计，甚至是医疗保健：对你进行 X 射线检查的放射科医生，就像给你提供电脑帮助的人一样，很可能在另一个大洲。

虽然离岸外包已经冲击到美国的一些工人，如程序员，他们的工作已经被外包给印度，但与传统贸易相比，规模仍然比较小。然而，一些经济学家警告说，数百万甚至上千万的从来没有认为他们的工作可能会面临外国竞争的工人，可能会在不太遥远的将来面临着不愉快的意外竞争。

这些对全球化的新挑战削弱了国际贸易是好事的观点了吗？绝大多数经济学家会认为，减少贸易保护的增益仍然超过由此带来的损失。然而，已经变得比以前更重要的是确保国际贸易增益会让更多人受益。

▶ **真实世界中的经济学**

增加牛肉出口

2010 年 12 月，美国和韩国的谈判代表达成了自由贸易协定，将逐步取消两国之间的进口关税和许多其他限制贸易的最终协定。该协定还涉及改变多项商业管制政策，这被认为会使得美国公司在韩国运营更容易。从字面上看，这是相当大的一个协定：韩国的经济规模与墨西哥不相上下，所以这是自《北美自由贸易协定》签订以来，美国签署的最重要的自由贸易协定。

该协定是怎样达成的呢？美国国际贸易委员会的估计发现，该协定将提高普通美国人的收入水平，当然幅度不大，国际贸易委员会估计将增加 1%的十分之一。那也不错。当你考虑到韩国时，尽管相对来说它是一个比较大的经济体，但它仍是美国第七重要的贸易伙伴。

这些总体增益在这一协定签订的政治过程中几乎没什么作用，但对美国特定选区则有损失和增益的影响。反对签署这一协定的人主要来自劳工组织，尤其是汽车工人，他们担心美国取消对韩国汽车进口征收的 8%的关税后将导致美国工人失业。但也有一些美国利益集团急于达成这一协定，最引人注目的是养牛业：韩国是牛肉消费大国，但美国牛肉进入韩国市场的关税高达 38%。

奥巴马政府也急于达成这一协定，部分原因与经济学无关：韩国是美国的一个重要盟友，随着最终谈判的进行，其与朝鲜的紧张军事局势也在加剧。因此，签署贸易协定部分被视为是美国与韩国合作的象征。甚至工会没有出现想象中的那样激烈的反对。

该协定对韩国也有益，这与墨西哥签署《北美自由贸易协定》不同，韩国是一个工资相当高的国家，也没有临近美国边境，这意味着不用担心制造业大规模转移。最后，利益的平衡也足以使得该协定在政治上可以接受。该协定于2012年3月15日生效。

及时复习

● 贸易保护的三个主要理由是国家安全、创造就业和保护幼稚产业。

● 虽然进口保护会导致无谓损失，但因为代表进口竞争产业的群体比消费者群体更有影响力，因此进口保护还是常常被实施。

● 为了进一步推进贸易自由化，许多国家参与签署了国际贸易协定。一些协定仅针对少数国家，如《北美自由贸易协定》。世界贸易组织是一个致力于全球贸易协定谈判和裁定成员之间纠纷的多国组织。

● 反对全球化的理由有：从外国进口产品和将一些工作机会离岸外包后会因为国外竞争而带来一些问题。

小测验 8-4

1. 2002年美国对钢铁进口征收关税，钢铁在美国的许多产业中都是投入量很大的原材料。解释为什么政治家取消这些关税比取消在消费品如糖和服装上的关税更有实际意义。

2. 过去几年间，WTO发现自己裁定的贸易争端不仅涉及关税或配额，而且涉及那些基于质量、健康、环境状况的限制。你认为这些为何会发生？如果你是一名WTO官员，你会采取何种方法来判断质量、健康或环境限制是否违反自由贸易协定？

▶ **企业案例**

利丰集团：从广州到你

当你读到这些内容时，你可能正穿着亚洲制造的东西。你的服装可能是由中国香港公司利丰集团设计、制作并且发运到你所在地的商店的。从李维斯到沃尔玛，利丰集团是从世界各地的工厂到离你最近的购物中心的一个关键渠道。该集团1906年在中国广州成立。据该公司的董事长冯国经所说，这得益于他的祖父，他的祖父会讲英语，从而成为中国人与外国人之间商业交易的翻译。之后利丰集团搬到了中国香港。随着香港的市场经济在20世纪60年代和70年代的快速发展，利丰集团成长为出口经纪公司，为香港的制造公司与国外买家代理业务。

该集团的真正变革是随着亚洲经济的增长和变革而实现的。香港经济的快速增长导致工资上涨，利丰集团的主要业务——服装变得越来越没有竞争力。因此，该集团重新定位自己为“供应链管理”集团，而不是一个简单的代理公司。它不仅将产品分配给制造商，而且分解生产过程，分配投入品的生产，然后在全球各地的12 000个供应商之间配置组装。有时会将生产放在像日本这样成熟的经济体中，那里虽然工资高，但质量和生产率也高；有时会将生产放在像泰国这样的经济体中，那里的生产率虽然较低，但劳动力更便宜。

例如，假设你在美国拥有一个零售连锁店，并希望出售水洗蓝色牛仔裤。利丰集团并非简单地安排牛仔裤生产，而是将与你一起商讨设计，为你提供最新的生产和样式信息，比如什么材料和颜色最流行。在设计完成之后，利丰集团将制造一个样品，找到最符合成本-收益原则的方式来组织生产，然后以你的名义下订单。通过利丰集团，纱线可以在韩国制造，但在中国台湾染色，并在泰国缝制牛仔裤。由于在这么多地方生产，利丰集团提供运输物流以及质量控制。

利丰集团已经取得了巨大成功。该集团在2012年的市场价值为115亿美元，营业额达到200亿美元，办事处和分销中心分布在40多个国家。年复一年，利润经常翻两三倍。

思考题

1. 为什么利丰集团由出口经纪商成为供应链管理者、打破生产流程并从许多国家或地区的不同供应商那里采购投入要素是有利可图的？

2. 利丰集团在不同国家或地区配置投入品的生产和最终装配，你认为它是依据什么原则来决定的？

3. 你认为为什么零售商偏好让利丰集团安排国际化的牛仔裤生产，而不是直接从制造商那里购买牛仔裤？

4. 利丰集团成功的源泉是什么？它是由于人力资本、拥有的自然资源还是资本的所有权而成功的？

小结

1. 国际贸易对美国的作用日益重要，对于其他许多国家更是如此。国际贸易就像个体间的贸易，源自比较优势——一些国家增加生产一单位产品的机会成本低于其他国家。产品和服务从海外购买是进口，销售到海外是出口。国际贸易，如国家间的经济连接一样，快速增长，全球化、超级全球化作为国际贸易走向高度化的一种现象，是在先进的通信和运输技术的推动下生产链在全球扩展的结果。

2. 国际贸易的李嘉图模型假定机会成本不变。它说明了存在贸易增益：两个国家在贸易情况下的福利优于自给自足条件下的福利。

3. 在现实中，比较优势反映国家间在气候、要素禀赋和技术上的差异。赫克歇尔-俄林模型说明了要素禀赋差异如何决定比较优势：产品在要素密集度方面并不相同，一国会趋向于出口那些密集使用本国丰裕要素的产品。

4. 国内需求曲线和国内供给曲线决定了自给自足条件下的产品价格。当发生国际贸易时，国内价格会趋向于世界市场价格，即在海外购买或销售产品的价格。

5. 如果某种产品的世界市场价格低于国内价格，产品会被进口。这会增加消费者剩余，减少生产者剩余，总剩余会增加。如果世界市场价格高于国内价格，产品会被出口。这会增加生产者剩余，减少消费者剩余，总剩余会增加。

6. 国际贸易促使出口产业扩张、进口竞争产业萎缩。这增加了国内对丰裕要素的需求，减少了对稀缺要素的需求，从而影响了要素价格。

7. 大多数经济学家支持自由贸易，但实际上一些政府致力于贸易保护。两种最普遍的保护形式是关税和进口配额。在少数情况下，出口产业受到补贴。

8. 关税是一种对进口产品征收的税收。它使产品的国内价格高于世界市场价格，损害了消费者的利益，有利于国内生产者，政府也获得收入。其结果是总剩余下降。进口配额是一种合法限制进口产品数量的政策。它与关税的作用相同，其区别在于收入不再流向政府而是流向那些获得进口配额许可证的人。

9. 虽然有许多具有广泛影响力的理由支持贸易保护，但在实践中，贸易保护最主要的原因可能在于政治方面：进口竞争产业被很好地组织起来，并能明确获知如何从贸易保护中获益，然而消费者却没注意到他们为贸易保护支付的成本。美国的贸易是相当自由的，其中国际贸易协定是主要原因，在协定中各国同意对彼此的出口降低贸易保护。《北美自由贸易协定》和欧盟只有少数国家参加，相反，世界贸易组织则有许多国家和地区加入，世界贸易组织监督贸易谈判的进行，并敦促协定结果的执行。

10. 在过去几年中，全球化的影响引起了越来越多的关注。其中一个问题是，担心过去 20 年中进口的增加会带来收入分配问题。另外一个问题是，随着离岸外包的增长，一些曾经免于国外竞争的工作被转移到了国外。

关键词

进口	出口	全球化	超级全球化
国际贸易的李嘉图模型	自给自足	要素密集度	赫克歇尔-俄林模型
国内需求曲线	国内供给曲线	世界市场价格	出口产业
进口竞争产业	自由贸易	贸易保护	保护政策
关税	进口配额	国际贸易协定	《北美自由贸易协定》(NAFTA)
欧洲联盟（EU）	世界贸易组织（WTO）	离岸外包	

练习题

1. 加拿大和美国都以不变的机会成本生产木材和橄榄球。美国可能生产 10 吨木材和 0 个橄榄球，或 1 000 个橄榄球和 0 吨木材，或两者间的任何组合。加拿大可能生产 8 吨木材和 0 个橄榄球，或 400 个橄榄球和 0 吨木材，或两者间的任何组合。

a. 分别画出美国和加拿大的生产可能性曲线，纵轴表示橄榄球，横轴表示木材。

b. 在自给自足条件下，如果美国想消费 500 个橄榄球，那么最多可消费多少吨木材？在你的图中用 A 点标出。同理，如果加拿大想消费 1 吨木材，在自给自足条件下能消费多少个橄榄球？在你的图中用 C 点标出。

c. 哪个国家在木材生产上具有绝对优势？

d. 哪个国家在木材生产上具有比较优势？

假定两个国家分工生产各自具有比较优势的产品，并进行贸易。

e. 美国生产多少个橄榄球？加拿大生产多少吨木材？

f. 美国可能消费 500 个橄榄球和 7 吨木材吗？在你的图中用 B 点标出。加拿大可能同时消费 500 个橄榄球和 1 吨木材吗？在你的图中用 D 点标出。

2. 针对下列每一对贸易关系，解释每一个出口国家比较优势的可能来源。

a. A 国出口软件到 B 国，B 国出口石油到 A 国。

b. A 国出口飞机到 B 国，B 国出口服装到 A 国。

c. A 国出口小麦到 B 国，B 国出口咖啡到 A 国。

3. 美国人口普查局网站上会发布美国进口和出口统计数据。按照下列步骤你将获得外贸统计数据，根据这些数据回答下述问题：

i. 访问美国人口普查局网站，www. census. gov；

ii. 在“Topics”下点击“Business”，然后在左边目录中的“Data by Sector”下选“International Trade”；

iii. 点击页面上面的“Data”；

iv. 在左边目录中选“Country/Product Trade”；

v. 在“North American Industry Classification System (NAICS)-Based”下选“NAICS web application”；

vi. 在下拉菜单中选“3-digit and 6-digit NAICS by country”，选择你感兴趣的分类，点击“Go”；

vii. 在下拉菜单中选“Select 6-digit NAICS”，选择你感兴趣的分类，点击“Go”；

viii. 在下拉菜单中，你可以选年份和月份，选择“2013”和“December”，点击“Go”；

ix. 表的右边显示出的是 2013 年全年的进口和出口统计数据，根据“Consumption Imports，Customs Value Basis”来回答如下问题。

a. 查找美国帽子的进口数据，在步骤 vi 中选“(315) Apparel & Accessories”，在步骤 vii 中选“(315220) Men's and Boys' Cut and Sew Apparel”。美国从哪个国家进口的帽子最多？哪种比较优势源泉（气候、要素禀赋和技术）可解释该国生产帽子的比较优势？

b. 查找美国进口葡萄的数据，在步骤 vi 中选“(111) Agricultural Products”，在步骤 vii 中选“(111332) Grapes”。美国从哪个国家进口的葡萄最多？哪种比较优势源泉（气候、要素禀赋和技术）可解释该国生产葡萄的比较优势？

c. 查找美国进口食品生产机械的数据，在步骤 vi 中选“(333) Machinery, Except Electrical”，在步骤 vii 中选“333241 Food Product Machinery”。美国从哪个国家进口的食品生产机械最多？哪种比较优势源泉（气候、要素禀赋和技术）可解释该国生产食品生产机械的比较优势？

4. A 国从 B 国进口的男性服装增加了 2 倍。根据赫克歇尔-俄林模型的预测，B 国工人收到的工资会出现什么变化？

5. 鞋子是劳动密集型产品，卫星是资本密集型产品。A 国资本丰富，B 国劳动丰富。根据赫克歇尔-俄林模型，B 国会出口哪种产品？A 国会出口哪种产品？在 A 国，劳动的价格（工资）和资本的价格会发生什么变化？

6. 在《北美自由贸易协定》(NAFTA) 逐渐取消产品的进口关税之前，墨西哥国内番茄的价格低于世界市场价格，美国国内番茄的价格高于世界市场价格。类似地，墨西哥国内家禽的价格高于世界市场价格，美国国内家禽的价格低于世界市场价格。画出两个国家两种产品的国内供给曲线和国内需求曲线。在 NAFTA 的作用下，美国现在从墨西哥进口番茄并且向墨西哥出口家禽。你预想这会对下列各群体产生什么样的影响？

a. 墨西哥和美国的番茄消费者。在你的图中阐明对消费者剩余的影响。

b. 墨西哥和美国的番茄生产者。在你的图中阐明对生产者剩余的影响。

c. 墨西哥和美国的种植番茄的工人。

d. 墨西哥和美国的家禽消费者，在你的图中阐明对消费者剩余的影响。

e. 墨西哥和美国的家禽生产者，在你的图中阐明对生产者剩余的影响。

f. 墨西哥和美国的家禽养殖场的工人。

7. 下表简要说明了美国对商业喷气式飞机的国内需求和国内供给。假定每架商业喷气式飞机的世界市场价格为1亿美元。

a. 在自给自足条件下，美国会生产多少架商业喷气式飞机？它们会以什么样的价格被购买和销售？

b. 在开展贸易的情形下，商业喷气式飞机的价格将变为多少？美国会进口还是出口飞机？数量为多少架？

飞机价格（百万美元）	飞机需求量（架）	飞机供给量（架）
120	100	1 000
110	150	900
100	200	800
90	250	700
80	300	600
70	350	500
60	400	400
50	450	300
40	500	200

8. 下表简要说明了美国对橘子的国内需求和国内供给。假定橘子的世界市场价格为每个0.3美元。

橘子价格（美元）	橘子需求量（千个）	橘子供给量（千个）
1.00	2	11
0.90	4	10
0.80	6	9
0.70	8	8
0.60	10	7
0.50	12	6
0.40	14	5
0.30	16	4
0.20	18	3

a. 画出美国的国内供给曲线和国内需求曲线。

b. 在自由贸易条件下，美国会出口还是进口橘子？数量为多少？

假定美国政府对橘子征收每个0.2美元的关税。

c. 美国在征收关税后会进口或出口多少橘子？

d. 在你的图中用阴影表示出由关税引起的经济总体的增益或损失。

9. 美国对橘子的国内需求表和国内供给表已由第8题给出。假定橘子的世界市场价格为每个0.3美元。美国实施3 000个橘子的进口配额，配额租金被分配给橘子的国外出口商。

a. 画出国内需求和供给曲线。

b. 在实施配额后，橘子的国内价格将会是多少？

c. 橘子的国外出口商将收到价值多少的配额租金？

10. 下图所示为美国对牛肉的国内需求曲线和国内供给曲线。

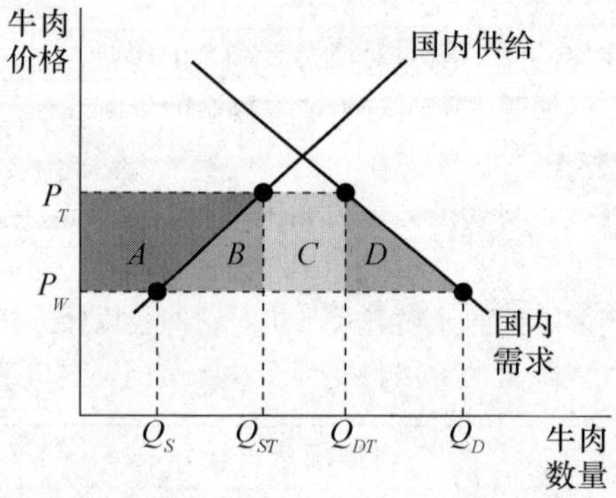

牛肉的世界市场价格为 P_W，美国现在对牛肉征收进口关税，所以牛肉价格为 P_T。国会决定取消关税，根据图中标出的区域来回答下列问题。

a. 取消关税后消费者剩余增加或减少了多少？

b. 取消关税后生产者剩余增加或减少了多少？

c. 取消关税后政府的增益或损失是多少？

d. 取消关税后经济总体上的增益或损失是多少？

11. 美国实行贸易开放后将会失去一些制造业工作机会，但会在高技术产业得到一些工作机会，比如软件产业。解释总体上美国是否因贸易而受益。

12. 美国对农业实行高度的保护——对农产品征收进口关税，有时会对农产品进口实施一些配额。本章已经提出了三个实施贸易保护的理由。讨论每个理由是否可作为美国实行农产品贸易保护的合理理由。

13. 在 WTO 谈判中，如果一个国家同意减少贸易壁垒（关税或配额），经常会被认为是对其他国家的让步。你认为使用“让步”（concession）这一术语合适吗？

14. 进口竞争产业的生产者常常提出以下理由：“其他国家在特定产品的生产上具有优势，因为国外的工人被支付很低的工资。事实上，美国工人的生产率远高于国外的工人。所以进口竞争产业需要被保护。”这是合理的理由吗？解释你的回答。

在线回答问题

15. 假设沙特阿拉伯和美国对石油和汽车的生产可能性如下表所示：

沙特阿拉伯		美国	
石油数量（百万桶）	汽车数量（百万辆）	石油数量（百万桶）	汽车数量（百万辆）
0	4	0	10.0
200	3	100	7.5
400	2	200	5.0
600	1	300	2.5
800	0	400	0

a. 在沙特阿拉伯生产一辆汽车的机会成本是多少？在美国呢？在沙特阿拉伯生产一桶石油的机会成本是多少？在美国呢？

b. 哪个国家在生产石油上具有比较优势？哪个国家在生产汽车上具有比较优势？

c. 假定在自给自足经济中，沙特阿拉伯生产 2 亿桶石油和 300 万辆汽车；美国生产 3 亿桶石油和 250 万辆汽车。在没有贸易的情况下，沙特阿拉伯可以生产出更多的石油和汽车吗？在没有贸易的情况下，美国可以生产出更多的石油和汽车吗？

假定现在两国各自专业分工生产具有比较优势的产品，并且开展贸易。同时假定每个国家产品出口的价值必须等于产品进口的价值。

d. 石油的总生产量是多少？汽车的总生产量是多少？

e. 沙特阿拉伯消费 4 亿桶石油和 500 万辆汽车、美国消费 4 亿桶石油和 500 万辆汽车是可能的吗？

f. 假定沙特阿拉伯实际消费 3 亿桶石油和 400 万辆汽车、美国消费 5 亿桶石油和 600 万辆汽车。美国进口多少桶石油？美国出口多少辆汽车？假定一辆汽车的世界市场价格为 10 000 美元，那么一桶石油的世界市场价格为多少？

第 9 章

个人和企业决策

本章将学习

- 为什么一个好的决策必须从准确定义成本和收益开始。
- 隐含成本和显明成本在决策中的重要性。
- 会计利润和经济利润的区别是什么，为什么经济利润是正确决策的基础。
- 为什么会有 3 种不同类型的经济决策：“非此即彼”式决策、“多少”式决策以及考虑沉没成本式决策。
- 与每种决策类型相对应的原理是什么。
- 为什么有时人们会有非理性的但又可预计的行为方式。
- 决策中如何考虑时间因素（见本章附录）。

☞ 开篇案例

重回学校

2010 年春，俄勒冈大学的 2008 级新闻专业的阿什莉·希尔德雷思（Ashley Hildreth）深感沮丧。在食品行业中做了 18 个月被她描述为“闭塞的兼职工作”后，她决定申请教育学硕士项目。

她指着她提交过的没有得到回应与面试的众多求职申请解释她的决定。她希望获得一个在广告和市场营销方面或在非营利性组织的行政职务方面的入门机会。但要么杳无音讯，要么被委婉地拒绝。经过慎重考虑，她决定申请读研。

并非希尔德雷思一个人这样决策。2010 年春，因为就业市场不佳，全国范围内各高校收到的申请书创了纪录。不仅学士和副学士项目申请人数飙升，像希尔德雷思一样，各种研究生和继续教育项目的申请人数也大幅增加。

然而，无论就业市场的状况如何，每年都有数以百万计的人像你一样，面临去找工作还是继续求学的选择：“我应该继续在学校学习一年（或一个学期或一个季度），还是应该去找一份工作？”也就是说，他们在做决策。

本章是有关决策的经济学：如何做出能导致最好经济结果的决策。经济学家们已经得出了可能导致最佳的——通常被称为“最优的”——决策的原理，不管决策者是消费者还是生产者。

我们将考察三种不同类型的经济决策，每一种都有相应的原理或方法导致最佳的经济结果。在本章中，我们将看到为什么经济学家认为决策是微观经济学的本质。

尽管人们应该使用经济决策原理以实现最佳的经济结果，但人们有时做不到这一点。换句话说，在做决策时，人们并不总是理性的。

例如，追求讨价还价的购物者可能知道他们在汽油上的花费比节省的还多。然而，经济学家们还发现，人们常常会有可预见的非理性行为方式。在本章中，我们讨论行为经济学时会了解这些趋势，这是经济学研究非理性经济行为的一个分支。

9.1 成本、收益和利润

在做出任何类型的决策时，准确定义成本和收益非常重要。如果我们不知道成本和收益，是无法做出一个好的决策的。所以我们从这里开始。

第一步是重新认识我们在第1章提出的资源稀缺背景下机会成本概念的作用。因为资源稀缺，我们得到任何事物的真正成本是我们必须放弃的其他东西，也就是机会成本。

决定来年继续求学还是离校找一份工作，每种选择都涉及成本和收益。因为你的时间（一种资源）是稀缺的，你不可能同时做全日制学生与成为一名全日制雇员。如果你选择成为一名全日制学生，这种选择的机会成本就是你做全日制工作所能获得的薪水。可能还有其他机会成本，比如你在工作中获得的经验所具有的价值。

当做出决策时，使用机会成本概念来考虑非常关键，因为一项行动的机会成本通常要大大高于所花费的货币成本。

经济学家们使用显明成本和隐含成本概念来类比货币支出和机会成本的关系。我们先讨论这两个概念，随后我们会定义会计利润和经济利润概念，通过这种计算方法来判断一种行动的收益是否大于成本。定义了评判成本和收益的概念之后，我们将考虑经济决策的第一个原理，如何做出“非此即彼”式决策。

9.1.1 显明成本和隐含成本

假设大学毕业后你有两个选择：继续在学校学习一年，攻读一个更高的学位，或者马上去找工作。你倾向于在校多学习一年，但又担心成本问题。

在校多学习一年的确切成本为多少呢？机会成本的重要性在此显现，为获得更高学位多花费一年的成本包括没有去工作而放弃的一切。在校多学习一年的机会成本，像其他成本一样，可分为两部分：在校一年的显明成本和隐含成本。

显明成本（explicit cost）是必须支出货币而形成的成本。例如，学费就是在校多学习一年的显明成本之一。**隐含成本**（implicit cost）并不涉及货币支出，但它是可以用货币来度量的所放弃的好处的价值。例如，在校多学习一年的隐含成本包括你如果参加工作所获得的收入。

> **显明成本**是必须支出货币而形成的成本。
>
> **隐含成本**并不涉及货币支出，但它是可以用货币来衡量的所放弃的好处的价值。

在经济分析和生活中——不论个人还是企业——常犯的错误之一是忽略隐含成本，只看到显明成本。但是，经常发生的情况是一种行动的隐含成本相当高，有时候大大超过显明成本。

表9-1对假想的在校多学习一年而非参加工作所涉及的显明成本和隐含成本做了分解。显明成本包括学费、书费、食宿费和一台完成作业所需要的计算机的费用，所有这一切都需要支出货币。隐含成本是如果参加工作所获得的收入。我们可以看出，在校多学习一年的总机会成本为44 500美元，其中，总隐含成本为35 000美元，即放弃的收入，总显明成本为9 500美元，用于学费、生活费和电脑的开支。因为隐含成本为显明成本的3倍多，如果忽略隐含成本，将导致严重的决策失误。这个事例给出了一个一般性原理：任何行动的机会成本都等于它的显明成本加上隐含成本。

表 9-1　　　　在校多学习一年的机会成本

显明成本（美元）		隐含成本（美元）	
学费	7 000	放弃的收入	35 000
书费和食宿费	1 000		
计算机	1 500		
总显明成本	9 500	总隐含成本	35 000
总机会成本＝总显明成本＋总隐含成本＝44 500 美元			

在这个事例中，采取稍微不同的视角来看隐含成本可能会加深我们对机会成本的理解。继续上学而非工作所放弃的收入是使用你自己的资源——你的时间——的成本。你在校的时间越多，尽管并不会为此支出任何货币，但你仍然付出代价。这说明了机会成本的一个重要特性：在考虑一种行动的成本时，应该包括你为该种行动付出的所有资源。你可以通过确定你自己的资源在次优用途上所赚取的收入来计算使用它们的机会成本。

理解了机会成本的作用，也就清楚了 2010 年学校申请人数突然暴增的原因：糟糕的就业市场。从 2009 年开始，随着美国经济陷入严重衰退，就业市场急剧恶化。到 2010 年，就业市场仍相当孱弱。尽管职位空缺已经开始出现，但是相当比例的职位是那些工资低且福利差的。因此，在校多学习一年的机会成本显著下降。也就是说，再花一年时间在学校进修变得比就业市场强劲的时候更具吸引力。

□ 9.1.2　会计利润与经济利润

我们回到阿什莉·希尔德雷思的例子，并假定她面临的选择是：要么在学校完成为期两年的全日制研究生课程，要么花费两年的时间做她原来的广告公司的工作。我们还假设，为了获得教师资格证，她必须完成整整两年的研究生课程。她应该做出何种选择？

首先我们考虑阿什莉获得教育学学位的增益——我们可以称之为她从教学中获得的收入。从目前算起，一旦经过两年的学习获得教育学学位，她在一生中剩余的时间里由于获得学位而得到的收入在今天价值 60 万美元。相反，如果她没有获得学位，而在广告公司工作同样的两年，她在一生中剩余的时间里得到的收入在今天价值 50 万美元。她为获得教师所需的教育学学位支付的学费为 4 万美元，她为学生贷款支付的利息为 4 000 美元。

在这种情况下，她应该怎样做似乎显而易见：如果她选择攻读教育学学位，她一生增加的收入的价值为 60 万美元－50 万美元＝10 万美元，而她为此支付 4 万美元的学费再加 4 000 美元的利息。这是否意味着她通过获得教育学学位获得的利润为：100 000 美元－40 000 美元－4 000 美元＝56 000 美元？这 56 000 美元是阿什莉获得教育学学位的**会计利润**（accounting profit）：她的收入减去她的显明成本。在这个例子中，她的显明成本为 44 000 美元，即她的学费加上学生贷款利息。

会计利润等于收入减去显明成本。

尽管会计利润是一个有用的指标，但是如果阿什莉单独使用这一指标来做决策，将被误导。要做出正确的决定，即可能带给她最好经济结果的决定，她需要计算她的**经济利润**（economic profit），即她从教育学学位中所获得的收入减去她留在学校的机会成本（等于她的显明成本加上隐含成本）。一般情况下，因为除了显明成本外几乎总有隐含成本，某个项目的经济利润总是小于会计利润。

经济利润等于收入减去使用资源的机会成本。它通常小于会计利润。

当经济学家使用“利润”一词时，他们指的是经济利润，而非会计利润。在本书的其余部分我们遵照这一习惯：当我们用“利润”一词时，我们指的是经济利润。

为何阿什莉留校学习的经济利润与会计利润不同呢？我们已经提及差异的原因之一：她放弃的两年工作所赚取的收入。这是她在校全日制学习两年的隐含成本。我们假设阿什莉放弃的两年收入在今天价值 57 000 美元。

一旦我们考虑阿什莉的隐含成本因素，计算她的经济利润时就可以看出，她并未因为获得学位而变得更好。我们可以在表 9-2 中看出这一点：她得到教育学学位的经济利润为－1 000 美元。换言之，如果她要获得学位，她将遭受 1 000 美元的经济损失。显然，她最好继续从事现在的广告公司的工作。

表 9-2　阿什莉获得教育学学位的经济利润　单位：美元

一生中可增加的收入的价值	100 000
显明成本：	
学费	−40 000
学生贷款利息	−4 000
会计利润	56 000
隐含成本：	
在校两年放弃的收入	57 000
经济利润	−1 000

为确保更好地理解机会成本和经济利润的概念，我们考虑一个稍微不同的情形。我们假设阿什莉不必借40 000美元学生贷款来支付学费。相反，她可以以她祖母留给她的遗产来支付学费，因此，她不必支付4 000美元利息。在这种情况下，她的会计利润为60 000美元，而不是56 000美元。那么，现在攻读教育学学位是正确的决定吗？获得学位的经济利润现在等于60 000美元−57 000美元=3 000美元吗？

答案是否定的，因为在这种情况下，阿什莉是用她自己的资本来资助她的教育，即使使用自己拥有的资本，也有机会成本。

资本（capital）是个人或企业的资产的总价值。个人的资本通常由在银行的现金、股票、债券和房屋等不动产的所有权的价值组成。对企业而言，资本也包括其设备、工具、未售出的商品和所使用的零件的存货。（经济学家喜欢将资产区分为金融资产和实物资产，前者如现金、股票和债券，后者如建筑物、设备、工具和存货。）

问题的关键是：如果阿什莉用拥有的40 000美元来交学费，机会成本——她放弃的40 000美元的次优用途——是什么？如果她没有用这笔钱支付学费，这笔钱的次优用途是被存到银行赚取利息。

> **资本**是个人或企业的资产——金融资产和实物资产——的总价值。

为了简单起见，我们假设她将40 000美元存入银行后所获得的利息收入为4 000美元。现在，她没有以学生贷款利息的形式支付4 000美元的显明成本，而是付出了本可以获得的4 000美元利息的隐含成本。

所放弃的这4 000美元的利息收入就是经济学家所说的**资本的隐含成本**（implicit cost of capital），也就是资本如果用于次优用途所能给资本所有者带来的收入。从最终的净影响来看，对阿什莉来说，无论她借学生贷款还是使用自己的资金来支付学费，二者并无区别。这种比较再次提醒我们在做出决定时，必须牢记机会成本。

> **资本的隐含成本**是使用自己资本的机会成本，即如果资本用于次优用途所带来的收入。

□ 9.1.3 “非此即彼”式决策

一项“非此即彼”式决策是你必须在两者之间做出选择的决策。这与“多少”式决策不同，后者仅仅是指对给定的行动，要求你选择多少。例如，阿什莉面临的一个“非此即彼”式决策是：花费两年的时间完成研究生课程以获得教育学学位，或去工作。相比之下，“多少”式决策是决定将多少小时用于学习或将多少小时用于工作。表9-3对比了各种“非此即彼”式和“多少”式决策。

表 9-3　“多少”式决策与“非此即彼”式决策的比较

“非此即彼”式决策	“多少”式决策
汰渍洗衣液还是切尔洗衣液？	多少天洗一次衣服？
买车与否？	你的车换一次油跑多少英里？
订购一份玉米片还是一份三明治？	在你的玉米片中加多少胡椒？
自己做生意还是替人打工？	你的公司应该雇用多少工人？
给病人开A药还是B药？	病人应该服用多少会产生副作用的药物？
上研究生还是不上？	有多少时间用于学习？

正如我们已经强调的，在经济决策中，正确计算机会成本非常重要。做出“非此即彼”式决策的最佳方

式，也就是可得到最佳经济结果的方法，是**“非此即彼”式决策原则**（principle of “either-or” decision making）。根据这一原则，当面临两种选择须做出“非此即彼”式决策时，选择具有止的经济利润者。

从一个不同的角度来审视阿什莉面临的困境，我们可以更好地理解这个原则的含义。如果她留在广告公司并立即入职，她终生的总收入在今天的价值为：57 000 美元（未来两年收入在今天的价值）+500 000 美元（此后她一生获得的收入在今天的价值）=557 000 美元。如果她得到教育学学位，并且成了教师，她终生的总收入在今天的价值为：600 000 美元（在校两年之后的终生收入在今天的价值）−40 000 美元（学费）−4 000 美元（利息）=556 000 美元。继续从事广告工作与成为一名教师之间的经济利润差为 557 000 美元−556 000 美元=1 000 美元。

根据**“非此即彼”式决策原则**，当面对两种选择须做出“非此即彼”式决策时，选择具有正的经济利润者。

▶ 追根究底

两次突袭

1944 年 6 月 6 日，盟军士兵猛攻诺曼底海滩，开始了从德国统治下解放法国的行动。然而在突袭前不久，盟军将领不得不做出一个重大决定：士兵在什么地方登陆。

他们要做的就是一个“非此即彼”式决策。突击部队的一个选择是横渡英吉利海峡最窄处——加莱——这也正是德国人所预计的，另一个选择是出其不意地在更远一些的西部的诺曼底登陆。由于部队和登陆艇数量有限，盟军不能双管齐下。事实上，他们选择了出其不意。在诺曼底的德军防线非常弱，无法抵抗登陆行动。盟军成功登陆并解放了法国，赢得了战争的胜利。

三十年前，在第一次世界大战开始时，德国将领要做出一个不同的决定。他们计划通过陆路入侵法国，并计划借道比利时入侵。他们要做出的决策并非“非此即彼”式的，而是“多少”式的：进攻部队应该配备多少兵力才足够。最终法国军队将其阻挡在距离巴黎 30 英里的地方。大多数军事历史学家认为，由于分配了太少的兵力用于进攻，冯·莫尔特克（von Moltke）失误的代价是德国输掉了整个战争。（“多少”式决策将在下一节详细讨论。）

所以，盟军将领在 1944 年做出了正确的“非此即彼”式决策；而德国将领则在 1914 年做出了错误的“多少”式决策。其他都已成为历史。

▶ 疑难解答

为什么只有两种选择？

在“非此即彼”式决策中，我们假设只有两种选择。但是，如果不止两种选择，还有第三种或更多种，又该如何？“非此即彼”式决策原则是否仍然适用？

是的，确实适用。这是因为任何三种（或更多的）替代品之间的选择总能归纳为两两之间的一系列选择。下面使用三种选择 A、B 或 C 来说明。（请记住，这是一个“非此即彼”式决策：你可以选择三种中的任意一种。）

比方说，你开始考虑 A 与 B：在该比较中，A 的经济利润为正，但是 B 产生经济损失。这样，你应该放弃 B 作为可行的选择，因为 A 将永远优于 B。下一步是比较 A 与 C，就这一比较而言，C 具有正的经济利润，但 A 产生经济损失。现在，您可以放弃 A，因为 C 将永远优于 A。因为 A 比 B 好，C 比 A 好，所以 C 是正确的选择。

因此，对于阿什莉来说正确的选择是立即开始从事广告工作，这可带给她 1 000 美元的经济利润，而不是成为一名教师，这带给她的经济利润为−1 000 美元。换言之，成为一名教师，她将失去 1 000 美元的经济利润，而在广告公司工作则立刻就可以获得经济利润。

在做出“非此即彼”式决策时，当个人或企业在项目中使用自有资本而不是租用或借用资产时常常会产生错误。这是因为他们没有考虑到使用自有资本的隐含成本。相反，当他们租用或借用资产时，这些租赁或借贷成本就会成为显明成本。例如，如果一家餐厅拥有自己的设备和工具，就必须通过计算这些设备可以卖多少钱并且在未来将这笔钱用于次优项目中可以赚多少来计算自有资本的隐含成本。

此外，由业主（企业家）经营的企业往往无法计算经营企业的所有者付出时间的机会成本。这样一来，小企业往往低估了自己的机会成本，而高估它们留在企业的经济利润。

我们是否暗示选择回学校进修而不是在最近几年找工作的成千上万人被误导了？并无此意。正如我们在前面提到的，对于很多学生而言，就业市场不佳，这极大地降低了放弃工资的机会成本，继续受教育成为他们的最佳选择。

下面的“真实世界中的经济学”专栏说明了知晓会计利润和经济利润之间的差别在现实生活中多么重要。

▶ **真实世界中的经济学**

在郊区影子下的农场

在广阔的郊区之外，新英格兰的大部分土地都被茂密的森林所覆盖。但是，这并非原始森林，如果徒步穿过森林，你会见到许多石墙，石墙围着农场的耕地和牧场，这是该地区农业发展的遗迹。1880 年，一半以上的新英格兰土地已经被耕种；到 2013 年，这一比重下降到了 10%。

新英格兰地区剩余的农场主要位于靠近大都市的地区。因为城市居民愿意为当地种植的非常新鲜的水果和蔬菜支付溢价，农民可以从这些耕地上种植的产品中获得高价。

但是，现在即使是这些农场主也感受到了临近大都市的耕地的隐含成本上升所带来的经济压力。过去 20 年中，大都市地区逐步扩大，越来越多的农场主在考虑将自己的土地出售给房地产开发商是否会更划算。

2013 年，美国农田整体的平均价值为每英亩 2 900 美元，但新英格兰地区各州中人口最密集的罗得岛州平均为每英亩 11 800 美元。波士顿联邦储备银行指出，“高地价给该地区的农场带来了巨大的压力，因为要创造足够多的收入才能保持这些土地仍然是农业用地。”

最重要的一点是，即使农场主拥有土地，他们也面临巨大的压力，因为土地是企业运营资本的一种形式。因此，保持土地农用而不是将其转卖给开发商，构成巨大的资本隐含成本。

美国农业部（USDA）提供的资料有助于我们用货币来表示诸如罗得岛州农场开发所产生的资本隐含成本。2004 年，为防止罗得岛州农田被开发利用，美国农业部推出计划，对土地所有者对其土地的“开发权”进行补贴，标准为平均每英亩 4 949 美元。到 2013 年，该项标准已经上升到超过 11 800 美元。

新英格兰地区正在运营的农场中有三分之二赚钱甚少。它们都作为“农村住宅”被保留，人们通过其他途径获得收入——并非因为经营它们是最佳选择，而多半是由于个人奉献和这些人从农场生活中获得的满足感。虽然许多企业都有重要的隐含成本，但所有者也从中得到了超越所赚取的收入的其他重要利益。

及时复习

- 所有成本都是机会成本。机会成本可分为显明成本和隐含成本。
- 一种行动的会计利润并不一定会等于它的经济利润。
- 由于资本有隐含成本，也就是使用自有资本的机会成本与自己的时间的机会成本，经济利润通常比会计利润小得多。
- “非此即彼”式决策原则是，当面对两种选择须做出“非此即彼”式决策时，选择具有正的经济利润者。

小测验 9-1

1. 卡玛和唐在家开办了一个家具翻新公司，下列项目中哪些是显明成本？哪些是隐含成本？

a. 耗材，如脱漆剂、油漆、上光剂、砂纸等。

b. 已被改装成工作室的地下室。

c. 支付给兼职帮手的工资。

d. 他们继承并使用的只运送家具的一辆面包车。

e. 为了经营企业，卡玛所放弃的一个较大型的家具翻新公司提供的工作。

2. 假定阿什莉有第三种选择：为期两年的熟练机械师的学徒项目，学成后，她成为持照机械师。在学徒期，她每年的收入为底薪 15 000 美元。在学徒期结束后，她的终生收入的价值为 725 000 美元。阿什莉最好的职业选择是什么？

3. 假设你有三种选择，A、B 和 C，你只能选择其中之一。在比较 A 与 B 时，你会发现 B 有经济利润而 A 有经济损失。但在比较 A 与 C 时，你会发现 C 有经济利润，而 A 有经济损失。你如何做出决策？

9.2 “多少”式决策：边际分析的作用

虽然经济学中的许多决策是“非此即彼”式决策，但有许多决策是“多少”式决策。如果汽油价格上涨，放弃开车的人没有多少，但很多人会减少开车。会减少多少？玉米价格上涨不一定会吸引很多人去经营一家农场，但它会激励已经种植玉米的农民种植更多。会多种植多少？

由微观经济学原理我们知道，“多少”是在边际上决定的。因此，要了解“多少”式决策，我们将使用边际分析方法。边际分析是比较多进行一点某种行动所得的好处与多进行一点该种行动所花的成本。经济学家把多进行一点行动所带来的好处称为边际得益，而多进行一点行动的成本被经济学家称为边际成本。

为什么这被称为“边际分析”？边际即边缘；在进行边际分析时，是将边缘向外推出一点，观察这是不是一个有益的举措。为了理解边际分析，我们假设一个应该用多少年来完成学业的决策。我们以亚历克斯为例，他学习计算机编程和设计。因为有许多计算机语言、应用设计方法、图形程序可以同时在一年内学习，每年亚历克斯都必须决定是否继续他的学习。

与阿什莉面临的是否攻读教育学学位的“非此即彼”式决策不同，亚历克斯面临的是花多少年学习计算机编程和设计的“多少”式决策。例如，他可以多学习一年，或五年，或两者之间的某一年数。我们从定义亚历克斯多学习一年的边际成本开始对亚历克斯决策的边际分析。

□ 9.2.1 边际成本

我们假设在校学习时间每增加一年，亚历克斯的显明成本就增加 10 000 美元，包括学费、学生贷款利息等。除了显明成本，他还有隐含成本，即在学校多学习一年而放弃的收入。

显明成本为常数（即每年都相同），与亚历克斯的显明成本不同，亚历克斯的隐含成本每年都会变化。这是因为他在学校每多学习的一年都比前一年接受了更好的培训；培训越好，他得到的工资就越高。因此，他不就业所放弃的收入会随着在学校多学习一年而上升。换句话说，亚历克斯的在校学习时间越长，他在学校多学习一年的隐含成本就越大。

表 9－4 给出了亚历克斯花费更多年完成学业时每增加一年所带来的成本变化。第二列给出了随着他完成学业年数的增加，他完成学业的总成本发生变化的情形。例如，亚历克斯第一年的总成本为 30 000 美元：显明成本即学费为 10 000 美元，放弃的薪水等为 20 000 美元。

表 9－4　亚历克斯在校学习时间增加带来的边际成本

在校学习时间（年）	总成本（美元）	边际成本（美元）
0	0	
		30 000
1	30 000	
		40 000
2	70 000	
		60 000
3	130 000	
		90 000
4	220 000	
		130 000
5	350 000	

第二列还显示，在校两年的总成本为 70 000 美元：第一年的 30 000 美元加上第二年的 40 000 美元。在学校的第二年，他的显明成本保持不变，仍为 10 000 美元，但他放弃的隐含成本即工资已经上涨到 30 000 美元。这是因为，他作为一名具有一年在校学习经历的工人比没有受过教育者更有价值。

同样，在校三年的总成本为 130 000 美元：显明成本即三年的学费 30 000 美元，另加隐含成本即三年所放弃的工资 100 000 美元。在校四年的总成本为 220 000 美元，而在校五年的总成本为 350 000 美元。

他在校多学习一年带来的学校教育总成本的变化是他的受教育年限增加一年的边际成本。一般情况下，生产产品或服务（就目前的情况而言是自己受教育）的**边际成本**（marginal cost）是多生产一单位产品或服务所产生的额外费用。表 9-4 中第二列“总成本”与第三列“边际成本”之间的之字形线条可帮助我们理解如何由总成本计算出边际成本。同样地，总成本也可以由边际成本计算得出：给定数量的总成本是该数量的边际成本与所有此前的边际成本之和。所以，在校三年的总成本为：30 000 美元＋40 000 美元＋60 000 美元＝130 000 美元；也就是说，第一年的边际成本加上第二年的边际成本加上第三年的边际成本。

边际成本是生产一种产品和服务时多生产一单位产品和服务所增加的成本。

如前所述，表 9-4 的第三列表明了亚历克斯在校受教育年限增加的边际成本，其中的变化规律较为清晰：一直在递增。从 30 000 美元、40 000 美元、60 000 美元、90 000 美元到第五个年头的 130 000 美元。这是因为，如果亚历克斯参加工作，那么在校多学习一年会使得他更有价值，工资也更高。因此，受教育越多，放弃工作的成本越大。这就是经济学家们所说的**边际成本递增**（increasing marginal cost），这是当增加一单位产量的成本比此前增加一单位产量的成本更高时所发生的情形。

边际成本递增是增加一单位产量的成本比此前增加一单位产量的成本更高时所发生的情形。

图 9-1 为**边际成本曲线**（marginal cost curve），这是对亚历克斯的边际成本的图示。每个阴影柱形的高度对应在学校的某一年的边际成本。图中连接每个柱形顶部中点的线是亚历克斯的边际成本曲线。亚历克斯的边际成本曲线向上倾斜，因为增加在校年限将导致边际成本递增。

边际成本曲线是表明每多生产一单位产量，成本如何受到已有产量影响的曲线。

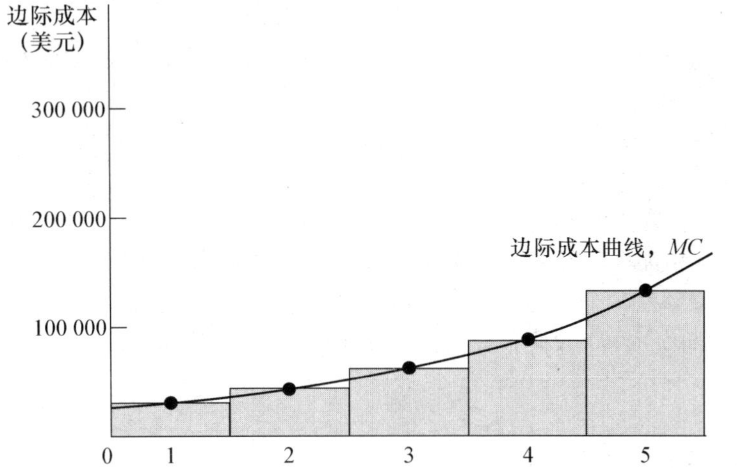

图 9-1　边际成本

每个阴影柱形的高度对应在学校的某一年的边际成本。因为每在校多学习一年，所付出的成本都比此前的年份高，所以每个柱形都比此前的要高一些。因此，亚历克斯的边际成本递增，连接每个柱形顶部中点的线即边际成本曲线向上倾斜。

虽然边际成本递增是现实生活中常见的现象，但这并非唯一的可能。当多生产一单位产品所增加的成本与生产此前一单位产品的成本相同时会出现**边际成本不变**（constant marginal cost）。例如，苗圃就具有典型的边际成本不变特征，不管已经种植了多少植物，多种植一单位植物的成本都是相同的。边际成本不变时，边际成本曲线是一条水平线。

当多生产一单位产品或服务所增加的成本与此前生产一单位产品或服务的成本相同时，产品或服务的**边际成本不变**。

边际成本递减（decreasing marginal cost）是指随着生产的产品数量的增加，边际成本减少。当边际成本递减时，边际成本曲线向下倾斜。边际成本递减往往是由于生产中存在学习效应（learn effect）：当面对复杂的任务时，比如装配汽车的新车型，装配最早的几辆时，工人往往较慢且容易出错，这几辆车的边际成本就会较高。但是，随着工人经验的积累，组装时间和错误都会减少，后续生产的边际成本就会降低。因此，整个产量的边际成本下降。

边际成本递减是再增加一单位产量的成本比此前增加一单位产量的成本更少时所发生的情形。

最后，生产某些产品和服务的边际成本曲线的形状会随着产量增加而变化。例如，随着工人解决了汽车生产中的问题和错误，第一批产量的边际成本很可能会下降。然后，随着工人进入正轨的操作节奏，下一批汽车的边际成本会保持不变。

但在某个点，随着工人生产更多的汽车，边际成本开始增加，因为工厂车间的空间已经利用殆尽，且汽车公司不得不支付高昂的加班工资。这导致了我们称之为“上钩”（swoosh）形的边际成本曲线——我们将在第 11 章讨论这一话题。就目前而言，我们仍只是考虑边际成本曲线递增的简单例子。

▶ **疑难解答**

总成本与边际成本

很容易得出结论：边际成本和总成本的变化方向总是相同。也就是说，如果总成本上升，那么边际成本也一定增加。或者，如果边际成本正在递减，那么总成本也一定下降。但下面的例子表明，这个结论是错误的。

我们考虑汽车生产的事例，正如我们在前面提到的，这可能涉及学习效应。假设第一批新型号的汽车，每辆车的装配成本为 10 000 美元。当工人们获得新车型装配经验后，他们将更好地组织生产。由此带来的结果是，就第二批而言，每辆车的装配成本降至 8 000 美元。到第三批，随着工人们越来越有经验，每辆车的装配成本继续下降至 6 500 美元。对于第四批，每辆车的装配成本下降到 5 000 美元，以后继续保持这一水平。

在这个例子中，边际成本从第一批至第四批一直在下降，从 10 000 美元降至 5 000 美元。然而，请注意，总成本在整个生产运行期间一直在增加，这是因为边际成本大于零。

为了理解这一点，我们假设每个批次包括 100 辆汽车。然后生产第一批的总成本为 100×10 000 美元＝1 000 000 美元。生产第一和第二批汽车的总成本为 1 000 000 美元＋(100×8 000 美元)＝1 800 000 美元。同样地，生产第一、第二和第三批的总成本为 1 800 000 美元＋(100×6 500美元)＝2 450 000 美元，依此类推。正如你所看到的，虽然边际成本在前几个批次递减，但总成本在增加。

这告诉我们，总量和边际量的变化有时可能方向正好相反。所以，两者总是沿着同一方向变动的说法是错误的。我们可以断言，当边际成本为正值时，不管边际成本是增加还是减少，总成本总是增加的。

□ 9.2.2 边际得益

当亚历克斯刻苦完成多年学业后，他终生会因更高收入而受益。他受益的具体情形如表 9－5 所示。第二列给出了根据完成学业所用年数亚历克斯所获得的总得益，表示为他终生收入的价值。第三列为亚历克斯在校每增加一年所获得的边际得益。一般来说，生产产品或服务的**边际得益**（marginal benefit）是从多产出的一单位产品或服务中获得的额外好处。

边际得益是从多产出的一单位产品或服务中获得的额外好处。

与表 9－4 类似，表 9－5 中第三列的数据给出了一个清晰的结果。然而，这里的数字是递减的而非递增的。第一年的学业使亚历克斯的终生收入的价值增加了 300 000 美元。第二年也给他带来了一个正的收益，但收益的规模已经下降到 150 000 美元；第三年的收益也为正，但规模再次下滑至 90 000 美元，依此类推。换句话说，亚历克斯完成学业花费的时间越长，每增加一年带给他的终生收入价值增加越小。

表 9-5　亚历克斯在校学习时间增加带来的边际得益

在校学习时间（年）	总得益（美元）	边际得益（美元）
0	0	
		300 000
1	300 000	
		150 000
2	450 000	
		90 000
3	540 000	
		60 000
4	600 000	
		50 000
5	650 000	

亚历克斯的在校学习决策出现了经济学家所说的**边际得益递减**（decreasing marginal benefit）现象：在校每增加一年带来的好处比前一年更小。或者，换种说法，当边际得益递减时，从多生产的一单位产品或服务中得到的好处随着产量的增加会下降。

边际得益递减指从再增加的一单位产品或服务中得到的好处比此前的单位减少的现象。

正如边际成本可以通过边际成本曲线来表示，边际得益也可以通过**边际得益曲线**（marginal benefit curve）来表示，如图 9-2 中的曲线所示。因为亚历克斯从增加的教育年限中得到的边际得益递减，所以边际得益曲线向下倾斜。

边际得益曲线是表明每多生产一单位产量，得益如何受到已有产量影响的曲线。

并非所有的产品或行动都表现出边际得益递减。事实上，有许多产品的边际得益是常数，也就是说，不论已经生产了多少单位，从每多生产一单位产量中得到的额外好处都是相同的。在后面的章节中，我们将看到，企业的边际得益曲线的形状对该企业在其行业内的行为具有重要影响。我们也就会明白为什么边际得益不变被认为是许多重要行业的常态。

现在，我们可以将已经定义的边际得益和边际成本的概念汇集在一起来回答亚历克斯应该选择多少教育年限的问题了。

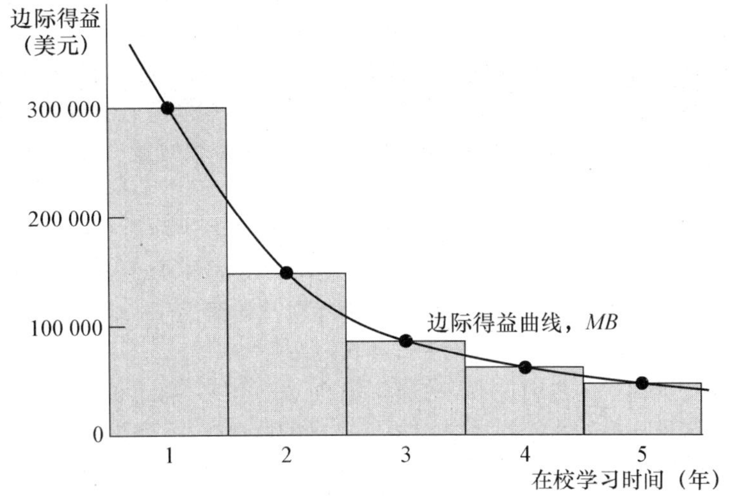

图 9-2　边际得益

每个阴影柱形的高度对应的是亚历克斯在校学习的某一年的边际得益。因为每在校多学习一年，所获得的得益都比此前的年份低，所以每个柱形都比此前的要低一些。因此，亚历克斯的边际得益递减，连接每个柱形顶部中点的线即边际得益曲线向下倾斜。

□ 9.2.3 边际分析

表 9－6 所示的边际成本和边际得益的数字来自表 9－4 和表 9－5，该表还增加了一列：亚历克斯多在校一年可获得的额外利润，等于在校多学习一年的边际得益与边际成本之差。（请注意，我们关心的是亚历克斯的经济利润而非他的会计利润。）我们现在可以根据表 9－6 来确定亚历克斯为获得最大利润需要在校学习的年限。

首先，假设亚历克斯选择不再在校学习。我们从第四列可以看出，如果亚历克斯想实现从在校学习中获取最大的总利润，即他多在校一年所带来的额外利润的总和，那么这是一个错误的决策。如果他在校多学习一年，他的终生收入的价值可以增加 270 000 美元，也就是多学习一年的利润。

表 9－6　　亚历克斯在校学习时间增加带来的边际利润

在校学习时间（年）	边际得益（美元）	边际成本（美元）	增加的利润（美元）
0			
	300 00	30 000	270 000
1			
	150 00	40 000	110 000
2			
	90 000	60 000	30 000
3			
	60 000	90 000	－30 000
4			
	50 000	130 000	－80 000
5			

现在，我们考虑亚历克斯是否应该继续第二年的学习。他从第二年在校学习中获得的额外利润为 110 000 美元，所以，亚历克斯应该继续第二年的学习。第三年呢？他从第三年在校学习中获得的额外利润为 30 000 美元。因此，亚历克斯也应该继续第三年的学习。

第四年如何呢？该年的额外利润为负，即－30 000 美元。如果亚历克斯继续第四年的学习，他的终生收入的价值将损失 30 000 美元。显然，亚历克斯不参加工作而是继续第四年的学习，情况将变差。同样，如果继续第五年的学习，情况也会如此，他的新增利润为－80 000 美元。

我们从中可以总结出什么呢？亚历克斯应该在校学习三年，并在此时适可而止。因为第一、第二和第三年继续在校学习增加了他终生收入的价值，第四年和第五年继续在校学习则会导致价值减少。所以，在校继续学习三年可带来可能的最大的总利润。这就是经济学家所称的**最优数量**（optimal quantity），即带来可能的最大总利润的数量。

> **最优数量**是带来可能的最大总利润的数量。

图 9－3 用图示法说明了最优数量的决定。图 9－3 将亚历克斯的边际得益曲线和边际成本曲线放在一起。如果亚历克斯选择在校继续学习的时间少于三年（即 0 年，1 年，或 2 年），那么他选择的学习年数位于边际得益曲线高于边际成本曲线的区域。他留在学校可使自己的境况变得更好。

相反，如果他选择在校继续学习的时间多于三年（4 年或 5 年），那么他选择的学习年数位于边际得益曲线低于边际成本曲线的区域。他选择不在校学习可使自己的境况变得更好。

图 9－3 中的表格证实了我们的结果。第二列与表 9－6 中的相同，所示为亚历克斯的边际得益减去边际成本，也就是在校学习时间增加一年所增加的利润。第三列所示为亚历克斯在校学习不同年限的总利润水平。每在校多学习一年，总利润就是第二列该年利润与之前所有年份利润之和。

例如，亚历克斯第一年继续学习带来的利润为 270 000 美元，第二年为 110 000 美元。因此，增加两年在校学习时间带来的利润总额为 270 000 美元＋110 000 美元＝380 000 美元。同样，延长为三年的利润总额为 270 000 美元＋110 000 美元＋30 000 美元＝410 000 美元。我们所说的三年对亚历克斯是最优数量可由

图 9-3 的表格中的数据证实，亚历克斯增加三年在校学习时间可获得的最大利润总额为 410 000 美元。

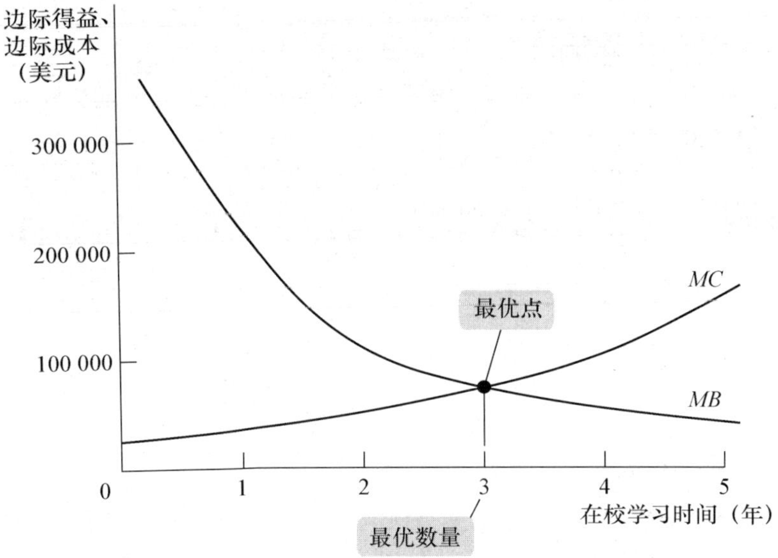

在校学习时间（年）	增加的利润（美元）	总利润（美元）
0		0
	270 000	
1		270 000
	110 000	
2		380 000
	30 000	
3		410 000
	−30 000	
4		380 000
	−80 000	
5		300 000

图 9-3　亚历克斯最优的在校学习年限

最优数量是能带来最大总利润的数量。在该数量水平上，边际得益大于或等于边际成本。或者说它是边际得益与边际成本相交的点上的数量。图中相交的点对应的在校学习年限为 3。表中的数据表明了 3 为最优数量：它带来的总利润为 410 000 美元。

亚历克斯的决策问题说明了在涉及很小的数量时，我们如何去寻找最优数量（在这个例子中，是 1～5 年）。当数量很小时，选择最优数量的规则是：只要再增加一单位的边际得益大于边际成本，就增加数量，在边际得益小于边际成本之前停止。

相反，当“多少”式决策涉及的数量较大时，选择最优数量的规则可简化为：边际得益等于边际成本所对应的数量是最优数量。

要知道个中原因，可以以一个农场主发现自己生产的小麦的最优数量为 5 000 蒲式耳为例。在通常情况下，她会发现，从 4 999 蒲式耳到 5 000 蒲式耳，她的边际得益仅比边际成本大了很小一点，也就是说，边际得益和边际成本之差接近于零。同样地，从 5 000 蒲式耳到 5 001 蒲式耳，她的边际成本也仅比边际得益大了很小一点。因此，边际成本与边际得益之差非常接近于零。

所以，该农场主选择小麦的最优数量的一个简单规则是：选择边际得益和边际成本之差大致为零时的数量，也就是说，边际成本等于边际得益时的数量。

现在，我们得到了选择最优数量的一般规则，这一决策规则既适用于小数量也适用于大数量。这个一般规则被称为**边际分析的利润最大化原则**（profit-maximizing principle of marginal analysis）：当我们做出与“多少”有关的利润最大化决策时，最优数量是指边际得益大于或等于边际成本所对应的最大数量。

边际分析的利润最大化原则：当做出与“多少”有关的利润最大化决策时，最优数量是指边际得益大于或等于边际成本所对应的最大数量。

从图形上看，一种行动的最优数量对应边际得益曲线与边际成本曲线相交的点。例如，在图 9-3 中，在 3 年处，边际得益曲线和边际成本曲线相交，也就是说，在 3 年的在校学习时间点上边际收益等于边际成本，这就是我们已经知道的亚历克斯的最优数量选择。

边际分析的一个直接应用解释了为什么这么多人在 2009—2011 年期间回校进修：在就业市场低迷之际，在学校多学习一年的边际成本下降了，因为放弃带薪工作的机会成本下降了。

边际分析的直接应用还可以解释许多如下现象，比如为什么美国餐馆的饭菜分量通常比其他国家的更大一些（请参见下面的“国际比较”专栏的讨论）。

▶ 疑难解答

在边际上迷惘

边际得益等于边际成本的想法有时让人迷惘。我们难道不是努力使得益和成本之间的差异最大吗？让得益和成本相等不是没有利润了吗？是的。但这并非我们正在做的。相反，我们正在做的是使边际得益与边际成本相等而非全部得益和全部成本相等。

而且，该点是使一种行动的总利润最大化的点。如果行动的边际得益大于边际成本，增加一点行动会增加得益。如果边际得益小于边际成本，减少一点行动也将增加总利润。因此，只有当边际得益等于边际成本时，总收益和总成本之间的差额才会最大。

▶ 国际比较

分量差异

健康专家称之为"法国悖论"。如果你认为法国食品会使人发胖，你并没有错：法国饮食的平均脂肪含量高于美国饮食。然而，法国人比美国人瘦得多，2012 年，法国成人中 15%被归类为肥胖，美国人则有 34.9%。

秘诀是什么？看起来是法国人吃得少，主要是因为他们的饭菜分量更小一些。下图比较了巴黎和费城食物的平均分量。在四种情况下，研究人员观察了同一连锁店的饭菜分量；在其他情况下，他们观察了可比较的情形，如本地比萨饼店的饭菜分量。除了一家店外，在其他所有情况下，美国的饭菜分量都更大，而且往往大出很多。

为什么美国的饭菜分量大？因为食物在美国更便宜。在边际上，餐馆提供的饭菜分量大也是正常的，因为提供较大分量的额外成本相对较小。正像一篇新闻文章所指出的："因此，餐馆只是花费了很少的成本，提供的薯条就可以多 25%以上，这样可以加价的幅度就大得多。"因此，饭菜分量更大，导致美国人在餐馆中花费得也更多。如果你曾经疑惑为什么美国人对节食似乎特别热衷，边际分析的原则可以为我们提供答案：减肥会抵消较大饭菜分量的影响。

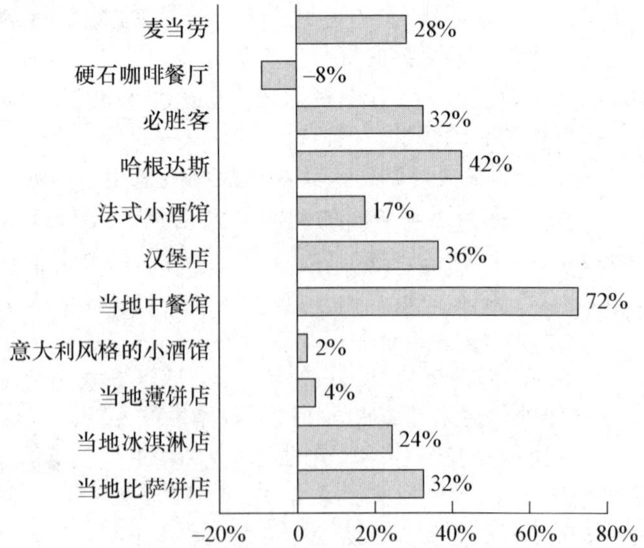

美国的饭菜分量比法国的饭菜分量大多少？

资料来源：Paul Rozin，Kimberly Kabnick，Erin Pete，Claude Fischler，and Christy Shields，"The Ecology of Eating，" *Psychological Science* 14 (September 2003)：450−454.

□ 9.2.4 一个更多用途的原则

边际分析的利润最大化原则可以被用于任何一个“多少”式决策，在这种决策中，你想使一项行动的总利润最大。它同样可以用于生产决策、消费决策和政策决策。而且，对于那些无法用货币表现成本和得益的决策也可以使用边际分析（只要得益和成本可用一些共同使用的单位来表示）。表 9－7 包括适合边际分析的三种决策事例。

预习：消费决策有什么不同 我们已经建立了非常有用的边际分析工具。它可应用于消费选择和利润最大化的“多少”式决策中。使用这种分析工具，生产者在边际上做出最优生产决策，消费者在边际上做出最优消费决策。但是消费决策在形式上不同于生产决策。为什么不同？因为当个人做出选择时，他们面临着有限的收入水平。因此，当他们选择增加一种产品的消费（比如一件新衣服）时，他们必须选择减少另一种产品的消费（比如到餐馆用餐）。

与此相反，生产一种产品或服务的利润最大化决策，如受教育的年限或小麦的产量，并不受到收入限制。例如，在亚历克斯事例中，他并没有受到收入限制，因为他总是能够借钱来支付来年的在校学习费用。在下一章中我们将讨论消费决策与生产决策的不同点——当然它们很类似。

表 9－7 **使用边际分析做出决策**

“多少”式决策	边际分析的应用	获得最优数量
零售商宝尔玛必须决定它在北京建造的新商店的大小	宝尔玛必须比较店面扩大一平方英尺所带来的边际得益（再增加一平方英尺的空间面积能增加多少销售收入的价值）与因此付出的边际成本（增加的一平方英尺的建设成本和维护费用）	宝尔玛最优的店铺规模是使得边际得益大于或等于边际成本的最大规模
医师必须根据可能产生的副作用来决定是否要增加药物的剂量	医师必须考虑边际成本（即增加药物剂量的副作用）与通过增加剂量改善健康的边际得益	最优剂量水平是使得治疗疾病所带来的边际得益大于或等于副作用所带来的边际成本的最高水平
农场主必须决定施多少肥	施更多的肥会增加作物产量但也要付出成本	最优的施肥数量是使得施肥所带来的作物增产产生的边际得益大于或等于购买和施用更多肥料的边际成本的最大数量

▶ **真实世界中的经济学**

生命的成本

拯救一条生命对一个社会而言的边际得益为多少？你可能会说生命无价。然而在现实中，资源是稀缺的，所以我们必须考虑拯救一条生命的代价为多少，因为我们不可能无限投入。毕竟，将州际高速公路上的行车速度限制在每小时 40 英里内肯定可以降低死亡率，但是低速的成本——不论是时间还是金钱——也是大部分人不愿意负担的。

一般情况下，人们不愿意对拯救一条生命的边际成本和边际得益进行直接的比较，因为这听起来有些冷酷无情。但有时这样的问题又无法回避。

例如，在伦敦帕丁顿火车站发生了一起严重的火车相撞造成 31 人死亡的事故之后，英国对于拯救生命的成本问题展开了激烈讨论。有人指责英国政府在铁路安全方面投入太少。然而，英国政府估计通过提高铁路的安全程度来拯救一个生命的代价超过 450 万美元。如果这笔钱值得花，也就是拯救一条生命的边际得益超过 450 万美元，那么这意味着英国政府此前对于交通安全的投入严重不足。

与此相反，通过提高高速公路的安全程度来拯救一条生命的边际成本估计仅仅为 150 万美元。从拯救生命的角度看，与提高铁路的安全程度相比，提高公路的安全程度更划算。

及时复习

● 做出“多少”式决策要利用边际分析方法。

● 生产一种产品或服务的边际成本可使用边际成本曲线来表示，向上倾斜的边际成本曲线表现的是边际成本递增，水平的边际成本曲线表现的是边际成本不变，向下倾斜的边际成本曲线表现的是边际成本递减。

● 生产一种产品或服务的边际得益可使用边际得益曲线来表示，向上倾斜的边际得益曲线表现的是边际得益递增，水平的边际得益曲线表现的是边际得益不变，向下倾斜的边际得益曲线表现的是边际得益递减。

● 最优数量，也就是带来可能的最大总利润的数量，可通过应用边际分析的利润最大化原则来得到，据此得出的最优数量是指边际得益大于或等于边际成本的最大数量。用图形来表示也就是边际成本曲线和边际得益曲线的交点对应的数量。

小测验 9-2

1. 根据表 9-3 中所列出的“多少”式决策，请描述边际成本和边际得益具体指什么。

2. 假设亚历克斯就读的学校 4 年收取 7 万美元的固定学费。如果亚历克斯在完成 4 年学业之前退学，他还是必须支付 7 万美元。下表列出了亚历克斯的不同学习年限所对应的各年总成本。假设亚历克斯的总得益和边际得益仍然如表 9-5 所示。

根据这些信息来计算：(i) 亚历克斯的新的边际成本；(ii) 他的新的利润；(iii) 在新情况下他在校学习的年数。亚历克斯的新的边际成本属于何种类型——不变、递增还是递减？

在校学习时间（年）	总成本（美元）
0	0
1	90 000
2	120 000
3	170 000
4	250 000
5	370 000

9.3 沉没成本

决策时知道应该忽略什么与知道应该包括什么一样重要。尽管在本章我们已经用较大篇幅讨论了在决策时成本的重要性，但有些成本还是应该忽略。现在我们集中讨论决策时人们应该忽略的成本类型，就是经济学家所说的沉没成本，以及为什么应该忽略它们。

为了从直觉上理解，先考虑如下场景。你拥有一辆已购几年的汽车，刚刚花 250 美元的成本更换了刹车片。但后来你发现，整个制动系统存在缺陷，也必须更换。你又必须花费 1 500 美元。或者你可以把车卖掉，购买另外一辆差不多的车，但无刹车缺陷，费用为 1 600 美元。你应该怎么做：修复你的旧车，还是将其卖了再另买一辆？

也许有人会说，你应该选择后者。毕竟，这种推理的逻辑是，如果修理旧车，你将最终花费 1 750 美元：制动系统 1 500 美元和刹车片 250 美元。相反，如果卖掉旧车并购买另外一辆，你将只花费 1 600 美元。

这种推理虽然听起来似乎合理，但并不正确。错误在于它忽略了一个事实：你已经花了 250 美元换刹车片，这 250 美元无法复得。因此，应该忽略这笔投入，它对你是否要修理旧车并保有该车的决定没有影响。

从理性的角度来看，此时修理并保有你的车的实际成本是 1 500 美元，而非 1 750 美元。所以，正确的决策是修复你的旧车并继续保有它，而不是花费 1 600 美元另购一辆。

在这个例子中，已经花费且无法复得的 250 美元就是经济学家们所说的**沉没成本**（sunk cost）。做出关于未来行动的决策时应该忽略沉没成本，因为它们

沉没成本是已经发生且无法收回的成本。在做出关于未来行动的决策时，应该忽略沉没成本。

对实际成本和得益没有影响。这就像一句老话所说的，“覆水难收，后悔无益”：一旦某物不能恢复，它与做出关于未来行动的决策就无关。

人们往往在心理上很难忽略沉没成本。如果事实上你还没有投入成本，那么你应该对其予以考虑。也就是说，如果你一开始就知道将花费 1 750 美元修理旧车，则当时正确的选择是花 1 600 美元另买一辆车。但是，一旦你已经为刹车片支付了 250 美元，你在做出下一步的行动决策时就应该不再考虑这笔费用。可能“过去的事就让它过去吧”很难接受，但这是做出决策的正确方法。

▶ 真实世界中的经济学

这里 10 亿，那里 10 亿……

如果有哪个行业具体体现了沉没成本原则的话，它一定是生物技术行业。生物技术公司采用先进的生物工程技术来对抗疾病。

但根据规模最大、最成功的生物技术公司之一基因泰克（Genentech）公司董事长阿瑟·莱文森（Arthur Levinson）的说法，生物技术行业已经成为“人类历史上最大的亏损行业之一”。他估计，自 1976 年以来，该行业已经亏损了近 1 000 亿美元（是的，是“1 000 亿”）。在美国 241 家上市的生物技术公司中，2012 年只有 28 家盈利。

然而，这并非与能力不济有关，问题在于科学本身。开发一种新药并投入市场平均需要 7～8 年。而且，在这一过程中有很高的失败率，在做了人体测验后最终只有五分之一的药投入市场。

标记临床研究（Xoma）公司就是一个很好的例子：它开发的几种治疗痤疮和器官移植并发症的药物遭遇了挫折。自 1981 年以来，该公司开发的药物没有一种获得过利润，但已经烧掉了近 11 亿美元。为什么 Xoma 公司能生存下来？而且，更重要的是，为什么投资者愿意继续为它提供更多的资金？这是因为 Xoma 公司拥有非常有前途的技术，并且精明的投资者了解沉没成本的原则。

及时复习

在做出有关未来行动的决策时应该忽略沉没成本。因为它们已经发生，且不能复得。它们对未来的成本和得益没有影响。

小测验 9-3

1. 你已经决定做冰激凌生意，并花 8 000 美元买了一辆二手的冰激凌卡车。现在请重新考虑。在下列情况下你的沉没成本是什么？

a. 卡车不能转售。

b. 卡车可以转售，但只能以 50%的折扣出售。

2. 你已在医学院学习了两年，但你突然想知道成为一个音乐家是否更快乐。以下哪些论点可能是正确的？哪些不是？

a. “我现在不能放弃，毕竟我已经投入了时间和金钱。”

b. “如果我从一开始就想过这个问题，我决不会去读医学院，所以现在我应该放弃。”

c. “我浪费了两年了，但是没关系，让我们从这里开始。”

d. “如果我现在停下，我的父母会杀了我。”（提示：我们正在讨论你的决策能力，而不是你父母的。）

9.4 行为经济学

大多数经济模型假设，人们基于实现最优经济结果来做出自己的选择。但人的行为往往并非如此简单。人们并非像经济计算机器那样行事，人们常常做出无法达到——有时甚至远离——最优结果或回报的决策。

为什么人们有时候会做出并非最优的选择，这是行为经济学研究的主题。行为经济学是将经济模型与人们的心理洞察力相结合的一个经济学分支。行为经济学来源于经济学家和心理学家试图解释人们实际上怎样做出经济选择而非理论上如何做出经济选择。

有充分的证据表明，人们会持续做出非理性行为，所做出的选择要远逊于其他的可行选择。我们将在稍后学到，有时人们做出不同于可给他们带来最大可能利润的选择是完全合理的。例如，阿什莉可能决定继续攻读教育学学位，因为她更喜欢教育行业而非广告行业，尽管教育学学位带来的利润低于继续从事广告工作。

非理性经济行为的研究主要由丹尼尔·卡尼曼（Daniel Kahneman）和特沃斯基·阿莫斯（Amos Tversky）首创。卡尼曼因为将人们做出判断和决策的心理学理论整合到经济学中的研究工作而荣获 2002 年诺贝尔经济学奖。他们关于人们为什么经常做出非理性行为的研究工作和其他见解对经济学家怎样分析金融市场、劳动市场和其他经济问题有显著影响。

□ 9.4.1 要理性，也要人性

如果你是**理性**（rational）的，你将选择能带来你最喜欢的结果的可用选项。但是，你最喜欢的结果总是与带来最优可能结果的选择一样吗？不一定。完全理性的选择可能带来更差的经济回报，因为你关心的可能与经济回报的大小无关。有三种主要的原因导致人们可能更偏好相对较差的经济回报：关注公平、有限理性和风险厌恶。

> 一个**理性**的决策者会在可供选择的选项中选择能给其带来最优结果的选项。

关注公平 在社会中，人们经常在关注自己的经济回报的同时，也会关注公平。例如，没有法律要求你向一位侍者付小费。但因为关注公平，大多数人会留下小费（除非侍者的服务非常糟糕），因为小费被视作根据社会规范对周到服务的公平补偿。付小费对侍者公平了，但降低了自己的经济回报。与此相关的一种行为是送礼：如果你关心他人的福利，赠予他人礼物，降低自己的经济回报就是合理的。

有限理性 成为一个进行经济计算的机器，即选择可带给自己最好经济回报的选项，可能需要进行相当多的工作：估量选项，计算机会成本，计算边际量，等等。脑力也有自己的机会成本。这一认识促使经济学家们提出**有限理性**（bounded rationality）概念——做出靠近而非正好能带来可能的最大利润的选择，因为找到带来最好回报的选择代价昂贵。换言之，有限理性是做出"足够好的"决策的方法。

> 具有**有限理性**的决策者在做出决策时会选择靠近而非正好能带来最优经济结果的选项。

零售商在利用客户的有限理性倾向方面做得特别好。例如，以 99 美分为尾数的定价就利用了购物者对购物成本的解读，也就是说，2.99 美元明显比 3.00 美元便宜。有限理性导致人们更重视价格中的 2 美元（他们看到的第一个数字），而非 99 美分。零售商也利用购物者中存在的被社会科学家们称为锚定的行为倾向，即根据一些感知基准或参考点做出决定。例如，零售商通过标出原价（参考点）和折扣价试图影响购物者，使之认为做了笔好买卖。

风险厌恶 因为人生无常，世事难料，有时选择会充满风险。尽管如果事情出现好的结果，你可能会得到高回报，但结果也可能很差，让你的境况变得更糟。

所以，即使你认为一种选择会带给你所有可用选项中最好的回报，你也可能会放弃它，因为你发现事情可能会变得很糟，充满风险。这就是所谓的**风险厌恶**（risk aversion），即牺牲一些潜在经济回报来避免潜在损失的意愿。（我们将在第 20 章详细讨论风险。）由于风险使大多数人感到不舒服，为避免风险而放弃一些潜在的经济得益是合理的选择。事实上，如果没有风险厌恶，也就不存在保险业了。

> **风险厌恶**是指为了避免一些潜在损失而牺牲一些经济回报的意愿。

□ 9.4.2 非理性：经济学家的视角

然而，有时候，人们不是理性的，而是**非理性**（irrational）的。因为考虑到公平而做出的选择与其他选择相比可能会让他们在经济回报上变差。关于经济意义上的非理性行为，经济学家和心理学家有什么系统性的说法吗？有的，因为大多数人都存在可预见的非理性行为。当考虑经济决策时，人们的非理性行为通常来自六种错误，如表 9-8 所示，我们下面依次讨论。

> 一个**非理性**的决策者会选择与其他可能的选项相比使得自己的境况变差的选项。

表 9-8　在经济决策中常见的具有共性的六种错误

1. 机会成本错觉
2. 过度自信
3. 对未来行为不切实际的期望
4. 此钱非彼钱
5. 损失厌恶
6. 维持现状偏见

机会成本错觉　我们在本章开始的讨论中已经指出，人们往往忽略了非货币性机会成本，也就是不涉及现金支出的机会成本。与此类似，对机会成本应该具体包括什么（以及不包括什么）的误解也往往成为人们在做出决策时会考虑沉没成本的根源。在这种情况下，有人会把实际上不存在的机会成本考虑在内。

过度自信　这是自负的表现：相对于实际所知，我们往往会高估自己。而且，即使被提醒过度自信普遍存在，人们往往也会认为这是别人的问题，与他们自己无关。(当然包括你我在内!)

例如，1994 年的一项研究要求学生们估计在“一切尽可能顺利”与“一切尽可能糟糕”的情形下需要多长时间来完成他们的论文。结果为：学生们普遍认为，在正常情况下他们需要 33.9 天完成；在“一切尽可能顺利”的情况下，平均估计为 27.4 天；而在“一切尽可能糟糕”的情况下，平均估计为 48.6 天。事实上，完成论文的平均时间要长达 55.5 天。平均来看，与学生们应认为的完成论文将花费的时间相比，他们过度自信了 14%～102%。

正如下面的“追根究底”专栏所述，过度自信可能会导致按时完成任务成为问题。因为它对人们的财务状况有很强的负面影响，过度自信会造成更大的麻烦。过度自信往往使人们相信他们的财务状况比实际要好。它也可能导致糟糕的投资和支出决策。例如，非专业的投资者参与了过多的投机性投资，如快速买卖股票，总体来看这要比专业经纪人的收益差得多，因为他们错误地相信自己会是一个交易赢家。同样，过度自信会导致人们在做出一些大额支出决策，如购买一辆轿车时，不做利弊研究，而是依靠传闻。更糟的是，人们往往会因为记得他们的成功而保持自信，对失败进行辩解或忘却失败。

▶ **追根究底**

对严格的最后期限的赞美

丹·艾瑞里（Dan Ariely）是一名心理学和行为经济学教授，喜欢与他的学生做实验，以探索非理性的本质。在《怪诞行为学》(*Predictably Irrational*) 中，艾瑞里描述了一个探究拖延行为的核心以及如何来解决之的实验。

当时，艾瑞里为三个不同的班讲授同样的素材，但给每个班不同的任务时间表。三个班的成绩基于同样重要的三篇论文来打分。

他要求第一个班的学生自己选择他们每个人交论文的最后期限。最后期限一经设置，不能更改。迟交论文将按每天 1%的速率降低成绩受到处罚。论文可以提前交，提前交不受处罚，但也没有任何加分，因为艾瑞里直到学期结束时才会给出论文成绩。

第二个班的学生可以随时上交三篇论文，没有预设的最后期限，只要在学期结束之前上交即可。同样，提前交也得不到任何好处。

第三个班的学生面临的是艾瑞里所称的“独裁式对待”(dictatorial treatment)。他规定了第四周、第八周和第十二周三个严格的最后期限。

你认为哪个班的成绩会最好？哪个班的成绩会最差？结果是，最后期限最不灵活即受到“独裁式对待”的班成绩最好。具有灵活的最后期限的班成绩最糟糕。自我选择最后期限的班处在中间。

艾瑞里从这个结果中得出了过度自信的两个重要结论。第一，毫无疑问，学生往往会拖延。第二，严格的等间隔的最后期限是治疗拖延的最佳方法。

但最大的启示来自自己设定最后期限的班。为最后期限留出足够时间的绝大部分学生与被“独裁式对待”的学生取得了一样的成绩。然而，有些人没有为最后期限留足时间，还有个别人根本没有为最后期限留什么时间。这两组学生成绩一般，整个班的平均成绩要低于没有灵活性的班。艾瑞里指出，没有对最后期限进行良好的间隔安排，学生们会拖延，他们的工作质量也会受到影响。

这个实验得出了两个重要的观点：

1. 那些承认他们具有拖延倾向的人更可能采用一些方法来按部就班地行动。
2. 采取这些方法会使人们变得更好。

如果你有拖延的问题，那么就设定最后期限，这虽然令人厌烦，但可能是真正为自己好。

对未来行为不切实际的期望　过度自信的另一种形式是对你的未来行为过于乐观：明天你将开始学习，明天你就会放弃吃冰激凌，明天你将少花多存，等等。当然，我们都知道，当明天到来的时候，努力学习或者放弃你喜欢的东西仍然如今日那般艰难。

一个人在一段时间中采取循规蹈矩、安分守己的策略，从根儿上说这往往是他们处理对未来行为的不切实际的期望问题的方法。例如，自动扣减工资的储蓄计划、食用预包装食品的减肥计划、参加研究小组的强制修习计划等都是如此。通过提供一种方法，让人们今天对明天的行动做出承诺，这样的计划会抵制将困难行动推到未来的习惯。

此钱非彼钱　当你付钱时，如果你用信用卡支付比用现金支付往往花钱更多，特别是如果你有挥霍的倾向，那么你很可能会陷入**心理账户核算**（mental accounting）。这是一种心理上对不同账户分配货币的习惯行为，这样会使得部分金钱比其他同量的金钱更值钱。

> **心理账户核算**是一种心理上对不同账户分配货币的习惯行为，这样会使得部分金钱比其他同量的金钱更值钱。

刷信用卡的消费越多，越说明你实际上认为自己钱包中的钱比你信用卡中的余额更有价值，但实际上，它们在你的预算中同样重要。

过度使用信用卡是心理账户核算最典型的形式。此外，还存在其他形式，如挥霍意外获得的钱财，像意外获赠的遗产，或者在大减价时豪买，购买那些似乎打了很大折扣但事后会令你后悔的东西。这里存在误解，不管采取什么形式，一美元就是一美元。

损失厌恶　**损失厌恶**（loss aversion）是一种对损失过度敏感的行为，会导致不愿意承认亏损并使之继续的后果。事实上，用金融市场的行话来说，“卖出纪律”是一种非常可贵的特质，即当你购买的是不赚钱的股票时，应及时认识到并能够自愿卖出。

> **损失厌恶**是一种对损失过度敏感的行为，会导致不愿意承认亏损并使之继续的后果。

许多投资者并不愿意承认他们购买的某种股票出现了亏损，也并不愿意挽救。虽然在那个时点卖出股票并重新安排剩余资金是合理选择，但大多数人觉得承认亏损是如此痛苦，所以他们持有的时间会比应该持有的时间长得多。根据丹尼尔·卡尼曼和特沃斯基·阿莫斯的研究，大部分人失去 100 美元感受到的痛苦是他们获得 100 美元所得到的愉悦感的两倍。

损失厌恶可以帮助解释为什么沉没成本是如此难以被忽略：忽略沉没成本意味着承认你支出的资金不能恢复，也就是亏掉了。

维持现状偏见　另一个非理性行为是**维持现状偏见**（status quo bias），即回避做出决策的行为倾向。一个著名的事例是员工如何做出投资于由雇主主导的退休账户［也被称为 401（k）计划］的决策。借助于 401（k）计划，通过支付扣除，工资中的一部分可免税，这样做每年可节省大量应缴税收。有些公司采取选择性加入（opt-in）的方式：员工可主动选择是否参加 401（k）计划。其他公司则采取选择性退出（opt-out）的方式：员工自动参加 401（k）计划，除非他们选择退出。

> **维持现状偏见**是回避做出决策而坚守现状的倾向。

如果每个人的行为都是理性的，那么两种方式下员工参加 401（k）计划的比例应大致相等。换言之，你是否参加 401（k）计划的决定应该独立于你所在公司的默认选择。但是，在现实中，当公司转向自动注册和选择性退出的方式时，员工登记数量会急剧上升。很显然，人们往往愿意维持现状。

为什么人们会表现出维持现状偏见？有些人认为这是“决策瘫痪”(decision paralysis）的具体形式，即当给定多种选择时，人们发现很难做出决策。一些人认为这是由于损失厌恶和对遗憾的恐惧，他们认为：“如果我什么都不做，那么我不会后悔我的选择。”非理性吗？是的。但是，没什么大惊小怪的。然而，理性的人都知道，到了最后，没有选择行为本身就是一种选择。

□ 9.4.3 非理性人的理性模型？

那么，为什么经济学家仍然使用基于理性行为的模型来分析人们有时显然是不理性的行为呢？一方面，基于理性行为的模型提供了关于人们在大多数市场中如何表现的可信预测。例如，当化肥变得更加昂贵时，绝大多数农民会少用化肥，这就是与理性行为相一致的结果。

另一方面，有时市场力量会迫使人们随着时间的推移变得更为理性。例如，如果你是一个小企业主，坚持夸大自己的能力或拒绝承认自己喜欢的项目是一个失败的项目，那么你迟早会被市场淘汰，除非你学会纠正自己的错误。因此，可合理地假设，当人们会因为自己的错误而受到惩戒时，如在大多数市场中所发生的那样，随着时间的推移理性终将胜出。

最后，经济学家依赖于理性假设的简朴但根本的原因是它可使模型变得相对简单。请注意，模型是建立在一般化的基础上的，而且依据凌乱的、不理智的行为进行推断要困难得多。即使是行为经济学家，在他们探索人们怎样行事的研究中也是努力建立更好的模型来探寻人们的可预见的非理性行为。显然，行为经济学家和经济学界其余领域的研究者之间正在进行对话，但经济学本身已经被它不可逆转地改变了。

▶ 真实世界中的经济学

“叮当邮件布鲁斯”

这就是所谓的叮当邮件，即房主将他或她房子的钥匙密封在一封信中，然后将它们留给提供房屋抵押贷款的银行。(抵押贷款是为购买房子而进行的借款。）将钥匙留给银行，房主不仅离开了房子，也无须继续支付抵押贷款。令银行大为惊愕的是，多家银行已经收到大量叮当邮件。

抵押贷款违约，也就是说，一个人不再偿还贷款并将房子留给银行，在过去是相当罕见的现象。几十年来，因为房屋价值不断上升，对普通家庭而言，住房投资变得有利可图。然而，近年来出现了一种完全不同的现象——被称为“战略性违约”(strategic default)。在战略性违约中，有经济能力来支付抵押贷款的房主自愿选择不偿还。叮当邮件中战略性违约占有相当的比例，它们占全部丧失抵押品赎回权的比例从 2009 年的 26%上升到了 2010 年 9 月的 36%。几乎没有迹象表明，这一数字会有显著改变。到了 2013 年，所有的抵押贷款中 20%的房屋价值低于贷款额，另外 20%的房屋价值勉强大于贷款额。

究竟发生了什么？经过几十年大幅上升后，房价在 2008 年开始急剧下跌，即所谓的美国房地产泡沫大破裂（Great American Housing Bust)。价格大幅下跌后，相当多的业主发现自己的房子“处在水下”(underwater)——因为他们的房子所欠债务大于房屋价值。当预计房价低迷将持续几年，甚至可能会持续十几年时，这些“水下的房子”在可预见的未来恢复其价值即“露出水面”(abovewater）的机会看起来很微小。

许多业主遭受了巨大的损失。他们损失了首付，以及花在维修和改造上的支出，还有搬家费，等等。而且，因为他们支付的抵押贷款额大于房子现在的价值，他们发现，租一套差不多的住宅的花费要低于每月的按揭付款。用佛罗里达州的居民的话来说就是“维持这样的状况没有任何财务意义”，因为与一套支付了 215 000 美元位于迈阿密的公寓类似的房子现在卖 90 000 美元。

当意识到这些损失是沉没成本时，水下的房主不再支付贷款。也许购买房子时，他们没有做出最好的决定，但是他们离开则表现出了无可挑剔的经济学逻辑。

及时复习

- 行为经济学把人的心理洞察力与经济模型结合起来。
- 理性行为会导致人们最喜欢的结果。而有限理性、风险厌恶和关注公平是人们可能更喜欢具有稍差的经济回报的结果的原因。

● 导致非理性行为的原因有：机会成本错觉、过度自信、心理账户核算以及对未来行为不切实际的期望。损失厌恶和维持现状偏见也可以导致人们在有其他可选项时做出更糟糕的选择。

小测验 9-4

1. 以下行为中哪些属于非理性行为类型？

a. 房地产市场已经下跌，珍妮想搬家，卖出价格比她已经支付的价格哪怕少一分钱，她都会拒绝卖出。

b. 上周，丹的加班时间比他所预计的多出许多。他虽然资金紧张，却在一个周末度假中花掉了突然获得的加班收入，而并非去偿还他的学生贷款。

c. 卡萝尔刚刚开始她的第一份工作，并决定退出该公司的储蓄计划。她的理由是，她很年轻，有足够的时间在未来开始储蓄。为什么不现在享受人生呢？

d. 杰里米所在公司的员工如果想参加公司赞助的储蓄计划，须下载并填写表格来提出申请。杰里米已经工作一年了，仍然没有提交参加计划所需的表格。

2. 你怎样判断你做出的决定是理性的还是非理性的？

▶ **企业案例**

杰西潘尼公司的“一价策略”惹恼了消费者

2013 年初，百货连锁商杰西潘尼公司毫不客气地解雇了其最近聘请的首席执行官罗恩·约翰逊（Ron Johnson）。这是该公司经历了灾难性的 2012 年后所采取的行动，该年公司销售额下降了 25%，数额为 130 亿美元。这是约翰逊先生 2012 年初实施的“天天”低价策略导致的令人羞辱的失败。

采用一价策略之前的一年，公司举办了多项促销活动，实际上有 590 次，几乎四分之三的产品价格被下调了 50%或以上。然而，消费者实际上并没有支付那么少。商店都会提高货架上的商品价格，然后再以折扣价格促销。但是，为什么公司要玩一个代价不菲的游戏，只是给消费者制造一个幻觉？

因此，新的价格策略对杰西潘尼公司来说看起来像一个无脑的决策。公司不再继续开展促销并提供优惠券，只是向消费者保证，在任何季节、任何时候都是低廉的价格，也不再发剪切优惠券。

公司获利的手段转向如下方式，即从更准确的库存和利润预测、更持久的销售收入和减少不断改变价格的人力投入中获得成本节约。正如哈佛大学商学院市场营销教授约翰·T. 古维尔（John T. Gourville）所指出的那样，一价策略“使运营变得容易多了。你的销售不会再有鞭鞘效应（whiplash effect），比方说，本周销售了一吨健怡可乐，而下周几乎没有卖出一罐”。

但是，这种定价策略也有问题。诸如价格究竟该多低并不明确。“相信我们，”这是杰西潘尼公司与消费者沟通时说的话，“我们会给你一个公道的价格。”此外，与沃尔玛（Walmart）不同，杰西潘尼公司没有提供与竞争对手可比的价格水平，它不可能有大量固定客户来弥补每件商品的微小利润。也与开市客（Costco）不同，它不会从会员那里收取年费来赚钱。同时，一价策略在季节性的购物旺季并不吸引人，如假日购物季正式开始的黑色星期五。

约翰逊先生的策略显然远逊于翠希·福布斯（Tracie Fobes），后者运营 Penny Pinchin's Mom，这是一个有关打折券的博客，她说，“……看到某件东西降价 20%，然后将优惠券保存起来，这对我有诱惑。”

因此，随着约翰逊的离职，杰西潘尼公司回归传统，也开始再次提供优惠券并进行每周大甩卖。售货员又回去工作，将价格提高后再下调。

思考题

1. 举一个说明一类理性决策的事例，并解释你的选择。

2. 举一个说明一类非理性决策的事例，并解释你的选择。

3. 沃尔玛比价保证的目的是什么？如果放弃这种做法，你预计会发生什么？你预测它的竞争对手，比如说当地的超市或 K-MART，会采取同样的做法吗？

小结

1. 所有经济决策都涉及稀缺资源的配置问题。一些决策是“非此即彼”式决策，涉及的问题是做还是不做。其他决策是“多少”式决策，涉及的问题是对一种行动该投入多少资源。

2. 某种具体行动使用资源的成本是资源的机会成本。有些机会成本是显明成本，涉及直接的货币支出。其他的机会成本是隐含成本，并不涉及货币支出，但是可以用所放弃好处的货币价值来度量。决策时既要考虑显明成本也要考虑隐含成本。个人和企业的许多决策涉及使用资本和时间。因此决策应该基于经济利润（其中考虑到了像时间的机会成本之类的隐含成本）和资本的隐含成本。基于会计利润做出决策会有误导。因为只考虑显明成本而不考虑隐含成本，会计利润比经济利润大得多。

3. 根据“非此即彼”式决策原则，当面对两种选择须做出“非此即彼”式决策时，人们应该选择具有正的经济利润者。

4. “多少”式决策基于边际分析做出，涉及一种行动每增加一单位所带来的好处和成本的比较。生产一种产品或服务的边际成本是多生产一单位产品或服务所增加的成本。而边际得益是多生产一单位产品或服务所增加的好处。边际成本曲线是边际成本的图形表示，边际得益曲线是边际得益的图形表示。

5. 边际成本不变是指每增加一单位产量的成本与此前增加一单位产量的成本相同。然而，边际成本和边际得益一般又受到已经进行的行动的影响。边际成本递增是指每增加一单位产量的成本高于此前生产一单位产量的成本，表现为边际成本曲线向上倾斜。边际成本递减是指每增加一单位产量的成本要低于此前生产一单位产量的成本，表现为边际成本曲线向下倾斜。边际得益递减是指每增加一单位产量所得到的好处要低于此前生产一单位产量所得到的好处。

6. 最优数量是指带来可能的最大总利润的数量。根据边际分析的利润最大化原则，最优数量是指边际得益大于或等于边际成本时的数量，对应边际成本曲线和边际得益曲线的交点。

7. 已经支出无法回收的成本被称为沉没成本，在做出关于未来行动的决策时应该忽略沉没成本，因为它们对未来的得益和成本没有影响。

8. 理性行为是指人们会选择能够得出他们最希望的结果的选项。有限理性之所以发生，是因为找到最优经济结果需付出昂贵的代价。风险厌恶会导致人们为了避免潜在损失而牺牲一些经济回报。因为关注公平，人们也可能偏好比较差的经济回报。

9. 一个非理性的选择之于其他可行选择会使人们的境况变差。非理性行为产生的原因有：机会成本错觉、过度自信、对未来行为不切实际的期望、心理账户核算（导致出现此钱非彼钱现象）、损失厌恶（对损失过度敏感）和维持现状偏见（保持现状避免做出选择）。

关键词

显明成本	隐含成本	会计利润	经济利润	资本	资本的隐含成本
“非此即彼”式决策原则		边际成本	边际成本递增	边际成本曲线	边际成本不变
边际成本递减	边际得益	边际得益递减	边际得益曲线	最优数量	边际分析的利润最大化原则
沉没成本	理性	有限理性	风险厌恶	非理性	心理账户核算
损失厌恶	维持现状偏见				

练习题

1. 杰姬经营网站设计企业。为了跟上新技术要求，她每年花费 5 000 美元升级她的电脑设备。她的工作室是自己房子的一个房间。如果她不把该房间用作工作室，她可以把它以每年 2 000 美元的价格租出。杰姬知道，如果她不自己经营这份生意，她可以回到她以前工作过的一家大型软件公司上班，每年薪水为 60 000 美元。杰姬没有其他费用。

a. 根据她的会计师的观点，杰姬需获得多少总收入才能收支相抵？也就是说，杰姬需获得多少总收入才能使其会计利润为零？

b. 杰姬需获得多少总收入才能使她的自我雇用持续下去？也就是说，杰姬需获得多少总收入才能使其经济利润为零？

2. 你拥有并经营一家自行车商店。每年你从自行车销售中获得的收入为 200 000 美元，你的自行车进货成本为 100 000 美元。此外，你每年支付的电费、税和其他费用为 20 000 美元。如果不经营自行车商店，你可以做一名会计，年薪为 40 000 美元。一家大型服装零售连锁企业希望扩大规模，愿意以每年 50 000 美元租你的店面。你如何给你的朋友解释，尽管赚取利润，但你继续经营你的商店代价不菲？

3. 假设你已经为这个学期的餐饮计划支付了不退款的 1 000 美元。这样你每天晚上可在学校餐厅用餐。

a. 你在一个餐馆打工，餐馆每天晚上提供免费的晚餐。你的父母说，无论如何，你都应该在学校餐厅吃饭，因为你已经支付了这些饭菜钱。你父母的观点正确吗？请解释为什么。

b. 你在另一家餐馆打工，不能免费用餐，只是你可以以较大的优惠来购买饭菜。每餐你将花费 2 美元；如果本学期你每天晚上都这样用餐，总的花费为 200 美元。你的室友说，你应该在餐馆吃，因为这样做比你的饮食计划支付的 1 000 美元要少。你室友的观点正确吗？请解释为什么。

4. 为了看大学足球比赛，你必须提前以 10 美元购买门票，门票不能转卖。你知道，足球比赛带给你的得益等于 20 美元。购买门票后，你听到在同一时间有职业棒球赛季后赛，门票需花费 20 美元，你知道，棒球赛带给你的得益为 35 美元。你对你的朋友说了如下一段话："如果我在购买足球比赛门票之前知道有棒球比赛，我就会去看棒球比赛了。但现在，我已经买了足球比赛的门票，我去看足球比赛更好一些。"你做出了正确的决定吗？通过计算你的决定的成本与得益来说明。

5. 埃米、比尔和卡拉都通过修剪草坪来赚钱。他们使用不同的割草机。下表列出了埃米、比尔和卡拉修剪草坪的总成本。

草坪数量	埃米的总成本（美元）	比尔的总成本（美元）	卡拉的总成本（美元）
0	0	0	0
1	20	10	2
2	35	20	7
3	45	30	17
4	50	40	32
5	52	50	52
6	53	60	82

a. 请计算埃米、比尔和卡拉的边际成本，并画出每个人的边际成本曲线。

b. 谁的边际成本递增？谁的递减？谁的不变？

6. 你是健身中心的一名经理，需要决定每小时接待的顾客人数。假定每位顾客在健身中心正好锻炼 1 小时。接待顾客的成本不低，因为他们会造成健身器材磨损和损坏。此外，每增加的一位顾客所产生的磨损都比此前的一位顾客所产生的磨损大。因此，健身中心的边际成本递增。下表列出了与每增加一位顾客相关的每小时的边际成本。

每小时的顾客数量（位）	顾客的边际成本（美元）
0	
	14.00
1	
	14.50
2	
	15.00
3	
	15.50
4	
	16.00
5	
	16.50
6	
	17.00
7	

a. 假设每位顾客为每小时锻炼支付 15.25 美元的费用。采用边际分析的利润最大化原则，找出你每小时应该接待

的最大顾客数量。

b. 当你将每小时锻炼的价格提高到16.25美元时，每小时接待的最大顾客数量又为多少？

7. 乔治娅和劳伦是经济学专业的学生，一起学习空手道。两人都要选择每周上课的数量。每节课的学费为20美元。下表给出了乔治娅和劳伦各自从每周学习班中得到的边际得益的估计值。

每周上课数（节）	劳伦每节课的边际得益（美元）	乔治娅每节课的边际得益（美元）
0		
	23	28
1		
	19	22
2		
	14	15
3		
	8	7
4		

a. 使用边际分析找出劳伦学习空手道的每周最佳上课数，并给出解释。

b. 使用边际分析找出乔治娅学习空手道的每周最佳上课数，并给出解释。

8. 疾病控制与预防中心（CDC）反对针对天花病毒令所有人接种疫苗，因为接种疫苗并非理想做法，有时甚至有致命的副作用。假设下表给出的数据提供了关于接种一次天花疫苗的效果的数据。

接种人口比例（%）	天花死亡人数	疫苗副作用的致死人数
0	200	0
10	180	4
20	160	10
30	140	18
40	120	33
50	100	50
60	80	74

a. 请计算每累计增加10%的天花疫苗接种所带来的边际得益（以拯救的生命计）和边际成本（以损失的生命计）。计算每累计增加10%的接种人口净拯救的生命。

b. 使用边际分析来决定最优人口接种比例。

9. 帕蒂使用自己的车来送比萨饼，他的薪水根据递送的比萨饼数量来决定。下表给出了他的特定工作小时的总得益和总成本。

工作小时数	总得益（美元）	总成本（美元）
0	0	0
1	30	21
2	55	21
3	75	34
4	90	50
5	100	70

a. 使用边际分析给出帕蒂的最优工作小时。

b. 计算帕蒂从工作小时（0小时、1小时、2小时，以此类推）中得到的总利润。现在假设帕蒂工作1小时。请比较他从工作1小时与最优工作小时中得到的总利润。他仅仅工作1小时的损失为多少？

10. 假设戴比尔斯（De Beers）是钻石的唯一生产商。当该公司想销售更多钻石时，必须降价以吸引顾客购买更多。而且，每增加一单位钻石所带来的成本都高于此前的一单位，因为开采钻石的难度加大。戴比尔斯的总得益如下表所示，同时下表也给出了总成本。

钻石数量	总得益（美元）	总成本（美元）
0	0	0
1	1 000	50
2	1 900	100
3	2 700	200
4	3 400	400
5	4 000	800
6	4 500	1 500
7	4 900	2 500
8	5 200	3 800

a. 画出边际成本曲线和边际得益曲线，在你的图中标出钻石的最优生产数量。

b. 计算戴比尔斯生产每单位钻石的总利润。生产多少数量时该公司得到的总利润最大？

11. 解释下述事例中的决策是理性的还是非理性的，请描述其行为类型。

a. 库奇最好的朋友喜欢给她礼物卡，该卡可在库奇最喜欢的商店里使用。然而，到期前库奇经常忘记使用该卡，但对她自己的钱常常非常小心。

b. 2010 年，帕尼罗面包（Panera Bread）公司在密苏里州克莱顿开设了专卖店，允许顾客对他们的订单支付任何他们愿意支付的数额；除了价格外，商店依据产品成本列出了建议的捐款。所有的利润都归一个由帕尼罗成立的慈善基金会所有。2011 年，该商店对该计划的成功非常欣慰。

c. 里克刚刚获得教育学学位，并获得了两份工作邀请。一份是补缺离职老师，为期两年。这是一所久负盛名的高中，他每年将获得 35 000 美元的薪水。他认为，两年后他或许能在该地区找到另一份好工作，但不肯定。另一份工作也是在一所高中任职，每年薪水为 25 000 美元，几乎可以肯定能干五年；五年后，他是否能在这所学校长期工作将接受评估。约 75%的在该所学校开始从事教师工作的人会长期做下去。里克接受了每年 25 000 美元、为期五年的工作。

d. 吉莫拉计划在三月份春假时前往佛罗里达州旅游。返校后她有几个学期作业要完成。她并不想在二月份做作业，她打算在去佛罗里达州度假时可以把书带上，完成自己的作业。

e. 萨希尔购买的一辆二手车结果是次品车，他感觉不值。他本可以拆卸零件来卖掉，但他让这辆车在车库里睡觉和越来越糟。

f. 巴里认为自己是一个优秀的股票投资人。他通过寻找那些与他此前获利的股票的特征相同的股票来选股。他因为宏观经济的起落而遭受亏损。

12. 你被某公司聘为顾问，为其制订公司的退休计划，同时要考虑到员工普遍存在的不同类型的可预见的非理性行为。至少列出员工关于退休计划的两种类型的非理性行为。你会采取什么步骤来阻止这种行为？

在线回答问题

13. 伊罗拥有并经营一家提供经济咨询服务的小型企业。在一年中，他用于拜访客户的出差费用和其他费用共计 57 000 美元。此外，他还将自己的计算机用于业务活动。如果他不用计算机，可以把它卖掉，所得钱款每年可获得 100 美元的利息。伊罗的全年总收入为 100 000 美元。如果不做顾问工作，他可以在一个地方大学中讲授经济学，获得 50 000 美元的薪水。

a. 伊罗的会计利润为多少？

b. 伊罗的经济利润为多少？

c. 伊罗应该继续担任顾问，还是应该讲授经济学呢？

附录　如何做出与时间有关的决策：理解现值

正如我们在第 9 章中所学的，决定是否接受一个项目遵循的基本原则是比较项目的收益与成本——既包括显明成本也包括隐含成本，应该选择具有较高经济利润的行动。

但许多经济决策涉及的收益和成本是在不同的时间发生的，这使得对这些选择进行比较更加困难。一种情况是，阿什莉面临的决策是回学校进修取得更高的学历还是去找一份工作。如果她选择去攻读更高的学历，就意味着立即产生费用——放弃的工资，以及学费和书费，而收益——较高的收入——要在未来才能获得。另一种情况是，一个项目的收益早于成本付出，如获得贷款来支付旅行，但必须在将来偿还贷款。那么，当时间是一个可考虑的因素时，我们应该怎么做决策呢？

经济上正确的方法是使用一个被称为现值（present value）的概念。使用现值计算，我们能够将未来获得的成本和/或收益转换为当前的价值。通过这种方式，我们可以通过比较一段时间之后发生的项目在今天的价值来比较这些项目。你可能会问，为什么当我们在第 9 章分析阿什莉的决策时没有看到现值计算。事实上我们使用了现值，但并没有指明。例如，像“她在一生中剩余的时间里由于获得学位而得到的收入在今天价值 60 万美元”的说法意味着未来的收益已经转化为今天的价值，该值为 60 万美元。

现在，我们来看一下现值怎样计算和应用。

□ 9A.1 为期一年的项目如何计算现值

假设你一年后就可以毕业了，届时你将需要 1 000 美元来租用你的第一套公寓。为了一年后有 1 000 美元，你今天需要有多少钱？一定不是 1 000 美元，原因是要考虑到**利率**（interest rate）。我们用 r 表示利率，利率是向借款人收取的价格，表示为借款金额的一定百分比。我们用 X 表示为了在一年后得到 1 000 美元今天所需要的金额。如果你今天将 X 存入银行，按利率 r 来赚取利息，一年后银行将支付给你 $X\times(1+r)$。如果从现在开始，一年后银行支付给你 1 000 美元，那么你今天要存入的金额由下式给出：

> 当某人借入款项一年时，**利率**是贷款人收取的以借款额的一定百分比表示的价格。

$$X\times(1+r)=1\,000\text{ 美元} \qquad (9A-1)$$

进行基本的代数运算得到：

$$X=1\,000\text{ 美元}/(1+r) \qquad (9A-2)$$

所以，为确保一年后有 1 000 美元，你今天需要的金额 X 等于 1 000 美元除以（$1+r$）。注意，X 的值取决于利率 r 的大小，r 始终大于零。这意味着，X 始终小于 1 000 美元。例如，如果 $r=5\%$（即 $r=0.05$），则 $X=1\,000$ 美元$/1.05=952.38$ 美元。换句话说，给定 5%的利率，今天存入 952.38 美元一年后可获得 1 000 美元。

现在，我们可以定义 X 的**现值**（present value）：在给定利率的情况下，为了在未来获得 X，今天所需要的金额。在这个例子中，给定 5%的利率，952.38 美元就是 1 000 美元在今天的价值。

> X 的**现值**是在给定利率的情况下，为了在未来获得 X，今天所需要的金额。

在做出现在需预先支付前期成本以在未来获得收益的决策时，现值概念非常有用。比如说你有两个选项，A 和 B：一个是立即支付给你 10 000 美元，要求工作一年（选项 A），另一个也是要求工作一年，你先花费 1 000 美元，但从现在开始一年后一次性获得 12 000 美元（选项 B）。你应该选择哪个？

一方面，选项 A 的现值就是 10 000 美元，因为你立刻得到了回报。另一方面，选项 B 的现值用 5%的利率计算为：

$$12\,000\text{ 美元}/1.05-1\,000\text{ 美元}=11\,429\text{ 美元}-1\,000\text{ 美元}=10\,429\text{ 美元} \qquad (9A-3)$$

由于选项 B（10 429 美元）的现值大于选项 A（10 000 美元）的现值，你应该选择选项 B。

这个例子说明了一个基本原则：当评估所涉及的成本和/或收益要经过一定时间才会发生的选择时，将这些支付转换成现值进行比较，选择具有最高现值者。下面我们将介绍如何使用现值对项目进行更长时间跨度的比较。

□ 9A.2 怎样计算多年项目的现值

我们用 X_{2yrs}表示两年后 1 美元的现值。你如果今天将 X_{2yrs}贷出两年，在第一年年底你将获得：

$$X_{2yrs}(1+r) \tag{9A-4}$$

用这笔钱再进行一年投资，在第二年年底你将获得：

$$X_{2yrs}\times(1+r)\times(1+r)=X_{2yrs}(1+r)^2 \tag{9A-5}$$

利用式（9A-5）我们可以计算出要想在两年后获得 1 美元，现在需贷出的金额为：

$$X_{2yrs}\times(1+r)^2=1\text{ 美元} \tag{9A-6}$$

为了解出 X_{2yrs}，将式（9A-6）两边除以（$1+r)^2$可以得到：

$$X_{2yrs}=1\text{ 美元}/(1+r)^2 \tag{9A-7}$$

例如，如果 $r=0.10$，那么 $X_{2yrs}=1$ 美元$/(1.10)^2=1$ 美元$/1.21=0.83$ 美元。

利用式（9A-7）可以得出 N 年后的 1 美元的现值的一般表达式。即：

$$X_{2yrs}=1\text{ 美元}/(1+r)^N \tag{9A-8}$$

换言之，N 年后得到的 1 美元现在等于 1 美元$/(1+r)^N$。

□ 9A.3 如何计算收益和成本的现值

现在，我们假设你要从三个项目中选择其一。项目 A 为你立即带来 100 美元回报。项目 B 需要你现在投入 10 美元成本，从现在开始一年后你将获得 115 美元。项目 C 直接给你 119 美元的回报，但需要你从现在起，在一年中支付 20 美元，我们将假定 $r=0.10$。

为了比较这三个项目，你必须评估不同时间支出的成本或得到的收入。在这种情况下，现值概念使问题变得非常方便：使用现值将在未来得到的任何金额转换成今天的价值，我们可以找出时间差的公因子。一旦找出时间差的公因子，你就可以通过计算每个项目的净现值（net present value）——当前和未来收入的现值减去当前和未来成本的现值后的差额——来进行比较。最佳项目当然是具有最高净现值的项目。

表 9A-1 展示了如何计算这三个项目的净现值。第二列和第三列给出了可以得到多少美元和何时得到它们；成本用负号表示。第四列给出了把这些美元流量转换成现值的公式，第五列给出了这三个项目中每一个的总净现值的实际数额。

例如，为了计算项目 B 的净现值，你需要计算从现在开始一年后得到的 115 美元的现值。从现在开始一年后得到的 1 美元的现值为 $1/(1+r)$ 美元。所以，从现在开始一年后得到的 115 美元的现值为 115 美元$\times 1/(1+r)=115/(1+r)$ 美元。项目 B 的净现值为当前和未来收入的现值减去当前和未来成本的现值：-10 美元$+115/(1+r)$ 美元。

从第五列中我们可以看出，当利率为 10%时，项目 C 为最佳项目。它具有最高的净现值 100.82 美元，比项目 A 的净现值（100 美元）高，比项目 B 的净现值（94.55 美元）高出许多。

表 9A-1 三个假想项目的净现值 单位：美元

项目	当前可获得的金额	一年后获得的金额	现值公式	净现值（假定 $r=0.10$）
A	100	—	100	100
B	−10	115	$-10+115/(1+r)$	94.55
C	119	−20	$119-20/(1+r)$	100.82

这个例子展示了现值概念是多么重要。如果我们不利用现值进行计算，而是简单地对收益和成本进行加总，我们就会错误地相信项目 B 是最佳的，而项目 C 是最差的。

关键词

利率　现值

练习题

1. 假定一个大城市的主要通道——也是一个州际公路——将完全禁止通行两年，从 2014 年 1 月至 2015 年 12 月，重建的费用为 5.35 亿美元。如果在施工期间建筑公司继续保持高速公路通行，公路改造项目将需要更长的时间，费用也更高。假设如果高速公路继续开放通车，重建需要四年的时间，总投入为 8 亿美元。州交通运输部门必须在 2013 年即建设开始前的一年做出决定（即公司提前一年付首付款）。因此，交通部门面临以下选择：

(i) 施工期间关闭高速公路，建设周期为两年的时间，每年的费用为 2.675 亿美元。

(ii) 公路建设过程中保持通行，建设周期为四年的时间，每年的费用为 2 亿美元。

a. 假定利率为 10%。计算每个计划所产生费用的现值。哪个重建计划更便宜？

b. 现在假设利率是 80%。计算每个计划所产生费用的现值。哪个重建计划更便宜？

2. 你中了所在州发行的彩票。你可以以两种方式之一得到奖金。要么你立刻得到 100 万美元的现金，要么 120 万美元按下述方式支付：你现在获得 30 万美元，一年后获得 30 万美元，两年后获得 30 万美元，三年后获得 30 万美元。利率为 20%。你愿意怎样得到你的奖金？

3. 辉瑞制药公司正在考虑是否要对一种新型抗癌药物的开发进行投资。如果开发，现在需要 1 000 万美元的初始投资；从现在起一年后，新药将在三年中的每年带来 400 万美元的利润。

a. 如果利率为 12%，辉瑞公司应投资于新药物开发吗？为什么？

b. 如果利率为 8%，辉瑞公司应投资于新药物开发吗？为什么？

第10章 理性消费者

本章将学习

- 消费者如何在产品和服务上支出他们的收入。
- 为什么消费者要做出效用最大化的选择，效用是消费者所得到的满足感的衡量指标。
- 为什么边际效用递减原则适用于大部分产品或服务。
- 怎样使用边际分析来找出最优消费组合。
- 收入效应和替代效应是什么。

开篇案例

绝对是最后一口

餐馆偶尔会提供“敞开吃”（all-you-can-eat）的优惠来吸引客户：敞开吃沙拉，敞开吃自助早餐，敞开吃烤蛤蜊晚餐，等等。

但是，餐馆老板提供这样的优惠餐饮为什么没有被吃成停业？如果他的敞开吃烤蛤蜊晚餐的价格为12.99美元，靠什么来阻止客户的狼吞虎咽——平均每人吃下价值30美元的东西？

答案是即使每过一段时间你就会看到有人真的来占便宜，面前堆了30或40只烤蛤蜊，那也非常罕见。即使我们中那些喜欢烤蛤蜊的人看到这种情形也会有些难以置信。5～10只烤蛤蜊算是美味，但30只蛤蜊就荒谬了。任何付钱参加敞开吃晚餐的人都想吃到酒足饭饱再也吃不下为止，但一个理智的人知道什么时候再多吃一口就太多了。

注意最后一句。我们说，客户在一家餐馆吃到再也吃不下为止；这听起来好像是他们正试图最大化某些东西。而且，我们也会说，他们将在多消费一口将是一个错误时会停下来；他们正在边际上做出决策。

但是边际决策涉及个人口味。虽然经济学家对口味来自哪里所知不多，但他们对一个理性的人怎样利用边际分析满足自己的口味有很多论述。这也是经济学家思考消费者选择的方式。他们使用理性消费模型，也就是消费者知道自己的需要并且会对机会做最佳利用。

在本章中，我们将介绍如何分析一个理性消费者的决策。我们先介绍效用的概念——消费者满足感的衡量指标——来帮助我们思考理性消费者的选择。

然后，我们将学习预算约束如何决定消费者可以买得起什么，并学习怎样使用边际分析来确定消费者的效用最大化选择。

最后，我们将看到，如何利用这种分析来理解需求法则，并解释需求曲线为什么向右下方倾斜。

那些对消费者行为更加感兴趣的读者可继续学习无差异曲线的内容，具体参阅本章附录。

10.1 效用：获得的满足感

当分析消费者行为时，我们讨论的是人们努力获得满足，也就是主观感受。当然没有一种用来度量人们的主观感受的简单的方法。我从吃的第三只烤蛤蜊中得到了多少满足呢？比你多还是比你少？提这种问题有意义吗？

幸运的是我们不必对你的感受和我的感受进行比较。所有对消费者行为进行的分析都要求假定，从消费产品和服务中得到满足感的每个人都试图最大化个人满足感的衡量指标。这个指标就是消费者的**效用**（utility），我们使用这一指标来理解人们的行为，但并不期望在实践中能加以使用。尽管如此，我们将看到假定消费者最大化效用有助于我们更清晰地思考消费者的选择。

> 消费者的**效用**度量的是消费者从产品和服务的消费中获得的满足感。

□ 10.1.1 效用和消费

个人消费的所有相关事情都影响个人效用，从苹果到保鲜袋。个人消费的所有产品和服务的组合被称为个人**消费组合**（consumption bundle）。个人消费组合与个人消费所得到的总效用数量之间的关系形成所谓的**效用函数**（utility function）。效用函数是针对个体的；两个人的偏好不同，效用函数也不同。一个实际上喜欢消费 40 只烤蛤蜊的人的消费函数与一个只愿意消费 5 只的人是不同的。

因此我们可以认为消费者使用消费来“生产”效用，这与下一章我们将讨论的生产者使用投入来生产产品几乎是相同的。然而，很显然人们手中没有小型计算机来计算他们从消费选择中获得的效用。尽管如此，人们必须做出选择，他们至少是基于大致估计哪种选择将带给他们更大的满足感来做出决策的。我在用餐时可配汤也可配沙拉。我更喜欢哪一种？我今年可以去迪士尼世界游玩或者将钱存起来购买新车。哪一种选择会使我更幸福一些？

> 个人消费的所有产品和服务的组合被称为个人**消费组合**。
>
> 个人**效用函数**表示的是个人消费者从其消费组合中获得的总效用。
>
> **尤特尔**是一个效用单位。

效用函数的概念其实是对下述现象的一种表述，即当人们消费时，他们会用一种或多或少的理性方式来考虑偏好和口味。

如何度量效用呢？为了简化起见，假定我们可以用一个假想的概念来度量效用，那就是**尤特尔**（util）。（还有其他概念吗？）

图 10－1 所示为效用函数。图中展示了凯西从敞开吃蛤蜊晚餐中得到的总效用，她喜欢烤蛤蜊。假设她的消费组合包括一盘卷心菜色拉伴主食外加大量蛤蜊。图中的表格给出了凯西总效用水平受蛤蜊数量变化影响的情形，图 10－1（a）中的曲线是用图表示的同样的信息。

凯西的效用函数曲线在所在的大部分变化区域是向上倾斜的，但随着消费的蛤蜊数量的增加，曲线变得越来越平缓。在这个事例中它最终向下倾斜。根据图 10－1 中的表格给出的信息，9 只蛤蜊已经过多。不断增加食用蛤蜊的数量实际上使凯西的状况变差：导致她的总效用水平下降。如果她是理性的，她应该认识到这种情况，不会再消费第 9 只。

因此，当凯西选择消费多少只蛤蜊时，她通过考虑多消费一只蛤蜊引起的总效用变化做出这一决策。这表明了一个一般性观点：为了得到最大效用，消费者必须集中于边际效用。

□ 10.1.2 边际效用递减原则

图 10－1 中的表格除了给出凯西的总效用怎样受到她所消费的蛤蜊数量的变化影响外，也给出了她多消

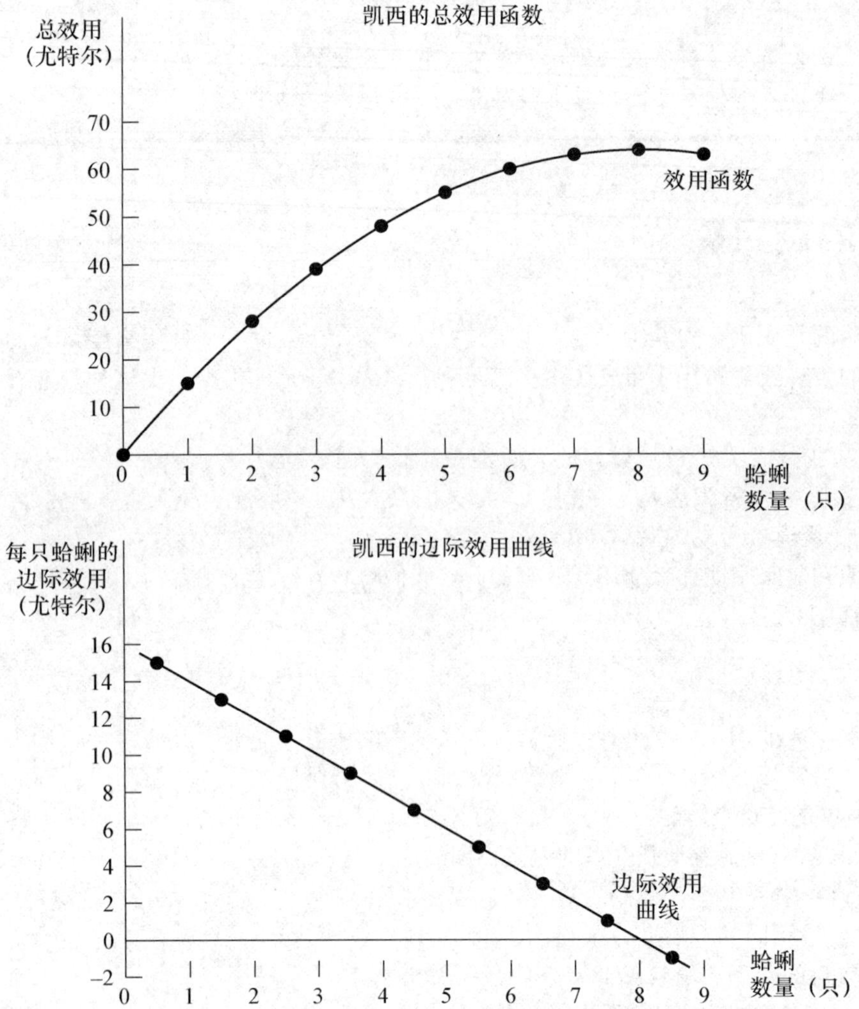

蛤蜊数量（只）	总效用（尤特尔）	每只蛤蜊的边际效用（尤特尔）
0	0	
		15
1	15	
		13
2	28	
		11
3	39	
		9
4	48	
		7
5	55	
		5
6	60	
		3
7	63	
		1
8	64	
		−1
9	63	

图 10－1　凯西的总效用和边际效用

图（a）表现的是凯西消费的蛤蜊数量怎样影响她的总效用。在达到第 8 只对应的最大效用水平 64 尤特尔之前，效用一直在增加，此后开始递减。表中还计算了边际效用。图（b）给出的是边际效用曲线，因为边际效用递减，所以该曲线向下倾斜。也就是说，每增加 1 只蛤蜊，凯西得到的效用要少于此前消费同样 1 只蛤蜊得到的效用。

费 1 只蛤蜊的**边际效用**（marginal utility），也就是她多消费 1 只蛤蜊所导致的总效用的改变量。图 10－1（b）中展示的**边际效用曲线**（marginal utility curve）与我们在第 9 章中所画出的边际得益曲线类似，边际效用曲线是单位间隔中点所对应的点的连线。

> 一种产品或服务的**边际效用**是指多消费一单位产品或服务所导致的总效用的变化量。
>
> **边际效用曲线**表现的是所消费的产品或服务数量的变化怎样影响边际效用。

边际效用曲线向下倾斜的意思是：每个连续增加的蛤蜊所增加的总效用比之前的蛤蜊要少。这反映在表格中：边际效用从消费的第 1 只蛤蜊对应的最高 15 尤特尔下降到第 9 只蛤蜊对应的－1 尤特尔。第 9 只蛤蜊的边际效用为负意味着消费该只蛤蜊实际上是在降低总效用。（餐馆推出敞开吃活动，要受到你可以有很多好东西吃影响。）并非所有的边际效用曲线最终都为负值，但是，边际效用曲线向下倾斜一般是被认同的，绝大多数产品和服务的消费都受制于边际效用递减。

边际效用递减原则（principle of diminishing marginal utility）背后的基本逻辑是：随着产品或服务消费数量的增加，消费者多消费一单位产品或服务所得到的满足感的增加是递减的。或者换成稍微不同的说法：你消费一种产品或服务的数量越多，你就越接近于餍足——到达这样的时点后，多消费一单位产

> 根据**边际效用递减原则**，每增加一单位产品或服务所带来的总效用增加要低于此前增加的一单位。

品，没有增加任何满足感。对于那些几乎没有吃过香蕉的人而言，偶然吃一次香蕉是一件莫大的乐事。（东欧剧变之前，东欧国家的人们很难吃到香蕉。）而对于一直可以吃到香蕉的人而言，一根香蕉不过就是一根香蕉。

边际效用递减原则并非总是成立。但它在大多数情况下成立，足以作为我们分析消费者行为的基础。

▶ 追根究底

边际效用真的递减吗?

所有产品的边际效用都递减吗？当然不是；有许多产品，至少在一定范围内，边际效用在递增。

例如，一些产品需要体验后才能获得享受。当你第一次进行高山滑雪时你的恐惧多于享受，这是别人说的；本书作者从来没有尝试过！只有当你有相当的实力时，它才成为一项令人愉悦的活动。甚至一些并不费力的消费也要经过练习；不习惯于喝咖啡的人说它有苦味，不了解它为什么有吸引力。（但作者将咖啡作为基本食物之一。）

另一个例子是只有你购买了足够的数量才能带来正效用的商品。伟大的维多利亚时代的经济学家阿尔弗雷德·马歇尔基本上提出了供给和需求模型。马歇尔举了一个壁纸的例子：如果购买数量只够装裱半个房间，这不但更糟糕而且无益。如果需要两筒壁纸来装裱一个房间，第二筒的边际效用比第一筒的边际效用更大。

那么，为什么假定边际效用递减仍然有意义呢？原因之一是，大部分产品不受这些要求困扰。没有人需要去学习怎样喜欢冰激凌。此外，虽然大多数人不滑雪，有些人也不喝咖啡，但那些滑雪或喝咖啡的人多滑一次雪或者多喝一杯咖啡的边际效用小于上一次或上一杯，也足以证明边际效用递减。因此，在消费的相关范围内，边际效用仍然是递减的。

▶ 真实世界中的经济学

牡蛎与鸡肉

特定食物是一种特殊的享受，你有在特殊场合消费的东西吗？或者它只是一种普通的要么喜欢要么不喜欢的饭菜？答案取决于人们通常消费多少食物，这就决定了他们增加一点消费时在边际上获得多少效用。

以鸡肉为例。现代美国人吃很多鸡肉，以至于他们认为鸡肉没什么特别之处。然而，并非总是如此。传统意义上鸡肉是一道有些奢侈的菜，因为养鸡的成本很高。两个世纪前餐馆的菜单显示，鸡肉菜肴是最昂贵的菜品。就在最近的1928年，赫伯特·胡佛（Herbert Hoover）竞选总统的口号是“每家锅里有一只鸡”，他向选民承诺，如果他当选，将会有大繁荣。

改变鸡肉地位的是新的、技术更先进的饲养方法和养殖工艺的出现。凭借这些新方法，鸡肉大量增加，价格也更便宜，而且，由于边际效用递减原则，鸡肉也就不是什么稀罕的东西了。

牡蛎则正好相反。不是每个人都喜欢牡蛎，或者曾经尝过——它们绝对不是普通的食物。但一些人视之为一道美味佳肴；提供牡蛎的餐馆中的一道牡蛎开胃菜的价格往往比主菜要高。

然而，牡蛎曾经非常便宜，产量丰富，并被视为贫穷人群的食物。狄更斯写的《匹克威克外传》（*The Pickwick Papers*）出版于19世纪30年代，作者评论说，“贫困和牡蛎似乎总是形影不离。”

什么发生了改变？污染摧毁了许多牡蛎养殖场，也大大降低了牡蛎供应量，而人口增长大大增加了对牡蛎的需求。其结果是，由于边际效用递减原则，牡蛎不再是一种普通食品，尽管平淡无奇，但成为一种评价很高的奢侈品。

及时复习

- 效用度量消费者对消费的满意度，以尤特尔为单位。消费者试图最大化他们的效用。消费者的效用函数表示消费组合与其产生的总效用之间的关系。

● 为了最大化效用，消费者认为从多消费一单位产品或服务中得到的是边际效用，用边际效用曲线来表示。

● 在大多数产品和服务的消费中，对于大多数人而言，边际效用递减原则是：每个连续消费单位对总效用的贡献小于前一个单位。

小测验 10-1

1. 解释为什么在一种产品产生负的边际效用后，即使多消费一单位是免费的，对于边际效用递减的理性消费者而言他们也不会再多消费一单位。

2. 玛尔塔一天喝三杯咖啡，由此她已经出现边际效用递减。她的三杯咖啡中的哪一杯使总效用增长得最多？哪一杯最少？

3. 在下列各情形下，确定哪个消费者出现了边际效用递减。解释为什么。

a. 梅布尔锻炼得越多，她每增加一次去健身房就越享受。

b. 虽然梅已经收藏了大量古典音乐，但随着她的收藏的增多，增加购买一张新专辑后她仍然很享受。

c. 德克斯特是一个非常努力的学生，当他频繁地光顾餐馆时，他现在从一顿很好的饭菜中得到的享受不如过去了。

10.2 预算和最优消费

边际效用递减原则解释了为什么大多数人最终会达到一个极限，即使在敞开吃的自助餐餐馆中多吃一只蛤蜊的成本仅以未来消化不良来度量的时候。一般情况下，为了多消费更多的某种产品需要花费一些额外的资源，消费者做出选择时一定要考虑这些成本。

我们所说的成本究竟是什么呢？与往常一样，对成本的基本度量是机会成本。因为消费者可以花费的金钱数量是有限的，决定消费更多的一种产品也就是决定少消费其他产品。

□ 10.2.1 预算约束和预算线

以萨米为例，他独爱蛤蜊和马铃薯（不要问这一口味是怎样形成的）。他每周的收入有 20 美元，给定他的偏好不变，无论哪种食品总是多多益善，他将收入全部买了蛤蜊和马铃薯。我们假设，蛤蜊的价格为每磅 4 美元，马铃薯的价格为每磅 2 美元，他可能的选择是什么？

无论萨米怎样选择，我们知道他的消费组合的成本，也就是他不得不花的钱数，都不可能超过他的收入。即：

$$蛤蜊支出+马铃薯支出\leqslant 总收入 \qquad (10-1)$$

> **预算约束**是指消费者选择的消费组合的支出不可能大于他或她的收入。
>
> 一个消费者的**消费可能组合**是在给定消费者的收入和产品价格的前提下，消费者能消费的所有消费组合。

消费者的收入总是有限的，这限制了他们可以消费的数量。因此，根据式(10-1)，消费者必须选择的消费组合的花费不可能大于他或她的收入，这被称为消费者的**预算约束**（budget constraint）。简言之，一个消费者的花费不可能超过他或她的收入总量。换句话说，当消费组合遵守预算约束时，它们都能负担得起。我们把萨米所有能负担得起的消费组合称为**消费可能组合**（consumption possibility）。在一般情况下，一个特定的消费组合是否包含在消费者的消费可能组合中，取决于消费者的收入和产品与服务的价格。

图 10-2 展示了萨米的消费可能组合。他消费的蛤蜊数量表示在横轴上，马铃薯数量表示在纵轴上。连接 A 点至 F 点的向下倾斜的线区分开了可负担消费组合和无力负担消费组合。这条线内的每个组合（阴影区域）是可负担消费组合，而线外则是无力负担消费组合。

先看一个例子，C 点代表 2 磅蛤蜊和 6 磅马铃薯的组合，看一下它是否满足萨米的预算约束。C 组合的成本是 6 磅马铃薯×2 美元/磅+2 磅蛤蜊×4 美元/磅=12 美元+8 美元=20 美元。所以 C 组合确实满足萨米的预算约束：支出没有超过他每周 20 美元的收入。事实上，C 组合正好花完萨米的收入。通过这样的计算，我们可以检查位于向下倾斜的线上的所有其他组合也正好花完萨米的所有收入。

这条向下倾斜的线的具体名称为**预算线**（budget line）。它表示的是萨米花费了所有收入可购买的两种产品的所有消费组合。它之所以向下倾斜，是因为在萨米支出了他的所有收入比如说来消费目前位于预算线上的 A 点的组合后，为了消费更多的蛤蜊，他必须减少对马铃薯的消费，也就是说，他必须移动到像 B 这样的点上。换言之，在萨米选择了一个在他的预算线上的消费组合后，消费更多蛤蜊的机会成本是消费更少的马铃薯，反之亦然。如图 10－2 所示，预算线以上的区域中的任何消费组合都是无力负担消费组合。

消费者的**预算线**表示的是消费者花费所有收入可购买的所有消费组合。

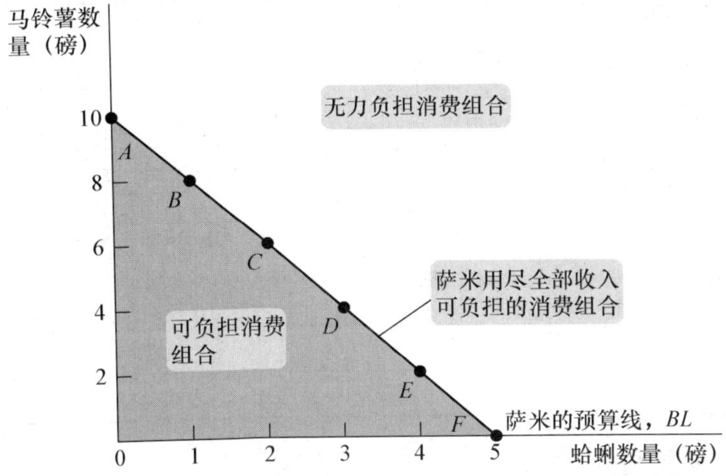

消费组合	蛤蜊数量（磅）	马铃薯数量（磅）
A	0	10
B	1	8
C	2	6
D	3	4
E	4	2
F	5	0

图 10－2 预算线

预算线表示萨米支出了所有收入时可负担的消费组合。此外，它是可负担消费组合（消费可能组合）和无力负担消费组合之间的分界线。假定蛤蜊的价格为每磅 4 美元，马铃薯的价格为每磅 2 美元，如果萨米把所有收入都用于购买蛤蜊（F 组合），他可以购买 5 磅蛤蜊。如果他把所有收入都用于购买马铃薯（A 组合），他可以购买 10 磅马铃薯。

对于在图 10－2 中以预算线为上界围成的阴影区域中的其他消费组合，也属于萨米的消费可能组合，我们需要考虑吗？答案是，从所有实际情形来看，不必考虑。无论萨米消费哪种产品，只要从中得到正的边际效用，他就会继续（换句话说，萨米并没有餍足）——他不把收入花出去而是节约下来是得不到任何效用的，因此，他总是会选择在预算线上而不是阴影区域内进行消费。

给定他每周 20 美元的预算，萨米会选择在预算线上的哪点进行消费？

□ 10.2.2 最优消费选择

因为萨米有预算约束，这意味着他将消费在预算线上的消费组合，选择了消费的蛤蜊数量也就决定了他的马铃薯消费量，反之亦然。我们希望在预算线上找到可最大化萨米总效用的消费组合点。这种组合是萨米的**最优消费组合**（optimal consumption bundle），是在给定预算约束时能最大化总效用的消费组合。

消费者的**最优消费组合**是在给定预算约束时能最大化总效用的消费组合。

表 10－1 展示了萨米从不同的蛤蜊和马铃薯组合中得到多少效用。根据表 10－1，萨米食欲正常；消费越多，他的效用就越大。

但是，因为他预算有限，他必须进行权衡取舍，他消费的蛤蜊越多，消费的马铃薯就越少，反之亦然。也就是说，他必须选择一个他的预算线上的点。

表 10－2 展示了当沿着预算线消费不同的消费组合时，他的总效用是如何变化的。表 10－2 中的第一列给出了六个可能的消费组合，从 A 到 F。第二列给出了对应于每个选择的蛤蜊消费量。第三列给出了萨米从消费这些蛤蜊中得到的效用。第四列给出了当蛤蜊消费水平给定时，萨米能买得起的马铃薯的数量；随着蛤

蜊消费量的增加，这个数量在下降，因为他在沿着预算线下移。第五列给出了他从消费马铃薯中得到的效用。最后一列给出了他的总效用。在这个例子中，萨米的总效用是他得自蛤蜊的效用与得自马铃薯的效用的总和。

表 10－1 **萨米从蛤蜊和马铃薯消费中得到的效用**

从蛤蜊消费中得到的效用		从马铃薯消费中得到的效用	
蛤蜊数量（磅）	得自蛤蜊的效用（尤特尔）	马铃薯数量（磅）	得自马铃薯的效用（尤特尔）
0	0	0	0
1	15	1	11.5
2	25	2	21.4
3	31	3	29.8
4	34	4	36.8
5	36	5	42.5
		6	47.0
		7	50.5
		8	53.2
		9	55.2
		10	56.7

表 10－2 **萨米的预算和总效用**

消费组合	蛤蜊数量（磅）	得自蛤蜊的效用（尤特尔）	马铃薯数量（磅）	得自马铃薯的效用（尤特尔）	总效用（尤特尔）
A	0	0	10	56.7	56.7
B	1	15	8	53.2	68.2
C	2	25	6	47.0	72.0
D	3	31	4	36.8	67.8
E	4	34	2	21.4	55.4
F	5	36	0	0	36.0

图 10－3 是对表 10－2 中数据的可视化表示。图 10－3（a）所示为萨米的预算线，从中可以看出，当他决定消费更多的蛤蜊时，他也决定要消费更少的马铃薯。图 10－3（b）则展示了他的总效用如何受到他所做选择的影响。在图 10－3（b）中，横轴的两组标签显示了两者的数量变化：从左至右表示蛤蜊数量增加，从右至左表示马铃薯数量增加。

我们可以使用相同的轴来表示两种产品的消费的原因是预算线，萨米消费的蛤蜊越多，他能买得起的马铃薯就越少，反之亦然。

很显然，使得萨米在蛤蜊消费和马铃薯消费之间做出最好的权衡取舍的消费组合，即最优消费组合，是最大化萨米的总效用的组合。也就是说，萨米的最优消费组合一定对应他总效用曲线的最高点。

与通常所做的一样，我们可以通过直接观察找到曲线的最高点。我们可以从图 10－3 中看出，萨米的总效用最大化点为 *C* 点，即他的最优消费组合包含 2 磅蛤蜊和 6 磅马铃薯。但是，我们知道，当使用边际分析时，我们通常可更深入地了解“多少”式决策问题。因此，在下一节，我们将使用边际分析来求解最优消费选择问题。

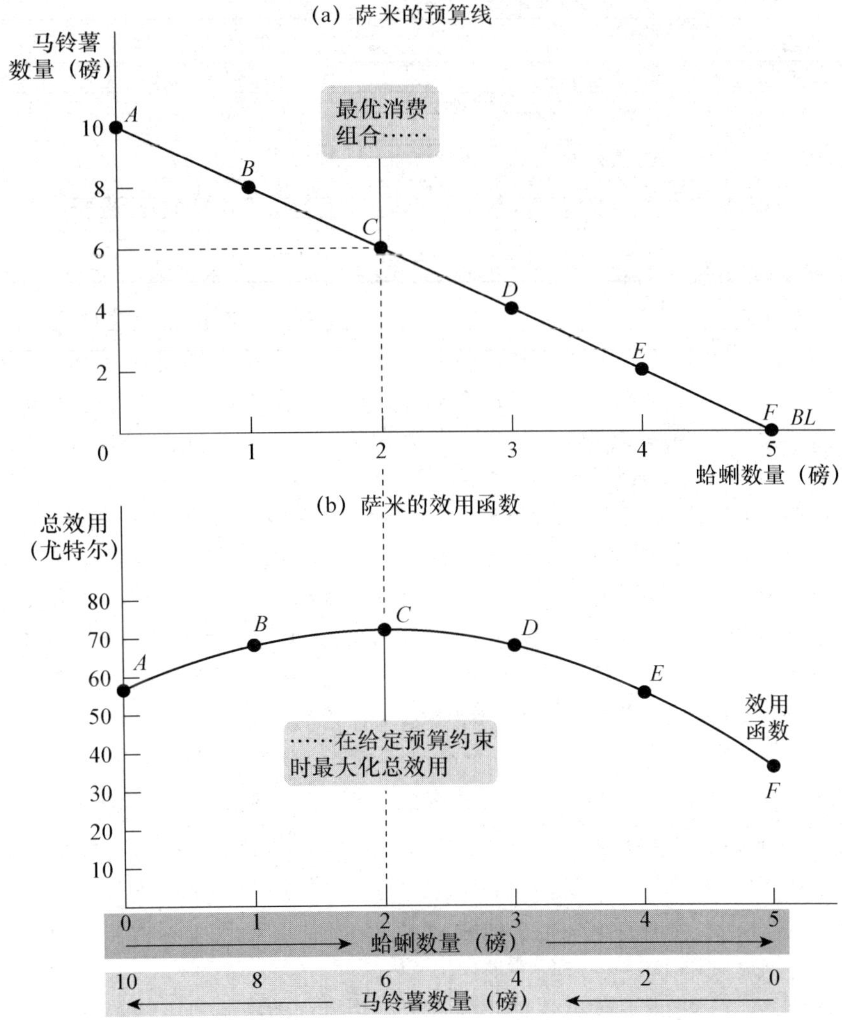

图 10-3　最优消费组合

图（a）所示为萨米的预算线和六个消费组合。图（b）所示为他的总效用如何受到位于预算线上的消费组合的影响。蛤蜊的数量在横轴上通过从左至右来度量，马铃薯的数量在横轴上通过从右至左来度量。在 C 组合上，即在他的效用函数的最高点上，他的总效用达到最大，该组合为 2 磅蛤蜊和 6 磅马铃薯。这是萨米的最优消费组合。

▶ 追根究底

预算约束下的美食考量

预算约束不只是钱的问题。事实上，影响我们生活的还有许多其他的预算约束。如果你的壁橱空间有限，就对你的衣服形成预算约束。我们也都面临时间预算约束：每天的小时数是给定的。

而参加慧俪轻体（Weight Watchers）计划试图减肥的人，则面临所吃食物的预算约束。

慧俪轻体计划给每种食物分配一定的点数。4 盎司优质冰激凌为 8 点，一片加中等厚度奶酪片的比萨饼为 7 点，一杯葡萄为 0 点。你每日都有最大点数，但可以自由选择吃哪些食物。

换句话说，在慧俪轻体计划中，减肥者就像一个消费者来选择消费组合：点数相当于价格，整体限制点数相当于总收入。

▶ 真实世界中的经济学

调味品狂潮

上了一定年纪的人一定记得，早先在美国杂货店中唯一供应的芥末是那种呛得流鼻涕、外包装为荧光色的塑料挤瓶装的芥末。还有番茄酱和人造奶油——选择很少，味道都一样。至于萨尔萨——那不是一种舞步吗？

今非昔比。今天的美国人已经变得非常喜欢调味品，市场上的品种令人眼花缭乱。那些尝过烤大蒜味、杏味甚至波旁威士忌/糖蜜味芥末的人还会喜欢普通芥末吗？同样地，你愿意在你的总会三明治中加入藏红花、大蒜蛋黄酱或拉差蛋黄酱吗？而且在美国销售的萨尔萨酱早已取代番茄酱。

究竟发生了什么？口味和预算都发生了变化。在始于2007年的严重经济衰退的刺激下，更多越来越担心预算的消费者在家做饭了。随着美食烹饪和一些特色美食烹制方法的公开，人们也在想方设法制作自己的家常菜。因此，从经济衰退开始，2008年调味品销售额增加了5.6%，2009年增加了6.2%，这没什么奇怪的。到2012年，美国调味品销售额达到97亿美元，并且预计2017年将达到107亿美元。

调味品品种大量增多的原因是制作瓶装调味品变得相对容易。因此，这使得小公司能够试验一些异国风味，寻找那些受消费者欢迎的日益成熟的口味。最终，吸引许多跟随者的口味会被像卡夫这样规模较大的公司挑中。正如一位行业分析师所说的那样，“人们希望更便宜、更专业的美食产品。这就像时尚产品。”

随着最近几年经济的慢慢复苏，到餐馆用餐的人数也在回升。然而，美国的家庭烹饪似乎已经被调味品狂潮彻底改变。消费者继续购买各种高档调味品来增添家常饭菜的风味。

及时复习

● 预算约束要求消费者的总支出不能多于他的收入。符合预算约束的消费组合的集合是消费者的消费可能组合。

● 花费了消费者的所有收入的消费组合位于他或她的预算线上。预算线向右下方倾斜，因为消费者想增加对一种产品的消费就必须减少对另一种产品的消费。

● 给定消费者的预算约束，能最大化总效用的消费选择是最优消费组合。该组合一定位于消费者的预算线上。

小测验 10-2

1. 在下面的两个例子中，找出在消费者的预算线上的所有消费组合。画图说明消费可能组合，并画出预算线。

a. 消费组合包括电影票和爆米花。每张电影票的价格为10.00美元，每桶爆米花的价格为5.00美元，消费者的收入为20.00美元。在图中，纵轴表示电影票，横轴表示爆米花。

b. 消费组合包括内衣和袜子。每套内衣的价格为4.00美元，每双袜子的价格为2.00美元，消费者的收入为12.00美元。在图中，纵轴表示袜子，横轴表示内衣。

10.3 边际货币支出

正如我们所看到的，我们可以得到位于萨米的预算线上的每个消费组合的总效用，然后选择总效用最大的组合以找出他的最优消费选择。但我们可以使用边际分析，将寻找萨米的最优消费选择问题变成求“多少”的问题。

我们如何做到这一点？将选择一个最优消费组合的问题看作在每种产品上支出多少的问题。也就是说，为了运用边际分析找到最优消费组合，我们要回答的问题是：萨米在马铃薯上多支出一点而在蛤蜊上少支出一点是否使自己的境况变得更好，或者做相反的操作是否更好？换言之，边际决策的问题是如何支出边际货币——如何在蛤蜊和马铃薯之间分配额外多支出的货币来最大化效用。

边际分析的第一步是回答萨米在任一产品上多支出一点是否使自己的境况变得更好；如果是，变好了多少。要回答这个问题，我们必须计算花在蛤蜊或马铃薯上的**单位美元的边际效用**（marginal utility per dollar），也就是萨米在任一产品上额外支出 1 美元而额外得到的效用。

单位美元的边际效用是指在任一产品或服务上额外支出 1 美元而额外得到的效用。

□ 10.3.1 单位美元的边际效用

我们已经引入了边际效用概念，也就是消费者从多消费一单位产品或服务中额外得到的效用；现在我们来看，这个概念如何被用来推出与单位美元的边际效用相关的指标。

表 10 - 3 说明了如何计算分别在蛤蜊和马铃薯上支出 1 美元所得到的边际效用。

表 10 - 3 单位美元的边际效用

(a) 蛤蜊（蛤蜊价格＝4 美元/磅）

蛤蜊数量（磅）	得自蛤蜊的效用（尤特尔）	每磅蛤蜊的边际效用（尤特尔）	单位美元的边际效用（尤特尔）
0	0		
		15	3.75
1	15		
		10	2.50
2	25		
		6	1.50
3	31		
		3	0.75
4	34		
		2	0.50
5	36		

(b) 马铃薯（马铃薯价格＝2 美元/磅）

马铃薯数量（磅）	得自马铃薯的效用（尤特尔）	每磅马铃薯的边际效用（尤特尔）	单位美元的边际效用（尤特尔）
0	0		
		11.5	5.75
1	11.5		
		9.9	4.95
2	21.4		
		8.4	4.20
3	29.8		
		7.0	3.50
4	36.8		
		5.7	2.85
5	42.5		
		4.5	2.25
6	47.0		
		3.5	1.75
7	50.5		
		2.7	1.35
8	53.2		
		2.0	1.00
9	55.2		
		1.5	0.75
10	56.7		

在表 10 - 3（a）中，第一列所示为可能消费的蛤蜊的不同数量。第二列所示为萨米从消费的蛤蜊中得到的效用。第三列所示为边际效用，即萨米每增加消费 1 磅蛤蜊所额外得到的效用。表 10 - 3（b）给出了关于马铃薯的相同信息。下一步是得出在每种产品上支出的每美元所得到的边际效用。要做到这一点，我们必须用美元的价格除以产品的边际效用。

要理解我们为什么必须用价格来除，请比较表 10 - 3（a）中的第三列和第四列。试想如果萨米将他对蛤蜊的消费量从 2 磅增加到 3 磅会发生什么。正如我们所看到的，增加蛤蜊消费量后，他的总效用增加了 6 尤特尔。但是，他必须为每磅多花费 4 美元，所以，在蛤蜊上每增加 1 美元增加的效用为：6 尤特尔/4 美元＝1.5 尤特尔/美元。

同样地，如果他将蛤蜊的消费量从 3 磅增加到 4 磅，他的边际效用为 3 尤特尔，但他的单位美元的边际效用为 3 尤特尔/4 美元＝0.75 尤特尔/美元。请注意，由于边际效用递减，萨米从每磅蛤蜊中得到的边际效用随着他消费的蛤蜊数量的增加而下降。因此，他用于蛤蜊消费的单位美元的边际效用也随着蛤蜊消费量的上升而下降。

因此，表 10－3（a）中的最后一列所示为萨米的单位美元的边际效用如何随着他消费的蛤蜊数量的变化而变化。与此类似，表 10－3（b）中的最后一列也显示了他用于马铃薯的单位美元的边际效用如何受到他消费的马铃薯数量变化的影响。同样，用于每种产品的单位美元的边际效用都随着消费量的增加而递减，因为边际效用递减。

我们将用符号 MU_C和 MU_P分别代表每磅蛤蜊和每磅马铃薯的边际效用。我们将用符号 P_C和 P_P分别代表（每磅）蛤蜊的价格和（每磅）马铃薯的价格。因此，对蛤蜊支出的单位美元的边际效用为 MU_C/P_C，对马铃薯支出的单位美元的边际效用为 MU_P/P_P。就一般情形而言，对一种产品额外支出 1 美元所导致的效用变化等于：

$$在一种产品上支出的单位美元的边际效用=\frac{每单位产品的边际效用}{每单位产品的价格}=MU_{产品}/P_{产品} \quad (10-2)$$

现在，我们来看这个概念如何帮助我们用边际分析方法得出消费者的最优消费组合。

□ 10.3.2　最优消费

我们来看图 10－4。如图 10－3 一样，我们可以根据预算约束用横轴来度量蛤蜊的数量和马铃薯的数量。图 10－4 的横轴与图 10－3 相同，从左向右移动表示蛤蜊数量增加，从右向左移动表示马铃薯数量增加。图 10－4 中标记为 MU_C/P_C的曲线表明萨米在蛤蜊上花费 1 美元所得的边际效用是根据表 10－3 推导出的结果。同样，标记为 MU_P/P_P的曲线所示为他在马铃薯上所花费的单位美元的边际效用。请注意，两条曲线，MU_C/P_C和 MU_P/P_P，在最优消费组合点 C 点相交，该组合由 2 磅蛤蜊和 6 磅马铃薯组成。

此外，图 10－4 还显示了萨米的最优消费组合的一个重要特征：当萨米消费 2 磅蛤蜊和 6 磅马铃薯时，他花在两种产品上的单位美元的边际效用是相同的。也就是说，在最优消费组合点 $MU_C/P_C=MU_P/P_P=2$。

这并非巧合。考虑萨米的另一个消费可能组合，比如说图 10－3 中的 B 点，此时他消费 1 磅蛤蜊和 8 磅马铃薯。花在每种产品上的单位美元的边际效用如图 10－4 中的 B_C点和 B_P点所示。在这一消费组合处，萨米用在蛤蜊上的单位美元的边际效用约为 3，但他用在马铃薯上的单位美元的边际效用只有约 1。这说明他已经犯错：他消费了太多的马铃薯，但蛤蜊消费不足。

▶ 疑难解答

边际比较的正确做法

边际分析通过比较边际成本和边际得益解决了“多少”式决策问题：比较再增加一点的得益与由此引起的成本。然而，正如我们在第 9 章中所指出的那样，边际分析的形式可以不同，取决于你是做出利润最大化的生产决策还是效用最大化的消费决策。让我们来看这一不同，以确保理解正确。

在第 9 章，亚历克斯的决策是一个生产决策，因为他所面临的问题是最大化受教育年限的利润。最大化利润的最优受教育年限是用边际分析得出的：在在校年限的最优数量处，在校多接受一年教育的边际收益等于其边际成本。亚历克斯并没有面临预算约束，因为他总能借到钱来支持他多在校一年的开支。

如果我们将解决亚历克斯生产问题的方法扩展应用到萨米的消费问题上且不作任何形式上的变化，你可能会说，萨米的最优消费组合是蛤蜊的边际效用等于马铃薯的边际效用，或蛤蜊的边际效用等于蛤蜊的价格时的消费组合。但是，这两种说法都是错误的，因为它们没有考虑预算约束，事实是增加对一种产品的消费就必须减少对另一种产品的消费。

在消费决策中，你的目标是在预算约束下最大化效用水平。找到最优消费组合的正确办法是使组合中每种产品的单位美元的边际效用相等。当这一条件得到满足时，你在所有产品和服务上支出的每一美元都是一样的。只有这样，你才无法通过在预算中重新安排你的消费来得到更多效用。

我们怎么知道这一点呢？如果萨米用于蛤蜊的单位美元的边际效用高于他用于马铃薯的单位美元的边际

效用，他有一个简单的方法可让自己过得更好，且同时可保持在自己的预算范围内：在马铃薯上少花费 1 美元，在蛤蜊上多花费 1 美元。我们可以用图 10－4 中的 B_C点和 B_P点来说明这一点。对蛤蜊多花费 1 美元，他获得 B_C点所对应的效用量，大约为 3 尤特尔。对马铃薯少花费 1 美元，他损失 B_P点所对应的效用量，大约只有 1 尤特尔。

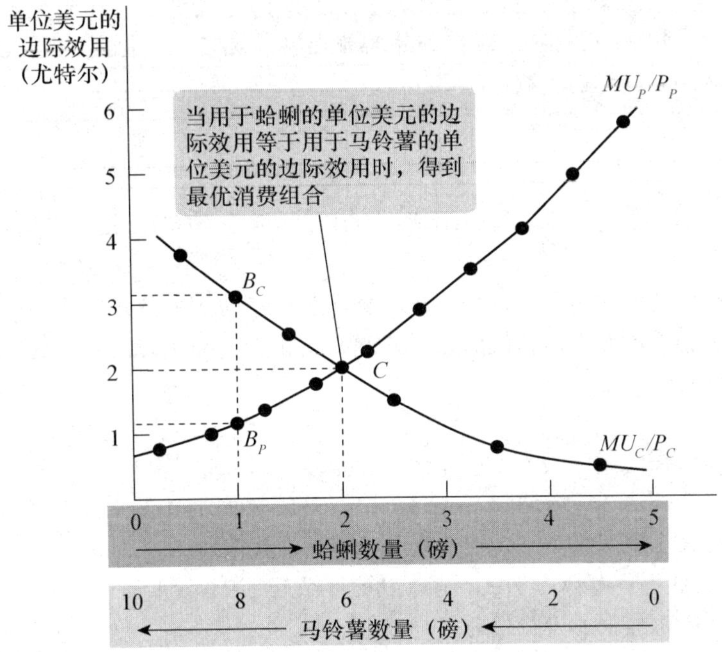

图 10－4　单位美元的边际效用

萨米的最优消费组合位于 C 点，此时用于蛤蜊的单位美元的边际效用为 MU_C/P_C，用于马铃薯的单位美元的边际效用为 MU_P/P_P。这解释了边际分析的效用最大化原则：在最优消费组合处，用于每一种产品或服务的单位美元的边际效用是相同的。在萨米预算线上的其他消费组合处，如图 10－3 中的 B 点，在这里表示为 B_C点和 B_P点，消费并不是最优的：萨米通过重新分配支出，在不增加支出总额的情况下，可以增加自己的效用。

因为他用在蛤蜊上的单位美元的边际效用高于马铃薯，通过再分配，增加对蛤蜊的花费，而减少对马铃薯的花费，将增加他的效用。但如果他用于马铃薯的单位美元的边际效用相对较高，他可以通过减少对蛤蜊的花费而增加对马铃薯的花费来增加他的效用。所以，如果萨米实际上已经选择了他的最优消费组合，他用于蛤蜊和马铃薯的单位美元的边际效用必须相等。

根据**边际分析的效用最大化原则**，在最优消费组合实现时，用于组合中每种产品或服务的单位美元的边际效用是相等的。

这是一个一般性原则，我们称之为**边际分析的效用最大化原则**（utility-maximizing principle of marginal analysis）：当消费者在预算约束下实现效用最大化时，用于消费组合中每种产品或服务的单位美元的边际效用是相同的。也就是说，对于任何两种产品 C 和 P，根据最优消费原则，在最优消费组合实现时，下式成立：

$$MU_C/P_C = MU_P/P_P \tag{10-3}$$

使用只包含两种产品的消费组合事例来说明这一原则最容易理解，它也可以适用于消费者购买的多种产品或服务：在最优消费组合实现时，用于组合中每种产品或服务的单位美元的边际效用是相等的。

▶ **真实世界中的经济学**

抵御诱惑

付出更多以得到更少，这听起来有些奇怪。但休闲食品公司发现，消费者确实愿意为小份包装支付更多，它们利用这种趋向来成功营销。某公司的高管解释了为什么小包装很受欢迎——它们可以帮助消费者吃得更少，消费者无须担心自己的卡路里。“太具有讽刺意味了！”一个食品行业的分析师大卫·阿德尔曼(David Adelman)说，“如果你购买一份大盒的 Wheat Thins 或 Goldfish，一块一块地数一下并把它们放在一个保鲜袋中，你得到的是本质上相同的产品。”他估计，小包装休闲食品的利润比大包装的高出约20%。

很显然，在这种情况下，消费者做出的计算如下：不必担心是否已经吃得太多所带来的额外效用足以弥补支付的额外费用。正如一位购物者所言，“它们是贵一点，但是值得。这样的独立包装正好是我所需要的量，所以我不会吃过头。”所以，很明显，消费者并非非理性。相反，他们是完全理性的：除了享用到零食外，他们还买到了小小的从手到嘴的克制。

及时复习

● 根据边际分析的效用最大化原则，最优消费组合中所有产品的单位美元的边际效用——一种产品的边际效用除以其价格——都是相同的。

● 每当一种产品的单位美元的边际效用高于另一种产品的单位美元的边际效用时，消费者应该在边际效用较高的产品上多支出1美元，而在边际效用较低的产品上减少1美元的支出。通过这样做，消费者将移动到更接近他或她的最优消费组合处。

小测验 10-3

1. 从表10-3中可以看出，用于蛤蜊的单位美元的边际效用和用于马铃薯的单位美元的边际效用是相等的。当萨米将蛤蜊的消费量从3磅增加到4磅时，他对马铃薯的消费量从9磅增加到10磅。解释为什么这不是萨米的最优消费组合。使用图10-3的预算线解释你的答案。

2. 利用表10-3中的数据，解释为什么下述说法是错误的：“为了实现效用最大化，萨米应该选择每种产品的单位美元的边际效用都最大的消费组合。”

10.4 从效用到需求曲线

到目前为止，我们已经分析了消费者在给定收入和具体产品价格的条件下的最优消费选择，例如在萨米的事例中，其每周的收入为20美元，蛤蜊的价格为每磅4美元，马铃薯的价格为每磅2美元。

但研究消费者行为的主要原因是为了探索市场需求曲线的决定因素，即解释个人消费者的效用最大化行为如何导致市场需求曲线向右下方倾斜。

□ 10.4.1 边际效用、替代效应和需求法则

假设烤蛤蜊的价格 P_C 上升。在给定蛤蜊消费水平的情况下，价格上涨并不会改变消费者从多消费1磅蛤蜊中得到的边际效用 MU_C。然而，它却降低了用于烤蛤蜊的单位美元的边际效用即 MU_C/P_C。得自蛤蜊的单位美元的边际效用下降，会刺激消费者在价格上升时减少对蛤蜊的消费。

要知道个中原因，请回忆边际分析的效用最大化原则：一个效用最大化的消费者选择一个对所有产品支出的单位美元的边际效用相同的消费组合。如果用于蛤蜊的单位美元的边际效用因为产品价格上升而下降，消费者可以通过减少购买蛤蜊、增加购买其他产品提高其效用水平。

与此相反，如果蛤蜊价格下降，在给定蛤蜊的消费水平时，用于蛤蜊的单位美元的边际效用 MU_C/P_C 将上升。因此，当蛤蜊价格下降时，消费者可以通过购买更多的蛤蜊并减少购买其他产品提高其效用水平。

所以，当一种产品的价格上升时，人们通常会减少对该种产品的消费，而增加对其他产品的消费。相应地，当一种产品的价格降低时，人们通常会增加对该种产品的消费而减少对其他产品的消费。这就解释了为什么个体需求曲线通常向右下方倾斜，因为个人消费产品的多少与产品价格有关，也就是说，它符合需求法则。而且，正如我们在第3章中所学过的，市场需求曲线是所有消费者个体需求曲线的水平加总，它也将向右下方倾斜。

另一种考虑为什么需求曲线向右下方倾斜的方法是着眼于机会成本。在蛤蜊价格下降后，为了多购买一单位蛤蜊，个人不必放弃对其他产品的消费，所以消费蛤蜊变得更有吸引力。相反，在一种产品的价格上升后，使用同样的资源消费这种涨价产品变得缺乏吸引力，消费者的购买自然减少。

价格变化对产品消费量的影响始终存在。这被称为**替代效应**（substitution effect）——随着消费者在消费中用现在相对便宜的产品替代其他变得相对昂贵的产品，该种产品的消费量会发生变化。当一种产品在消费者的支出中所占的比重较小时，替代效应实质上是消费者的个体需求曲线向右下方倾斜的完整解释。而且，这也意味着当一种产品的支出占消费者支出的比重较小时，替代效应实质上是市场需求曲线向右下方倾斜的唯一解释。

> 一种产品的价格变化的**替代效应**是指随着消费者用现在价格相对便宜的产品替代价格相对昂贵的产品而产生的产品消费数量的变化。

然而，一些产品，如住房，占据了普通消费者的大部分支出。对于这样的产品，个体需求曲线和市场需求曲线背后的故事变得稍微复杂了一些。

□ 10.4.2 收入效应

对于绝大多数产品而言，替代效应是个体需求曲线和市场需求曲线向右下方倾斜的整个故事。然而，诸如食物或住房等一些产品，占据了不少消费者的支出的很大一部分。在这种情况下，另一种效应，被称为收入效应，也开始发挥作用。

考虑家庭的一半收入用于租房的情形。现在，假设各处住房价格都在上升。这将对家庭需求产生替代效应：在其他条件不变时，家庭将会减少对住房的消费，比如说搬到一个较小的公寓，也就相应增加了对其他产品的消费。但从实际意义上说，这个家庭由于高房价而变贫困了，其收入只能用于租住较小的房子。

调整后的反映其真实购买力的收入额，通常被称为“实际收入”，与“货币收入”或“名义收入”形成对比，后者是指没有进行调整的收入水平。消费者的实际收入降低，在替代效应之外会对包括住房在内的家庭消费组合产生额外的影响。

产品价格变化会导致消费者总的购买力变化，由此引起的产品消费数量的改变被称为价格变化的**收入效应**（income effect）。在这种情况下，产品价格变化实际上改变的是消费者的收入，因为它引起了消费者购买力的变化。除了替代效应外，收入效应是价格变化改变消费选择的另一种途径。

> 一种产品的价格变化的**收入效应**是指消费者的购买力因产品价格变化而变化所造成的产品消费数量的变化。

能给出价格变化的替代效应和收入效应更精确的定义吗？可以，我们将在本章附录中给出。然而，我们只需要知道有关这两种效应之间的区别的两件事情。

第一，对于绝大多数产品和服务，收入效应并不重要，它对个人消费并无显著影响。因此，对大多数市场需求曲线向右下方倾斜仅仅知道是因为替代效应就可以了。

第二，当收入效应重要时，它通常会强化替代效应。也就是说，当占收入的比例较大的产品的价格上升时，该种产品的消费者会因为他们的购买力下降了而变得有点穷。正如我们在第3章中所学到的，绝大多数产品都是正常物品，当收入下降时对其的需求会减少。所以，收入实际减少会导致需求量减少，进一步强化替代效应。

然而，对低档物品而言，收入下降会导致对其的需求增加，收入效应和替代效应作用方向相反。尽管对任何产品而言，其价格上升的替代效应往往会导致需求量减少，但对低档物品，价格上升的收入效应往往会增加需求量。

因此，对于假想的低档物品情形，收入效应和替代效应之间的区别很重要。这种区别的最极端的例子是**吉芬物品**（Giffen good），该种产品的需求曲线是向右上方倾斜的。

> **吉芬物品**是一种假想的低档物品，其收入效应超过替代效应，需求曲线向右上方倾斜。

解释吉芬物品的经典故事可以追溯到19世纪的爱尔兰，当时爱尔兰是一个极端贫穷的国家，普通家庭饮食中的很大一部分是马铃薯。在其他条件不变的情况下，马铃薯的价格提高会导致人们对马铃薯的需求减少。但是，其他方面的情况并不相同：在19世纪的爱尔兰，马铃薯的价格提高会让大家都变得更贫穷，增加对马铃薯的需求，因为马铃薯是低档物品。

如果价格上涨的收入效应超过了替代效应，就如同从19世纪爱尔兰的马铃薯中所推想的那样，那么价格上升的收入效应导致需求量增加。因此，需求曲线向右上方倾斜，需求法则不成立。

从理论上讲，吉芬物品可以存在；但从来没有任何被证实真实存在的情况，包括19世纪的爱尔兰在内。因此，作为一个实际问题，在我们对大多数产品的需求进行讨论时，我们并不需要担心。通常情况下，只有对少数有限的产品而言，收入效应才是重要的。

▶ **真实世界中的经济学**

抵押贷款利率与消费者需求

大多数人通过按揭购房，也就是以房屋价值作抵押获得贷款。抵押贷款利率随着时间的推移而变化。例如，从2000年到2003年，利率下降了3.3%，这一创纪录的低利率一直持续到2008年。利率下滑是这一时间段内房地产泡沫形成的主要原因。当抵押贷款利率下降时，对普罗大众而言购房的成本就下降了，即使是对于在高利率的时候获得抵押贷款的人来说，也可以通过再贷款支付较低的利息。利率大幅下降导致美国拥有房屋所有权的人大幅增加。美国居民中拥有住房的人所占的比重从2000年的67.1%上升到2004年的历史新高——69.2%。拥有房屋所有权率直到2007年房地产市场崩溃之前一直保持在68%以上的水平。

当抵押贷款利率下降时，对住房的需求上升没什么可大惊小怪的。经济学家们已经注意到，当抵押贷款利率下降时对许多其他产品的需求同样也增加了。这些产品有些是与新建住房或更大住房有关的，比如家具。但是人们也购买新车、更多地到餐馆用餐和出外度假。为什么呢？

答案表明了替代效应和收入效应的区别。当住房变得相对便宜时，就会产生替代效应，人们有动力在他们的消费组合中用住房替代其他产品。但是住房碰巧是在消费者支出中占有很大比例的产品，许多家庭支出了他们收入的1/4或者更多用于偿还抵押贷款。因此，当房屋价格下降时，人们实际上变得相对更富了——具有显著的收入效应。

抵押贷款利率下降导致对住房的需求增加实际上是两个效应综合作用的结果：与其他消费品相比住房变得相对便宜，人们会去购买更多、更大的住房，因为他们感到自己更富有了。从2000年到2007年，美国人住房的平均规模增长了大约250平方英尺。因为感到更富有了，人们也会去购买其他正常物品，如小轿车、到餐馆用餐和出外度假。在同一时期，乘飞机出行的旅客增加了20%，美国人在用餐和娱乐上的花费增加了35%。

及时复习

● 大部分产品在消费者的支出中只占很小的份额。对这样的产品而言，价格变化的替代效应是价格变化影响消费的主要效应。它导致个体需求曲线和市场需求曲线向右下方倾斜。

● 当一种产品的支出在消费者支出中占有较大的比例时，价格变化的收入效应会在替代效应之外出现。

● 对于正常物品，当消费者变得更富有时需求会增加，而当消费者变得相对贫穷时，需求会减少，因此收入效应强化了替代效应。而对于低档物品而言，当消费者变得更贫穷时，需求增加，而当消费者变得更富有时，需求减少。因此收入效应和替代效应会沿着不同的方向变化。

小测验 10-4

1. 在如下情形下，请说明收入效应显著还是替代效应显著，抑或两种效应都很显著。在哪种情形下两种效应作用方向相同？在哪种情形下作用方向相反？为什么？

a. 对橙汁的支出在克莱尔的开支中只占一小部分。在橙汁价格上涨后，她购买了更多的柠檬水，减少了对橙汁的购买。她没有改变对其他产品的支出。

b. 今年公寓租金急剧上涨。由于租金占迪莉娅收入的相当大的部分，她搬到了一套小一点的公寓里。假设可供租用的住房是正常物品。

c. 在学生食堂一个学期的用餐成本涨价了，这表明生活费用在显著增加。假设食堂的饭菜是低档物品。

2. 根据第1题c中描述的例子，你能决定食堂的饭菜是不是吉芬物品吗?

▶ 企业案例

麦当劳的开心乐园餐

2013年，麦当劳同意停止将苏打水作为其特色饮料来进行促销。这是麦当劳为使其标准的儿童开心乐园餐更健康而采取的最新措施。例如，在2011年麦当劳改变了其标准的开心乐园餐的组成，其中包括了四分之一杯苹果片，减少了炸薯条，不再使用焦糖汁，从而降低了盐、糖、脂肪和卡路里的含量。可以肯定的是，相对健康的选项总是有的：父母可以要求水果或牛奶而不是薯条或汽水。但大多数人选择了默认的标准餐。根据餐馆分析师彼得·萨利赫（Peter Saleh）的说法，“这是很好的宣传，如果你卖出更多的开心乐园餐，你就在向孩子们的父母卖出更多的巨无霸汉堡。”

这些改变是为了帮助减缓长期以来对公司的批评——认为麦当劳公司的菜单营养失衡，引起令人担忧的儿童肥胖日益盛行。批评者认为，开心乐园餐的热量大约为600卡路里，对于小孩，热量仍然过于丰富。长期的观察人士认为，麦当劳不只是应对批评，该公司还正努力拉住忠实客户群：在2013年，尽管汉堡王和温迪（Wendy's）等竞争对手也跟随麦当劳推出了更健康的儿童餐，但开心乐园餐的年销售额预计占了其总销售额的10%，接近90亿美元，麦当劳的儿童餐销售量一直强于竞争对手。

事实上，麦当劳在艰难的环境中让客户保持高兴方面做得非常成功。2009年是始于2007年的经济衰退的最低点，全方位服务的餐馆营业额跌幅超过6%，但快餐店的营业额仍维持在大约相同的水平。这些餐馆通过打折和促销活动，以及推出1美元菜单和廉价的组合餐，保持了销售增长。在经济衰退期间，麦当劳同家店面销售额大约持平。

然而，许多快餐连锁店，如汉堡王、玩偶匣（Jack in the Box）和卡乐星（Carl's Jr.）等在经济衰退期间销售都出现了下滑。它们削减的广告支出比麦当劳增加的支出和获得的市场份额大得多。麦当劳也在积极扩充菜单——从健康的开心乐园餐到麦咖啡产品线的意式浓缩饮品，以及冰沙和异国情调的调味包等。

观察家们对麦当劳是正在认真地努力让客户吃到健康食品还只是制造广告噱头有分歧。未知的问题是客户将如何做出反应，正如一名评论者所说，“盐可能对你不好，但它让味道好极了……你不能要求麦当劳或汉堡王停止销售汉堡和薯条。”一名特许权经营者也指出“期待顾客尝试苹果后，再恢复到点薯条”。

思考题

1. 举出该案例中的正常物品和低档物品的例子。举出该案例中替代效应和收入效应的事例。

2. 为了诱导快餐顾客食用更健康的饭菜，什么样的替代品应该在那里禁止销售？你认为这些替代品会有影响吗？为什么？

3. 你认为麦当劳为什么会成功？请联系本章所讨论的概念来解释。

小结

1. 消费者最大化个人满足感的衡量指标，该指标被称为效用。每个消费者都有一个效用函数来确定他或她从消费的产品和服务即消费组合中得到的总效用水平。我们用假想的单位尤特尔来度量效用。

2. 产品或服务的边际效用是从多消费一单位产品或服务中得到的额外效用。我们通常认为边际效用递减原则是成立的，即多消费一单位产品或服务产生的额外效用比此前消费的一单位要低。因此，边际效用曲线向右下方倾斜。

3. 预算约束限定了消费者的支出不可能超过他或她的收入。它定义了消费者的消费可能组合，也就是所有的可负担消费组合。支出其所有收入的消费者将选择在预算线上的消费组合。一个人选择的可最大化总效用的消费组合被称为最优消费组合。

4. 我们用边际分析来得到最优消费组合，即分析如何分配边际美元。根据边际分析的效用最大化原则，在最优消费组合处用于每种产品或服务的单位美元的边际效用（产品的边际效用除以其价格）是相同的。

5. 产品价格变化通过两种可能的途径影响消费量：替代效应和收入效应。大部分产品的支出只占消费者支出的一小部分；对于这些产品，只有替代效应——减少购买相对变贵的产品，增加购买现在比较便宜的产品——是显著的。这表现为个体需求曲线和市场需求曲线向右下方倾斜。当一种产品的支出占消费者支出的份额较大时，收入效应也很显著：产品价格提高使得消费者相对变穷，而产品价格降低使得消费者相对变富。这种购买力变化引起消费者对产品的需求增加还是减少要取决于产品是正常物品还是低档物品。对正常物品而言，替代效应和收入效应相互加强。对于低档物品，它们的作用方向正好相反。吉芬物品的需求曲线向右上方倾斜，这是因为它是低档物品，其中的收入效应超过了替代效应。然而，数据从来没有证实吉芬物品的存在。

关键词

效用　消费组合　效用函数　尤特尔　边际效用　边际效用曲线
边际效用递减原则　预算约束　消费可能组合　预算线　最优消费组合　单位美元的边际效用
边际分析的效用最大化原则　替代效应　收入效应　吉芬物品

练习题

1. 对下述每一种情形确定 Al 是否存在边际效用递减现象，并进行解释。

a. Al 选修的经济学课程越多，他越喜欢这个专业。他上课越多，每节课的内容越容易懂，使得他对每增加的一节课的喜欢程度比之前的一节课更高。

b. Al 喜欢喧闹的音乐。事实上，他认为“越喧闹越好”。每次他将音量调高一档，他的总效用将增加 5 尤特尔。

c. Al 喜欢看重播的旧的情景喜剧《老友记》(*Friends*)，他认为这些片段总是很有趣。但是，他也承认，这些片段看得越多，有趣程度越低。

d. Al 喜欢烤棉花糖。不过他吃得越多，越觉得饱，从每增加的一份烤棉花糖中得到的乐趣就越少。而且他也会达到餍足点：超过这一点，吃更多的烤棉花糖实际上使他感觉比之前更差，而非更好。

2. 请使用边际效用概念来解释如下现象：报纸自动售卖机的设计原理是，一旦你支付了一份报纸的钱，你一次性可以带走多份报纸。但是对于汽水自动售卖机，你支付了一瓶汽水的钱，一次只能带走一瓶。

3. 布鲁诺将他的收入用于两种不同的产品：碧昂丝的 MP3 歌曲和课堂做笔记用的笔记本。在以下三种情况下确定给定的消费组合是否在布鲁诺的消费可能组合范围内，然后再确定其是否在预算线上。

a. MP3 歌曲每首费用为 2 美元，笔记本每个花费 3 美元。布鲁诺的收入为 60 美元。他正在考虑含 15 首 MP3 歌曲和 10 个笔记本的组合。

b. MP3 歌曲每首费用为 2 美元，笔记本每个花费 5 美元。布鲁诺的收入为 110 美元。他正在考虑含 20 首 MP3 歌曲和 10 个笔记本的组合。

c. MP3 歌曲每首费用为 3 美元，笔记本每个花费 10 美元。布鲁诺的收入为 50 美元。他正在考虑含 10 首 MP3 歌曲和 3 个笔记本的组合。

4. 第 3 题的消费者布鲁诺是伯尼最好的朋友。伯尼与布鲁诺共享笔记本和碧昂丝的 MP3 歌曲。下表给出了伯尼从笔记本和 MP3 歌曲中得到的效用。

笔记本数量（个）	笔记本带来的效用（尤特尔）	MP3 歌曲数量（首）	MP3 歌曲带来的效用（尤特尔）
0	0	0	0
1	32	2	28
2	60	4	52
3	84	6	72
4	104	8	96
5	120	10	108

每个笔记本的价格为4美元，每首MP3歌曲的价格是2美元，伯尼有20美元的收入可供支出。

a. 如果伯尼将其所有收入用于支出，可购买的笔记本和MP3歌曲组合为多少？画图标明伯尼的预算线，把MP3歌曲标示在横轴上，把笔记本标示在纵轴上。

b. 计算每个笔记本和每首MP3歌曲的边际效用。然后计算用于购买笔记本和用于购买MP3歌曲的单位美元的边际效用。

c. 仿照图10－4那样画图，标出用于购买笔记本和用于购买MP3歌曲的单位美元的边际效用。使用该图和边际分析的效用最大化原则预测伯尼会选择预算线上所有组合中的哪个组合。

5. 对于下列每种情形，确定兰科斯尼正在考虑的组合是不是最优组合。如果不是，怎样做能提高兰科斯尼的总效用水平？也就是说，确定哪些产品应该多花一些钱、哪些应该少花一些钱。

a. 兰科斯尼拥有200美元可花费在运动鞋和毛衣上。运动鞋每双费用为50美元，毛衣每件成本为20美元。她正考虑买2双运动鞋和5件毛衣。她告诉她的朋友，她从第2双运动鞋和第5件毛衣中得到同样的效用。

b. 兰科斯尼有5美元用于购买钢笔和铅笔。每支钢笔的价格为0.50美元，每支铅笔的价格为0.10美元。她正考虑购买6支钢笔和20支铅笔。最后1支钢笔增加的总效用是最后1支铅笔的5倍。

c. 兰科斯尼每赛季花50美元购买橄榄球比赛和足球比赛的门票。每场橄榄球比赛的门票价格为10美元，每场足球比赛的门票价格为5美元。她想购买3场橄榄球比赛和2场足球比赛的门票。她从第3场橄榄球比赛中得到的边际效用是从第2场足球比赛中得到的2倍。

6. 要"酷"的卡尔·库珀用200美元购买手机和太阳镜。

a. 每部手机的价格为100美元，每副太阳镜的价格为50美元。什么样的组合处在卡尔的预算线上？仿照图10－4画出图形，并在其上标明用于购买手机和用于购买太阳镜的单位美元的边际效用。根据该图和最优消费原则来决定如何分配他的支出。也就是说，对于所有在预算线上的产品组合，卡尔会选择哪一个？下表给出了手机和太阳镜带给他的效用水平。

手机数量（部）	手机带来的效用（尤特尔）	太阳镜数量（副）	太阳镜带来的效用（尤特尔）
0	0	0	0
1	400	1	600
2	700	2	700

b. 手机的价格下降到每部50美元，而太阳镜的价格仍然保持每副50美元。仿照图10－4画出图形并在其上标明用于购买手机和用于购买太阳镜的单位美元的边际效用。根据该图和最优消费原则来决定如何分配他的支出。也就是说，对于所有在预算线上的产品组合，卡尔会选择哪一个？下表给出了手机和太阳镜带给他的效用水平。

手机数量（部）	手机带来的效用（尤特尔）	太阳镜数量（副）	太阳镜带来的效用（尤特尔）
0	0	0	0
1	400	1	600
2	700	2	700
3	900	3	825
4	1 000	4	700

c. 随着手机价格的下降，卡尔对手机的消费会怎样变化？换言之，请说明价格下降导致的收入效应和替代效应，假定手机是正常物品。

7. 达米安·马修斯是一个工作繁忙的演员。他的空闲时间要么用于看电影，要么用于在健身房健身。下表描述了他每周从看电影或在健身房健身中得到的效用。

每周去健身房的次数	在健身房健身带来的效用（尤特尔）	每周看电影的次数	看电影带来的效用（尤特尔）
1	100	1	60
2	180	2	110

续前表

每周去健身房的次数	在健身房健身带来的效用（尤特尔）	每周看电影的次数	看电影带来的效用（尤特尔）
3	240	3	150
4	280	4	180
5	310	5	190
6	330	6	195
7	340	7	197

达米安每周有 14 个小时花在看电影和在健身房健身上。每部电影需要 2 个小时，每次在健身房健身需要 2 个小时。（提示：达米安的空闲时间类似于他的收入，每种活动需要的时间类似于活动的价格。）

a. 如果达米安把所有的时间要么都用于在健身房健身要么都用于看电影，那么他的在健身房健身和看电影的组合是什么？画出达米安的预算线，横轴表示在健身房健身的次数，纵轴表示看电影的次数。

b. 计算每次在健身房健身的边际效用和每次看电影的边际效用。然后计算用于在健身房健身的每小时的边际效用和用于看电影的每小时的边际效用。

c. 画出如图 10-4 那样的图，标明用于在健身房健身的每小时的边际效用和用于看电影的每小时的边际效用。使用该图和边际分析的效用最大化原则预测达米安应怎样分配他的时间。

8. 安娜·詹尼弗逊是一名女演员，目前每周花费几个小时看电影和去健身房。在看一部新电影中，她遇到了第 7 题中的达米安，她告诉他，相比去健身房，她喜欢看电影。事实上，她说，如果她不得不放弃看一部电影，她需要去两次健身房来弥补没有看成电影的效用损失。看电影需要 2 个小时，去健身房也需要 2 个小时。达米安告诉安娜，她没有看够电影。他说的对吗？

9. 斯文是一个穷学生，他的大部分饮食通过吃便宜的早餐麦片解决，因为其中包含了大多数重要的维生素。随着麦片价格的上升，他决定少买其他食品，而增加对早餐麦片的购买，以保持他对重要营养素的摄入。这使得早餐麦片对斯文来说成了一种吉芬物品。使用文字来描述麦片价格上升所引起的替代效应和收入效应。每种效应的作用方向如何？这对斯文的麦片需求曲线的斜率意味着什么？

10. 在下列每种情形下，描述替代效应和收入效应（如果显著）。每种效应的作用方向如何？为什么？

a. 埃德将他收入中的很大一部分用于孩子的教育。由于学费上涨，他的一个孩子已经从大学退学。

b. 霍默争取将每月收入中的大部分用于偿还按揭贷款。随着可调整抵押贷款利率的下降，霍默偿还的贷款额减少了，他决定换一套更大的房子。

c. 帕姆认为斯帕姆午餐肉是低档物品。随着午餐肉价格的上涨，她决定少买。

11. 餐馆用餐和住房（用房间数来衡量）是妮哈购买的仅有的两种产品。她有 1 000 美元的收入。最初，她正好将收入的一半用于餐馆用餐，另一半用于住房。之后，她的收入增加了 50%，但餐馆用餐价格上升了 100%，住房的价格保持不变。这些变化发生后，如果妮哈愿意，她能买到同样的消费组合吗？

12. 斯科特发现橙汁的价格越高，他花在橙汁上的钱就越多。这是否意味着斯科特发现了一种吉芬物品？

13. 马戈的一节舞蹈课带来的边际效用为 100 尤特尔，她的一双新舞鞋带来的边际效用为 300 尤特尔。一节舞蹈课的费用为 50 美元。她目前已经用尽全部收入并且购买了最优消费组合，那么她的一双舞鞋的价格为多少？

14. 根据美国能源部的数据，1990—2012 年，普通汽油的平均零售价格从 1.16 美元上涨到了 3.24 美元，增幅为 180%。

a. 在其他条件不变的情况下，请描述汽油价格上涨对汽油需求量的影响。在你的解释中要用到边际分析的效用最大化原则，以及收入效应和替代效应。

然而，事实上，其他条件并非不变。在同一时期，其他产品和服务的价格也在上升，根据美国劳工统计局的数据，一名普通消费者消费的产品或服务组合的价格上涨了 75%。

b. 考虑到汽油价格和普通产品价格的上升，在其他条件不变的情况下，请描述汽油需求量受到的影响。

然而这并非事情的全部。1990—2012 年，普通消费者的正常收入也增加了，根据美国人口统计局的报告，家庭正常收入的中位数从 1990 年的 29 943 美元上涨到了 2012 年的 51 017 美元，增幅为 70%。

c. 考虑到汽油价格、普通产品价格和消费者的收入都上升的情况，请讨论汽油需求量受到的影响。

在线回答问题

15. 布伦达早餐喜欢吃面包圈和咖啡。下表给出了布伦达从面包圈和咖啡的不同组合中得到的总效用的情形。

消费组合		总效用（尤特尔）
面包圈数量（个）	咖啡数量（杯）	
0	0	0
0	2	28
0	4	40
1	2	48
1	3	54
2	0	28
2	2	56
3	1	54
3	2	62
4	0	40
4	2	66

假设布伦达肯定要喝2杯咖啡，但可以选择消费不同数量的面包圈，数量可以为0、1、2、3、4不等。

a. 计算随着布伦达消费的面包圈从0个到1个、从1个到2个、从2个到3个、从3个到4个，她从中得到的边际效用。

b. 画出布伦达消费面包圈的边际效用曲线。布伦达从消费面包圈中得到的边际效用递减吗？请解释。

c. 布伦达有8美元用于购买面包圈和咖啡。每个面包圈的价格为2美元，每杯咖啡的价格也为2美元。布伦达的预算线是怎样的？对于每个消费组合计算布伦达得到的效用水平。她的最优消费组合是什么？

d. 面包圈的价格上升到4美元，咖啡的价格仍为2美元。布伦达的预算线是怎样的？对于每个消费组合计算布伦达得到的效用水平。她的最优消费组合是什么？

e. a、b的答案意味着布伦达对面包圈的需求曲线呈什么形状？如果面包圈为正常物品，请描述面包圈价格上升的替代效应和收入效应。

附录 消费者偏好和消费者选择

不同的人有不同的偏好。即使给定一个人的偏好，也会有产生相同总效用的不同消费组合。这一思想可以引出无差异曲线的概念，这是表现消费者个人偏好的非常有用的方法。在本附录中我们将详细介绍无差异曲线。

使用无差异曲线来分析消费者行为可从三个方面对我们提供帮助。第一，无差异曲线可以表现边际效用递减怎样决定消费者在多消费还是少消费一种产品上进行的权衡取舍。第二，为更深入分析收入效应和替代效应提供了一个框架——价格和收入改变怎样影响最优消费组合。第三，我们可以使用无差异曲线来表现两个不同的人的不同偏好，以及描述偏好的这些不同怎样导致不同的最优消费组合。无差异曲线可以使得我们更深入地理解理性消费者的行为。

□ 10A.1 图说效用函数

在第10章中我们引入了效用函数的概念，在给定消费组合的情况下，该函数决定着消费者的总效用水平。在图10-1中，我们看到在假定凯西的消费组合中的其他产品的数量不变的情况下，当改变烤蛤蜊的数量时总效用如何随之改变的情形。也就是说，在图10-1中，我们表现的是当只有一种产品数量变化时总效用如何随之变化。我们在第 10 章也学习了萨米的例子，解决最优消费组合的问题涉及如何在蛤蜊和马铃薯两种产品之间分配最后一美元。在本附录中，我们将扩展这种分析，学习如何将总效用表示成两种产品的消费量的函数。这种方法有助于我们加深理解选择最优消费组合时涉及的权衡取舍以及最优消费组合如何随着产品价格的变化而变化。为此，我们现在要转向表现消费者效用函数的不同方法，也就是基于无差异曲线的方法。

10A. 1. 1 无差异曲线

英格丽作为一名消费者只购买两种产品：住房（用房间数来度量）和餐馆用餐。考虑到她对两种产品的消费，我们如何表示其效用函数呢?

一种方法是画出三维图形。图 10A-1 是表示“效用山丘”的三维图。横轴的间距是用房间数来表现的英格丽对房间的消费数量；纵轴的间距表示的是她在餐馆用餐的次数。山丘上每一点的高度都用等高线来度量，沿着等高线的山丘高度是不变的。例如 A 点，它对应的消费组合为 3 间房与 30 次餐馆用餐，位于标签为 450 尤特尔的等高线上。也就是说，英格丽从 3 间房和 30 次餐馆用餐中得到的总效用为 450 尤特尔。

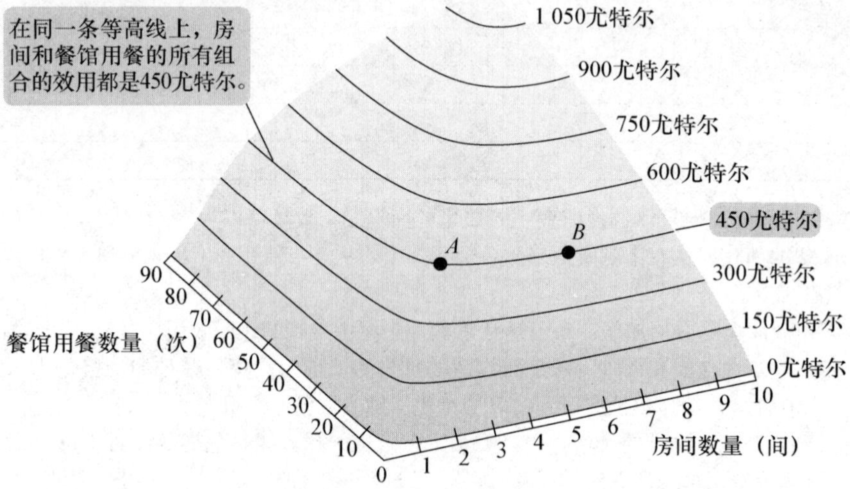

图 10A-1 英格丽的效用函数

山丘的三维图表示的是英格丽怎样从住房和餐馆用餐的消费中获得效用。A 点的消费组合包括 3 间房和 30 次餐馆用餐。该消费组合能产生 450 尤特尔总效用，对应 A 点的山丘高度。围绕山丘的线是等高线，由高度相同的点组成。一条等高线上的每一个点产生相同的效用水平。因此，B 点——对应 6 间房和 15 次餐馆用餐——产生与 A 点相同的效用，即 450 尤特尔，因为两者在同一条等高线上。

像图 10A-1 这样的三维图形可帮助我们思考消费组合和总效用之间的关系。但是，任何已经使用过地形图来规划徒步旅行的人都知道，使用二维图形也可以来表现三维表面。地形图不提供地形的三维视图，相反，它仅仅通过使用轮廓线表示关于高度的信息。

同样的原理可以用来表达效用函数。在图 10A-2 中，英格丽的住房消费量被标在横轴上，而餐馆用餐的消费量被标在纵轴上。这里的曲线对应于图 10A-1 中总效用为 450 尤特尔的等高线。该曲线代表了所有能产生 450 尤特尔总效用的消费组合。等高线上 A 点的消费组合包括 3 间房和 30 次餐馆用餐。同一条等高线上的另一点 B 点的消费组合中有 6 间房，但只有 15 次餐馆用餐。由于 B 点处在同一条等高线上，它带给英格丽的总效用与 A 点相同，即 450 尤特尔。我们说 A 和 B 对英格丽来说无差异，因为组合 A 和组合 B 带来的总效用水平相同，英格丽不管选用哪个组合得到的满足都是一样的。

将产生相同总效用水平的消费组合绘制出来所形成的等高线被称为**无差异曲线**（indifference curve）。在同一条无差异曲线上的任何两个组合对一个人来说总是无差异的。对于某个消费者，每个可能的总效用水平都对应一条无差异曲线。例如，在图 10A-2 中，无差异曲线表示的消费组合能带给英格丽 450 尤特尔的效用；不同的无差异曲线表示能带给英格丽不同的效用水平（如 400 尤特尔，500 尤特尔，等等）的消费组合。

无差异曲线是表示能给个体带来同样的总效用水平的所有消费组合的曲线。

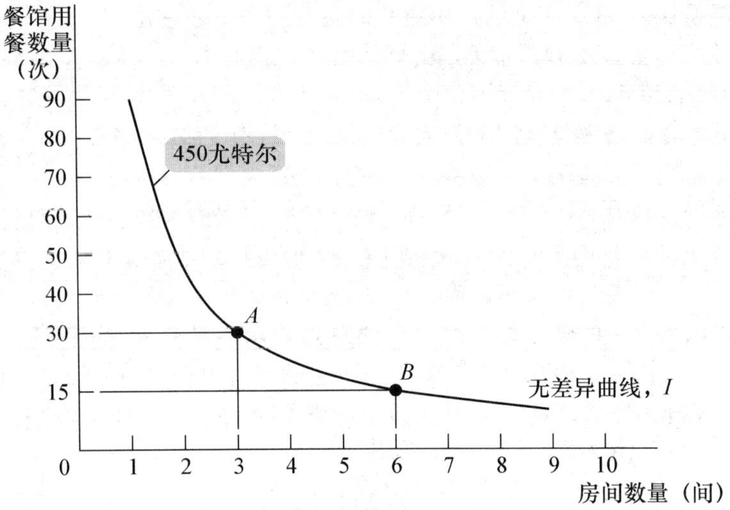

图 10A－2　无差异曲线

无差异曲线是总效用保持不变的等高线。在本例中，我们展示了给英格丽带来 450 尤特尔效用的所有消费组合。A 点的消费组合包括 3 间房和 30 次餐馆用餐，该消费组合产生的总效用与组合 B 产生的总效用相同，组合 B 包括 6 间房和 15 次餐馆用餐。因此，组合 A 和组合 B 对英格丽来说无差异。

> **无差异曲线图**可表现一个人全部的效用函数，它是无差异曲线的一个集合，其中每条曲线对应于不同的总效用水平。

每条无差异曲线对应不同的总效用水平，无差异曲线的集合表示某个消费者全部的效用函数，这被称为**无差异曲线图**（indifference curve map）。图 10A－3 展示了从英格丽的无差异曲线图中选出的三条无差异曲线——I_1、I_2 和 I_3，以及一些消费组合 A、B、C 和 D。图 10A－3 中的表列出了每个组合，它由房间和餐馆用餐构成，以及由此产生的总效用。由于组合 A 和 B 产生相同的尤特尔，即 450 尤特尔，所以它们在同一个无差异曲线 I_2 上。虽然 A 和 B 对英格丽无差异，但 A 和 C 对她肯定就不是无差异的了：我们可以从表中看出，C 只产生 391 尤特尔的效用，比 A 或 B 产生的效用要低。所以，相对于组合 C，英格丽更偏好消费组合 A 和 B。这可以表现为 C 所在的无差异曲线 I_1 位于 I_2 以下。组合 D 产生

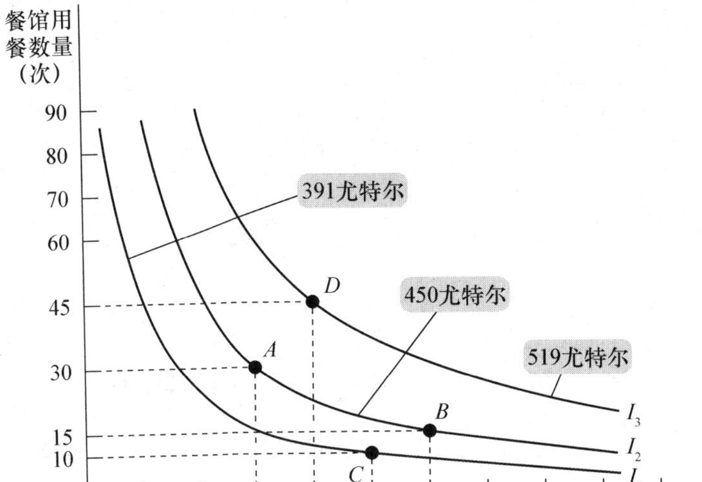

消费组合	房间数量（间）	餐馆用餐数量（次）	总效用（尤特尔）
A	3	30	450
B	6	15	450
C	5	10	391
D	4	45	519

图 10A－3　无差异曲线图

通过增加无差异曲线的数量可更为细致地表现效用函数，每一条无差异曲线都代表了不同的总效用水平。在图中，组合 C 所在的无差异曲线对应的总效用为 391 尤特尔。正如图 10A－2 中那样，组合 A 和 B 所在的无差异曲线对应的总效用为 450 尤特尔。组合 D 所在的无差异曲线对应的总效用为 519 尤特尔。相对于任何位于 I_1 上的组合，英格丽更偏好任何位于 I_2 上的组合，在 I_2 和 I_3 之间，她偏好位于 I_3 上的任一组合。

了 519 尤特尔的效用，这是比 A 和 B 产生的效用更高的总效用水平。它位于 I_3 上，I_3 比无差异曲线 I_2 更高。显然，相对于 A 或 B，英格丽更喜欢 D。而且，更显然的是，相对于 C，她更喜欢 D。

10A. 1. 2　无差异曲线的性质

没有哪两个个体的无差异曲线图是相同的，因为任何两个个体的偏好都不一样。但经济学家们相信对任何人来说，每一个无差异曲线图都有两个一般特性。如图 10A－4（a）所示：

无差异曲线之间永远不会相交　假设我们努力画出图 10A－4（a）的左图所示的无差异曲线图，两条无差异曲线在 A 点相交。A 点的总效用为多少？是 100 尤特尔还是 200 尤特尔？无差异曲线不会相交，是因为每一消费组合都对应独一无二的总效用水平，而非如 A 点所示，会对应两个不同的总效用水平。

位置越远——离原点越远——的无差异曲线表示的总效用水平越高　原因如图 10A－4（a）的右图所示。我们假定多多益善——我们只考虑那些消费者不会餍足的消费组合。位于更靠外的无差异曲线上的组合 B 包含的两种产品的数量都比位于靠内的无差异曲线上的组合 A 要多。因此，组合 B 带来的总效用水平更高（200 尤特尔），从而比组合 A 位于更高的无差异曲线上。

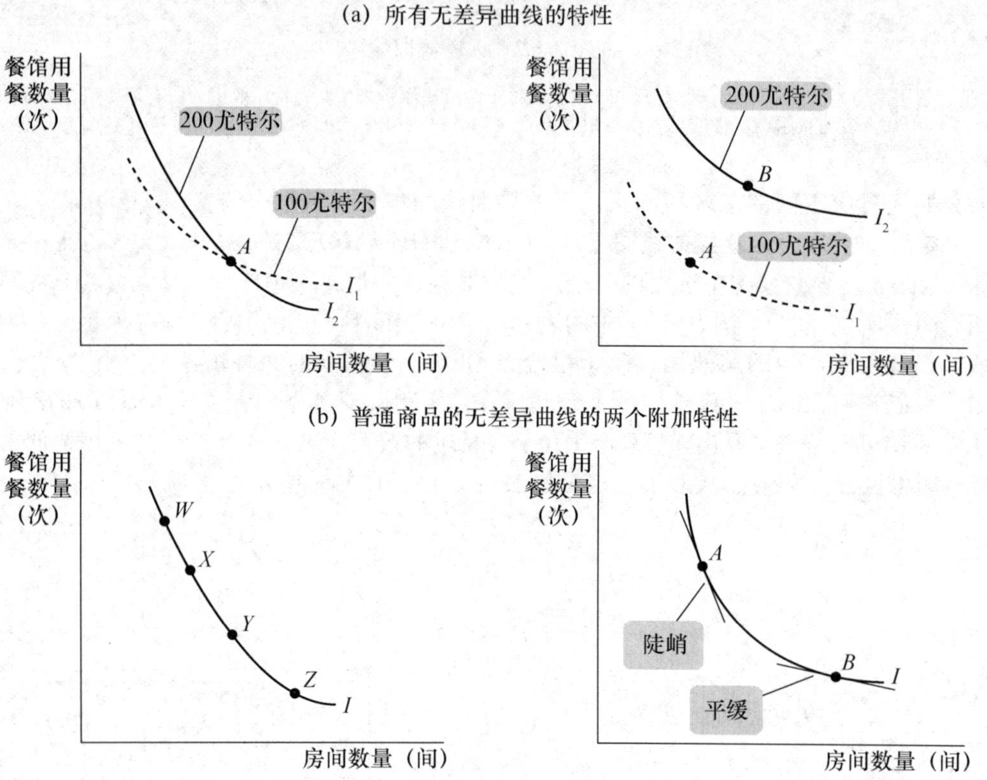

图 10A－4　无差异曲线的特征

图（a）展示了所有无差异曲线图的两个一般特性。图（a）的左图表明了为什么无差异曲线不能相交：如果相交，就会出现像组合 A 这样的消费组合既产生 100 尤特尔的效用又产生 200 尤特尔的效用的矛盾现象。图（a）的右图表明了无差异曲线越靠近远方，代表的总效用水平越高：组合 B，所包含的两种产品都比组合 A 多，产生了更高的总效用。图（b）描述了普通商品的无差异曲线的两个附加特性。图（b）的左图表明了无差异曲线向右下方倾斜：随着你沿着曲线从组合 W 移到组合 Z，你所消费的房间数量增加。为了保持总效用不变，这必须由餐馆用餐数量的减少来抵消。图（b）的右图表明了无差异曲线呈凸状。随着你沿着曲线向右移动，无差异曲线变得越来越平缓，该特性源于边际效用递减。

而且经济学家们认为，对大多数产品，消费者的无差异曲线图还有两个附加的特性，如图 10A－4（b）所示：

无差异曲线向右下方倾斜　原因仍然是多多益善。如图 10A－4（b）的左图所示，在同一条无差异曲线上有 4 个消费组合：W、X、Y、Z。根据定义，这些组合会产生相同的总效用水平。但是，当我们沿着曲线向右移动时，从 W 点移动到 Z 点，房间数量是增加的。一个人消费更多的房间而没有增加效用的唯一办法是放弃一些餐馆用餐次数。所以无差异曲线向右下方倾斜。

无差异曲线呈凸状 如图 10A－4（b）的右图所示，当我们沿着无差异曲线向右移动时，每条曲线的斜率都一直在变：曲线变得越来越平缓。如果我们沿着曲线向左移动，曲线变得越来越陡峭。因此，曲线在 A 点处比在 B 点处更为陡峭。当出现这样的情形时，我们说无差异曲线呈凸状，也就是凸向原点。这一特性源于边际效用递减，这是我们在第 10 章中所讨论的原则之一。我们知道，当消费者的边际效用递减时，多消费的一单位产品能够增加的总效用水平要低于此前消费的一单位。在下一节我们将详细讨论边际效用递减如何引起图中的无差异曲线呈凸状。

满足上述四种无差异曲线图特性的产品，被称为普通商品（ordinary good）。可归入任何消费者的效用函数的绝大多数产品都属于这一范畴。在下一节我们将定义普通商品，并讨论边际效用递减在其中所扮演的关键角色。

□ 10A.2 无差异曲线和消费者选择

在上节的一开始，我们用无差异曲线来表现英格丽的偏好，她的消费组合包括住房和餐馆用餐。下一步我们介绍在给定英格丽预算约束的情况下，如何使用无差异曲线图来找到她的效用最大化的消费组合，也就是在费用不超过她的总收入的前提下她必须选择的组合。

理解我们在此的分析与我们在第 10 章所介绍的内容的关联非常重要。在本附录中我们并没有提出消费者行为的新理论，与第 10 章相同，我们假定消费者最大化其总效用水平。特别是，我们知道消费者将遵循第 10 章的最优消费原则：最优消费组合位于预算线上，并且对组合中每种产品支付的单位美元的边际效用相同。

正如我们马上将看到的，我们采用一个稍微不同的方法来推导这种最优消费行为，这种方法可以使我们对消费者选择有更深的理解。

10A.2.1 边际替代率

这种新方法的第一个构成要素是一个新概念：边际替代率。这个概念的本质特性在图 10A－5 中得到了说明。

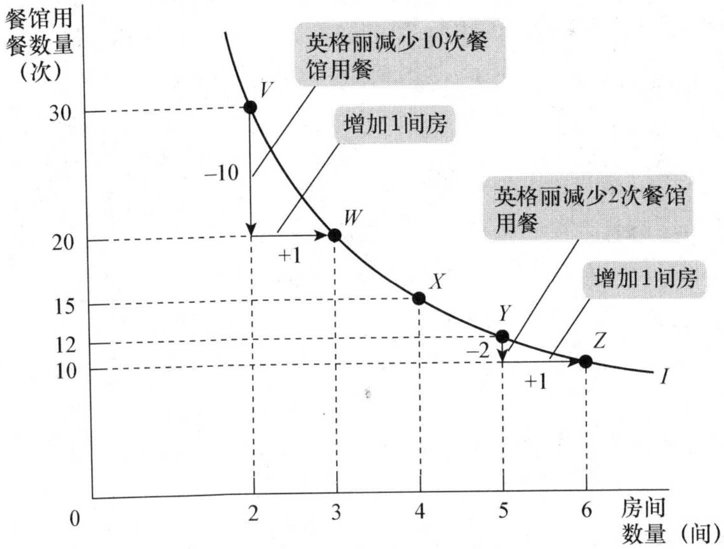

消费组合	房间数量（间）	餐馆用餐数量（次）
V	2	30
W	3	20
X	4	15
Y	5	12
X	6	10

图 10A－5 无差异曲线斜率的变化情况

无差异曲线向右下方倾斜和呈凸状，意味着餐馆用餐和住房对英格丽来说是普通商品。随着英格丽沿着她的无差异曲线从 V 点向下移动到 Z 点，她用餐馆用餐消费量的减少来换取住房消费量的增加。当她从 V 点移动到 W 点时，她愿意用放弃 10 次餐馆用餐来换取增加一间房。随着她的住房消费量的上升和餐馆用餐消费量的下降，她愿意放弃更少的餐馆用餐次数来换取增加一间房。由于边际效用递减，随着你沿着曲线从左移动到右，无差异曲线越来越平缓。

从上一节我们知道，对大部分商品，消费者的无差异曲线是向右下方倾斜的，而且呈凸状。图 10A－5 展示了这样的无差异曲线。标示为V、W、X、Y、Z的点都在这条无差异曲线上，它们代表的消费组合带给英格丽同样的总效用水平。图中的表格给出了每一消费组合的构成。当我们沿着无差异曲线从V点移动到Z点时，英格丽的住房消费持续从2间增加到6间，她的餐馆用餐消费持续从30次减少到10次，她的总效用保持不变。当我们沿着无差异曲线向下移动时，英格丽用增多的一种产品来替代减少的另一种产品，选择的相互替代的条件是保持总效用水平不变，相互替代可表现为增加的房间消费量与牺牲的餐馆用餐消费量之间的比率。

请注意，当沿着无差异曲线变动时，英格丽愿意用减少餐馆用餐的数量来换取房间消费量的增加。当我们从V点移动到W点时，住房消费量从2间增加到3间，餐馆用餐消费量从30次减少到20次，替代比率为减少10次餐馆用餐来增加1间房。但是随着我们从Y点移动到Z点，住房消费量从5间增加到6间，餐馆用餐消费量从12次减少到10次，替代比率为只减少2次餐馆用餐来增加1间房。

用斜率来解释，无差异曲线上从V点到W点的斜率为-10，也就是餐馆用餐消费的变化量（-10）除以住房消费的变化量（1）。同理，无差异曲线上从Y点到Z点的斜率为-2。因此，当我们沿着无差异曲线向右移动时，曲线变得越来越平缓。也就是说，曲线呈凸状，这正是普通商品的无差异曲线的四个特性之一。

为什么替代率这样变化？我们先进行直觉分析，然后再进行详细分析。当英格丽沿着无差异曲线向下移动时，不论是从V点移动到W点还是从Y点移动到Z点，她都从增加的住房消费中获得了效用，但是从减少的餐馆用餐消费中又失去了同样多的效用。但就每一步而言，英格丽开始的位置并不相同。在V点，英格丽只消费了少量的房间。因为边际效用递减，她从每间房中得到的边际效用在该点还处在高位。因此，在V点，增加一间房的消费会使英格丽的总效用增加较多。然而在V点，英格丽已经消费了数量较多的餐馆用餐，所以在该点餐馆用餐的边际效用比较低。这就意味着，增加住房所带来的效用增加需要用数量较多的餐馆用餐减少来抵消。

Y点与V点相比，正好相反，英格丽消费的住房数量较多，而餐馆用餐数量较少。这意味着，与V点相比，增加一间房带来的效用增加较少，而放弃的餐馆用餐造成的效用损失较大。因此，Y点（放弃2次餐馆用餐换取1间房）与V点（放弃10次餐馆用餐换取1间房）相比，英格丽愿意放弃较少的餐馆用餐来换取增加1间房。

现在我们用简易的数学方法来表示同样的说法，英格丽愿意进行的替代与其初始点有关。我们通过观察当我们沿着无差异曲线向下移动时斜率如何变化来做出解释。沿着无差异曲线向下移动，表现为减少餐馆用餐消费同时增加住房消费，将对英格丽的总效用产生两种相反的影响：减少餐馆用餐消费将减少她的总效用，但增加住房消费又会增加她的总效用。因此当我们沿着无差异曲线向下移动时，两种效应正好相互抵消：

$$\text{沿着无差异曲线：(减少餐馆用餐消费导致的总效用变化)}+\text{(增加住房消费导致的总效用变化)}=0 \tag{10A-1}$$

或者换种说法：

$$\text{沿着无差异曲线：}-\text{(减少餐馆用餐消费导致的总效用变化)}=\text{(增加住房消费导致的总效用变化)} \tag{10A-2}$$

下面我们集中于沿着无差异曲线向下只移动很短的距离所发生的情况，也就是用少量的住房增加替代少量的餐馆用餐减少。沿用第10章的符号，我们用MU_R、MU_M分别表示房间的边际效用和餐馆用餐的边际效用，用ΔQ_R、ΔQ_M分别表示住房消费变化量和餐馆用餐消费变化量。一般而言，一种产品消费变化导致的总效用变化等于消费变化量乘以产品的边际效用。这意味着我们可以用如下等式来计算英格丽消费组合变化导致的总效用变化：

$$\text{餐馆用餐消费变化导致的总效用变化}=MU_M\times\Delta Q_M \tag{10A-3}$$

以及

$$\text{住房消费变化导致的总效用变化}=MU_R\times\Delta Q_R \tag{10A-4}$$

因此，我们可以将式（10A-2）写成如下形式：

$$-MU_M\times\Delta Q_M=MU_R\times\Delta Q_R \tag{10A-5}$$

请注意，式（10A－5）左边有"－"，代表的是餐馆用餐数量减少导致的总效用减少量。其数额一定等于房间数量增加带来的总效用增加量，也就是方程式右边所代表的。

我们想知道的是怎样将上式转换成无差异曲线的斜率。为了得到斜率，我们令式（10A－5）两边除以ΔQ_R，再除以$-MU_M$，使得ΔQ_R、ΔQ_M在一边，MU_R、MU_M在另一边。于是我们得到：

$$\text{沿着无差异曲线：}\frac{\Delta Q_M}{\Delta Q_R}=\frac{-MU_R}{MU_M} \tag{10A-6}$$

式（10A－6）左边是无差异曲线的斜率，也就是英格丽在总效用不变的情况下，愿意用房间数（横轴商品）替代餐馆用餐次数（纵轴商品）的比率。式（10A－6）的右边是房间边际效用与餐馆用餐边际效用比率的负值，也就是她增加1间房的所得与增加1次餐馆用餐所得的比率的负值。

将这些综合在一起，我们看出式（10A－6）所示的是，沿着无差异曲线，英格丽为了换取1间房而愿意牺牲的餐馆用餐数量，即$\Delta Q_M/\Delta Q_R$，正好等于1间房的边际效用与1次餐馆用餐的边际效用之比的负值，即$-MU_R/MU_M$。随着她消费更多的房间数量和减少餐馆用餐数量，只有当满足这个条件时，她的总效用水平才保持不变。

经济学家给式（10A－6）右边的边际效用的比率取了一个特定的名称：房间（横轴产品）对餐馆用餐（纵轴产品）的**边际替代率**（marginal rate of substitution，MRS）。这是因为当我们沿着英格丽的无差异曲线向下移动时，她在组合中用更多的房间数量来替代更少的餐馆用餐数量。正如我们将要看到的，在得到最优消费组合中，边际替代率发挥着重要作用。

> 产品R替代产品M的**边际替代率（MRS）**等于MU_R/MU_M，即R的边际效用与M的边际效用之比。

当我们沿着无差异曲线向右下方移动时，它越来越平缓。其原因正如我们刚刚讨论的，同样是边际效用递减：随着英格丽消费更多的住房并减少餐馆用餐，她从住房中得到的边际效用在下降，而她从餐馆用餐中得到的边际效用在上升。所以，她的边际替代率等于她的无差异曲线斜率的负值，并沿着无差异曲线下移而变小。

随着我们沿着无差异曲线向右下方移动，它越来越平缓，这反映了与边际效用递减原则相同的逻辑，被称为**边际替代率递减原则**（diminishing marginal rate of substitution）。也就是说，当消费者只是消费一点点产品A但消费大量产品B时，他愿意用大量的产品B来换取1单位产品A；但是当他已经消费了大量产品A，但所消费的产品B的数量不多时，他并不太愿意做这样的替代。

> **边际替代率递减原则**是指一个人消费的产品R相对于产品M越多，为增加1单位产品R他愿意放弃的产品M就会越少。

我们可以通过参考图10A－5来说明这一点。在V点的组合中，与房间相比，餐馆用餐数量要多很多，英格丽愿意放弃10次餐馆用餐来换取1间房。但在Y点的组合中，与房间相比，餐馆用餐数量要少很多，她只愿意放弃2次餐馆用餐来换取1间房。

从这个例子中我们可以看出，在英格丽的效用函数中，房间和餐馆用餐都具有表征普通商品的两个附加属性。英格丽需要额外的房间来补偿她损失的餐馆用餐，反之亦然；所以，她消费的这两种产品的无差异曲线是向右下方倾斜的。而且她的无差异曲线呈凸状：随着我们沿无差异曲线向下移动，无差异曲线斜率的负值——边际替代率——越来越小，即曲线越来越平缓。事实上，无差异曲线呈凸状，只有当边际替代率递减时才成立，这两个条件是等价的。

根据这些信息，我们可以定义**普通商品**（ordinary good），在任何一个消费者的效用函数中绝大多数产品是普通商品。如果消费者效用函数中的一对产品具有如下两个特性，它们就是普通商品：消费者需要更多地增加一种产品来弥补另一种产品的减少；当用一种产品替代另一种产品时，消费者将经历边际替代率递减。

> 消费者效用函数中的两种产品M和R如果具有下述特性，这两种产品就是**普通商品**：（1）额外增加1单位R，消费者要求用M补偿的数量越来越少；（2）当用一种产品替代另一种产品时，消费者将经历边际替代率递减。

下面我们将看到如何使用无差异曲线来确定英格丽的最优消费组合。

10A.2.2 相切条件

现在，我们把英格丽的部分无差异曲线与她的预算线放在同一幅图中，用另一种方式来解释她的最优消费选择。图 10A－6 给出了英格丽的预算线 BL，当她的收入为每月 2 400 美元，住房费用为每月每间 150 美元，餐馆用餐每次花费 30 美元时，她的最优消费组合是什么？

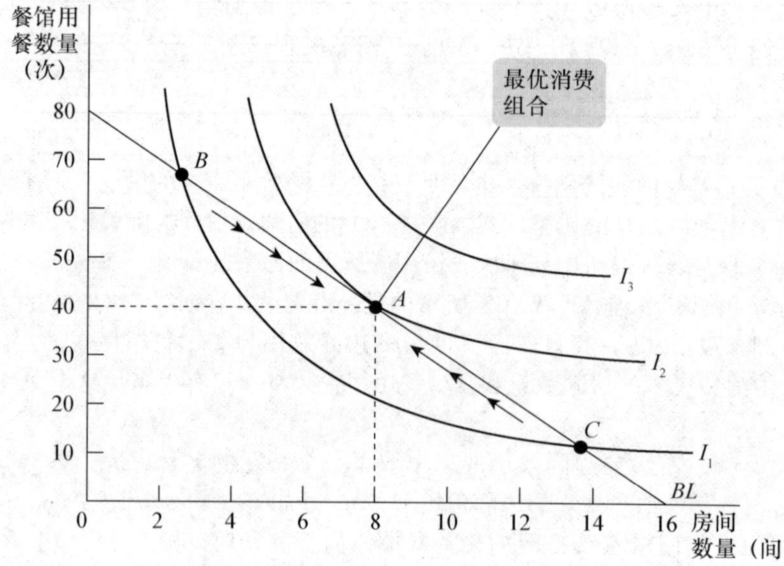

图 10A－6　最优消费组合

英格丽在每月收入为 2 400 美元、每月每间房的费用为 150 美元、餐馆用餐每次花费 30 美元时预算线为 BL。I_1、I_2 和 I_3 是三条无差异曲线。B 点和 C 点的消费组合并非最优的，因为英格丽可以移动到更高的无差异曲线上。A 点的消费组合是最优消费组合，也就是预算线所能相切的最高无差异曲线上的切点处的组合。

要回答这个问题，我们将给出英格丽的部分无差异曲线：I_1、I_2 和 I_3。英格丽想得到由 I_3 代表的效用水平。这是三条曲线中代表最高的总效用水平的曲线，但她无法如愿，因为受到收入约束：她的预算线上没有哪个消费组合能产生那么多的总效用。但她也不应该满足于位于 I_1 上的组合 B 所产生的总效用水平，因为在她的预算线上还有其他组合如 A，能产生的总效用显然要高于组合 B。

事实上，由 8 间房和每月 40 次餐馆用餐组成的消费组合 A 是英格丽的最优消费选择。其原因是，A 位于给定她的收入水平她所能达到的最高的无差异曲线上。

在最优消费组合点 A 点，英格丽的预算线刚好触到相关的无差异曲线，预算线与无差异曲线相切。无差异曲线与预算线之间的**相切条件**（tangency condition）适用于无差异曲线具有典型凸状情形下的最优消费组合：在最优消费组合处，预算线刚刚接触到——相切于——无差异曲线。

> 当无差异曲线与预算线刚好触碰时，无差异曲线与预算线之间的**相切条件**成立。当无差异曲线呈典型的凸状时，这个条件决定了最优消费组合。

要理解个中原因，我们来详细看一下，我们是如何知道如果消费组合不满足相切条件，就没有达到最优的。重新审视图 10A－6，我们可以看出，消费组合 B 和 C 可负担得起，因为它们在预算线上。然而，两者都非最优的。这两个组合都在无差异曲线 I_1 上，这两个组合点都是 I_1 与预算线相交的点。由于 I_1 与预算线相交，英格丽可以做得更好：她可以从 B 沿着预算线下移或从 C 沿着预算线上移，如箭头所示。在两种情况下，她都可以到达一个更高的差异曲线 I_2 上，这可以增加她的总效用。

无论如何，英格丽都不可能比达到 I_2 时更好：任何其他的无差异曲线要么与她的预算线相交，要么无法接触预算线。可使她达到 I_2 的组合，当然是她的最优消费组合。

10A.2.3　预算线的斜率

图 10A－6 告诉了我们如何使用预算线与无差异曲线图来找到最优消费组合，即找到预算线与无差异曲线相切的组合。但是，不通过画图，我们可以使用简单的数学来确定最优消费组合。正如我们从图 10A－6 中所看到的那样，在最优消费组合 A 处，预算线与无差异曲线具有相同的斜率。为什么？因为如果两条曲线具有相同的斜率，那么两者就可以在切点刚好接触。否则，它们会相交。我们知道，如果我们位于与预

算线相交的无差异曲线（如图 10A－6 中的 I_1）上，我们就不可能位于包含最优消费组合的无差异曲线（如 I_2）上。

因此，我们可以使用有关预算线和无差异曲线斜率的信息来找到最优消费组合。为此，我们必须先分析预算线的斜率，这容易做到。我们知道，如果英格丽花费其全部收入消费她预算线上的组合，她将得到尽可高的效用水平。因此，我们可以用下式来表现与英格丽支出其全部收入可获得的消费组合对应的预算线：

$$Q_R \times P_R + Q_M \times P_M = N \tag{10A-7}$$

式中，N 代表英格丽的收入。为得到预算线的斜率，我们用其横截距（在此处预算线与横轴相交）除以其纵截距（在此处预算线与纵轴相交）。纵截距代表英格丽将其所有收入用于餐馆用餐，没有住房支出（即 $Q_R=0$）。在这种情况下，她的餐馆用餐次数为：

$$Q_M = N/P_M = 2\,400\text{ 美元}/\text{每次 }30\text{ 美元} = 80\text{ 次} = \text{预算线的纵截距} \tag{10A-8}$$

在另一个极端，英格丽将其所有收入用于住房消费，没有餐馆用餐（即 $Q_M=0$）。这意味着，在预算线的横截距处，她消费的房间数量为：

$$Q_R = N/P_R = 2\,400\text{ 美元}/\text{每间 }150\text{ 美元} = 16\text{ 间房} = \text{预算线的横截距} \tag{10A-9}$$

现在我们有了得出预算线斜率所需要的全部信息，即：

$$\begin{aligned}\text{预算线的斜率} &= -(\text{纵截距})/(\text{横截距})\\ &= -\frac{\frac{N}{P_M}}{\frac{N}{P_R}} = -\frac{P_R}{P_M}\end{aligned} \tag{10A-10}$$

请注意式（10A－10）中的负号；这表示预算线向下倾斜。P_R/P_M的值被称为用餐馆用餐表示的住房的**相对价格**（relative price），以区别于用美元表示的普通价格。在这个例子中，它等于 150 美元/30 美元＝5。因为再增加 1 间房的消费需要英格丽放弃 5 次餐馆用餐，或 P_R/P_M次餐馆用餐，我们可以将相对价格 P_R/P_M解释为市场上一间房对餐馆用餐的交换率；这是英格丽为得到 1 间房不得不支付的“代价”，即用餐馆用餐表示的代价。

> 产品 R 用产品 M 表示的**相对价格**为 P_R/P_M，也就是产品 R 与产品 M 的交换比率。

观察这种方式，预算线的斜率——相对价格的负值——告诉我们的是一种产品用另一种产品表示的机会成本。相对价格表明了一个人多消费一单位其消费组合中的一种产品的机会成本，该机会成本以他或她必须放弃消费的消费组合中的另一种产品的数量表示。这种机会成本来源于消费者的有限资源——他或她有限的预算。请注意观察式（10A－8）、式（10A－9）和式（10A－10），对于相对价格或相对收入变化后预算线如何变化，这些方程已经给出了我们需要了解的所有信息。从式（10A－8）和式（10A－9）中我们可以看出，当收入 N 改变时，预算线将平行移动：纵截距和横截距将同时变动。也就是说，预算线从原来的位置移动多少距离要取决于消费者的收入。如果消费者的收入增加，预算线向外移动。如果消费者的收入缩水，预算线向内移动。无论是哪种情形，预算线的斜率都保持不变，因为用另一种产品来表示的一种产品的相对价格保持不变。

与此相反，当相对价格 P_R/P_M改变时，预算线的斜率也会随之变化。随后我们将在本附录中详细分析这些预算线的变化，以及相对价格变化或收入变化如何导致最优消费组合变化。

10A.2.4 价格与边际替代率

现在，我们已经准备好将预算线的斜率和无差异曲线的斜率放在一起来寻找最优消费组合。从式（10A－6）我们知道，无差异曲线在任意点的斜率都等于边际替代率的负值：

$$\text{无差异曲线的斜率} = -MU_R/MU_M \tag{10A-11}$$

正如我们已经指出的那样，在最优消费组合处，预算线的斜率和无差异曲线的斜率是相等的。我们可以通过把式（10A－10）和式（10A－11）放在一起，得出根据**相对价格规则**（relative price rule）找到的最优消费组合：

相对价格规则：在最优消费组合处，两种产品之间的边际替代率等于它们的相对价格。

$$在最优消费组合处：-\frac{MU_R}{MU_M}=-\frac{P_R}{P_M}$$

或者

$$\frac{MU_R}{MU_M}=\frac{P_R}{P_M} \tag{10A-12}$$

也就是说，在最优消费组合处，任意两种产品之间的边际替代率都等于其价格之比。或用更直观的说法，在英格丽的最优消费组合中，沿着她的无差异曲线，她愿意用减少餐馆用餐数量换取一间房的比率 MU_R/MU_M 等于市场上用房间数交换餐馆用餐次数的比率 P_R/P_M。

如果这一等式不成立会发生什么？我们可以通过检视图 10A－7 来看。比如在 B 点，无差异曲线的斜率 $-MU_R/MU_M$ 的绝对值大于预算线的斜率 $-P_R/P_M$ 的绝对值。这意味着，在 B 点，英格丽认为额外增加 1 间房而放弃餐馆用餐的价值大于为多消费 1 间房而放弃餐馆用餐的成本。其结果是，英格丽沿着预算线移动到 A 点，即消费更多的房间和更少的餐馆用餐，状况将会变好，正因为如此，组合 B 不可能是她的最优组合！同样，在 C 点，英格丽的无差异曲线的斜率的绝对值小于预算线的斜率的绝对值。言下之意是，在 C 点，英格丽认为额外增加 1 间房而放弃餐馆用餐的价值小于为多消费 1 间房而放弃餐馆用餐的成本。同样，当英格丽沿着她的预算线移动，即消费更多的餐馆用餐和更少的房间时，她的状况会变好，直到她达到 A 点她的最优消费组合处。

但是，假设我们对式（10A－12）做如下变换，两边除以 P_R 再乘以 MU_M。那么相对价格规则变成第 10 章的式（10－3）：

$$最优消费原则：\frac{MU_R}{P_R}=\frac{MU_M}{P_M} \tag{10A-13}$$

因此，使用最优消费原则（第 10 章）或相对价格规则（本附录），我们可以得到同样的最优消费组合。

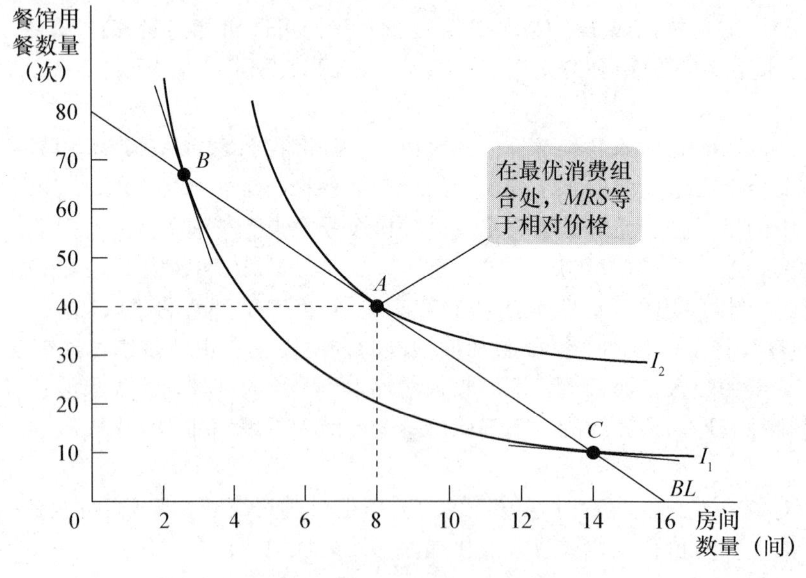

图 10A－7　理解相对价格规则

用餐馆用餐表示的房间的相对价格等于预算线斜率的负值。餐馆用餐与房间的边际替代率等于无差异曲线斜率的负值。根据相对价格规则，在最优消费组合处边际替代率必须等于相对价格。这一点可以通过考虑当边际替代率不等于相对价格时会发生什么来证明。在消费组合 B 处，边际替代率大于相对价格；英格丽沿着她的预算线 BL 下移可增加她的总效用。在消费组合 C 处，边际替代率小于相对价格，英格丽沿着她的预算线 BL 上移可以增加她的总效用。只有在消费组合 A 处相对价格规则才成立，给定她的预算约束时可实现总效用最大化。

10A.2.5 偏好和选择

我们已经知道了如何用无差异曲线图来表示最优消费选择，我们可以简单地转向讨论消费者的偏好和消费者选择之间的关系。

当我们说两位消费者有不同的偏好时，我们的意思是他们有不同的效用函数。反过来，这意味着他们具有不同形状的无差异曲线图。而这些不同的无差异曲线图将转化为不同的消费选择，即使消费者有同样的收入且面临着相同的价格。

为了看清这一点，假设英格丽的朋友拉尔斯的消费也是住房和餐馆用餐。然而，拉尔斯对餐馆用餐的偏好更强，而对住房的偏好较弱。这种偏好差异显示在图 10A－8 中的两组无差异曲线上：图 10A－8（a）表示英格丽的偏好，图 10A－8（b）表示拉尔斯的偏好。注意它们的形状差别。

假设像前面一样，住房每月费用为 150 美元，餐馆用餐每次花费 30 美元。我们假设英格丽和拉尔斯每月有 2 400 美元的收入，假定他们的预算线相同。尽管如此，因为他们的偏好不同，因此他们会做出不同的消费选择，如图 10A－8 所示。英格丽会选择 8 间房和 40 次餐馆用餐；拉尔斯会选择 4 间房和 60 次餐馆用餐。

(a) 英格丽的偏好和她的最优消费组合

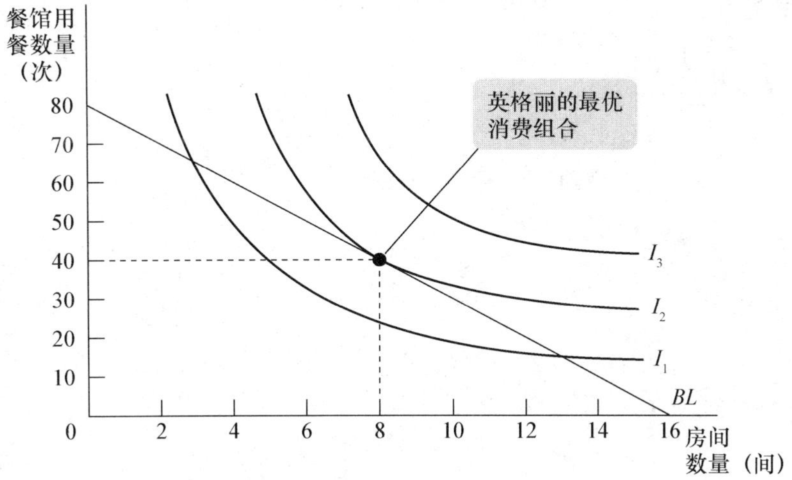

(b) 拉尔斯的偏好和他的最优消费组合

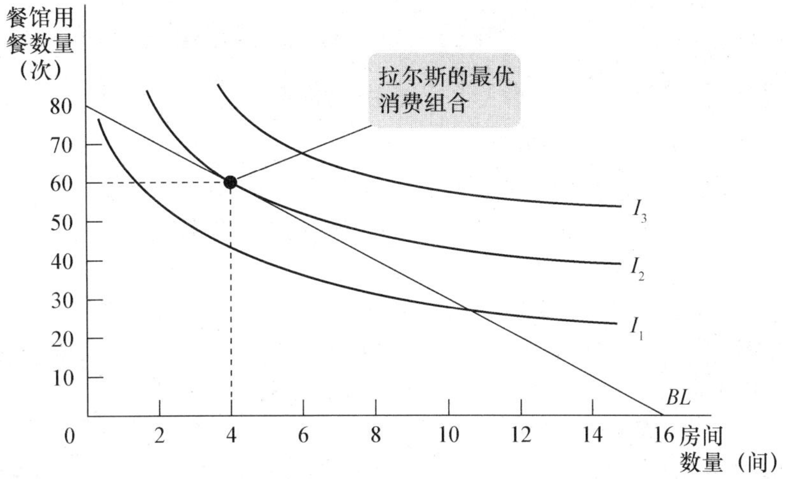

图 10A－8 偏好差异

英格丽和拉尔斯有不同的偏好，反映为他们的无差异曲线图的形状不同。因此，当他们有相同的可能选择时，他们会选择不同的消费组合。他们每月都有 2 400 美元的收入，面对的选择是每次 30 美元的餐馆用餐，每间价格为 150 美元的住房。图（a）所示为英格丽的消费选择：8 间房和 40 次餐馆用餐。图（b）所示为拉尔斯的消费选择。尽管他也有相同的预算，但他消费较少的住房和较多的餐馆用餐。

□ 10A.3　无差异曲线的应用：替代品与互补品

到目前为止，我们已经知道了如何使用无差异曲线来分析消费者选择，这种新的分析方法还可以给我们其他帮助。首先是对替代品与互补品之间区别的新认识。

早在第 3 章中，我们就指出了一种产品的价格往往会影响对另一种产品的需求，但认为这种影响的方向是正还是负都有可能：茶的价格上涨增加了对咖啡的需求，但奶油的价格上升降低了对咖啡的需求。茶和咖啡是替代品；奶油和咖啡是互补品。

但什么决定了两种产品是替代品还是互补品呢？这取决于消费者的无差异曲线的形状。这种关系可以用两个极端情形即完全替代品和完全互补品加以说明。

10A.3.1　完全替代品

以科基为例，她喜欢吃饼干。她不是特别挑剔：3 块花生酱饼干和 7 块巧克力曲奇，或者相反，她都无所谓。她关于花生酱饼干和巧克力曲奇的无差异曲线呈什么形状？

答案是，它们会是像图 10A－9 中的 I_1 和 I_2 那样的直线。例如，I_1 表明，加起来共有 10 块饼干的花生酱饼干和巧克力曲奇的任意组合带给科基的效用是相同的。

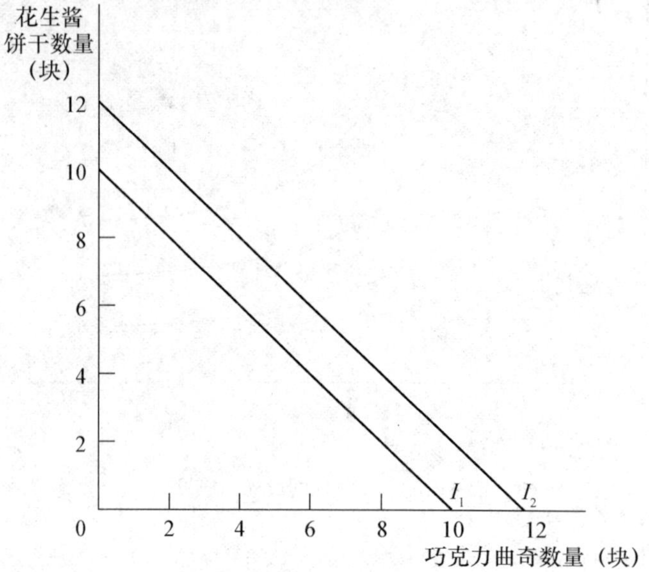

图 10A－9　完全替代品

当边际替代率不受消费数量影响时，两种产品是完全替代品。在这种情况下，无差异曲线是直线。

当一个消费者的无差异曲线为直线时，他总是愿意用相同数量的一种产品去替代另一种，而不关心他消费的每种产品数量为多少。例如，科基总是愿意用多一块巧克力曲奇来替代少一块花生酱饼干，即她的边际替代率不变。

当无差异曲线为直线时，我们说产品是**完全替代品**（perfect substitute）。当两种产品为完全替代品时，只有一个对应于消费者愿意购买两种产品的相对价格，略高或略低的相对价格都会导致消费者只买两种产品中的一种。

> 如果不管个人对两种产品中的每一种消费多少，一种产品对另一种产品的边际替代率都固定不变，那么这两种产品是**完全替代品**。

图 10A－10 说明了这一点。该图中的无差异曲线与图 10A－9 中的相同，但现在我们加上了科基的预算线 *BL*。在每一幅分图中，我们都假设科基有 12 美元用于支出。在图 10A－10（a）中，我们假设巧克力曲奇的价格为 1.20 美元，花生酱饼干的价格为 1.00 美元。因此，科基的最优消费组合在 *A* 点：她买了 12 块花生酱饼干，不购买巧克力曲奇。在图 10A－10（b）中，情况正好相反：巧克力曲奇的价格为 1.00 美元，花生酱饼干的价格为 1.20 美元。在这种情况下，她的最优消费组合在 *B* 点，这时她只消费巧克力曲奇。

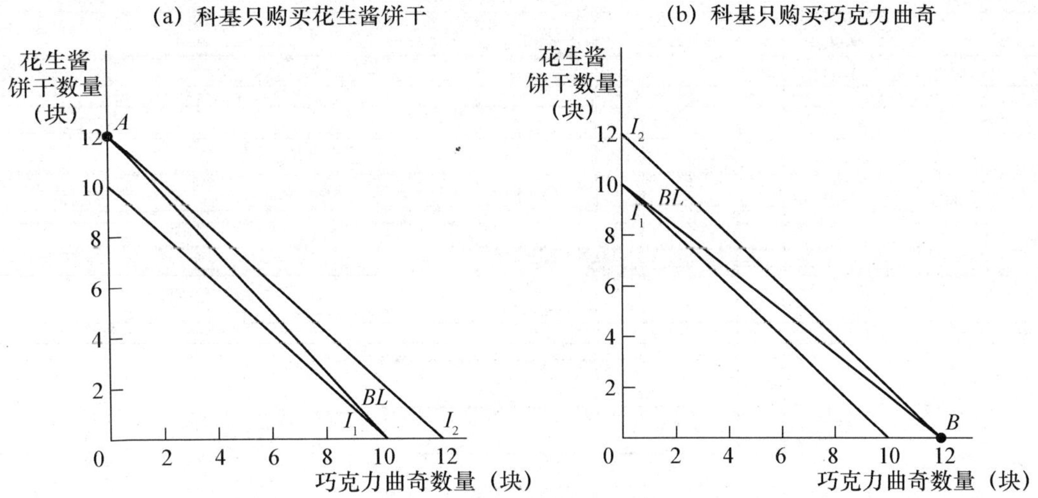

图 10A－10　完全替代品中的消费选择

当两种产品是完全替代品时，小幅价格变动将导致消费组合的巨大变化。在图（a）中，巧克力曲奇的相对价格比巧克力曲奇对花生酱饼干的边际替代率略高，这足以引起科基选择消费组合 A，该消费组合完全由花生酱饼干组成。在图（b）中，巧克力曲奇的相对价格比巧克力曲奇对花生酱饼干的边际替代率略低，这导致科基选择组合 B，该消费组合全部由巧克力曲奇组成。

为什么价格的一个小小变化导致科基将其消费从一种产品全部转向另一种产品呢？因为她的边际替代率不变，因此，她的消费不受她的消费组合的构成的影响。如果巧克力曲奇的相对价格比巧克力曲奇对花生酱饼干的边际替代率高，她只买花生酱饼干；如果相反，她只买巧克力曲奇。如果巧克力曲奇的相对价格等于边际替代率，科基可以通过购买在她预算线上的任何组合来实现效用最大化。也就是说，她能买得起的巧克力曲奇与花生酱饼干的任意组合都带给她同样的幸福。在这种情况下，我们无法预测她会选择在其预算线上的所有消费组合中的哪一个组合。

10A. 3. 2　完全互补品

完全替代品代表了消费者偏好的一种极端情形；完全互补品则代表了另一种极端情形。当消费者按同样的比率消费两种产品，而不关心其相对价格时，两种产品为**完全互补品**（perfect complement）。

> 当消费者按同样的比率消费两种产品，而不关心其相对价格时，两种产品为**完全互补品**。

假设亚伦喜欢饼干和牛奶，但需将它们放在一起。增加 1 块饼干但不增加 1 杯牛奶时并不会产生额外的效用；同样，增加 1 杯牛奶但不增加 1 块饼干时也不会产生额外的效用。在这种情况下，他的无差异曲线如图 10A－11 中的直角形所示。

要理解个中原因，可考虑在 I_4上的 A、B 和 C 三个组合。在 B 组合处，亚伦消费 4 块饼干和 4 杯牛奶。在 A 组合处，他消费 4 块饼干和 5 杯牛奶；但额外增加的 1 杯牛奶并不会给他带来效用。所以，A 与 B 在同一条无差异曲线 I_4上。同样，在 C 组合处，他消费 5 块饼干和 4 杯牛奶，但这也与 4 块饼干和 4 杯牛奶产生的总效用相同。所以，C 也在同一条无差异曲线 I_4上。

图 10A－11 所示的预算线可以允许亚伦选择组合 B。其中重要的是，预算线的斜率不影响他对饼干和牛奶的相对消费。这意味着，他总是以相同的比率消费这两种产品，而不顾及价格，这使得这两种产品是完全互补品。

你可能想知道图 10A－11 中的边际替代率发生了什么。也就是说，假定亚伦在饼干和牛奶之间不愿意进行任何替代，他关于它们的确切的边际替代率是多少？答案是，在完全互补品的情况下，边际替代率是不确定的，因为个人的偏好不允许产品之间进行任何替代。

10A. 3. 3　通常情形

真实世界中确有一对产品接近于完全替代品的例子。例如，一盒 Bisquick 煎饼的配料表标明，产品包含“大豆和/或棉籽油”：制作者会使用相对便宜者，因为消费者无法分辨。还有其他组合产品非常接近于完全互补品。例如，汽车和轮胎。

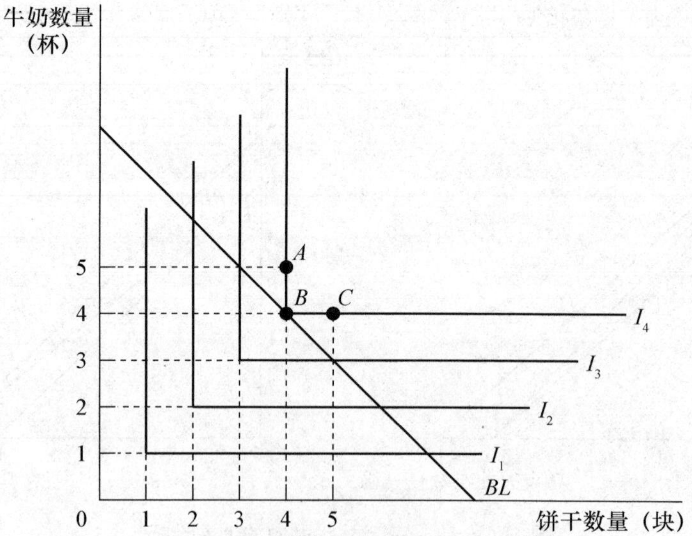

图 10A－11　完全互补品

当两种产品是完全互补品时，消费者并不关心相对价格而是按同样的比率消费这两种产品。无差异曲线呈直角形。在这种情况下，亚伦会选择消费 4 杯牛奶和 4 块饼干（B 组合），而与通过 B 点的预算线的斜率无关。原因是，无论是增加 1 杯牛奶而不增加饼干，还是增加 1 块饼干而不增加牛奶，都不会增加他的总效用。

但是，在大多数情况下，产品之间替代的可能性介于两个极端之间。在某些情况下，很难确定产品是替代品还是互补品。

□ 10A. 4　价格、收入和需求

下面我们再回到英格丽的消费选择。我们所考虑的情形是她的月收入为 2 400 美元，每月的住房费用为 150 美元/间，餐馆用餐的花费为 30 美元/次，她的最优消费组合，如图 10A－7 所示，包含 8 间房和 40 次餐馆用餐。

现在，我们的问题是，如果房间租金或英格丽的收入发生变化，她的消费选择会如何改变。正如我们所看到的，我们可以把前面的内容整合起来以加深对消费者需求的理解。

10A. 4. 1　价格上涨的效应

假设由于某种原因，住房价格急剧上升。英格丽现在必须为每间房支付 600 美元，而非 150 美元。同时，餐馆用餐价格和她的收入保持不变。这将如何影响她的消费选择呢？

当住房价格上涨时，用餐馆用餐表示的住房的相对价格也会上涨；结果，英格丽的预算线会发生变化（状况变差，但我们会解决）。为应对这种变化，她选择了新的消费组合。

图 10A－12 给出了英格丽的初始预算线（BL_1）和新预算线（BL_2），再次假设她的收入仍然为不变的每月 2 400 美元。当每间房的费用为 150 美元、一次餐馆用餐的费用为 30 美元时，她的预算线 BL_1 与横轴在 16 间房、与纵轴在 80 次餐馆用餐的点上相交。在住房价格上升到每间 600 美元后，预算线 BL_2 与纵轴仍在 80 次餐馆用餐的点上相交，但与横轴只能在 4 间房的点上相交。这是因为我们从式（10A－9）知道，新预算线的横截距现在等于 2 400 美元/600 美元＝4，她的预算线向内旋转，变得更为陡峭，反映了用餐馆用餐表示的住房的相对价格更高了。

图 10A－13 显示了英格丽如何应对新环境。她原来的最优消费组合包括 8 间房和 40 次餐馆用餐。相对价格改变后，她的预算线发生转动，为应对这一变化，她通过选择能带给她尽可能多效用的无差异曲线 BL_2 上的点来寻找她的新的最优消费组合。在新的最优消费组合中，与此前相比，她消费更少的住房和更多的餐馆用餐：1 间房和 60 次餐馆用餐。

为什么英格丽的住房消费下降了？部分——但也仅仅是部分——原因是住房价格上涨降低了她的购买力，使她相对变穷。也就是说，住房的相对价格提高使她的预算线向内旋转，降低了她的消费可能组合，使

她移动到了一个较低的无差异曲线上。从某种意义上说，当她面临更高的住房价格时，就好像她的收入下降了。

为理解这一影响，并且理解为什么这并非故事的全部，我们来考虑英格丽面临另一种变化时的情况：她的收入发生变化。

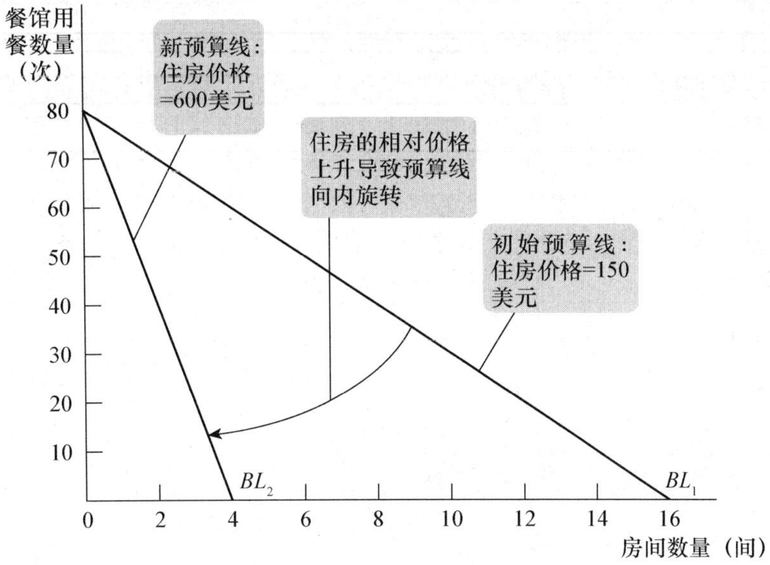

图 10A－12　价格上涨对预算线的影响

在住房价格提高后，假定餐馆用餐价格不变，用餐馆用餐表示的住房的相对价格上升了。由此引起的结果是英格丽的初始预算线 BL_1 向内旋转到 BL_2。她对餐馆用餐的最大的可能购买量不变，但她对住房的最大的可能消费量下降了。

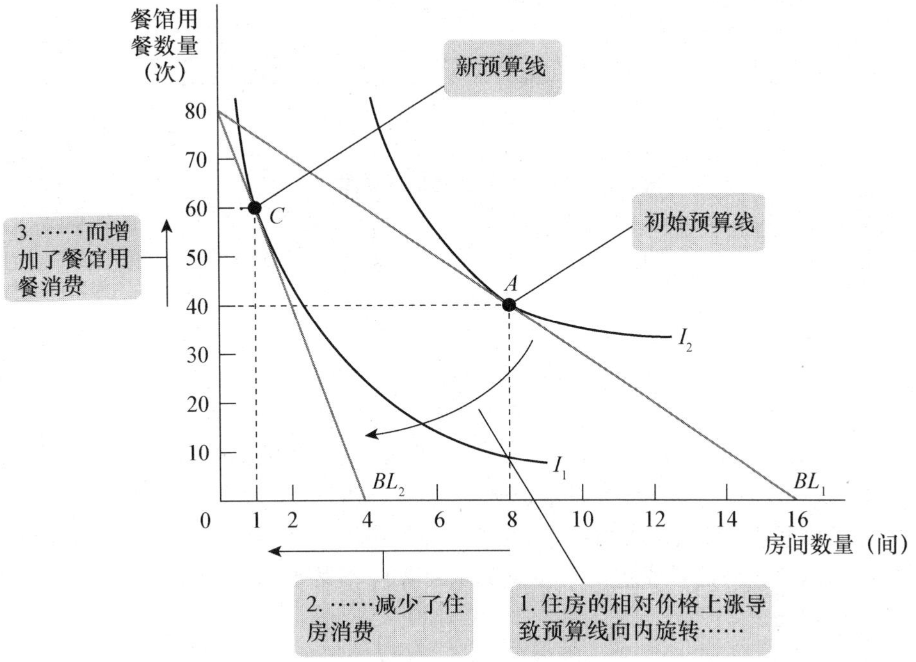

图 10A－13　价格上涨的影响

英格丽选择减少住房消费、增加餐馆用餐消费来应对住房相对价格的上涨。她的新的最优消费组合 C 包括 1（而不是 8）间房和 60（而不是 40）次餐馆用餐。

10A. 4. 2 收入和消费

在第 3 章，我们学习了个体需求曲线，该曲线表明了在保持收入和其他产品的价格不变的情况下，消费者的消费选择如何随着一种产品价格的变化而变化。也就是说，沿个体需求曲线的移动主要表现的是替代效应，正如我们在第 10 章所学习的——消费数量如何随着两种产品的相对价格的变化而变化。但是，我们还可以问的问题是：如果相对价格保持不变，而收入发生变化，消费选择将如何变化？

在分析之前，我们需要先了解，在相对价格保持不变的情况下，收入变化如何影响预算线。假设英格丽的收入从 2 400 美元下跌至 1 200 美元，但每间房的价格为 150 美元，每次餐馆用餐的费用保持 30 美元不变。其结果是，她对住房的最大消费量从 16 间下降至 8 间，她对餐馆用餐的最大消费量从 80 次下降至 40 次。换言之，英格丽的消费可能组合缩减了，如图所示，预算线从图 10A－14 中的 BL_1 平行向内移动到 BL_2。这是一个平行移动，因为收入变化时，预算线的斜率的绝对值——相对价格——保持不变。或者，假设英格丽的收入从 2 400 美元上升至 3 000 美元。她现在最多可以消费 20 间房，或 100 次餐馆用餐，表现为图 10A－14 中的预算线从 BL_1 平行向外移动至 BL_3。在这种情况下，英格丽的消费可能组合扩大了。

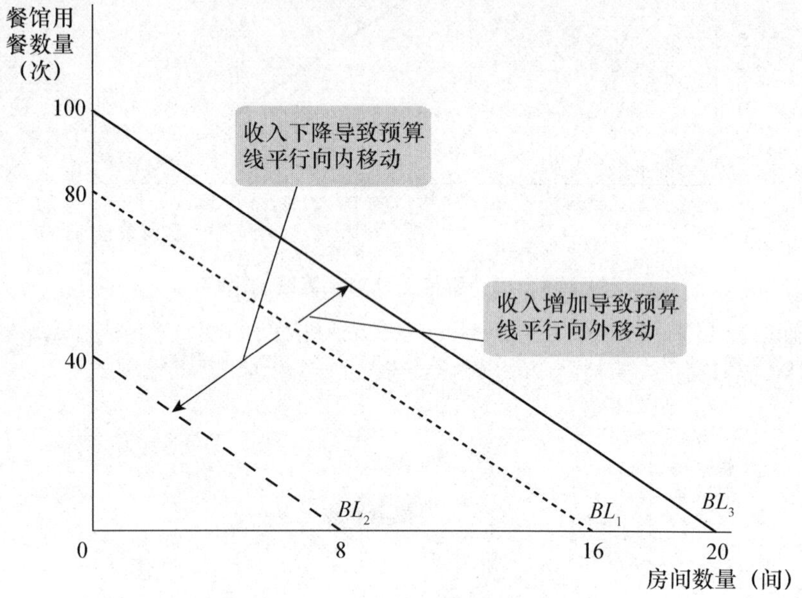

图 10A－14　收入变化对预算线的影响

当相对价格保持不变时，收入变化将引起预算线平行移动。例如，如果英格丽的收入从 2 400 美元下降至 1 200 美元，她的状况明显变差。她的预算线从 BL_1 向内平移到 BL_2 的新位置。相反，如果英格丽的收入从 2 400 美元增加至 3 000 美元，她的状况明显变好：她的预算线从 BL_1 向外平移到 BL_3 的新位置。

现在，我们可考虑英格丽如何对收入的直接变化——相对价格保持不变，只是她的收入水平发生变化——做出反应。图 10A－15 比较了在住房价格保持每间 150 美元、餐馆用餐价格保持每次 30 美元不变的情况下英格丽的月收入为 2 400 美元（BL_1）时的预算线和最优消费选择与英格丽的月收入为 1 200 美元（BL_2）时的预算线和最优消费选择。A 点为月收入为 2 400 美元时英格丽的最优消费组合点，B 点为月收入为 1 200 美元时英格丽的最优消费组合点。在每种情况下，她的最优消费组合都由预算线与无差异曲线的切点给出。正如我们所看到的，在收入减少时，她的预算线相比于收入较高时的预算线向内移动，但保持了相同的斜率，因为相对价格没有变化。

这意味着，她必须减少住房消费或餐馆用餐消费，或者两者都减少。其结果是，她的总效用水平下降，由较低的无差异曲线所代表。

结果证明，当英格丽的收入下降时，她选择对两种产品的消费都减少：当她的收入从 2 400 美元变为 1 200 美元时，她的住房消费量从 8 间下降到 4 间，她的餐馆用餐消费量从 40 次减少到 20 次，这是因为在她的效用函数中，两种产品都是正常物品，如第 3 章所定义的：正常物品是需求随着收入增加而增加、需求随着收入下降而减少的产品。

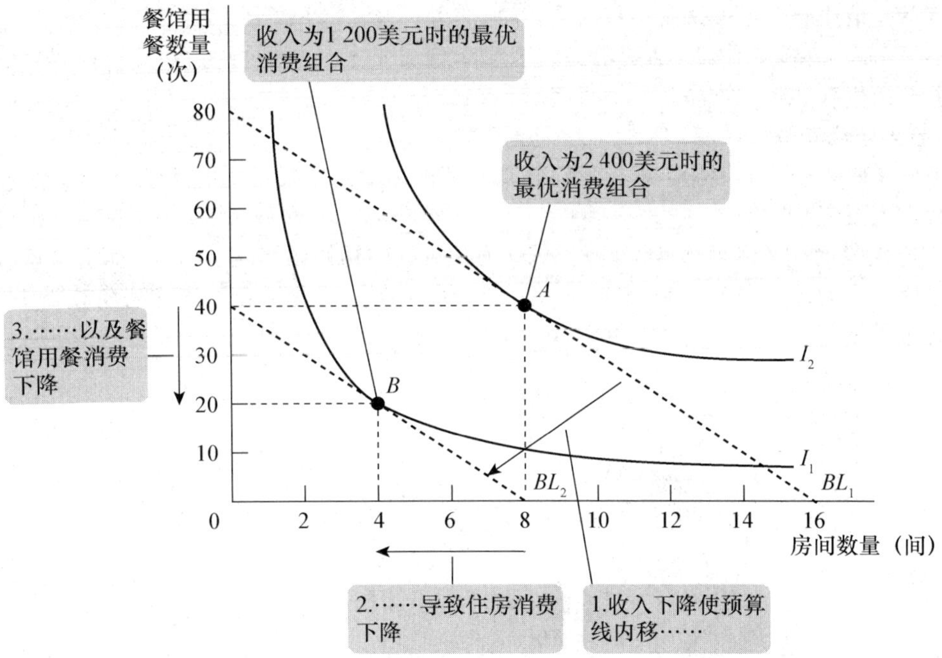

图 10A－15　收入效应与替代效应：正常物品

当月收入为 2 400 美元时，英格丽选择组合 A，包括 8 间房和 40 次餐馆用餐。当相对价格保持不变、收入下降时，预算线向内平移到 BL_2。当月收入为 1 200 美元时，她选择组合 B，包括 4 间房和 20 次餐馆用餐。由于英格丽的收入下降后，她对餐馆用餐和住房的消费都下降了，因此两种产品是正常物品。

我们在第 3 章中指出，虽然大多数产品是正常物品，但也有一些产品是低档物品，其需求与收入的变化方向相反：当收入增加时，需求下降，而当收入下降时，需求增加。二手家具可能就是这样的事例。一种产品是否为低档物品取决于消费者的无差异曲线图。图 10A－16 所示为这样的情形，二手家具用横轴度量，餐

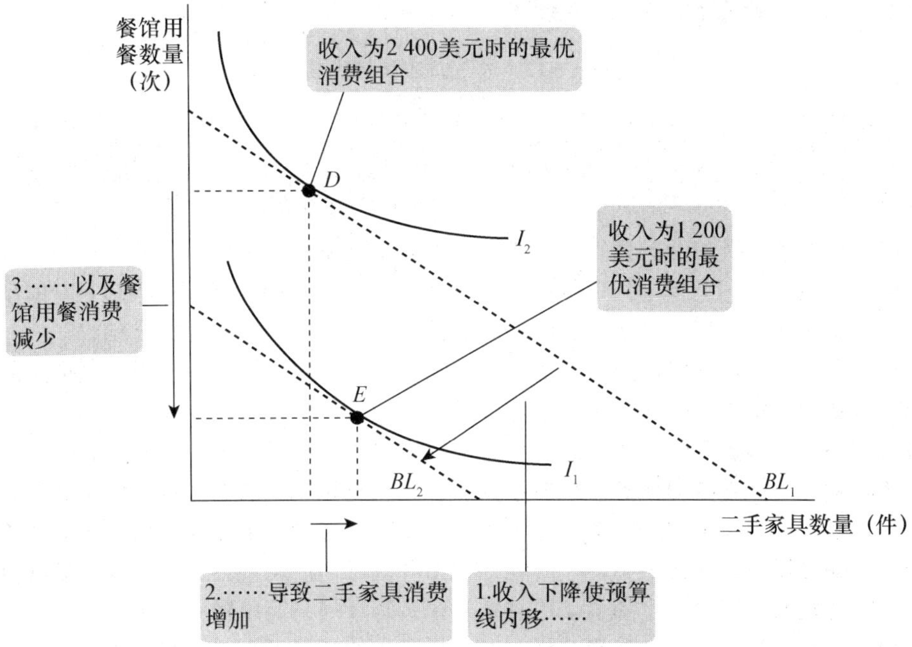

图 10A－16　收入效应与替代效应：低档物品

当英格丽的收入从 2 400 美元降至 1 200 美元时，她的最优消费组合从 D 变为 E。她的二手家具消费增加，这意味着二手家具是低档物品。相反，她的餐馆用餐消费下降，这意味着餐馆用餐是正常物品。

馆用餐用纵轴度量。请注意，当英格丽的收入从 2 400 美元（BL_1）下降到 1 200 美元（BL_2），且她的最优消费组合由 D 变为 E 时，她的二手家具消费增加，这意味着二手家具是低档物品。同时，她的餐馆用餐消费减少，这意味着餐馆用餐是正常物品。

10A. 4. 3　收入效应和替代效应

我们已经考察了收入变化的影响，现在我们可以回到价格变化，我们用更具体的方法来讨论价格提高对需求的影响包含收入效应。

图 10A－17 再次展示了英格丽每月收入为 2 400 美元对应的初始预算线（BL_1）和新预算线（BL_2）以及消费选择。当住房价格为每间房 150 美元时，英格丽选择 A 点的消费组合；当住房价格为每间房 600 美元时，她选择 C 点的消费组合。

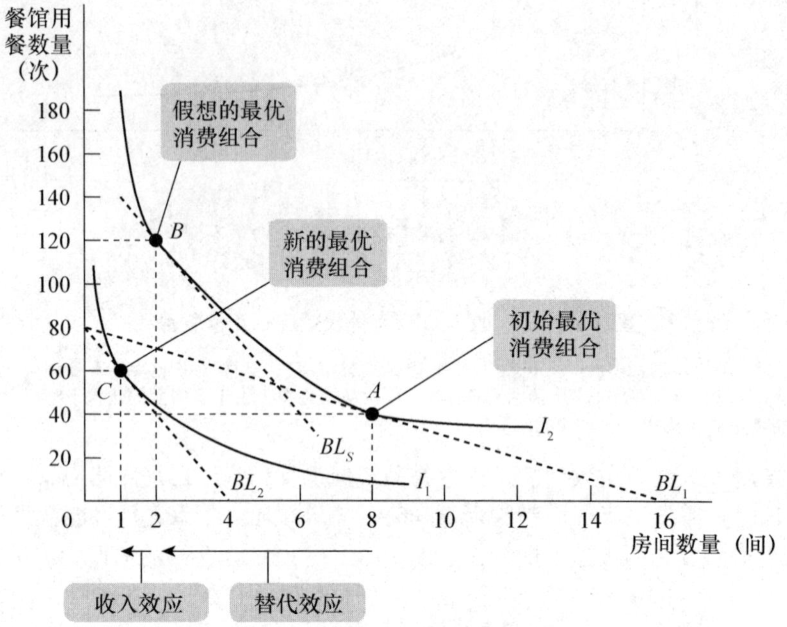

图 10A－17　收入效应和替代效应

当住房价格为 150 美元时，英格丽的初始最优消费组合为 A，当住房价格为 600 美元时，她的新的最优消费组合为 C，从 A 移动到 C，可以分解成两部分。从 A 移动到 B——沿初始无差异曲线 I_2 移动，因为相对价格发生变化，这是纯替代效应。它表明了如果英格丽被给定一个刚好补偿住房价格上涨的假想的收入增加以使她的总效用保持不变，她的消费将如何变化。从 B 移动到 C——当我们去除假想的收入补偿时消费的变动——是价格上涨的收入效应：她的消费如何随着她的购买力的下降而变化。

我们再看住房价格上涨后英格丽的预算线会怎样变化。纵截距仍然为 80 次餐馆用餐；也就是说，如果英格丽将其所有收入用在餐馆用餐上，住房价格上涨不会对她的消费产生影响。但是，新的预算线与横轴只在 4 间房处相交。因此，住房的相对价格上涨的结果是预算线向内旋转，变得更陡峭。

我们已经知道发生了什么：英格丽的住房消费从 8 间下降到 1 间。但图形表明，英格丽的住房消费下降由两个原因引起。她减少住房消费的一个原因是，由于住房的相对价格更高，以餐馆用餐次数度量的 1 间房的机会成本上升了，即为了多消费 1 间房，她必须放弃更多的餐馆用餐次数。这种机会成本的变化——反映为预算线变得更为陡峭——使得她更愿意在她的消费组合中用餐馆用餐消费来替代住房消费。

英格丽在住房价格上涨后减少住房消费的另一个原因是，住房价格上涨使她相对变穷。的确，她的货币收入并没有改变。但她必须为住房付出更多，因此她的预算线将向内旋转。所以，她无法达到与以前相同的总效用水平，这意味着她的实际收入下降了。这就是为什么她最终只能接触到一条较低的无差异曲线。

在现实世界中，一种产品的价格上升使其机会成本提高和使消费者相对变穷这两种效应通常是合在一起的。但是，在我们的想象中，我们可以把它们分离开来。在第 10 章，我们介绍了价格变动的替代效应（即用现在相对便宜的产品替代现在相对昂贵的产品所导致的消费变化）和收入效应（即由价格变动引起的购买力变化所导致的消费变化）之间的区别。现在，我们可以更清楚地来说明这两种效应。

要分离出替代效应，我们暂时改变一下关于为什么英格丽会面临住房租金提高的故事：并非住房变得更加昂贵，而是她已经从辛辛那提搬到圣何塞，后者的住房租金要更高一些。但是，让我们考虑一个假想的场景，我们暂时假设，她在圣何塞收入更高一些，高出的收入刚好能弥补她对住房租金上涨部分的支付，这样她的总效用就和以前完全一样。

图 10A－17 所示为她搬家前后的情形。组合 A 代表英格丽的初始消费选择：8 间房和 40 次餐馆用餐。在她搬到圣何塞后，她面临更高的住房价格，所以她的预算线变得更为陡峭。但是，我们已经假定她搬家后增加的收入刚好弥补她增加的住房支出，因此她刚好接触到原来的无差异曲线。所以，她的假想的新最优消费组合为 B，也就是更陡峭的假想预算线（BL_S）与初始无差异曲线（I_2）的切点的组合。假设我们已经对由住房价格上涨造成的英格丽购买力的损失进行了补偿，我们也就分离出了相对价格变化对她的消费产生的纯替代效应（pure substitution effect）。

在 B 点，英格丽的消费组合包含 2 间房和 120 次餐馆用餐。这将花费 4 800 美元（2 间房，每间花费 600 美元，120 次餐馆用餐，每次花费 30 美元）。所以，如果英格丽的住房租金从每间 150 美元上涨到每间 600 美元，她的收入也从每月 2 400 美元上升至每月 4 800 美元，她最终的总效用水平保持不变。

从 A 到 B 的变动是价格变动的纯替代效应。它是在住房的相对价格改变但同时保持英格丽的总效用不变时英格丽的消费选择所受到的影响。

现在，我们已经分离出了替代效应，我们可以回到价格变化的收入效应。这很简单：我们只是回到原来的故事，其中英格丽面临的是住房价格上涨，但无任何收入的增加。我们已经知道，这将导致她选择图 10A－17 中的组合 C。但是，我们可以认为从 A 移动到 C 经过了两步。首先，英格丽从 A 移动到 B，即相对价格变化引起的替代效应。然后我们拿走使她保持在初始无差异曲线上所需要的额外收入，使得她移动到 C。从 B 移动到 C 由英格丽需求的额外变化所致，因为住房价格上涨实际上减少了她的效用。因此，这就是价格变化的收入效应。

我们可用图 10A－17 来确认住房在英格丽的偏好中是正常物品。对于正常物品，收入效应和替代效应的作用方向相同：价格上升通过替代效应引起消费量减少（从 A 移动到 B）和通过收入效应引起消费量减少（从 B 移动到 C）。这就是正常物品的需求曲线总是向右下方倾斜的原因。

如果住房对英格丽不是正常物品，而是低档物品，住房价格上涨会导致什么样的结果呢？首先，图 10A－17中从 A 移动到 B 的替代效应仍将保持不变。但是，收入变化会导致低档物品的消费量沿着相反的方向变动。因此，如图 10A－17 所示的从 B 到 C 的移动，即正常物品的收入效应将不再成立。相反，低档物品的收入效应会导致英格丽的住房消费量从组合 B 处移动到比如说包括 3 间房和 20 次餐馆用餐的组合处。

总之，低档物品的需求曲线通常也向右下方倾斜：如果英格丽在住房价格上涨后消费 3 间房，这仍然比此前少了 5 间。因此，尽管低档物品的替代效应与收入效应的作用方向相反，但在本事例中，替代效应仍然大于收入效应。

但是，如果存在着一种类型的低档物品，其收入效应是如此强大，以致超过了替代效应，又该如何呢？其需求曲线会向右上方倾斜吗？也就是说，价格上涨将导致需求量增加吗？答案是肯定的：我们已经遇到过这种产品——它被称为吉芬物品，对此我们在第 10 章做过介绍。我们曾经说过，吉芬物品罕见，但也不能完全排除。

收入效应和替代效应之间的区别在实践中重要吗？对分析产品需求而言，这种区别通常并不重要。然而，在第 19 章，我们将讨论个人如何做出将他们的多少劳动提供给雇主的决定。在那种情况下，收入效应和替代效应的作用方向相反，而且它们之间的区别变得至关重要。

练习题

1. 对于下列每种情形，画出包含伊莎贝拉的三条无差异曲线的图形。

a. 对于伊莎贝拉，汽车和轮胎是完全互补品，但两者的比率为 1∶4；也就是说，对于每一辆汽车，伊莎贝拉正好需要四个轮胎。在图中要做出具体的标示并标明轴上的数字。轮胎用横轴表示，汽车用纵轴表示。

b. 伊莎贝拉只能从摄入咖啡因中得到效用。她可以消费谷露或可乐，谷露含有的咖啡因是可乐的两倍。在图中要做出具体的标示并标明轴上的数字。可乐用横轴表示，谷露用纵轴表示。

c. 伊莎贝拉从消费两种产品——闲暇时间和收入中得到效用。两者都存在边际效用递减现象。在图中要做出具体的标示并标明轴上的数字。将闲暇时间表示在横轴上，将收入表示在纵轴上。

d. 伊莎贝拉可以消费两种产品：滑雪板和绑定器。对于每一个滑雪板，她只想要一个绑定器。在图中要做出具体的标示并标明轴上的数字。在横轴上表示滑雪板，在纵轴上表示绑定器。

e. 伊莎贝拉从消费汽水中得到效用，但她从水的消费中不会得到任何效用，不论多少，喝水都不会改变她的总效用水平。在图中要做出具体的标示并标明轴上的数字。将水表示在横轴上，将汽水表示在纵轴上。

2. 根据图 10A－4 所示的普通商品的无差异曲线的四个特性来回答下列问题。

a. 你能排定如下两个组合的顺序吗？如果可以，无差异曲线的哪个特性可以帮助你排定？

组合 A：2 张电影票和 3 顿自助餐；

组合 B：4 张电影票和 8 顿自助餐。

b. 你能排定如下两个组合的顺序吗？如果可以，无差异曲线的哪个特性可以帮助你排定？

组合 A：2 张电影票和 3 顿自助餐；

组合 B：4 张电影票和 3 顿自助餐。

c. 你能排定如下两个组合的顺序吗？如果可以，无差异曲线的哪个特性可以帮助你排定？

组合 A：12 个视频和 4 袋油炸土豆条；

组合 B：5 个视频和 10 袋油炸土豆条。

d. 假设如下两个组合对你来说无差异：

组合 A：10 顿早餐和 4 顿晚餐；

组合 B：4 顿早餐和 10 顿晚餐。

现在比较组合 A 和以下组合：

组合 C：7 顿早餐和 7 顿晚餐。

你能排定组合 A 和组合 C 的顺序吗？如果可以，无差异曲线的哪个特性可以帮助你排定？（提示：如果你按如下方式画出图形，可能会有所帮助，即将晚餐表示在横轴上，将早餐表示在纵轴上。并记住，早餐和晚餐都是普通商品。）

3. 图 10A－4 所示的普通商品的无差异曲线的四个特性排除了某些无差异曲线。确定这些一般特性是否支持如下图所示的无差异曲线的形状。如果不支持，请说明一般性原则排除了哪些曲线。

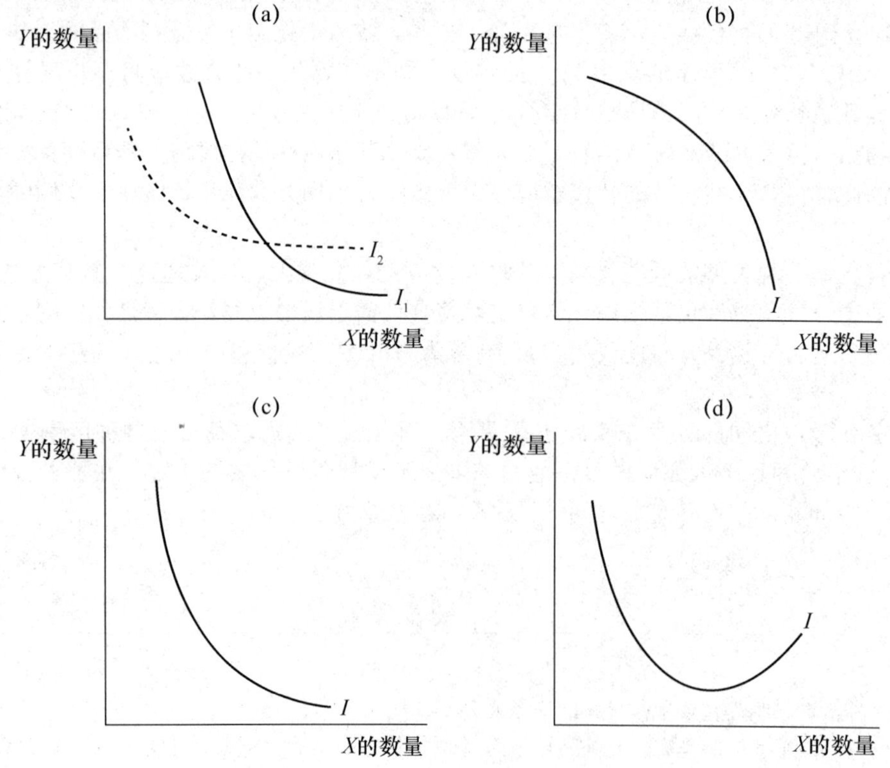

4. 餐馆用餐和住房（按房间数来度量）是妮哈可以买到的仅有的两种产品。她有 1 000 美元的收入，每间房的价格是 100 美元。一间房用餐馆用餐表示的相对价格是 5，如果她倾其所有，她可以买多少次餐馆用餐？

5. 基于如下两个假设回答问题：(1) 通货膨胀率导致所有产品的价格上涨 20%；(2) 艾娜的收入从 50 000 美元增加至 55 000 美元。

a. 艾娜的预算线变得更陡峭、更平缓还是同原来一样陡峭？

b. 艾娜的预算线向外移动、向内移动还是根本不动？

6. 科丽有 50 美元的收入，她可以花费在两种产品上：音乐唱片和热巧克力。两者对她都是正常物品。每张唱片售价 10 美元，每杯热巧克力售价 2 美元。针对如下每种情形，决定这是不是科丽的最优消费组合。如果不是，科丽为实现她的最优消费组合应该怎样做？

a. 科丽正考虑购买 4 张唱片和 5 杯热巧克力。在这个组合中，热巧克力对唱片的边际替代率等于 1；也就是说，她会愿意放弃 1 杯热巧克力来获得 1 张唱片。

b. 科丽正在考虑购买 2 张唱片和 15 杯热巧克力。第二张唱片带给科丽的边际效用是 25，第 15 杯热巧克力带给她的边际效用是 5。

c. 科丽正在考虑购买 1 张唱片和 10 杯热巧克力。在这一组合中，热巧克力与唱片的边际替代率是 5；也就是说，她愿意用 5 杯热巧克力交换 1 张唱片。

7. 劳尔有 4 张卡尔·利普棒球卡和 2 张诺兰·莱恩棒球卡。这些棒球卡的价格为：卡尔卡 24 美元/张，诺兰卡 12 美元/张。然而，劳尔愿意用 1 张诺兰卡兑换 1 张卡尔卡。

a. 劳尔关于诺兰·莱恩棒球卡与卡尔·利普棒球卡的边际替代率为多少？

b. 劳尔可以通过购买和出售棒球卡使自己过得更好吗？怎样做？

c. 假设劳尔已买卖了棒球卡，交易后他仍然持有一些卡。但是，他现在已不再想进行更多的交易。现在对劳尔来说，诺兰·莱恩棒球卡与卡尔·利普棒球卡的边际替代率为多少？

8. 拉尔夫与劳伦正在谈论他们愿意去健身房多少次和他们要在自己最喜欢的餐馆用餐多少次，他们经常选择其中之一。健身房锻炼费用与餐馆用餐的费用相同。拉尔夫说，针对他目前的健身课程和餐馆用餐，他认为 1 次餐馆用餐与 2 次健身课程价值相当。劳伦正在研究经济学问题，她告诉拉尔夫，他现在的消费组合不可能是最优的。

a. 劳伦正确吗？为什么？画出拉尔夫的预算线和无差异曲线图，标出他目前的消费选择。将餐馆用餐表示在横轴上，将健身课程表示在纵轴上。

b. 拉尔夫应该如何调整自己的消费，以便达到最优？在图中标明最优选择。

9. 萨拜因无法区分可口可乐和百事可乐的差异，两者的味道对她而言完全相同。

a. 萨拜因关于可口可乐与百事可乐的边际替代率是多少？

b. 画出几条萨拜因关于可口可乐和百事可乐的无差异曲线。将可口可乐表示在横轴上，将百事可乐表示在纵轴上。

c. 萨拜因本周有 6 美元购买可乐。每 6 瓶装的可口可乐的价格为 1.50 美元，每 6 瓶装的百事可乐的价格为 1.00 美元。在同一幅图中画出萨拜因关于可口可乐和百事可乐的预算线。

d. 萨拜因的最优消费组合是什么？在图上标出。

e. 如果可口可乐和百事可乐的价格相同，萨拜因购买的可口可乐和百事可乐组合是什么？

10. 对于诺尔玛，玉米片和洋葱调味汁都是正常物品，也是普通商品。玉米片的价格上涨，但洋葱调味汁的价格保持不变。

a. 你能明确确定她会消费更多的玉米片吗？用图说明，将玉米片表示在横轴上，将洋葱调味汁表示在纵轴上。

b. 你能明确确定她会消费更多的洋葱调味汁吗？用图说明，将玉米片表示在横轴上，将洋葱调味汁表示在纵轴上。

11. 格斯将其收入用于购买汽油和食物。政府提高了汽油税，从而推高了汽油价格。但政府也降低了所得税，从而增加了格斯的收入。这样增加的收入使得格斯正好处在汽油价格上涨前她所处的同一条无差异曲线上。与这些变化发生之前相比，格斯会购买更多的、更少的还是相同的汽油？画图说明你的答案，将汽油表示在横轴上，将食物表示在纵轴上。

12. 帕姆将收入用于购买面包和午餐肉，她的无差异曲线具有普通商品的无差异曲线的四个特性。假设对于帕姆来说，午餐肉是低档物品但并非吉芬物品，但面包是正常物品。面包的价格为每块 2 美元，午餐肉的价格为每听 2 美元，帕姆有 20 美元可用于支出。

a. 绘制帕姆的预算线，将午餐肉表示在横轴上，将面包表示在纵轴上。假设她的最优消费组合是 4 听午餐肉和 6 块面包。画图说明这一组合与组合所在的无差异曲线。

b. 午餐肉的价格下降到 1 美元/听，面包的价格保持不变。帕姆现在买 7 块面包和 6 听午餐肉。在图中画出她的新预算线和新的最优消费组合。同时也画出该组合所在的无差异曲线。

c. 在你的图中，展示午餐肉价格下降的收入效应和替代效应。请记住，午餐肉是低档物品。

13. 卡佳通勤上班。她既可以使用公共交通工具也可以自己开车。她的无差异曲线符合普通商品的无差异曲线的四个特性。

a. 画出卡佳的预算线，将使用公共交通工具表示在横轴上，将自己开车表示在纵轴上。假设卡佳采用两种方式。画出无差异曲线来帮助你说明她的最优消费组合。

b. 现在使用公共交通工具的价格下降。画出卡佳的新预算线。

c. 对于卡佳而言，使用公共交通工具是低档物品，但不是吉芬物品。画出使用公共交通工具的价格下降后的无差异曲线来说明她的最优消费组合。卡佳将使用更多还是更少的公共交通工具?

d. 解释使用公共交通工具的价格下降的收入效应和替代效应。

14. 克兰德尔认为奶酪块和饼干是完全互补品：他希望每块饼干正好配 1 块奶酪。他有 2.40 美元用于购买奶酪和饼干。1 块奶酪的价格为 20 美分，而 1 块饼干的价格为 10 美分。画出图形，将饼干表示在横轴上，将奶酪表示在纵轴上，然后回答下列问题。

a. 克兰德尔的消费组合是什么?

b. 在饼干的价格上涨到 20 美分后，克兰德尔会消费多少奶酪和饼干?

c. 展示饼干价格上涨的收入效应和替代效应。

15. 卡门只消费餐馆用餐和音乐唱片。她的无差异曲线具有无差异曲线的四个特性。餐馆用餐每次花费 5 美元，音乐唱片每张花费 10 美元，卡门有 50 美元可用。

a. 画出卡门的预算线和无差异曲线来说明她的最优消费组合。将餐馆用餐表示在横轴上，将音乐唱片表示在纵轴上。因为没有足够的信息来了解具体的切点，因此请随意选择一个。

b. 现在，卡门的收入上升到 100 美元。在同一幅图中画出新预算线和无差异曲线，说明最优消费组合。假定餐馆用餐是低档物品。

c. 当餐馆用餐和音乐唱片都是低档物品时，我们能画出关于两者的无差异曲线吗?

16. 日本总务省收集东京地区的产品和服务的价格，以及日本家庭的平均月收入数据。下表给出了一些这方面的数据。

年份	鸡蛋的价格（每包有 10 个）（日元/包）	金枪鱼的价格（每份有 100 克）（日元/份）	平均月收入（日元）
2003	187	392	524 810
2005	231	390	524 585

a. 根据每一年的数据，日本家庭平均每月消费的鸡蛋的最大数量为多少包? 金枪鱼的最大数量为多少? 在一幅图中，画出普通日本家庭在 2003 年和 2005 年的预算线，将金枪鱼的数量表示在横轴上，将鸡蛋的数量表示在纵轴上。

b. 计算每年用金枪鱼表示的鸡蛋的相对价格。使用相对价格规则来表现日本家庭鸡蛋和金枪鱼的平均消费在 2003 年到 2005 年之间的变化。

在线回答问题

17. 蒂龙是一个效用最大化的行为人。他的收入为 100 美元，可花费在餐馆用餐和记事本上。每次餐馆用餐花费 5 美元，每个记事本花费 2 美元。根据这些价格，蒂龙选择购买 16 次餐馆用餐和 10 个记事本。

a. 画图表现蒂龙的无差异曲线和预算线，将记事本表示在横轴上，将餐馆用餐表示在纵轴上。将无差异曲线标为 I_1，将预算线标为 BL_1。

b. 记事本的价格降至 1 美元，餐馆用餐的价格保持不变。在同一幅图中，画出按新价格得出的蒂龙的预算线，并将其标记为 BL_H。

c. 最后，蒂龙的收入降至 90 美元，在同一幅图中，画出与这一收入和新价格对应的预算线，将其标记为 BL_2。与原来的价格和收入相比，在新的价格和收入下，他的状况变好了还是变差了?（提示：在低收入和新价格下，确定蒂龙是否能够买得起他原来的消费组合：16 次餐馆用餐和 10 个记事本。）使用无差异曲线 I_2 说明你的答案。

d. 对 c 的答案给出一个直观的解释。

第 11 章

供给曲线的背后：投入与成本

本章将学习

- 解释表示投入要素的数量与产出量之间关系的企业生产函数的重要性。
- 为什么生产往往会经历要素的收益递减。
- 企业不同种类的成本以及它们如何生成企业的边际成本曲线和平均成本曲线。
- 为什么一个企业的短期成本与长期成本不同。
- 一个企业的技术怎样出现规模报酬递增。

开篇案例

农场主的边际

“噢！多美的广阔天空，金色麦浪起伏。”这是歌曲《美丽的美利坚》(America the Beautiful) 的第一句。金色麦浪起伏确实如此：虽然现在农民只占美国人口的一小部分，但我们的农业生产力巨大，可供养世界上的许多人口。

如果你看一下农业统计，有些东西似乎出人意料：当谈到每英亩产量时，与最高水平相比美国农民差得很远。例如，西欧国家的农民每英亩小麦的产量是他们美国同行的三倍。那么，欧洲人在种植小麦方面比美国人强吗？

不是！欧洲农民非常能干，但比美国人好不了多少。他们每英亩能生产更多的小麦是因为他们在每英亩土地上投入更多——更多的肥料，特别是使用了更多的劳动力。当然，这意味着欧洲农民比他们的美国同行有更高的成本。但由于政府政策，欧洲农民得到的小麦价格比美国农民高。这激励他们去使用更多的投入，在边际上花费更多的努力来提高每英亩作物的产量。

请注意我们使用的短语“在边际上”。像大多数决策要进行得益和成本的比较一样，关于投出和产出的决策也涉及边际量——每英亩的生产增加一点点的边际成本与边际得益——的比较。

在第 9 章，我们讨论了亚历克斯，他为最大化受教育的利润必须选择在校时间。当时我们使用了边际分析的利润最大化原则来得出受教育的最佳年限。在本章，我们讨论的是生产者做出类似的“多少”式决策：选择利润最大化的产出数量。

在本章及第 12 章，我们将介绍边际分析怎样被用来解释产出决策——供给曲线背后的决策。这些分析的第一步是展示怎样利用企业投入与产出之间的关系——生产函数——来确定其成本曲线，即成本和产出量之间的关系。这也是我们在本章要做的。在第 12 章，我们将用企业的成本曲线推导出单个企业与市场的供给曲线。

11.1 生产函数

企业是生产用于销售的产品或服务的组织。要做到这一点，企业必须将投入转化为产出。企业生产的产量要受到投入数量的影响；这种关系被称为企业的**生产函数**（production function）。正如我们将看到的，企业的生产函数是其成本曲线的基础。第一步，我们来看一个假想的生产函数的特征。

> **生产函数**展现一个企业使用的投入数量与生产的产出数量之间的关系。

□ 11.1.1 投入与产出

为理解生产函数概念，我们考虑一个农场，为了简化起见，我们假设该农场只生产小麦一种产品，仅使用两种投入：土地和劳动。这种特殊的农场由一对名为乔治和玛莎的夫妇所有。他们雇用工人在农场实际进行体力劳动。此外，我们假设所有潜在工人的质量都相同，他们都用同样的知识和能力干农活儿。

乔治和玛莎的农场有 10 英亩的土地；他们目前无法通过出售、购买或租赁等方式减少或扩大农场规模。这里的土地就是经济学家所说的**固定投入**（fixed input），即其数量在一段时间内是固定的，不会发生改变。当然，乔治和玛莎可自由决定雇用多少工人。这些工人提供的劳动被称为**可变投入**（variable input），企业可以在任何时间改变其数量。

在现实中，投入数量是否真的固定不变要依赖时间跨度。从**长期**（long run）来看，因为时间足够长，企业可以调整任何投入的数量。例如，从长期来看，乔治和玛莎可以通过购买或出售土地来改变他们农场的土地数量。因此，从长期来看，没有固定投入。与此相反，**短期**（short run）被定义为在此期间，至少有一种投入是固定的时间段。在本章后面，我们会更仔细地分析短期和长期之间的区别。但眼下，我们集中于短期，假设至少有一种投入固定不变。

乔治和玛莎知道，他们生产的小麦产量取决于他们雇用的工人数。利用现代农业技术，1 名工人可以耕种 10 英亩农场，当然不是深耕。当增加 1 名工人时，土地在所有工人间平均分配：当雇用 2 名工人时，每名工人耕种 5 英亩；当雇用 3 名工人时，每名工人耕种 $3\frac{1}{3}$ 亩；等等。因此，随着额外雇用工人，这 10 英亩土地越来越被深耕，小麦产量也会越来越多。

> **固定投入**是在一段时间内数量固定不变的投入。
>
> **可变投入**是数量可随时变化的投入。
>
> **长期**是所有投入都可变的时期。
>
> **短期**是至少有一种投入不变的时期。
>
> **总产量曲线**表现的是在固定投入数量给定的情况下产出数量怎样受到可变投入数量的影响。

在给定固定投入数量的情况下，劳动数量和产出数量之间的关系构成了农场的生产函数。在乔治和玛莎的农场的生产函数中，土地是固定投入，劳动是可变投入，在图 11－1 中表的前两列显示了这一信息。图 11－1 中的曲线表现的是在给定固定投入数量的情况下，产量如何依赖可变投入数量而变化的情形；这被称为农场的**总产量曲线**（total product curve）。

实物产出数量即多少蒲式耳小麦被标在纵轴上；可变投入即劳动量（所用的工人数）被标在横轴上。总产量曲线向上倾斜反映了随着越来越多的工人被雇用，小麦产量也越来越多的现象。

虽然在图 11－1 中总产量曲线在整个区间内向上倾斜，但斜率并非恒定不变：当沿着曲线向右上方移动时，它变得越来越平坦。为了理解斜率为什么变化，请看图 11－1 中表的第 3 列，即增加 1 名工人所引起的产量变化。增加 1 单位劳动（这里 1 单位劳动等于 1 名工人）所带来的产量变化被称为**边际产量**（marginal product，也称边际产品）。在一般情况下，一种投入的边际产量是多使用 1 单位投入所带来的产量增加。

> 一种投入的**边际产量**是多使用一单位投入所带来的产量增加。

在这个例子中，我们有以 1 名工人为间隔的产量变化数据。有时候，增量数据并非 1 单位，例如，有时

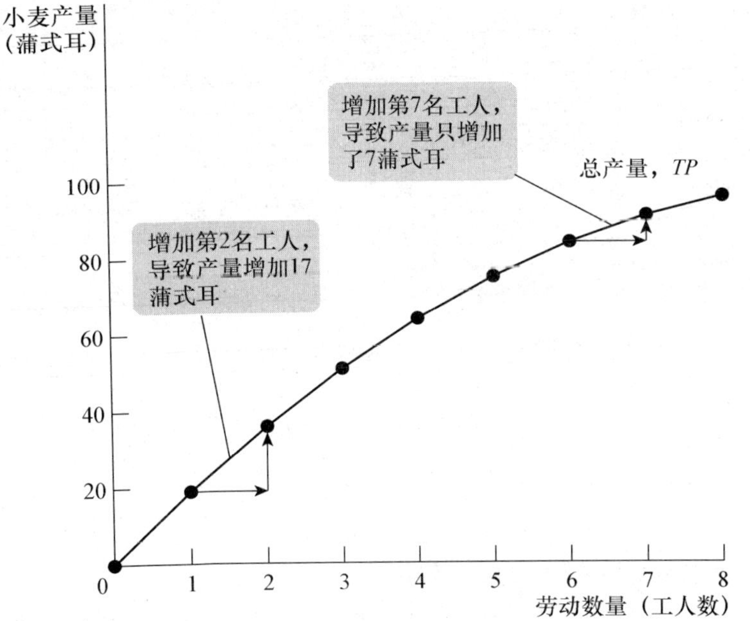

劳动数量 L（工人数）	小麦产量 Q（蒲式耳）	劳动的边际产量 $MPL=\Delta Q/\Delta L$（蒲式耳/工人）
0	0	
		19
1	19	
		17
2	36	
		15
3	51	
		13
4	64	
		11
5	75	
		9
6	84	
		7
7	91	
		5
8	96	

图 11－1　乔治和玛莎的生产函数和总产量曲线

图中的表表示生产函数，即在给定固定投入数量时可变投入数量（劳动，用工人数来度量）与产量（小麦，用蒲式耳来度量）之间的关系。它还计算了乔治和玛莎的农场劳动的边际产量。总产量曲线显示了生产函数的图形。因为随着所雇用的工人越来越多，小麦的产量在增加，所以曲线向上倾斜。但随着所雇用的工人越来越多，劳动的边际产量递减，曲线也变得越来越平坦。

我们只有 40 名工人、50 名工人的产量信息。在这种情况下，我们用以下公式来计算劳动的边际产量（*MPL*）：

$$\text{劳动的边际产量}=\text{增加 1 单位劳动带来的产量变化量}=\frac{\text{产量变化量}}{\text{劳动数量变化量}}$$

或

$$MPL=\Delta Q/\Delta L \tag{11-1}$$

式中，Δ 是希腊字母，读成德尔塔，表示一个变量的变化。

现在，我们可以解释总产量曲线斜率的意义了：它等于劳动的边际产量。一条直线的斜率等于上升的距离除以横向移动的距离（见第 2 章附录）。这意味着，总产量曲线的斜率等于产量的变化（上升的距离，ΔQ）除以劳动量的变化（横向移动的距离，ΔL）。正如我们可以从式（11－1）看出的，这就是劳动的边际产量。因此，在图 11－1 中，第 1 名工人的边际产量是 19，意味着总产量曲线从 0 名到 1 名工人的斜率就是 19。同样地，总产量曲线从 1 名到 2 名工人的斜率与第 2 名工人的边际产量都等于 17，依此类推。

在这个例子中，随着所雇用的工人越来越多，劳动的边际产量在稳步下降，也就是说，每个后续增加的工人带来的产出都比此前工人的产出少。因此，随着所雇用工人的增加，总产量曲线变得越来越平坦。

图 11－2 展示了劳动的边际产量随着农场雇用工人数的增加而变化的情形。将劳动的边际产量标示在纵轴上，用每增加 1 名工人所生产的小麦实物数量（蒲式耳）来度量，将雇用的工人数标示在横轴上。从图 11－1 中的表可以看出，从 4 名工人增加到 5 名工人，产量从 64 蒲式耳增加到 75 蒲式耳，因此，劳动的边际产量为 11 蒲式耳，在图 11－2 中可发现同样的数据。为了表示雇员从 4 名工人增加到 5 名工人带来的 11 蒲式耳边际产量，我们把对应的该信息置于 4 名工人和 5 名工人中间。

在这个例子中，劳动的边际产量随着工人数的增加而递减。也就是说，乔治和玛莎的农场存在劳动的收益递减现象。一般来说，在其他投入数量保持不变的情况下，随着一种投入数量的增加，投入的边际产量会下降，出现**要素的收益递减**（diminishing returns to an input，也称要素的报酬递减）现象。由于劳动的收益递减，劳动的边际产量曲线的斜率为负。

要素的收益递减是指在其他投入数量保持不变的情况下，随着一种投入数量的增加，该种投入的边际产量下降的现象。

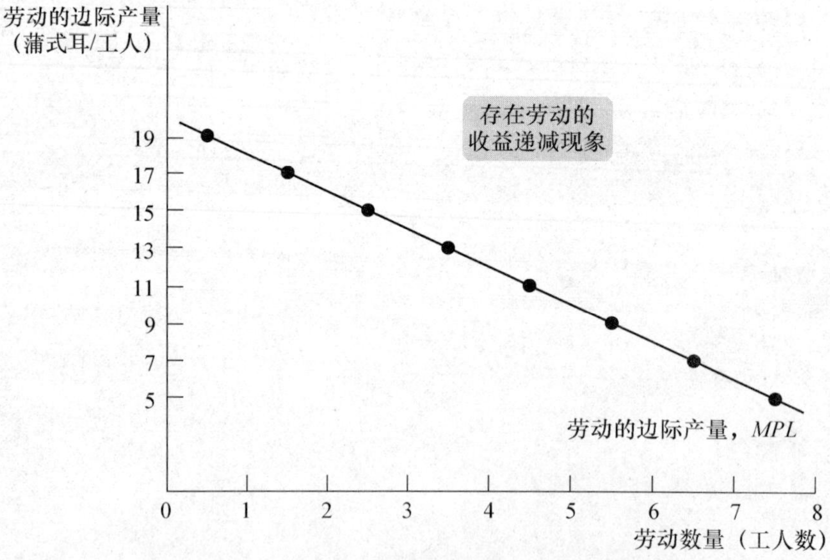

图 11-2　乔治和玛莎农场的劳动的边际产量曲线

劳动的边际产量曲线依据每名工人的边际产量画出，即每增加 1 名工人所能增加的产量。将产量的变化标示在纵轴上，将工人数标示在横轴上。所雇用的第 1 名工人增加了 19 蒲式耳小麦，第 2 名工人增加了 17 蒲式耳，依此类推。由于劳动的收益递减，曲线向下倾斜。

▶ **国际比较**

世界小麦产量

世界各地小麦产量差异很大。从下图中可以看出，法国和美国之间的差距特别引人注目，因为两国都是富裕国家，有类似的农业技术。然而，造成这一差异的原因也很简单：不同的政府政策。在美国，农民从政府那里得到收入补贴，欧洲农民受益于最低限价。由于欧洲农民的产品获得了比美国农民的产品更高的价格，他们使用更多的可变投入，产量明显也更高。

有趣的是，如乌干达和埃塞俄比亚这样的贫穷国家，外援显著压制了产量。来自富裕国家的外援往往采取提供过剩粮食的形式，这就压低了当地的粮食市场价格，严重损害了当地农业，而农业是这些穷国通常所依赖的产业。像牛津饥荒救济委员会这样的慈善组织已经要求富裕的产粮国修改其援助政策——主要是提供现金而非食品，除非在特别缺乏食物的情况下——以避免这个问题。

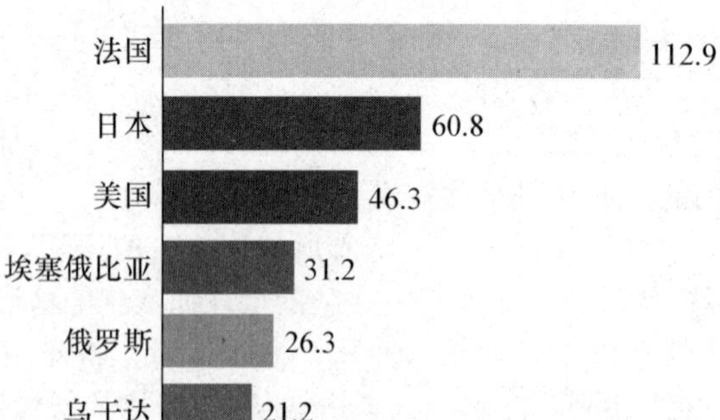

资料来源：Food and Agriculture Organization of the United Nations. Data are from 2012.

为了理解为什么会出现收益递减现象，想想乔治和玛莎在不增加土地英亩数但雇用越来越多的工人的情况下会发生什么。随着工人数量的增加，土地越来越被深耕，小麦产量越来越多。但是，每名新增的工人所耕种的土地占 10 英亩（固定投入）的份额比此前要少。结果是，增加的工人不能生产与前面的工人相同的产量。因此，新增工人的边际产量下降就不奇怪了。

对收益递减需强调的关键点是，像经济学中的许多命题一样，这是一个“其他条件不变”式命题：如果所有其他投入的数量都保持不变，那些连续增加的单位投入所带来的产量都要少于上一个单位。

如果允许其他投入的水平改变，会发生什么呢？我们可以看到如图 11－3 所示的答案。图 11－3（a）所示为两条总产量曲线 TP_{10} 和 TP_{20}。TP_{10} 是农场总面积为 10 英亩时的总产量曲线（与图 11－1 中的曲线相同），TP_{20} 是农场总面积增加到 20 英亩时的总产量曲线。除了雇用 0 名工人时外，TP_{20} 都高于 TP_{10}，因为随着可用耕地的增加，任一给定的工人数都会生产更多的产出。图 11－3（b）所示为相应的劳动的边际产量曲线。MPL_{10} 是给定 10 英亩可用耕地时劳动的边际产量曲线（与图 11－2 中的曲线相同），MPL_{20} 是给定 20 英亩可用耕地时劳动的边际产量曲线。

两条曲线都向下倾斜是因为在每种情况下土地数量都固定不变，尽管数量不同，但是，MPL_{20} 都高于 MPL_{10}，这说明，在固定投入更高的情况下，同一工人的边际产量更高。

图 11－3 所示为一个一般性结论：一个给定投入的总产量曲线的位置受到其他投入的数量的影响。如果更改其他投入的数量，现有投入的总产量曲线和边际产量曲线也将变动。

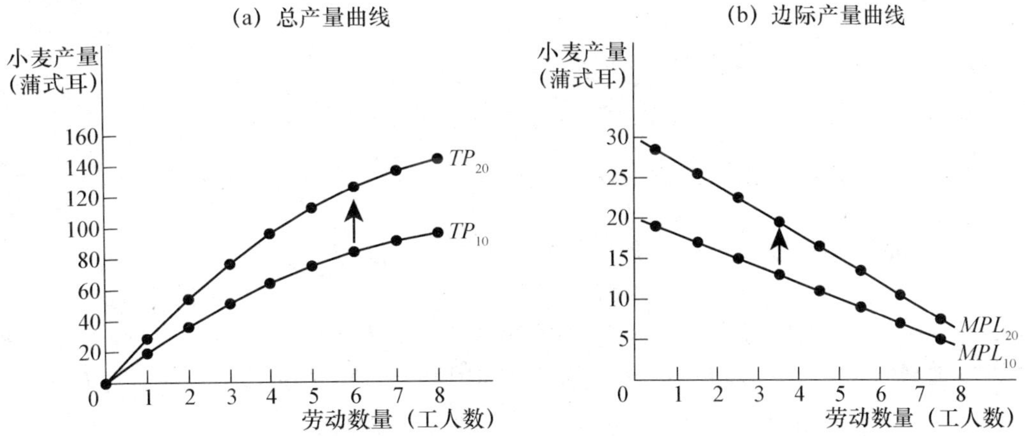

图 11－3　总产量、边际产量和固定投入

该图所示为总产量、劳动的边际产量受到固定投入水平影响的情形。图（a）所示为乔治和玛莎的农场的两条总产量曲线，TP_{10} 对应 10 英亩农场，TP_{20} 对应 20 英亩农场。随着土地数量的增加，每名工人都可以生产更多的小麦。因此，固定投入增加导致总产量曲线从 TP_{10} 上移到 TP_{20}。这意味着，每名工人的边际产量在农场为 20 英亩时比 10 英亩时高。图（b）所示为劳动的边际产量曲线。农场面积增加也导致劳动的边际产量曲线从 MPL_{10} 移到 MPL_{20}。请注意，由于劳动的收益递减，两条劳动的边际产量曲线仍然向下倾斜。

▶ **疑难解答**

什么是单位？

劳动（或任何其他投入）的边际产量被定义为当该投入的数量增加一个单位时产出增加的数量。但我们所言的“单位”劳动是什么意思呢？是额外一小时劳动、额外一星期劳动还是额外一人年劳动？

没有关系，只要前后一致。经济学中常见的错误的原因之一就是混淆了单位——比如，把额外一小时劳动的产出与雇用一名工人一周的成本相比较。无论使用什么单位，请始终小心，分析任何问题时都应使用相同的单位。

□ 11.1.2　从生产函数到成本曲线

一旦乔治和玛莎知道了他们的生产函数，他们就知道了劳动和土地与小麦产量之间的关系。但是，如果他们希望最大化利润，他们需要将这方面的知识转化成关于产量和成本之间关系的信息。我们来看他们如何做到这一点。

要将有关企业生产函数的信息转化成有关成本的信息，我们需要知道企业必须投入多少。我们假设乔治和玛莎使用土地的成本为400美元。正如我们在第9章中所学到的，无论乔治和玛莎须花费400美元从别人那里租10英亩土地，还是他们自己拥有土地，放弃出租给别人能赚取的400美元，都无关紧要。无论是哪种方式，他们使用土地来种植小麦支付的机会成本都为400美元。此外，由于土地是固定投入，乔治和玛莎为此支付400美元就是一种**固定成本**（fixed cost），用 *FC* 来表示——这是一种不依赖产量（在短期内）的成本。在企业中，固定成本通常被称为“管理费用”（overhead cost）。

我们还假设乔治和玛莎必须向每名工人支付200美元。利用他们的生产函数，乔治和玛莎知道，他们必须雇用工人的数量取决于他们打算生产的小麦产量。因此，劳动成本等于工人人数乘以200美元，这是**可变成本**（variable cost），用 *VC* 表示——这是一种受到产量影响的成本。它可变是因为为了生产更多，必须使用更多的投入。固定成本加上与给定产量相对应的可变成本就是该产量对应的**总成本**（total cost），用 *TC* 表示。我们可以用下式来表现固定成本、可变成本和总成本之间的关系：

> **固定成本**是并不受产量变化影响的成本，这是固定投入的成本。
>
> **可变成本**是随着产量变化而变化的成本，这是可变投入的成本。
>
> **总成本**是一定产量水平上生产的固定成本与可变成本之和。

总成本＝固定成本＋可变成本

或

$$TC=FC+VC \tag{11-2}$$

图11-4中的表解释了如何计算乔治和玛莎的农场的总成本。第二列所示为雇用的工人数 *L*，第三列所示为产量 *Q*，与图11-1中的表相同。第四列所示为可变成本 *VC*，等于工人数乘以每名工人的成本200美元。第五列所示为固定成本 *FC*，不论雇用多少工人都为400美元。第六列所示为总成本 *TC*，等于可变成本加上固定成本。

表中第一列每一行都标有字母，从 *A* 到 *I*，这些字母有助于我们了解下一步：画出**总成本曲线**（total cost curve），展示总成本如何随着产量的变化而变化。

> **总成本曲线**是展示总成本怎样随着产量变化而变化的曲线。

乔治和玛莎的总成本曲线如图11-4所示，其中横轴表示用蒲式耳度量的小麦产量，纵轴是以美元表示的总成本。曲线上的每个点都对应图11-4的表中的一行。例如，*A* 点所示为雇用0名工人的情况：产量是0，总成本等于固定成本，即400美元。与此类似，*B* 点表示雇用1名工人的情况：产量为19蒲式耳，而总成本为600美元，等于400美元固定成本与200美元可变成本的总和。

像总产量曲线一样，总成本曲线也向上倾斜，由于存在可变成本，产量越多，农场的总成本就越高。但与总产量曲线不同的是，随着所雇用的工人人数的增加，总产量曲线越来越平坦，而总成本曲线则越来越陡峭。也就是说，随着所生产的产量的增加，总成本曲线的斜率越来越大。正如我们很快会看到的，总成本曲线变陡也是由于可变投入的收益递减。为了更好地理解这一点，我们必须先了解几种成本之间的关系。

▶ **真实世界中的经济学**

人月神话

一种要素的收益递减概念最早是由经济学家在18世纪后期提出的。这些经济学家包括著名的托马斯·马尔萨斯（Thomas Malthus），农业的例子激发了他们的灵感。然而，投入要素的收益递减同样适用于当代的经济活动，比如说软件开发。1975年，小弗雷德里克·P. 布鲁克斯（Frederick P. Brooks Jr.），IBM主导计算机业务的一名项目经理，出版了一本名为《人月神话》（*The Mythical Man-Mouth*）的书，该书很快成为经典，以至在出版20多年后还出版过一个特殊的纪念版。

本专栏的标题以该书书名为题，主要是基于软件编写中的劳动收益递减。布鲁克斯观察到，将分配到一个项目中的程序员人数加倍并不会按比例减少程序编写所花费的时间。1名程序员在12个月内完成的项目不可能由12名程序员在1个月内完成，这就是“人月神话”的意思。编程代码的行数与代码编写者的人数成比例是一种错误的观念。事实上，超过一定人数，增加一名程序员实际上会延长一个项目完成的时间。

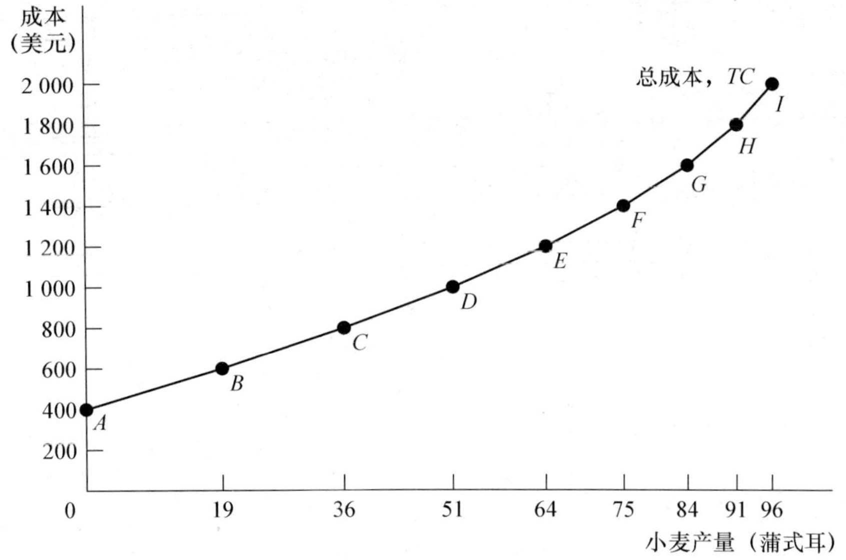

标示点	劳动数量 *L*（工人数）	小麦产量 *Q*（蒲式耳）	可变成本 *VC*（美元）	固定成本 *FC*（美元）	总成本 *TC*=*FC*+*VC*（美元）
A	0	0	0	400	400
B	1	19	200	400	600
C	2	36	400	400	800
D	3	51	600	400	1 000
E	4	64	800	400	1 200
F	5	75	1 000	400	1 400
G	6	84	1 200	400	1 600
H	7	91	1 400	400	1 800
I	8	96	1 600	400	2 000

图 11－4　乔治和玛莎农场的总成本曲线

图中的表给出了与乔治和玛莎的10英亩农场的各种产量有关的可变成本、固定成本以及总成本。总成本曲线显示了总成本（被标示在纵轴上）怎样随着产量（被标示在横轴上）的变化而变化。曲线上的每个点都对应表中的一行。总成本曲线向上倾斜，因为随着产量的增加，所雇用的工人人数增加，因此总成本提高。随着产量的增加，曲线越来越陡峭，原因是劳动的收益递减。

《人月神话》的论据如图11－5所示。该图的上半部分显示程序数量（用每月产生的代码行数来度量）怎样随着程序员人数的变化而变化。每名新增的程序员所完成的行数都小于前一名程序员，超过某一数量后，增加程序员实际上是适得其反的。该图的下半部分显示了连续地每增加1名程序员所得到的边际产量，随着所雇用的程序员人数越来越多，边际产量在下降并最终成为负值。

换言之，编程的收益递减十分严重，在某个时点后多使用程序员实际上带来的边际产量为负。收益递减的根源在于程序生产函数的性质：每名程序员必须协调他或她与该项目其他所有程序员的工作，程序员增多将导致每个人必须花更多的时间与其他人进行沟通。换句话说，在其他条件不变的情况下，出现了劳动收益递减。然而，更可能的情形是，如果与编程项目相关的固定投入增加——比如说安装运行更快、判断更准确的编程错误检测系统——程序员增加后出现的收益递减问题可以得到某种程度的缓解。

《人月神话》修订版的评论员总结了收益递减的原因："当多个程序同时进行时，一些不可避免的开销就会增加。编程团队的成员必须'浪费时间'参加会议、起草项目规划、交换电子邮件、协商接口、不断进行绩效评价……在微软公司，至少有一个团队专门设计其他人穿的T恤。"

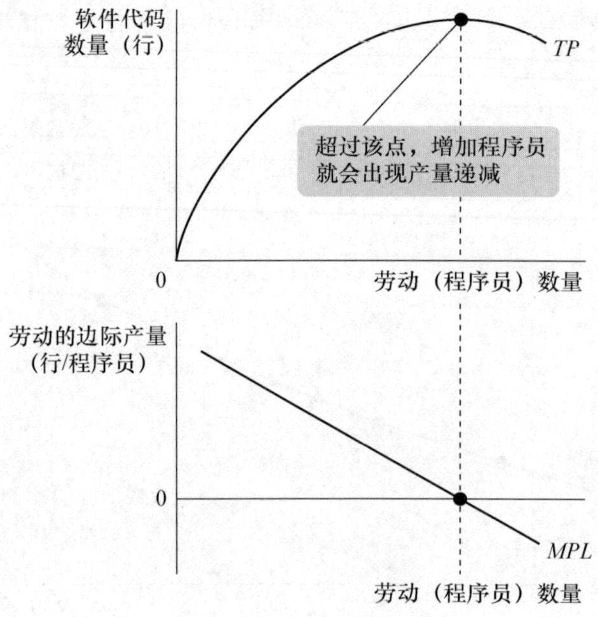

图 11－5　人月神话

及时复习

● 企业的生产函数表现的是投入量和产出量之间的关系。总产量曲线表示在固定投入数量给定的情况下产出数量如何受到可变投入数量的影响，曲线的斜率等于可变投入的边际产量。在短期，固定投入不变；在长期，所有投入都是可变的。

● 当所有其他投入的水平都固定不变时，可能出现一种投入的收益递减，所以边际产量曲线向下倾斜，总产量曲线随着产量的增加而变得越来越平坦。

● 给定产量的总成本等于固定成本加上该产量相应的可变成本。随着产量的增加，由于可变投入的收益递减，总成本曲线变得越来越陡峭。

小测验 11－1

1. 伯尼制冰公司生产冰，用一台 10 吨的机器和电力制冰。下表给出了该公司的产品数量。

用电量（千瓦）	冰产量（磅）
0	0
1	1 000
2	1 800
3	2 400
4	2 800

a. 固定投入是什么？可变投入是什么？

b. 制作一个可变投入的边际产量表。存在收益递减现象吗？

c. 假设固定投入的规模扩大了 50%，任一给定的可变投入量的产量增加了 100%。现在的固定投入是什么？制作一个表，用来表示在这种情况下的总产量与边际产量。

11.2　两个核心概念：边际成本和平均成本

我们刚刚学习了从生产函数如何推导企业的总成本曲线。下一步我们将通过推导两个非常有用的指标即边际成本和平均成本来进一步理解总成本。正如我们将看到的，生产成本的这两个指标相互间有着非常特殊的关系。而且我们将在后面看到它们非常重要，我们将使用它们来分析企业的产出决策和市场供给曲线。

□ 11.2.1 边际成本

我们在第 9 章定义了边际成本，边际成本是多生产一单位产量所导致的总成本的改变量。我们已经知道，如果增加的一单位投入的产出数据可以获得，那么一种投入的边际产量是最容易计算的。与此类似，如果增加的一单位产出所增加的总成本数据可以获得，那么边际成本的计算也很容易。即使是基于不那么简便的增量数据，仍有可能计算边际成本。为简化起见，我们以最简便的一单位增量数据为事例进行解释。

塞莱娜的美食酱汁公司生产瓶装萨尔萨调料（简称萨尔萨），表 11－1 显示了每日成本如何随着萨尔萨每日产量的变化而变化。该公司的固定成本每日为 108 美元，如表中第二列所示，它代表了食品制作设备每日的成本。第三列所示为可变成本，第四列所示为总成本。图 11－6（a）画出了总成本曲线。像图 11－4 所示的乔治和玛莎农场的总成本曲线那样，这条曲线向右上方倾斜，越向右移动，曲线就越陡峭。

表 11－1　　塞莱娜的美食酱汁公司的成本

萨尔萨产量 Q（箱）	固定成本 FC（美元）	可变成本 VC（美元）	总成本 $TC=FC+VC$（美元）	每箱的边际成本 $MC=\Delta TC/\Delta Q$（美元）
0	108	0	108	
				12
1	108	12	120	
				36
2	108	48	156	
				60
3	108	108	216	
				84
4	108	192	300	
				108
5	108	300	408	
				132
6	108	432	540	
				156
7	108	588	696	
				180
8	108	768	876	
				204
9	108	972	1 080	
				228
10	108	1 200	1 308	

总成本曲线斜率的重要性由表 11－1 的第五列可以看出，该列展示了怎样计算边际成本：每增加一单位产量所增加的成本。边际成本的一般计算公式为：

$$\text{边际成本}=\text{增加一单位产量带来的总成本变化量}=\frac{\text{总成本变化量}}{\text{产量变化量}} \tag{11-3}$$

或

$$MC=\frac{\Delta TC}{\Delta Q}$$

与边际产量的计算相同，边际成本等于“上升的距离”（总成本增加值）除以“横向移动的距离”（产量增加值）。正如边际产量等于总产量曲线的斜率一样，边际成本等于总成本曲线的斜率。

现在我们可以理解，为什么随着向右上方移动，总成本曲线变得越来越陡峭：如同我们可以在表 11－1 中看到的那样，塞莱娜的美食酱汁公司的边际成本随着产量的增加而上升。图 11－6（b）所示的边际成本曲线对应表 11－1 中的数据。请注意，如在图 11－2 中一样，我们画出的产量从 0 到 1 的边际成本位于 0 和 1 的中间，产量从 1 到 2 的边际成本位于 1 和 2 的中间，依此类推。

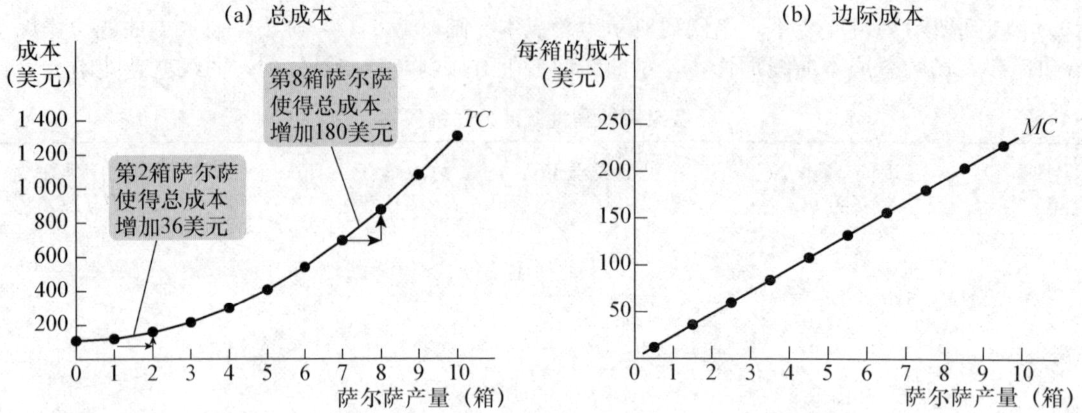

图 11－6　塞莱娜的美食酱汁公司的总成本曲线与边际成本曲线

图（a）是根据表 11－1 所画出的总成本曲线。与图 11－4 所示的总成本曲线类似，它也向右上方倾斜，越向右移动，曲线变得越陡峭。图（b）所示为边际成本曲线。它也向右上方倾斜，反映了可变投入的收益递减现象。

为什么边际成本曲线向右上方倾斜？因为在本例中，投入的收益是递减的。随着产量的增加，可变投入的边际产量递减。这意味着，在产量增加时，为多生产一单位产量所使用的投入要素越来越多。因为每单位投入要素必须花钱购买，多生产一单位产量所增加的成本就越来越多。

此外，我们应记得，总产量曲线变得越来越平坦也是因为收益递减：当其他投入要素的数量固定不变时，一种可变投入要素的边际产量会随着这种要素使用量的增加而递减。总产量曲线随着产量的增加逐渐变得平坦与总成本曲线随着产量的增加逐渐变得陡峭只是同一现象的正反两面。也就是说，随着产量的增加，产量的边际成本也会递增，因为可变投入要素的边际产量下降了。

我们将在第 12 章考虑企业的利润最大化产出决策时再讨论边际成本。接下来我们介绍度量成本的另一指标：平均成本。

□ 11.2.2　平均总成本

> **平均总成本**通常简称**平均成本**，等于总成本除以产量。

除了总成本和边际成本，另一指标也非常有用，即**平均总成本**（average total cost），通常简称为**平均成本**（average cost）。平均总成本是用总成本除以产量；也就是说，它等于每单位产出的总成本。我们用 ATC 表示平均总成本，公式如下：

$$ATC=\frac{\text{总成本}}{\text{总产量}}=\frac{TC}{Q} \qquad (11-4)$$

平均总成本非常重要，因为它能告诉生产者平均的或典型的单位产量的成本是多少。与此同时，边际成本则告诉生产者多生产一单位产量的成本为多少。虽然它们看起来非常相似，但这两种度量成本的指标显著不同。混淆两者是造成经济学误解的主要根源，无论是在课堂上还是在现实生活中，在稍后的“真实世界中的经济学”专栏中将会看到。

表 11-2 是依据塞莱娜的美食酱汁公司的数据计算出的平均总成本。例如，生产 4 箱萨尔萨的总成本为 300 美元，包括 108 美元的固定成本和 192 美元的可变成本（见表 11-1）。因此，生产 4 箱萨尔萨的平均总成本为 300 美元/4=75 美元。我们可以从表 11-2 中看出，随着产量的增加，平均总成本先降后升。

表 11-2　　塞莱娜的美食酱汁公司的平均成本

萨尔萨产量 *Q*（箱）	总成本 *TC*（美元）	每箱的平均总成本 *ATC*（美元）	每箱的平均固定成本 *AFC*（美元）	每箱的平均可变成本 *AVC*（美元）
1	120	120.00	108.00	12.00
2	156	78.00	54.00	24.00
3	216	72.00	36.00	36.00
4	300	75.00	27.00	48.00
5	408	81.60	21.60	60.00
6	540	90.00	18.00	72.00
7	696	99.43	15.43	84.00
8	876	109.50	13.50	96.00
9	1 080	120.00	12.00	108.00
10	1 308	130.80	10.80	120.00

图 11-7 是根据上述数据画出的平均总成本曲线，其中说明了平均总成本如何受到产出的影响。与以前一样，纵轴表示以美元为单位的成本，横轴表示产量。平均总成本曲线呈非典型的 U 形，反映的是随着产量的增加，平均总成本先降后升。经济学家认为，这种 **U 形的平均总成本曲线**（U-shaped average total cost curve）是许多行业生产企业的常态。

一条 U 形的平均总成本曲线在产量低时下降，而后随着产量的增加会上升。

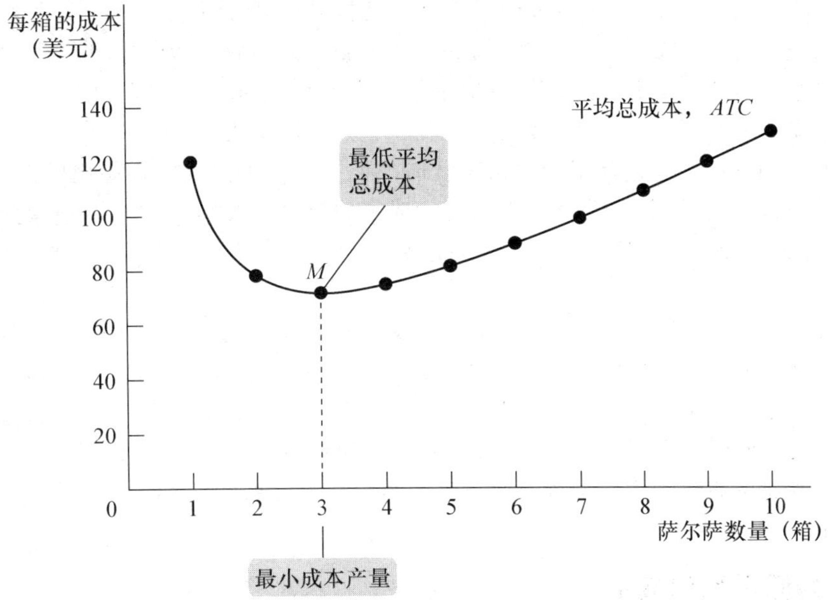

图 11-7　塞莱娜的美食酱汁公司的平均总成本曲线

塞莱娜的美食酱汁公司的平均总成本曲线呈 U 形。在低产出水平上，平均总成本下降，因为降低平均固定成本的分摊效应大于提高平均可变成本的收益递减效应。在高产出水平上，情况相反，平均总成本上升。在 *M* 点，平均总成本位于其最低水平，平均总成本最小。

平均固定成本是单位产量的固定成本。

平均可变成本是单位产量的可变成本。

为了帮助我们理解为什么平均总成本曲线呈U形，表11－2将平均总成本分为两个基本组成部分，**平均固定成本**（average fixed cost，*AFC*）和**平均可变成本**（average variable cost，*AVC*）。平均固定成本是用产量除以固定成本，也被称为单位产量的固定成本。例如，如果塞莱娜的美食酱汁公司生产4箱萨尔萨，平均固定成本为：108美元/4＝27美元。平均可变成本是用产量除以可变成本，也被称为单位产量的可变成本。当产量为4箱时，平均可变成本为：192美元/4＝48美元。写成普通方程形式为：

$$AFC=\frac{\text{固定成本}}{\text{产量}}=\frac{FC}{Q}$$

$$AVC=\frac{\text{可变成本}}{\text{产量}}=\frac{VC}{Q} \tag{11-5}$$

平均总成本是平均固定成本和平均可变成本之和。它呈U形，因为随着产量的增加，这两个组成部分的变化方向相反。

平均固定成本随着产量的增加而递减是因为分子（固定成本）是一个固定数，但分母（产量）随着产量的增加会变大。理解这种关系的另一种方式是，随着产量的增加，固定成本会被分摊到更多的产量单位上；最终结果是，每单位产量的固定成本——平均固定成本——会下降。我们可以在表11－2的第四列中看到这一结果：随着产量的增加，平均固定成本持续下降。

然而，平均可变成本则随着产量的增加而递增。正如我们所知道的，这反映了要素的收益递减现象，每增加一单位产量，投入的可变成本都高于此前的产量。所以，随着产量的增加，可变成本会以更快的速率上升。

因此，产量增加对平均总成本会产生两种作用方向相反的影响："分摊效应"（spreading effect）和"收益递减效应"。

- 分摊效应。产量越多，分摊固定成本的产量就越多，导致平均固定成本越低。
- 收益递减效应。产量越多，多生产一单位产量要求的可变投入就越多，导致平均可变成本就越大。

在产量水平低时，分摊效应非常显著，因为即使产量少量增加，平均固定成本的下降也很明显。因此，在产量水平较低时，分摊效应要大于收益递减效应，导致平均总成本曲线向下倾斜。但是，当产量很大时，平均固定成本已经相当小，因此，增加产量进一步带来的分摊效应就非常小了。

但是，收益递减效应通常会随着产量的增加变得越来越重要。因此，在产量增大后，收益递减效应超过分摊效应，导致平均总成本曲线向上倾斜。在U形平均总成本曲线的底部，即在图11－7中的M点，两个效应恰好相互抵消。在这一点上，平均总成本处在最低水平，平均总成本最小。

图11－8在一幅图中画出了我们从塞莱娜的美食酱汁公司总成本曲线中推导出的四种成本曲线：边际成本曲线（*MC*），平均总成本曲线（*ATC*），平均可变成本曲线（*AVC*），以及平均固定成本曲线（*AFC*）。所有这几条曲线都是基于表11－1和表11－2中的信息画出的。像此前一样，纵轴表示成本，横轴表示产量。

先看各种成本曲线的一些特征。首先，边际成本曲线向右上方倾斜——这是由于收益递减，即增加一单位产量所花费的成本比此前更多；平均可变成本也向右上方倾斜——也是由于收益递减，但比边际成本曲线平坦。这是因为增加一单位产量所造成的更高成本（平均可变成本）是在所有产量上进行平均的，而不仅仅是在增加的产量上。与此同时，由于分摊效应，平均固定成本曲线向右下方倾斜。

最后，请注意边际成本曲线是从下面与平均总成本曲线的最低点即图11－8中的M点相交的。最后一个特征是我们学习的下一个问题。

□ 11.2.3 最低平均总成本

最低平均总成本对应的产量被称为**最小成本产量**，在U形平均总成本曲线的底部。

就U形的平均总成本曲线而言，平均总成本的最低水平位于U形底部。经济学家把与最低平均总成本对应的产量称为**最小成本产量**（minimum-cost output）。对塞莱娜的美食酱汁公司而言，最小成本产量是每日生产3箱萨尔萨。

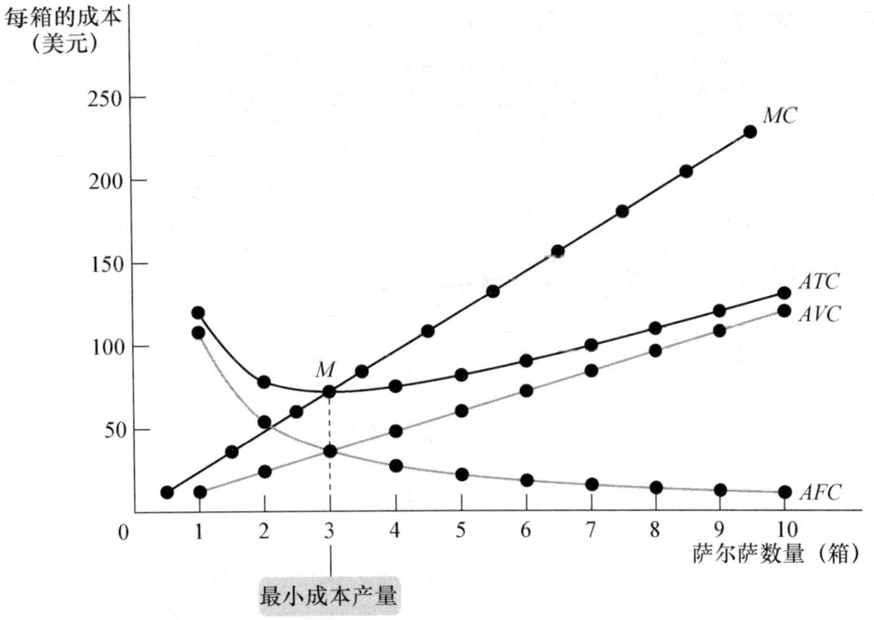

图 11-8　塞莱娜的美食酱汁公司的边际成本与平均成本

这里我们画出了塞莱娜的美食酱汁公司的几种成本曲线：边际成本曲线（*MC*）、平均总成本曲线（*ATC*）、平均可变成本曲线（*AVC*）以及平均固定成本曲线（*AFC*）。需要注意的是。平均总成本曲线呈U形，边际成本曲线在U形平均总成本曲线的底部即*M*点与之相交，对应于表11-2和图11-7中的最低平均总成本。

在图11-8中，U形曲线的底部对应边际成本曲线从下面穿过平均总成本曲线之处的产量。这是偶然得到的吗？不是！它反映了关于一个企业的边际成本曲线和平均总成本曲线的总是为真的三个一般性原则：

1. 在最小成本产量水平上，平均总成本等于边际成本。
2. 当产量低于最小成本产量时，边际成本小于平均总成本，平均总成本在下降。
3. 当产量大于最小成本产量时，边际成本大于平均总成本，平均总成本在上升。

要理解这些原则，可以想想你一门课的成绩——比如说物理学为3.0——怎样影响你整体的平均学分绩点（GPA）。如果在获得该课程的成绩前，你的GPA超过3.0，那么算入这门课程的成绩会降低你的GPA。

同样，如果边际成本——多生产一单位产量的成本——低于平均总成本，多生产一单位产量会降低平均总成本。这可以通过图11-9中从A_1点到A_2点的变动来理解。在这种情况下，多生产一单位产量的边际成本较低，如边际成本曲线上的MC_L点所示。当生产下一单位产量的边际成本小于平均总成本时，增加产量将降低平均总成本水平。所以，边际成本小于平均总成本的任何产量都一定位于U形曲线向下倾斜的部分。

但是，如果你的物理学成绩高于此前的GPA，那么算入物理学成绩会提高你的GPA。同样，如果边际成本高于平均总成本，那么多生产一单位产量将提高平均总成本水平。这可以通过图11-9中从B_1点到B_2点的变动看出，边际成本MC_H高于平均总成本。所以，边际成本大于平均总成本的任何产量都一定位于U形曲线向上倾斜的部分。

最后，如果新的一门课的成绩正好等于此前的GPA，那么算入新成绩既不会提高也不会降低GPA——它保持不变。这对应于图11-9中的*M*点：当边际成本等于平均总成本时，我们一定在U形曲线的底部，因为只有在该点，平均总成本既不下降也不上升。

□ 11.2.4　边际成本曲线总是向上倾斜吗？

到现在为止，我们已经强调了收益递减的重要性，它导致边际产量曲线总是向下倾斜，边际成本曲线总是向上倾斜。然而，在实践中，经济学家认为，在产量位于从零到某一较低的水平之间时边际成本曲线通常向下倾斜，只有在产量达到某一较高水平时，边际成本曲线才向上倾斜：看起来像图11-10中的*MC*曲线。

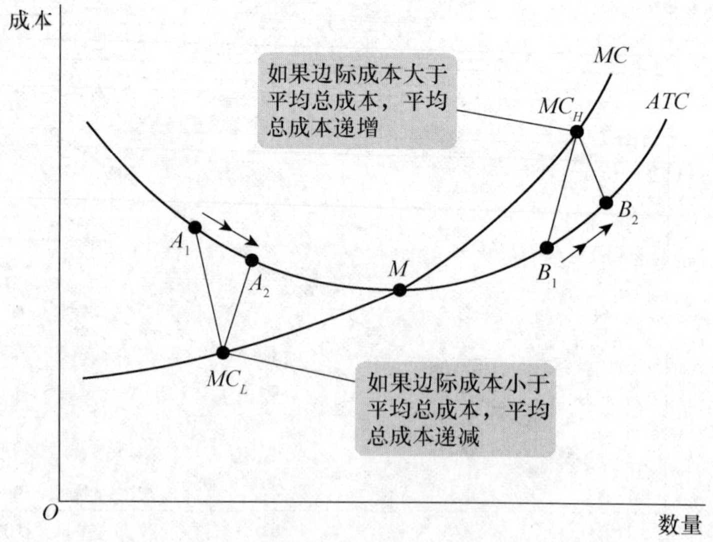

图 11-9　平均总成本曲线与边际成本曲线之间的关系

要知道为什么边际成本曲线（MC）必须在最低平均总成本点（M 点）穿过平均总成本曲线，对应的产量为最小成本产量，我们要观察如果边际成本不同于平均总成本会发生什么？如果边际成本小于平均总成本，增加产量一定会降低平均总成本，如从 A_1 点到 A_2 点的移动。如果边际成本大于平均总成本，增加产量一定会提高平均总成本，如从 B_1 点到 B_2 点的移动。

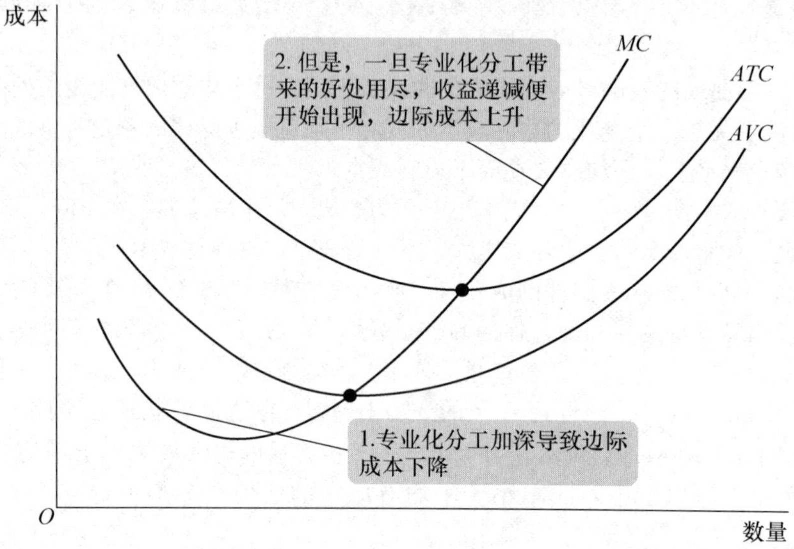

图 11-10　平均总成本曲线与边际成本曲线之间的关系

一条现实的边际成本曲线呈“上钩”形。从非常少的产量开始，边际成本往往会随着产量的增加而下降。这是因为雇用更多的工人后，可对任务进行更细的专业化分工，导致收益递增。但是，一旦实现专业化，增加工人后的收益递减就会发生，边际成本开始上升。相应的平均可变成本曲线现在呈 U 形，像平均总成本曲线那样。

边际成本曲线在初始阶段向下倾斜是因为企业通常在创业之初只雇用少数工人，之后随着所雇用工人人数和产量的增加，工人可进行专业化分工。这反过来会因为产量增加而降低企业的边际成本。例如，一个人单独生产萨尔萨调料时，必须完成所有相关任务：选择和制备原料，配制萨尔萨，装瓶，贴标签，包装成箱，等等。随着所雇用的工人越来越多，他们可以对任务进行分工，每个工人专门从事萨尔萨调制中的一项或少数几项工作。

这种专业化会导致多雇用一名工人出现收益递增（也称报酬递增）现象，从而边际成本曲线在初始阶段向下倾斜。但是，一旦工人足够多，耗尽了进一步专业化所带来的好处，劳动的收益便开始递减，边际成本曲线也改变方向，向上倾斜。因此，典型的边际成本曲线实际上是如图 11-10 中的 MC 所示的“上钩”形。

出于同样的原因，平均可变成本曲线通常看起来如图 11－10 中的 *AVC* 所示：它们呈 U 形，而不是严格地向上倾斜。

然而，图 11－10 也显示，我们从塞莱娜的美食酱汁公司例子中看到的关键特性仍然成立：平均总成本曲线呈 U 形，而边际成本曲线从平均总成本曲线的最低点穿过。

▶ 真实世界中的经济学

智能电网经济学

如果你是一个"夜猫子"，喜欢在半夜听音乐、写学期论文或洗衣服，当地电网要感谢你。为什么？因为你使用的是用最低成本发的电。

目前的难题是，电能不能有效地大规模存储。因此，电厂运营商在保持主发电站连续运行的同时，也保有只在用电高峰时才运行的小型发电站，如在白天工作时间或出现极端室外温度时才投入使用。

这些较小的发电站运行费用高，多发一度电的边际成本高于平均成本（即大型发电站和小型发电站发电的平均成本）。据美国政府问责办公室（Government Accountability Office）估计，与夜间发电相比，夏日午后（当空调以最大负荷运行时）发电的成本是前者的 10 倍。

但消费者一般不会意识到发电的边际成本在一天之内的变化或根据天气情况而发生的变化。相反，消费者看到的电费价格是基于发电的平均成本来确定的。因此，电力需求是低效的，在高边际成本时期需求过大，而在低边际成本时期需求又过小。最终，消费者为他们的用电付出了比他们应该付出的更高的代价，因为电力公司必须最终通过提价来支付生产成本。

为了解决这种低效率问题，电力公司、电器制造商以及联邦政府正在合作开发智能电网技术，即帮助消费者根据实时千瓦的真实边际成本调整他们的用电。开发出的"智能"仪表已用于家庭，消费者用电的价格会依据真实的边际成本变化，消费者可以看到这一变化。洗碗机、冰箱、干衣机和热水器等在电费最低时才运行的家电已经被开发出来。

研究一致表明，当消费者看到真正的边际成本波动并被要求据此支付时，他们在需求高峰时期会缩减他们的用电消费。显然，智能电网技术只是智能经济学应用的一个方面。

及时复习

● 边际成本等于总成本曲线的斜率。收益递减导致边际成本曲线向右上方倾斜。

● 平均总成本（平均成本）等于平均固定成本和平均可变成本之和。当 U 形平均成本曲线向下倾斜时，分摊效应发挥主要作用，也就是固定成本在更多产品单位上进行分摊。当 U 形平均成本曲线向上倾斜时，收益递减效应发挥主要作用，增加一单位产量需要更多的可变投入。

● 在最小成本产量水平上，边际成本等于平均总成本。当产量较高时，边际成本大于平均成本，平均成本递增。当产量较低时，边际成本小于平均成本，平均成本递减。

● 在低产量水平，由于专业化分工带来的好处，可变投入出现收益递增现象，使得边际成本曲线呈"上钩"形：在初始阶段向下倾斜之后向上倾斜。

小测验 11－2

1. 艾丽西亚的苹果馅饼店是一家街边店。艾丽西亚必须每天支付 9.00 美元租金。此外，她每天制作的第一个馅饼的成本为 1.00 美元，每个随后制作出的馅饼的成本都比前一个多 50%。例如，制作第二个馅饼花费了 1.00 美元×1.5＝1.50 美元，依此类推。

a. 计算艾丽西亚的产量从 0 到 6 的边际成本、可变成本、平均总成本、平均可变成本和平均固定成本（提示：两个馅饼的可变成本是第一个的边际成本加上第二个的边际成本，依此类推）。

b. 请说明在馅饼生产的哪个区间分摊效应发挥主要作用，在哪个区间收益递减效应发挥主要作用。

c. 艾丽西亚的最小成本产量是多少？解释为什么在产量低于最小成本产量水平时多生产一个馅饼会降低艾丽西亚的平均总成本。同样，请解释为什么当产量高于最小成本产量水平时多生产一个馅饼会抬高艾丽西亚的平均总成本。

11.3 短期成本和长期成本

到目前为止，我们一直认为固定成本完全在企业的控制之外，因为我们只关注短期。但正如我们此前所提到的那样，在长期所有投入要素都是可变的，这意味着，在长期固定成本也是可变的。换言之，从长期来看，一个企业的固定成本变成企业可以选择的可变成本。例如，在某一给定时间，塞莱娜的美食酱汁公司能添置食品制造设备或处置一些现有的设备。在本节中，我们将研究一个企业的成本在短期和长期如何变化。我们还可以看到，从长期来看，企业将基于预计的产出水平来选择其固定成本。

我们首先假设，塞莱娜的美食酱汁公司正在考虑是否要添置更多的食品制造设备。添置更多的设备将通过两个方面影响总成本。首先，该公司将不得不租用或购买更多的设备；无论是哪种方式，都将意味着在短期内固定成本提高。其次，如果工人有更多的设备，他们的生产将更有效：同样的产量需要更少的工人。所以，对于任何给定的产出，可变成本都随之降低。

图 11－11 中的表展现了添加设备如何影响成本。在前面的例子中，我们假设塞莱娜的美食酱汁公司的固定成本为 108 美元。表的左半部分给出了固定成本为 108 美元时的可变成本、总成本和平均总成本。与这个固定成本水平对应的平均总成本曲线由图 11－11 中的 ATC_1 表示。我们将其与公司添置更多食品制造设备后的下述情形进行比较：固定成本翻一番至 216 美元，但降低了任一产出水平上的可变成本。表的右半部分给出了固定成本为 216 美元时的可变成本、总成本和平均总成本。与这个固定成本水平对应的平均总成本曲线由图11－11 中的 ATC_2表示。

从图 11－11 中可以看到，当产量较小即每日的产量为 4 箱萨尔萨或更少时，塞莱娜放弃添置设备而保有 108 美元的较低固定成本时的平均总成本也较小：ATC_1 在 ATC_2之下。例如，当每日的产量为 3 箱时，不增加设备时平均总成本为 72 美元，增加设备后为 90 美元。但随着每日的产量超过 4 箱，如果她添加设备，固定成本提高到 216 美元，平均总成本则降低了。例如，在每日的产量为 9 箱萨尔萨时，当固定成本为 108 美元时，平均总成本为 120 美元，但当固定成本为 216 美元时，平均总成本只有 78 美元。

为什么固定成本增加时平均总成本如此变化？当产量较低时，增加设备带来的固定成本上升将超过工人生产率更高所降低的可变成本——也就是说，能分担增加的固定成本的产量太少。因此，如果塞莱娜计划每日生产 4 箱或更少，她最好选择较低的固定成本水平，如 108 美元，这会实现较低平均总成本的生产。当计划的产量较高时，她应该添加设备。

总之，对于每一个产量水平，某一固定成本选择可最小化该产量的企业平均总成本水平。因此，当企业预计在一段时间保持期望的产量水平时，它应选择与这一水平相对应的最优固定成本水平，也就是能最小化其平均总成本的固定成本水平。

现在，我们将研究固定成本可以改变的情形，我们需要花点时间来讨论一下平均总成本。到目前为止，我们所考虑的平均总成本曲线都被定义为对应一个给定的固定成本水平，也就是说，它们被定义在短期，即固定成本保持不变的一段时期。为了强化这种差异，在本章的后面部分，我们将这种平均总成本曲线称为“短期平均总成本曲线”。

对于大多数企业而言，更现实一些的假设是具有多种可能的固定成本选择，而不仅仅是两个。言下之意：对于这样的企业，可能会存在多条短期平均总成本曲线，每一条都对应一个不同的固定成本选择，因此这就引出了所谓企业的短期平均总成本曲线“组”(family)。

在任何特定的时间点，一个企业都可以找到其短期成本曲线，对应于它当前的固定成本水平；产量变化将导致其沿着该曲线移动。如果企业预计产出水平在长期会发生变化，那么该企业目前的固定成本水平很可能不再是最优的。假设有足够的时间，对于其新的产出水平，企业会希望调整固定成本，以最小化平均总成本。例如，如果塞莱娜每日生产 2 箱萨尔萨，固定成本为 108 美元，但发现在可预见的未来每日产量可以增

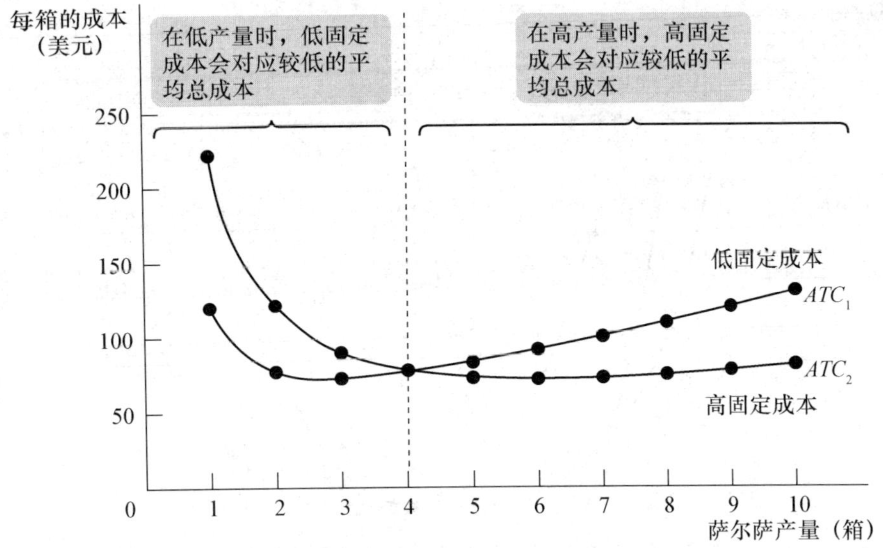

萨尔萨产量（箱）	低固定成本（*FC*=108 美元）			高固定成本（*FC*=216 美元）		
	高可变成本（美元）	总成本（美元）	每箱的平均总成本 ATC_1（美元）	低可变成本（美元）	总成本（美元）	每箱的平均总成本 ATC_2（美元）
1	12	120	120.00	6	222	222.00
2	48	156	78.00	24	240	120.00
3	108	216	72.00	54	270	90.00
4	192	300	75.00	96	312	78.00
5	300	408	81.60	150	366	73.20
6	432	540	90.00	216	432	72.00
7	588	696	99.43	294	510	72.86
8	768	876	109.50	384	600	75.00
9	972	1 080	120.00	486	702	78.00
10	1 200	1 308	130.80	600	816	81.60

图 11－11　塞莱娜的美食酱汁公司可以选择固定成本水平

对于任何给定的产量水平都存在权衡取舍：选择较低的固定成本和较高的可变成本，或较高的固定成本和较低的可变成本。ATC_1 是对应于 108 美元固定成本的平均总成本曲线，固定成本较低但可变成本较高。ATC_2 是对应于 216 美元固定成本的平均总成本曲线，可变成本较低。在低产量水平即每日的产量为 4 箱萨尔萨或更少的情况下，ATC_1 在 ATC_2 之下，固定成本仅为 108 美元时的平均总成本较低。但随着产量的增加，与更高固定成本 216 美元对应的平均总成本则较低：超过每日 4 箱萨尔萨时，ATC_2 在 ATC_1 之下。

加到 8 箱，那么，从长期来看，她应该购买更多的设备，增加固定成本以最小化每日 8 箱产出的平均总成本。

长期平均总成本曲线是当固定成本已经被选定使得每一产量水平上平均总成本都最小时表现产量与平均总成本之间关系的曲线。

假设我们做一个思想实验，如果企业可以针对每个产量水平分别选择其固定成本，计算其可以实现的尽可能低的平均总成本。经济学家给这个思想实验起了个名字：长期平均总成本曲线。具体说来，**长期平均总成本曲线**（long-run average total cost curve，*LRATC*）表示的是当固定成本已经被选定使得每一产量水平上平均总成本都最小时产量和相应的平均总成本之间的关系。如果固定成本有许多可能的选择，长期平均总成本曲线将是我们所熟悉的光滑的 U 形曲线，如图 11－12 中的 *LRATC* 所示。

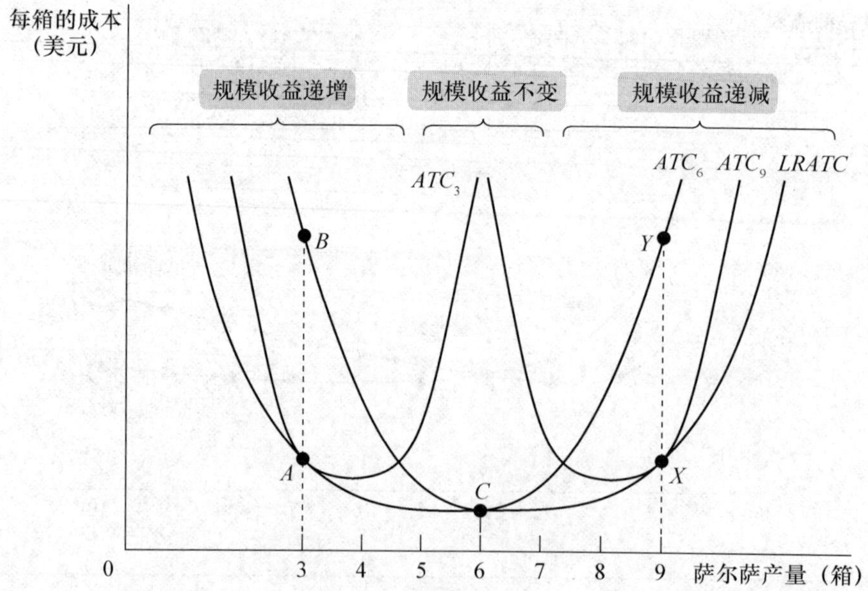

图 11-12　短期平均总成本曲线和长期平均总成本曲线

短期平均总成本曲线和长期平均总成本曲线不同，是因为企业在长期可以选择它的固定成本。如果塞莱娜选择 6 箱时的固定成本可使得平均总成本最小化，实际上也生产了 6 箱，那么她将同时位于 *LRATC* 和 ATC_6 的 *C* 点上。但是，如果她仅生产了 3 箱，她将移动到 *B* 点。如果她预计每日仅仅生产 3 箱将持续很长一段时间，从长期来看，她将减少固定成本，移动到 ATC_3 的 *A* 点上。同样，如果她生产 9 箱（*Y* 点），并预计该产量将持续很长一段时间，她会选择增加固定成本，并移动到 ATC_9 的 *X* 点上。

现在，我们可以得出短期和长期更完整的区别。从长期来看，生产者有时间来选择适合其理想的产出水平的固定成本，生产将在长期平均总成本曲线的某个点上进行。但是，如果产量水平改变，该企业将不再在其长期平均总成本曲线上，而是会沿着目前的短期平均总成本曲线移动。在固定成本重新调整到适应新的产量水平之前，企业不会在其长期平均总成本曲线上。

图 11-12 说明了这一点。如果塞莱娜选择产量为每日 3 箱萨尔萨时平均总成本最小化的固定成本水平，ATC_3 就是与之相应的短期平均总成本曲线。这可以由产量为每日 3 箱时 ATC_3 与长期平均总成本曲线 *LRATC* 相切得到证实。同样，ATC_6 表示塞莱娜选择产量为每日 6 箱时的短期平均总成本曲线，此时其固定成本可使得平均总成本最小化。它与 *LRATC* 在每日 6 箱处相切。而 ATC_9 曲线表示塞莱娜选择产量为每日 9 箱时的短期平均总成本曲线，此时其固定成本可使得平均总成本最小化。它与 *LRATC* 在每日 9 箱处相切。

假设塞莱娜最初选择 ATC_6。如果她确实每日生产了 6 箱萨尔萨，她的公司将在同时位于短期平均总成本曲线和长期平均总成本曲线的 *C* 点组织生产。然而，假设塞莱娜最终每日仅仅生产 3 箱萨尔萨。从短期来看，她的平均总成本由 ATC_6 曲线上的 *B* 点代表；它不在 *LRATC* 上。如果塞莱娜早知道她每日仅仅生产 3 箱，她选择更低水平的固定成本如 ATC_3，境况会变好，这可以使得平均总成本更低。例如，她能通过卖出她的工厂而购买一个较小的工厂做到这一点。然后，她会发现自己可位于长期平均总成本曲线的 *A* 点处，它位于 *B* 点下方。

相反，尽管她最初选择在 ATC_6 曲线上组织生产，但假设塞莱娜最终选择每日生产 9 箱萨尔萨。从短期来看，她的平均总成本由 ATC_6 上的 *Y* 点代表。但通过购买更多的设备，提高了其固定成本却降低了其可变成本，并移动到 ATC_9 上，其境况会变好。这样她将移到长期平均总成本曲线的 *X* 点，在 *Y* 点之下。

真实世界中的企业在长期如何运营，区分短期平均总成本和长期平均总成本非常重要。一个增加产量来满足突然增大的需求的企业一般会发现，在短期其平均总成本会突然增加，因为利用现有的设施很难获得更多的产量。但如果有时间建立新的工厂或添置新设备，短期平均总成本将下降。

□ 11.3.1　规模报酬

是什么决定了长期平均总成本曲线的形状？答案是规模，即企业的运行规模，这通常是决定其生产的长期平均总成本的一个重要因素。生产中存在规模效应的企业会发现，它们的长期平均总成本的变化在很大程度上受到它们所生产产量的多少的影响。随着产量的增加，长期平均总成本减少时，存在**规模报酬递增**（increasing returns to scale）（也被称为规模经济）现象。

规模报酬递增：随着产量的增加，长期平均总成本递减的情形。

规模报酬递减：随着产量的增加，长期平均总成本递增的情形。

规模报酬不变：随着产量的增加，长期平均总成本不变的情形。

正如你在图 11－12 中所看到的，塞莱娜的美食酱汁公司的产量从每日 0 箱到 5 箱时经历了规模报酬递增，在这一产量水平区间，长期平均总成本曲线是递减的。相反，随着产量的增加，长期平均总成本递增时，存在**规模报酬递减**（decreasing returns to scale）（也被称为规模不经济）现象。对于塞莱娜的美食酱汁公司，当产量大于每日 7 箱时，出现了规模报酬递减现象，在这一产量水平之后，长期平均总成本曲线递增。

长期平均总成本和生产规模之间可存在第三种可能的关系：企业经历**规模报酬不变**（constant returns to scale），随着产量的增加，长期平均总成本保持不变。在这种情况下，企业的长期平均总成本曲线在该产量水平上是水平线，即规模报酬（也称规模收益）不变。正如你在图 11－12 中所看到的，塞莱娜的美食酱汁公司的产量从每日 5 箱到 7 箱时，规模报酬不变。

如何解释这些生产中的规模效应？答案最终取决于企业的生产技术。报酬递增经常来自大规模生产所带来的专业化水平提高，大规模运营意味着每一个单个工人都可以集中于更为专业化的工作，变得更为熟练和高效。

报酬递增的另一个来源是非常大的初始开业成本；在某些行业，如汽车制造、发电或者石油精炼，任何产量都会形成以工厂和设备形式存在的高固定成本。

报酬递增的第三个来源是在一些高新技术行业，如软件开发，一种产品或服务带给个人的价值会随着其他人大量拥有和使用同种产品或服务而递增，即所谓网络外部性（network externality，我们将在第 16 章介绍）。正如我们将在第 13 章学习"垄断"时看到的，报酬递增对企业和行业如何相互影响和如何行事具有重要影响。

相反的情形是报酬递减，一般在大公司中由于协调和沟通问题而出现：随着企业规模的扩大，沟通和组织活动变得困难，成本也更高。虽然报酬递增会推动企业规模变大，但报酬递减则往往限制其规模。而当规模报酬不变时，规模对企业的长期平均总成本没有任何影响：不管企业生产 1 单位还是 10 万单位，成本都是一样的。

□ 11.3.2 成本小结：短期和长期

如果一个企业就生产多少做出最佳决策，它必须了解其与产量相关的成本如何随着产量的变化而变化。表 11－3 对我们已经学过的概念和成本进行了简要总结。

表 11－3　　成本概念

	指标	定义	数学表达式
短期	固定成本	成本不受产量变化影响	FC
	平均固定成本	单位产量的固定成本	$AFC=FC/Q$
短期与长期	可变资本	成本受到产量变化的影响	VC
	平均可变成本	单位产量的可变成本	$AVC=VC/Q$
	总成本	固定成本（短期）与可变成本之和	$TC=FC$(短期)$+VC$
	平均总成本（平均成本）	单位产量的总成本	$ATC=TC/Q$
	边际成本	多生产一单位产量导致的总成本增加量	$MC=\Delta TC/\Delta Q$
长期	长期平均总成本	在选定固定成本后，与每一产量水平对应的最低平均总成本	$LRATC$

▶ **真实世界中的经济学**

雪城异遇

任何人如果曾经在大雪常见的城市如芝加哥与只是偶尔降几场大雪的城市如华盛顿特区生活过，都会意识到因为对固定成本做出不同选择而造成的总成本差异。

在华盛顿，即使降雪量很小，比如说，一英寸或两个通宵，也足以造成第二天早晨上班高峰时的交通混乱。而在芝加哥，同样的降雪几乎没有什么影响。原因并非华盛顿的人是懦夫而芝加哥的人是由特殊材料制成的。在华盛顿，因为很少下雪，与经常下大雪的城市相比，华盛顿只拥有少许扫雪机或者其他除雪设备。

在这个意义上，华盛顿和芝加哥就像两个生产者，各自有不同的预期产出水平，其中的"产出"就是除雪。华盛顿因为很少有大雪，便选择低水平的以除雪设备为代表的固定成本。在正常情况下这是合理的，但当大雪来临时，这个城市就会准备不足。而在芝加哥，因为知道会面对很多降雪，便选择保有较高的固定成本，所以可以及时有效地应对所出现的状况。

及时复习

● 从长期来看，企业会根据预期的产量水平来选择固定成本。当产量水平较高时，相对较高的固定成本将降低平均总成本水平。而当产量水平较低时，相对较低的固定成本将降低平均总成本水平。

● 短期平均总成本曲线可能有多条，每一条都对应不同的固定成本水平。长期平均总成本曲线 *LRATC* 展现的是企业在长期的平均总成本，即在企业选择固定成本后能使每一产量的平均总成本水平最低。

● 当企业能对其每一产量水平上的固定成本进行充分调整时，其运营点既在当期的短期平均总成本曲线上也在长期平均总成本曲线上。产量改变，企业将沿着当前的短期平均总成本曲线移动。一旦企业重新调整其固定成本，企业将在新的短期平均总成本曲线和长期平均总成本曲线上经营。

● 生产技术改变会带来规模效应，规模报酬递增会使企业变得越来越大。规模报酬递减往往会限制企业的规模。规模报酬不变对企业的规模不产生影响。

小测验 11-3

1. 下表显示了固定成本与平均可变成本的三种可能的组合。平均可变成本在本例中恒定不变（它不受产量变化影响）。

选择	固定成本（美元）	平均可变成本（美元）
1	8 000	1.00
2	12 000	0.75
3	24 000	0.25

a. 对三个选择中的每一个，计算产量为 12 000 单位、22 000 单位和 30 000 单位时的平均总成本。对于每一个产量，哪个平均总成本最低？

b. 假设该企业生产了 12 000 单位后需求大幅度永久性增加，其产量扩大到 22 000 单位。解释其平均总成本在短期和长期将如何变化。

c. 假设企业认为需求变化是临时性的，请解释企业应该做什么。

2. 在下列每种情形下，解释你认为企业会经历什么类型的规模效应。为什么？

a. 电话营销公司的员工使用电脑和电话来进行销售。

b. 一家室内设计公司的设计项目是基于该公司老板的专业知识。

c. 一个钻石钻探公司。

3. 绘制如图 11-12 所示的图形，并插入一个短期平均总成本曲线来对应长期每日生产 5 箱萨尔萨的情形。使用图表说明为什么塞莱娜要改变她的固定成本，如果她预计长期每日只生产 4 箱。

▶ 企业案例

Kiva 系统机器人与人类：假日订单执行的挑战

假日购物季来临，对于那些喜欢拖延的人而言，电子商务的兴起已经成为一个值得欢迎的现象。2003年，Amazon. com 宣称，住在美国的12个城市的客户在圣诞节之前可以享受到当日下订单在同一天即可收到的服务。

电子商务零售商如 Amazon. com 和 CrateandBarrel. com 在假期可以看到它们的销售翻两番。随着订单执行技术的进步，客户订单可迅速获得，电子商务卖家已经占据比实体零售商大的市场份额。从2012年到2013年电子商务网站的节日销售同比增长了超过10%。

但是，这些技术进步的背后也有激烈的辩论：用人还是用机器人。Amazon. com 一直依靠大量的临时工作人员来应对以前的节假日，工作人员常常翻两番，每天24小时运营。相比之下，CrateandBarrel. com 只使用多一倍的员工，依赖橙色机器人的帮助，每名工人做了6名工人的活。

Amazon. com 计划在未来扩大机器人工作队伍。2012年5月，Amazon. com 购买了 Kiva 系统，这是订单执行机器人技术的领导者，总投入达7.75亿美元，该公司希望 Kiva 系统能适应 Amazon. com 的仓储和订单执行需求。

尽管许多零售商如史泰博、盖璞、萨克斯第五大道和沃尔格林也使用 Kiva 系统的设备，但安装一个机器人系统代价不菲，成本高达2 000万美元。然而，雇用工人也有代价：在2013年假日购物季，在安装大量机器人系统之前，Amazon. com 在美国各地的94个配送中心雇用了约7万名临时工。

正如一位行业分析师所指出的，许多购买了机器人系统的电子商务零售商面临的一个障碍是，这样做通常在经济上并不划算：在一年中最繁忙的时段购买足够多的机器人代价不菲，因为它们在其他时间会被闲置。在 Amazon. com 购买 Kiva 前，Kiva 正在尝试一个项目，即季节性出租它的机器人，这样零售商可以“租用”足够的机器人来处理其节日订单，就像 Amazon. com 雇用更多的工人所做的那样。

思考题

1. 假设一家公司可以销售机器人，但销售需要时间，很可能该公司得到的比它支付的要少。在其他条件相同的情况下，人和机器人这两个系统中哪个系统的固定成本更高？哪个系统的可变成本更高？请说明。

2. 预测非假日销售与假日销售中的哪个会促使零售商继续使用以人力为基础的系统。请预测什么情形将促使零售商使用机器人系统。

3. “机器人出租”计划会如何影响你对第2题的回答？

小结

1. 生产者的生产函数反映投入产出关系。在短期，固定投入的数量不变，但可变投入的数量可变。从长期来看，所有投入的数量都可变。对于给定的固定投入数量，总成本曲线展现了产量如何随着可变投入的变化而变化。我们也可以计算一种投入的边际产量，即多投入一单位所增加的产量。

2. 随着一种投入数量的增加，在其他投入数量不变的情况下，该种投入会出现收益递减现象。

3. 总成本用总成本曲线表示，是固定成本和可变成本之和。固定成本是指不随着产量变化而变化的成本，可变成本是指随着产量变化而变化的成本。由于收益递减，边际成本即增加一单位产量所带来的总成本的增加量，通常会随着产量的增加而递增。

4. 平均总成本（也被称为平均成本），即总成本除以产量，是每单位产量的成本，而边际成本是多生产一单位产量的成本。经济学家认为，U形的平均总成本曲线是典型情形，因为平均总成本包括两个部分：平均固定成本和平均可变成本，前者会随着产量的增加而下降（分摊效应），后者会随着产量的增加而上升（收益递减效应）。

5. 当平均总成本曲线呈U形时，U形底部的产量水平对应的平均总成本是最小的，也就是最小成本产量点。这也是边际成本曲线从下向上穿越平均总成本曲线的点。由于会获得专业化分工的好处，边际成本曲线在开始阶段向下倾斜，然后向上倾斜，形成“上钩”形。

6. 在长期，生产者可以改变其固定投入和固定成本水平。通过提高固定成本水平，一个企业可以降低给定产量水平上的可变成本，或者相反。长期平均总成本曲线表明的是当选定固定成本可使得每一产量水平上平均总成本实现最小化时产量和平均总成本之间的关系。当产量改变时，企业可以沿着短期平均总成本曲线移动。一旦企业根据新的产出水平调整了固定成本，它将回到既在短期平均总成本曲线上也在长期平均总成本曲线上的那一点处。

7. 随着产量的增加，如果长期平均总成本递减，则存在规模报酬递增；如果长期平均总成本递增，则存在规模报酬递减；如果长期平均总成本不变，则存在规模报酬不变。规模效应取决于生产技术。

关键词

生产函数	固定投入	可变投入	长期	短期
总产量曲线	边际产量	要素的收益递减	固定成本	可变成本
总成本	总成本曲线	平均总成本	平均成本	U形的平均总成本曲线
平均固定成本	平均可变成本	最小成本产量	长期平均总成本曲线	规模报酬递增
规模报酬递减	规模报酬不变			

练习题

1. 主要商品的价格变化会对公司的收益产生显著影响。对几乎所有公司而言，能源价格是成本的主要构成部分。此外，许多行业如那些生产牛肉、鸡肉、高果糖玉米糖浆和乙醇等的行业都高度依赖于玉米的价格。特别要指出的是，玉米已经显著涨价了。

a. 解释能源成本如何既可以是一个企业的固定成本，也可以是一个企业的可变成本。

b. 假设能源成本是固定成本，能源价格上涨。企业的平均总成本曲线会发生什么变化？其边际成本曲线会发生什么变化？画图说明你的答案。

c. 解释为什么当用于乙醇生产时，玉米成本是可变成本而不是固定成本。

d. 当玉米成本上升时，乙醇生产商的平均总成本曲线会发生什么变化？其边际成本曲线会发生什么变化？画图说明你的答案。

2. 马蒂经营一家冷冻酸奶小店，在一个大学城出售杯装冷冻酸奶。马蒂拥有三台冷冻酸奶机。他的其他投入要素是冰箱、冷冻酸奶配料、盛杯、奶上配料，当然还有雇员。他估计，当可以改变工人（同时当然还有冷冻酸奶配料、盛杯等）的使用数量时，他每日的生产量如下表所示：

劳动数量（工人数）	冷冻酸奶产量（杯）
0	0
1	110
2	200
3	270
4	300
5	320
6	330

a. 生产冷冻酸奶的固定投入和可变投入是什么？

b. 绘制总产量曲线。将劳动数量标示在横轴上，将冷冻酸奶产量标示在纵轴上。

c. 第一名工人的边际产量是多少？第二名呢？第三名呢？为什么工人数量的增加导致边际产量下降？

3. 马蒂冷冻酸奶的生产函数同第2题。马蒂每日为每名工人支付80美元。他的其他可变投入为每杯酸奶0.50美元。他的固定成本为每天100美元。

a. 当马蒂生产 110 杯酸奶时，他的可变成本是多少？总成本是多少？200 杯呢？计算第 2 题中每种产量水平上的可变成本与总成本。

b. 画出可变成本曲线，在同一幅图中，画出他的总成本曲线。

c. 前 110 杯酸奶，每杯的边际成本是多少？接下来的 90 杯呢？计算所有剩余产量的边际成本。

4. 马蒂的冷冻酸奶的生产函数同第 2 题，成本同第 3 题。

a. 对每一产出水平而言，计算每杯冷冻酸奶的平均固定成本（*AFC*）、平均可变成本（*AVC*）和平均总成本（*ATC*）。

b. 在一幅图中，画出 *AFC*、*AVC* 和 *ATC* 曲线。

c. 什么原理可解释为什么 *AFC* 随产量增加而递减？什么原理可解释为什么 *AVC* 随产量增加而递增？解释你的答案。

d. 当平均总成本最小时，冷冻酸奶的产量为多少？

5. 很多企业的劳动成本在总成本中占很大的比例。根据劳工统计局的数据，与 2012 年相比，美国 2013 年的劳动成本上升了 0.8%。

a. 当劳动成本增加时，平均总成本和边际成本会发生什么变化？考虑劳动成本只是可变成本与劳动成本既是可变成本又是固定成本两种情形。

劳动生产率提高意味着每个工人可以生产更多的产出。最新的生产率数据表明，美国非农产业部门的劳动生产率在 1970—1999 年间增长了 1.7%，在 2000—2009 年间增长了 2.6%，在 2010—2013 年间增长了 1.1%。

b. 当生产率正向增长时，总产量曲线与边际产量曲线会发生什么变化？画图说明答案。

c. 当生产率正向增长时，边际成本曲线与平均总成本曲线会发生什么变化？画图说明答案。

d. 如果劳动成本随着时间的推移平均来看是上涨的，为什么一个企业要采用提高劳动生产率的设备和方法呢？

6. 华丽绽放店是一家专业从事婚礼、毕业典礼和其他喜庆事件的鲜花布置业务的花店。华丽绽放店每日须为租用空间和设备支付 100 美元的固定成本。该店每天须向每名工人支付 50 美元。华丽绽放店每日的投入和产出如下表所示：

劳动数量（工人数）	布置鲜花数量
0	0
1	5
2	9
3	12
4	14
5	15

a. 计算每名工人的边际产量。什么原理可解释为什么每名工人的边际产量会随着所雇用工人数量的增加而下降？

b. 计算每一产出水平的边际成本。什么原理可解释为什么随着所布置的鲜花数量的增加，其边际成本会递增？

7. 根据下表已经给出的信息完成下表。

产量	*TC*（美元）	*MC*（美元）	*ATC*（美元）	*AVC*（美元）
0	200		—	—
		20		
1	?		?	?
		10		
2	?		?	?
		16		
3	?		?	?
		20		
4	?		?	?
		24		
5	?		?	?

8. 解释如下说法。如果正确，解释原因；如果错误，找出错误并改正之。

a. 边际产量递减告诉我们边际成本一定递增。

b. 固定成本递增，提高了最小成本产量。

c. 固定成本增加，导致边际成本升高。

d. 当边际成本高于平均总成本时，平均总成本一定下降。

9. 马克和杰夫经营一家小公司，生产足球纪念品。他们每个月的固定成本为 2 000 美元。他们向所雇用的每名工人每月支付 1 000 美元。他们每月的足球产量如下表所示。

劳动数量（工人数）	足球数量
0	0
1	300
2	800
3	1 200
4	1 400
5	1 500

a. 对于每单位劳动，计算平均可变成本（*AVC*）、平均固定成本（*AFC*）、平均总成本（*ATC*）和边际成本（*MC*）。

b. 在一幅图中画出 *AVC*、*ATC* 和 *MC* 曲线。

c. 当产量为多少时，马克和杰夫的平均总成本实现最小化？

10. 你以制造小部件为业。目前你生产四个小部件的总成本为 40 美元。

a. 你的平均总成本是多少？

b. 假设你可以以 5 美元的边际成本多生产一个（第五个）小部件。如果你这样生产了第五个小部件，你的平均总成本是多少？你的平均总成本是上升还是降低？为什么？

c. 假设你可以以 20 美元的边际成本多生产一个（第五个）小部件。如果你这样生产了第五个小部件，你的平均总成本是多少？你的平均总成本是上升还是降低？为什么？

11. 在你的经济学课程学习中，每次家庭作业都是根据最高为 100 分来评分的，你已经完成了 10 次作业中的 9 次。你目前的平均成绩为 88 分。第 10 次作业能在多大程度上提高你的整体平均成绩？你的整体平均成绩最低为多少？请解释你的答案。

12. 唐拥有一家小型混凝土搅拌公司。他的固定成本是混凝土配料机和搅拌车。他的可变成本有：沙子、石子和其他生产水泥的投入的成本；汽油以及机械和卡车的维护费用；所雇用工人的工资。他正考虑购买多少辆搅拌车。他根据公司每周的订单数估计的成本情况如下表所示：

搅拌车数量（辆）	*FC*（美元）	*VC*（美元）		
		20 份订单	40 份订单	60 份订单
2	6 000	2 000	5 000	12 000
3	7 000	1 800	3 800	10 800
4	8 000	1 200	3 600	8 400

a. 根据每一固定成本水平，计算唐每周生产 20 份、40 份和 60 份订单的总成本。

b. 如果唐每周生产 20 份订单，他应该购买多少辆搅拌车？他的平均总成本是多少？每周生产 40 份和 60 份订单时，答案又是什么？

13. 考虑第 12 题关于唐的混凝土搅拌业务的问题。假设唐购买了 3 辆搅拌车，预期每周按 40 份订单生产。

a. 假设在短期内，企业订单下降到 20 份。在短期内，唐的每份订单的平均总成本是多少？如果他的订单增加到每周 60 份，在短期内他的每份订单的平均总成本又是多少？

b. 每周生产 20 份订单时，唐的长期平均总成本是多少？解释为什么当搅拌车数量固定为 3 辆、每周生产 20 份订单时他的短期平均总成本比每周生产 20 份订单时他的长期平均总成本大。

c. 画出唐的长期平均总成本曲线。画出他拥有 3 辆搅拌车时的短期平均总成本曲线。

14. 判断对错，并说明理由。

a. 短期平均总成本总是不会低于长期平均总成本。

b. 短期平均可变成本总是不能低于长期平均总成本。

c. 从长期来看，选择更高的固定成本将推动长期平均总成本曲线上移。

15. 沃尔夫斯堡货车（WW）公司是一家小型汽车制造商。下表展示了该公司的长期平均总成本。

汽车数量	*LRATC*（美元）
1	30 000
2	20 000
3	15 000
4	12 000
5	12 000
6	12 000
7	14 000
8	18 000

a. 在哪个产量区间，WW 公司经历规模报酬递增？

b. 在哪个产量区间，WW 公司经历规模报酬递减？

c. 在哪个产量区间，WW 公司经历规模报酬不变？

在线回答问题

16. 下表显示了汽车制造商生产汽车的总成本的情况。

汽车数量	*TC*（美元）
0	500 000
1	540 000
2	560 000
3	570 000
4	590 000
5	620 000
6	660 000
7	720 000
8	800 000
9	920 000
10	1 100 000

a. 制造商的固定成本是多少？

b. 对于每一产出水平，计算可变成本（*VC*）。除零产出外，计算每一产出水平的平均可变成本（*AVC*）、平均总成本（*ATC*）以及平均固定成本（*AFC*）。最小成本产量为多少？

c. 对于每一产出水平，计算该制造商的边际成本（*MC*）。

d. 在一幅图上，画出制造商的 *AVC*、*ATC* 和 *MC* 曲线。

第 12 章

完全竞争与供给曲线

本章将学习

- 一个完全竞争的市场是什么意思，一个完全竞争行业具有哪些特征。
- 一个作为价格接受者的生产者如何决定其利润最大化的产出数量。
- 如何评估生产者是否盈利，为什么无利可图的生产者可能会在短期内继续经营。
- 为什么不同行业在短期和长期的表现会不同。
- 什么决定着一个行业在短期和长期的供给曲线。

开篇案例

闪亮的圣诞节

假日季节来临的一个明确信号是圣诞树卖家突然出现，他们在全国各地的空地、停车场以及花园中心纷纷开店。直到 20 世纪 50 年代，几乎所有的圣诞树都是由个人去当地的森林自己砍伐。然而，到了 20 世纪 50 年代，人口增长和森林减少造成的供给不足创造出了市场机会。看到通过种植和销售圣诞树可以获利，农场主因利而动。因此，不用冒险进入森林自己砍树，有各种尺寸和品种的树木可供选择——而且都在离家不远的地方。在 2013 年，美国售出近 2 500 万棵种植树木，总计 10 亿美元。

需要注意的是，圣诞树的供给相对缺乏价格弹性，原因有二：获得用于种植的土地需要时间，树木生长需要时间。但是，这些限制仅适用于短期。随着时间的推移，已经从业的林场可以提高自己的能力，新的树农也可以进入该行业，而且随着时间的推移，越来越多的树木将成熟并准备被推向市场。因此，价格提高推动的供给量增加从长远来看要比短期大得多。

供给曲线从何而来？为什么会出现短期和长期供给曲线之间的差异？在本章中，我们将把我们在第 11 章中解释的成本概念作为供给曲线的分析基础。正如我们将看到的，这要求我们既理解个别企业也理解许多单个企业所组成的整个行业的行为。

在本章的分析中我们假设所分析的行业具有完全竞争特征。我们首先解释完全竞争的概念，对完全竞争行业所具备的条件提供一个简单的介绍。然后，我们将解释完全竞争条件下生产者如何决定生产多少产量。最后，我们使用单个生产者的成本曲线推导出完全竞争下的行业供给曲线。

通过分析一个竞争激烈的行业随时间演变的方式，我们将明白一个竞争激烈的行业中需求变化的短期影响和长期影响的区别。例如，美国人偏好已经修整好的树木对圣诞树种植业的影响。我们将深入讨论一个行

12.1 完全竞争

假设伊夫（Yves）和佐伊（Zoe）是相邻的农场主，两人都种植圣诞树。两人向同一圣诞树消费者群体出售产品，在实际意义上，伊夫和佐伊是相互竞争关系。

这是否意味着伊夫应努力阻止佐伊不种植圣诞树，或者伊夫和佐伊应该达成协议减少种植？几乎可以肯定不会：有数以千计种植圣诞树的农场主，伊夫和佐伊与其他所有种植者竞争，也相互竞争。因为这么多的农场主销售圣诞树，因此如果他们中的任何一个多种或少种，不会对市场价格产生多少影响。

当人们谈论商业竞争时，人们脑海中浮现的往往是两个或三个相互竞争的公司为获得优势而残酷争斗。但经济学家知道，当一个行业包括几个主要竞争对手时，它实际上是表明竞争相当有限的信号。正如圣诞树例子所表明的那样，当竞争足够激烈时，确定你的对手不再有任何意义，有如此多的竞争对手，你不能挑出其中的任何一个作为对手。

我们可以换一种说法：伊夫和佐伊是一对**价格接受型生产者**（price-taking producer）。当生产者无力对其所销售的产品或服务的市场价格产生任何影响时，这时的生产者就是价格接受者。因此，价格接受型生产者将市场价格视为给定。当有足够多的竞争者存在时——这种竞争就是经济学家所说的完全（“完美”）竞争——每一位生产者都是一名价格接受者。

对消费者也有类似的定义：**价格接受型消费者**（price-taking consumer）是其行为不会影响产品或服务的市场价格的消费者。也就是说，市场价格不会受到消费者购买产品或服务多与少的影响。

> **价格接受型生产者**是其行为对其所销售的产品和服务的市场价格无任何影响的生产者。
>
> **价格接受型消费者**是其行为对其所消费的产品和服务的市场价格无任何影响的消费者。

12.1.1 完全竞争的含义

在一个**完全竞争市场**（perfectly competitive market）中，所有的市场参与者（消费者和生产者）都是价格接受者。也就是说，无论是个人消费者的消费决策还是个体生产者的生产决策，都不影响产品的市场价格。

我们在第3章中介绍的供给和需求模型，在此后各章多次使用，就是一个完全竞争市场的典范。它的基本假定是，一种产品如咖啡豆或圣诞树的个人买方或卖方，无人认为他或她买入或卖出产品会影响到产品价格。

一般来说，消费者的确是价格接受者。消费者能够影响到他们购买的产品的价格的情况极为罕见。然而，生产者对他们得到的产品的价格有显著影响的情况则很常见，这种现象我们将在下一章中讨论。所以，完全竞争模型适用于一些市场，但并非所有的市场。其中生产者作为价格接受者的行业被称为**完全竞争行业**（perfectly competitive industry）。显然，一些行业是不完全竞争的；在后续章节中，我们将学习如何分析不符合完全竞争模型条件的行业。

> **完全竞争市场**指所有市场参与者都是价格接受者的市场。
>
> **完全竞争行业**指所有生产者都是价格接受者的行业。

在什么情况下会出现生产者是价格接受者呢？在下一节中，我们会发现，完全竞争行业必须满足两个必要条件，且第三个条件经常被提到。

12.1.2 完全竞争的两个必要条件

主要谷物如小麦和玉米的市场是完全竞争的：小麦和玉米的个人种植者，以及小麦和玉米的个人购买者，都接受市场价格。相反，那些以谷物为原料制成的食品——特别是早餐麦片——的市场就并非完全竞争的了。不同麦片品牌之间的竞争激烈，但这种竞争并非完全竞争。为理解小麦市场和早餐麦片市场之间的差异，必须了解完全竞争成立的两个必要条件。

首先，当一个行业是完全竞争的时，它必须包含许多生产者，没有一个生产者占有一个很大的**市场份额**（market share）。生产者的市场份额是指一个生产者的产量占行业总产量的比例。市场份额的分布是小麦行业和早餐麦片行业之间的一个主要区别。有成千上万农场主种植小麦，每个农场主的销售额只占据小麦总销售额的一小部分。

市场份额指一个生产者的产量占行业总产量的比例。

然而，早餐麦片行业主要由四家公司主导：凯洛格（Kellogg's）、通用磨坊（General Mills）、宝氏食品（Post Foods）和桂格燕麦公司（Quaker Oats Company）。仅凯洛格就占了所有麦片销售额的约三分之一。凯洛格的管理人员知道，如果他们卖出更多的玉米片，他们很可能会压低玉米片的市场价格。也就是说，他们知道自己的行为会影响市场价格，就是因为他们公司占据很大的市场份额，所以他们的销售量改变将对麦片市场的总供给量产生显著影响。只有当一个行业中不包含任何像凯洛格一样的大型生产者时，生产者是价格接受者才是合理的假设。

其次，只有当消费者把所有生产者生产的产品视作相同时，该行业才可以被认为是完全竞争的。这显然不适于早餐麦片市场：消费者不会认为 Cap'n Crunch 麦片是 Wheaties 麦片的良好替代品。因此，Wheaties 麦片的制造商可以提高其产品价格，而不必担心它会失去所有客户——都去购买 Cap'n Crunch 麦片。

与此形成鲜明对照的是**标准化产品**（standardized product），即使它来自不同的生产者，消费者也视之为相同的产品，有时它也被称为**大宗商品**（commodity）。因为小麦是一种标准化产品，消费者会认为一个小麦生产者的产品是另一个生产者的产品的完美替代品。因此，一位农场主不会提高小麦的价格，否则会尽失销售额，被其他小麦农场主所替代。因此，竞争性行业的第二个必要条件是该行业的产品是一种标准化产品（参见下面的“追根究底”专栏）。

标准化产品，也被称为**大宗商品**，此时消费者认为不同生产者生产的产品相同。

▶ **追根究底**

什么是标准化产品？

完全竞争行业必须生产标准化产品。不同公司实际上能生产出完全相同的产品吗？不能。人们还必须认为它们是相同的。生产者往往竭尽全力说服消费者，他们能生产区别明显或者有区别的产品，即使他们不一定能做到。

举个香槟的例子——并非特别昂贵的特级香槟，而是普通香槟。大多数人无法区分法国香槟产区（该产品的起源地）与西班牙或加利福尼亚州的同类产品的差异。但是法国政府一直在寻求和获得对香槟酿酒师的法律保护，确保世界范围内只有来自该区域的起泡酒可以被称为香槟。如果香槟来自其他地区，所有的卖家都只能说使用了香槟的酿制方法。这将在消费者心目中形成区别，保证香槟的生产者获得更高的价格。同样，泡菜——发酵辣白菜，是韩国的国家配菜——的韩国生产者正在尽最大努力说服消费者，日本企业生产的包装相同的产品并非同样的东西。其目的当然是要保证韩国泡菜较高的价格。

如果除了名称外，一个行业销售的产品无法区分，但消费者不管出于什么原因并不认为它们是标准化产品，该行业还是完全竞争行业吗？不是！当涉及界定竞争的性质时，消费者永远是对的。

□ 12.1.3 自由进入和退出

所有的完全竞争行业都有占据很小市场份额的许多生产者生产标准化产品。大多数完全竞争行业还有许多其他特征：新企业进入这个行业或目前在该行业中的企业退出该行业非常容易。也就是说，没有政府法规或获得关键资源方面的任何障碍来阻止新的生产者进入市场。关闭一个企业或离开一个行业没有额外的成本。

经济学家把一个行业中新企业的建立称为进入（entry）；而把企业离开一个行业称为退出（exit）。当进入或退出一个行业没有任何障碍时，我们称之为该行业可**自由进入和退出**（free entry and exit）。

自由进入和退出指新的生产者容易进入、行业中的现有企业容易退出的行业。

自由进入和退出对完全竞争而言并非完全必要。在第 5 章中，我们介绍过阿拉斯加捕捞海蟹的情况，管制的方法是对在捕捞季节能够捕捞的螃蟹数量设置配额，这样行业进入者仅限于已获得配额的船主。尽管如此，还是有足够的船只从事该项业务，蟹民也都是价格接受者。但自由进入和退出是大部分竞争性行业成立的关键因素。它确保了行业内的生产者数量能够适应不断变化的市场条件。特别是它确保一个行业内的生产者不能采取行动来阻止新企业进入。

综上所述，完全竞争的成立取决于两个必要条件。首先，该行业必须有大量生产者，每个生产者的产量都只占据该行业总产量较小的市场份额。其次，行业必须生产一种标准化产品。另外，完全竞争行业通常具有可自由进入和退出的特征。

一个行业怎样符合这三条标准？第一步，我们看一下完全竞争行业中的单个生产者如何实现利润最大化。

▶ 真实世界中的经济学

付费延后

有时也可能看到一个行业成为完全竞争行业。实际上，在一种广普药物专利到期后经常会发生这种情况。

当一家公司开发出新的药物时，它通常能获得专利保护，这种保护赋予其合法的垄断权——从申请之日起 20 年的药品独家销售权利。从法律上讲，没有得到专利权人的许可，任何人都不能销售这种药品。

但是在专利到期后，市场开放，其他公司可销售自己版本的药物，这些药物被统称为仿制药。仿制药是标准化产品，与阿司匹林很相似，往往由多家生产商销售。平均来说，一种广普药物的成本大约相当于专利保护药物价格的 15%，专利保护药物会迅速失去高达 90%的市场份额。

毫不奇怪，专利保护药物的制造商都急于阻止仿制药竞争者进入市场，并尝试各种策略。一个特别成功的策略，被称为“付费延后”，是原药制造商与一个潜在的仿制药竞争对手之间达成协议，仿制者推迟引进仿制药的时间，以换取一定的补偿。其结果是，原药制造商继续按高价售药，牟取高额利润。这些协议受到政府的严格监管，被视为损害消费者利益的反竞争行为。根据执行反托拉斯法（用法律来规制垄断）的联邦机构美国联邦贸易委员会的说法，从 2005 年到 2013 年，付费延后每年导致消费者付出的成本为 35 亿美元。

付费延后协议的辩护者说，这些交易并没有反竞争，他们允许仿制药进入市场，它们的制造商无须面对代价昂贵的专利诉讼战的威胁。2013 年，最高法院裁定，付费延后的交易实际上可能是反竞争的，因此同意美国联邦贸易委员会对每个案例提出质疑。

及时复习

- 不论是价格接受型生产者还是价格接受型消费者，都无法影响一种产品的市场价格。
- 在完全竞争市场中，所有生产者和消费者都是价格接受者。消费者几乎总是价格接受者，但生产者通常并非如此。生产者为价格接受者的行业被称为完全竞争行业。
- 一个完全竞争行业包括许多生产者，每一个生产者都生产标准化产品（也被称为大宗商品），但没有一个能占据很大的市场份额。
- 大部分完全竞争行业也具有自由进入和退出的特点。

小测验 12-1

1. 在下述每种情形下，你认为所描述的行业是完全竞争的吗？请解释你的答案。

a. 世界上有两个铝生产者，产品在多个地方销售。

b. 天然气价格由全球供给和需求决定。全球供给的一小部分是由位于北海的少数几家公司生产的。

c. 数十名设计师销售高档时装。每名设计师都有一个鲜明的风格和一群忠实的客户。

d. 美国有很多棒球队，每个主要城市都有一个或两个棒球队，每个棒球队都向家乡的观众售票。

12.2 生产与利润

以诺伊尔（Noelle）运营一个圣诞树种植林场为例。假设圣诞树的市场价格是 18 美元/棵，诺伊尔是价格接受者，她可以在这个价格上出售尽可能多的她喜欢的数量。我们可以使用表 12－1 中的数据通过直接计算来寻找她利润最大化的产量水平。

表 12－1　　市场价格为 18 美元时诺伊尔林场的利润

圣诞树数量 Q（棵）	总收益 TR（美元）	总成本 TC（美元）	利润 $TR-TC$（美元）
0	0	140	－140
10	180	300	－120
20	360	360	0
30	540	440	100
40	720	560	160
50	900	720	180
60	1 080	920	160
70	1 260	1 160	100

第一列是圣诞树的产量，第二列是诺伊尔从产出中获得的总收益（总收入）：她所种树木的市场价值。总收益（总收入），TR，等于市场价格乘以产量：

$$TR=P\times Q \tag{12-1}$$

在这个例子中，总收益等于每棵树 18 美元乘以树的数量。

表 12－1 的第三列是诺伊尔的总成本。第四列所示为她的利润，等于总收益减去总成本：

$$\text{利润}=TR-TC \tag{12-2}$$

如该表中的数字所示，在产量为 50 棵树时，利润等于 180 美元，实现了最大化。但是，我们可以更深刻地理解利润最大化的产量问题，将其视为边际分析问题。这就是我们接下来的任务。

□ 12.2.1　用边际分析来选择利润最大化的产量

从第 9 章边际分析的利润最大化原则我们已经知道：一项行动的最优数量是边际得益（marginal benefit）等于边际成本时的水平。为应用这一原则，我们考虑生产者增加 1 单位产量对利润的影响。该单位产量的边际得益是销售后获得的额外收益；该项所得被称为该单位产出的**边际收益**（marginal revenue）。边际收益计算的一般公式为：

> **边际收益**是多生产 1 单位产量引起的总收益的变化量。
>
> **最优产出原则**指，当最后 1 单位产量的边际收益等于边际成本时，生产的产量可以实现利润最大化。

$$\text{边际收益}=\text{增加 1 单位产量带来的总收益变化量}=\frac{\text{总收益变化量}}{\text{产量变化量}}$$

或者

$$MR=\Delta TR/\Delta Q \tag{12-3}$$

因此，诺伊尔生产圣诞树至边际收益等于边际成本的时点就能实现利润最大化。我们可以将此总结为生产者的**最优产出原则**（optimal output rule）：当最后生产的 1 单位产量使得边际收益等于边际成本时，利润就达到了最大。也就是说，$MR=MC$ 时的产量是最优的。

表 12－2 有助于我们学习如何应用这一原则，表中给出了诺伊尔林场的各种短期运营成本。第二列是林场的可变成本，第三列所示为假设固定成本为 140 美元时林场的总成本。第四列所示为边际成本。请注意，在本事例中，在最初阶段产量增加时，边际成本下降，但随后开始上升。这使得边际成本曲线类似于第 11 章中所描述的塞莱娜的美食酱汁公司的成本，呈“上钩”形。稍后我们将会明白，这种形状对短期生产决策具有重要意义。

第五列是边际收益，该数据有一个重要特点：诺伊尔的边际收益等于价格，在每一产量水平都是 18 美元。第六列即最后一列所示为每棵树的净得益，等于边际收益减去边际成本，或在目前这种情况下，与市场价格减去边际成本等效。正如我们所看到的，从第 10 棵到第 50 棵，净得益为正值；在这一范围内生产的每一棵树都会提高诺伊尔的利润。从第 60 棵到第 70 棵，净得益为负，即生产这些树只会减少而不是增加利润。（通过对照表 12－1 来验证这一点。）所以，诺伊尔的利润最大化产量为 50 棵树，这也是在价格为 18 美元时边际成本等于市场价格的产出水平。

表 12－2　诺伊尔林场的短期成本

圣诞树数量 Q（棵）	可变成本 VC（美元）	总成本 TC（美元）	树木的边际成本 $MC=\Delta TC/\Delta Q$（美元）	树木的边际收益 MR（美元）	净得益 MR－MC（美元）
0	0	140			
			16	18	2
10	160	300			
			6	18	12
20	220	360			
			8	18	10
30	300	440			
			12	18	6
40	420	560			
			16	18	2
50	580	720			
			20	18	－2
60	780	920			
			24	18	－6
70	1 020	1 160			

这个例子其实说明了从边际分析推出的另一个一般性原则——**价格接受型企业的最优产出原则**（price-taking firm's optimal output rule）：价格接受型企业通过使生产的最后一单位产量的边际成本等于市场价格，可以实现利润最大化，即 $P=MC$ 时价格接受型企业生产了最优产出数量。事实上，价格接受型企业的最优产出原则就是最优产出原则在价格接受型企业上的具体应用。为什么？因为对于价格接受型企业来说，边际收益等于市场价格。

价格接受型企业的最优产出原则指，对价格接受型企业来说，当生产的最后一单位产品的边际成本等于产品的市场价格时，就生产了利润最大化的产量。

边际收益曲线是表现边际收益怎样随产量变化而变化的曲线。

一个价格接受型企业不能用自己的行动来影响市场价格。它总是把市场价格作为给定价格，因为它无法通过销售更多产品来降低市场价格，或通过出售更少产品来抬高市场价格。因此，对于价格接受型企业来说，多生产一单位产量所带来的额外收益始终等于市场价格。在以后的章节中我们需要记住这一点，我们将看到，如果是不完全竞争行业，边际收益并不等于市场价格。因此，当一个行业是不完全竞争的时，企业并非价格接受者。

在本章的其余部分中，我们假设所讨论的行业是像圣诞树种植业那样的完全竞争行业。如图 12－1 所示，诺伊尔利润最大化的产出数量其实就是边际成本等于价格时的圣诞树数量。图中给出的边际成本曲线 MC 是根据表 12－2 第四列的数据画出的。如第 9 章一样，我们将从 10 到 20 之间增加的成本画在 10 到 20 棵树之间，其他依此类推。18 美元处的一条水平线是诺伊尔的**边际收益曲线**（marginal revenue curve）。

请注意，只要一个企业是价格接受者，其边际收益曲线就是在市场价格处的一条水平线，这意味着：企业可在市场价格上卖出其想要出售的任何数量的产品。不管出售数量为多少，市场价格都不会受到影响。实际上，单个企业面临的是弹性无穷大的需求曲线，个体需求曲线与其边际收益曲线完全相同。边际成本曲线在 E 点穿过边际收益曲线，此时 $MC=MR$。可以肯定，E 点的产量为 50 棵。

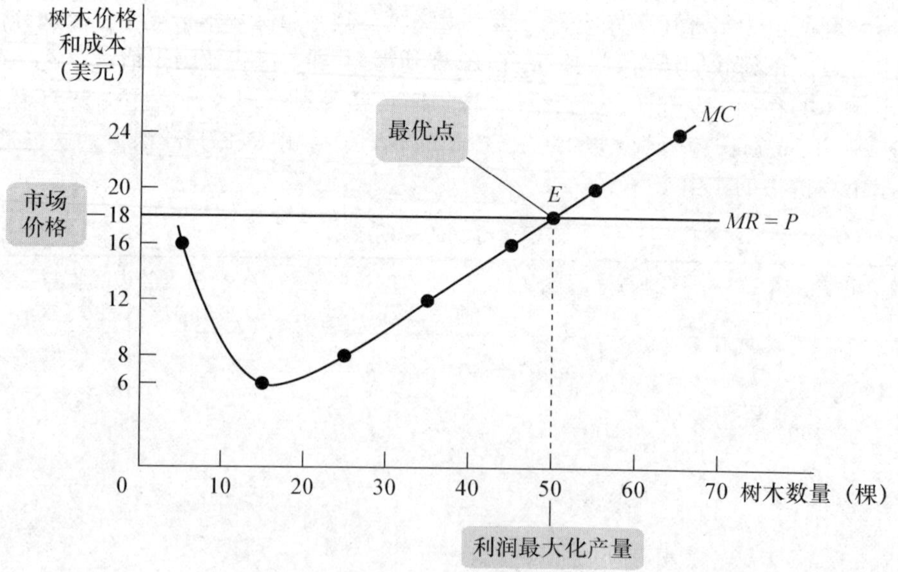

图 12-1　价格接受型企业的利润最大化产量

在利润最大化产量上，市场价格等于边际成本。具体说来，它位于边际成本曲线穿过边际收益曲线也就是水平的市场价格线的点上。在这里，利润最大化点就是产量等于 50 棵树的 E 点。

▶ **疑难解答**

如果边际收益不完全等于边际成本，又会怎样？

最优产出原则说明了为实现利润最大化，我们应该生产的产量是边际收益等于边际成本时的产量。然而，如果没有边际收益等于边际成本的产量，我们又该做什么呢？在这种情况下，我们应该将产量增加至边际收益大于边际成本时的最大水平。如表 12-2 中树木为 50 棵时的情形。当生产涉及较大数量——如单位数以万计——时可适用最优产出原则的简化形式。在这种情形下，边际成本的变化幅度很小，总能找到一个产出水平使得边际成本近似等于边际收益。

这是否意味着价格接受型企业的生产决策可以完全被概括为“生产达到边际成本等于价格的点上”？不完全如此。在运用边际分析的利润最大化原则来确定生产多少数量之前，潜在生产者第一步必须回答一个“非此即彼”的问题：应该生产它吗？如果该问题的答案是肯定的，则才进入第二步，回答“生产多少”的问题：选择边际成本等于价格时的产量来实现利润最大化。

要理解为什么生产决策的第一步是回答“非此即彼”的问题，我们需要回答的问题是：如何判断生产是否有利可图？

□ 12.2.2　何时生产有利可图？

从第 9 章中我们已知，一个企业是否留在一个给定的行业中的决策取决于它的经济利润——一种基于企业所使用资源的机会成本的利润指标。一个稍微不同的说法是：在计算经济利润时，一个企业的总成本既包含隐含成本——所放弃的企业的资源在次优用途中的得益，也包含表现为实际货币支出的显明成本。

与此相反，会计利润（accounting profit）只是使用由该企业承担的显明成本而计算出的利润。这意味着，经济利润的计算包括企业拥有并在生产中使用的自有资源的机会成本，而会计利润的计算则不包括。

一个企业可能会获得正的会计利润，但同时经济利润为零甚至是负数。要清楚理解企业是否继续生产，是在一个行业继续经营还是永久性离开，应基于经济利润，而不是会计利润。

因此，我们将假设，正如我们一直所做的那样，表 12-1 和表 12-2 中的成本数字是包含所有成本的，既包括隐含成本又包括显明成本，表 12-1 中的利润因此是经济利润。那么，是什么决定着诺伊尔林场是盈利还是亏损呢？答案是，给定林场的成本曲线，是否盈利取决于树木的市场价格——具体说来，市场价格是否高于林场的最低平均总成本。

在表 12-3 中我们计算了诺伊尔林场的短期平均可变成本和短期平均总成本。这些都是短期指标，因为我们设定固定成本不变。（稍后我们将讨论短期内固定成本变化的影响。）图 12-2 所示的短期平均总成本曲线 *ATC* 与来自图 12-1 的边际成本曲线 *MC* 被放在一起。正如我们所看到的，平均总成本在 *C* 点最小，对应 40 棵树——最小成本产量——每棵树的平均总成本为 14 美元。

表 12-3　诺伊尔林场的短期平均成本

圣诞树数量 Q（棵）	可变成本 VC（美元）	总成本 TC（美元）	树木的短期平均可变成本 AVC=VC/Q（美元）	树木的短期平均总成本 ATC=TC/Q（美元）
10	160.00	300.00	16.00	30.00
20	220.00	360.00	11.00	18.00
30	300.00	440.00	10.00	14.67
40	420.00	560.00	10.50	14.00
50	580.00	720.00	11.60	14.40
60	780.00	920.00	13.00	15.33
70	1 020.00	1 160.00	14.57	16.57

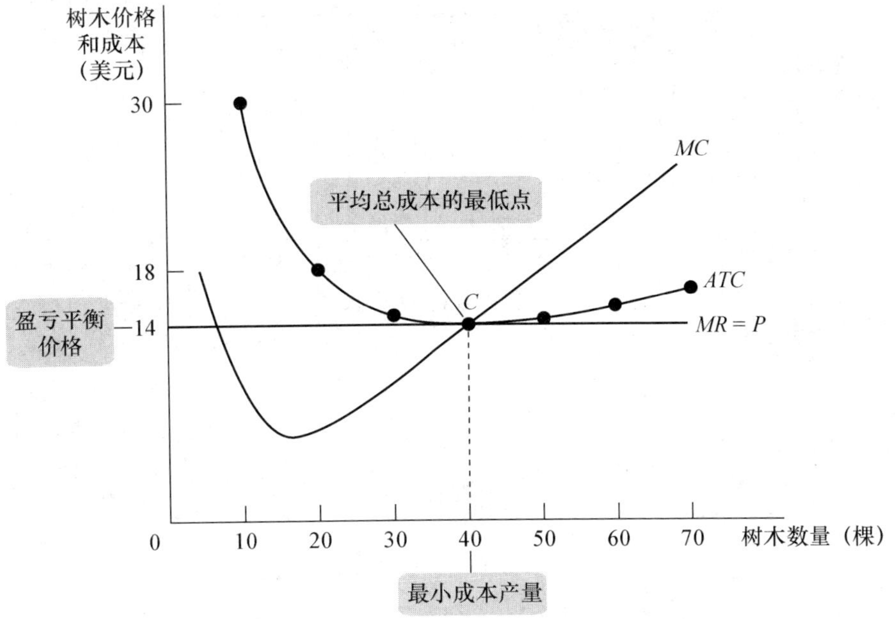

图 12-2　短期成本与产量

该图给出了边际成本曲线 *MC* 和短期平均总成本曲线 *ATC*。当市场价格为 14 美元时，产量为 40（最小成本产量），由 *C* 点来表示。14 美元的价格，等于企业的最低平均总成本，是企业的盈亏平衡价格。

为了理解这些曲线如何能被用来决定生产是盈利的还是亏损的，我们从利润等于总收益减去总成本即 $TR-TC$ 入手。这意味着：

- 如果企业在 $TR>TC$ 时生产，企业有利可图。
- 如果企业在 $TR=TC$ 时生产，企业盈亏平衡。
- 如果企业在 $TR<TC$ 时生产，企业出现亏损。

我们也可以用单位产出的收益与成本来表达上述想法。如果用利润除以产量 *Q*，我们就得到了用单位产出表示的利润表达式：

$$利润/Q=TR/Q-TC/Q \tag{12-4}$$

TR/*Q* 是平均收益，即市场价格。*TC*/*Q* 是平均总成本。因此，如果企业产量的市场价格高于企业产量的平均总成本，那么该企业有利可图；如果市场价格低于该企业产量的平均总成本，那么企业亏损。这意味着：

- 如果企业在 $P>ATC$ 时生产，企业有利可图。
- 如果企业在 $P=ATC$ 时生产，企业盈亏平衡。
- 如果企业在 $P<ATC$ 时生产，企业出现亏损。

图 12－3 显示的结果表明了市场价格是如何决定企业是否有利可图的。它也表明了怎样画图说明利润的各种情形。每幅分图都给出了边际成本曲线 *MC* 和短期平均总成本曲线 *ATC*。平均总成本在 *C* 点最小。图 12－3（a）所示为我们已经分析的情况，树木的市场价格是每棵 18 美元。图 12－3（b）所示为树木市场价格更低的情形，即每棵树 10 美元。

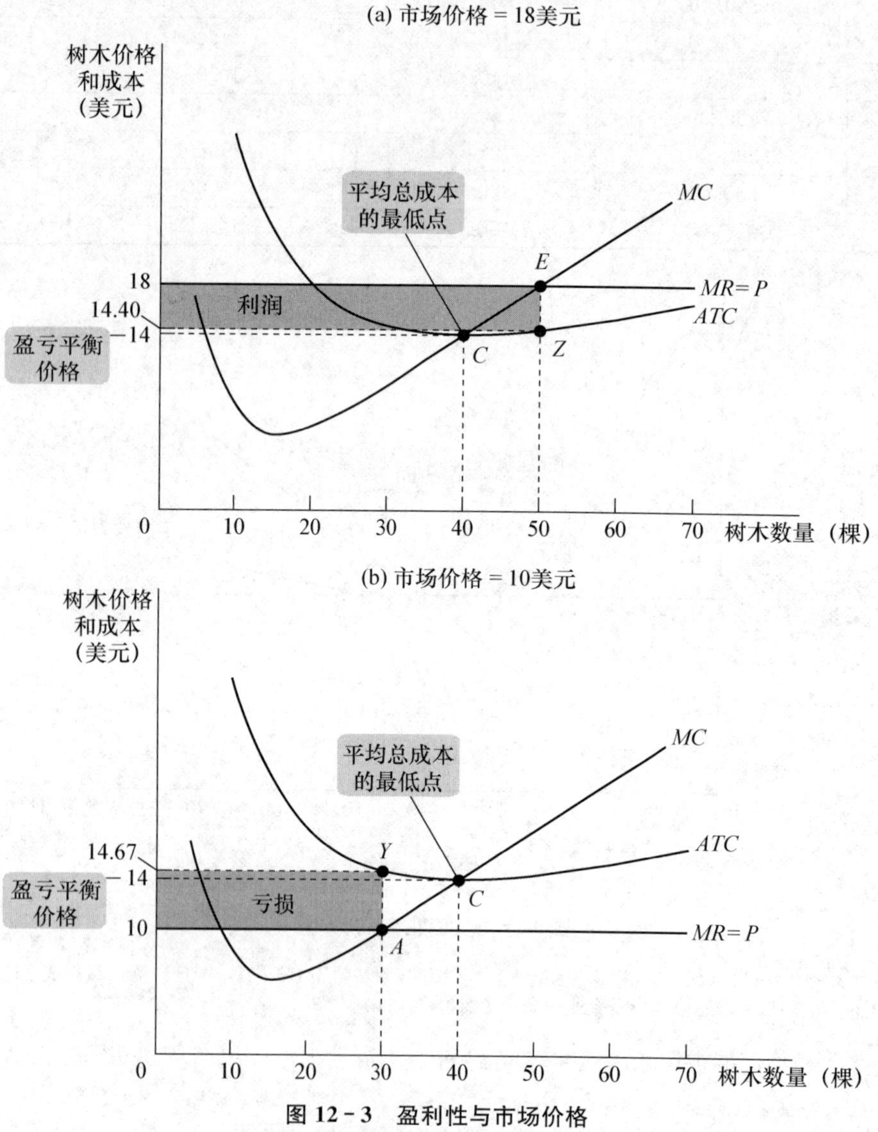

图 12－3　盈利性与市场价格

在图（a）中，市场价格为 18 美元，因为价格超出最低平均总成本，也高于 14 美元的盈亏平衡价格，所以林场有利可图。林场的最优产出选择由 *E* 点表示，对应的产出为 50 棵树。50 棵树的平均总成本由 *ATC* 曲线上的 *Z* 点表示，对应值为 14.40 美元。*E* 点和 *Z* 点之间的垂直距离等于林场每单位树木的利润，即 18.00 美元－14.40 美元＝3.60 美元。总利润由阴影矩形的面积表示，即 50×3.60 美元＝180.00 美元。在图（b）中，市场价格为 10 美元；林场无利可图，因为价格下跌到最低平均总成本 14 美元以下。林场的最优产出选择由 *A* 点表示，对应于 30 棵树的产出。林场的每单位亏损——14.67 美元－10.00 美元＝4.67 美元——由 *A* 点和 *Y* 点之间的垂直距离代表。林场的总亏损由阴影矩形的面积表示，即 30×4.67 美元＝140.00 美元（调整舍入误差）。

在图 12-3（a）中，我们看到，当每棵树的价格为 18 美元时，利润最大化产出数量为 50 棵，由 E 点表示，其中边际成本曲线 MC 与边际收益曲线——对于价格接受型企业而言是既定市场价格处的一条水平线——在这一点相交。在这一产出水平上，平均总成本为每棵树 14.40 美元，由 Z 点表示。因为树的价格超过每棵树的平均总成本，诺伊尔林场有利可图。

当市场价格为 18 美元时，诺伊尔的利润总额用图 12-3（a）中阴影矩形的面积表示。为了理解为什么如此，注意利润总额可表示为每单位产量的利润：

$$利润 = TR - TC = (TR/Q - TC/Q) \times Q \tag{12-5}$$

或者，等同地，

$$利润 = (P - ATC) \times Q$$

这是因为 P 等于 TR/Q，ATC 等于 TC/Q。在图 12-3（a）中阴影矩形的长对应于 E 点和 Z 点之间的垂直距离，它等于 $P-ATC$=18.00 美元/棵－14.40 美元/棵＝3.60 美元/棵。阴影矩形的宽等于产量：Q=50 棵。矩形的面积等于诺伊尔的利润：50×每棵树的利润 3.60 美元＝180 美元，这与我们在表 12-1 中计算出的结果相同。

图 12-3（b）所示的是什么情形呢？这里树木的市场价格是 10 美元/棵。设定价格等于边际成本时利润最大化的产出为 30 棵树，由 A 点表示。在这一产量水平上，诺伊尔每棵树的成本为 14.67 美元，由 Y 点表示。在利润最大化产量处——30 棵树，平均总成本超过市场价格。这意味着，诺伊尔林场出现亏损，无利润。

当市场价格为 10 美元时，她亏损了多少呢？就每棵树而言，她损失 $ATC-P$=14.67 美元－10.00 美元＝4.67 美元，相当于 A 点和 Y 点之间的垂直距离。她的产量为 30 棵树，相当于阴影矩形的宽。因此，她的亏损的总价值为 4.67 美元×30＝140.00 美元（调整舍入误差），相当于图 12-3（b）中阴影矩形的面积。

但在一般情况下，一名生产者怎样知道其经营是否有利可图呢？关键在于对市场价格与生产者的最低平均总成本进行比较。诺伊尔林场的最低平均总成本等于 14 美元，树木产量为 40 棵，由 C 点表示。

当市场价格高于最低平均总成本时，生产者总能找到一些平均总成本低于市场价格的产量。换句话说，生产者可以找到该企业获利的产出水平。所以，当市场价格超过 14 美元时，诺伊尔林场将有利可图。通过使产量的边际成本等于市场价格，诺伊尔可以实现最大利润。

相反，如果市场价格低于最低平均总成本，将没有哪个产量水平能使得价格超过平均总成本。其结果是，企业将在任何产量水平上都无利可图。正如我们已经知道的，在 10 美元的价格处，该价格低于最低平均总成本，诺伊尔其实在亏损。边际成本等于市场价格的产出水平是诺伊尔能尽的全力，但她所能做的最好的也只是亏损 140 美元。任何其他的产量都会扩大她的亏损。

价格接受型企业的最低平均总成本就是所谓的**盈亏平衡价格**（break-even price），此时，企业的利润（注意，是指经济利润）为零。当市场价格高于盈亏平衡价格时，企业将获得正的利润，当市场价格低于盈亏平衡价格时，企业将出现亏损。诺伊尔的盈亏平衡价格为 14 美元，即图 12-2 和图 12-3 中 C 点的价格。

> 价格接受型企业的**盈亏平衡价格**是利润为零时的市场价格。

因此，确定生产者是否有利可图的原则是比较产品的市场价格与生产者的盈亏平衡价格——最低平均总成本：

- 当市场价格高于最低平均总成本时，生产者有利可图。
- 当市场价格等于最低平均总成本时，生产者盈亏平衡。
- 当市场价格低于最低平均总成本时，生产者无利可图。

□ 12.2.3 短期生产决策

你也许会说，如果一个企业因为市场价格小于最低平均总成本而无利可图，它应该不会有任何产出。然而，在短期内，这个结论并不一定正确。

从短期来看，即使价格低于最低平均总成本，有时企业也应该继续生产。原因是，总成本包括不依赖于产量的固定成本，只有在长期固定成本才会改变。

在短期内，不管企业是否生产，都必须支付固定成本。例如，如果诺伊尔租用一年的冷藏车，不管她是否会生产某一数量的树木，她都必须支付冷藏车的租金。因为固定成本在短期内不变，在短期内生产还是停产与她支付的固定成本无关。

虽然在短期内是否进行生产并不受固定成本影响，但其他成本——可变成本——会发挥作用。可变成本的一个例子是支付给必须被雇用来帮助种植和收割树木的工人的工资。可以通过停止生产来节省可变成本；所以，可变成本对短期内是否应该组织生产发挥决定性作用。

我们来看图 12-4，它给出了短期平均总成本曲线 *ATC* 和短期平均可变成本曲线 *AVC*，根据表 12-3 给出的数据绘制。我们知道，两条曲线之间的距离——垂直距离——表示的是平均固定成本，即每单位产量的固定成本 *FC/Q*。

由于边际成本曲线呈"上钩"形，先降后升，短期平均可变成本曲线呈 U 形：边际成本的初始下降导致平均可变成本下降，之后边际成本上升最终也拉起了平均可变成本。短期平均可变成本曲线在 *A* 点达到其最小值 10 美元，此时产量为 30 棵树。

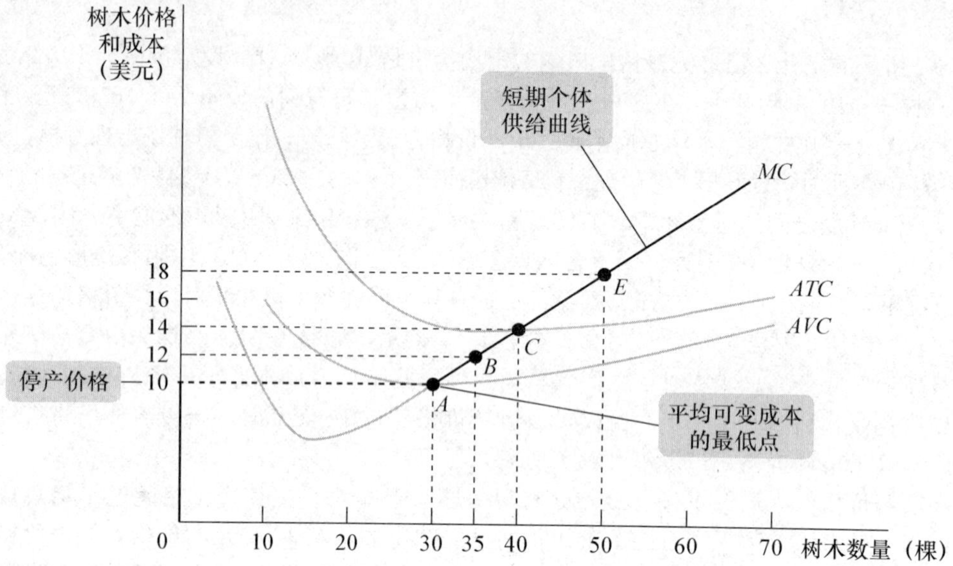

图 12-4　短期个体供给曲线

当市场价格等于或高于诺伊尔 10 美元的停产价格即 *A* 点的最低平均可变成本时，她将生产边际成本等于价格的产出量。所以，在等于或高于最低平均可变成本的任何价格水平，短期个体供给曲线都是企业的边际成本曲线，对应于个体供给曲线的向上倾斜部分。当市场价格低于最低平均可变成本时，企业在短期停止生产。对应的个体供给曲线是纵轴上的垂直段。

我们现在已经为分析短期内的最优生产决策做好了准备。我们需要考虑两种情况：

1. 当市场价格低于最低平均可变成本时。
2. 当市场价格高于或等于最低平均可变成本时。

当市场价格低于最低平均可变成本时，企业从每单位产量中获得的价格无法弥补每单位产量的可变成本。在这种情况下，企业应该立即停止生产。为什么？因为没有任何产出水平使得企业从中获得的总收益能弥补其可变成本——停产可以避免成本支出。

在这种情况下，企业通过不生产来最大化其利润——实际上是尽量减少其亏损。在短期，企业仍然必须支付固定成本，但它将不再承担任何可变成本。这意味着，最低平均可变成本等于**停产价格**（shut-down price），即企业在短期停止生产的价格。以诺伊尔林场为例，通过裁员和停止所有的树木种植和砍伐，诺伊尔将在短期内停止生产。

> **停产价格**是等于最低平均可变成本的价格，如果市场价格低于该价格，企业将会停产。

当价格高于最低平均可变成本时，企业在短期内应该进行生产。在这种情况下，企业选择边际成本等于市场价格的产量，企业将实现利润最大化或亏损最小化。例如，如果每棵树的市场价格为18美元，诺伊尔应该在图12-4中的E点组织生产，对应的产出为50棵树。请注意，在图12-4中的C点，企业的盈亏平衡价格为每棵树14美元。由于E点高于C点，诺伊尔林场将有利可图；当市场价格为18美元时，每棵树的利润为18美元−14.40美元=3.60美元。

但是，如果市场价格位于停产价格和盈亏平衡价格之间——最低平均可变成本和最低平均总成本之间——又会怎样？对诺伊尔林场来说，这相当于价格在10美元和14美元之间，如市场价格为12美元。在12美元处，诺伊尔林场无利可图；由于市场价格低于最低平均总成本，林场的亏损等于单位产品价格和每单位产量的平均总成本之间的差额。

然而，即使不能弥补每单位产量的总成本，它也弥补了每单位产量的可变成本和部分固定成本。如果在这种情况下停产，企业没有可变成本支出，但必须支出全部固定成本。这样，停产造成的损失要大于继续生产造成的损失。

这意味着，当价格低于最低平均总成本而高于最低平均可变成本时，企业在短期继续生产更有利。其原因是，通过生产，它可以弥补每单位产量的可变成本以及至少一部分固定成本，尽管存在亏损。在这种情况下，企业通过选择边际成本等于市场价格的产出水平可以实现利润最大化——也可能是亏损最小化。因此，如果诺伊尔每棵树的市场价格为12美元，她的利润最大化产出由图12-4中的B点给出，对应的产量为35棵树。

值得注意的是，企业弥补其可变成本但并非所有固定成本的决策类似于忽略沉没成本的决策。我们从第9章中可知，沉没成本是已经发生且无法收回的成本；而且，因为它不会改变，所以它应该对当前的决策没有任何影响。

对于短期生产决策，固定成本实际上就如沉没成本——已经支出，不可能在短期内弥补。这种比较也说明了为什么可变成本在短期确实重要：只有不生产才可避免。

如果市场价格正好等于停产价格即最低平均可变成本，又会怎样？在这种情况下，企业生产30单位和0单位无差异。正如我们稍后将会看到的，这在考察一个行业的整体行为时是非常重要的一点。为了清楚起见，我们假设对企业来说，虽然无差异，但是当价格等于停产价格时，企业仍在组织生产。

把上述各部分放在一起，我们现在可以画出诺伊尔林场的**短期个体供给曲线**（short-run individual supply curve），即图12-4中的黑色曲线；该曲线展示了在短期利润最大化的产出数量怎样受到价格变化的影响。正如我们所看到的，该曲线被分为两个部分。始于A点的向上倾斜部分表示当市场价格等于或高于每棵树10美元的停产价格时利润最大化的产出。

短期个体供给曲线展示了固定成本给定不变时单个生产者的利润最大化产量与市场价格之间的关系。

只要市场价格等于或高于停产价格，诺伊尔的产量就位于边际成本等于市场价格的产出水平。也就是说，只要市场价格等于或高于停产价格，企业的短期供给曲线就是对应的边际成本曲线。但在任一低于最低平均可变成本的市场价格处——在目前的情况下是每棵树10美元——企业将停产，产量在短期内减少至零。这对应于纵轴上的垂直段。

厂商真的能暂时停产而不从行业中退出吗？是的。事实上，在一些行业企业暂时停产是家常便饭。最常见的例子是需求与季节变化高度相关的行业，如寒冷冬季的户外游乐园。在寒冷的月份，这类公园通常为吸引游客而给出非常低的价格——价格如此之低，公园所有者甚至不能弥补其可变成本（主要是工资和电费）。经济学意义上明智的选择是停业，直到气温转高，有足够的客户愿意支付更高的价格。

□ 12.2.4 改变固定成本

虽然固定成本无法在短期内改变，但从长期来看，企业可以增加或减少机器、厂房，等等。正如我们在第11章中所学到的，从长期来看，固定成本的高低是重要的选择问题。在第11章，我们知道，一个企业会选择既定产量水平上能使平均总成本水平最低的固定成本水平。现在，我们将专注于一个企业选择其固定成本时面临的更大的问题：保留目前的业务会产生的固定成本都包括什么？

从长期来看，生产者总是可以通过出售其厂房和设备来减少固定成本。当然，如果这样做，企业也永远不能生产——它已退出该行业。与此同时，一个潜在的生产者可以获得这些机器和其他资源，也承担一些固定成本，这使该生产者可以组织生产并进入该行业。在大多数完全竞争行业中，生产者总量虽然在短期内是固定的，但从长期来看，随着企业的进入或退出，行业的企业数量也会改变。

以诺伊尔林场为例。为了简化分析，我们将回避可以在几个可能的固定成本中进行选择的问题。从现在开始，我们假设，如果诺伊尔选择经营，只有一种可能的固定成本选择，诺伊尔的最低平均总成本为 140 美元，这是依据表 12－1、表 12－2 和表 12－3 计算得出的。（根据这一假设，诺伊尔的短期平均总成本曲线和长期平均总成本曲线相同。）此外，如果她退出该行业，她也可以选择零固定成本。

假设在一段较长的时间内，树木的市场价格一直低于 14 美元。在这种情况下，诺伊尔没有完全弥补她的固定成本：她的业务运营持续亏损。从长期来看，她停产并从行业中退出更有利。换言之，从长远来看，如果市场价格一直低于盈亏平衡价格——最低平均总成本——企业会退出该行业。

相反，假设圣诞树的价格持续高于盈亏平衡价格 14 美元很长时间。因为林场有利可图，诺伊尔将留在该行业，继续生产。

但事情并非止步于此。圣诞树种植行业符合免费进入的准则：有许多潜在的树木种植者，因为必要的投入很容易获得。这些潜在种植者的成本曲线很可能与诺伊尔类似，因为其他种植者使用的技术可能与诺伊尔使用的非常类似。如果价格高到足以使现有生产者获得利润，这也将吸引一些潜在的种植者进入这个行业。因此，从长期来看，超过 14 美元的价格应该会吸引新企业进入：新的种植者将进入圣诞树种植行业。

正如我们接下来将会看到的，进入和退出是短期行业供给曲线和长期行业供给曲线之间的一个重要区别。

□ 12.2.5 小结：完全竞争企业的盈利性和生产条件

在本章中，我们已经学习了完全竞争条件下价格接受型企业的供给曲线。每一个完全竞争企业都会依据利润最大化原则做出生产决策，而这些决策决定供给曲线。表 12－4 总结了完全竞争企业的盈利性和生产条件。它们也与企业进入和退出行业有关。

表 12－4　　完全竞争企业的盈利性和生产条件小结

盈利性条件（最低 ATC＝盈亏平衡价格）	结果
P＞最低 ATC	企业盈利。在长期该行业有进入现象。
P＝最低 ATC	企业盈亏平衡。在长期该行业无进入也无退出现象。
P＜最低 ATC	企业无利可图。在长期该行业有退出现象。
生产条件（最低 AVC＝停产价格）	**结果**
P＞最低 AVC	企业在短期内进行生产。如果 P＜最低 ATC，企业能弥补所有可变成本，但不能弥补所有固定成本。如果 P＞最低 ATC，企业弥补了所有可变成本和固定成本。
P＝最低 AVC	企业在短期内生产和不生产无差异。企业正好弥补可变成本。
P＜最低 AVC	企业在短期内停产。企业不能弥补可变成本。

▶ **真实世界中的经济学**

农场主上移他们的供给曲线

为了减少汽油消费，美国国会同意增加燃料供给中生物燃料主要是玉米乙醇的数量，以增加美国的燃料供应——从 2006 年的 40 亿加仑乙醇增加到 2013 年的 140 亿加仑乙醇。该法案带来的令人吃惊的后果是玉米需求猛增，价格随之上涨。2012 年，农场主每蒲式耳玉米得到的平均价格为 7～8 美元，而 2005 年低于 2 美元。作为明智的利润最大化行为人，美国农场主对此的反应是种植更多的玉米，而减少其他农作物的种植，如棉花。到 2013 年，美国农场主已连续五年增加玉米的种植面积。

如果这听起来像一个肯定会赚取利润的方式，还请三思。当玉米种植成本上涨时，农场主种植更多的玉米像是进行一场大的赌博。考虑一种重要投入化肥的成本。与其他农作物相比，玉米需要更多的化肥，随着越来越多的农场主种植玉米，对化肥的需求增加导致了化肥价格上涨。2006 年和 2007 年的化肥价格上涨到 2005 年五倍的水平。到了 2013 年，价格仍然高出一倍。

玉米价格上升也拉动了农田价格上涨到历史最高水平——价格上涨得如此之高，以至到 2013 年有农田价格泡沫的说法。请注意，即使农场主拥有全部土地，当自己种植而非向外出租或卖给他人时，农场主仍然会有机会成本。在截至 2013 年的十年中，一英亩农田的平均价格上涨了近 300%，某些地块的价格上升了 1 000%。

尽管成本和风险都在增加，但玉米农场主的做法在经济学意义上完全合乎逻辑。通过种植更多的玉米，每个农场主都上移了他或她的供给曲线。而且，因为个体供给曲线是边际成本曲线，每个农场主的成本曲线也都上移了，因为一单位产出需要使用更多的投入。

因此，这个故事的寓意是，农场主会增加他们的玉米种植面积，直到生产玉米的边际成本约等于玉米的市场价格——不应该感到意外，因为玉米生产满足一个完全竞争行业的所有要求。

及时复习

- 生产者根据最优产出原则来决定产出水平。对于价格接受型企业来说，边际收益等于价格，其产出水平是根据价格接受型企业的最优产出原则 $P=MC$ 决定的。
- 当价格超出盈亏平衡价格（等于最低平均总成本）时，企业有利可图。当价格低于盈亏平衡价格时，企业出现亏损。当价格等于盈亏平衡价格时，企业盈亏平衡。
- 固定成本与企业的短期最优产出水平无关。当价格超出停产价格（最低平均可变成本）时，价格接受型企业根据边际成本等于价格来决定产出数量。当价格低于停产价格时，在短期企业将停产。这定义了企业的短期个体供给曲线。
- 随着时间的推移，固定成本不再无关紧要。如果价格持续下降到低于最低平均总成本，企业将退出所在行业。如果价格超过最低平均总成本，企业将获得正的经济利润，将继续在该行业中经营；在长期，其他企业将进入该行业。

小测验 12-2

1. 画出一条 U 形的平均总成本曲线、一条 U 形的平均可变成本曲线与一条呈“上钩”形的短期边际成本曲线。在其上标明采取下列行动时符合最优原则要求的产量范围和价格范围。

   a. 该公司马上停产。

   b. 该公司在短期内维持亏损运营。

   c. 该公司运营并获得利润。

2. 缅因州的龙虾产业非常活跃，夏季是龙虾捕捞季节。在一年中的其他季节，可从世界其他地区进口龙虾，但价格较高。缅因州“龙虾排档”——经营龙虾的路边餐厅——林立，但只在夏季开放。解释为什么龙虾排档只在夏季经营是最优选择。

12.3 行业供给曲线

> **行业供给曲线**表现的是整个行业的供给总量与价格之间的关系。

为什么圣诞树需求增加会导致树价最初大幅上升，而在长期则升幅不大？原因在于行业供给曲线的形状，**行业供给曲线**（industry supply curve）表现的是整个行业的供给总量与价格之间的关系。行业供给曲线就是我们在本章稍早时候提到的供给曲线或者说市场供给曲线。在这里我们要非常当心单个企业的个体供给曲线与整个行业的供给曲线之间的区别。

根据前面几节，你可能会想到，行业供给曲线的短期分析和长期分析并不相同。我们先来看短期。

□ 12.3.1 短期行业供给曲线

根据定义，在短期内，行业中生产者的数量是固定的，没有进入也没有退出。而且我们从第 3 章可知，市场供给曲线是所有生产者个体供给曲线的水平加总。下面我们做一个练习，通过在每一个特定的价格水平上对所有供应商的产量加总找到市场供给曲线。我们在这里简单假设，所有的生产者都相同。我们假设，有 100 个圣诞树林场，每一个都具有与诺伊尔林场相同的成本。

短期行业供给曲线表现的是在给定生产者数量的情况下行业供给量怎样随着价格水平的变化而变化。

100 个林场中的每一个都有如图 12－4 所示的短期个体供给曲线。在价格低于 10 美元时，没有林场会组织生产。在价格为 10 美元或以上时，每个林场都将根据边际成本等于市场价格来决定产量。正如你在图12－4 中所看到的，如果价格为 14 美元，每个林场都将生产 40 棵树，如果价格为 18 美元，每个林场都将生产 50 棵树，依此类推。所以，如果有 100 个林场，圣诞树的价格为每棵 18 美元，整个行业的产量为 5 000 棵树，相当于 100 个林场×每个林场 50 棵树，等等。其结果就是**短期行业供给曲线**（short-run industry supply curve），如图 12－5 所示的曲线 S。该曲线表现了在生产者的数量给定时每个价格水平上所有生产者的供给量的总和。

短期市场均衡是生产者数量给定不变时供给量等于需求量的状态。

图 12－5 中的需求曲线 D 在 E_{MKT} 点穿过短期行业供给曲线，对应的价格为 18 美元，树木数量为 5 000 棵。E_{MKT} 点是**短期市场均衡**（short-run market equilibrium）点，这是在生产者数量给定不变时供给量等于需求量的点。但是从长期来看，情形完全不同，因为从长期来看，有林场进入或退出该行业。

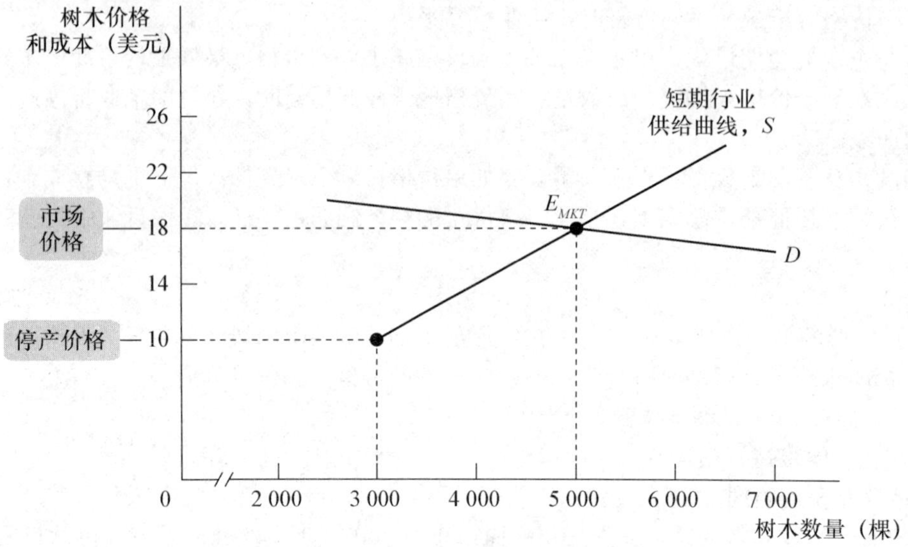

图 12－5　短期市场均衡

短期行业供给曲线 S 是在给定生产者数量（在这里为 100 个）情况下的行业供给曲线。它是通过将 100 个生产者的个体供给曲线加总在一起得到的。在价格低于 10 美元的停产价格时，没有生产者想在短期组织产生。在价格高于 10 美元时，短期行业供给曲线向上倾斜，随着价格的上涨，每一个生产者都增加产出。它与需求曲线 D 在 E_{MKT} 点相交，这是短期市场均衡点，对应的市场价格为 18 美元，树木数量为 5 000 棵。

□ 12.3.2 长期行业供给曲线

假设除了目前的 100 个圣诞树林场外，还有许多其他的潜在生产者。并且假设每个想进入这个行业的潜在生产者都有与现有生产者诺伊尔林场同样的成本曲线。

其他生产者什么时候会进入这个行业呢？只要现有生产者获得利润，也就是说，只要市场价格高于盈亏平衡价格每棵树 14 美元即生产的最低平均总成本，例如，价格为每棵树 18 美元，新企业就将进入这个行业。

其他生产者进入这个行业后会发生什么呢？显然，每一给定价格水平上的供给量将增加。短期行业供给曲线会向右移动。这将反过来改变市场均衡，导致市场价格更低。价格下降，现有企业将减少产量，但由于该行业企业数量增多，行业总产量将会增加。

图 12－6 表现的是这条事件链对现有企业和市场的影响；图 12－6（a）所示为市场对新企业进入的反应，图 12－6（b）所示为单个企业对新进入企业做何反应。（请注意，这两幅图与图 12－4 和图 12－5 相比，在单位上进行了调整，以更好地说明利润怎样对价格变化做出反应。）在图 12－6（a）中，S_1 为初始短期行业供给曲线，是根据有 100 个生产者得出的。最初的短期市场均衡在 E_{MKT} 点实现，市场均衡价格为 18 美元，树木数量为 5 000 棵。在这个价位上，现有生产者是盈利的，这表现在图 12－6（b）中：当市场价格为 18 美元时，现有企业的利润总额用阴影矩形表示，标记为 A。

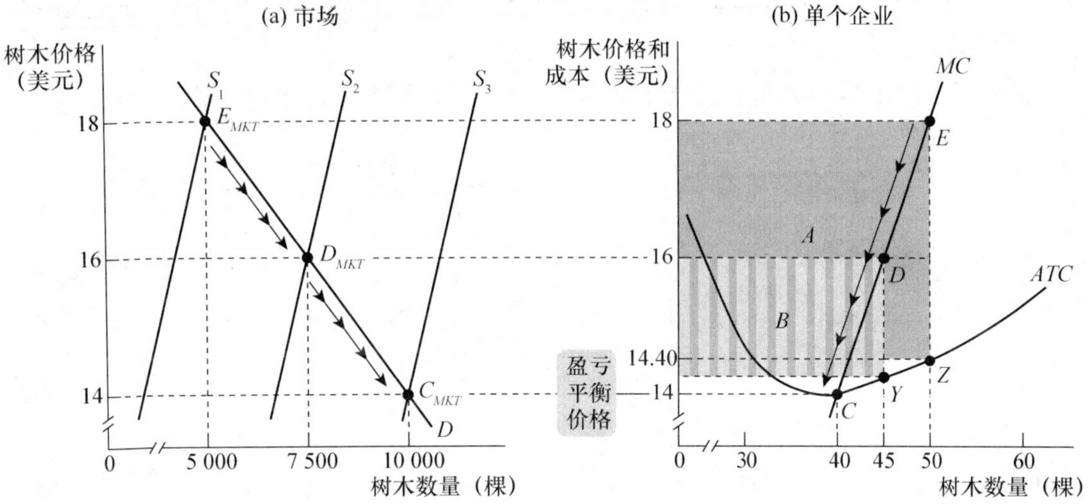

图 12－6　长期市场均衡

图（a）中 E_{MKT} 点所示为初始短期市场均衡点。100 个现有生产者获得经济利润，用图（b）中标示为 A 的阴影矩形表示现有企业的利润。利润将诱使其他生产者进入，短期行业供给曲线从 S_1 向右移动到 S_2。在图（a）中，这将导致在 D_{MKT} 点形成新的短期均衡，市场价格降低为 16 美元，行业产出增加。现有企业产出减少，且利润下降至图（b）中带条纹的标示为 B 的矩形区域。新企业持续进入，会再次导致短期行业供给曲线向右移动，价格继续下跌，行业产出继续增加。新企业进入的停止点为图（a）中供给曲线 S_3 上的 C_{MKT} 点。此时市场价格等于盈亏平衡价格；现有生产者获得零经济利润，这对进入和退出没有激励。所以 C_{MKT} 点也是一个长期市场均衡点。

这些利润会诱使新生产者进入该行业，短期行业供给曲线将会向右移动。例如，当生产者的数量增至 167 个时，短期行业供给曲线将变为 S_2。根据这条新供给曲线得到的一个新的短期市场均衡在 D_{MKT} 点实现，相应的市场价格为 16 美元，树木数量为 7 500 棵。在价格为 16 美元时，每个企业只生产 45 棵，行业总产出为 167×45＝7 500 棵（约数）。

从图 12－6（b）中我们可以看出 67 个新生产者对现有企业产生的影响：价格下跌，导致产出减少，利润下降至标记为 B 的带条纹的矩形区域。

虽然在 D_{MKT} 点现有企业利润减少，但新企业的进入将继续，企业的数量将继续增加。如果生产者的数量增加到 250 个，短期行业供给曲线将移动到 S_3，市场均衡点为 C_{MKT} 点，市场价格变为每棵树 14 美元，供给量增加为 10 000 棵树。

> 当供给量等于需求量，并假定生产者有足够的时间进入或退出该行业时，就实现了**长期市场均衡**。

像 E_{MKT} 点和 D_{MKT} 点，C_{MKT} 之点也是短期均衡点。但是，它包含更多的东西。因为 14 美元是每个企业的盈亏平衡价格，此时现有生产者的经济利润为零，没有利润，也没有亏损，只是获得了生产时使用资源的机会成本，利润最大化的产出为 40 棵树。这一价位对潜在生产者进入或现有生产者退出该行业没有激励。所以，C_{MKT} 点对应的是**长期市场均衡**（long-run market equilibrium），供给量等于需求量，并假定生产者有足够的时间进入或退出该行业。在长期市场均衡实现时，所有现有的和潜在的生产者都已经充分调整至长期最优选择；因此，没有生产者有动机进入或者退出该行业。

为进一步探讨短期均衡和长期均衡的不同所包含的意义，我们考虑在初始长期均衡状态下需求增加对自由进入行业所产生的影响。图 12-7（b）所示为市场的调整；图 12-7（a）和图 12-7（c）所示为现有单个企业在这一过程中如何行事。

在图 12-7（b）中，D_1 是初始需求曲线，S_1 是初始短期行业供给曲线。它们在 X_{MKT} 点相交，这既是短期市场均衡，也是长期市场均衡，因为在均衡价格为 14 美元时，经济利润为零，因此既无新企业进入，也无企业退出。对应于图 12-7（a）中的 X 点，单个企业在平均总成本曲线的最低点运营。

现在假设需求曲线因故移到 D_2。如图 12-7（b）所示，在短期内，行业产出沿着短期行业供给曲线 S_1 移动到 Y_{MKT} 点，即 S_1 和 D_2 的交点处，新的短期市场均衡实现。市场价格上升到每棵树 18 美元，行业产出从 Q_X 增加到 Q_Y。这相当于现有企业在图 12-7（a）中从 X 点移至 Y 点，即市场价格上升后，该企业增加了产出。

但我们知道，Y_{MKT} 点并非长期均衡点，因为 18 美元高于最低平均总成本，所以现有生产者获得经济利润。这将吸引更多的企业进入该行业。

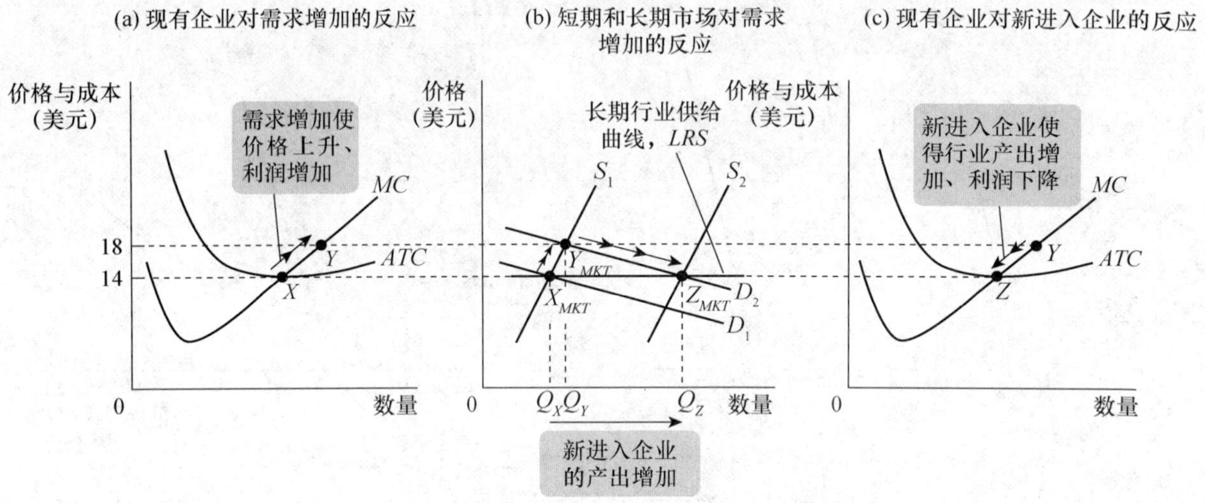

图 12-7　需求增加的短期效应和长期效应

图（b）所示为一个行业对需求增加进行的短期和长期调整；图（a）和图（c）所示为现有企业进行的相应调整。市场初始位于图（b）中的 X_{MKT} 点，短期和长期均衡价格都是 14 美元，行业产出为 Q_X。现有企业的经济利润为零，即在图（a）中的平均总成本曲线的最低点 X 点经营。随着图（b）中需求的增加，需求从 D_1 向右移动到 D_2，市场价格提高到 18 美元，现有企业会增加产出，行业产出增加并沿着短期行业供给曲线 S_1 移动到短期均衡点 Y_{MKT}。相应地，在图（a）中，现有企业由 X 点移到 Y 点。但价格为 18 美元，现有企业经济利润为正。正如图（b）所示，从长期来看，新进入者会进入该行业，短期行业供给曲线向右移动，从 S_1 到 S_2。新的均衡点为 Z_{MKT} 点，价格为稍低的 14 美元，产出增加到 Q_Z。图（c）所示为现有企业对此做出的反应，从 Y 点移至 Z 点，回到初始产出水平和零经济利润状态。新进入者产出增加导致的行业产出增加为 Q_Z-Q_X。与 X_{MKT} 点一样，Z_{MKT} 点也是短期均衡点和长期均衡点：现有企业获得零经济利润，对企业进入或退出该行业都无激励。通过 X_{MKT} 点和 Z_{MKT} 点的水平线 LRS 是长期行业供给曲线：在盈亏平衡价格 14 美元处，生产者在长期将生产消费者所需要的任何数量。

随着时间的推移，新进入企业会导致短期供给曲线向右移动。从长期来看，短期行业供给曲线移到 S_2，在 Z_{MKT} 点实现均衡——价格回落至每棵树 14 美元，行业产出从 Q_Y 增加到 Q_Z。就像需求增加之前的 X_{MKT} 点，Z_{MKT} 点既是短期市场均衡点，也是长期市场均衡点。

行业进入对现有企业的影响如图 12-7（c）所示，现有企业沿着企业的个体供给曲线从 Y 点移动到 Z 点。随着市场价格的下降，企业将减少产出，最终回到其初始产出水平，对应平均总成本曲线的最低点。事实上，行业中的每一个企业——包括初始设定的企业和新进入企业——都将在其平均总成本曲线的最低点 Z 点运营。这意味着，新进入企业增加了行业产量，从 Q_X 到 Q_Z 是市场新进入者的产出。

图 12-7（b）中通过 X_{MKT} 点和 Z_{MKT} 点的 LRS 是**长期行业供给曲线**（long-run industry supply curve）。它表示在假定生产者有时间进入或退出该行业的情况下一个行业的供给量怎样随着价格的变化而变化。

> **长期行业供给曲线**表示在生产者有时间进入或退出该行业的情况下供给量与价格之间的曲线关系。

在这一具体情况下，长期行业供给曲线是位于价格 14 美元处的一条水平线。换言之，这个行业的供给从长期来看是具有完全弹性的：假定有时间进入或退出，生产者将在 14 美元的价格水平上供给消费者需求的任何数量的产品。具有完全弹性的长期供给对许多行业来说实际上是一种有益的假设。在这种情况下，我们说整个行业成本固定：每个企业，不论是现有企业还是新进入企业，都有同样的成本结构（也就是说，它们都具有相同的成本曲线）。满足这个条件的行业的投入要素的供给也具有完全弹性——如农业或烘烤店。

然而，在其他行业，甚至长期行业供给曲线也是向上倾斜的。对此，通常的解释是生产者必须使用某些供给数量有限（也就是供给缺乏弹性）的投入要素。随着行业的扩张，这种投入要素的价格被推高。因此，行业的后续进入者发现，其成本结构要高于早期进入者。海滨度假酒店就是一个例子，新进入者必须与数量有限的优质海滨度假酒店进行竞争。这类行业被认为是成本递增行业。

长期行业供给曲线有可能向右下方倾斜吗？当一个行业经历规模报酬递增，其平均成本随着产量的增加而递减时，就会出现这种现象。请注意，我们所说的是某个行业会经历报酬递增。然而，当单个企业存在报酬递增时，行业通常最终只有少数几个企业（寡头垄断）或单一企业（垄断）。

在某些情况下，大规模的优势对一个可进入行业来说可惠及该行业的所有企业。例如，像太阳能电池之类的新技术行业的成本会随着行业的扩张而趋于下降，因为行业扩张会改进知识，扩大掌握合适技术的工人的规模，等等。

不管长期行业供给曲线是水平的、向上倾斜的还是向下倾斜的，只要可以自由进入和退出，长期供给价格弹性就大于短期供给价格弹性。如图 12－8 所示，长期行业供给曲线总是比短期行业供给曲线平坦。这是由自由进入和退出造成的：需求增加引起的价格提高会吸引新的生产者进入，导致行业产出增加并最终导致价格下降；而需求减少引起的价格下降则会造成现有企业退出，导致行业产出下降，价格最终会上升。

短期行业供给曲线和长期行业供给曲线之间的区别在实践中非常重要。我们经常看到如图 12－7 所示的事件序列：初始需求增加导致价格大幅上升，但一旦新企业进入这个行业，价格将回归到初始水平。或者我们看到相反的序列：在短期需求下降导致价格降低，但在部分生产者退出该行业后，价格将会回到其初始水平。

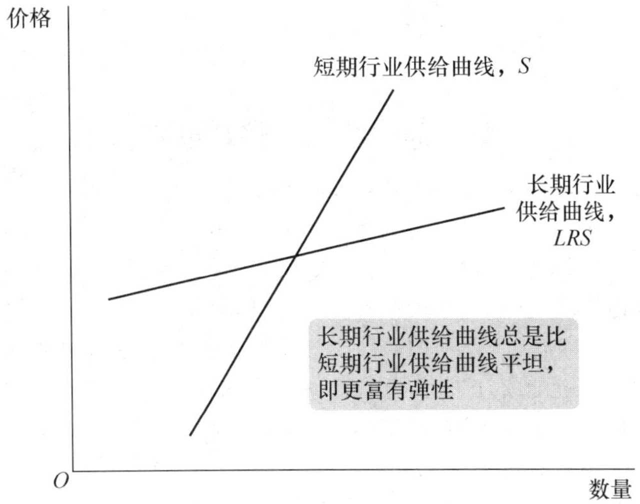

图 12－8 长期行业供给曲线与短期行业供给曲线的比较

长期行业供给曲线可以向上倾斜，但它始终比短期行业供给曲线平坦，即更有弹性。这是因为长期存在进入和退出：价格提高，长期将吸引新进入者，导致行业产出增加和价格回落；价格下降，长期将引起现有生产者退出，导致行业产出下降，价格最终会上升。

□ 12.3.3 生产成本和长期均衡的效率

我们的分析可得出在完全竞争行业的长期均衡实现时与生产成本和效率有关的三个结论。这些结论将是我们在第 13 章讨论垄断怎样导致低效率的重点。

首先，一个完全竞争行业实现均衡时，行业中所有企业的边际成本都是相同的。这是因为所有企业都在边际成本等于市场价格的条件下组织生产，作为价格接受者，它们都面临同样的市场价格。

其次，在一个自由进入和退出的完全竞争行业，每个企业在长期均衡时经济利润都为零。每个企业都在平均总成本的最低水平组织生产，如图12-7（c）中的Z点。因此，在完全竞争行业中，行业产出对应的总成本最小。

成本递增行业是一个例外。假定市场价格足够高，早期进入者已经获得正的经济利润，市场价格下降后，后面的进入者则并非如此。随着行业实现长期均衡，后续进入者成本可以最小化，但早期进入者不一定如此。

最后，一个完全竞争行业的长期市场均衡是有效率的：不存在能增进双方利益的交易。为理解这一点，我们需要回顾一下效率实现的基本要求：所有愿意支付高于或等于卖方成本的价格的消费者都获得了该产品。我们也知道，当一个市场有效时（除非在特定的、明确的条件下），市场价格将会使所有愿意支付的价格高于或等于市场价格水平的消费者与所有生产成本低于或等于市场价格水平的生产者相匹配。

因此，当一个完全竞争行业的长期均衡实现时，生产有效：成本最小，没有资源被浪费。此外，配置给消费者的产品是有效的：每一个消费者都愿意按生产一单位产品的成本来支付。事实上，能增进双方利益的交易已经不存在。此外，这种情况往往会持续一段时间，即使如下环境发生变化：竞争迫使生产者随着消费者意愿的变化和技术的变化而做出反应。

▶ **追根究底**

再论经济利润

有的读者可能对于企业为什么在市场价格仅仅比盈亏平衡价格稍高一点时也要进入该行业感到困惑。企业为什么不愿意进入能产生更高利润的其他行业呢？

答案是，正如我们一直所说的那样，这里在计算成本时，我们考虑的是机会成本。也就是说，成本包括企业将资源用于其他用途时所获得的收益。因此，我们计算的利润是经济利润，如果市场价格高于盈亏平衡价格，不论高得多么少，企业在这个行业所能获得的都已经比其他行业更多。

▶ **真实世界中的经济学**

全球葡萄酒从过剩到短缺

如果你是一个葡萄酒生产者，在2012年仍然在该行业经营，你很可能会长舒一口气。为什么？因为那时全球葡萄酒市场从过剩变为短缺。从2004年到2010年，该行业经历了巨变，其间该行业深受产量过剩、价格下跌之苦，首先是由于全球葡萄连年丰收，随后又由于2008年全球经济衰退造成需求减少。经过多年亏损后，许多葡萄酒生产者终于决定退出该行业。

到2012年，欧洲、南美、非洲和澳大利亚的葡萄酒生产能力显著下降，库存降低到近十年来的最低点。此外，2012年对葡萄酒生产者来说也是天气很糟糕的一年。同年，美国的葡萄酒消费量又开始增长，而中国的葡萄酒消费量一路高歌猛进，比五年前翻了两番。因此，生产能力下降、天气引起的供给减少与需求增加结合在一起——万岁！——葡萄酒短缺出现了。

但正如业内分析人士所指出的，许多酒商都在欢呼。世界其他地区的产量减少和中国的需求激增已经为扩张打开了机会。作为华盛顿州沙托圣米歇尔酒庄（Chateau Ste. Michelle）的CEO，泰德·拜思乐尔（Ted Bessler）评论道，"到现在，我们已经在该州拥有约50 000英亩土地。我可以预见，我们可以达到150 000英亩以上。"

但请时刻保持警惕，目前的短缺可能再次变成过剩。

及时复习

- 行业供给曲线对应前面章节的供给曲线。从短期来看，生产者的数量在该时间段内是固定不变的。短期行业供给曲线和需求曲线的交点决定短期市场均衡。在长期，生产者可以进入或退出该行业，长期行业供给曲线与需求曲线的交点决定长期市场均衡。在长期市场均衡实现时，生产者既不进入也不退出该行业。

● 长期行业供给曲线通常呈水平状，而当必需的投入品数量有限时，它向上倾斜。长期行业供给曲线比短期行业供给曲线更富有弹性。

● 当完全竞争行业实现长期市场均衡时，每个企业生产的边际成本都相同，等于市场价格，行业产出的总成本实现最小化。它也是有效率的。

小测验 12－3

1. 下列哪些事件会导致企业进入一个行业？哪些事件会导致企业退出一个行业？什么时候进入或退出停止？请解释你的答案。

a. 技术进步降低了行业中每个企业的固定成本。

b. 行业提高工人的工资已经有一段时间了。

c. 消费者口味的永久性变化增加了对产品的需求。

d. 由于一种投入要素长期短缺，该关键投入要素价格上涨。

2. 假设蛋业是完全竞争的，在具有完全弹性的长期行业供给曲线上实现了长期均衡。由胆固醇引起的健康问题导致对鸡蛋的需求减少。构造一个类似于图 12－7 的图形，表明行业的短期行为，并说明如何重新建立长期均衡。

▶ **企业案例**

购物应用程序、展示厅和实体零售商面临的挑战

在加利福尼亚州桑尼维尔的百思买，崔特朗（Tri Trang）发现了一款给女友的完美礼物，一个 184.85 美元的全球定位系统 Garmin GPS。在有移动购物应用程序（App）之前，他可能就在该店购买了。但是，崔特朗迅速拿出他的智能手机进行比价。在 Amazon.com 上相同的产品价格为 106.75 美元，免运费，他在亚马逊上下了订单。

对于实体零售商如百思买来说，客户将其作为“展示厅”——检视店内商品，然后在线购买，这威胁到了它们的生存。购物 App 的爆发式增长使得顾客可以立即比价并在线（如在 TheFind 网站）购买、通过网站（如 Coupons.com）获得数以千计的优惠券，以及提醒顾客附近打折的零售商店（如 SaleSorter），这如同对传统零售商进行“恐怖袭击”。

在购物 App 出现之前，传统零售商可以通过诱人的特色吸引顾客进店并合理地期望他们会购买营业员推销的商品而使自己获利。但是，这些好日子正在迅速消失。咨询公司埃森哲（Accenture）发现，在拥有移动设备的客户中有 73%的人喜欢通过自己的手机购物，而不是通过售货员。从 2010 年到 2014 年的短短四年中，已使用的移动优惠券数量已经从 1 230 万翻了两番，达到 5 320 万。

但是实体零售商正在反击。为了防止“展示厅”现象，塔吉特公司经销的产品是制造商特意为该公司进行了稍许修改的。像其他零售商一样，塔吉特公司已开展了在线业务，其网站上陈列的商品名目数翻了两番，向移动手机用户发送了大量的优惠券和折扣提醒，并对忠诚用户提供奖励。沃尔玛现在也为在线购买店内商品的客户提供免费配送服务，因此客户可免交运费。如果顾客以旧换新，史泰博对新购打印机打折。

然而，传统零售商知道，它们的生存依赖于定价水平。虽然其在线商品的价格往往比卖场商品的价格低，但这些零售商仍在挣扎着与网上卖家如 Amazon.com 进行竞争。最近的一项研究显示，Amazon.com 的价格比 Walmart.com 的低约 9%，比 Target.com 的低 14%。百思买现在为其最佳客户提供与在线价格相匹配的价格。

这显然是为生存而进行的比赛。正如一位分析师所言，“只有 2～3 家零售商可以进行最低价格博弈。那些没有任何价格竞争力和出色店铺体验的零售商前景暗淡。”

思考题

1. 从案例材料来看，关于电子产品零售市场在移动电商比价购买出现之前是否满足完全竞争条件，你能得出什么结论？竞争面临的最重要的障碍是什么？

2. 移动购物应用程序的引进对电子产品零售市场的竞争产生了什么影响？对像百思买这样的实体零售商的盈利能力会产生怎样的影响？总体来说对这些商品购买者的消费者剩余会产生怎样的影响？

3. 为什么有些零售商让制造商为它们制造独家产品？这一趋势会增强还是会减弱？

小结

1. 在一个完全竞争市场中，所有生产者都是价格接受型生产者，所有消费者都是价格接受型消费者，即任何个人的行为都不会影响市场价格。消费者通常是价格接受者，但生产者往往并不是。在一个完全竞争行业，所有生产者都是价格接受者。

2. 完全竞争行业的两个必要条件：有很多生产者，没有一个生产者占据较大的市场份额，以及行业生产的都是标准化产品或大宗商品——消费者视之为相同的产品。第三个条件经常也要满足：行业可自由进入和退出。

3. 生产者按最优产出原则来选择产出：选择边际收益等于边际成本时的数量。对于价格接受型企业来说，边际收益等于价格，其边际收益曲线是在某一市场价格上的水平线。生产者根据价格接受型企业的最优产出原则来选择产出：生产价格等于边际成本时的产量。然而，生产最优产量的企业可能没有盈利。

4. 如果总收益超过总成本，或等价地说，如果市场价格超过其盈亏平衡价格——最低平均总成本——企业将总是有利可图。如果市场价格低于盈亏平衡价格，企业无利可图；如果市场价格等于盈亏平衡价格，企业盈亏平衡。当有利可图时，企业的每单位利润为 $P-ATC$；当无利可图时，企业的每单位损失为 $ATC-P$。

5. 固定成本与企业的短期最优生产决策无关，后者与停产价格——其最低平均可变成本——和市场价格有关。当市场价格等于或高于停产价格时，企业生产的产量位于边际成本等于市场价格的水平。当市场价格低于停产价格时，企业在短期内停止生产。这给出了企业的短期个体供给曲线。

6. 随着时间的推移，固定成本不再无关紧要。如果市场价格在一段时间内低于最低平均总成本，在长期企业将退出该行业。但如果市场价格高于最低平均总成本，现有企业有盈利，新企业在长期内将进入该行业。

7. 行业供给曲线会随着时间的推移而变化。短期行业供给曲线是在企业数量给定条件下的行业供给曲线。短期市场均衡由短期行业供给曲线和需求曲线的交点给出。

8. 长期行业供给曲线是在企业有足够的时间进入或退出该行业的条件下得出的行业供给曲线。在长期市场均衡实现时，即在长期行业供给曲线与需求曲线相交时，没有生产者进入或退出。长期行业供给曲线通常为水平线。它也可能向上倾斜——如果一种投入要素的供给数量有限并导致整个行业的成本递增。它也可能向下倾斜——如果整个行业的成本递减。但它始终比短期行业供给曲线更富有弹性。

9. 在竞争性行业的长期市场均衡实现时，利润最大化导致每个企业以相同的边际成本——等于市场价格——生产。自由进入和退出意味着每个企业赚取的经济利润都为零，在最低平均总成本水平上进行生产。这样行业生产的总成本达到最小化。结果是有效率的，因为每个消费者愿意支付的价格都高于或等于生产的边际成本。

关键词

价格接受型生产者　价格接受型消费者　完全竞争市场　完全竞争行业　市场份额　标准化产品
大宗商品　自由进入和退出　边际收益　最优产出原则　价格接受型企业的最优产出原则
边际收益曲线　盈亏平衡价格　停产价格　短期个体供给曲线　行业供给曲线
短期行业供给曲线　短期市场均衡　长期市场均衡　长期行业供给曲线

练习题

1. 在如下每种情形下企业是价格接受型生产者吗？请解释。

a. 大学城中的一家卡布奇诺咖啡馆，城中有几十个非常相似的卡布奇诺咖啡馆。

b. 百事可乐生产商。

c. 当地农贸市场中几十家西葫芦销售商中的一家。

2. 如下每种情形中的行业是完全竞争的吗？请解释。根据市场占有率、产品标准化和/或自由进入和退出标准来说明你的答案。

a. 阿司匹林。

b. 阿黛尔的演唱会。

c. 越野车。

3. 鲍勃生产并出售蓝光电影光碟，这需要建立一个工作室和使用一台机器将电影复制到蓝光光碟上。鲍勃为工作室每月支付租金 30 000 美元，机器的租赁费用为每月 20 000 美元。这些都是他的固定成本。他每月的可变成本如下表所示。

蓝光电影光碟数量	VC（美元）
0	0
1 000	5 000
2 000	8 000
3 000	9 000
4 000	14 000
5 000	20 000
6 000	33 000
7 000	49 000
8 000	72 000
9 000	99 000
10 000	150 000

a. 计算鲍勃每单位产量的平均可变成本、平均总成本和边际成本。

b. 该行业可自由进入，任何新进入的企业都将有与鲍勃相同的成本。假设目前每张蓝光电影光碟的价格是 25 美元。鲍勃的利润为多少？这是一个长期均衡吗？如果不是，在长期蓝光电影光碟的价格是多少？

4. 继续考虑鲍勃蓝光电影光碟公司的问题。假设蓝光电影光碟生产是一个完全竞争行业。回答如下每一个问题，并解释你的答案。

a. 鲍勃的盈亏平衡价格是多少？他的停产价格是多少？

b. 假设一张蓝光电影光碟的价格是 2 美元。鲍勃在短期应该生产吗？

c. 假设一张蓝光电影光碟的价格是 7 美元。在实现利润最大化时，鲍勃应该生产多少蓝光电影光碟？他的利润总额是多少？他会在短期停产吗？在长期他将留在该行业还是退出该行业？

d. 假设一张蓝光电影光碟的价格为 20 美元。鲍勃利润最大化的蓝光电影光碟的产量应该为多少？他的利润总额为多少？他在短期应该组织生产还是停产？从长期来看他将留在该行业还是退出该行业？

5. 仍然以第 4 题中的鲍勃蓝光电影光碟公司为分析对象。

a. 画出鲍勃的边际成本曲线。

b. 在什么价格范围内，鲍勃在短期不会生产蓝光电影光碟？

c. 画出鲍勃的个体供给曲线。在图中表示出的价格范围为 0～60 美元，变量的间距为 10 美元。

6. a. 追求利润最大化的企业每年的经济亏损为 10 000 美元。它的固定成本是每年 15 000 美元。在短期它应该组织生产还是停产？在长期它应该留在这个行业吗？

b. 假设这个企业每年的固定成本为 6 000 美元。在短期它应该组织生产还是停产？在长期它应该留在这个行业吗？

7. 小镇的第一家寿司店开业了。最初，人们对小口吃生鱼片非常谨慎，因为在这个小镇，大口吃烤肉一直大受欢迎。但是，不久前一份有很大影响的健康报告警告消费者远离烤肉并建议他们增加鱼的消费，尤其是生鱼片。寿司餐厅变得非常受欢迎，利润也增加了。

a. 寿司店的短期利润会有什么变化？在长期小镇的寿司店会发生什么变化？第一家寿司店的短期利润能够在长期维持吗？请解释你的答案。

b. 当地牛排餐厅因为寿司店受欢迎而受到冷落，开始出现亏损。从长期来看，小镇的牛排餐厅会发生什么变化？解释你的答案。

8. 完全竞争企业的短期总成本如下表所示：

数量	*TC*（美元）
0	5
1	10
2	13
3	18
4	25
5	34
6	45

市场对该企业产品的需求如下面的需求表所示。

价格（美元）	需求量
12	300
10	500
8	800
6	1 200
4	1 800

a. 计算该企业除零外所有产量的边际成本，以及该企业的平均可变成本和平均总成本。

b. 这个行业有 100 个企业，所有企业的成本都与这个企业相同。画出短期行业供给曲线。在同一幅图中画出市场需求曲线。

c. 市场价格为多少？每个企业获得多少利润？

9. 对抗致命疾病的新疫苗刚刚被发现。目前，每年有 55 人因患该疾病而死亡。新疫苗能拯救生命，但并非完全安全。一些接种者因为副作用而死亡。下表给出了接种疫苗的影响。

接种疫苗的人口比例（%）	疾病致死人数	接种疫苗的总死亡人数	接种疫苗的边际收益	接种疫苗的边际成本	接种疫苗的“利润”
0	55	0			
			—	—	—
10	45	0			
			—	—	—
20	36	1			
			—	—	—
30	28	3			
			—	—	—
40	21	6			
			—	—	—
50	15	10			
			—	—	—
60	10	15			
			—	—	—
70	6	20			
			—	—	—
80	3	25			
			—	—	—
90	1	30			
			—	—	—
100	0	35			

a. 接种疫苗的“边际收益”和“边际成本”是多少？计算接种疫苗的人口比例每提高10%的边际收益和边际成本。在表中填写你的答案。

b. 接种疫苗的最优人口比例为多少？

c. 在这里“利润”怎样解释？计算每一接种水平的利润。

10. 评估如下每一个命题。如果命题为真，请解释原因；如果命题为伪，找出错误并改正。

a. 在完全竞争行业，实现利润最大化的企业应该选择市场价格和边际成本之间差额最大时的产出水平。

b. 固定成本增加降低了短期内利润最大化的产出数量。

11. 像小麦之类的农产品是完全竞争行业少有的几个例子之一。在本题中，我们分析美国农业部2013年关于美国小麦产量公布的一项研究成果。

a. 种植小麦的平均可变成本为每英亩127美元。假设每英亩的产量为44蒲式耳，计算出每蒲式耳小麦的平均可变成本。

b. 在2013年，农场主收到的小麦的平均销售价格为每蒲式耳7.58美元。你认为处于平均水平的农场在短期内会退出该行业吗？请解释。

c. 每英亩的小麦产量为44蒲式耳，每个农场的平均总成本为每蒲式耳4.80美元。美国黑麦（一种小麦）的种植面积从2010年的242 000英亩增加至2013年的306 000英亩。利用这里及a和b给出的价格及成本信息，解释这为什么会发生。

d. 使用以上信息，你认为在2013年之后小麦产量和价格会发生什么变化？

12. 下表给出的是对加利福尼亚州干洗店洗熨一件男式衬衫的价格的调查。

店名	所在城市	价格（美元）
A-1 Cleaners	圣巴巴拉	1.50
Regal Cleaners	圣巴巴拉	1.95
St. Paul Cleaners	圣巴巴拉	1.95
Zip Kleen Dry Cleaners	圣巴巴拉	1.95
Effie the Tailor	圣巴巴拉	2.00
Magnolia Too	戈利塔	2.00
Master Cleaners	圣巴巴拉	2.00
Santa Barbara Cleaners	戈利塔	2.00
Sunny Cleaners	圣巴巴拉	2.00
Casitas Cleaners	卡平特里亚	2.10
Rockwell Cleaners	卡平特里亚	2.10
Norvelle Bass Cleaners	圣巴巴拉	2.15
Ablitt's Fine Cleaners	圣巴巴拉	2.25
California Cleaners	戈利塔	2.25
Justo the Tailor	圣巴巴拉	2.25
Pressed 4 Time	戈利塔	2.50
King's Cleaners	戈利塔	2.50

a. 戈利塔与圣巴巴拉洗熨一件衬衫的平均价格为多少？

b. 画出加利福尼亚州戈利塔一家普通干洗店的边际成本和平均总成本曲线，假设它是完全竞争企业，但在短期内对每件衬衫都有利润可赚。标出短期均衡点，并用阴影区域表示干洗店获得的利润。

c. 假设戈利塔干洗店的短期均衡价格为2.25美元。分别画出该市场中一条典型的短期需求曲线和供给曲线，标明均衡点。

d. 看到在戈利塔地区有利润可赚，另一家干洗店Diamond Cleaners进入该市场。它的收费为每件衬衫1.95美元。

戈利塔地区洗熨一件男士衬衫的新的平均价格为多少？请画图说明，在有新进入者时，通过移动需求曲线、短期供给曲线还是同时移动两条曲线来影响戈利塔地区洗熨衬衫的平均价格。

e. 假定加利福尼亚州干洗业按新的价格收费后正好盈亏平衡（赚取零经济利润），请在第 b 问的图上标明企业进入可能造成的影响。

f. 如果干洗业是完全竞争的，戈利塔和圣巴巴拉之间的平均价格差异意味着两个地区的成本有什么不同？

在线回答问题

13. 凯特・卡特琳（Kate Katering）提供餐饮服务，餐饮行业是完全竞争行业。凯特每天的机器成本为 100 美元，这也是唯一的固定投入。她的可变成本包括支付给厨师的工资和食品配料开支。每日可变成本与产量的关系如下表所示。

价格（美元）	*VC*（美元）
0	0
10	200
20	300
30	480
40	780
50	1 000

a. 计算总成本、平均可变成本、平均总成本，以及每一产量水平上的边际成本。

b. 盈亏平衡价格和数量是多少？停产价格和数量是多少？

c. 假设凯特设定的用餐价格为每份 21 美元。在短期内，凯特能赚取利润吗？从短期来看，她应该组织生产还是停产？

d. 假设凯特设定的用餐价格为每份 17 美元。在短期内，凯特能赚取利润吗？从短期来看，她应该组织生产还是停产？

e. 假设凯特设定的用餐价格为每份 13 美元。在短期内，凯特能赚取利润吗？从短期来看，她应该组织生产还是停产？

第13章

垄　断

本章将学习

- 垄断的意义，独家垄断企业是一种产品唯一的生产者。
- 一个垄断企业如何决定其利润最大化的产量和价格。
- 垄断和完全竞争的区别，以及这种区别对社会福利的影响。
- 政策制定者怎样解决垄断带来的问题。
- 什么是价格歧视，当生产者有市场势力时，为什么普遍采用价格歧视。

☞ 开篇案例

人人都要有钻石

几年前，世界主要钻石供应商戴比尔斯（De Beers）推出广告敦促男士为他们的妻子购买钻石首饰。“她嫁给你是变富了，还是变穷了，”广告写道，“要让她知道。”

赤裸裸？是的。有效吗？没问题。一代接一代，钻石一直是奢华的象征，其价值不仅在于其外表，而且在于它们的罕见。我们知道，在著名影星玛丽莲·梦露（Marilyn Monroe）演唱的电影《绅士爱美人》（*Gentlemen Prefer Blondes*）的歌曲中，钻石是“女孩最好的朋友”。

但地质学家告诉我们，钻石并非那么罕见。事实上，根据《道·琼斯-欧文精美珠宝首饰指南》（*Dow Jones-Irwin Guide to Fine Gems and Jewelry*），钻石“比任何其他高品质彩色宝石都更常见。它们只是看上去罕见……”

钻石为什么看起来比其他宝石罕见？部分原因是出色的市场营销活动。但钻石看起来罕见主要是因为戴比尔斯公司使得它们罕见：该公司控制了世界上大部分钻石矿，限制着钻石的上市供应数量。

到现在为止，我们只是集中于完全竞争市场，也就是生产者进行完全竞争的市场。但戴比尔斯并不像到目前为止我们已经研究过的生产者：它是一个垄断企业，某种产品唯一的（或几乎唯一的）生产者。垄断企业与完全竞争行业的生产者的表现完全不同：完全竞争者销售产品时是接受价格，垄断企业知道自己的行为会影响市场价格，当决定生产多少时会将这种影响考虑在内。在开始分析之前，我们先看一下更广泛市场分类系统中的垄断和完全竞争市场。

完全竞争和垄断是特定类型的市场结构。它们是经济学家根据两个主要方面对市场和行业进行分类的系统中的特定类别。在本章中我们首先对市场结构的类型做一简要概述。这有助于我们在后续章节中从更深层次上了解为什么市场会不同以及为什么在那些市场中生产者的行为也完全不同。

13.1 市场结构的类型

在现实世界中，对不同市场进行排列是件令人头疼的事情。我们在不同市场可以观察到生产者多样化的行为模式：在一些市场中，生产者之间激烈竞争；在一些市场中，生产者似乎莫名其妙地协调其行动，以避免互相竞争；而且，正如我们刚才所描述的，一些市场是垄断市场，没有竞争可言。

为了得出一些原则并对市场和生产者如何行事做出预测，经济学家已经总结出四种市场结构类型：完全竞争、垄断、寡头垄断和垄断竞争。市场结构的这种体系是基于两种维度来区分的：

1. 市场中生产者数量的多少（一个、几个还是许多）。

2. 提供相同的产品还是差异化产品。

差异化产品是指被消费者认为不同但又可进行部分替代的产品（想一想可口可乐与百事可乐）。

图 13-1 根据二维分类对各类市场结构给出了一个简单直观的总结。

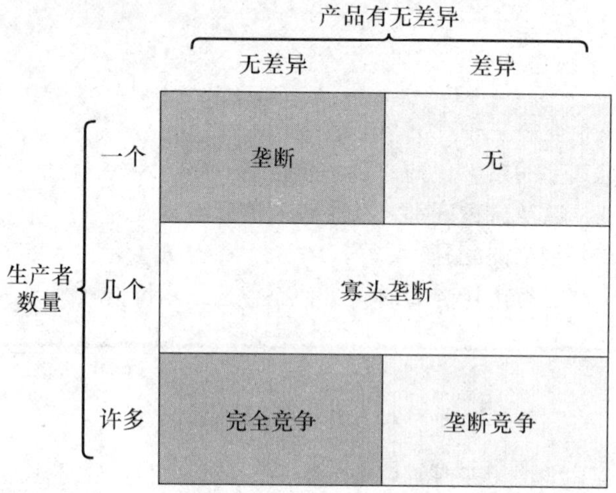

图 13-1　市场结构类型

分析任何具体企业和市场的行为都一定要利用市场结构的四种类型之一——垄断、寡头垄断、完全竞争或垄断竞争。这种市场结构的分类系统基于两个方面：(1) 是差异化产品还是相同的产品，(2) 行业中生产者的数目——一个、几个还是许多。

- 垄断，是指单一生产者销售单一、无差异的产品。
- 寡头垄断，是指几个生产者——不止一个但数量有限——销售相同的产品或差异化产品。
- 垄断竞争，是指有多个生产者，每个生产者销售一种差异化产品（如经济学教科书的出版商）。
- 完全竞争，是指许多生产者都销售同一种产品。

你可能想知道什么决定着市场中企业的数量：是一个（垄断）、几个（寡头垄断）还是许多（完全竞争和垄断竞争）。我们在此先不回答这个问题，因为在本章稍后部分以及在第 14 章和第 15 章（这两章分析寡头垄断和垄断竞争）我们会进行详细的讨论。

我们只是简要提及，在长期这取决于是否具备使新企业很难进入市场的条件，如：对必要资源或投入的控制能力，生产中是否存在规模报酬递增，是否具有技术优势，是否具有网络外部性，以及政府是否进行管制。当这些条件具备时，行业类型往往为垄断或寡头垄断；当不具备这些条件时，行业类型往往为完全竞争或垄断竞争。

你也可能想知道为什么一些市场上是差异化产品，而其他市场上则是相同的产品。答案取决于产品的性质和消费者的偏好。有些产品——软饮料、经济学教科书、早餐麦片——可以很容易地依据消费者的口味和外观做成不同的品种。其他产品——如大锤——则很难进行区分。

尽管本章只介绍垄断，但寡头垄断和垄断竞争也同样具备垄断的重要特征。在下一节，我们将给出垄断的定义，回顾垄断形成的可能的条件。同样的条件，在不那么极端的情况下，也会导致寡头垄断。然后，我们将介绍一个垄断企业如何通过限制向市场供给的数量来增加利润，同样的情形也发生在寡头垄断和垄断竞争背景下。

正如我们将看到的，这种行为有利于生产者，但对消费者不利；它也导致非效率。研究的一个重要议题是公共政策通过哪些途径努力将损失降到最低。最后，我们会转向垄断的一个出人意料的结果——在寡头垄断和垄断竞争市场中也经常出现：不同的消费者经常对同样的产品支付不同的价格。

13.2 垄断的含义

南非的垄断企业戴比尔斯是由英国商人塞西尔·罗兹（Cecil Rhodes）在19世纪80年代创建的。到1880年，南非是世界上钻石的主要供应地。然而，仍有多家矿业公司，相互间竞争激烈。在19世纪80年代，罗兹买下了绝大部分矿业公司并把它们合并成一家公司，名为戴比尔斯。到了1889年，戴比尔斯几乎控制了世界上所有钻石的生产。

换言之，戴比尔斯成了一个**垄断企业**（monopolist）。一个生产者如果成为没有相近替代品的产品的独家供应商，它就是一个垄断企业。当一个行业由一个企业垄断时，这个行业就是**垄断**（monopoly）行业。

垄断企业是指一个企业是某种产品的唯一生产者且产品没有近似替代品的情形。
一个行业被一个垄断企业控制的情形就是所谓的**垄断**。

□ 13.2.1 垄断：完全不同于完全竞争

正如我们在第12章中所学习的，市场的供给和需求模型并不总是成立。相反，完全竞争模型只是几种不同类型市场结构中的一个模型。我们已经知道，如果有很多生产者，他们都生产同样的产品，这样的市场是完全竞争市场。垄断是完全竞争的极端对立面。

在实践中，真正的垄断企业是很难在现代美国经济中找到的，部分原因是法律障碍。一个当代企业家如果试图像罗兹那样将一个行业中的所有企业整合到一起，他很快就会被指控，因为他已经违反了反托拉斯法，该法律旨在防止通过合并形成垄断。寡头垄断的市场结构即一个行业有几个大型生产者则更为常见。事实上，我们购买的大部分产品，从汽车到机票，都是由寡头垄断企业提供的。我们将在下一章考察寡头垄断。

然而，垄断企业在经济的某些部门（如医药行业）中发挥着重要作用。此外，我们对垄断的分析将为后续其他非完全竞争情形如寡头垄断和垄断竞争的分析打下基础。

□ 13.2.2 垄断企业怎样行事？

为什么罗兹要将南非的钻石生产者整合成一家公司？这样做后世界钻石市场有什么不同？

图13-2对垄断造成的影响做了初步分析。它表明在完全竞争行业中，供给曲线与需求曲线在C点相交，由此决定的价格为P_C，产量为Q_C。

假设这个行业被整合成一个垄断行业。垄断企业通过减少供给，沿着需求曲线上移到如M点这样的位置，生产的产量Q_M比完全竞争情况下要少一些，价格P_M则要高一些。

一个垄断企业通过降低产量使价格高于竞争水平的能力被称为**市场势力**（market power）。市场势力是垄断的根本。100 000名小麦农场主中的一名并无市场势力：他或她必须按现行市场价格出售小麦。你所在城市的水务公用事业公司则有市场势力：它可以提高价格，仍然保有许多（但不是全部）客户，因为客户别无选择。因此，该类企业是一个垄断企业。

市场势力是企业能够提高价格的能力。

与完全竞争行业的产出水平相比，垄断企业减产提价的原因是为了增加利润。塞西尔·罗兹将多家钻石生产者整合为戴比尔斯，就是因为他意识到，整合为一体后整体的价值将大于各部分的价值之和。垄断企业获得的利润要高于相互竞争企业的利润的总和。正如我们在 12 章中看到的，完全竞争下的经济利润在长期通常会消失，因为竞争者将进入市场。在垄断市场中，利润不会消失，一个垄断企业能够继续在长期获得经济利润。

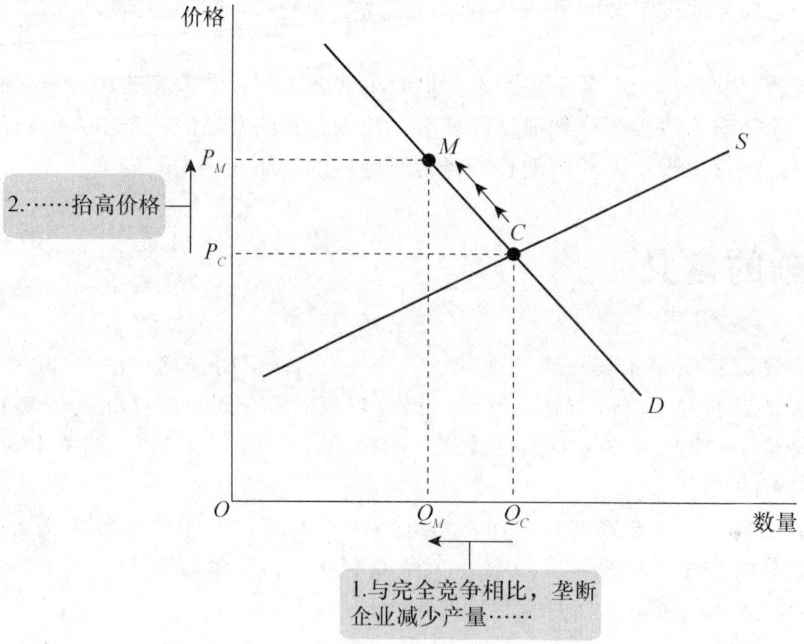

图 13-2 垄断企业如何行事

在完全竞争市场中，供给与需求决定数量和价格。图中在 C 点实现竞争均衡，价格为 P_C，数量为 Q_C。垄断企业则会将供给量减少到 Q_M，沿着需求曲线从 C 点移动到 M 点，使价格上涨到 P_M。

事实上，垄断企业并非具备市场势力的唯一的企业类型。在下一章中，我们将获知寡头垄断市场中的企业也有市场势力。在一定条件下，寡头垄断企业也可以如垄断企业那样，在长期通过限制产量来获得经济利润。

但是，为什么利润没有被竞争掉？是什么让垄断企业成为垄断企业？

□ 13.2.3 为什么存在垄断?

> 为了获得经济利润，一个垄断企业必须得到**进入壁垒**——阻止其他企业从事相同业务的“东西”——的保护。

垄断企业有盈利并非无人知晓。（回想一下，这里是指经济利润，即收益超过企业所使用资源的机会成本的部分。）但是，从长期来看为什么其他企业不与之竞争，来分一杯羹，并导致价格下降、利润减少？一个有经济利润的垄断企业长期存在，必定存在什么东西阻碍其他企业来从事相同的业务，这种“东西”就是所谓的**进入壁垒**（barrier to entry）。进入壁垒有五种主要类型：控制一种稀缺资源或投入，规模报酬递增，技术优势，网络外部性，以及政府创建的进入壁垒。

1. **控制一种稀缺资源或投入**。垄断企业如果控制了一个行业的关键资源或投入，就可以阻止其他企业进入其市场。塞西尔·罗兹创造出的戴比尔斯垄断就是通过控制世界上大部分钻石矿山来实现的。

2. **规模报酬递增**。很多美国家庭都有天然气输送管道，用于做饭和取暖。无须怀疑，当地的天然气公司就是一个垄断企业。但是，竞争对手为什么不来提供天然气?

在 19 世纪初，当天然气行业刚刚起步时，公司间为争夺本地客户展开竞争。但竞争并没有持续多久，几乎在每一个城镇当地的天然气供应很快就形成了垄断局面，因为为一个城镇提供天然气管道的固定成本巨大。铺设天然气管道的成本并不取决于一家公司有多少天然气可供出售，因此销售规模大的企业就有了成本优势：因为它能够在更大的数量上分摊固定成本，所以与小企业相比，它的平均总成本也较低。

地方天然气供应是平均总成本随着产量的增加而下降的行业。正如我们在第 11 章中所学到的，这种现象被称为规模报酬递增。我们知道，当平均总成本随着产量的增加而下降时，企业往往会成长得更大。对于一个具有规模报酬递增特点的行业来说，大企业盈利能力更强，会将小企业击退。出于同样的原因，现有企业比任一潜在进入者都更具成本优势——这也成为一个强有力的进入壁垒。因此，规模报酬递增既创造也可以维持垄断地位。

由规模报酬递增创造和维持的垄断被称为**自然垄断**（natural monopoly）。自然垄断的决定性特征是它在与其行业相关的产出范围内存在规模报酬递增现象。如图 13－3 所示，该图展示了企业的平均总成本曲线和市场需求曲线 D。在图中，我们可以看出，在价格高于或等于平均总成本的产出范围内，自然垄断企业的 ATC 曲线递减。

当规模报酬递增使得由一个企业生产整个行业的产量具有显著的成本优势时就存在**自然垄断**。

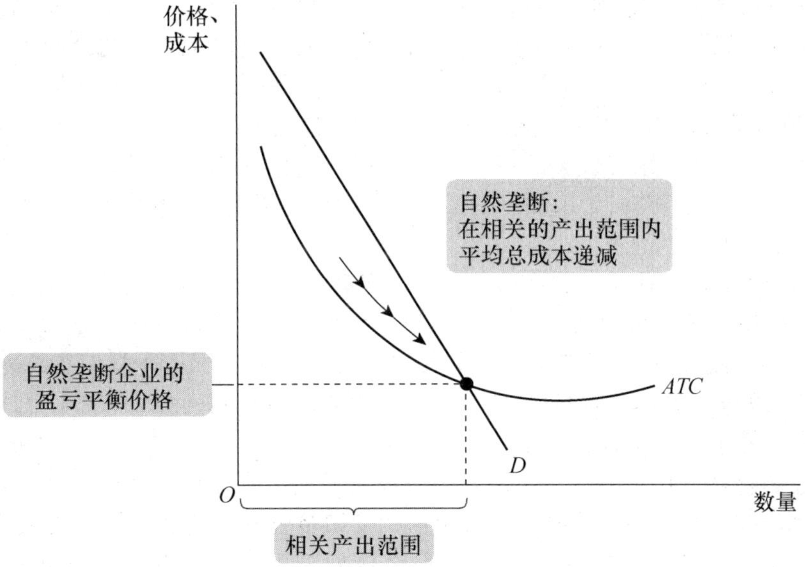

图 13－3　规模报酬递增创造自然垄断

当运营所必需的固定成本非常高时，可能会出现自然垄断。当这一现象发生时，企业的 ATC 曲线在价格高于或等于平均总成本的产出范围内递减。这使得企业在整个产出范围内具有规模报酬递增特征，在这样的产出范围内，即使从长期来看，企业也至少能维持盈亏平衡。结果，对于给定数量的产出，由一个大型企业生产比由两个或更多较小的企业生产成本更低。

因此，自然垄断企业在整个产出范围内具有规模报酬递增特征，任何企业都想在该行业生存下去，因为在这样的产出范围内，即使从长期来看，企业也至少能维持盈亏平衡。形成这一条件的原因是庞大的固定成本：当需要巨大的固定成本来运营时，对于给定数量的产出，由一个大型企业生产的平均总成本要低于由两个或更多较小的企业生产的平均总成本。

在现代经济中，最明显的自然垄断企业是地方性的公用事业公司——自来水公司、天然气公司，有时也包括电力公司。正如我们已经知道的，自然垄断对公共政策形成特殊的挑战。

3. **技术优势**。一个企业持续保持对潜在竞争对手的技术优势也可以使自己成为一个垄断企业。例如，在 20 世纪 70—90 年代，芯片制造商英特尔在设计和生产微处理器（能够使电脑运行的芯片）方面一直保持对两个潜在竞争对手的技术优势。但是，技术优势从长期来看，并非一个典型的进入壁垒：随着时间的推移，竞争对手将加大投资，升级自身的技术，追赶技术领先企业。事实上，英特尔公司已经发现，自己的技术优势已被竞争对手超微半导体公司（Advanced Micro Devices，也称 AMD）蚕食，该公司生产的芯片从速度和功能上与英特尔生产的芯片不相上下。

我们应该注意到，在一些高新技术行业，技术优势并不能确保成功反击竞争对手，因为有网络外部性存在。

4. **网络外部性**。如果你是世界上唯一与互联网连接的人，这种连接对你有价值吗？答案当然是毫无价值。互联网连接有价值只是因为其他人也与互联网连接。而且，在一般情况下，连接的人越多，连接就越有价值。使用同一产品或服务的人越多，该种产品或服务对个人而言的价值就越大的这种现象，被称为**网络外部性**（network externality），其价值来自用户参与到其他用户的网络中。

网络外部性指当有许多人使用同一种产品或服务时，它们对个人而言的价值变大的现象。

网络外部性的早期形式出现在运输行业，公路或机场的价值随着人们使用的增加而提高。但是网络外部性在技术和通信行业尤其突出。

经典案例是电脑操作系统。在世界范围内，大部分个人计算机中运行的是微软公司的 Windows 系统。尽管许多人认为，苹果公司的操作系统更优越一些，但在个人电脑使用初期，广泛应用的 Windows 系统吸引了更多的软件开发和技术支持，这使其优势地位得以持续。

当网络外部性存在时，拥有最大的客户网络的企业在吸引新客户方面具有优势，这可能使其成为垄断企业。至少，占主导地位的企业可以收取更高的价格，因此可以获得与竞争对手相比更高的利润。此外，网络外部性使得拥有"最深口袋"（deepest pocket）的企业获得优势。现金最充裕的公司可以通过亏本出售大部分产品来获得最大的客户基础。

5. **政府创建的进入壁垒**。1998 年，默克（Merck）制药公司推出药品保法止（Propecia）——一种治疗脱发的有效药物。尽管保法止使默克公司获利丰厚，其他制药公司也知道其生产工艺，但没有其他公司来挑战默克公司的垄断地位。这是因为，美国政府给了默克公司在美国生产该药品的唯一的合法权利。保法止是政府设置壁垒来保护垄断的一个例子。

当下创造垄断的最重要的法律是专利和版权。一项**专利**（patent）给予发明者在一个时期制造、使用或销售该发明产品的独占权，大多数国家确定的这一时间段是 16～20 年。专利被颁发给新产品如药品或器械的发明者。与此类似，**版权**（copyright）赋予文学或艺术作品的创作者在一个时期从中获利的独家权利，这一时间段通常为创作者的有生之年加 70 年。

专利赋予发明者使用和销售该发明的暂时的垄断权利。

版权赋予文学或艺术作品的创作者从中获利的独家权利。

颁发专利和版权的合理性在于激励。如果发明者没有受到专利保护，他们从自己的努力中得到的奖励将很少：只要一个有价值的发明被公开，其他人将会复制并销售据此制造的产品。如果发明者不能指望从他们的发明中获利，那么他们就没有动力先付出代价来从事发明。对文学或艺术作品的创作者来说同样如此。因此，法律通过临时产权来鼓励发明与创作就形成了一个暂时的垄断。

▶ 国际比较

我们支付的代价

虽然向贫穷国家的患者提供廉价的专利保护药物是一个新现象，但对不同国家的不同消费者索取不同的价格，则是价格歧视的例子。

垄断企业为实现利润最大化对低价格弹性国家（富国）索取相对的高价，而对高价格弹性国家（穷国）则收取相对的低价。然而有趣的是，收入水平差不多的国家，药品价格差异显著。我们对此如何解释呢？

答案是规制不同。

下图所示为部分国家的居民对治疗鼻子过敏的常用药物内舒拿（Nasonex）支付的不同价格。该图表明，美国人支付的药价高于其他国家，甚至高于像瑞士这样的富裕国家的居民。我们可以看出，瑞士居民支付的价格大约为美国人支付的三分之一，英国居民支付的相当于美国人支付的约十分之一。

这并非一个特殊的比较。常用的治疗消化不良的处方药物耐信（Nexium），瑞士售价也约为美国售价的三分之一，英国售价约为美国售价的七分之一。而对于常用的治疗高胆固醇的药物立普妥（Lipitor），美国售价是英国售价的三倍。

原因是什么呢？其他国家的政府对药品价格的规制比美国政府积极得多，这有助于这些国家的药价保持在公民能接受的水平上。这就不奇怪，美国人为了省钱前往加拿大和墨西哥购买他们所需的药物，或通过互联网从国外购买。

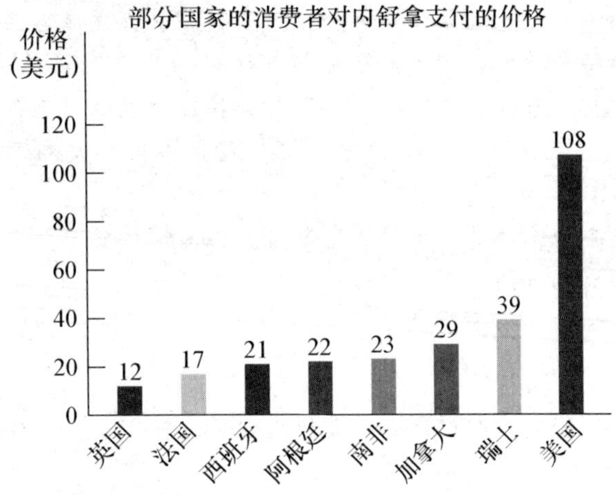

然而，美国制药商争辩说，为支付高昂的研发成本，药价高是必要的。药物研发成功可能需要花费几年的时间，投入数千万美元。制药公司的批评者反驳说，美国的药价已经超过了社会期望药物创新所需要投入的水平。他们认为，制药公司往往专注于开发能产生高额利润而非那些可改善健康或挽救生命的药物。

无可争辩的是，对资助创新而言，一定的利润水平是必要的。

资料来源：International Federation of Health Plans，2012 Comparative Price Report.

专利和版权只是暂时的，也是法律权衡和妥协的结果。在法律的保护下产品保持较高的价格，实际上是对发明者的发明成本进行补偿；相反，一旦法律保护失效，竞争者出现，价格走低，将有利于消费者，并提高经济效率。

由于暂时垄断的持续时间不能根据具体情况灵活调整，这种制度并不完善，因此导致错过了一些机会。在某些情况下，这会引起显著的福利问题。例如，关于贫穷国家制药公司对美国药品专利的侵犯一直就存在争论，因为无力支付零售药价的贫困患者与为发明这些药物支出了高额研发成本的公司的利益形成了冲突。

为了解决这个问题，一些美国制药公司和穷国进行了谈判，后者要尊重专利，但美国企业要以大幅打折的价格出售它们的药物。(这就是我们稍后将要学习的价格歧视的一个例子。)

▶ 真实世界中的经济学

新兴市场：钻石垄断企业最好的朋友

当塞西尔·罗兹创建戴比尔斯垄断企业时，正好是千载难逢的时机。在南非，新的钻石矿超过此前所有矿源，所以，世界上几乎所有的钻石生产都集中在了这几平方英里范围内。

直到最近，即使有新开矿山，戴比尔斯公司仍然能够扩大其对资源的控制。戴比尔斯要么买下新的生产者，要么与控制部分新矿的地方政府签署协议，使之实际上成为戴比尔斯垄断企业的一部分。

最明显的是与苏联签署的那些协议，可确保俄罗斯出产的钻石通过戴比尔斯进入市场销售，这保证了该公司对零售价格的控制能力。戴比尔斯竟然在其伦敦金库中囤积了足够供应一年的钻石。当需求下降时，新开采的宝石会被存储起来，而非出售，以限制零售供应，直到需求和价格恢复。

戴比尔斯占全球市场份额的峰值出现在 20 世纪 80 年代末，几乎达到近 90%，自那以后一直在下降。在 2013 年，戴比尔斯公司和美国政府之间长达数十年的诉讼终于以戴比尔斯同意停止试图垄断钻石市场并停止对抛光钻石实施固定价格而结束。戴比尔斯也失去了对供给的控制，因为在其他非洲国家以及俄罗斯和加拿大，几个独立公司开始开采钻石。此外，优质、廉价的人造钻石已经成为天然宝石的替代品，蚕食着戴比尔斯的利润。那么，这是否意味着高钻石价格和戴比尔斯高利润时代已经结束？

并非如此。虽然戴比尔斯不再是毛坯钻石最大的生产者，但仍然是收入最高的生产者。虽然供给和需求对当今钻石市场的影响要强于戴比尔斯，但戴比尔斯与其他钻石生产者仍然获得高利润。供应也极为有限，因为老矿已经接近枯竭，新的钻石来源又很难找到。同时，快速增长的经济体如中国和印度的消费者已经成为钻石需求的推动力量。因此，自2008年全球金融危机导致钻石价格大幅下跌以来，抛光钻石的价格每年平均上涨6%。

最后，虽然戴比尔斯可能不会永远是一个钻石垄断者，但有限的钻石供应和快速增长的经济体需求的不断攀升，使之几乎同以前一样有利可图。

及时复习

● 一个垄断企业利用其市场势力，通过索取比竞争性企业更高的价格、生产更少的产量的方式在短期和长期获得利润回报。

● 除非存在进入壁垒，比如控制自然资源、规模报酬递增、拥有技术优势、拥有网络外部性、由政府施加法律限制，否则，利润不会长期存在。

● 当在行业的相关产出范围内平均总成本递减时，自然垄断会由此产生。这创造了一种进入壁垒，因为现有垄断企业比进入者有更低的平均总成本。

● 在某些经济体的技术和通信部门，网络外部性使得拥有最多客户的公司成为垄断企业。

● 专利和版权是政府创造的进入壁垒，会形成一种暂时垄断，这是对如下情形进行平衡的需要：发明家发明的成本需要高价来补偿与低价会增加消费者剩余和提高效率。

小测验 13-1

1. 目前，得克萨斯 Tea 石油公司是阿拉斯加家庭取暖油的唯一本地供应商。这个冬天居民们感到震惊，每加仑取暖油的价格已经翻了一倍，居民们认为自己是市场势力的受害者。解释以下证据哪些支持这一说法，哪些否定这一说法。

a. 取暖油出现全国性紧缺，得克萨斯 Tea 石油公司加工数量有限。

b. 去年，得克萨斯 Tea 石油公司和其他一些当地的与其有竞争关系的石油供应公司合并为一家公司。

c. 得克萨斯 Tea 石油公司从炼油厂购买取暖油的成本显著上升。

d. 最近，一些外地企业也开始以比得克萨斯 Tea 石油公司低得多的价格向该公司的传统客户提供取暖油。

e. 得克萨斯 Tea 石油公司获得政府独家授权成为该州唯一的取暖油管道供油公司。

2. 假设政府正在考虑将专利授权从20年延长到30年。这将如何改变以下每种情形？

a. 对发明新产品的激励。

b. 消费者支付更高价格的时间长度。

3. 就以下每种情形解释网络外部性的性质。

a. 一种被称为“护照”的新型信用卡。

b. 一种新型汽车发动机，使用太阳能电池。

c. 一家本地的产品和服务的交易可以通过其进行的网站。

13.3 垄断企业如何实现利润最大化

正如我们所看到的，一旦塞西尔·罗兹将在南非的竞争性钻石生产者合并成一家公司，整个行业的行为都改变了：供给量下降和市场价格上升。在本节中，我们将学习垄断企业如何通过减少产量来增加利润。我们将看到，市场需求在垄断企业情形中表现出与完全竞争行业中不同的行为发挥着关键作用。（注意，这里的利润是经济利润，而非会计利润。）

□ 13.3.1 垄断企业的需求曲线和边际收益

在第 12 章中，我们得出了企业的最优产出原则：一个利润最大化的企业生产的产量对应着生产最后一单位产量的边际成本等于边际收益（即最后一单位产量所能带来的收益）。也就是说，$MR=MC$ 时得到利润最大化产量。

虽然最优产出原则适用于所有企业，但我们很快将会看到，对垄断企业与完全竞争行业（也就是说，企业都是价格接受者）来说，应用该原则得到的利润最大化产出水平是不同的。这种差异的根源在于，一个垄断企业所面临的需求曲线与完全竞争企业所面临的需求曲线不同。

除了最优产出原则外，我们还知道，尽管市场需求曲线总是向下倾斜，但组成完全竞争行业的每个企业都面临着一条具有完全弹性的需求曲线，即在市场价格处的水平线，如图 13-4（a）中的 D_C 所示。在完全竞争行业中，任何单个企业若企图收取高于市场水平的价格，都将损失所有销售额。但是，企业可按市场价格出售愿意出售的任何数量。

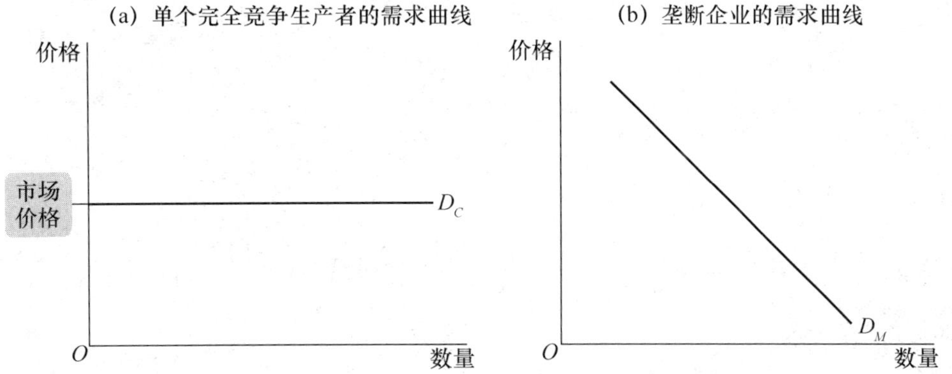

图 13-4　单个完全竞争生产者的需求曲线与垄断企业的需求曲线的比较

因为一个完全竞争生产者无力影响一种产品的市场价格，它面临如图（a）所示的水平状的需求曲线 D_C，企业可以按市场价格出售其希望出售的数量。垄断企业则可以影响价格。因为它是行业唯一的供应商，面临的是如图（b）所示的市场需求曲线 D_M。为了销售更多的产品，必须降低价格；通过减少产量，垄断企业可以提高价格。

我们在第 12 章中已经学过，一个完全竞争生产者的边际收益就是市场价格。因此，对价格接受型企业而言的最优产出原则是产量位于所生产的最后一单位产量的边际成本等于市场价格处。

对于垄断企业来说，则有很大的不同，因为它是市场上的独家供应者。因此，它的需求曲线是如图 13-4（b）中 D_M 所示的向下倾斜的市场需求曲线。向下倾斜就在产品价格和边际收益（多生产一单位产量带来的收益变化）之间造成了"楔差"。

表 13-1 展示了垄断企业的价格和边际收益之间的这个楔差，这是通过从需求表计算出垄断企业的总收益表和边际收益表得到的。

表 13-1 的前两列展示了假想的对戴比尔斯钻石的需求表。为了简便起见，我们假设所有的钻石都一模一样。并且为便于计算，我们假设所出售的钻石数量远远小于真实情形。例如，以每颗 500 美元的价格出售钻石时，我们假设只卖出 10 颗钻石。根据该表画出的需求曲线如图 13-5（a）所示。

表 13-1 的第三列为戴比尔斯公司从出售的每颗钻石中得到的总收益，即出售的钻石数量乘以钻石价格。最后一列是计算得出的边际收益，即从多生产和销售一颗钻石中得到的总收益的变化量。

很显然，在第 1 颗钻石被售出后，垄断企业从多销售的 1 单位钻石中得到的边际收益将低于销售价格。例如，如果戴比尔斯销售 10 颗钻石，第 10 颗钻石的销售价格为 500 美元。但是，边际收益即从第 9 颗到第 10 颗的总收益变化只有 50 美元。

为什么第 10 颗钻石带来的边际收益低于价格？这是因为，垄断企业增加生产会对收益产生两种相反的效应：

- 数量效应。多销售一单位产品，使总收益增加这一单位的销售价格。
- 价格效应。为了将最后一单位产品售出，垄断企业必须降低所有销售产品的市场价格，这将导致总收

表 13-1　　戴比尔斯作为垄断企业的需求、总收益和边际收益

钻石价格 P（美元）	钻石数量 Q（颗）	总收益 $TR=P\times Q$（美元）	边际收益 $MR=\Delta TR/\Delta Q$（美元）
1 000	0	0	
			950
950	1	950	
			850
900	2	1 800	
			750
850	3	2 550	
			650
800	4	3 200	
			550
750	5	3 750	
			450
700	6	4 200	
			350
650	7	4 550	
			250
600	8	4 800	
			150
550	9	4 950	
			50
500	10	5 000	
			−50
450	11	4 950	
			−150
400	12	4 800	
			−250
350	13	4 550	
			−350
300	14	4 200	
			−450
250	15	3 750	
			−550
200	16	3 200	
			−650
150	17	2 550	
			−750
100	18	1 800	
			−850
50	19	950	
			−950
0	20	0	

益减少。

垄断企业从销售 9 颗钻石到销售 10 颗钻石所产生的数量效应和价格效应如图 13-5（a）中的两个阴影区域所示。从 9 颗增加到 10 颗，意味着从需求曲线上的 A 点向下移动到 B 点，钻石价格从 550 美元降至 500 美元。深灰色阴影区域表示数量效应：戴比尔斯以 500 美元的价格出售了第 10 颗钻石。然而，这被价格效应抵消了一部分，价格效应如浅灰色阴影区域所示。为了出售第 10 颗钻石，戴比尔斯必须将所有钻石的价格都从 550 美元降至 500 美元。因此，该公司损失了 9×50 美元＝450 美元的收益，即浅灰色阴影区域的面积。多销售一颗钻石对收益产生的总效应也就是边际收益如 C 点所示——可从 9 颗增加至 10 颗得出——

仅为 50 美元。

C 点位于垄断企业的边际收益曲线［在图 13－5（a）中标为 *MR*］上，数据来自表 13－1 的最后一列。关于垄断企业关键的一点是边际收益曲线始终在需求曲线的下方。这由价格效应所致：一个垄断企业多出售一单位产品的边际收益总是小于垄断企业从此前销售产品中获得的价格。正是价格效应造成了垄断企业边际收益曲线与需求曲线之间的楔差：为了销售更多的钻石，戴比尔斯必须降低所销售的所有单位钻石的市场价格。

事实上，对于任何拥有市场势力者而言，如寡头垄断企业与垄断企业一样，都存在这种楔差。拥有市场势力意味着该企业面临的是向下倾斜的需求曲线。因此，增加产量总会产生价格效应。所以，对于拥有市场势力的企业而言，边际收益曲线总是位于需求曲线的下方。

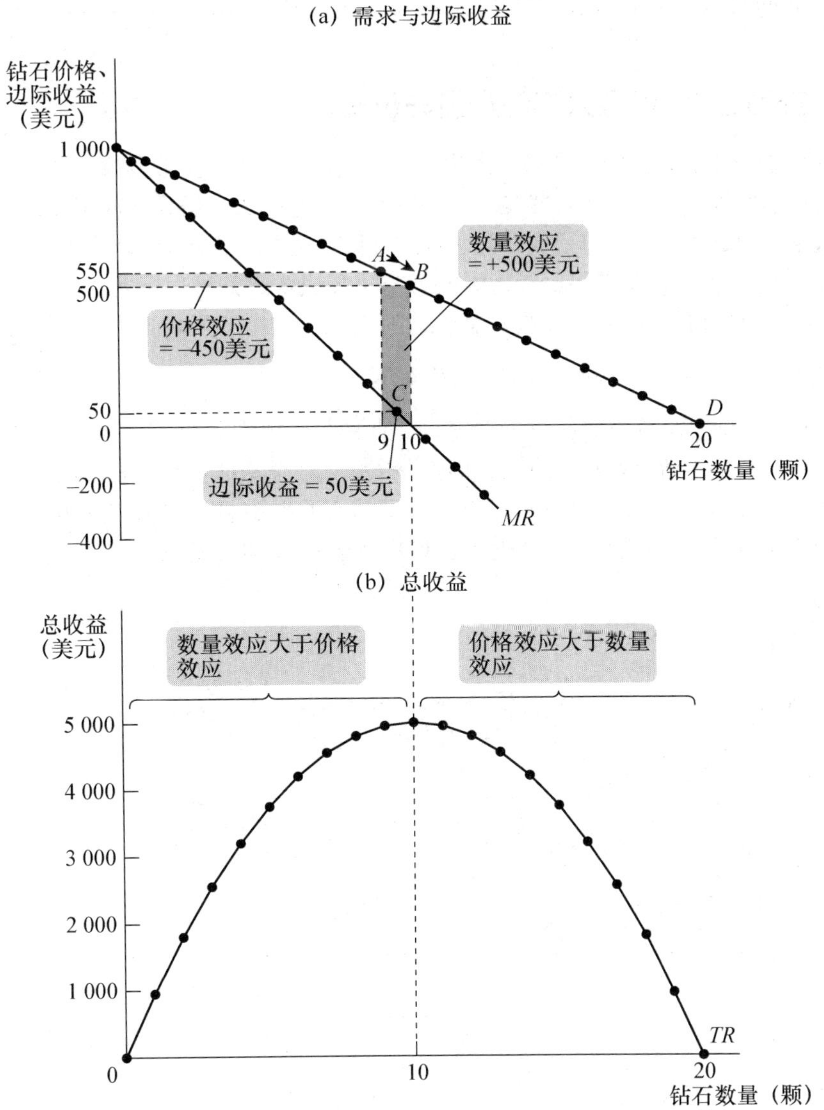

图 13－5　垄断企业的需求、总收益和边际收益曲线

图（a）所示为根据表 13－1 中的数据画出的钻石垄断企业的需求曲线、边际收益曲线。边际收益曲线位于需求曲线的下方。为了弄清原因，可以考虑需求曲线上的 *A* 点，其中 9 颗钻石以每颗 550 美元卖出，得到了 4 950 美元总收益。为销售第 10 颗钻石，所有 10 颗钻石的价格都必须降至 500 美元，如 *B* 点所示。因此，总收益增加了深灰色阴影区域（数量效应：＋500 美元），但减少了浅灰色阴影区域（价格效应：－450 美元）。因此，第 10 颗钻石带来的边际收益为 50 美元（深灰色阴影区域与浅灰色阴影区域面积之差），这要比 500 美元的价格低得多。图（b）所示为钻石垄断企业的总收益曲线。随着产量从 0 颗钻石增加到 10 颗钻石，总收益增加。总收益的最大值在第 10 颗钻石处达到——边际收益等于 0——之后将递减。数量效应大于价格效应时，总收益增加；价格效应大于数量效应时，总收益递减。

接下来我们比较一下垄断企业的边际收益曲线与完全竞争企业（没有市场势力）的边际收益曲线。对于后者，产出增加并无价格效应：它的边际收益曲线就是它的水平需求曲线。因此，对于完全竞争企业来说，市场价格和边际收益总是相等的。

为了强调具有市场势力的企业的数量效应和价格效应怎样相互抵消，图 13-5（b）给出了戴比尔斯的总收益曲线。请注意，该曲线呈小山形，当钻石产量从 0 颗增加到 10 颗时，总收益递增。这表明，在低产出水平，数量效应大于价格效应：随着垄断企业销售量的增加，它必须降低价格，但因为降低的量很少，所以价格效应较小。在产量超过 10 颗钻石后，总收益实际上会下降。这反映了如下事实，即在高产出水平，价格效应大于数量效应：随着垄断企业销售量的增加，它现在需要降低的价格越来越多，价格效应也就越来越大。

因此，在产量超过 10 颗后，边际收益曲线位于零以下。例如，产量从 11 颗增至 12 颗，仅仅使总收益增加 400 美元，但与此同时从第 1 颗到第 11 颗使总收益减少了 550 美元。结果，第 12 颗钻石带来的边际收益为－150 美元。

□ 13.3.2　垄断企业利润最大化的产量与价格

为了全面了解一个垄断企业如何实现利润最大化，现在我们来看垄断企业的边际成本。我们假设，生产没有固定成本；不论戴比尔斯生产多少钻石，额外生产一颗钻石的边际成本恒为 200 美元。也就是说，边际成本将总是等于平均总成本，边际成本曲线（也是平均总成本曲线）为 200 美元上的水平线，如图 13-6 所示。

为了实现利润最大化，垄断企业需要比较边际收益与边际成本。如果边际收益大于边际成本，戴比尔斯通过增加生产可获得更多的利润；如果边际收益小于边际成本，戴比尔斯减少生产可增加利润。

垄断企业实现利润最大化产出的条件为：$MR=MC$　　　　(13-1)

图 13-6 展示了垄断企业的最优点。在 A 点，垄断企业的边际成本曲线 MC 穿过边际收益曲线 MR。相应的产出水平为 8 颗钻石，这是垄断企业利润最大化的产量 Q_M。消费者对 8 颗钻石的需求价格为 600 美元，所以，垄断企业的价格 P_M 也是 600 美元，对应于 B 点。每颗钻石的平均总成本为 200 美元，所以，垄断企业每颗钻石赚取的利润为 600 美元－200 美元＝400 美元，利润总额为 8×400 美元＝3 200 美元，如阴影区域所示。

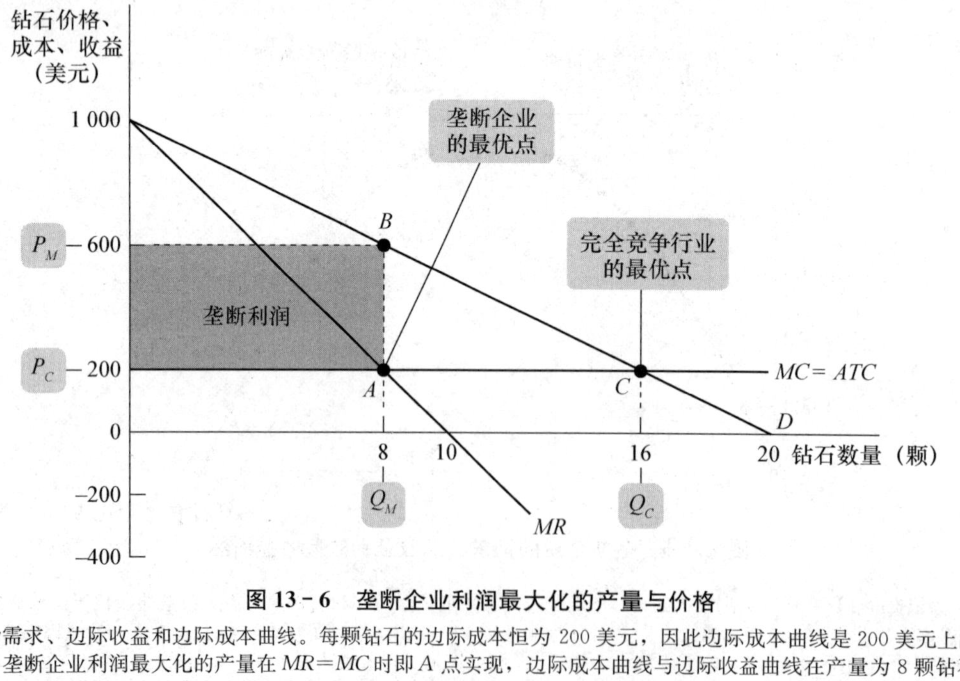

图 13-6　垄断企业利润最大化的产量与价格

图中所示为需求、边际收益和边际成本曲线。每颗钻石的边际成本恒为 200 美元，因此边际成本曲线是 200 美元上的水平线。根据最优产出原则，垄断企业利润最大化的产量在 $MR=MC$ 时即 A 点实现，边际成本曲线与边际收益曲线在产量为 8 颗钻石时相交。戴比尔斯公司的定价可以通过从 A 点垂直向上在需求曲线上找到，即图中的 B 点，每颗钻石的价格为 600 美元。利润为 400 美元×8＝3 200 美元。一个完全竞争行业的生产位于 C 点，即位于需求曲线和边际成本曲线相交处，在此处 $P=MC$。因此，一个完全竞争行业生产 16 颗钻石，按 200 美元的价格销售，利润为零。

▶ 疑难解答

垄断企业的定价

为找到垄断企业利润最大化的产量，我们要寻找边际收益曲线穿过边际成本曲线的交点，如图 13-6 中的 A 点就是一个例子。

但是也请注意不要陷入一个常见的错误：误认为 A 点也给出了垄断企业销售产品的价格水平。但它没有，它给出了垄断企业得到的边际收益水平，我们知道该边际收益水平低于价格水平。

为了找到垄断价格，我们必须从 A 点垂直向上直到需求曲线。在那里，我们能找到消费者对利润最大化数量支付的需求价格。因此，利润最大化的价格-数量组合点始终是需求曲线上的点，如图 13-6 中的 B 点所示。

□ 13.3.3 垄断与完全竞争

当塞西尔·罗兹将原来许多独立的钻石生产者整合成戴比尔斯公司时，他将一个完全竞争行业转化成了一个垄断企业。现在，可以用我们的分析方法来看看这样整合的效果。

再来看图 13-6。我们的问题是，如果不成为垄断企业，这个行业仍然为完全竞争行业，同一市场将如何运行？我们将继续假定，没有固定成本，边际成本是恒定的，所以平均总成本和边际成本相等。

如果钻石行业由许多完全竞争企业构成，则其中每个生产者都接受市场价格。也就是说，每一个生产者都按照边际收益等于市场价格来行事。这样，行业内每个企业都采用了价格接受型企业的最优产出原则：

在完全竞争企业利润最大化的产出上 $P=MC$ (13-2)

在图 13-6 中，符合该条件的点为 C 点，此时每颗钻石的价格 P_C 为 200 美元，等于生产钻石的边际成本。因此，完全竞争条件下该行业利润最大化的产量为 Q_C，即 16 颗钻石。

但是，该完全竞争行业在 C 点赚取利润了吗？没有！每颗钻石 200 美元的价格等于其平均总成本。因此，在完全竞争的产出水平上这个行业并无经济利润。

我们已经看到，一个行业一旦合并成一个垄断企业，结果就完全不同了。垄断企业在计算边际收益时需要考虑价格效应，因此，边际收益低于价格水平。也就是说，

在垄断企业利润最大化的产出上 $P>MR=MC$ (13-3)

正如我们已经知道的，垄断企业的产量水平低于完全竞争行业，即 8 颗钻石低于 16 颗钻石，垄断价格为 600 美元，而完全竞争价格只有 200 美元。垄断企业获得的利润为正值，但完全竞争行业则没有利润。

因此，正如我们前面所言，与竞争性行业相比，垄断企业具有如下特点：

- 产量更少：$Q_M<Q_C$。
- 价格更高：$P_M>P_C$。
- 获得利润。

▶ 疑难解答

存在垄断企业的供给曲线吗？

理解了一个垄断企业如何应用最优产出原则之后，你可能会问这对垄断企业的供给曲线意味着什么。然而，这是一个毫无意义的问题：垄断企业根本没有供给曲线。

请记住，供给曲线表现的是在任何给定的市场价格水平上生产者愿意提供的产量。但是，垄断企业没有将价格作为给定的，而是选择一个利润最大化的产量，然后考虑自己影响价格的能力。

□ 13.3.4 一般意义上的垄断图形

图 13-6 涉及了具体数字，并假设边际成本恒定，没有固定成本，因此平均总成本曲线是一条水平线。图 13-7 所示为垄断企业更一般的图形：D 是市场需求曲线；MR 是边际收益曲线；MC 是边际成本曲线；ATC 是平均总成本曲线。在这里，我们将回到通常的假定：边际成本曲线呈“上钩”形，并且平均总成本曲线呈 U 形。

应用最优产出原则，我们知道利润最大化产量在边际收益等于边际成本处达到，如 A 点所示，利润最大化的产量为 Q_M，垄断企业收取的价格为 P_M。在利润最大化产量水平上，垄断企业的平均总成本为 ATC_M，如 C 点所示。

从式（12-5）我们知道了如何计算利润，利润等于总收益和总成本之差。因此，我们有：

$$\begin{aligned}\text{利润} &= TR - TC = P_M \times Q_M - ATC_M \times Q_M \\ &= (P_M - ATC_M) \times Q_M \end{aligned} \qquad (13-4)$$

利润等于图 13-7 中阴影矩形的面积，$P_M - ATC_M$ 为高，Q_M 为宽。

在第 12 章中，我们知道，一个完全竞争行业可以在短期内获得利润，但在长期不会。从短期来看，价格可能会高于平均总成本，完全竞争企业因此可以赚取利润。但我们也知道这不可能持续下去。

从长期来看，随着新企业不断进入市场，完全竞争行业的利润最终会因为竞争而消失殆尽。相反，因为存在进入壁垒，垄断企业不论在长期还是在短期都可获得利润。

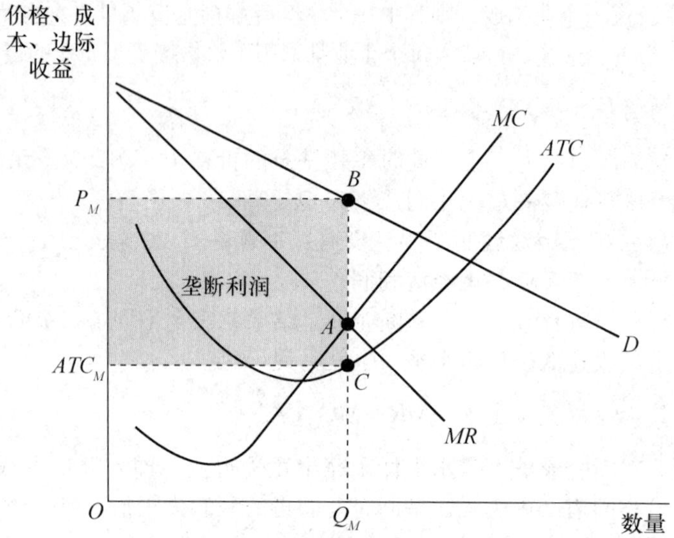

图 13-7 垄断企业的利润

在这种情形下，边际成本曲线呈“上钩”形，平均总成本曲线呈 U 形。垄断企业按照 $MR=MC$ 决定产出——由 A 点给出，对应的产量为 Q_M——将实现利润最大化。垄断价格为 P_M，即从 A 点垂直向上的需求曲线上的 B 点所对应的价格。产量为 Q_M 时平均总成本如 C 点所示。利润由阴影矩形的面积给出。

▶ **真实世界中的经济学**

高电价带来的冲击

从历史上看，电力行业被认定为自然垄断行业。一家电力公司服务于特定的地理区域，该公司拥有发电厂以及向客户输送电力的输电线路。向客户收取的电费由政府管制，一般被设定在弥补电力公司的运营成本再加上股东资本合理的收益率上。

然而，从 20 世纪 90 年代后期开始，因为相信竞争会导致零售电力价格降低，管制开始放松。政府在从发电厂到零售客户这一渠道的两个结合点上引入竞争：(1) 电力分销商将在向零售客户输送和销售电力方面展开竞争；(2) 发电厂将在向电力分销商提供电力方面展开竞争。

这更多的是一种纸上谈兵。到2014年，只有16个州制定了某种形式的电力放松管制政策，7个州曾经开始施行但随后又暂停了放松管制的做法，仍然有27个州继续对垄断电力供应商进行管制。为什么如此少的州在电力放松管制方面真正跟进？

通过放松管制降低电力价格的主要障碍是可选发电厂数量有限，其中大部分仍然需要大量的前期固定成本投入。因此，许多市场上只有一个发电厂。尽管消费者似乎可以选择他们的电力分销商，但选择只是一种幻象，因为每个人最终都必须从同一个发电厂获得电力。

事实上，当只有一个发电厂时，放松管制使消费者的境况变得更差。这是因为，放松管制后，发电厂可以进行市场操纵——为了哄抬电价，它们可以故意减少提供给电力分销商的电力数量。2000—2001年加利福尼亚州能源危机就是最令人震惊的情形，家庭和企业要忍受停电并付出几十亿美元的电力附加费。从后来监管机构获得的录音带上，可以听到雇员们讨论计划在能源需求高峰时期关闭发电厂，并开玩笑说他们是如何从美国加利福尼亚州每天“偷走”100多万美元。

另一个问题是，如果没有价格监管机构的监管，生产者也无法保证新建发电厂的回报率有利可图。因此，在放松管制的状态下，产能未必能跟上不断增长的需求。例如，得克萨斯州也是放松管制的一个州，出现了源于产能不足的大规模停电，而在新泽西州和马里兰州，监管机构已经介入，迫使生产者建造更多的发电厂。

最后，在放松管制的状态下，消费者支付的电费一直居高不下，往往要超出管制状态下的费用。于是，愤怒的消费者和恼怒的监管机构已促使许多州逆转，伊利诺伊州、蒙大拿州和弗吉尼亚州已经恢复为管制状态。加利福尼亚州和蒙大拿州走得更远，甚至授权电力分销商重新获得它们在放松管制过程中抛售的发电厂。此外，监管机构一直在寻找证据，对得克萨斯州、纽约州和伊利诺伊州电力公司操纵市场进行处罚。

及时复习

- 具有市场势力的企业，比如垄断企业，与完全竞争行业中的企业最重要的差别在于后者面对的是水平的需求曲线，而具有市场势力的企业面对的是向下倾斜的需求曲线。
- 由于产量增加会引起价格效应，具有市场势力的企业的边际收益曲线总是位于需求曲线的下方。因此，利润最大化的垄断企业选择的产量位于边际成本等于边际收益（而非价格）的水平上。
- 因此，与完全竞争行业的企业相比，垄断企业产量少、价格高。它无论在短期还是在长期都能获得利润。

小测验 13-2

1. 使用下表中Emerald公司的数据回答第a～d问，然后回答第e问。该公司是10克拉的祖母绿宝石的垄断生产者。

   a. 需求表。

   b. 边际收益表。

   c. 单位产量的边际收益产生的数量效应。

   d. 单位产量的边际收益产生的价格效应。

   e. 决定Emerald公司利润最大化的产出还需要什么信息？

祖母绿宝石数量	总收益（美元）
1	100
2	186
3	252
4	280
5	250

2. 使用图13-6来回答钻石生产的边际成本从200美元上升到400美元对下述情形会产生什么影响。

a. 边际成本曲线。

b. 利润最大化的价格和数量。

c. 垄断企业的利润。

d. 完全竞争行业的利润。

13.4 垄断与公共政策

成为一个垄断企业是好事，但成为垄断企业的客户就是糟糕的事了。垄断企业减产提价，通过增加消费者的支出而获得好处。但买卖双方总是存在利益冲突。垄断条件下的利益冲突与完全竞争条件下的有什么不同吗?

答案是肯定的，因为垄断是低效率的源泉：垄断行为给消费者带来的损失要大于垄断企业获得的收益。由于垄断导致经济的净损失，政府经常努力防止出现垄断或限制它们的影响。在本节中，我们将看到为什么垄断导致效率低下，并检视政府采取的试图阻止这种低效率的政策。

□ 13.4.1 垄断的福利效应

通过限制产量，使得边际成本低于市场价格水平，垄断企业增加了利润，但消费者受到了伤害。为了评估这样做对社会造成净得益还是净损失，我们必须比较垄断企业净增加的利润与消费者剩余的损失。我们了解的结果是，消费者剩余的损失要大于垄断企业的净得益。垄断造成社会的净损失。

为什么？我们仍然以边际成本曲线为水平线的情况为例，如图 13－8 所示。其中，边际成本曲线是 MC，需求曲线是 D，在图 13－8（b）中，边际收益曲线是 MR。

图 13－8（a）表示，如果这个行业是完全竞争行业，会发生什么。均衡产量为 Q_C；产品价格为 P_C，等于边际成本，边际成本又等于平均总成本，因为没有固定成本，而且边际成本是恒定不变的。每个企业的每单位产出的收益等于平均总成本，所以并无利润，在均衡时也无生产者剩余。

市场所产生的消费者剩余等于图 13－8（a）中阴影三角形 CS_C 的面积。由于完全竞争行业中没有生产者剩余，CS_C 也代表总剩余。

图 13－8（b）所示为相同市场的结果，但此时假定该行业由垄断企业把持。垄断企业的产出水平为 Q_M，边际成本等于边际收益，产品价格为 P_M。该行业目前获得的利润——也是生产者剩余——等于矩形 PS_M 的面积。请注意，这个利润来自消费者剩余，因为消费者剩余收缩为浅灰色三角形 CS_M 的面积。

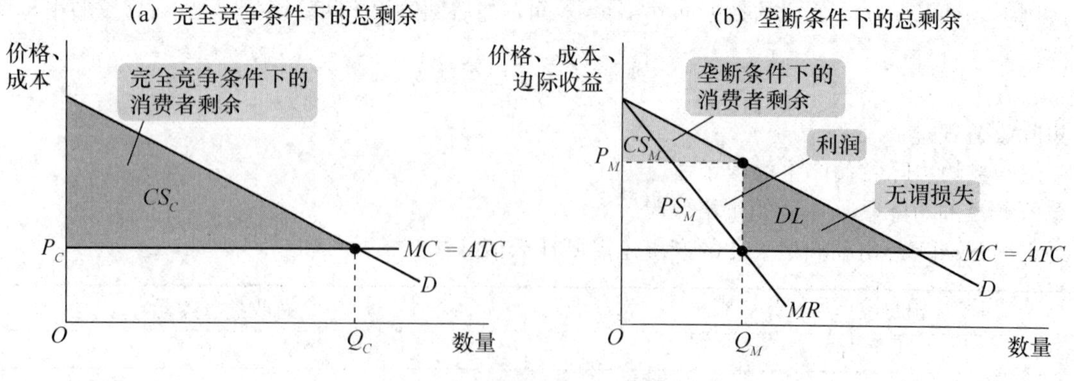

图 13－8 垄断导致的非效率

图（a）所示为一个完全竞争行业：产量为 Q_C，市场价格为 P_C，其值等于 MC。由于价格正好等于每个生产者每单位产出的平均总成本，因此没有利润，没有生产者剩余。所以总剩余等于消费者剩余，即整个阴影区域的面积。图（b）所示为垄断条件下的行业：垄断企业产量减少到 Q_M，价格变为 P_M。消费者剩余（浅灰色区域）已缩小：其中一部分已转变为企业利润（矩形区域 PS_M），另一部分已经成为无谓损失（深灰色区域），垄断行为并未导致多方获利的交易。结果是总剩余减少。

通过比较图 13－8（a）和图 13－8（b），我们可以看出，除了从消费者到垄断企业进行剩余再分配外，还发生了另一个重要变化：垄断条件下的利润和消费者剩余之和——总剩余——小于完全竞争条件下的两者之和。也就是说，图 13－8（b）中 CS_M 和 PS_M 的面积之和小于图 13－8（a）中区域 CS_C 的面积。在第 7 章中，我们分析了税收对社会造成的无谓损失。在这里，我们看到，垄断也会对社会造成无谓损失，其大小等于深灰色三角形 DL 的面积。所以，垄断会对社会造成净损失。

净损失之所以产生，是因为一些互利交易并未发生。对有些人而言，额外生产一单位产品的价值超过生产它的边际成本，但人们并没有使用它，因为他们不愿意支付像 P_M 这样的价格。

如果你还记得我们讨论税收时的无谓损失，你应该会发现，垄断造成的无谓损失看起来与之很相似。的确，在价格和边际成本之间造成了楔差，垄断行为就像对消费者征税，并产生了同样的低效率。

所以，垄断损害了社会整体的福利，是市场失灵的原因。对于垄断，政府有什么应对政策吗？

□ 13.4.2 阻击垄断

针对垄断的政策关键取决于是否事关自然垄断行业，因为自然垄断行业存在的规模报酬递增可确保大的生产者的平均总成本更低。如果并非自然垄断行业，最好的政策是防止垄断产生，或者如果已经存在，击破之。我们集中于前面的情形，然后转向更难处理的自然垄断的问题。

戴比尔斯对钻石的垄断本可以不必发生。因为钻石生产并非自然垄断：如果该行业由许多独立的竞争性生产者组成（例如，像黄金生产那样），生产成本不会上升。

如果南非政府担心垄断对消费者造成的影响，它可以阻止塞西尔·罗兹企图主导行业或在其成为事实后去击破垄断。目前，政府经常努力阻止垄断的形成，或击破已经存在者。

戴比尔斯的情况相当独特。出于复杂的历史原因，其垄断被允许保持下来。但在 20 世纪，大多数类似的垄断已经被击破。美国最著名的例子就是标准石油公司，该公司于 1870 年由约翰·D. 洛克菲勒（John D. Rockefeller）所建。到 1878 年，标准石油公司控制了美国几乎所有的炼油业务；但到了 1911 年，法院裁定该公司被分解成一些较小的单位，包括后来的埃克森公司和美孚公司（最近它们合并成埃克森美孚公司）。

用于防止或消除垄断的政府政策被称为反垄断政策，我们将在下一章进行讨论。

□ 13.4.3 如何应对自然垄断？

显然击破非自然垄断的垄断是一个好主意：消费者增益大于生产者损失。但并不清楚自然垄断企业（大型生产者比小型生产者的平均总成本要低）是否应该被击破，因为如果这样做，平均总成本将提高。例如，一个城市的政府如果试图阻止一家公司经营当地的天然气供应——我们已经讨论过，该行业几乎肯定是自然垄断的——那么将提高为居民提供天然气的成本。

然而，即使在自然垄断情况下，利润最大化的垄断者的行为也会造成某种程度上的非效率。向消费者索取的价格高于边际成本，这样可能会阻止一些潜在的有利交易。同样，已成功地建立垄断地位的企业通过损害消费者的利益来赚取较大的利润似乎也欠公平。

对此有什么公共政策吗？常见的有两种。

> 垄断企业的**公有制**是指由政府或者政府所有的企业来提供产品。

1. **公有制**。在许多国家，解决自然垄断问题的首选方案是**公有制**（public ownership）。不允许私人垄断企业控制一个行业，而是由政府建立公共机构来提供产品或服务，以更好地保护消费者的利益。例如，在英国，在 1984 年以前电话服务由国有的英国电信来提供，在 1987 年之前，航空旅行由国家所有的英国航空公司来提供（这些公司当前仍然存在，但它们已经民营化，可与其他公司在各自的行业进行竞争）。

公有制在美国有一些例子。铁路客运服务由公有的美铁公司提供；常规信件递送由美国邮政局提供；包括洛杉矶在内的一些城市的电力公司也是公有的。

原则上，公有制的优势在于一个公有的自然垄断企业可以根据效率标准而不是利润最大化标准来设定价格。在一个完全竞争行业，利润最大化的行为是有效率的，因为生产者将产量确定在价格等于边际成本的水平上；这就是对小麦农场采用公有制并没有经济意义的原因。

但是，经验表明，公有制作为解决自然垄断问题的一种方法往往在实践中难如人意。原因之一是公有制企业在降低产品成本或提供高品质产品方面往往不如私人公司那样迫切。另一个原因是，公有制企业往往最终受制于政治利益——对有密切联系者提供合同或工作机会。例如，众所周知，美铁公司在提供铁路服务方面比较盲目，目的地对顾客缺乏吸引力，都位于国会议员有影响力的地区。

价格管制限制垄断企业索取的产品价格范围。

2. **管制**。在美国，比较常见的解决办法是行业仍然由私人经营，但要在政府的管制之下。特别是大部分地方的公用事业部门，如电力、有线电话服务、天然气等，**价格管制**（price regulation）限制了这类企业可索取的价格的范围。

我们在第5章已经学过，在一个竞争激烈的行业中实行最高限价，会导致短缺、黑市和令人不快的其他行为。对当地的天然气公司之类的公司的价格进行限制，不是会有同样的效果吗？

不一定。对垄断企业设定最高限价不一定会造成短缺。如果没有最高限价，垄断企业收取的价格要高于生产的边际成本。所以，即使被迫索取低价，只要该价格高于 *MC*，垄断企业就至少可以有维持盈亏平衡的产出——垄断企业仍然有动力去生产对应该价格的产出需求量。

图13-9所示为对自然垄断企业进行价格管制的事例，这是一个高度简化的地方燃气公司。该公司面临的需求曲线为 *D*，与此相关的边际收益曲线为 *MR*。为简单起见，我们假设企业的总成本由两部分组成：固定成本和可变成本，其中可变成本是产量的一个固定比例。所以，在这种情况下，边际成本固定不变，边际成本曲线 *MC*（在这里也是平均可变成本曲线）呈水平状。

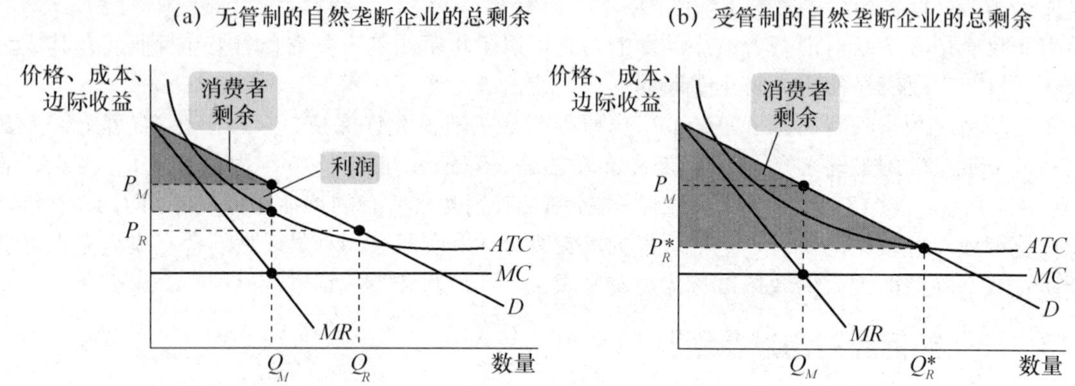

图13-9 不受管制与受到管制的自然垄断企业

该图所示为自然垄断企业所面临的情形。在图（a）中，如果允许垄断企业的定价为 P_M，它将获得利润，由浅灰色阴影区域的面积表示；消费者剩余由深灰色阴影区域的面积表示。如果受到管制，垄断企业必须将价格降低到 P_R，产量从 Q_M 增加到 Q_R，消费者剩余也随之增加。图（b）所示为垄断企业的价格 P_R^* 必须等于平均总成本。产量增加到 Q_R^*，现在消费者剩余是整个阴影区域的面积。垄断企业的利润为零。当垄断企业的定价等于管制价格 P_R^*，垄断企业至少盈亏平衡时，能够获得可能的最大的总剩余。

平均总成本曲线是向下倾斜的曲线 *ATC*。随着产量的增加，平均固定成本（每单位产出的固定成本）递减，所以，*ATC* 向下倾斜。在与市场需求相关的产量范围内平均总成本曲线向下倾斜，这是自然垄断的特征。

图13-9（a）是自然垄断企业不受管制的情形。不受管制的自然垄断企业的垄断产量为 Q_M，价格为 P_M。由于垄断企业的价格高于平均总成本，所以可获得利润。该利润额正好等于这个市场的生产者剩余，用浅灰色阴影区域的面积表示。消费者剩余用深灰色阴影三角形的面积表示。

现在假设监管机构对当地天然气供应价格设定上限——一个低于垄断价格 P_M 但高于 *ATC* 的价格，比方说图13-9（a）中的 P_R。在这个价位的需求量是 Q_R。

该公司是否有动机生产这一数量呢？有。如果垄断企业销售产品的价格是由监管机构限定的，企业的产量不再受市场价格影响，因此，它会忽略曲线 *MR*，并愿意扩大产量来满足需求量，只要它接下来生产的产量的价格高于边际成本，垄断企业在总产量上就至少实现盈亏平衡。因此，当实行价格管制时，垄断企业生产得更多，价格也更低。

当然，如果设定的价格意味着亏本生产，垄断企业不会愿意扩大生产。也就是说，最高限价必须设置得足够高，使得企业可以支付其平均总成本。如图 13-9（b）所示，监管机构尽可能下调价格，也就是使其到达平均总成本曲线与需求曲线相交处的水平。

任何低于上述价格的价格都将造成企业亏损。这里的价格 P_R^* 是最合适的管制价格：垄断企业愿意经营并生产 Q_R^* 的产量，也就是这个价格对应的需求量。结果是消费者和社会都有增益。

这种管制的福利效应可以通过图 13-9 的两幅分图中阴影区域的比较看出。管制后消费者剩余增加了，有两个来源：首先，利润减少增加了消费者剩余；其次，产量增加、价格下降导致整体福利增加，总剩余变大。事实上，图 13-9（b）给出了可能的最大的总剩余。

这一切看起来很棒：消费者的境况得到改善，利润减少，整体福利增加。不幸的是，在实际生活中事情很少这么容易。主要问题是，监管机构并没有掌握设置价格水平正好等于需求曲线与平均总成本曲线相交处的水平所需要的信息。有时，它们将价格设置得太低，造成短缺；有时候，它们又将价格设置得太高。此外，受管制的垄断企业像公有制企业一样，往往向监管机构夸大其成本，并且为消费者提供质量低劣的产品。

有时治疗比不治疗更糟糕。一些经济学家认为，最好的解决办法，即使是在自然垄断情况下，也是顺其自然。与无所作为相比，试图对垄断企业以这种或那种方式进行控制，弊大于利——例如，进行政治化定价会导致短缺发生，或为政治腐败创造机会。

在稍后的"真实世界中的经济学"专栏中所描述的宽带服务，就是一种随着政治家改变相应的政策而一时管制一时又不管制的自然垄断行业。

> **买方垄断**是一种产品只有一个买者的情形。市场中唯一的买者被称为**买方垄断企业**。

买方垄断　买者而非卖者是否有可能获得市场势力？换言之，只有一个买者，但是有多个卖者，因此买者利用自己的势力来攫取卖者的剩余，有可能存在这样的市场吗？答案是肯定的，这样的市场被称为**买方垄断**（monopsony）。

与垄断企业相同，为了多攫取剩余，**买方垄断企业**（monopsonist）也会扭曲市场竞争的结果，只不过买方垄断企业是通过购买量和支付的产品价格而不是通过销售量及收取的产品价格来做到这一点的。

买方垄断确实存在，但还是比垄断少见。典型的例子是一个小镇上的单一雇主，比如说，当地的工厂就是购买工人服务的唯一买家。回想一下，一个垄断企业会认识到，为了获得更高的价格与增加其利润，它会通过减少产量来影响产品的销售价格。一个买方垄断企业也可以做同样的事情。但有一个角色转换：买方垄断企业会减少雇工人数，支付较低的工资，这样可增加利润。

正如一个垄断企业减少产量会导致无谓损失一样，一个买方垄断企业减少雇用工人（因此产量也会减少）也会造成无谓损失。

买方垄断似乎经常发生于具有特殊技能工人的市场，而且只有一个根据他们的技能来雇用工人的雇主。例如，医生常常抱怨说，本国一些地区的大多数患者都由一家或两家保险公司提供保险，这些保险公司在确定医疗报销比例的时候就像一个买方垄断企业。

2014 年，当两家最大的有线电视运营商——时代华纳有线电视公司（Time Warner Cable）和康卡斯特公司（Comcast）宣布打算合并时，垄断和买方垄断问题就出现了：说其是垄断，是因为合并后的公司将拥有 3 000 万用户，占了使用有线接入的美国人的绝大部分；说其是买方垄断，是因为合并后的公司将成为广播电视节目唯一的买家。在写本章的时候，美国联邦通信委员会（FCC）是否会允许该项合并仍然是一个悬而未决的问题。

所以，虽然买方垄断较为罕见，但它也可能是一个重要的现象。

如何应对垄断？　因为经常涉及权衡取舍问题，对垄断（买方垄断）的管理可能会非常棘手。例如，在药品垄断情况下，如果将销售利润用于新药研发，如何降低消费者对现有药物支付的价格水平？

一方面，对于像电力生产这样的自然垄断管制的情况，电力生产者如何投资于节约成本的技术和新的产能，从而既能获得受管制的回报，也能不受市场势力影响？另一方面，在对电力行业解除管制后，监管机构如何能确保消费者不受到市场操纵的伤害？

经济学家和政策制定者对这些问题已经探索了数十年，因为最好的答案经常是通过试错找到的，这也是为什么我们已经看到对电力放松管制进行了各种尝试。

而且，总是存在所谓管制俘虏（regulatory capture）的危险：因为已经投入大量资金且这些资金关乎成败，所以监管机构可能会受到它们所监管企业的不当影响。

也许，在处理垄断问题时，最好的答案是经济学家和政策制定者保持警惕，承认一些有误的政策需要进行中途修正。

▶ 真实世界中的经济学

为什么你的宽带这么慢？还那么贵？

试想一下：美国高速宽带接入费用相当于英国和法国的近三倍，比韩国贵四倍多。经济合作与发展组织（OECD）的报告显示，美国在 33 个国家中排名第 30 位，价格为每月 90 美元（如果包括手机、电视和部分付费频道，则为每月 200 美元）。图 13－10 横向比较了部分国家的平均下载速度和价格。韩国的平均下载速度为 75 Mbps，费用为每月不到 20 美元。然而，在美国，平均下载速度为 20 Mbps，费用为每月近 90 美元。

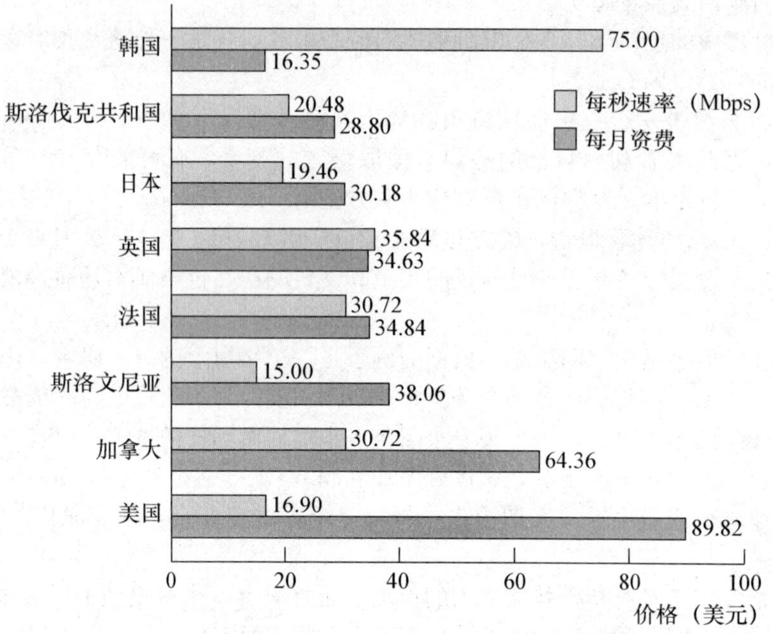

图 13－10　所选国家宽带速度和价格比较

资料来源：OECD.

为什么我们的收费这么贵？许多观察家得出的结论是，美国对向超过三分之二的人提供宽带的有线电视公司的管制做得相当糟糕。因为经营面向家庭用户的光缆业务需要大额的固定成本，所以有线服务也具有自然垄断特征。因此，在光缆铺设初期，价格由地方政府管制。

然而，十年前国会解除了对高速互联网接入的管制。然后业内进行了一系列合并，两家大公司时代华纳有线电视公司和康卡斯特公司购买了大量小型的地方垄断经营企业。结果美国有线电视消费者面对的是垄断力量强大而又缺少监督的大企业。消费者每年都面临涨价也就不奇怪了：从 1995 年到 2012 年，一个基本的有线电视订阅用户面临的平均价格每年上升超过 6%。在少数几个地方，存在竞争性的有线电视公司，价格普遍低 15%，服务也更好。

但是，如果宽带业务属于自然垄断业务，其他国家的宽带用户是如何逃脱同样的命运的呢？这些国家的监管机构对该行业推行一种被称为“公共传输规则”（common carriage rule）的制度，规定有线电视公司必须租用提供互联网服务的电缆容量，然后去竞争向消费者提供的互联网接入服务。

因为没有这样的规则，绝大多数美国人——大约70%——只有一家有线网络提供商，因此只有一个高速互联网接入源。然而，美国这种体制的支持者认为，有线网络提供商的利润可用来改善基础设施，如投资于通用移动通信技术的长期演进（LTE）和光纤网络，这些业务在欧洲则相对滞后。

及时复习

- 通过减少产量，将价格提高到边际成本之上，垄断企业可以以利润形式获得一部分消费者剩余，但也会造成无谓损失。为了避免出现无谓损失，政府政策应该努力限制垄断行为。
- 当垄断是“创造出来的”而非自然形成的时，政府应该采取行动防止垄断形成，并对原有的垄断组织进行分解。
- 自然垄断提出了难以解决的政策难题。其中的一种解决方法是实行公有制，但是公有制企业通常运营欠佳。
- 美国对此普遍的反应是采用价格管制。实行最高限价后，只要价格水平定得不是太低，垄断企业就不会造成短缺。
- 还有一种选择是顺其自然；垄断并不是什么好事情，但是治疗可能比不治疗引起的问题还多。
- 买方垄断是指产品只有一个买者，也会导致无谓损失。买方垄断企业通过购买产品影响价格：通过减少购买量，降低购买价格，它们从卖者那里攫取剩余。

小测验 13-3

1. 针对下列情况，政府应该采取什么政策？请解释。

a. 在俄亥俄州的一个城镇，互联网服务通过有线光缆提供。消费者感到他们被多收费了，但有线电视公司声称，它必须收取这样的价格，这样才能收回铺设光缆的成本。

b. 目前飞往阿拉斯加的两家航空公司需要政府批准进行合并。其他希望飞往阿拉斯加的航空公司也需要政府分配经营许可。

2. 判断真伪并解释你的答案。

a. 垄断条件下的社会福利相对较低，因为一些消费者剩余转化为垄断企业的利润。

b. 垄断企业会导致效率低下，因为有消费者愿意支付高于或等于边际成本但低于垄断价格的价格。

3. 假定一个垄断企业错误地认为，其边际收益总是等于市场价格。假设边际成本固定不变，且没有固定成本，画图比较这个理解错误的垄断企业与一个聪明的垄断企业的垄断利润、消费者剩余、总剩余和无谓损失。

13.5 价格歧视

到目前为止，我们只考虑了**单一价格垄断企业**（single-price monopolist）的情形，该垄断企业对所有消费者收取相同的价格。顾名思义，并非所有的垄断企业都这样做。事实上，大多数垄断企业会发现，对同样的产品它们可以通过对不同的客户收取不同的价格来增加利润：它们在进行**价格歧视**（price discrimination，又称差别定价）。

> **单一价格垄断企业**对所有消费者收取相同的价格。
> **价格歧视**指卖家对同样的产品向不同的消费者收取不同的价格。

对我们大多数人而言，价格歧视最明显的例子是经常会遇到的机票价格。虽然美国有多家航空公司，但每条航线通常只有一两家航空公司经营，因而其在提供服务时拥有市场势力，可以设定价格。因此，许多经常乘坐飞机的乘客很快就意识到了存在的问题：“我飞到目的地的费用为多少？”很少只有一个简单的答案。

如果你愿意，提前1个月买到不能退票的机票，时间为周二或周三晚上，往返票价可能只有150美元或更少（如果你是老年人或学生）。但是，如果你明天正好出差，时间是周二，周三返回，往返票价可能为550美元。当然，商务乘客和来访的祖父母得到的是相同的产品——同样拥挤的座位。

你可能会反驳，航空公司通常不是垄断企业——在大多数飞行市场上，航空业属于寡头垄断行业。事实上，寡头垄断市场、垄断竞争市场与垄断市场一样，都会实行价格歧视。不过，在完全竞争条件下并不会发生价格歧视。一旦我们理解了为什么垄断条件下有时会发生价格歧视，我们也就会理解为什么在寡头垄断和垄断竞争条件下也会发生价格歧视。

□ 13.5.1 价格歧视的逻辑

要理解为什么价格歧视比向所有消费者收取同样的价格可能会获利更多，可以想象一下，阳光航空公司只提供北达科他州俾斯麦市和佛罗里达州劳德代尔堡之间的直飞航班服务。假设不存在运力问题，航空公司能满足乘客的飞行人数要求。还假设没有固定成本。不管承载多少乘客，航空公司提供一个座位的边际成本都为 125 美元，

进一步假设，该航空公司知道有两种类型的潜在乘客。第一种是商务乘客，每周有 2 000 人要在目的地之间旅行。第二种是学生，每周也有 2 000 人旅行。

潜在乘客将乘坐该航班吗？这取决于价格水平的高低。事实上，商务乘客确实需要乘坐；只要价格不超过 550 美元，他们就将乘坐飞机。由于他们纯粹是出于商务需要，我们假设票价低于 550 美元也不会增加多少商务乘客。然而，学生们钱不多，但时间充裕；如果价格高于 150 美元，他们将乘坐公共汽车。隐含的需求曲线如图 13－11 所示。

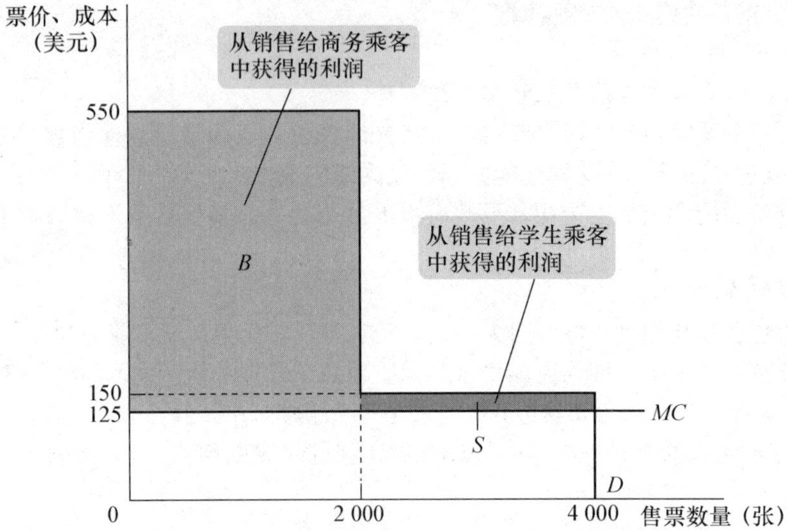

图 13－11 阳光航空公司两种类型的乘客

阳光航空公司有两种类型的客户，商务乘客最多愿意支付每张票 550 美元，学生乘客最多愿意支付每张票 150 美元，每种类型都有 2 000 人。阳光航空公司每个座位的边际成本都为固定的 125 美元。如果航空公司可以向这两种类型的客户收取不同的价格，它将通过向商务乘客收取每张票 550 美元、向学生乘客收取每张票 150 美元实现利润最大化。这样会将所有消费者剩余转化为利润。

因此，航空公司应该怎样做？如果向每个人收取同样的价格，它的选择有限。它可以收取 550 美元；这样它会得到尽可能多的商务乘客，但失去了学生市场。或者，它可以只收取 150 美元；这样，它会有两种类型的乘客，但明显从销售给商务乘客上收的钱太少。

我们可以快速地计算出从这些方案中得到的利润。如果航空公司收取 550 美元，将出售 2 000 张商务乘客票，获得 2 000×550 美元＝110 万美元总收益，付出 2 000×125 美元＝250 000 美元成本；所以，利润为 850 000 美元，如图 13－11 的中阴影区域 B 所示。如果航空公司只收取 150 美元，将出售 4 000 张票，收到 4 000×150 美元＝60 万美元总收益，付出 4 000×125 美元＝500 000 美元成本；利润将是 100 000 美元。如果航空公司必须向乘客收取相同的价格，选择收取高价，放弃对学生的销售显然更有利可图。

然而，航空公司实际会怎样做呢？它将向商务乘客收取全票价 550 美元，但学生票价只有 150 美元，这比商务乘客所支付的票价低了很多，但仍然高于边际成本。因此，如果航空公司可以将额外 2 000 张票出售给学生，将获得额外的 50 000 美元利润。也就是说，获得的利润等于图 13－11 中区域 B 加区域 S 的面积。

更为现实一些的假设是，每一组乘客的需求都存在一些改进的余地：如果票价低于 550 美元，商务乘客的数量还会有所增加；如果价格高于 150 美元，一些学生仍然会购买机票。尽管如此，这并不会改变价格歧视的主要观点。

更为重要的一点是，两组消费者的敏感性不同，价格水平高对学生购买意愿的打击要大于对商务乘客购买意愿的打击。只要不同的客户群体对价格的反应不同，垄断企业就可以通过索取不同的价格，攫取更多的消费者剩余，增加利润。

□ 13.5.2 价格歧视和弹性

对航空公司需求更为现实的假定是，航空公司无法具体指定不同类型旅客选择乘机的不同价格。相反，航空公司可以根据不同群体对价格的敏感程度——他们的需求价格弹性——将他们分为不同的类型。

假设某公司将产品销售给两个容易区分的人群——商务乘客和学生。之所以这么凑巧，是因为商务乘客对价格非常不敏感：不管产品价格如何，他们总会需要一定的数量，然而，不管多么便宜，也无法说服他们再多购买一些。学生则易变得多：价格不错时，他们会买很多，但当价格提高时，他们就会转而购买其他东西。公司应该怎样做？

我们的简化例子已经给出了答案：商务乘客具有较低的需求价格弹性，向他们收取的价格高于学生，因为后者具有较高的需求价格弹性。

航空公司的实际情况非常类似于这个假想的例子。商务乘客通常优先考虑在正确的时间到达正确的地点，对价格非常不敏感。但是，非商务乘客对价格非常敏感：当价格过高时，他们可能乘坐公交车、开车到另一个机场来购买低价票，或者完全取消这趟旅行。

那么，为什么没有一家航空公司对商务乘客与非商务乘客宣布不同的价格？首先，这很可能是非法的（美国的法律对于企业公开实行价格歧视是有限制的）。其次，即使合法，政策也将很难执行，为了节省 400 美元，商务乘客可能会穿休闲装，并声称他们是去劳德代尔堡探亲。

因此，航空公司相当成功地推行了一套规则，间接向商务乘客与非商务乘客收取了不同的价格。商务乘客通常在一周中的工作日出差旅行，周末回家；所以，往返票价要比周六晚上停留高得多。要求周末停留的便宜机票有效地将商务乘客与非商务乘客区分开来。

同样，商务乘客经常会连续光顾几个城市，而很少只是进行简单往返；因此，往返票价比两次单程票价要低得多。许多商务旅行计划是在短时间内做出的；所以，如果你提前预订，票价要低得多。如果你最后一分钟购票，票价也较低，因为你是否能得到一个席位要看运气——商务乘客必须参加一些会议，而人们探亲访友则不是。

因为乘客在办理登机手续时必须出示身份证，这就使得两种人群间不可能倒卖机票，也就无法破坏价格歧视的做法——学生不能将买到的便宜机票转售给商务乘客。分析一下机票定价规则，我们将看到一个实现利润最大化的巧妙的价格歧视设计。

□ 13.5.3 完全价格歧视

我们回到商务乘客和学生乘客在俾斯麦市和劳德代尔堡之间旅行的例子。如图 13－11 所示，我们想问的问题是，如果航空公司向两组客户收取不同的价格并能区分两组人群，会发生什么呢？

很显然，航空公司将按每组人群愿意支付的价格来收取票价，也就是说，每组将按最大支付意愿支付。对于商务乘客，支付意愿为 550 美元；对于学生乘客，支付意愿为 150 美元。我们已经假定，边际成本为 125 美元，且不受产量多少的影响，因此边际成本曲线为一条水平线。正如前面所提到的，我们可以很容易地确定航空公司的利润：矩形 B 和矩形 S 的面积之和。

在这种情况下，消费者没有得到任何消费者剩余！整个剩余都以利润形式为垄断企业所攫取。当垄断企业能够攫取整个剩余时，我们说，这实现了**完全价格歧视**（perfect price discrimination）。

> **完全价格歧视**指垄断企业能对每个消费者按其支付意愿——愿意支付的最高价格——来收取价格的情形。

在一般情况下，垄断企业能够收取的价格种类越多，越接近于实施完全价格歧视。图 13-12 所示为向右下方倾斜的需求曲线，我们假定垄断企业能对不同类型的消费者收取不同的价格，而不同消费者支付的是愿意支付的最高价格。

在图 13-12（a）中，垄断企业收取两种不同的价格；在图 13-12（b）中，垄断企业收取三种不同的价格。有两件事是显而易见的：

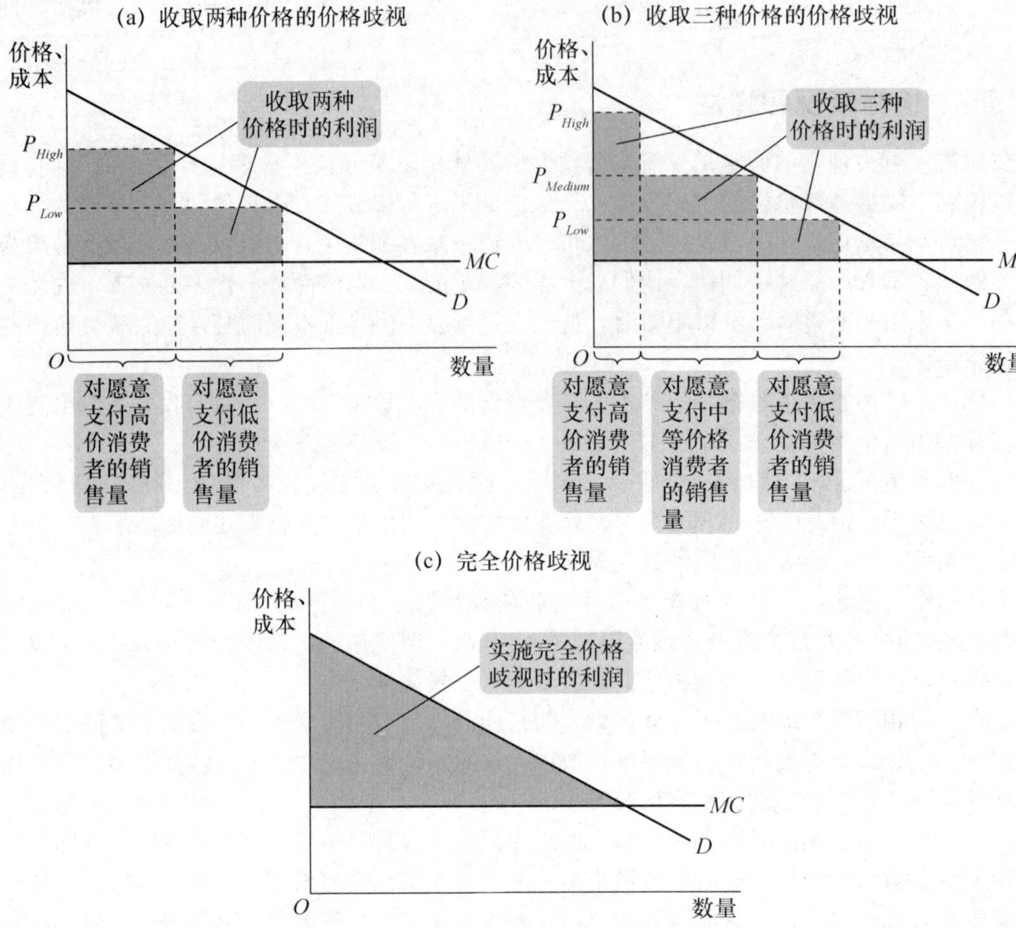

图 13-12　价格歧视

图（a）所示为垄断企业收取两种价格的情形，所获得的利润用阴影区域表示；图（b）所示为垄断企业收取三种价格的情形，所获得的利润也用阴影区域表示。从中可以看出垄断企业获得了更多的消费者剩余，利润也增加了。图（c）所示为完全价格歧视的情形，垄断企业按照每个消费者愿意支付的价格来收取价格。垄断企业的利润为阴影三角形的面积。

- 垄断企业收取的价格种类越多，最低价格就越低，也就是说，一些消费者将支付的价格就越接近边际成本。
- 垄断企业收取的价格种类越多，从消费者手中攫取的金钱就越多。

收取的价格种类越多，图形看起来就越像图 13-12（c），也就是完全价格歧视的情形。在这种情况下，消费者至少愿意支付产品的边际成本，整个消费者剩余被转化为企业利润。

我们关于航空公司的例子和图 13-12 所示的例子可以用来说明一点：垄断企业实施完全价格歧视并不会引起任何效率减损！原因是所有非效率来源都被消除：所有潜在消费者都愿意按等于或高于边际成本的价格购买产品。通过完全价格歧视，对某些消费者收取比其他人更低的价格，垄断企业努力将所有消费者都“挖掘”出来。

在实践中，完全价格歧视几乎是不可能的事情。从根本上看，无力实现完全价格歧视是因为价格本身是经济信号，其中存在的问题我们在第 4 章中已经指出。

当作为经济信号时，价格要传达出将要发生的互利交易中所包含的所有信息：市场价格信号显示了卖方成本，表现了消费者购买商品时的支付意愿，即当消费者购买时至少按市场价格支付的意愿。

现实中的问题是，价格往往并非完美的信号：消费者真实的支付意愿可以伪装，就如为买到票价更低的机票，商务乘客声称自己是学生那样。当这样的伪装有效时，垄断企业无法进行完全价格歧视。

然而，垄断企业会尽力通过各种定价策略来向着完全价格歧视方向努力。价格歧视常见的一些手段如下：

- 提前购买的优惠。对提前购买产品者（或在某些情况下，对那些在最后一分钟购买者）收取低价。这样就有可能区分以更优惠价格购买与以其他价格购买的人群。
- 批量折扣。在通常情况下，你购买的数量越大，价格就越低。对于那些计划大批量购买的消费者，最后 1 单位产品的成本——消费者的边际成本——大幅低于平均价格。这就区分了那些打算大量购买且对价格较为敏感者与其他人群。
- 两部定价。两部定价是指，消费者先支付一笔费用，然后按每单位费用购买产品。因此，在像山姆会员店这样的折扣俱乐部（这并非垄断者，而是垄断竞争者），你对于你所购买的产品在成本之外预先缴纳了一笔年费。因此，你购买的第一笔产品的价格实际上要高于后续产品。两部定价就像一种批量折扣。

我们的讨论也有助于解释为什么政府的反垄断政策通常着重于防止无谓损失，而非阻止价格歧视——除非它会导致严重的公平问题。与单一价格垄断相比，价格歧视尽管并不完美，但可提高市场的效率。

如果按照以前的价格销售，消费者将退出市场，但现在消费者能够以较低的价格购买产品所带来的剩余足以抵消面对高价不再购买产品所造成的剩余损失，我们可以说，实行价格歧视增加了社会总剩余。

这方面的一个例子是对老年居民开出更多的处方药，他们往往领取固定收入，因此对价格非常敏感。允许制药公司向老年人收取低价而向其他人收取高价的政策，与所有人支付同样价格的政策相比实际上增加了总剩余。但是，因为担心引起公平问题，价格歧视政策也可能被禁止推行，例如根据病人病情的严重程度来收取不同的救护车服务费。

▶ 真实世界中的经济学

大甩卖、奥特莱斯店和鬼城

你想过没有，为什么百货公司偶尔会举行大甩卖活动，所销售商品的价格大大低于平常？或者沿着美国公路开车时，为什么在离开城市几个小时的路程后你有时会看到奥特莱斯店？

这些熟悉的经济现象，如果你想一想，实际上相当特别：为什么每年冬天床单和毛巾忽然要大甩卖一周？或者为什么缅因州的弗里波特供应的雨衣比波士顿的要少？对于此类情况，答案是，卖方——往往是寡头垄断企业或垄断竞争企业——在进行一种特别形式的价格歧视。

为什么要定期对床单和毛巾进行大甩卖？店家都知道，有些消费者只是在他们需要时才购买这些商品；他们不可能投入大量的精力来寻找最优惠的价格，因此他们的需求价格弹性相对较低。所以，商店在普通时间会向消费者收取较高的价格。

但是，那些预先精打细算的消费者会去寻找最低价格，等到大甩卖时才购买。通过偶尔推出这样的销售活动，商店实际上能够在高价格弹性消费者和低价格弹性消费者之间进行价格歧视。

奥特莱斯店有异曲同工之妙：通过提供价格低廉的商品，但要走一段不近的距离，卖方可以建立起一个相对独立的市场，这些消费者愿意付出努力来搜索更低的价格，这些也是需求价格弹性相对较高的消费者。

最后，我们来看前面分析的机票销售价格中真正奇怪的一个特点。通常从一个主要目的地飞到另一个主要目的地——比如说从芝加哥到洛杉矶——要比小城市间的短途飞行（如从芝加哥到盐湖城）便宜。同样，原因是需求价格弹性不同：从芝加哥到洛杉矶，客户有许多航空公司可选择，因此，对任何一个航班的需求都相当有弹性；但是，对飞往一个小城市的航班，客户通常的选择非常少，所以需求非常缺乏弹性。

但是，两个主要目的地间的飞行途中往往会有经停，比如在从芝加哥飞往洛杉矶的途中会经停盐湖城。在这些情况下，有时飞往更远处的城市比飞往沿途所经停的城市会更便宜。例如，有时候购买一张飞往洛杉矶但在盐湖城经停的机票比直接购买飞往盐湖城的机票便宜！这听起来很荒谬，但对垄断定价的逻辑给出了完美的解释。

那么，为什么旅客不购买从芝加哥飞往洛杉矶的机票然后在盐湖城下机呢？确实有人这么做，但可以理解的是，航空公司让客户很难发现这样的“鬼城”。此外，航空公司也不会允许你只是将行李托运里程的一部分，如果你的机票是到最终目的地。而且，当乘客尚未完成离港航班的所有里程时，航空公司拒绝承认回程航班的机票有效。所有这些限制都是为了强化实行价格歧视必需的市场分割。

及时复习

- 并非每一个垄断企业都是单一价格垄断企业，许多垄断企业以及寡头垄断企业和垄断竞争企业都会进行价格歧视。
- 当消费者对价格的敏感程度不同时，实行价格歧视有利可图。垄断企业对低需求价格弹性消费者收取高价，而对高需求价格弹性消费者收取低价。
- 当垄断企业能够对每一个消费者按照支付意愿来收取价格时，就实现了完全价格歧视，此时并没有效率减损，因为所有互利交易都已经进行。

小测验 13-4

1. 判断真伪，并解释你的答案。

a. 作为单一价格垄断企业销售对象的部分消费者，实行价格歧视的垄断企业拒绝将其作为客户。

b. 实行价格歧视的垄断企业会比单一价格垄断企业更无效率，因为它攫取了更多的消费者剩余。

c. 在价格歧视条件下，高需求价格弹性客户比低需求价格弹性客户支付更低的价格。

2. 以下哪些是价格歧视的情形？哪些不是？在价格歧视情形下，确定消费者具有高需求价格弹性还是低需求价格弹性。

a. 损坏的商品被标记出来。

b. 餐厅对老年人打折。

c. 食品制造商对其商品在报纸上提供折扣券。

d. 在夏季飞行高峰时期，机票更贵。

▶ <u>企业案例</u>

亚马逊与阿歇特之间的商战

2014 年 5 月，美国第三大图书零售商亚马逊与第四大图书出版商阿歇特（Hachette）之间爆发了全面战争。亚马逊突然花了几个星期来提供阿歇特出版物（纸质图书和电子书），其中包括像斯蒂芬·科尔伯特（Stephen Colbert）、丹·布朗（Dan Brown）和 J. D. 塞林格（J. D. Salinger）这些畅销书作者的图书，同时也向购书者提供非阿歇特图书作为替代建议。此外，即将上市的阿歇特图书——包括因哈利·波特成名的 J. K. 罗琳（J. K. Rowling）的书——与许多其他阿歇特图书一起从亚马逊网站消失了。而在其竞争对手其他图书零售商如 barnesandnoble. com 那里，上述各类书籍一应俱全，往往价格也较低。

所有的出版商都会向零售商支付销售价格的一定份额。引起上述不友善行动的原因是亚马逊要求阿歇特将亚马逊的份额从 30%提高到 50%。这是一个似曾相识的故事：在年度合同谈判中，亚马逊要求的比例越来越大。如果不签署协议，亚马逊公司不会销售出版商的图书，旷日持久的争执和造成的销售损失成了出版商的灾难。然而，这一次，阿歇特拒绝让步，并公开了亚马逊的要求。

亚马逊声称，出版商可从其所获利润中多支付一些——电子书的大约 75%、平装书的 60%、精装书的 40%。事实上，亚马逊公开承认，其长期目标是干脆取代出版商，直接与作者本人进行接洽。而且，它已经获得一些作者的支持，后者已经拒绝传统的出版商，而通过亚马逊直接将书出售给读者。但是，出版商反驳说，亚马逊的计算忽略了编辑、市场营销、广告的支出，而且有时要支持一些苦苦奋斗的作家，直到他们成功。出版商声称，亚马逊最终会毁掉整个图书行业。

与此同时，亚马逊也面临其他问题。2014 年 7 月，该公司宣布，它在上一季度亏损了 8 亿美元，因为销售利润并不足以支持其庞大的仓库和输送系统。亚马逊在成长的20年中从未盈利，投资者也越来越失去信心。正如一位行业分析师评论说，“怀疑在不断增加。很难相信，200亿美元的销售收入赚不到钱。这是一个真正的壮举。”

至本书付印时，亚马逊正在与美国作者工会（Authors United）进行一场公关战，后者是由900多位畅销书作者组成的组织，他们抗议“书籍销售商不应该阻止书籍出售或者以其他方式阻止读者订购或得到他们想要的书籍”。该组织的领导者道格拉斯·普雷斯顿（Douglas Preston）是阿歇特的一名出版畅销惊悚书的作者，他发现，在冲突开始后，他的书的销量下降了超过60%。普雷斯顿认为，他的作品的成功支持着他舒适的生活方式，如果亚马逊决定不再出售他的书，“这一切就都消失了。”

思考题

1. 这个行业剩余的来源是什么？由谁创造？各代理人（作者、出版商和零售商）之间是如何进行分配的？
2. 在本例中市场势力的各种来源是什么？各方面对的风险是什么？

小结

1. 基于行业的企业数量和产品差异化程度，市场结构有四种主要类型：完全竞争、垄断、寡头垄断和垄断竞争。

2. 垄断企业是一种产品的唯一供应者。当一家垄断企业控制一个行业时就被称为垄断。

3. 垄断和完全竞争行业之间的主要区别是，一个完全竞争企业面临的是水平的需求曲线，但垄断企业面临的是向下倾斜的需求曲线。这样垄断企业就获得了市场势力，即与完全竞争企业相比，具有可以通过减产来提高市场价格的能力。

4. 垄断企业的持续保持必须有进入壁垒的保护。进入壁垒的形式有对自然资源或投入要素的控制、创造自然垄断的规模报酬递增、技术优势、网络外部性、阻止其他企业进入的政府规定如专利或版权。

5. 一个垄断企业的边际收益是数量效应（从增加的一单位产品上获得的价格）和价格效应（所有销售产品的价格都降低了）共同作用的结果。由于价格效应，垄断企业的边际收益总是比市场价格低，边际收益曲线位于需求曲线的下方。

6. 垄断企业的利润最大化产出水平位于边际成本等于边际收益处（边际收益低于市场价格）。完全竞争企业的利润最大化产出水平位于边际成本等于市场价格处。因此，与完全竞争行业相比，垄断企业的产量少、价格高，在短期和长期都能赚取利润。

7. 在垄断条件下，价格高于边际成本，存在无谓损失：消费者剩余的损失超过垄断企业的利润。因此，垄断是市场失灵的原因之一，故应防止垄断出现或击破已有垄断，除非在自然垄断情况下。买方垄断是一个行业只有一个买家的情形，比垄断更为罕见。买方垄断将影响其所购买商品的价格：通过减少购买攫取卖方剩余，推动价格下降。因为商品交易减少到低于有效水平，买方垄断也造成了无谓损失。

8. 自然垄断也会造成无谓损失。为了限制这些损失，政府有时会采取公有制，有时会实行价格管制。对照完全竞争行业，对垄断企业设定价格上限，不会造成短缺，还可以增加总剩余。

9. 并非所有的垄断企业都是单一价格垄断企业。垄断企业以及寡头垄断企业和垄断竞争企业经常基于消费者对价格的敏感度采用各种手段实行价格歧视来获取更高的利润，对那些需求价格弹性较低者索取更高的价格。如果垄断企业对每个消费者索取的价格都等于他们的支付意愿，就实现了完全价格歧视，获得了市场中所有的剩余。尽管完全价格歧视不会引起任何效率减损，但在实践中不可能推行。

关键词

垄断企业	垄断	市场势力	进入壁垒	自然垄断	网络外部性
专利	版权	公有制	价格管制	买方垄断	买方垄断企业
单一价格垄断企业	价格歧视	完全价格歧视			

练习题

1. 在以下每种情形中企业都拥有市场势力。请解释原因。

a. 默克公司是降低胆固醇的专利药 Zetia 的生产者。

b. Waterworks 是自来水供应商。

c. 香蕉供应商金吉达拥有大部分香蕉种植园。

d. 迪士尼公司是米老鼠的创造者。

2. 摩天城拥有一套地铁系统，单向票价为 1.50 美元。市长承压，被要求将票价降低三分之一，降至 1.00 美元。市长焦虑，认为这将意味着摩天城的地铁票收入失去三分之一。市长经济顾问提醒她，她只关注了价格效应，而忽略了数量效应。解释为什么市长估计收入会减少三分之一很可能是高估了。画图说明。

3. 鲍勃、比尔、本和布拉德·巴克斯特刚刚为他们的篮球队制作了一个纪录片。他们正在考虑将其上传到可供下载的电影网上。如果他们愿意，可以选择像单一价格垄断企业那样行事。每下载一次电影，他们的互联网服务提供商将从中收取 4 美元费用。巴克斯特兄弟在讨论客户每下载一次该收取的价格。下表给出了对他们的纪录片的需求。

下载价格（美元）	下载数量（次）
10	0
8	1
6	3
4	6
2	10
0	15

a. 计算每次下载的总收益和边际收益。

b. 鲍勃为纪录片感到骄傲，希望尽可能多的人下载。他会选择哪个价格？可卖出多少下载量？

c. 比尔想获得尽可能多的总收益。他会选择哪个价格？可卖出多少下载量？

d. 本想追求利润最大化。他会选择哪个价格？可卖出多少下载量？

e. 布拉德想收取有效价格。他会选择哪个价格？可卖出多少下载量？

4. 吉米的房间可以俯瞰大联盟棒球场。他决定以每周 50.00 美元租一个望远镜，并向使用望远镜观看比赛超过 30 秒的朋友收取一定的费用。他可以被看作用单一垄断价格出租这“一瞥”的垄断者。对于每一个需要 30 秒观看比赛者，吉米需花费 0.20 美元来清洁目镜。下表所示为对吉米每周所提供服务的需求信息。

观看价格（美元）	需求量（次）
1.20	0
1.00	100
0.90	150
0.80	200
0.70	250
0.60	300
0.50	350
0.40	400
0.30	450
0.20	500
0.10	550

a. 根据表中的每一价格，计算出每一次观看的总收益和边际收益。

b. 吉米的利润最大化数量为多少？他会收取什么样的价格？他的利润总额为多少？

c. 吉米的房东抱怨所有访客，并让他停止这样的活动。但是，如果他为每次观看向她支付 0.20 美元，她将停止抱怨。请问吉米 0.20 美元的“贿赂”对吉米的每次观看的边际成本有什么影响？新的利润最大化数量为多少？每次 0.20 美元的“贿赂”对吉米的利润总额有什么影响？

5. 假设戴比尔斯在钻石市场中实行单一价格销售。戴比尔斯有五个潜在客户：拉克尔、杰姬、琼、米娅和索菲娅。当且仅当价格刚好等于或小于她的支付意愿时，每个客户至多购买一颗钻石。拉克尔的支付意愿为 400 美元，杰姬的支付意愿为 300 美元，琼的支付意愿为 200 美元，米娅的支付意愿为 100 美元，索菲娅的支付意愿为 0 美元。戴比尔斯的每颗钻石的边际成本为 100 美元。钻石需求表如下：

钻石价格（美元）	钻石数量（颗）
500	0
400	1
300	2
200	3
100	4
0	5

a. 计算戴比尔斯的总收益和边际收益。根据你的计算，画出需求曲线和边际收益曲线。

b. 解释为什么戴比尔斯面临的是向下倾斜的需求曲线。为什么额外销售一颗钻石的边际收益小于钻石的价格？

c. 假设戴比尔斯目前的收费为每颗钻石 200 美元。如果价格降到 100 美元，价格效应有多大？数量效应有多大？

d. 将第 a 问中的边际成本曲线添加到你的图中，确定戴比尔斯利润最大化的数量和收取的价格。

6. 使用第 5 题的需求表，钻石生产的边际成本恒定为 100 美元。没有固定成本。

a. 如果戴比尔斯收取垄断价格，每个买家的个体消费者剩余有多大？将个体消费者剩余加总计算出的总消费者剩余为多少？生产者剩余为多少？

假设新兴的俄罗斯和亚洲生产者进入市场，使之接近完全竞争。

b. 完全竞争价格为多少？完全竞争市场上的销售数量为多少？

c. 根据竞争价格和数量，每个买家的消费者剩余为多少？总的消费者剩余为多少？生产者剩余为多少？

d. 比较你对第 a 问和第 c 问的答案，在这种情况下垄断造成的无谓损失为多少？

7. 使用第 5 题的需求表。戴比尔斯是一个垄断企业，它可以对所有五个潜在客户实行完全价格歧视。戴比尔斯的边际成本是固定的 100 美元。没有固定成本。

a. 如果戴比尔斯可以实行完全价格歧视，向每个客户出售的钻石数量和价格为多少？

b. 每一个客户的个体消费者剩余为多少？总的消费者剩余为多少？通过向每个客户销售，将所得的生产者剩余加总计算出的总生产者剩余为多少？

8. Download Record 公司决定发行玛丽和小羊羔组合的专辑。该公司制作专辑无固定成本，但创建数码相册并支付给玛丽版税的总成本为每张专辑 6 美元。Download Record 公司可以像单一价格垄断企业那样行事。该公司的营销部门得出了如下所示的需求表。

专辑价格（美元）	专辑需求量（张）
22	0
20	1 000
18	2 000
16	3 000
14	4 000
12	5 000
10	6 000
8	7 000

a. 计算总收益和每张专辑的边际收益。

b. 制作每张专辑的边际成本是固定的 6 美元。为了实现利润最大化，Download Record 公司应该选择的数量为多少？每张专辑的价格应定为多少？

c. 玛丽重新协商合同时，要求公司对每张专辑支付更高的版税。这样边际成本上升到 14 美元，且仍然固定不变。为了实现利润最大化，现在 Download Record 公司应该选择的发行数量为多少？每张专辑的价格应定为多少？

9. 下图所示为当地电力公司的自然垄断情形。它显示了千瓦小时（kWh）电力的需求曲线（*D*）、该公司的边际收益曲线（*MR*）、边际成本曲线（*MC*）和平均总成本（*ATC*）曲线。政府希望通过最高限价来管制垄断。

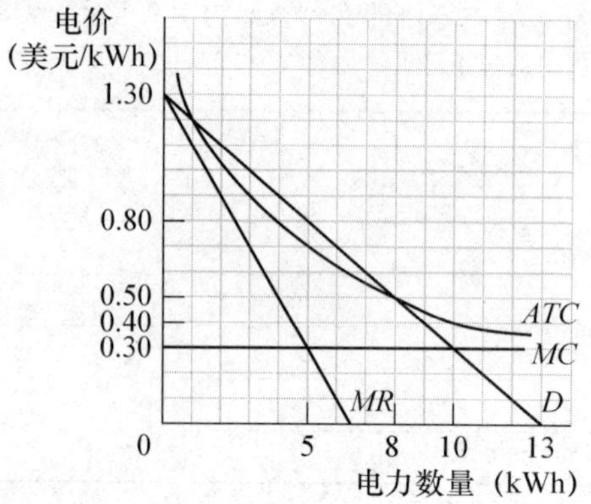

a. 如果政府不对这个垄断企业进行管制，它会收取什么价格？请用阴影区域标明垄断造成的无谓损失所带来的效率减损。

b. 如果政府规定最高限价等于边际成本 0.30 美元，垄断企业盈利还是亏损？用阴影区域表现垄断企业的利润（或亏损）区域。如果政府实行最高限价，你认为，该公司从长远来看将会继续生产吗？

c. 如果政府规定的最高限价为 0.50 美元，垄断企业盈利、亏损还是盈亏平衡？

10. 大学城（Collegetown）电影院服务于 900 位学生和 100 位教授。每位学生愿意以 5 美元买一张电影票。每位教授的支付意愿为 10 美元。每人只能买一张票。电影院每张票的边际成本是固定的 3 美元，没有固定成本。

a. 假设电影院不能对学生和教授实行价格歧视，每张票价格相同。如果电影院收取票价 5 美元，谁会买票？电影院的利润为多少？消费者剩余为多少？

b. 如果电影院收取票价 10 美元，谁会买票？电影院的利润为多少？消费者剩余为多少？

c. 假设电影院对学生和教授看电影实行价格歧视，要求学生出示自己的学生证，向学生收取票价 5 美元，向教授收取票价 10 美元，电影院的利润为多少？消费者剩余为多少？

11. 垄断企业知道，为了将产量从 8 单位扩大到 9 单位，必须将产品价格从 2 美元降低到 1 美元。计算数量效应和价格效应。使用这些计算结果来计算垄断企业生产 9 单位产量的边际收益。生产第 9 单位的边际成本为正。垄断企业生产第 9 单位是一个好主意吗？

12. 在美国，联邦贸易委员会（FTC）负责促进竞争和对有可能导致更高价格的兼并进行审议。几年前，两家最大的办公用品超市史泰博（Staples）公司和欧迪办公（Office Depot）公司宣布它们同意合并。

a. 一些合并的批评者认为，在全国许多地方，两家公司合并后将形成办公用品超市市场的一个垄断企业。根据联邦贸易委员会的观点和使命，它要对合并可能导致的价格提高进行监管，你认为它会允许该项合并吗？

b. 史泰博公司和欧迪办公公司认为，尽管在该国的一些地区，它们的合并可能会在办公用品超市市场形成垄断，但美国联邦贸易委员会应考虑更大的市场，并针对所有的办公用品提供商，其中包括许多出售办公用品的小商店（如杂货店和其他零售商）。在那个市场中，史泰博公司和欧迪办公公司将面临来自许多其他小商店的竞争。如果整个办公用品供应商市场是联邦贸易委员会应该考虑的相关市场，你认为，它可能会允许这种合并吗？

13. 在 20 世纪 90 年代末之前，发电公司也铺设输电的高压线。从那时之后，美国 16 个州和哥伦比亚特区已经开始实行发电和输电分离，发电厂之间和输电企业之间展开竞争。

a. 假设输电市场现在仍然是自然垄断市场。用图来说明如果政府规定的价格等于平均总成本，输电市场是什么状况。

b. 假设对发电行业放松管制后形成了一个完全竞争市场。此外，假定发电行业不会出现自然垄断的特点。用图说明这个行业中单个企业长期均衡时的成本曲线。

14. 解释如下情形。

a. 在欧洲，在签订了购买服务合同后，许多手机服务提供商免费赠送在其他地区非常昂贵的手机。电信服务商为什么要这样做？

b. 在英国，该国的反垄断机构禁止手机服务提供商沃达丰公司（Vodaphone）向客户提供沃达丰公司客户间的免费通话服务。为什么沃达丰希望提供这些免费通话？政府为什么干预并禁止这种做法？为什么政府不干预并非一个好主意？

15. 2014年时代华纳有线电视公司和康卡斯特公司宣布拟合并后出现了垄断问题，因为合并后的公司将向绝大多数美国人提供有线接入。它也存在买方垄断问题，因为合并后的公司将是电视广播节目的唯一买家。假定合并成功，请确定如下每种情形是垄断、买方垄断还是两者都不是。

a. 对于每月传输的有线电视节目，消费者费用的增加显著高于制作和传输成本的增加。

b. 在有线电视上做广告的公司发现，它们必须支付更高的广告费。

c. 制作广播节目的公司发现，它们必须用与以前相同的经费制作更多的节目。

d. 消费者发现，用同样的月费可看更多的节目。

16. 沃尔玛是世界上最大的零售商。因此，它有足够的议价能力压迫供应商降低价格，从而该公司可以兑现对顾客“天天低价”的口号。

a. 从供应商处购买商品的时候，沃尔玛像垄断企业还是像买方垄断企业？请解释。

b. 沃尔玛怎样影响其顾客的消费者剩余？怎样影响供应商的生产者剩余？

c. 随着时间的推移，沃尔玛的供应商所生产产品的质量可能会发生什么变化？

在线回答问题

17. 下图为一个行业的需求曲线（D）和边际成本曲线（MC）。没有固定成本。如果这个行业是单一价格垄断行业，该垄断企业的边际收益曲线是 MR。通过命名相应的点或区域来回答下列问题。

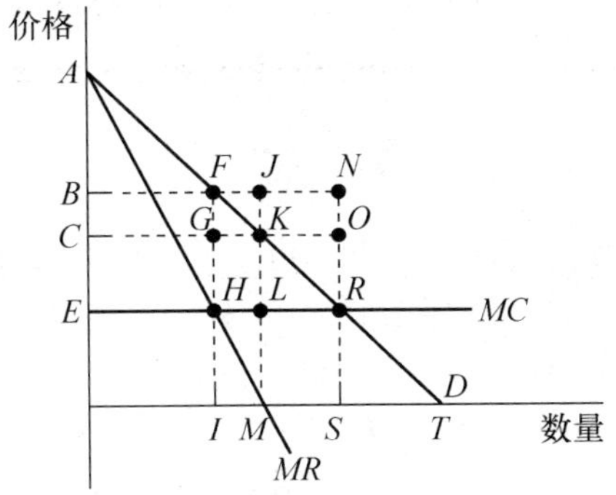

a. 如果该行业是完全竞争行业，总产量为多少？价格为多少？

b. 完全竞争条件下的消费者剩余为多少？

c. 如果这个行业是单一价格垄断行业，垄断企业的产量为多少？价格为多少？

d. 单一价格垄断企业的利润为多少？

e. 单一价格垄断下的消费者剩余为多少？

f. 单一价格垄断对社会造成的无谓损失为多少？

g. 如果垄断企业可以进行完全价格歧视，完全价格歧视下的垄断企业的产量为多少？

第 14 章

寡头垄断

本章将学习

- 寡头垄断的含义及形成原因。
- 为什么寡头垄断企业愿意采取会降低它们的联合利润的行动，为什么串谋会使它们获利。
- 为什么博弈论，特别是囚徒困境的概念有助于加深我们对寡头垄断的理解。
- 寡头垄断企业间的重复互动怎样有助于形成暗中串谋。
- 在反垄断政策的法律约束下，寡头垄断如何在实践中运作。

☞ **开篇案例**

被抓现行

经营农产品的阿彻丹尼尔斯米德兰（Archer Daniels Midland，也称为 ADM）公司经常将自己描述为"世界的超市"。许多美国人都熟悉这个名字，不仅仅因为它在经济中所发挥的重要作用，还因为它的广告和对公共电视节目的赞助。但在 1993 年 10 月 25 日，ADM 自身上了电视新闻。

那一天，ADM 的高管和其竞争对手日本味之素公司的高管在加利福尼亚州欧文的万豪酒店讨论关于赖氨酸市场的事宜，这是一种用于动物饲料的添加剂。（赖氨酸是怎么产生的？它是由基因工程菌分泌的。）在本次会议和随后的会议中，这两家公司与其他竞争对手一起确定了赖氨酸的市场价格目标，这种行为被称为议定价格（price-fixing）。为达到这些价格目标，每家公司都同意限产。同意具体的限额是它们面临的最大挑战——或者它们是这么认为的。

会议的参加者并不知道他们面临更大的问题：联邦调查局在房间安装了窃听器和一个隐藏摄像头。

公司在进行违法勾当。为了理解为什么公司这样做无论如何都是非法的，我们需要检视行业既非完全竞争也非纯粹垄断会带来哪些问题。

在本章，我们专注于寡头垄断行业。这是一种只有几个生产商的市场结构。我们会看到，寡头垄断在现实中非常重要——事实上，比垄断重要得多，且与完全竞争相比，更无可争议地是现代经济的典型代表。

虽然我们已经学习了与寡头垄断有关联的完全竞争和垄断，但寡头垄断也提出了一些全新的问题。除此之外，在寡头垄断市场中，公司往往想从事使 ADM、味之素和其他赖氨酸生产者陷入麻烦的那种行为。在过去的几年中，多个行业发生过多起调查和一些议定价格的指控案，其中包括保险、电梯、电脑芯片等行业。例如，与美国类似，2012 年，欧盟的反垄断法律对六家电子公司因为对电视机组件议定价格处以 19.2 亿美元的罚款。(是的，是19亿美元!)

在本章一开始，我们将检视寡头垄断是什么，为什么它如此重要。然后，我们转向寡头垄断行业的行为。最后，我们来看看反托拉斯政策，它主要关注的是努力使寡头垄断“行为正确”。

14.1 寡头垄断的盛行

在被精心窃听的那个会议举行之时，没有一家公司能控制世界的赖氨酸行业，但该行业有几个大型生产商。只有几个卖家的行业被称为**寡头垄断**（oligopoly，简称寡头）行业；这样一个行业中的企业被称为**寡头垄断企业**（oligopolist）。

> 只有几个卖家的行业被称为**寡头垄断**行业；行业中的企业被称为**寡头垄断企业**。

寡头垄断企业明显会为增加销售互相竞争。但不论是ADM还是味之素，都不会像一个完全竞争行业中的企业那样将它们的销售价格作为接受价格。这些公司都知道，它们决定生产多少会影响到市场价格。像垄断企业一样，每个企业都有市场势力。所以，这个行业中的竞争不是“完全”的。

经济学家将企业间相互竞争但企业又拥有市场势力——它们能够影响市场价格——的情形称为**不完全竞争**（imperfect competition）。我们在第13章中已经看到，不完全竞争实际上有两种重要形式：寡头垄断和垄断竞争。其中，寡头垄断在实践中可能更重要一些。

> 当没有一个企业具有垄断地位，但生产者知道其能影响市场价格时，这种行业是**不完全竞争**行业。

尽管赖氨酸是一个数十亿美元的行业，但它并非一个为大多数消费者所熟悉的产品。然而，许多人们熟悉的产品和服务也都是只由少数几个相互竞争的卖家来供给，这就是所讨论的寡头垄断行业。例如，大多数航线仅由两三家航空公司经营：近年来，定期从纽约到波士顿或者华盛顿特区的航班只有达美航空公司和美国航空公司。凯洛格、通用磨坊、宝氏（Post）和桂格四家公司控制了早餐麦片85%的市场份额。苹果和三星两家公司控制了智能手机70%的市场。可口可乐和百事可乐控制了大部分可乐饮料的销售。这个名单可以列很长。

重要的是要意识到，寡头垄断并不一定要由大企业组成。重要的不是大小本身，而是有多少竞争对手。当一个小镇只有两个杂货店时，杂货售卖服务同样是寡头垄断，就像纽约和华盛顿之间的航空服务一样。

寡头垄断为什么这么常见？本质上，造就寡头垄断的因素与造成垄断的因素相同，只是强度弱一些。寡头垄断最重要的原因可能是规模报酬递增的存在，因此大生产者比小生产者具有成本优势。当这些效应非常大时，会形成垄断；当它们的强度没有那么大时，一个行业中会有少数几个企业存在。

例如，大杂货店通常比小杂货店的成本更低。但当杂货店都相当大时，大规模的优势就会被用尽，这就是为什么在小城镇中通常有两三家商店存活。

如果寡头垄断如此常见，为什么本书大部分集中讨论卖家数量非常大的竞争行业？为什么我们先学习相对少见的垄断？这可从两个方面来理解。

首先，我们在完全竞争市场中学习到的内容——关于成本、进入与退出、效率的内容——依然适用，尽管许多行业已经不是完全竞争行业了。其次，寡头垄断的分析提出了并非可以简单解决的难题。先处理我们能回答的问题，然后去对付有难度的问题，这几乎总是一个不错的主意。我们只是遵循了同样的策略，从完全竞争和垄断得出一些相对明确的理论，再转向充满难题的寡头垄断。

▶ 真实世界中的经济学

这是寡头垄断吗?

在实践中，只是通过查看卖家的数量来确定一个行业的市场结构，并不总是那么容易。许多寡头垄断行业包含多个小型“利基”生产商，它们无法与大企业展开竞争。例如，美国航空业包含许多地区航空公司，如新墨西哥航空公司，它只是通过螺旋桨飞机提供在新墨西哥的阿尔伯克基和卡尔斯巴德之间的飞行服务。如果你把这些也称为航空公司，美国航空业有近100家航空公司，这听起来不像是一个小群体之间的竞争。但在全国范围内只有少数几个展开竞争的对手，如美国航空公司和联合航空公司，而且在许多航线上，正如我们所看到的，只有两三个竞争对手。

为了更好地理解市场结构，经济学家通常使用一个叫作赫芬达尔-赫希曼指数（HHI）的指标。一个行业的HHI是每个企业的市场份额的平方和。（在第12章中，我们已经知道，市场份额是企业销售额占市场销售额的百分比。）举个例子，如果一个行业只包含三个企业，它们的市场份额分别是60%、25%和15%，那么该行业的HHI为：

$$HHI=60^2+25^2+15^2=4\,450$$

当一个行业由少数几个企业主导时，通过对每个企业的市场份额进行平方计算出的HHI，数字会更大一些。因此，这是一个衡量行业集中度的更好的指标。这可以由表14-1给出的数据来证明。这里，被少数几个企业主导的行业——像个人电脑操作系统行业或宽体飞机行业——的指数是零售百货行业（该行业有许多规模大致相等的企业）的很多倍。

美国司法部和联邦贸易委员会在执行反托拉斯政策时将使用HHI，对此我们将在本章稍后做更详细的分析。它们的任务包括：起诉议定价格，打破经济效率低下的垄断，禁止减少竞争的企业并购，这样做是为了确保行业竞争足够充分。

根据司法部的工作指南，HHI低于1 500表明这是一个竞争激烈的市场，在1 500～2 500之间表明这是一个存在一定程度竞争的市场，超过2 500表明这是一个寡头垄断市场。在HHI超过1 500的行业进行并购，如果导致HHI显著增大，并购者将会受到特别审查并且可能不被允许进行并购。

表14-1　部分寡头垄断行业的HHI

行业	HHI	最大的企业
PC微处理器	6 190	英特尔、AMD
商用飞机	5 008	波音、空中客车
电脑操作系统	4 809	Windows、MacOS、Linux
智能手机操作系统	4 326	安卓、苹果
仓库式商店	3 730	开市客、山姆店
电子游戏	3 706	任天堂、Xbox、Playstation
手机服务商	2 768	威瑞森、美国电话电报公司、Sprint、T-Mobile
平板电脑	2 306	苹果、三星、亚马逊、华硕
钻石	2 029	戴比尔斯、埃罗莎、力拓
汽车	1 131	通用汽车、福特、丰田、克莱斯勒、本田、日产

资料来源：www. cpubenchmark. net；thomsonreuters. com；www. statista. com；Neilson；Reuters；Forbes；Edmunds Auto.

然而，定义一个行业本身可能会非常棘手。2007年，全食超市（Whole Food）和野生燕麦（Wild Oats）两个高端有机食品供应商意图合并。司法部不允许，认为这将大大降低竞争程度，因为它们所在的行业被定义为只包括天然食品杂货。

然而，这一裁决被上诉到联邦法院，合并被批准，因为普通超市也销售有机食品，而且联邦法院认为它们合并后竞争也足够激烈。然而，在2011年，司法部不允许手机运营商美国电话电报公司（AT&T）和T-Mobile公司合并——因为这是一个相关行业非常清晰的案件。

及时复习

- 除了完全竞争和垄断之外，寡头垄断和垄断竞争也是重要的市场结构。它们是非完全竞争的形式。
- 寡头垄断是常见的市场结构形式，其含义是指在一个行业中，仅有几个企业存在，这些企业被称为寡头垄断企业。其形成的原因与垄断完全相同，只是强度稍弱。

- 赫芬达尔-赫希曼指数是每个企业在行业内所占市场份额的平方和，广泛用于度量行业集中度。

小测验 14-1

1. 解释下面每个行业为什么是寡头垄断行业，而不是完全竞争行业。

a. 世界石油行业，波斯湾附近的少数几个国家控制着世界石油的大部分储量。

b. 微处理器行业，英特尔和其竞争对手 AMD 这两家公司主导着技术的发展。

c. 宽体客机行业，只有美国波音公司和欧洲空中客车公司这两家公司，该行业的特点是需要非常大的固定成本。

2. 下表所示为 2013 年搜索引擎的市场份额。

搜索引擎	市场份额（%）
谷歌	67
必应	18
雅虎	11
Ask	3
AOL	1

a. 计算该行业的 HHI。

b. 如果雅虎和必应合并，HHI 将变为多少？

14.2 寡头垄断市场的解析

一个企业的产出应该为多少？到目前为止，我们一直给出的答案是：利润最大化的数量。在一个完全竞争市场或垄断市场中，假设一个企业要实现利润最大化，同时考虑到其成本曲线，就足以确定其产出水平了。

然而，在寡头垄断行业，我们会遇到一些难题。实际上，经济学家经常将寡头垄断企业的行为形容为“谜团”。

14.2.1 一个双头垄断的例子

只有两个企业的寡头垄断被称为**双头垄断**，每个企业被称为**双头垄断企业**。

我们从寡头垄断谜题最简单的版本开始，只有两个生产企业的行业被称为**双头垄断**（duopoly），每个企业被称为**双头垄断企业**（duopolist）。

回到我们的开篇案例，设想 ADM 和味之素是仅有的两个赖氨酸生产者。为了让事情更简单一些，假设公司为生产赖氨酸已经投入所需的固定成本后，多生产一磅产量的边际成本为零。因此，公司只关心它们得到的销售收入。

表 14-2 给出了假想的赖氨酸需求表和该行业在每个价格-数量组合下的总收益。

表 14-2　赖氨酸需求表

赖氨酸价格（美元/磅）	赖氨酸需求量（百万磅）	总收益（百万美元）
12	0	0
11	10	110
10	20	200
9	30	270
8	40	320

续前表

赖氨酸价格（美元/磅）	赖氨酸需求量（百万磅）	总收益（百万美元）
7	50	350
6	60	360
5	70	350
4	80	320
3	90	270
2	100	200
1	110	110
0	120	0

如果这是一个完全竞争行业，只要市场价格高于边际成本，每家公司都有动机生产更多产品。由于边际成本被假定为零，这就意味着在均衡时赖氨酸将免费供应。公司将持续生产，直到价格等于零，总产量为1.2亿磅，公司的收益为零。

然而，公司肯定不会那么愚蠢。这个行业只有两家公司，每家公司都会意识到，生产越多，就越会压低市场价格。每家公司都会像一个垄断企业那样意识到，如果自己和竞争对手限制生产，利润会更高。

所以，这两家公司会生产多少？

一种可能性是，两家公司进行**串谋**（collusion）——通过合作来提高它们的联合利润。串谋最强的形式是组成**卡特尔**（cartel），也就是生产者之间达成一种安排，决定每个企业被允许生产的产量。世界最著名的卡特尔是石油输出国组织（OPEC），在后续“真实世界中的经济学”专栏中有介绍。

> 当卖者通过合作提升其利润时，这些卖者在进行**串谋**。**卡特尔**是几个企业之间为了提高它们的联合利润而签订的限产协定。

如其名字所指明的那样，石油输出国组织实际上是政府间而非企业间的协议。这个最著名的卡特尔组织是政府间的协议还有一个原因，在美国和其他地区，企业间达成卡特尔协议是违法的。但是，我们暂时忽略法律（当然，ADM 和味之素在现实生活中的所作所为要让它们自己付出代价）。

假设 ADM 和味之素形成卡特尔，该卡特尔决定按行业垄断者那样行事来实现行业总利润最大化。从表14－2中可以明显地看出，为了实现两个企业的联合利润最大化，该组织应该将行业赖氨酸总产量确定为6 000万磅，每磅销售价格为6美元，可能获得的最大的总收益为3.6亿美元。

那么，唯一存在的问题就是两家公司如何分配6 000万磅的生产。“公平”的解决方案可能是每家公司各生产3 000万磅，每家公司各获得1.8亿美元收入。

但即使这两家公司达成这样一个协议，也可能有问题：每一个企业都可能会不遵守协议，而是生产超过约定数量的产量。

□ 14.2.2 串谋和竞争

假设 ADM 和味之素的总裁一致同意，每个企业来年都生产3 000万磅赖氨酸。两个企业都能明白这个计划会使它们的联合利润最大化。但两个企业都有欺骗（即作弊）的动机。

为什么呢？请考虑如果味之素遵守协议，只生产3 000万磅，但 ADM 不顾承诺，生产了4 000万磅，会发生什么。总产量增加推动价格从每磅6美元下降为每磅5美元，根据这一价格，总需求达到7 000万英镑。行业总收益将从3.6亿美元（＝6美元×6 000万英镑）降低到3.5亿美元（＝5美元×7 000万磅）。然而，ADM 的收入将会增加，从1.8亿美元增加到2亿美元。因为我们假设边际成本为零，这意味着 ADM 的利润增加了2 000万美元。

但是，味之素总裁可能也会做同样的打算。如果两家公司都生产4 000万磅赖氨酸，价格将降至每磅4美元。所以每家公司的利润都将下降，从1.8亿美元下降到1.6亿美元。

为什么单个企业愿意突破可以实现两个企业联合利润最大化的产量呢？因为作为一个真正的垄断企业，没有一个企业愿意限制自己的产出水平。

我们简要复习一下垄断理论。我们知道，利润最大化的垄断企业会使边际成本（在本例中为0）等于边际收益。但边际收益是什么？我们知道，额外生产一单位产量有两个效应：

1. 正向的数量效应：增加一单位销售，总收益会增加销售单位的价格。
2. 负向的价格效应：为了增加一单位销售，垄断企业必须降低所有产品的市场销售价格。

负向的价格效应是垄断企业的边际收益低于市场价格的原因。在寡头垄断情况下，当相关公司考虑到产量提高的影响时，只关心价格效应怎样影响自己的产量，而非其他企业的产量。如果ADM公司决定增加赖氨酸的产量、压低价格，ADM公司和味之素公司都会遭受负向价格效应的影响。但ADM公司只关心负向价格效应对自己的产量的影响，并不会关心味之素公司的损失。

这就告诉我们，在寡头垄断行业中，对于额外一单位产出，单个企业面临的价格效应要小于垄断企业；因此，这样计算的企业的边际收益相对较高。所以，寡头垄断行业中的任一企业增加生产似乎总是有利可图的，即使增加产出降低了整个行业的利润水平。但是，如果每个企业都这样认为，其结果是大家的利润都减少！

> 当企业忽略它们的行为对各自利润的影响，它们做出的就是**非合作行为**。

到目前为止，通过探讨生产者为实现利润最大化应该生产多少产量，我们已经能够分析生产者的行为了。但是，即使ADM公司和味之素公司都试图最大化利润，据此可以预测它们的行为吗？它们会通过串谋、达成协议并执行协议来最大化联合利润吗？或者，它们会做出**非合作行为**（noncooperative behavior），每家公司都为自我利益而动，尽管这会导致每家公司的利润都下降？这两种策略似乎都是利润最大化策略。对它们的行为如何做出真实描述呢？

现在你明白为什么寡头垄断是一个谜了吧：只有少数几个行为人，这使串谋有了现实可能性。如果有成百上千个企业，我们可以大胆假设它们会有非合作行为。然而，当一个行业只有少数几个企业时，很难确定串谋是否会实现。

因为串谋比非合作行为最终更有利可图，因此，如果可能，企业也会愿意进行串谋。这样做的方法之一是正式签署一项协议（甚至是具有法律效力的合同）或对企业设定高价设置一些财务激励。但在美国和许多其他国家，你不能这样做——至少这种行为不合法。公司间不能达成保持高价的合约：不仅合同无法执行，而且签署这样的合同会因犯法而入狱。它们也不能签署非正式的“君子协定”，这缺乏法律效力，也许会受到报复的威胁——这同样是违法的。

事实上，互为竞争对手的公司的高管在没有律师在场时会很少见面，他们要确保谈话不会涉及不合适的内容。甚至暗示如果提高价格会怎样有利也可能招致美国司法部和联邦贸易委员会的造访。

例如，2003年司法部发起了对孟山都公司（Monsanto）和其他大型转基因种子生产商议定价格的调查。司法部察觉孟山都公司和先锋良种国际公司（Pioneer Hi-bred International）举行了一系列会议，这两家公司占了美国玉米和大豆种子市场60%的份额。两家公司聚会商讨转基因种子改良许可协议，它们声称在这些会议中没有非法讨论议定价格问题。但事实上，两家公司讨论了作为许可协议的一部分的价格就足以触发司法部的调查行动。

有时，正如我们所看到的，寡头垄断企业会无视规则。但更常见的情况是，它们想方设法达成一个没有正式协议的串谋，我们稍后很快就会看到这些事例。

▶ 真实世界中的经济学

苦涩的巧克力？

对赖氨酸议定价格卡特尔的起诉成了一个特别难忘的案例，因为调查人员掌握了串谋的谈话记录，这成了无可争辩的证据。然而，如果没有确凿的证据，起诉议定价格可能就是非常棘手的事情。2013年和2014年，加拿大和美国调查巧克力行业议定价格给出的不同结论就证明了这一点。

由于加拿大吉百利（Cadbury）披露其与其他三家加拿大巧克力制造商——加拿大好时、加拿大雀巢和加拿大玛氏——串谋，加拿大监管机构开始调查2007年加拿大巧克力市场是否存在议定价格现象。在这个案件中，加拿大吉百利获得豁免权。而加拿大好时最终认罪，并支付了近400万美元的罚款，加拿大玛氏和加拿大雀巢拒绝调解。在随后的诉讼中，13名加拿大吉百利高管自愿提供其与其他公司的联系信息，包括加拿大雀巢的一名高管人员移交给一名加拿大吉百利雇员的一封棕色封皮的信，其中包含即将涨价的细节。根据被提交给法院的宣誓书，加拿大好时、加拿大雀巢和加拿大玛氏的高管秘密会晤议定价格。2013年，经过旷日持久的诉讼后，所有四家制造商都同意结案，支付了超过2 300万美元的罚款给消费者。

然而，美国的起诉则不太成功。许多美国的大型杂货店和零食零售商们相信，它们也一直是串谋的受害者。所以，在2010年，其中的一家商店即超价商店（SUPERVALU）起诉了四大巧克力制造商的美国分公司。与在加拿大四家公司控制了不到50%的市场份额相比，这些公司在美国控制的市场份额超过了75%。超价商店声称，美国这四家公司自2002年以来一直在议定价格，定期提价，往往先后在几天内提高一至两位数的金额。

事实上，从2008年到2010年，美国巧克力糖果的价格已经飙升了17%，上升速度远远超过了通货膨胀率。巧克力制造商为它们的行为进行辩护，声称它们只是把可可豆、乳制品和糖的更高成本转嫁了出去。反垄断专家指出，价格串谋往往很难证明，因为生产商同时提高价格并非非法。为了证明串谋，必须证明存在对话或书面形式的协议。

2014年3月，一位美国法官否决了串谋的指控，认为没有证据表明四大巧克力生产商的高管了解他们加拿大的同事的反竞争行为，不能将相互跟随先后涨价作为串谋的证据。联邦法官克里斯托弗·康纳（Christopher Conner）得出的结论是：被告预期到成本上涨从而提价的行为是“理性的竞争行为”。这个案子对于美国的巧克力消费者希望可以很快恢复到更低价格来享受糖果是一个苦涩的逆转。

及时复习

• 寡头垄断的一些核心特征可以通过最简单的双头垄断来理解——在一个行业中只有两个企业，每个企业被称为双头垄断企业。

• 通过像单一垄断企业那样行事，寡头垄断企业可以最大化它们的联合利润，因此它们有积极性形成卡特尔。

• 然而，每个企业也都有动力进行欺骗——生产比卡特尔协议所规定的产量多的产量。所以，会有两种结果：成功串谋；通过欺骗做出非合作行为。

小测验 14-2

1. 下列哪个因素会加剧同一行业内寡头垄断企业之间串谋的可能性？哪个因素会提高寡头垄断企业从事非合作行为从而提高产量的可能性？请对你的答案给出解释。

a. 企业的初始市场份额很小。（提示：考虑价格效应。）

b. 企业相对于其竞争对手有成本优势。

c. 当消费者从使用一个企业的产品转向使用另一个企业的产品时须额外支付成本。

d. 一个寡头垄断企业有很多闲置的生产能力，但它知道其竞争对手已经满负荷运行而无力扩大产出规模。

14.3 寡头垄断企业间的博弈

在我们举的双头垄断的例子和现实生活中，每个寡头垄断企业都会认识到其利润水平受到其竞争对手的影响，而竞争对手的利润也是如此。也就是说，两个企业处于**相互依存**（interdependence）的情形中，每个企业的决策都明显影响另一个企业的利润（在超过两个企业的情形中，每个企业的决策都明显影响其他企业的利润）。

当一个企业的决定显著影响行业内其他企业的利润时，这些企业处于**相互依存**的情形中。

实际上，两个企业在“博弈”，每个参与人的利润都不仅取决于自己的行动，也受到其他参与人的影响。为了更全面地了解寡头垄断企业的行为方式，经济学家与数学家一起创立了这种博弈的研究领域，被称为**博弈论**（game theory）。该理论有多方面的应用，除了经济学外，在军事战略、政治和其他社会科学领域都有应用。

研究相互依存行为的理论被称为**博弈论**。

我们来看博弈论怎样帮助我们理解寡头垄断。

□ 14.3.1 囚徒困境

博弈论要处理的情形为：任何一个参与人的回报——**收益**（payoff，也称支付）——都要受到自己行动和其他参与人行动的影响。在寡头垄断情况下，企业的回报可简单看作企业的利润。

在博弈中收到的回报，如寡头垄断企业获得的利润，被称为参与人的**收益**。

收益矩阵表示的是双方博弈中每个参与人的收益怎样取决于双方的行动。这样的矩阵有助于我们分析相互依存的情形。

当只有两个参与人时，如双头垄断那样，参与人之间的相互依存可以表示为如图 14－1 所示的**收益矩阵**（payoff matrix）。收益矩阵的每一行对应一个参与人（在本案例中为 ADM）的一种行动，每一列对应另一个参与人（在本案例中为味之素）的一种行动。为简单起见，我们假设 ADM 只有两种选择：生产 3 000 万磅或 4 000 万磅赖氨酸。味之素的选择相同。

矩阵包含四个单元格，每个都以对角线分开。每个单元格表示的都是两家公司在两种行为相互作用后所得到的收益结果；对角线以下的数字是 ADM 的获利，对角线以上的数字是味之素的获利。

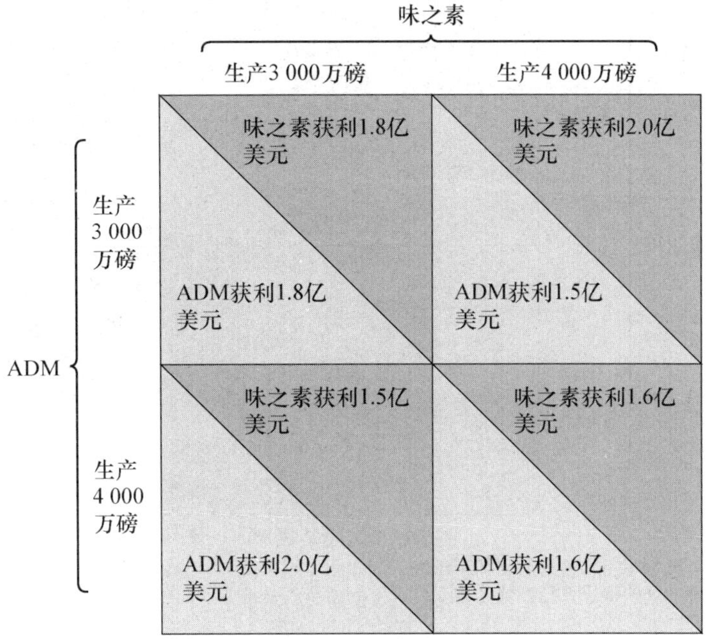

图 14－1 收益矩阵

两家公司——ADM 和味之素——必须决定生产多少赖氨酸。两家公司的利润相互影响：每家公司的获利都不仅取决于自己的行为决策，而且受到对方行为决策的影响。每一行都代表 ADM 采取的行动，每一列都代表味之素采取的行动。当两家公司都选择低产出时，两家的境况都会更好一些，但如果各自只是考虑自己的利益，将会选择高产出。

这些收益给出了我们此前分析所得出的结论：如果两家公司各生产 3 000 万磅，双方的联合利润最大。然而，如果另一家生产 3 000 万磅，自己生产 4 000 万磅，可以增加自己的利润。但是，如果两家都扩大产量，与两家都保持较低产量相比，双方的利润都减少了。

这里表现的特定情况是相互依存情形的一个著名的——看似自相矛盾的——版本，被称为**囚徒困境**（prisoners' dilemma），这是博弈收益矩阵的一种，包含如下含义：

囚徒困境是基于两个前提的博弈：（1）每个参与人都有动力选择对自己有利而使对方受损的行为；（2）如果两个参与人都这样做，他们的境况都将变得比合作情况下的差。

- 不论其他参与人怎样做，每个参与人都有欺骗的动机，即采取损人利己的行动。
- 当两个参与人都欺骗时，其结果都逊于如果他们不欺骗所得到的结果。

最初说明囚徒困境的版本是在一个虚构的故事中的两个犯罪同伙——我们称她们为塞尔玛（Thelma）和露易丝（Louise）——已经被警察抓住。警察有足够的证据可把她们分别关进监狱5年。警察也知道她们还犯有更严重的罪行，够判20年；遗憾的是，警察没有足够的证据来对犯人定罪。为此，警察需要两个囚犯指控对方牵涉的第二种罪行。

所以，警察把两个囚犯分别关在不同的审讯室审问，并告诉每个囚犯："情况是这样的：如果你们都不坦白，你知道，我们会送你们入监5年。如果你认罪，并指控你的同伙，而她不这样做，我们会将你的刑期从5年减到2年。但是，如果你的同伙坦白，而你不坦白，你会被判20年。如果你们两人都认罪，我们会判处你们两人各15年。"

图14-2所示为两个囚犯面临的情形，这取决于两人保持沉默还是认罪的决定。（通常收益矩阵反映的是参与人的回报，高回报要好于低回报。本例是一个例外：监禁的年份越长越糟糕，而不是越好！）假设囚犯间没有办法沟通，她们没有宣誓不伤害对方或做出与此类似的行为。所以，每个参与人都考虑自己的利益。她们会怎样做呢？

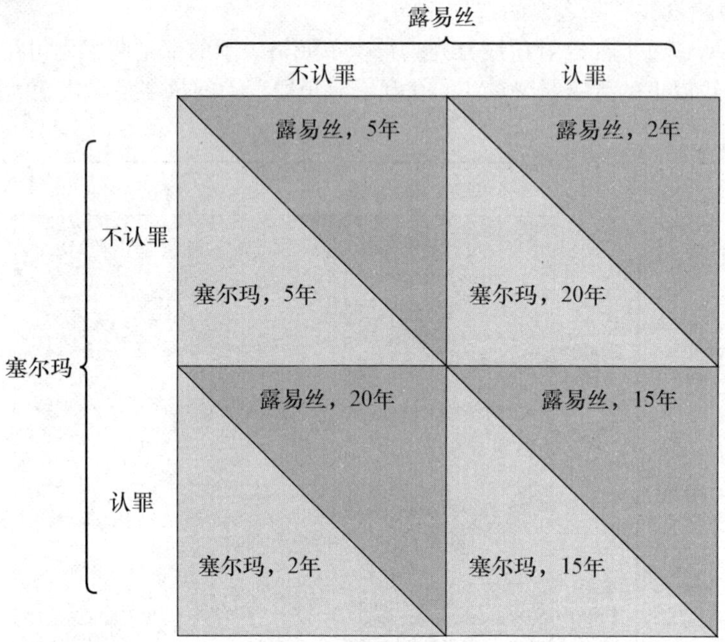

图14-2 囚徒困境

两个囚犯分别被关在两个审讯室审问，警察给出如下条件：如果两个囚犯中的一个认罪并且指控她的同伙，而同伙不认罪，她受到的处罚较轻。如果她不认罪，她的同伙认罪并指控他，她受到很重的惩罚。从两个囚犯的共同利益来看，不认罪最好；但从每个个体的利益来看，认罪又是合理的。

▶ 疑难解答

囚徒困境中的公平竞赛

对囚徒困境，一个普遍的反应是，可以确定每个囚犯认罪并非真正的理性。塞尔玛不认罪，但她又担心露易丝会出卖她，或者如果露易丝没有指控她，她又有负罪感。

但是这种答案是一种作弊行为，等于改变了收益矩阵中的收益。为了理解这一困境，我们必须公平竞赛，设想囚犯仅仅考虑她自己刑期的长短。

幸运的是，当涉及寡头垄断企业时，我们可以方便地相信企业关注的是它们自己的利润。不会涉及ADM担心对方或者对不起对方，味之素也是如此。这是严格的企业行为。

> **占优策略**是不管对方采取什么行动，对一个参与人来说都是最好的一种行动。

答案很明确：两人都会认罪。首先看塞尔玛的想法：不管露易丝认罪与否，她认罪都会更好一些。如果露易丝不认罪，塞尔玛认罪，塞尔玛的刑期将从5年减到2年。如果露易丝认罪，塞尔玛认罪，塞尔玛的刑期将从20年减到15年。无论是哪种情形，从塞尔玛的角度看都应认罪。露易丝面临同样的境遇，显然露易丝也应该认罪。在这种情况下，认罪是一种被经济学家称为**占优策略**（dominant strategy）的行动。这是无论其他参与人采取什么行动，对一个参与人来说都是最好的一种行动。

重要的是，并非所有的博弈都有占优策略，这依赖于博弈的收益结构。但就塞尔玛和露易丝面临的情况看，这显然是有利于警察的收益结构，所以每个囚犯认罪就成了占优策略。

只要两个囚犯没有办法达成一个都不认罪的可执行的协议（如果不能进行交流，有些事情她们是不能做的，警察肯定不会允许她们这样做，因为警察想强迫她们每个人认罪），塞尔玛和露易丝就将选择伤害对方的方式。

如果每个囚犯都为自己的利益而理性行事，双方都会选择认罪。当然，如果两人都不认罪，两人的判刑都会轻得多！在囚徒困境中，每个参与人都有明确的动机以伤害到其他参与人的方式行事，当两个囚犯都做出这种选择时，她们的境况会变得更糟。

当塞尔玛和露易丝都认罪时，她们就达至博弈的均衡。我们多次使用均衡概念，它是一种没有任何参与人或企业想改变其行动的状态或结果。

> **纳什均衡**也被称为**非合作均衡**，在博弈中，当给定其他参与人所采取的行动并忽略自己的行动对其他参与人收益的影响时，每个参与人都选择对自己最有利的行动而达成的结果。

在博弈论中，当给定其他参与人所采取的行动时，每个参与人都选择对自己最有利的行动而达成的这种均衡，被称为**纳什均衡**（Nash equilibrium），这是以数学家和诺贝尔经济学奖获得者约翰·纳什（John Nash）的名字来命名的。[描写纳什故事的畅销传记《美丽心灵》（*A Beautiful Mind*）被拍成了电影。] 因为纳什均衡的参与人不考虑他们的行为对他人的影响，这也被称为**非合作均衡**（noncooperative equilibrium）。

现在回头看图14－1：ADM和味之素面临的情形与塞尔玛和露易丝面临的相同。不管其他公司采取什么行动，每家公司都是产量越大，境况越好。然而，如果两家公司都生产4 000万磅，所面临的境况比不上如果它们遵循协议即只生产3 000万磅。在这两种情形下，追求各自的自我利益，努力实现利润最大化或刑期最小化产生了伤害双方的不利影响。

囚徒困境可以出现在许多情形下。稍后的“追根究底”专栏介绍的是一个冷战时期的例子。显然，如果参与人在面临任何囚徒困境时，都有一些方式形成合作，各参与人的境况都会变好。如果塞尔玛和露易丝两人郑重承诺不认罪，或者如果ADM和味之素签署一个具有强制效力的合约来约定不会突破3 000万磅的赖氨酸产量，则双方的境况都会变好。

然而，在美国两个寡头垄断企业所签署的限定产量的协议不仅不能强制执行，而且是违法的。因此，似乎非合作均衡是唯一可能的结果。是这样吗？

▶ 追根究底

军备竞赛中的囚徒困境

第二次世界大战之后一直到20世纪80年代末，美国和苏联被锁定在一个看似无穷无尽但战争又不会公开爆发的状态中。冷战期间，两个国家投入了数量巨大的资源用于军备竞赛，这造成了美国经济资源的大量流失，苏联也因此负担沉重，这大大削弱了其经济基础。然而，这两个国家都未能取得决定性的军事优势。

正如许多人所指出的，如果两国都在军备上少投入，它们的境况都会变得更好。然而，军备竞赛持续了40年。

为什么？正如政治学家马上就能指出的那样，解释两国军备竞赛的一种理论就是两国被锁定在了一个典型的囚徒困境中。两国政府都想获得决定性的军事优势，但两国又都担心在军事较量中处于下风。双方都希望看到低军费开支对高军费支出的局面。

然而，两国政府都理性地选择高军费支出。如果竞争对手支出规模小，而自己支出规模大，自己将会形成军事优势；如果竞争对手继续扩大军备，自己支出不足，自己将会形成军事劣势。因此，两个国家都深陷其中。

解决这一困境的方法是双方达成减少支出的协议；事实上，双方曾谈判多次，试图限制某些武器开发。但这些协议并没有产生多少效力。最后，随着沉重的军费开支在一定程度上导致1991年苏联加速解体，问题得到解决。

不幸的是，军备竞赛的逻辑并没有消失。两个相邻的国家——巴基斯坦和印度有着较长的对立历史，两国的核军备竞赛出现升级。1998年，两国针锋相对，它们先后进行核武器试验，确认了囚徒困境无情逻辑的成立。

然而，到了2013年，局势出现了一线希望，这些南亚核对立国家的总理开始举行一系列会议，目的是寻求“一个新的开端”。

□ 14.3.2 走出囚徒困境：重复互动和暗中串谋

> **策略行为**是一个企业采取的试图影响其他企业未来行动的行为。

塞尔玛和露易丝在审讯室中的博弈被称为单次博弈（one-shot game），也就是说，她们只互相博弈一次。她们选择认罪或顽强不屈是一劳永逸的。然而，大多数寡头垄断企业间的博弈并非单次博弈；相反，它们预计会与相同的竞争对手反复博弈。寡头垄断企业通常预计会在业内经营多年，企业知道决定今天是否欺骗可能会影响到未来其他企业如何与其相处。所以，一个聪明的寡头垄断企业的决策不仅仅基于对短期利润的影响。相反，它会采取**策略行为**（strategic behavior），考虑到今天的行动选择对博弈中其他企业未来行动的影响。在某些情况下，采取策略行为的寡头垄断企业会努力表现得好像它们有进行串谋的正式协议。

假设ADM和味之素预计要经营赖氨酸业务多年，因此预计会多次进行如图14-1所示的欺骗和串谋博弈。它们真的会一次又一次背叛对方吗？

> **针锋相对**策略是开始时选择合作行为，但随后按照其他参与人上一期的做法而行事的策略。

可能不会。假设ADM有两种可选策略。一种策略是，它总是欺骗，每年生产4 000万磅赖氨酸，不管味之素公司如何行事。另一种策略是，开始中规中矩，第一年只生产3 000万磅，观察对手怎样做。如果味之素也按约定来生产，那么ADM会保持合作，明年再生产3 000万磅。但如果味之素生产4 000万磅，ADM将不遵守约定，明年也生产4 000万磅。后面这种策略——开始时选择合作行为，但随后按照其他参与人在上一期的做法而行事——通常被称为**针锋相对**（tit for tat）。

针锋相对是一种策略行为，我们刚刚定义过，是一个参与人意图影响其他参与人未来行动的选择。针锋相对对其他参与人的合作行为提供奖励——如果你合作，我也合作。它也提供了一种欺骗惩罚机制——如果你欺骗，就不能期望在将来会有好回报。

ADM采取每种策略的收益将取决于味之素的策略选择。考虑四种可能性，如图14-3所示：

1. 如果ADM针锋相对，味之素也如此，两家公司每年都将获利1.8亿美元。

2. 如果ADM总是欺骗，味之素针锋相对，ADM第一年获利2亿美元，但此后每年都只能获利1.6亿美元。

3. 如果ADM针锋相对，但味之素总是欺骗，ADM第一年只获利1.5亿美元，但此后每年都获利1.6亿美元。

4. 如果ADM总是欺骗，味之素也采取相同的策略，两家公司都将每年获利1.6亿美元。

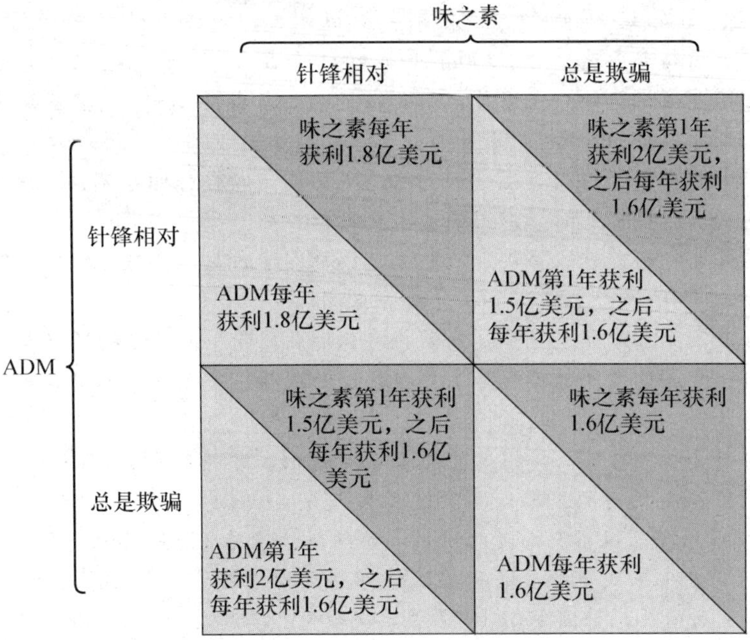

图 14-3　重复互动导致串谋

针锋相对策略包括某一参与人开始时合作，然后随着另一参与人的变化而变动。这会对良好的行为提供奖励，而对不良行为进行惩罚。如果对方欺骗，与总是欺骗相比，采取针锋相对策略只会导致短期遭受损失。但是，如果另一参与人采取针锋相对策略，某一参与人也采取同样的策略会有长期增益。因此，一个预计其他企业采取针锋相对策略的企业也会采用同样的策略，这就会导致暗中串谋。

哪种策略更好？在第一年，无论竞争对手选择什么策略，ADM 选择欺骗都会更好一些，它能获利 2 亿美元或 1.6 亿美元（到底会获得哪种收益，取决于味之素选择针锋相对策略还是总是欺骗策略）。这比在第一年选择针锋相对策略要好：获得 1.8 亿美元或 1.5 亿美元。但到了第二年，如果选择总是欺骗策略，在第二年和随后所有年份 ADM 每年都只能获得 1.6 亿美元，不论味之素如何行事。

在一段时间内，ADM 通过选择总是欺骗策略获利的数额要小于选择针锋相对策略：在第二年和随后所有年份，如果味之素也采取针锋相对策略，ADM 的获利永远不会小于 1.6 亿美元，还可能高达 1.8 亿美元。总是欺骗和针锋相对哪个更有利，取决于两件事：ADM 希望博弈多少年，对手采用什么策略。

如果 ADM 预计在不久的将来会结束赖氨酸业务，它实际上是选择单一博弈。所以，该公司可能会选择欺骗策略，尽可能多地攫取利润。即使 ADM 预计会留在赖氨酸行业很多年（要反复与味之素进行博弈），出于某种原因，该公司预计味之素总是欺骗，它也应该选择总是欺骗。也就是说，ADM 应该遵循"以其人之道，还治其人之身"的策略。

但是，如果 ADM 预计将在该行业经营很长时间，并认为味之素很可能会针锋相对，这又会怎样呢？长期针锋相对将增加利润。它可以通过在开始阶段欺骗取得一些额外的短期利润，但这将引起味之素也欺骗，最终导致利润降低。

从这个故事得出的教训是：当寡头垄断企业预计与竞争对手在相当长的时间内进行竞争时，每一个企业往往都会得出这样的结论，即出于自身最佳利益做出的选择也将有利于行业内其他企业的发展。所以，每个企业都将限制产出来提高其他企业的利润，期待对方礼尚往来。尽管企业没有办法签订一份可执行的协议来限产提价（如果它们讨论价格，存在违法的风险），但它们设法做到"好像"存在这样一份协议。当这种情况发生时，我们说企业进行了**暗中串谋**（tacit collusion）。

> 当企业限制产量、提高价格来提高相互的利润时，即使它们没有签订任何正式的协议，它们也是在进行**暗中串谋**。

▶ **真实世界中的经济学**

石油输出国组织的兴衰

这是一个被称为卡特尔但又不必秘密集会的组织。石油输出国组织，通常被称为欧佩克（OPEC），包括

12 个国家（阿尔及利亚、安哥拉、厄瓜多尔、伊朗、伊拉克、科威特、利比亚、尼日利亚、卡塔尔、沙特阿拉伯、阿拉伯联合酋长国和委内瑞拉），控制了世界 40%的石油出口和已经探明储量的 80%。另外两个石油输出国挪威和墨西哥不是该组织的正式成员，但是在行动上与成员相同。（俄罗斯也是一个重要的石油输出国，尚未成为该俱乐部的成员。）

政府通常会从法律上禁止合作组织就生产和价格达成协议，与合作组织不同，一国政府可以讨论任何其觉得可议之事。欧佩克成员国经常见面，试图确定生产目标。

这些国家间的关系并非特别友好。事实上，欧佩克成员国伊拉克和伊朗在 20 世纪 80 年代打了一场非常血腥的战争。伊拉克于 1990 年侵占了另一个成员国科威特。

然而，欧佩克成员国实际上是在进行重复互动的博弈。在任何一年，保持低产量、高价格都符合它们的联合利益。但是，任何一个成员国也都可能为了自身利益而欺骗，突破约定的产出配额——除非生产者认为其行为会招致未来的报复。

那么，该卡特尔组织是成功的吗？该组织的发展跌宕起伏。分析师估计，在 12 次宣布削减配额的实践中，欧佩克能够成功地在 80%的时间里保持其价格下限。

图 14－4 所示为 1949 年以来以不变的美元价值表示的石油价格（即用其他商品表示的一桶石油的价格）。1974 年欧佩克首秀实力：在中东战争之后，一些欧佩克产油国限制它们的石油产量——这是它们喜欢的结果，因此它们决定继续这种做法。伴随伊朗 1979 年革命后的第二波动荡，石油价格进一步提高。

然而，到了 20 世纪 80 年代中期，世界石油市场上的供给日渐过剩——见钱眼开的欧佩克成员国普遍欺骗。结果，到了 1985 年试图遵守协定的产油国——特别是沙特阿拉伯，该国是最大的产油国——感到厌倦，串谋开始崩溃。

到了 20 世纪 90 年代末，欧佩克又开始积极行动起来，这在很大程度上要归功于墨西哥石油部长的努力——他精心策划了减产方案——和沙特阿拉伯所扮演的“生产者的调节者”角色。作为关键决策者和最大的石油生产国，沙特阿拉伯允许其他成员国尽可能增加生产，然后调整自己的产量来满足总量限制，以此来缓解成员国之间的摩擦。这些行动助推了石油价格从 1998 年的每桶不到 10 美元上升到 2003 年的每桶 20～30 美元。

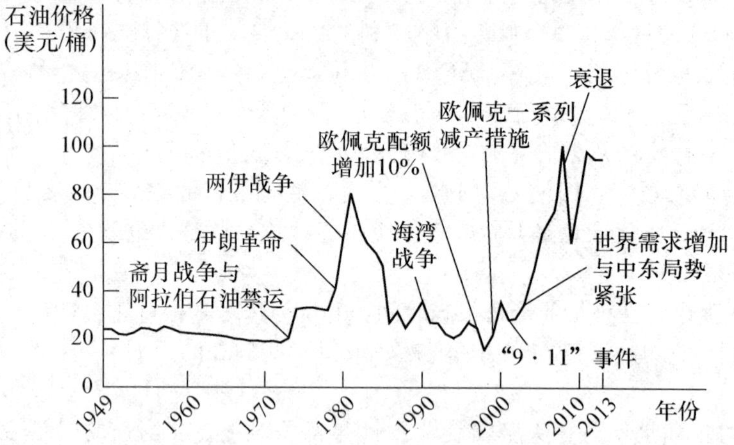

图 14－4　1949—2013 年原油价格（用 2012 年美元度量）

资料来源：Energy Information Administration；FRED.

自 2008 年以来，欧佩克已经经历了历史上最大的“过山车”式的油价起伏。到 2008 年，价格已经飙升到每桶 145 美元。但到了 2008 年底，2007—2009 年的经济衰退已经持续了一年，价格大幅下跌至每桶 32 美元。作为回应，沙特阿拉伯将产量减少 20%，其他成员国减少了 5%。2009 年初，价格开始反弹。多个成员国政治不稳定导致石油价格在 2011 年大幅飙升，沙特阿拉伯增加产出以防全球石油短缺。

最近，随着伊拉克和伊朗都表示有意提高产量，美国从页岩层提炼的石油越来越多，并且巴西和加拿大也在增加石油产量，一些欧佩克观察家预测，该卡特尔组织未来的凝聚力令人担忧。

及时复习

- 经济学家使用博弈论来解释当企业的收益相互依存时企业的行为。这个博弈可以用收益矩阵来表示。根据收益情况，一个参与人可能有也可能没有占优策略。
- 每个企业都有欺骗的动机，但如果双方都欺骗，结果是最糟糕的，这种情况被称为囚徒困境。
- 参与人不考虑他们之间的相互依存关系可达至纳什均衡或非合作均衡。但如果重复博弈，参与人可能采取策略行为，牺牲短期利润来影响未来的行为。
- 在重复囚徒困境博弈中，针锋相对通常是一个好策略，易导致成功的暗中串谋。

小测验 14-3

1. 寻找下述收益矩阵中的纳什（非合作）均衡。尼基塔和玛格丽特的哪些行为会最大化他们的收益？为什么没有沟通时不可能出现他们所选择的这些行为？

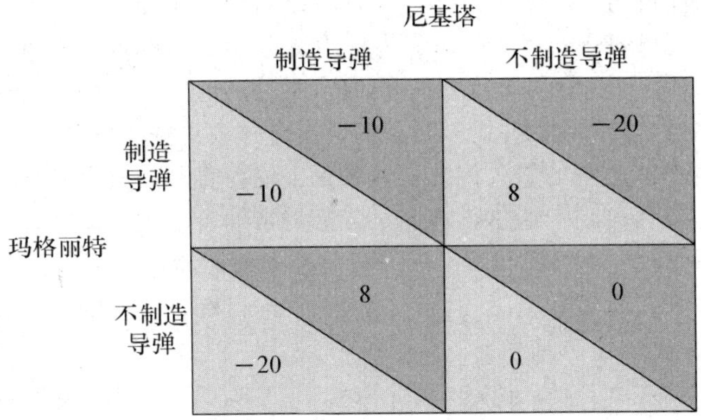

2. 下列哪个因素更可能会使寡头垄断企业采取非合作行为？哪个更可能会使得它们进行暗中串谋？请解释原因。

a. 每个寡头垄断企业都预计在未来会有几个新企业进入市场。

b. 一个企业很难侦测到另一个企业是否增加产出。

c. 如果价格在很长一段时间内保持较高水平，企业会共存下去。

14.4 现实中的寡头垄断

在本章第二节的“真实世界中的经济学”专栏中，我们描述了很多年来，加拿大最大的四家巧克力公司涉嫌串谋涨价的事情。幸运的是，串谋并非常态。但在现实中寡头垄断通常是如何运作的呢？答案一方面受制于法律框架对企业能做什么的限制，另一方面也与一个行业中没有正式协议时企业进行合作的潜在能力有关。

□ 14.4.1 法律框架

要理解寡头垄断在实践中的定价，我们必须熟悉法律约束下寡头垄断企业的运作。在美国，寡头垄断首次成为问题是在19世纪下半期，铁路运输快速增长后——铁路行业自身就是寡头垄断行业——许多商品开始形成全国性市场。

大公司生产石油、钢铁，许多其他商品也很快出现。实业家很快意识到，如果他们能限制价格竞争，利润会更高。所以，许多行业成立卡特尔组织，也就是说，它们签署了正式的协议来限制产量、提高价格。直到1890年，当第一部反对这些组织的联邦立法通过时，前述行为都是完全合法的。

然而，尽管这些卡特尔是合法的，但它们无法要求通过法律来强制执行协议，卡特尔成员不能要求法院强制那些违反了协议的企业减少产量。许多企业经常违反协议，原因正如我们在前面分析双头垄断的例子时所说的那样：卡特尔组织中每个企业总面临一些诱惑，生产多于分配的产量限额。

1881年，约翰·D. 洛克菲勒的标准石油公司的聪明律师想出了一个解决方案——被称为托拉斯(trust)。在托拉斯中，在一个行业中，所有大公司的股东将他们的股票交给控制公司的董事会掌握。这一点实际上等于将这些公司合并为一家公司，后者可以垄断定价。通过这种方式，标准石油公司建立的托拉斯本质上是一个石油行业的垄断企业。很快在食糖、威士忌、铅、棉花籽油和亚麻籽油行业，托拉斯也建立起来了。

政府阻止寡头垄断行业成为垄断行业或者阻止其像垄断组织那样行事的努力构成了**反垄断政策**。

后来公众强烈反对，一方面是担心托拉斯运动对经济的影响，另一方面是担心托拉斯的所有者变得过于强大。因此，1890年《谢尔曼反托拉斯法》(Sherman Antitrust Act) 通过，目的是防止创建更多的垄断组织，并拆散已有的垄断组织。起初这项法律在很大程度上并未被执行。但在接下来的几十年中，联邦政府越来越盯紧寡头垄断行业，使之难以成为垄断行业或者难以像垄断组织那样行事。这种努力就是今天所谓的**反垄断政策**(antitrust policy)。

早期反垄断政策最引人注目的一次行动是1911年对标准石油公司的拆分。(该公司拆开的部分是今天许多大型石油公司的核心：新泽西州的标准石油公司成为埃克森公司，纽约标准石油公司成为美孚公司，等等。)在20世纪80年代，一个旷日持久的官司导致贝尔电话公司被拆分，该公司曾经垄断了美国本地电话和远程电话服务。如前所述，司法部会审查拟议的在同一行业的公司合并，并将禁止它认为会减少竞争的合并。

在发达国家中，美国反垄断政策的悠久传统是独一无二的。直到最近，其他发达国家也没有针对议定价格的政策，甚至有些国家还支持创建卡特尔，它们相信这将帮助自己国家的企业与外国对手竞争。在过去的30年里，形势发生了巨大的改变，欧盟(EU)——一个超国家实体，负责对其成员国执行反垄断政策——正逐渐转向美国的做法。今天，欧盟和美国的监管机构通常的目标是相同的公司，因为议定价格随着国际贸易的扩张已经“走向全球”。

▶ **全球比较**

反垄断管制的截然不同的方法

欧盟的竞争委员会推动28个成员国的竞争和实行反垄断管制。该委员会如果认定企业采取了抑制竞争的不正当的行动，它有权阻止并购，迫使公司出售其子公司，并处以高额罚款。

尽管公司可以在起诉后进行的听证会上对指控辩护，但是如果竞争委员会认为自己掌握的案件信息是确凿的，它也可以对公司进行裁定并进行罚款。公司即使认为自己受到了不公平对待，也只有有限的追索权。批评人士指出，该委员会既是检察官、法官，也是陪审团。

相比之下，美国对不公平竞争的指控必须经过法庭宣判，美国联邦贸易委员会的律师必须向独立法官出示证据。公司会雇用大批训练有素和高薪的律师来对政府指控进行辩护。美国的监管机构不一定能成功胜诉。事实上，在许多情况下法官会偏向公司而不是监管机构。此外，公司可以对不利判决进行上诉。因此，法院做出最终判决可能需要几年的时间。

毫不奇怪，对公司而言，它们喜欢美国的制度。下图进一步解释了其中的原因。近年来，平均来说，欧盟对不公平竞争的罚款一直高于美国。

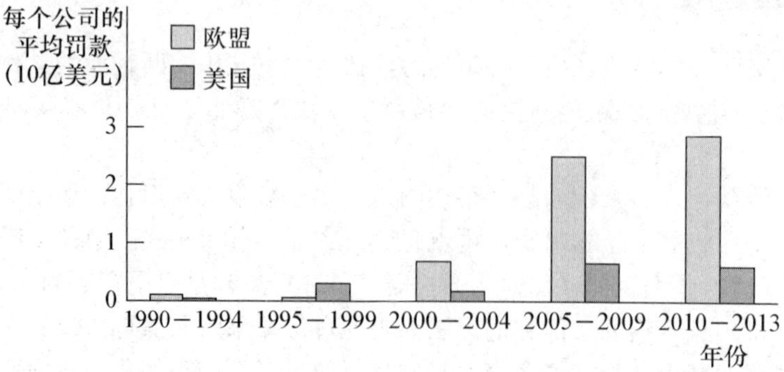

资料来源：European Commission，Department of Justice Workload Statistics；PACIFIC Exchange Rate Service at University of British Columbia.

然而，观察家们也对两个系统的不足提出了批评。美国的司法程序缓慢，官司频频且费用昂贵，消费者和竞争对手要得到保护可能会等很长时间。公司往往占了上风，引发了对消费者受保护程度的质疑。但是，一些指控认为欧盟的制度对公司的保护不足。特别是在高科技行业，网络外部性突出，竞争对手可用不正当竞争投诉来阻碍竞争对手。

在 20 世纪 90 年代初，美国制定了特赦法案，价格议定者如果告发串谋同伙，所受惩罚会大大减轻。此外，国会通过法案加大对串谋的罚款。这两个新政策的意思很清楚，告发你卡特尔的同伙是占优策略，来自比利时、英国、加拿大、法国、德国、意大利、墨西哥、荷兰、韩国和瑞士以及美国的公司高管都在美国法庭上因被判卡特尔罪而遭受罚款。正如一个律师所说，“你赶紧去法院”，因为每一个共谋者都试图成为第一个洗清者。

在过去的几年里，如果你想运营一个卡特尔组织，日子变得越来越困难了。那么寡头垄断企业该怎么做呢？

□ 14.4.2 暗中串谋和价格战

如果一个真正的行业如我们前述的赖氨酸案例一样简单，可能不必让公司总裁见面或者做任何可能使他们被判入狱的事情。两家公司可能意识到，将产量限制在 3 000 万磅符合它们共同的利益，任何一家公司从突破这一产量的限制中得到的短期收益都会大大少于其他公司后来进行报复所造成的损失。所以，即使没有任何明确的协议，公司也可能会达成所需的暗中串谋来最大化两家的联合利润。

现实中的行业远没有那么简单。尽管如此，在大多数寡头垄断行业，在大部分时间里卖家似乎都能成功地将价格保持在高于非合作的水平。换句话说，暗中串谋是寡头垄断的正常状态。

虽然暗中串谋常见，但一个行业很少被允许推动价格一直上涨到垄断水平；串谋通常远非完美。正如我们将讨论的，下面的四种因素使得一个行业中的企业很难在高价格上协调一致。

集中度不高 一个集中度不高的行业的典型企业占有的市场份额要低于集中度高的行业。这使得企业倾向于采取非合作行为，因为一个小企业可通过增加产量来获得由此带来的所有利润。如果竞争对手也增加产量来进行报复，企业的损失也有限，因为其市场份额并不大。集中度不高的行业经常意味着进入壁垒较低。

复杂的产品和定价方法 在我们的赖氨酸事例中，两家公司只生产一种产品。然而，在现实中，寡头垄断企业经常出售数以千计甚至数以万计的不同产品。在这种情况下，跟踪其他企业的生产及其产品定价是很困难的。很难确定公司是否对暗中串谋进行欺骗。

利益差异 在赖氨酸例子中，企业间暗中串谋平分市场同样是一个自然的结果，可能会为两个企业所接受。然而，在现实中，企业经常对什么是公平与它们真正的利益是什么有不同的理解。

例如，假设味之素公司是一个已经成立很长时间的赖氨酸生产商，而 ADM 公司则是最近进入这个行业的。味之素公司可能觉得它应该继续生产得比 ADM 公司多，但 ADM 公司可能觉得，它有权分到 50%的业务。（这是美国联邦调查局监听的这些会议中有争议的话题之一。）

或者，假设 ADM 公司的边际成本低于味之素公司。即使它们同意各自的市场份额，对利润最大化的产出水平也有不同意见。

买家的讨价还价能力 寡头垄断企业的销售对象通常不是个人消费者，而是大型客户——工业企业、全国连锁商店等。这些大型客户可以与寡头垄断企业为更低价格进行讨价还价，它们可能要求寡头垄断企业打折，并警告说如果不这样做，它们将购买竞争对手的商品。一个如沃尔玛这样的大型零售商之所以能够提供比小型零售商更低的价格给客户，正是由于它们有能力利用自己的规模从供应商处以更低的价格拿到货。

实施暗中串谋中遇到的这些困难有时会导致企业无视法律和成立非法卡特尔组织。我们已经检视了赖氨酸行业和巧克力行业的情况。一个早些时日的典型例子是美国 20 世纪 50 年代的电气设备串谋，这最后导致了一些高管被起诉和监禁。因为刚才提到的原因，这个行业是一个暗中串谋非常困难的行业。

- 有许多企业——40 家公司被起诉。

- 它们生产了一系列非常复杂的产品，往往或多或少是为特定客户定制的。
- 企业规模大小不等，从巨头通用电气到只有几十个员工的家族企业。
- 在很多情况下，客户是购买发电设备的大买家，客户通常会努力迫使供应商来争夺业务。

暗中串谋似乎并无多少实用价值——高管们非法秘密会面，决定合同的投标价格。

因为暗中串谋往往难以实现，大多数寡头垄断价格远低于如果行业被垄断者把持所收取的价格，或者如果它们能公开串谋所收取的价格。此外，有时串谋会瓦解并发生**价格战**（price war）。价格战有时只是简单地将价格降到非合作的水平，有时价格甚至会低于这一水平，因为卖家试图将对方赶出所在行业或至少惩罚它们认为的欺骗行为。

当暗中串谋失败和价格大幅下跌时会发生**价格战**。

□ 14.4.3 产品差异化和价格领袖制

赖氨酸就是赖氨酸：毫无疑问在任何人的心里，ADM公司和味之素公司生产的是相同的产品，消费者决定购买哪家公司的赖氨酸，就看它们的产品价格。

然而，消费者认为许多寡头垄断企业生产的产品相似但不相同。许多客户不会因为10美元的价格差异放弃福特转向克莱斯勒，反之亦然。有时产品之间的差异是实实在在存在的，像Froot Loops麦圈与Wheaties麦片之间的差异，像伏特加品牌之间的差别（这应该不是味道），这种差异主要存在于消费者心中。无论是哪种情况，这些影响都降低了企业之间的竞争强度：消费者不会只是因为哪个产品便宜就急于去买。

你可能会想象，当消费者认为寡头垄断企业的产品不同于其竞争对手的产品时，它们会获得一些额外的市场势力。所以，在许多寡头垄断行业，各企业都付出相当大的努力让人们认为它们的产品是不同的，它们在**产品差异化**（product differentiation）上努力。

企业实际上可以通过增加一些“额外”的东西或者选择不同的设计使得自己企业的产品出现差异。企业也可以通过广告和营销活动，在消费者心中造成差异的印象，尽管它的产品与竞争对手的产品其实是相同的。

产品差异化指企业努力劝说购买者其产品不同于同一行业其他企业生产的产品。

即使产品真的几乎相同，也被认为不同的一个典型例子就是非处方药。多年来，只有三种广为普及的止痛药：阿司匹林、布洛芬和乙酰氨基酚。然而，这些止痛药有许多品牌在销售，每个品牌都采用营销活动来暗示一些特殊的优点（一个经典的广告语是“医生推荐最多的止痛药——阿司匹林”）。

无论产品差异化的性质如何，寡头垄断企业生产差异化产品往往会达成默契而不是在价格上竞争。例如，多年来美国销售的汽车绝大多数是由三大汽车公司（通用汽车、福特和克莱斯勒）生产的，有一个不成文的惯例，三家公司中没有一家试图通过比其他两家更便宜来获得市场份额。

但是谁会决定整个汽车的价格呢？答案通常是通用汽车：作为三家公司中的老大，先宣布当年的价格，其他公司将跟随。这种默认一个公司制定整个行业价格的行为模式，被称为**价格领袖制**（price leadership）。

价格领袖制指一个企业首先定价，其他企业跟随定价。

非价格竞争指企业间暗中串谋不进行价格竞争，而是通过广告和其他手段来增加自己的销售数量。

有趣的是，企业尽管达成默契不在价格上竞争，但经常展开激烈的**非价格竞争**（nonprice competition）——开发新产品，花费大量的广告费进行宣传，等等，从而昭示竞争对手产品的劣势。

也许理解这些行业中的合作与竞争的最好方式是用政治来类比。在漫长的冷战时期，美国和苏联两国角力在全球的影响力。它们不仅对它们的盟友提供经济和军事援助，有时它们还支持盟军部队以试图推翻与竞争对手结盟的政府（如20世纪60年代和70年代初苏联在越南的所作所为，从1979年到1991年苏联解体之前美国在阿富汗的所作所为）。它们甚至派出自己的士兵去支持盟国政府镇压叛军（如美国在越南以及苏联在阿富汗的所作所为）。但是，两国没有进入彼此直接的军事对抗状态中，双方都认为两个超级大国之间的开战太危险——它们心照不宣地力图避免。

价格战不像枪炮战争那样严重，但原理相同。

□ 14.4.4 寡头垄断有多重要?

我们已经看到，在各行业中寡头垄断比完全竞争或垄断更为常见。当我们试图分析寡头垄断时，经济学家们通常的思维方式——考虑自利的人将如何行事，然后分析他们的相互作用——并不会像我们希望的那样奏效，因为我们不知道竞争对手是会从事非合作的行为还是会进行某种串谋。

鉴于寡头垄断的普遍性，我们在前面章节基于完全竞争条件进行的分析仍然有用吗?

绝大多数经济学家的结论是肯定的。经济的重要部分可通过完全竞争给出相当好的描述。尽管许多行业是寡头垄断行业，但在许多情况下，串谋受限从而保持价格相对接近边际成本，换句话说，该行业表现得“几乎”像是完全竞争行业。

通过供给和需求分析进行的预测通常对寡头垄断也成立，这也是事实。例如，在第5章中我们看到价格管制会导致短缺。严格地说，这个结论肯定只适用于完全竞争行业。但在20世纪70年代，当美国政府对石油这一绝对的寡头垄断行业实行价格管制后，结果就是短缺和人们在加油站排长队。

那么考虑寡头垄断重要吗? 大多数经济学家采取了务实的态度。正如我们在本章所看到的，对寡头垄断的分析远比完全竞争困难和混乱。所以，在这种情况下，经济学家不希望出现与寡头垄断相关的复杂性至关重要，他们倾向于采用利于操作的完全竞争市场假设。他们总是牢记寡头垄断可能的重要性。他们也认识到有一些重要的议题——从反垄断政策到价格战，其中努力理解寡头垄断行为是至关重要的。

我们将在接下来的章节中遵循相同的方法。

▶ 真实世界中的经济学

圣诞节的价格战

在过去的10年中，美国零售商的玩具过道一直是恶性竞争的一个缩影。在2011年的圣诞购物季，当塔吉特将其最新的艾尔摩玩具娃娃定价为不到89美分，低于沃尔玛（对于这些产品有优惠券），甚至比玩具反斗城低6美元时，艾尔摩玩具娃娃成为降价竞争的焦点。竞争如此惨烈，以致三家玩具零售商——KB Toys、FAO Schwarz和Zany Brainy于2003年被迫破产。由于沃尔玛激进的降价行为，玩具反斗城的市场份额已经从第一降到第二。

究竟发生了什么? 混乱可以追溯到玩具行业本身的困境以及玩具零售业发生的变化。到现在已经持续了几年，玩具总销量已下降了几个百分点，因为越来越多的孩子去玩视频游戏和网络游戏了。

这样的结果非常像一个持续地反复交互了几个来回的暗中串谋的故事：因为整个行业一直处于萎缩状态，新进入者从串谋中获得的未来收益也在减少。价格战是可以想见的结果。

因为零售商的假日销售占全年销售额的近一半，假期就成为特别迫切的降价季。传统上，一年中最大的购物日是“黑色星期五”，即感恩节后的第一天。但为了扩大销售和削弱对手，零售商在秋天的早些时候就开始了它们的减价大战，而以前这通常要在11月初的感恩节才开始。

一年又一年过去了，节日竞争变得更加激烈。2013年，亚马逊在11月初将玩具价格降低了16%，紧随其后的是沃尔玛，塔吉特和百思买也大幅降价。此外，八大玩具零售商中的5家在节日期间紧跟它们竞争对手的价格。根据零售研究公司负责人布赖恩·索齐（Brian Sozzi）的说法，“亚马逊在假期前推出的交易，强迫别人跟随。这波降价潮在促销季开始之前就开始了。事情正在走向非理性。”

玩具零售商被迫降低价格以跟上竞争对手，要不然销售将会受损。我们称这一现象为“爬行圣诞”：每年圣诞节的价格战都来得比以往更早一些。

及时复习

- 寡头垄断在反垄断政策的法律框架下运作。但是，许多企业仍然能成功达成暗中串谋。
- 暗中串谋受到许多因素的限制，其中包括：企业数量多，复杂的产品及定价，企业之间的利益差异，买家的讨价还价能力。当串谋失效时，就会发生价格战。

● 为限制竞争，寡头垄断企业经常在产品差异化上努力。当产品有区别时，一个行业有时可能通过价格领袖制来暗中串谋。

● 寡头垄断企业往往避免直接进行价格竞争，而是通过广告等方式进行非价格竞争。

小测验 14-4

1. 下列因素中哪些可能支持得出在这个行业中存在暗中串谋的结论？哪些不会？请解释。

a. 多年来，在这个行业中价格很少变动，行业中的所有企业收取的价格相同。最大的公司公布产品目录时包含"建议"零售价。价格变化与目录变化同步。

b. 在一段时间内，许多企业的市场份额变化很大。

c. 行业中的企业对其产品添加一些不必要的功能，以使消费者很难从一个企业的产品转换到另一个企业的产品上。

d. 企业每年都召开会议，讨论它们的年度销售预测。

e. 企业往往在同一时间向上调整价格。

▶ **企业案例**

维珍航空公司是揭发还是打击？

英国有两家经营长途航运（经营各大洲之间的飞行业务）的航空公司：英国航空公司（British Airways）和它的竞争对手维珍航空公司（Virgin Atlantic）。尽管英国航空公司占主导地位，占据从伦敦到美国不同城市之间航线的市场份额的50%～100%，但维珍航空公司是一个顽强的竞争对手。

两者之间的竞争已经从原先相对和平走向公开恶斗。在20世纪90年代，英国航空公司在被指控通过"肮脏把戏"欲将维珍航空公司挤出行业的官司中败北。然而，在2010年4月，英国航空公司想知道是否有可能翻案。

这一切都始于2004年7月中旬石油价格不断上涨之际。英国检方称，两家航空公司曾计划向乘客征收燃油附加费。在接下来的两年里，检察官声称，两个竞争对手建立了一个卡特尔组织，协调增加燃油附加费事宜。当石油价格约为每桶38美元时，英国航空公司首次对长途飞行引入5英镑（8.25美元）的附加费。到2006年，当石油价格约为每桶69美元时，其附加费为70英镑（115美元）。与此同时，维珍航空公司也征收70英镑的费用。这些附加费的上涨在几天之内推出。

最终，三名维珍航空公司高管决定揭发以换取豁免权。英国航空公司立即暂停被怀疑高管的职务，并向美国和英国当局支付了近5亿美元的罚款。2010年，四名英国航空公司高管被英国当局起诉涉嫌参与串谋。

这些高管的律师辩称，尽管两家航空公司交换过信息，但这并非犯有串谋罪的证据。事实上，他们认为，维珍航空公司是如此害怕美国监管机构，在确认犯罪行为之前就已认罪以作为防御。其中一个辩护律师认为，因为美国法律对反竞争行为的惩罚比英国更严格，公司可能不得不告发来避免调查："如果你不首先认罪，你无法得到豁免。保护自己的唯一方法就是向当局认罪，即使你没有做任何事情。"结果是，维珍航空公司的高管在美国和英国被给予豁免权，而英国航空公司的高管则被起诉（和可能被判多年监禁）。

在2011年晚些时候，案件出现了令维珍航空公司和英国当局震惊的结果。在判决所引用的维珍航空公司的邮件被迫交给法院后，法官发现指控两家航空公司之间串谋的证据不足。法院被激怒，威胁解除对三名维珍航空公司高管的豁免。

思考题

1. 解释为什么维珍航空公司和英国航空公司可能会串谋来应对油价上升。这样的市场有利于串谋吗？

2. 你如何确定是否真的发生了违法行为？除违法行为外，可以用什么来解释这些事件？

3. 解释两家航空公司以及各自的高管面临的困境。

小结

1. 许多寡头垄断行业只有少数几个卖家。特别是，双头垄断行业只有两个卖家。寡头垄断与垄断存在的原因大致相同，只是形式上弱一些。它们的特征是不完全竞争：企业间有竞争但拥有市场势力。

2. 预测寡头垄断企业的行为时会面临一些谜团。寡头垄断企业可以通过组成卡特尔最大化其联合利润，为每一个企业确定产出水平，就像它们是一个垄断企业；在某种程度上，企业想努力做到这一点，它们进行串谋。但每个企业都有动机生产比这样一种安排更多的产量，它们实际上采取的是非合作行为。

3. 在相互依存情形下，每个企业的利润明显都要受到其他企业的影响，这就是博弈论的主题。在有两个参与人的博弈中，每个参与人的收益都既取决于自己的行动，也受到另一个参与人行动的影响，这种相互依存关系可以表示为一个收益矩阵。根据收益矩阵的收益结构，一个参与人可能有占优策略——不管其他参与人采取什么行动，对自己来说都是最好的一种行动。

4. 双头垄断面临的一种特定类型的博弈被称为囚徒困境；如果每个参与人都只是从自己的利益出发独立行动，由此实现的纳什均衡或非合作均衡对双方都无好处。然而，企业希望进行重复博弈时往往会采取策略行为，即努力影响对方未来行动的行为。一种似乎能维持暗中串谋的具体策略是针锋相对策略。

5. 为了限制寡头垄断企业串谋从而像垄断企业一样行动，大多数政府奉行的反垄断政策旨在使串谋更加困难。然而，在实践中，普遍存在暗中串谋的现象。

6. 许多因素使得暗中串谋较为困难：企业数量众多，复杂的产品及定价，利益差异，买家的讨价还价能力。在暗中串谋瓦解后会出现价格战。寡头垄断企业通过诸如产品差异化和价格领袖制尽量避免价格战，价格领袖制指一个企业为行业设置价格。避免价格战的另一种方式是非价格竞争，比如广告。

关键词

寡头垄断	寡头垄断企业	不完全竞争	双头垄断	双头垄断企业	串谋
卡特尔	非合作行为	相互依存	博弈论	收益	收益矩阵
囚徒困境	占优策略	纳什均衡	非合作均衡	策略行为	针锋相对
暗中串谋	反垄断政策	价格战	产品差异化	价格领袖制	非价格竞争

练习题

1. 下表为美国早餐麦片市场的市场份额数据。

公司	市场份额（%）
凯洛格	28
通用磨坊	28
百事（桂格燕麦）	14
卡夫	13
自有品牌	11
其他	6

资料来源：*Advertising Age*.

a. 使用提供的数据计算该市场的赫芬达尔-赫希曼指数（HHI）。

b. 基于计算出的 HHI，判断美国早餐麦片市场是什么类型的市场结构。

2. 下表为维生素 D 的需求表。假设生产维生素 D 的边际成本为零。

维生素 D 的价格（美元/吨）	维生素 D 的需求量（吨）
8	0
7	10
6	20
5	30
4	40
3	50
2	60
1	70

a. 假设巴斯夫公司是维生素 D 的唯一生产商，按垄断企业行事。它目前生产 40 吨维生素 D，价格为每吨 4 美元。如果巴斯夫公司多生产 10 吨，对巴斯夫公司来说价格效应为多少？数量效应为多少？巴斯夫公司愿意额外生产这 10 吨吗？

b. 现在假设罗氏公司进入市场，也生产维生素 D，市场现在是双头垄断。巴斯夫公司和罗氏公司同意生产 40 吨维生素 D，每家生产 20 吨。如果巴斯夫公司不遵守协议，罗氏公司不能处罚它。如果巴斯夫公司独自偏离该协议，多生产 10 吨，对巴斯夫公司来说价格效应是多少？对巴斯夫公司来说数量效应是多少？巴斯夫公司愿意额外生产这 10 吨吗？

3. 纽约市的橄榄油市场由两个家族企业 Sopranos 和 Contraltos 控制。两个家族将无情地铲除任何试图进入纽约橄榄油市场的其他家族企业。橄榄油生产的边际成本是固定不变的，等于每加仑 40 美元。没有固定成本。下表给出了橄榄油的市场需求表。

橄榄油的价格（美元/ 加仑）	橄榄油的需求量（加仑）
100	1 000
90	1 500
80	2 000
70	2 500
60	3 000
50	3 500
40	4 000
30	4 500
20	5 000
10	5 500

a. 假设 Sopranos 和 Contraltos 组成了一个卡特尔。根据表中给出的数量，计算在每一产量水平上它们组成卡特尔的总收益和每增加 1 加仑的边际收益。卡特尔将销售多少加仑橄榄油？销售价格为多少？两个企业平分市场份额（每个企业生产卡特尔的总产量的一半）。每个企业的利润为多少？

b. Sopranos 的主管朱尼尔叔叔决定不遵守协议，比卡特尔协议数量多销售了 500 加仑橄榄油。假设 Contraltos 遵守协议，这会怎样影响橄榄油的价格和每个企业的利润？

c. 安东尼·孔特拉托是 Contraltos 的主管，决定惩罚朱尼尔叔叔，也增加 500 加仑的销售。现在每个企业赚取多少利润？

4. 法国瓶装水市场由两家大型公司毕雷公司（Perrier）和依云公司（Evian）控制。每家公司的固定成本都为 100 欧元，每升瓶装水的边际成本为常数 2 欧元。下表所示为法国瓶装水的市场需求表。

瓶装水的价格（欧元/升）	瓶装水的需求量（百万升）
10	0
9	1
8	2
7	3
6	4

续前表

瓶装水的价格（欧元/升）	瓶装水的需求量（百万升）
5	5
4	6
3	7
2	8
1	9

a. 假设两家公司组成了一个卡特尔，按垄断企业行事。计算卡特尔的边际收益。垄断价格和产量是多少？假设两家公司平分产量，每家公司各自生产多少？每家公司的利润是多少？

b. 现在假设毕雷公司决定增加 100 万升产量。依云公司产量不变。新的市场价格和产量是多少？毕雷公司的利润是多少？依云公司的利润是多少？

c. 如果毕雷公司增加 300 万升产量呢？依云公司产量不变。产量和利润相对于第 b 问怎样变化？

d. 你的计算结果告诉你此类协议存在欺骗的可能性吗？

5. 为保护北大西洋鱼类资源，只有两个捕鱼船队——一个来自美国，另一个来自欧盟——可以在这些水域捕鱼。假设这个渔业协议失效，因此两个捕鱼船队各自行动。假设美国和欧盟都可以派出 1～2 个船队。在该地区，派出的船队越多，捕鱼总量就越多，但每个船队的捕鱼量都会减少。下面的矩阵为每一方每周获得的利润（美元）。

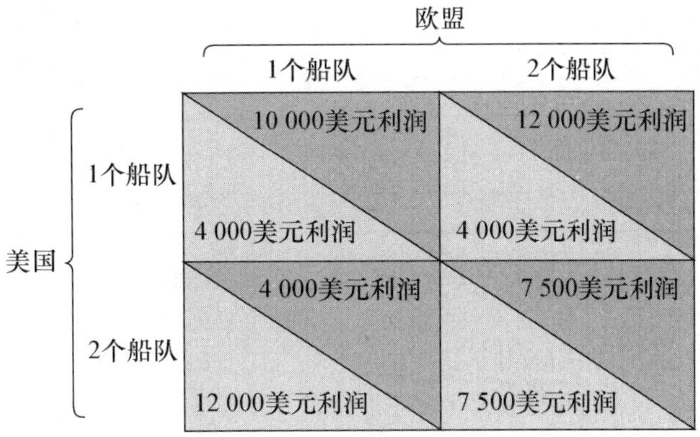

a. 非合作纳什均衡是什么？每一方派出 1 个还是 2 个船队？

b. 假设鱼类资源接近枯竭。每个地区都为未来考虑，签订针锋相对协议，只要另一方派出 1 个船队，另一方也这样做。如果违反了协议，一方派出 2 个船队，另一方也将派出 2 个船队，直到其竞争对手改变为只派出 1 个船队。如果双方采用针锋相对策略，每一方每周的利润为多少？

6. 自由航空和你我航空是 Collegeville 和 Bigtown 之间仅有的两家航空公司。也就是说，它们是双头垄断经营。每家航空公司都既可出售高价机票也可出售低价机票。下面的矩阵显示了对应两家航空公司的每一个选择，它们所得到的收益即每个座位带来的利润（美元）。

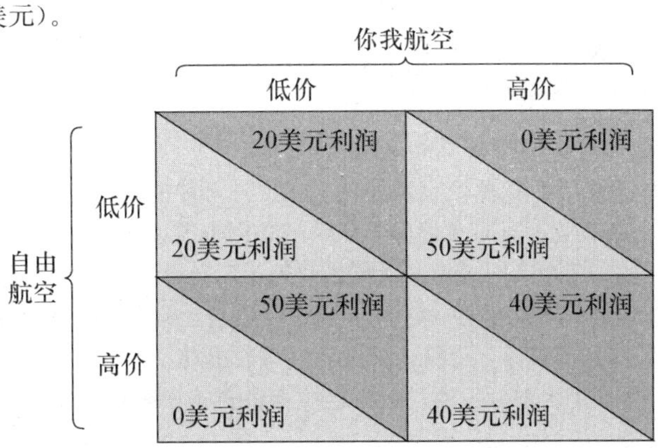

a. 假设两家航空公司进行单次博弈，即它们只相互作用一次，此后再无相互作用。单次博弈的纳什（非合作）均衡是什么？

b. 现在假设两家航空公司进行两次博弈。假设每家航空公司都可以选择两种策略之一：选择一直收取低价策略；选择针锋相对策略——在第一个时期收取高价，然后在第二个时期选择另一家航空公司在第一个时期选择的策略。写出自由航空以下四种可能的收益：

i. 当你我航空总是收取低价时，自由航空也总是收取低价。

ii. 当你我航空总是选择针锋相对策略时，自由航空总是收取低价。

iii. 当你我航空总是收取低价时，自由航空总是选择针锋相对策略。

iv. 两家公司都采用针锋相对策略。

7. 假设可口可乐和百事可乐是仅有的两个可乐饮料生产商，即双头垄断企业。两家公司的边际成本都为零，固定成本都为 100 000 美元。

a. 首先假设消费者认为可口可乐和百事可乐是完全替代品。目前两者的售价都为每听 0.20 美元，在这一价格上每家公司每天都销售 400 万听。

i. 百事可乐的利润为多少？

ii. 如果百事可乐将价格提高到每听 0.30 美元，可口可乐不回应，百事可乐的利润会发生什么变化？

b. 现在假设两家公司通过广告与其他公司的产品进行区分。由此，百事可乐意识到，如果它提高或降低价格，它将出售更少或更多的产品，下表为需求表。

百事可乐的价格（美元/听）	百事可乐的需求量（百万听）
0.10	5
0.20	4
0.30	3
0.40	2
0.50	1

如果百事可乐现在将价格提高到 0.30 美元，其利润将会发生什么变化？

c. 比较你给出的第 a（i）问和第 b 问的答案，百事可乐公司愿意支出的广告费最高为多少？

8. 菲利普·莫里斯公司（Philip Morris）和雷诺兹烟草公司（R. J. Reynolds）每年都花费大量的金钱来宣传它们的烟草产品，试图争取各自的客户。假设每年菲利普·莫里斯公司、雷诺兹烟草公司都必须决定是否花钱做广告。如果两家公司都不做广告，每家都将获得 200 万美元利润。如果它们都做广告，每家都将获得 150 万美元利润。如果一家公司做广告，另一家不做，做广告的公司将获得 280 万美元利润，另一家将获得 100 万美元利润。

a. 写出这个问题的收益矩阵。

b. 假设菲利普·莫里斯公司、雷诺兹烟草公司可以签订一个关于它们将怎么做的可强制执行合约。这个博弈的合作解是什么？

c. 没有可强制执行合约的纳什均衡是什么？解释为什么是这样一个可能的结果。

9. 在过去 40 年中，欧佩克在达成和维持卡特尔协议方面既有成功也有失败。解释下列因素对达成和/或维持其价格和产量协议可能造成的困难。

a. 墨西哥湾和北海非欧佩克成员国发现了新油田并增加了钻井数量。

b. 原油依据含硫量的不同形成差异化产品：将低硫原油提炼成汽油的成本低。不同的欧佩克成员国拥有不同含硫量的石油储备。

c. 开发出了氢动力汽车。

10. 假设你是一名为司法部反垄断部门工作的经济学家。在下列每种情况下，你的任务是确定这些行为是反垄断调查部门可能调查的违法行为，还是仅仅是一种不太好但不违法的暗中串谋事例。请解释你的推理。

a. 两家公司主导工业激光行业。几个人同时是这两家公司的董事会成员。

b. 三家银行占据了该州银行业务的主要部分。它们的利润在最近大幅上升，因为它们增加了对客户交易的收费。不同银行的广告竞争非常激烈，很多新的地方分支机构如雨后春笋般出现。

c. 两家石油公司在美国西部生产了大部分石油，但决定放弃各自铺设管道而是分享共同的管道，这也是将石油产品运输到市场的唯一手段。

d. 两家主导草本补品市场的公司都创建了一家子公司，大量出售与母公司相同的产品，但使用更通用的名称。

e. 两家最大的信用卡公司 Passport 和 OmniCard 要求所有零售商都接受它们的信用卡，但限制使用它们的竞争对手的信用卡。

在线回答问题

11. 我们重新审视第 5 题中为保护北大西洋鱼类资源而引入的渔业协议，只有两个捕鱼船队——一个来自美国，另一个来自欧盟——可以在这些水域捕鱼。下表为每周对这些水域的鱼的市场需求表。唯一的成本是固定成本，所以捕鱼船队想通过最大化收益来最大化利润。

鱼价（美元/磅）	鱼的需求量（磅）
17	1 800
16	2 000
15	2 100
14	2 200
12	2 300

a. 如果两个捕鱼船队串谋，北大西洋渔业收益最大化的产量为多少？每磅鱼的价格为多少？

b. 如果两个捕鱼船队串谋，平等共享产量，欧盟船队的收益是多少？美国船队的收益是多少？

c. 假设欧盟船队进行欺骗而扩大自己的捕捞量，每周多捕 100 磅，但美国船队并没有改变其捕捞量。美国船队的收益是多少？欧盟船队的收益是多少？

d. 为了报复欧盟船队的欺骗行为，美国船队扩大了捕捞量，每周增加 100 磅。美国船队的收益是多少？欧盟船队的收益是多少？

第15章 垄断竞争和产品差异化

本章将学习

- 垄断竞争的含义。
- 寡头垄断企业和垄断竞争企业的产量为什么不同。
- 垄断竞争企业在短期和长期的价格和利润是如何决定的。
- 为什么垄断竞争企业要在低价格和更大的产品多样性之间做出权衡取舍。
- 广告和品牌的经济意义。

开篇案例

快餐的差异化

一本名为《快餐国度》（*Fast Foot Nation*）的畅销书罗列了许多迷人（如果不是做负面报道的话）的美国现代饮食：汉堡、比萨饼、玉米饼和炸鸡腿。根据这本书，所有的快餐连锁店在制作和配送它们的食物时所使用的几乎是相同的方式。特别是，大量的快餐——不管是哪种快餐——的味道都是使用新泽西州制造的食品添加剂。

但每个快餐提供商都竭尽全力说服顾客，声称其提供的是一些特别的东西。麦当劳精心培育自己的形象标志，每个人都知道麦当劳的口号——“我就喜欢!”（I'm lovin'it!）——并且知道巨无霸或四盎司牛肉堡。它的竞争对手汉堡王和温迪强调自己的烹饪技术，即汉堡王强调它的“火焰烤肉饼”，而温迪强调它的“热的、多汁的定制老式汉堡”，以便让消费者相信它们的汉堡味道更好。几年前，温迪甚至在广告中让小老太太大喊“牛肉在哪里?”以彰显其汉堡稍大（相比麦当劳的汉堡）。

所以，你会如何描述快餐行业呢？一方面，这显然不是垄断行业。当你去美食广场时，你可以在不同店家之间进行选择，不同汉堡店之间以及汉堡和炸鸡之间存在真正的竞争。另一方面，在某种程度上，每个供应商的确都有垄断的一面：一度麦当劳的口号变为“没有人可以像麦当劳”。确实如此，尽管麦当劳的竞争对手将会声称它们做得更好。在任何情况下，重要的是每个快餐提供商都提供了与其竞争对手有差异的产品。

在快餐行业，很多企业间的竞争满足了基本上相同的需求——消费者希望东西好吃而且快速。但每家公司提供的满足需求的产品通常是明显的差异化产品——消费者认为它们是近似替代品而非完全替代品。

当有许多企业提供具有竞争性的差异化产品时，如同快餐行业那样，经济学家称这个行业是垄断竞争行业。这是我们在讨论了完全竞争、垄断和寡头垄断之后，将要讨论的第四种也是最后一种市场结构。

我们将从更仔细地界定垄断竞争并解释其特征开始。然后，我们将探讨企业如何实施产品差异化；我们将分析垄断竞争是如何发挥作用的。本章最后讨论产品差异，特别是为什么广告特别有效的问题。

15.1 垄断竞争的含义

利奥（Leo）在一个大型购物中心的美食广场经营一家名为美味炒锅（Wonderful Wok）的餐饮店。他只提供中式餐饮，但也有十几种替代品，从风靡全球汉堡（Bodacious Burgers）到比萨饼天堂（Pizza Paradise）。当决定改变菜单时，利奥知道，他必须考虑到这些替代品：即使人们通常喜欢炒菜，也不会在能用4美元就可以得到一份汉堡、薯条和饮料时去购买利奥15美元的一份午餐。

但利奥也知道，即使他的午餐比那些替代品贵一点，他也不会无生意可做。中餐与汉堡或比萨饼并非一样的东西。有些人那一天如果真的想吃中餐，他们会从利奥处购买，尽管他们能更便宜地享用汉堡。当然，反过来也一样：即便中餐便宜一点，有些人也会选择汉堡来代替。换言之，利奥确实有一些市场势力：他对自己的价格有一定的决定能力。

所以，你会如何形容利奥所处的情形呢？他绝对不是一个价格接受者，所以他不是处在完全竞争情形中。但是，你也不能称他为垄断者。虽然他是美食广场中餐的唯一卖家，但他确实面临着来自其他食品摊贩的竞争。

当然，称他为寡头垄断者也是错误的。记住，寡头垄断涉及受某些（尽管是有限的）壁垒保护的行业中少数相互依存企业之间的竞争，而且它们的利润相互依存程度高。由于它们的利润相互依存程度非常高，所以寡头垄断企业有动力进行公开或暗中串谋。但是，利奥的情况是在美食广场有很多供应商，因为太多，暗中串谋不可行。

经济学家将利奥所处的情形称为**垄断竞争**（monopolistic competition）。垄断竞争在像餐饮、加油站等服务行业中特别常见，但也存在于某些制造业中。它具有以下三个条件：大量存在竞争关系的生产者，差异化产品，以及从长期来看行业自由进入和退出。

> **垄断竞争**是一种市场结构，指一个行业有许多相互竞争的生产者，每个生产者都销售一种差异化产品，在长期可自由进入和退出该行业。

在垄断竞争行业，每一个生产者对其差异化产品的价格都有一定的决定能力。但这种能力究竟有多大，受到其面临的来自其他现有的和潜在的企业的竞争的限制，这些企业生产近似但不完全相同的替代品。

□ 15.1.1 企业数量众多

在一个垄断竞争行业中，有很多生产者。这样一个行业看起来并不像垄断行业，因为垄断企业不会面临竞争，也不像寡头垄断行业，因为寡头垄断企业只有几个对手。这里的每个卖家都有很多竞争对手。例如，一个大型美食广场有许多摊贩，沿着一条主要公路有许多加油站，一个受欢迎的海滩度假胜地有许多酒店。

□ 15.1.2 差异化产品

在垄断竞争行业中，每一个生产者都有消费者认为与其他竞争企业的产品不同的产品；不过，与此同时，消费者认为这些竞争产品是近似的替代品。如果利奥所在的美食广场有15家餐饮店销售同类和质量相同的食品，那么就是完全竞争：任何卖家若试图收取更高的价格，将失去所有客户。但是假设美味炒锅是唯一的中餐食品供应商，风靡全球汉堡是唯一的汉堡，等等。这种差异化的结果是每个卖家都有一定的设定自己的价格的能力：每个生产者都有一定的市场势力——尽管有限。

□ 15.1.3 自由进入和退出

从长期来看，在垄断竞争行业中，新的生产者都有自己的独特产品，能自由进入该行业。例如，其他食品摊贩如果认为有利可图，将会在美食广场开设分店。此外，如果他们发现，他们不能弥补其成本，从长期来看，他们将退出该行业。

因此，垄断竞争不同于到目前为止我们已经研究过的三种市场结构。与完全竞争不一样：垄断竞争企业具有一定的势力来设定价格。与纯粹垄断不同：垄断竞争企业面临一定的竞争压力。与寡头垄断也不一样：因为有很多企业，可自由进入，寡头垄断市场中重要的串谋在这里不会发生。

我们将在稍后对价格、产出和可用产品数量在垄断竞争行业中如何确定进行讨论。但首先，我们进一步深入分析产品差异化是什么意思。

15.2 产品差异化

我们在第 14 章指出，产品差异化常常在寡头垄断行业中发挥着重要作用。在这种行业中，当无法实现暗中串谋时，产品差异化就降低了企业之间竞争的激烈程度。产品差异化在垄断竞争行业中发挥着更重要的作用。因为当有许多生产者时，暗中串谋几乎不可能，产品差异化是垄断竞争企业能够获得一些市场势力的唯一途径。

在同行业中的企业，诸如快餐供应商、加油站或巧克力制造商，怎样进行产品差异化？有时候，差异主要在消费者头脑中而不是在产品自身上。我们将在本章的后面讨论广告的作用和品牌在实现这类产品差异化中的重要性。在一般情况下，企业差异化它们的产品是通过使它们不同来做到的。(有些让人感到意外吧!)

产品差异化的关键在于消费者有不同的偏好，并愿意为满足那些偏好而花钱。每个生产者都可以通过生产一些比其他企业的产品更好地迎合部分消费者群体的特殊喜好的产品而开拓出一个利基市场。

产品差异化有三种重要形式：通过风格或类型来创造差异化，通过位置来创造差异化，通过质量来创造差异化。

□ 15.2.1 风格或类型差异化

在利奥餐饮店所在的美食广场，卖家提供不同类型的快餐：汉堡、比萨饼、中餐、墨西哥菜等。每个到达美食广场的消费者都会偏好这些产品中的一种。这种偏好可能取决于消费者的心情、饮食习惯或者她那一天已经吃过的东西。这些偏好并不是说消费者对价格漠不关心：如果美味炒锅对一个蛋卷收 15 美元，大家都会去风靡全球汉堡或比萨饼天堂吃饭来代替。但是，如果某种更昂贵的饭更接近有些人的偏好，这些人也可能会选这种类型的食物。因此，不同企业的产品是替代品，但它们并非完全替代品，而是不完全替代品。

在美食广场的摊贩都并非按类型区分的产品的唯一销售商。服装店集中销售女装或男装，商务装或休闲装，时尚款式或经典款式，等等。汽车厂家对轿车、小型货车、SUV 和运动型车会给出不同的报价，每种类型都是旨在满足不同的需求和偏好。

书籍是通过类型和风格形成差异化的又一事例。神秘系列不同于浪漫系列；在神秘系列中，我们又可以将其分为硬汉侦探小说、一般侦探小说和警察执法小说等。没有两位作家写的硬汉侦探小说是完全一样的：雷蒙德·钱德勒（Raymond Chandler）和休·格拉夫顿（Sue Grafton）各有自己的忠实书迷。

事实上，产品差异化是大多数消费品所具有的特征。只要人们的偏好不同，生产者就能发现可赚钱的多样化产品。

□ 15.2.2 位置差异化

沿着一条公路开设的加油站可提供差异化的产品。不错，汽油是完全一样的。但是，加油站的位置是不同的，位置对消费者至关重要：当汽油所剩无几时，靠近你家、你的工作单位或无论你在哪里离你最近的加油站最为方便。

事实上，很多垄断竞争行业供应根据位置来区分的差异化产品。在服务行业尤其如此，干洗店、理发店的客户往往会选择离自己最近的店，而不是最便宜的店。

□ 15.2.3 质量差异化

你是否对巧克力有渴望？你愿意为它花多少钱？你看，这里有巧克力，那里也有巧克力：虽然普通巧克力可能并不太昂贵，花费几美元就可以品尝一块美味的巧克力。

巧克力与许多其他商品一样，可能有不同的品质。你可以以不到100美元买一辆可用的自行车，也可以以10倍之多的代价得到一辆装饰更豪华的自行车。这一切都取决于你愿意对额外质量付出多少，以及你愿意放弃多少用这笔钱可购买的其他东西。

因为消费者对更高质量愿意支付的价格不同，生产者可以基于质量提供一些差异化产品——对部分人提供质低价廉的产品，对部分人提供高质量、高价格的产品。

因此，产品的差异化可以采取几种形式。不过，不论其形式如何，行业的差异化产品都有两个重要特征：卖家之间的竞争和价值多样性。

卖家之间的竞争指的是差异化产品的卖家提供并非相同的商品，它们在一定程度上是对有限的市场展开竞争。如果更多的企业进入市场，每个企业都会发现以特定价格出售的商品数量是有限的。例如，如果沿着公路新开一个加油站，现有的每个加油站都将少出售一点。

价值多样性指的是消费者从差异化产品的增值中获得的增益。美食广场有8家餐饮店比只有6家餐饮店能带给消费者更多的快乐，即使价格是一样的，因为这样一来有些客户会得到更接近他们心目中目标的餐饮。一条公路上每2英里设一个加油站比每5英里设一个加油站对驾车者更方便。

当一种产品以多种不同的质量提供时，被迫为他们不需要的质量付出更多或者被迫接受更低质量的人就非常少了。换言之，消费者能从可获产品的更细致分类中受益。

正如我们接下来将看到的，差异化产品销售者之间的竞争是理解垄断竞争市场如何运转的关键。

▶ **真实世界中的经济学**

任何颜色都可以，只要是黑色

汽车行业的早期历史提供了产品差异化的作用的经典例证。

现代汽车工业是由亨利·福特（Henry Ford）创建的，他第一个引入了生产装配线。这种技术使得他以比其他任何人低得多的价格向人们提供著名的T型车成为可能；到了1920年，福特汽车成为业界领跑者。

福特的战略是只提供一种款式的汽车，实现了生产中的规模经济最大化，但没有顾忌消费者口味的差异。据说他宣称，客户可以获得的T型车为“任何颜色都可以，只要是黑色。”

这一战略受到阿尔弗雷德·P.斯隆（Alfred P. Sloan）的挑战，他将许多小型汽车公司合并成通用汽车公司。斯隆的战略是提供一系列汽车类型，具有不同的质量和价格。雪佛兰是基本车型，直接挑战了T型车，别克则更大、更昂贵，等等，一直到凯迪拉克。而且，对于每个车型，消费者都有几种不同的颜色选择。

到了20世纪30年代，情况已经很清楚了：客户的首选是有不同风格的通用汽车，而不是福特汽车，前者也成了20世纪之后最主要的汽车制造商。

及时复习

- 在垄断竞争市场中，有很多相互竞争的生产者，每个生产者都有一个差异化产品，从长期来看，可自由进入和退出。
- 产品差异化可以出现在未达成暗中串谋的寡头垄断市场，也可出现在垄断竞争市场。产品差异化通过三种主要形式来实现：基于风格或类型、基于位置和基于质量。相互竞争的卖家的产品被认为是不完全替代品。
- 生产者会为同一个市场展开竞争，因此，在更多的生产者进入行业后，每个现有的生产者在任何给定价格上的销售数量都会减少。此外，消费者从产品的多样化中获得增益。

小测验15-1

1. 下列产品及服务中的每一个都是差异化产品。哪些是垄断竞争造成的差异？哪些不是？解释你的答案。

a. 梯子。

b. 软饮料。

c. 百货店。

d. 钢铁。

2. 你必须确定哪两类市场结构较好地描述了一个行业，但是，对一个行业你只能问一个问题。指出对下述行业你应该问什么问题。

a. 完全竞争或垄断竞争。

b. 垄断或垄断竞争。

15.3 理解垄断竞争

假设一个行业是垄断竞争行业：它由很多生产者组成，这些生产者都在争夺同样的消费者，提供差异化产品。这样一个行业如何运行呢？

正如垄断竞争这个术语所表明的，这种市场结构会有一些典型的垄断特征，但又有完全竞争市场的典型特征。因为每个企业都提供一种独特的产品，这一点像一个垄断者的特征：面临着一条向右下方倾斜的需求曲线，并具有一定的市场势力——在一定范围内确定其产品价格的能力。但是，又与垄断不同，垄断竞争企业确实面临着竞争：其产品销售数量取决于同一行业中其他企业所提供的价格和产品。

同样的特征，当然对寡头垄断也适用。然而，在垄断竞争行业，有许多生产者，而不是寡头垄断定义中的少数。这意味着寡头垄断市场的"谜团"——企业将串谋或者进行非合作行为吗？——在垄断竞争情况下不会出现。的确，如果一个小镇所有的加油站或所有的餐馆同意——或明或暗——提高价格，这将对各方有利。但是，在企业数量多，言外之意没有进入壁垒的情况下，这种串谋几乎是不可能的。因此，在垄断竞争的情况下，我们可以有把握地认为企业的行为是非合作，所以忽略串谋的可能性。

□ 15.3.1 短期的垄断竞争

我们早在第12章就对短期均衡和长期均衡进行了区分。一个行业的短期均衡假定企业数量是给定的。相比之下，长期均衡只有在给出足够的时间任企业进入或退出该行业后才能实现。为了分析垄断竞争，我们首先集中于短期，然后再讨论一个行业从短期如何过渡到长期。

图15-1（a）和图15-1（b）表明，在垄断竞争行业中，在短期内典型企业可能面临两种可能的情形。在每种情形下，企业看起来都像任何一个垄断企业：面临着一条向下倾斜的需求曲线，这也意味着一条向下倾斜的边际收益曲线。

我们假设每个企业都有一条向上倾斜的边际成本曲线，但它也有固定成本，所以平均总成本曲线呈U形。这种假设在短期并不重要，但是，我们很快就会看到，这对理解长期均衡至关重要。

在每种情形下，企业为追求利润最大化，都会使边际收益等于边际成本。那么，如果两个数字不同，会怎样？在图15-1（a）中，企业有利润获得；在图15-1（b）中，企业无利润。（请注意，我们总是指经济利润，而不是指会计利润，也就是说，是在考虑到弥补了所有生产要素的机会成本后的利润。）

在图15-1（a）中，企业的需求曲线为D_P，边际收益曲线为MR_P，利润最大化产量为Q_P，这是边际收益等于边际成本时的产量，销售价格为P_P。这个价格位于产出的平均总成本ATC_P之上。该企业的利润由阴影矩形的面积表示。

在图15-1（b）中，企业的需求曲线为D_U，边际收益曲线为MR_U。企业选择的产量Q_U位于边际收益等于边际成本之处。然而，在这种情形下，价格P_U在平均总成本ATC_U之下；所以，企业生产这个产量会出现亏损，亏损的大小等于阴影矩形的面积。由于Q_U是利润最大化产量——在这种情形下，是损失最小化产量——企业此时没有办法获得利润。我们可以看出，图15-1（b）中任何产量的平均总成本曲线都位于需求

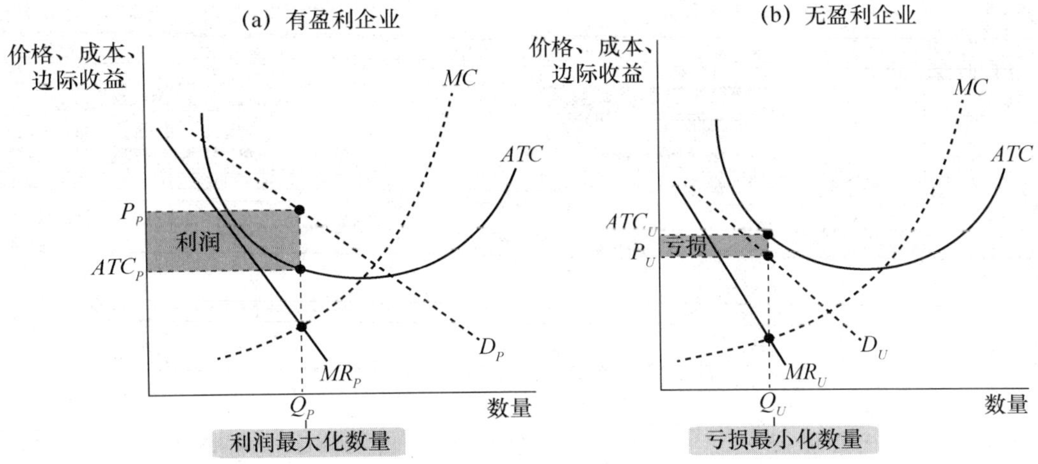

图 15-1　短期中的垄断竞争企业

图（a）所示为企业在一定产量范围内有利润获得：在平均总成本曲线 *ATC* 低于需求曲线 D_P 的范围内。利润最大化的产量为 Q_P，该产量的边际收益 MR_P 等于边际成本 *MC*。企业收取的价格为 P_P，所获利润用阴影矩形的面积表示。在图（b）中，因为所有产量的平均总成本曲线 *ATC* 都位于需求曲线 D_U 之上，所以企业不可能获得利润。企业所能做的最好的就是生产产量 Q_U，收取价格 P_U。这会造成一定的亏损，亏损由阴影矩形的面积表示。任何其他产量都可能导致更大的亏损。

曲线之上可证明这一点。因为在所有产量处都有 $ATC>P$，该企业总是亏损。

正如这种比较所表明的，有市场势力的企业在短期内是否盈利的关键在于它的需求曲线与平均总成本曲线之间的关系。在图 15-1（a）中，需求曲线 D_P 穿过平均总成本曲线，这意味着，有部分需求曲线位于平均总成本曲线的上方。因此，有一些可用的价格与数量的组合，其价格高于平均总成本，这表明企业可以选择可获得利润的产量。

相反，在图 15-1（b）中，需求曲线总是位于平均总成本曲线的下方，而不能穿过平均总成本曲线。所以，对应于每个需求量的价格总是低于生产该数量的平均总成本。没有哪个产量能够使企业避免亏损。

这些数字表明，当企业的需求曲线及与其相关的边际收益曲线向下倾斜时，看起来与普通的垄断分析非常类似。然而，当我们从短期转换到长期时，垄断竞争中的"竞争"特征会发挥作用。

□ 15.3.2　长期的垄断竞争

很显然，如图 15-1（b）所示，一个行业存在着亏损企业，但是在长期均衡时不会这样。当现有企业亏损时，一些企业将退出该行业。直到亏损企业被淘汰，持续亏损不存在时，行业才会实现长期均衡。

一个现有企业有利润获得的行业，如图 15-1（a）所示，没有实现长期均衡，这似乎表现得没有那么明显。假定一个行业可自由进出，现有企业可持续赚取利润，这将引致其他生产者进入。在持续存在的利润被新进入的生产者完全挤出之前，该行业不会实现长期均衡。

其他企业的进入或退出如何影响一个典型的现存企业的利润水平呢？因为在垄断竞争行业中的企业向相同的客户群体提供差异化产品，其他企业的进入或退出会影响每一个现存企业的需求曲线。如果沿着公路新开一个加油站，每个现有的加油站在给定的价格上都将无法售出此前那么多的汽油了。所以，如图 15-2（a）所示，更多的生产者进入垄断竞争行业会导致一个典型的现有生产者的需求曲线和边际收益曲线左移。

相反，假设高速公路沿线的一些加油站关张。那么，每个其他仍在经营的加油站都将能够在任何给定的价格上出售更多的汽油。所以，如图 15-2（b）所示，生产者退出垄断竞争行业会导致一个典型的现有生产者的需求曲线和边际收益曲线右移。

当一个行业既无企业进入又无企业退出时，该行业将实现长期均衡。当每一个企业赚取的利润都为零时将出现这一结果。所以，从长期来看，一个垄断竞争行业将实现**零利润均衡**（zero-profit equilibrium）。此时，企业只是努力弥补它们的利润最大化产量的成本支出。

从长期来看，垄断竞争行业最终将实现**零利润均衡**：每个企业在其利润最大化产量处都获得零利润。

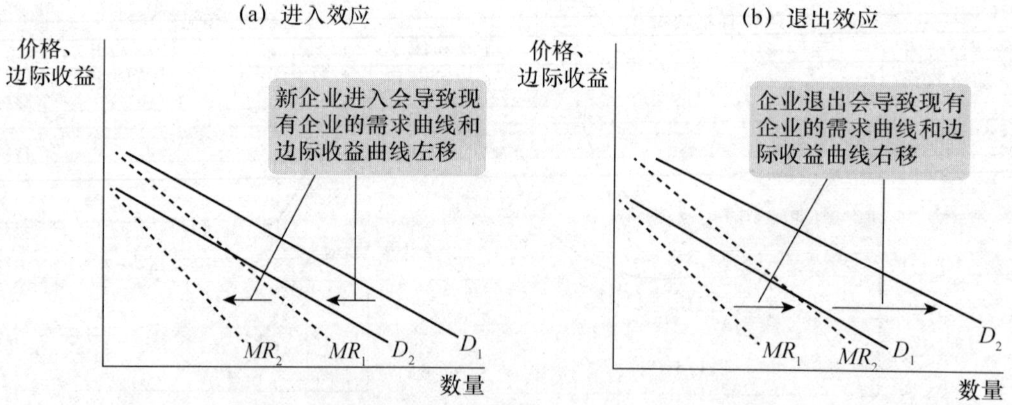

图 15－2　进入与退出对现有企业的需求曲线和边际收益曲线的影响

当现有企业有盈利时，从长期来看，新企业将进入。在图（a）中，在新企业进入后，每个现有企业的需求曲线和边际收益曲线都将向左移动，企业销售的每一单位产品的价格都将走低，利润将下降。当企业的利润为零时，进入将停止。当现有企业无利润时，企业在长期将退出该行业。在图（b）中，当行业中有企业退出时，仍在经营的每个企业的需求曲线和边际收益曲线都将向右移动。企业销售的每一单位产品的价格都将更高，利润将上升。当现有企业的利润为零时，退出将停止。

我们已经看到，面对向右下方倾斜的需求曲线，如果需求曲线的任何部分都在其平均总成本曲线之上，企业将获得正利润；如果需求曲线的所有部分都位于其平均总成本曲线之下，企业会出现亏损。因此，在零利润均衡时，企业必须处于两种情形的边界线的位置——其需求曲线必须刚刚接触其平均总成本曲线。也就是说，在企业的利润最大化产量处其需求曲线必须正好与其平均总成本曲线相切，产量的边际收益正好等于边际成本。

如果不是这种情况，该企业在利润最大化产量处将发现自己要么盈利要么亏损，如图 15－1 所示。但是，我们也知道，自由进入和退出意味着这不可能是一个长期均衡。为什么？在盈利的情形下，新企业将进入这个行业，每一个现有企业的需求曲线都将向左移动，直到所有的利润都消失。在亏损的情形下，一些现有企业将退出，每个继续经营的企业的需求曲线都将向右移动，直到所有的亏损都不存在。只有当每一个现有企业都在其利润最大化产量处获得零利润时，所有的进入和退出才不再发生。

图 15－3 显示了一个典型的垄断竞争企业处在零利润均衡状态的情形。当 $MR_{MC}=MC$、价格为 P_{MC}时，

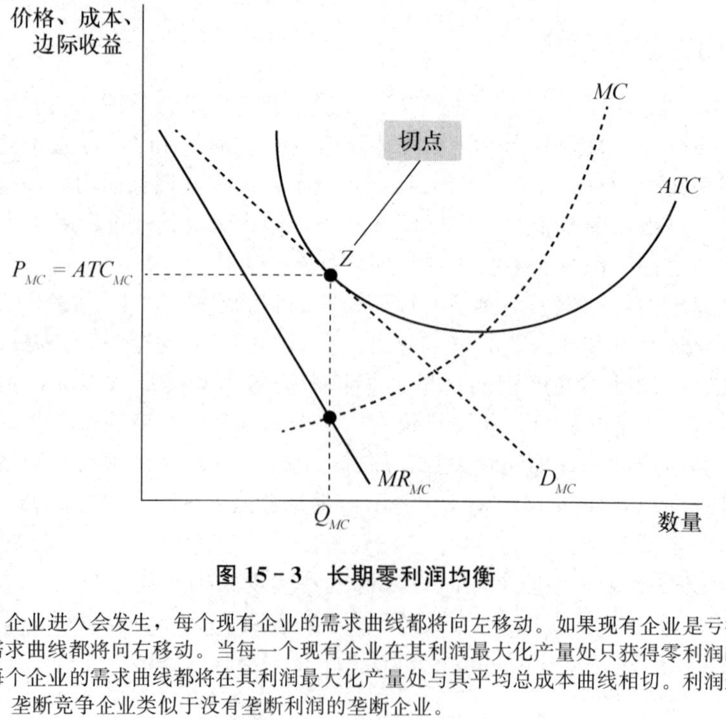

图 15－3　长期零利润均衡

如果现有企业是盈利的，企业进入会发生，每个现有企业的需求曲线都将向左移动。如果现有企业是亏损的，一些企业将退出该行业，仍在经营的每个企业的需求曲线都将向右移动。当每一个现有企业在其利润最大化产量处只获得零利润时，进入和退出将停止。因此，在长期零利润均衡中，每个企业的需求曲线都将在其利润最大化产量处与其平均总成本曲线相切。利润最大化的产量为 Q_{MC}，价格 P_{MC}等于平均总成本 ATC_{MC}。垄断竞争企业类似于没有垄断利润的垄断企业。

该企业的产量为 Q_{MC}。在这个价格和数量处，即 Z 点，需求曲线正好与其平均总成本曲线相切。该企业赚取的利润为零，因为价格 P_{MC} 等于平均总成本 ATC_{MC}。

垄断竞争行业长期正常运行的条件是每个生产者都处于如图 15－3 所示的情形。每个生产者表现得都像一个垄断者，面临的是一条向下倾斜的需求曲线，当边际成本等于边际收益时实现利润最大化。但是，这仅够其实现零经济利润。这种行业中的生产者与没有垄断利润的垄断企业一样。

▶ 追根究底

大赚与大蚀

表面看来，电影业似乎满足垄断竞争的标准。不同电影竞争的是相同的消费者；每部电影又与其他电影不同；新企业可以进入。但是，零利润均衡在哪里？毕竟，有些电影获得了巨大的利润。

关键是要认识到，对于每一部成功的大片，都有几部票房惨败的倒霉鬼做垫脚——电影院事先并不知道谁将大卖，谁将大蚀。到了一部电影将失败的情形变得清晰的时候，取消为时已晚。

电影制作决策和我们在本章中讨论的垄断竞争模型的区别在于制作电影的固定成本也是沉没成本，一旦支出，将无法收回。

当然在某种程度上存在零利润均衡。如果平均来看电影利润很高，很多电影制片厂将进入这一行业，将制作更多的电影。如果平均来看电影是赔钱的，制片厂将退出。事实上，正如你所期望的，平均来看，电影业的收入差不多只够弥补制作成本，也就是说大体上是获得零经济利润。

在这种情况下，即平均来看企业获得的利润为零，当然有大赚者，也有巨亏者。其他先期需投入高沉没成本的行业也有类似的特点。一个典型的例子是医药行业，许多研究项目没有前途，但一些药品可获得巨大的利润。

▶ 真实世界中的经济学

房市萧条，6%的佣金没了

在美国，绝大多数房屋销售是通过房地产经纪人来进行的。售房人会雇用一个经纪人，该经纪人会标出房子出售，并介绍给感兴趣的买家。相应地，潜在购房者会聘请自己的经纪人来对可售房屋进行检查。传统上，经纪费用由卖家支付：佣金相当于房屋销售价格的 6%，由卖方经纪人和买方经纪人平分。例如，如果一套房屋的成交价为 30 万美元，卖方经纪人和买方经纪人各得到 9 000 美元（等于 30 万美元的 3%）。

房地产经纪行业符合垄断竞争模型：在任何特定的本地市场，有不少房地产经纪人，彼此相互竞争，但根据位置、性格以及所售房屋类型可对经纪人进行区分（有的侧重于公寓，有的侧重于非常昂贵的住宅，等等）。该行业进入自由：成为一名房地产经纪人是比较容易的事（参加课程培训，而后通过测试，即可获得许可证）。

但从长期来看，有一个特性并不符合垄断竞争模型：6%的固定佣金并不随着时间的推移而变化，也不受房地产市场跌宕起伏的影响。这怎么可能呢？为什么没有新的经纪人进入市场，并推动佣金降到零利润的水平？

房地产经纪机构使用的一个策略是控制房地产求售网（Multiple Listing Service，MLS），其中会列出一个社区几乎所有出售的房屋。传统上，只有卖家同意支付 6%的佣金，待售房屋才被发布在 MLS 上。

但保护 6%的佣金总是一种有问题的做法，因为房地产经纪行业将佣金率固定为一定百分比的任何行为都会触犯反垄断法。到了 21 世纪头 10 年中期，随着房地产市场更加繁荣，折扣经纪人出现。但传统的经纪人拒绝与他们合作。因此，在 2005 年，司法部起诉美国全国房地产经纪人协会，这是一个强势的经纪人交易组织。

监管机构加强监督和始于2006年的房地产市场萧条加速了不容讨价还价的6%的佣金走向灭亡。售房人在被迫接受低于他们预期的价码后，迫使经纪人也只能接受更少。此外，互联网的使用，像Zillow.com和Redfin.com，使房主自己更容易出售住房或找到一个愿意接受更低佣金比例的折扣经纪人。因此，即使是全职的房地产经纪人，通常接受的佣金也低于6%。正如房地产经纪行业出版物的主编史蒂夫·默里（Steve Murray）所说的："标准的6%，很久以前就该被抛弃了。"

及时复习

● 像垄断企业一样，垄断竞争行业中的每个企业都面临一条向右下方倾斜的需求曲线和边际收益曲线。从短期来看，在利润最大化的产量水平上，它可能赚取利润，也可能出现亏损。

● 如果典型企业赚取正的利润，在长期新企业将进入这个行业，每个现有企业的需求曲线都将向左移动。如果典型企业出现亏损，在长期一些企业将退出这个行业，每个现有企业的需求曲线都将向右移动。

● 垄断竞争行业的长期均衡是一种零利润均衡，其中企业只是盈亏平衡。典型企业的需求曲线在其利润最大化产量处与其平均总成本曲线相切。

小测验 15-2

1. 目前一个由具有U形平均总成本曲线的企业组成的垄断竞争行业处于长期均衡状态。在下述每种情形下描述产业在短期和长期将如何调整。

a. 技术变革增加了该行业中每个企业的固定成本。

b. 技术变革减少了该行业中每个企业的边际成本。

2. 为什么在长期垄断竞争行业中的企业通过联合在一起组成单一企业来形成垄断是不可能的?

15.4 垄断竞争与完全竞争

在某种程度上，一个垄断竞争行业的长期均衡看起来很像完全竞争行业的长期均衡。两种市场都有许多企业，利润都被竞争殆尽，每个企业收到的价格都等于生产的平均总成本。

然而，两种市场的长期均衡存在差异——经济意义显著不同。

□ 15.4.1 价格、边际成本和平均总成本

图15-4比较了垄断竞争行业和完全竞争行业中典型企业的长期均衡的情形。图15-4（a）所示为完全竞争企业的情形，其面临的市场价格等于其最低平均总成本；图15-4（b）与图15-3相同。比较两图，我们发现了两个重要的区别。

首先，图15-4（a）显示的是完全竞争企业的情形，企业在其利润最大化产量Q_{PC}处收到的价格为P_{PC}，等于企业在该产量处的边际成本MC_{PC}。对比来看，图15-4（b）显示，垄断竞争企业在其利润最大化产量Q_{MC}处选择的价格为P_{MC}，该价格要高于生产的边际成本MC_{MC}。

这种差异转化为企业对消费者态度的差异。一位麦农按现行市场价格可以卖出他喜欢的任何数量的小麦，如果你愿意按市场价格购买更多一些小麦，他也不会感到特别兴奋。既然按照这一价格他没有欲望生产更多和向他人卖出更多，你对他也算不上帮忙。

但是，如果你决定在贾米勒而非凯蒂的加油站加满油，你是在帮贾米勒的忙。他并不愿意减价来获得更多的客户，他已经就这一权衡做了最好的选择。但是，如果按现有标价他得到了比预想的稍微多一些的客户，这对他就是个好消息：按现在的标价，额外增加的销售意味着他从中得到的收入超过了他的成本，因为标价是高于边际成本的。

与完全竞争企业不同，垄断竞争企业想在现行价格水平上销售得更多是理解为什么广告可以帮助它们增加销售的关键。

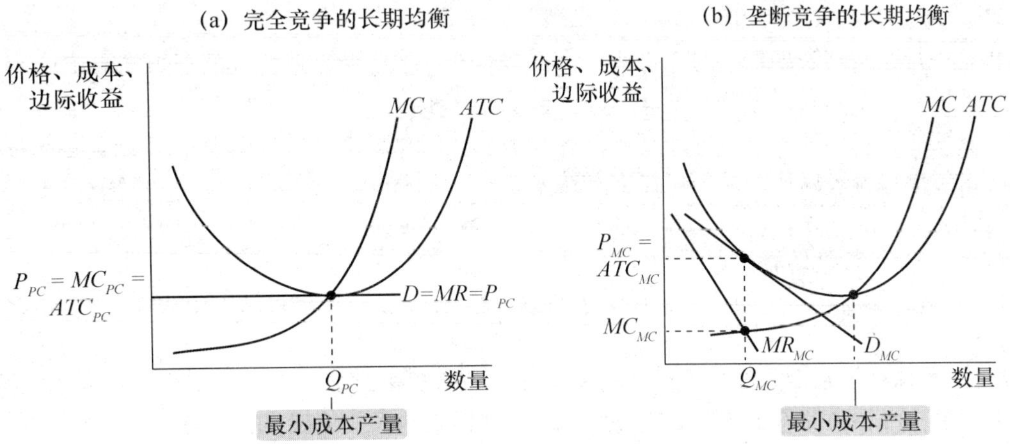

图 15-4　完全竞争和垄断竞争的长期均衡比较

图（a）所示为一个完全竞争行业中典型企业的长期均衡情形。该企业在其最小成本产量 Q_{PC} 处运营，以竞争性市场价格 P_{PC} 销售产品，获得零利润。因为 P_{PC} 等于其边际成本 MC_{PC}，所以多销售一单位产品没有影响。图（b）所示为垄断竞争行业中典型企业的长期均衡情形。在产量为 Q_{MC} 时，利润为零，因为对应的价格 P_{MC} 刚好等于平均总成本 ATC_{MC}。在 Q_{MC} 处，企业想以价格 P_{MC} 来多销售一单位产品，因为 P_{MC} 超过边际成本 MC_{MC}。但它不愿意降低价格来实现更多的销售。因此，企业在最小成本产量水平的左边经营，从而出现了产能闲置。

垄断竞争和完全竞争之间的另一个区别如图 15-4 所示，涉及每个企业在其平均总成本曲线上的位置。在图 15-4（a）中，完全竞争企业的生产点为 Q_{PC}，企业处在 U 形 *ATC* 曲线的底部。也就是说，每个企业生产的产量都为平均总成本最小化的产量，即最小成本产量。因此，行业产出的总成本也实现了最小化。

在垄断竞争条件下，如图 15-4（b）所示，该企业的生产点为 Q_{MC}，企业位于 U 形 *ATC* 曲线向右下方倾斜的部分，该产量小于平均总成本最低时的产量。这种未能在平均总成本最低点生产的情形被称为**产能闲置**（excess capacity）。如在美食广场的店或沿着道路的加油站，它们未能最大限度地利用成本节约的最大优势。因此，在垄断竞争行业，行业产出的总成本没有实现最小化。

> 垄断竞争行业的企业存在**产能闲置**：它们的产量低于平均总成本最低时的产量。

有些人认为，因为每一个垄断竞争企业都存在产能闲置，因此垄断竞争行业是非有效的。但垄断竞争条件下的效率转化成了一个微妙的无明确答案的问题。

□ 15.4.2　垄断竞争效率低下吗？

垄断竞争企业与垄断企业一样，收取的价格高于边际成本。其结果是，一些愿意在美味砂锅店支付最少相当于生产成本的价格来消费蛋卷的人将无法如愿了。在垄断竞争行业，还有一些互利交易没有被发掘出来。

此外，人们常常认为，垄断竞争的非效率是一种特别的形式：每个垄断竞争企业的闲置产能都意味着重复浪费，因为垄断竞争行业提供了过多的多样化产品。按照这种说法，如果美食广场只有两三家店，是否比有六七家更好呢？如果店较少，每家店都将有较低的平均总成本，因此可以提供更便宜的食物。

这种批评垄断竞争的说法——垄断竞争通过造成非效率减少了总剩余——正确吗？不一定。确实是这样，如果沿公路的加油站少一些，每个加油站都将销售更多的汽油，因此每加仑的成本也将降低。但是，这样做的缺点是：驾车者会感到不便，因为加油站将相距更远。关键在于，垄断竞争行业所提供的产品多样性有利于消费者。因此，消费者由于产能闲置而支付的相对较高的价格在一定程度上会被产品多样性带来的价值增加所抵消。

换言之，存在着一个权衡取舍：生产者数量多意味着平均总成本更高，但也意味着更大的产品多样性。垄断竞争行业能否达到这个权衡取舍的社会最优点呢？也许达不到，但是很难说企业是太多还是太少！大多数经济学家现在认为，垄断竞争行业在多样性上的努力和产能闲置在实践中并非重要的问题。

及时复习

- 在垄断竞争行业实现长期均衡时，行业中有许多企业，但每个企业赚取的利润都为零。
- 价格高于边际成本，所以一些互利交易并未被挖掘出来。
- 垄断竞争企业存在产能闲置，因为它们没有最小化平均总成本。但目前尚不清楚这是否真的是非效率的一个原因，因为消费者可以从产品多样化中获益。

小测验 15-3

1. 判断真伪，并解释你的答案。

a. 就像一个完全竞争行业中的企业一样，垄断竞争行业中的企业愿意以等于或超过边际成本的任何价格销售产品。

b. 假设有一个拥有闲置产能的处于长期均衡状态的垄断竞争行业。把该行业中的所有企业合并成一个单一企业、生产单一产品会使每个企业的境况变得更好，但消费者的境况是否变得更好并不明确。

c. 与垄断或完全竞争相比，时尚和潮流更有可能在垄断竞争或寡头垄断行业中出现。

15.5 关于产品差异化的争论

到目前为止，我们假定产品差异化能够满足消费者的一些真实愿望。在你家附近有一个加油站真是方便；中餐食品和墨西哥食品真的不一样。

但是，在现实世界中，如果你思考一下，就会发现，产品差异化的实例看起来令人费解。佳洁士和高露洁牙膏的真正区别是什么？劲量电池和金霸王电池有什么区别吗？或者，万豪酒店和希尔顿酒店的差别在哪儿？大多数人很难回答这些问题。然而，这些商品的生产者付出了相当大的努力来说服消费者它们的产品与竞争对手有所不同，且比竞争对手的更好。

如果不花费一点儿时间讨论广告和品牌这两个话题（也是两个令人困惑的问题），就不能认为对产品差异化的讨论是完整的。

□ 15.5.1 广告

麦农并不在电视上为他们的产品做广告，但汽车经销商做广告。这并非因为农民谨小慎微，而汽车经销商外向开朗；这是因为，只有在企业至少有一些市场势力的行业中，做广告才是值得的。

广告的目的是说服人们，在现行价格水平上购买更多的该卖家的产品。完全竞争企业，可按现行市场价格卖出它们愿意卖出的任何数量的产品，没有动机花钱去说服消费者购买更多。只有具有一定市场势力因此收取的价格高于边际成本的企业，才能从广告中获益。接近完全竞争的行业，像牛奶行业，也做广告——但这些广告是行业协会为整个行业而做的，而不是为一个特定奶牛农场的牛奶而做的。

鉴于广告"起作用"，不难看出为什么有市场势力的企业会花钱做广告。但是关于广告的最大问题是：为什么广告有效果？一个相关的问题是：从社会的角度来看广告是不是一种资源浪费？

并非所有的广告都是未解之谜。其中很大一部分是很直观明了的：它是卖家告知潜在买家它们提供了什么产品（或者有时候是买家告知潜在卖家他们想要什么）的方式。关于广告提供信息的经济有用性并无多大争议，如房地产广告："光照足，迷人，两室一卫，银行转账/现金付款皆可"就告诉了你所需要知道的信息（即使采用一些委婉的说法，如"迷人"当然意味着"小"）。

但是，当一个电视剧女演员宣称一种牙膏的优点或一名体育明星说某企业的电池比那些装在粉红机械兔内的更好时，这传达了什么信息呢？当然，没有人认为该体育明星是一个电池专家，或者说没有人认为他选择了一个自己认为制造最好的电池的企业，而非选择了那个愿意向他付钱最多的企业。但企业仍然有充分的理由认为，在促销上花钱将增加它们的销售，如果它们停止做广告而竞争对手继续做的话会出现大麻烦。

为什么消费者会受到不提供任何有关产品信息的广告的影响呢？一种答案是，消费者不像经济学家所假定的那样理性。也许消费者的判断甚至他们的口味都会受到经济学家认为的看似不相关的事情——比如说企业已经聘请最有魅力的明星代言其产品——的影响。这肯定是有些道理的。正如我们在第 9 章中学到的，消费者理性是一个有用的可行性假定；但这不是一个绝对的真理。

另一种答案是，消费者对广告做出的反应并非完全不理性，因为在消费者不怎么了解广告的信息的世界中，广告可以作为一种间接的"信号"。以一个常见的例子为例，假设你需要用到一些并不常用的当地服务，如汽车美容、搬运家具。你访问 YellowPages. com 网站，在那里你会看到一些张贴条和几个大的展示广告或故事片广告。你知道，那些展示广告很大是因为有企业愿意为它们付费；不过，选择做大的展示广告的企业可能是相当理性的。毕竟，大的展示广告可能意味着这是一个比较大的、成功的企业，否则该企业不会认为值得花钱做大的广告。

同样的原则也可以部分解释为什么广告的主要代言人是名人。你不会真的相信名模更喜欢代言的手表；事实是手表制造商愿意并且能够支付她的代言费，这不过是在告诉你，她所代言的企业是一家大公司，很可能为产品提供保证。根据这种推理，昂贵的广告有助于企业在消费者眼中树立起产品质量好的形象。

消费者对广告的反应可能是理性的，这也可解释广告是不是一种资源浪费的问题。如果广告只通过操纵头脑简单的人起作用，美国企业预计在 2014 年将花费 5 450 亿美元的广告费就是一种经济意义上的浪费，除了广告有时会提供一些娱乐外。然而，广告除了在某种程度上传达了重要信息外，它毕竟也是一种经济意义上的生产活动。

□ 15. 5. 2 品牌

你已经开了一整天的车，现在是时候找一个地方休息了。在你的右边，你看到了贝茨汽车旅馆（Bates Motel）的标志；在你的左边，你看到了 6 号汽车旅馆（Motel 6）或最佳西方酒店（Best Western）的标志，或其他一些全国连锁酒店的标志。你会选择哪一个？

除非熟悉这一地区，否则大多数人会前往连锁酒店。事实上，在美国，大多数汽车旅馆都是大型连锁集团的成员；大多数快餐店和购物中心的许多（如果不是大多数）店铺同样如此。

汽车旅馆连锁店和快餐店只是普遍存在的现象的一个侧面，这就是**品牌**（brand name）的作用。品牌归特定企业拥有，使得企业的产品在消费者心目中形成差异化。在很多情况下，一个企业的品牌是它拥有的最重要的资产：显然，麦当劳的价值远远超过了企业拥有的深油炸锅和汉堡烤架的价值之和。

> **品牌**是一个企业拥有的有别于其他企业的产品的名称。

事实上，企业往往需要付出巨大的努力来捍卫自己的品牌，并对未经许可使用的人进行起诉。人们可能谈到用一张舒洁（Kleenex）纸巾来擦鼻涕或者用一台施乐（Xerox）复印机来复印文件，但除非所说的产品来自舒洁或者施乐，否则合法的做法是卖方必须将其描述成一张纸巾或者一台复印机。

与广告相同，它们本来就紧密相关，品牌的社会有用性也存在争议。消费者对知名品牌的偏好反映了消费者的非理性吗？或者品牌传达了真实的信息吗？也就是说，品牌造成了不必要的市场势力，或者它们服务于一个真正的目的吗？

与广告相同，答案也有两方面。一方面，品牌经常会造成不合理的市场势力。许多消费者在超市中对名牌产品支付了更多的费用，即使消费专家向我们保证，更便宜一些的品牌的产品是同样的产品。同样，许多常用药，如阿司匹林，无品牌时相对便宜，质量也不错。

另一方面，许多产品的品牌名称确实传递了信息。一个旅行者到达一个陌生的小城市，肯定会在假日酒店（Holiday Inn）或麦当劳等候服务；一个累饿交加的旅客会发现这要比去尝试一个独立经营的酒店或餐厅更好——但也可能会更糟糕。

此外，品牌提供了一些保证，卖者要与客户重复互动多次，所以要去维护信誉。如果旅行者在一个欺诈旅游者的餐厅吃到了劣质饭菜，并发誓永不再去那里用餐，餐厅老板可能并不关心，因为在未来旅客再回到同一地区的机会非常小。但如果游客在麦当劳吃到了劣质饭菜，并发誓永远不会在麦当劳再次用餐时，这对该企业就很重要了。因此，麦当劳有动力去保证质量始终如一，也就保证了给旅客提供的质量到位。

▶ 真实世界中的经济学

香水行业：牵着顾客的鼻子走

香水行业的进入壁垒非常低：要制作香水，很容易购买到配料，将它们混合装瓶即可。即使你认为自己没有一个很好的“鼻子”，行业顾问也会帮助你轻松创立一些特别的味道（甚至是照搬别人的香味）。一种成功的香水的利润率几乎可以达到100%，这怎么可能？为什么对手不进入香水行业来竞争这些利润？

答案之一是眼下最成功的香水都深受名人推崇。碧昂丝（Beyoncé）、布兰妮·斯皮尔斯（Britney Spears）、克里斯蒂娜·阿奎莱拉（Christina Aguilera）和凯蒂·佩里（Katy Perry）都代言过香水。珍妮弗·洛佩兹（Jennifer Lopez）代言过8个！其实，与销售一款成功的香水的总成本相比，香水的制造成本很小——制造成本约占3%，不到零售价格的1%。生产成本中其余的97%是包装、销售和广告成本。

在当代，装香水的瓶——造型有的像飞船，有的镶嵌着奢侈的水钻——的成本是内装香水成本的4～6倍。顶级香水瓶设计师的一款设计可为其赚100 000美元以上。再加上广告费用、驻店推销雇员和销售人员的佣金。最后，还要加上数百万美元的明星代言费用。例如，据称珍妮弗·洛佩兹通过代言香水已获得超过3 000万美元的收入。此外，相较于原有的已经存在了几十年的香水如香奈儿或迪奥，现代香水用便宜得多的合成原料制成。因此，像香奈儿之类的香水的香味会持续24小时，但现代香水的香味充其量只持续几个小时。

正如一位著名的“鼻子”罗亚·多拉（Roja Dora）所说的：“研究表明，人们会说，一种特别的香水是他们的最爱之一，但在盲测中，他们并不喜欢。问题是，大多数人购买的香味只是一种自我感觉，他们在看了广告中的图像后想要以某种方式来认同自己。”

因此，这里是一个形而上学的问题：即使香水买家在盲测中真的很讨厌某种香味，但广告使他们相信这是美妙的气味，我们谁能说他们买错了吗？难道不是在旁观者心中的一种气味更有吸引力？

及时复习

● 在实施产品差异化的产业中，企业做广告的目的是增加其产品的需求。

● 当它给消费者提供了关于产品的有用信息时，广告就并非一种资源浪费了。

● 简单地吹捧一种产品的广告是很难解释得通的。要么消费者是非理性的，要么是昂贵的广告自身传达了企业的产品具有高品质的信息。

● 有些企业创建了品牌。与广告一样，品牌的经济价值可能并不明确。当它们向消费者确保产品质量时，它们传达的是真实的信息。

小测验 15-4

1. 在下列情况下，哪些广告具有经济意义上的有用性？哪些广告是经济意义上的一种浪费？请对你的答案做出解释。

a. 对阿司匹林的好处做广告。

b. 对拜耳阿司匹林做广告。

c. 对喝橙汁的好处做广告。

d. 对康纳橙汁做广告。

e. 广告声称水管工或电工已经在企业工作了多长时间。

2. 一些行业分析师已经声称，一个成功的品牌就像是一种进入壁垒。解释这句话背后的原因。

▶ 企业案例

吉列与舒适：炽热的剃刀

早在2010年，舒适公司就引入了海德鲁（Hydro）系统，这是它的一种最新和最先进的剃须刀，比吉列公司推出的新升级的锋隐致顺（Fusion ProGlide）剃须刀提前了两个月。根据当时的报道，舒适和吉列两家公司将共同花费2.5亿美元的广告支出来推广这两种新产品。这是剃须刀制造商在长达一个世纪的竞争之后的又一轮竞争。尽管竞争激烈，但剃须刀行业获利丰厚；它是非食品包装商品中价格最高和利润率最高的行业之一。

舒适和吉列显然希望自己的新剃须刀的先进性和新功能会吸引客户。海德鲁系统带有使剃须更顺畅的一个润滑胶分配器和刀片护罩，安装了五刀片版的修剪刀片。海德鲁当时的售价低于吉列与之相当的版本的剃须刀，包括致顺剃须刀，该款剃须刀将被定价为比现有的锋隐系列的价格高出10%～15%。

这不是两家公司第一次就剃须刀进行竞争。早在2003年，吉列公司和舒适公司就正面交过手，当时吉列公司推出了锋速3 Turbo（现有锋速3的升级版），吉列公司宣称电池供电的脉冲会使得毛囊凸起以更贴近剃须刀片。2003年，舒适公司推出了Quattro，世界上第一个四刀片版剃须刀，它被称为“不同于任何其他剃须刀”。最近，两家公司又推出了新的剃须刀产品，2014年，吉列推出了搭载FlexBall ™技术的新的致顺产品，舒适推出了海德鲁5。

目前，两家公司中吉列要大一些，占据美国剃须刀市场的70%，2013年舒适只占约12%的市场份额，但是许多分析师认为，该公司是创新的领导者。根据投资银行摩根士丹利的分析师William Peoriello的说法：“舒适新剃须刀迫使吉列公司改变其新产品的推出节奏，而且有可能对吉列形成最强烈的竞争。”

当然许多客户已经对两家公司的产品有些恼怒。2012年一个小型组织“美元剃须俱乐部”（DSC）成立，通过制作一个视频对两大巨头发起了挑战——该视频很快像病毒一样传播。在视频中其创始人迈克尔·杜宾（Michael Dubin）问道：“你喜欢每月花费20美元买名牌剃须刀吗？”该组织以每月3～9美元的价格（含运费）向其客户提供来自韩国的更便宜的剃须刀。

吉列公司和舒适公开声称它们并不担心，其他公司则没有那么淡定。正如一位华尔街的市场分析师所说的：“男用剃须刀的价格在剃须刀中、在剃须刀使用者中显然引起了强烈反响。”

思考题

1. 如何解释今天的剃须刀的先进性和其功能的创新步伐？

2. 为什么剃须刀业务有利可图？如何解释舒适公司和吉列公司的广告预算投入规模？

3. 如何解释“美元剃须俱乐部”的流行？舒适和吉列做出保留推出已久、更简单的剃须刀型号的决定将会面临什么困境？这对剃须刀创新的福利价值意味着什么？

小结

1. 垄断竞争是一种市场结构，其中有许多相互竞争的生产者，每个生产者都生产一种差异化产品，从长期来看可自由进入和退出。产品差异化有三种主要形式：风格或类型差异化，位置差异化，质量差异化。相互竞争的卖家的产品被认为是不完全替代品，每个企业都有自己的向右下方倾斜的需求曲线和边际收益曲线。

2. 短期利润的存在在长期将吸引新企业进入。这会减少每个现有生产者在任一给定价格上的需求量，推动其需求曲线向左移动。在长期，短期亏损将导致一些企业退出。这将导致继续经营的企业的需求曲线右移。

3. 在长期，垄断竞争行业将实现零利润均衡：在其利润最大化产量处，每个现有企业的需求曲线都与其平均总成本曲线相切。行业的利润为零，既没有企业进入也没有企业退出。

4. 在长期均衡中，垄断竞争行业的企业以高于边际成本的价格出售产品。它们有闲置产能，因为它们的产量小于最小成本产量；因此，它们的成本要高于完全竞争行业。垄断竞争行业是否为非效率的并不明确，因为消费者看重它创造的产品多样性。

5. 一个垄断竞争企业总是愿意在现行价格上增加销售，所以它会做广告以增加消费者对其产品的需求，并提升市场势力。如果能为消费者提供有用的信息，广告和品牌即具有经济价值。但如果它们的唯一目的是制造市场势力，就是经济上的浪费了。在现实中，广告和品牌可能两者兼有：既有经济价值，也有经济意义上的浪费。

关键词

垄断竞争　零利润均衡　产能闲置　品牌

练习题

1. 根据正文中所讨论的垄断竞争市场的三个条件判断下述企业是否可能作为垄断竞争企业运营。如果不是垄断竞争企业，它们是垄断企业、寡头垄断企业还是完全竞争企业？

a. 服务于本地婚礼、聚会等活动的乐队。

b. 美汁源，某盒装果汁生产商。

c. 你家附近的干洗店。

d. 一个种植大豆的农场主。

2. 你正在考虑开设一家咖啡馆。咖啡馆的市场结构是垄断竞争。你所在的城市已经开设了三家星巴克咖啡馆和另外两家与星巴克非常相似的咖啡馆。为了拥有市场势力，你可能想差异化你的咖啡馆。考虑实现产品差异化的三种方式，解释你如何决定是应该复制星巴克，还是应该以一种完全不同的方式销售咖啡。

3. 当地加油站行业的市场结构为垄断竞争。假设目前各加油站都是亏损的。画图说明一个典型加油站的这种短期情形。然后，在另一幅图中说明在长期这个典型的加油站会发生什么。解释你的理由。

4. 当地美发行业具有垄断竞争的市场结构。你的美发师吹嘘他有利润可赚，如果他继续这样做，他将能够在五年内退休。使用图形来说明你的美发师目前所处的状况。你预计这能持续吗？在另外一幅图中，画出你预计在长期会发生什么。解释你的理由。

5. 华丽绽放店是一家垄断竞争行业中的花店。其经营很成功，销售量使得平均成本最小化，而且有利润可赚。店主表示，在目前的销售量水平，其边际成本高于边际收益。画图说明华丽绽放店当前的情形。根据图形回答下列问题。

a. 从短期来看，华丽绽放店能增加利润吗？

b. 从长期来看，华丽绽放店能增加利润吗？

6. “从长期来看，垄断竞争和完全竞争之间没有什么区别。”根据下述相关方面来讨论这种说法是否属实，或者无法确定。

a. 向消费者收取的价格。

b. 生产的平均总成本。

c. 市场结果的效率。

d. 典型企业的长期利润。

7. “从短期和长期来看，垄断竞争市场和垄断市场的典型企业都能赚取利润。”你同意这种说法吗？解释你的理由。

8. 服装市场具有垄断竞争的市场结构。这个行业的企业数量较少会对你作为一个消费者产生什么影响？就下述话题加以解释。

a. 衣服品种的多样性。

b. 服务质量的差异。

c. 价格。

9. 针对下述每种情形，确定广告是直接传递了有关产品的信息，还是间接表明了产品质量。解释你的理由。

a. 橄榄球巨星佩顿·曼宁（Peyton Manning）在电视广告中驾驶一辆别克车，并声称他喜欢该车胜过任何其他汽车。

b. 一则 Craigslist 广告声称，“出售：1999 年本田 Civic，已经行驶 16 万英里，新变速器。”

c. 麦当劳花费数百万美元开展广告攻势：“我就喜欢。”

d. 赛百味声称该公司的一种三明治含有 6 克脂肪，卡路里少于 300。

10. 在以下每种情形中，解释广告如何向潜在购买者传递信号。解释买家缺乏什么样的正由广告提供的信息，广告提供的信息可能怎样影响购买者购买产品的愿望。

a. “找工作。以前雇主出色的推荐很重要。”

b. “电气设备出售。所有商品保修一年。”

c. “原车主出售汽车。提供所有维修保养记录。”

11. 下表所示为餐馆、麦片、电影和洗衣粉行业的赫芬达尔-赫希曼指数（HHI），以及各行业排名前10位的企业的广告支出。使用表中的信息来回答下列问题。

行业	HHI	广告支出（百万美元）
餐馆	179	1 784
麦片	2 098	732
电影	918	3 324
洗衣粉	2 068	132

a. 每个行业具有什么市场结构——寡头垄断还是垄断竞争？每个行业最突出的特征是什么？

b. 根据你的回答，哪种市场结构类型的广告支出较高？使用每个市场结构的特点来解释为什么这种关系可能存在。

12. 麦当劳每年花费数百万美元对其品牌进行法律保护，从而阻止任何未经授权就使用本公司品牌的行为。请解释这对消费者传达了有关麦当劳产品质量的什么信息。

在线回答问题

13. 一座城市的餐饮业处在垄断竞争行业的长期均衡状态。一位餐馆老板询问你的意见。她告诉你，每天晚上，她的餐馆并没有客满。她还告诉你，如果降低菜单价格，她会吸引更多顾客，这样做会降低她的平均总成本。她应该降低价格吗？请画出这家餐馆的需求曲线、边际收益曲线、边际成本曲线和平均总成本曲线来解释你的建议。根据图形，如果该餐馆老板降低价格，在最小成本产量处经营，她的利润会发生什么变化？

第 16 章

外部性

本章将学习

➢ 什么是外部性，为什么外部性会导致非效率和政府对市场的干预。

➢ 正外部性、负外部性和网络外部性之间的区别。

➢ 科斯定理的重要性。该定理解释了在某些情形下个体怎样消除外部性。

➢ 为什么一些解决外部性的政府政策如排放税、可交易排放许可证和庇古补贴是有效的，而环境标准等其他政策则没有作用。

➢ 对高科技行业而言，为什么网络外部性是一个重要特征。

☞ 开篇案例

地下的麻烦

2013 年 6 月，杜克大学的研究人员发表了一篇标题不起眼的文章——《靠近马塞勒斯页岩气开采区的饮用水井四周的杂气丰度上升》。该论文的影响很广泛。虽然该论文的结果并不确定，但它提供的证据表明，宾夕法尼亚州马塞勒斯天然气田使用压裂法，导致地下饮用水被乙烷和丙烷污染，这种方法通过将含有化学成分的水用高压注入地下，压裂地下页岩层来提取其中储存的天然气。该论文对批评压裂法的观点提供了支持，这一观点声称压裂法对饮用水源造成了难以忍受的污染威胁。杜克大学的这篇论文进一步助推了关于压裂法的成本和收益的争论越来越两极化。

你可能还记得在第 3 章我们对压裂法的讨论，我们提到，压裂法大大降低了美国的能源成本，从而降低了居民的取暖费和供应商的生产成本。压裂法也显著减少了空气污染，因为消费者和工业从使用不洁的燃油和燃煤转向了清洁的天然气。然而，正如我们在第 3 章中所预期的，廉价天然气带来的更清洁空气的环境效益已经受到压裂法造成饮用水被污染的挑战。评估权衡取舍时的一个关键问题是政府的作用：监管机构应该更好地保护地下水源吗？对压裂钻井如何监管可以减少地下水污染？监管机构可以接受的污染程度有多大？它们将如何付诸实施？

水力压裂技术所带来的困境只是外部性引起的困境的一个例子。当一个人对他人造成损害或带来好处，但没有经济激励在决策时考虑到这些成本或收益时就产生了外部性。我们在第 1 章和第 4 章中简要介绍过外部性的概念。当时我们也指出，市场失灵的主要原因之一是一些行为带来了副作用但没有得到适当考虑，也就是说，一些行为造成了外部性。在本章，我们将讨论外部性经济学，了解外部性如何影响市场效率，并导致市场失灵，为什么这是政府干预市场的一个原因以及经济分析怎样用来指导政府政策的制定。

外部性源于行为所产生的副作用。首先，我们研究污染，污染产生负外部性——强加给他人的负面影响。每当一种副作用可以被直接观察和量化时，就可以进行调节：通过施加直接控制、征税或补贴。正如我们将要学习的，在这种情况下，政府干预的目标应直接针对市场副作用的数量。

16.1 外部成本和外部得益

> **外部成本**是个人或企业强加给其他人或企业的没有做出补偿的成本。
> **外部得益**是个人或企业给其他人或企业带来的并没有得到补偿的好处。
> 外部成本与外部得益合在一起被称为**外部性**。外部成本被称为**负外部性**，外部得益被称为**正外部性**。

污染的环境成本最为著名也最为重要的例子是**外部成本**（external cost）——个人或企业强加给其他人或企业的没有做出补偿的成本。在现代经济中，一些个人或企业强加给其他人或企业的外部成本的例子有很多。一个非常熟悉的外部成本事例是交通拥堵：一个在高峰时段选择开车的人增加了拥堵，但不会顾及给他人带来的不便。另一个熟悉的例子是人们在开车时发短信所带来的成本，这增加了车祸发生的风险，车祸可能会伤及他人，也可能会伤害自己（见下面的“追根究底”专栏）。

污染导致外部成本，因为在没有政府干预时，那些决定污染多少的人不会去考虑污染对他人造成的损害。当燃煤发电厂造成空气污染时，电力公司不会考虑那些呼吸污浊空气的人付出的健康成本。相反，电力公司有动力考虑发电所付出的私人货币成本和发电带来的好处，如燃煤的价格、所发的每度电的价格等。

稍后，我们将在本章中举出**外部得益**（external benefit，也称外部收益）——指个人或企业给其他人或企业带来的并没有得到补偿的好处——的例子。例如，在你接种流感疫苗后，你不太可能将流感病毒传染给你的室友。然而，你独自一人承担了接种疫苗的货币成本和针刺的痛苦。企业开发的新技术也能产生外部得益，因为它们的想法经常会刺激其他企业进行革新。

外部成本和外部得益合在一起被称为**外部性**（externality），外部成本被称为**负外部性**（negative externality），外部得益被称为**正外部性**（positive externality）。外部性使得私人决策（个人或企业的决策）从社会总体来看并非最优的。下面我们看一下为什么。

▶ 追根究底

边开车，边发短信，边聊天

为什么我们前面的司机开车开得那么不正常？是司机喝醉了吗？没有。司机正在打电话或发短信呢！

交通安全专家认为，开车时使用手机是非常危险的行为：最近的一项研究发现，这种类型的分心造成的驾驶事故上升了六倍。2012 年，美国国家安全委员会估计近 25 万起或四分之一的交通事故是由边开车边使用手机造成的。

一项估计表明，开车时通话造成每年 3 000 起以上的交通死亡事故。使用免提、声控设备拨打电话似乎并没有多大帮助，因为主要的危险是分心。正如一位交通咨询顾问所言，“这不是因为你的眼睛，而是因为你的头。”

国家安全委员会敦促人们开车时不要使用手机。大多数国家对开车时使用手机有一些限制。为应对越来越多的交通事故，一些国家已完全禁止开车时使用手机。在 43 个州和哥伦比亚特区，开车时发短信是违法的。在许多国家，开车时使用手机也是违法的，如日本和以色列。

为什么不把决定权留给开车人？因为开车使用手机的风险不止涉及驾驶员，也事关其他人——同车的其他人、行人、其他车上的人——的安危。虽然你认为开车时使用手机带给你的好处超过了成本，但你并没有考虑到带给其他人的成本。换言之，开车时使用手机会产生严重的——有时是致命的——负外部性。

□ 16.1.1 污染：外部成本

污染是坏事。然而，大多数污染是为我们提供好东西的行为所引起的副作用：空气被为我们提供城市照明电力的发电厂污染；河流被从种植我们所需要的粮食的农场中冲出的化肥污染；地下水可能被水力压裂法污染，使用这种方法能生产燃烧更清洁的燃料。为什么我们不应该为美好生活接受一定的污染呢？

实际上，我们这样做了。即使是高度致力于环保的人，也不会认为我们可以或应该完全消除污染——甚至一个有环保意识的社会应该接受一些污染作为生产有用产品和服务所付出的代价。环境保护主义者所关心的是，除非有强而有效的环境政策，否则我们的社会会产生太多的污染——坏的事情太多。绝大多数经济学家认同这一点。

要知道为什么，我们需要一个框架，让我们思考一个社会应该有多少污染。然后，我们就可以明白为什么市场经济留给自己的污染比应有的数量要多。我们将采用研究该问题最简单的框架——假定由污染者造成的污染数量可以直接观察到并可进行控制。

□ 16.1.2 社会最优污染数量

社会应该允许多大程度的污染？我们在第 9 章学习了"多少"式决策总是涉及比较增加一单位某物带来的边际收益与提供该单位的边际成本。分析污染时同样如此。

污染的边际社会成本（marginal social cost of pollution）是指污染增加一单位强加给整个社会的额外成本。

例如，燃煤发电厂排放的二氧化硫与雨水混合会形成酸雨，损害渔业、农作物和森林，而地下水污染——这可能是压裂的副作用——会损害健康。通常情况下，污染的边际社会成本是递增的，每单位污染引起的损害要高于此前的一单位。这是因为大自然自身通常能安全地处理低水平的污染，但在污染达到更高的水平后，造成的伤害就越来越大。

污染的边际社会收益（marginal social benefit of pollution）是增加一单位污染带给社会的利益。这似乎是一个令人困惑的概念，社会从污染中会得到什么好处吗？答案在于理解污染可以减轻，但需付出代价。例如，燃煤发电厂可以通过使用更加昂贵的煤和昂贵的洗涤技术来减少空气污染；水力压裂造成的饮用水污染可以通过使用更昂贵的钻井技术来限制；污染河流和海洋的废水可以通过建设污水处理设施来减少。

所有这些减少污染的方法都有机会成本。也就是说，避免污染要用到生产其他产品和服务的稀缺资源。因此，如果能多容忍一单位污染，污染的边际社会收益是社会本来可得到的产品和服务。

> **污染的边际社会成本**是指污染增加一单位强加给整个社会的额外成本。
>
> **污染的边际社会收益**是指增加一单位污染带给社会的额外增益。
>
> **社会最优污染数量**是指充分考虑了污染的所有社会成本和社会收益后社会选择的污染数量。

富国和穷国可容忍的污染水平的对比说明了边际社会福利水平在决定一个社会愿意忍受的污染程度上的重要性。与富国相比，因为穷国减少污染所花费资源的机会成本更高，所以，它们能容忍更高程度的污染。例如，世界卫生组织估计，在穷国，有 350 万人的死因是呼吸了使用肮脏燃料所造成的室内污浊空气（如使用木材、粪便和煤来加热和烹饪的情况），而富国的居民能够承受避免这种死亡而增加的成本。

图 16－1 显示了如何使用假设数字来确定**社会最优污染数量**（socially optimal quantity of pollution）——充分考虑所有社会成本和社会收益后社会选择的污染数量。边际社会成本曲线 *MSC* 是向上倾斜的，表示每增加一单位污染，边际社会成本如何随着污染数量的变化而变化。正如我们所提到的，污染的边际社会成本通常是递增的，因为增加的一单位污染比此前一单位造成的伤害要大。边际社会收益曲线 *MSB* 是向下倾斜的。当污染处在高水平时，减少污染的成本相对较小。然而，随着污染水平的下降，需要使用更昂贵的工艺才能进一步继续降低污染，因此 *MSB* 在低污染水平上会更高。

本例中社会污染的最优数量并非为零，而是 Q_{OPT}，是对应于 *O* 点的数量，在此点 *MSB* 穿过 *MSC*。在 Q_{OPT} 处，增加一单位污染带来的边际社会收益与污染的边际社会成本都为 200 美元。

但市场经济自身能达至污染的社会最优数量吗？并不会。

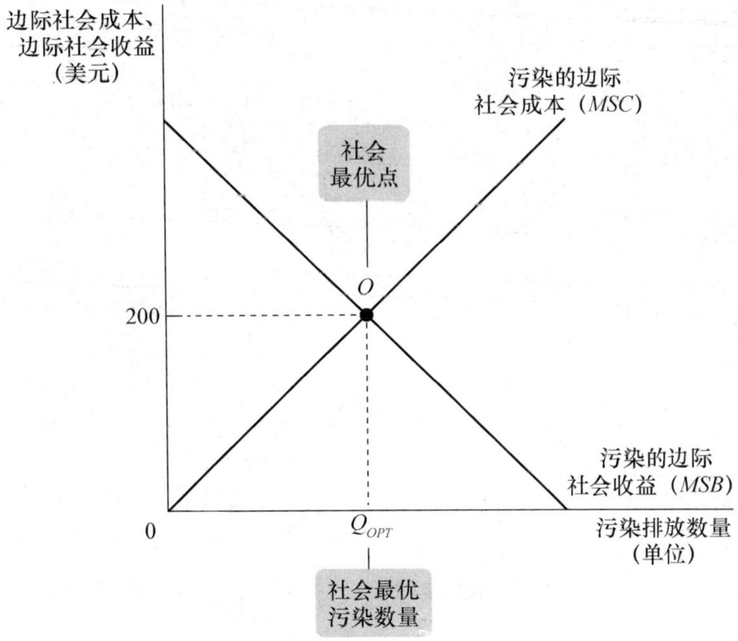

图 16-1　社会最优污染数量

污染也会产生成本和收益。图中，曲线 MSC 表示边际社会成本，是社会整体增加排放一单位污染的成本。曲线 MSC 向上倾斜，所以边际社会成本随着污染的增加而提高。曲线 MSB 表示边际社会收益，是社会整体增加一单位污染排放带来的社会收益，曲线 MSB 向下倾斜，所以边际社会收益随着污染的增加而下降。污染的社会最优数量为 Q_{OPT}；在这一数量水平，污染的边际社会收益等于边际社会成本，为 200 美元。

□ 16.1.3　为什么市场经济会导致污染过多?

虽然污染有社会收益，但也会有代价，在没有政府干预的市场经济中，会产生过多的污染。在这种情况下，污染者自身——如电厂或天然气钻井公司的所有者——决定着污染的水平。他们没有动力考虑污染对他人造成的成本。

图 16-2 为谁获得好处、谁支付成本之间的这种不对称结果。在没有政府干预的市场经济中，因为污染者是唯一的决策者，当选择产生多少污染时，只考虑污染的好处。因此，产生的污染数量一定不是社会最优数量 Q_{OPT}，而是市场经济产生的数量 Q_{MKT}。在 Q_{MKT} 水平，增加一单位污染的边际社会收益为零，而增加一单位污染的边际社会成本高得多——400 美元。

为什么？我们花一点时间来考虑一下污染者发现自己造成的污染为 Q_{OPT} 时会做什么。请记住，MSB 曲线代表容忍一单位污染所能节省的资源。污染者会注意到，如果他排放的污染沿着 MSB 曲线从 Q_{OPT} 向下移动到 Q_H，他将获益 200 美元－100 美元＝100 美元，这 100 美元收益来自使用成本较低、排放数量较多的生产技术。请注意，他得到这些没有承担成本——别人承担了成本。然而，事情并没有结束。他注意到，在 Q_H 排放水平，如果将排放从 Q_H 增加到 Q_{MKT}，他可沿着 MSB 曲线再次向下移动，另外获得 100 美元。他得到这些使用的是更廉价但排放数量更多的生产技术。他将在 Q_{MKT} 停止，因为在这一排放水平，一单位污染的边际社会收益为零。也就是说，在 Q_{MKT} 排放水平，他使用更廉价但排放更多污染的生产技术没有什么收获。

市场结果 Q_{MKT} 是非有效的。回想一下，说一个结果非有效，是指有人的境况可以变好而他人的境况不会变差的状态。一个非有效的结果意味着互利的交易没有发生。在 Q_{MKT} 处，最后一单位污染带给污染者的好处是非常少的，几乎为零。但是，最后一单位污染的社会成本相当高，为 400 美元。因此，在污染数量为 Q_{MKT} 时，减少一单位污染，污染的总社会成本减少 400 美元，但总社会收益的减少几乎为零。

因此，如果在 Q_{MKT} 处减少一单位污染，总剩余将增加 400 美元。在 Q_{MKT} 处，社会将愿意向污染者支付最多达 400 美元来减少最后一单位污染，污染者也愿意接受，因为他在最后一单位污染上几乎没有获益。因为在市场经济中没有办法促成这一交易，因此出现了非效率的结果。

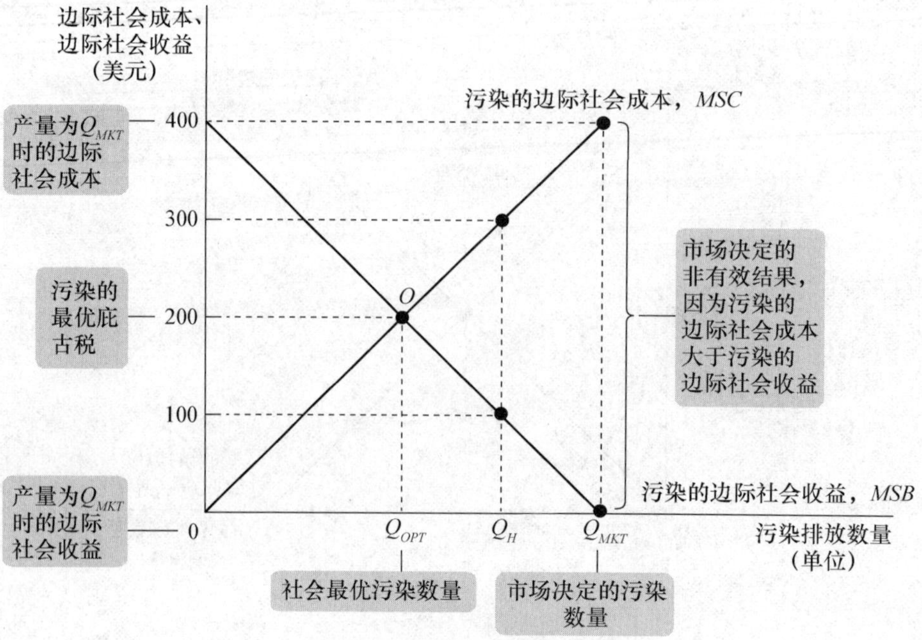

图 16-2　为什么市场经济会产生过多的污染

在没有政府干预时，污染量将为 Q_{MKT}，即污染的边际社会收益为零时的水平。这是污染的非有效数量：边际社会成本 400 美元大大超过了边际社会收益 0 美元。最优庇古税* 为 200 美元，即污染的边际社会收益等于污染的边际社会成本时的价值，这可以将市场移动到社会最优污染数量 Q_{OPT} 处。

* 庇古税将在下一节治理污染的政策中介绍。

□ 16.1.4　外部性的私人解决方案

正如我们刚刚看到的，市场经济的外部性导致非效率：互利的交易被错过。那么，在没有政府干预的情况下，私人部门可以解决外部性问题吗？个人能够从自身利益出发进行这种交易吗？

在 1960 年发表的一篇有影响力的文章中，诺贝尔经济学奖得主、经济学家罗纳德·科斯（Ronald Coase）指出，在一个理想的世界中，私人部门确实可以解决由外部性导致的非效率问题。根据**科斯定理**（Coase theorem），即使在一个存在外部性的经济中，只要进行交易的成本足够低，也总是可以找到有效的解决方案。进行交易的成本被称为**交易成本**（transaction costs）。

> 根据**科斯定理**，即使在一个存在外部性的经济中，只要**交易成本**足够低，也总是可以找到有效的解决方案。

为了理解科斯定理为什么成立，我们以因钻探而造成地下水污染为例。有两种私人交易方式可以解决这个问题。首先，当土地所有人所有的地下水存在被污染的风险时，他可以资助钻探公司使用更昂贵、污染更低的技术。其次，钻探公司可以向土地所有人赔偿对地下水源造成的危害，比如，直接收购地产来转换所有人。如果钻探公司拥有合法污染的权利，那么第一个结果出现的可能性更大。如果钻探公司不拥有污染的合法权利，那么第二个结果出现的可能性更大。

科斯认为，无论是哪种方式，如果交易成本足够低，那么钻探公司和土地所有人都可以进行一个互利交易。不论该交易如何构造，污染的社会成本在决策时都已经被考虑到。个人做决策时将外部性考虑在内的情形，被经济学家称为**外部性的内部化**（internalize the externality）。在这种情况下，没有政府干预，结果仍然有效。

> **外部性的内部化**指个人做决策时将外部成本考虑在内的情形。

那么，为什么私人方面不总是对外部性进行内部化？问题是以这种和那种形式产生的交易成本阻碍了有效结果的实现。下面就是一个例子：

- 沟通的高成本。假设某发电厂造成的污染覆盖大片区域。受影响的许多人进行沟通的成本会非常高。
- 签订具有法律约束力和实效性的协议的高成本。如果一些土地所有人组合在一起向钻探公司付钱以减少地下水污染会怎么样？签订一个有效的协议的成本非常高，要求律师、地下水测试员、工程师及其他人参与。而且无法保证谈判是顺利或快速的：一些土地所有人可能拒绝付钱，即使他们的地下水得到了保护，而钻探公司可能会等待一桩更好的交易。

可以肯定，在现实世界中，一定有私人机构对外部性进行内部化的事例。如私人社区对社区街道的市容和人们的行为设置规定就是例子，前者不允许在街区的通行道路上泊车，后者不允许在午夜大声喧哗！这些规定内化了部分房主缺乏教养或其粗暴行为对邻居房子的市场价值形成影响的外部性。但是，对于像大面积污染这种重大外部性，有必要寻求政府的解决方案，因为交易成本太高以至无法实现高效的私人结果。

在某些情况下，人们想方设法降低交易成本，他们能够对外部性进行内部化。例如，垃圾乱扔的院子和油漆剥落的房子就是强加给邻居房子的一种负外部性，潜在购房者将看低这些房屋的价值。所以，很多生活在私人社区的人会对房屋维修和人们的行为设置规定，这样邻居之间也就没有必要讨价还价。但在其他许多情况下，交易成本过高，使得通过私人行为来处理外部性变得不可能。例如，数以千万计的人都受到酸雨的不利影响。力图使所有这些受影响的人与所有电力公司达成交易的代价将非常高昂。

当交易成本阻止了私人部门处理外部性时，寻求政府的解决方案就被提上了日程。下面我们转向公共政策讨论。

▶ 真实世界中的经济学

真正的用电成本为多少？

2011 年，三名著名经济学家尼古拉斯·Z. 穆勒（Nicholas Z. Muller）、罗伯特·门德尔松（Robert Mendelsohn）和威廉·诺德豪斯（William Nordhaus）通过分解行业，发表了一篇雄心勃勃的研究论文，估计了美国 10 000 个污染源所造成的污染的外部成本。在他们的研究中，他们对六种主要污染物排放量造成的社会成本进行了模型化估计：二氧化硫、氮氧化物、挥发性有机化合物、氨、细颗粒物质和粗大颗粒物质。成本采取多种形式，从对健康的损害到导致农业产量减少。对于发电部门，文章作者还计入了二氧化碳排放——许多温室气体中的一种——引起的气候变化所导致的社会成本。他们对每个行业污染的总外部成本（TEC）进行计算，然后比较该行业给社会创造的总价值（TVC）。

一个行业的 TEC/TVC 比率大于 1，表明这个行业污染的外部成本超过了其创造的价值。换言之，比率大于 1，从边际上看，行业产量的减少与随之而来的污染的减少会增加社会总福利。但该项研究的作者强调，这并不意味着这个行业应该关闭。相反，它意味着当前的污染排放水平过高。任何估算温室气体的外部成本——碳排放的社会成本，俗称 SCC——的模型都存在一种有争议的话题，即应该确定什么价格。因为气候变化带来的负面影响主要落在后代身上。

所以，今天我们怎样对强加给那些尚未出生的人的成本进行估值？这肯定是一个棘手的问题。经济学家为解决这个难题用了多种方法来估计碳排放的社会成本。例如，在 2013 年 11 月，美国承担环境保护任务的联邦机构环境保护局（EPA）公布的估计值范围为 12～116 美元，确定每公吨二氧化碳的成本为 37 美元。

对碳排放的社会成本一个比较保守的估计为 27 美元。门德尔松、穆勒和诺德豪斯比较了 TEC/TVC 比率和两类发电厂即燃煤发电厂和天然气发电厂每发 1 千瓦时电的 TEC（见下表）。

	TEC/TVC	TEC/千瓦时
煤	2.83	0.039 美元
天然气	1.30	0.005 美元

我们看到，发电的两种模式是应该受到规制的：TEC/TVC 比率大于 1，社会从排放量减少中获益。并且，虽然两种方式都排放温室气体，但用天然气发 1 千瓦时电的 TEC 是用煤发 1 千瓦时电的 TEC 的近八分之一。这是因为天然气燃烧比煤炭燃烧更清洁，产生的有毒污染也更少。2013 年，美国平均每千瓦时的发电成本略高于 0.11 美元，保守估计用煤发 1 千瓦时电的外部成本为零售价的三分之一，而用天然气发 1 千瓦时电的外部成本仅为零售价的二十分之一。

作为对碳排放越来越受关注的回应，2014 年初，美国环境保护局发布了规定，限制新建燃煤发电厂和天然气发电厂以减少碳排放量。该规定不太可能阻碍建设新的天然气发电厂，因为最新的技术符合标准。但是，根据新的规定，不能新建燃煤发电厂，除非它们使用碳捕获和储存技术，可以捕获碳排放量的 20%～40%，并储存在地下。而使用煤炭的倡导者认为，新规定将有效阻止新燃煤发电厂的建设，市场力量也越来越会放弃煤而转向天然气，因为使用水力压裂法已经使天然气成本大幅下降。

及时复习

● 外部成本和外部得益被称为外部性。污染是外部成本或负外部性的一个例子。与此相反，一些活动可以产生外部得益或正外部性。

● 减少污染既有成本也有好处，所以污染的最优数量并不为零。相反，社会最优污染数量是指污染的边际社会成本等于污染的边际社会收益时的数量。

● 市场经济就其自身来看，会产生无效率的高水平污染，因为污染者没有动力考虑他们施加给他人的成本。

● 根据科斯定理，私人部门有时可以自行解决外部性问题：如果交易成本不太高，个人可以达成协议来内部化外部性。当交易成本过高时，就需要政府干预。

小测验 16-1

1. 从大型家禽养殖场流出的污水对其邻居产生了不利影响。解释如下情形：

a. 强加的外部成本的性质。

b. 没有政府干预的结果或私人交易的结果。

c. 社会最优的结果。

2. 根据优思明（Yasmin）的说法，任何学生从大学图书馆借书而没有按时归还，都对其他学生施加了负外部性。她声称，图书馆对延期归还不应只收取少量罚款，而是应重罚，这样借书人将永远不会延迟归还了。优思明的经济推理正确吗？

16.2 治理污染的政策

1970 年之前，美国对燃煤发电厂排放的二氧化硫数量没有做任何规定——这就是为什么酸雨会成为如此大的一个问题。二氧化硫被排放到空气中，与水混合后生成硫酸，落在地上形成酸雨。酸雨与柠檬汁一样呈酸性，会导致美国东北部地区湖泊中的鱼类死亡，毁坏树木和庄稼，甚至最终溶解石灰岩建筑。

1970 年，美国国会通过了《清洁空气法案》（Clean Air Act），该法案的规定迫使发电厂减少排放量。该法案产生了效果，酸雨显著减少。然而，经济学家认为，更加灵活的规定应该是探索市场的有效性，以更低的成本来减少污染。1990 年，这一理论被付诸实施，政府对《清洁空气法案》进行了修改。你猜怎么着？经济学家是正确的！

在本节中，我们将看看政府治理污染的政策，以及经济分析如何被用来改善这些政策。

□ 16.2.1 环境标准

现代世界最严重的外部成本肯定是那些与破坏环境的空气污染、水污染和栖息地破坏等相关的行为。在所有先进国家中，保护环境已成为政府的重大职能。在美国，环保局是国家层面环境政策的主要执行者，得到州政府和地方政府的支持。

一个国家如何保护自己的环境？目前主要的政策工具是制定**环境标准**（environmental standard），即要求生产者和消费者采取具体的行动来保护环境的规定。一个熟悉的例子是规定几乎所有的车辆都必须安装催化转换器，从而减少

环境标准指要求生产者和消费者采取具体的行动来保护环境的规定。

影响人们健康的可致雾霾的化学物质的排放。其他规定还有，要求社区处理自己的污水，强制规定工厂避免或减少某些类型的污染。正如我们在前面的“真实世界中的经济学”专栏中所看到的，2014 年环境标准落实到位后，发电厂被强制采用新的燃煤和燃气的清洁燃烧技术。

环境标准诞生于 20 世纪六七十年代，已经得到广泛应用，这种方法在减少污染方面已经做得相当成功。例如，自从美国于 1970 年通过《清洁空气法案》后，排放到空气中的总污染物下降了超过三分之一，尽管人口已经增长了三分之一，且经济规模扩大了一倍多。即使洛杉矶的烟雾仍然很有名，但空气已显著改善：在南海岸空气盆地，1976 年有 194 天臭氧浓度超过联邦标准；到了 2013 年，这一数字下降到只有 5 天。

▶ 国际比较

经济增长与温室气体排放

下面的图（a）为部分国家人均温室气体排放量的比较，乍看之下，澳大利亚、美国和加拿大最为严重。美国人均排放 16.1 公吨温室气体（以 CO_2 当量计）——气体污染会导致气候变化——相比之下，乌兹别克斯坦人均只有 3.9 公吨，印度为人均 1.8 公吨（1 公吨相当于 1.10 吨。）

然而，这样的结论忽略了一个决定一国温室气体排放水平的重要因素：国内生产总值（GDP），即一国国内产出的总价值。没有更多的能源，产出通常生产不出来，能源使用通常会导致更多的污染。事实上，一些人认为，批评一个国家的温室气体排放水平而不考虑经济发展水平是一种误导。这相当于指责一个国家处于经济发展的先进阶段。

要比较不同国家的污染更有意义的方式是测量一国每百万美元国内生产总值的排放水平，如图（b）所示。根据这一标准，美国、加拿大和澳大利亚现在是“绿色”的国家，但印度和乌兹别克斯坦就都不是了。什么原因可以解释一旦用国内生产总值来计算所造成的逆转？答案是：经济学和政府行为。

首先，这是一个经济学问题。如乌兹别克斯坦这样的相对贫穷的国家一旦开始实现工业化，常常认为用于减少污染的资金不如用在其他方面。从这些国家的角度来看，它们仍然穷困，负担不起像富裕的先进国家那样的清洁环境。它们声称，对它们强加一个富裕国家的环境标准将危及其经济增长。

其次，这是一个政府行为问题，或者更准确地说，政府是否掌握必要的控制污染的有效工具。穷国的政府往往缺乏足够的管制权力来推行自己的环境规则，以促进节能减排或鼓励减少污染。政府干预在改善外部性对社会福利的影响方面很重要。

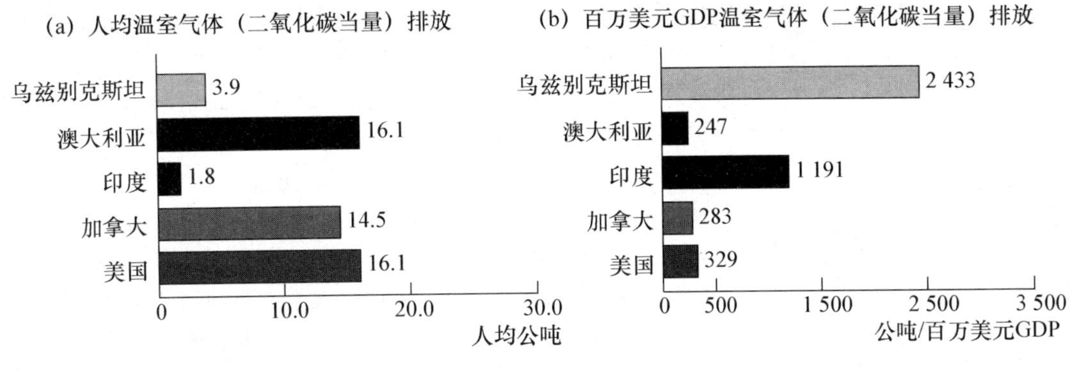

资料来源：Global Carbon Atlas；IMF—World Economic Outlook.

□ 16.2.2 排放税

另一种处理污染的方式是直接收取污染排放税。**排放税**（emission tax）是根据企业排放的污染量而征收的税。正如我们在第 7 章中学习的，对一种行为

排放税是指根据企业排放的污染量而征收的税。

征税将减少这种行为的数量。请再看图 16－2，我们可以发现将市场排放移动到社会最优排放水平的税收金额。在 Q_{OPT} 即社会最优污染数量处，增加一单位污染的边际社会收益和边际社会成本都为 200 美元。但没有政府干预时，污染者将推动污染数量达到 Q_{MKT} 处，此时边际社会收益为零。

现在很容易看出排放税如何能够解决排污问题。如果污染者必须为每单位污染支付 200 美元的税，他们现在面临每单位 200 美元的边际成本，因此愿意减少排放量到 Q_{OPT} 的水平，即社会最优污染数量。这得出了一个具有一般意义的结论：在社会最优污染数量处，排放税额等于边际社会成本，这将导致污染者内部化外部性——考虑到了他们行动的真实社会成本。

庇古税是旨在减少外部成本的税。

排放税这种说法可能会造成误导，认为税收是解决污染这种外部性的唯一方式。事实上，税收可以用来阻止产生负外部性的行为，如开车（该行为对环境的破坏比生产汽油的成本要高得多）或者吸烟（由此造成的社会医疗成本支出远远大于制造香烟的成本）。一般来说，旨在减少外部成本的税被称为**庇古税**（Pigouvian taxes），是以经济学家 A. C. 庇古（A. C. Pigou）的名字命名的，他在 1920 出版的经典著作《福利经济学》（*The Economics of Welfare*）中强调了税收的有用性。在我们的例子中，最优的庇古税为 200 美元。正如我们在图 16－2 中所看到的，这相当于在最优污染数量 Q_{OPT} 处污染的边际社会成本。

是否存在与排放税相关的其他问题呢？主要关注的问题是，在实践中，政府官员通常无法确定应该定多高的税。如果把税收额设置得太低，不足以减少污染排放；如果设置得太高，排放减少量将超过有效水平。这种围绕排放税最优水平的不确定性难以消除，但风险的性质可以通过其他政策选择来改变，这就是可交易排放许可证的发放。

□ 16.2.3 可交易排放许可证

可交易排放许可证指限制污染排放数量的许可证，可在污染者之间进行买卖。

可交易排放许可证（tradable emissions permit）是一种限制污染排放数量的证照，可以在污染者之间进行买卖。可交易排放许可证在实践中与第 5 章“真实世界中的经济学”专栏中讨论过的可交易配额非常相似，在那里管制机构创立了以捕蟹为标的的可交易许可证制度。可交易许可证用一种有效的方式在船主间分配捕捞的权利，因为操作最安全、成本最低的船主将购买安全性较差、成本较高的船主的捕捞权。虽然可交易排放许可证涉及的是像污染之类的“坏”东西，而非像螃蟹这样的“好”东西，但这两种制度都是为了实现有效分配，因为许可证像执照一样是可交易的。

这就是这种制度可以用于防止污染的原因。造成污染的企业在减少污染时通常会有不同的成本——例如，使用旧技术降低污染的工厂比使用较新技术的工厂花费更多。管制机构通过向污染者发放污染许可证来推行这一制度，许可证是基于一些标准——例如，等于企业历史排放水平的 50%——来设定的。企业间可对许可证进行交易。根据这一制度，排放许可证市场将会出现。那些对污染权利估值较高者——那些使用旧技术的人——将从那些对污染权利估值较低者——那些拥有新技术的企业——那里购买排污权。因此，一个对每单位排污权估值更高的企业比估值低者会排放得更多。

最终，那些以最低成本减少污染者减少的污染最多，而那些以最高成本减少污染者减少的污染最少。总的效应是有效分配污染的减排量，也就是说，以成本最低的方式来减排。

像排放税一样，可交易排放许可证激励污染者考虑污染的边际社会成本。要知道其中的原因，假设许可排放一单位污染的市场价格为 200 美元。每个污染者现在面临一种激励，将排放量限制在排放一单位污染的边际收益为 200 美元的水平上。为什么？

如果多排放一单位污染的边际收益大于 200 美元，那么多排放比少排放更划算。在这种情况下，污染者将购买许可证并再排放一单位污染。如果多排放一单位污染的边际收益低于 200 美元，那么减少污染比污染更划算。在那种情况下，污染者将减少污染，而不是购买 200 美元的许可证。

从这个例子中我们可以看出当数量相同时一张排放许可证如何导致与征收排放税同样的结果：支付 200 美元，污染者获得一单位污染的排放权与污染者缴纳每单位污染 200 美元排放税面临的是同样的激励。而且，如下情形同样如此，对于污染者来说，当从管制机构获得的许可证多于他们计划使用的数量时，他们并不会多排放一单位污染，污染者可以将许可证以 200 美元卖出。换言之，一单位污染的机会成本对这个企业而言值 200 美元，不管它是否被使用。

回想一下，在使用排放税来实现最优污染水平时，面临的问题是如何找到合适的税收额：如果税收过低，污染排放会过多；如果税收过高，污染排放会过少（换言之，过多的资源被花在减少污染方面）。可交易排放许可证在获得许可证数量方面也存在类似的问题，这非常像获得税收权利水平的另一面。

因为难以确定最优污染数量，管制机构会发现，如果发放过多的许可证，达不到减少污染的目标，如果发放过少，需要减少的污染又太多。

针对二氧化硫污染的情况，美国政府首先依靠环境标准，但后来转向了可交易排放许可证制度。目前最大的排放许可证交易制度是欧盟控制二氧化碳排放量的制度。

□ 16.2.4 环境保护政策比较：举例说明

图 16-3 展示了一个假想的行业，仅包括两个工厂——工厂 A 和工厂 B。我们假定工厂 A 使用新技术，污染减排的成本较低，而工厂 B 使用落后技术，污染减排的成本较高。为体现这种差异，工厂 A 污染的边际收益曲线 MB_A 处在工厂 B 污染的边际收益曲线 MB_B 的下方。因为工厂 B 减少污染的成本高，因此，多减少一单位污染对工厂 B 的价值高于对工厂 A 的价值。

在没有政府干预的情况下，我们知道，污染者会排污直至一单位污染的边际社会收益等于零时为止。因此，如果没有政府干预，两个工厂都会排污至自己的边际收益等于零的水平。这对应的污染数量为每个工厂 600 单位，此时 MB_A 和 MB_B 都等于零。因此，尽管工厂 A 和工厂 B 减少污染的成本并不相同，但它们将选择相同的污染排放数量。

现在假设管制机构决定，这个行业的整体污染水平应降低一半，即从 1 200 单位减少到 600 单位。图 16-3（a）显示，为达到环境标准，每个工厂需将其排放量削减一半，从 600 单位减少至 300 单位。环境标准要求总的排放数量从 1 200 单位减少至 600 单位才达到目的，但这并不符合有效标准。

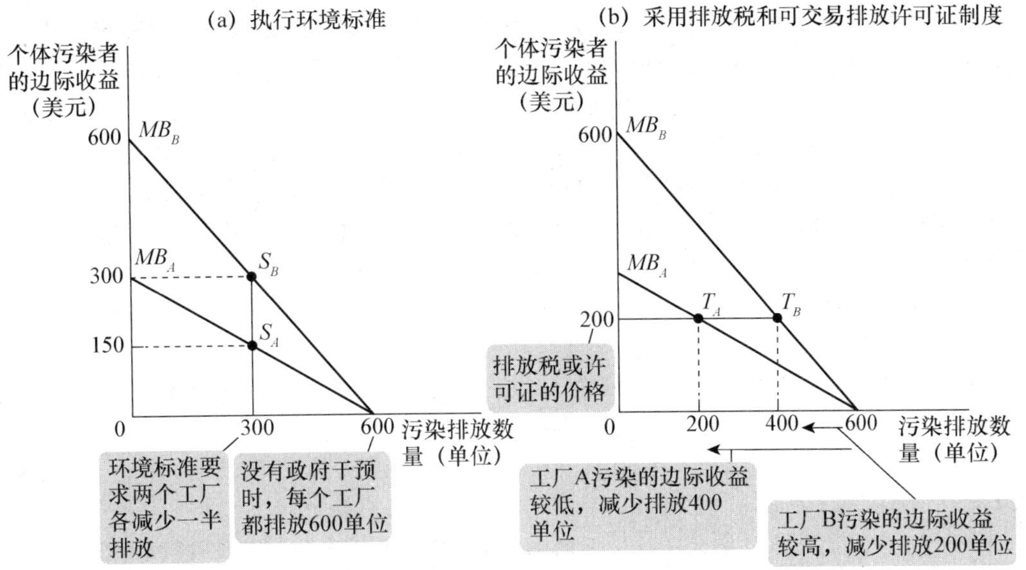

图 16-3　环境政策比较

在这两幅图中，MB_A 代表工厂 A 污染的边际收益，MB_B 代表工厂 B 污染的边际收益。没有政府干预时，每个工厂都将排放 600 单位。然而，工厂 A 减少排放的成本要低于工厂 B，如图所示，MB_A 位于 MB_B 下面。图（a）为根据环境标准，要求两个工厂各削减一半排放的结果；这一结果并非有效结果，因为它使得工厂 B 污染的边际收益高于工厂 A。图（b）为采用排放税以及可交易排放许可证制度实现的污染排放数量，排放总量与执行环境标准时相同，但结果是有效的。对每单位污染收取 200 美元排放税或排放每单位污染需按 200 美元的市场价格购买许可证，每个工厂都会将污染降低到其边际收益等于 200 美元的水平上。

我们可以从图 16-3（a）中看到，根据环境标准，工厂 A 的生产点为 S_A，其中污染的边际收益为 150 美元，而工厂 B 的生产点为 S_B，其中污染的边际收益是前者的两倍，即 300 美元。

两厂之间的边际收益差告诉我们，同样数量的污染可以以更低的总成本来实现，即允许工厂 B 的污染超过 300 单位，但诱导工厂 A 减少更多的污染。实际上，减少污染的有效途径是保证在整个行业范围，所有工厂污染的边际收益都相同。当每个工厂同等看待一单位污染时，也就没有办法通过重新安排各个工厂的污染减少量实现以更低的总成本来达到最优污染水平。

我们可以从图 16-3（b）中看出怎样通过排放税正好实现这一结果。假设工厂 A 和工厂 B 排放每单位污染支付 200 美元排放税，因而每排放一单位污染，工厂的边际成本就增加 200 美元，而不是零。因此，工厂 A 在 T_A 点、工厂 B 在 T_B 点组织生产。所以，工厂 A 减少污染的规模超过根据严格的环境标准要求的规模，排放量从 600 单位减少到 200 单位；同时，工厂 B 减少的污染相对少一些，从 600 单位减少到 400 单位。

最终，总污染 600 单位与执行环境标准时相同，但总剩余提高了。这是因为，污染减少有效地实现了，分配给工厂 A 大部分指标，该工厂能以较低的成本减少排放。[请记住，生产者剩余是供给曲线以上、价格线以下区域的面积。因此，图 16-3（b）中总的生产者剩余高于图 16-3（a）中的。]

图 16-3（b）也说明了为什么执行可交易排放许可证制度在两个工厂之间实现了排污的有效分配。假设存在许可证交易市场，许可证的市场价格是 200 美元，每个工厂开始时各有 300 张许可证。工厂 B 减少污染的成本较高，将向工厂 A 购买 100 张许可证，这足以让它排放 400 单位。相应地，工厂 A 减少污染的成本较低，将向工厂 B 出售其 100 张许可证，只排放 200 单位。只要许可证的市场价格与最优排放税一样，这两种制度就会到达相同的结果。

▶ **真实世界中的经济学**

限额和交易

可交易排放许可证制度在美国控制酸雨和欧盟控制温室气体排放中具体表现为限额和交易制度（cap and trade system）：政府规定限额（可以排放的污染物最大量），颁发可交易排放许可证，并强制实施一个年度规定量，要求污染者的排放数量等于允许的排放数量。设定的上限目标低到足以产生环境收益，在符合环境标准的同时，鼓励污染者灵活采用新技术来降低减少污染的成本。

1994 年，美国开始对导致酸雨的二氧化硫排放量实施限额和交易制度，基于发电厂煤炭消费量的历史来发放许可证。由于推行该制度，从 1990 年到 2008 年，美国大气污染物减少了 40%以上，2012 年酸雨水平下降到约为 1980 年水平的 70%。经济学家分析了二氧化硫限额和交易制度，还指出了其成功的另一个原因：使用并非基于市场的管制政策来减少这一规模的排放所付出的代价要高昂得多，确切地讲要高出 80%以上。

欧盟的限额和交易机制始于 2005 年，覆盖欧盟所有 28 个成员国，这是目前世界上唯一的温室气体强制交易制度。其他国家，如澳大利亚和新西兰，采用的并非整个机制。

根据世界银行的说法，全球温室气体市场——也被称为全球碳交易市场——的许可证交易额已从 2005 年的 110 亿美元上升到 2013 年的 560 亿美元。

然而，限额和交易制度并非解决世界污染问题的“银弹”。虽然这些制度适合于地理位置分散的污染，如二氧化硫和温室气体，但它们对本地化污染如地下水污染作用不大。而且对是否有效遵守制度必须时刻进行监测。最后，总的减排数量取决于限额，这是欧盟推行限额和交易制度中难以解决的一个关键问题。

欧盟管制机构受到产业界的压力，在制度创立之初发放了太多许可证。2013 年春天一吨温室气体的许可证的价格已经下降至 2.75 欧元（约合 3.70 美元），低于专家们认为必须诱使企业改用天然气等清洁燃料的价格的十分之一。许可证的价格太低，无法改变对污染者的激励，因此 2012 年欧洲的用煤仍然旺盛就毫不奇怪了。意识到问题的欧盟立法者在 2013 年夏天投票同意减少未来几年发放的许可证数量，希望能提高当前的许可证价格。有证据表明许可证减少已经改变了对污染者的激励。到 2014 年年中，整个欧盟的污染预计减少 4.4%，因为许可证的价格已经翻了一倍多，达到 5.71 欧元（约合 7.34 美元）。

及时复习

● 政府往往使用环境标准来限制污染。在一般情况下，这样的标准并非减少污染的有效方式，因为它们缺乏灵活性。

● 环境目标可以通过两种方式有效地实现：征收排放税和实行可交易排放许可证制度。这些方式有效是因为它们具有灵活性，分配更多的减排数量给那些低成本排放者。它们还鼓励污染者采取新的减排技术。

● 排放税是庇古税的一种形式。最优庇古税等于社会最优污染水平处污染的边际社会成本。

小测验 16－2

1. 可交易排放许可证的部分反对者的理由是，污染者从本来保护环境的许可证销售中获得了金钱利益。评估这种观点。

2. 解释以下问题：

a. 为什么与最优排放税水平所产生的社会总剩余相比，排放税低于或高于在 Q_{OPT} 处的边际社会成本将导致总剩余变少？

b. 为什么在可交易排放许可证制度下，与已经设置的最优许可证数量所产生的社会总剩余相比，设置的允许污染总量高于或低于 Q_{OPT} 会导致总剩余变少？

16.3 正外部性

新泽西州是美国人口最稠密的州，沿东北走廊，从华盛顿延伸到波士顿地区，几乎连绵不断。在新泽西州开车可见到最令人惊奇的景象：农田一英亩连着一英亩，从玉米、南瓜到著名的泽西西红柿，应有尽有。这种景象并非偶然：从 1961 年开始，新泽西州投票推出了一系列措施，补贴农场主以使他们永久保留他们的农田，而不是出售给开发商。到了 2013 年，由州政府管理的“绿色田野计划”（Green Acres Program），保留了 64 万多英亩的空地。

为什么新泽西州公民投票，以提高自己的税收来补贴农田保护呢？因为他们相信，在一个已经高度发展的州保留农田会提供外部得益，如自然之美、可以获得的新鲜食物、野生鸟类种群的保护。此外，保留农田减少了发展带来的外部成本，如道路、供水和市政服务方面的压力，以及不可避免的更严重的污染方面的压力。

在本节中，我们将探讨外部得益和正外部性话题。在许多方面，它们是外部成本和负外部性的镜像。如果听任其发展，市场将产生太少能给他人带来外部得益的产品（如保存完好的新泽西农田）。但是，当采取政策增加这样的产品时，社会整体的境况将变得更好。

□ 16.3.1 保留农田：外部得益

保留农田给社会既带来得益，也带来成本。在没有政府干预时，愿意出卖自己土地的农场主承担所有保留的成本——放弃将农田出售给开发商所得的利润。但保留农田的得益没有留给农场主，而是给了周边的居民，后者无权影响农田如何处置。

图 16－4 说明了这一社会问题。保留农田的边际社会成本由 *MSC* 曲线表示，是指增加一英亩这样的农田强加给社会的额外成本。这代表了农场主放弃的如果将土地卖给土地开发商所得到的利润。该曲线向上倾斜，这是因为当保留的农田很少时，将有大量的土地可供开发，卖一英亩土地给开发商所获得的利润就会很少。但随着保留农田英亩数的增加，可供开发的土地就减少了，开发商愿意为此支付更多，因此放弃的利润也增加了。

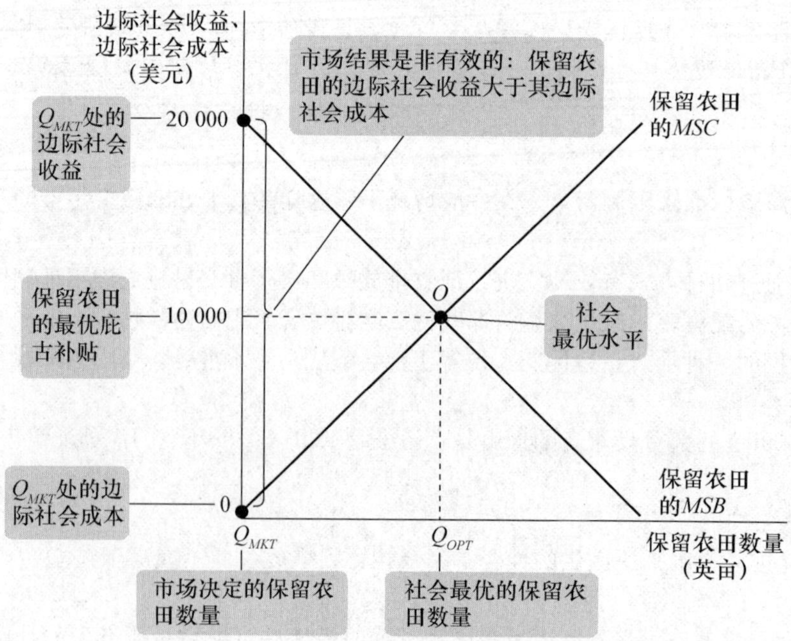

图 16-4 为什么市场经济会保留太少的农田

当没有政府干预时，保留农田数量将为零，此时保留农田的边际社会成本为零。这是低效率的农田保留数量：边际社会收益为20 000美元，但边际社会成本为零。最优庇古补贴为10 000美元，即保留农田的边际社会收益的值，此时它等于保留农田的边际社会成本，该补贴可以将市场结果转换到保留农田的社会最优水平 Q_{OPT}。

MSB 曲线代表保留农田的边际社会收益。它是增加一英亩保留农田给社会带来的额外得益——就目前情况而言是给农场主的邻居带来的得益。该曲线向下倾斜，因为随着保留农田越来越多，多保留一英亩农田带给社会的得益会下降。

如图 16-4 所示，社会最优点为 *O* 点，是边际社会成本与边际社会收益相等的点，在此处，每英亩土地的价格为 10 000 美元。在社会最优点，Q_{OPT} 英亩农田将被保留。

仅靠市场自身不能提供 Q_{OPT} 英亩保留农田。相反，根据市场运行结果，没有农田会被保留下来。保留农田的数量 Q_{MKT} 将等于零，所有农田都将被开发。因为农场主承担了所有保留农田的成本，而没有得到任何得益，市场运行的结果将是非有效的很少的农田被保留下来。

这显然是非有效的，因为保留农田为零英亩，而保留一英亩农田的边际社会收益为 20 000 美元。那么，经济怎样才能诱导保留社会最优水平的 Q_{OPT} 英亩农田？答案是**庇古补贴**（Pigouvian subsidy）：旨在鼓励产生外部收益的活动的一种支付。如图 16-4 所示，最优庇古补贴等于在保留农田的社会最优水平 Q_{OPT} 处保留农田的边际社会收益，为每亩 10 000 美元。

庇古补贴是旨在鼓励产生外部收益的活动的一种支付。

所以，新泽西州选民确实在实施提高他们社会福利的正确政策——对自己征税来提供农田保护补贴。

□ 16.3.2 今日经济中的正外部性

在整个美国经济中，最重要的单一外部收益来源是知识创造。在半导体、软件设计、绿色科技和生物工程等高科技产业中，一个企业的创新会迅速被模仿并被对手企业改进。这种跨越个人和企业的知识传播被称为**技术外溢**（technology spillover）。在今日经济中，技术外溢的最大来源是各大高校和科研院所。

技术外溢指知识在不同企业和个人之间传播时导致的外部收益。

在技术先进国家，如美国、日本、英国、德国、法国、以色列，紧邻的私人产业、各大高校和研究机构之间人员和思想在进行不断的交流。这些研究集群的相互作用和竞争刺激了创新理论的进步和实际应用。

其中最著名、最成功的研究集群是在北卡罗来纳州的研究三角，这里集中了杜克大学和北卡罗来纳大学等几所大学和医院以及诸如 IBM 公司、辉瑞公司、高通公司等企业。最终，这些地区的技术外溢提高了经济的生产力和生活水平。

但研究集群并非凭空出现。除了少数企业长期资助一些基础研究等情况外，研究集群主要围绕一些著名大学来成长。像新泽西州的农田保护一样，各大高校及其研究活动都是由政府进行补贴的。事实上，先进国家的政府决策者早就知道来自基础教育到高科技研究的知识所产生的外部收益是一段时间内经济增长的关键。

▶ **真实世界中的经济学**

儿童早期干预项目之无可挑剔的经济逻辑

任何社会面对的最棘手问题之一都是如何打破被研究人员称为“贫困循环”的现象：即使我们考虑到能力差异，生长在贫困社会经济环境中的儿童成年后也很可能仍然受困于贫穷。他们更可能失业或就业不足、走向犯罪以及患有慢性病。

儿童早期干预提供了打破这种循环的一些希望。兰德公司的一项研究发现，专注于教育和卫生保健的高质量早教项目取得了显著效果，它们使孩子们获得社会、知识和财务优势，否则这些孩子将在高中辍学，从事犯罪活动。参加像头脑开发（Head Start）这类项目的孩子不太可能长大后从事破坏性的活动，更可能会找到一份职业并获得高薪。

美国匹兹堡大学的研究人员在另一项研究中从纯经济的角度观察了儿童早期干预项目，花费在儿童早期干预中的1美元获得了4～7美元的好处，而兰德公司的研究数据表明，每1美元支出获得了高达17美元的好处。匹兹堡大学的研究人员还指出，那些到20岁时参与一个项目的人，完成高中学业的可能性高20%，被青少年法庭起诉的可能性低35%，与有类似的社会经济背景但没有参加学前教育的个体相比，留级的可能性低40%。

这些项目给社会带来的可观察的外部收益如此明显，因此布鲁金斯研究所预测，假定每一个美国孩子都受到高质量的学前教育，将会导致国内生产总值提高近2%，相当于超过300万个就业机会。

及时复习

- 当有正外部性或外部收益时，如果让市场经济自我运行，通常会形成过少的产品或活动。最优庇古补贴可实现产品或活动的社会最优数量。
- 经济中外部收益的一个最重要的例子是通过技术外溢带来的知识创新。

小测验 16-3

1. 2013年，美国教育部对大学生的援助支出达360亿美元。请解释为什么这可能是鼓励知识创新的最优政策。
2. 针对下列每种情形，确定是带来了外部成本还是外部收益。合适的政策应该是什么？

a. 在市区种植树木改善了空气质量，降低了夏季的气温。

b. 节水马桶减少了需要从河流和地下蓄水层抽取的水。对房主而言，每一加仑水的成本几乎是零。

c. 当处置不当时，旧电脑显示器含有污染环境的有毒物质。

16.4 网络外部性

在第13章中，我们解释说，一种产品或服务的使用人数越多，产品或服务的价值就越大，这就是网络外部性。虽然网络外部性一般在经济中的技术驱动部门和通信驱动行业普遍存在，但该现象被认为比上述领域广泛得多。考虑一辆汽车的情形。你可能不会认为，一辆车的价值要取决于有多少人也拥有汽车，但在汽车消费初期确实是这样。这是因为，当汽车很少时，服务站和维修店寥寥可数，地方政府也很少或几乎没有动力来修路以适应汽车的需要。然而，随着越来越多的人购买汽车，服务站和维修店会兴起，道路也会得到改善。因此，拥有汽车变得更有价值。

网络正外部性和网络负外部性都是外部效应：一个人的行为影响到他人行为的回报。网络外部性在经济和一些管理政策的争论中发挥着关键作用。

□ 16.4.1 网络外部性的外部得益

通过观察网络外部性涉及的外部得益，我们可以更好地理解网络外部性：一个人使用一种产品或服务将会把外部得益扩展给也使用该种产品或服务的其他人。因此，一种产品或服务对任何人而言的边际得益都取决于使用它的其他人的数量。

虽然最常见的网络外部性涉及通信网络、手机、社交媒体等，但它们也经常在交通中出现。例如，一个机场的价值会随着更多的旅客、更多的航空公司使用机场和从此出发可到达更多的目的地而提高。一个如eBay的网上市场，使用这一网站的人越多，无论是买还是卖，其价值也就越大。同样，我们中的许多人会用ATM的数量来对一个银行估值，银行拥有的客户越多，ATM也会越多。

高新技术产业网络外部性的经典案例是计算机操作系统。世界上大多数个人电脑上运行的是微软的Windows操作系统而非苹果的系统。在2013年，苹果Mac每销售一台，就有18.8台新个人电脑运行Windows操作系统。为什么Windows操作系统能主宰个人电脑？有涉及网络外部性的两个通道。首先是直接效应：一个Windows操作系统用户从其他Windows操作系统用户那里得到帮助和建议更容易。其次是间接效应：Windows操作系统早期占据主导地位并吸引了更多的软件开发人员，因此开发的程序在Windows操作系统上比在竞争对手的其他系统上运行得要多。（第二个效应现在在很大程度上消失了，但在早期生产个人电脑时优势非常明显。）

如今的社交媒体网站可能是网络外部性最好的证明了。我们将在本章“企业案例”专栏中进行说明。

> 当成功孕育更大的成功、失败滋生更大的失败时，一种产品就具有**正反馈**特性。

当使用产品或服务存在网络外部性时，它会导致**正反馈**（positive feedback），也被称为从众效应（bandwagon effect）：如果许多人使用它，其他人也更可能使用它。而如果一种产品或服务很少人使用，其他人也会变得不太可能使用它。这导致鸡与蛋的难题：一个人对一种产品的评价取决于其他人是否也使用它，但你怎么知道其他人先购买该产品了呢？毫无疑问，具有网络外部性的产品和服务的生产商意识到了这个问题。它们明白，两种相互竞争的产品，具有最大网络的产品——而不一定是一种更好的产品——最终胜出。网络更大的产品会继续增长并占领市场，而它的竞争对手的市场会缩小并最终消失。

在市场的早期阶段获得网络外部性优势的重要途径是廉价出售产品，或许还有亏损，这样做是为了扩大用户网络的规模。例如，Skype公司是互联网电话公司，允许一个Skype成员通过互联网与另一个Skype成员免费通话。这构建起了用户网络，之后这些用户就会付费使用Skype拨打非Skype联系人的电话或者打固定电话。正如我们将在下面的“真实世界中的经济学”专栏中所解释的，事实上，所有的网络浏览器，包括Internet Explorer浏览器、Chrome浏览器和Firefox浏览器，都可以免费下载，这传承了微软早期在其生产的电脑中免费提供Internet Explorer浏览器的早期战略，目的是巩固其Windows操作系统的主导地位。

网络外部性对反垄断监管机构提出了特殊挑战，严格来说，是因为反托拉斯法没有禁止垄断。相反，它们只禁止垄断化（monopolization），即努力形成垄断。如果你恰好统治了一个行业，这是可以的，但如果你采取旨在驱除竞争的行为，那是不行的。因此，我们可以认为，具有网络外部性的产品的垄断是自然发生的，应该不会面临法律问题。

不幸的是，事情没有那么简单。公司投资于新技术显然是试图建立垄断地位。此外，在面临正反馈时，企业有动力采取激进的策略来推动它们的产品扩大网络规模，并给市场一点小甜头。那么，合法和非法行动之间的分界线在哪里呢？在下面介绍的微软反垄断案中，关于该公司是否触犯法律，理智的经济学家和法律专家产生了激烈的争论。

▶ 真实世界中的经济学

微软案

2011年，微软公司与联邦法院之间就禁止某些商业行为达成裁决令，标志着该公司的一个时代的结束。

从1998年开始，美国司法部以及20个州和哥伦比亚特区起诉微软，指控该公司通过掠夺性做法打击竞争对手以使其Windows操作系统保持垄断地位。当时，依据任何对垄断的合理界定，微软就是一个垄断者，在20世纪90年代末几乎所有个人计算机上运行的都是Windows操作系统。支持这一主导地位的主要特点是网络外部性：人们使用Windows操作系统，因为其他人也使用Windows操作系统。

尽管由于一些经济学家的呼吁，司法部并没有质疑Windows操作系统的垄断地位本身，因为大多数专家一致认为，垄断是一个具有网络外部性行业的自然结果，然而，司法部的律师声称，微软曾使用其Windows操作系统的垄断地位赋予它的其他产品获得超越竞争对手的不公平优势。

例如，通过免费捆绑Internet Explorer作为Windows操作系统的一部分，微软获得了超越竞争对手网页浏览器生产商网景公司（Netscape）的不公平优势，因为它阻止网景公司向客户收取费用。美国司法部认为，这是有害的，因为它打击创新：潜在的软件创新者不愿大笔投资，因为他们担心微软将在Windows操作系统上捆绑等同的免费软件。微软则认为通过这种对成功公司进行惩罚的判例，政府将成为创新的真正对手。

经过多年的法律争辩后，2002年达成了判决，司法部禁止微软在电脑上排除竞争对手，要求该公司在Windows操作系统上与非微软软件无缝兼容。这消除了微软通过将自己的程序免费捆绑到Windows操作系统上而拥有的任何优势。

尽管诉微软案消耗了数以百万美元计的法律费用，但它被认为是当时最著名的反垄断案件之一，其长期效应仍在引起激烈辩论。有人说，这个案件基本上没有影响，因为随着最前沿技术行进到如智能手机和平板电脑等移动设备阶段，微软及其以个人电脑为中心的业务已经落后于移动设备。也有人认为，虽然该案件可能没有挫伤如微软所声称的全面创新，但它改变了微软自己的文化，使它更加谨慎，因此使它无法探索和利用新的技术趋势。

然而，两方面的影响却是不容置疑的。首先，由于微软的例子，具有网络外部性的产品的价格通常处于亏损的水平或者甚至为零价格，如今天的网页浏览器Chrome浏览器、Firefox浏览器和IE浏览器都是免费提供的。其次，作为竞争对手的高科技公司现在经常指控另一个先行公司利用网络外部性获取优势的行为，如微软最近指控谷歌在搜索引擎市场的优势。

及时复习

- 当越来越多的人都使用某种产品时，产品就具有了网络外部性。网络外部性在通信、交通和高科技行业较为普遍。
- 具有网络外部性的产品具有正反馈特征：成功孕育进一步的成功，失败滋生进一步的失败。拥有最大网络的产品最终将占领市场，对手产品将会被取代。其结果是，在市场的初期阶段，企业有动力采取激进性行为，如将价格降低到低于生产成本的水平，以扩大其产品的网络规模。
- 具有网络外部性的产品引出反垄断监管机构所关注的特殊问题，因为它们有垄断倾向。很难区分什么是网络规模的自然增长，什么是生产者非法的垄断化努力。

小测验16-4

1. 对于下列每种产品，解释其本身所具有的网络外部性。

a. 使用特定电压如110伏与220伏的电器。

b. 8.5英寸×11英寸的纸张与8英寸×12.5英寸的纸张。

2. 假设一个具有网络外部性的行业中有两个相互竞争的企业。解释为什么最初亏损大的公司最终能主宰市场。

▶ 企业案例

我们还是朋友吗？Facebook、MySpace和Friendster的故事

2011年，社交媒体网站的世界出现了大的动荡。该年Facebook正在谈5亿美元的投资，MySpace正准

备解雇近一半的员工，Friendster 正从失败的社交媒体网站转化为在线游戏网站。具有讽刺意味的是，Friendster 和 MySpace 的成立要早于 Facebook，Friendster 创建于 2002 年，MySpace 创建于 2003 年，而 Facebook 是从 2004 年才开始创建的。然而，到了 2011 年，Friendster 已经完全崩溃，MySpace 的用户正在急剧下降。

到了 2013 年，MySpace 的注册用户下降了三分之一，至 3 600 万，2011 年为 5 400 万。正如音乐电视网（MTV Networks）的前总裁迈克尔·J. 沃尔夫（Michael J. Wolf）所说的："MySpace 就像一个大派对，然后派对继续进行。Facebook 已经变得更像一个公共交通和通信工具。" MySpace 变得方向不明，与减肥产品等一些不靠谱的东西的弹出式广告集中在一起，而 Facebook 提供了一个简单的、类似谷歌的界面。投奔 Facebook 的一位原 MySpace 的用户说，后者变得"业余"和"粗野"。她说，"每次我登录 MySpace 后，就弹出一些我几乎从未听说过的乐队的信息。Facebook 允许你真正与真实的人而不是乐队或名人联系。"

Friendster 的衰败始于 2009 年时的界面和技术问题的变化，这让用户困扰，而 Facebook 正在兴起。正如一位专家所指出的，Friendster 以系统的方式崩盘：首先，很少登录的用户离开了，这降低了更经常登录的用户的利益，直到用户退潮式地大批离开，网站土崩瓦解。

2011 年的事件不是业内人士能预期到的。2005 年，报业集团新闻集团（News Corporation）以 5.8 亿美元收购 MySpace。直到 2008 年 4 月，MySpace 的用户数量都一直超越 Facebook 的用户数量。收购完成后，新闻集团宣布了雄心勃勃的 10 亿美元的收入目标。但为了实现这些目标，承接的广告使得网站速度变慢、漏洞多且使用不便。到 2011 年，MySpace 开始赔钱，新闻集团以 3 500 万美元将其卖出，6 年损失了 94%。

MySpace 的创始人克里斯·沃尔夫（Chris Wolfe）试图这样解释逆转："商业上的悖论是当你专注于增长时，你什么时候会专注于金钱？我们专注于金钱，Facebook 专注于不断增加用户群和用户体验。"与 MySpace 相反，Facebook 拒绝了一家大公司的收购，因而可以忽略收入目标。直到 2012 年，Facebook 才开始为其网站开放广告，这引发了用户的强烈反对。一些观察家警告说，Facebook 可能正在走 Friendster 的老路，因为它也经历了年轻用户大幅下降，这些用户转向了其竞争对手，如 Snapchat、Instagram、Tumblr 和 Twitter 等。保持登录，在某个地方等待结果。

思考题

1. 描述社交媒体网站的外部性性质。

2. 假设有两个相互竞争的社交媒体网站。解释为什么一个很可能占据主动；为什么一个网站的衰落很可能是迅速的，就像退潮一样。

3. 解释与 Facebook 相比，MySpace 逐渐衰落问题的本质是什么。这个问题是 MySpace 独有的还是所有社交媒体网站共有的？

小结

1. 当污染可以直接观察到并进行控制时，政府的政策应该直接指向产生污染的社会最优数量，即污染的边际社会成本等于污染的边际社会收益时的数量。没有政府干预时市场会产生过多的污染，因为污染者只考虑他们自身的利益，而不考虑污染强加给别人的成本。

2. 污染的社会成本是外部成本的一个事例；但是，在某些情况下，经济活动也产生外部得益。外部成本和外部得益共同被称为外部性，外部成本被称为负外部性，外部得益被称为正外部性。

3. 根据科斯定理，只要交易成本——进行交易的成本——足够低，私人就可以找到一种方法来内部化外部性，这使得政府干预不必要。然而，在许多情况下，交易成本太高，以至无法完成这样的交易。

4. 许多国家的政府往往以实施环境标准作为处理污染的方法，经济学家认为，这通常并非减少污染的有效方法。减少污染的两种有效（成本最小化）的方法是：征收排放税（庇古税的一种形式）和发放可交易排放许可证。对污染征收的最优庇古税等于污染的社会最优数量处的边际社会成本。这些方法也为污染者采用减少污染的生产技术提供了激励。

5. 当一种产品或活动产生外部得益或正外部性时，如技术外溢，给生产者的最优庇古补贴会使市场结果移动到生产的社会最优数量处。

6. 通信、运输和高科技产品往往具有网络外部性，这是指当一种产品使用人数很多时，它对每个使用者的价值会上升。这种产品很可能有正反馈特性：如果大量的人购买这种产品，其他人就更有可能购买它。所以，成功孕育更大的成功，失败滋生更大的失败：具有较大网络的产品最终会占主导，而竞争对手的产品将会逐渐消失。因此，在市场开发初期，生产者有动力采取积极行动，扩展其网络。有网络外部性的市场往往会形成垄断。这对反垄断监管机构形成了挑战，因为它很难在网络外部性自然发展和生产者非法垄断化努力之间做出区分。

关键词

外部成本	外部得益	外部性	负外部性	正外部性
污染的边际社会成本	污染的边际社会收益	社会最优污染数量	科斯定理	交易成本
外部性的内部化	环境标准	排放税	庇古税	可交易排放许可证
庇古补贴	技术外溢	正反馈		

练习题

1. 下面每一种情形对应的是什么类型的外部性（正或负）？活动的边际社会收益大于还是等于个人边际收益？活动的边际社会成本大于还是等于个人边际成本？如果政府干预，活动是过少还是过多（相对于社会最优水平）？

a. 周先生在他的前院种植了许多五颜六色的花朵。

b. 你的邻居喜欢在他的后院生篝火，火花往往漂移到你的房子上。

c. 住在一个苹果园旁边的迈亚决定养蜂酿蜜。

d. 贾斯廷买了一辆油耗大的大型 SUV。

2. 在加利福尼亚州许多奶牛农场主都采用了新的技术，他们能够从动物粪便中收集甲烷气体自己发电。（一头牛一天最多能发 2 千瓦电。）这一做法减少了释放到大气中的甲烷气体量。除了降低自己的水电费，农民还可以以优惠的价格出售他们所发的电。

a. 说明从获取和转化甲烷气体中挣钱类似于对甲烷气体污染征收庇古税，并可能导致奶牛农场主排放的甲烷气体污染达到有效数量。

b. 假设一些奶牛农场主将甲烷转化成电能的成本比别人低。解释收集和销售甲烷气体的这一制度怎样导致农场主之间减排的有效分配。

3. 在 20 世纪 90 年代，自愿环保计划在美国、欧洲和日本非常受欢迎。它们之所以知名，一部分原因是这些计划不需要获得立法机构的批准，因为往往很难获准。由环境保护局启动的 33/50 计划就是这样一个例子。有了这个计划，美国环境保护局试图通过提供相对廉价的污染控制方式这种信息来减少 17 种有毒化学品的工业排放。公司被要求自愿承诺减少排放，到 1992 年减少 1988 年排放水平的 33%，到 1995 年减少 1988 年排放水平的 50%。实际上 1994 年就达到了第二个目标。

a. 仿照图 16-3，画出 1988 年两个工厂 A 和 B 所产生污染的边际收益曲线。假设若没有政府干预，每个工厂排放的污染量相同，但是，在低于这一污染水平时，工厂 A 污染的边际收益小于工厂 B。用纵轴表示“个体污染者的边际收益”，用横轴表示“污染排放量”，标出没有政府干预时每个工厂的污染水平。

b. 你预期在该计划实施前，污染的总量高于还是低于最优污染水平？为什么？

c. 假设我们在第 a 问中画出其边际收益曲线的工厂参与了 33/50 计划。请在第 a 问的图中，标出两个工厂在 1995 年的污染水平。哪个工厂被要求减排的数量多？这种解决办法一定能实现有效水平吗？

d. 什么样的环境政策与 33/50 计划最相似？这种政策的主要缺点是什么？比较它与本章讨论的其他两种类型的环境政策。

4. 根据美国人口普查局的报告，“就一名全职工人的平均［终身］收入而言，一名高中毕业生为 120 万美元，而一名大学毕业生为 210 万美元。”这表明，一名毕业生的教育投资的收益相当大。大部分州立大学的学费仅弥补大学教育成本的三分之二到四分之三，因此，各州对大学教育实行庇古补贴。

如果庇古补贴是合适的，大学教育产生的外部性为正还是为负？这对学生的成本和收益之差与社会成本和收益之差意味着什么？造成这种差额的原因有哪些不同？

5. 在弗吉尼亚州福尔斯彻奇市，当居民在距离街道 15 英尺的前院种植树木时，市政府对业主种树提供补贴。

a. 使用本章的概念，解释为什么市政府会对种植作为私人财产但靠近街道的树提供补贴。

b. 绘制类似于图 16-4 的图形，表明边际社会收益、边际社会成本以及植树的最优庇古补贴。

6. 裸盖鱼捕捞已经非常密集，以至该鱼种濒临灭绝。经过几年的禁捕后，政府现在提议引入交易许可证，每张证允许持有人捕捞一定的数量。解释不受控制的捕鱼如何产生负外部性，以及这种许可证计划如何可能克服这种外部性产生的低效率。

7. 柯立芝市有两家干洗公司，名称分别为“学院清洁工”和“大绿清洁工”，是该市空气污染的主要来源。它们目前共造成 350 单位空气污染，城市要求减少到 200 单位。下表给出了每家公司目前造成的污染水平、每家公司降低其污染的边际成本。边际成本是固定不变的。

公司	初始污染水平（单位）	减少污染的边际成本（美元/单位）
学院清洁工	230	5
大绿清洁工	120	2

a. 假设柯立芝市通过了环境标准，各家公司的排污被限制在 100 单位。两家公司中每家将污染排放减少到 100 单位的总成本是多少？

假设柯立芝市采用发放许可券的方式，每家公司有 100 张许可券，每张许可券允许公司排放 1 单位污染，这些许可券可以进行交易。

b. 对学院清洁工而言每张许可券值多少钱？对大绿清洁工而言每张许可券值多少钱？（也就是说，每家公司顶多愿意为每张券支付多少？）

c. 谁将卖出许可券？谁将买入许可券？有多少许可券会被交易？

d. 在许可券制度下，两家公司控制污染的总成本为多少？

8. a. EAuction 和 EMarketplace 是两个相互竞争的互联网拍卖网站，买卖双方通过它们交易产品。每个拍卖网站都通过向发布产品的卖家收取费用来获得收入。EAuction 决定取消新用户在其网站上销售产品的第一笔交易的收费。解释为什么这很可能是在与 EMarketplace 的竞争中 EAuction 采取的一个很好的策略。

b. EMarketplace 投诉到司法部，称 EAuction 对新卖家取消收费的做法是反竞争的，并会导致网络拍卖行业垄断。EMarketplace 的说法正确吗？司法部应该如何应对？

c. EAuction 停止了对新卖家免费的做法。但由于 EAuction 比它的竞争对手 EMarketplace 提供了更好的技术服务，买家和卖家都喜欢它。最后，EMarketplace 停业，留下 EAuction 作为一个垄断者。司法部应该介入将 EAuction 分成两家公司吗？请说明原因。

d. EAuction 现在成为互联网拍卖行业的垄断企业。它还拥有了通过互联网处理支付的网站，名为 PayForIt。它与另外的互联网支付网站 PayBuddy 进行竞争。EAuction 现在规定在其拍卖网站上的交易必须使用 PayForIt 而不是 PayBuddy 进行支付。司法部应该介入吗？请说明原因。

9. 下列现象中哪些能用网络外部性加以解释？哪些不能？请说明理由。

a. 选择在目前的结构中安装 110 伏电流而不是 220 伏电流。

b. 在购买丰田车还是福特车之间进行选择。

c. 选择打印机，其中每种打印机都需要自己的特定类型的墨盒。

d. 在购买一个 iPod Touch 还是购买一个 iPod Nano 之间进行选择。

在线回答问题

10. 你宿舍旁边的联谊会发出的嘈杂音乐是可以直接量化的负外部性。下表为每分贝音乐的边际社会收益和边际社会成本（分贝为音量单位）。

音量（分贝）	每分贝的边际社会收益（美元）	每分贝的边际社会成本（美元）
90		
	36	0
91		
	30	2
92		
	24	4
93		
	18	6
94		
	12	8
95		
	6	10
96		
	0	12
97		

a. 画出音量的边际社会收益曲线与边际社会成本曲线。根据图表来确定音量的社会最优水平。

b. 只有联谊会成员才能从音乐中获得收益，他们没有承担任何成本。他们会选择的音量为多少？

c. 学院对播放的每分贝音乐收取 3 美元庇古税。根据你的图形，确定联谊会现在会选择的音量。

第 17 章 公共产品和公共资源

本章将学习

- 一种对产品进行分类的方法：预测产品是不是私人物品——一种可以通过市场实现有效供给的产品。
- 什么是公共产品，为什么市场不能提供这类物品。
- 什么是公共资源，为什么它们会被过度使用。
- 什么是人造稀缺物品，为什么对它们的消费不足。
- 政府如何干预这些类型的产品的生产与消费，从而可以使社会变得更好。
- 为什么寻找政府干预的适当水平往往是困难的。

开篇案例

奇　臭

到 19 世纪中期，伦敦已成为世界上最大的城市，拥有近 250 万居民。遗憾的是，这么多人也产生了大量的废物——除了倒入流经城市的泰晤士河，没有地方处理这些废物。嗅觉正常的人不会无视这种现状。河水不只是臭气熏天，还携带危险的水源性疾病如霍乱和伤寒。靠近泰晤士河的伦敦街区源于霍乱的死亡率是离得最远的居民区的七倍多。绝大多数伦敦人的饮用水也取自泰晤士河。

改革者说，城市需要污水处理系统，将废物从河流中带走。然而，没有私人个体单位愿意建这样一套系统，有影响力的人反对政府应该承担这一责任的主意。

但是，1858 年炎热的夏季带来了后来被称为“奇臭”的现象，情况如此糟糕，一份健康杂志这样报道：“人们为恶臭所击倒。”即使有特权的人和重要人物也无法幸免：议员们就在河旁边的大厦里开会。试图用浸泡过化学药品的窗帘来阻止气味的努力失败后，议会终于批准了建设由下水道和泵站直接将污水送出城市的巨大系统的计划。

该计划于 1865 年开始实施，城市的生活质量得到显著改善；定期流行的霍乱和伤寒彻底消失了。泰晤士河从肮脏的河流变成了世界上最干净的都市河流，污水处理系统的首席工程师约瑟夫·巴泽尔杰特（Joseph Bazalgette）爵士被称赞“比任何一个维多利亚时代的公职人员拯救的生命都多”。据估计，当时他的污水处理系统为伦敦人平均添寿 20 年。

奇臭的故事和随后的应对政策说明了政府干预经济的两个重要原因。伦敦新的污水处理系统是一种公共产品——一种无论人们是否付出，都为多人带来好处的商品，为任何个人带来的好处不受有多少其他人也能从中受益的影响。我们将会看到，公共产品与我们到目前为止学习的私人物品有很大的不同，这些不同点意味着公共产品不能由市场有效地提供。

此外，泰晤士河的清洁河水是一种常见的公共资源的例子，这类商品不管人们是否付钱都可以消费，但是一个人的消费会减少可供他人消费的数量。在市场中这类商品往往会被过度使用，除非政府采取行动。

在前面的章节中，我们看到，市场有时不能达到一种产品的生产和消费的有效水平。我们已经知道了市场势力怎样导致非效率，因为垄断企业和串谋的寡头垄断企业收取的价格高于边际成本，从而阻止了互利交易的发生。我们还知道，非效率可以有正外部性和负外部性，这导致个人或行业行动的成本和收益与整个社会的成本和收益存在差异。

在本章中，对市场为什么有时会失灵，我们用一些不同的方法来分析。在这里，我们集中在商品的特性怎样经常决定市场能否有效地提供它们上。当商品具有“坏”的特性时，由此带来的市场失灵与由外部性或市场势力导致的失灵相似。观察非效率现象发生的原因的另外一种方式，可以加深我们对市场为什么有时会失灵以及政府可以采取怎样的行动来提高社会福利的理解。

17.1 私人物品和其他

在一所房子中安装一个新的浴室与在城市中建一个污水系统之间有什么区别？种植小麦与在公海中捕鱼有什么区别？

这些都不是脑筋急转弯问题。这些情况都涉及商品基本属性的差异。卫浴洁具和小麦具有的必要属性是市场可以有效提供。公共污水处理系统和公海里的鱼则不是如此。

下面我们来看看这些关键属性，以及为什么它们很重要。

□ 17.1.1 商品属性

像浴室设备或小麦这类商品有两个属性，正如我们很快就会看到的，如果一种商品可由市场经济有效地提供出来，如下属性必不可少：

- 具有**排他性**（excludable）：商品的供应商可以防止有人不付费而消费。
- 具有**消费竞争性**（rival in consumption）：同一单位商品不能同时由一个以上的人消费。

> 具有**排他性**的商品的供应商可以防止有人不付费而消费。
>
> **消费竞争性**指同一单位商品不能同时由一个以上的人消费。

当一种商品既有排他性又有消费竞争性时，它被称为**私人物品**（private good）。小麦是私人物品的例子。它具有排他性：农场主可以卖1蒲式耳小麦给一名消费者，而无须对一个县的所有人都提供。它具有消费竞争性：如果我享用了用农场主生产的小麦烤制的面包，小麦就不能被他人消费。

> **私人物品**指既有排他性又有消费竞争性的商品。

但是，并非所有的商品都具备这两个属性。有些商品具有**非排他性**（nonexcludable），供应商不能阻止不付钱的人消费商品。防火是一个例子：火灾大范围蔓延前，消防部门将其扑灭，不只是保护了那些对消防员共享福利会（Firemen's Benevolent Association）进行捐款的人，而是保护了整个城市。改善环境是另一个例子：伦敦市不可能只是改善了奇臭对一些居民的影响，而让泰晤士河继续祸害他人。

> 具有**非排他性**的商品指供应商不能阻止不付钱的人消费的商品。
>
> **消费非竞争性**指一个人消费一种商品的同时，他人也可以消费这同一单位商品。

也并非所有商品都具有消费竞争性。如果一个人消费一种商品的同时，他人也可以消费这同一单位商品，那么它就具有**消费非竞争性**（nonrival in consumption）。电视节目就具有消费非竞争性：你决定观看一个演出节目并不能阻止其他人也看同样的节目。

因为商品可以具有排他性也可以具有非排他性，可以具有消费竞争性也可以具有消费非竞争性，因此商品可被分为四种类型，如图17-1所示。

- 私人物品，既具有排他性，又具有消费竞争性，如小麦。
- 公共产品，既具有非排他性，又具有消费非竞争性，如公共下水道系统。

	消费竞争性	消费非竞争性
排他性	私人物品： ·小麦 ·浴室设备	人工稀缺品： ·点播电影 ·计算机软件
非排他性	公共资源： ·清洁水 ·生物多样性	公共产品： ·公共卫生 ·国防

图 17-1　商品的四种类型

有四种类型的商品。商品类型的划分基于：(1) 是否具有排他性——生产者是否可以阻止他人消费；(2) 是否具有消费竞争性，同一单位的商品是否存在同时由多人消费的可能。

- 公共资源，既具有非排他性，又具有消费竞争性，如河里干净的水。
- 人工稀缺品，既具有排他性，又具有消费非竞争性，如在 DirecTV 上的点播电影。

当然还可以根据许多其他属性区分商品，如必需品与奢侈品，正常物品与低档物品，等等。为什么要集中在商品是否具有排他性和消费竞争性上呢？

□ 17.1.2　为什么市场只能有效地提供私人物品？

正如我们在前面章节中所学到的，社会向其成员提供产品和服务，市场是典型的最佳手段；也就是说，除了定义明确的市场势力、外部性或其他市场失灵问题外，市场一直是有效的。但也必须满足另外一个条件，它就是植根于商品本身的性质：除非产品和服务是私人物品——具有排他性和消费竞争性，否则市场是不能有效提供的。

要知道为什么排他性至关重要，假设一名农场主只有两种选择：要么不生产小麦，要么向全县每一位居民都提供 1 蒲式耳小麦，不论居民付钱与否。在这些条件下，似乎不会有人去种植小麦。

然而，城市污水系统的运营商面临的问题与我们假想的农场主所面临的几乎相同。污水处理系统使整个城市更清洁、更健康——好处可以惠及这个城市的所有居民，无论他们是否向系统运营商付钱。这就是为什么没有私人企业出面提出一项结束伦敦奇臭的计划。

总之，如果一种商品具有非排他性，自利的消费者不会愿意为之付出，他们可以通过搭支付人的“便车”的方式消费。因此，这就引出了**搭便车问题**(free-rider problem)。搭便车问题的例子在日常生活中较为熟悉。当要求学生以一个小组的形式来完成项目时，你可能就会遇到这样的例子。往往存在一种现象，某些小组成员会偷懒，依靠同一小组中的其他人来完成工作。该偷懒者就在搭别人努力的便车。

> 非排他性商品会面临**搭便车问题**：许多人不愿意为他们自己的消费支付代价，而是去搭任何愿意支付的人的便车。

由于搭便车问题的存在，自利的力量本身不会导致非排他性商品的有效生产。尽管消费者会从商品的生产增加中获益，但没有一个人愿意付出更多，所以也没有生产者愿意提供它们。其结果是，非排他性商品在市场经济中不会有有效的产量。事实上，在面临搭便车问题时，自利不能确保生产出产品，更何况生产有效的产量。

具有排他性和消费非竞争性的商品，如点播电影，会面临不同的非有效性问题。只要商品是排他的，就可能通过只提供给那些支付者来赚取利润。因此，生产者愿意提供一些具有排他性的商品。但是，增加 1 名观众看一部点播电影的边际成本为零，因为它的消费具有非竞争性。因此，对消费者来说的有效价格也应该是零，或者换一种方式，个人应该看电影到他们的边际收益为零的点。

但是，如果 DirecTV 向点播电影观众收费 4 美元，观众会消费到其边际收益为 4 美元的点。当消费者必须为一种具有消费非竞争性的商品付出大于零的价格时，他们付出的代价高于所消费商品的零边际成本。因此，在市场经济中，具有消费非竞争性的商品会面临非有效的低消费水平。

▶ 疑难解答

边际成本究竟为多少?

对于具有消费非竞争性的商品，很容易混淆生产一单位商品的边际成本与消费一单位商品的边际成本的概念。例如，DirecTV向注册用户提供一部点播电影的边际成本等于制作和播出该电影所用资源的成本。然而，一旦该影片正式开播，增加一个家庭看电影并不会产生边际成本。换言之，对于已经制作完成并且开播的电影，增加一个家庭的消费者所使用的资源是没有成本的。

然而，当一种商品具有消费竞争性时，这种情形就不会出现。在这种情况下，用来生产一单位商品的资源被一个消费它们的人"用尽"了，它们不再可能满足别人的消费。因此，当一种商品具有消费竞争性时，允许一个人消费一单位商品的边际社会成本将等于生产该单位商品的资源的成本，也就是说，等于生产它的边际成本。

现在我们已经知道，为什么私人物品是可以有效地被生产并成为在竞争激烈的市场上消费的唯一商品。(也就是说，在没有市场势力、外部性和其他市场失灵的市场中，私人物品可被有效地生产和消费。)由于私人物品具有排他性，生产者可以为此收费，因此也有动力去生产它们。而且，由于它们也具有消费竞争性，消费者支付大于零的价格也是有效的——价格等于生产商品的边际成本。如果缺乏一个或两个这些属性，市场经济将不会导致商品的有效生产和消费。

幸运的是，对市场体系来说，大部分商品都是私人物品。衣、食、住、行和生活中大多数其他可获得的东西都具有排他性和消费竞争性，因此市场能够为我们提供大部分所需。然而，有些关键商品不符合这些标准——在大多数情况下，这意味着，政府必须介入。

▶ 真实世界中的经济学

从混乱局面到文艺复兴

在欧洲中世纪——大约从1100年到1500年——生活既艰难又危险，社会中充斥着暴力犯罪、抢劫，且战争伤亡率居高不下。根据多项研究，在1200年欧洲每10万人中就有30～40人被谋杀。但到了1500年，已经减半，每10万人中被谋杀的人数降为20人左右；今天，每10万人中被谋杀的人数小于1。在过去的900年里是什么导致了混乱的大幅减少?

这被认为与公共产品有关，正如中世纪意大利城邦的历史所表明的那样。威尼斯从900年左右起、米兰和佛罗伦萨从1100年起，市民开始组织起来，建立有保护作用的机构。在威尼斯，公民建立了一支防御舰队与时常袭击他们的海盗和其他掠夺者进行战斗。其他城邦围绕城市建立了强大的防御墙，并出钱雇用军队进行防御。人们建立了维护法律与秩序的机构：雇用了警卫、守夜人和裁判官等；建立了法院和监狱。

因此，贸易、商业和银行蓬勃发展，同时识字水平得到提高，算术和艺术也发展起来。到了1300年，威尼斯、米兰和佛罗伦萨等前列城市的人口各自发展到了超过10万人。由于资源和生活水平的提高，暴力死亡率大幅下降。

例如，威尼斯共和国被称为La Serenissima——最宁静安详之地，因为它治理开明，由重要人物所组成的委员会进行监督。由于其发展稳定，具有外交谋略和巨大的船队，威尼斯成为15和16世纪的巨富之地。

依赖社会稳定，拥有高水平的识字率和计算能力，佛罗伦萨成为意大利的银行业务中心。在15世纪，它由一个非常富有的银行家家族美第奇家族统治。美第奇家族赞助的艺术家如达·芬奇和米开朗基罗掀起了文艺复兴运动。

因此，西欧能够从混乱走向文艺复兴，是通过创建良好的治理和国防之类的公共产品来实现的，公共产品能使所有人受益，但不会因为任何一个人的使用而减少。

及时复习

- 商品可以根据两个属性进行分类：它们是否具有排他性，它们是否具有消费竞争性。
- 具有排他性和消费竞争性的商品是私人物品。私人物品可以在竞争激烈的市场中被有效地生产和消费。
- 当商品具有非排他性时就存在搭便车问题：消费者不会向生产者付钱，因此会导致非效率生产。
- 当商品具有消费非竞争性时，有效率的消费价格等于零。但是，如果用于补偿生产者生产成本的价格大于零，其结果是非有效的低消费。

小测验 17-1

1. 根据是否具有排他性和消费竞争性对下列商品进行分类，它们各自属于什么类型的商品？

a. 公共空间如公园的使用。

b. 一个奶酪卷饼。

c. 从一个有密码保护的网站获得的信息。

d. 关于飓风行进路径的公开消息。

2. 问题1的商品中哪些可以由竞争性市场来提供，哪些不能？请解释你的答案。

17.2 公共产品

公共产品（public good）正好与私人物品完全相反：指具有非排他性和消费非竞争性的商品。公共下水道系统是一个公共产品的例子：你无法只是让住在河边的人用干净的水，消除臭味保护自己时并没有让邻居支付费用。

> **公共产品**是指具有非排他性和消费非竞争性的商品。

下面是公共产品的一些其他事例：

- 疾病预防。当医生采取行动，在疫情开始传播之前就予以阻止时，他们保护了世界各地的人们。
- 国防。强大的军事对所有公民提供保护。
- 科学研究。更多的知识惠及众生。

因为这些商品都是非排他的，受到搭便车问题的困扰，所以没有私人企业愿意提供它们。而且因为它们具有消费非竞争性，人们付费消费也将是非有效的。因此，社会必须找到提供这些商品的非市场方法。

□ 17.2.1 公共产品的提供

公共产品可通过多种方法提供。政府也并非总是参与其中，在许多情况下，一种非政府方法也可以解决搭便车问题。但是，这些解决方案通常存在不完善的地方。

有些公共产品通过自愿捐赠方式提供。例如，私人捐赠支持了大量的科学研究。但私人捐赠还不足以应付像基础医学这样的耗费巨大但对社会有重要意义的项目。

有些公共产品是由自利的个人或企业提供的，因为通过生产这些商品，他们能以间接的方式赚钱。最典型的例子是广播电视，在美国这些全部由广告支持。这种间接融资的缺点是它扭曲了公共产品供给的质量和数量，也对消费者附加了额外成本。电视台播放的是能带来最大广告收入的节目（也就是说，这个节目最适合于购买处方药、减肥药、抗组胺剂和类似药物的人群），这并不一定适合于那些最想看这些节目的人群，而且观众必须忍受许多商业广告。

一些潜在的公共产品故意被做成具有排他性，因此需要支付费用，比如点播电影。在英国，对于大多数电视节目，每一个电视用户需要每年支付许可费才能收看（2014年许可费为145.50英镑，或约245美元），通过使用“电视检测车”在街区漫游来检测非付费家庭看电视并进行罚款，人为造成了观看电视的排他性。然而，如前面所提到的，对非竞争性商品，当供应商收取的价格大于零时，消费者对该商品的消费处于非有效的低水平。

在小型社区，高水平的社会激励或压力可让人们捐赠金钱或时间来提供有效率的公共产品数量。志愿者消防队是一个很好的例子，一方面要依赖消防人员本身的志愿服务，另一方面也要依赖当地居民的捐赠贡献。但是，随着社区越来越大，陌生人员越来越多，社会压力也越来越难以传递，迫使许多城镇和城市通过向居民征税来为消防员提供薪资。

正如最后一个例子所表明的，在其他解决方案失败后，只能由政府提供公共产品。事实上，最重要的公共产品——国防、司法体系、疾病控制、大城市消防，等等——都是由政府提供的，用税收埋单。经济学理论告诉我们，提供公共产品是政府的重要职能之一。

□ 17.2.2 应提供多少公共产品?

在某些情况下，提供公共产品是一个“非此即彼”的决定：伦敦要么有一个污水处理系统，要么没有。但在大多数情况下，政府不仅必须决定是否提供公共产品，而且要决定提供多少公共产品。例如，街道清扫是一种公共产品，但街道应该多长时间清扫一次？一个月一次？一个月两次？还是每两天一次？

想象一下，一个城市中只有两个居民——特德和爱丽丝。假设所面临的公共产品是街道清扫，特德和爱丽丝如实告诉政府他们对一单位公共产品的具体评价，其中一单位公共产品等于每月清扫一次街道。具体来说，他们每个人都告诉政府，自己愿意为公共产品支付多少——数额对应于个人从多消费一单位公共产品中得到的边际收益。

利用这些信息加上提供商品的成本信息，政府可以用边际分析得出应该提供的公共产品的有效水平是：公共产品的边际社会收益等于生产这些商品的边际社会成本所对应的产量水平。从之前的分析中我们知道，一种商品的边际社会收益是从多消费一单位公共产品中得到的整个社会的收益的累积。

但是，因为具有非排他性和消费非竞争性，公共产品产生的效用是对所有消费者而非仅仅对一名消费者而言的，多消费一单位公共产品的边际社会收益是多少呢？这个问题引导我们得出一个重要原则：在公共产品这种特殊情况中，一单位公共产品的边际社会收益等于由该单位商品的所有消费者享有的个人边际收益之和。或从略微不同的角度来考虑，如果消费者在消费之前被迫为一单位商品付费（商品是排他的），那么一单位商品的边际社会收益等于每个消费者意愿为那一单位商品付出的代价的总和。根据这一原理，每月增加一次街道清扫的边际社会收益等于增加清扫后特德的个人边际收益加上爱丽丝的个人边际收益。

为什么？由于公共产品的消费非竞争性——特德从一单位街道清扫中得到的收益不会减少爱丽丝从中得到的收益，反之亦然。因为所有的人都可以同时消费同样的一单位公共产品，因此增加一单位公共产品的边际社会收益是所有享受公共产品的消费者的个人边际收益之和。而一种公共产品的有效数量是指边际社会收益等于提供它的边际成本时的数量。

图 17-2 说明了有效提供公共产品的情形，有三条边际收益曲线。图 17-2（a）表示街道清扫带给特德的个人边际收益曲线 MB_T：对于城市每月清扫一次街道，他愿意支付 25 美元，对于清扫两次，他愿意支付 18 美元，依此类推。图 17-2（b）表示街道清扫带给爱丽丝的个人边际收益曲线 MB_A。图 17-2（c）表示街道清扫带给整个社会的边际社会收益曲线 MSB：它是特德的个人边际收益曲线 MB_T 和爱丽丝的个人边际收益曲线 MB_A 的垂直加总。

▶ **追根究底**

为公共产品投票

这是一个可悲的事实，许多有资格投票的美国人懒于投票。这样一来，他们的利益往往被政客所忽略。但是，更惨的是，这种自我毁灭的行为可能完全是理性的。

正如经济学家曼瑟·奥尔森（Mancur Olson）在著名的著作《集体行动的逻辑》（*The Logic of Collective Action*）中所指出的，投票是一种公共产品，深受严重的搭便车问题困扰。

想象一下，在一项全州范围的全民公决中，支持改进公立学校的计划通过后相当于每人获得 100 美元的收益。假设你投票所花费时间的机会成本为 10 美元。你确定会前往投票站并投支持票吗？如果你是理性的，

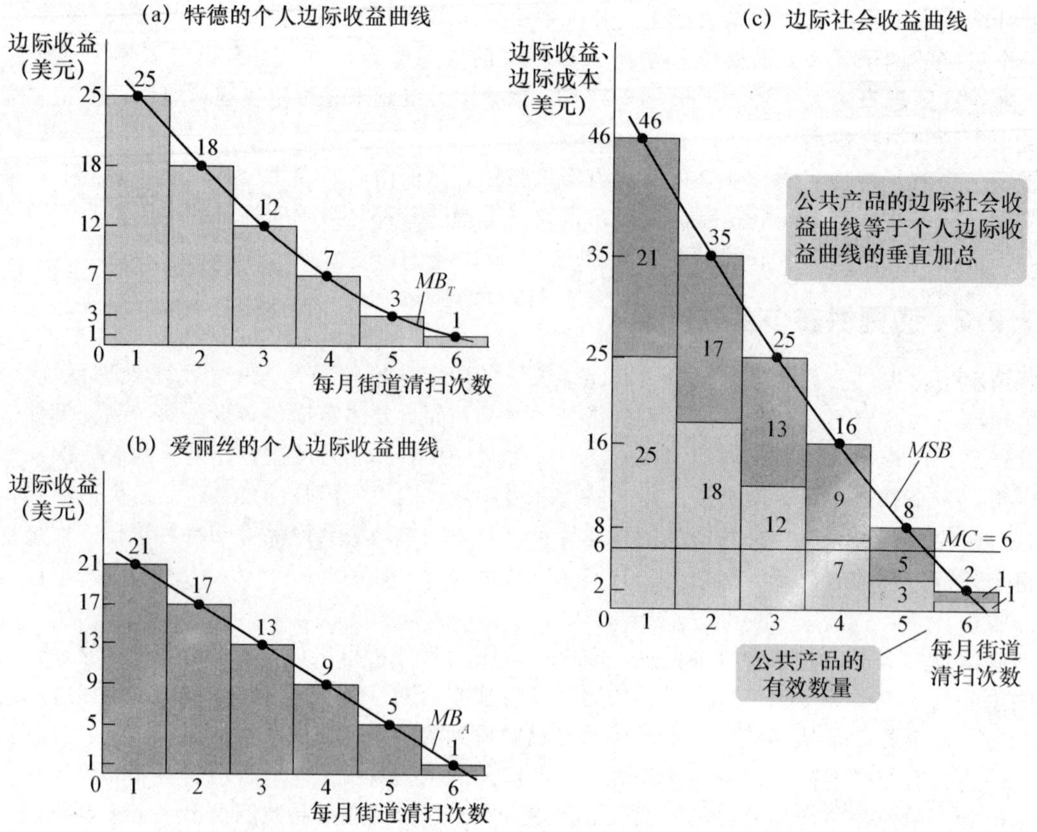

图 17-2　公共产品

图（a）为每月街道清扫带给特德的个人边际收益曲线 MB_T，图（b）为爱丽丝的个人边际收益曲线 MB_A。图（c）为公共产品的边际社会收益，等于所有消费者（在目前情况下是特德和爱丽丝）个人边际收益的加总。边际社会收益曲线 MSB 是个人边际收益曲线 MB_T 和 MB_A 的垂直加总。在边际成本固定保持在 6 美元时，每月应该清扫街道 5 次，因为清扫从 4 次增至 5 次的边际社会收益为 8 美元（特德的 3 美元加上爱丽丝的 5 美元），但是从 5 次增至 6 次的边际社会收益为 2 美元。

答案是否定的，因为无论支持与否，你的投票都不可能决定这一议题。如果这一计划获得通过，你会受益，即使你根本没去投票，投票的好处是不排他的。如果这一计划没有获得通过，你的投票不会改变这一结果。但是不去投票，而是搭便车，你可以节省 10 美元。

当然，很多人出于公民责任感都会去投票。但由于政治行动是一种公共产品，在一般情况下，人们投入太少以至无法捍卫自己的利益。

因此，奥尔森指出，当许多人有共同的政治利益时，他们很可能只是使出了一小点力气来推进他们的事业，因此可能会被忽略。相反，为数不多但是组织良好的利益集团努力推动一些与它们相关的狭窄目标往往会获得不相称的权力。

这可以是不信任民主的原因吗？温斯顿·丘吉尔（Winston Churchill）说得好："除了已经尝试过的所有其他形式，民主是政府最糟糕的形式。"

▶ **国际比较**

为公共产品投票：国际视角

尽管事实上选择不投票是完全理性的选择，但许多国家在投票上一直采取鼓励政策，因此保持了惊人的高选举投票率。在比利时、新加坡和澳大利亚，投票是强制性的；合格选民未尽自己的公民义务而放弃投票将会被惩罚。这些惩罚对动员投票很有效。在委内瑞拉放弃了强制投票要求后，投票率下降了 30%；荷兰遇到过类似的情形，投票率下降了20%。

其他国家也有降低投票成本的政策；例如，宣布选举日是工作假期（使投票人有充裕的时间投票），允许选民在选举日登记（省去了事先计划的需要），允许通过邮件投票（增加便利性）。

下图中的数字为部分国家的投票率，用合格选民中投票的百分比来表示，是1945年和2013年之间的平均值。正如我们所看到的，澳大利亚、新加坡和比利时的投票率最高。美国在总统选举中保持了一个比较高的投票率。然而，美国非总统选举中的投票率下降显著，发达国家中美国有着最低的投票率。总之，我们已经看到，在过去的40年里，一些国家的选民投票率在下降，特别是最年轻的选民的投票率下降最显著。

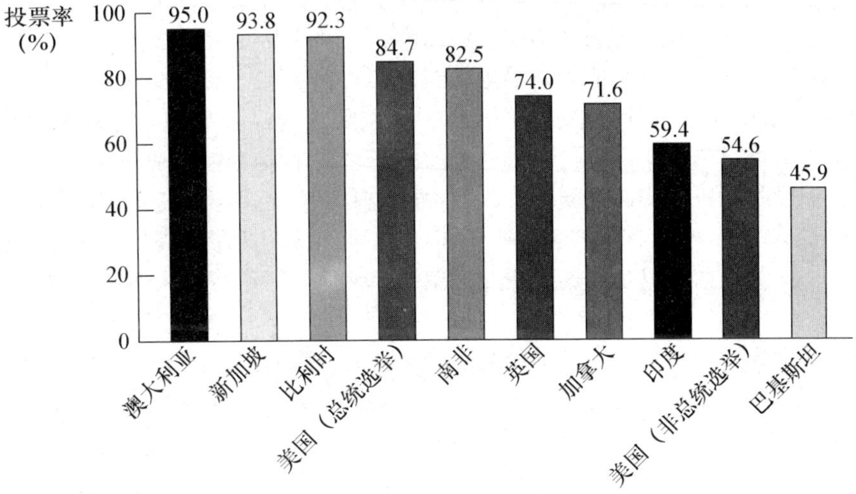

资料来源：International Institute for Democracy and Electoral Assistance.

为了最大限度地提高社会福利，政府应该清扫街道到这样的水平：每增加一次清扫的边际社会收益不超过边际成本。假设每次清扫街道的边际成本为6美元。那么城市每月应清扫街道5次，因为从4次增至5次，清扫的边际社会收益为8美元，但从5次增至6次，清扫只会产生2美元的边际社会收益。

图17-2有助于强化我们对为什么不能靠自利的个人来提供有效的公共产品数量的理解。假设城市的街道清扫次数少于有效水平，无论是特德还是爱丽丝被要求为最后一次清扫进行支付。没有一个人愿意为之支付！特德本人从增加的一次街道清扫中获得的收益只相当于3美元的效用，因此他不愿意支付6美元边际成本增加一次清扫。增加一次清扫，爱丽丝本人获得相当于5美元的效用，她也不愿意为此进行支付。

问题的关键是增加一单位公共产品的边际社会收益总是大于任何个人的边际收益。这就是为什么没有人愿意为有效数量进行支付。

公共产品的这种描述，即每增加一单位的边际社会收益大于任何个人的边际收益，听起来是否有点耳熟？是的。我们在讨论正外部性时遇到过类似的情况。请记住，在正外部性存在的情况下，增加一单位公共产品，所有消费者获得的累积的边际社会收益要大于生产这一单位商品的生产者所收到的价格，市场生产的商品数量不足。

对公共产品而言，在正外部性存在的情况下，个人边际收益与生产者收到的价格发挥同样的作用：两种情况创造的激励都不足以使市场提供商品的有效数量。

提供公共产品的问题与正外部性问题非常相似，在这两种情况下，市场出现失灵，所以需要政府干预。政府存在的一个基本理由是它为公民对自己征税提供公共产品找到了一种途径，尤其是像国防这样重要的公共产品。

当然，如果社会真的只有两个人，他们可能会设法达成协议来提供公共产品。但是，设想一个拥有一百万人的城市，每一个人从公共产品中获得的个人边际收益都仅是边际社会收益的一小部分。自愿达成对有效水平的街道清扫次数进行支付的协议是不可能的——搭便车问题使得在人们间执行协议非常困难。但他们会投票对自己征税来向在全市范围内做清扫的环卫部门支付。

□ 17.2.3 成本-收益分析

成本-收益分析指估算和比较提供公共产品的社会收益和社会成本。

政府如何在实践中决定提供多少公共产品呢？有时候，决策者只是猜测或提供他们认为会得到竞选连任的数量。然而，负责任的政府试图估算和比较提供公共产品的社会收益和社会成本，这被称为**成本-收益分析**（cost-benefit analysis）。

直接估算提供公共产品的成本容易。估算收益较难。实际上，这是一个非常困难的问题。

现在你可能想知道，为什么政府不通过询问人们愿意为公共产品支付的金额（他们个人的边际收益）来计算出公共产品的边际社会收益。事实证明，很难得到诚实的答案。

这不是私人物品的问题：我们可以观察一个人对一单位私人物品愿意支付多少来判断他愿意支付多少钱。但由于人们不对公共产品进行实际支付，支付意愿的问题总是假设的。

更糟糕的是，人们没有动机如实回答问题。人们本能上希望有更多而不是更少的公共产品。因为不管人们使用的公共产品数量有多少，他们都无须支付，所以当被询问他们所希望提供的公共产品数量时，人们往往会高估他们的感觉。例如，如果只是根据房主的愿望清扫街道，街道将每天清扫一次——这是一种非有效的水平。

所以，政府必须认识到，在决定提供多少公共产品时它们不能简单地依靠公众的诉求——如果它们这样做，它们很可能提供得太多。相反，通过投票来表明公众希望提供多少公共产品也是有问题的，有可能导致提供的公共产品太少。

▶ 真实世界中的经济学

老人河

它日夜奔流不息，但时不时会改变流向。事实上，密西西比河每隔数百年就会改变其路线。河水携带的泥沙逐渐在入海河道中淤积，最终溢出河岸另辟蹊径。千百年来，密西西比河河口沿弧线在大约 200 英里的范围内来回摇摆。

所以，密西西比河什么时候再次改变了河道？哦，大约 45 年前。

密西西比河通常经过新奥尔良后入海；但是到了 1950 年，很明显，这条河将要改变河道，由新的路线奔流入海。如果没有陆军工程兵团（Army Corps of Engineers）的干预，1970 年或许又会改道。

密西西比河的变道会严重影响路易斯安那州的经济。一个主要工业区将失去入海口，而且海水会污染该地区的供水。因此陆军工程兵团用庞大复杂的水坝、围墙和闸门使密西西比河保持现状，这项工程被称为老人河治理结构工程（Old River Control Structure）。很多时候，通过这个治理结构的水量是尼亚加拉瀑布的五倍。

老人河治理结构工程是一个典型的公共产品的例子。任何个人都不会想去建造它，但它可以保护数十亿美元的私人财产。纵观陆军工程兵团的历史，它在美国各地建立了多个水治理工程，它的发展史说明与政府提供公共产品相关的问题由来已久：如果其他人为项目进行支付，每个人都希望有一项工程来保护自己的财产。因此，兵团项目的潜在受益者往往会系统化夸大项目带来的收益。兵团因为承担这些造价昂贵的项目而臭名昭著，因为这些项目用任何成本-收益分析方法分析都不划算。

公共项目投资过度问题的另一面是长期资金不足。这个问题的一个悲剧性例子是新奥尔良在 2005 年遭受卡特里娜飓风的重创。

虽然从新奥尔良市建市之初人们就明白存在严重的洪灾风险，因为它位于海平面以下，但是对于保护城市关键的防洪堤和水泵系统所做的工作并不多。建设和维护资金 50 多年来一直入不敷出，再加上监管不力，导致了防洪系统的能力严重不足，根本无法应对卡特里娜飓风的冲击。由于地方政府和州政府未能制订飓风发生的疏散计划，这场灾难变得更为复杂。最后，因为忽视公共产品，新奥尔良及其周围有1 464 人失去了生命，城市遭受的经济损失达数十亿美元。

及时复习

- 公共产品具有非排他性和消费非竞争性。
- 由于由私人部门提供大多数的公共产品有严重的缺陷，它们通常由政府提供，用税收来支付。
- 公共产品每增加一单位的边际社会收益等于每个消费者从该单位商品中得到的个人边际收益的总和。在公共产品的有效数量上，公共产品的边际社会收益等于提供商品的边际成本。
- 没有人愿意为公共产品的有效数量付费，因为每个人的边际收益都小于边际社会收益。这是政府存在的一个主要理由。
- 尽管各国政府都应依靠成本-收益分析来确定供给多少公共产品，但这样做是有问题的，因为个人倾向于夸大公共产品的价值。

小测验 17-2

1. 森特维尔镇有 16 人，居民分为两种类型——恋家者和及时行乐者。使用下表，镇里必须决定为除夕派对花费多少。预计没有居民个人愿意直接承担派对的成本。

派对支出（美元）	派对支出增加 1 美元带来的个人边际收益（美元）	
	恋家者	及时行乐者
0		
	0.05	0.13
1		
	0.04	0.11
2		
	0.03	0.09
3		
	0.02	0.07
4		

a. 假设有 10 个恋家者和 6 个及时行乐者。确定用于派对的货币的边际社会收益表。有效支出水平为多少？

b. 假设有 6 个恋家者和 10 个及时行乐者。第 a 问的答案有什么变化？请解释。

c. 假设个人边际收益表已知，但没有恋家者和及时行乐者的真实比例。个人会被询问他们的喜好。如果每个人都假设别人会为增加的公共产品支出付费，可能会有什么结果？为什么它可能会导致一个非有效的高水平花费？请解释。

17.3 公共资源

公共资源（common resource）是指具有非排他性但具有消费竞争性的物品。在一个鱼类资源有限的区域内的鱼的存量就是一个例子，如新英格兰海岸的鱼。传统上，有船的人都可以出海捕鱼，海中的鱼是非排他性物品。然而，由于鱼的总量是有限的，被一个人捕获的鱼其他人就捕不到了。因此，海中的鱼具有消费竞争性。

> **公共资源**具有非排他性和消费竞争性：你不能阻止我消费，我更多地消费这种物品意味着你能消费的该种物品将减少。

公共资源的其他例子还有：清洁的空气和水，以及动物和植物物种（生物）的多样性。在这些情况下，物品虽然存在消费竞争性，但不排他，所以会造成严重的问题。

□ 17.3.1 过度使用的问题

由于公共资源的非排他性，不能向个人使用收取费用。然而，因为存在消费竞争性，一个人耗用一单位资源后，他人就不能使用该单位资源。因此，公共资源存在**过度使用**（overuse）问题：个人将继续使用之，直到他或她使用的边际收益等于他或她自己的个人边际成本，而不会顾及这种行为给整个社会造成的成本。正如我们很快就会看到的，公共资源的过度使用问题类似于我们在第 16 章研究过的负外部性问题，比如压裂法造成的地下水污染问题。

> 让市场去分配公共资源将造成**过度使用**：个人会忽略一个事实，即他们自己的消费会造成留给他人可消费的数量减少。

捕鱼是公共资源的一个典型事例。在过度捕捞的海域，我捕捞后鱼的数量减少，这使得他人捕鱼变难，这就对他人施加了成本。但我没有个人激励去将这种成本考虑在内，因为我并未为捕鱼付费。因此，从社会角度看，我会捕捞过多的鱼。

交通拥堵是公共资源过度使用的另一个例子。在高峰时段，主要高速公路每小时只能容纳一定数量的车辆通行。如果我决定自己开车去上班，而不是拼车或在家工作，我这样做就会使得其他人的通勤时间延长一点；但我没有考虑这些后果的激励。

对公共资源而言，我使用该资源的边际社会成本要高于我个人多使用一单位增加的成本，即个人边际成本。

图 17－3 说明了这一点。它给出了鱼的需求曲线，即鱼带来的边际收益——每增加捕获一单位鱼并消费后消费者所得到的边际收益。图中也给出了鱼的供给曲线，度量的是捕鱼业的边际成本。从第 12 章中我们知道，该行业的供给曲线是每个渔民的个体供给曲线——相当于他或她的个人边际成本曲线——的水平加总。捕鱼业的供给数量 Q_{MKT} 是其边际成本等于价格时的数量。

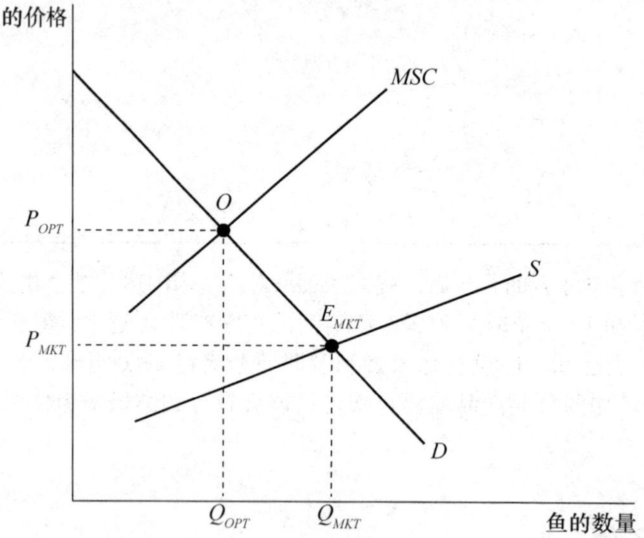

图 17－3 公共资源

供给曲线 S 代表捕鱼业生产的边际成本，由单个渔民的个体供给曲线加总而成。但每个渔民的个人边际成本不包括他或她的行为对他人施加的成本：公共资源的枯竭。因此，边际社会成本曲线 MSC 高于供给曲线；在不受管制的市场中，公共资源的使用量 Q_{MKT} 超过公共资源的有效使用量 Q_{OPT}。

但有效率的捕获量为 Q_{OPT}，在该产量水平上，边际得益等于边际社会成本，而非捕鱼业生产的边际成本。市场作用会导致公共资源的过度使用。

正如我们所指出的，管理公共资源的问题与负外部性所造成的问题非常类似。在一种行为导致负外部性的情况下，生产的边际社会成本高于行业生产的边际成本，两者之差等于这种行为施加给社会的边际外部成本。在这里，渔民对公共资源损耗造成的损失与负外部性造成的外部成本对社会有着同样的效果。事实上，很多负外部性（如污染）被认为涉及公共资源（如清洁的空气）。

▶ 追根究底

当良田化为尘土

阿什利·约斯特（Ashley Yost）的祖父在自己位于堪萨斯州的土质优良的农场打了一口深井，井水水源丰富，他每一分钟能抽1 600加仑的水到地面。到现在，即经过50年后，他的子孙遇到了麻烦，每分钟抽上来的水仅有300加仑。井水被泥沙污染，造成价值数万美元的抽水设备损坏。约斯特先生沮丧地说，“这是优质土地。此前我的每英亩地能产玉米294蒲式耳……现在，一切都结束了。”在堪萨斯州的中西部，这个问题普遍存在。在得克萨斯州的狭长地带，高达五分之一的灌溉农田已经干枯。许多农场被遗弃，农村社区消失，一度高产的农田荒芜。

这是一个典型的公共资源管理不善造成恶果的事例，奥加拉拉蓄水层是世界上最大的蓄水层。它横跨八个大平原州，面积约为17.4万平方英里，为数百万人提供饮用水。奥加拉拉蓄水层是200万～600万年前大平原地区地质运动活跃时期形成的沉积。正如你可能已经猜到的，数百万年以前储存的水是无法快速得到补充的。现在奥加拉拉的许多地方已经干涸，需要10万年的降雨才能填补回来。

这究竟发生了什么呢？抽取奥加拉拉地下水开始于20世纪50年代，大平原农田进行了大型的地下水灌溉。几乎不受限制地抽取地下水使得几百万英亩半干旱的大平原地区成为世界上小麦、玉米等农作物最高产的地区之一。然而，作为一种公共资源，农场主对保护奥加拉拉的水源没有兴趣。这样一来，即使是最干旱的地区，如得克萨斯州的狭长地带，也被吸引开始种植玉米这样耗水的农作物。

北部平原地区的一些州的地下水仍够用200年，而南部平原的农场主和居民知道取之不尽的地下水供给的日子已经结束，奥加拉拉蓄水层的许多地区已被抽水泵抽到危险的低水平。

一些农场主已经放弃了一切，还有一些人则改种用水少的作物或转向养殖业。城市、产业和休闲活动都受到了影响。在堪萨斯州，州议会已经通过了一套新的水资源利用法规来鼓励节水，在本书写作时确定这些是否有效还为时过早。我们所知道的是，忽视像奥加拉拉蓄水层这样的公共资源的时代已经结束了。

□ 17.3.2 公共资源的有效使用和维护

由于公共资源造成的问题类似于负外部性问题，因此两者的解决方法也很相似。为确保有效地使用公共资源，社会必须找到资源的个人使用者对其他使用者施加的成本的度量方法。这与让人们内化因其行动而造成的负外部性所采用的基本原则是相同的。

有三种基本的方法可诱导公共资源使用者内化其施加给他人的成本：

- 税收或其他对公共资源的使用的规制措施。
- 创建使用公共资源的权利的可交易许可证制度。
- 使公共资源具有排他性，并将财产权利分配给部分人。

与产生负外部性的行为一样，通过征收庇古税可以将公共资源使用数量降低到有效数量。例如，一些国家对那些高峰时段的开车者已经征收“拥堵费”，这实际上是对使用城市街道这种公共资源收取费用。同样，到国家公园游览的游客必须支付一定的费用，任何一个公园的游客数量都受到限制。

纠正过度使用问题的第二种方法是建立使用公共资源的可交易许可证制度，该制度类似于解决负外部性问题的制度。政策制定者依据物品的有效使用水平颁发许可证的数量。使许可证可交易以确保使用物品的权利的分配效率，也就是说，那些最终使用物品的人（那些愿意对许可证支付最多的人）是那些从中可以获得最高增益的人。

但是，当涉及公共资源时，往往最自然的解决方案是简单地分配财产权利。在最基本的层面上，公共资源会被过度使用，因为没有人真正拥有它们。物品所有权的本质——对物品的财产权——是你可以限制谁可以或者不可以使用物品以及使用数量为多少。

当一种物品具有非排他性时，最本质的意义是无人拥有它，因为产权不能强制执行，因此谁也没有动力去有效地使用之。因此，纠正过度使用问题的一种方法是使物品具有排他性，并将财产权利分配给某些人。物品现在有了所有人，该所有人也就有动力去保护该物品的价值——有效使用而不是过度使用它。

下面的“真实世界中的经济学”专栏所示为可交易许可证制度，也被称为个体可转让配额（individual transferable quota，ITQ），已经成功应用于一些捕鱼业。

▶ **真实世界中的经济学**

通过 ITQ 来拯救海洋

世界海洋正面临着严重问题。对海洋状况进行的一项国际项目研究发现，多个鱼类普遍存在迫在眉睫的灭绝危险。在欧洲，30%的鱼类资源存在大幅减少的危险。在北海，93%的鳕鱼在繁殖前即被捕捞。日本寿司最爱的蓝鳍金枪鱼，濒临灭绝的危险。

毫不奇怪，罪魁祸首是过度捕捞。鱼类资源的衰退还在恶化中，因为渔民使用拖网与巨网去捕捞更深水域中的鱼，在此过程中无意中杀害了许多其他海洋动物。

捕鱼业也正处于危机之中，因为渔民的收入下降，为了谋生他们不得不捕捞更长的时间和去更危险的水域。

但是，ITQ 可能为这两种危机提供了解决方案。根据 ITQ 方案，渔民将获得一张特定渔场的许可证——赋予他们在一年内捕捞的数量配额。该 ITQ 有效期很长，有时是无限期的。因为配额可转让，许可证所有者可以将其售出或出租出去。

在对世界各地建立的 121 个 ITQ 方案进行分析后，研究人员得出的结论是，ITQ 有助于扭转捕鱼业崩溃的危险，因为每个 ITQ 持有人现在在长期维护他的特定渔业资源方面具有经济利益。

ITQ 方案（也被称为捕捞份额计划）在新西兰、澳大利亚、冰岛以及美国和加拿大较为常见。（我们在第 5 章中分析的阿拉斯加捕捞螃蟹的配额分配方案是美国实行 ITQ 的例子。）阿拉斯加大比目鱼的捕捞是另一个 ITQ 方案成功的例子。在开始实施该方案之前，每年的捕捞季节从 4 个月已经缩水到了两三天，造成捕捞船比速度的危险。现在捕捞季节持续长达近 8 个月。加州大学圣巴巴拉分校的海洋科学研究所所长史蒂夫·盖恩斯（Steve Gains）说，“以前比目鱼渔民几乎是死里逃生，现在捕鱼业获利巨大。”

及时复习

- 公共资源具有消费竞争性与非排他性。
- 公共资源的过度使用问题是：一个使用者耗尽可提供给其他人使用的公共资源数量，但在决定使用多少公共资源时没有考虑这个成本。
- 像负外部性一样，公共资源可以通过庇古税、创立可交易许可证制度或者设置排他性和分配财产权利来有效地进行管理。

小测验 17-3

1. 落基山森林归政府所有，在过去公民个人可以去砍伐尽可能多的树木，因为是免费的。用经济学术语说明从社会的角度看为什么这是一个问题。

2. 假设你是新上任的森林服务专员，并已得到指示，为维护广大市民的利益要想出办法保护森林。写出可以用来保持森林的有效收获水平的三种不同方法，并解释为什么会有效。对于每一种方法，为达到有效的结果，你需要掌握什么样的信息？

17.4 人造稀缺产品

人造稀缺产品是指具有排他性但同时具有消费非竞争性的产品。

人造稀缺产品（artificially scarce good）是指具有排他性但同时具有消费非竞争性的产品。正如我们已经提到的，点播电影是一个熟悉的例子。增加一个人看电影的边际社会成本为零，因为一个人观看电影不与其他人观看相冲突。

然而，像奈飞（Netflix）这样的公司，如果一个人没有支付费用，它是可以阻止这个人点播电影的。像计算机软件、MP3 音乐这类产品，人们看重的是它们所体现的信息（有时被称为“信息商品”），它们也是人造稀缺产品。

正如我们已经知道的，市场将供应人造稀缺产品：因为它们具有排他性，生产者可以向消费它们的人收取费用。但人造稀缺产品在消费上具有非竞争性，这意味着个人消费的边际成本是零。所以，人造稀缺产品的供应商收取的是超过边际成本的价格。因为有效价格应该等于零边际成本，而此种产品是“人造稀缺的”，其消费量也是非有效的低水平。但是，除非生产者能以某种方式从生产和销售产品中获得收入，否则他或她是不会愿意生产的——这一结果比本来收费大于零但效率不高的低消费给社会带来的影响更糟糕。

图 17-4 说明了人造稀缺产品造成的总剩余损失。需求曲线表示在任何给定价格水平上观看点播电影的数量。增加一个人观看这部电影的边际成本为零，所以看电影的有效数量为 Q_{OPT}。奈飞的收费大于零，收到 4 美元才传送信号，因此只有 Q_{MKT} 数量的点播电影可以观看。这样导致的无谓损失等于阴影三角形的面积。

这看起来是否很熟悉？像公共产品和公共资源导致的问题，人造稀缺产品所产生的问题类似于自然垄断造成的问题。自然垄断，你应该记得，是在一个行业的相关产出范围内，平均总成本总是大于边际成本的情形。要使得生产者愿意生产产品，生产者收取的价格必须至少与平均总成本一样高，也就是说，价格高于边际成本。但是，价格高于边际成本会导致非有效的低消费。

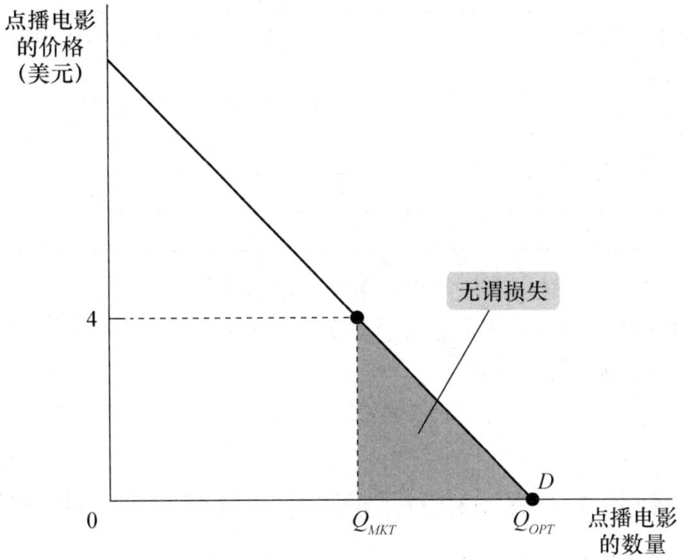

图 17-4　人造稀缺产品

人造稀缺产品是排他的，但消费是非竞争性的。因为生产者收取的价格大于零，但增加一个人消费该产品的边际成本为零，所以该产品是人造稀缺的。在本例中，点播电影的市场价格为 4 美元，在这个价格上需求量为 Q_{MKT}。但消费的有效水平是 Q_{OPT}，这时的价格是零。有效数量 Q_{OPT} 超过无管制的市场数量 Q_{MKT}。阴影区域代表收费为 4 美元时的总剩余损失。

▶ **真实世界中的经济学**

屏蔽赛事

这是 2014 年的第一个周末，在美国职业橄榄球大联盟外卡赛中，绿湾包装工队主场对阵旧金山 49 人队。在威斯康星州的绿湾城，这对橄榄球迷来说是一次盛大的赛事，他们以极大的热情关注自己的球队，但在比赛之前的几天，报道说比赛门票没有卖完（对于这样的热门球队很少发生）。想象一下，这是一场会在全国性主要电视台之一进行电视转播的比赛，但绿湾包装工队的球迷不停地在当地频道上翻屏（频道已经加入了全国性电视网络），却根本看不到比赛，看到的是其他消息而非比赛的消息在屏幕下方滚动。

尽管消息没有说什么，但绿湾包装工队的球迷知道，消息被屏蔽是在球队老板的坚持下出现的结果，因为他不希望人们本来可以买票观看比赛最后却待在家里看电视转播。通常当现场比赛门票没有售罄时，当地广播电视的消息是会被屏蔽的。

因此本事例中的产品——在电视上观看比赛——就是人造稀缺产品。因为比赛无论通过何种方式传播，在当地进行及时传播都不会使用任何稀缺资源。但收看不了就意味着给那些本来要在电视上观看比赛，但不愿意花钱和时间去球场看比赛的人造成了福利损失。

有时候，在特定情况下也会进行一些和解。当足够多的绿湾包装工队球迷在零度以下聚在一起时，美国职业橄榄球大联盟也会改变政策，让该区域的球迷在他们温暖的家中观看实时比赛。

及时复习

- 人造稀缺产品具有排他性和消费非竞争性。
- 由于人造稀缺产品具有消费非竞争性，因此对消费者来说有效价格等于零。然而，因为它具有排他性，卖家会收取一定的大于零的价格，这会导致非有效的低消费。
- 人造稀缺产品遇到的问题类似于自然垄断所造成的问题。

小测验 17－4

1. Xena 是由 Xenoid 开发的软件程序。每年 Xenoid 对其进行升级需花费 300 000 美元。但客户从该公司网站上下载却不费分文。升级需求表如下表所示。

升级价格（美元）	升级的需求量
180	1 700
150	2 000
120	2 300
90	2 600
0	3 500

a. 消费者对升级愿意支付什么样的有效价格？解释你的答案。

b. Xenoid 愿意生产和销售的升级程序的最低价格为多少？请画出需求曲线，并标明 Xenoid 的收费价格与有效价格相比造成的总剩余损失为多少。

▶ 企业案例

莫里斯代尔游戏牧场和为保护濒危动物而对它们进行的狩猎

在南非热带丛林草原，约翰·休姆（John Hume）的莫里斯代尔（Mauricedale）游戏牧场占地 1.6 万平方英里。休姆饲养了如犀牛这样的濒危物种和普通动物如好望角水牛、羚羊、河马、长颈鹿、斑马、鸵鸟等。牧场每年的收入大约为 250 万美元，牧场赚取微薄的利润，其中从狩猎上获得的收入占 20%，从出售活的动物上获得的收入占 80%。

虽然休姆做这一生意是为了赚取利润，但他认为自己是这些动物和这片土地的保护者。而且他坚信，为了保护犀牛，进行一定量的合法化的捕猎是必要的。休姆举出一头雄性犀牛的故事来说明他的观点，这头犀牛名为“65”。休姆和他的员工知道 65 是一个麻烦：太老了而无法繁殖后代，它又非常好斗，足以杀死年轻的雄性犀牛。这就是野生动物保育人士所说的“雄性过剩的问题”，一个雄性的存在抑制了兽群的扩大。

最终，休姆从《濒危野生动植物种国际贸易公约》（CITES）获得许可，对 65 进行猎杀，来调节濒危物种的合法化狩猎和贸易。一个富有的猎人向休姆支付了 150 000 美元，制造麻烦的 65 被迅速处理掉。

像休姆这样的自然资源保护主义牧场主，支持对野生动物的狩猎进行监管，并引用肯尼亚的经验来支持他们的观点。1977 年，肯尼亚禁止猎物狩猎或放牧野生动物。此后，因为偷猎或动物栖息地转向农业用途，肯尼亚失去了 60%～70%的大型野生动物。它的黑犀牛一度编号到 20 000，目前在保护区幸存下来的只有大约 540 头。相反，由于从 1968 年开始，南非开始对狩猎不那么濒危的白水牛进行监管，其数量已从 1 800 头上升到 19 400 头。

许多环保人士现在都认为，濒危物种数量复苏的关键是在一些管理良好的狩猎场进行合法化的狩猎，这些狩猎场积极从事动物的养殖和维护。正如世界上历史最悠久、规模最大的环保组织世界自然保护联盟的负责人罗西·库尼博士（Dr. Rosie Cooney）近日所说的，“在不杀害动物的条件下能很好地进行动物的养护是不错的办法……［但］我们认为，猎物狩猎在保护动物方面也发挥着重要的、有效的作用。”

不过，合法化狩猎是一个非常有争议的政策，一些野生动物的支持者强烈反对。由于建立像莫里斯代尔这样的牧场需要巨大的资金投入，很多人都担心小型、短暂的牧场会进行“罐头式狩猎”，即从其他地方弄到一堆被投放了麻醉药或生病的动物。还有一个担心，对猎物狩猎支付高价将使牧场主急于扑杀兽群。

思考题

1. 使用本章所学到的概念，解释肯尼亚野生动物的巨额损失背后的经济激励。
2. 比较约翰·休姆与肯尼亚牧场主面临的经济激励。
3. 对牧场主向狩猎者出售动物狩猎应该实行什么样的监管措施？这些与本章的相关概念有什么关系？

小结

1. 可以根据商品是否具有排他性和消费竞争性对其进行分类。

2. 对于私人物品，自由市场可以实现生产和消费的有效水平，因为私人物品既有排他性，又有消费竞争性。当商品有非排他性或消费非竞争性或者两者兼有时，自由市场无法实现有效的结果。

3. 当产品具有非排他性时，就会产生搭便车问题：一些消费者并不为产品付费，但消费别人已经付费的产品，这会导致非有效的低产出。当商品具有消费非竞争性时，就应该是免费的，任何大于零的价格都会导致非有效的低消费。

4. 公共产品具有非排他性和消费非竞争性。在大多数情况下，公共产品必须由政府提供。公共产品的边际社会收益等于每个消费者的个人边际收益之和。公共产品的有效数量是指边际社会收益等于提供商品的边际成本时的数量。这与正外部性相似：边际社会收益大于任何一个个人的边际收益，所以没有人愿意提供有效的数量。

5. 政府干预的合理性是它允许公民对自己征税来提供公共产品。政府通过成本-收益分析来确定公共产品的有效供给。但是，这种分析是困难的，因为人们有动机高估商品对他们的价值。

6. 公共资源具有消费非竞争性，但不具有排他性。因为个体不考虑他或她使用后耗尽的资源不可能再为他人所用的事实，所以公共资源会被过度使用。这类似于负外部性问题：一个人使用公共资源的边际社会成本总是比他或她的个人边际成本更高。庇古税、建立可交易许可证制度和分配产权是可能的解决方案。

7. 人造稀缺产品具有排他性，但消费具有非竞争性。因为允许增加一名消费者的边际成本为零，所以有效价格应为零。大于零的价格能补偿生产成本，但会导致非效率的低消费。人造稀缺产品的问题类似于自然垄断。

关键词

排他性	消费竞争性	私人物品	非排他性	消费非竞争性	搭便车问题
公共产品	成本-收益分析	公共资源	过度使用	人造稀缺产品	

练习题

1. 政府提供许多产品和服务。对于下述每种产品或服务，确定它们具有消费竞争性还是消费非竞争性、具有排他性还是非排他性。每种产品或服务是什么类型的产品？如果没有政府干预，提供的数量是有效率的、处于非有效的高水平还是处于非有效的低水平？

a. 路牌。

b. 美国国家铁路客运公司的服务。

c. 限制污染条例。

d. 不收过路费的拥挤的州际高速公路。

e. 海岸灯塔。

2. 经济学家对一个博物馆馆长给出了以下建议："你应该引入'峰值定价'。有时博物馆游客稀少，此时你应该宣布参观免费。有时候馆内游客众多，此时你应该收取较高的入场费。"

a. 当博物馆门可罗雀时，它具有消费竞争性还是消费非竞争性？它具有排他性还是非排他性？此时博物馆是什么类型的产品？在这段时间向顾客收取的有效价格是多少？为什么？

b. 当博物馆忙碌时，消费是竞争性的还是非竞争性的？具有排他性还是非排他性？此时博物馆是什么类型的产品？在这段时间向游客收取的有效价格是多少？为什么？

3. 在许多计划性社区，社区生活的各个方面都由业主协会监管。这些监管规则包括：住房结构的调整；人行道积雪的清扫；户外设施如后院的游泳池的拆除；共享空间如社区会所的建立；等等。假设这样的社区出现了某些冲突，因为一些房主认为上述部分规则过于令人反感。你一直在呼吁进行调解。使用你已经学习过的公共产品和公共资源的内容，你怎样确定哪些类型的规则是必要的、哪些类型的规则没有必要？

4. 下表为每月街道清扫的不同次数带给塔妮莎和阿里的个人边际收益。假设街道清扫的边际成本固定不变，为每次 9 美元。

每月街道清扫次数	塔妮莎的个人边际收益（美元）	阿里的个人边际收益（美元）
0		
	10	8
1		
	6	4
2		
	2	1
3		

a. 如果塔妮莎不得不自己支付街道清扫费用，会有多少次街道清扫？

b. 计算街道清扫的边际社会收益。街道清扫的有效次数为多少？

c. 考虑街道清扫的最优数量。最后一次清扫街道的费用是 9 美元。塔妮莎愿意为最后一次付费吗？阿里愿意为最后一次付费吗？

5. 任何拥有无线接收器的人都可以收听公共广播，这在很大程度上是由捐款资助的。

a. 公共广播具有排他性吗？它具有消费非竞争性吗？公共广播是什么类型的产品？

b. 政府应该支持公共广播吗？解释你的理由。

c. 为了获利，公共广播决定只通过卫星广播，由此用户需要支付一定的费用。这时公共广播是什么类型的产品？广播数量是有效数量吗？为什么？

6. 你的经济学教授指定了一组必须完成的课程项目。描述搭便车问题可能会导致你所在小组的次优结果。为了解决这个问题，教授会要求你在一份密报中评估你同学的贡献。这样的评估会产生预期的效果吗？

7. Upper Bigglesworth 村有一块归全体村民所有的"公地"，根据法律规定，村民可以自由地在草地上放牧他们的奶牛。公地的使用可以用每单位草地上放牧的奶牛数量来度量。假设在公地上放牧奶牛的边际私人成本曲线向右上方倾斜（比如由于花更多的时间放牧）。公地牧牛还有边际社会成本曲线：每增加一头牛吃草，意味着其他牛的可用牧草就少了，过度放牧对公地造成的损害随着奶牛放牧数量的增加而加剧。最后，假设公地上每增加一头放牧的奶牛带给村民的私人收益会随着奶牛的增加而下降，因为每增加一头奶牛，可吃的草比此前少了。

a. 公地具有排他性吗？它具有消费非竞争性吗？公地是什么类型的产品？

b. 画图表示在公地上放牧奶牛的边际社会成本、边际私人成本和边际私人收益，将在公地上放牧的奶牛数量表示在横轴上。与有效数量相比，在没有政府干预的情况下，在公地上放牧的奶牛数量会怎样？在图上表示上述两点。

c. 假设村民们聘请你来告诉他们如何实现有效地利用公共资源。你告诉他们，有三种可行的办法：一是征收庇古税，二是为公地确定产权，三是实行在公地上牧牛的可转让交易许可证制度。请解释这些办法如何会导致有效地使用公地。在产权分配中，假设公地和所有奶牛的产权都被分配给一个人。请画图说明征收庇古税的情形。

8. 2003年之前，伦敦市经常变成一个大停车场。交通拥堵司空见惯，几个小时才能行进几英里。而每增加一个通勤者都会加剧拥堵，这可以通过伦敦道路上汽车的总数进行测定。虽然每个通勤者都在交通上花费了宝贵的时间，但他们没有为对他人造成的不便支付代价。通行的总成本包括在交通上所花费时间的机会成本和伦敦当局征收的所有费用。

a. 画图表示伦敦道路被过度使用的情况，假设车辆进入伦敦没有道路通行费，道路是公共资源。将车辆通行成本表示在纵轴上，将汽车数量表示在横轴上。画出有代表性的需求曲线、个人边际成本曲线（*MC*）、边际社会成本曲线（*MSC*），并标明均衡点。（提示：边际成本要考虑到个人驾车者花在路上的时间的机会成本，但不包括他们给他人造成的不便。）

b. 2003年2月，伦敦市开始对所有在伦敦市中心通行的车辆征收5英镑的拥堵费。在你的图中说明征收这一拥堵费的影响，并标注新的均衡点。假设新的均衡点并非最佳组合点（即假设5英镑相对于有效价格过低）。

c. 2011年，拥堵费提高到了9英镑，在图中标明你的新均衡点，假设新的收费现在是最优的。

9. 下表所示为6个消费者对Jay-Z专辑之一的MP3文件的支付意愿（他或她的个人边际收益）。增加1名消费者访问该文件的边际成本固定为零。

消费者	个人边际收益（美元）
阿德里安娜	2
巴盖士	15
千鹤子	1
丹泽尔	10
艾玛	5
弗兰克	4

a. 每个消费者下载文件的有效价格为多少？

b. 所有6个消费者都能够从一个文件共享服务网站Pantster免费下载该文件。哪些消费者将下载该文件？这些消费者的总消费者剩余是多少？

c. 根据版权法，Pantster网站因为侵权被关闭。消费者现在在商业音乐网站需要支付4.99美元才能下载该文件。哪些消费者将下载该文件？这些消费者的总消费者剩余是多少？商业音乐网站的生产者剩余是多少？总剩余是多少？新的价格政策造成的无谓损失为多少？

10. 布查特花园是加拿大英属哥伦比亚省维多利亚市一个非常大的花园，以美丽的植物而闻名。它如此之大，可以容纳目前参观游客的很多倍。花园的入场费为30美元。在这个价位上，每天有1 000人参观花园。如果入场免费，每天的访问人数将有2 000。

a. 参观布查特花园具有排他性吗？参观布查特花园具有消费非竞争性吗？花园属于什么类型的产品呢？

b. 在图中，标明参观布查特花园的需求曲线；标明布查特花园收30美元入场费时的情形；也标明布查特花园不收取入场费时的情形。

c. 说明收取30美元入场费造成的无谓损失。解释为什么收取30美元入场费是非有效的。

11. 软件历来都是人造稀缺产品，它具有非竞争性，一旦投资完成编程，复制的成本就可以忽略不计，但软件公司通过向用户收取许可证费，使软件具有排他性。但开源软件出现了，其中大部分可免费下载，并允许任何人修改和维护。

a. 讨论开源软件开发中可能存在的搭便车问题。这对质量有什么影响？为什么这个问题在专有软件，如微软公司或Adobe公司的产品中不存在呢？

b. 一些人认为，开源软件满足的是专有软件忽略的、未满足的市场需求部分。画出一个有代表性的图说明专有软件为什么生产不足。把价格和软件的边际成本标在纵轴上，把软件数量标在横轴上。画出一条典型的需求曲线和一条边际成本曲线（*MC*），该边际成本总是等于零。假设软件公司对软件收取大于零的价格 P。标出均衡点和有效点。

12. 在研制对抗SARS病毒的疫苗时，一家制药公司投入了非常高的固定成本。然而，递送疫苗给患者的边际成本可以忽略不计（被认为等于零）。制药公司对疫苗拥有独家专利。你是管制机构的人，必须决定允许该制药公司收取什么样的价格。

a. 画图说明公司不受管制时对疫苗会收取的价格 P_M。疫苗的有效价格为多少？价格为 P_M时的无谓损失为多少？

b. 画出另一幅图，表明管制机构可以强制执行的最低价格，该价格仍然能引导制药公司开发疫苗。将其标为 P^*。标明该价格所造成的无谓损失。与价格为 P_M时相比，无谓损失有什么变化？

c. 假设你有关于制药公司固定成本的准确信息。你怎么使用对制药公司的价格管制和对公司的补贴，使得制药公司在对政府而言的最低成本上提供有效的疫苗数量？

在线回答问题

13. 某住宅小区有 100 个居民，他们担心安全问题。下表给出了雇用 24 小时保安服务的总成本以及每个居民所获得的总收益。

保安数量（个）	总成本（美元）	每个居民所获得的总收益（美元）
0	0	0
1	150	10
2	300	16
3	450	18
4	600	19

a. 解释为什么保安服务对社区居民而言是一种公共产品。

b. 计算每个居民的边际成本、个人边际收益和边际社会收益。

c. 如果居民个人决定雇用保安来提供保安服务并自行支付成本，将雇用多少保安？

d. 如果居民一起行动，他们将雇用多少保安？

第 18 章

福利国家经济学

本章将学习

- 福利国家的内容及其基本原理。
- 如何定义贫困，导致贫困的原因是什么，后果如何。
- 美国收入不平等的历史沿革。
- 社会保障计划如何影响贫困和收入不平等。
- 健康保险特别关注什么。
- 为什么对福利国家的规模有争论和政治分歧。

☞ 开篇案例

奥巴马医改

2014 年 1 月 1 日，卢·文森特（Lou Vincent）终于得到了健康保险。

文森特是俄亥俄州居民，有Ⅱ型糖尿病，因此没有保险公司愿意给他提供保险，他 10 年来过着没有保险的日子。“我们收到了 30 封拒绝信，”他的妻子告诉记者。那么，2014 年初什么开始改变了吗？一个新的重要政府计划《患者保护与平价医疗法案》（Patient Protection and Affordable Care）——通常被称为《平价医疗法案》（Affordable Care Act，ACA）或“奥巴马医改”（Obamacare）——开始生效。

数百万美国人直接获得政府健康保险，主要来自医疗保险（涵盖 65 岁及以上人群）和医疗补助（涵盖了穷人和接近贫穷的人群，《平价医疗法案》扩大了其范围）。奥巴马医改的内容与此前不同，因为它是通过受到广泛管制的私人保险公司来推行的，除其他内容外，该法案防止保险公司要么拒绝承保、要么向类似文森特这样的用户收取额外的费用，因为他们已预先存在健康问题。

而且这还不是全部。除了对保险公司进行管制外，《平价医疗法案》对公众制定了新的规则：美国公民即永久居住人必须购买符合某些最低标准的保险。为了保证低收入家庭负担得起保险费，法律规定提供大量补贴。为了获得这些补贴，法律规定征收新税，主要是针对高收入人群。

总体而言，奥巴马医改是政府在经济中所发挥作用的大幅扩张。具体来说，它标志着福利国家的一个重要扩展，政府计划总的目的是限制经济的不安全性和/或减少经济中的不平等。

关于福利国家的合理规模和作用在政治上争论激烈。事实上，你可以认为，这一争议事关政治主要是什么的问题，自由派寻求扩大福利国家的范围，保守派则寻求缩小政府规模。奥巴马医改是 20 世纪 60 年代后，美国福利国家最大的一次扩展，是自由派的一大胜利，并因此遭到了政治党派中另一派的激烈批评。例如，对取消不符合新标准的保险的强烈不满，因为这迫使一些人升级购买全险保单。

毋庸置疑，对奥巴马医改的看法分歧严重。在当代美国，政治家往往对陷入财政困境的家庭应该得到多少医疗、住房、食品和其他必需品的资助存在争论，但对陷入困境的家庭应该得到一些帮助是有广泛政治共识的。他们也是这样做的。即使是保守派，通常也接受相当广泛的福利国家这一生活中已经存在的事实。所有富裕国家中的政府在医疗保健、退休、资助穷人和失业中都发挥着很大的作用。

在本章一开始我们将讨论福利国家计划的合理性。随后，我们来看美国目前的两个主要计划：收入支持计划和医疗保健计划，前者是迄今为止规模最大的社会保险，后者主要由医疗保险计划和医疗补助计划组成，但《平价医疗法案》的作用越来越大。

18.1 贫困、不平等和公共政策

二战期间，一名英国牧师在一次公开讲话中对比了纳粹德国的“福利国家”与英国的“福利国家”，前者致力于征服，后者致力于为本国人民谋福祉。此后，**福利国家**（welfare state）一词逐渐成为旨在缓解经济困难的政府计划的统称。富裕国家政府支出中的很大一部分都用于**政府转移支付**（government transfer）——由政府对个人和家庭提供财政援助——向穷人、失业人员提供援助，保证老人的收入以及协助那些有大量的医疗费用要支付的人群。

> **福利国家**是旨在缓解经济困难的政府计划的统称。
>
> **政府转移支付**指由政府对个人和家庭提供财政援助。
>
> **扶贫计划**是旨在帮助穷人的政府计划。
>
> **社会保险计划**是旨在对不可预知的财务困境提供保护的计划。

□ 18.1.1 福利国家的逻辑

福利国家的创建有三大经济理由。下面我们逐一进行讨论。

1. **缓解收入不平等**。假设泰勒一家一年的收入只有 15 000 美元，收到了政府补贴 1 500 美元。该笔补贴可让泰勒一家住得更好一点，吃更有营养的饮食，或者以其他方式显著改善他们的生活质量。另外，假定费舍尔一家每年有 300 000 美元的收入，要缴纳 1 500 美元的额外的税。这不会使他们的生活质量有太大的不同，在最坏的情况下，他们可能不得不放弃少量奢侈品。

这个假设的变换说明了福利国家的第一个重要理由：缓解收入不平等。由于边际收入对穷人比对富人更值钱，从富人向穷人进行少量转移，对前者几乎没有什么伤害，但可大大改善后者的境况。因此，根据这种说法，政府“劫富济贫”，确实利大于弊。那些旨在帮助穷人的计划被称为**扶贫计划**（poverty program）。

2. **缓解经济的不安全状况**。福利国家的第二个重要理由是缓解经济的不安全状况。试想一下有十个家庭，如果一切正常，每个家庭都预期来年的收入为 50 000 美元。但是，依据概率，假设会出现某种意想不到的问题，其中一家会遇到麻烦，尽管没有人知道是哪个家庭。例如，假设每个家庭都有十分之一的概率因为一个家庭成员失业或支出较高的医疗费用而收入大幅下降，并假定这一事件将给家庭带来严重的困难，家庭成员将不得不辍学或将失去住房。

现在假设政府有向陷于困境的家庭提供援助的计划，资金来源于在境况好时对各个家庭征收的税收。可以说，这一计划将使得所有家庭的境况都变好，因为即使目前不会获得援助的家庭可能在未来的某一时刻也会需要援助。因此，每个家庭都会感到更加安全了，因为其知道，在灾难袭来时，政府随时准备提供帮助。旨在对不可预知的财务困境提供保护的计划被称为**社会保险计划**（social insurance program）。

两个关于福利国家的理由，即缓解收入不平等和缓解经济的不安全状况，与我们在第 7 章学习的支付能力原则密切相关。支付能力原则是用来证明累进税制的正当性的：与高收入人群——向该人群额外征收 1 美元的税不会使其经济福利有多大的不同——相比，低收入人群——向该人群额外征收 1 美元的税会对其经济福利产生较大的影响——缴纳的税应该占其收入的较小部分。同样的原则也表明，税收系统实际上应该向那些收入极低的人群返还金钱。

▶ 追根究底

正义与福利国家

1971 年，哲学家约翰·罗尔斯（John Rawls）出版了《正义论》(*A Theory of Justice*)，这是迄今为止发展经济公平理论最有名的著作。他让读者去想象关于自己身份的“无知之幕”（veil of ignorance）背后的决定性经济和社会政策。也就是说，假设你知道你会是一个人，但不知道是富有还是贫穷、是健康还是患有疾病，等等。罗尔斯认为，如果人们不得不在无知之幕背后做出决定，政策将会出现，界定我们所说的经济正义。这是对黄金准则通用的解释：换位思考，对待他人就像你希望别人对待你一样。

罗尔斯进一步指出，无知之幕背后的人会选择对社会最糟糕成员的福祉有很高价值的政策：毕竟，我们每个人也许就是那些倒霉人群中的一员。因此，罗尔斯的理论经常被用来作为论据支持慷慨的福利国家。

罗尔斯的书出版三年后，另一位哲学家罗伯特·诺齐克（Robert Nozick）出版了《无政府、国家和乌托邦》(*Anarchy, State, and Utopia*)，这通常被认为是自由主义的回应。诺齐克认为，正义是权利，而不是结果，政府无权强迫高收入人群来支持其他收入较低的人群。他主张小政府执行法律、提供安全——“守夜人国家”，他反对福利国家计划，这占用了太多的政府支出。

当然，哲学家不主宰世界。但是，现实世界的政治辩论通常包含基于罗尔斯式立场或诺齐克式立场的论据。

3. **减少贫困和提供医疗保健**。第三点也是最后一个重要理由与福利国家减少贫困和提供医疗保健的社会收益有关，特别是当这些被应用于贫困家庭的子女身上时。研究人员已经证明，平均而言，这些群体的孩子终身处于劣势地位。即使经过能力调整之后，经济困难群体的孩子长大后也容易成为就业不足或失业人员，有犯罪行为，以及有其他慢性健康问题，所有这些都显著增加了社会成本。因此，根据这些证据，帮助缓解贫困和提供医疗保健的计划将对社会带来外部得益。

从更广的范围看，如“追根究底”专栏所解释的那样，一些政治哲学家认为，社会正义原则要求社会要照顾好穷人和不幸者。其他不同意这种观点的人认为，福利国家计划超越了政府应该扮演的合适角色。在一定意义上，两种哲学观之间的差异定义了我们所说的政治上的“自由主义”和“保守主义”。

但在我们扬扬得意之前，我们需要认识到事情并非想象中的那样千篇一律。即使是保守派，也会认为有限政府通常应支持一些福利国家计划。即使是支持福利国家目标的经济学家也担心，对穷人和不幸的人的大规模援助会影响他们工作和节俭的积极性。与税收相似，福利国家计划会造成大量的无谓损失，所以，这些计划真实的经济成本可能比直接的金钱成本大得多。

在本章后面我们将转向福利国家的成本和收益分析。当然，首先我们来看看福利国家应该解决的问题。

□ 18.1.2 贫困问题

至少在过去的 75 年中，美国所有的总统都承诺要尽最大努力减少贫困。1964 年，林登·约翰逊（Lyndon Johnson）总统甚至宣布“向贫穷开战”，推出了一批新的计划来帮助穷人。反贫困计划是美国福利国家中重要的一部分内容，虽然社会保险计划包括的内容更多。

但是，我们关于贫困的确切定义是什么？任何定义都有些武断。然而，自 1965 年以来，美国政府一直由官方确定**贫困线**（poverty threshold），指被认为只能购买生活必需品的最低年收入。家庭收入低于贫困线的人被认为是穷人。

> 家庭年收入低于官方确定的**贫困线**的人被认为是穷人。

官方贫困线取决于家庭的规模和组成。2014 年独自生活的成年人的贫困线是 11 670 美元；由两个成年人和两个孩子组成的家庭为 23 850 美元。

贫困趋势　与普遍的误解不同，虽然官方贫困线每年都调整以反映生活费用的变动，但随着时间的推移，它一直没有向上调整以反映普通美国家庭生活标准在长期的上升。因此，随着经济的增长及变得更加繁荣，平均收入也提高了，你可能会想到生活在贫困线以下的人口比例会稳步下降。

然而，出人意料的是，并非如此。图 18－1 中下面的线显示的是从 1967 年到 2012 年美国官方的**贫困率**（poverty rate）——生活在贫困线以下的人口所占的百分比。我们可以看到，1967 年之后的贫困率——在 20 世纪 60 年代初急剧下跌——上下波动，没有明显的趋势。2012 年的贫困率高于 1967 年，但在 2013 年已经下降到 14.5%，这是 20 世纪 70 年代的平均水平。

贫困率是贫困线以下的人口所占的百分比。

然而，1960 年以来我们确实在减少贫困方面没有取得什么进展吗？作为对这一令人惊讶的结果的回应，研究人员已经认定官方度量贫困的这一指标有一些局限性，其中最重要的是收入定义中实际上并没有包括多种形式的政府援助。例如，其中没有包括食品券的货币价值。因此美国人口普查局现在发布了补充贫困率指标（supplement poverty measure），即将这类收入来源包括在内。专家们认为这项指标更准确。图 18－1 中上面的曲线显示了这项指标随着时间的推移而发生的变化。它比标准的指标有了很大的改进，但考虑到 GDP——一种衡量经济的总产出的指标——自 1970 年以来增长了 230%，这一指标的变化仍旧出人意料的小。

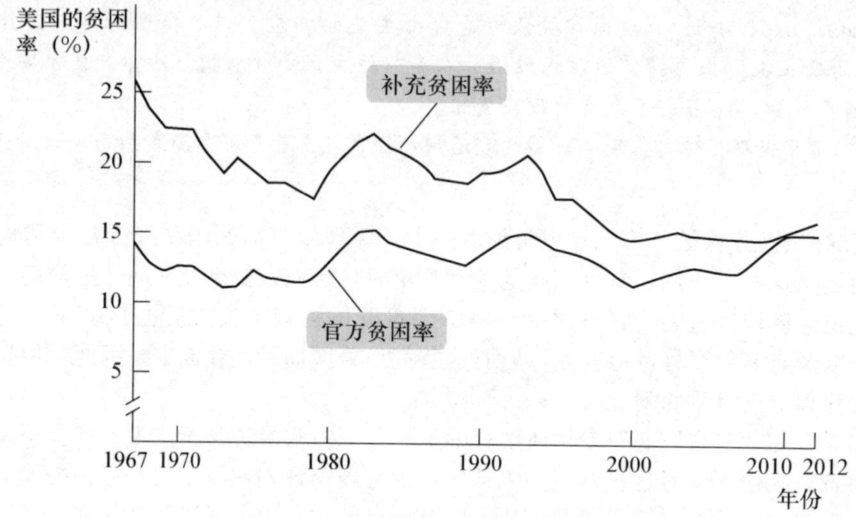

图 18－1　1967—2012 年美国贫困率的趋势

自 20 世纪 60 年代后期以来，官方公布的贫困率并没有显示出明显的变化趋势。然而，一个替代性指标——被称为补充贫困率（SPM），大多数专家认为其更准确——有小幅下降。

资料来源：U. S. Census Bureau；Fox，Liana，et al.，NBER Report No. w19789.

谁是穷人？　许多美国人可能对贫困有着刻板的印象：一个非洲裔或西班牙裔家庭，没有丈夫，女性支撑家庭，至少有一段时间失业。这种印象并非完全没有根据：在非洲裔美国人和西班牙裔以及以女性为户主的家庭中，贫穷比例高。但大多数穷人并不符合这样刻板的印象。

2013 年，4 530 万美国人口——14.5%的人口或七分之一多一点的人口——处于贫困状态。穷人中 27%为非洲裔美国人，这一比例大大超过其在总人口中所占的份额（总人口中只有约 13%是非洲裔美国人）。西班牙裔贫困人口所占的比例也比一般美国人高，贫困率为 23.5%。但是，非西班牙裔白种人中的贫困人口也很普遍，占了贫困人口的一半以上。

家庭构成与贫困有关联。没有丈夫的女性所支撑的家庭有很高的贫困率：30.6%。已婚夫妇都成为穷人的可能性大大降低，贫困率仅为 5.8%；不过，穷人中约 38%是夫妻双全的家庭。

然而，真正引人注目的数据是贫穷和就业不足之间的关联。全职工作的成年人不太可能是穷人：2013 年只有 2.7%的全职工人是穷人。在很多行业，尤其是零售和服务行业，现在主要依赖兼职工人。兼职工作通常没有福利，如健康保险计划、带薪休假和退休福利，而且通常支付比同等全职工作更低的小时工资。因此，许多穷人是一些被分析师称为“穷忙族”（working poor）的人：收入水平下降到或低于贫困线的工人。

什么原因导致贫困？　贫困往往归咎于缺乏教育，显然受教育程度对收入水平有很大的影响——受教育时间长者的平均收入要高于受教育时间短者。例如，在 1979 年，具有大学学历者的平均小时工资比只有高中文凭者高出38%；到2013年，“大学溢价”已增至82%。

缺乏熟练运用英语的能力也是获得更高收入的一个障碍。例如，在美国的生于墨西哥的男性工人——三分之二的人高中没有毕业，其中许多运用英语的能力较差——收入比本土男性低一半多。

而且，不要忽略种族和性别歧视的作用；虽然与50年前相比，歧视在今天已经大幅减少，但歧视仍然是阻碍许多美国人进阶的强大壁垒。与具有相同教育水平的白种人相比，非白种人获得的雇佣机会和薪资都较少。研究发现，与白种人、非洲裔美国妇女和拉美裔移民相比，非洲裔美国男性一直受到雇主的歧视。女性与具有类似资格的男性相比，赚取的收入相对要低。

此外，贫困的不容忽视的另一个重要原因是运气不好。当一个家庭中的主要赚钱人失去工作或家庭成员罹患重病时，许多家庭将陷入穷困潦倒的境地。

贫困的后果 贫困的后果往往很严重，尤其是对儿童。2013年，19.9%的美国儿童生活在贫困中。贫穷往往造成缺乏医疗保健，健康问题可能会进一步影响后来的接受教育的能力及工作能力。住房负担也常常成为问题，贫困家庭经常被迫搬家，扰乱上学和工作的进程。最新的医学研究表明，在严重贫困环境中成长起来的儿童往往存在终身学习障碍。其结果是，在贫穷中或接近贫穷中成长起来的美国孩子并没有在起跑线上获得平等的机会：他们往往在其一生中都处于劣势。即使是来自贫困家庭的天才儿童也有很大的可能完成不了大学学业。

表18－1所示为美国教育部门跟踪的一组1988年时读八年级的学生的长期调查结果，研究采用学生们在该年的数学测试成绩作为他们与生俱来的能力指标，该研究还对学生家庭的社会经济地位进行了认定，以其父母的收入和就业状况作为衡量指标。

表18－1　　1988年时的八年级学生完成大学学业的比例

父母的社会经济地位	数学测试得分最低的25%的学生	数学测试得分最高的25%的学生
父母属于最低的25%的群体	3%	29%
父母属于最高的25%的群体	30%	74%

资料来源：National Center for Education Statistics，*The Condition of Education 2003*，p. 47.

正如你所看到的，结果令人不安：测试得分属于最高的25%但其父母地位低下的学生，只有29%完成了大学学业。相比之下，父母地位高且有同样才华的孩子有74%完成了大学学业——父母地位高的孩子即使测试得分低，也有30%完成了大学学业。这告诉我们，在一定程度上，贫困会自我延续：相对于其他美国孩子，贫困家庭的孩子处于劣势，他们很难过上更好的生活。

▶ **国际比较**

收入、再分配和富裕国家间的不平等

花一些时间在美国各地旅行，然后再花一些时间到瑞典和丹麦四处旅行。几乎可以确定你会拥有这样的印象：斯堪的纳维亚半岛的收入差距比美国小得多，富人不像美国的富人那样富，穷人也不像美国的穷人那样穷。数据也证实了这一印象：瑞典和丹麦以及事实上大多数西欧国家的基尼系数——一个概括一个国家收入不平等水平的指标——比美国低得多。为什么？

在很大程度上，答案在于政府的作用。在美国，政府在从收入最高人群向收入最低人群的收入再分配中发挥着显著作用。但是，欧洲国家比美国的福利国家的程度更高，进行的收入再分配更多。

下图为部分富裕国家的两种基尼系数。一个收入分配完全平等的国家——其中每个家庭都有同样的收入——基尼系数为0。在另一个极端，国家的所有收入归一个家庭所有，基尼系数为1。对于图中所列的国家，上面的长条是实际的基尼系数，衡量征税和实施转移支付前的可观察到的收入不平等状况，下面短一些的条为经过税收和转移支付调整后每一个国家的基尼系数。结果表明，丹麦和瑞典的市场收入不平等状况与美国的差不多——它们较低的可观察到的收入不平等水平是它们较高的福利国家程度的结果。

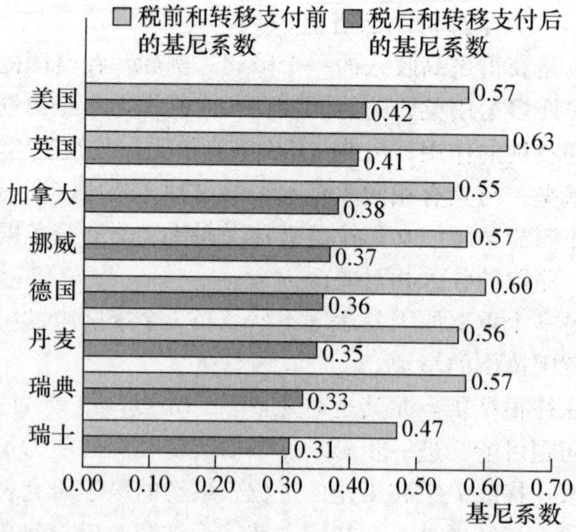

资料来源：Luxembourg Income Study.

对这一结论还有一些事项要注意。一方面，数据可能没有对高收入人群做最好的跟踪，这可能在美国表现得比其他地方更明显。另一方面，欧洲福利国家通过对激励造成影响，可能间接加剧了收入不平等。不过，这些数据强烈表明，富裕国家之间的不平等差异在很大程度上反映了不同的政策，而不是基本经济状况的差异。我们马上对基尼系数做更多的讨论。

□ 18.1.3 经济不平等

美国是一个富有的国家。2007 年，在经济衰退冲击之前，美国家庭的平均收入为 74 869 美元（按 2012 年价格计算），远远超过了贫困线。即使在经过了毁灭性的衰退之后经济复苏乏力，2013 年美国家庭的平均收入仍有 72 641 美元。这怎么可能？为什么还有这么多美国人仍然生活在贫困之中？答案是，收入分配不均，许多家庭的收入比平均水平要低得多，而有些家庭则赚的高得多。

表 18－2 为美国家庭 2013 年的税前收入——缴纳联邦所得税之前的工资，由美国人口普查局估算。家庭按五分位数分组，每组包括 20％或五分之一的人口。第一组即最低五分位数组是家庭收入在第 20 百分位数以下的家庭，第二五分位数组是家庭收入在第 20 百分位数与第 40 百分位数之间的家庭，依此类推。

对于每一组，表 18－2 都给出了三个数字。第二列定义各组收入水平的范围。例如，在 2013 年，最低五分位数组的家庭年收入低于 20 900 美元，下一五分位数组的家庭年收入在 20 900～40 187 美元之间，依此类推。第三列为各组的平均收入水平，从最低的 11 657 美元到最高的 322 674 美元。第四列为每一组收入占美国总收入的百分比。

表 18－2　　2013 年美国的收入分配现状

收入组别	收入水平范围（美元）	平均收入水平（美元）	占总收入的比例（％）
最低 20％	低于 20 900	11 657	3.2
次低 20％	20 900～40 187	30 127	8.3
中间 20％	40 187～65 501	51 933	14.4
次高 20％	65 501～105 910	83 291	23.0
最高 20％	高于 105 910	184 548	51.0
最高 5％	高于 196 000	322 674	22.2
收入均值＝72 641 美元		收入中位数＝51 939 美元	

家庭收入均值与中位数 表 18-2 的底部给出的有关美国家庭收入的两个有用的数字值得我们思考。**家庭收入均值**（mean household income），也称家庭收入的平均值，是所有美国家庭的总收入除以家庭数。**家庭收入中位数**（median household income）为家庭收入分配排序中正好位于中间的收入——在所有家庭中有一半的收入低于这一水平，有一半的收入高于这一水平。认识到这两个数字不同非常重要。

> **家庭收入均值**是所有家庭收入的平均值。
> **家庭收入中位数**是在家庭收入分配排序中正好位于中间的收入。

经济学家经常做如下比较来说明两者之差，首先想象一个房间中有几十个普通的工薪阶层人员，再想想如果 1 个年收入超过 10 亿美元的华尔街大亨进入该房间，房间内人员的收入均值和收入中位数会发生什么变化。收入均值会大幅上涨，因为大亨的收入拉高了平均水平，但收入中位数几乎没有上升。

这个例子有助于解释为什么经济学家普遍认为，收入中位数比收入均值能更好地反映典型美国家庭的经济状况：平均收入会显著受到一小部分收入非常高的人群的影响，但这部分人在美国人口总数中又不具有代表性；中位数则不会这样。

我们从表 18-2 中知道，美国的收入分配相当不平等。最贫困的五分之一家庭的平均收入不到中间的五分之一家庭平均收入的四分之一。最富有的五分之一家庭是中间的五分之一家庭平均收入的三倍多。最富有的五分之一人口的收入平均而言约为那些最贫穷的五分之一人口的收入的 15 倍！事实上，在 1980 年之后，美国的收入分配变得更加不平等，这已经成为突出的政治问题。下面的“真实世界中的经济学”专栏讨论了美国收入不平等的长期趋势——20 世纪三四十年代收入不平等大为缓和，二战结束后 30 多年保持稳定，从 20 世纪 70 年代后期开始恶化。

基尼系数 用一个数字来表现一个国家的收入不平等状况往往比较方便。**基尼系数**（Gini coefficient）是最广泛使用的表现不平等程度的指标，是基于总人口五分位数组的不同收入分配计算得出的（正如我们在前面的“国际比较”专栏中所见到的）。一个国家的收入分配如果完全平等——其中占人口最低 20%的人获得总收入的 20%，占人口最低 40%的人获得总收入的 40%，依此类推——基尼系数为 0。在另一个极端，基尼系数最高的可能值是 1，如果一个国家的所有收入只归一个人，就会得出这一系数值。

> **基尼系数**是表现一个国家收入不平等程度的指标，是基于总人口五分位数组的不同收入分配计算得出的。

要了解基尼系数在实践中的意义，一种方法是看国际比较。除了部分非洲国家，收入不平等最严重的国家在拉丁美洲，特别是哥伦比亚；收入高度不平等的国家的基尼系数接近 0.6。收入分配最公平的国家在欧洲，尤其是斯堪的纳维亚半岛国家；收入分配非常平等的国家，如瑞典，基尼系数大约为 0.25。与其他富裕国家相比，美国在 2012 年的基尼系数为 0.47，虽然并不像拉丁美洲国家那样不平等，但仍然非常不平等。

收入分配不平等问题严重吗？从直接意义上来看，收入严重不平等是指部分人不能分享国家的整体繁荣。正如我们所看到的，日益加剧的不平等解释了为什么在过去的 40 年中美国的贫困率没有下降，尽管该国整体上已经变得相当富有。此外，极端不平等，如拉丁美洲的情况，经常与少数富有阶层和其他人口之间的紧张关系所导致的政治不稳定有关。

然而，认识到如下内容也很重要，即表 18-2 所示的数据夸大了美国真实的不平等程度。这有几个原因。其中一个原因是，这些数据代表的仅仅是单一年份的情形，许多个体家庭的收入会随着时间的推移而波动。也就是说，很多在某一年接近最低组的家庭可能是处于年景异常糟糕的一年，许多在某一年处于最高组的家庭可能是处于年景异常好的一年。随着时间的推移，他们的收入将恢复到一个比较正常的水平。所以，在较长时期内（如 10 年）按五分位数组计算的人口平均收入就不会显得那么不平等。

此外，家庭收入往往随着生命周期的变化而变化：大部分人从业早期的收入大大低于后期，然后在退休时会经历收入的大幅下降。因此，将青年工人、成熟工人和退休人员合在一起的表 18-2，与只是比较处于相似年龄段的家庭的表相比，看上去会更不平等。

除了这些限定条件外，美国还有许多真正的不平等。事实上，不平等不仅会在一个人的一生中持续很长时间，还会跨代延伸。贫困家庭的孩子有很大的可能比家境殷实的孩子要贫穷，反之亦然，这种相关性在美国比在其他富裕国家更显著。而且，事实上，家庭收入在不同年份间的波动并不完全是好消息。某一年的不平等数据指标确实会真正高估不平等水平。但是，即使是富裕家庭，这种不同年份间的波动也会成为他们担心的一部分——对经济不安全的担忧。

□ 18.1.4 经济不安全性

正如我们在前面所提到的，尽管福利国家的合理性部分在于减少贫困和不平等所带来的社会收益，但也有部分体现在减少经济的不安全性上，这甚至会影响相对富裕家庭的福利。

经济不安全性的形式之一是存在突然丧失收入的风险，这通常发生在一名家庭成员失业，并且要么较长时间找不到工作要么被迫接受工资相当低的一份新工作时。根据最近的估计，在某一年，约六分之一的美国家庭的收入会比其上年同期的收入减少一半。相关测算表明，发现自己在过去十年中至少有一年在贫困线以下的人口所占的百分比比任何一年贫困线以下的人口比例高出数倍。

即使家庭不面对收入损失，也可能面对支出激增的情形。在 2014 年《平价医疗法案》实施之前，支出激增最常见的原因是需要支付昂贵的治疗费用，如心脏疾病或癌症治疗费用。事实上，据估计，在 2013 年，美国个人破产的 60%是由于医疗费用。由医疗账单导致的破产从 2001 年的 46%上升到了 2007 年的 62%，上升了近 50%，这也是《平价医疗法案》通过的重要支持理由之一。

▶ 真实世界中的经济学

美国收入不平等的长期趋势

随着时间的推移，不平等程度趋于上升、下降还是保持不变？答案是三种情形都有。在过去的一个世纪中，美国的特点是三种趋势都曾经出现：20 世纪三四十年代不平等缓和，在第二次世界大战后约 35 年的时间内不平等状况保持稳定；而在过去的 30 年中，不平等状况日益恶化。

可获得的美国收入不平等的详细数据——如表 18-2 所示——始于 1947 年。图 18-2（a）为经过通货膨胀调整后的收入的年增长率，分别给出了每个五分位数组在两个时期的增长率：1947—1980 年和 1980—2013 年。两个时期区别明显。在第一个时期，各组收入的增长速度大致相同，也就是说，收入不平等没有太大的变化，收入全线增长。

但是，在 1980 年以后，最高组人群的收入比中间组和最低组人群的收入增长更快。所以，1980 年以来不平等大大加剧。总体而言，收入最高的 20%的家庭经过通胀调整后的收入在 1980—2013 年间上升了 55%，而收入最低的 20%的家庭经过通胀调整后的收入实际上有小幅下滑。

虽然 1947 年之前详细的收入分配数据无法获得，但经济学家使用替代性指标如所得税数据等信息，估计了 1917 年之后人口中收入最高的 10%的人群所占的收入份额，图 18-2（b）给出了从 1917 年到 2012 年这一数据的结果。与 1947 年之后更详细的数据一样，这些数据表明美国的收入差距从 1947 年到 20 世纪 70 年代末之间大体上比较稳定，但此后不平等加剧。

然而，长期数据也显示，1947 年之后相对平等的收入分配是新的现象。19 世纪后期通常被称为镀金时代，美国的收入分配非常不平等。这种显著的不平等状况一直持续到 20 世纪 30 年代。但在 20 世纪 30 年代末到二战结束之间收入不平等状况急剧缓和。在两名经济史学家克劳迪娅·戈尔丁（Claudia Goldin）和罗伯特·马戈（Robert Margo）合写的一篇著名论文中，这种收入差距的缩小被称为“大压缩”（Great Compression）。

大压缩大致发生在第二次世界大战时期。在此期间，美国政府对工资和价格实施特殊的控制。有证据表明，这些控制采用的方式是降低不平等程度——例如，雇主提高最低薪酬员工的工资比提高管理人员的工资更容易获得批准。仍然令人不解的是，在 1946 年战时控制规定解除后，这种平等状况持续了几十年。

自 20 世纪 70 年代以来，正如我们已经知道的，不平等大大加剧。事实上，美国目前的税前收入不平等状况与20世纪20年代相当，因此许多评论家形容美国当前的状态为新的镀金时代——尽管其不平等程度通过税收和福利国家已经缓解。

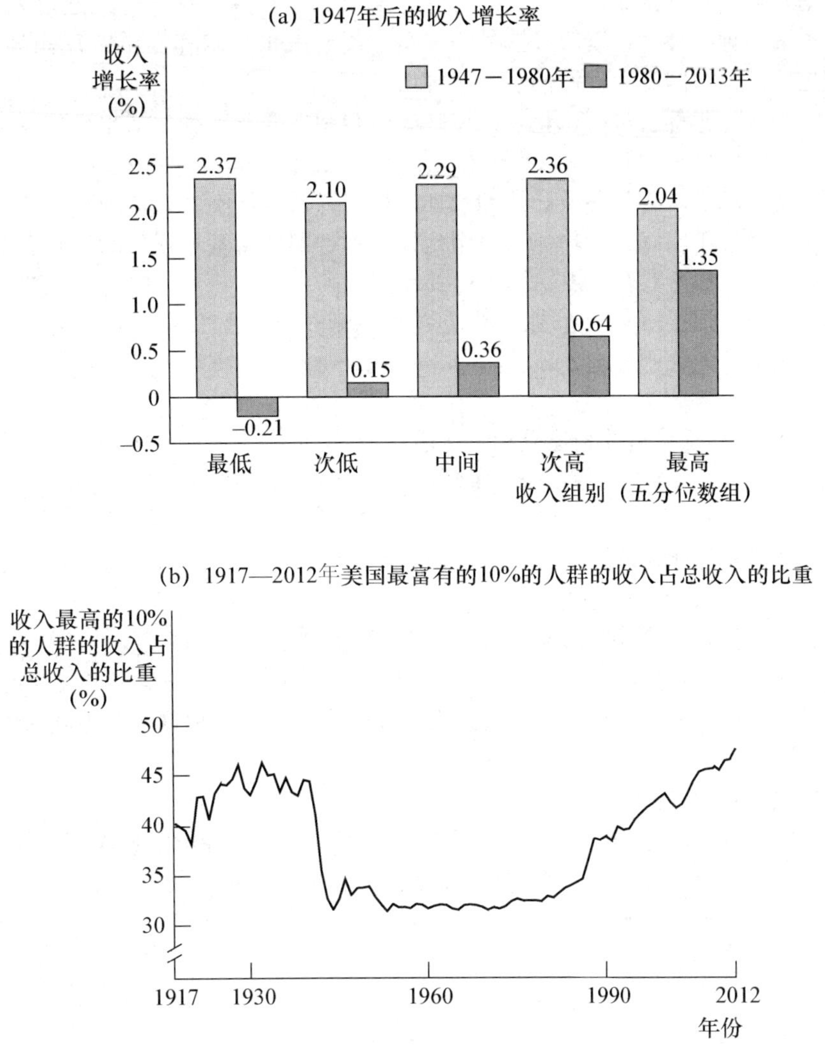

图18-2　美国收入不平等程度的趋势

资料来源：U. S. Census Bureau (panel (a)). Emmanuel Saez, "Striking It Richer: The Evolution of Top Incomes in the United States," University of California, Berkeley, discussion paper, 2008 (updated 2013) (panel (b)).

关于这种不平等加剧的原因，经济学家争论激烈。最流行的解释是快速的技术变革，它增加了对高技能或有天赋工人的需求，从而导致了高技能工人和其他劳动者之间工资差距的扩大。日益扩大的国际贸易也可能是一个原因，它通过使美国从低收入国家进口劳动密集型产品，而不是在国内生产，减少了对非熟练本国工人的需求，降低了他们的工资水平。移民的不断增加可能是另一个原因。平均而言，移民比土生土长的工人的教育水平低，增加了低技能劳动力的供给，同时也压低了低技能工人的工资。

但是，所有这些解释都没有考虑到关键的一点：不平等加剧大部分并没有反映受过高等教育的工人和受教育较少的工人之间差距的加大，而仅仅是反映受过良好教育的工人自身差距的加大。例如，教师和企业高管具有同样良好的教育水平，但高管的工资大幅上升，而教师的工资则没有如此。由于某种原因，一些"超级巨星"——包括娱乐界明星、华尔街交易员和顶级企业高管群体——现在赚取的收入大大超过前一代人。目前还不清楚是什么引起了这种变化。

及时复习

● 福利国家计划，其中包括政府转移支付，在富裕国家的政府支出中占有很大的份额。

● 支付能力原则解释了福利国家的一种合理性：缓解收入不平等。扶贫计划通过扶贫来实现这一目的。社会保险计划解释了第二种合理性：缓解经济的不安全状况。减少贫困和提供医疗保健具有社会外部收益，尤其是对儿童，这是支持福利国家合理性的第三个理由。

● 美国官方的贫困线每年都会进行调整，以反映生活费用但并非平均生活水平的变动。但是，即使平均收入显著上升，美国的贫困率并没有比30年前低。

● 贫困的原因包括：缺乏教育、种族和性别歧视的传统以及运气不好。贫困对儿童会造成不良后果。

● 家庭收入中位数是优于家庭收入均值的一个指标。对不同国家基尼系数的比较表明，美国比贫穷国家的收入不平等状况要好，但比所有其他发达国家都要差。

● 美国的收入不平等经历了缓解和加剧。自1980年以来，收入不平等大大加剧，主要是由于受过高等教育的工人之间的收入不平等加剧。

小测验 18-1

1. 请指出如下每项计划是扶贫计划还是社会保险计划。

a. 养老金担保计划，如果由于雇主破产，雇员损失了他们基于就业的退休金，该计划将为雇员提供养老金。

b. 被称为SCHIP的联邦计划，向收入略高于贫困线但仍然相对较低的家庭的儿童提供医疗保健。

c. 条款8住房计划，为低收入家庭提供住房补贴。

d. 联邦政府水灾计划，为受到洪水袭击的社区提供资金支持。

2. 我们知道，贫困线并不随着生活水平的变化而调整。因此，贫困线是度量贫穷的一个绝对指标还是相对指标？也就是说，它是根据一个人相对于他人有多穷来定义的还是根据一些不随时间改变的固定指标来定义的？请说明。

3. 下表给出了一个小型经济体的收入分配情况。

a. 收入均值为多少？收入中位数为多少？哪个指标更好地反映了经济中普通人的收入水平？为什么？

b. 最低五分之一组的收入范围为多少？中间五分之一组的收入范围为多少？

姓名	收入（美元）
丝芙兰	39 000
凯利	17 500
劳尔	900 000
维杰	15 000
奥斯卡	28 000

4. 下面哪种说法更准确地反映了当今美国日益严重的收入不平等的原因？

a. 日升银行（Sunrise Bank）当地分行经理的年薪已经上涨到附近加油站服务员的薪资水平。

b. 日升银行CEO的薪水相对于本地分行经理的薪水提高了，虽然两者的教育水平相似。

18.2 美国福利国家

2013年美国福利国家包括三个大型计划（社会保障、医疗保险和医疗补助），几个相对大的其他计划［贫困家庭临时补助（TANF）、食品券（SNAP）以及所得税抵免（EITC）］，以及一些小型计划。表18-3给出了一种对现有计划进行分类的方法，以及每个现有计划的支出金额。（在写本章时，《平价医疗法案》2014年的数据还没有公布。）

表 18-3　　2013 年美国福利国家的主要计划

	货币转移支付	非货币补助
按收入调查确定的计划	贫困家庭临时补助：220 亿美元 补充性保障收入：560 亿美元 所得税抵免：570 亿美元	食品券：830 亿美元 医疗补助：2 650 亿美元
非按收入调查确定的计划	社会保障：8 130 亿美元 失业保险：720 亿美元	医疗保险：5 910 亿美元

> **按收入调查确定**的计划是只向收入低于某个特定水平的个人或家庭提供补贴的计划。
>
> **非货币补助**是以产品或服务形式提供的补贴。

首先，该表区分了**按收入调查确定**（mean-tested）与非按收入调查确定的计划。在按收入调查确定的计划中，只向收入和/或财富低于某个最小值的家庭或个人提供补贴。大致说来，按收入调查确定的计划是扶贫计划，仅仅是为低收入者提供帮助。相比之下，非按收入调查确定的计划针对所有人，正如我们所看到的，在实践中往往会减少收入不平等。

其次，表中区分了货币转移支付和**非货币补助**（in-kind benefit），前者的受益人可以根据自己的意愿来支出，后者是指以产品或服务形式而非货币形式提供补贴。如数据所表明的那样，用于医疗保健的医疗保险和医疗补助是非货币补助的主体。我们将在本章的下一节讨论医疗保健。现在，我们先来看其他的主要计划。

□ 18.2.1　按收入调查确定的计划

当人们使用福利这个术语时，他们通常指的是对贫困家庭进行货币援助。在美国，这种货币援助主要是贫困家庭临时补助（TANF）。该计划并非对所有贫困人群都提供补助；它仅适用于有孩子的贫困家庭，也仅仅在有限的时间内实施。

贫困家庭临时补助在 20 世纪 90 年代引入，以取代一个极具争议的名为"抚养未成年子女家庭援助计划"（Aid to Families with Dependent Children，AFDC）的计划。原来的计划被普遍指责为穷人创造了不正当的激励，包括鼓励家庭破裂等。部分由于计划的改变，现代福利计划提供的补贴经过通货膨胀调整后慷慨程度比上一代所提供的补贴大为下降。此外，贫困家庭临时补助还有时间限制，福利获得者——甚至单亲家庭——最终必须寻找工作。正如我们可以从表 18-3 中看到的，贫困家庭临时补助仅仅是美国现代福利国家的一个相对小的部分。

其他按收入调查确定的计划虽然花费不菲，但争议较少。补充性保障收入计划帮助有残疾而无法工作且没有其他收入来源的美国人。食品券计划（SNAP）——官方称为补充营养援助计划（Supplemental Nutrition Assistance Program），现在以借记卡形式而非食品券形式提供——帮助低收入家庭和个人，他们只能使用这些借记卡来购买食品而非其他东西。

> **负所得税**是对低收入工薪家庭提供补贴的计划。

最后，经济学家使用术语**负所得税**（negative income tax）来概括对低收入工薪家庭提供补贴的计划。美国有一个被称为所得税抵免（Earned Income Tax Credit，EITC）的计划，它为数百万工人提供了额外的收入补助。当传统的福利计划不那么慷慨时，这一计划则变得更加慷慨。只有赚取收入的工人才有资格获得所得税抵免；在一定收入范围内，一名工人的收入越多，得到的所得税抵免就越高。也就是说，所得税抵免是向低收入工人提供的一种负所得税。2013 年，有两个孩子的已婚夫妇每年的收入少于 13 430 美元时，将获得相当于其收入的 40%的所得税抵免支付。（支付款项略低于单亲家庭或没有孩子的工人。）随着收入的提高，所得税抵免将退出。截至 2013 年，当有两个孩子的已婚夫妇的收入达到 43 038 美元时，所得税抵免将停止支付。

□ 18.2.2　社会保障和失业保险

社会保障是美国福利国家最大的计划，属非按收入调查确定的计划，目的是保证符合条件的美国老人退休后获得收入。它也对残疾工人提供补贴，对家庭成员去世的工人提供"遗属抚恤金"。

社会保障资金由工资专项税收来支持。雇主负责对雇员的工资支付薪资税，薪资税中的社会保障部分被用来支付社会保障补贴。职工退休后得到的补贴与其在工作年限内获得的应税收入的多少有关：收入越接近社会保障缴税基数最高金额（2013 年为 113 700 美元），退休后得到的补贴就越多。但是，补贴的多少并非与收入水平严格成比例。相反，它们通过一个计算公式来决定，高收入者比低收入者获得的更多，但按比例增减使得这一计划对低收入者又更为慷慨。

由于大多数老年人不从他们的前雇主那里领取养老金，而且大多数老年人没有足够的资产来维持生计，社会保障补贴是他们收入的一个极其重要的来源。在 65 岁及以上的美国人中，60%的人依靠社会保障来获得一半以上的收入，还有 20%的人除了社会保障没有其他收入。

失业保险虽然是比社会保障少得多的政府转移支付，却是另一种重要的社会保险计划。它为失业工人提供相当于原工资 35%的补贴，直到他们找到新的工作，或在他们没有找到工作的 26 个星期内提供补贴。（在 2007—2009 年经济衰退期间，补贴暂时进行了延长，对一些失业工人的支持长达 99 个星期。）失业保险来自雇主缴纳的税收；2013 年，由于全国性的高失业率，失业保险仍然非常高。与社会保障一样，失业保险是非按收入调查确定的计划。

□ 18.2.3 福利国家对贫困和不平等的影响

因为获得政府转移支付的人往往与那些为转移支付缴纳税收的人并非同一批人，美国福利国家影响着从一些人到另一些人的收入再分配。政府的统计学家已经付出很大的努力来计算这种再分配的影响，再分配使贫困率有很大的不同，使总体上的不平等也有一些小的不同。值得注意的是：这样的报告只计算了税收和转移支付的直接影响，而没有考虑税收和转移支付可能导致的行为变化。例如，它们并没有尝试估计现在退休了的美国年长者如果没有得到社会保障补贴，有多少会继续工作。因此，这些估计只是关于福利国家真实影响的局部指标。尽管如此，结果仍然很惊人。

表 18-4 为多个政府计划影响贫困率的情形，通过补充贫困率指标来度量全部居民和不同年龄组在 2012 年的情况。对每个计划都用百分点表示该组的贫困率因为政府计划而降低的具体数量。例如，表中表明，如果没有社会保障，美国老年人的贫困率会比目前高出近 40 个百分点。

表 18-5 给出了国会预算办公室基于 2007 年（最新的可用日期）数据估计的税收和转移支付对收入分配五分位数组中每组总收入份额的影响。政府计划提高了人口中最贫穷的 80%的人群的收入份额，特别是最贫穷的 20%的人群的收入份额，同时降低了最富有的 20%的人群的收入份额。

表 18-4　　2012 年政府计划对降低贫困率的影响

	所有人群（%）	有子女人群（%）	非老年成年人（%）	65 岁及以上人群（%）
社会保障	8.56	1.97	4.08	39.86
可退还的税收抵免	3.02	6.66	2.25	0.20
食品券	1.62	3.01	1.27	0.76
失业保险	0.79	0.82	0.88	0.31
补充性保障收入	1.07	0.84	1.12	1.21
住房补贴	0.91	1.39	0.66	1.12
学校午餐	0.38	0.91	0.25	0.03
贫困家庭临时补助	0.21	0.46	0.14	0.05
妇女、婴儿及儿童营养补助（WIC）	0.13	0.29	0.09	0.00

资料来源：Council of Economic Advisers.

表 18-5　　2007 年税收和转移支付对收入分配的影响

五分位数组	无税收和转移支付情况下占总收入的份额（%）	征税和进行转移支付后占总收入的份额（%）
最低 20%	2.5	5.1
次低 20%	7.3	9.2
中间 20%	12.2	14.0
次高 20%	19.0	19.9
第 81～99 百分位数	38.6	35.6
最高 1%	21.3	17.1

资料来源：Congressional Budget Office.

▶ 真实世界中的经济学

2007—2010 年大衰退中的福利国家计划和贫困率

2007 年，美国经济步入严重衰退，这是 20 世纪 30 年代以来最严重的衰退。2009 年正式开始复苏，但速度缓慢，令人失望。截至 2013 年，家庭收入的平均水平和中位数经过通货膨胀调整后仍远低于 2007 年的水平。

鉴于经济表现不佳，你可能认为贫困会急剧增加，官方贫困率也确实在拉升，如图 18-1 所示。不过，尽管大衰退及其后果确实伤害了许多美国家庭，但这个国家从来没有像在大萧条时期那样绝望，即使是在上一次即 1981—1982 年的大衰退时期。果然，补充贫困率指标——大部分专家认为度量经济困难的一个更好的指标——只是小幅上涨。为什么？

结果证明，主要答案是扶贫计划。它在经济衰退时会自动扩展，并通过暂时的食品券规模扩大和其他形式的援助等进一步强化。图 18-3 给出了 2007—2010 年间与真实涨幅相比，贫困率在没有福利国家计划时预计上升的幅度。如果没有转移支付和补贴，贫困率将上升 4.50%；但因为转移支付和补贴，它仅仅上升了 0.50%。美国福利国家计划并没有阻止衰退，或帮助许多失业者留住他们的房子。但它大大限制了贫困率的上升。

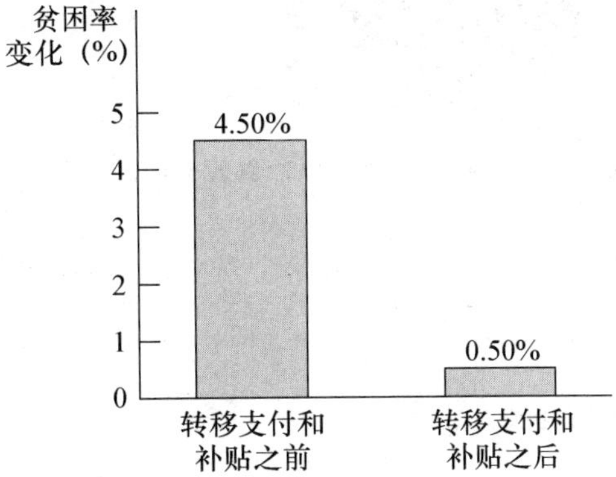

图 18-3　大衰退中的贫困率

资料来源：Council of Economic Advisers.

及时复习

- 按收入调查确定的计划旨在减少贫困，但非按收入调查确定的计划也可达到同样的目的。计划可根据提供货币还是非货币补助来进行分类。

● “福利”，现在被称为贫困家庭临时补助，由于担心会影响人们参加工作的积极性和导致家庭破裂，其慷慨程度已经不如上一代。负所得税缓解了这种担心：它只对低收入工薪家庭提供补贴。

● 社会保障是美国福利国家最大的计划，属非按收入调查确定的计划，为退休老人提供收入。它为大部分年长的美国人提供大部分收入。失业保险也是一项重要的社会保险计划，属非按收入调查确定的计划。

● 总体而言，美国的福利国家具有再分配功能。最贫穷的80%的人的收入份额会提高，同时最富有的20%的人的收入份额会下降。

小测验 18-2

1. 解释负所得税如何避免仅仅基于低收入给予补贴的典型扶贫计划给工作带来的负向激励。
2. 根据表18-4，什么影响着美国福利国家的整体贫困率？什么影响着65岁及以上人群的贫困率？

18.3 医疗保健经济学

在美国和其他富裕国家，福利国家的很大一部分支出专门用于医疗保健。在大多数富裕国家，政府支付了所有医疗费用的70%～80%。私人部门在美国医疗保健系统中发挥着很大的作用。然而，即使在美国，2013年，全部医疗费用中政府也支付了近一半；此外，通过联邦税法，政府还间接补贴私人健康保险。

图18-4为2012年美国医疗保健支出的情况。只有14%的医疗保健消费支出（即在医疗保健上的所有花费，不包括对医疗保健建筑和设施的投资）由个人掏腰包——直接由个人支付。医疗保健支出的大部分即77%是由某种类型的保险支付的。在这77%中，私人保险支付了不足一半；剩下的由某种政府保险支付，主要是通过医疗保险和医疗补助支付。要理解个中原因，我们需要检视特殊的医疗保健经济学。

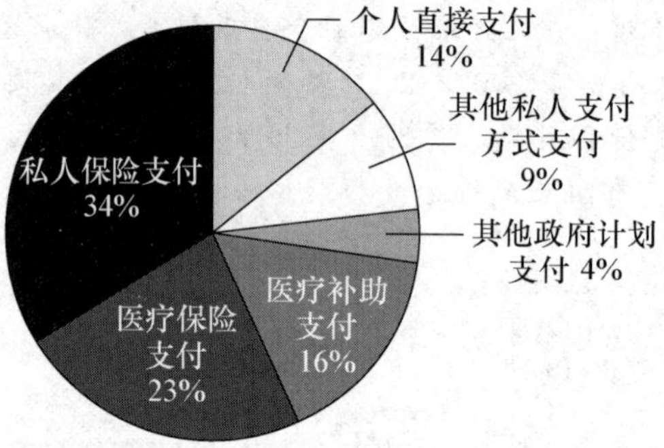

图18-4 2012年美国医疗保健支出的来源结构

在美国，2012年，保险支付了医疗保健支出的77%：私人保险支付了34%，医疗保险支付了23%，医疗补助支付了16%，其他政府计划支付了4%。由私人保险支付的比例达34%，这是发达国家中唯一的大数字。即便如此，美国医疗保健支出的大部分也是通过医疗保险、医疗补助和其他政府计划支付的，这要高于通过其他方式进行的支付。

资料来源：Department of Health and Human Services Centers for Medicare and Medicaid Services.

□ 18.3.1 健康保险的必要性

2012年，美国的个人医疗保健费用为每人8 915美元，占国内生产总值的17.2%。但是，这并不意味着一名典型的美国人花了9 000多美元医疗费用。事实上，在任何一年，一半以上的人只支出了少许的医疗费用。但是，一小部分人群支出了巨大的医疗费用，10%的人口支付了医疗费用的近三分之二。

是否可以预测谁将会支付高额的医疗费用？在一定程度上可以：疾病多种多样。例如，老年人比年轻人更可能需要进行昂贵的手术和/或购买药物。但事实是，任何人都可能突然发现自己需要进行非常昂贵的药物治疗，在很短的时间花费数千美元，这远远超出了大多数家庭的负担。然而，如果不是必要，没有人愿意负担这种支出。

私人健康保险 市场经济对这个问题给出的答案是：健康保险。在**私人健康保险**（private health insurance）中，投保的每个成员都同意每年向一家私人公司支付一个固定金额（被称为保险费，简称保费），形成一个由私人公司管理的共同基金，以此来支付投保成员的医疗费用。虽然成员在多年中即使没有大额医疗支出也必须付费，但他们从风险降低中受益：如果他们确实支付了高额的医疗费用，共同基金池将支付这些费用。

在**私人健康保险**中，一大群人中的每一个人每年向私人公司缴纳一定的保费，后者同意支付成员的大部分医疗费用。

然而，私人健康保险市场存在天生的缺陷。这些问题源于支付的医疗费用，虽然基本上不可预测，但也不是完全不可预测。也就是说，人们往往会想到他们是否有可能在未来几年面临巨大的医疗费用负担。这是私人健康保险公司面临的一个严重问题。

假设保险公司提供的健康保险“一视同仁”，根据这种保险标准，客户支付的年度保费等于平均每个美国人每年的医疗费用，再增加一点来弥补保险公司的经营费用和获得正常利润率。作为回报，保险公司支付投保人的医疗费用，无论他们生什么样的病。

如果所有的潜在客户不得不承担高昂医疗费用的风险相同，这可能是一个可行的商业命题。但在现实中，人们面临较高医疗费用的风险往往有很大的不同，关键是，人们往往提前知道这种风险。这一现实会很快破坏保险公司为提供“一视同仁”的健康保险所做的任何努力。这种保险政策对健康人群没什么好处，他们不会面临支付高额医疗费用的重大风险：平均而言，他们支付的保费比实际医疗费用要多。然而，对于需要支付昂贵医疗费用的慢性病患者来说这很划算，平均来看，他们支付的保费比他们承担的医疗费用要少。

因此，一些身体健康的人可能会听天由命，不去购买保险。这样，保险公司的客户的健康状况平均而言就会比一般美国人差。因此，保险公司将不得不支付更高的医疗费用，提高公司对每个客户服务的成本。也就是说，保险公司将面临所谓的逆向选择（adverse selection）问题，我们将在第 20 章详述之。由于逆向选择，保险公司向每个人收取的保险价格反映了总人口平均的医疗费用水平，而且人们可自由选择是否投保，这样保险公司将会出现亏损。

为应对客户平均医疗费用的上涨，保险公司可以提高保费。但是，这将引起更多的健康的人离开保险公司，留给保险公司的客户就多是医疗费用高的疾病患者，这将迫使保险公司进一步提高保费水平，驱离更多健康的人，如此循环往复。这种现象被称为逆向选择死亡螺旋（adverse selection death spiral），这将最终导致健康保险公司关停。

这里描述的健康保险问题可能会导致你认为私人健康保险不能有效运转。然而，事实上，大多数美国人的健康保险都是私人健康保险。在一定程度上保险公司通过两种方法有能力克服这些问题：精心甄别保险申请人和提供就业型健康保险（employment-based health insurance）。通过甄别，对可能需要支付高额医疗费用的人收取高于平均水平的保费。在许多情况下，保险公司拒绝全额支付。甄别造成的问题是，那些最需要健康保险的人中的大部分可能被拒绝或难以承受高额保费。这是支持《平价医疗法案》通过的另一个原因，即无论每个人的健康背景如何，保险都将覆盖。下面我们将介绍就业型健康保险，这是美国职场的一大特色，也支撑了私人健康保险的有效运转。

就业型健康保险 保险公司克服逆向选择问题的方法之一是间接地向雇主而不是雇员个人推销保险。就业型健康保险——雇主为雇员提供的健康保险——的好处是，雇员很可能既包括身体健康者也包括不那么健康者，而不仅仅是那些预期将支付高额医疗费用而需要购买保险的人群。如果雇主是一家大公司，有数千名甚至数万名工人，尤其如此。雇主要求雇员参加公司的健康保险计划，因为如果允许员工退出（其中身体健康者想这样做），会引发为其他人员提供保险的成本增加。

美国广泛流行就业型健康保险还有另外一个原因：它可以得到特殊的税收优惠。工人得到工资要支付薪资税，但从他们雇主那里得到的健康保险不必为这种受益纳税。因此，就业型健康保险实际上是由美国税制提供补贴。经济学家估计，这种补贴的价值每年大约有 1 500 亿美元。

然而，尽管有这种补贴，许多美国工人并没有得到就业型健康保险。没有被覆盖的人群包括大多数美国老年人（因为在退休后，相对来说有很少的雇主继续为员工提供保险）、雇主不提供保险的许多工人（尤其是兼职人员）以及失业人员。

▶ 追根究底

加利福尼亚州的死亡螺旋

早在2006年，6 000多个加利福尼亚州的小企业的116 000名工人从PacAdvantage获得了健康保险，这是以“团购”形式向会员企业的雇员提供的保险计划。PacAdvantage成立于1992年，背后的想法是，通过联合，小企业的员工可以得到更好的健康保险。

但仅仅几个月后，到了2006年8月，PacAdvantage宣布，它将停业，因为再也找不到保险公司愿意向其会员提供保险计划。

发生了什么呢？这就是逆向选择死亡螺旋。不管雇员过去的健康状况如何，PacAdvantage向每个人提供相同的保险策略选择。但雇员并非必须从PacAdvantage获得保险，如果雇员选择退出来自己购买保险，可以随意。果然，健康的工人开始发现，他们自己直接购买保险支付的保险费率更低。其结果是，PacAdvantage开始失去健康客户，留下的非健康客户在增多——进行团购的客户的成本在增大。保费不得不提高，这驱离了更多的健康的工人，最终整个计划不得不关闭。

□ 18.3.2 政府的健康保险

表18-6为2013年美国人参加的健康保险的类型。大多数美国人——近1.7亿人——通过他们的雇主获得健康保险。没有购买私人保险的多数人由两项政府计划资助：医疗保险和医疗补助。（这些数字加起来对不上，这是因为有些人不止购买一种保险形式。例如，获得医疗保险的许多人也通过医疗补助或私人保险获得补充保险。）

表18-6　2013年参加不同健康保险的美国人口（百万）

私人健康保险	201.1
就业型	169.0
直接购买	34.5
通过政府获得	107.6
医疗补助	54.1
医疗保险	49.0
军人医疗保险	14.1
其他	42.0

资料来源：U. S. Census Bureau.

医疗保险像社会保障那样，通过薪资税来获得资金，提供给所有65岁及以上的美国人，无论其收入和财富水平如何。该计划始于1966年，最初用于支付住院费用，但此后已经被扩展到包括其他一些医疗费用了。通过比较2013年65岁及以上美国人人均收入的中位数（21 238美元）与每名受助者平均获得的年医疗保险额（超过10 000美元），我们应该对医疗保险给美国老年人带来了怎样的影响有一个认识。然而，与一般医疗保健支出相同，平均值可能会引起误解：在某一年，7%的医疗保险受益人用了总支出的约50%。

2006年初，医疗保险进一步扩大到包括处方药。在医疗保险创建之时，药物在医疗中的作用相对次要，药物费用几乎不会成为病人的主要费用。然而，今天的许多健康问题，尤其是中老年人的健康问题，都必须连续多年采用昂贵的药物进行治疗，这造成部分人员财务状况紧张。因此，新的医疗保险计划，即所谓D部分，用来帮助支付这些费用。

与医疗保险不同，医疗补助是一种按收入调查确定的计划，由联邦政府和州政府的收入支付。并无简单的方法来概括受助资格标准，因为部分开支是由州政府支付的，而每个州都有自己的标准。2013年有近5 100万美国人获得医疗补助，18岁以下的儿童有2 600万，其余许多是18岁以下的儿童的父母。然而，大部分医疗补助费用被用于少数美国老年人，尤其是那些需要长期护理的人。

有近 1 400 万美国人享受军人医疗保险。与医疗保险和医疗补助不同，该保险计划支付医疗费用，但不直接提供医疗保健，美国退伍军人健康管理局（Veteran Health Administration）拥有 800 万客户，经营着遍布全国各地的医院和诊所。

美国医疗保健系统包括主要由雇主支付的混合私人保险以及各种形式的公共保险。大多数美国人的健康保险要么来自私人保险公司，要么来自各种形式的政府保险。然而，在实施《平价医疗法案》之前的 2012 年，近 4 800 万人，占总人口的 15.4%，并没有任何健康保险。为什么如此多的人并未参保？为什么该问题如此严重并促使《平价医疗法案》获得通过？

□ 18.3.3 《平价医疗法案》实施之前的未保险问题

在《平价医疗法案》通过之前，凯泽家庭基金会（Kaiser Family Foundation），一个研究医疗保健问题的独立无党派组织，对在美国没有参加保险的人做了一个简洁的总结："没有参保的主要是低收入成年工人，因为他们负担不起保费或没有保险可用。"没有参加保险的主要是成年人，原因是由儿童健康保险计划（SCHIP，向收入略高于贫困线但仍然相对较低的家庭的儿童提供医疗保健）支持的医疗补助覆盖到了大部分（虽然并非全部）低收入家庭的孩子，但不太可能覆盖到成年人，特别是那些没有孩子的人。

低收入工人没有参保往往有两个原因：与收入较高的工人相比，他们不太可能获得可提供健康保险福利的工作，并且他们自己不太可能负担得起直接购买健康保险的成本。最后，在《平价医疗法案》实施之前，保险公司经常拒绝给一些人提供保险，不管他们的收入水平如何——如果他们原有的身体状况或他们的病史表明，他们可能在将来的某一天需要支出大额医疗费用。因此，相当数量的有收入的美国人，其中大部分可被认为属于中产阶级，无法获得保险。

没有保险不单单是由于贫穷，认识到这一点非常重要。在《平价医疗法案》实施之前，大多数没有保险的人的收入是高于贫困线的，35%的人的收入是贫困线的两倍多。我们还应该注意到，一些未投保的人能买得起保险，但他们首选省钱，听天由命。

像贫困一样，没有健康保险的后果很严重，既表现在医疗方面也表现在金钱方面。从医疗方面来看，未投保者往往获得医疗保健的机会也有限。图 18－5 总结了一些与获得医疗保健有关的常见问题，未投保者在所有这些方面都比投保者要差。从金钱方面来看，未投保者生病时往往面临严重的财务问题。在许多情况下，

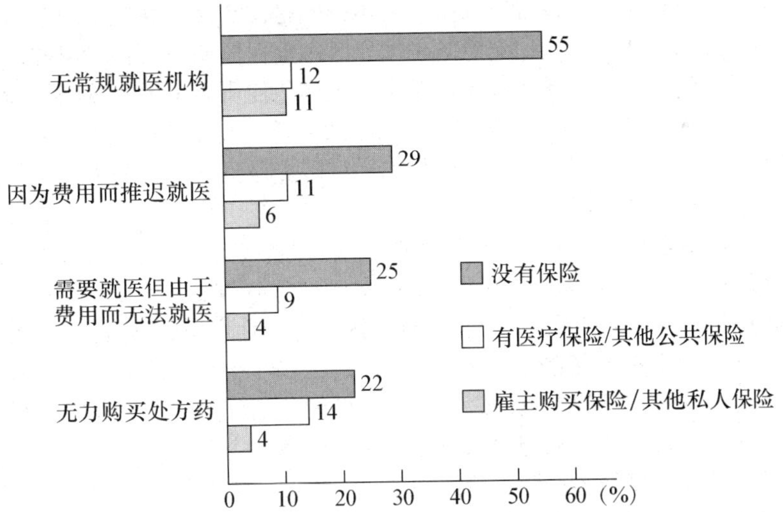

图 18－5 获得医疗保健的障碍

该图显示，未投保者获得医疗保健的障碍比投保者大得多。与投保者相比，未投保者需要就医时无法就医或者推迟就医的比例较高。

资料来源：The Henry J Kaiser Family Foundation，*The Uninsured*：*A Primer*.

第18章 福利国家经济学

没有保险的人被收容机构联络的可能性是有保险的人的6倍，没有保险的人一旦生病将耗尽所有储蓄来支付医疗费用，或无法完全支付。

□ 18.3.4 其他国家的医疗保健系统

与其他富裕国家包括欧洲国家和加拿大的医疗保健相比，美国有很大的不同。事实上，有三个方面的明显区别。第一，美国比其他任何富裕国家都更多地依靠私人健康保险。第二，美国对每个人支出了更多的医疗保健费用。第三，在《平价医疗法案》实施前，美国是富裕国家中唯一的大量人群没有健康保险的国家。

表18-7对美国与其他三个富裕国家（加拿大、法国和英国）进行了比较。美国是四个国家中唯一的依靠私人健康保险为大多数人提供保险的国家。因此，美国也是唯一的私人医疗保健支出（略微）大于公共医疗保健支出的国家。（《平价医疗法案》实施后情况不会改变，因为大部分的健康保险将继续由私人保险公司提供。）

表18-7　2012年部分发达国家的医疗保健系统

	医疗保健支出中政府支出所占份额（%）	人均医疗保健支出（美元，按购买力平价计算）	预期寿命（总人口按出生日计算，年）	婴儿死亡率（每1 000名新生儿的死亡人数）
美国	47.6	8 745	78.7	6.0
加拿大	70.1	4 603	81.2	4.7
法国	77.4	4 288	82.6	3.4
英国	84.0	3 289	81.5	4.1

加拿大实行**单一支付人制度**（single-payer system）：在医疗保健系统中，政府通过征税成为医疗费用的主要支付人。作为比较，美国的医疗保险计划本质上是对美国老年人的单一支付人制度。英国的制度扩大到覆盖每个人：英国国家健康服务局（British National Health Service）是政府机构，聘用医疗保健工作人员，经营医院和诊所，免费为公众服务。法国的制度处在加拿大和英国的制度之间。在法国，政府作为单一支付人，通过政府运营的庞大医疗保健系统向每个人提供健康保险。法国公民也可以选择私人医生和医院接受治疗。

> **单一支付人制度**指在医疗保健系统中，政府通过征税成为医疗费用的主要支付人。

加拿大、英国和法国为全体公民提供健康保险；美国则不是。然而，这三个国家用于医疗保健的人均支出要比美国少得多。许多美国人认为，这一定意味着国外的医疗保健质量较差。但许多医疗保健专家不认为其他富裕国家的医疗保健系统提供了劣质医疗保健服务，正如他们所指出的，英国、加拿大和法国总体上在医疗保健系统的许多手段方面与美国相当甚至更强，如在每10万人配备的医生、护士和医院床位数方面。的确，美国的医疗保健包括在某些领域有更先进的技术和许多更昂贵的外科手术，美国患者在选择性手术方面也比在加拿大、英国和法国等待的时间更短一些。

但是，对患者的调查似乎表明，在加拿大、欧洲和美国，患者接受的医疗保健质量无显著差异。如表18-7所示，与其他发达国家相比，美国确实在一些基础指标如预期寿命和婴儿死亡率方面要糟糕得多，尽管这些指标的糟糕表现可能还有除了医疗保健质量之外的其他原因——特别是相对更高的贫困率和收入不平等程度。

那么，为什么美国比其他富裕国家在医疗保健方面支出更多？一些人认为，这种差距是由医生工资高造成的，但大多数研究表明，这仅仅是第二位的因素。一种可能性是，美国人比外国人得到了更好的照顾，但这在对患者的调查或对健康性能的统计调查中没有办法显示出来。

最有可能的解释是，其他国家努力避免了美国制度表现出的严重低效率。美国制度的批评者强调，美国的医疗保健系统依赖私人保险公司，使得其高度分散，每一家保险公司都需要支出日常管理费用以及营销活动费用，并试图找出和剔除高风险患者，这些都导致高昂的运营成本。平均而言，私人健康保险公司的运营成本消耗了客户所支付保费的14%，仅剩下86%用于提供医疗保健。

相比而言，医疗保险计划的运营成本只占其资金的3%，剩下的97%用于提供医疗保健。麦肯锡全球研究院的一项研究发现，美国人均的医疗保健管理费用是其他富裕国家的近6倍。美国人也为处方药支付了更高的价格，因为在其他国家，政府机构与制药公司讨价还价来获得较低的药品价格。

□ 18.3.5 《平价医疗法案》

然而，无论人们怎样评估美国医疗保健系统的过往业绩，到了 2009 年，很显然它遇到了麻烦，表现在两个方面。

首先，越来越多的处在工作年龄的美国人没有保险。1999—2009 年，儿童的保险覆盖率有了很大改善，这在很大程度上要归功于与医疗补助计划有关的“儿童健康保险计划”这一政府计划的扩展，老人也被包括在医疗保险之中。但是如图 18－6 所示，即使在 2007—2009 年严重的经济衰退之前，处于工作年龄的美国人（被认为在 18～64 岁之间的那些人）中没有保险的百分比也呈明显的上升趋势。

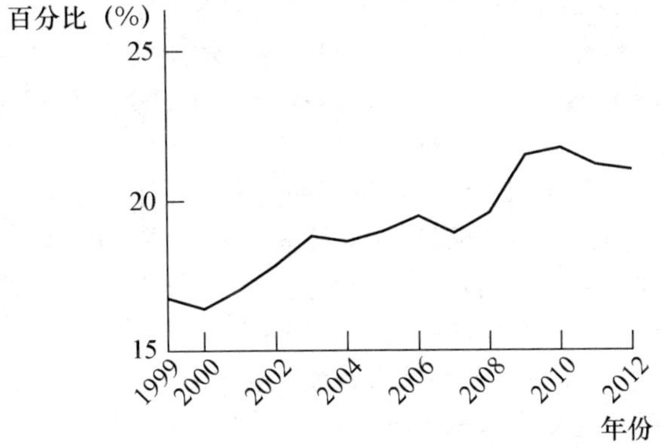

图 18－6 1999—2013 年无保险的工作年龄美国人的占比

年长的美国人被医疗保险计划所覆盖，许多孩子也获得了政府提供的保险。然而，无健康保险的工作年龄成年人的比例在《平价医疗法案》生效前一直在上升。

资料来源：U. S. Census Bureau.

反过来，随着无保险的人越来越多，健康保险的保费也在大幅上升，因为整体的医疗保健费用增长很快。图 18－7 展示了 20 世纪 60 年代以来美国整体的医疗保健支出占 GDP（作为全国总收入的衡量指标）的比例。正如我们所见，1965 年以来，医疗支出份额增长了两倍；这种支出增加可解释为什么健康保险变得越来越昂贵。在其他国家也可以观察到类似的增长趋势。

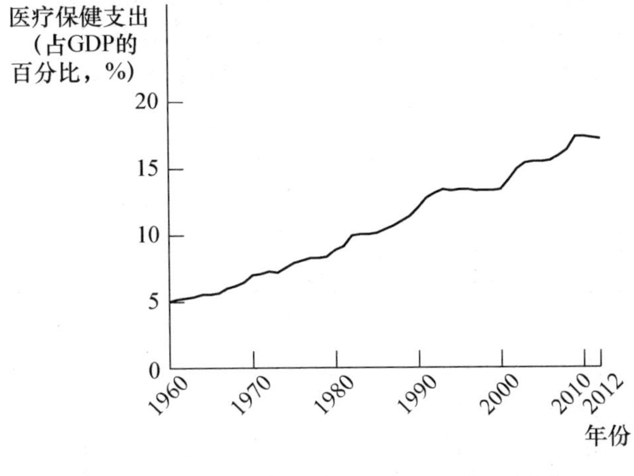

图 18－7 1960—2012 年医疗保健费用递增

1965 年以来，美国医疗保健支出占 GDP（作为全国总收入的衡量指标）的比例增长了两倍。许多分析人士认为，这种趋势背后的因素是医学的进步，因为更多的医疗问题可以得到解决，医疗保健支出就增加了。

资料来源：Department of Health and Human Services Centers for Medicare and Medicaid Services.

为什么医疗保健支出会上涨？医疗专家的共识是，医疗保健支出上涨是医学进步的结果。随着医学科学的发展，过去无法治疗的疾病现在有了治愈的可能，但往往要付出巨大的代价。私人保险公司和政府计划被迫覆盖新的手术，但这意味着更高的成本，更高的成本要么必须以更高保费的形式转嫁出去，要么需要纳税人缴纳更多的税收。

无保险的人越来越多和医疗保健费用上升叠加在一起，导致许多人都呼吁改革美国的医疗制度。所以，2010 年国会通过了《平价医疗法案》(ACA)，2014 年全面实施。这是自 1965 年创建医疗保险和医疗补助以来，美国福利国家的最大扩展。它有两个主要目标：覆盖没有保险的人群和对医疗保健费用进行控制。我们分别来分析。

覆盖没有保险的人群 从覆盖范围来看，《平价医疗法案》紧跟自 2006 年开始在马萨诸塞州成功使用的模型［由当时的共和党州长米特·罗姆尼（Mitt Romney）引入］。为了理解马萨诸塞州计划和《平价医疗法案》的逻辑，考虑一下没有保险的美国人所面临的一个主要问题：很多在私人保险市场中寻找合适保险险种的人被拒绝了，因为他们已经有病在治疗，保险公司担心这可能会导致未来更大数额的费用支出。（我们知道，保险公司甚至会因为像过敏或你在上大学时得过的皮疹这样的小病而拒绝你的投保。）保险公司如何向像这样的人提供保险呢？

答案之一是做出规定要求保险公司向每个人提供相同的保单，不考虑既往病史，这一规定被称为“社群费率”(community rating)。事实上，许多州都有这样的规定。但是社群费率会导致逆向选择死亡螺旋：健康的人不买保险，直到或除非他们生病，而且因为只有健康存在问题的人才买保险，保险变得非常昂贵。

为了使社群费率制度有效运转，有必要与其他政策相互补充。无论是马萨诸塞州的改革还是《平价医疗法案》，都添加了两个关键特性。首先，要求每个人都购买健康保险——被称为个人强制保险。其次，政府补贴应使得被要求参加保险的低收入和中等偏下收入家庭也能负担。

认识到这个系统就像一个三条腿的凳子非常重要：为有效运转，所有三个组成部分必须一应俱全。没有社群费率，那些有过往病史的人无法获得保险。没有个人强制保险，社群费率会导致逆向选择死亡螺旋。而且，不给那些低收入者提供补贴，就不能强制人们购买保险。

一旦充分实施，这种安排能成功覆盖几乎所有的人吗？马萨诸塞州的先行实践还是喜人的：到 2012 年，该州 96%以上的居民都有健康保险，几乎覆盖了所有的孩子。由于《平价医疗法案》与其在结构上很相似，《平价医疗法案》应该会产生类似的结果。

成本控制 《平价医疗法案》能有效控制成本吗？就其本身而言，覆盖面的扩大将提高医疗保健支出，虽然没有你想象的那么多。没有参保者大体上比较年轻，年轻者具有相对较低的医疗保健费用。（年老者已经由医疗保险覆盖。）现在的问题是：改革是否可以成功地随着时间的推移逐步降低医疗费用的增长速度？

《平价医疗法案》承诺控制成本是从认为美国目前的医疗制度具有造成资源浪费的扭曲的激励开始的。由于大多数医疗费用是由保险公司支付的，医生和患者都不担心成本支出。事实上，因为对医疗保健提供者来说每个过程通常都会使其获得支付，在此经济激励下，他们会提供更多的额外医疗——提供更多的医疗检查，甚至在某些情况下，进行更多的手术——即使这些检查或手术很少或没有医疗益处可言。

该法案试图通过多种方式来纠正这种激励扭曲——从严格监督报销到支付与治疗的医学价值挂钩、医疗费用依据医疗结果而非治疗过程支付以及限制就业型计划的税收减免等。即使是改革的支持者也承认，没有人知道这些措施中的哪一项会有效，但他们指出，《平价医疗法案》几乎集成了医疗保健经济学家已经提出的所有控制成本的想法，而且是其中一些可能会非常成功的想法。

《平价医疗法案》菜单 正如你所了解的，《平价医疗法案》设置了一个复杂程度大大超过像医疗保险和医疗补助等其他政府计划的保险制度，医疗保险和医疗补助等计划只是简单地直接提供保险。《平价医疗法案》设置了专门的在线市场，保险公司提供的个人必须选择的保险可在其中“交易”。为了弄清楚这些保险真正的成本，有必要计算你收到的补贴，这取决于你的收入以及保费水平。使得所有这些都运转起来是一个艰巨的规划问题。因此，当联邦政府运营的在线交易网站 healthcare. gov 在 2013 年 10 月启动后，系统经常崩溃。在接下来的两个月里，几乎没有人能注册成功。

但是，这是软件问题，而不是法律的基本结构问题，并且到 2014 年初，问题大部分已被解决。到 2014 年覆盖人群签约的最后期限之前，注册人群激增。到最后期限时，超过 800 万人通过该交易网站签约，数百万人要么直接从保险公司购买，要么已经被扩展的医疗补助所覆盖。

有多少签约用户是新投保者？一开始，很多人警告说，通过交易市场购买的许多保单可能只是替换现有的保单。但是，到 2014 年夏天，多个独立的调查显示，受访者中没有保险的人群占比急剧下降。到此时，似乎可以认为，《平价医疗法案》的确实现了覆盖许多但并非所有没有保险的美国人。《平价医疗法案》是否也将在降低成本增速方面取得成功还有待观察，但到了 2014 年，有初步迹象显示，医疗费用的增长速度确实在下降。

▶ 真实世界中的经济学

医疗补助做了什么

社会保险计划能真正帮助其受益者吗？答案并不总是像你想象的那么明显。以医疗补助计划为例，这是一个向低收入美国人提供健康保险的例子。对该计划的有效性持怀疑态度的部分人认为，即使没有医疗补助，穷人也仍然能找到办法来获得基本的医疗保健，而且没有明确的证据证明接受医疗补助确实能改善健康。

对这种观点进行检验非常棘手。你不能只是比较医疗补助计划的受益者与非医疗补助计划的受益者，因为该计划的受益者与非该计划的受益者在许多方面存在不同。而我们通常无法控制实验来对比接受不同政府福利的可比组。

然而，曾经有一段时间，一些事件提供了一个等价的受控实验，也就是医疗补助计划发生的一些事件。2008 年，俄勒冈州——此前因为缺乏足够的资金大幅削减了医疗补助计划的规模——在发现自己有足够的资金后，将部分但非全部有资格的受益者召回到了该计划中。为了分配有限的资金，该州采用了抽彩的方式。这样就可以进行比对了：这实际上就是一个受控实验，研究人员可以比较随机获得医疗补助的人和没有中签的人。

那么，结果如何呢？结果显示，医疗补助使得两者区别明显。

那些获得医疗补助者与没有获得医疗补助者相比：

- 乳房 X 光检查多 60%
- 门诊治疗多 35%
- 住院治疗多 30%
- 胆固醇检查多 20%

医疗补助受益者与非医疗补助受益者相比：

- 持续获得治疗的可能性高 70%
- 一直看同一个医生的可能性高 55%
- 在过去的一年内进行内抹片检查（女性）的可能性高 45%
- 因为医疗费用而借钱或减少其他开支的可能性低 40%
- 报告自己的健康状况“好”或“非常好”的可能性高 25%
- 使用处方药的可能性高 15%
- 进行高血糖或糖尿病的血液测试的可能性高 15%
- 抑郁症筛选呈阳性的可能性低 10%

总之，医疗补助大大促进了受益者进行医疗保健并大幅提高了受益者的福利。因此，尽管对于州医疗补助计划的规模存在激烈争论，因为它花费了纳税人很多的钱，但俄勒冈州的实践表明，对医疗补助的批评——声称它根本不起作用——并不成立。

及时复习

- 健康保险可满足一种重要的需求，因为大多数家庭无力负担昂贵的医疗费用。私人健康保险存在一个内在的问题：逆向选择死亡螺旋。保险公司的甄别可减轻这一问题，覆盖大多数美国人的就业型健康保险可避免之。

● 大多数没有获得私人保险的美国人由医疗保险计划覆盖，对 65 岁及以上的美国人而言，这是非按收入调查确定的单一支付人制度，而医疗补助则是按收入调查确定的制度。

● 与其他富裕国家相比，美国更多地依赖私人健康保险，人均医疗保健支出、管理成本以及药品价格都较高，但没有更好的证据证明健康结果也更好。

● 由于医学技术的进步，各地的医疗费用都在快速增加。2010 年美国通过的《平价医疗法案》旨在解决无保险人口比例逐渐增大问题和降低医疗支出的增长率。

小测验 18-3

1. 如果你被一个为期四年的学位项目录取，很可能你必须通过你的学校来参加健康保险计划，除非你有已经投保的证明。

a. 解释你和你的父母是如何从这个健康保险计划中受益的，给定你的年龄，你不可能需要昂贵的治疗费用。

b. 说明学校的健康保险计划如何避免逆向选择死亡螺旋。

2. 根据批评者的看法，美国医疗保健系统的成本比其他富裕国家更高的原因是什么？

18.4 关于福利国家的争论

福利国家的目标似乎值得称道：帮助穷人，防止遭遇严重经济困难，确保获得基本的医疗保健。但是，有良好的愿望并不总能制定出好的政策。关于福利国家规模应该多大存在激烈的争论，部分反映了理念的差异，也反映了对福利国家计划的激励可能产生适得其反的影响的关切。关于福利国家规模的争论是现代美国政治的确定性议题之一。

□ 18.4.1 福利国家的问题

对福利国家的反对有两种不同的观点。其中一种我们在本章前面已经进行了介绍，基于对政府适当作用的哲学上的关注。正如我们所知道的那样，一些政治理论家认为，收入再分配不是政府扮演的合法角色。相反，他们认为，政府的作用应限于维持法治、提供公共产品和管理外部性。

对福利国家更传统的反对意见涉及效率和公平之间的权衡，我们在第 7 章中已经探讨过这一话题。在那里我们解释的支付能力原则——认为收入增加一美元对不富裕的人比对富裕的人更有意义——意味着，税收制度应该是累进的，高收入纳税人缴纳的税收占其收入的比例应高于那些收入较低的人。

但是福利国家的理想目标必须考虑高边际税率的效率与成本的平衡。考虑一个极端的累进税制，对非常高的收入规定了 90%的边际税率。引出的问题是，高边际税率会降低对人们努力工作或进行风险投资来增加家庭收入的激励。结果是，一个极端的累进税制往往会使整个社会的境况变差，甚至可能会伤害这个制度试图支持的受益人。这就是为什么即使是经济学家也坚决赞成累进税制但不支持回归到 20 世纪 50 年代盛行的极端累进税制，当时美国的边际收入税率超过 90%。因此，税制的设计涉及公平与效率之间的权衡。

与公平与效率之间的权衡类似，对福利国家的规模也应该有所限制。运营一个大型福利国家的政府比把自己定位为主要提供如国防之类的公共产品的政府需要更多的收入。一个大型的福利国家比一个小型的福利国家需要更高的税收收入和更高的边际税率。

表 18-8 给出了“社会支出”，一种大致相当于福利国家总支出的衡量指标，分别表示为占美国、英国和法国 GDP 的百分比。该表还比较了社会支出与单个工资收入者平均的边际税率的估计值（包括雇主支付的薪资税以及州和地方税）。我们可以看到，法国的大型福利国家伴随着高边际税率。正如下面的“真实世界中的经济学”专栏所言，一些（并非全部）经济学家认为，如此高的边际税率是法国人每年的工作时间大大少于美国人的一个重要原因。

表 18-8 社会支出和边际税率

	2012 年的社会支出（占 GDP 的百分比，%）	2009 年的边际税率（%）
美国	19.4	43.6
英国	23.9	40.3
法国	32.1	59.8

资料来源：OECD. 边际税率被定义为占总劳动成本的百分比。

减少福利国家的成本的一种方法是根据收入调查的结果来确定福利的多少：只提供给那些需要者。但根据收入调查的结果来确定福利会造成另一种公平与效率之间的权衡。考虑下面这个例子：假设根据收入调查的结果来确定的部分福利，相当于每年 2 000 美元，仅发放给每年收入少于 2 0000 美元的家庭。再假设某个家庭目前的收入为 19 500 美元，一个家庭成员正在犹豫是否接受一个新工作，这个新工作会将家庭收入提高到 20 500 美元。接受这个新工作实际上将会使这个家庭的境况变差，因为它会获得 1 000 美元收入，但会失去 2 000 美元的政府福利。

根据收入调查的结果来确定福利造成某些家庭的收入增加一些后境况反而变得更糟这一特性，被称为税档切口（notch）。这是扶贫计划的一个众所周知的问题，这种表现很像收入攀升到对应较高级次的边际税率。大多数福利国家计划会被设置一个福利的浮动范围来避免税档切口问题。通过设置浮动范围，随着受益人收入水平的提高，福利会逐渐减少而不是戛然而止。

即便如此，表 18-3 还是表明，根据收入调查的结果确定的主要的计划和根据收入调查的结果确定的另外的计划（如由一些州和地方政府提供的住房补助计划）的综合影响是造成了非常高的有效边际税率。例如，一项 2005 年的研究发现，一个由两个成年人和两个孩子组成的家庭，在年收入从 20 000 美元——刚刚越过 2005 年的家庭贫困线——提高到 35 000 美元后，会发现几乎所有的税后收入增长都会因为失去如食品券、所得税抵免和医疗补助等福利而被完全抵消。

□ 18.4.2 福利国家的政治

1791 年，在法国大革命的早期阶段，法国公民召开了一次大会，即立法议会（Legislative Assembly），出席会议的代表按照他们的社会阶层就座：上层阶级，非常喜欢按部就班，坐在右边的座位上；平民，想进行大的变革，坐在左边的座位上。此后，政治评论家就将政治家分为“右翼”（更保守）和“左翼”（更自由）。

但是现代政治家的左翼（更自由）和右翼（更保守）有什么不同意见？在现代美国，他们主要的不同观点是关于福利国家的规模的。对《平价医疗法案》的辩论就是一个很好的例子，对法案投票表决完全基于政党的路线——民主党（左翼）赞成《平价医疗法案》，共和党（右翼）反对这一法案。

你可能会认为，政治辩论真正关心的只有一件事——福利国家有多大——那就过于简单化了。不过，政治学家发现，一旦你仔细对以往立法中国会议员从右至左进行排序，国会议员在这一排名中的位置对预测未来立法中他或她的投票来说是一个良好的指标。

同一研究表明，美国政治中强大的左-右谱系也显示出在该频谱中主要政党之间较强的极化趋势。40 年前，两党之间有大量重叠：一些民主党人如果愿意，会支持右翼的共和党人，或者，一些共和党人也会支持一些左翼的民主党人。然而，今天，最右翼的民主党人似乎在最左翼的共和党人的左边。这没有一定的对错。虽然谴责“党派之争”很普遍，但很难看出为什么不同政党的成员不应该对政策有不同的意见。

经济分析可以帮助解决这一政治冲突吗？只有一点可以。

对福利国家的政治争议涉及我们刚才讨论的权衡取舍的选择分歧：如果你认为丰厚的福利和高税收产生的反向激励作用足够大，与认为它们规模过小相比，你很可能会看低一些福利国家计划。经济分析通过提高我们对事实的认知，可以帮助解决其中的一些分歧。

然而，在很大程度上，对福利国家的意见分歧反映在价值观和理念的差异上。而这些分歧不能通过经济分析来化解。

▶ 追根究底

“我们是 99%！”

2011 年秋，曼哈顿金融区的一块小空地——祖科蒂公园被抗议者占领，这是被称为“占领华尔街”运动的一部分。抗议者有太多的委屈，但最迫切的是他们中的一部分人对华尔街的控诉，他们认为华尔街加剧了美国的不平等。“我们是 99%！”成为该运动青睐的口号，是指美国人口中收入最高的 1%的人的收入所占比重大幅增加。他们指控，华尔街因为向银行家支付巨额工资和奖金加剧了不平等，而过度冒险行为导致了毁灭经济的 2007—2009 年住房市场的繁荣与萧条。这种指控合理吗？

那些认为不合理者指出，华尔街和美国金融业总体上对美国经济做出了很大贡献。与其他国家相比，美国是金融服务和创新方面的领导者，每年创造数十亿美元的收入，从国外吸引了数万亿美元的投资。他们争辩说，华尔街的高薪只是对华尔街人才竞争市场中技能和辛勤工作的回报。

但是，不容置疑的是，数据显示，金融业的收入已经大大加剧了美国收入的不平等。当我们观察位于收入分配最高端的 1%甚至最高端的 0.1%的收入（年收入中位数为 560 万美元）时，情形特别明显。

虽然在这个收入精英群体（包括企业高管、经理、律师和其他人员）中，金融业从业人数占少数(18%)，但他们的收入已经高得过头了，因为金融业只雇用了约 6%的美国工人。因此，抗议者提出了一个合理的观点：华尔街的薪酬确实是迅速提升最高收入群体收入水平的重要因素之一。

▶ 真实世界中的经济学

法国家庭的价值观

美国是主要发达经济体中福利国家的规模最小的经济体。法国则是最大的之一。因此，法国的社会支出占全国总收入的百分比比美国高得多，法国公民的税率也高于美国公民。反对大型福利国家的一个理由是福利国家对效率的负向影响。法国的经验支持这种说法吗？

从表面来看，答案看起来很明确是肯定的。法国的人均国内生产总值——经济的总产出值除以总人口——仅相当于美国的约 75%。这反映了法国工作量少的事实：法国工人和美国工人每小时有几乎相同的生产力，但法国人口中的可雇佣部分相对较少，普通的法国员工在一年中的工作小时数大幅少于他们的美国同行。一些经济学家认为，法国的高税率可以解释这种差异：工作动机在法国比在美国弱，因为政府拿走了工人多工作一小时所赚到的收入中相当大的一部分。

但详细分析后又会发现事情比这更为复杂。法国的就业水平低完全是年轻人和老年人的就业率低的结果；处于主要工作年龄（25～54 岁）的法国居民约 80%被雇用，与美国完全相同。如此高的税率似乎并没有阻碍法国人在他们生命中的主要阶段工作。但法国 15～24 岁的年轻人中只有约 30%就业，而美国15～24 岁的年轻人中就业人数超过一半。法国的年轻人没有工作，部分原因是他们不必就业：大学教育一般是免费的，学生会获得资金支持，因此，法国的学生不像他们的美国同行，他们很少在上学期间去工作。法国人会告诉你，这是他们制度的优点，而不是一个问题。

缩短工作时间也反映了除了税率以外的影响因素。法国的法律要求，雇主至少提供一个月的假期，但大多数美国工人的假期不到两个星期。在这方面，法国人会告诉你，他们的政策好于你们的政策，因为这有助于家人们待在一起。

连法国人也同意，法国的政策在退休制度方面存在很大的问题，即允许工人领取丰厚的退休金，即使他们很早退休。由此造成的结果是，55～64 岁之间的法国居民只有 45%还在工作，而美国人的这一数字超过 60%。支付给所有这些早期退休人员的费用对法国的福利国家造成了很大的负担——法国的人口老龄化也越来越严重。

及时复习

- 关于福利国家规模的激烈争论集中在哲学与公平和效率问题上。支持福利国家所需要的高边际税率打击了人们的工作积极性。根据收入调查的结果确定的福利水平可以降低福利国家的成本，但也会引起非效率问题。
- 政治经常被描述成左翼与右翼的对立；在现代美国，分歧主要涉及对福利国家适当规模的争议。

小测验 18-4

1. 解释如下政策如何对工作和进行风险投资产生反向激励。

a. 对消费项目征收高消费税。

b. 当年收入上涨到 25 000 美元以上时，住房补贴被完全取消。

2. 在过去 40 年中，国会中的极化程度加剧了、减弱了还是不变?

▶ **企业案例**

福利国家的企业家

"威格·达尔马 (Wiggo Dalmo) 是典型的企业家：工薪阶层出生，表现良好。" 2011 年 1 月发行的 *Inc.* 杂志以这样的人物简介开始介绍威格·达尔马。达尔马开始工作时是一家大公司修理采矿设备的技师。但最终，他决定自己出来单干，并开创了自己的事业。他创办的 Momek 公司最终成长为年收入 4 400 万美元、拥有 150 名员工的公司，从事石油钻井平台作业和采矿的多种工作。

在任何时间，在美国的商业出版物中，你都能读到这样的故事。不同寻常的是，这篇文章所介绍的达尔马和他的公司不是美国的，而是挪威的——像其他斯堪的纳维亚国家一样，挪威有一个非常慷慨的福利国家，有高水平的税收做支持。那么，达尔马怎样看待这一制度？他表示赞同，他说，挪威的税收制度"良好而且公平"，他认为该制度对企业有利。事实上，*Inc.* 杂志的文章标题为《在挪威，创业者说社会主义》。

为什么？毕竟，作为一个成功的企业家，其金钱回报在像挪威这样的高税率国家受到的限制比在像美国这样的低税率国家要多得多。但也有其他方面的考虑。例如，至少直到《平价医疗法案》在 2014 年 1 月开始实施之前，一名美国人选择离开大公司而创建一个新公司还是要担心他或她将能否获得健康保险，而挪威人在相同情形下不管就业与否都不用为此担心。在美国制度中失败的负面影响更大一些，它对失业者提供最小的援助。

不过，威格·达尔马是一个特例吗？表 18-9 显示了创业活动水平最高的部分国家和地区，这些数据基于美国小企业管理局的研究，它试图量化不同国家和地区的创业活动水平。美国处在该列表的顶部，但一些斯堪的纳维亚国家有非常高的税收水平和广泛的社会保险 (例如，挪威处在第 14 位)。

当比较不同的福利国家制度实际上对企业多友好时，你不得不回想一下在过去税收水平带来的明显问题。

表 18-9　　2014 年 10 大创业型国家和地区

排名	国家和地区
1	美国
2	澳大利亚
3	瑞典
4	丹麦
5	瑞士
6	中国台湾
7	芬兰
8	荷兰
9	英国
10	新加坡

资料来源：The Global Entrepreneurship and Development Index 2014, by Zoltan Acs, Laszlo Szerb and Erkko Autio.

思考题

1. 为什么挪威的总体税收水平高于美国？

2. 这个案例说明，政府支付医疗保健费用有助于企业家创业。这与正文中有关社会保险的观点有什么关系？

3. 如果挪威的医疗保健实行按收入调查确定而非给予全体国民，这对像威格·达尔马这样的企业家有什么影响？

小结

1. 福利国家占去了所有富裕国家政府支出的相当大的份额。政府转移支付是由政府对个人和家庭进行的支付。扶贫计划通过帮助贫困人群缓解收入的不平等状况；社会保险计划缓解经济的不安全状况。福利国家计划通过减少贫困和改善医疗保健可更好地为社会带来外部收益，尤其是对儿童。

2. 贫困线可根据生活成本而非生活水平进行调整，在过去 30 年中美国人的平均收入大幅上升，但贫困率即收入在贫困线以下的人口所占的百分比并不低于 30 年前的水平。贫困由各种不同的原因引起：缺乏教育、歧视的传统和运气不好。贫困对儿童尤其有害，会导致更多的慢性病、更低的终生收入和较高的犯罪率。

3. 家庭收入中位数——位于收入分配的中间位置的家庭收入——是比典型家庭的平均收入更好的一个指标，因为它通过排除少数极富裕家庭而没有被扭曲。基尼系数是基于五分位数组收入的不公平分配总结出的衡量收入不平等程度的数字，用来比较不同国家的收入不平等状况。

4. 无论是按收入调查确定的计划还是非按收入调查确定的计划，都将减少贫困。主要的非货币补助计划是医疗保险和医疗补助，用于支付医疗保健费用。由于对影响工作积极性和家庭凝聚力的关注，对贫困家庭的援助的慷慨程度已经显著降低，而负所得税则变得越来越大方。社会保障是美国最大的福利国家计划，已显著减少了老年人的贫困问题。失业保险也是一个重要的社会保险计划。

5. 健康保险满足了一种重要的需求，因为大多数家庭无力负担昂贵的医疗费用。私人健康保险，除非是就业型或者对申请者进行慎重甄别，否则可能会陷入逆向选择死亡螺旋。大多数美国人是通过就业型私人健康保险获得保险的；剩下的大部分通过医疗保险（对于那些 65 岁及以上的人是单一支付人制度，政府用获得的税收收入支付大部分医疗费用）或医疗补助（针对那些低收入人群）获得保险。

6. 与其他国家相比，美国更依赖于私人健康保险，人均医疗保健费用更高，但没有提供更好的医疗保健服务。医疗保健费用一直在上涨，主要是由于技术进步。日益增多的无保险的人和没有保险引起的财务困境促使《平价医疗法案》在 2010 年通过。其目的是减少未投保的人数，并减缓医疗保健费用的增长速度。

7. 对福利国家规模的争论是基于哲学考虑和公平与效率的考虑。虽然为大规模的福利国家提供资金的高边际税率会打击工作积极性，但旨在降低福利国家的成本的根据收入调查的结果确定福利水平的计划也会降低工作积极性，除非经过精心设计来避免税档切口。

8. 左翼政治家倾向于支持一个更大规模的福利国家，而右翼则反对。这种左-右的区别是今天政治的核心。近几十年来，美国的两大政党已经越来越极化，他们的成员站在左右哪个阵营比过去更容易区分。

关键词

福利国家	政府转移支付	扶贫计划	社会保险计划	贫困线
贫困率	家庭收入均值	家庭收入中位数	基尼系数	按收入调查确定
非货币补助	负所得税	私人健康保险	单一支付人制度	

练习题

1. 下表给出了 1983 年和 2013 年美国的经济数据。第二列为贫困线。第三列为消费者价格指数（CPI），度量价格总水平。第四列为美国人均国内生产总值，衡量生活水平。

年份	贫困线（美元）	CPI（1982—1984 年＝100）	人均国内生产总值（美元）
1983	5 180	99.6	15 525
2013	11 490	233.0	53 086

资料来源：U. S. Census Bureau；Bureau of Labor Statistics；Bureau of Economic Analysis.

a. 什么因素导致贫困线从 1983 年到 2013 年的升高？也就是说，它是否已经提高了一倍、两倍，等等？

b. 什么因素推动消费者价格指数（价格总水平的衡量指标）从 1983 年到 2013 年的上升？也就是说，它是否已经提高了一倍、两倍，等等？

c. 什么因素推动人均国内生产总值（生活水平的衡量指标）从 1983 年到 2013 年的上升？也就是说，它是否已经提高了一倍、两倍，等等？

d. 你的结果能说明被官方划归为“穷人”的人相对于其他美国公民在经济上发生了什么变化吗？

2. 在大都市，有 100 个居民，每个居民的寿命是 75 岁。大都市居民一生中有下列收入：14 岁前不赚钱；从 15 岁到 29 岁，他们每年赚取 200 metro（大都会的货币）；从 30 岁到 49 岁，他们每年赚取 400 metro；从 50 岁到 64 岁，他们每年赚取 300 metro；最后，65 岁他们退休，直到他们 75 岁去世，其间他们每年获得 100 metro 的养老金。每个居民当年不论赚取多少都用于消费（即没有储蓄和借款）。目前，20 个居民 10 岁，20 个居民 20 岁，20 个居民 40 岁，20 个居民 60 岁，20 个居民 70 岁。

a. 研究大都市所有居民之间的收入分配。根据他们的收入将他们按五分位数分组。收入最低五分之一组居民的收入为多少？第二、第三、第四和最高五分之一组居民的收入为多少？每组居民的收入占总收入的比重各为多少？构建一个表，将每组所占的收入份额列出。这种收入分配表现出不平等了吗？

b. 现在在大都市中，40 岁的居民有 20 个，只研究这部分居民之间的收入分配。根据他们的收入，将这 20 个居民按五分位数分组。最低五分之一组居民的收入为多少？第二、第三、第四和最高五分之一组居民的收入为多少？每组居民的收入占总收入的比重各为多少？这种收入分配表现出不平等了吗？

c. 这些例子与对任何国家收入分配数据的评估有相关性吗？

3. 下表中的数据引自美国人口普查局，是 1972 年和 2012 年男性工人收入的中位数与均值，数字经过通货膨胀调整。

年份	收入中位数（2012 年美元）	收入均值（2012 年美元）
1972	36 547	42 383
2012	33 904	49 915

资料来源：U. S. Census Bureau.

a. 在这一时期，收入中位数增长了多少百分比？收入均值增长了多少百分比？

b. 1972—2012 年间，收入分配变得更不平等了吗？请说明。

4. Equalor 经济体有 100 个家庭。最初，其中的 99 个家庭每家收入为 10 000 美元，另外 1 个家庭收入为 1 010 000 美元。

a. 该经济体的收入中位数为多少？收入均值为多少？

通过实施扶贫计划，Equalor 政府现在对收入进行再分配：从最富裕家庭拿走 990 000 美元，然后将其平均分配给其余的 99 个家庭。

b. 现在该经济体的收入中位数为多少？收入均值为多少？收入中位数变化了吗？收入均值变化了吗？用哪个指标（家庭收入均值或家庭收入中位数）表示 Equalor 典型家庭的收入更好？请解释。

5. 名为 Marxland 的国家实行如下所得税制度和社会保险制度。对每个公民的收入以 100%的平均税率征税。社会保险制度向每个公民进行转移支付，这样每一个公民的税后收入是完全平等的。也就是说，每个公民都得到（通过政府转移支付）相等的所得税收入份额。对每个公民工作并赚取收入的激励是什么？Marxland 的税收总额是多少？每个公民的税后收入（包括转移支付）是多少？你认为这种税制创造的完全平等能实现吗？

6. Taxilvania 经济体的税收制度包括负所得税。对于所有收入低于 10 000 美元的人来说，缴纳的所得税为－40%（也就是说，他们将得到相当于其收入的 40%的支付）。超过 10 000 美元门槛的任何收入，额外收入的税率为 10%。对于下面的前三种情形，计算出应缴纳的所得税额和税后收入。

a. Lowani 赚取 8 000 美元的收入。

b. Midram 赚取 40 000 美元的收入。

c. HI-Wan 赚取 100 000 美元的收入。

d. 你能找到这个税收制度的税档切口吗？也就是说，你能找到一种情形，赚取多一点的税前收入实际上会导致税后收入更少吗？

7. 在 Notchingham 市，每个工人的工资率为每小时 10 美元。Notchingham 管理者负责自己城市的失业救济金发放，结构如下：如果你失业了（也就是说，如果你没有工作），你每天会得到 50 美元失业救济金（政府转移支付）。只要你工作，即使是 1 小时，就完全取消失业救济金。也就是说，该福利系统存在税档切口。

a. 一个失业工人每天的收入为多少？每天工作 4 小时的收入为多少？一个人需要工作多少小时才能赚取与失业时一样的收入？

b. 有人愿意接受一份需要每天工作 4 小时的兼职工作而不是失业吗？

c. 假设 Notchingham 市现在改变其失业救济金停发方式。每增加 1 美元个人收入，失业救济金就停发 0.50 美元。每天工作 4 小时的人现在有多少收入？现在的制度有助于刺激人们每天工作 4 小时而不是失业吗？

8. 下表给出了美国的总人数以及没有保险的总人数，时间为 1999—2011 年。下表也给出了美国贫困儿童——年龄不大于 18 岁且处于贫困线以下——的总人数以及贫困儿童中没有保险的人数。

年份	总人数（百万）	无保险人数（百万）	儿童总人数（百万）	无保险贫困儿童人数（百万）
1999	276.8	38.8	12.3	3.8
2001	282.1	39.8	11.7	3.3
2003	288.3	43.4	12.9	3.3
2005	293.8	44.8	12.9	3.1
2007	299.1	45.7	13.3	3.1
2009	304.3	50.7	15.5	3.1
2011	308.8	48.6	16.1	3.0

资料来源：U.S. Census Bureau.

计算每年有多大比例的人和贫困儿童没有保险？这些百分比随着时间的推移怎样发生变化？无保险贫困儿童所占比例的变化的可能解释是什么？

9. 美国全国选举研究所对美国选民的意见进行定期研究。下表描述了 1952—2008 年间的部分年份同意“共和党和民主党代表有重要区别”这一观点的人群所占的比例。

年份	同意者所占比例（%）
1952	50
1972	46
1992	60
2004	76
2008	78

资料来源：American National Election Studies.

这些数据说明随着时间的推移，美国政治中党派的极化程度出现了什么变化？

在线回答问题

10. 在私人保险市场有两种不同类型的人：有些人更可能需要昂贵的医疗；有些人不太可能需要医疗，如果他们需要，也是需要花费不多的医疗。该市场提供一种适合普通人需要的健康保险险种：保费等于普通人的医疗费用（加上保险公司的费用和正常利润)。

a. 解释这样的保险险种为什么不太可能实行。

为努力避免逆向选择死亡螺旋,私人健康保险公司提供两种健康保险险种:一种针对那些更可能需要昂贵医疗的人(因此收取更高的保费),另一种针对不太可能需要医疗的人(因此收取较低的保费)。

b. 这样的系统能克服逆向选择造成的问题吗?

c. 英国国家医疗服务体系(NHS)应怎样避免这些问题?

第19章

要素市场和收入分配

本章将学习

➢ 土地、劳动、物质资本和人力资本这些生产资源在生产要素市场中怎样进行交易并决定要素的收入分配。

➢ 要素的需求怎样推动形成收入分配的边际生产力理论。

➢ 工资差距产生的原因和歧视的影响。

➢ 劳动供给如何受到工人的时间分配决定的影响。

开篇案例

学位的价值

高等教育有回报吗？是的，有回报：在现代经济中，雇主愿意为受过更多教育的工人支付溢价。在过去几十年里，溢价增加了不少。2013年，拥有四年制大学学位的美国人的小时平均工资比那些没有学位的人高出98%。2008年这一比例为89%，2003年为85%，在20世纪80年代初为64%。事实上，根据麻省理工学院经济学教授大卫·奥特尔（David Autor）的研究，大学学位的真实成本大约为－50万美元。也就是说，大学学位比免费还便宜。换句话说，没有得到大学学位将在你的一生中花费大约50万美元。这大约是30年前负成本的两倍。而且由于获得学士学位如此宝贵，美国人比以往任何时候都想获得之：2013年，年龄在25～29岁之间的人中至少34.5%有学士学位，而在1995年只有24.7%。

是什么人决定了有四年制大学学位的工人的工资比没有学位的工人的工资高出这么多？答案当然是无人能决定。工资率是价格，不同类型劳动的价格；像其他价格一样，它们由供给和需求决定。

不过，高中毕业生的工资率和二手教科书的价格之间还是有质的区别的：工资率不是产品价格，它是一种生产要素的价格。而且，虽然生产要素市场在许多方面类似于产品市场，但两者也存在着一些重要的差异。

在本章中，我们将考察要素市场，诸如劳动、土地和资本等要素在该市场中进行交易。要素市场，像产品和服务市场一样，在经济中发挥着至关重要的作用：它们将生产性资源分配给生产者，并帮助确保这些资源得到有效利用。

本章首先对主要生产要素和生产要素的需求做基本介绍，这可以导出一些至关重要的见解：收入分配的边际生产力理论。然后，我们考虑边际生产力理论所面临的挑战，并检视资本市场和土地市场。本章最后讨论最重要的要素——劳动的供给。

19.1 经济中的生产要素

你可能还记得，我们在第 2 章的循环流向图中定义了生产要素：它是企业用于生产家户可消费的产品和服务的任何资源。生产要素在要素市场中进行买卖，要素市场价格被称为要素价格。

这些生产要素有哪些？为什么要素价格非常重要？

19.1.1 生产要素

正如我们在第 2 章中所学，经济学家将生产要素划分为四种主要类别：土地、劳动、物质资本和人力资本。土地是大自然提供的资源；劳动是人类所做的工作。

在第 9 章，我们定义了资本：它是企业在生产产品时所使用的资产的价值。有两种类型的资本。**物质资本**（physical capital）——通常简称“资本”——包括设备、建筑物、工具和机器等物资资源。

在现代经济中，**人力资本**（human capital）——教育和知识所带来的劳动的改进，体现在劳动力中——至少具有同样的重要性。人力资本的重要性因为技术进步已大大提升，这使得高水平的复杂技术成为许多工作的必备要求——这也是具有高学历者的工资溢价递增的原因之一。

物质资本——通常简称“资本”——包括设备、建筑物、工具和机器等物资资源。

人力资本是教育和知识所带来的劳动的改进，体现在劳动力中。

19.1.2 为什么要素价格很重要：资源配置

资源在生产者之间的分配是任何经济体中一定会发生的最重要的过程之一，要素市场和要素价格在其中发挥着关键作用。

我们以北达科他州威利斯顿所发生的为例。以前这是一个沉睡的农业大镇，随着该镇成为使用压裂法开采天然气和石油的一个重要产区，该镇人口翻了一番还多，从 12 000 人增长到 30 000 人。据估计，这里每平方英里有四个钻井。

是什么吸引油田工人来到威利斯顿？要素市场：对工人的大量需求推动了工资水平。在油田，工人的起薪很容易超过 100 000 美元。不能在油田工作的人也搬到那里，做石油工人没有时间做的事情，例如做饭和洗衣服。换句话说，要素市场——在这个例子中生产要素是油田工人和厨师——将生产要素分配到需要它们的地方。

从这个意义上讲，要素市场与产品市场类似，后者在消费者之间分配产品。但要素市场有两个特征。第一个特征是，与产品市场不同，要素市场的需求就是我们所说的派生需求（derived demand）。也就是说，对生产要素的需求是从企业的产出选择中派生出来的。第二个特征是，要素市场是我们大多数人得到我们收入的最大份额的地方（政府转移支付是经济中收入的第二大来源）。

▶ 疑难解答

什么是生产要素？

试想一个生产衬衫的企业。该企业将使用工人和机器，也就是说劳动和资本。但它也将使用其他投入品，如电力和布匹。所有这些投入品是否都是生产要素？不是！劳动和资本是生产要素，但布匹和电力不是。

关键的区别是，生产要素从其一遍又一遍的服务销售中获得收入，但其他投入品则不是。例如，随着时间的推移，一名工人从反复出售他或她的劳动中赚取收入；一台机器的主人，随着时间的推移从反复出售这台机器的使用中赚取收入。

所以，如劳动和资本等生产要素代表了收入的持久来源。但是，如电力或布匹等投入品在生产过程中被使用殆尽。一旦用完，这种投入品就不能成为其所有者在未来的收入来源。

□ 19.1.3 要素收入和收入分配

大多数美国家庭的大部分收入是以工资和薪金的形式获得的，也就是说，他们通过出售劳动获得收入。然而，有些人的大部分收入来自物质资本：当你持有一家公司的股票时，你实际上拥有的是该公司物质资本的相应份额。有些人得到的大部分收入来自他们拥有的土地所赚取的租金。

▶ 追根究底

要素收入分配与工业革命时期的社会变迁

你读过简·奥斯汀的小说吗？读过狄更斯的小说吗？如果你读过这两位作家的书，你可能会注意到，他们描述的似乎是完全不同的社会。奥斯汀的小说写的是1800年前后的英格兰，描述了这样一个世界：社会的领导者是地主贵族。狄更斯写的是大约此后50年的情形，描述了商人尤其是工厂主控制下的英格兰。

这种文学转变反映了当时英格兰要素收入分配的巨大变化。工业革命，发生在18世纪后期和19世纪中期之间，改变了英国，使之从一个以农业为主的国家转变成一个城市化和工业化国家，前期土地收入占有相当可观的份额，到了后期，与资本收入相比，地租已经相形见绌。经济学家南希·斯托基（Nancy Stokey）的估计表明，在1780年和1850年之间，土地带来的国民收入份额从20%下降到了9%，但资本带来的国民收入份额从35%上升到了44%。这种转变改变了一切，甚至是文学作品。

很明显，生产要素的价格对经济如何在不同群体之间切“蛋糕”会产生重大影响。例如，当工资率相对高时，在其他条件不变的情况下，意味着经济中总收入的较大份额由贡献劳动的人来获得，拥有资本和土地的人获得的收入相对减少。经济学家把如何切经济蛋糕称为“收入分配”。特别要指出的是，要素价格决定着**要素收入分配**（factor distribution of income），即经济的总收入如何在劳动、土地和资本之间进行分割。

> **要素收入分配**是指总收入在劳动、土地和资本之间进行的分割。

如下面的“真实世界中的经济学”专栏所解释的，在过去的几十年中，美国的要素收入分配已经相当稳定。然而，在其他时间和地方，要素分配的大变化经常发生。一个著名的例子是在工业革命时期，英国地主赚取的收入在总收入中所占的份额大幅下降，而由英国资本所有者获得的收入份额则上升了。正如“追根究底”专栏所描述的，这种转变对社会产生了深远影响。

▶ 真实世界中的经济学

美国的要素收入分配

当我们谈论要素收入分配时，对实践中的情形我们能说些什么？

在美国，正如在所有发达经济体中一样，劳动收入在经济的总收入中占据大半。图19-1所示为美国在2013年的要素收入分配情形：在该年，总收入的66.3%以“雇员薪酬”形式发放，包括工资和如健康保险之类的福利。按历史标准这个数字有些偏低（1972年为72.1%，2007年为70.2%）。它反映了经济大衰退之后，失业率和工资率缓慢复苏但尚未恢复到衰退前的水平的现实。

然而，度量工资和福利的指标并不能表示“劳动”的全部收入，因为在美国，占总收入相当大部分的是“业主收入”（一般占7%～10%）——拥有自己企业的人所获得的收入。该收入中的一部分应该算是这些企业主支付给自己的工资。所以，在经济中劳动收入所占的真实份额可能比所报告的“雇员薪酬”的份额高几个百分点。

但是，被我们称为雇员薪酬的收入的相当部分其实是对人力资本的回报。一位外科医生不只是提供一双普通的手能做的服务（至少病人希望不是!），他们还提供了多年来自己投入大量资金进行培训和通过经验积累得到的结果。我们不能直接度量哪部分工资是真正对教育和培训的支付，但是许多经济学家认为，在现代经济中，人力资本已成为最重要的生产要素。

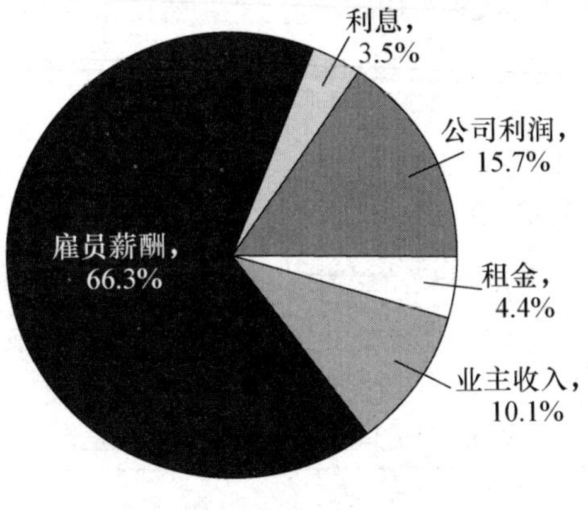

图 19-1　2013 年美国的要素收入分配

资料来源：Bureau of Economic Analysis.

及时复习

- 经济学家通常把经济中的生产因素分为四个主要类别：劳动、土地、物质资本和人力资本。
- 对生产要素的需求是一种派生需求。要素价格是在要素市场中决定的，决定着要素收入分配。在现代美国经济的收入中劳动收入所占的比例最大，2013 年占 66%。虽然确切份额无法直接度量，但雇员薪酬的相当部分是对人力资本的回报。

小测验 19-1

1. 假设政府对大学教授的市场价格进行控制，制定的工资比市场工资低。请说明该政策对大学学历教育产生的影响。你认为经济中的哪些行业会受到该政策的不利影响？经济中的哪些行业可能会受益？

19.2　边际生产力和要素需求

所有的经济决策都是比较成本和得益，通常比较边际成本和边际得益。这既适用于消费者，他们要决定是否再在学校多受一年教育，也适用于生产者，他们要决定是否雇用更多的工人。

虽然并非全部如此，但在现代美国经济中大部分要素市场是完全竞争的，这意味着某种要素的买卖双方都是价格接受者。在竞争激烈的劳动市场中，如何界定雇主聘用工人的边际成本很明确：仅仅是工人的工资率。但是，什么是这个工人的边际得益呢？为了回答这个问题，我们回到第 11 章介绍的一个概念：连接投入与产出的生产函数。在第 12 章中，我们假设在全章中所有的生产者在它们的产品市场中都是价格接受者，他们在一个完全竞争的行业中经营。

□ 19.2.1　边际产品价值

图 19-2 是图 11-1 和图 11-2 的再现，所表示的是乔治和玛莎的农场的小麦的生产函数。图 19-2（a）使用总产量曲线表示小麦产量怎样受到农场所雇用工人人数的影响；图 19-2（b）所示为劳动的边际产量——多雇用一名工人带来的产量增加量——怎样受到所雇用工人人数的影响。表 19-1 与图 11-1 中的表相同，展示了图中的数字。

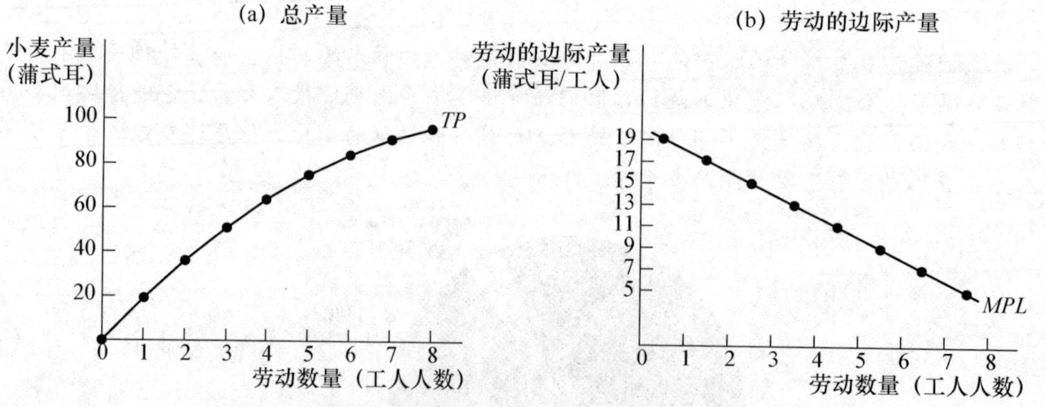

图 19-2　乔治和玛莎的农场的生产函数和劳动的边际产量

图（a）所示为乔治和玛莎的农场的小麦产量如何受到所雇用工人人数的影响。图（b）所示为劳动的边际产量如何受到所雇用工人人数的影响。

表 19-1　**乔治和玛莎的农场的就业与产出**

劳动数量 L（工人人数）	小麦产量 Q（蒲式耳）	劳动的边际产量 $MPL=\Delta Q/\Delta L$（蒲式耳/工人）
0	0	
		19
1	19	
		17
2	36	
		15
3	51	
		13
4	64	
		11
5	75	
		9
6	84	
		7
7	91	
		5
8	96	

假设乔治和玛莎希望最大化自己的利润，同时必须向每名工人支付 200 美元，而小麦售价为每蒲式耳 20 美元。工人的最优产量为多少？也就是说，为使利润最大化，他们应该雇用多少工人？

在第 11 章和第 12 章中我们已经介绍过回答这个问题的几个步骤。在第 11 章中，我们使用生产者的生产函数信息推导出了企业的总成本和边际成本。而在第 12 章中，我们得出了价格接受型生产者的最优产出原则：对价格接受型企业而言，当最后生产的一单位产量的边际成本等于市场价格时，可实现利润最大化。在确定了最优产量水平后，我们可以回到生产函数，找到最优工人数量——生产最优产量水平所需要的工人数量。

然而，利用边际分析的另一种方法也能找到生产者利润最大化时的工人数量。我们可以直接求解在什么样的就业水平上能实现利润最大化的问题。这种新的方法与我们在前面所描述的方法是等价的——它只是对同一件事物的不同观察方法。它可以使我们对作为产品供给对立面的要素需求做更深入的观察。

为了理解这种替代方法的工作原理，我们假设乔治和玛莎正在考虑是否要额外雇用一名工人。额外雇用一名工人所增加的成本是工资率 W。乔治和玛莎从额外雇用一名工人中得到的好处就是工人所能生产的额外的产品的价值。价值几何？其价值就是劳动的边际产出 MPL 乘以单位产量的价格 P。这一数值就是多雇用一单位劳动所增加的产品的价值，被称为劳动的**边际产品价值**（value of the marginal product），或 *VMPL*：

> 要素的**边际产品价值**是多使用一单位生产要素所增加的产品的价值。

$$劳动的边际产品价值 = VMPL = P \times MPL \quad (19-1)$$

所以，乔治和玛莎应该额外雇用工人吗？如果额外的产出价值超过雇用工人的成本，即 $VMPL > W$，答案就是肯定的。否则，他们不应该多雇用工人。

因此，是否多雇用工人是一个边际决策，其中生产者额外雇用一名工人的边际得益（*VMPL*）应该与生产者的边际成本（*W*）相比较。而且与任何边际决策一样，最优选择是使边际得益刚好等于边际成本。也就是说，为实现利润最大化，乔治和玛莎将雇用工人到这样的点——所雇用的最后一名工人使得：

$$VMPL = 利润最大化时的工资率\ W \quad (19-2)$$

这个规则不只适用于劳动，也适用于任何一种生产要素。任何一种要素的边际产品价值都等于它所生产产品的边际产量乘以产品价格。一般性的规则是，一个以利润最大化为目的的价格接受型生产者雇用的每种生产要素都将达至这样的点，即每种要素的最后一单位产量的边际产品价值都等于要素的价格。

认识到这个规则与我们在第 11 章和第 12 章的分析并不冲突非常重要。此前，我们知道，一个以利润最大化为目的的产品生产者选择产品价格等于边际成本时的产出水平。这是看待同一规则的不同方式。如果选择的产出水平使价格等于边际成本，那么，在这一产出水平上劳动的边际产品价值等于工资率也成立。

下面我们进一步来看为什么选择的雇用水平位于所雇用的最后一名工人的边际产品价值等于工资率处，以及这如何帮助我们理解要素需求。

□ 19.2.2 边际产品价值和要素需求

表 19-2 计算了乔治和玛莎的农场中劳动的边际产品价值，假定小麦的价格是每蒲式耳 20 美元。在图 19-3 中，横轴表示雇用的工人人数；纵轴表示劳动的边际产量和工资率。图中的曲线表示的是劳动的**边际产品价值曲线**（value of the marginal product curve）。这条曲线与劳动的边际产量曲线一样，因为生产中劳动的边际收益递减而向下倾斜。也就是说，每名工人的边际产品价值都小于前面的工人的边际产品价值，这是因为每名工人的边际产量都小于前面的工人。

> 要素的**边际产品价值曲线**表现的是所使用的要素数量怎样影响该要素的边际产品价值。

表 19-2 乔治和玛莎的农场中劳动的边际产品价值

劳动数量 *L*（工人人数）	劳动的边际产量 *MPL*（蒲式耳/工人）	劳动的边际产品价值 $VMPL = P \times MPL$（美元）
0		
	19	380
1		
	17	340
2		
	15	300
3		
	13	260
4		
	11	220
5		
	9	180
6		
	7	140
7		
	5	100
8		

我们刚刚分析过，为实现利润最大化，乔治和玛莎必须雇用的工人数量应达至这样的点——工资率等于所雇用的最后一名工人的边际产品价值。我们以一个例子来说明这个规则确实成立。

假设乔治和玛莎目前雇用了 3 名工人，对这些劳动者必须支付市场工资率，即 200 美元。他们应该多雇用一名工人吗？

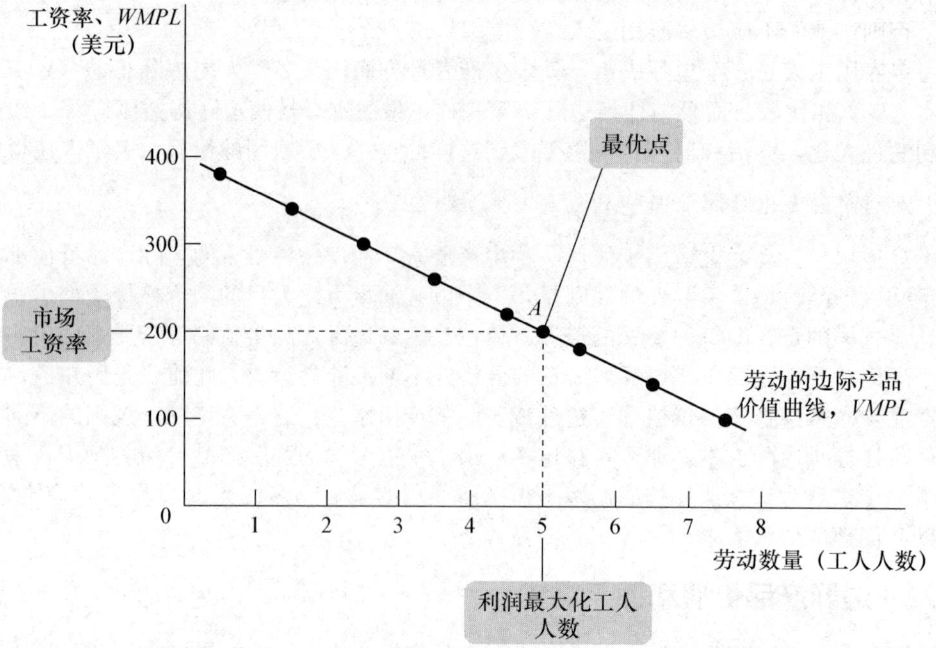

图 19-3　边际产品价值曲线

这条曲线表示的是劳动的边际产品价值怎样受到所雇用的工人人数的影响。因为在生产中劳动的边际收益递减，所以这条曲线向下倾斜。为了实现利润最大化，乔治和玛莎选择的雇用水平位于劳动的边际产品价值等于市场工资率处。例如，在工资率为 200 美元时，利润最大化的雇用水平为 5 名工人，如 A 点所示。一种要素的边际产品价值曲线是生产者对该要素的个体需求曲线。

从表 19-2 中我们看到，如果乔治和玛莎目前雇用 3 名工人，额外雇用 1 名工人的边际产品价值为 260 美元。所以，如果他们额外雇用 1 名工人，他们将使其产品价值提高 260 美元，但仅增加 200 美元的成本，利润增加了 60 美元。事实上，只要多使用一单位生产要素所生产的边际产品价值超过该生产要素的价格，生产者多使用一单位生产要素总能增加利润总额。

另外，假设乔治和玛莎目前雇用了 8 名工人。通过将工人数量减少至 7 人，可以节省 200 美元工资。此外，最后 1 名工人即第 8 名工人的边际产品价值仅为 100 美元。因此，减少雇用 1 名工人，可使利润增加 200 美元－100 美元＝100 美元。换句话说，只要使用一单位生产要素所生产的边际产品价值低于该生产要素的价格，生产者少使用一单位生产要素总能增加利润总额。

使用这种方法，我们可以从表 19-2 中看出，当工资率为给定的 200 美元时，利润最大化的雇用水平是 5 名工人。第 5 名工人的边际产品价值为 220 美元，因此，增加雇用第 5 名工人可额外增加 20 美元利润。但乔治和玛莎雇用的工人不应该超过 5 名：第 6 名工人的边际产品价值仅为 180 美元，比该名工人的成本低 20 美元。因此，为实现利润最大化，乔治和玛莎应该雇用工人到这样的点但不能超过该点，即所雇用的最后一名工人的边际产品价值等于工资率。

现在，再看图 19-3 中的边际产品价值曲线。为确定利润最大化的雇用水平，我们将使劳动的边际产品价值等于劳动的价格——每名工人的工资率 200 美元。这意味着，利润最大化的雇用水平在 A 点，对应于 5 名工人的雇用水平。如果工资率高于 200 美元，我们只需沿着曲线上移，减少所雇用工人的数量；如果工资率低于 200 美元，我们只需沿着曲线下移，增加所雇用工人的数量。

在这个例子中，乔治和玛莎经营的是一个小农场，潜在的雇用水平在 0～8 名工人之间，而且他们雇用工人到这样的点：最后一名工人的边际产品价值不小于其工资率水平。（如果超过这一点，工资率将高于边际产品价值，乔治和玛莎的利润将减少。）

然而，假设所讨论的是大企业，且它有潜力雇用大量工人。当有许多工人可雇用时，增加雇用 1 名工人只会引起劳动的边际产品价值下降少许。因此，会有一些工人的边际产品价值几乎完全等于其工资率水平。（在乔治和玛莎的例子中，这意味着一些工人产生的边际产品价值约为 200 美元。）在这种情况下，企业为实现利润最大化所选择的雇用水平就位于所雇用的最后一名工人的边际产品价值等于（或非常接近）其工资率处。

为简单起见，从现在起我们假设企业利用这个规则来确定利润最大化的雇用水平。这意味着，劳动的边际产品价值曲线就是个别生产者的劳动需求曲线。而且，在一般情况下，任何生产要素的边际产量曲线就是生产者对该种要素的个体需求曲线。

□ 19.2.3 要素需求曲线的移动

正如普通需求曲线一样，区分沿着要素需求曲线的移动和要素需求曲线的移动很重要。什么原因会导致要素需求曲线的移动呢？主要有三个原因：

1. 产品价格变化。
2. 其他要素的供给变化。
3. 技术变革。

产品价格变化 我们知道，要素需求是派生需求：如果生产要素生产的产品的价格发生变化，要素的边际产品价值就会变化。即，对劳动需求而言，若 P 变化，则任一给定雇用水平上的 $VMPL=P\times MPL$ 也将发生变化。

图 19－4 说明了小麦价格变化的影响，假设当前的工资率是 200 美元。图 19－4（a）所示为小麦价格上升的影响。这将推动劳动的边际产品价值曲线向上移动，因为在任一雇用水平上的 $VMPL$ 都增加了。如果工资率保持 200 美元不变，最优点会从 A 点移动到 B 点：利润最大化的雇用水平提高。

图 19－4（b）所示为小麦价格下降的影响。这将推动劳动的边际产品价值曲线向下移动，因为在任一雇用水平上的 $VMPL$ 减少了。如果工资率保持 200 美元不变，最优点会从 A 点移动到 C 点：利润最大化的雇用水平下降。

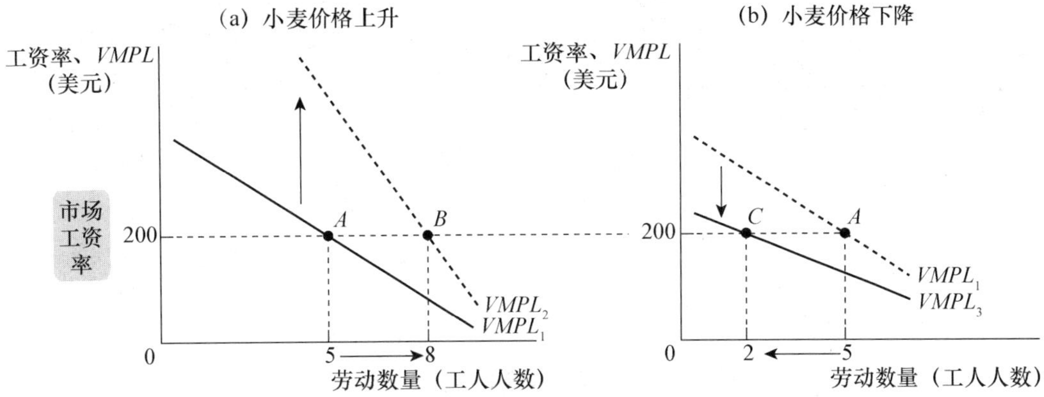

图 19－4 边际产品价值曲线的移动

图（a）所示为小麦价格上升对乔治和玛莎的劳动需求的影响。劳动的边际产品价值曲线向上移动，从 $VMPL_1$ 移到 $VMPL_2$。如果市场工资率维持在 200 美元的水平，利润最大化要求从雇用 5 名工人上升至雇用 8 名工人，从 A 点移动到 B 点。图（b）所示为小麦价格下降的影响。劳动的边际产品价值曲线将向下移动，从 $VMPL_1$ 移到 $VMPL_3$。在 200 美元的市场工资率水平上，利润最大化要求从雇用 5 名工人减少到雇用 2 名工人，从 A 点移动到 C 点。

其他要素的供给变化 假设乔治和玛莎获得更多的耕地，比如说，他们清理了属于自己财产的林地，将其转为耕地。每名工人现在可生产更多的小麦，因为每名工人都有更多的土地可耕种。其结果是，在任一雇用水平上，农场劳动的边际产量都增加了。这与小麦价格上升的影响相同，可以用图 19－4（a）来解释：劳动的边际产品价值曲线向上移动，在任一给定的工资率水平上，利润最大化的雇用水平都提高了。

相反，假设乔治和玛莎拥有的耕地减少。这将导致在任一给定的雇用水平上，劳动的边际产量下降。每名工人将生产更少的小麦，因为可耕种的土地减少了。结果是，劳动的边际产品价值曲线向下移动，如图 19－4（b）所示，利润最大化的雇用水平下降了。

技术变革　一般而言，技术进步对任何要素需求的影响都可以表现为两个方面：技术进步既可以增加也可以减少任一给定的生产要素的需求。

技术进步怎么会减少要素需求？以马匹为例，这曾经是最重要的一种生产因素。能替代马力的如汽车、拖拉机的发展，大大减少了对马匹的需求。

然而，技术进步通常的效果是通过提高生产要素的生产率来增加对某种要素的需求。因此，尽管一直担心机器会导致对劳动的需求减少，但从长远来看，美国经济中已经出现了工资和就业的大幅增加。这是因为，技术进步提高了劳动生产率，并因此增加了对劳动的需求。

□ 19.2.4　收入分配的边际生产力理论

现在我们已经知道，在完全竞争的要素市场中，生产者通过雇用劳动的边际产品价值等于其价格的劳动量来实现利润最大化——从劳动角度来看，即达到 $VPML = W$。要素收入分配中劳动的收入份额与此有什么关系呢？要回答这个问题，我们需要研究劳动市场的均衡。从这个制高点，我们将继续来了解土地、资本市场以及它们如何也影响到要素收入分配。

我们从假设劳动市场处于均衡状态开始：在当前的市场工资率水平上，生产者要雇用的工人人数等于愿意工作的工人人数。因此，所有雇主支付相同的工资率，每名雇主无论是否正在组织生产，其雇用的劳动都将达到这样的点：雇用的最后一名工人的边际产品价值等于市场工资率。

这种情形如图 19－5 所示，图中展示了两个生产者——农场主琼斯生产小麦，农场主史密斯生产玉米——的边际产品价值曲线。尽管他们生产不同的产品，但他们竞雇的是同一批工人，所以必须支付相同的工资率，200 美元。当两个农场主实现利润最大化时，他们雇用的劳动都处于边际产品价值等于工资率的水平。在图中，琼斯对应的雇工人数为 5 名，史密斯对应的雇工人数为 7 名。

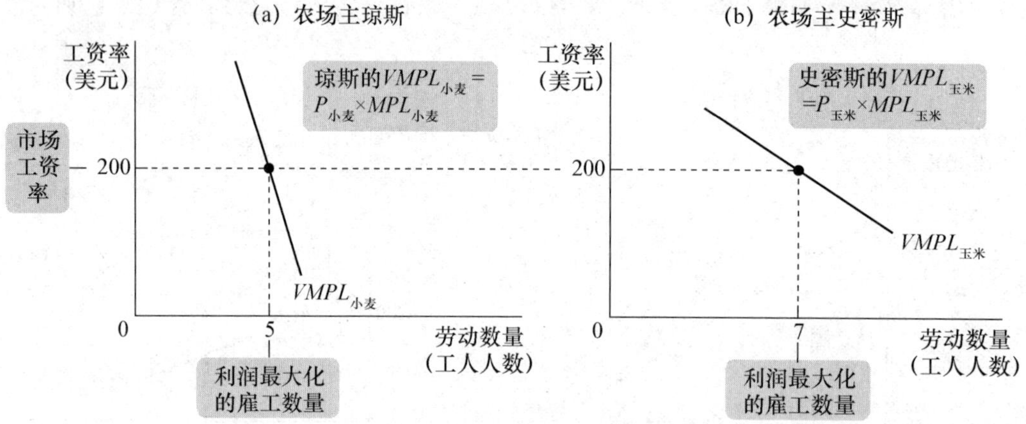

图 19－5　所有生产者面临相同的工资水平

尽管农场主琼斯种植小麦，农场主史密斯种植玉米，但他们都在同一个市场上竞雇工人，所以必须支付相同的工资率，200 美元。每个生产者雇用的劳动都将达到 $VMPL = 200$ 美元的水平：琼斯雇用 5 名工人，史密斯雇用 7 名工人。

图 19－6 所示为整个劳动市场。劳动的市场需求曲线，像一种产品的市场需求曲线（见图 3－5），是雇用劳动的所有生产者的个体劳动需求曲线的水平加总。我们已经知道，每个生产者的个体劳动需求曲线与他或她的劳动的边际产品价值曲线相同。

现在，我们可简单地假设劳动供给曲线向上倾斜；我们将在本章的后面讨论劳动供给。然后，均衡工资率是劳动供给量等于劳动需求量时的工资率。在图 19－6 中，这将达至均衡工资率 W^* 和对应的均衡雇用水平 L^*。（均衡工资率也被称为市场工资率。）

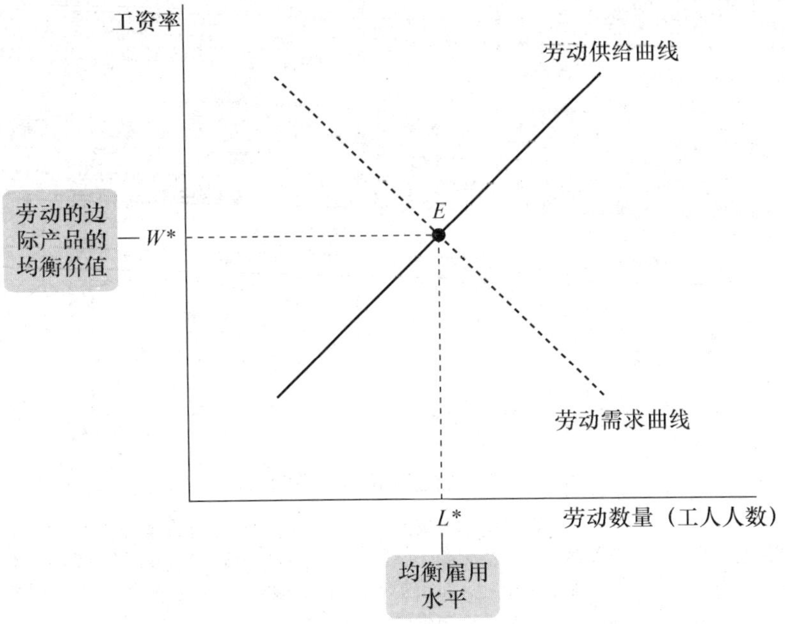

图 19-6　劳动市场均衡

劳动市场需求曲线是所有生产者个体劳动需求曲线的水平加总。这里的均衡工资率是 W^*，均衡雇用水平是 L^*，各生产者雇用劳动到 $VMPL=W^*$ 这一点上。因此，支付给劳动的是边际产品的均衡价值，是劳动市场雇用的最后一名工人的边际产品价值。

> 要素的**边际产品的均衡价值**是整个要素市场所使用的最后一单位要素带来的价值。

正如我们在乔治和玛莎以及农场主琼斯和农场主史密斯（其中均衡工资率是 200 美元）的例子中所见到的，每个农场雇用的劳动都将达至劳动的边际产品价值等于均衡工资率的水平。因此，在均衡实现时，所有雇主的劳动的边际产品价值相同。所以，整个劳动市场的均衡（或市场）工资率等于**边际产品的均衡价值**（equilibrium value of the marginal product）——整个劳动市场所雇用的最后一单位劳动所带来的价值。额外一单位劳动不论被谁雇用都没有影响，因为所有生产者的均衡 *VMPL* 是一样的。

从我们刚刚所学可知，市场工资率等于劳动的边际产品的均衡价值。对于各种生产要素该说法都成立：在一个完全竞争的市场经济中，每种要素的市场价格都等于其边际产品的均衡价值。下面我们来看土地和（物质）资本市场。（从这个角度，我们将把物质资本简单称为"资本"。）

□ 19.2.5　土地市场和资本市场

如果我们维持产品和服务市场完全竞争的假设，我们从劳动市场推出的结论也适用于其他生产要素。举个例子，一个农场主正在考虑来年是否多租用一英亩土地。他或她将会比较多租用一英亩土地的成本与这一英亩土地所产生的价值——一英亩土地的边际产品价值。为了实现利润最大化，农场主必须租用土地达至这样的点——一英亩土地的边际产品价值等于每英亩土地的租金率。

如果农场主已经拥有土地了呢？我们已经在第 9 章知道答案，其中涉及的经济决策是：即使你拥有土地，将它用于某种活动也有隐含成本——机会成本，因为土地可做他用，如以市场租金率出租给其他农场主。因此，一个利润最大化的生产者多租用土地的数量将达至这样的点——最后租用的一英亩土地的成本（显明成本或隐含成本）等于该英亩土地的边际产品价值。

> 在一定时段内使用一单位土地或资本等资产的显明成本或隐含成本被称为**租金率**。

这同样适用于资本。在一定时段内使用一单位土地或资本的显明成本或隐含成本被称为**租金率**（rental rate）。一般情况下，一单位土地或资本会被使用至该单位的边际产品价值等于在这一时段内的租金率的水平。那么，土地和资本的租金率是如何确定的呢？当然是通过在土地市场和资本市场找到均衡点。图 19-7 说明了这些结论。

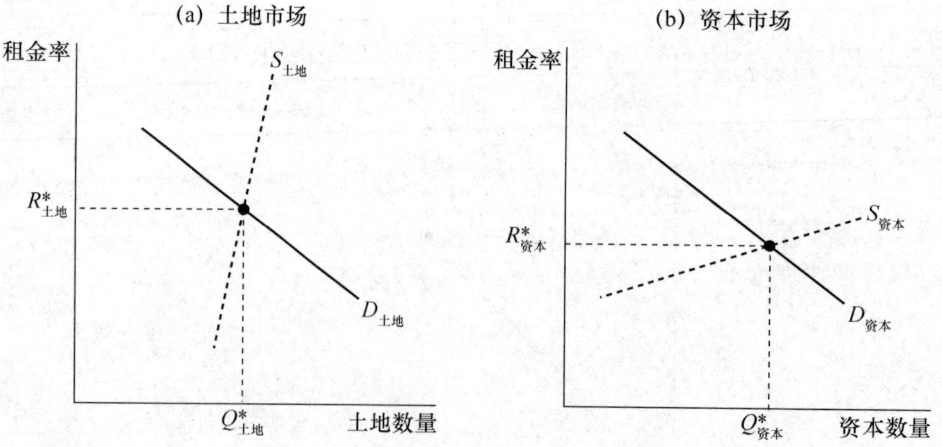

图 19-7　土地和资本市场的均衡

图（a）表现的是土地市场的均衡；图（b）表现的是资本市场的均衡。土地供给曲线相对陡峭，反映了增加生产用地数量的成本较高。与此相反，资本供给曲线相对平缓，反映了储蓄对资本租金率的变化相对敏感的特性。土地和资本的均衡租金率和均衡交易量由需求曲线和供给曲线的交点给出。在一个竞争性土地市场中，支付给每单位土地的是土地的边际产品的均衡价值 $R^*_{土地}$。同样，在一个竞争性资本市场中，支付给每单位资本的是资本的边际产品的均衡价值 $R^*_{资本}$。

图 19-7（a）所示为土地市场的均衡。将所有生产者的土地的个体需求曲线加总后得出土地的市场需求曲线。由于收益递减，需求曲线向下倾斜，这与劳动需求曲线相同。正如我们已画出的，土地供给曲线相对陡峭，因此相对缺乏弹性。这反映的事实是，寻找新的土地进行生产通常较为困难，代价也不菲——例如，通过高成本的灌溉来开辟新的耕地。土地的均衡租金率为 $R^*_{土地}$，生产中使用的土地的均衡数量为 $Q^*_{土地}$，它们由两条曲线的交点给出。

图 19-7（b）所示为资本市场的均衡。与土地供给曲线相反，资本供给曲线相对富有弹性。这是因为资本供给对价格比较敏感：资本来自投资者的储蓄资金，能提供给投资者的可用储蓄量对资本的租金率相对较为敏感。资本的均衡租金率为 $R^*_{资本}$，生产中使用的资本的均衡数量为 $Q^*_{资本}$，它们由两条曲线的交点给出。

□ 19.2.6　收入分配的边际生产力理论

> 根据**收入分配的边际生产力理论**，每种生产要素都被支付其边际产品的均衡价值。

我们已经知道，当产品和服务市场与要素市场完全竞争时，一种生产要素的使用量将达至其边际产品价值等于市场均衡价格之处。也就是说，它将被支付其边际产品的均衡价值。这不是在说要素收入分配吗？由此我们引出**收入分配的边际生产力理论**（marginal productivity theory of income distribution），即对每一种要素支付的价格由整个要素市场最后一单位要素所生产的价值——边际产品的均衡价值——来决定。

要理解为什么收入分配的边际生产力理论很重要，请再看说明美国要素收入分配的图 19-1，并问自己如下问题：谁或什么决定了劳动获得美国总收入的 66%？为什么不是 90%或 50%？

根据收入分配的边际生产力理论，答案是经济中的要素收入分配并非任意决定：它是由经济均衡时各要素的边际生产力决定的。在经济中，所有工人的工资率等于整个经济范围内劳动市场所雇用的最后一名工人的产出值。

在这里我们假设所有工人具有相同的能力。（同样，我们假设每一单位的土地或资本具有相同的生产力。）但在现实中，工人们的能力有很大差别。

不应认为在经济中所有工人只是在一个劳动市场中，我们可以认为，不同工种的工人属于不同的市场，在同一个市场中每名工人具有相同的能力。例如，电脑程序员市场与糕点厨师市场是不同的市场。

在电脑程序员市场，假设所有参与者具有同等的能力；对于糕点厨师市场也做同样的假设。在这种情况下，收入分配的边际生产力理论仍然成立。也就是说，当电脑程序员的劳动市场处于均衡状态时，所有电脑程序员的工资率等于边际产品的均衡价值——在该市场中雇用的最后一名电脑程序员的边际产品价值。

▶ 疑难解答

让边际生产力理论正确起来

请重点关注收入分配的边际生产力理论所说的：一种要素的所有单位得到的是边际产品的均衡价值——所使用的最后一单位要素额外生产的产品价值。

最常见的错误是忘记相关的边际产品价值是均衡值，而非你为得到均衡而计算的边际产品价值。请看表19-2，你可能会认为，因为第一名工人的边际产品价值为380美元，所以该名工人在均衡时会被支付380美元。事实并非如此：如果劳动市场的边际产品的均衡价值等于200美元，那么所有工人都将得到200美元。

▶ 真实世界中的经济学

招工!

宾夕法尼亚州的哈米尔制造公司（Hamill Manufacturing）为军用直升机和核潜艇制造精密组件。与公司的其他工人相比，该公司对高度熟练的高级机械师支付高薪，这些机械师2013年的收入近70 000美元，这还不包括各种福利。像在美国的其他熟练机械师一样，哈米尔制造公司的机械师的生产率相当高：根据美国制造商年度普查（U. S. Census Annual Survey of Manufacturers）的报告，2010年熟练机械师带来的增加值平均大约为137 000美元。

但是，哈米尔制造公司支付给机械师的工资和他们带来的增加值之间的差距为67 000美元。这是否意味着收入分配的边际生产力理论不成立呢？难道该理论不是意味着应该向机械师支付137 000美元，即每人带来的平均增加值吗？

答案是否定的，原因有二：首先，137 000美元的数字是目前雇用的所有机械师的平均水平。该理论认为，支付给机械师的应该是雇用的最后一名机械师的边际产品价值，而且由于劳动的收益递减，该值将低于目前雇用的所有机械师的平均值。其次，工人的均衡工资率包括如职工福利等其他费用，这些也必须加到70 000美元的薪水之上。收入分配的边际生产力理论认为，支付给工人的工资——包括所有福利在内——等于边际产品价值。

你可以看到所有这些成本都要由哈米尔制造公司负担。机械师福利良好，工作有保障，这也要加在他们的薪水中。将所有这些福利包括在内，机械师的薪酬总额将等于受雇的最后一名机械师的边际产品价值。

对哈米尔制造公司而言，67 000美元的差距还可以从另一视角来解释：在目前的工资率水平上，没有足够的机械师可雇用。虽然公司的员工人数从2004年的85人增加到了2013年的124人，但公司希望雇用更多。为什么哈米尔制造公司不提高工资以吸引更多的熟练机械师？问题是，他们的工作是如此专业，即使公司提高工资，也很难从外部聘请到人。为了解决这个问题，哈米尔制造公司投入大量资金对每个新入职者进行培训，花费的成本约合每个学员130 000美元加福利成本。（不幸的是，培训新员工也使得哈米尔制造公司容易被“挖墙脚”，当其他公司没有支付培训成本而通过高薪吸引员工时就会发生这种情况。）总之，它似乎表明，收入分配的边际生产力理论是成立的。

及时复习

- 在一个完全竞争的市场经济中，产品价格乘以劳动的边际产量等于劳动的边际产品价值：$VMPL=P\times MPL$。一个利润最大化的生产者雇用的劳动应达至劳动的边际产品价值等于工资率处：$VMPL=W$。由于在生产中劳动的收益递减，劳动的边际产品价值曲线向右下方倾斜。
- 劳动市场需求曲线是所有市场中生产者个体需求曲线的水平加总。三个原因导致曲线移动：产品价格变化、其他要素的供给变化、技术变革。
- 像劳动一样，生产者对土地或资本的使用也会达至其边际产品价值等于其租金率处。根据收入分配的边际生产力理论，在一个完全竞争的经济中，每种生产要素都被支付边际产品的均衡价值。

小测验 19-2

1. 在下列情况下，指出劳动需求曲线的移动方向，并说明在其他条件不变的情况下，市场均衡工资率和由此决定的劳动数量会发生什么变化。

a. 诸如零售业和银行业等服务性行业，体验导致需求增加。这些行业比非服务行业使用相对更多的劳动。

b. 由于过度捕捞，专业渔民的每日捕捞量下降；这种下降影响了他们对工人的需求。

2. 解释如下说法：当不同行业的企业都竞相雇用同一批工人时，所雇用的最后一名工人的边际产品价值在各企业是相同的，不论是否在同一行业中。

19.3 收入分配的边际生产力理论真的正确吗？

尽管收入分配的边际生产力理论是已有经济学理论的组成部分，总体上与市场分析联系紧密，但也存在一些争议。主要有两种反对意见。

首先，在现实世界中，我们看到的是，生产要素之间的收入差距较大，而在一些观察者眼中，它们应该得到相同的收入。也许在美国最突出的例子是男女之间以及各种族和族裔群体间的平均工资存在巨大差异。这些工资差异真的反映了边际生产力的差异吗？或者反映了其他什么东西吗？

其次，许多人错误地认为，收入分配的边际生产力理论给出了收入分配道义上的合理性，意味着现有的分配是公平的和适当的。这种误解有时会导致认为当前的收入分配不公平的人拒绝承认边际生产力理论。

为了解决这些争议，我们将从观察不同性别和种族群体的收入差距开始。然后，我们会问什么因素可以解释这些差异并探讨这些解释是否与收入分配的边际生产力理论相一致。

□ 19.3.1 实践中的工资差异

美国的工资率水平覆盖范围十分广。2013 年，成千上万的工人获得了联邦法规定的每小时 7.25 美元的最低工资。在另一个极端，有几家公司的主管获得了 1 亿美元的收入，即使他们每周工作 100 小时，也相当于每小时收入 20 000 美元。即使不考虑这两个极端，工资率的覆盖范围也非常广。人们的边际生产力真的有那么大的差距吗？

特别令人关注的一点就是跨性别和种族的系统性工资差异的存在。图 19-8 比较了 2013 年 25 岁及以上

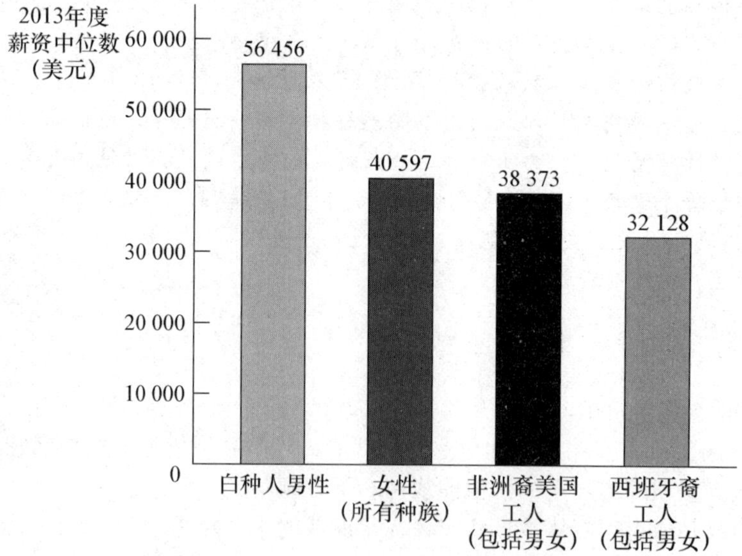

图 19-8 2013 年度按性别和种族分类的工人的收入中位数

美国劳动市场的工人收入仍然有很大的性别、种族差异。女性的薪资大大低于男性；非洲裔美国工人和西班牙裔工人的薪资比白种人男性工人低得多。

资料来源：U. S. Census Bureau.

工人按性别和种族分类的收入中位数。作为一个群体，白种人男性收入最高。其他数据显示，女性（所有种族平均）的收入只相当于白种人男性的约72%；非洲裔美国工人（男性和女性算在一起）的收入只相当于白种人男性的68%；西班牙裔工人（同样，男性和女性算在一起）的收入只相当于白种人男性的57%。

为什么他们得到不一样的薪资？我们从边际生产力的解释开始，然后再看其他影响。

□ 19.3.2 边际生产力与工资不平等

观察到的工资不平等有很大一部分可以通过考虑这与收入分配的边际生产力理论是一致的进行解释。特别是，不同职业和个体的工资差异有三个众所周知的来源。

首先是**补偿差异**（compensating differential）的存在：不同类型的工作，工资高或低往往取决于工作的吸引力如何。与需要相同的技能和努力但更有吸引力也无危险的工作相比，从事令人不快或危险工作的工人会要求更高的工资。例如，驾驶危险的重载卡车的司机的工资比驾驶没有危险的重载卡车的司机要高。但是，对于任何给定的工作，收入分配的边际生产力理论总体上也是成立的。例如，驾驶危险的重载卡车的司机的工资等于驾驶危险的重载卡车的司机的劳动市场上最后被雇用的那个人的边际产品的均衡价值。

> **补偿差异**是指反映了某些工作比其他工作更有吸引力的工资差异。

工资不平等的第二个原因是人的才能差异，这显然与边际生产力理论是一致的。人们能力各异：与能力低者相比，能力强的人能生产出更好的产品并获得更高的价格，带来的边际产品价值也更高。边际产品价值上的这些差异能够转化为潜在的收入差距。我们知道，体育运动就是这样：锻炼是重要的，但（至少）99.99%的人根本不具备像汤姆·布雷迪（Tom Brady）抛传球或者像罗杰·费德勒（Roger Federer）打网球那样的水平。虽然不太明显，但其他领域的努力同样如此。

工资差异的第三个非常重要的原因是人力资本数量的差异。前面已经说过，人力资本——教育和培训——在现代经济中至少与如建筑物和机器这样的物质资本一样重要。不同的人“包含”不同数量的人力资本，具有更多数量人力资本的人，通常生产的产品的价格更高，带来的边际产品价值也更高。因此，工资的巨大差异源于人力资本的差异。具有高水平人力资本的人，如技术高超的外科医生或工程师，普遍获得高工资。在2013年，外科医生的平均收入水平为23.315万美元。

观察人力资本对工资的影响的最直接方式是看受教育程度和收入之间的关系。图19-9所示为2013年

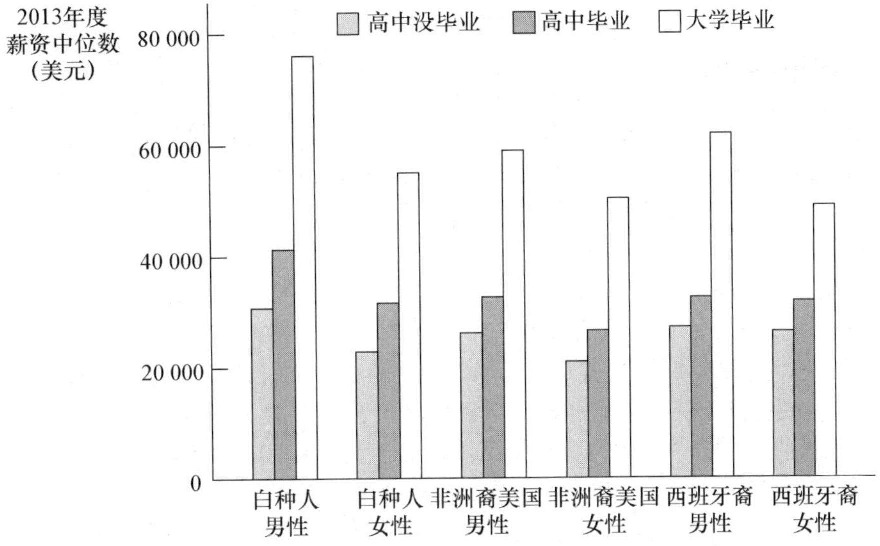

图19-9 2013年按教育、性别和种族分类的工人的收入差距

很显然，不分性别和种族，教育获得收入的情况是：拥有高中文凭者的收入高于没有高中文凭者，而拥有大学文凭者的收入又要高于那些只有高中文凭者。其他方面也很明显：对于任一给定的受教育程度，白种人男性的收入高于所有其他群体，而且任何给定种族中男性的收入都比女性高。

资料来源：U.S. Census Bureau.

25 岁及以上人群因为性别、种族和受教育程度不同而出现的收入差距。正如我们所见，不分性别和种族，受教育程度越高，收入中位数也越高。例如，在 2013 年，有 9～12 年的学校教育背景但没有高中文凭的白种人女性的收入中位数比有高中文凭的白种人女性低 28%，比拥有大学文凭的白种人女性低 65%——其他五个群体存在类似的情形。

因为即使是当前，男性比女性、白种人比非白种人通常也有更长的受教育年限，受教育程度的差异是图 19－8 所示收入差距的一部分原因。

认识到正规教育并非人力资本的唯一来源也很重要；在职培训和工作经验也是形成人力资本的重要途径。事实上，还有一些影响工资差异的重要因素。这些因素在研究性别工资差距（gender-wage gap）——男性与女性之间持续存在的收入差距——时被发现。在美国劳动市场中，研究人员发现，性别工资差距在很大程度上可以由如下差异来解释：

- 人力资本（女性往往有较低的水平）
- 职业选择（女性倾向于选择护理和教学等赚钱少的职业）
- 职业生涯的中断（女性进出劳动力队伍更频繁）
- 兼职状态（女性更多从事兼职工作，而非全职工作）
- 加班状态（女性加班的可能性较小）

例如，美国劳工部使用最近的人口普查数据进行的研究表明，一旦考虑了这些要素后，性别工资差距将从 20.4%下降到 5%。此外，在过去 30 年中，即使未调整的性别工资差距也已经显著下降，从 1979 年的 36.5%下降到了 2011 年的 16.5%，因为女性已经在这五个因素方面开始接近男性。

但是，也必须强调，这五个因素造成的收入差距并不一定是“公平的”。当女性做的大部分工作是照顾小孩时，她们难免会面临更多的职业生涯中断或需要做兼职而非全职工作。类似地，如果一个社会中的非白种人的孩子因为居住在资金不足的学区而通常没有受到良好的教育，之后也只能再去挣低工资，那么这个社会的劳动市场可能会是像边际生产力理论所描述的那样（并且与图 19－8 所示的不同性别、不同种族群体之间的收入差距是一致的）。然而，许多人仍然会认为由此造成的收入分配是不公平的。

尽管如此，许多观察家认为，实际的工资差异不能完全由补偿差异、才能差异、人力资本的差异以及工作状态差异来解释。他们认为，市场势力、效率工资和歧视也发挥着重要的作用。下面我们将研究这些因素。

□ 19.3.3 市场势力

收入分配的边际生产力理论基于要素市场是完全竞争的假设。在这样的市场中，我们可以预计支付给工人的是他们的边际产品的均衡价值，无论他们是谁。但是这种假设成立吗?

我们在第 13 章、第 14 章和第 15 章中研究了非完全竞争市场；现在我们来简要讨论一下从偏离竞争性假设中推出的劳动市场。

其他方面相似的工人之间的工资出现差异，一个不容置疑的原因是**工会**（union）——一个努力提高工资、改善其成员的工作条件的组织——的作用。当工会成功地发挥作用时，集体谈判将取代工人和雇主之间一对一的工资协议，用人单位必须与工会代表协商工资。毫无疑问，这将提高工会工人的工资水平。2013 年，美国工会工人的周工资中位数为 966 美元，非工会工人为 797 美元，差异超过 20%。

> **工会**，工人的组织，通过与资方进行集体谈判努力提高工会会员的工资和改善工会会员的工作条件。

集体行动，无论是工人还是雇主，对现代美国的工资的影响有多大呢？几十年前，美国工人中的 30%左右是工会会员，工会对工资上涨发挥显著作用。然而，今天，大多数经济学家认为，工会发挥的作用相当有限。

2013 年，私人企业中的员工有不到 7%是工会会员。正如工人有时会组织起来推动工资高于他们原本愿意接受的工资水平一样，雇主有时也会组织起来支付低于竞争时的工资水平。例如，医疗保健行业的员工——医生、护士等——有时会认为，健康维护组织（HMO）会集体行动来压低他们的工资水平。然而，美国的整个劳动市场规模巨大，大多数工人换工作方便，容易找到高薪工作，这意味着，通力合作来使工资保持在低于自由竞争市场均衡的水平很少会发生，甚至几乎不会成功。

□ 19.3.4 效率工资

工资不平等的第二个原因是效率工资（efficiency wage）——雇主采用的一种激励方案，目的是激发员工努力工作，减少员工流失。假设一名工人从事一项非常重要的工作，但是，雇主只能偶尔观察到工作的情形，比如说，保姆照看雇主的孩子。对雇主来说，支付的工资超过工人从事其他工作所能赚取的工资水平，也就是说超过均衡工资，往往是有道理的。为什么？因为有工资溢价，工人如果失去这份工作而以其他工作来代替，对工人来说代价不菲。

因此，恰巧被发现表现不佳而因此被解雇的工人，现在不得不接受收入更低的工作，境况就变差了。担心失去支付溢价的工作将激励工人好好工作，避免被解雇。同样，支付溢价也降低了工人的流动率——雇员自愿离职的频率。尽管照看孩子比成为一名办公室雇员不需要付出更多努力和具备更多技能，但效率工资可解释为什么父母向看护者支付比一个上班族更高的均衡工资在经济意义上是合理的。

> 根据**效率工资模型**，有些雇主支付高于均衡水平的工资以激励工人改进绩效。

效率工资模型（efficiency-wage model）解释了为什么我们可以观察到支付高于均衡水平的工资的现象。像我们在第 5 章研究价格下限那样——特别是像最低工资那样——这种现象导致了劳动市场中的劳动过剩，这成为效率工资模型的典型特征。这种劳动过剩会转化为失业——一些工人积极寻找一份高薪的支付效率工资的工作，但无法得到，其他幸运者但不一定是更合适者却能得到。

因此，两名条件完全相同的工人——具有同样的技能和同样的工作经历——可能赚取不同的工资：幸运者得到一份支付效率工资的工作，收入高于另一名得到一份标准工作的工人（或正在寻找一份高薪的工作但仍然处在失业状态的工人）。

效率工资是对某种类型的市场失灵所做出的反应，当一些工人能够隐瞒他们并不总是能像他们应该表现的那样良好时，这种市场失灵就产生了。因此，用人单位使用非均衡工资激励员工，导致了非有效的结果。

□ 19.3.5 歧视

历史上这是一个真实和丑陋的事实，对一些工人的歧视一直存在，他们被认为具有错误的种族、民族、性别或其他特征。对此我们如何使之与经济模型一致起来？

经济分析提出的主要观点认为，歧视不是市场竞争的自然结果。相反，市场力量倾向于化解歧视的影响。要知道个中原因，可以设想，如果社会习俗决定对女性支付的工资比方说比具有同等资格和经验的男性少 30%，这将会产生什么样的激励。一个管理无偏见的公司将能够通过雇用女性而非男性降低成本——这样的公司将比那些雇用男性的公司具有优势，因为后者的成本相对较高。其结果是，将会出现对女职工的过度需求，这往往会推高女职工的工资。

但是，如果市场竞争能化解歧视，又是什么让如此多的歧视发生了呢？答案有两个方面。首先，当劳动市场运行不正常时，雇主有能力进行歧视而不会影响其获利。例如，市场干预（如工会或最低工资法）或市场失灵（如效率工资）都会导致出现高于均衡水平的工资。在这种情况下，求职者多于工作职位，雇主有余地对申请者进行歧视。2011 年，当失业率超过 9%时，作为联邦机构的公平就业机会委员会（Equal Employment Opportunity Commission）的任务就是调查对就业歧视的指控，报告说，工人和求职者的投诉已经创下了该机构创立 46 年来的历史新高。

▶ 追根究底

德国式工作

德国是部分世界上最好的制造企业的故乡。从汽车到啤酒酿造，从家电到化学工程和制药，德国产品一直被认为在最高的质量之列。与美国不同，德国的蓝领工作——不要求大学学历——在支付足够高的工资外仍然进行奖励。如果你问德国人，他们怎样将非常成功的制造业与高薪蓝领工作结合在一起，两个重叠的制度在其中发挥着最重要的作用：德国工作委员会制度和学徒制。

根据德国宪法的规定，每个工厂都设有工作委员会，鼓励管理层和员工合作解决工作条件、生产率和工资等方面的问题，目的是避免令人沮丧且代价昂贵的冲突。工人在公司董事会等监督或管理机构享有部分席位。这种协作环境反过来支持了德国制造业内更高水平的工会组织。因此，德国工会在提高会员工资方面做得非常成功。

但是，支付高工资的德国制造业又是如何在竞争中取胜的呢？一种解释是德国的学徒制。例如，在2012年，德国汽车工人的平均小时工资为58.82美元，而美国汽车工人的平均小时工资为45.34美元（高端工种），在美国新开的汽车厂的平均小时工资为14.50美元（低端工种）。通过德国政府的推动与认可，学徒制保证了从汽车电子行业到美发技术行业对年轻工人进行手把手的培训。德国高中生中大约60%要经过学徒计划的培训，毕业时可获正式资格证书，并常常在他们进行培训的公司获得一份永久性的工作。因此，与美国同行相比，典型的德国制造业工人开始工作时就具有相对较高的与具体职业相关的人力资本。

而且，造就德国制造业成功的学徒制，已经在位于美国的德国公司的工厂中复制成功。最近，在南卡罗来纳州，宝马公司和德国发动机制造商Tognum合作建厂，在与地方和州政府的合作中已经建立起了学徒计划，以确保年轻工人通过培训获得企业需要的技能。而且，毋庸置疑，学徒欢迎这样的培训和高薪的工作。

在最近发表于《美国经济评论》(*American Economic Review*)上的一篇文章中，两位经济学家，玛丽安娜·伯特兰（Marianne Bertrand）和森德希尔·穆莱纳桑（Sendhil Mullainathan），通过随机地发送虚构简历给未来的雇主，证明了歧视的存在。申请人以"听起来像白种人"的名字如埃米莉·沃尔什提出申请比以"听起来像非洲裔美国人"的名字如拉基萨·华盛顿提出申请被联系的可能性高50%。此外，听起来像白种人且拥有良好证书的申请人比听起来像白种人但没有这类证书的申请人被联系的可能性更高。相比之下，潜在雇主似乎忽略了听起来像非洲裔美国人的申请人的这类证书。

其次，歧视有时被政府政策制度化。歧视的制度化也使得它更容易保持对市场的压力，从历史上看，歧视是一种通用惯例。例如，在美国许多地方曾经禁止非洲裔美国人进入"只有白种人"才能上的公立中小学和大学，他们只能在差一些的学校入学。

尽管市场竞争往往会化解当前的歧视，但无法医治过去的歧视，这通常对受害者的教育和经历产生影响，从而减少他们的收入。

□ 19.3.6 边际生产力理论成立吗？

从这个讨论中我们应该得出的主要结论是：收入分配的边际生产力理论并非如何确定要素收入的一个完美表述，但做的已经相当不错。偏差也很重要。但是，总的来说，在现代经济中，劳动市场运作良好，支付给生产要素的是边际产品的均衡价值——市场作为一个整体最后使用的一单位要素的边际产品价值。

再一次要强调的是，这并不意味着要素收入分配在道义上也是合理的。

▶ **真实世界中的经济学**

边际生产力和"1%"

2011年秋天，美国和其他一些国家的人们因为不满个人收入不平等不断加剧，爆发了影响广泛的公众示威活动。美国示威者，发动了被称为占领华尔街的运动，打出的口号是"我们是99%"，强调人口的前1%的收入增长大大快于大多数美国人的事实。

就在抗议运动积蓄力量之时，美国国会预算办公室发布了对收入不平等的研究报告。国会预算办公室发现，1979—2010年，一个家长拥有高中学历的工人家庭，收入平均下降了2.9%，而一个家长拥有高等教育文凭的工人家庭，收入平均上升了27.6%。但是，收入最高的1%的家庭，收入平均上升了177.5%。

为什么最富有的美国人越来越将其他人群甩在后面？简短的回答是，其原因存在相当大的争议，需继续研究。但是，有一点是明确的：不平等的加剧不能简单地用对受过良好教育的劳动的需求不断增长来解释。在本章的开篇案例中，我们指出，拥有高学历的工人有着越来越多的工资溢价。然而，尽管这种溢价在增长，如图 19－10 所示，这些工人的收入也只相当于收入最高的 1%的人群的一小部分。

这并不能证明收入最高的 1%的人群不能"赚取"他们这么多的收入。但它确实表明，无论怎样，教育并不能解释他们的巨大收益。

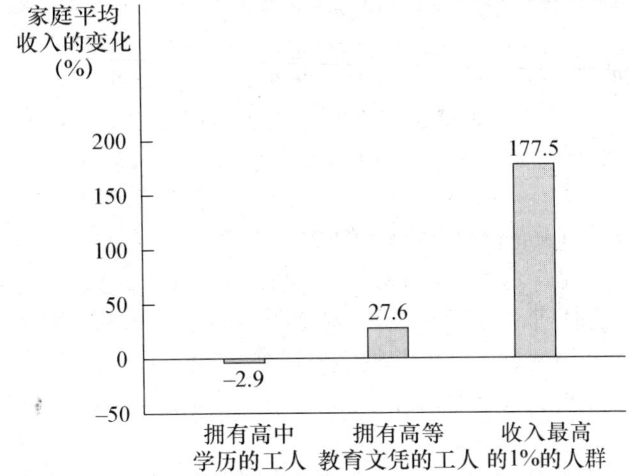

图 19－10　1979—2010 年的收入变化

资料来源：U. S. Census，Congressional Budget Office.

及时复习

- 不同个人和不同群体现有的巨大的工资差异导致人们质疑收入分配的边际生产力理论。
- 补偿差异，以及才能、工作经验、工作性质和人力资本差异引起的边际产品价值差异可解释一定的工资差异。
- 以工会或雇主集体行动的形式表现出的市场势力，以及效率工资模型（其中雇主支付高于均衡水平的工资以诱导工人更好地工作），也能说明一些工资差异的原因。
- 歧视作为工资差异的主要影响因素已有相当长的历史。市场竞争往往会有助于缓解歧视。但是，歧视也留下了使获得的人力资本递减的长期传统。

小测验 19－3

1. 评估如下每一句话。你认为它们正确、错误还是模棱两可？请说明你的理由。

a. 收入分配的边际生产力理论同与性别、种族或族裔相关的收入差距存在不一致性。

b. 在工作场所实施歧视但其竞争对手并没有这样做的公司可能因为它们这样做而获得更低的利润。

c. 一些工人因为经验较少，工资水平也较低，他们并非歧视的受害者。

19.4　劳动供给

到目前为止，我们专注于要素的需求，要素的需求决定着生产者对劳动、资本、土地的需求数量，并被作为要素价格的函数。那么，要素的供给呢？

在本节，我们专注于劳动供给。我们有两个理由这样做。首先，在现代美国经济中，劳动是最重要的生产要素，在要素收入中所占的份额也最多。其次，正如我们所看到的，劳动供给看起来是要素市场最不同于产品和服务市场的地方。

□ 19.4.1 工作与闲暇

在劳动市场中，企业和家户的角色与它们在产品和服务市场中的角色正好相反。一种产品，如小麦，由企业提供，家户是需求方；而劳动由家户提供，企业是需求方。人们如何决定供给多少劳动呢？

作为一个实际问题，大多数人都对他们的工作时间有数量控制：要么你每周工作一定小时，要么你根本没有工作可做。为了理解劳动供给的逻辑，先不管现实情形，想象一个人可以选择他或她喜欢的工作时间，或多或少，听凭自己的喜好。

为什么人们不尽可能多地增加工作小时？因为工人也是人，自己的时间也有其他用途。在工作上花费一小时就不能将这一小时投入其他可能更舒适的活动中。因此，供给多少劳动的决策涉及做出有关**时间分配**（time allocation）的决策，即在不同的活动上该分配多少小时。

> 决定劳动供给的其实是**时间分配**决策：有多少时间用于不同的活动。

通过工作，人们获得收入，他们可以用它来购买产品。个人的工作时间越长，越能负担起更多的产品。但是，这样增加的购买力是以闲暇减少为代价的，**闲暇**（leisure）是指不用工作的时间。（闲暇并不一定意味着消磨时间。这可能意味着，有时间和自己的家人共同度过，从事其他爱好，如进行体育锻炼等。）虽然购买产品可产生效用，但闲暇也可产生效用。事实上，我们可以把自己的闲暇作为一种正常物品，大多数人随着收入的提高想消费更多的闲暇。

> **闲暇**是指并非为赚取购买产品的金钱而分配的可用时间。

一个理性的个人如何决定消费多少闲暇呢？当然要进行边际比较。在分析消费者选择时，我们的问题是一个效用最大化的消费者怎样使用边际货币。在分析劳动供给时，我们问一个人如何使用边际小时。

以克莱夫为例，他喜欢闲暇，也喜欢用钱购物。假设他的工资是每小时 10 美元。在决定他要工作多少小时时，他必须比较多消费 1 小时闲暇带来的边际效用与价值 10 美元的产品带来的额外的效用。如果价值 10 美元的产品增加的总效用大于多消费 1 小时闲暇增加的总效用，他放弃 1 小时的闲暇而多工作 1 小时可增加其总效用。如果多消费 1 小时闲暇增加的总效用大于价值 10 美元的产品增加的总效用，他减少 1 小时的工作而获得 1 小时的闲暇可增加其总效用。

那么，当克莱夫选择最优劳动供给时，他消费 1 小时闲暇的边际效用等于他用 1 小时工资可以购买的产品带来的边际效用。这非常类似于我们在第 10 章中学习的最优消费原则，但它是一个关于时间而不是金钱的原则。

我们下一步的问题是，当克莱夫的工资率变化时，他的时间分配决策会受到怎样的影响。

□ 19.4.2 工资与劳动供给

假设克莱夫的工资率提高一倍，从每小时 10 美元上涨至 20 美元。他将如何改变他的时间分配？

你可以说，克莱夫将延长工作时间，因为他工作的激励变强了：放弃 1 小时的闲暇，他现在可以获得两倍于以前的收入。但是，你同样可以争辩说，他将减少工作时间，因为他并不需要工作这么长时间来获得支付他想要购买的产品的收入。

正如这些对立意见所建议的那样，当克莱夫的工资率上升时，他提供的劳动数量既可以增加也可以减少。要理解为什么，我们回想一下第 10 章及其附录提到的替代效应与收入效应之间的区别。我们知道，价格变化对消费者选择的影响表现在两个方面：改变一种产品用其他产品表示的机会成本（替代效应），以及使消费者变富或穷（收入效应）。

现在考虑克莱夫工资率上升如何影响他对闲暇的需求。闲暇的机会成本——他将 1 小时用于闲暇而非工作所放弃的金钱数量——提高了。在其他条件不变的情况下，这种替代效应会激励他减少闲暇的消费而增加工作时间。与此相反，更高的工资率使得克莱夫更富有，在其他条件不变的情况下，收入效应会使他想要消费更多的闲暇而减少工作时间，因为闲暇是正常物品。

因此，对劳动供给而言，替代效应与收入效应作用方向相反。如果替代效应很强以至超过了收入效应，工资率提高后，克莱夫将提供更多的劳动时间。如果收入效应很强以至超过了替代效应，工资率提高后，他将减少劳动时间。

因此，**个体劳动供给曲线**（individual labor supply curve）——反映工资率和由个人劳动者提供的劳动小时数之间的关系——并不一定向上倾斜。如果收入效应占主导，工资率提高将降低劳动供给量。

个体劳动供给曲线是反映工资率和由个人劳动者提供的劳动小时数之间关系的曲线。

图 19－11 说明了劳动供给的两种可能性。如果替代效应优于收入效应，个体劳动供给曲线向上倾斜，如图 19－11（a）所示，工资率从每小时 10 美元上升至 20 美元，导致工作时间从 40 小时上升为 50 小时。然而，如果收入效应占主导，工资率上升后，劳动供给量将下降，如图 19－11（b）所示，同样的工资率上升幅度将导致劳动时间从 40 小时下降至 30 小时（经济学家将同时包含向上倾斜和向下倾斜部分的个体劳动供给曲线称为“向后弯曲的劳动供给曲线”，我们在本章附录中详细分析这个概念）。

劳动供给量对工资的反向反应存在现实可能性吗？存在，许多劳动经济学家认为，收入效应对劳动供给的影响可能比替代效应强一些。这种观点最有力的一个证据来自过去一个世纪美国人闲暇消费量的递增。19 世纪末，经通胀调整的工资只相当于今天的大约八分之一；每周工作时间一般为 70 小时，很少有工人 65 岁时退休。今天每周工作时间一般不到 40 小时，大多数人在 65 岁或更早就退休了。如此看来，在工资水平提高后，一部分美国人选择了消费更多的闲暇。

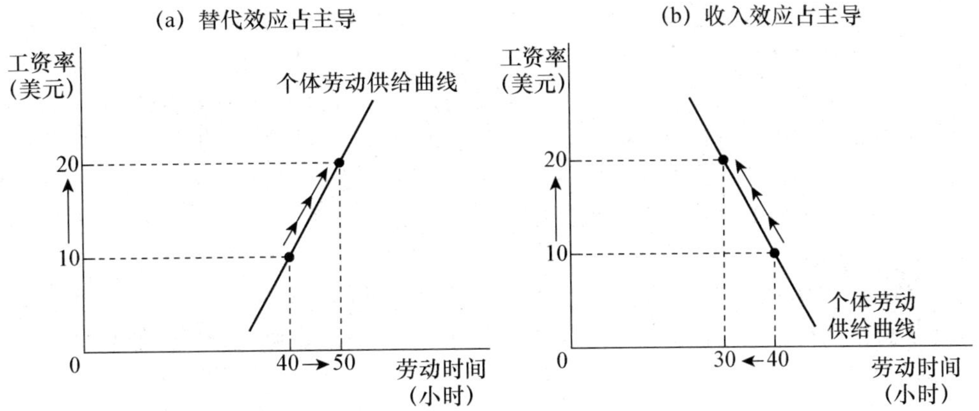

图 19－11　个体劳动供给曲线

当工资率提高的替代效应大于收入效应时，个体劳动供给曲线向上倾斜，如图（a）所示。当工资率从每小时 10 美元升至 20 美元时，工作时间从 40 小时增加至 50 小时。但是，当工资率提高的收入效应大于替代效应时，个体劳动供给曲线向下倾斜，如图（b）所示。在工资率上升同样的幅度时，劳动时间从 40 小时减少到 30 小时。个体劳动供给曲线表明了个人的工资率水平怎样影响个人的劳动供给量。

▶ 追根究底

为什么雨天出租车难觅

大家都说，在纽约当你真的需要一辆出租车时——比如当下雨时，你是无法找到的。难道是因为每个人都试图在同一时间打车？发表在《经济学季刊》(*Quarterly Journal of Economics*）上的一项研究表明，不仅如此：下雨的时候，出租车司机居然提前回家，因为他们用下雨带来的更高的小时工资率去购买更多的闲暇了。

每当下雨时，司机收费更高，因此每小时赚得更多。但似乎工资率提高的收入效应超过了替代效应。

这一行为推动该研究报告的作者质疑司机是否理性。他们指出，如果出租车司机从长远方面着想，他们会意识到，雨天与好天气的天数往往会相互抵消，他们在雨天的高收入对长期收入其实没有影响。

事实上，与新手相比，经验丰富的老司机（他们可能已经想通了这一点）是不太可能在雨天提前回家的。但是我们先把这些问题放到一边，这项研究似乎找到了收入效应使得劳动供给曲线向下倾斜而不是向上倾斜的明显证据。

这些发现使我们对优步快速崛起背后的经济学有了更深的理解，优步公司通过智能手机应用程序来匹配出租车司机与乘客。人们真正需要搭车时出租车司机却倾向于赶回家的现实为优步提供了机会：当需求增加时，允许司机收取更多的费用（这种做法被称为高峰定价），尽管出租车司机的劳动供给曲线受到收入效应的影响，但优步公司把更多的司机派到了路上。

□ 19.4.3 劳动供给曲线的移动

到目前我们已经考察了收入效应和替代效应如何塑造个体劳动供给曲线，我们现在可以转向市场劳动供给曲线。在任何劳动市场，市场劳动供给曲线都是由在市场中所有工人的个体劳动供给曲线水平加总而得到的。工资之外其他因素的改变将影响工人提供劳动的意愿，推动劳动供给曲线发生变化。多种因素都会导致这种变化，包括：偏好与社会规范的改变、人口变化、机会变化以及财富变化。

偏好与社会规范的改变 社会规范的改变可能会导致工人增加或减少在任一给定工资水平上的工作时间。这种现象的一个突出例子是自1960年以来，美国职业女性——尤其是已婚的职业女性——人数一直在大量增加。直到那个时候之前，女性在很大程度上能够负担得起不外出工作。二战后，美国人的偏好和社会规范发生了变化（随着劳动节约型家电如洗衣机的发明、人口城市化的推进和女性受教育水平的提高），大量美国女性加入劳动力大军，这种现象在经历了类似社会和技术力量变化的国家也都经常出现。

人口变化 人口规模的变化一般会导致劳动供给曲线发生移动。人口增多往往会推动劳动供给曲线向右移动，因为在任一工资水平上可用工人增多；人口减少往往会推动劳动供给曲线向左移动。1990—2008年，由于移民增加和相对较高的出生率，美国的劳动力规模不断扩大，每年增加约1%。其结果是，1990—2008年，美国劳动市场的劳动供给曲线向右移动。然而，2008年后虽然人口持续增长，但从2009年起劳动力规模开始萎缩，因为工人对恶劣的就业前景感到失望，离开了劳动市场。其结果是，自2009年以来，美国的劳动供给曲线一直向左移动。

机会变化 教师曾经被认为是唯一适合受过良好教育的女性的职业。然而，从20世纪60年代开始，随着其他行业开辟了女性就业机会，很多女性离开教学岗位，潜在的女教师选择了其他职业。这导致教师的供给曲线左移，反映为在任一给定的工资水平上工作意愿下降，为了保持足够的师资力量，学区不得不支付更高的工资。这些事件说明了一个一般性的结论：当其他劳动市场出现对工人而言更好的选择机会时，原有劳动市场的供给曲线将向左移动，因为工人将向新的机会转移。同样地，当某个劳动市场机会减少时，比如由于外国竞争加剧而导致制造业裁员，替代市场的劳动供给将增加，因为工人转移到了这些替代市场。

财富变化 随着人们财富的增加，他们将购买更多包括闲暇在内的正常物品。所以，当一个阶层的工人的财富水平普遍增长时，比如说，由于股票市场繁荣，财富增长的收入效应将推动与这些工人相关的劳动供给曲线左移，因为他们会消费更多的闲暇，减少工作时间。请注意，财富变化的收入效应会导致劳动供给曲线移动，但是工资率提高的收入效应——正如我们在个体劳动供给曲线的情况下所讨论的——会导致沿着劳动供给曲线的移动。下面的"真实世界中的经济学"专栏说明了许多家庭的财富水平变化如何导致与其子女的就业相关的市场劳动供给曲线的变化。

▶ **国际比较**

美国人的工作时间过长吗？

美国人今天比他们100年前的工作时间少多了，但他们仍然比其他工业化国家的工人的工作时间长。

下图比较的是美国与其他工业化国家平均每年的工作时间。差异源于美国人每周工作时间更长和假期更短。例如，美国绝大多数全职工人每周至少工作40小时。然而，直到最近，法国政府还强制限制大部分法国工人每周工作35小时；很多德国工人通过集体谈判也已经减少到类似的每周工作时间。

2013年，美国工人得到了平均8天的带薪假期，但23%的美国工人仍然没有享受到。相比之下，德国工人被保证每年有6周的带薪假期。此外，美国工人对他们法定假期的享用也比其他工业化国家的工人要少。2013 年的调查发现，美国工人只使用 51%的法定假期，而在法国这一数字是 90%。

为什么美国人的工作时间比别人多？与其他工业化国家的同行不同，美国人的带薪假期并非法定的；因此，普通美国工人得到的带薪假期较少。

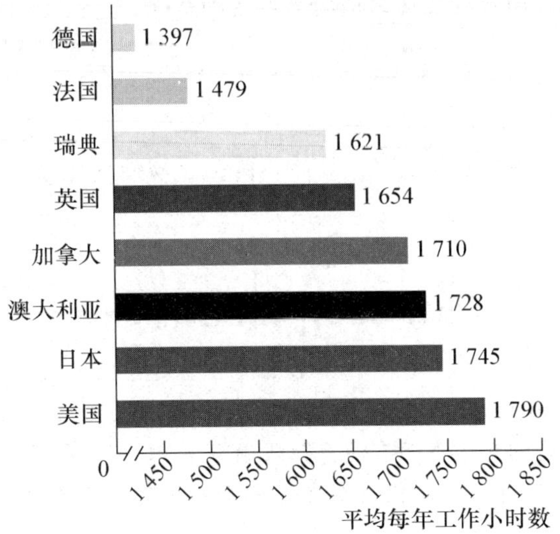

资料来源：OECD.

▶ 真实世界中的经济学

夏季工作职位的衰落

夏日时光，游客来访，新泽西州海边的度假小镇每年都面临一个反复出现的问题：救生员严重不足。传统上，救生员岗位与许多其他的季节性工作一直主要是由高中生和大学生来承担的。但近年来，供给和需求的不利变化的叠加已经导致暑期对青年工人的雇用出现严重下滑。1979 年，16～19 岁的美国人有 71%会在夏季加入劳动力大军。到了 2007 年，这一数字下降为 50%；到了 2013 年，再下一个台阶至 43%左右。

供给量下降是这一变化的原因之一。更多的学生现在觉得，自己应该利用夏季做更多的研究，而不是去工作。在过去的 20 年中，家庭财富的增加也使得出去工作的青少年越来越少，因为他们不再感到压力从而去为家庭收入尽一些力。换句话说，收入效应导致劳动供给减少。

另一种解释是替代效应：来自移民的竞争压力，移民现在正在做通常由青少年做的工作（如修剪草坪、送比萨饼外卖），导致了工资下降。因此，许多青少年都放弃暑期工作，而去休闲。

但是，2007—2009 年严重的经济衰退对随后几年青少年暑期就业下降产生了最大的影响。截至 2014 年，青少年就业尚未回升。私人雇主以及在暑期雇用青少年的地方和州政府项目所提供的工作在后衰退时期的削减，导致青少年在暑期的就业出现了数十年不多见的低潮。因此，需求急剧下降与供给的长期递减趋势一起导致了曾经的夏季传统就业职位的下降。

及时复习

- 选择供给多少劳动其实是时间分配问题：工作与闲暇之间的时间选择。
- 工资率的上升对个体劳动供给产生收入效应和替代效应。工资率上升的替代效应会引起在其他条件不变时有更多的时间用于工作。但是收入效应会产生相反的影响：更高的收入会导致对闲暇的需求增加，因为闲暇是正常物品。如果收入效应占主导，工资率上升实际上可以导致个体劳动供给曲线的倾斜方向出现“错误”：向右下方倾斜。
- 市场劳动供给曲线是市场中所有工人的个体劳动供给曲线的水平加总。它的移动可由四种主要的原因引起：偏好与社会规范的改变、人口变化、机会变化以及财富变化。

小测验 19-4

1. 以前，克莱夫自由选择工作时间，每周工作多少小时听凭自己。但是一项新的法律规定，他每周的最大工作时数不能超过35小时。请解释在什么情况下，他的状况：

a. 变差；

b. 状况一样好；

c. 变得更好。

2. 使用收入效应和替代效应解释克莱夫的工资率下降怎么诱使他比以前工作更长时间。

▶ **企业案例**

开市客与沃尔玛的工资和工人

2013年7月，美国总统奥巴马对经济发表了备受期待和引起广泛讨论的讲话，他对将要提高工资、缩小收入差距的政策进行了辩护。在讲话中，他点到了大型连锁零售企业开市客（Costco），“支付了好的薪水并提供了好的福利”。好的薪水是相对于谁而言的？他没有说出来，但每个人都明白，他比较含蓄地对开市客与另一个更大的零售巨头沃尔玛进行了比较，后者支付低工资是出了名的，以至其员工有资格领取食品券和获得其他扶贫计划的支持。

事实上，在同一年，《商业周刊》（*Business Week*）刊登了介绍开市客故事的报道，与沃尔玛仅仅支付每小时12.67美元相比，开市客支付的平均工资为每小时20.89美元，而且还提供更慷慨的医疗福利。尽管支付更高的工资，但是，在最近几年，开市客的利润已经大大超过沃尔玛。这怎么可能？

据开市客的高管说，他们支付相对较高的工资，换来了一个稳定且高效的员工队伍。零售企业一般具有较高的离职率，也就是说，工人频繁跳槽，然后新入职工人必须参加培训，但开市客的离职率比较低。开市客的工人似乎也有高昂的士气，而且比在其他商店的同行向客户提供更好的服务。

如果沃尔玛像开市客那样支付工资，它还会赚钱吗？怀疑者认为，零售商并不完全可比：开市客提供范围较窄的产品，迎合高收入客户。不过，开市客的成功表明，支付尽可能低的工资并不总是最好的企业决策。

思考题

1. 使用收入分配的边际生产力理论来解释像沃尔玛这样的公司怎么能支付这么低的工资，甚至低于贫困线。

2. 开市客的故事怎样与我们讨论的原因——使得同样的工人到头来获得了不同的工资——相一致？

3. 美国总统奥巴马在他的演讲中表示，希望鼓励更多的企业采取高工资策略。其他政客也想这样做。如果这成为政府的官方政策，可能会有什么样的正面和负面影响？

小结

1. 正如有产品和服务市场一样，也有包括劳动、土地、物质资本和人力资本的生产要素市场。这些市场决定着要素收入分配。

2. 利润最大化的价格接受型生产者将使用要素到其价格等于其边际产品价值——要素的边际产量乘以它生产的产品的价格——的点。因此，边际产品价值曲线是单个价格接受型生产者的要素需求曲线。

3. 市场劳动需求曲线是由市场中生产者的个体劳动需求曲线水平加总而得到的。三个原因可导致劳动市场需求出现变化：产品价格变化、其他要素的供给变化和技术变革。

4. 当一个竞争性的劳动市场处于均衡状态时，市场工资等于劳动的边际产品的均衡价值，即劳动市场作为一个整体所雇用的最后一名工人所生产的额外的价值。同样的原则也适用于其他生产要素：土地或资本的租金率等于其边际产品的均衡价值。用这种见解可以推导出收入分配的边际生产力理论，即将向各要素支付的是各要素市场作为一个整体所使用的最后一单位该要素所生产的边际产品价值。

5. 工资的巨大差异引出了收入分配的边际生产力理论是否正确的问题。差异大部分可以通过补偿差异、才能差异、职业体验差异、工作地位差异和人力资本差异来解释。工会和雇主的集体行动这种形式的市场干预也造成了工资差异。效率工资模型源于一种市场失灵，表明工资差异也可能因为雇主试图提高工人的绩效而形成。自由市场往往会减少歧视，但歧视仍然是工资差异的真实原因之一，特别是通过其对人力资本积累的影响。歧视通常既可因为劳动市场存在的问题，也可因为政府政策的制度化（历史形成）而得以持续。

6. 劳动供给是时间分配决策的结果，每一个劳动者都面临着闲暇与工作之间的权衡。小时工资率的提高往往会通过替代效应增加工作时间，而通过收入效应减少工作时间。如果工资率提高的最终结果是工人增加劳动供给量，个体劳动供给曲线将向右上方倾斜。如果最终结果是工人减少了工作时间，个体劳动供给曲线——不同于产品和服务的供给曲线——将向右下方倾斜。

7. 市场劳动供给曲线是由市场上所有工人的个体劳动供给曲线水平加总而得到的。它的移动可由四种主要的原因引起：偏好与社会规范的改变、人口变化、机会变化以及财富变化。

关键词

物质资本　人力资本　要素收入分配　边际产品价值
边际产品价值曲线　边际产品的均衡价值　租金率　收入分配的边际生产力理论
补偿差异　工会　效率工资模型　时间分配
闲暇　个体劳动供给曲线

练习题

1. 2013 年，美国的国民收入为 145 424 亿美元。同年，有 1.37 亿名工人被雇用，每名工人的年均工资（包括福利）为 64 667 美元。

a. 2013 年的雇员报酬为多少？

b. 分析要素收入分配。2013 年国民收入中有多少比例以报酬的形式被支付给员工？

c. 假设迅猛的公司裁员风潮导致许多员工离职而自谋职业。这对要素收入分配会产生什么影响？

d. 假设由于提高了退休年龄，劳动供给增加。雇员报酬在国民收入中所占的比例会发生什么变化？

2. 马蒂公司的冷冻酸奶每日的生产函数如下表所示。每名工人的均衡工资率是每天 80 美元。冷冻酸奶每杯售价为 2 美元。

劳动数量（工人人数）	冷冻酸奶数量（杯）
0	0
1	110
2	200
3	270
4	300
5	320
6	330

a. 计算每名工人的劳动的边际产量和每名工人的劳动的边际产品价值。

b. 马蒂公司应该雇用多少工人？

3. 帕蒂的比萨饼店的生产函数如第 12 题 * 的表格所示。比萨饼的价格是 2 美元，但小时工资率从 10 美元上升到

* 原文为第 14 题，疑有误。——译者注

15 美元。用图表来确定帕蒂对工人的需求怎样受到工资率提高的影响。

4. 贾米尔经营驾驶员培训学校。雇用的驾驶教练越多，他可以提供的驾驶培训课程就越多。因为他拥有的可供培训的汽车数量有限，每个额外雇用的驾驶教练对贾米尔驾驶培训课程的贡献递减。下表所示为贾米尔学校每日的生产函数。驾驶培训课程的价格为每小时 35 美元。

劳动数量（驾驶教练人数）	驾驶培训课程数量（小时）
0	0
1	8
2	15
3	21
4	26
5	30
6	33

根据以下每个驾驶教练日工资率确定贾米尔的劳动需求表（他对驾驶教练的需求表）：160 美元、180 美元、200 美元、220 美元、240 美元、260 美元。

5. 戴尔和达纳在自助加油站和便利店工作。戴尔每天早到开门，达纳稍晚到达后帮助商店进货。他们两人每小时的薪水都是按目前的市场工资 9.50 美元支付。但戴尔感觉，因为他每天上午在加油站所带来的收入比达纳进货所带来的收入多，他应获得更多工资。请评估这种说法。

6.《纽约时报》（*New York Times*）的一篇文章指出，墨西哥农场工人的工资是每小时 11 美元，但是在美国加利福尼亚州的农场，墨西哥移民工人的工资是每小时 9 美元。

a. 假定产品在两个国家的卖价相同。这意味着在墨西哥的农场工人劳动的边际产品多还是在加利福尼亚州的多？请解释你的答案，并画图来表现每个市场的劳动需求曲线和劳动供给曲线。在图中，假设在任何给定工资率水平上在墨西哥农场的工人和在加利福尼亚州的墨西哥移民农场的工人的劳动供给量都一样。

b. 现在假设在墨西哥的农活儿比在加利福尼亚州的农活儿更加艰巨、更危险。因此，对于任何给定的工资率，对墨西哥农场的劳动供给量与对加利福尼亚州的墨西哥移民农场的劳动供给量都不同。这一改变怎样影响你对第 a 问的答案？什么概念最适合解释墨西哥农场工人和加利福尼亚州的墨西哥移民农场工人工资率之间的差异？

c. 用图说明你对 b 的答案。在图中，假定对于任何给定工资率下的劳动需求量，墨西哥的雇主与加利福尼亚州的雇主都一样。

7. 肯德拉是商业奶制品农场 Wholesome 的所有者。肯德拉使用劳动、土地和资本。在她的运营下，她能使用一部分劳动来替代一定量的资本。也就是说，为了得到同样的产量，她可以多使用劳动，少使用资本；同样地，为了得到同样的产量，她可以用更少的劳动、更多的资本。我们用 w^* 表示在市场中每单位劳动每年的费用，用 r_L^* 表示在市场中每单位土地每年的费用，用 r_K^* 表示在市场中每单位资本每年的费用。

a. 假设肯德拉可以通过使用比目前更少的劳动、更多的资本但保持土地使用量不变来实现利润最大化。如果可以做到，肯德拉的经营必须满足哪三个条件（涉及她的劳动、土地和资本的边际产品价值）？

b. 肯德拉认为，她可以通过租赁和使用更多的土地增加利润。但是，如果使用更多的土地，她就必须使用更多的劳动和资本；如果她使用更少的土地，她可以使用较少的劳动和资本。如果这种情况成立，哪三个条件必须成立（涉及她的劳动、土地和资本的边际产品价值）？

8. 对于下述每种情形，同类工人被支付不同的工资，对这些工资差异给出最有可能的解释。

a. 新喷气式飞机的试飞员比航空公司的飞行员赚取更高的工资。

b. 通常大学毕业生在第一年的工作收入比没有大学学位的工人在第一年的工作收入高。

c. 正教授比讲授同样课程的助理教授的薪水更高。

d. 工会工人一般比非工会工人的薪水高。

9. 研究持续发现，尽管有非歧视政策，但非洲裔美国工人的平均工资低于白种工人。什么原因可以解释这种情况？这些原因与边际生产力理论相一致吗？

10. 格蕾塔是一个热心的业余园丁，照顾她的花园用去她许多空闲时间。她还有一个要求苛刻但付高薪的工作——

一个自由职业者广告顾问。由于广告业务正在经历一个困难的时期，格蕾塔每小时的咨询费用在下降。格蕾塔决定要花更多的时间在园艺方面，而减少用于咨询的时间。用收入效应和替代效应来解释她的决定。

11. 你是州长的经济政策顾问。州长希望出台一些政策，鼓励就业人员延长工作时间，并鼓励失业人员寻找工作，实现就业。根据实现的目标来评估以下每种策略。运用收入效应和替代效应来解释你的推理，当政策影响不明确时请注明。

a. 该州所得税税率较低，这有助于提高工人的税后工资率。

b. 该州所得税税率提高，这导致工人税后工资率下降。

c. 该州物业税税率提高，这降低了工人的税后收入。

在线回答问题

12. 帕蒂的比萨饼店的小时生产函数如下表所示。每名工人每小时的工资为10美元。每个比萨饼的售价为2美元。

劳动数量（工人人数）	比萨饼数量（个）
0	0
1	9
2	15
3	19
4	22
5	24

a. 计算每名工人劳动的边际产量和每名工人劳动的边际产品价值。

b. 画出劳动的边际产品价值曲线。根据你的图表来确定帕蒂要使用多少工人。

c. 现在比萨饼的价格上涨至4美元。计算每名工人劳动的边际产品价值，并在你的图中画出新的劳动的边际产品价值曲线。根据你的图表来决定帕蒂现在应该使用多少工人。

现在，我们假设帕蒂买了新的高科技比萨饼烤箱，她的劳动生产率是此前的2倍。也就是说，第1名工人现在每小时烤制18个比萨饼，而不是9个，依此类推。

d. 计算新的劳动的边际产品和比萨饼仍然保持原来2美元的价格时新的劳动的边际产品价值。

e. 使用图形来确定在帕蒂的劳动生产率提高的情况下，她会做出怎样的招聘决策。

附录 劳动供给的无差异曲线分析

在本章正文内容中，我们解释了为什么劳动供给曲线能够向右下方而不是向右上方倾斜：工资率提高的替代效应激励工人延长劳动时间，工资率提高的收入效应可能超过替代效应，导致人们消费更多闲暇。在本附录中，我们将用第10章引入的无差异曲线方法解释这种分析。

□ 19A.1 时间分配预算线

我们回头来看克莱夫的例子，他喜欢闲暇，但也喜欢花钱购物。现在我们假设克莱夫每周共有80小时可以用于工作或者享受闲暇。（我们假设，一周中其余的时间被必要的活动主要是睡觉占用了。）最初，我们还假设，他的小时工资率为10美元。

他的消费可能性可用图19A-1中的**时间分配预算线**（time allocation budget line）来表现。预算线表现了克莱夫在闲暇消费和收入之间的权衡取舍。每周的闲暇时间表示在横轴上，从工作中赚取的收入表示在纵轴上。

时间分配预算线表现的是个人在闲暇消费与可购买市场产品的收入之间的权衡取舍。

横截距，位于X点，等于80小时：如果克莱夫不工作，他每周将有80小时的闲暇，但无法赚到钱。纵截距，位于 Y 点，等于 800 美元：如果克莱夫将全部时间用于工作，他每周将获得 800 美元。

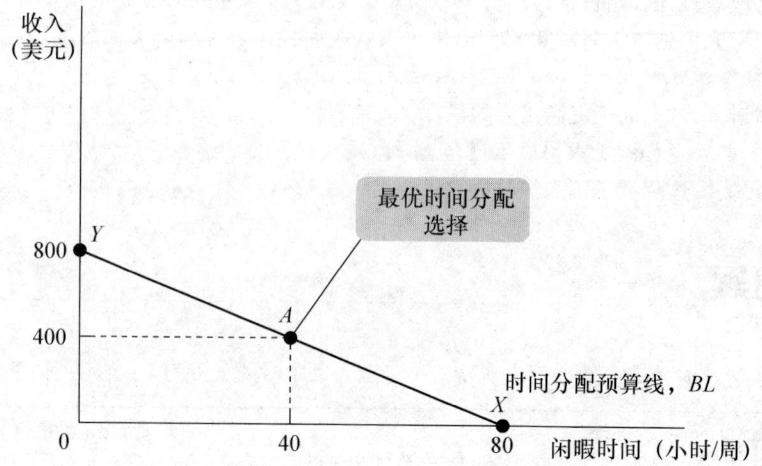

图 19A-1　时间分配预算线

克莱夫的时间分配预算线表现了他在工作（每小时支付 10 美元）与闲暇之间的权衡取舍。在 X 点，他将所有时间 80 小时分配给闲暇，但没有收入。在 Y 点，他将所有时间分配给工作，赚到 800 美元，但没有闲暇。他的小时工资率为 10 美元，也就是享受 1 小时闲暇的机会成本，等于时间分配预算线斜率的负值。我们假设 A 点——40 小时闲暇和 400 美元收入——是克莱夫的最佳时间分配选择。它遵循的最优时间分配原则是：克莱夫从多消费 1 小时闲暇中获取的效用必须等于他从用 1 小时工资购买的产品中得到的效用。

为什么我们可以用预算线来描述克莱夫的时间分配呢？第 10 章及其附录中的预算线表现的是消费者如何将其收入在不同产品之间分配。在这里，我们不是讨论克莱夫如何分配自己的收入，我们的问题是他如何分配他的时间。但收入分配和时间分配的基本原理是相同的：两者都涉及一个固定的资源量（这里是 80 小时的时间）与一个固定的替代率（克里夫必须放弃 10 美元来得到额外的 1 小时闲暇）。因此，使用预算线来分配时间就如同分配收入一样。

如普通预算线一样，机会成本起着关键的作用。享受 1 小时闲暇的机会成本是克莱夫必须放弃的工作 1 小时所获得的收入——10 美元。当然，这个机会成本，即克莱夫的小时工资率，等于他的时间分配预算线斜率的负值。你可能也注意到了，斜率等于负的到 Y 点的纵截距除以到 X 点的横截距的值，即－800 美元/(80 小时)＝－10 美元/小时。

为实现最大效用，克莱夫必须选择图 19A-1 中时间分配预算线上的最优点。在第 10 章，我们看到，消费者分配支出来实现效用最大化时得到的预算线上的组合点满足边际分析的效用最大化原则——花费在两种产品上的每 1 美元获得的边际效用必须相等。尽管克莱夫选择的是分配时间而不是分配金钱，但效用最大化原则同样适用。

由于克莱夫“花”的是时间而不是金钱，边际分析的效用最大化原则对应的是**最优时间分配原则**（optimal time allocation rule）：克莱夫额外增加 1 小时工作所赚取的钱带来的边际效用必须等于额外消费 1 小时闲暇带来的边际效用。

> **最优时间分配原则**指个人额外增加一小时工作所赚取的钱带来的边际效用必须等于额外消费一小时闲暇带来的边际效用。

□ 19A.2　提高工资率的影响

根据他的偏好，克莱夫关于闲暇时间和收入的效用最大化选择可以位于图 19A-1 时间分配预算线上的任意一点处。我们假设他的最优选择在 A 点，即他消费 40 小时闲暇，获得 400 美元收入。现在，我们准备将时间分配分析与劳动供给联系在一起。

当克莱夫选择了他的时间分配预算线上的一点，如 A 点时，他也选择了提供给劳动市场的劳动数量。通过将 80 个可用小时中的 40 小时用于闲暇，他也选择了将另外的 40 小时用于劳动供给。

现在假设克莱夫的工资率提高一倍，从每小时 10 美元提高至 20 美元。这一工资率提高的影响如图 19A-2 所示。他的时间分配预算线向外旋转：纵截距（表示的是如果他将全部 80 小时用于工作所能赚取的收入）从 Y 点向上移动至 Z 点。因此，当工资增加 1 倍后，如果他将全部 80 小时用于工作，他可以赚取 1 600 美元而不是 800 美元。

(a) 替代效应占主导地位

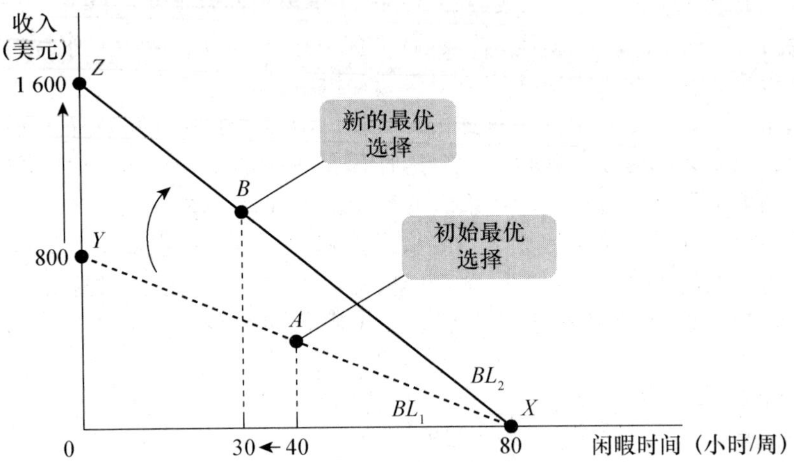

(b) 收入效应占主导地位

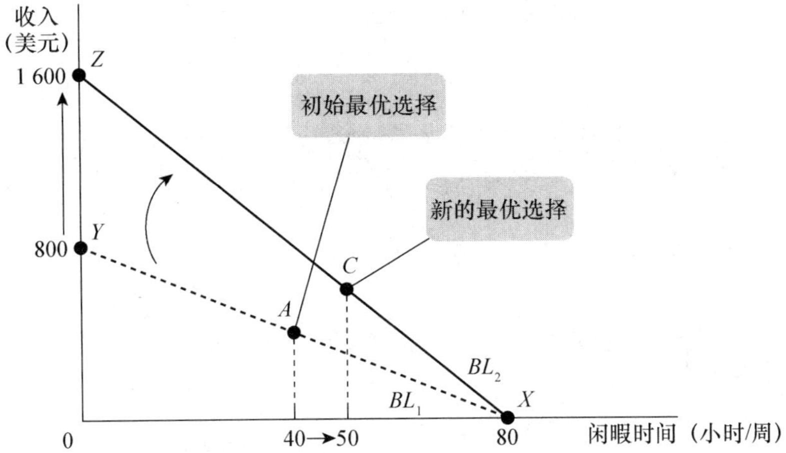

图 19A－2　工资率提高的影响

两幅分图给出了克莱夫初始的最优选择，BL_1 上的 A 点，在时间分配预算线上对应工资率 10 美元。当他的工资率上升到 20 美元后，他的预算线向外旋转，形成新的预算线 BL_2：如果他把所有时间投入工作中，他的收入将从 800 美元上升到 1 600 美元，从 Y 点移动到 Z 点。这会产生两种相反的效应：替代效应，他会减少闲暇时间，增加工作时间；收入效应，他将增加闲暇时间，减少工作时间。图（a）表示的是时间分配变化的替代效应更强一些：克莱夫新的最优选择是 B 点，表示闲暇时间降低为 30 小时，劳动时间增加至 50 小时。在这种情况下，个体劳动供给曲线向上倾斜。图（b）表示的是时间分配变化的收入效应更强一些：新的最优选择是 C 点，表示闲暇时间增加至 50 小时，劳动时间减少至 30 小时。现在，个体劳动供给曲线向下倾斜。

但是，克莱夫实际上将如何分配时间呢？正如我们在本章正文中所知道的，这取决于我们在第 10 章及其附录中学习过的收入效应和替代效应。

工资率提高带来的替代效应如下。工资率提高后，1 小时闲暇的机会成本增加，导致克莱夫消费更少的闲暇，而增加工作时间，也就是说，工资率上升后，工作时间将替代闲暇时间。如果全部是替代效应，个体劳动供给曲线看起来就像任何普通商品的供给曲线一样，总是向上倾斜——工资率提高将导致劳动供给量增加。

我们在前面的需求分析中知道，对于大多数消费品而言，收入效应并不重要，因为大多数商品的支出在消费者总支出中只占很小一部分。只是在少数商品的情况下，收入效应才是重要的——例如，购买房屋——

它通常会强化替代效应：大部分商品是正常物品，所以当价格上升时，消费者相对变穷，他（或她）会买更少的商品。

但是，在劳动/闲暇的选择中，收入效应呈现出新的意义，原因有两个。第一，大多数人的主要收入来源于工资。这意味着，工资率变化后的收入效应并不小：工资率提高将使收入显著上升。第二，闲暇是正常物品：在其他条件相同时，收入上升，人们往往会消费更多的闲暇，从而减少工作时间。

因此，更高的工资率带来的收入效应往往会减少劳动供给量，这与替代效应作用方向相反，因为后者往往会增加劳动供给量。因此，工资率提高对克莱夫劳动供给的净影响可能会有两种结果——这要看他的喜好，他可能会选择提供更多的劳动，他也可能会选择提供较少的劳动。图 19A－2 中的两幅分图说明了这样的两个结果。在两幅分图中，A 点代表克莱夫的初始消费选择。图 19A－2（a）表示，工资率提高后，克里夫选择增加工作时间。随着工资率的提高，他从 A 点移动到 B 点，在那里他消费的闲暇减少，而增加了工作时间。此时，替代效应胜过收入效应。图 19A－2（b）所示为工资率提高后，克里夫减少了工作时间。他从 A 点移动到 C 点，在该点他会消费更多的闲暇，用较少的时间工作。此时收入效应胜过替代效应。

工资率提高后，当收入效应胜过替代效应时，个体劳动供给曲线——表现一个人在任何给定的工资率水平上将供给多少劳动时间——将有一段斜率“出错”，即会向下倾斜：工资率提高导致劳动供给量减少。如图 19A－3 中 B 点和 C 点之间就是一个例子。

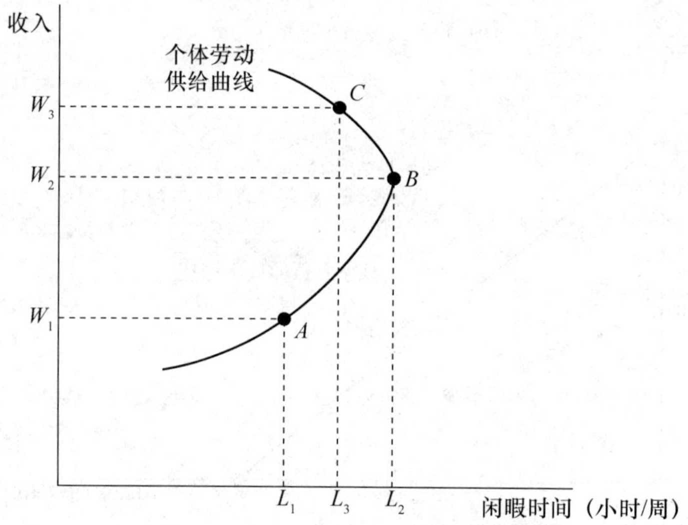

图 19A－3　向后弯曲的个体劳动供给曲线

在较低的工资率水平，对个人而言，替代效应胜过收入效应，占主导地位。这在个体劳动供给曲线上表现为从 A 点移动到 B 点：工资率从 W_1 上升至 W_2 导致劳动供给量从 L_1 增加到 L_2。但在高工资率水平，收入效应胜过替代效应，如从 B 点移动到 C 点：在这里，工资率从 W_2 上升至 W_3 导致劳动供给量从 L_2 减少到 L_3。

> **向后弯曲的个体劳动供给曲线**指在工资率从低水平向中等水平变化时，个体劳动供给曲线向上倾斜，而在工资率上升到高水平阶段后，个体劳动供给曲线向下倾斜。

经济学家认为，当工资率较低时，劳动供给的替代效应胜过收入效应。个体劳动供给曲线在低工资率处，通常向上倾斜，随着工资率的上涨，人们会供给更多的劳动。但他们也认为，许多人对闲暇有更强的偏好，随着他们工资率的持续上升，他们会选择减少工作小时数。对这些人而言，工资率上升后，收入效应最终会胜过替代效应占主导地位，导致他们的个体劳动供给曲线的斜率改变，并在高工资率水平上“向后弯曲”。具有这种特性的个体劳动供给曲线被称为**向后弯曲的个体劳动供给曲线**（backward-bending individual labor supply curve），如图 19A－3 所示。虽然个体劳动供给曲线可能会向后弯曲，但市场劳动供给曲线在整个范围内几乎总是向上倾斜的，因为较高的工资率水平会吸引更多的新工人进入劳动市场。

□ 19A.3 无差异曲线分析

在第 10 章附录中，我们说明了可以用无差异曲线概念来表现消费者选择。无差异曲线提供了消费者的偏好“图”。如果你已经学习了该附录，你会发现它很有趣，无差异曲线对解决劳动供给问题也非常有用。事实上，在这一点上它们特别有帮助。

使用无差异曲线，图 19A－4 展示了工资率提高如何导致劳动供给量下降。A 点是克莱夫的初始最优选择，工资率为每小时 10 美元。它与图 19A－1 的 A 点是相同的；然而，在此时，我们考虑了无差异曲线上的一点——预算线与最高的无差异曲线相切的点。

现在考虑工资率上升到 20 美元的影响。试想一下，在某一时点，克莱夫在获得加薪的同时，被告知必须开始偿还他的学生贷款，在这样的好消息和坏消息的组合影响下，他的效用不变。然后，他发现自己所在的 S 点与 A 点在同一条无差异曲线上，但与一条更陡峭的预算线相切，如图 19A－4 中与 BL_2 平行的虚线 BL_S。从 A 点移动到 S 点是他工资增加的替代效应：他消费更少的闲暇，因此提供了更多的劳动。

但是，现在取消学生贷款的还款要求，因此克莱夫能够移动到一条更高的无差异曲线上。他新的最优点在 C 点，对应图 19A－2（b）中的 C 点。从 S 点移动到 C 点是他工资增加的收入效应。而且我们看到，这个收入效应超过了替代效应：在 C 点，他消费更多的闲暇，因此，比他在 A 点时供给更少的劳动。

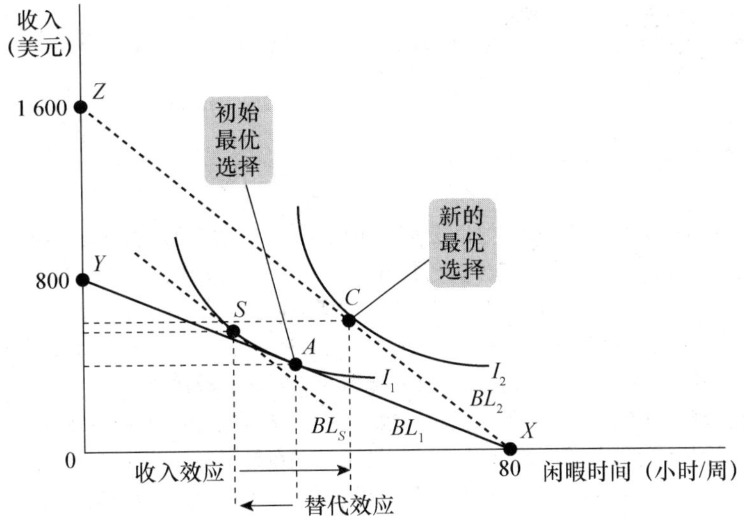

图 19A－4　劳动供给选择：无差异曲线方法

BL_1 上的 A 点是克莱夫的初始最优选择。工资率提高后，他的收入和效用增加了：他的新的时间分配预算线是 BL_2，新的最优选择是 C 点。这种变化可以分解为替代效应——闲暇时间从 A 点减少到 S 点和收入效应——闲暇时间从 S 点增加到 C 点。如图所示，收入效应超过了替代效应：工资率提高的最终结果是闲暇时间增加，所供给的劳动时间减少。

练习题

1. 莱昂德罗每天有 16 小时可以分配给工作与闲暇。他的工作支付的工资率为 20 美元。莱昂德罗决定消费 8 小时闲暇。他的无差异曲线具有通常的形状：向右下方倾斜，互不交叉，呈凸状。

a. 画出莱昂德罗典型的一日时间分配预算线。然后在他的无差异曲线上标出最优选择。

现在，莱昂德罗的工资率降至 10 美元。

b. 画出莱昂德罗的新的预算线。

c. 假设现在莱昂德罗只工作 4 小时，这是受到了工资率降低的影响。用无差异曲线说明他的新的最优选择。

d. 工资率下降后，莱昂德罗决定减少工作，这是替代效应和收入效应共同作用的结果。在你的图中，表明工资率降低的收入效应和替代效应。哪种效应更强？

2. 弗洛伦丝是一个拿高薪的时尚顾问，每小时赚取 100 美元。她每天有 16 小时分配给工作和闲暇，她决定用 12 小时工作。

a. 画出弗洛伦丝典型的一日时间分配预算线，并结合无差异曲线说明她的最优选择。

弗洛伦丝的一名客户曾经上过一本有影响力的时尚杂志 *Vague* 的封面。因此，弗洛伦丝的咨询费用现在上升到每小时 500 美元。弗洛伦丝决定每天仅工作 10 小时。

b. 画出弗洛伦丝的新的时间分配预算线，并结合无差异曲线说明她的最优选择。

c. 在你的图中，说明工资率提高的收入效应和替代效应。哪种效应更强一些？

3. 温迪在一家快餐店工作。当她的工资率为每小时 5 美元时，她每周工作 30 小时。当她的工资率上升到每小时 6 美元时，她决定工作 40 小时。但是，当她的工资率进一步攀升至 7 美元时，她决定只工作 35 小时。

a. 画出温迪的个体劳动供给曲线。

b. 温迪的行为是非理性的吗？或者你可以找到一个合理的解释吗？请解释你的答案。

4. 在过去的 50 年中，每个美国人每周平均的闲暇时间增加了 4～8 小时。一些经济学家认为，这一增加主要是由工资率的上升推动的。

a. 使用收入效应和替代效应来描述美国人的平均劳动供给。其中占主导地位的效应是哪种？

b. 该研究还发现，女性的劳动力参与率提高了，越来越多的女性选择工作，而不仅仅是操持家务。就普通女性新进入劳动市场这一现象而言，哪种效应占主导？

c. 画出典型的个体劳动供给曲线，并据此说明你对第 a、b 问的答案。

在线回答问题

5. 塔玛拉每周有 80 小时可以在工作与闲暇之间分配。她的工作支付的工资率为每小时 20 美元，塔玛拉的收入按以下方式纳税。塔玛拉收入的最初 400 美元不支付任何税收。也就是说，就最初 20 小时的工作而言，她的净工资——她可带回家的税后收入——是每小时 20 美元。高于 400 美元的所有收入，塔玛拉要支付 75%的税。也就是说，就超过 20 小时的所有时间而言，她的净工资率只有每小时 5 美元。塔玛拉决定工作 30 小时。她的无差异曲线具有通常的形状。

a. 画出塔玛拉典型的一周时间分配预算线。结合无差异曲线说明她的最优选择。

政府改变了税收制度。现在只有 100 美元可以免税。也就是说，只有最初 5 小时的工作，塔玛拉的净工资为每小时 20 美元。但政府将其他所有收入的税率削减到 50%。也就是说，现在超过 5 小时的所有时间，塔玛拉的净工资率是 10 美元。在发生这些改变后，塔玛拉发现自己的境况和以前一样。也就是说，她的新的最优选择与之前的最优选择在同一条无差异曲线上。

b. 画出塔玛拉的新的时间分配预算线，并说明她的最优选择。请记住，她的境况与税制改革之前相同（在相同的无差异曲线上）。

c. 与税制改革前相比，塔玛拉的工作时间是多了还是少了？为什么？

第 20 章

不确定性、风险和私有信息

本章将学习

- 存在风险是经济体的一个主要特征，大多数人是风险规避型的。
- 为什么边际效用递减使得人们规避风险，并决定他们愿意为降低风险支付的溢价。
- 风险怎样交易——风险规避者向他人支付一定的代价来让渡部分风险。
- 如何通过多样化和组合汇集来减少风险暴露。
- 私有信息带来的特殊问题——有些人知道的事情，而其他人却不知道。

开篇案例

极端天气

当飓风桑迪（Sandy）在 2012 年 10 月袭击纽约市和新泽西州沿海地区时，当地居民和地方政府受惊不小，但做了充分准备。毕竟，他们刚刚在 14 个月前经历过飓风艾琳（Irene）。艾琳造成 56 人死亡以及近 160 亿美元的损失。但是桑迪比艾琳高 2 级，更具有毁灭性。它造成 160 人死亡，摧毁了许多家庭和企业，造成 800 万户家庭停电数周，并造成像干净饮用水和汽油等必需品的短缺。它甚至淹没了纽约市地铁系统，这是 110 年来的第一次。总体而言，桑迪给美国经济造成了 650 亿美元的损失。

但是飓风桑迪仅仅是 2011 年和 2012 年美国极端天气模式中的一部分。2012 年 8 月，飓风艾萨克（Isaac）袭击路易斯安那州，造成 7 人死亡、超过 20 亿美元的损失。如果这还不够的话，看一看破纪录的遍及美国 48 个州的炎热和干旱导致了大范围的农作物歉收和野火灾害，它们毁坏了整个社区。仅 2012 年干旱造成的损失估计就有 140 亿美元。此外，这些损失估计显著低估了这样的天气事件的真实损失，因为很多未投保或保险不足者（那些虽有保险但不足以弥补他们的损失的人）并没有报告他们的损失。

那些住在受极端天气影响的区域的人都知道，不确定性是真实世界的特征之一。到现在为止，我们假设，人们做出决策是知道未来究竟会如何的。（唯一的例外是医疗保险的决定。）在现实中，人们经常做出经济决策，比如是否在沿海地区建造一所房子，但对未来事件则没有把握。作为这些极端天气事件的受害者，他们知道，在做决策时，未来是不确定的，存在亏损的风险。

个人经常可能利用市场来降低风险。例如，受飓风影响的灾民如果投保，将能够获得部分（如果不是全部）损失赔偿。事实上，通过保险和其他机制，现代经济为个人提供了许多减少他们的风险暴露的途径。

然而，市场经济并不能解决不确定性所产生的所有问题。当两个条件具备时，市场能非常好地应对风险：一是当风险可以合理分散时，二是当损失的概率被大家同等熟知时。

在过去的几年中，极端天气事件增多，导致许多保险公司不再依靠多样化来应对与天气有关的损失。其结果是，它们极大地缩小了这种损失的覆盖范围。保险公司不再相信，天气好时在这些地区所获得的利润将能抵消飓风和干旱造成的损失。

但在实践中，第二个条件往往会受到更多限制。当一些人知道某些信息，而其他人不知道时，一个涉及所谓私有信息的情形会使市场陷入困境。我们知道，私有信息会通过防止互利交易发生——尤其是在保险市场——而导致效率低下。

在本章中，我们将讨论为什么大多数人不喜欢风险。然后，我们将探讨市场经济如何使人们在付出一定代价后降低风险。最后，我们将转向私有信息市场所产生的特殊问题。

20.1 风险规避的经济学

一般情况下，人们不喜欢风险，并愿意付出一定的代价来避免之。只要看一下美国保险业就可以知道，其每年的保费收入超过 1 万亿美元。风险到底是什么？为什么大多数人都不喜欢它？要回答这些问题，我们需要对期望值的概念和不确定性的含义做简单介绍。然后，我们可以解释为什么人们不喜欢风险。

□ 20.1.1 预期和不确定性

李一家人不知道明年要付多少医疗费用。如果一切顺利的话，不会有任何医疗费用支出。假设事情发生的概率为 50%。但是，如果家庭成员需要住院治疗或使用昂贵的药物，他们将需支付 10 000 美元的医疗费用。我们假设他们有 50%的概率支付这些高额的医疗费用。

在这个例子中——目的是说明这一情形，而非事实是这样——李家来年需支付的医疗费用是一个**随机变量**（random variable），有一个不确定的未来值。没有人能够预测随机变量可能的值或结果。但是，这并不意味着我们对李家未来的医疗费用一无所知。相反，精算师（专门接受过评估未来不确定事件的培训的人）可以计算来年医疗费用的**期望值**（expected value），即所有可能值的加权平均值，每个可能值的权数就是该值出现的概率。在该事例中，李家医疗费用的期望值是 0.5×0 美元＋0.5×10 000 美元＝5 000 美元。

随机变量指未来值不确定的变量。

随机变量的**期望值**等于所有可能取值的加权平均，每一个可能取值的概率为权数。

为了得到计算随机变量的期望值的一般性公式，我们假设未来有多种不同的**世界状态**（state of the world），即未来可能发生的事件。每个状态与不同随机变量的实际值——实际出现的值——相关。我们并不知道将会出现哪种世界状态，但我们可以确定每种状态出现的概率。

世界状态指未来可能发生的事件。

假设 P_1 为状态 1 的概率，P_2 为状态 2 的概率，依此类推。我们也知道在每种世界状态下各随机变量的实际值：状态 1 的值为 S_1，状态 2 的值为 S_2，依此类推。我们假设有 N 种可能的状态。那么，随机变量的期望值为：

$$\text{随机变量的期望值 } EV=P_1\times S_1+P_2\times S_2+\cdots+P_N\times S_N \tag{20-1}$$

对李家而言，世界仅存在两种可能的状态，每个具有 0.5 的概率。

但是，请注意，实际上李家并没有预期明年要付出 5 000 美元的医疗费用。这是因为，在这个例子中，李家没有正好支付 5 000 美元的状态。该家庭要么无须支付任何费用，要么支付 10 000 美元。因此，未来李家的医疗费用存在相当大的不确定性。

但是，不管结果如何，李家人都会够买医疗保险来支付其医疗费用吗？特别地，假设李家最多支付 5 000

美元就可以换取支付来年实际发生的全部医疗费用。那么，李家未来的医疗费用对他们而言就不再是不确定的了：作为 5 000 美元的回报——等于医疗费用的期望值——保险公司承担了支付全部医疗费用的责任。从李家的角度来看，这是一个很好的协议吗？

是的。它——至少大多数家庭——会这样想。在其他条件不变时，大多数人都喜欢降低**风险**（risk）——未来结果的不确定性。［在这里我们将集中于**金融风险**（financial risk），其中不确定性涉及货币结果，这与不能指定货币价值的结果正好相反。］事实上，大多数人都愿意付出较大代价来降低他们面临的风险；这就是保险业会存在的原因。

风险指未来结果的不确定性。当不确定性涉及货币结果时，就变为**金融风险**。

在研究保险市场之前，我们需要理解为什么人们觉得风险是坏事，经济学家称这种态度为风险规避。风险规避与我们在第 10 章分析消费者需求时首先用到的一个概念有关，即边际效用递减。

□ 20.1.2 风险规避的逻辑

要了解边际效用递减怎样引起风险规避，我们不仅需要知道李家的医疗费用，而且需要知道支付这些费用如何影响家庭剩下的收入。我们假设，李家知道明年将有 30 000 美元的收入。如果李家没有医疗费用支出，所有的收入都将剩下。如果支出 10 000 美元的医疗费用，支付医疗费用后的收入将只有 20 000 美元。由于我们假设这两个结果的概率相等，李家支付医疗费用后的收入的期望值为：0.5×30 000 美元+0.5×20 000 美元=25 000 美元。有时，我们会简单地将此称为期望收入。

但是，正如我们现在所看到的，如果假定该家庭效用函数的形状与最典型家庭的相同，其**期望效用**（expected utility）——给定未来的结果不确定时总效用的期望值——将小于如果家庭没有任何风险并确切知道支付医疗费用后收入是 25 000 美元的确定结果。

期望效用指给定未来的结果不确定时总效用的期望值。

要知道为什么，我们需要知道总收入怎样影响效用。图 20-1（a）所示为李家的假想效用函数，其中总效用取决于收入——李家可用于购买消费产品和服务的金额（他们已支付所有医疗费用后的剩余）。图中的表格显示了家庭的总效用在 20 000～30 000 美元的收入范围内是如何变化的。像往常一样，效用函数曲线向上倾斜，因为收入越多，总效用水平越高。请注意，随着我们沿着曲线向上和向右移动，该曲线变得越来越平坦，这反映了边际效用递减。

在第 10 章，我们应用边际效用递减原则对个别产品和服务进行分析：消费者连续购买的每一单位后续增加的产品或服务所带来的总效用增加逐渐减少。同样的原则也适用于可用于消费的收入：连续增加的每一单位货币收入带来的效用都比此前一单位货币收入带来的效用要少。图 20-1（b）所示为收入的边际效用如何随着收入的变化而变化，确认了随着收入的增加，收入的边际效用递减。正如我们稍后将要看到的，边际效用递减是理解个人降低风险的愿望的关键。

为了分析一个人的效用如何受风险影响，经济学家从假设面临不确定性的个人最大化其期望效用开始。我们可以用图 20-1 中的数据来计算李家的期望效用。我们首先计算假设李家没有保险的情形，然后我们将重新计算假设他们购买保险后的情形。

在没有保险的情况下，如果李家是幸运的，将不会承担任何医疗费用，他们将有 30 000 美元的收入，产生的总效用为 1 080 尤特尔。但是，如果没有保险，他们也没有那么幸运，那么李家将承担 10 000 美元的医疗费用，他们将只有 20 000 美元的收入用来消费，只获得 920 尤特尔的总效用。因此，没有保险，李家的期望效用为：0.5×1 080+0.5×920=1 000（尤特尔）。

现在，我们假设一家保险公司提出，可以支付来年李家的任何医疗费用，只要李家向保险公司支付 5 000 美元**保险费**（premium，简称保费）。请注意，在这种情况下，保险费的数额等于李家医疗费用的期望值——他们预计在未来根据保单要索赔的金额。一份保单如果具有如下特征——保费等于索赔额的期望值，这份保单就有一个特殊的名字：**公平保单**（fair insurance policy）。

保险费指支付给保险公司的数额，保险公司因此承诺在某种状态下支付一定的索赔额。

公平保单指这样一种保单，其保费等于索赔额的期望值。

(a) 总效用

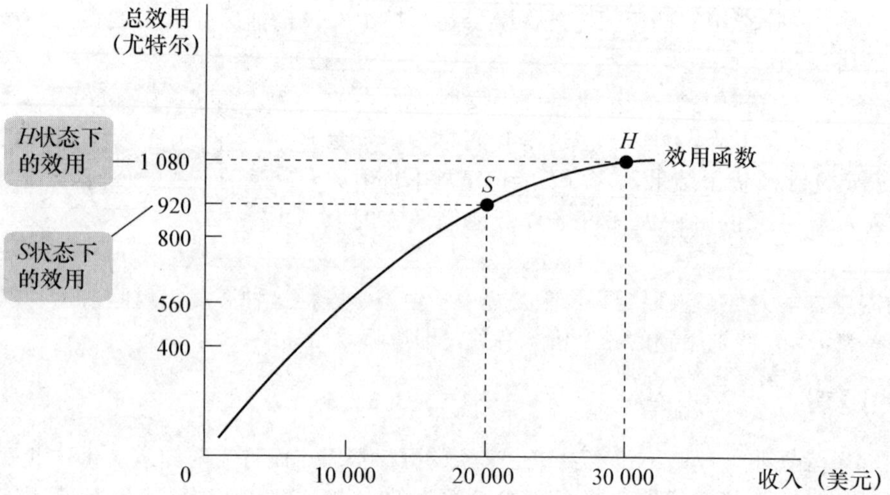

收入（美元）	总效用（尤特尔）
20 000	920
21 000	945
22 000	968
23 000	989
24 000	1 008
25 000	1 025
26 000	1 040
27 000	1 053
28 000	1 064
29 000	1 073
30 000	1 080

(b) 边际效用

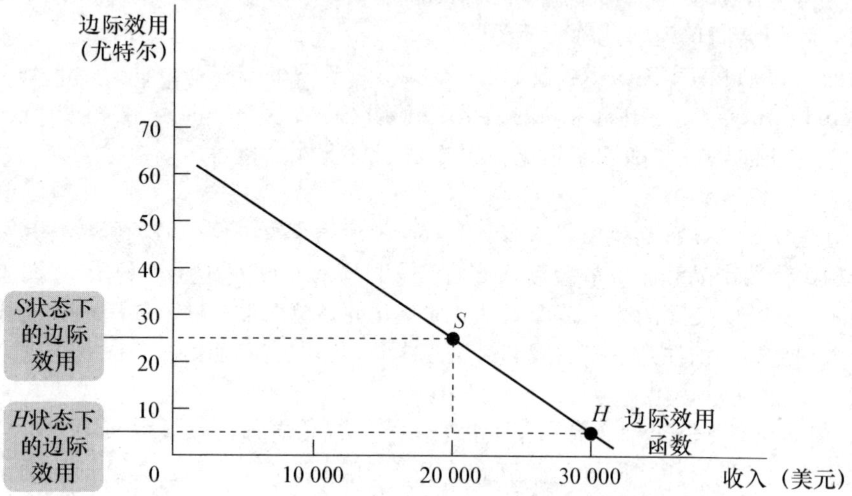

图 20－1　风险规避型家庭的效用函数和边际效用函数

图（a）表现了李家的总效用如何受到可用于消费的收入（即支付医疗费用后的收入）变化的影响。该曲线向上倾斜：收入越多，总效用也越高。但是当我们沿着曲线向右移动时，它变得越来越平坦，这反映了边际效用递减。图（b）表现的是风险规避情况下收入和边际效用之间的负相关关系：收入每增加 1 000 美元，边际效用随着收入的提高而逐渐减少。因此，李家有较高的医疗费用时（S 点）其收入的边际效用高于李家有较低的医疗费用时（H 点）。

如果李家购买这份公平保单，那么剩余可用于消费的收入的期望值与没有保险时是相同的，都是 25 000 美元，即 30 000 美元减 5 000 美元的保费。但是，家庭的风险已经消除：李家确定有 25 000 美元可用于消费的收入，这意味着李家拥有与 25 000 美元的收入相关的效用水平。

从图 20－1 的表中我们看到，该收入对应的效用水平为 1 025 尤特尔。或者换一个稍微不同的方式，他们购买保险后的期望效用为：1×1 025＝1 025（尤特尔），因为投保后他们将获得 1 025 尤特尔效用的概率为 1。这比没有保险时的期望效用水平要高，后者只有 1 000 尤特尔。因此，通过购买公平保单消除风险，家庭的期望效用会增加，即使其期望收入没有改变。

对于本例的计算总结如表 20－1 所示。这个例子说明，像现实生活中大多数人一样，李家也是**风险规避**（risk-averse）型的：当付出代价降低风险后人们的收入或财富水平的期望值保持不变时，他们会选择降低所面临的风险。因此，像大多数人一样，李家愿意购买公平保险。

风险规避指当降低风险使得人们的收入或财富水平的期望值不变时，他们将选择降低他们的风险的行为倾向。

表 20－1　　公平保险对于李家可用于消费的收入与期望效用的影响

	不同状态的收入		可用于消费的收入的期望值	期望效用
	无医疗费用支出（概率为 0.5）	支出 10 000 美元医疗费用（概率为 0.5）		
没有保险	30 000 美元	20 000 美元	0.5×30 000 美元＋0.5×20 000 美元＝25 000 美元	0.5×1 080 尤特尔＋0.5×920 尤特尔＝1 000 尤特尔
购买公平保险	25 000 美元	25 000 美元	0.5×25 000 美元＋0.5×25 000 美元＝25 000 美元	0.5×1 025 尤特尔＋0.5×1 025 尤特尔＝1 025 尤特尔

你可能会认为这一结果依赖于我们所选择的具体数字。但事实是，购买公平保险增加期望效用这一命题只依赖于一个假设：边际效用递减。其原因是，随着边际效用的递减，收入水平低时增加一单位货币所带来的效用要大于收入水平高时增加一单位货币所带来的效用。

也就是说，与处于顺境时相比，处于逆境时额外得到的一单位货币更重要。正如我们稍后将看到的，公平保单是可取的，因为它将一单位货币从高收入水平状态下（此时它获得的评价较低）转移到低收入水平状态下（此时它获得的评价较高）。

但首先，我们通过进一步检视期望效用来看看边际效用递减如何导致风险规避。对李家人而言，有两种世界状态；我们姑且称之为 H 状态和 S 状态，分别代表健康和病痛。在 H 状态，李家没有医疗费用；在 S 状态，支出 10 000 美元医疗费用。我们用符号 U_H 和 U_S 代表李家在每种状态下的总效用。那么，李家的期望效用为：

$$\text{期望效用}=H\text{状态的概率}\times H\text{状态的总效用}+S\text{状态的概率}\times S\text{状态的总效用}$$
$$=0.5\times U_H+0.5\times U_S \qquad (20-2)$$

公平保险减少了李家在 H 状态下可用于消费的收入 5 000 美元，但增加了在 S 状态下相同数量的收入。正如我们已经知道的，我们可以使用效用函数直接计算这些变化对期望效用的影响。但是，正如我们在许多其他情况下也看到的，通过专注于边际效用我们会更深入地了解个人选择。

要使用边际效用分析公平保险的影响，我们想象一下，一次引入少量保险，比如说，分 5 000 小步进行。在每一步中，我们减少 H 状态下 1 美元的收入，同时增加 S 状态下 1 美元的收入。在每一步，H 状态下收入的边际效用降低了总效用，但 S 状态下收入的边际效用提高了总效用。

现在再来看一下图 20－1（b），它表现了收入的边际效用如何变化。S 点表示的是李家的收入为 20 000 美元时的边际效用；H 点表示的是李家的收入为 30 000 美元时的边际效用。显然，支付医疗费后收入低时的边际效用高。由于边际效用递减，额外增加的一单位收入带来的总效用的增加在李家的收入处在低水平时（S 点）高于在李家的收入处在高水平时（H 点）。

这就告诉我们，在 S 状态下增加的收入所增加的期望效用要大于在 H 状态下减少的同样数量的收入所减少的期望效用。因此，在减少风险的过程中的每一步，通过从 H 状态转移 1 美元收入到 S 状态，期望效用增加了。这就相当于说，该家庭是风险规避型的；也就是说，风险规避是边际效用递减的结果。

几乎所有人都是风险规避型的，因为几乎每个人都是边际效用递减的。但不同的人，风险规避的程度不同，有些人比其他人更厌恶风险。为了说明这一点，请看图 20－2，其中比较了两个人：丹尼和梅尔。我们假设，他们两人现在有相同的收入，但面临要么获得 1 000 美元、要么损失 1 000 美元的可能性。

图 20－2（a）表现了两个人的总效用如何受收入变化的影响。收入增长给丹尼带来的效用增加有限，其效用从 N 移动到 H_D，但是收入下降带来的效用减少不小，其效用从 N 移动到 L_D。也就是说，他是高度风险规避型的人。这反映在图 20－2（b）中，他的边际效用曲线较为陡峭。

但是，如图 20－2（a）所示，梅尔从更高收入中获得的效用增加（从 N 移动到 H_M）几乎与他因收入减少而损失的效用（从 N 移动到 L_M）相同。他属于轻微的风险规避型的人。这反映在图 20－2（b）的边际效用曲线上，几乎是水平的。因此，在其他条件不变的情况下，丹尼从保险中获得的效用将多于梅尔。对风险完全不敏感者被称为所谓的**风险中性**（risk-neutral）者。

风险中性指对风险完全不敏感。

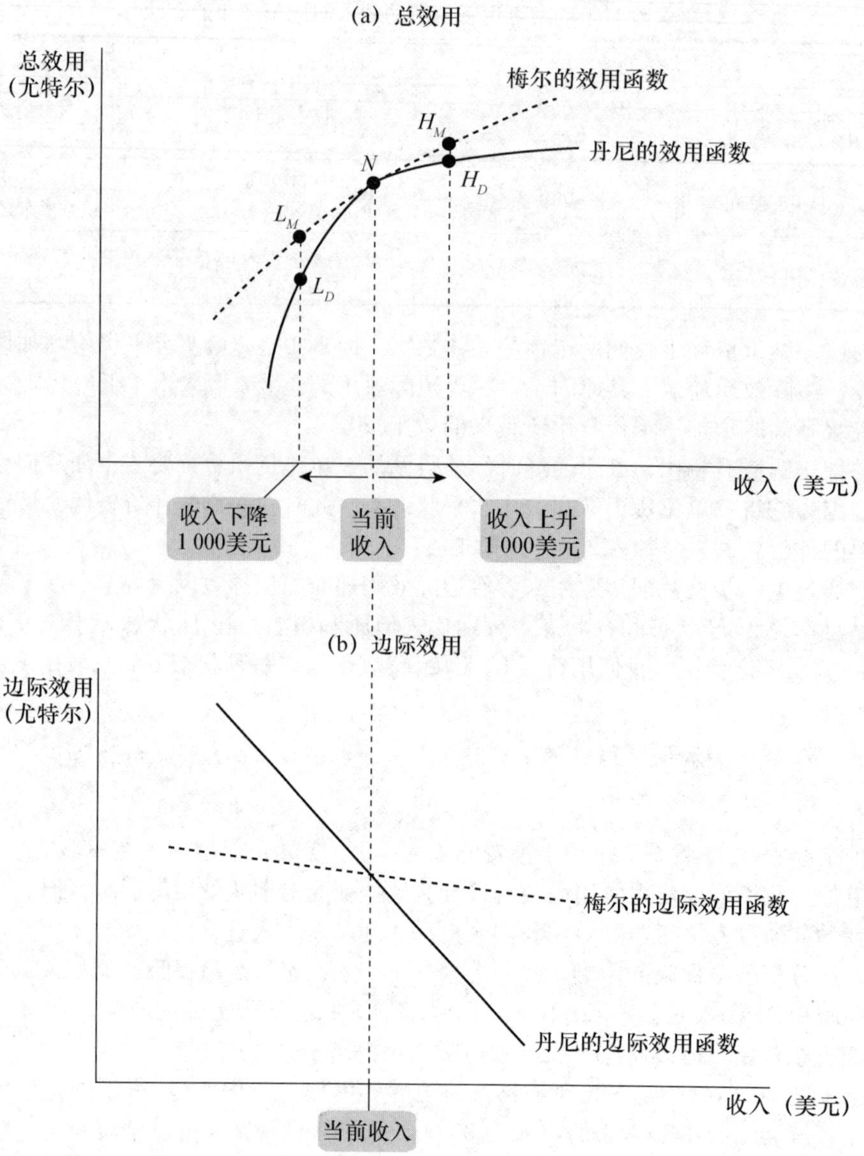

图 20－2　风险规避差异

丹尼和梅尔有不同的效用函数。丹尼高度厌恶风险：增加 1 000 美元的收入，将推动他的效用从 N 移动到 H_D，他的总效用只增加了很少的尤特尔，但是减少 1 000 美元的收入，他的效用将从 N 移动到 L_D，他的总效用减少了较多的尤特尔。相比之下，梅尔从收入增加 1 000 美元中获得的效用（从 N 运动 H_M）几乎与他因收入减少 1 000 美元而损失的效用（从 N 移动到 L_M）同样多。这种差异反映了两人的边际效用曲线的斜率不同，这意味着丹尼愿意比梅尔付出更多来买保险。

▶ **追根究底**

赌博的困境

如果大多数人都是风险规避型的，那么厌恶风险的个人不愿意参与公平赌博，但是为什么拉斯维加斯、大西洋城和其他地方会有这么多公司来从事合法赌博业务呢？

毕竟，赌场不会向赌客提供公平赌博：在任何赌博设施上，所有的赌局平均而言都被设计成赌场赚钱。那么，为什么会有人参与其中？

你可能会认为，赌博业迎合的是少数非风险规避型的人，他们是风险爱好者。但粗粗看一眼住在拉斯维加斯酒店的顾客，人们马上就会驳斥这种假设：他们大多数并非进行高空跳伞和滑板滑雪的冒失鬼。相反，他们大多数是拥有医疗保险和人寿保险并佩戴安全带的普通人。换句话说，他们像我们一样是风险规避者。

那么，为什么人们要参与赌博？大概是因为他们享受这种体验。

此外，赌博可能是理性行为假设会出现差错的领域之一。心理学家得出的结论是，赌博上瘾与毒品上瘾在方式上没什么不同。吸食毒品是不理性的；沉迷赌博同样如此。唉，有时两者还会同时发生。

▶ 疑难解答

事前和事后

为什么买保险不同于买甜甜圈？

这并非什么不解之谜。尽管保险的供给与需求行为和普通产品或服务的供给与需求行为相似，但回报非常不同。当你买甜甜圈时，你知道你会得到什么；当你购买保险时，你不知道你确切会得到什么。如果你买了汽车保险，但未出事故，除了省心，你从保险中什么也得不到，而且你可能希望没有烦恼。但是，如果你确实遇到了意外，你可能会很高兴你买了保险，弥补了成本。

这意味着，我们必须在购买保险时小心评估合理性（或者，在面对不确定性做出任何决定时，都要如此）。事后——不确定性消除后，这样的决定几乎总是会遇到事后诸葛亮式的猜测。但是，考虑到当时可用信息的情形，这并不意味着事前做出这样的决定是错的。

一个非常成功的华尔街投资人对我们说，他从来不回头看，只要他认为自己在已经掌握信息的情况下做出了正确的决定，如果事情完全出乎意料，他从来不责备自己。这是正确的态度，而且几乎肯定有助于他的成功。

个人的风险规避态度不同，主要有两个原因：偏好差异和初始收入或财富差异。

- **偏好差异**。在其他条件相同的情况下，人们的差异只表现在他们的边际效用怎样受到他们的收入水平影响上。那些边际效用对收入变化相对不敏感者不那么厌恶风险。与此相反，那些边际效用对收入变化高度敏感者将是高度风险规避型的。
- **初始收入或财富差异**。1 000 美元的损失对一个生活在贫困线以下的家庭可能有很大的影响；但对每年收入在 100 万美元以上的家庭的影响就非常小。一般来说，高收入和高财富人群的风险规避程度较轻。

风险规避的不同会带来一个重要的后果：它影响一个人愿意支付多少来规避风险。

□ 20.1.3 付钱规避风险

购买公平保险显然会改善风险规避型的李家的状况，因为这样做使得他们的期望收入不变，但消除了他们的风险。不幸的是，真正的公平保险很少：因为保险公司必须支付其他费用，如向销售人员和精算师支付工资，它们会收取超过它们预期被要求支付的保险金的数额。

李家仍然愿意购买一份“不公平”的保单吗？（所交的保费大于预期索赔额。）

这取决于保费的规模。再看表 20－1。我们知道，没有保险情况下的期望效用是 1 000 尤特尔，而花费 5 000 美元购买保险后期望效用上升到 1 025 尤特尔。如果保费为 6 000 美元，李家将会剩下 24 000 美元的收入，正如你在图 20－1 中看到的，这会给他们带来 1 008 尤特尔的效用——仍比他们没有保险时的期望效用高。因此，李家会愿意买 6 000 美元的保险。但是，他们不会愿意支付 7 000 美元，因为这会将他们的收入减少到 23 000 美元，对应的总效用为 989 尤特尔。

这个例子表明，风险规避型的人都愿意进行减少他们的期望收入但也降低他们的风险的交易：他们愿意支付超过其预计索赔额的保险费。风险规避程度越高，他们愿意支付的保费就越高。这种支付意愿使得保险业的存在成为可能。相反，风险中性的人是不愿意为减少自己的风险而付出费用的。

▶ 真实世界中的经济学

质保书

许多价格不菲的消费品——电子产品、大型家电、汽车——都会有某种形式的质保书。通常情况下，如果产品在购买后的一定时期（一般为半年或一年）内出现问题，制造商保证修理或进行更换。

制造商为何提供质保书？部分答案是，质保书是向消费者发出的产品具有高品质的信号。但质保书主要是向消费者提供的一种形式的保险。对于很多人来说，修理或更换像冰箱——或者更糟糕的是汽车——这样的昂贵物品的成本将是一个沉重的负担。如果他们被迫拿钱出来，他们对其他物品的消费就会受到限制；因此，他们的收入的边际效用会比如果他们不必支付维修成本时要高。

所以，质保书弥补了维修或更换的成本，增加了消费者的期望效用，即使保修成本大于由制造商支付的预期索赔额时也是如此。

及时复习

● 一个随机变量的期望值是所有可能的值的加权平均，其中权数等于出现给定值的概率。

● 出现不同世界状态的不确定性会带来风险，或者当存在一个不确定的货币结果时存在金融风险。当面临不确定性时，消费者选择能产生最高期望效用的选项。

● 大多数人都是风险规避型的，他们愿意购买一份公平保单，其中保费等于索赔金额的期望值。

● 风险规避源于边际效用递减。偏好差异和收入或财富差异导致风险规避态度不同。

● 根据保费规模，厌恶风险的人可能愿意购买“不公平”的保险，支付的保费比索赔额的期望值要高。风险规避程度越高，愿意付出的保费就越高。一个风险中性的人并不愿意支付任何额外费用来规避风险。

小测验 20-1

1. 比较拥有靠近佛罗里达州海岸住房的两个家庭。哪家的风险规避程度可能更高一些：(i) 每年收入200万美元的家庭与 (ii) 每年收入60 000美元的家庭？哪个家庭更愿意购买一份“不公平”保单来弥补自己在佛罗里达州的房屋的损失？

2. 卡玛明年的收入并不确定：有60%的概率她将获得22 000美元；有40%的概率她将获得35 000美元。下表给出了卡玛的部分收入与相应的效用水平。

a. 卡玛的期望收入是多少？她的期望效用呢？

b. 什么样的确定收入水平与她的不确定收入水平带来的福利水平相同？这意味着卡玛对风险是什么态度？请说明。

收入（美元）	总效用（尤特尔）
22 000	850
25 000	1 014
26 000	1 056
35 000	1 260

c. 卡玛愿意付出大于零的一定金额来购买保证她拥有26 000美元收入的保险吗？请说明。

20.2 买卖与降低风险

伦敦的劳埃德保险公司（劳合社）是现存最古老的商业保险公司，是一个具有辉煌历史的机构。它最初形成于18世纪，以帮助商家应对商务风险，并壮大于大英帝国的全盛时期，成为帝国贸易的中流砥柱。

劳合社的基本想法很简单。在18世纪，通过帆船装运货物是有风险的：一艘船在暴风雨中沉没或被海盗袭击的概率相当高。拥有船只及其所载货物的商人即船主很容易因遭遇此类事件而倾家荡产。劳合社为寻求保险的船主与富裕投资者牵线搭桥，后者答应如果船只遭受损失将补偿商人。作为回报，商人提前向投资者支付费用；如果他的船只没有沉没，投资者将保留这些费用。

实际上，商人付出了代价而减轻了自己的风险。通过为希望购买保险的人与提供保险的人提供匹配服务，劳合社发挥着市场的功能。看到商人们利用劳合社来减少他们的风险，越来越多的人愿意与英国商人进行交易。

与劳合社的初期相比，目前保险公司已经有了很大变化，不再由富人们在餐桌上决定保险交易。但理解为什么劳合社能使商人和投资者双方都获益是理解市场经济作为一个整体如何“交易”并因此转移风险的一个好方法。

保险业建立在两个原则之上。第一个原则是风险交易，像任何产品或服务的交易一样，可以产生互惠的利益。在这种情况下，增益从不太愿意承担风险的人那里转移到更愿意承担的人那里。第二个原则是一些风险可以通过多样化来消除。我们依次来讨论这两个原则。

□ 20.2.1　交易风险

谈“交易风险”可能听起来有点怪。毕竟，风险是一件坏事，我们不是应该交易产品和服务吗?

人们通常将他们不喜欢的东西交易出去，卖给其他还算喜欢它们的人。假设你刚刚以100 000美元的价格买了一套房子，这是你所在社区房屋的平均价格。但是，让你震惊的是，你现在了解到，隔壁的大楼将变成一所夜总会。你想立即卖掉房子，并愿意接受95 000美元的价格。但现在谁还会愿意购买呢？答案是：不介意深夜噪声的人。这样的人可能最高愿意支付100 000美元。因此，这里存在一个互利交易的机会，你愿意降价至95 000美元出售，而有人愿意支付高达100 000美元来购买，所以两者之间的任何价格都会使双方受益。

关键的一点是，双方对噪声的敏感程度不同，这使得那些最讨厌噪声的人可以通过对其他人进行支付，使自己的生活相对安静一些。交易风险的工作原理与之完全一样：希望降低自己所面临的风险的人可以通过对风险不敏感的人进行支付来转移风险。

正如我们在上一节中所看到的，个人偏好可以解释一些人对风险的态度的变化，但收入和财富的差异可能是不同风险敏感度背后的主要原因。劳合社通过为愿意承担风险的富裕投资者与不那么富裕的风险规避型船主提供中介服务来赚钱。

仍然以我们所举的伦敦劳合社的故事为例，假设商人的船只发生沉船事故后他将损失1 000英镑，并且发生这样的灾难的概率为10%。在这种情况下，期望损失将是0.10×1 000英镑=100英镑。对商人而言，他的整个生计将受到威胁，他可能愿意支付150英镑，如果船只沉没，他可得到1 000英镑的补偿。同时，一个富裕投资者认为1 000英镑的损失没什么大不了的，愿意承担这种风险，要求的收益仅略好于期望损失，比如说110英镑。很显然，这里存在一个互利交易的机会：商人支付一个介于110英镑至150英镑之间的数额，比如130英镑，如果船只沉没，则换取赔偿。事实上是，商人向风险规避程度较低者付钱，由后者来承担他的风险。每个人通过这一交易都变得更好。

> **风险资本**指在保险公司提供保险时，被其置于风险中的资金。

提供保险时，保险公司就将资金置于风险之中，这种资金被称为保险公司的**风险资本**（capital at risk）。在我们的例子中，劳合社的富裕投资者将1 000英镑的资本置于风险之中，来换取130英镑的保费。一般情况下，潜在保险人愿意投入的风险资本数量取决于保费的多少（在其他条件不变的情况下）。如果每艘船价值1 000英镑，沉没的概率为10%，没有人会收取低于100英镑的保费（即等于期望的索赔额）来提供保险。事实上，只有一个投资者愿意按100英镑的保费提供保险，他不是风险规避者，而是风险中性者，因为接受100英镑的保费将使得保险人的期望收入不变，但增加他或她的风险。

假设有一个投资者是风险中性者；但下一个意愿最高的投资者有轻微的风险规避倾向，坚持要求支付

105 英镑的保费。接下来的投资者，风险规避倾向更强烈，要求支付 110 英镑的保费，依此类推。通过改变保费和询问有多少保险人愿意以那个保费提供保险，我们可以画出一条保险供给曲线，如图 20－3 所示。随着保费的增加，我们沿着供给曲线上移，风险规避倾向更高的投资者被诱使提供保险。

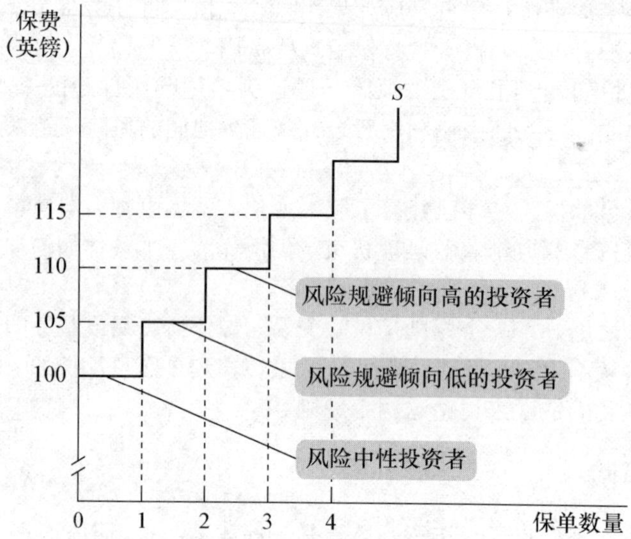

图 20－3　保险供给

这是假定商船有 10%的概率沉没、提供 1 000 英镑保险的保单的供给曲线。每个投资者都有 1 000 英镑的风险资本。在该保单中，最低的可能保费为 100 英镑，等于索赔额的期望值，只有风险中性投资者才愿意提供这样的保险。随着保费的增加，风险规避倾向更高的投资者被诱使向市场提供保险，保单数量逐渐增加。

同时，潜在买家会考虑他们愿意支付的保费，这就确定了保险需求曲线。如图 20－4 所示，船主愿意支付的最高保费是 200 英镑。谁愿意支付这么多呢？当然是最想规避风险的船主。风险规避倾向稍低一些的船主可能愿意支付 190 英镑，风险规避倾向再低一些的船主愿意支付 180 英镑，依此类推。

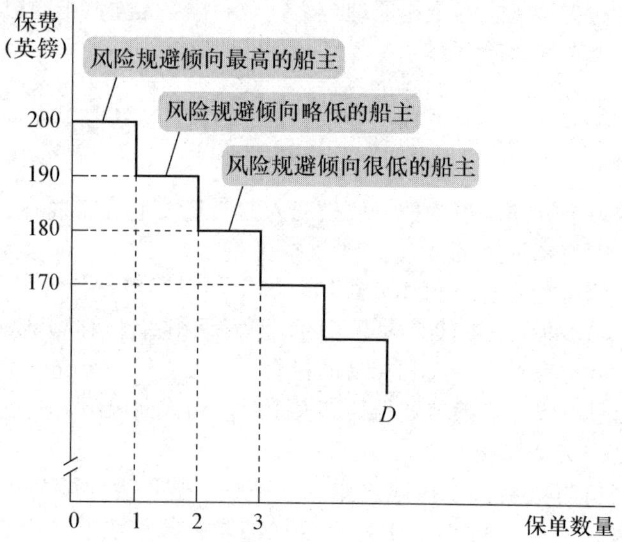

图 20－4　保险需求

这是假定商船有 10%的概率沉没、提供 1 000 英镑保险的保单的需求曲线。在本例中，保单需求者愿意付出的最高保费为 200 英镑，只有最想规避风险的船主愿意支付。随着保费的下降，那些风险规避倾向较低的船主开始对保单有需求，保单数量逐渐增加。

现在想象一下，一个市场中有数以千计的船主和潜在的保险人，因此保险供给曲线和需求曲线也变得平滑。在这个市场中，如在普通产品和服务市场中一样，会形成一个均衡价格和一个均衡数量。图 20－5 说明了保险市场在保费为130英镑时实现均衡，购买和出售了5 000份保单，代表了5 000 000英镑的风险资本总额。

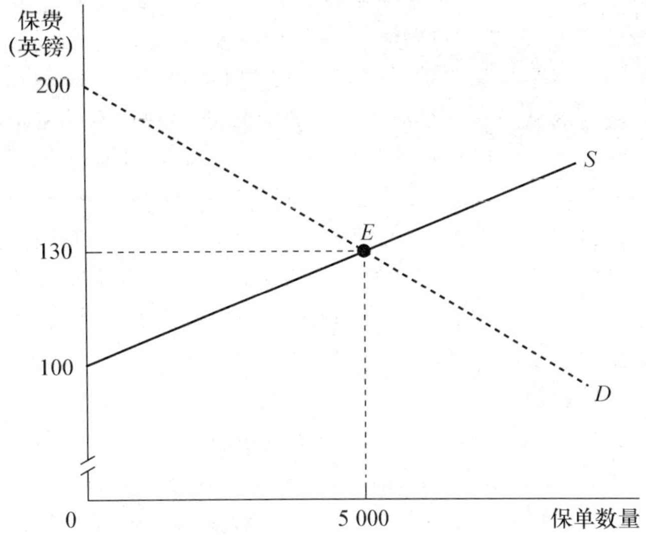

图20－5　保险市场

这里给出的是一个假想的商船保险市场，每艘船需要1 000英镑的保险。需求曲线由需要购买保险的船主组成，供给曲线由提供保险的富裕投资者组成。在本例中，当保费为200英镑时，只有风险规避倾向最高的船主会购买保险；当保费为100英镑时，唯有风险中性投资者才愿意提供保险。均衡在130英镑保费与5 000份保单处形成。在不考虑私有信息（我们将在下一节说明）的情况下，保险市场对风险进行了有效配置。

> **风险的有效配置**指风险将被配置给最愿意承担风险者。

请注意，在这个市场中，风险是从最想摆脱风险的人（风险规避倾向最高者——船主）向受风险困扰最少的人（风险规避倾向最低的投资者）转移。因此，正如产品和服务市场通常会达至资源的有效配置一样，风险市场通常也会达至**风险的有效配置**（efficient allocation of risk）——那些最愿意承担风险者承担了风险。但是，如在产品和服务市场的情形一样，这一结果也面临一种重要限制：风险市场存在一些明确的未达至有效的情形。这些情形是由私有信息造成的，我们将在下一节讨论。

具有不同风险规避程度的个人之间的风险交易在经济中具有极其重要的作用，但这并非市场能够帮助人们应对风险的唯一途径。在某些情况下，市场能够使出一些具有魔力的技巧，可以使个人面临的部分风险（虽然很少是全部）完全消失。

□ 20.2.2　消除风险：多样化的力量

劳合社成立初期，英国商船走遍世界各地——亚洲的香料和丝绸、新大陆的烟草和酒、英国的纺织品和羊毛等都是它们贸易的对象。在每条线路中，英国商船都得承担自己独特的风险——加勒比海地区的海盗，北大西洋的飓风，印度洋的台风。

在所有这些风险面前，商人如何能够生存下来呢？其中一个重要的方法就是通过不把所有鸡蛋放在一个篮子里来降低其风险：通过发送不同的船只到不同的目的地，他们可以降低所有船只都面临灭顶之灾的概率。这样的降低遭遇严重损失的概率的投资策略被称为多样化。正如我们将要学到的，多样化往往使一些经济风险消失。

我们继续以航运为例。如下巧合不太可能同时发生，一艘船在加勒比海遭遇海盗，或另一艘船在印度洋遇台风而沉没。这里的关键点是对船只的各种威胁相互间并没有太多联系。所以，一名商人在某一年有一艘船在加勒比海，另一艘船在印度洋，一艘遭遇海盗、另一艘遭遇台风并同时失事的可能性相当低。毕竟，下述事件没有联系：在加勒比海遭遇割喉与印度洋的气候，前者不影响后者，反之亦然。

统计人员将这种事件——无联系事件，即一个事件不会因为另一个事件发生（相比于其不发生）而更容易出现——称为**独立事件**（independent event）。许多不可预知的事件是彼此独立的。如果你掷硬币两次，第二次出现反面的概率与第一次出现正面或是反面没有关系。如果你的房子今天被烧毁，这并不影响我的房子会在同一天被烧毁的概率（除非我们相邻，使用相同的不合格电器）。

> 如果一个事件不会因为另一个事件可能发生或可能不发生而受影响，那么这两个事件是**独立事件**。

计算两个独立事件都将发生的概率有一个简单的规则：以一个独立事件发生的概率乘以另一个独立事件将要发生的概率。如果你掷硬币一次，出现正面的概率是0.5；如果你掷硬币两次，两次都将出现正面的概率为0.5×0.5=0.25。

但是，对船主或劳合社的投资者而言，在加勒比海的船损与在印度洋的船损是独立事件非常重要吗？答案是，通过在世界不同地区投资，船主或劳合社的投资者可以将一些航运业务的风险完全消除。

我们假设约瑟夫·莫尼彭尼（Joseph Moneypenny）先生足够富有，能经营两艘船，我们暂时先忽略他对船只进行投保的可能性。莫尼彭尼应该将两艘船一起派往加勒比海地区进行贸易，还是应该将一艘船发往巴巴多斯、将另一艘船发往加尔各答？

假定两个航次如果成功返航，所获盈利一样，航程结束后有1 000英镑的利润。同时假定，发往巴巴多斯的船只有10%的概率会碰到海盗，发往加尔各答的船只将有10%的概率遇台风而沉没。如果两艘船前往同一目的地，我们假设它们会有相同的命运。所以，不管莫尼彭尼先生将他的船只派往哪个目的地，他都将有10%的概率失去所有投资。

但是，如果莫尼彭尼先生将一艘船派往巴巴多斯，将另一艘派往加尔各答，那么他同时失去两者的概率只有0.1×0.1=0.01，即1%。正如我们稍后将会看到的，他的期望收益是相同的，但失去所有的概率大大降低。因此，通过**多样化**（diversification）——投资于不同的东西，而且可能的损失是独立事件——可以把他的一些风险消除。

> 个人投资于不同的标的，而且可能的损失是独立事件时就是在进行**多样化**投资。

表20-2总结了莫尼彭尼先生的选择及其可能产生的后果。如果他将两艘船发往相同的目的地，他有10%的概率失去两者。如果他将它们发往不同的目的地，有三种可能的结果：

1. 两艘船都安全抵达，因为两者各自有0.9的概率抵达，因此两艘都抵达的概率为0.9×0.9=81%。
2. 两艘船都失事，但这种情况发生的概率仅为：0.1×0.1=1%。
3. 只有一艘船可以安全抵达。第一艘船抵达和第二艘船失事的概率为0.9×0.1=9%。第一艘船失事但第二艘船抵达的概率是0.1×0.9=9%。只有一艘船可以抵达的概率为9%+9%=18%。

你可能会认为，多样化只是那些开始时有大量资金的人的策略。如果莫尼彭尼先生只能买得起一艘船，他可以实现多样化吗？即使是小投资者也有办法实现多样化。即使莫尼彭尼先生的财富只够装备一艘船，他也可以采用与其他商人合伙的方式。他们可以共同经营两艘船，并同意平分利润，然后把那两艘船派到不同的目的地。这样做比他们各自配备一艘船的风险要小。

表20-2　　多样化怎样降低风险

(a) 如果两艘船被发往同一个目的地

状态	概率	收益（英镑）	期望收益（英镑）
两艘船都抵达	0.9=90%	2 000	0.9×2 000+0.1×0=1 800
两艘船都失事	0.1=10%	0	

(b) 如果两艘船分别被发往东方和西方

状态	概率	收益（英镑）	期望收益（英镑）
两艘船都抵达	0.9×0.9=81%	2 000	0.81×2 000+0.01×0+0.18×1 000=1 800
两艘船都失事	0.1×0.1=1%	0	
只有一艘船抵达	0.9×0.1+0.1×0.9=18%	1 000	

在现代经济中，投资者很容易进行多样化投资，他们可以很容易地通过股市购买许多公司的股票。公司**股份**（share）的所有者是公司的部分所有者——通常是一个非常小的一部分，百万分之一或更低。一个人如果将其所有财富以股份的形式投入一个公司，若公司破产，他或她将会失去所有财富。但大多数投资者持有许多公司的股份，这使得失去所有投资的概率非常小。

股份代表了对公司的部分所有权。

事实上，伦敦劳合社并非只是交易风险的一种途径，也是投资者实施多样化的一种方式。要了解其中的原理，我们来介绍佩妮洛普（Penelope）夫人，她是一名富有的贵族，为增加收入，决定把她的 1 000 英镑资本通过英国劳合社用于风险投资。她可以使用该资本来为一艘船提供保险。但通常她会加入一个“辛迪加”——一群投资者共同为发往不同目的地的船只提供保险，并同意如果这些船只中的任何一艘出事，他们将均摊费用。因为所有由辛迪加提供保险的船只都出现事故不太可能，佩妮洛普夫人失去她所有资本的风险小得多。

在某些情况下，投资者可以通过承担许多独立事件的风险的一小部分使得风险几乎完全消失。这种策略被称为**组合汇集**（pooling）。

组合汇集是一种很强形式的多样化，其中一个投资者承担许多独立事件的风险的一小部分。这会形成总风险非常小的结果。

以一个健康保险公司为例，它拥有数以百万计的投保人，其中每年有几千人需要昂贵的治疗。保险公司无法知道某个人是否将（比方说）进行一个心脏搭桥手术。对于两个不同的个体而言，心脏问题是非常独立的事件。当有尽可能多的独立事件时，就有可能使用统计分析对特定类型的事件会发生多少给出较为准确的预测。例如，如果你掷硬币 1 000 次，正面向上的次数大约为 500 次——偏差很有可能至多为 1～2 个百分点。

因此，一个提供火灾保险的公司可以非常准确地预测有多少客户的房子在某一年可能会被烧毁；提供健康保险的公司可以非常精确地预测有多少客户需要在一年中进行心脏手术；一家寿险公司可以预测有多少客户会……好了，你懂得！

保险公司能够根据大量独立事件的聚集来进行预测，它也能对风险进行共同分担。这种分担往往意味着，保险公司既可以保护人们免遭风险损失，保险公司的所有人也可能不会面临太大的风险。

伦敦的劳合社并非仅仅是富有者通过承担一些不太富裕商人的风险而获得收入的一种方法。它也是对这些风险进行组合汇集的工具。组合汇集导致图 20-5 中的供给曲线向右移动：这样可以使投资者愿意以更低的价格承担更多的风险。

▶ **追根究底**

那些讨厌的情绪

对于中小投资者（投资低于几十万美元的人），金融经济学家都认为，投资股票最好的策略是买指数基金。

为什么是指数基金？因为它们含有反映整体市场的各种股票，实现了多样化；同时，它们的管理费也非常低。此外，金融经济学家都认为，试图择时入市的策略是一个失败策略，即：在市场低迷的时候买入，在价格高时再卖出。相反，中小投资者应该每年购买一定金额的股票和其他金融资产，而不管市场状态如何。

然而许多——如果不是大多数——中小投资者并不遵循这个建议。相反，他们买的个股或基金收取高额费用。他们花费无数时间在线追逐热点或通过筛选数据试图辨别股票的行为模式。他们试图择时入市，但是在股票价格高时买入，在亏损时拒绝卖出，导致了更大的亏损。他们并非进行多样化投资，而是重金买入他们认为是“赢家”的几只股票。

那么，为什么当谈到投资时，人们如此愚钝？据专家介绍，罪魁祸首是情绪。贾森·茨威格（Jason Zweig）在他的著作《当大脑遇到金钱》（*Your Money and Your Brain*）中指出，“大脑并非做出最佳财务决策的工具。”根据他的说法，问题出在人类的大脑进化出了检测和解释的简单模式。（有没有狮子在丛林中潜伏？）因此，“当涉及投资时，我们对模式顽固地探索使我们认为在经常不存在秩序的地方存在着秩序。”

换句话说，投资者自欺欺人地相信，他们已经发现了股市赚钱的模式，但其实股市的行为在很大程度上是随机的。

毫不奇怪，人们如何做出财务决策是行为经济学领域的重大研究课题，这是研究为什么人类经常不能做出理性行为的一个经济学分支（参见第9章）。

那么，典型的21世纪的投资者该做什么呢？据茨威格先生所说，如果认识到情绪对你的影响，你可以驯服它们，这还是有希望的。

□ 20.2.3 多样化的局限性

多样化可以降低风险。在某些情况下，它可以完全消除风险。但这些情况并不典型，因为多样化面临诸多限制。我们仍以劳合社为例来分析这些局限性产生的最重要原因。

在劳合社发展初期，英国航运面临着比海盗或风暴还危险的其他风险：战争。1690—1815年，英国打了一系列战争，主要是跟法国打仗（其中包括法国为支持美国革命而与英国打仗）。每一次，法国都支持"私掠船"（privateers）——主要是有政府力量支持的海盗——去袭击英国商船，从而间接损害英国的战争能力。

每当英国和法国之间爆发战争时，英国商船的损失都会增加。不幸的是，私掠船会在世界任何地方攻击英国船只：商人不可能通过将船只派到不同的港口来保护自己免受这种攻击。所以，一艘船在加勒比海会因法国私掠船的攻击而受损，在印度洋的另一艘船也会因法国私掠船的攻击而受损，这些不再是独立事件了。非常有可能这些事件将在同一年发生。

如果其他事件发生时，一个事件有很大可能也发生，这两个事件被认为是**正相关**（positive correlate）事件。像一艘船被法国私掠船攻击的风险一样，许多金融风险呈正相关关系。

> 如果其他事件发生时，一个事件有很大可能也发生，这两个事件被认为是**正相关**事件。

如下是一些现代世界中投资者面临的正相关金融风险：

- 恶劣的天气。在美国任何区域，由天气造成的损失绝对不是独立事件。当飓风袭击佛罗里达州时，佛罗里达州的很多住房将遭受飓风的破坏。从某种程度上说，保险公司可以通过为多个州的住房提供保险来进行多样化以降低这种风险。但是，像厄尔尼诺现象（如扰乱世界各地天气的太平洋的周期性温度异常）这类事件可能导致美国各地同时遭遇水灾。正如我们在开篇案例中所提到的，在过去几年中，出现的极端天气在显著增加。
- 政治事件。值得庆幸的是，现代政府不会给私掠船发牌照——尽管在第二次世界大战期间潜艇许多时候具有相同的功能。然而，即使在今天，某些政治事件——比如一些关键原材料产地发生战争或革命——也可以引起全球范围内商务活动受损。
- 经济周期。经济周期的起因——经济总量的波动——是宏观经济的主题。在这里我们可以说，如果一家公司因为全国性的经济不景气而出现业务量下降，许多其他公司也将受到这样的影响。所以，这些事件具有正相关性。

当事件为正相关事件时，它们带来的风险是不可能通过多样化来消除的。一名投资者可以通过投资多家公司来保护自己免遭其中任何一家公司经营糟糕引致的风险；但他或她不能使用相同的手段来防止所有公司因为经济衰退而经营糟糕。

保险公司通过在许多不同的地方对房屋提供保险来保护自己免遭地方性洪灾损失带来的风险；但当全球性的气候模式导致多地发生洪灾时，这一策略将不起作用。毫不奇怪，当极端天气现象很明显会愈发严重时，保险公司将不再提供这类保险。它们不再确信从好天气地区的保单中所获利润足以弥补飓风或干旱易发地区的保单所造成的损失。

因此，像保险公司与股票市场这类制度是不能完全消除风险的。总是存在不能通过多样化来消除的风险核心。但是，风险市场完成了两件事：第一，它们使经济可以通过多样化来消除风险。第二，它们将剩下的风险配置给了最愿意承担它的人。

▶ **真实世界中的经济学**

劳合社几乎失去所有

20世纪80年代结束时，古老的劳合社发现自己面临严重的困境。将他们的资金置于风险境地的投资者认为风险很小，他们的投资回报或多或少是有保证的，但他们发现需要支付大笔款项来满足巨额索赔。许多投资者，包括一些很古老的贵族家庭，发现自己正被推向破产。

发生了什么呢？部分答案是，劳合社雄心勃勃的经理说服投资者承担了比投资者意识到的风险更大的风险。（或者换种说法，相对于包含的真实风险，投资者接受的保费太少了。）

但最大的一个问题是，已经成为一个主要保险人的劳合社正面临许多并非独立事件的冲击。在20世纪70年代和80年代，英国劳合社已经成为美国企业责任保险的主要供应商，它对美国公司可能会因为出售有缺陷或有害的产品被起诉提供保护。大家预期这样的诉讼或多或少是独立事件。一家公司的法律问题为什么会与很多其他公司相关呢？

答案竟然是一种产品：石棉。几十年来，这种防火材料已经在很多产品中得到使用，这意味着许多公司对它的使用负责。后来的事实证明，石棉会导致肺部严重受损，尤其是儿童。结果是相信他们受到石棉损害的人不断提起诉讼，损害赔偿金达数十亿美元——其中许多最终由劳合社的投资者支付。

及时复习

- 因为风险交易有增益，所以存在保险市场。除了私有信息的情况外，保险市场会对风险进行有效配置：那些最愿意承担风险的人投入风险资本来弥补那些最不愿意承担风险的人的经济损失。
- 当涉及独立事件时，多样化的策略可以大大降低风险。股票市场之类的制度因为多样化而易于生存，人们在其中交易公司股票。与保险公司特别相关的一种多样化形式是组合汇集。
- 当事件正相关时，风险的核心是不能被消除的，无论个人进行怎样的多样化。

小测验 20-2

1. 解释以下每个事件怎样改变保险市场的均衡保费和保险数量，并说明供给曲线和需求曲线的变化情况。

a. 许多船只沿着相同的贸易路线航行，因此面临着同样的风险。

b. 随着贸易路线数目的增加，相同数量的船只有了更多的路线选择，因此面临各种不同的风险。

c. 市场中船主的风险规避程度在提高。

d. 市场中投资者的风险规避程度在提高。

e. 影响经济整体的风险在增加。

f. 市场中投资者的财富水平在下降。

20.3 私有信息：你所不知，为其所害

市场在处理可分散的风险时做得不错，对由不确定性引起的风险也处理得很好：后者是指无人知道会发生什么时的情形，如不知道谁的房子会被水淹没，或谁会生病，等等。然而，当市场中存在一些人知道某事而其他人不知道——存在**私有信息**（private information）——的情形时，情况就麻烦了。正如我们将要看到的，私有信息会扭曲经济决策，有时会阻止经济上互利的交易发生。（有时经济学家使用的术语是信息不对称而非私有信息，但是它们的意思相同。）

私有信息指一些人知道但其他人不知道的信息。

为什么一些信息是私有的？最重要的原因是，与了解其他人做什么相比，人们通常更了解自己。例如，你知道你是不是一个小心谨慎的司机；除非你已经经历几起事故，否则你的车险公司不会了解。你更可能比你的保险公司更好地估计出自己是否需要昂贵的医疗。如果你卖给我你的二手车，你比我更有可能知道车有什么问题。

但为什么谁知道这种差异是一个问题？事实证明，有两种截然不同的麻烦：逆向选择和道德风险。前者是由掌握关于事物本质的私有信息引出的问题；后者是由掌握关于人们做了什么的私有信息引出的问题。

□ 20.3.1　逆向选择：柠檬经济学

假设有人想卖给你一辆几乎崭新的轿车，三个月前刚购置，行驶里程只有2000英里，没有凹痕或划痕。你愿意付出与直接从汽车经销商处购买差不多的价格吗？

大概不会，一个主要的原因是：你想知道为什么这辆车会被出售。难道是因为车主发现有什么问题——这是一辆“次品（柠檬）车”？因为车主已经驾驶了几天，他了解的比你多，人们很可能会卖出会给他们带来麻烦的汽车。

你可能会认为，二手车的卖家比买家更有优势了解这些车。但潜在买家知道，潜在卖家很可能会给他们提供次品车，他们只是不知道到底哪辆车是次品车。出于这个原因，买家的出价将低于如果他们确定了车的品质所报出的价格。对二手车的糟糕评价往往会自我强化，正是这种评价压低了买家能提供的价格。二手车的售价会打一个显著的折扣，因为买家预期这些车中会有一个相当大的比例是次品车。

即使二手车并非次品车，它们也只能以较大的折扣销售，因为买家不知道它是不是一辆次品车。但是，好车的卖家并不愿意以一个大折扣卖出，除非在特殊情况下。因此，质地良好的二手车很少会按这种大折扣价出售，所出售的车很大可能是次品车。（这就是为什么卖车的人都有言之凿凿的理由，如移居海外。这是卖家向潜在买家透露的消息，仿佛在说：“这车并非次品车啊！”）

那么，最终结果是不仅二手车以低廉的价格出售，而且大量的二手车都有隐藏的问题。同样重要的是，许多潜在的有利交易——有人愿意出售好车给愿意接手的人——也会因为潜在卖家无力说服潜在买家相信他们的车实际上值得更高的价格而失败。那些想要出售二手车的人和那些想要购买他们的车的人之间的互利交易也就无法推进。

虽然经济学家有时称这种情况为“柠檬问题”，但这一问题更正式的名称是**逆向选择**（adverse selection）。这样命名的原因显而易见：由于潜在卖家对他们所销售产品的质量的了解多于潜在买家，所以他们有动机选择最坏的东西出售。

> **逆向选择**是当有些人知道其他人不知道的信息时会发生的情形。私有信息会导致买家认为销售的产品隐藏着问题，这会导致低价，使得好产品不会出现在市场上。

逆向选择并不只是存在于二手车市场。经济中的很多方面都会存在逆向选择——特别是在保险公司中，且以健康保险公司为最。

假设某健康保险公司向所有投保人按统一的保费提供标准的保单。保费将反映医疗费用支出的平均风险。但是，这种保单对健康人群而言看起来非常昂贵，因为他们知道，与一般人相比，他们不太可能花费多少医疗费用。因此，与不健康的人相比，健康的人不太愿意购买这种保险，这样留给健康保险公司的正好是它不想要的客户：这些人需要的医疗费用高于平均水平，这些人发现支付这样的保费是一桩划算的买卖。

为了弥补这些患病客户的期望损失，健康保险公司不得不提高保费，这样会使得更多身体健康的客户离开，如此循环。由于保险公司无法确定谁是健康者，谁是非健康者，它不得不向每个人收取同样的保费，这就阻碍了健康的人购买保险，鼓励了不健康的人购买。

正如我们在第18章中所介绍的《平价医疗方案》通过之前的情形，逆向选择会导致一种被称为逆向选择死亡螺旋的现象，导致健康保险市场崩溃：保险公司拒绝提供保险，因为没有哪个水平的保费可以弥补公司的损失。由于严重的逆向选择问题，许多先进国家的政府已经承担起为国民提供健康保险的职责。在美国，健康保险的逆向选择通过两种途径得以避免。首先，美国政府的保险计划——在2014年提供了美国总医疗支出几乎一半的费用——由人们不能选择退出的专门税收来提供资金。其次，《平价医疗法案》要求每个人都必须购买健康保险，所以健康的人不能选择拒绝缴费。

然而，逆向选择仍然存在于其他保险市场，如汽车保险。一般情况下，面临着逆向选择问题的人或企业都遵循几个已为大家接受的策略来处理该问题。一种策略是**筛选**（screening）：使用可观察到的信息来对个人信息进行推断。如果你申请购买汽车保险，你会发现，保险公司会询问你的驾驶记录，企图"筛选出"不安全的驾驶员，保险公司将拒绝对这类驾驶员承保或将只在收取非常高的保费时才接受投保。

> **筛选**指使用可观察到的信息来对个人信息进行推断以减少逆向选择。

汽车保险公司提供了使用统计数据进行筛选以减少逆向选择的一个很好的例子。它们可能不知道你是不是一个细心的司机，但它们利用人们的事故发生率数据来与你的个人资料做类比，并使用这些数据定出保费。一名驾驶一辆跑车并已经发生了一次擦撞事故的 19 岁男性很可能要比一名驾驶一辆 SUV 且从未出过事故的 40 岁女性支付更高的保费。

在某些情况下，这可能是不公平的：一些青少年男性会非常小心地驾驶，有些女性驾驶 SUV 好像在开 F-16 一样。但是，没有人否认，平均来看，保险公司是正确的。

解决逆向选择造成的问题的另一种策略是具有良好发展前景者对自己的私有信息**传递信号**（signaling）——对一些发展前景确实良好的事情采取一些行动，除非它们不值得这样做。例如，著名的二手汽车经销商通常会提供担保，承诺会对它们卖出的汽车在给定时间内出现的任何问题进行修复。这不只是一个向客户保证承担可能的修理费用的问题，而且是一种表明它们不卖次品车的可信方式。因此，销售会增加，经销商也可以对出售的二手车索要更高的价格。

> 人们通过一些行为可信地透露他们的所知来对他们的私有信息**传递信号**，以减少逆向选择。

最后，面对逆向选择，建立良好的**声誉**（reputation）非常有价值：一个二手汽车经销商经常会做广告说它已经经营这一业务很长时间，目的是表明它将继续满足其客户。这样一来，新客户会愿意购买它的汽车，并支付更高的价格。

> 长期建立起来的**声誉**可让他人确信他或她没有隐藏私有信息。

□ 20.3.2 道德风险

在 20 世纪 70 年代末，纽约和其他大城市经历了一些如流行病般的可疑"大火"，似乎是故意纵火。调查人员最终意识到了许多火灾的模式。特别是拥有几栋建筑物的业主似乎有异常多的建筑物被烧毁。虽然这很难证明，但警方怀疑大部分易遭火灾的业主聘请专业纵火犯将自己的房产付之一炬。

为什么烧毁自己的建筑物呢？这些建筑物一般毗邻衰落的街区，不断上升的犯罪率和中产阶级的搬离已经造成房产价值下降。但房产保单上的条款是根据建筑物过去的价值来补偿，因此将支付给被毁建筑物业主的价值超过了建筑物目前的市场价值。对于无良业主而言，他们知道谁是纵火的合适人选，这提供了一个赚钱的机会。

纵火疫情在 20 世纪 80 年代变得不那么严重了，一方面是因为保险公司开始防止财产超保问题，另一方面是因为房地产繁荣使得许多此前易遭火灾威胁的建筑物比遭火灾后更值钱。

纵火疫情清楚地表明，保险公司让客户投保的建筑物的价值高于建筑物本身的价值是一个坏主意，它给了客户一些破坏性的激励。然而，你可能会认为，只要保险额不超过被保险标的价值的 100%，这种激励导致的问题就会不存在。

但不幸的是，任何接近 100%的保险赔付率都仍然有激励扭曲——它导致投保人的行为会与没有保险时不同。其原因是，防止火灾要求建筑物的业主付出一定的精力和成本。火灾报警和自动喷水灭火系统必须维修以保持良好，以及消防安全规则必须被严格执行。所有这一切都需要花费时间和金钱，如果保单将提供接近任何损失的全额赔偿，业主可能发现不值得花这些时间和金钱。

当然，保险公司可以在保单中具体规定，如果没有采取基本的安全措施，它不会支付赔款。但它并不总是容易判断出建筑物的业主如何小心谨慎——业主知道，但是保险公司不知道。

问题的关键是，建筑物的业主对他或她自己的行为以及是否真的采取了一切适当措施拥有私有信息。其结果是，保险公司可能面临比如果它能够准确地确定一个建筑物业主付出了多少努力来防止损失时更多的索赔额。当一个人对他或她自己的行为有私有信息，但别人承担由于缺乏照顾或努力不足而造成的成本时，激励扭曲就会出现。这就是所谓的**道德风险**（moral hazard）。

> 当一个人对他或她自己的行为比他人更了解时会出现**道德风险**。这会导致激励扭曲，因为缺乏照顾或努力不足造成的成本会由他人承担。

为了应对道德风险，有必要使拥有私有信息的个人对参与的事情建立起利益相关关系，这样他们有理由在别人无法确认他们是否已经尽力时也付出努力。许多商店的销售人员收到销售佣金的原因是道德风险：管理者很难确保销售人员真正努力工作，如果只给他们支付固定薪水，他们没有动力做好销售工作。

保险公司应对道德风险的方法是设置**免赔额**（deductible）：只有在客户的损失超过一定数额时才进行赔偿，保险赔付率始终低于100%。例如，你的汽车保险，只有在你支付了500美元的损失后，保险公司才进行修理费补偿。这意味着，一个粗心的驾车者遇到磕碰时必须支付最高500美元的修理费，即使他已经投保。这至少提供了一些要小心驾驶的激励，并减少了道德风险。

> 一份保单中的**免赔额**指投保人在获得赔偿之前必须自己支付的损失额。

除了减少道德风险，免赔额也为解决逆向选择问题提供了部分解决办法。如果你愿意接受一个大的免赔额，你的保费往往会大幅下降。这对于低风险客户是一个有吸引力的选择；但是对于那些知道自己是高风险者的人缺乏吸引力，因为他们可能经常会出一些意外，最终要支付这些免赔额。通过提供具有不同保费和免赔额的保单，保险公司可以筛选客户，诱使客户根据私有信息对自己进行归类。

免赔额的例子表明，道德风险限制了经济有效配置风险的能力。你一般不会得到住房或车辆的全额（100%）保险，即使你想购买，你也要承担具有较大免赔额的风险，即使你并不愿意这么做。在下面的“真实世界中的经济学”专栏中，我们阐释了在某些情况下，道德风险限制了投资者多样化投资的能力。

▶ **真实世界中的经济学**

特许经营者的加倍努力

当美国人外出用快餐时，他们经常会去其中的一家快餐连锁店：麦当劳、必胜客、温迪等。因为这些都是大公司，大多数客户可能会想，给他们服务的人本身都是大公司的雇员。但通常他们并不是。大多数快餐餐馆，例如，麦当劳85%的网点是特许经营的。也就是说，个人向母公司支付一定资金后获得经营一家餐馆以销售其产品的权利；他或她可能看起来像一家巨大的公司的一部分，但实际上是一个小型企业的所有者。

成为特许经营者不是成功的保证。这必将占用大量的资金，一部分用于购买许可证，还有一部分用于设立餐馆本身。例如，在2014年，开办一家麦当劳特许经营店的成本在110万美元至220万美元之间。虽然麦当劳小心翼翼，它的特许经营店之间不能靠得太近，但它们经常面临竞争对手连锁店甚至一些真正独立的餐厅的激烈竞争。也就是说，成为一个特许经营者要承担很大的风险。

但是，为什么人们愿意承担这些风险？我们不是学过最好进行多样化，在多种投资中分配你的财富吗？

多样化的逻辑似乎是说，有人有170万美元，应该将其投资于多种股票，这比把它全部投到一个塔可钟店更好。这意味着，塔可钟很难吸引到特许经营者：除非人们预期成为一个特许经营者要比作为一个简单的受雇经理人且将其财富投资于一个多样化的股票投资组合挣的钱多，否则没人愿意这样做。所以，必胜客和塔可钟干脆聘请经理人来经营自己的餐馆岂不是更有利可图？

事实证明，并非如此。因为餐馆的成功主要取决于管理者的工作努力情况，取决于他或她所雇用的合适员工的努力程度，取决于是否保持干净和对客户的吸引力等。问题是道德风险：管理者知道他或她自己是否真的100%投入工作；但承担了餐馆管理不善的成本的公司总部并不一定知道。因此，一个拿薪水的管理者，即使没有尽全力使餐馆经营成功，仍然会获得薪水，他们不会有动机再多做一点——但是对餐馆所有者有这种激励，因为他或她的个人利益与餐馆的成功息息相关。

换句话说，当一个拿薪水的管理者经营一家必胜客时存在道德风险问题，其中存在管理者是否努力工作的私有信息。特许经营解决了这个问题。特许经营者——他们的财富与企业捆绑在一起，他们会从成功中获益——完全有动机努力工作。

因此，快餐连锁店主要依靠特许经营者经营自己的餐厅，尽管平均来看与这些所有者-管理者签订的合同使得特许经营者可以获得的利润远远超过公司聘请餐馆经理的费用。特许经营者较高的收入补偿了他们承担的风险，公司通过销售增长所带来的更高的许可费也获得了补偿。

此外，特许经营者与公司也签署许可协议，该协议禁止特许经营者采取诸如出售特许经营权股份给外部投资者以及对所得收益进行多样化投资等分散风险的行动。这表明道德风险阻止了通过多样化来消除风险。

及时复习

- 私有信息可能扭曲激励机制，阻止互利交易的发生。一个问题是逆向选择：卖家有关于其产品的私有信息，而买家只愿意出低价，导致拥有优质产品的卖家退出，留下次品主导市场。
- 通过筛选、传递信号或培育长期声誉来“透露”私有信息，可以减少逆向选择。
- 另一个问题是道德风险。购买保险后，个人会付出太少的努力来防止损失发生。这引出如免赔额之类的制度设计，但这会限制风险的有效配置。

小测验 20-3

1. 如果你连续几年没有发生行车事故，你的汽车的保费就会降低。请解释为什么这一特色有助于降低由逆向选择造成的潜在非效率。
2. 住房建设合同的一个共同特点是，当建造一个建筑物的成本高于原先估计的水平时，承包商必须自己消化额外增加的成本。解释该项规定如何减少道德风险问题，并且迫使承包商承担超过其所愿意承担的风险。
3. 判断真伪？请解释你的答案，并说明你引用了本章的什么概念解释这一特性。

购买的汽车保险有很高的免赔额的人：

a. 通常开车非常小心谨慎。

b. 支付较低的保费。

c. 一般都是富人。

▶ 企业案例

AIG的苦恼

美国国际集团（AIG）曾经是美国最大的保险公司，以为数以百万计的家庭和企业提供保险，管理数百万工人的养老金计划而闻名。

但在2008年9月，AIG是席卷全球金融市场的危机的中心，因为与AIG交易的主要商业银行和投资银行面临潜在的灾难性损失。由于担心AIG的无序破产将引起已经千疮百孔的金融市场进一步的恐慌，美联储介入，精心策划对AIG进行1 820亿美元的救助，这是美国历史上最大规模的企业救助。因此，美国纳税人占据了AIG 80%的股份。怎么会出现这么大的问题？

AIG的问题并非因为主营业务即财产保险和养老金管理，而是因为较小的金融产品部门卖出了信用违约掉期（credit-default swap，CDS）。一个CDS就像购买债券的投资者所购买的保单。债券只是一个借据，一个个人或公司对所发行债券还本付息的承诺。但是，任何借据都存在借款人将对贷款违约的可能性。因此，债券投资者希望从像AIG这样的公司购买CDS来保护自己免受违约风险。如果借款人违约，债券投资者能从发行CDS的公司收取相当于损失的补偿。

在21世纪头10年的中期，约瑟夫·卡萨诺（Joseph Cassano），AIG金融产品部门的负责人，向投资者出售了数千亿美元以抵押贷款支持证券——一种将成千上万的美国住房抵押贷款组合在一起创造出的债券——

为标的的信用违约掉期。销售CDS使得金融产品部门成为AIG最赚钱的部门。这其中几乎没什么成本，因为抵押贷款的违约率很低，金融产品部门又位于伦敦，这意味着AIG并不需要遵守美国保险条例要求的提取资金来弥补可能的亏损——尽管事实上AIG的总部即母公司设在美国。正如卡萨诺在2007年指出的那样，“很难……看到一种场景，在其中找出任何这种交易会亏损1美元的情形。”卡萨诺对他的策略如此自信，害怕外部干涉，因此他阻止审计人员审查他的账簿，这就使得AIG的管理层和股东对他们所面临的风险一无所知。

然而，当美国住房市场崩溃后，难得看到的场景在2008年出现了。由于抵押贷款违约率飙升，投资者在抵押贷款支持证券上遭受了巨大的损失，他们转向AIG索赔。但AIG没有资本来弥补这种索赔，AIG濒临破产，美国政府不得不介入。

如高盛这样的银行，通过将违约性很高的低质量抵押贷款支持证券组合在一起，然后向AIG投保，获得了丰厚的利润。尽管市场一片哗然，但高盛的索赔全额由政府支付，因为它与AIG的交易完全合法。

思考题

1. AIG准确地评估提供保险的违约风险了吗？为什么？

2. AIG对美国住房市场不同业主的违约概率是怎样估计的？这些估计是否正确？

3. 在这个事例中，道德风险的具体例子是什么？对于每一个例子，说明谁存在道德风险行为，针对谁实施，私有信息来自哪里。

4. 引用该事例中的一个逆向选择的例子。私有信息来自哪里？

小结

1. 一个随机变量的期望值是所有可能值的加权平均，其中权数为各相关值出现的概率。

2. 风险是对未来事件或世界状态的不确定性。当对货币结果存在不确定性时，它就是金融风险。

3. 在不确定性情况下，人们最大化期望效用。当降低风险使得他或她的收入或财富的期望值不变时，风险规避者会降低风险。一个公平保单有如下特点：保费等于索赔额的期望值。风险中性者对风险完全不敏感，因此不愿意支付任何保费来规避之。

4. 风险规避源于边际效用递减：一单位额外收入产生的边际效用在低收入状态高于高收入状态。一份公平保单会提高风险规避者的效用水平，因为它将一单位收入从高收入状态（没有发生损失时的状态）转移到了低收入状态（发生损失时的状态）。

5. 偏好和收入或财富差异会导致风险规避态度的不同。根据保费的规模，风险规避者愿意购买“不公平”的保险，即保费超过索赔额期望值的保险。你的风险规避倾向越高，你愿意付出的保费就越高。

6. 风险交易可带来增益，这导致风险的有效配置：那些最愿意承担风险的人投入风险资本来弥补那些最不愿承担风险的人的损失。

7. 多样化——对几个不同的独立事件进行投资——可以降低风险。股市，也就是公司股票进行交易的场所，提供了一种多样化的方式。保险公司可以通过组合汇集，对许多独立的事件提供保险，甚至可以消除几乎所有的风险。但是，当潜在的事件正相关时，所有风险不能通过多样化被分散掉。

8. 私有信息会造成风险配置的非效率。其中一个问题是逆向选择——对事物的本质存在私有信息。它会在二手车市场造成次品车问题，导致高品质汽车的卖家退出市场。逆向选择能够通过几种方法来消除：对人员进行筛选、对自己的私有信息传递信号和建立声誉。

9. 一个相关的问题是道德风险：个人对自己的行为拥有私有信息，当不努力或者不小心的成本由他人来承担时，就会扭曲人们付出努力或者小心谨慎的激励机制。它限制了市场有效配置风险的能力。保险公司试图通过加入免赔额条款来限制道德风险，从而对更多风险进行保险。

关键词

随机变量 期望值 世界状态 风险 金融风险 期望效用 保险费 公平保单
风险规避 风险中性 风险资本 风险的有效配置 独立事件 多样化 股份 组合汇集
正相关 私有信息 逆向选择 筛选 传递信号 道德风险 免赔额

练习题

1. 计算下列每种情形下的期望值。

a. 塔妮莎持有1股IBM公司的股票，目前的价格为80美元。有50%的可能性股价将上升到100美元，有50%的可能性股价将下降到70美元，未来股价的期望值为多少？

b. 莎伦在一个小彩票站买了一张彩票。有0.7的概率她会一无所获，有0.2的概率她将赢得10美元，有0.1的概率她将赢得50美元。莎伦的奖金的期望值是多少？

c. 阿伦是农场主，其稻米的收成取决于天气。如果天气利好，他将赚100美元。如果天气不利，他将赚得−20美元（也就是，他会赔钱）。天气预报报道，有利天气的概率是0.9，不利天气的概率是0.1。阿伦利润的期望值是多少？

2. 薇姬・N. 维斯特正在考虑用一部分资金来投资创办一家公司。她目前有4 000美元的收入，她正在考虑投资2 000美元办公司。有0.5的概率该公司会成功，薇姬将获得8 000美元收入（她原来投入的2 000美元加上公司的6 000美元利润）。同时有0.5的概率该公司将倒闭，薇姬一无所获（她的投资也将失去）。下表为薇姬的效用函数。

总收入（美元）	总效用（尤特尔）
0	0
1 000	50
2 000	85
3 000	115
4 000	140
5 000	163
6 000	183
7 000	200
8 000	215
9 000	229
10 000	241

a. 计算薇姬在每一收入水平上的边际效用。薇姬是风险规避者吗？

b. 如果薇姬做这个投资，计算她的收入的期望值。

c. 计算薇姬投资的期望效用。

d. 薇姬不做投资的效用为多少？薇姬会投资公司吗？

3. 薇姬・N. 维斯特的效用函数同第2题。如第2题，薇姬目前拥有4 000美元的收入。她正考虑投资创办一家公司，但投资现在要花费4 000美元。如果公司失败，薇姬将一无所获。但如果公司成功，她会获得10 000美元（她原来投入的4 000美元加上公司的利润6 000美元）。两个事件发生的概率都为0.5。薇姬会投资公司吗？

4. 你有1 000美元可用于投资。如果你买福特公司的股票，持有股票一年可以有以下收益和概率：有0.2的概率你会得到1 500美元；有0.4的概率你会得到1 100美元；有0.4的概率你会得到900美元。如果你把钱存入银行一年，你将肯定得到1 100美元。

a. 你投资福特公司股票的收益的期望值是多少？

b. 假设你属于风险规避者。我们可以确定你将投资于福特公司的股票还是把钱存入银行吗？

5. 威尔伯是航空公司的飞行员，目前的收入为60 000美元。如果他生病，将失去飞行体检合格证和工作，收入只有10 000美元。他保持健康的概率为0.6，而他生病的概率为0.4。威尔伯的效用函数如下表所示。

总收入（美元）	总效用（尤特尔）
0	0
1 000	60
2 000	110
3 000	150
4 000	180
5 000	200
6 000	210

a. 威尔伯收入的期望值为多少？

b. 威尔伯的期望效用为多少？

威尔伯想购买“失去合格证”保险，如果他失去了飞行体检合格证，将获得赔偿。

c. 一家保险公司将为威尔伯的收入损失提供全额赔偿（即保险公司将支付威尔伯50 000美元，如果他失去了他的飞行体检合格证），并收取40 000美元的保费。也就是说，不管威尔伯是否失去飞行体检合格证，购买保险后他的收入都为20 000美元。威尔伯的效用为多少？他会买保险吗？

d. 威尔伯愿意支付的全险（能完全弥补他的收入损失的保险）为多少？

6. 1990—2013年，美国生产的277辆汽车中大约有1辆会被偷走。贝丝拥有一辆价值20 000美元的汽车，正在考虑购买一份保险，以保护自己免受偷车之害。对于下面的问题，假设汽车被偷的概率在所有地区和对所有车型都是相同的。

a. 在2013年，如果贝丝重置被偷的那种车，购买公平保险的保费为多少？

b. 假设一家保险公司收取汽车价值的0.6%作为重置被偷汽车的保单费用。贝丝将为该保单花费多少钱？

c. 贝丝是风险中性者，她在第b问中会为购买保险付出多少？

d. 如果贝丝购买了保险，请讨论保险公司可能面临的道德风险问题。

7. 休目前的收入是5 000美元。他的效用函数如下表所示。

总收入（美元）	总效用（尤特尔）
0	0
1 000	100
2 000	140
3 000	166
4 000	185
5 000	200
6 000	212
7 000	222
8 000	230
9 000	236
10 000	240

a. 计算休所得收入的边际效用。他对风险的态度是什么？

b. 休正考虑去进行一场赌博。有0.5的概率他将损失3 000美元，有0.5的概率他将赢得5 000美元。休收入的期望值为多少？休的期望效用为多少？他会决定赌一把吗？（假设他从赌博本身中不会获得额外效用。）

c. 假设赌博的“筹码分布差”（他赢时可以得到的与他输时会损失的之差）缩小，有0.5的概率休会失去1 000美元，有0.5的概率他将赢得3 000美元。休收入的期望值为多少？休的期望效用为多少？对他而言，这一赌局比第b问中的赌局更好吗？他会决定赌一把吗？

8. 伊娃是风险规避型的人。目前她有50 000美元要进行投资。她面临如下选择：她既可以投资于一家网络公司的股票，也可以投资于IBM公司的股票。如果她投资于网络公司的股票，有0.5概率她将失去30 000美元，但有0.5概率她将获得50 000美元。如果她投资于IBM公司的股票，有0.5的概率她将只损失10 000美元，但有0.5概率她将只能获得30 000美元。你能说明她将进行哪项投资吗？

9. 假设你有1 000美元，你可以投资特德和拉里的冰激凌店和/或埃塞尔的可可屋。两家公司股票的价格都为100美元。每家公司的命运都与天气紧密相关。当天气暖和时，特德和拉里的股票价值会上升到150美元，但埃塞尔的股票价值会下降到60美元；当天气寒冷时，埃塞尔的股票价值会上升到150美元，但特德和拉里的股票价值会下降到60美元。天气是暖和还是寒冷的可能性相同。

a. 如果你将所有的钱投入特德和拉里的公司，股票价值的期望值为多少？如果你将所有的钱投入埃塞尔的公司，股票价值的期望值又为多少？

b. 假设你进行多样化投资，每家公司各投入1 000美元的一半。如果天气暖和，你的股票总价值将为多少？如果天气寒冷，股票总价值又为多少？

c. 假设你属于风险规避者。你是否愿意像在第a问中那样，把你所有的钱都投入特德和拉里的公司？或者你会更喜欢多样化，如第b问那样？解释你的理由。

10. 先锋（Vanguard）集团共同基金公司组织和管理LifeStrategy保守型增长基金与能源基金，包括保守管理的美国公司的股票和美国能源公司的股票。下表所示为2004—2014年的年化收益率，这些数据给出了这些组合的年化收益率的期望值。

投资组合	收益率期望值
LifeStrategy保守型增长基金	5.88%
能源基金	12.66%

a. 风险中性的投资者更喜欢哪个投资组合？

b. 风险规避型投资者胡安选择投资LifeStrategy保守型增长投资组合。从胡安的投资选择中，可以推断出这两个投资组合的风险吗？根据历史业绩，风险中性的投资者也会选择LifeStrategy保守型增长基金吗？

c. 胡安意识到，多样化可以降低风险。他考虑将一半的投资投向保守型管理公司，将另一半投向能源公司。这样组合后的收益率的期望值为多少？你认为这个投资组合比LifeStrategy保守型增长投资组合的风险更高还是更低？为什么？

11. 你正在考虑购买一辆二手的大众汽车。从阅读汽车杂志中你了解到，所有的大众汽车中一半都有某种问题（它们是"次品车"），另一半是好车（它们是优质车）。如果你知道得到的是一辆好车，你会愿意为此支付10 000美元，这是你认为的一辆好车的价值。你也愿意买一辆次品车，但价格不能超过4 000美元，这是你认为的一辆次品车的价值。拥有好车者愿意以8 000美元以上的价格卖出，而拥有次品车者愿意以2 000美元以上的价格卖出。

a. 现在，假设你可以立即辨认出所销售的是好车还是次品车。假设有人卖好车，你愿意出什么价格？

假设卖车人对他想销售的车有私有信息：卖车人知道它是一辆好车还是一辆次品车。但是，当卖车人为你提供一辆大众车时，你不知道它是一辆次品车还是好车。因此，存在逆向选择的可能。

b. 因为你不知道提供给你的是好车还是次品车，你根据你对大众车的期望值来做出你的决定，假设你买到次品车和好车的可能性相同。计算这种情况下的期望值。

c. 假设从驾驶汽车的经历中，卖车人知道她拥有的是一辆好车。但是，你不知道这辆具体的车是一辆好车还是一辆次品车，所以你愿意按最大期望值支付。会有交易发生吗？

12. 你拥有一家生产椅子的公司，你正在考虑再雇用1名员工。生产每把椅子带给你10美元的收入。现在有2名潜在的员工，弗雷德·阿斯特和西尔维娅·洛。弗雷德是一个快手，每天能生产10把椅子，可为你创造100美元收入。弗雷德知道自己是快手，只有当你每天付给他超过80美元时，他才会为你工作。西尔维娅工作相对缓慢，每天只能生产5把椅子，可为你创造50美元收入。西尔维娅知道自己工作较缓慢，因此如果你每天付给她40美元以上，她就会为你工作。虽然西尔维娅知道自己慢，而弗雷德知道自己快，但是你不知道谁快谁慢。因此，这里面临逆向选择。

a. 因为你不知道你会雇到哪种类型的工人，所以你只是考虑雇用两人中的一人后你的收入的期望值。你的期望值是多少？

b. 假设你愿意支付的日薪等于你在第a问中计算出的期望收入。你认为能招到谁：弗雷德，还是西尔维娅，或两者都能，或两者都不能？

c. 如果你知道一个工人是快还是慢，你会喜欢雇用哪一个？为什么？你可以设计一个薪酬方案来保证你雇用到喜欢的工人类型吗？

13. 对于下列每种情形，按下述步骤做：首先描述它是否面临道德风险和逆向选择。然后解释这种情形会导致什么非效率，提出减少这些非效率的方案。

a. 当你购买二手车时，你不知道是次品车还是好车，但销售人员知道。一种解决方案是让卖家提供汽车保修并支付维修费用。

b. 有些人因为不必要的一些小毛病去看医生，健康维护组织并不知道你需要医生的迫切程度。一种解决方案是被保险人每去一次医疗机构看病，都必须分摊支付一定的金额（例如，10美元）。所有被保险人都是风险规避者，但公司并非风险中性的。

c. 当航空公司卖票时，它们不知道买家是商务旅客（愿意为舒适座位多付钱）是休闲旅客（愿意购买低价票）。追求利润最大化的航空公司的一种解决方案是提供一类昂贵但非常灵活的机票（允许对日期和路线进行变更）和另一类非常不灵活的便宜机票（必须提前预订，且不能更改）。

d. 一家公司不知道在装配线上的工人是努力工作还是出工不出力。一个解决办法是向工人支付“计件工资”，即根据他们每天生产多少来支付工资。所有工人都是风险规避型的，但该公司并非风险中性的。

e. 在做出是否雇用你的决定前，未来的雇主不知道你是一名生产率高的工人还是一名生产率低的工人。一个解决方案是生产率高的工人会向未来雇主提供前雇主的推荐信。

14. 科丽拥有一所住房，价值300 000美元。如果房子被烧毁，她会失去所有300 000美元。如果房子不遭遇火灾，她不会失去什么。她的房子被烧毁的概率为0.02。科丽是风险规避型的人。

a. 公平保险的费用是多少？

b. 假设一家保险公司为科丽提供房子被烧毁的损失的全保，保费为1 500美元。你能确定科丽是否会购买这一保险吗？

c. 假设一家保险公司为科丽提供房子被烧毁的损失的全保，保费为6 000美元，你能确定科丽是否会购买这一保险吗？

d. 假设一家保险公司为科丽提供房子被烧毁的损失的全保，保费为9 000美元，你能确定科丽是否会购买这一保险吗？

在线回答问题

15. 你有1 000美元可以用来投资。如果你买通用汽车的股票，那么，在一年的时间内，有0.4的概率你会得到1 600美元，有0.4的概率你会得到1 100美元，有0.2的概率你会得到800美元。如果你把钱存入银行，在一年的时间内，你将肯定得到1 100美元。

a. 你购买通用汽车股票的收入的期望值是多少？

b. 假设与投资通用汽车的股票相比，你喜欢把钱存入银行。那么，这说明你对风险的态度是什么？

译后记

保罗·克鲁格曼为2008年诺贝尔经济学奖得主、世界著名经济学家和报刊专栏作者。

克鲁格曼与奥伯斯法尔德合著的《国际经济学》（目前是第11版）在全球久负盛名。最近几年，克鲁格曼和韦尔斯合著的《经济学原理》（含微观部分和宏观部分）也逐渐成为目前国内外多所大学讲授“经济学原理”课程的教师选用最多的教科书之一。

我认为，初学经济学的人最重要的是在学习分析问题的原理和方法后建立起自己的经济学思维方式。为此，要做到如下两点：第一，要掌握原理，对经济学原理的理解要透彻、到位；第二，要学会运用原理来剖析现实经济生活。本书在这两个方面都做得非常出色，也许这就是本书成为优秀教科书的最主要的原因，也是其深受好评的主要特征。

克鲁格曼多年在《纽约时报》写作专栏，其文笔与见解一直吸引着一大批读者。如何将内容传达、渗透给读者，克鲁格曼有其独到的笔法。在阅读本书时，读者一定会发现，看似抽象的经济学原理与模型经过作者解释后，非常容易理解与把握，我们身边的生活现象中就蕴藏着许多经济学道理。在了解了这些原理之后，读者会发现现实经济世界并没有看上去那样杂乱，其实它是按照内在规律有序运行的。

人们常说，经济学是致用之学。将经济学原理与现实经济联系起来，不仅有助于学习者建立起经济学直觉，而且是理解经济学原理最方便、高效的途径，这也是本书作者写作本书时的主要着力点。在本书前言中，作者提出“经济学教科书能够也应该围绕叙事性来建构，教科书永远不能罔顾经济学到头来是关于人们的一系列行为的集合的事实”，“介绍概念并加强学生对概念的理解的最好方法是结合现实生活中的事例”。所以，应用最新的数据和案例来建立经济学直觉、解释经济学话题是本书最大的特色之一。

本书的其他特色还有：(1) 设计符合教学规律的特色栏目。作者精心设置了能真正为学生提供帮助的许多专栏，如“真实世界中的经济学”“及时复习”“小测验”“追根究底”“国际比较”“疑难解答”等。(2) 采用易读且吸引人的章节编排，使用流畅和友好的写作风格，使概念易于接受。在尽可能的情况下，总是使用学生们熟悉的事例。(3) 将基础知识阐述得完整、透彻，为其他相关课程的学习打下良好的基础。教师选择教科书时经常面临两难选择：教科书“易于讲授”，学起来相对“轻松”，但“启发”不足，为学生们进一步提高思维能力留下遗憾；教科书“难以讲授”，学起来相对“艰苦”，但可为学生们提升思维能力留足空间。难易之间，抉择不易，本书作者努力在两者之间取得平衡。

我在《经济学原理》英文版第一版出版前即开始关注有关信息，并将第一版即将出版的信息推荐给中国人民大学出版社的马学亮先生。后来，我主持翻译了《经济学原理》第一版的宏观分册即《宏观经济学》。《经济学原理》英文版第四版出版后，感谢中国人民大学出版社的邀请，我又负责翻译了该书的合订本以及微观分册和宏观分册，其中《宏观经济学（第四版）》中文版已于 2018 年出版，现在呈现给各位的是《微观经济学（第四版）》中文版，希望读者喜欢。

衷心感谢本书第一版、第二版的多位译者。由于水平所限，虽然倾心尽力，但漏译、错译之处在所难免，衷心欢迎读者批评指正。

赵英军

浙江工商大学

经济科学译丛

序号	书名	作者	Author	单价	出版年份	ISBN
1	经济建模:目的与局限	劳伦斯·A. 博兰德	Lawrence A. Boland	49.00	2020	978-7-300-28532-0
2	计量经济分析(第八版)(上下册)	威廉·H. 格林	William H. Greene	158.00	2020	978-7-300-27645-8
3	微观经济学(第四版)	保罗·克鲁格曼等	Paul Krugman	86.00	2020	978-7-300-28321-0
4	发展宏观经济学(第四版)	皮埃尔·理查德·阿根诺等	Pierre-Richard Agenor	79.00	2020	978-7-300-27425-6
5	平狄克《微观经济学》(第九版)学习指导	乔纳森·汉密尔顿等	Jonathan Hamilton	42.00	2020	978-7-300-28281-7
6	经济地理学:区域和国家一体化	皮埃尔-菲利普·库姆斯等	Pierre-Philippe Combes	56.00	2020	978-7-300-28276-3
7	公共部门经济学(第四版)	约瑟夫·E. 斯蒂格利茨等	Joseph E. Stiglitz	96.00	2020	978-7-300-28218-3
8	递归宏观经济理论(第三版)	拉尔斯·扬奎斯特等	Lars Ljungqvist	128.00	2020	978-7-300-28058-5
9	策略博弈(第四版)	阿维纳什·迪克西特等	Avinash Dixit	85.00	2020	978-7-300-28005-9
10	劳动关系(第10版)	小威廉·H. 霍利等	William H. Holley, Jr.	83.00	2020	978-7-300-25582-8
11	微观经济学(第九版)	罗伯特·S. 平狄克等	Robert S. Pindyck	93.00	2020	978-7-300-26640-4
12	宏观经济学(第十版)	N. 格里高利·曼昆	N. Gregory Mankiw	79.00	2020	978-7-300-27631-1
13	宏观经济学(第九版)	安德鲁·B. 亚伯等	Andrew B. Abel	95.00	2020	978-7-300-27382-2
14	商务经济学(第二版)	克里斯·马尔赫恩等	Chris Mulhearn	56.00	2019	978-7-300-24491-4
15	管理经济学:基于战略的视角(第二版)	蒂莫西·费希尔等	Timothy Fisher	58.00	2019	978-7-300-23886-9
16	投入产出分析:基础与扩展(第二版)	罗纳德·E. 米勒等	Ronald E. Miller	98.00	2019	978-7-300-26845-3
17	宏观经济学:政策与实践(第二版)	弗雷德里克·S. 米什金	Frederic S. Mishkin	89.00	2019	978-7-300-26809-5
18	国际商务:亚洲视角	查尔斯·W.L. 希尔等	Charles W. L. Hill	108.00	2019	978-7-300-26791-3
19	统计学:在经济和管理中的应用(第10版)	杰拉德·凯勒	Gerald Keller	158.00	2019	978-7-300-26771-5
20	经济学精要(第五版)	R. 格伦·哈伯德等	R. Glenn Hubbard	99.00	2019	978-7-300-26561-2
21	环境经济学(第七版)	埃班·古德斯坦等	Eban Goodstein	78.00	2019	978-7-300-23867-8
22	管理者微观经济学	戴维·M. 克雷普斯	David M. Kreps	88.00	2019	978-7-300-22914-0
23	税收与企业经营战略:筹划方法(第五版)	迈伦·S. 斯科尔斯等	Myron S. Scholes	78.00	2018	978-7-300-25999-4
24	美国经济史(第12版)	加里·M. 沃尔顿等	Gary M. Walton	98.00	2018	978-7-300-26473-8
25	组织经济学:经济学分析方法在组织管理上的应用(第五版)	塞特斯·杜玛等	Sytse Douma	62.00	2018	978-7-300-25545-3
26	经济理论的回顾(第五版)	马克·布劳格	Mark Blaug	88.00	2018	978-7-300-26252-9
27	实地实验:设计、分析与解释	艾伦·伯格等	Alan S. Gerber	69.80	2018	978-7-300-26319-9
28	金融学(第二版)	兹维·博迪等	Zvi Bodie	75.00	2018	978-7-300-26134-8
29	空间数据分析:模型、方法与技术	曼弗雷德·M. 费希尔等	Manfred M. Fischer	36.00	2018	978-7-300-25304-6
30	《宏观经济学》(第十二版)学习指导书	鲁迪格·多恩布什等	Rudiger Dornbusch	38.00	2018	978-7-300-26063-1
31	宏观经济学(第四版)	保罗·克鲁格曼等	Paul Krugman	68.00	2018	978-7-300-26068-6
32	计量经济学导论:现代观点(第六版)	杰弗里·M. 伍德里奇	Jeffrey M. Wooldridge	109.00	2018	978-7-300-25914-7
33	经济思想史:伦敦经济学院讲演录	莱昂内尔·罗宾斯	Lionel Robbins	59.80	2018	978-7-300-25258-2
34	空间计量经济学入门——在R中的应用	朱塞佩·阿尔比亚	Giuseppe Arbia	45.00	2018	978-7-300-25458-6
35	克鲁格曼经济学原理(第四版)	保罗·克鲁格曼等	Paul Krugman	88.00	2018	978-7-300-25639-9
36	发展经济学(第七版)	德怀特·H. 波金斯等	Dwight H. Perkins	98.00	2018	978-7-300-25506-4
37	线性与非线性规划(第四版)	戴维·G. 卢恩伯格等	David G. Luenberger	79.80	2018	978-7-300-25391-6
38	产业组织理论	让·梯若尔	Jean Tirole	110.00	2018	978-7-300-25170-7
39	经济学精要(第六版)	巴德,帕金	Bade, Parkin	89.00	2018	978-7-300-24749-6
40	空间计量经济学——空间数据的分位数回归	丹尼尔·P. 麦克米伦	Daniel P. McMillen	30.00	2018	978-7-300-23949-1
41	高级宏观经济学基础(第二版)	本·J. 海德拉	Ben J. Heijdra	88.00	2018	978-7-300-25147-9
42	税收经济学(第二版)	伯纳德·萨拉尼耶	Bernard Salanié	42.00	2018	978-7-300-23866-1
43	国际贸易(第三版)	罗伯特·C. 芬斯特拉	Robert C. Feenstra	73.00	2017	978-7-300-25327-5
44	国际宏观经济学(第三版)	罗伯特·C. 芬斯特拉	Robert C. Feenstra	79.00	2017	978-7-300-25326-8
45	公司治理(第五版)	罗伯特·A.G. 蒙克斯	Robert A. G. Monks	69.80	2017	978-7-300-24972-8
46	国际经济学(第15版)	罗伯特·J. 凯伯	Robert J. Carbaugh	78.00	2017	978-7-300-24844-8

经济科学译丛

序号	书名	作者	Author	单价	出版年份	ISBN
47	经济理论和方法史(第五版)	小罗伯特·B. 埃克伦德等	Robert B. Ekelund. Jr.	88.00	2017	978-7-300-22497-8
48	经济地理学	威廉·P. 安德森	William P. Anderson	59.80	2017	978-7-300-24544-7
49	博弈与信息:博弈论概论(第四版)	艾里克·拉斯穆森	Eric Rasmusen	79.80	2017	978-7-300-24546-1
50	MBA宏观经济学	莫里斯·A. 戴维斯	Morris A. Davis	38.00	2017	978-7-300-24268-2
51	经济学基础(第十六版)	弗兰克·V. 马斯切纳	Frank V. Mastrianna	42.00	2017	978-7-300-22607-1
52	高级微观经济学:选择与竞争性市场	戴维·M. 克雷普斯	David M. Kreps	79.80	2017	978-7-300-23674-2
53	博弈论与机制设计	Y. 内拉哈里	Y. Narahari	69.80	2017	978-7-300-24209-5
54	宏观经济学(第十二版)	鲁迪格·多恩布什等	Rudiger Dornbusch	69.00	2017	978-7-300-23772-5
55	国际金融与开放宏观经济学:理论、历史与政策	亨德里克·范登伯格	Hendrik Van den Berg	68.00	2016	978-7-300-23380-2
56	经济学(微观部分)	达龙·阿西莫格鲁等	Daron Acemoglu	59.00	2016	978-7-300-21786-4
57	经济学(宏观部分)	达龙·阿西莫格鲁等	Daron Acemoglu	45.00	2016	978-7-300-21886-1
58	中级微观经济学——直觉思维与数理方法(上下册)	托马斯·J. 内契巴	Thomas J. Nechyba	128.00	2016	978-7-300-22363-6
59	环境与自然资源经济学(第十版)	汤姆·蒂坦伯格等	Tom Tietenberg	72.00	2016	978-7-300-22900-3
60	货币金融学(第十一版)	弗雷德里克·S. 米什金	Frederic S. Mishkin	85.00	2016	978-7-300-23001-6
61	动态优化——经济学和管理学中的变分法和最优控制(第二版)	莫顿·I. 凯曼等	Morton I. Kamien	48.00	2016	978-7-300-23167-9
62	国际经济学:理论与政策(第十版)	保罗·R. 克鲁格曼等	Paul R. Krugman	89.00	2016	978-7-300-22710-8
63	国际金融(第十版)	保罗·R. 克鲁格曼等	Paul R. Krugman	55.00	2016	978-7-300-22089-5
64	国际贸易(第十版)	保罗·R. 克鲁格曼等	Paul R. Krugman	42.00	2016	978-7-300-22088-8
65	投资学精要(第九版)	兹维·博迪等	Zvi Bodie	108.00	2016	978-7-300-22236-3
66	环境经济学(第二版)	查尔斯·D. 科尔斯塔德	Charles D. Kolstad	68.00	2016	978-7-300-22255-4
67	MWG《微观经济理论》习题解答	原千晶等	Chiaki Hara	75.00	2016	978-7-300-22306-3
68	横截面与面板数据的计量经济分析(第二版)	杰弗里·M. 伍德里奇	Jeffrey M. Wooldridge	128.00	2016	978-7-300-21938-7
69	宏观经济学(第十二版)	罗伯特·J. 戈登	Robert J. Gordon	75.00	2016	978-7-300-21978-3
70	动态最优化基础	蒋中一	Alpha C. Chiang	42.00	2015	978-7-300-22068-0
71	管理经济学:理论、应用与案例(第八版)	布鲁斯·艾伦等	Bruce Allen	79.80	2015	978-7-300-21991-2
72	微观经济分析(第三版)	哈尔·R. 范里安	Hal R. Varian	68.00	2015	978-7-300-21536-5
73	财政学(第十版)	哈维·S. 罗森等	Harvey S. Rosen	68.00	2015	978-7-300-21754-3
74	经济数学(第三版)	迈克尔·霍伊等	Michael Hoy	88.00	2015	978-7-300-21674-4
75	发展经济学(第九版)	A.P. 瑟尔沃	A. P. Thirlwall	69.80	2015	978-7-300-21193-0
76	宏观经济学(第五版)	斯蒂芬·D. 威廉森	Stephen D. Williamson	69.00	2015	978-7-300-21169-5
77	现代时间序列分析导论(第二版)	约根·沃特斯等	Jürgen Wolters	39.80	2015	978-7-300-20625-7
78	空间计量经济学——从横截面数据到空间面板	J. 保罗·埃尔霍斯特	J. Paul Elhorst	32.00	2015	978-7-300-21024-7
79	战略经济学(第五版)	戴维·贝赞可等	David Besanko	78.00	2015	978-7-300-20679-0
80	博弈论导论	史蒂文·泰迪里斯	Steven Tadelis	58.00	2015	978-7-300-19993-1
81	社会问题经济学(第二十版)	安塞尔·M. 夏普等	Ansel M. Sharp	49.00	2015	978-7-300-20279-2
82	时间序列分析	詹姆斯·D. 汉密尔顿	James D. Hamilton	118.00	2015	978-7-300-20213-6
83	微观经济理论	安德鲁·马斯-克莱尔等	Andreu Mas-Collel	148.00	2014	978-7-300-19986-3
84	产业组织:理论与实践(第四版)	唐·E. 瓦尔德曼等	Don E. Waldman	75.00	2014	978-7-300-19722-7
85	公司金融理论	让·梯若尔	Jean Tirole	128.00	2014	978-7-300-20178-8
86	公共部门经济学	理查德·W. 特里西	Richard W. Tresch	49.00	2014	978-7-300-18442-5
87	计量经济学导论(第三版)	詹姆斯·H. 斯托克等	James H. Stock	69.00	2014	978-7-300-18467-8
88	中级微观经济学(第六版)	杰弗里·M. 佩罗夫	Jeffrey M. Perloff	89.00	2014	978-7-300-18441-8
89	计量经济学原理与实践	达摩达尔·N. 古扎拉蒂	Damodar N. Gujarati	49.80	2013	978-7-300-18169-1
99	经济学简史——处理沉闷科学的巧妙方法(第二版)	E. 雷·坎特伯里	E. Ray Canterbery	58.00	2013	978-7-300-17571-3
100	环境经济学	彼得·伯克等	Peter Berck	55.00	2013	978-7-300-16538-7
101	高级微观经济理论	杰弗里·杰里	Geoffrey A. Jehle	69.00	2012	978-7-300-16613-1

经济科学译丛

序号	书名	作者	Author	单价	出版年份	ISBN
102	高级宏观经济学导论:增长与经济周期(第二版)	彼得·伯奇·索伦森等	Peter Birch Sørensen	95.00	2012	978-7-300-15871-6
103	卫生经济学(第六版)	舍曼·富兰德等	Sherman Folland	79.00	2011	978-7-300-14645-4
104	现代劳动经济学:理论与公共政策(第十版)	罗纳德·G. 伊兰伯格等	Ronald G. Ehrenberg	69.00	2011	978-7-300-14482-5
105	计量经济学基础(第五版)(上下册)	达摩达尔·N. 古扎拉蒂	Damodar N. Gujarati	99.00	2011	978-7-300-13693-6
106	《计量经济学基础》(第五版)学生习题解答手册	达摩达尔·N. 古扎拉蒂等	Damodar N. Gujarati	23.00	2012	978-7-300-15080-8

金融学译丛

序号	书名	作者	Author	单价	出版年份	ISBN
1	金融市场与金融机构(第12版)	杰夫·马杜拉	Jeff Madura	99.00	2020	978-7-300-27836-0
2	个人理财(第11版)	E. 托马斯·加曼等	E. Thomas Garman	108.00	2020	978-7-300-25653-5
3	银行学(第二版)	芭芭拉·卡苏等	Barbara Casu	99.00	2020	978-7-300-28034-9
4	金融衍生工具与风险管理(第十版)	唐·M. 钱斯	Don M. Chance	98.00	2020	978-7-300-27651-9
5	投资学导论(第十二版)	赫伯特·B. 梅奥	Herbert B. Mayo	89.00	2020	978-7-300-27653-3
6	金融几何学	阿尔文·库鲁克	Alvin Kuruc	58.00	2020	978-7-300-14104-6
7	银行风险管理(第四版)	若埃尔·贝西	Joël Bessis	56.00	2019	978-7-300-26496-7
8	金融学原理(第八版)	阿瑟·J. 基翁等	Arthur J. Keown	79.00	2018	978-7-300-25638-2
9	财务管理基础(第七版)	劳伦斯·J. 吉特曼等	Lawrence J. Gitman	89.00	2018	978-7-300-25339-8
10	利率互换及其他衍生品	霍华德·科伯	Howard Corb	69.00	2018	978-7-300-25294-0
11	固定收益证券手册(第八版)	弗兰克·J. 法博齐	Frank J. Fabozzi	228.00	2017	978-7-300-24227-9
12	金融市场与金融机构(第8版)	弗雷德里克·S. 米什金等	Frederic S. Mishkin	86.00	2017	978-7-300-24731-1
13	兼并、收购和公司重组(第六版)	帕特里克·A. 高根	Patrick A. Gaughan	89.00	2017	978-7-300-24231-6
14	债券市场:分析与策略(第九版)	弗兰克·J. 法博齐	Frank J. Fabozzi	98.00	2016	978-7-300-23495-3
15	财务报表分析(第四版)	马丁·弗里德森	Martin Fridson	46.00	2016	978-7-300-23037-5
16	国际金融学	约瑟夫·P. 丹尼尔斯等	Joseph P. Daniels	65.00	2016	978-7-300-23037-1
17	国际金融	阿德里安·巴克利	Adrian Buckley	88.00	2016	978-7-300-22668-2
18	个人理财(第六版)	阿瑟·J. 基翁	Arthur J. Keown	85.00	2016	978-7-300-22711-5
19	投资学基础(第三版)	戈登·J. 亚历山大等	Gordon J. Alexander	79.00	2015	978-7-300-20274-7
20	金融风险管理(第二版)	彼德·F. 克里斯托弗森	Peter F. Christoffersen	46.00	2015	978-7-300-21210-4
21	风险管理与保险管理(第十二版)	乔治·E. 瑞达等	George E. Rejda	95.00	2015	978-7-300-21486-3
22	个人理财(第五版)	杰夫·马杜拉	Jeff Madura	69.00	2015	978-7-300-20583-0
23	企业价值评估	罗伯特·A.G. 蒙克斯等	Robert A. G. Monks	58.00	2015	978-7-300-20582-3
24	基于Excel的金融学原理(第二版)	西蒙·本尼卡	Simon Benninga	79.00	2014	978-7-300-18899-7
25	金融工程学原理(第二版)	萨利赫·N. 内夫特奇	Salih N. Neftci	88.00	2014	978-7-300-19348-9
26	国际金融市场导论(第六版)	斯蒂芬·瓦尔德斯等	Stephen Valdez	59.80	2014	978-7-300-18896-6
27	金融数学:金融工程引论(第二版)	马雷克·凯宾斯基等	Marek Capinski	42.00	2014	978-7-300-17650-5
28	财务管理(第二版)	雷蒙德·布鲁克斯	Raymond Brooks	69.00	2014	978-7-300-19085-3
29	期货与期权市场导论(第七版)	约翰·C. 赫尔	John C. Hull	69.00	2014	978-7-300-18994-2
30	国际金融:理论与实务	皮特·塞尔居	Piet Sercu	88.00	2014	978-7-300-18413-5
31	货币、银行和金融体系	R. 格伦·哈伯德等	R. Glenn Hubbard	75.00	2013	978-7-300-17856-1
32	并购创造价值(第二版)	萨德·苏达斯纳	Sudi Sudarsanam	89.00	2013	978-7-300-17473-0
33	个人理财——理财技能培养方法(第三版)	杰克·R. 卡普尔等	Jack R. Kapoor	66.00	2013	978-7-300-16687-2
34	国际财务管理	吉尔特·贝克特	Geert Bekaert	95.00	2012	978-7-300-16031-3
35	应用公司财务(第三版)	阿斯沃思·达摩达兰	Aswath Damodaran	88.00	2012	978-7-300-16034-4
36	资本市场:机构与工具(第四版)	弗兰克·J. 法博齐	Frank J. Fabozzi	85.00	2011	978-7-300-13828-2

Microeconomics, Fourth Edition
By Paul Krugman, Robin Wells
First published in the United States by WORTH PUBLISHERS, New York

本书由 Worth Publishers（纽约）于美国首次出版

图书在版编目（CIP）数据

微观经济学：第四版/(美）保罗·克鲁格曼（Paul Krugman），罗宾·韦尔斯（Robin Wells）著；赵英军译. --北京：中国人民大学出版社，2020.10
（经济科学译丛）
ISBN 978-7-300-28321-0

Ⅰ.①微… Ⅱ.①保…②罗…③赵… Ⅲ.①微观经济学 Ⅳ.①F016

中国版本图书馆 CIP 数据核字（2020）第 115693 号

“十三五”国家重点出版物出版规划项目
经济科学译丛
微观经济学（第四版）
保罗·克鲁格曼
罗宾·韦尔斯 著
赵英军 译
Weiguan Jingjixue

出版发行	中国人民大学出版社		
社　　址	北京中关村大街 31 号	**邮政编码**	100080
电　　话	010－62511242（总编室）		010－62511770（质管部）
	010－82501766（邮购部）		010－62514148（门市部）
	010－62515195（发行公司）		010－62515275（盗版举报）
网　　址	http://www.crup.com.cn		
经　　销	新华书店		
印　　刷	北京七色印务有限公司		
规　　格	215mm×275mm 16 开本	**版　　次**	2020 年 10 月第 1 版
印　　张	34.5 插页 2	**印　　次**	2020 年 10 月第 1 次印刷
字　　数	1 121 000	**定　　价**	86.00 元